심리상담과 치료의 이론과 실제

11판

Cengage

***Theory and Practice of Counseling and Psychotherapy,* Eleventh Edition**

Gerald Corey

Original edition © 2024 Wadsworth, a part of Cengage Learning.
Theory and Practice of Counseling and Psychotherapy, Eleventh Edition
by Gerald Corey
ISBN: 9780357764428

This edition is translated by license from Wadsworth, a part of Cengage Learning, for sale in Korea only.

ISBN-13: 978-89-6218-570-6

Cengage Learning Korea Ltd.
14F YTN Newsquare 76 Sangamsan-ro
Mapo-gu Seoul 03926 Korea

Printed in Korea
Print Number: 01 Print Year: 2025

Eleventh Edition

Theory and Practice of Counseling and Psychotherapy

Gerald Corey

심리상담과 치료의 이론과 실제 11판

신성만 · 권선중 · 김장회 · 박현주
신윤정 · 연규진 · 이수진 · 조성봉 옮김

Cengage

Australia • Brazil • Canada • Mexico • Singapore • United Kingdom • United States

옮긴이 소개

신성만 | 한동대학교 상담심리학과

권선중 | 한국침례신학대학교 상담심리학과

김장회 | 경상대학교 교육학과

박현주 | 동국대학교 교육학과

신윤정 | 서울대학교 교육학과

연규진 | 서강대학교 심리학과

이수진 | 국민대학교 교육학과

조성봉 | 한동대학교 상담심리학과

심리상담과 치료의 이론과 실제 11판

Theory and Practice of Counseling and Psychotherapy, Eleventh Edition

제11판 1쇄 인쇄 | 2025년 2월 10일
제11판 1쇄 발행 | 2025년 2월 17일

지은이 | Gerald Corey
옮긴이 | 신성만 · 권선중 · 김장회 · 박현주 · 신윤정 · 연규진 · 이수진 · 조성봉
발행인 | 리리안후아 · 탄록민
발행처 | 센게이지러닝코리아㈜
등록번호 | 제313-2007-000074호(2007.3.19.)
주소 | 서울시 마포구 상암산로 76 YTN 뉴스퀘어 14층
이메일 | asia.infokorea@cengage.com
홈페이지 | www.cengage.co.kr
ISBN-13 | 978-89-6218-570-6

공급처 | ㈜학지사
주 소 | 서울시 마포구 양화로15길 20 마인드월드빌딩 5층
도서안내 및 주문 | Tel 02) 330-5114 Fax 02) 324-2345
홈페이지 | www.hakjisa.co.kr

정가 39,000원

역자 머리말

이 책은 제럴드 코리(Gerald Corey)가 쓴 『심리상담과 치료의 이론과 실제(Theory and Practice of Counseling and Psychotherapy)』의 11판 개정판을 우리말로 옮긴 것이다. 이 책은 상담과 심리치료 분야의 입문서로 우리나라뿐만 아니라 전 세계적으로도 가장 널리, 그리고 오랫동안 사용되면서 그 가치와 영향력을 입증해온 책이다. 역자가 30여 년 전 처음 이 분야를 시작할 때도 그랬고, 오늘 챗 지피티(Chat GPT)에게 상담과 심리치료 분야의 가장 유명하고 영향력 있는 교과서를 추천하라고 했을 때도 가장 상위에 제시하고 있는 책이기도 하다.

저자인 코리 박사는 이 책에서 심리상담의 핵심적인 이론과 실제적 방법 및 기술을 사례를 바탕으로 포괄적이고도 입체적으로 다루고 있다. 초보 상담자를 위해서는 상담에 적합한 기본구조와 모델들을 습득하게 하고 복습 문제를 통해 학습효과를 높일 수 있도록 하였으며, 전문가를 위해서는 다양한 배경의 내담자들을 고려한 상담 접근법과 함께 상담자로서의 자기성찰과 성장을 중점으로 둘 수 있도록 서술하고 있다. 오랜 기간 교육현장에서 저서를 활용한 결과를 바탕으로 필요한 부분들을 가감하고 보다 유기적으로 짜임새 있게 구성하였으며 최신 연구와 사례를 반영하여 현대적 상담 환경에 맞는 통찰도 제시하고 있다. 심리상담자가 한두 가지 이론에 갇히지 않게 통합적 상담 접근법을 터득할 수 있도록 안내한다는 점에서 이 책의 가치를 특별히 높게 평가할 수 있을 것이다.

머지않아 ICT를 활용하는 디지털 치료와 인공지능, 그리고 빅데이터의 활용 등은 상담과 심리치료 분야를 단기간에 급격히 변화시켜 놓을 것으로 예상한다. 이전에는 당연하고 보편적으로 받아들여졌던 개념들과 접근들이 이 과정에서 새롭게 확장되고 변형될 것이며 명확했던 경계는 상대적으로 더 모호해질 것이다. 이러한 거대한 격변의 시기에는 환경과 시간의 시험을 딛고 견디며 중심을 잡아줄 작지만 든든한 지팡이가 필요하다. 이 책은 현 시대적 요구에 부응할 법한 책으로, 우리가 필요로 하는 보편타당하게 신뢰할 수 있는 기준과 가치 및 원리를 제공해줄, 최적의 지침서가 되어줄 것이라 기대한다.

이전 10판 역자분들(천성문, 권선중, 김인규, 김장회, 김창대, 신성만, 이동훈, 허재홍)의 노력을 바탕으로, 11판에는 새로운 역자진들이 상당수 참여하게 되었다. 역자들은 전문성에 최대한 부합하는 영역을 번역하였고 담당한 챕터들은 다음과 같다. 신성만 교수가 머리말, 6장 그리고 전체를 감수하였고, 신윤정 교수가 1장과 2장, 박현주 교수가 3장과 12장, 이수진 교수가 4장과 8장, 연규진 교수가 5장과 7장, 권선중 교수가 9장과 10장, 김장회 교수가 11장과 15장, 조성봉 교수가 13장과 14장을 맡아 번역하였다.

끝으로 이 책의 훌륭한 편집을 위해 노력해주신 센게이지러닝코리아(주) 편집부와 교정에 최선을 다해주신 이정란 선생님께 감사의 말씀을 전한다. 한동대학교 심리학 대학원의 임주희, 김예원 선생에게도 고마움을 전한다.

2025년 2월

역자 대표 신성만

저자 머리말

이 책은 심리학, 상담자 교육, 인간 서비스나 정신건강 분야를 전공하는 학생들이나 전공자들의 상담 과정을 위해 기획되었다. 이 책은 동시대 상담 체계의 주요 개념과 실제를 조사하고 상담 실제에서의 윤리적이고 전문적인 문제를 다룬다. 이 책은 학생들이 다양한 이론과 기법을 현명하게 선택하여 자신의 상담 스타일을 개발할 수 있도록 돕는 것을 목적으로 한다.

나는 학생들이 동시대의 다양한 상담과 심리치료 접근의 개요를 알고 싶어 한다는 것을 알았다. 또한 학생들은 상담에서 첫 번째 과정이 그들 개인에게 있어 매우 중요하다고 지속적으로 이야기해왔다. 그러므로 나는 자료를 실제에 적용하는 것을 강조하고 개인적으로 반영하기를 격려한다. 이 책을 사용하는 것은 개인적으로 그리고 학습적으로 배움이 되는 경험이 될 것이다.

이번 개정된 11판에서는 학생들과 전문가들이 지난 판에서 유용하다고 말해온 것들을 유지하기 위해 많은 노력을 하였다. 각 이론의 주요 개념의 개요와 그 실제에서의 함의, 직설적이고 개인적인 양식과 포괄적인 조망 등이 그것이다. 나는 정확하고 공정한 방식으로 이론을 보여주기 위해 고심했다. 또한, 단순하고 분명하고 간결하게 하려고 했다. 많은 학생들의 의견을 반영하여 각 장의 말미에 보충자료 및 참고자료 목록을 포함하였다.

책의 개요와 11판에서 새롭게 바뀐 것

이번 판은 최신 자료들과 함께 기존 논의를 개선했다. 1부는 상담과 심리치료의 실제에 기본이 되는 쟁점들을 다루었다. 1장은 책에 대한 개관을 담았고, 독자에게 스탠(Stan)과 그웬(Gwen)의 사례를 소개한다. 9명의 다른 상담자가 진행한 그웬과의 상담 회기들을 보여주는 동영상의 개요가 이 장에 통합되었다. 2장에서는 개인으로서 그리고 전문가로서의 상담자(2장)라는 주제를 다루었다. 이 장에는 효과적인 다문화 상담자가 되는 것에 대한 새롭고 확장된 논의를 담았으며, 웰니스(wellness), 상담자의 자기관리 및 치료적 생활양식의 변화에 대한 새로운 자료를 포함시켰다. 3장은 상담 실제에서 중요한 윤리적 문제를 다양하게 소개한다.

2부는 11개의 상담 이론을 검토하는 데 신경 썼다. 모든 이론은 이론적 접근의 실제에서 최신 동향과 발전을 반영하여 수정 및 확장되었다. 그 외 아들러치료, 전통적 행동치료, 제3의 물결 행동치료, 인지행동치료, 여성주의치료, 포스트모던 접근(해결중심 단기치료, 동기강화 상담, 이야기치료)이 모두 주요 개정을 거쳤으며, 이는 이러한 이론들의 중요한 발전을 강조한다. 이전 판본들이 그러했듯이, 각 이론 장들은 공통적인 구성으로 이루어져 있으며, 다양한 모델들을 쉽게 비교하고 대조할 수 있다. 이 구성은 주요 개념, 상담 과정, 상담 기법 및 절차, 다문화적 관점 및 이론을 적용한 스탠과 그웬의 사례와 같은 핵심 주제를 포함한다.

2부에서 소개한 각 이론에 대해 다음과 같은 질문에 답할 수 있다면, 11개의 이론에 대한 기본적인 이해를 하게 될 것이다.

- 각 이론과 관련된 주요 인물 혹은 창시자는 누구인가?
- 각 이론의 기초가 되는 기본적인 가정은 무엇인가?
- 각 이론의 몇 가지 핵심 개념은 무엇인가?
- 각 이론의 주요 목표는 무엇인가?
- 각 이론에서 치료적 관계는 어떤 역할을 하는가?
- 통합적인 관점에서 각 이론의 어떤 기법이 통합될 수 있는가?
- 다양성 관점에서 해당 이론의 주요 강점은 무엇인가?
- 다양성 관점에서 해당 이론의 주요 약점은 무엇인가?
- 해당 이론은 어떠한 주요한 공헌을 했는가?
- 해당 이론은 어떠한 주요한 한계가 있는가?

각 장 말미의 요약 및 평가는 각 이론의 공헌, 강점, 약점과 적용에 관해 설명한다. 다양한 내담자 유형과 작업을 할 때 각 이론의 강점과 약점에 특히 주의를 기울였다. 학생들은 장의 마지막에 있는 '더 찾아볼 자료' 부분에서 앞으로의 훈련을 위해 더 읽을 책들에 관한 추천을 받는다.

2부의 이론 장에서 새로운 특징은 각 이론이 학교 상담에 어떻게 적용될 수 있는지에 대한 부분이다. 학생들과 교직원의 요청에 따라 다양한 이론을 학교 상담 현장에 적용하였다. 이 부분은 해당 이론과 학교 상담에 대한 전문 지식을 갖춘 전문가들이 제공한 것이다.

2부의 또 다른 새로운 특징은 각 이론의 전문가가 이론에 대한 6가지의 구체적인 질문을 다루는 부분이다. 전문가의 관점은 이론에 정통한 여러 전문가들이 제공해주었으며, 이를 통해 학생들은 이론 간의 유사점과 차이점을 볼 수 있다.

3부는 통합적 관점을 제시한다. 나는 상담 실제에 대한 통합적 관점이 다른 많은 환경에 있는 다양한 내담자 유형의 요구를 충족시키는 가장 좋은 방법이라고 믿는다. 많은 표와 기타 자료는 학생들이 11개의 이론적 지향점을 비교하고 대조해볼 수 있도록 돕고, 이러한 접근들이 통합될 수 있는 방법을 설명한다. 중요한 논의는 심리치료 통합 운동, 상담에서 종교/영성을 통합하는 방법, 치료적 동맹의 중심적인 역할을 입증하는 연구 및 심리치료의 효과성에 대한 문헌 자료 결과에 관해 설명한다. 나는 또한 학생들이 자신만의 통합을 이끌어내는 틀을 개발하기를 격려한다.

보충 자료

『심리상담과 치료의 이론과 실제』를 위한 MindTap

오늘날의 선도적인 온라인 학습 플랫폼인, 『심리상담과 치료의 이론과 실제(Theory and Practice of Counseling and Psychotherapy)』 11판을 위한 MindTap은 강좌를 완벽하게 설계하고 관리해 학생들을 도전하게 하고 자신감을 키우며 성과를 향상시킬 수 있도록 개인 맞춤형, 몰입형 학습 경험을 제공한다.

MindTap은 학생들에게 이해에서 적용으로 이어지는 단순화된 학습 경로를 사용하여 과정 초반부터 핵심 개념을 소개한다. 또한, eTextbook, 학습 도구, 대화형 미디어, 자동 등급 평가 및 성과 분석에 대한 액세스를 제공한다.

『심리상담과 치료의 이론과 실제』 11판을 위한 MindTap을 그대로 사용하거나 특정 과정의 요구에 맞게 개별화할 수 있다. 또한 MindTap을 LMS(Learning Management System)에 쉽게 통합할 수도 있다.

『심리상담과 치료의 이론과 실제』 11판을 위한 MindTap에는 스탠과 그웬의 사례와 관련된 동영상 퀴즈가 포함되어 있으며, 다음과 같은 2개의 온라인 전용 부분이 있다. 16장의 '사례 일러스트: 스탠과의 작업에서 통합된 접근'과 17장의 '교류분석'.

『CACREP 표준』*과의 일치

다양한 상담 영역에 대한 CACREP의 핵심 커리큘럼 표준이 『심리상담과 치료의 이론과 실제』 11판 전체에 반영되어 있다. CACREP 표준과 관련된 장 번호를 다음에 나열된 표준에 따라 괄호 안에 표시했다.

전문 상담 오리엔테이션 및 윤리적 실천

1. 상담자의 직업을 대변하여 옹호하는 전문 상담자의 역할과 과정(3장)
2. 내담자의 접근, 형평성, 성공을 저해하는 제도적 및 사회적 장벽을 해결하기 위해 필요한 내담자 옹호 과정(3장)
3. 회원 혜택, 활동, 회원 서비스 및 시사 등을 포함한 전문 상담기관(3장)
4. 전문 상담기관 및 자격증 취득기관의 윤리 기준과 전문 상담에서의 윤리적 및 법적 고려사항 적용(3장)
5. 상담자 역할에 적합한 자기관리 전략(2장)

*상담 인증 프로그램(Council for Accreditation of Counseling Related Educational Programs), 『CACREP 표준(CACREP Standards)』(2016).

사회문화적 다양성

1. 다문화 상담의 이론과 모델, 문화 정체성의 발달 및 사회정의와 옹호(2~14장)
2. 다문화 상담 역량(2~3장)
3. 다양한 내담자의 도움을 구하는 행동(2~14장)
4. 영적 신념이 내담자와 상담자의 세계관에 미치는 영향(2장)
5. 의도적 및 비의도적 억압과 차별에 대한 장벽, 편견 및 과정을 확인하고 제거하는 전략(3장)

상담 및 지원 관계

1. 상담의 이론과 모델(2~15장)
2. 내담자를 개념화하기 위한 시스템 접근법(14장)
3. 기술이 상담 과정에 미치는 영향(3장)
4. 상담 과정에 영향을 주는 상담자의 특성과 행동(2장)
5. 필수적인 면접, 상담 및 사례개념화 기술(1장)
6. 발달에 맞는 상담 치료 또는 개입 계획(4장)
7. 내담자를 위한 측정 가능한 성과 개발(15장)
8. 예방과 개입을 위한 근거중심 상담 전략 및 기법(3장)
9. 개인 상담 모델을 개발하기 위한 학생 지원 과정(15장)

집단 상담 및 집단 작업

1. 집단 상담 및 집단 작업의 이론적 토대(4~13장)
2. 치료적 요소와 이것이 집단 효과성에 기여하는 방법(4~13장)
3. 효과적인 집단 리더의 특성과 기능(2장)
4. 집단을 설계하고 운영하기 위한 윤리적 및 문화적으로 적합한 전략(4~13장)

감사의 말

이 책을 사용해주신 교수들과 각 이론 장들에 대한 새로운 자료와 수정된 자료를 검토해 주신 교수들께 감사를 드린다.

- 립스컴 대학교의 상담학 교수, **제이크 모리스**(Jake Morris, PhD)
- 오클라호마시티 대학교의 응용 행동 연구 및 상담학 교수이자 이사, **브라이언 파르하**(Bryan Farha, EdD)
- 캔자스 주립대학교의 특수교육, 상담학, 학생 지원 부서에 있는 조교수, **알렉스 벡넬**

(Alex Becnel, PhD)

켈리 커크시(Kellie Kirksey) 박사는 다문화적/다양성 관점에서 이론들의 장점과 단점을 검토했다. 그녀의 통찰과 논평은 모든 이론 장에서 이러한 부분의 토론을 더욱 풍부하게 만들었다.

여러 전문가들이 선정된 장을 검토했고 어떤 경우에는 해당 장에 새로운 문헌과 사례를 제공하기도 했다. 이들은 다음과 같다.

- **폴 라스무센**(Paul Rasmussen, PhD): 5장 아들러치료
- **존 스페리**(Jon Sperry, PhD): 5장 아들러치료
- **렌 스페리**(Len Sperry, PhD, MD): 5장 아들러치료
- **캐럴라인 베일리**(Caroline Bailey, PhD): 9장 행동치료
- **셰리 코미어**(Sherry Cormier, PhD): 9장 행동치료
- **데비 조페 엘리스**(Debbie Joffe Ellis, MDAM): 10장 인지행동치료
- **크리스틴 파데스키**(Christine Padesky, PhD): 10장 인지행동치료
- **로버트 우볼딩**(Robert Wubbolding, EdD): 11장 선택이론과 현실치료
- **캐럴린 저브 엔스**(Carolyn Zerbe Enns, PhD): 12장 여성주의치료
- **존 머피**(John Murphy, PhD): 13장 포스트모던 접근: 해결중심 단기치료
- **제럴드 멍크**(Gerald Monk, PhD): 13장 포스트모던 접근: 이야기치료

학교 상담 부분에 기여해주신 다음의 모든 분께 감사를 드린다. 셰리 바우먼(Sheri Bauman, PhD: 정신분석치료, 실존치료 및 선택이론과 현실치료), 히데코 세라(Hideko Sera, PsyD: 아들러치료), 샘 스틴(Sam Steen, PhD: 인간중심치료), 마거릿 힌드먼(Margaret L. Hindman, PhD: 게슈탈트치료), 크리스티 페리먼(Kristi Perryman, PhD: 게슈탈트치료), 켈리 커크시(PhD: 행동치료), 데비 조페 엘리스(MDAM: 합리적 정서행동치료), 알렉스 벡넬(PhD: 인지행동치료), 캐럴린 저브 엔스(PhD: 여성주의 사회정의치료), 존 머피(PhD: 해결중심치료), 제럴드 멍크(PhD: 이야기치료), 제니퍼 멜피(Jennifer Melfie, Med: 동기강화 상담), 제임스 로버트 비터(James Robert Bitter, EdD: 가족체계치료).

각 이론에 대한 전문가의 관점을 제공한 분들께도 감사를 드린다. 정신분석치료의 윌리엄 블라우(William Blau), 아들러치료의 제임스 로버트 비터, 실존치료의 에미 반 두르젠(Emmy van Deurzen), 인간중심 표현 기법의 나탈리 로저스(Natalie Rogers), 게슈탈트치료의 존 프루(Jon Frew), 행동치료의 셰리 코미어, 합리적 정서행동치료의 데비 조페 엘리스, 인지행동치료의 크리스틴 파데스키, 선택이론과 현실치료의 로버트 우볼딩, 여성주의치료의 캐럴린 저브 엔스, 해결중심 단기치료의 존 머피, 이야기치료의 존 윈슬레이드(John Winslade), 가족체계치료의 제임스 로버트 비터.

이번 11판의 많은 아이디어는 뉴올리언스에 있는 홀리 크로스 대학교에서 2020년부터 시작된 나의 상담 이론 수업에서 대학원생, 조교, 초청 강사와 소통하고 논의한 결과이다. 이 상담 이론 수업은 줌(Zoom)을 통해 주말에 집중적으로 진행되었다. 이 수업에서 학생들의 질문과 의견은 여러 이론 장들의 많은 개념과 기법을 다시 생각해보는 데 도움이 되었다.

메리앤 슈나이더 코리(Marianne Schneider Corey. 거의 60년 동안의 인생 파트너)는 상담에 대한 나의 통합적 접근을 발전시키는 데 큰 역할을 했다. 1977년 이 책의 초판 이후, 메리앤과 나는 교육과 워크숍을 진행해왔다. 우리는 다양한 이론적 관점의 기여에 대해 자주 대화를 나누었다. 그녀의 영향은 이 책에서 상담 이론을 실제적으로 적용하는 것에 대한 나의 생각을 크게 바꾸게 했다.

이 판의 원고 편집자인 케이 미켈(Kay Mikel)에게 특별한 감사를 표한다. 그녀의 훌륭한 편집 능력 덕분에 이 책은 계속해서 독자들이 쉽게 읽고 이해할 수 있게 유지될 수 있었다.

제럴드 코리

저자 소개

제럴드 '제리' 코리(Gerald 'Jerry' Corey, EdD, ABPP)는 풀러턴(Fullerton)에 있는 캘리포니아 주립대학교의 인간 서비스 및 상담학과의 명예교수이고, 뉴올리언스에 있는 홀리 크로스 대학교의 상담학 초빙 교수로 유명하며, 그곳에서 매 학기 상담 이론, 집단 상담, 상담자 윤리 집중 과정을 가르치고 있다. 그는 1967년 서던 캘리포니아 대학교에서 상담 과정으로 박사 학위를 받았으며, 1992년에는 내셔널 루이스 대학교에서 휴먼 레터스(Human Letters)로 명예 박사 학위를 수여했다. 그는 미국전문심리학위원회의 상담심리학 전문가, 자격증 소지 심리학자, 국가 공인 상담자이며, 미국심리학회(상담심리분과와 집단심리치료분과), 미국상담학회, 미국집단치료전문가협회의 특별 회원이다. 그와 그의 부인 메리앤 코리(Marianne Corey)는 2011년 미국정신건강상담협회의 공로상과 2001년 미국집단치료전문가협회의 특별상을 함께 수상하였다. 그는 1991년에 그가 봉직한, 풀러턴에 있는 캘리포니아 주립대학교에서 우수 교수상을 받았으며, 2021년에는 미국상담학회의 온라인 콘퍼런스에서 토마스 호헨실 국제 출판상을 수상했다. 그는 70개 이상의 논문 및 책과 함께 현재 출판 중인 16권의 상담 교재의 저자 혹은 공저자이다. 『심리상담과 치료의 이론과 실제(Theory and Practice of Counseling and Psychotherapy)』는 아랍, 인도네시아, 포르투갈, 튀르키예, 한국, 중국에서 번역되었다. 『집단상담의 이론과 실제(Theory and Practice of Group Counseling)』는 한국, 중국, 스페인, 러시아에서 번역되었다. 『상담 및 심리치료 윤리(Issues and Ethics in the Helping Professions)』도 한국어, 일본어, 중국어로 번역되었다.

코리는 그의 동료들과 함께 미국, 독일, 아일랜드, 벨기에, 스코틀랜드, 멕시코, 캐나다, 중국, 한국에서 특히 집단 상담 훈련에 초점을 두어 워크숍을 개최하였다. 휴가 중에는 산과 사막에서 하이킹하고 자전거 타기를 좋아하며, 그의 손자들과 함께 1931년식 모델 A 포드 자동차를 운전하는 것을 좋아한다. 코리 부부는 1964년도에 결혼하였고, 두 딸(하이디와 신디), 두 명의 손녀와 한 명의 손자가 있다.

다음은 『심리상담과 치료의 이론과 실제』 11판(학생용 매뉴얼과 함께)(2024) 외에도, 제럴드 코리가 센게이지러닝사에서 출간한 도서 목록이다.

- 『상담 및 심리치료 윤리』 11판(2024, Marianne Schneider Corey, Cindy Corey 공저)
- 『집단상담의 이론과 실제(Theory and Practice of Group Counseling)』 10판(학생용 매뉴얼과 함께)(2023)
- 『좋은 상담자 되기(Becoming a Helper)』 8판(2021, Marianne Schneider Corey 공저)
- 『집단상담: 과정과 실제(Groups: Process and Practice)』 10판(2018, Marianne Schneider Corey, Cindy Corey 공저)

- 『전 생애 발달과 적응(I Never Knew I Hand a Choice)』 11판(2018, Marianne Schneider Corey, Michelle Muratori 공저)
- 『집단상담 기법(Group Techniques)』 4판(2015, Marianne Schneider Corey, Patrick Callanan, J. Michael Russell 공저)
- 『통합적 상담: 사례 중심의 접근(Case Approach to Counseling and Psychotherapy)』 8판(2013)

아래 일곱 권의 도서는 미국상담학회(American Counseling Association: ACA)에서 출판되었다.

- 『심리상담 전문가에 대한 임상지도: 실용적 가이드(Clinical Supervision in the Helping Professions: A Practical Guide)』 3판(2021, Robert Haynes, Patrice Moulton, Michelle Muratori 공저)
- 『상담에 대한 개인적 성찰(Personal Reflections on Counseling)』(2020)
- 『상담과 심리치료의 통합적 접근(The Art of Integrative Counseling)』 4판(2019)
- 『상담자 자기돌봄(Counselor Self-Care)』(2018, Michelle Muratori, Jude T. Austin, Julius A. Austin Ⅱ 공저)
- 『미국상담학회 윤리규정 사례집(ACA Ethical Standards Casebook)』 7판(2015, Barbara Herlihy 공저)
- 『상담에서의 경계 문제: 다중역할과 다중관계(Boundary Issues in Counseling: Multiple Roles and Relationships)』 3판(2015, Barbara Herlihy 공저)
- 『성장하는 상담전문가의 길(Creating your Professional Path: Lessons From My Journey)』(2010)

코리는 이와 함께 다양한 상담 실제 영역에 관한 교육용 동영상 프로그램을 여러 개 만들었다. 그 목록을 보면, (1) 『그웬의 상담 사례(Counseling with the Case of Gwen)』(2019), (2) 『집단 이론의 실제(Group Theories in Action)』(2019), (3) 『윤리 실천(Ethics in Action)』(2015, Marianne Schneider Corey, Robert Haynes 공저), (4) 『집단상담의 실제: 진행과 도전(Groups in Action: Evolution and Challenges)』(2014, Marianne Schneider Corey, Robert Haynes 공저), (5) 『스탠의 상담 사례와 해설(Counseling with the Case of Stan and Lecturettes)』(2013), (6) 『상담 및 심리치료의 통합적 접근: 루스의 사례와 해설(Integrative Counseling: The Case of Ruth and Lecturettes)』(2013, Robert Haynes 공저), (7) 『집단상담의 이론과 실제 해설(Lecturettes for Theory and Practice of Group Counseling)』(2012)이 있다. 이 모든 프로그램은 센게이지러닝사를 통해 이용할 수 있으며, 대부분은 MindTap 프로그램의 일부이다.

차례

*참고문헌은 지면 제한상 센게이지러닝 홈페이지(www.cengage.co.kr) 자료실에 올렸으니 참고하십시오.

1부

상담 실제에서의 기본 쟁점

BASIC ISSUES IN COUNSELING PRACTICE

1 장 도입과 개관

학습목표

01. 저자의 철학적 관점을 설명한다.
02. 이 책에 제시된 이 책의 활용 방법을 확인한다.
03. 이 책에 소개된 현대 상담 모형 간의 차이점을 이해한다.
04. 스텐의 사례에 나타난 주요 사안을 확인한다.
05. 그웬의 사례에 나타난 주요 사안을 확인한다.
06. 그웬의 상담 회기 동영상의 핵심 주제를 기술한다.

도입

상담을 배우는 학생들은 상담 실제에 대한 주요 접근들에 익숙해짐으로써 자신의 성향에 적합한 상담 스타일을 배울 수 있다. 이 책에서는 상담 및 심리치료와 관련된 11개의 접근법을 살펴볼 것이다. 이를 위해 먼저 각 접근의 주요 개념을 소개하고, 상담 목표를 포함한 상담 과정과 내담자-상담자 관계, 그리고 상담 실무에서 사용되는 절차와 같은 다양한 측면에 대해 논의할 것이다. 이러한 정보는 각 상담 이론에 포함된 주요 견해에 대해 균형 있는 관점을 발전시키고 각 접근을 따르는 상담자들이 공통적으로 사용하는 실제적인 기법을 학습하는 데 도움이 될 것이다. 나는 여러분이 열린 마음을 가지고 2부에 소개된 각각의 치료적 체계가 기여한 부분과 한계점을 진지하게 탐구할 수 있기를 바란다.

여러분이 상담 이론에 대한 개론 수업을 수강한다고 해서 상담학의 다양한 접근을 종합하는 데 필요한 지식과 경험까지 가질 수는 없다. 이 과정은 수년간의 공부와 훈련, 그리고 실제 상담 경험을 필요로 한다. 그럼에도 불구하고 나는 전문 상담자를 양성하는 교육에서 개인적인 통합이 중요한 요소가 되어야 한다고 생각한다. 학생들에게 한 가지 접근만 제공되거나 한 가지 접근만 습득할 것을 기대한다면, 전문가로서 다양한 내담자에게 효과적인 상담을 제공하는 것을 기대하기 어려울 것이다.

반면 각종 접근을 마구잡이로 섞는다면, 특정한 개념과 그 연장선상에 있는 기법을 체계적으로 따라야 하는 적절한 논리를 발달시키지 못하게 될 것이다. 다양한 이론들로부터 일부 파편들을 뽑아서 선택하는 것은 쉬운데, 그 이유는 그 파편들은 우리의 편견과 선입견을 지지하기 때문이다. 이 책에 소개된 모델을 공부하며 상담에 대한 각자의 관점과 통합된 체계를 구축해나갈 때, 여러분은 여러 접근으로부터 제공되고 있는 각종 개념과 기법을 통합하는 방법에 대해 좀 더 잘 이해할 수 있을 것이다.

상담 및 심리치료 각각의 접근은 인간의 행동을 이해할 때 유용한 차원을 가지고 있다. 어떤 이론도 '옳거나' 혹은 '틀린' 것은 없다. 각 이론은 인간의 행동에 대해 고유한 이해방식을 제공하며 상담 실무에 독자적인 시사점을 제공한다. 한 가지 모델을 타당한 것으로 받아들인다고 해서 다른 모델을 틀린 것으로 생각할 필요는 없다. 점점 더 다변화되는 현대 사회에서 이론적 다원주의는 분명히 필요하다.

비록, 자신의 개인적 체계의 구성 혹은 상담 접근의 통합을 위해서 다양한 접근을 받아들이는 데 개방적인 태도를 유지하라고 제안하지만, 여러분이 이 모든 것을 한 번에 배우려고 시도한다면 오히려 압도되거나 혼란을 겪을 수 있다. 특히, 만약 이것이 상담 이론에 대해서 배우는 여러분의 첫 번째 개론 수업이라면 더욱 그럴 것이다. 그렇기 때문에 많은 이론적 접근을 피상적으로 훑는 것보다는, 우선 주요 이론적 접근을 개괄적으로 이해하고, 이후에 일정한 시간을 갖고 특정한 접근을 깊이 공부하여 그 접근을 학습하는 것이 적절하다. 통합적 관점은 마구잡이로 개발되지 않는다. 오히려 그것은 지속적인 심사숙고의 과정을 통해 개발된다. 다양한 모델로부터 제공되는 개념과 기법을 성공적으로 통합하기 위해서는 상담 실무에 대한 수년간의 성찰과 다양한 이론에 대한 많은 양의 독서가 필요하다. 이와 관련해서는 15장에서 상담 실무에 대해 여러분이 통합적인 접근을 고안하는 몇 가지 방법에 대해 논의하고자 한다.

이 책의 MindTap을 참조하여 동영상 퀴즈와 다양한 동영상 프로그램을 통해 1장과 관련된 주제에 대한 지식을 확장하기를 바란다.

나의 관점 학습목표 01

나의 철학적 지향은 실존주의적 접근으로부터 큰 영향을 받았다. 이 접근은 특정하게 정해진 기법이나 절차를 제공하지 않기 때문에 나는 이 책에 제시된 다른 모델로부터 기법을 끌어왔다. 나는 특히 역할 연기 기법 활용을 좋아한다. 내담자들이 자신의 삶 속에서 한 장면을 시연할 때, 단순히 자신에 대한 일화를 보고할 때보다 훨씬 더 심리적으로 상담에 열중하는 경향이 있다. 또한 나는 인지행동 상담으로부터 파생된 많은 기법을 통합시켰다.

정신분석에서 강조하는 초기의 심리성적 및 심리사회적 발달은 유용하다. 우리의 과거는 현재의 성격과 행동을 조성하는 데 중요한 역할을 한다. 나는 내담자가 초기 조건화와 과거 경험의 희생자라는 점에 대해서는 동의하지 않는다. 그러나 나는 특히 과거가 현재의 정서적, 행동적 어려움에 영향을 끼치고 있을 때에, 과거에 대한 탐색이 종종 유용하다고 믿는다.

또한, 나는 우리의 생각이 우리가 느끼고 행동하는 방식에 영향을 끼친다는 인지행동적 관점을 중요하게 받아들인다. 이러한 관점의 상담은 현재 행동을 강조한다. 사고와 감정은 중요한 차원이다. 그러나 그것을 지나치게 강조하며 내담자의 행동을 탐색하지 않는 것은 잘못이다. 내담자가 하는 행동은 그들이 진정으로 원하는 것이 무엇인지 알 수 있는 좋은 실마리를 제공한다. 나는 또한 이 접근이 구체적인 목표를 강조하고, 내담자가 상담 회기나 삶에서 구체적인 목표를 스스로 설정하도록 격려하는 점을 중요하게 생각한다.

더욱 더 많은 접근들이 상담자와 내담자가 협력하도록 돕는 방법을 개발해왔는데, 그 방법은 치료적인 노력에 대해 내담자와 상담자가 공동으로 책임감을 갖게 만든다. 이러한 협력적 관계는 상담에서 습득한 방법을 실생활에 적용하는 방법을 가르치는 것과 더불어 이 세상에서 내담자가 주도적인 역할을 하도록 힘을 북돋아주는 역할을 한다. 상담 회기뿐 아니라 일상생활에서 내담자가 주도적인 입장을 취하는 것은 필수적이다. 내담자와 상담자가 협력하여 정한 과제는 내담자로 하여금 그들이 상담에서 배운 것을 실천하도록 하는 중요한 도구가 된다.

이와 연관된 나의 가정은 우리가 자기 미래를 창조하는 자유를 증진시키는 연습을 할 수 있다는 것이다. 개인적 책임을 진다는 것은 단순히 우리가 원하는 건 어떤 것이든 할 수 있다는 걸 암시하지 않는다. 사회적, 환경적, 문화적, 그리고 생물학적 현실은 우리 자신이 원하는 선택의 자유를 자주 제한한다. 선택할 수 있다는 것은 압박이나 구속이 있는 사회정치적 맥락에서 고려되어야 한다. 즉, 억압은 우리가 자신의 미래를 선택하는 능력을 제약한다. 우리는 또한 사회적 환경에 영향을 받으며, 우리가 하는 많은 행동은 학습과 조건화의 산물이기도 하다. 이러한 점을 감안한 상태에서, 나는 맥락적으로 강요되는 힘에 대한 자각을 증진시킴으로써 우리가 이러한 현실을 다룰 수 있다고 생각한다. 우리의 결정과 행동에 영향을 끼치는 내적, 외적 힘에 대응하는 방법을 습득하는 것은 매우 중요하다.

여성주의 상담은 환경적, 사회적 조건이 여성과 남성의 문제에 영향을 끼치는 방법과 성역할의 사회화가 성적 불평등을 어떻게 초래하는지 자각하게 하는 데 크게 기여했다. 가족 상담은 체계의 맥락으로부터 분리해서 개인을 이해하기는 불가능하다는 점을 우리에게 알려주었다. 가족 상담과 여성주의 상담은 개인을 이해하기 위해서는 개인내적 영역에 초점을 맞추기보다 대인관계 차원과 사회문화적 맥락을 고려하는 것이 필수적이라는 가정에 기초한다. 상담에 대한 이와 같은 포괄적인 접근은 내적인 역동을 이해하는 수준을 넘어 우리에게 영향을 끼치는 환경적, 체계적 현실을 다룬다.

상담에 대한 나의 철학은 상담이 전적으로 심리적 '질병'을 '치료하는' 목적으로 이루어진다는 가정에 이의를 제기한다. 이처럼 의학적 모형에 초점을 맞추게 되면 상담 실무를 제약하게 되는데, 그 이유는 그 모형은 강점보다는 약점을 강조하고 있기 때문이다. 이와 같은 관점 대신 나는 포스트모더니즘의 접근(13장 참조)에 동의하는데, 이 접근은 사람들은 자신의 문제를 해결하려고 할 때 동원할 수 있는 내적, 외적 자원을 가지고 있다는 가정에 뿌리를 두고 있다. 상담자가 내담자의 병리보다 내담자가 가지고 있는 역량을 인정한다면 내담자를 사뭇 다르게 볼 수 있다. 나는 각 개인이 상담을 통해 발굴되고 활용할 수 있는 역량을 가지고 있다고 생각한다.

상담은 두 사람이 관여하는 과정으로서 그들은 치료적 노력을 통해서 변화를 꾀하려는 사람들이다. 이상적인 형태의 상담은 삶 속에서 겪는 과제를 함께 해결하려고 상담자와 내담자가 함께 협력하는 과정이다. 이 책에 제시된 모든 이론은 상담 실무가 내포하고 있는 협력적 특성을 강조하고 있다.

상담자는 내담자를 변화시키거나, 즉각적인 충고를 하거나, 내담자를 위해 문제를 해결해주는 사람이 아니다. 그보다 상담자는 내담자와 진실한 대화 과정을 통해 치유를 촉진한다. 상담자가 어떤 사람인지가 내담자에게 영향을 끼치거나 변화를 촉진하는 데 가장 중요한 요인이다. 만약 상담자가 이론적으로나 실무적으로 많은 지식을 가지고 있지만, 이해와 온정, 신뢰, 정직, 공감, 현실성, 치유적 민감성 등과 같은 인간적 자질을 결여하고 있다면 그들은 단지 기술자에 가까울 뿐이다. 나는 기술자로만 기능하는 사람은 내담자의 삶에 중요한 변화를 촉진할 수 없을 것이라고 생각한다. 상담자는 반드시 자신의 가치, 태도 및 신념에 대해 깊이 탐색하고 스스로에 대한 자각 수준을 높여야 한다고 생각한다. 이 책 전체를 통해 나는 여러분이 이 책에서 얻은 지식을 여러분 자신의 삶에 적용해볼 것을 추천한다. 그렇게 하면 여러분은 이러한 이론을 단순히 학문적으로 이해하는 것 이상의 수준에 도달할 것이다.

상담 기법을 숙달하고 그것을 적절하면서 효과적으로 적용하는 것에 대한 나의 생각을 말하면, 여러분 자신이 여러분이 가진 최고의 기법이라고 생각한다. 여러분의 격려는 상담 과정이 효과적으로 진행되게끔 하는 데 유용하다. 한편, 여러분이 사용하는 기법을 여러분의 성격과 여러분이 내담자와 형성하고 있는 관계로부터 분리하는 것은 불가능하다.

관계 변인을 고려하지 않은 상태에서 기법을 적용하는 것은 비효과적이다. 기법이 내담자–상담자 사이에 건설적인 관계를 형성하려는 노력을 대신할 수 없다. 여러분이 태도 및 기술에 대한 지식, 그리고 성격 역동과 상담 과정에 대한 지식을 학습할 수 있어도, 효과적인 상담의 대부분은 예술적인 측면의 산물이다. 상담은 기술을 많이 가진 기술자가 되는 것 이상의 요소를 수반한다. 다시 말해, 이는 상담자인 여러분이 내담자와 효과적인 작업 관계를 형성하고 유지할 수 있고, 상담자로서 자신의 경험과 반응을 믿고 의지할 수 있으며, 자신의 내담자가 필요로 하는 기법을 찾아낼 수 있다는 사실을 의미한다

상담자로서 여러분은 자신의 개인적 성장을 지속하고 자신의 개인적 문제를 다룰 수 있다는 개방적 태도를 취할 필요가 있다. 여러분이 내담자를 가르칠 수 있는 가장 확실한 길은 여러분이 행동을 통해서 모범을 보여주고, 여러분이 그들과 인간적인 유대를 형성하는 것이다. 나는 여러분들이 스스로 **내담자가 되어** 여러 가지 기법을 체험해보기를 제안한다. 책을 통해 기법에 대해 읽는 것과 내담자의 입장에서 그러한 기법을 실제로 체험하는 것은 아주 다르다. 예를 들어, 여러분이 마음챙김 훈련을 해보면 내담자가 일상생활에서 마음챙김을 하게끔 인도하는 방법을 효과적으로 알려줄 수 있을 것이다. 만약 여러분이 자신의 변화 프로그램의 일환으로 집에서 수행할 과제를 수행해본다면, 여러분은 내담자와 그들의 어려움에 대해 좀 더 공감할 수 있을 것이다. 자기개방과 개인적 어려움에 대해 말하는 것에 대한 불안이 있다면 바로 그 불안을 내담자의 불안을 다루는 중요한 접점으로 활용할 수 있다. 여러분이 자신이 받았던 상담에서 필요로 했던 용기를 통해, 여러분의 내담자가 상담에서 보여주는 용기의 가치를 인정하고 그것을 보여주는 내담자에게 감사할 수 있을 것이다.

여러분의 인간적 자질은 상담자가 되는 데 매우 중요하지만, 좋은 의도를 가진 좋은 사람이라는 것만으로는 충분하지 않다. 효과적인 상담자가 되려면 상담 경험과 이론, 기법에 대한 지식을 지도 감독 받아야 하며, 더 나아가 여러 **성격 이론**의 기초를 단단히 다지고 여러 성격 이론과 **상담 이론** 간의 관련성에 대해서도 익혀야 한다. 상담자가 가지고 있는 인간에 대한 개념과 내담자의 개인적인 특성은 상담자의 개입에 영향을 준다. 상담자와 내담자의 차이점 때문에 상담이론의 어떤 부분은 수정해서 적용할 필요가 있다. 몇몇

상담자들은 자신이 상담하는 대부분의 내담자에게 한 유형의 개입(지지적, 직면적, 정보제공적 개입)만을 적용하는 실수를 저지른다. 실제로, 어떤 내담자는 하나의 개입 양식에 더 잘 반응할 수도 있다. 하지만 심지어 개인 상담 과정 동안에도 다른 시기에 다른 개입을 적용해야 하는 경우도 있다. 이에, 상담자는 내담자를 특정 개입 양식에 맞추기보다 내담자에게 적합한 상담 기법을 많이 알고 있어야 한다.

이 책의 활용 방법에 대한 제안 학습목표 02

이제 이 책의 가치를 최대한 활용할 수 있는 구체적인 지침을 제안하고자 한다. 사적인 어조로 기술된 이 책은 여러분으로 하여금 이 책을 읽을 때 여러분의 개인적인 체험과 연결시키게끔 도와줄 것이다. 2장 '개인으로서 그리고 전문가로서의 상담자'는 여러분의 필요, 동기, 가치와 삶의 경험에 대해 성찰하는 과정으로부터 시작한다. 자신이 어떤 사람이 되고자 하는지를 어떻게 전문적 역할에 반영할 수 있는지 생각해보라. 상담 이론들이 제시하는 주요 개념과 기법을 여러분의 개인적 삶에 의식적으로 적용하면서 그것을 이해한다면, 여러분은 다양한 상담 접근에 대한 지식을 자신의 것으로 소화하게 될 것이다. 2장은 여러분 자신을 유일하고도 가장 중요한 치료적 도구로 사용하는 방법을 이해하게끔 해줄 것이며, 상담 실무에서 고려할 중요한 많은 윤리적 문제를 다룰 것이다.

각각의 이론을 다루는 장을 공부하기 전에 나는 여러분이 15장을 최소한 가볍게라도 읽을 것을 권한다. 이 장은 이 책에 담긴 11개의 이론에서 제시하는 주요 개념을 종합적으로 소개하고 있다. 나는 이러한 관점들의 통합이 상담을 종합적으로 이해하게끔 하는 기반을 어떻게 형성하는지 보여주려고 했다. 통합적인 관점을 개발할 때, 총체적으로 사고하는 것이 필요하다. 인간의 기능을 이해하려면 신체적, 정서적, 정신적, 사회적, 문화적, 영적 차원을 필수적으로 이해해야 한다. 만약 이들 중 그 어느 한 가지 측면의 인간 경험이 누락된다면, 그 이론은 인간이 어떻게 사고하고 느끼며 행동하는지를 설명하는 데 제한적일 것이다.

여러 가지 상담 접근을 비교, 대비하기 위한 틀을 제공하기 위해 이론을 설명한 11개의 장은 동일한 틀로 기술되었다. 이 틀은 이론의 창시자나 중요한 인물의 개인사, 각 이론이 왜, 어떻게 그 시점에 발전하게 되었는지에 대한 간략한 역사적 설명, 주요 개념에 대한 논의, 상담 과정에 대한 개관, 상담자의 역할과 내담자의 작업, 상담 기법과 절차, 이론의 다문화적 관점 적용, 스탠과 그웬의 사례 적용, 요약, 각 이론이 공헌한 점과 제한점을 중심으로 한 평가, 각 상담 접근을 더 공부하려는 이들을 위한 제안, 그리고 추가로 읽을 자료 등으로 구성된다.

머리말에는 이 교재를 보완할 수 있는 다른 자료에 대한 전체 설명이 포함되어 있다. '스탠의 사례'와 관련된 MindTap 동영상 퀴즈에서는 13개의 회기에서 다양한 이론적 접근법을 통해 스탠을 상담하는 나의 방식을 보여주고 각 이론의 핵심 개념에 대한 나의 관점을 이론의 실제 적용에 중점을 둔 간단한 강의로 제시한다. 최근 동영상인 '그웬의 사례'에서는 9명의 상담자가 각자의 접근법을 사용하여 그웬과 함께 일하는 모습을 보여준다.

개별 이론을 다룬 장에 대한 개관 학습목표 03

나는 이 책을 위해 11개의 상담적 접근을 선정했다. 표 1.1은 이러한 접근을 개관하고 있는데, 이 각각에 대해서는 4~14장에서 좀 더 설명할 것이다. 나는 이 접근들을 네 개의 범주로 구분했다.

가장 처음 소개할 접근은 **정신역동적 접근**이다. **정신분석 상담**은 통찰, 무의식적 동기, 성격의 재구성이라는 개념들에 기초한다. 정신분석 모형을 가장 먼저 소개하는 이유는 이 모형이 공식적으로 인정되는 모든 상담 접근에 중요한 영향을 끼쳤기 때문이다. 어떤 치료적 모형은 정신분석의 연장선에 있고, 또 어떤 치료적 모형은 분석적 개념과 절차를 수정했으며, 나머지 접근 역시 정신분석에 반기를 들고 등장했다는 점에서 정신분석은 대부분의 접근에 영향을 주었다. 많은 심리치료이론은 기본 원리와 기법을 정신분석 접근으로부터 빌려왔거나 통합시켰다.

아들러 상담은 많은 측면에서 정신분석적 이론과 차이가 있지만, 포괄적인 의미에서 정신분석적 관점 중 하나로 간주된다. 아들러 상담은 의미, 목표, 목표지향적 행동, 의식적 행동, 소속감, 사회적 관심 등의 개념에 초점을 둔다. 아들러 상담은 아동기 경험을 탐색함으로써 현재를 설명하지만, 무의식적인 역동에 초점을 두지는 않는다.

두 번째 범주는 **경험적, 관계지향적 접근**이다. 여기에는 실존 상담과 인간중심 상담, 게슈탈트 상담이 포함된다. **실존 상담**은 완전한 인간이 된다는 것이 무슨 의미인지에 대한 관심을 강조한다. 이 접근은 인간 실존의 조건으로서 자유, 책임, 불안, 죄책감, 유한한 존재임에 대한 자각, 이 세상에서 의미를 창조하는 것, 적극적 선택을 통해 개인의 미래를 창조하는 것 등과 같은 주제를 제시한다. 이 접근은 명료한 이론이나 체계적으로 정리된 일련의 기법들로 구성된 통일된 형태의 이론이 아니다. 이 접근은 인간의 주관적 세계를 이해하는 다양한 방법을 강조하는 상담 철학에 가깝다. **인간중심 상담**은 휴머니즘 철학에 뿌리를 두고 있는데, 상담자의 기본적 태도를 중시한다. 이 접근은 내담자-상담자 관계의 질이 상담 과정의 효과를 좌우하는 가장 중요한 결정 요소라고 주장한다. 철학적인 측면에서 이 접근은 상담자의 적극적인 개입이나 지시 없이도 내담자는 자기 스스로 삶의 방향을 잡아갈 능력이 있다고 본다. 또 다른 체험적 접근인 **게슈탈트 상담**에서는 내담자가 지금, 즉 현재 자신이 체험하고 있는 것을 자각하게끔 돕는 일련의 실험 절차를 제공한다. 인간중심 상담과는 반대로 게슈탈트 상담의 상담자는 상담에서 주도적인 역할을 담당하지만, 그럼에도 그들은 내담자가 인도하는 방향을 따라간다. 이러한 접근은 변화

표 1.1 현대 상담 모형 개관

정신역동적 접근	
정신분석 상담	창시자: 지그문트 프로이트. 성격 발달에 대한 이론, 인간 천성에 대한 철학, 그리고 행동을 야기하는 무의식적 요인에 초점을 둔 심리치료 방법. 생후 6년 이전의 사건을 이후 성격 발달을 좌우하는 요인으로 보고 관심을 많이 둠.
아들러 상담	창시자: 알프레트 아들러. 주요 인물: 루돌프 드라이커스. 아들러 이후 드라이커스는 이 접근을 미국 내에 널리 보급하는 데 기여함. 이 접근은 책임의 소유, 자신의 운명을 스스로 창조하기, 목적 있는 삶을 창조하기 위한 의미와 목표의 발견 등을 강조하는 성장 모형. 이 접근의 주요 개념은 현재 통용되는 대부분의 다른 접근들에서도 사용됨.
경험적, 관계지향적 접근	
실존 상담	주요 인물: 빅터 프랭클, 롤로 메이, 어빈 얄롬. 심리치료를 잘 정의된 기법 체계로 보는 관점과 이견을 보이는 접근으로 이 모형은 상담 과정이 선택, 개인의 삶을 조형하는 과정에서의 자유와 책임, 자기결정과 같은 인간 실존의 기본적 조건을 기초로 하여 진행되어야 한다고 강조함.
인간중심 상담	창시자: 칼 로저스. 주요 인물: 나탈리 로저스. 이 접근은 1940년대 정신분석에 대항하여 비지시적 상담 접근이 나타났던 시기에 발전됨. 인간의 경험에 대한 주관적 관점에 기초한 이 접근은 문제와 어려움을 다루는 주체인 내담자를 신뢰하고 내담자에게 책임을 갖게 함.
게슈탈트 상담	창시자: 프리츠 펄스, 로라 펄스. 주요 인물: 미리엄 폴스터, 어빙 폴스터. 자각과 통합을 강조하는 체험적 접근. 분석적 심리치료에 대항하여 발전함. 신체와 마음의 기능을 통합하고, 상담관계를 강조함.
인지행동적 접근	
행동 상담	주요 인물: B. F. 스키너, 앨버트 반두라. 이 접근은 구체적인 행동 문제의 해결 과정에 학습의 원리를 적용함. 결과는 지속적인 실험으로 확인되어야 함. 이 접근이 사용하는 방법은 지속적인 수정과 개선에 있음. 마음챙김과 수용 기반 접근은 급속하게 퍼지기 시작함.
인지행동 상담	창시자: 앨버트 엘리스, 에런 벡. 앨버트 엘리스는 합리적 정서행동 상담, 즉 매우 교육적이고 인지적이며 행동지향적인 상담 모형을 창시함. 에런 벡은 인지 상담을 창시했는데, 이는 행동에 영향을 끼치는 사고의 역할을 강조함. 주디스 벡은 인지행동치료를 지속적으로 발전시켰으며, 크리스틴 파데스키는 강점중심 인지행동치료, 인지행동 상담의 발달을 도왔던 도널드 마이켄바움은 외상에 대한 대응 과정에서 회복 탄력성(resilience) 개념에 크게 기여함.
선택이론/현실주의 상담	창시자: 윌리엄 글래서. 주요 인물: 로버트 우볼딩. 이 단기 상담 접근은 선택이론에 기초하며, 내담자가 현재 순간에 대한 책임을 받아들일 것에 초점을 맞춤. 상담 과정에서 내담자는 자신의 욕구를 충족하는 효과적인 방법을 학습할 수 있음.
체계적, 포스트모던 접근	
여성주의 접근	이 접근은 많은 여성의 노력으로 성장하게 됨. 그중에서 진 베이커 밀러, 캐럴린 저브 엔스, 릴리언 코마스 디아스, 델마 브라이언트 데이비스, 로라 브라운 등을 꼽을 수 있음. 핵심적인 개념은 여성에 대한 심리학적인 억압에 대한 관심에 있음. 여성이 격하되는 사회정치적 현실에 의해 부여되는 제약에 초점을 두는 접근으로서 여성의 정체성 발달, 자기개념, 목표와 열망, 정서적 웰빙 등을 탐색함.
포스트모던 접근	많은 주요 인물들이 이 접근과 관련됨. 스티브 드셰이저, 인수 김 버그는 해결중심적 단기 상담의 공동 창시자임. 마이클 화이트와 데이비드 엡스턴은 이야기 상담과 관련된 주요 인물임. 사회구성주의, 해결중심 단기치료, 이야기 상담, 동기강화 상담은 모두 세상에는 단일한 진리가 없다는 가정에 기반을 둠. 이들은 현실은 사람들 사이의 상호작용을 통해 사회적으로 구성된다고 생각함. 이 접근은 내담자가 자신의 삶에 대한 전문가라고 주장함.
가족체계 상담	많은 주요 인물들이 가족체계 접근을 주도했음. 그중에 두 사람을 꼽는다면, 머레이 보웬과 버지니아 사티어를 들 수 있음. 체계적 접근은 개인의 변화를 촉진하는 열쇠는 가족을 이해하고 가족체계를 다루는 데 있다고 가정함.

를 유발하는 경로에서 정서를 강조하는 경향이 있으며, 이러한 점에서 그들은 정서중심 상담으로 간주될 수 있다.

세 번째 범주는 **인지행동적 접근**이다. 이것은 행동중심적 접근이라고 알려져 있기도 한데, 그 이유는 이들 모두는 통찰을 행동적 행위로 전환하는 것을 강조하고 있기 때문이다. 이 접근은 선택이론과 현실 상담, 행동주의 상담, 합리적 정서행동 상담, 인지 상담 등을 포함한다. **현실주의 상담**은 내담자의 현재 행동에 초점을 맞추며 새로운 행동을 위한 분명한 계획 수립을 강조한다. 현실주의 상담과 유사하게 **행동주의 상담**은 행동과 구체적 변화를 촉진하는 단계의 설정을 가장 중요한 것으로 간주한다. 최근 행동주의 상담은 행동의 중요한 결정 요소로서 인지적 요소에 더 많이 주목하는 경향을 보인다. **합리적 정서행동 상담**과 **인지 상담**은 행동 문제를 야기하는 부정확한 사고와 자동적 사고에 도전하는 방법의 습득을 필수적인 요소로 삼는다. 이러한 인지행동적 접근은 내담자의 부정확하고 자기파괴적인 가정을 수정하고 새로운 방식의 행동을 발달시키는 데 활용된다.

네 번째 범주는 **체계적, 포스트모던 접근**이다. 여성주의 상담과 가족 상담은 체계중심적 접근이다. 그러나 그 두 가지 접근은 포스트 모더니즘의 관점을 공유한다. 체계중심적 접근은 내담자의 성장에 영향을 끼치는 주변 환경의 맥락 속에 있는 개인을 이해하는 것이 중요하다고 주장한다. 내담자의 변화를 유발하기 위해서는 내담자의 성격이 자신의 성역할을 형성해온 사회화 과정과 문화, 가족 등의 체계에 의해서 어떻게 영향받아왔는지에 주목해야 한다.

포스트모던 상담은 사회구성주의, 해결중심적 단기 상담, 이야기 상담, 동기강화 상담 등을 포함한다. 이러한 새로운 접근은 대부분의 전통적 접근이 기초하고 있는 기본 가정과 이견을 보이는데, 이 세상에는 그 어떤 단일한 진리도 없으며, 현실은 인간들의 상호작용을 통해 사회적으로 구성된다고 가정한다. 포스트모던 접근과 체계적 접근은 사람들이 체계와 상호작용, 사회적 조건화, 담론의 맥락 속에서 자신의 삶을 어떻게 꾸려나가는지에 초점을 둔다.

나는 상담자는 내담자가 무엇을 **생각하고, 느끼며, 행동하는지**에 주의를 기울여야 하고, 하나의 완성된 상담 체계를 위해 이 세 가지 측면 모두를 고려해야 한다고 생각한다. 이 책에 포함된 상담 접근 중 몇 개는 상담에서 인지적 요소의 역할을 강조한다. 다른 상담 접근은 상담의 체험과 정서적 측면을 강조한다. 그리고 나머지 상담 접근은 행동을 수행하는 계획과 행동을 통한 학습을 강조한다. 포괄적이고 통합적인 형태의 상담 실무를 수행하려면, 이 모든 측면을 연결해야 할 것이다.

스탠의 사례 소개 학습목표 04

여러분은 실제 이론이 활용되는 장면을 관찰함으로써 많은 것을 배울 것이다. 특히 실제 상담 시연이나 내담자와 상담자 역할을 번갈아 하면서 참여하는 체험적 활동의 일원이 되는 방법이 좋다. 온라인 프로그램은 각 이론에서 사용되는 한두 개의 기법을 실제로 보여준다. 나는 상담자로서 여러분이 공부하게 될 각 이론들이 제시하는 원리를 가상 인물인 스탠(Stan)과의 상담에서 어떻게 적용하는지 보여주려고 한다. 나의 많은 학생들에 따르면, 스탠이라는 가상 사례와 그의 성장 과정에 대한 자료는 다양한 상담 기법이 동일한 내담자에게 적용되는 방식을 이해하는 데 매우 도움이 된다고 한다. 스탠이라는 가상 내담자의 삶과 갈등을 기술한 사례가 아래에 제시되어 있는데, 이 사례는 여러분이 이론을 공부하고 그것을 적용할 때 참조할 만큼의 중요한 배경 정보를 제공하게 될 것이다. 2부에 포함된 11개의 이론을 다룬 장에서는 각각의 이론적 접근을 채택하는 상담자가 스탠과 어떤 방식으로 상담할지에 대한 논의도 이루어질 것이다. 또한, 우리는 아래에 제시한 질문에 대한 답을 검토하게 될 것이다.

- 스탠의 삶에서 상담 시간 동안 상담자가 특별히 주의를 기울일 필요가 있는 주제는 무엇인가?
- 이 문제를 가지고 있는 스탠과 상담할 때 어떤 개념들이 여러분에게 유용할 것인가?
- 스탠과의 상담에서 설정할 수 있는 일반적인 목표는 무엇인가?
- 이러한 목표에 도달하기 위해 어떤 기법과 방법이 가장 적합할 것인가?
- 스탠과 상담자 간에 맺은 관계의 특징은 무엇인가?
- 상담자는 어떻게 상담을 진행할 것인가?
- 상담자는 상담 과정과 상담 효과를 어떤 방법으로 평가할 수 있는가?

앞에서 미리 읽어보길 추천한 15장에서 나는 내가 스탠과 어떻게 상담을 진행할 것인지에 대해 설명할 것인데, 이 설명에는 통합적 관점에 필요한 많은 상담 이론 모형에서 가져온 개념과 방법을 제안할 것이다. 그리고 하나의 사례를 통해서 각각의 접근들이 가지고 있는 차이점과 유사점을 보여주게 될 것이다. 이 사례는 여러분으로 하여금 11개 모형의 실제적 적용 방법을 이해하게끔 하고, 그 모형들을 통합할 때 근거가 될 기초를 제공한다. 이제 스탠과 했던 접수 면접의 요약본과 그의 발달 배경 및 가족사, 그리고 그의 삶에서 발견되는 몇 가지 중요한 주제를 기술하고자 한다. 이는 다양한 이론적 배경을 가진 상담자들이 스탠과 상담할 때 스탠에 대해 이해할 수 있는 맥락을 제공할 것이다. 각각의 상담 접근에서 여러분이 자신의 상담 스타일로 통합할 수 있는 요소를 찾아보기 바란다.

스탠과의 접수 면접

상담이 이루어진 곳은 개인 상담과 집단 상담이 모두 가능한 지역사회 정신건강센터이다. 스탠은 자신의 음주 문제 때문에 상담실을 방문했다. 그는 음주운전으로 기소되었으며 판사는 그가 전문가의 도움이 필요하다고 판단했다. 스탠은 자신이 문제가 있다는 점을 인정했지만, 그는 자신이 알코올중독이라고 생각하진 않는다. 스탠은 접수 면접을 하기 위해 상담실을 방문했고 아래와 같은 정보를 상담자에게 제공했다.

> 현재 나는 건설 현장에서 일하고 있다. 집 짓는 일을 좋아하지만 앞으로 계속 이 일을 하면서 살 것 같지는 않다. 개인적인 삶에 관해 이야기하면, 사람들과 잘 지내기 어려워한다. 사람들이 나를 '혼자 지내기 좋아하는 사람'이라고 부를 것이다. 나는 사람들을 좋아하지만, 그들과 가까이 지내는 방법을 모르는 것 같다. 이것은 아마 대부분 음주 문제와 관련될 것이다. 나는 친구를 사귀거나 사람들과 가까이 어울리지 못한다. 내가 가끔 술을 약간 지나치게 마시는 이유는 사람들과 친해지려고 할 때 두려움이 많이 느껴지기 때문일 것이다. 그 사실을 인정하기는 정말 싫지만 내가 술을 마시면 그때만큼은 사람들과 어울리는 상황이 힘들지 않다. 다른 사람들은 말을 잘하는 것 같다. 그들 옆에 있으면 나는 벙어리처럼 느껴진다. 나는 사람들이 내가 재미없는 사람이라는 사실을 아는 것이 두렵다. 이러한 삶을 바꾸고 싶은데, 어디서부터 시작해야 할지 모르겠다. 그것이 학교를 다시 다니기 시작한 이유이기도 하다. 나는 건축 일을 하면서 심리학을 전공하는 학생이다. 좀 더 나은 사람이 되고 싶다. 수강 중인 적응심리학 시간에 우리는 자신과 사람들의 변화에 관해 이야기했다. 우리는 또한 자신이 살아온 삶을 글로 쓰는 과제도 했다.

이것이 스탠에 대한 소개의 핵심이다. 상담자는 그가 자신이 살아온 삶에 대해 작성한 글을 읽고 싶다고 했다. 스탠은 자신이 그동안 어떻게 살아왔고, 앞으로 어떻게 살고 싶은지에 대해 상담자가 더 잘 이해하기를 바란다. 그는 자서전적인 글을 가지고 왔고, 그 글은 다음과 같다.

> 나는 지금 내 삶의 어디쯤에 있는가? 나이는 서른다섯이지만, 이 나이가 되도록 삶의 대부분을 낭비한 것 같다. 지금쯤이면 이미 대학 과정을 마치고 직장 생활을 시작했어야 했다. 그러나 이제 겨우 대학 3학년이다. 나는 전일제 학교생활을 할 수가 없는데, 그 이유는 생계를 위해 일을 해야 하기 때문이다. 건설 현장에서 하는 일이 힘들지만 거기서 이룬 것을 돌아볼 때 얻는 만족감을 좋아한다.
>
> 나는 사람들과 함께 일하는 직업을 구하고 싶다. 언젠가 나는 상담이나 사회복지 영역에서 석사학위를 받은 후 어려움을 겪는 아이들의 상담자가 되고 싶다. 나는 나를 염려하는 주변 사람들로부터 도움을 받았다는 것을 알고 있으며, 나 또한 다른 사람에게 도움을 주고 싶다.
>
> 나는 친구가 거의 없는데, 대부분의 사람들과 함께 있을 때 두려움을 좀 느낀다. 하지만 아이들과 함께 있으면 기분이 좋다. 그러나 상담자가 되는 데 필요한 이 모든 과목을 이수할 수 있을 만큼 내가 똑똑한지는 잘 모르겠다. 내가 가진 문제 중 하나는 자주 술을 마시고 취한다는 점이다. 잦은 지나친 음주는 내가 외롭다고 느끼고 감정의 강렬함이 두려울 때 일어난다. 처음에는 술을 마시는 것이 도움이 되는 것 같았지만 나중에는 끔찍하게 느껴졌다. 예전에 약물을 남용한 적도 있다.

나는 매력적인 여성이 내 옆에 있을 때 압도되며 두려워진다. 떨리고 땀이 나며 극도로 긴장된다. 그들이 나를 남자답지 못하다고 판단하고 그렇게 볼 것 같다. 진정한 남자가 될 수 없다는 점이 두렵다. 어떤 여성과 성적으로 친밀해지면, 나는 그녀가 나에 대해 어떻게 생각할지에 대해 불안하고 지나치게 생각이 많아진다.

나는 거의 항상 불안하다. 죽을 것처럼 느껴지는 경우가 많다. 자살 기도에 대한 생각을 한다. 그 누가 나에게 관심이나 가질까 싶다. 나는 내 장례식에 참석해서 참 안됐다고 느낄 가족을 상상한다. 나는 내가 가진 잠재력을 실현하기 위해 노력하지 않은 것과 실패자라는 것, 대부분의 시간을 허비했다는 것, 다른 사람들이 나를 무시하게끔 놔두었다는 것에 대해 죄책감을 느낀다. 나는 나 자신을 하찮게 보고 죄책감에 빠져 있으며 매우 우울하다. 이럴 때에는 나는 희망이 없고 차라리 죽는 게 낫다고 느낀다. 이 모든 이유 때문에 나는 다른 사람들과 가까이 지내기 어렵다.

나의 삶에 몇 가지 밝은 면도 있다. 나는 우울한 과거의 많은 부분을 이겨내고 대학에 들어왔다. 나는 '변화하기 원한다'라고 했던 나의 결정을 좋아한다. 내가 실패자라는 느낌에 이제는 지쳤다. 그 누구도 나를 위해 삶의 방식을 바꾸지 못한다는 사실을 알고 있다. 내가 얻길 원하는 것은 전적으로 내게 달려있다. 그래서 때때로 두려움에 떨기도 하지만 이러한 위험을 감수하고 싶다.

나의 과거는 어떠했나? 내게 중요한 전환점이 있었다. 그것은 지난 몇 년의 여름 동안 내가 일했던 청소년 캠프에서 나의 슈퍼바이저가 나에 대해 가진 신뢰이다. 그는 내가 직장을 갖게끔 도와주었고 대학에 가라고 격려해주었다. 그는 청소년들과 함께 일할 수 있는 많은 잠재력을 내 속에서 발견한다고 말해주었다. 그 말은 참 믿기 어려웠지만 나에 대한 그의 신뢰는 내가 나 자신을 믿기 시작하게끔 자극했다. 또 다른 전환점은 결혼과 이혼이다. 그 결혼은 오래 지속되지 못했다. 결혼생활은 내가 어떤 남자인지에 대해 생각하게 해주었다! 조이스는 강하고 지배적인 여성이었는데, 그녀는 내가 정말 가치 없는 인간이라고, 나와 함께 있고 싶지 않다고 반복적으로 말했다. 우리는 겨우 몇 번의 성관계를 했는데, 나는 성관계를 그리 능숙하게 해내지 못했다. 그 점은 참 받아들이기 어려웠다. 이러한 경험으로 나는 여성에게 가까이 가기가 두려웠다. 나의 부모는 이혼했어야 했다. 그들은 대부분의 시간을 싸우면서 보냈다. 나의 어머니(앤지)는 아버지(프랭크 시니어)를 지속적으로 비난했다. 나는 아버지가 약하고 수동적으로 보였다. 아버지는 어머니에게 정면으로 대항한 적이 한 번도 없었다. 우리 가족의 형제자매는 모두 넷이었다. 부모님은 나를 누나(주디)나 형(프랭크 주니어)과 비교하며 무시했다. 그들은 '완벽한' 자녀들이었고 학교에서는 우등생인 성공적인 학생이었다. 나의 동생(칼)과 나는 많이 다투었다. 가족들은 동생의 응석을 많이 받아주었다. 이 모든 것이 내게는 매우 힘들었다.

고등학교에 들어가서 나는 약물을 시작했다. 남의 물건을 훔치는 바람에 소년원에 들어가기도 했다. 나중에 나는 친구들과 싸운 이후에 정규 학교에서 쫓겨났으며 보습 고등학교를 다니게 되었는데, 거기에서 나는 아침에 등교했다가 오후에는 직업 실무

> 교육을 받았다. 나는 자동차 수리를 시작했는데 그것은 꽤 성공적이었고, 심지어는 3년간 자동차 수리공으로 계속해서 고용되어 일하기도 했다.
>
> 나는 아직 아버지가 내게 했던 질문을 기억하고 있다. "너는 왜 네 누나나 형처럼 되지 못하니? 왜 좀 더 올바른 행동을 하지 못하니?"라는 질문이다. 어머니는 아버지께 했던 것처럼 나를 대했다. "너는 왜 내게 상처가 되는 그런 일을 많이 하니? 왜 좀 철이 들어서 남자가 되지 못하니? 네가 없어지면 아마 우리 집이 훨씬 편할 거다." 나는 울면서 잠들었고 극심하게 외로웠던 많은 밤들을 기억한다. 우리 집에서는 종교에 대해 이야기해본 적이 없고 성관계에 대해서도 이야기를 나눈 적이 없었다. 사실 나는 우리 가족이 성관계를 하기나 하는지 상상하기 어려웠다.
>
> 지금부터 5년 후에 나는 어디에 있기를 바라는가? 나는 어떤 사람이 되고 싶은가? 무엇보다 나는 나 자신에 대해 긍정적인 느낌을 가지는 것부터 시작하고 싶다. 나는 술을 완전히 끊은 후에도 여전히 자신에 대해 긍정적으로 느끼고 싶다. 나는 지금보다 나 자신을 더욱 많이 좋아하고 싶다. 나는 최소한 몇 사람만이라도 사랑하는 법을 배우고 싶은데, 특히 여성이면 좋겠다. 나는 여성에 대한 두려움을 버리고 싶다. 나는 다른 사람들과 동등하다고 느끼고 싶고 나의 존재가 잘못되었다는 느낌을 가지고 싶지 않다. 나는 불안과 죄책감으로부터 자유로워지고 싶다. 나는 훌륭한 아동 전문 상담자가 되고 싶다. 내가 어떻게 변할지, 또는 모든 변화가 내가 바라는 것이 될지 잘 모르겠다. 나는 자기파괴적인 성향으로부터 자유롭기 바랄 뿐 아니라 사람들을 더 많이 믿는 방법을 배우고 싶다. 아마 내가 나 자신을 더 많이 좋아하기 시작할 때에야 다른 사람도 내 속에서 좋아할 만한 것들이 있다는 것을 믿게 될 것이다.

이론적 성향과 무관하게 효과적인 상담자는 자살 생각에 대해 주의를 기울일 것이다. 자서전적 글 속에서 스탠은 "자살 기도에 대한 생각을 한다."라고 했다. 그리고 그는 자신이 변할 수 있을지에 대해 때때로 의심하며 '차라리 죽는 게 낫다'는 생각을 한다고 했다. 상담을 시작하기 전에 상담자는 스탠의 현재 **자아 기능**(자신의 삶을 현실적으로 영위할 수 있는 능력)을 평가할 필요가 있는데, 이러한 평가에는 자살 생각에 대한 논의가 포함될 것이다.

스탠의 삶에 나타난 몇 가지 핵심적인 주제 개관

스탠의 삶에서 겪는 핵심적인 갈등을 반영하는 주제가 드러났다. 스탠이 상담에서 꺼낼 여러 요점이나 4~15장에 소개될 이론적 관점으로 다루어질 주제라고 여겨지는 명제를 아래에 제시했다.

- 내 삶에서 사람들을 좋아하고 싶지만 친구를 어떻게 사귀는지, 그들과 어떻게 친해지는지 나는 잘 모르는 것 같다.
- 나는 내 삶의 방향을 바꾸고 싶지만, 그 방향을 모르겠다.
- 나는 뭔가 변화시키고 싶다.

- 나는 실패를 두려워한다.
- 나는 내가 외롭고 두려우며 압도될 때 술을 많이 마셔서 기분을 풀려고 한다.
- 나는 여성과의 만남이 두렵다.
- 밤이면 때때로 나는 극심하게 불안하며 거의 죽을 것 같은 느낌이 든다.
- 나는 내 삶을 낭비하고 실패했으며 사람들이 나를 무시하게끔 했다는 점에 대해 죄책감을 느낀다. 이럴 때 나는 우울해진다.
- 나는 내가 의지가 있으며 정말 변하고 싶어 한다는 점을 좋아한다.
- 나는 부모님으로부터 진정으로 사랑받는다거나 그들이 원하는 사람이라는 느낌을 받은 적이 없다.
- 나는 자기파괴적인 성향을 제거하고 사람들에 대해 좀 더 신뢰하는 방법을 배우고 싶다.
- 나는 나 자신을 가치 없다고 생각했다. 그러나 이제는 나 자신에 대해 긍정적으로 느끼고 싶다.

2부에 포함된 장에서 나는 스탠과의 상담에서 특정한 이론에서 제공하는 개념과 기법을 적용하는 방법에 관해 기술할 것이다. 이와 더불어 이 장들에서 나는 여러분에게 각각 다른 관점에서 스탠을 계속 상담하는 방법에 대해 질문할 것이다. 그때 여러분은 여기에 제시된 자료와 함께 스탠의 자서전적인 글을 참조하기 바란다. 각 이론에 대한 스탠의 사례를 생생하게 구현하려면 이 책의 MindTap 안에 있는 '스탠의 사례' 회기를 시청하고 해당 동영상에 대한 퀴즈도 풀면서 공부하길 강력히 추천한다. 이 영상 프로그램에서 나는 다양한 이론의 관점에서 스탠을 상담할 것이고, 각 이론의 특성을 강조하는 간략한 강의도 진행할 것이다.

그웬의 사례 소개

켈리 커크시 박사 소개

Kellie Kirksey

나는 켈리 커크시 박사(Kellie Kirksey, Ph.D.)를 초대하여 그녀의 여러 내담자와 오랜 상담 경험을 조합함으로써 하나의 사례('그웬')를 만들어냈다. 그웬의 어려움에 대해서는 각 장에 소개된 이론과 그 어려움을 연결함으로써 논의했다. 그리고 커크시 박사는 각 이론이 제공하는 주요 개념을 반영하는 기법을 사용하여 그웬과 상담하는 방법을 보여준다.

켈리 커크시 박사는 오하이오 주립대학교에서 상담자 교육 및 심리학과에서 박사학위를 수여했다. 그는 임상 상담자 면허, 공인 재활상담사 자격 및 임상 슈퍼바이저 자격을 가지고 있다. 그는 상담 영역에서 25년 이상의 실무와 교육 경험을 가지고 있는데, 그녀의 관심사는 주로 다문화 상담, 사회정의, 통합적 상담, 웰니스(wellness) 등에 초점이 맞추어져 있다.

커크시 박사는 다른 문화권에서 웰니스를 찾는 방법을 탐색하는 일을 즐기며 북아메리카, 남아프리카, 보츠와나, 하와이, 이탈리아 등지에서 웰니스와 자기돌봄에 대해 수많은 워크숍과 강의를 진행하고 있다.

그웬의 발달 배경 학습목표 05

56세의 그웬은 결혼한 아프리카계 미국인으로 현재는 섬유근육통과 불면증, 그리고 이전에는 불안과 우울증으로 고생한 경험이 있다. 그녀는 직장에서 스트레스와 고립감을 느낀다고 했으며, 여러 가지 역할을 하면서 시간 관리에 어려움을 겪고 있다. 그웬은 다섯 형제 중 맏이로서 부모님이 이혼한 이후 동생들을 돌보아야 하는 책임을 떠맡았다. 그웬은 론과 31년째 결혼생활을 유지하고 있으며 그들의 관계는 우여곡절이 있지만 그런대로 지지적인 관계라고 했다. 론은 고등학교 교사로 재직하고 있으며 가족을 가장 우선적으로 생각한다. 그들에게는 세 명의 장성한 자녀들이 있는데, 29세의 브리타니, 26세의 리사, 23세의 케빈이 그들이다. 그웬은 회계학 석사학위를 소지하고 있으며 큰 회사에서 공인회계사로 근무하고 있다. 그녀는 직장에서 유일한 유색인이라고 했다. 그녀가 직장에서의 다양성과 인종 사이의 평등 문제에 대해 목소리를 높이는 유일한 사람이기 때문에 자주 고립되고 지치는 느낌이 든다고 했다. 그녀는 긴 업무 시간 때문에 친구들과 보내거나 자신이 이전에 좋아했던 일을 하면서 보낼 시간이 부족하다. 그웬은 또한 자녀들이 필요로 할 때에는 각종 청구서를 대신 납부하면서 도와주고 있으며, 함께 거주하고 있는 친정어머니가 중증 치매를 앓고 계셔서 돌보고 있기도 하다.

이번이 그웬에게는 첫 번째 공식적인 상담이다. 그웬은 이전에 기분이 '가라앉을 때' 목사님을 찾아가곤 했다. 또한 그웬은 예전에 사촌오빠에게 성추행당했던 경험도 있었다고 한다. 그녀는 직장에서 업무에 집중하는 데 어려움이 있고, 슬프거나 압도되는 느낌이 자주 있어 상담실을 방문했다. 그웬은 심한 불안감을 느낀다고도 한다. 그녀는 자살을 하지는 않겠지만 "아프고 지친다는 느낌이 너무 많이 들어서 지겹고 짜증난다."라고 했다. 그웬은 자신의 현재 상황을 다음과 같이 요약했다. "며칠 전에 내가 그냥 존재하는 것과 생존하는 것 자체가 지친다는 사실을 알게 되었다." 그웬은 교회 목사의 소개로 커크시 박사에게 의뢰되었다. 그웬의 삶에는 어려움이 많지만, 신에 대한 신앙은 강하며 교회는 항상 자신에게 피난처가 된다고 한다.

접수 면접 회기

그웬은 자신의 마음속에 붙잡고 있던 스트레스의 근원을 내려놓을 준비가 되었다는 말로 회기를 시작했다. 그웬은 너무 오랜 시간 동안 모든 사람을 위해 모든 것을 한꺼번에 짊어지고 살았다고 한다. 초기 회기에서 나는 상담에 대한 동의서 내용 중에서 중요한 점을 논의했으며 상담 과정이 어떤 방식으로 진행되는지에 대해 알려주며 시작했다.

그웬은 자신의 가슴에 어떤 묵직한 것이 느껴지는데, 그것은 직장과 가정에서 그녀에게 기대하고 있는 것, 그녀가 아직 이루지 못한 것, 그녀가 향하고 있는 방향과 관련되는 것 같다고 했다. 나는 이러한 묵직한 느낌을 이해해주면서 그녀가 원하는 주제부터 이야기를 시작해주면 좋겠다고 했다. 그웬은 부모님이 이혼하기도 전인 어린 시절부터 근심 걱정 없이 편안한 느낌을 가져본 적이 없다고 했다. 그녀의 부모님은 그녀가 8세 때 조지아를 떠나 북쪽 지방으로 이사했다. 그녀의 부모는 모두 교사였으며 교육에 대해 가치를 많이 두는 분들이었다. 그의 이웃과 학교는 대부분 아프리카계 미국인이었으며, 사람들끼리 서로 가깝게 지내는 동네에 살았다. 고등학교 시절 그녀는 동네를 가로질러 백인들이 다니는 학교로 통학했는데, 그 학교에서 인종차별적인 태도를 접하기 시작했다고 했다. 그녀는 다음과 같이 말했다.

> 저는 뭔가 다르고 배제되었다는 느낌을 받았는데, 이 느낌은 때때로 부르는 별명이나 미묘하게 전해지는 모욕 등에 의해 강해졌어요. 저는 삶에서 제가 다른 아이들보다 앞서고 그들에게 받아들여지기 위해서는 두 배는 더 열심히 노력해야 할 것 같은 느낌이 들었던 것을 기억합니다. 대학에서도 저는 다른 사람들이 제가 할 수 없을 것 같다고 여기는 것을 해내기 위해 나 자신을 몰아붙이고 노력했습니다. 하지만 그러한 모든 노력이 저를 지치게 한 것 같아요.

그웬은 수많은 걱정거리 때문에 상담실을 방문했다. 그중 몇 가지는 일과 관련된다. 그녀는 직장에서 자신을 짓누르는 듯한 긴장을 느끼며 의견을 주장할 때 감정적이고 화가 난 것 같다는 평가를 받는다. 그녀가 직장에서 더 많은 긴장을 느낄수록 가정과는 멀어졌다. 또 다른 걱정거리는 그녀의 어머니가 치매 때문에 서서히 다른 세계로 멀어져가고 있다는 사실이다. 그웬은 자신에 대한 느낌이 끔찍하며 더 이상 다른 사람들과 함께하고 싶지 않다고 말했다. 모든 것이 그녀를 짜증나게 해서 이제 그녀는 혼자 지내고 싶게 되었다. 그웬은 다음과 같이 말했다.

> 저는 껍데기만 남은 사람 같아요. 저는 자살할 만큼 우울하지는 않아요. 그저 무감각할 뿐입니다. 매일 아침 일어나서 하루를 괴로움 속에서 보내고 잠자리에 들었다가 다시 일어나서 반복하는 이 모든 일이 무엇을 위한 것인지 모르겠습니다. 제 삶은 기쁨이라고는 거의 없는 밋밋한 음표 같아요. 저는 외출하지도 않고 성관계도 없으며 모든 일을 하기에는 이제 너무 지쳤어요. 제가 하는 그 어떤 일도 괜찮거나 충분하지 않아요. 제가 과제를 시작하면, 그것은 곧 사라지는 것 같답니다. 그 어떤 것도 마무리되는 것 같지 않고, 그러면 저는 저 자신에 대해 더 기분이 나빠진답니다. 때때로 저는 동굴에 들어가 다시는 나오고 싶지 않은 느낌이 들어요. 삶에 어떤 변화가 있지 않으면 모든 것을 잃을 것 같습니다. 밖에서 보면 모든 것이 좋아 보이지만, 내면은 벼랑 끝에 선 것 같고 뭔가 다른 일을 해야 할 것 같습니다. 저의 목사님과 멘토는 제가 저 자신을 방해

> 하고 있다고 해요. 대부분 저는 방어적이거나 물러서곤 하지만 이번만큼은 좀 더 나아지고 싶고 변화를 위해서 필요한 것은 무엇이라도 하고 싶습니다. 저는 항상 지친 느낌이 들거나 사람들 뒤로 숨었습니다. 제 목표는 좀 더 균형 잡힌 삶을 살고 스트레스 수준을 감소시키는 방법을 배우는 것입니다.

우리가 하게 될 여정의 첫 단계는 상호존중을 바탕으로 한 작업 동맹을 형성하는 것이다. 나는 그웬에게 이 시간은 그녀가 원하는 대로 사용할 수 있는 시간이고, 이 상담은 안전하며 비밀이 보장되는 공간임을 알려주었다.

그웬과의 상담 회기 동영상 학습목표 06

그웬의 사례에 대한 MindTap 동영상 프로그램 개요

이번 개정판의 특징은 모든 장에서 그웬의 상담 사례를 보여주는 동영상 회기이다. 이 동영상은 그웬의 사례를 생생하게 전달하며, 각 이론 장에 그웬이 등장한다. 켈리 커크시는 책의 각 장에서 그웬의 상담자로 등장한다. 이 동영상에서 커크시는 역할을 바꾸어 '내담자 그웬'이 되어 15회기에 걸쳐 9명의 상담자들이 다양한 이론적 관점에서 그웬을 어떻게 상담할지를 보여준다. 이 상담자는 연령, 인종, 문화, 민족, 직업적 정체성 및 경력, 성별이 다양하다. 각 상담자는 책에 소개된 사례의 특정 측면에 초점을 맞춰 선별된 기법을 시연한다. 각 회기는 약 20분이다. 이 회기의 주요 내용은 각 이론 장에 따라 다음과 같이 소개한다.

1장 접수 면접 회기

루페 알레-코를리스(Lupe Alle-Corliss, 사회복지 전공 석사, 임상사회복지사)가 그웬과의 접수 면접을 진행한다. 이 회기에서는 그웬의 삶 속 주요 스트레스 요인, 그웬의 과거 삶에서 선별된 측면, 현재 제시된 문제, 협력 관계 구축에 초점을 맞춘다. 이 회기는 그웬과의 모든 치료 회기의 기초를 제공한다.

2장 다문화적 관점

갈로 아르볼레다(Galo Arboleda, 사회복지 전공 석사, 임상사회복지사)가 그웬을 초대하여 라틴계 사회복지사와의 만남이 어떤 것인지 공유한다. 이 회기의 주제는 문화적 측면과 그웬의 문화적 가치와 배경, 삶의 경험이 현재 삶의 상황을 이해하는 데 어떻게 기본이 되는지를 포함한다.

3장 정보에 입각한 동의 회기

케이시 후인(Casey Huynh, 상담학 석사, 결혼가족 상담자)이 정보에 입각한 동의 과정의 일부 측면을 시연한다. 상담자는 그웬에게 문화와 인종의 차이에 관해 이야기해 달라고 요청한다. 그웬은 아프리카계 미국인이고 상담자는 중국계 베트남인이다. 두 사람은 서로의 차이가 함께 작업하는 데 어떤 영향을 미칠 수 있는지 살펴본다. 그웬은 상담자에게 비밀유지에 대해 질문한다.

4장 정신분석(정신역동)치료

데미안 파울러(Damian Fowler, 상담학 석사)가 그웬의 초기 삶이 현재 문제와 고민에 어떤 영향을 미치고 있는지 설명한다. 상담자는 전이의 개념을 설명하고, 상담자가 그웬에게 아들을 떠올리게 하는 그웬의 전이 반응의 가능성에 대해 논의한다.

5장 아들러치료

크리스티 카넬 박사(Kristi Kanel, 결혼가족 상담자)가 그웬의 가족 구성, 초기 기억, 형제자매, 그리고 그웬이 현재 자신에게 영향을 미치고 있다고 느끼는 몇 가지 기본적인 실수에 대한 아들러식 생활양식 평가를 실시한다.

6장 실존치료

상담 프로그램 대학원생인 **나오미 타피아**(Naomi Tapia)는 불안과 죽음에 대한 인식이라는 실존적 주제를 다룬다. 또한, 인종차별과 불의에 대한 그웬의 개인적인 고통과 의미를 찾는 과정을 살펴본다. 상담자는 상담 인턴으로 작업하고 있는 학생이며, 그웬에게 학생 인턴과 함께 작업하는 것에 대한 그녀의 반응을 공유하도록 초대한다.

7장 인간중심치료

대학원생이자 사회복지 프로그램에서 인턴으로 작업하고 있는 **멜리사 리베라-플로레스**(Melissa Rivera-Flores)는 그웬에게 자신이 학생이라는 사실을 알리는 것으로 이야기를 시작한다. 이 회기에서는 상담자의 공감과 연민이 그웬이 압도당하는 느낌을 더 깊이 탐구할 수 있도록 돕는 방법을 보여준다. 이 회기에서는 상담이 내담자가 회기에 가져오는 것에 의해 주도되는 협력적인 여정이라는 점을 강조한다.

8장 게슈탈트치료

레아 브루 박사(Leah Brew, 전문임상상담사, 임상정신건강상담사, 공인상담사)는 심신 연결에 초점을 맞춘다. 그웬은 미완성된 일, 특히 남편과의 관계를 현재로 가져온다. 현재 순간에 자신의 몸에 머무르는 것을 기본 원칙으로 삼는다는 주제를 설명한다.

9장 행동치료

그웬이 불안과 압도당하는 느낌에 대처하는 데 사용할 수 있는 이완 훈련 방법을 **크리스티 카넬 박사**가 알려준다. 그웬의 치료에는 사회적 기술 훈련이 포함되어 있으며, 대인관계 기술과 효과적인 의사소통 방법을 배운다.

10장 인지행동치료

그웬이 부정적인 자기 대화와 잘못된 사고를 식별하고 도전하도록 돕기 위해 **랜달 알레-코를리스**(Randall Alle-Corliss, 사회복지학 석사, 임상사회복지사)가 합리적 정서행동치료 기법을 사용한다. 상담자는 그웬에게 생각이 감정과 행동에 영향을 미치는 방식을 바꾸기 위한 ABC 모형을 가르친다. 상담자는 역할 반전과 인지적 논쟁을 시연한다. 이 회기에서는 과제를 어떻게 협력적으로 설계할 수 있는지 보여준다.

11장 선택이론과 현실치료

갈로 아르볼레다(Galo Arboleda, 사회복지학 석사, 임상사회복지사)가 그웬이 개인적인 목표를 달성하는 데 도움이 되는 행동 계획을 세우는 것을 돕는다. 그웬은 이미 요가 수업을 시작하여 효과를 보고 있다. 상담자는 그웬이 자신의 삶에서 가장 이루고 싶은 주요 변화를 추가로 파악하도록 돕는다. 실행 계획을 세우는 구체적인 단계가 시연된다.

12장 여성주의치료/사회정의

그웬의 차별과 억압에 대한 경험을 검증하는 데 가장 관심이 있는 **레아 브루** 박사는 그웬이 겪는 차별과 억압에 관해 이야기한다. 그웬은 유색인종 여성으로서 종종 자신의 목소리가 제대로 전달되지 않거나 무시되는 경험을 한다고 말한다. 상담자는 그웬과 함께 그녀가 무엇을 경험했는지 살펴본다. 자신의 목소리의 가치에 대해 성장하면서 배운 것을 탐구한다. 이 회기에서는 성별과 인종 문제가 그웬이 현재 겪고 있는 어려움을 이해하는 데 어떻게 핵심적인 역할을 하는지 살펴본다. 그리고 그웬이 자신의 삶의 상황을 바꾸기 위해 사회적 행동에 나서도록 독려한다.

13장 포스트모던 접근: 해결중심 단기치료

상담학 석사학위를 취득한 **데미안 파울러**는 그웬의 자원을 파악하기 위해 몇 가지 해결중심 단기치료(SFBT) 기법을 적용한다. 상담자는 SFBT 척도 기법을 사용하여 그웬에게 자신이 느끼는 압박감을 10점 척도로 평가해달라고 요청한다. 상담자는 그웬에게 스트레스가 압도적이지 않았던 때와 스트레스를 더 잘 관리하기 위해 무엇을 했는지 생각해보도록 요청한다(예외질문).

14장 가족체계치료

루페 알레-코릴리스는 그웬과 함께 그녀의 원가족에서의 경험이 어땠는지 살펴본다. 이전 회기에서 상담자는 그웬에게 3대를 묘사한 가족 가계도를 만들도록 권유했다. 그웬은 자신의 가족 가계도에 관해 이야기해달라는 요청을 받았다. 그웬의 원가족에 대한 설명 이후, 상담자는 현재 가족과의 유사점에 대해서 질문한다. 이와 더불어, 그웬이 가족에게 바라는 몇 가지 변화를 확인하고, 그웬의 남편을 부부 회기에 초대하는 점에 대해 어떻게 생각하는지 그웬에게 묻는다.

15장 통합적 접근

랜달 알레-코릴리스가 그웬에게 몸과 마음, 정신의 차원에서 치유할 수 있는 여러 가지 도구를 소개한다. 이 회기에서는 통합적 관점이 인지, 정서, 행동 영역 간의 상호작용에 초점을 맞추는 방법을 보여준다. 상담자는 그웬이 나이 든 백인 남성과 함께 작업하는 것에 대해 어떻게 생각하는지 묻는다.

16회기는 제럴드 코리 박사가 커크시 박사에게 그웬이라는 내담자 역할을 여러 상담자와 다양한 상담방식으로 경험한 것에 대해 어땠는지 이야기해달라고 요청하는 인터뷰이다. 그웬은 내담자로서의 역할에서 벗어나서, 켈리 커크시 박사이자, 전인적 심리치료사로서 자신이 누구인지 공유한다. 그녀는 책에서 그웬의 상담자가 된 것이 어땠는지, 그리고 해당 비디오에서 역할을 바꾸어 내담자가 된 것이 어떤 느낌인지 공유한다.

2장 개인으로서 그리고 전문가로서의 상담자

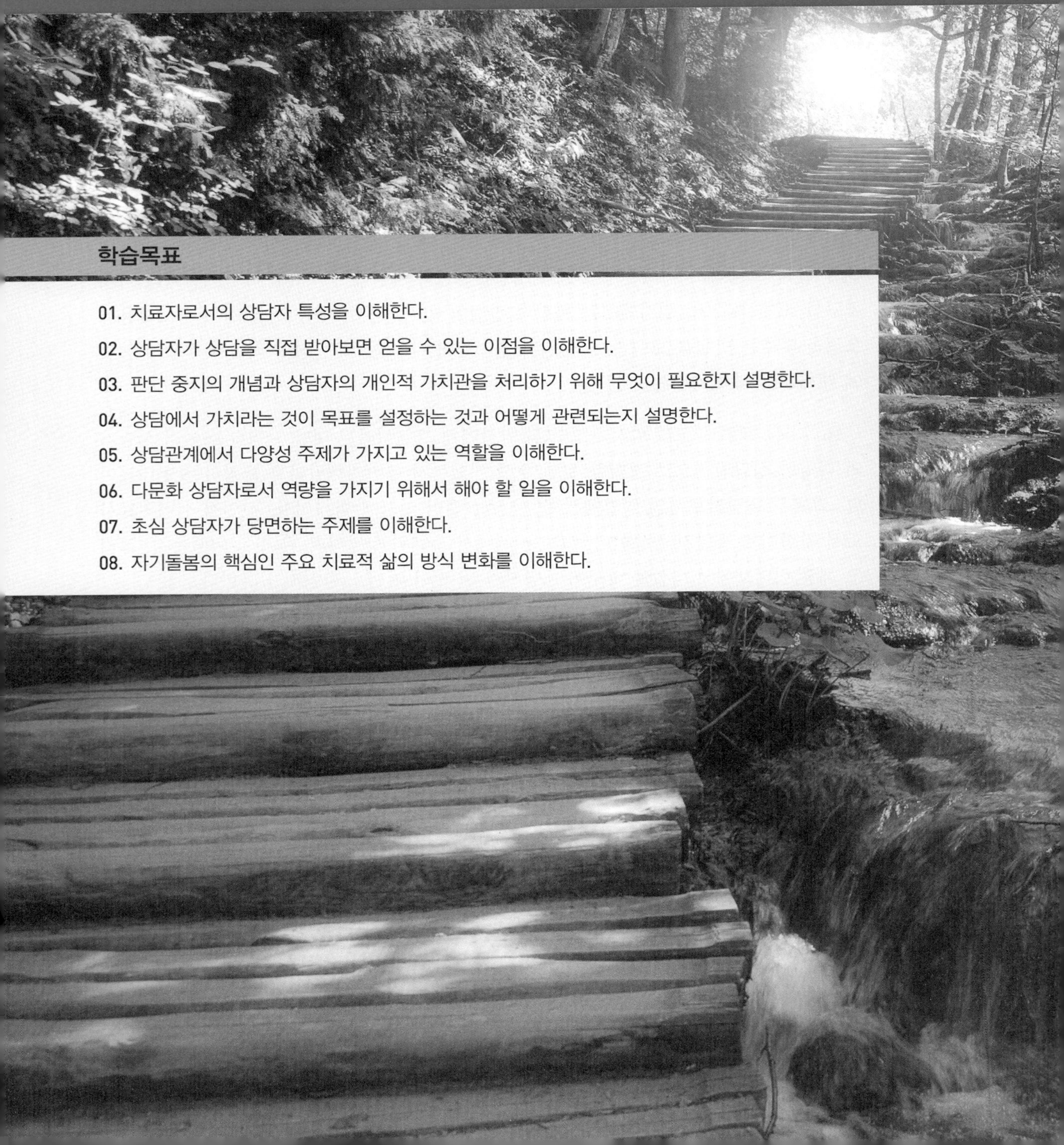

학습목표

01. 치료자로서의 상담자 특성을 이해한다.
02. 상담자가 상담을 직접 받아보면 얻을 수 있는 이점을 이해한다.
03. 판단 중지의 개념과 상담자의 개인적 가치관을 처리하기 위해 무엇이 필요한지 설명한다.
04. 상담에서 가치라는 것이 목표를 설정하는 것과 어떻게 관련되는지 설명한다.
05. 상담관계에서 다양성 주제가 가지고 있는 역할을 이해한다.
06. 다문화 상담자로서 역량을 가지기 위해서 해야 할 일을 이해한다.
07. 초심 상담자가 당면하는 주제를 이해한다.
08. 자기돌봄의 핵심인 주요 치료적 삶의 방식 변화를 이해한다.

도입

상담자로서 일할 때 사용해야 할 가장 중요한 도구는 개인으로서의 여러분 자신이다. 전문 상담자가 되기 위해 준비할 때 여러분은 성격 이론과 심리치료이론에 대한 지식을 습득하고, 평가와 개입 기술을 배우며, 인간 행동의 역동을 알게 될 것이다. 그러한 지식과 기술은 꼭 필요하다. 그러나 그 자체로는 효과적 상담관계를 형성하고 유지하기에 불충분하다. 모든 상담 회기에 들어갈 때, 우리는 인간적 특성과 우리에게 영향을 끼쳤던 경험을 함께 가지고 들어간다. 내 생각에는, 이러한 인간적 차원은 상담 과정에 가장 강력한 영향을 끼치는 것 같다. 실제로, 심리치료는 인간과 인간의 만남이라는 결론을 뒷받침하는 충분한 연구들이 존재한다(Norcross & Lambert, 2019c).

현대 상담 이론을 공부하기 시작하는 가장 좋은 방법은 이 장에서 제기되는 개인적인 주제에 대해 성찰하는 것이다. 자신에 대한 평가에 개방된 태도를 유지함으로써 여러분은 자신에 대한 자각을 확장시킬 뿐 아니라 전문가에게 필요한 능력과 기술 개발의 기초를 닦을 수 있다. 이 장에서 다룰 주제는 **개인**과 **전문가**가 현실에서는 분리될 수 없이 서로 얽혀있다는 점이다. 임상적으로나 과학적으로 우리는 상담자의 인간적인 측면과 상담관계가 특정한 상담적 접근이 제시하는 방법만큼이나 상담 효과에 기여한다는 사실을 알고 있다(Duncan et al., 2010; Elkins, 2016; Norcross & Lambert, 2019a, 2019c; Norcross & Wampold, 2019).

> 이 책의 MindTap을 참조하여 동영상 퀴즈와 다양한 동영상 프로그램을 통해 2장과 관련된 주제에 대한 지식을 확장하기를 바란다.

치료자로서의 상담자 학습목표 01

상담은 매우 친밀한 형태의 학습이다. 그래서 상담은 상담관계에서 기꺼이 진실한 사람이 되고자 하는 상담자를 요구한다. 내담자는 다른 곳이 아닌 사람과 사람이 맺는 관계의 맥락에서 성장을 경험한다. 만약 우리가 전문가의 역할이라는 안전한 방패 뒤에 숨어있다면 내담자 역시 우리로부터 숨게 될 것이다. 우리가 기술적인 전문성만 가지려고 노력하고, 우리 자신의 생생한 반응이나 자신을 상담 과정에서 배제한다면, 상담은 비효과적인 결과를 초래할 것이다. 우리 자신의 진실성은 내담자와의 관계에서 의미 있는 효과를 창출한다. 만약 우리가 자신의 삶을 돌아보고 원하는 방향으로 변화하기 원한다면, 우리는 우리 자신을 내담자에게 진실하게 드러내고 반응하는 방법을 통해 그 변화 과정에 대한 모범을 보일 수 있다. 우리가 만약 진실하지 않다면 내담자와 작업 동맹 관계를 형성하기 어렵다. 우리가 자신을 개방함으로써 내담자에게 진실해지는 모범을 보인다면, 내담자 역시 우리에게 솔직해지려고 할 것이다.

나는 상담자가 누구인지는 내담자와 효과적인 상담관계를 형성하고 유지하는 데 직접적으로 관련된다고 생각한다. 그렇다면 개인으로서의 상담자라는 역할과 상담관계가 상담 효과에 끼치는 영향에 관해 연구는 어떻게 밝히고 있는가? 수많은 연구 결과는 **인간적으로** 존재하는 상담자가 성공적인 상담을 촉진하는 중요한 요인이라는 점을 밝히고 있다(Elkins, 2016 참조). 내담자는 사용되는 특정 기술보다 상담자의 인격과 성품에 더 큰 가치를 둔다. 실제로 근거중심 심리치료에서 상담관계는 상담과 심리치료에서 핵심적이다(Norcross & Lambert, 2019a; Norcross & Wampold, 2019).

기법 자체는 상담 과정에서 제한된 중요성만 지닌다. 웜폴드(Wampold, 2001)는 상담 효과에 대한 수많은 연구를 모아 실시한 메타분석 결과, 인간적이고 상호관계적 요소가 효과적인 상담에 필수적인 한편, 기법은 상담 효과에 거의 영향을 끼치지 못함을 발견했다. **맥락적 요소**, 즉 동맹, 관계, 상담자의 개인내적 · 대인관계적 기술, 내담자의 주도성, 치료 외적 요인 등이 상담 효과를 좌우하는 중요한 결정요인이다. 이 연구는 인간중심적 심리학자들이 오래전부터 해오던 주장, 즉 "괴로움에 빠진 내담자를 치유하는 것은 이론이나 기법이 아니라 상담의 인간적 차원이며, 상담자와 내담자가 함께 작업할 때 이루어지는 '만남'"(Elkins, 2009, p. 82)이라는 주장을 지지한다. 치료적 관계는 특정 이론적 개입 방법만큼, 어쩌면 그 이상으로 내담자의 개선에 영향을 미친다(Norcross & Lambert, 2019c). 요약하면, **치료적 관계**와 사용된 **상담 방법** 모두 상담의 결과에 영향을 미친다. 사용된 상담적 개입이나 방법이 내담자와 형성한 치료적 관계를 뒷받침하는 것은 필수적이다. 노크로스와 램버트(Norcross & Lambert, 2019a)는 효과적인 상담자를 구성하는 요소의 본질을 다음과 같이 말했다. "연구에 따르면, 효과적인 심리상담사는 특정 방법을 사용하고, 강력한 관계를 제공하며, 치료 방법과 관계 태도를 개별 개인과 상태에 맞게 맞춤화하는 사람이다"(p. 19). 노크로스와 쿠퍼(Norcross & Cooper, 2021) 또한 "내담자의 문화, 가치, 선호도를 존중하는 것이 중요하다."(p. 41)라고 하였다. 이들은 내담자의 강한 선호를 존중하는 것이 상담자의 윤리적 의무라고 주장하였다.

효과적인 상담자의 인간적 특성

상담자의 몇 가지 특별한 인간적 성품과 특성은 내담자와의 상담관계를 형성하는 데 중요하다. 인간적 특성에 대한 나의 견해는 이 주제에 관한 여러 연구들에 의해 지지된다(Norcross & Lambert, 2019a, 2019b, 2019c; Norcross & Wampold, 2019; Skovholt & Jennings, 2004; Sperry & Carlson, 2011). 나는 앞으로 제시할 특성을 모두 완벽하게 갖춘 상담자가 존재할 것이라고 생각하지 않는다. 그보다 좀 더 효과적인 상담자가 되고자 하는 의지가 정말 중요하다고 생각한다. 다음 목록은 다른 사람의 삶에 의미 있는 영향을 끼치는 사람들에 대한 여러분의 생각을 점검하게끔 자극하려는 의도로 제시하였다.

- **효과적인 상담자는 정체성을 가지고 있다.** 그들은 자신이 누구이며 어떤 사람이 될 수 있으며, 삶에서 무엇을 원하며 무엇이 중요한지 알고 있다.
- **효과적인 상담자는 자기 자신을 존중하며 자신의 가치를 알고 있다.** 그들은 자신의 가치와 강점에 대한 감각을 바탕으로 도움과 사랑을 주고받는다. 그들은 다른 사람과 함께 있을 때 편안하며 다른 사람들이 그와 함께 있을 때 힘을 느낄 수 있게끔 허용한다.
- **효과적인 상담자는 변화에 대해 개방적인 태도를 보인다.** 그들은 자신이 존재하는 방식에 대해 만족스럽지 않다면 이미 알고 있는 것이 제공하는 안정감을 버릴 의지와 용기를 보여준다. 그들은 자신들이 어떻게 변화할지에 대해 결정하며 그들이 되고자 하는 사람이 되기 위해 노력한다.
- **효과적인 상담자는 삶을 향한 선택을 한다.** 그들은 어렸을 때 자신, 타인, 세상에 대해 내렸던 결정에 대해 자각하고 있다. 그들은 이러한 초기 결정의 희생자가 아니며, 필요하다면 그것을 기꺼이 수정하려고 한다. 단지 안정적으로 존재하기보다 좀 더 충만하게 살기 위해 노력한다.
- **효과적인 상담자는 진실하고, 진심 어린 태도를 보이며, 정직하다.** 그들은 역할이나 가면 뒤에 숨지 않는다. 그들의 개인적인 삶의 모습과 전문가로 사는 삶의 모습이 일치한다.
- **효과적인 상담자는 유머 감각이 있다.** 그들은 삶에서 발생하는 사건에 대해 넓은 시각으로 볼 줄 안다. 그들은 웃음을 잃지 않는다. 특히 자신의 약점이나 모순에 대해서는 더욱 그렇다.
- **효과적인 상담자는 실수를 저지르지만, 그것을 기꺼이 인정한다.** 그들은 자신의 잘못을 가볍게 넘기지 않는다. 그렇다고 비참함에 빠지지도 않는다.
- **효과적인 상담자는 대체로 현재에 산다.** 그들은 과거에 매이지 않을 뿐 아니라 미래만 바라보지도 않는다. 그들은 '지금'의 시점에서 자신의 모든 경험에 열려 있으며 다른 사람과 함께 있을 줄 안다.
- **효과적인 상담자는 문화의 영향력을 이해한다.** 그들은 자신의 문화가 자신에게 끼치는 영향을 자각하고 있으며 다른 문화권에서 옹호하는 가치의 다양성을 존중한다. 그들은 사회적 계급, 인종, 성적 지향성, 성 정체성 등으로부터 유발되는 고유한 차이에 대해 민감하다.
- **효과적인 상담자는 타인의 웰빙에 대해 진심 어린 관심을 가진다.** 이것은 존중, 돌봄, 신뢰, 타인에게 진정으로 가치를 두는 것 등에 기초한다.
- **효과적인 상담자는 효과적인 인간관계 기술을 가지고 있다.** 그들에게는 자신의 세계에 대한 감각을 잃지 않은 채 다른 사람의 세계 속으로 들어갈 수 있는 능력이 있다. 그리고 그들은 다른 사람과 협력적인 관계를 맺기 위해 노력한다. 또한 다른 사람의

관점을 기꺼이 받아들이고 공동의 목적을 위해 함께 노력할 수 있다.

- **효과적인 상담자는 자신의 일에 깊이 관여하고 그 일로부터 의미를 찾아낸다.** 그들은 자신의 일로부터 얻는 보상을 받아들인다. 하지만 일의 노예가 되지는 않는다.
- **효과적인 상담자는 열정적이다.** 그들은 자신의 꿈과 열망을 추구하는 용기를 가지고 있으며 많은 에너지를 느끼게 한다.
- **효과적인 상담자는 건강한 경계선을 유지한다.** 그들은 전심전력을 다해 내담자와 함께하지만 여가시간까지 내담자의 문제를 지고 가지 않는다. 그들은 거절하는 법을 아는데, 그렇게 함으로써 자신의 삶에 균형을 유지한다.

효과적인 상담자에 대한 이러한 모습은 비현실적으로 보일 수도 있다. 누가 이 모든 특성을 가질 수 있을까? 내가 이 모든 조건을 충족시키지 못한다는 사실은 분명하다! 이러한 성품의 특성을 이분법적으로 생각하지 않기 바란다. 오히려 이 조건을 연속선상에 있는 것이라고 이해하라. 위의 어떤 특성은 완벽하게 갖고 있다고 하더라도 다른 특성을 전혀 갖지 못할 수도 있다. 내가 효과적인 상담자에 대해 이러한 모습을 제시한 것은 여러분이 이 조건을 검토한 후 여러분의 개인적 성장을 촉진하기 위해서 필요한 특성이 무엇인지 생각하면 좋겠다는 바람 때문이다. 상담의 효과를 촉진하는 과정에서 상담자의 인간성과 상담관계가 가진 역할에 대한 좀 더 상세한 논의는 『효과적인 상담관계 제1권(Psychotherapy Relationships That Work, Volume 1)』(Norcross & Lambert, 2019b), 『효과적인 상담관계 제2권(Psychotherapy Relationships That Work, Volume 2)』(Norcross & Wampold, 2019), 『유능한 심리치료사는 어떻게 상담하는가: 첫 회기에서 마지막 회기, 그리고 그 이후에 발생하는 변화에 관한 탐색(How Master Therapists Work: Exploring Change From the First Through the Last Session and Beyond)』(Sperry & Carlson, 2011), 『유능한 심리치료사: 심리치료와 상담의 전문성에 대한 탐색(Master Therapists: Exploring Expertise in Therapy and Counseling)』(Skovholt & Jennings, 2004) 등의 문헌을 참고하길 바란다.

상담자 자신을 위한 상담 학습목표 02

치료적인 사람으로서의 상담자에 대한 논의는 상담자 교육 영역에서 또 다른 주제를 촉발한다. 상담자가 되려고 하는 사람들은 전문 상담자가 되기 전에 상담이나 심리치료를 받아보는 것이 필수적인가? 나는 상담자들이 어떤 시점에서 내담자가 되어보는 경험은 크게 도움이 되리라고 생각하는데, 이 관점은 선행 연구들에서도 지지하고 있다(Norcross, 2005; Orlinsky et al., 2005). 이 경험은 전문 상담자 훈련을 받기 전이나 훈련 중 또는 이 두 시기 모두에서 해볼 수 있다. 그러나 나는 다른 사람을 상담하기 위해 준비하는 과정에서 어떤 형태로든 자신에 대한 탐색은 매우 중요하다고 생각한다.

대부분의 정신건강 전문가들은 일반적으로 여러 차례 개인 심리치료를 받아본 경험이 있다(Geller et al., 2005b). 로네스테드, 올린스키, 와이즈먼(Ronnestad, Orlinsky, & Wiseman, 2016)은 **한 개인으로서의 치료자**를 위한 심리치료가 주는 이점으로 "자기 인식, 자기 자신에 대한 지식, 자기 이해, 자기관리, 자기수용의 긍정적인 증가, 증상 감소, 관계 개선 및 개인적 성장 전반"(p. 230)을 꼽았다. 올린스키, 노크로스, 로네스테드와 와이즈먼(Orlinsky, Norcross, Ronnestad, & Wiseman, 2005)은 상담자가 내담자로서 경험하는 상담은 다음과 같은 세 가지 방식으로 심리치료사의 전문적 치료에 기여한다고 했다. (1) 상담자 훈련의 한 부분으로서 상담을 받는 경험은 수련생이 경험 많은 상담자의 상담을 체험함으로써 상담 실무의 모범을 볼 수 있으며, 무엇이 도움이 되고 무엇이 도움이 되지 않는지를 알 수 있다. (2) 상담을 받을 때 도움이 되었던 경험은 상담 실무에서 필수적인 대인관계 기술을 더욱 촉진할 수 있다. (3) 상담을 성공적으로 받으면 실무적인 일과 관련하여 발생하는 상담자의 지속적인 스트레스를 관리할 수 있게 돕는다.

정신건강 전문가들이 받는 상담 경험에 대한 그의 연구에서 노크로스(Norcross, 2005)는 그들이 상담을 받으면서 습득하여 계속 유지되는 학습 내용은 주로 상담자-내담자의 상호관계와 상담에서 발생하는 역동에 관한 것이라고 했다. 이러한 학습 내용 중 몇 가지는 온정, 공감, 사적인 관계가 상담에서 핵심적이라는 점, 전이와 역전이를 다루는 방법의 학습이 중요하다는 점 등이다. 상담에 참여해봄으로써 상담자는 미래에 발생할지도 모를 역전이 때문에 내담자에게 해를 끼치는 일을 미연에 방지할 수 있다.

상담자로서 하는 우리의 일을 통해 우리는 외로움, 힘, 죽음, 친밀한 관계 등과 같은 아직 탐색되지 않은 개인적 걸림돌에 직면해야 할 것이다. 이 말은 우리가 다른 사람을 상담하기 전에 모든 갈등으로부터 자유로워져야 한다는 것을 의미하지 않는다. 다만, 우리는 이러한 갈등이 무엇이며 그것이 한 개인으로서 그리고 상담자로서 우리에게 어떤 방식으로 영향을 끼칠 수 있는지에 대해 자각하고 있어야 한다. 예를 들어, 만약 우리가 분노나 갈등을 다루기 어려워한다면, 우리는 분노나 관계의 갈등 문제가 있는 내담자를 돕기 어려울 것이다.

내가 내담자를 상담하기 시작했을 때, 오래된 나의 상처가 드러났고, 깊이 탐색하지 않았던 감정이 표면으로 올라왔다. 나는 부적합한 방법으로 나 자신을 우울로부터 탈출하려고 했었기 때문에, 내담자의 우울을 맞닥뜨리는 것이 어려웠다. 나는 우울한 내담자들이 느끼고 있는 느낌에 관한 이야기를 피함으로써 그들의 기운을 북돋우려고 최선을 다했다. 그 이유는 내가 그러한 느낌을 다룰 능력이 없었기 때문이었다. 내가 대학 상담실의 상담자로 일했을 때 나는 내담자를 위해서 할 수 있는 일이 없다는 생각을 자주 하곤 했다. 나는 내담자가 상담에서 무엇을 얻어가고 있는지 알지 못하는 경우가 많았다. 내담자가 좋아지고 있는지, 변화가 없는지 또는 더 나빠지고 있는지에 대해 알 수 없었다. 내게는 상담 과정을 기록하고 내담자의 변화를 기록하는 일이 매우 중요했다. 내담자로부터 빠른 변화를 관찰할 수 없었기 때문에 나는 내가 효과적인 상담자가 될 수 있을지 여부에 대해 많이 의심했다. 당시 내가 이해할 수 없었던 것은 내담자가 자신의 해답을 얻기 위해 스스로 노력해야 한다는 사실이었다. 내담자가 빨리 개선되는 것을 보고 싶은 것은 그들의 욕구가 아닌 **나의 욕구**였다. 왜냐하면, 그들이 빨리 개선되면 내가 그들을 돕고 있다는 사실을 알 수 있기 때문이다. 내담자가 자신의 방어기제를 버리고 자신의 고통을 개방했을 때 기분이 더 나빠지기도 한다는 생각은 전혀 하지 못했다. 초보 상담자로서 했던 경험을 통해 나는 나의 개인적인 주제가 나의 전문적인 작업에 영향을 끼칠 수 있는지 이해하기 위해서는 더 많은 상담을 받아보는 것이 큰 도움이 된다는 사실을 알게 되었다. 나는 상담을 받아보는 일, 특히 초보 상담자 때 받아보는 상담이 가장 유용하다는 사실을 깨달았다.

상담을 받는 것은 치유자의 치유에 도움이 된다. 학생 상담자가 자신의 치유와 성장을 위해 적극적인 노력을 하지 않는다면, 내담자의 세계에 들어가는 데 많은 어려움을 겪을 것이다. 상담자인 우리는 우리가 도달해본 지점 이상으로 내담자를 데리고 갈 수 있을 것인가? 우리가 자신의 삶을 점검하는 일의 가치를 믿지 않는다면, 어떻게 내담자에게 자신의 삶을 점검하는 것이 중요하다는 사실을 알려줄 것인가? 우리 자신이 내담자가 되어 보아야 우리 자신을 이해하는 방식을 체험적으로 알 수 있을 것이다. 이렇게 함으로써 내담자를 알고 이해할 수 있는데, 그 이유는 우리는 우리가 받았던 상담에서 체험했던 막다른 골목, 즉 앞으로 더 나아가고 싶지만 동시에 변화에 저항했던 지점에서 우리가 어떠했는지 떠올릴 수 있기 때문이다.

우리가 내담자가 되어봄으로써 우리가 만날 내담자에 대한 인내심을 가질 수 있다! 우리는 자기를 개방하고 자신을 탐색할 때 유발되는 불안을 다룬다는 것이 어떤 느낌인지, 그리고 내담자로 하여금 더 깊은 탐색을 촉진하는 창의적인 방법을 알게 된다. 상담을 받는 경험을 통해 자신에 대한 자각(self-awareness) 수준이 증가할수록 우리는 내담자가 상담을 받으면서 보여주는 용기에 대해 올바로 이해할 수 있게 된다. 골드와 힐센로스(Gold & Hilsenroth, 2009)는 대학원생 상담자들에 대한 연구를 통해 개인 상담을 받아본 경험이 없는 상담자보다 개인 상담을 받아본 상담자가 좀 더 큰 자신감을 보이고, 상담의 목표와 과제에 대해 내담자와 더 많은 동의를 한다는 사실을 발견했다. 또한 그들은 개인 상담을 받아본 대학원생 상담자가 상담의 목표와 과제에 대해 더욱 강력한 합의로 발전시킬 수 있다는 점도 발견했다. 자기탐색의 과정에 참여하면 자만하는 태도를 취하거나 완벽하게 치유되었다는 확신을 가질 가능성을 줄일 수 있다. 와이즈와 바넷(Wise & Barnett, 2016)은 주기적으로 개인 상담을 받는 것이 이상적인 자기관리 전략이라고 제안한다. 개인 상담은 경력 전반에 걸쳐 상담자로서 우리의 웰빙과 역량을 향상시키는 방법 중 하나이다. 우리는 내담자로서의 경험을 통해 전문적으로 활용할 수 있는 많은 것을 배울 수 있다.

상담자를 위한 개인 상담에 대한 포괄적인 논의를 검토하기 위해서 『상담자 자신의 심

리치료: 내담자와 임상가의 관점(The Psychotherapist's Own Psychotherapy: Patient and Clinician Perspectives)』(Geller, Norcross, & Orlinsky, 2005a)을 읽어보기 바란다.

상담자의 가치관과 상담 과정

앞서 제시된 절에서 언급되었듯이 상담자의 자기 탐색은 상담자가 가지고 있는 가치관과 신념 영역에서도 중요하다. 학생들을 가르치고 지도해본 경험을 통해 나는 학생들 자신의 가치관에 대한 자각, 즉 그러한 가치관을 학습한 장소나 방법, 그들의 가치관이 내담자를 돕는 과정에 미치는 영향 등에 대한 자각이 매우 중요하다는 사실을 알게 되었다.

상담에서 가치관의 역할 학습목표 03

우리의 가치관은 개인적, 전문적 삶에서 우리의 행동에 영향을 끼치는 핵심적인 신념이다. 개인적 가치관은 우리가 상담을 이해하는 방법이나 우리가 내담자와 상호작용하는 태도 전반(내담자에 대한 평가나 상담 목표에 대한 관점, 우리가 선택하는 개입 방법, 상담에서 논의할 주제의 선택, 상담 효과의 평가 방법, 내담자의 상황에 대한 우리의 해석 등)에 영향을 끼친다.

완벽하게 객관적일 수는 없지만, 우리는 자신의 세계관에 매몰되지 않으려고 노력한다. 우리는 우리의 가치관을 내담자가 받아들이게끔 영향을 끼치려는 성향이 나타나지 않게끔 조심할 필요가 있다. 우리의 가치 체계를 내담자가 받아들이거나 채택하게끔 설득하는 것은 제대로 된 상담의 효과가 아니다. 나는 상담자의 역할은 내담자가 자신의 사고, 감정, 행동을 점검하고 그들이 당면하고 있는 문제의 해결책을 찾게끔 힘을 북돋우는 것이라고 생각한다. 상담은 내담자가 자신의 가치관과 가장 일치하는 해답을 찾게끔 돕는 것이다. 그래서 내담자에게 충고하거나 인생에서 당면하는 질문에 대해 여러분의 해답을 제공하는 것은 도움이 되지 않는다.

여러분은 내담자의 가치관 중 특정한 측면에 대해 동의하지 않을 수 있다. 그러나 여러분은 내담자가 여러분의 가치관과 다른 가치관을 가질 권리를 존중해야 한다. 이 점은 특히 문화적 배경이 다르고 여러분의 핵심적인 문화적 가치관과 유사한 점이 없는 내담자를 상담할 때 더욱 그렇다. 여러분의 역할은 내담자가 자신의 가치관과 행위 사이의 일치 여부를 탐색할 수 있는 안전한 환경을 제공하는 것이다. 만약 내담자가 그들이 하고 있는 행위를 통해 그들이 원하는 것을 얻을 수 없다는 점을 인식한다면, 그들의 목표에 좀 더 가까이 도달하게끔 새로운 사고방식과 행위 방식을 발달시킬 수 있게 돕는 것은 적합하다. 이러한 개입은 내담자가 자신의 삶을 꾸려갈 때 채택할 가치에 대해 선택할 권리에 대한 전적인 존중 위에 이루어진다. 내담자는 자신의 가치관과 목표를 명료화하고, 중요한 정보가 제공된 상태에서 선택하며, 행동 계획을 선택하고 자신이 내린 결정에 대해서는 책임을 지고 책무를 감당할 필요가 있다.

여러분의 사적인 가치관을 잘 관리해서 그것이 상담 과정을 오염시키지 않게끔 하는 것을 **판단중지**(bracketing)라고 한다. 상담자는 다양한 내담자와 작업할 때 자신의 믿음과 가치관을 한편으로 제쳐둘 필요가 있다(Kocet & Herlihy, 2014). 여러분의 핵심 가치는 내담자의 핵심 가치와 여러 측면에서 다를 수 있으며, 내담자는 자신의 세계관에서 볼 때 문제로 보이는 수많은 어려움을 여러분 앞에 내놓을 수 있다. 내담자 중에는 다른 사람으로부터 거절되거나 차별을 받아 고통을 겪는 사람들이 있다. 내담자는 가치관이 자신과 다르다는 이유로 상담을 제공하지 않으려는 상담자에 의해 거절 경험에 다시 노출되어서는 안 된다(Herlihy et al., 2014).

상담자는 다양한 세계관과 가치관을 가진 내담자와 함께 상담할 수 있는 능력이 있어야 한다. 상담자는 직간접적인 방법으로 내담자에게 자신의 가치관을 주입할 수 있다. **가치관의 주입**(value imposition)이란 상담자가 내담자의 가치관, 태도, 신념, 행동을 직접 제한하려는 시도를 의미한다. 미국 상담협회(ACA, 2014)는 이에 대해 명확한 입장을 취하며, 상담자의 개인적 가치관이 상담 과정에 개입해선 안 되며 내담자에게 강요되어서도 안 된다고 명시하고 있다. 이러한 윤리적 지침은 분명하나, 상담자는 내담자의 자율성과 상담관계를 유지하면서 가치 갈등을 성공적으로 해결하는 데 종종 어려움을 겪는다(Kocet & Herlihy, 2014). 미국상담학회의 『미국상담학회 윤리규정(ACA Code of Ethics)』(ACA, 2014)은 이 문제에 대해 분명히 명시하고 있다.

> **개인적 가치관.** 상담자는 자신의 가치관, 태도, 신념, 행동을 자각하고, 내담자에게 주입하지 않게끔 유의해야 한다. 상담자는 내담자, 수련생, 연구 참여자의 다양성을 존중하고 자신의 가치관을 내담자에게 주입하는 위험에 빠지지 않게 돕는 훈련과 교육 과정에 참여해야 하는데, 특히 상담자의 가치관이 내담자의 목표와 불일치하여 차별을 유발할 특성이 있을 때 더욱 그러하다. (규범 A.4.b.)

가치관의 탐색은 많은 상담자 교육 프로그램이 훈련 과정에 상담을 받는 경험을 권하거나 필수로 정하는 중요한 이유 중 하나이다. 여러분은 상담을 받아봄으로써 자신의 신념과 가치관을 점검할 뿐 아니라 자신의 신념 체계를 다른 사람과 공유하고 싶어 하는 동기를 탐색할 기회를 얻을 수 있다.

내담자는 상담관계에서 취약한 위치에 있으며, 상담자로부터 판단보다는 이해와 지지를 받을 필요가 있다. 가치관의 차이가 있으면 더 이상 돕기 어렵다고 하는 여러분의 이야기는 내담자에게는 큰 부담이 될 수 있다. 내담자는 이러한 여러분의 이야기를 자신에 대한 거절로 받아들이며 그 때문에 피해를 입고 괴로워할 수 있다. 상담은 **내담자 자신의** 가치 체계 내에서 내담자와 함께 작업하는 것이다. 전문 상담자로서 여러분은 『미국상담학회 윤리규정』(ACA, 2014)의 차별 금지 조항에 나열된 인종, 민족성, 성별, 성적 지향 및 기타 모든 특성에 대한 기본 역량을 갖추어야 한다. 단순히 내담자의 가치관에 동의하지 않는다는 이유만으로는 내담자를 다른 상담자에게 의뢰하는 것은 윤리적인 근거가 되지 않는다. 상담자가 가치관의 불일치를 이유로 내담자를 의뢰하는 것은 비윤리적이다. 의뢰를 고려해야 할 경우는 오직 여러분이 전문상담사로서 내담자가 호소하는 문제에 대해 필요한 지식과 기술이 명백하게 부족할 때로만 제한해야 한다. 상담 과정은 여러분의 가치관에 관한 것이 아니다. 상담은 내담자의 가치와 필요에 관한 것이다. 여러분의 과제는 내담자가 자신의 신념에 대해 탐색하고 명료화하여 문제를 해결하는 과정에 그들 자신의 가치관을 적용하도록 돕는 것이다(Herlihy & Corey, 2015).

종교적 신념을 가진 상담자가 성 소수자 내담자에게 차별 없는 상담을 제공할 수 있는가?

인간의 다양성이라는 개념에는 나이, 성별, 사회경제적 지위, 종교, 장애 또는 성적 지향에 근거하여 사람들을 향한 모든 형태의 억압, 차별, 편견이 포함된다. 레즈비언, 게이, 양성애자, 트랜스젠더(LGBTQ+) 개인들과 함께 일할 때 종종 전통적인 가치관을 가진 정신건강 전문가에게 도전이 되는 경우가 많다. 상담자 또는 수련 중인 상담자가 성 소수자에 대한 편견, 차별, 다양한 형태의 억압이 사회에서 어떻게 나타나는지 이해하려면 성적 지향에 관한 자신의 개인적인 편견, 두려움, 태도, 가정, 고정관념에 도전하는 것부터 시작해야 한다. 종교적으로 보수적인 일부 상담자는 동성 관계를 부도덕한 것으로 간주하며, 이러한 태도는 상담자가 판단할 것이라는 두려움 없이 상담에서 친밀한 관계 문제를 논의할 수 있기를 기대할 권리가 있는 LGBTQ+ 내담자에게 해가 될 수 있다(Herlihy et al., 2014).

현상학적 연구에서 베인, 하네스, 케인, 워필드(Bayne, Harness, Kane & Warfield, 2021)는 종교인이라고 밝힌 12명의 상담자를 인터뷰하여 레즈비언과 게이 내담자에게 유능한 윤리적 상담을 제공할 수 있다고 믿었다고 말했다. 이 연구의 참가자들은 성적 지향을 상담에 통합하는 데 있어 다양한 수준의 편안함을 보였으며, 상담 실무에서 가치 갈등을 수용해야 하는지에 대한 견해가 달랐다. 참가자 중 7명은 신이 사랑하고 수용한다는 믿음으로 자신과 자신의 가치에 충실할 수 있었다고 말했다. 참가자 중 9명은 내담자의 자율성을 중시하고 내담자의 필요에 가장 도움이 되는 것을 우선시함으로써 내담자의 가치관을 지지함으로써 이러한 가치 갈등을 해결했다고 보고하였다. 이 연구의 참가자들은 가치 갈등을 해결하는 데 어려움이 있음을 인정하면서도 상담자로서의 역할 범위를 명확히 하기 위해 직업 윤리와 치료 표준을 강조하였다. 이들은 유능하고 윤리적인 상담의 핵심으로 개인의 고유한 가치를 넘어서는 상담자의 책임을 강조했다.

대부분의 참가자들은 『미국상담학회 윤리규정』(ACA, 2014)의 틀 안에서 개인의 신념을 유지하고 상담 서비스를 제공할 수 있다고 믿었다. 베인과 그의 동료들(2021)은 상담자와 상담 교육자는 가치 갈등을 어려울 수 있는 발달 과정으로 간주해야 하며 대학원 교육 이후에도 발전할 수 있다고 주장한다. 이 연구는 교육 프로그램에서 안전한 분위기를 조성하여 훈련 중인 상담자가 개인적 가치와 직업적 의무 사이의 갈등에 대해 열린 토론을 할 수 있도록 하는 것이 중요하다는 것을 보여준다. 수련 중인 상담자는 적극적인 태도를 취함으로써 의도치 않게 자신의 가치관을 내담자에게 강요하는 것을 방지할 수 있다.

상담자와 상담자 수련생은 상담 업무에서 마주칠 수 있는 다양한 범위의 내담자에게 서비스를 제공할 때 전문적인 지식과 기술을 습득하고 사용할 윤리적 책임이 있다. 상담자는 상담자가 적절하다고 판단하는 결과로 내담자를 유도하기보다는 내담자가 의사결정을 내리는 과정에 투자해야 한다.

성 소수자 내담자의 호소 문제를 효과적으로 다루는 방법에 대한 보다 포괄적인 논의가 필요하다면 『성 소수자를 위한 긍정 상담(Affirmative Counseling with LGBTQ+ People)』(Ginicola et al., 2017)을 추천한다.

상담에서 종교적, 영적 가치 다루기

미국심리학회(American Psychological Association: APA, 2017)는 종교가 다양성의 핵심 고려 사항임을 확인하며(원칙 E), 내담자의 종교적, 영적 가치와 신념에 관심을 기울이는 것이 상담 과정의 결과에 긍정적인 영향을 미칠 수 있다고 명시하고 있다. 치료를 시작할 때 내담자의 종교적 또는 영적 배경에 대해 질문하는 것은 내담자에게 종교적, 영적 가치가 치료의 자산이 될 수 있음을 보여준다. 상담자가 평가 중에 내담자의 영적 또는 종교적 가치와 관심사에 대해 질문하지 않으면 내담자는 상담 회기에서 이러한 주제를 꺼내는 것을 주저할 수 있다. 종교적, 영적 가치는 사회적 소속감, 유대감, 지지감을 높일 수 있다. 상담자는 사례개념화, 치료 목표 개발, 적절한 개입 선택에 있어 이 중요한 문화적 렌즈를 활용할 수 있다(Captari et al., 2018; Hook et al., 2019).

캡타리와 그의 동료들(Captari et al., 2018)과 훅과 그의 동료들(Hook et al., 2019)은 상담에서 종교적, 영적 수용의 효과를 조사한 메타분석 결과를 발표했다. 이들은 내담자가 상담 과정의 일부로 종교적, 영적 가치를 포함하기를 원할 때 이를 통합하면 치료 결과가 크게 향상된다는 사실을 발견했다. 그러나 상담자는 종교적 정체성에 근거한 가정을 피하고 내담자의 필요, 욕구, 기대가 상당히 다양하다는 점을 인식해야 한다고 경고한다. 캡타리와 그의 동료들(2018)과 훅과 그의 동료들(2019)은 내담자의 종교적, 영적 가치에 관해 물어볼 수 있는, 다음과 같은 다양한 질문을 제시한다. 이러한 가치관은 내담자에게 어떤 의미인가? 이러한 가치관이 일상생활에서 어떤 역할을 하는가? 이것이 어떻게 힘의 원천이 되는가? 종교적 또는 영적 가치관으로 인해 억압이나 학대의 대상이 된 적이 있는가? 저자들은 또한 다음과 같은 임상적 실천을 위한 권장 사항을 제시한다.

- 종교와 영성을 내담자의 정체성에서 잠재적으로 중요한 측면으로 고려한다. 접수 면접과 사전동의 절차의 일부로 내담자의 역사, 가치관, 종교 및 영성에 대한 헌신을 탐구한다.
- 내담자의 요청이 있거나 임상적으로 필요한 경우 상담에 내담자의 종교적, 영적 가치

와 세계관을 통합한다. 이러한 신념과 관행을 통합할 때는 내담자의 리드를 따른다.

- 내담자의 치료 목표가 증상 완화뿐만 아니라 영적 발달을 포함하는 경우, 내담자의 종교적, 영적 가치관을 치료에 통합하는 것이 바람직한 치료법이다.
- 종교적, 영적 가치가 일상생활에 영향력을 미치는 내담자와 함께 일할 때는 맞춤형 치료를 한다. 내담자의 선호도를 평가하고 그에 따라 치료를 수용하는 것이 중요하다.
- 내담자의 종교적 세계관 및 관습에 대해 논의할 때는 존중과 문화적 겸손을 실천한다.

상담자는 주의를 기울이고 자신의 의제를 내담자에게 강요하지 않아야 한다. 많은 내담자에게 영성이나 종교는 자신, 세계관, 가치 체계의 핵심적인 측면이다. 종교적 또는 영적 관심사는 일부 내담자가 갈등의 영역으로 또는 상담 과정을 향상시킬 수 있는 힘과 지원의 원천으로 치료를 찾는 이유와 관련이 있을 수 있다(Barnett & Johnson, 2011). 내담자가 종교와 영성을 자신의 삶과 관련된 요소로 여기지 않는다면 상담자가 주도적으로 이러한 문제를 상담 과정에 끌어들이는 것은 적절하지 않다.

상담 과정에서 종교적, 영적 가치의 활용에 대한 심층적인 내용은『영성과 종교를 상담에 통합하기(Integrating Spirituality and Religion into Counseling)』(Cashwell & Young, 2020)를 참조하길 바란다.

상담 목표 설정에서 가치의 역할 학습목표 04

상담 목표는 누가 정해야 하는가? 상담이 진행되면서 상담자와 협조가 이루어지겠지만, 목표를 설정하는 것은 내담자의 책임이라는 점에 대부분의 이론들은 동의한다. 상담자는 일반적인 목표를 가지고 있는데, 그것은 상담 회기에서 보이는 그들의 행동, 내담자의 행동에 대한 상담자의 관찰, 그리고 그들이 시행하는 개입에 녹아들어 있다. 상담자의 일반적인 목표는 내담자의 개인적 목표와 일관성이 있어야 한다.

목표 설정은 가치관과 불가분의 관계에 있다. 내담자와 상담자는 상담관계에서 무엇을 얻으려고 하는지, 서로 함께 상담 작업을 할 수 있는지, 그들의 목표가 상호 양립할 수 있는지 탐색할 필요가 있다. 더 중요한 것은 상담자가 내담자를 이해하고 존중할 뿐 아니라, 상담자 자신의 가치 틀에 내담자를 맞추려고 하지 않고 내담자의 세계관 내에서 작업해야 한다는 점이다.

나는 상담이 내담자의 기대와 목표를 탐색하는 것으로부터 시작되어야 한다고 생각한다. 내담자는 그들이 상담으로부터 무엇을 기대할 수 있는지에 대해 처음에는 막연한 생각을 가지는 경향이 있다. 그들은 문제에 대한 해답을 추구하며, 상처를 받지 않으려고 하고, 다른 사람을 바꿈으로써 자신이 덜 불안한 상태로 살려고 하거나, 또는 자신이 달라져서 자신에게 중요한 사람들이 자신을 더 많이 받아들이게끔 하려고 노력한다. 또 다른 사례에서는 내담자가 아무런 목표가 없는 경우도 있는데, 그들은 부모나 보호 관찰관, 또는 교사가 보냈기 때문에 상담실에 온 내담자들이 주로 그러한 특성을 보인다.

상담자는 어디에서부터 시작할 것인가? 첫 회기는 우선 내담자가 가지고 있는 목표나 또는 목표가 없는 그 자체에 초점을 맞추어 시작함으로써 가장 생산적이게 될 수 있다. 상담자는 다음과 같은 질문으로 상담을 시작할 수 있다. '당신은 이 상담에서 무엇을 기대하나요? 여기에 왜 오셨나요? 당신은 무엇을 원하나요? 상담을 마칠 때 어떤 상태에서 마치기 원하나요? 당신이 현재 하고 있는 일들이 당신에게 어떤 식으로 도움이 되고 있나요? 당신이나 당신 삶의 상황에서 어떤 부분을 변화시키기를 가장 원하나요?'

내담자가 여러분과 상담관계를 맺기 원할 때에는 그 내담자가 이 관계에서 무엇을 기대하고 있는지 함께 발견하는 것이 중요하다. 만약 여러분이 이 상담을 어떻게 진행할지 너무 미리 알고 계획하려고 애쓴다면, 여러분은 내담자가 상담에서 적극적인 파트너로 임할 기회를 박탈하게 될 것이다. 이 내담자는 상담에 왜 오는 것일까? 상담 목표를 설정하는 것은 내담자가 결정할 일이다. 이 점을 마음에 새기는 것은 매우 중요하다. 그래서 여러분의 계획이 아니라 내담자의 계획을 이야기하고 다루게끔 해야 한다.

효과적인 다문화 상담자 학습목표 05

상담자는 다양한 내담자 집단과 적극적으로 소통하고 효과적으로 일할 수 있어야 한다. 다양성 역량을 갖춘 상담자가 되는 것은 도달해야 할 목적지가 아니라 공식적인 교육, 자기 성찰, 다문화치료적 관계에서 일어나는 일에 대한 질문이 포함된 평생 학습 과정이다. 문화 간 상담관계에 들어가는 상담자는 내담자의 삶의 경험과 문화적 가치에 맞는 다양한 기법과 방법을 개발해야 한다(Lee, 2019b). 효과적인 상담자는 다양한 내담자와 더 효과적으로 일할 수 있는 태도와 신념을 지속적으로 개발한다. 그들은 자신이 궁극적인 수준의 역량을 달성했다고 말할 수 없다는 것을 알고 있다(Corey et al., 2024).

유능한 다문화 상담자가 되기 위해서는 문화적 인식, 문화적 지식, 문화적 기술이 필요하다(Sue et al., 2022). 소토와 그의 동료들(Soto et al., 2018)은 다문화 역량의 일부로서 내담자의 문화적 경험과 배경을 고려하는 것의 중요성을 언급하였다. 메타분석 연구 결과에서 그들은 내담자의 특성에 맞게 상담이 제공될 때, 내담자가 더 상담에 참여하고, 상담 과정을 지속하며, 긍정적인 결과를 경험할 가능성이 더 크다고 하였다. 상담자는 상담 과정에서 문화적 적응의 효과에 대한 내담자와 상담자 간의 인식 차이를 해소하기 위해 문화적 고려사항에 대해 내담자의 피드백을 구하는 것이 필수적이다.

효과적인 다문화 상담자가 되기 위한 과정의 일부에는 다양성 문제를 인식하고 내담자의 세계관에 맞게 상담 방식을 형성하는 방법을 배우는 것이 포함된다. 상담자는 이러한 문화적 차이를 이해하고 내담자가 치료자의 가치관에 따라 살지 않고 자신의 세계관에 부합하는 결정을 내릴 수 있도록 도와야 할 **윤리적 의무**가 있다. 상담자가 자신의 세계관과 문화적 가치가 상담 방식에 미치는 영향을 무시하거나 내담자의 삶에서 문화가 하는 역할을 이해하지 못하면 상담자는 적절하고 유용한 개입을 할 수 있는 능력이 제한된다고 포프와 그의 동료들(Pope et al., 2021)은 주장한다. "문화적 역량, 즉 문화적으로 반응하는 상호작용을 개발하는 능력으로 가는 길은 자신을 내면으로, 타인을 외면으로 바라보는 것에서 시작된다"(p. 81).

상담 및 관련 교육 프로그램 인증위원회(The Council for Accreditation of Counseling and Related Educational Programs: CACREP, 2016)에서 만든 지침에 따르면, 상담자 훈련 교육 프로그램은 국내 및 국제적으로 다양한 집단 내 및 집단 간의 특성을 포함하여 다문화 및 다원적 경향의 교과과정과 경험을 제공할 것을 요구한다. CACREP 지침은 수련생이 전문 상담자로서 훈련을 받는 현장의 내담자를 포함하여 수련감독이 제공되는 실습 경험을 요구한다. 수련생은 인종, 하위문화, 여성의 역할 변화, 성차별, 도시 및 농촌 사회, 문화적 관습, 영적 관습 등에 대해 배울 수 있을 것이다.

다문화 상담 역량의 습득 학습목표 06

다양성 역량을 가진 상담자(diversity-competent practitioner)는 자신의 문화적 조건화, 내담자의 문화적 가치, 그들이 속해 있는 사회정치적 체제를 이해한다. 이러한 점을 이해하려면, 자신이 가지고 있는 가치관, 편견, 태도 등의 문화적 기원을 자각하는 일부터 시작해야 한다. 그 어떤 문화적 배경을 가진 상담자라도 상담자는 상담 과정과 다양한 집단에 속한 사람들에 대한 자신의 기대, 태도, 편견, 가정을 점검해야 한다. 자신의 편견과 선입견을 자각하는 일은 용기가 필요한데, 그 이유는 우리 대부분은 우리가 문화적 편견을 가지고 있다는 사실을 인정하고 싶지 않기 때문이다. 모든 사람은 편견을 가지고 있다. 그러나 편견에 젖은 태도를 가지고 있다는 점을 자각하지 않으면 내담자를 상담하는 데 큰 장애를 겪을 것이다. 우리의 편견, 태도, 가치관 등을 점검하기 위해서는 집중적으로 노력하고 정신을 바짝 차리고 있어야 하는데, 그렇게 함으로써 성공적인 상담관계를 형성하고 유지할 수 있다.

다양성 역량을 가진 상담자가 되는 과정의 대부분은 우리가 가지고 있는 가치관이 다른 사람들에게도 자동적으로 받아들여질 것이라는 생각에 도전하는 일이다. 우리는 또한 다른 형태의 가치관을 따르는 다양한 내담자와 상담할 때, 우리의 가치관이 얼마나 쉽게 영향을 끼치는지 이해할 필요가 있다. 이와 더불어 다양성에 대한 역량을 가진 상담자가 된다는 것은 단번에, 그리고 완벽하게 도달할 수 있는 목적지 같은 것이 아니다. 오히려 그것은 지속적인 과정이며, 우리가 내담자를 만나면서 해야 하는 여행과 같은 것이다.

수, 아레돈도, 맥데이비스(Sue, Arredondo, & McDavis, 1992)와 아레돈도와 그녀의 동료들(1996)은 다문화 상담과 관련된 역량과 기준의 개념적 틀을 개발했다. 그들이 제시한 역량의 차원에는 (1) 신념과 태도, (2) 지식, (3) 기술의 세 가지 영역이 포함된다. 다문화 상담과 심리치료의 역량에 대한 심층적인 논의는 『다문화 상담: 이론과 실제(Counseling the

Culturally Diverse: Theory and Practice)』(Sue et al., 2022; Lee 2019a, 2019b, 2019c)를 참고하기 바란다.

신념과 태도 우선 다양성에 능숙한 효과적인 상담자는 문화적 무자각 상태에서 자신의 개인적인 편견, 가치관, 또는 문제가 다른 문화권의 내담자와 함께하는 상담의 능력을 방해하지 않도록 한다. 그들은 자신의 문화적 전통에 대한 문화적 자기 자각과 민감성이 그 어떤 조력 행위에 필수적이라고 믿는다. 상담자는 인종이나 민족적 배경이 다른 내담자에 대한 긍정적·부정적 정서 반응이 상담관계를 형성하는 데 방해가 된다는 사실을 자각하고 있다. 그들은 내담자의 입장에서 본 세계를 점검하고 이해하는 노력을 한다. 그들은 내담자의 종교적·영적 신념과 가치를 존중한다. 그들은 인종, 민족, 문화, 신념 등의 측면에서 그들과 타인 간의 차이를 편하게 받아들일 수 있다. 자신의 문화적 전통이 우월하다는 점을 주장하지 않고, 문화적 다양성을 수용하며 그 가치를 인정한다. 그들은 전통적 이론과 기법이 모든 내담자 또는 모든 문제에 적합하지 않을 수 있음을 깨닫고 있다. 문화적으로 유능한 상담자는 자문과 슈퍼비전, 그리고 더 많은 훈련과 교육을 통해 자신의 기능과 역량을 점검한다.

지식 둘째, 문화적으로 효과적인 상담자는 상당한 지식을 가지고 있다. 그들은 자신의 인종적, 문화적 전통과 그것이 개인적 삶이나 전문적 활동에 어떻게 영향을 끼치는지에 대해 구체적으로 알고 있다. 그들은 억압, 인종주의, 차별, 선입견 등이 유발하는 역동을 이해하기 때문에 자신의 인종차별적 태도, 신념, 감정을 감지할 수 있다. 그들은 내담자의 세계관을 이해하며 내담자의 문화적 배경에 대해 학습한다. 그들은 자신의 가치관과 기대를 문화적 배경이 다른 내담자에게 강요하지 않으며 내담자에 대한 편견을 가지지 않는다. 문화적으로 유능한 상담자는 외부에서 가해지는 사회적·정치적 압력이 모든 집단에 영향을 끼친다는 점을 이해하며, 그러한 압력이 소수집단에 속한 내담자를 상담할 때 어떻게 작용하는지 알고 있다. 이러한 상담자는 소수집단 내담자가 속한 지역사회에 있는 정신건강 서비스에 접근하지 못하게 막는 구조적 장벽에 대해 알고 있다. 그들은 내담자가 속한 집단의 역사적 배경과 전통, 그들의 가치관에 대한 지식을 갖고 있다. 그들은 소수집단 가족의 구조와 위계, 가치관, 신념에 대해 알고 있다. 그뿐만 아니라 그들은 지역사회의 특성과 가용한 자원에 대해서도 알고 있다. 문화적으로 유능한 상담자는 내담자가 자신의 문화권에 고유한 조력 체계를 활용하게 하는 방법에 대해서도 알고 있다. 그들이 잘 모르는 영역이 있다면, 그들은 자신을 도울 수 있는 자원을 찾아 나선다. 문화적으로 다양한 집단에 대한 지식의 폭과 깊이가 넓어질수록 그들은 효과적인 상담자가 될 수 있다.

기술과 개입 전략 셋째, 효과적인 상담자는 문화적으로 다양한 내담자를 상담하는 데 필요한 기술을 가지고 있다. 상담자는 목표 설정, 적절한 기대 가지기, 법적인 권리, 상담자의 이론적 · 실무적 관점 같은 주제를 포함한 상담 과정에 대해 내담자를 교육시킬 책임이 있다. 다문화 상담은 내담자가 삶에서 겪었던 경험이나 문화적 가치관과 일치하는 상담 방법과 전략, 그리고 상담 목표를 상담자가 채택할 때 그 효과가 커진다. 그러한 상담자는 문화적 차이를 반영하여 개입 방법을 수정하거나 조정한다. 그들은 한 가지 상담 접근에 맞추려고 내담자를 압박하지 않으며, 상담 기법이 문화적 특성을 반영할 수 있다는 점을 알고 있다. 그들은 문화적으로 정확하고 적절한 언어적, 비언어적 메시지를 주고받을 수 있다. 그들은 상담실 밖 지역사회 행사, 기념행사, 이웃 사람들끼리의 모임 등에 참여함으로써 소수집단에 속한 사람들과 적극적으로 관여한다. 그들은 문화적으로 다양한 내담자와 상담하는 능력을 키우기 위해 교육, 자문, 훈련 등의 기회를 찾아다닌다. 그들은 필요하다면 의뢰가 필요할 수도 있을 문화적 주제에 대해 문화적으로 민감성을 지닌 다른 전문가에게 정기적으로 자문을 구한다.

상담 실제에 문화 고려하기

상담자가 내담자의 문화적 배경에 대해 완벽하게 알기를 기대하는 것은 비현실적이다. 그러나 내담자의 문화적 · 민족적 배경에 대해 어느 정도 이해하는 것은 필수적이다. 내담자가 자신의 문화적 배경 중에서 상담과 관련된 부분을 상담자에게 가르치게끔 허용하는 일에 대해서는 앞으로 많은 것들이 논의될 것이다. 상담자가 효과적인 상담을 하는 데 필요한 정보를 내담자에게 요청하는 것은 좋은 생각이다. 상담 과정에 문화를 고려하는 것은 특정한 인종이나 문화적 배경의 내담자에게 국한되지 않는다. 모든 내담자의 세계관이나 배경을 고려하는 일은 매우 중요하다. 그렇게 하지 않으면 상담이 가지고 있는 잠재력을 심각하게 훼손하게 된다.

상담은 특성상 다문화 사회에 있는 다양성을 인정하는 관점을 가지고 있다. 그래서 이상적인 상담 접근이 없다는 사실을 쉽게 받아들인다. 대신 여러 이론들은 각각이 다양한 문화 집단에 호소력의 정도가 서로 다르다. 어떤 이론적 접근은 특정 집단에 적용하려고 할 때 한계가 있다. 효과적인 다문화 상담은 상담자가 개방된 태도와 유연성, 그리고 내담자의 상황과 필요에 따라 전략을 수정할 것을 요구한다. 내담자를 진심으로 존중하는 상담자는 내담자의 주저함을 이해하고 그러한 행동을 잘못 해석하지 않을 것이다. 대신 그들은 가능한 한 내담자의 세계로 다가서고자 인내심을 가지고 노력한다. 상담자가 내담자와 똑같은 경험을 할 수는 없지만, 내담자의 감정과 어려움에 대해 공감하는 것은 좋은 상담 결과를 위해 필수적이다. 우리는 우리가 하는 일의 유사성보다는 차이에 의해 어려움을 자주 겪는다.

문화를 다루는 실용적인 지침 상담 과정이 효과적이기 위해서는 모든 내담자와 문화적인 주제를 다루는 것이 필수적이다. 다양한 문화적 배경을 가진 내담자와 작업할 때 상담의 효과성을 높이는 데 도움이 되는 몇 가지 지침은 다음과 같다.

- 여러분의 문화적 배경이 여러분의 사고와 행동에 영향을 끼치는 방식에 대해 학습하라. 다른 문화에 대한 이해를 증진할 수 있는 단계를 밟으라.
- 여러분이 세상에 대해 가지고 있는 기본 가정을 이해하라. 특히 그러한 가정 중에서 문화, 인종, 민족, 성, 계급, 영성, 종교, 성적 지향성과 관련된 다양성을 이해하라. 여러분의 가정이 상담 실무에 어떻게 영향을 끼치는지 생각해보라.
- 여러분이 문화에 대한 지식을 어디에서 습득했는지 점검하라.
- 문화와 관련된 다양한 차원들이 상담 작업에 영향을 끼치는 방식을 끊임없이 습득하라. 그리고 이러한 기술이 노력 없이 쉽게 개발되지 않음을 이해하라.
- 자신의 세계관과 다른 인종 · 민족 집단에 대해 가지고 있는 편견을 적극적으로 확인하고 점검해보겠다는 태도를 가지라.
- 다양한 배경을 가진 사람들이 공유하고 있는 공통적인 부분에 대해서도 유의하는 법을 학습하라.
- 내담자에게 치료 방법을 적용할 때 유연성을 가지라. 방문한 내담자에게 부적합할 경우 굳이 구체적인 기법에 연연하지 말라.
- 다문화 관점에서 상담을 하는 것은 여러분의 상담을 더 효율적으로 할 뿐 아니라 여러분과 내담자 모두에게 도움이 된다는 사실을 기억하라.

다양성 역량을 갖춘 상담자가 되려면 시간과 공부, 경험이 필요하다. 다문화 역량은 단순히 문화적 인식과 감수성, 지식 또는 특정 기법으로 축소할 수 없다. 그 대신 이러한 모든 요소의 조합이 필요하다. 노크로스와 웜폴드(Norcross & Wampold, 2019)는 문화적 겸손을 표현하고 문화적 대응에 대한 내담자의 만족도를 추적하면 내담자의 참여, 유지, 치료 결과가 현저히 개선된다는 사실을 발견했다. 또한 전체 개인에 맞게 치료를 조정하면 더 많은 성공을 거두고 중도 탈락을 줄일 수 있다고 하였다.

초보 상담자가 접하는 주제 학습목표 07

정식 교육 과정을 마치고 내담자를 돕기 시작하면 배운 내용을 통합하고 적용하는 데 어려움을 겪게 된다. 이 시점에서 여러분은 한 개인으로서, 그리고 전문가로서 자신의 적합성에 대한 실질적인 고민을 하게 될 것이다. 초심 상담자는 일반적으로 다른 사람을 돕는 방법을 배우면서 여러 가지 일반적인 문제에 직면하게 된다. 다음은 효과적인 상담자가 되기 위해 무엇이 필요한지 성찰하는 데 도움이 되는 몇 가지 유용한 지침이다. 초심 상담자들이 관심을 가질 만한 다양한 주제에 대한 질문에 대한 나의 답변은 『상담에 대한 개인적 성찰(Personal Reflections on Counseling)』(Corey, 2020)을 참조하길 바란다.

불안 다루기

대부분의 초보 상담자는 첫 내담자를 만날 때 양가적 느낌을 가지게 된다. 어느 정도의 불안은 여러분이 내담자를 만나는 미래에 어떤 일이 있을 것이며, 여러분의 능력이 내담자를 상담하기에 충분할지 등에 대한 확신이 없다는 점을 알려준다. 이러한 불안을 부정하기보다 알고 다루려는 의지가 있다는 점은 긍정적인 신호이다. 자신에 대해 의심하는 것은 정상적이다. 중요한 것은 그러한 의심을 어떻게 다루는가 하는 것이다. 이러한 자기 의심을 다루는 방법 중 하나는 그것에 대해 슈퍼바이저나 동료와 터놓고 이야기하는 것이다. 그렇게 하면 비슷한 염려와 불안을 겪었을 동료 수련생들과 의미 있는 이야기를 나누고 그들로부터 지지를 받을 가능성이 매우 크다.

진정한 자기 자신과 자기개방

상담을 시작할 때 만약 여러분이 자꾸 신경이 쓰이고 불안하다면, 여러분은 교재에 적혀 있는 내용이나 상담의 진행 기술에 대해 지나치게 신경 쓰고 있는 것이다. 미숙한 상담자는 자주 상담자가 그저 자신이 된다는 것에 내재한 가치를 이해하지 못한다. 상담에서 우리가 충분히 자기 자신으로 존재하고, 감정을 적절하게 개방한다면 더욱 진실해질 것이다. 이러한 수준의 진실함과 존재함이 우리가 내담자와 연결되고 그들과 효과적인 상담 관계를 형성하는 데 필요하다.

이 주제에 대해서는 우리가 서로 반대되는 양극단의 태도를 취함으로써 실수를 범할 우려가 있다. 한쪽 극단은 상담자가 정해진 역할을 수행하면서 자기 자신을 잃어버리고, 전문가라는 가면 뒤에 숨어버리는 것이다. 이러한 상담자는 전형적으로 기대되는 역할을 수행하느라고 자신의 사적인 모습을 거의 보여주지 못하곤 한다. 이러한 행동을 취하는 상담자는 내담자에게 자신을 거의 알리지 않은 상태로 있으며, 내담자는 그러한 상담자가 전문가의 역할 뒤에 숨어있다는 것을 알게 된다.

반대쪽 극단은 자기개방을 지나치게 많이 하는 상담자의 경우이다. 어떤 상담자는 내담자에 대해서 가지게 된 인상을 여과 없이 부적절하게 내담자에게 전달하는 실수를 범한다. 자기개방의 적절한 수준이 어느 정도인지 판단하는 일은 경험이 많은 상담자에게도 어렵다. 그리고 초보 상담자에게는 자주 염려스러운 일이 되기도 한다. 자기개방의 적정 수준을 정할 때 상담자는 **무엇을, 언제, 어떻게** 개방할지 생각해야 한다. 우리 자신에 대해 가끔 이야기하는 것은 유용하다. 그러나 우리는 그러한 방식으로 우리 자신에 대해 이야기하는 행동 이면의 동기를 자각하고 있어야 한다. 상담자는 그러한 자기개방이 내담자에게 끼칠 영향뿐만 아니라 상담자의 이야기를 들을 내담자의 준비도도 평가해야 한다. 상담자가 자기개방을 할 때 상담자는 내담자가 그러한 자기개방으로부터 어떤 영향을 받고 있는지 관찰하고 있어야 한다.

가장 효과적인 자기개방은 상담 회기 중에 두 사람 사이에서 발생하는 일과 관련된 것을 개방하는 것이다. 즉시성(immediacy) 기법은 내담자와 함께 있는 '지금 여기'에서 상담자가 생각하고 느끼는 것을 개방하는 것이다. 그러나 이때 상담자는 그러한 개방이 내담자에게 판단처럼 전달되지 않게끔 조심해야 한다. 그러한 내담자와의 관계에서 지속적인 체험되는 상담자의 반응을 적절한 시점에 적절한 방법으로 공유된다면, 그것은 상담적 효과가 있으며 내담자와 맺는 관계의 질을 높여줄 것이다. 상담관계가 탄탄하다고 하더라도, 상담자의 반응에 대해 이야기할 때 상담자는 조심해야 하며, 어떤 반응을 공유할지 결정할 때 주의하고 민감성을 발휘해야 한다.

완벽주의 피하기

우리 자신에게 짐이 되는 가장 자기파괴적인 신념 중 하나는 우리가 결코 잘못을 저지르지 않아야 한다는 신념이다. 우리는 인간이라면 완벽할 수 없다는 사실을 **머리로는 잘 알고 있지만**, 정서적으로는 우리에게 실수할 여지가 거의 없는 것처럼 **느낀다**. 초보 상담자이건 숙련 상담자이건 간에 여러분은 분명히 잘못을 저지를 것이다. 만약 우리가 완벽하다는 이미지를 보여주는 데 모든 에너지를 쏟는다면, 우리는 내담자 앞에서 있는 그대로 존재하는 능력에 부정적 영향을 줄 것이다. 나는 학생들에게 그들이 모든 것을 알아야 하고 완벽하게 숙련되어야 한다는 사실에 의문을 품으라고 말한다. 나는 사례 지도 시간에 그들의 잘못 또는 그들이 보기에 잘못이라고 보이는 것을 서로 나누라고 권한다. 지도 감독하에서 실수를 저지를 의지와 자신에 대한 의심을 개방할 의지가 있는 학생은 성장할 수 있는 방향을 찾게 될 것이다.

자신의 한계에 대해 정직하기

여러분은 현실적으로 모든 내담자와의 상담이 성공하기를 기대할 수 없다. 여러분이 모든 상담에서 성공하지 못한다는 점을 인정하는 것이 정직함이다. 여러분이 한계에 부딪혔을 때 그 내담자를 언제, 어떻게 의뢰할 것인지 아는 것은 중요하다. 그러나 여러분의 현실적인 한계와 '한계'라고 생각되는 것에 도전하는 것 사이에는 미묘한 균형점이 있다. 주어진 내담자와 상담하기에 여러분이 충분한 삶의 체험이나 개인적 자질이 부족하다고 결론 내리기 전에, 앞으로는 상담할 기회가 있을 것 같지 않은 특별한 내담자 집단과 상담할 것을 시도해보라. 이러한 일은 여러분이 다양한 현장이나 기관을 방문해보면 충분히 가능하다.

침묵 이해하기

상담에서 경험하는 짤막한 순간의 침묵도 초보 상담자에게는 몇 시간이나 지속되는 것처럼 느껴지는데, 이러한 침묵에는 많은 의미가 있다. 내담자는 직전에 이야기를 나누었던 것에 대해 조용히 생각하고 있을 수도 있고, 조금 전에 습득한 통찰을 평가하고 있을 수도 있다. 내담자는 상담자가 상담을 주도해나갈 것을 기다리고 있거나 다음에 무슨 이야기를 해야 할지 결정하고 있을 수도 있다. 경우에 따라서는 상담자가 이와 같은 것을 내담자에게 바라면서 기다리고 있을 수도 있다. 내담자든 상담자든 어떤 것 때문에 주의가 흩어지거나 어느 한 가지에 집중할 수도 있으며, 어쩌면 그 누구도 그 순간에는 아무것도 말하지 않기를 원할 수도 있다. 내담자와 상담자는 말없이도 소통할 수 있다. 침묵은 분위기를 전환시키기도 하지만, 분위기를 압도할 수도 있다. 피상적인 수준에서는 상호작용이 이루어지고 있지만, 상담자와 내담자가 좀 더 깊은 수준의 주제를 꺼내기에는 둘 다 두렵거나 주저할 수도 있다. 침묵이 발생할 때 그 침묵에 대해 알아차리고 그것에 대해 내담자와 함께 탐색하라.

내담자의 요구 다루기

초보 상담자를 어려움에 빠뜨리는 중요한 주제 중 하나는 상담자에게 지속적으로 기대하는 내담자의 요구를 다루는 방법일 것이다. 상담자는 내담자에게 도움이 되기 위해 최선을 다해야 하기 때문에 때때로 내담자의 요구가 얼마나 큰지 상관없이 자신을 내어주어야 한다는 비현실적인 생각을 가지고 있다. 이러한 요구는 여러 가지 형태로 드러난다. 내담자는 여러분이 할 수 있는 것 이상으로 여러분을 더 많이 그리고 더 오래 만나고 싶을 수 있다. 그들은 상담실 밖에서 친밀한 사회적 관계를 맺기 원할 수도 있다. 어떤 내담자는 여러분이 자신에 대해 얼마나 관심을 가지고 있는지 지속적으로 보여줄 것을 기대하거나 여러분이 내담자가 해야 할 일이나 문제를 해결하는 방법을 직접 알려주기를 기대한다. 이러한 요구를 확실히 처리하는 방법은 상담 초기나 상담자가 자기개방을 하는 시점에 내담자에 대한 여러분의 기대나 경계선을 분명하게 알려주는 것이다.

상담에 대한 동기가 없는 내담자 다루기

비자발적인 내담자가 법원의 명령 때문에 상담을 받아야 하는 경우가 있다. 이 경우 그들과의 작업 관계 형성에 어려움을 겪을 수 있다. 명령에 의해 상담을 하게 된 내담자와도 효과적인 상담을 할 수 있다. 그러나 상담자는 시작할 때 상담관계의 특성에 대해 터놓고 이야기해야 한다. 준비 단계를 생략하거나 상담실에 오는 내담자의 생각과 감정을 다루지 않은 상담자는 내담자의 저항에 부딪힐 수 있다. 상담자가 제공할 수 없거나 제공하지 않을 것에 대해서는 약속하지 않는 것이 매우 중요하다. 상담 진행에 영향을 줄 다른 요인을 비롯하여 비밀보장의 한계에 대해 분명히 선을 긋는 것이 중요하다. 비자발적인 내담자와 상담할 때 상담 과정에 대해 내담자를 준비시키는 일이 매우 중요한데, 그렇게 함으로써 내담자의 협조와 참여를 증진시킬 수 있다.

모호함 견디기

많은 상담자는 즉각적인 결과를 얻지 못하는 것에 대해 불안을 체험한다. 그들은 스스로 다음과 같은 질문을 한다. '내가 정말 내담자에게 도움이 되는 것일까? 내담자가 더 악화되는 것은 아닐까?' 나는 여러분이 최소한 상담 초기에는 내담자가 개선되고 있는지 여부를 잘 몰라서 발생하는 모호함을 견디는 방법을 학습하기 바란다. 내담자가 상담에서 개선되기 전에는 '악화'되는 것처럼 보이는 경우도 많다. 또한 상담자와 내담자의 협력을 통해 얻은 결과는 상담이 종결한 이후에 드러나기도 한다는 점을 염두에 두기 바란다.

역전이 자각하기

내담자와 상담하는 일은 여러분의 개인적인 측면에도 영향을 끼치며, 그 결과 여러분 자신의 취약함이나 역전이가 겉으로 드러난다. 만약 여러분이 자신의 역동을 자각하지 못한다면, 여러분은 내담자의 정서적 경험에 의해 압도되는 위험에 처할 수 있다. 초보 상담자는 '내담자를 놓아주고' 다음 회기까지 그 문제를 붙잡고 다니지 않는 법을 습득해야 한다. 가장 치료적인 것은 상담자는 상담 회기 시간에 최선을 다해서 존재하고 상담실 밖 내담자의 삶과 선택에 대해서는 내담자가 책임지게 하는 것이다. 만약 우리가 내담자의 갈등과 혼란 속에서 길을 잃는다면, 우리는 더 이상 내담자가 자신의 문제에 대해 스스로 해결책을 찾도록 도울 수 있는 효과적인 상담자가 되지 못한다. 우리가 내담자의 결정에 대한 책임을 지려고 한다면, 우리는 내담자의 성장을 촉진하기보다 방해하고 있다.

역전이(countertransference)를 광범위하게 정의하면, 내담자를 지각하고 그에 대해 반응하는 방법에 영향을 끼치는 모든 투사를 포함한다. 이 현상은 우리가 정서적으로 반응하도록 자극을 받을 때, 방어적으로 반응할 때, 우리 자신의 주제가 관여되어 상담관계에 존재할 능력을 상실했을 때 나타난다. 우리의 역전이 반응이 드러나는 것을 깨닫는 일은 능력 있는 상담자가 되는 과정에서 필수적인 단계이다. 우리가 자신의 갈등, 욕구, 자원, 취약점 등을 자각하지 못한다면, 내담자를 위해서가 아니라 우리 자신의 목적을 위해 상담 시간을 사용하게 된다. 내담자의 시간을 우리의 반응을 처리하는 데 사용하는 것은 부적절하다. 따라서 따로 시간을 내어 상담자, 슈퍼바이저 또는 동료에게 우리 자신을 치료하는 일이 더욱 중요해진다. 만약 우리가 이러한 형태의 자기탐색 과정을 수행하지 않는다면, 내담자와의 상담에서 길을 잃거나 우리 자신의 충족되지 않은 욕구를 충족하기 위해 내담자를 이용하는 위험한 일을 하게 된다.

우리가 내담자와 형성한 정서적으로 강하게 연결된 관계는 우리 자신의 해결되지 않은 문제 영역을 자극한다. 내담자의 이야기나 고통은 우리에게 영향을 끼치기 마련이다. 우리는 내담자의 이야기에 영향을 받아 연민과 공감을 표현한다. 그러나 그것은 그들의 고통이며, 그들을 위한다는 미명하에 그것을 붙잡고 있지 말아야 하는데, 그 이유는 그들의 이야기에 압도되어 내담자와의 상담이 비효과적으로 되기 때문이다. 물론 우리가 그 어떤 역전이로부터도 자유로워지거나 과거의 모든 갈등으로 완벽하게 해결할 수는 없지만, 우리는 이러한 현실이 우리의 전문적 작업에 영향을 끼치는 과정에 대해 자각할 수는 있다. 상담자가 받는 심리상담은 역전이 반응을 자각하고 관리하게끔 도와주는 좋은 도구가 된다. 이 주제는 4장에서 좀 더 깊이 다룰 것이다.

유머 감각 키우기

상담은 책임감 있게 수행되어야 하지만, 그렇다고 해서 그 과정이 아주 심각할 필요는 없다. 내담자와 상담자는 모두 유머를 통해서 관계가 풍부해질 수 있다. 자기만 고통을 겪는 것이 아님을 인정할 수 있다면, 그것은 얼마나 다행스러운 일인가? 웃음이나 유머가 내담자를 존중하지 않거나 상담 효과를 내지 못하게 하는 것이 아님을 깨닫는 것이 매우 중요하다. 물론 웃음이 불안을 숨기거나 위협적인 경험으로부터 회피할 때 사용되는 경우도 있다. 상담자는 주의를 흩뜨리는 유머와 그 상황을 풍부하게 하는 유머를 구별할 필요가 있다.

책임을 내담자와 함께 나누기

상담자는 내담자와 책임을 나누는 최적의 균형점을 찾는 데 어려움을 겪을 수 있다. 상담의 방향이나 효과에 대해 상담자가 전적으로 책임지는 것은 잘못이다. 상담자가 전적으로 책임지는 것은 내담자가 스스로 결정을 내릴 책임을 지지 않게끔 하는 결과를 초래한다. 또한 상담자가 전적으로 책임을 지려고 하면, 그것은 곧 상담자를 소진시킨다. 또 다른 잘못은 정확한 평가를 내리고 내담자를 위해 적절한 상담 계획을 세우는 책임을 받아들이지 않는 것이다. 책임을 함께 지는 것은 상담 초기에 논의되어야 한다. 회기별 상담 시간, 상담의 전체 길이, 비밀보장, 일반적인 목표, 그리고 그러한 목표를 성취하기 위해 사용할 방법과 같은 주제에 관해 이야기를 꺼내는 것은 상담자의 책임이다. 정보를 제공한 이후의 동의와 관련된 주제는 3장에서 논의될 것이다.

내담자가 삶의 방향을 결정할 때 상담자에게 책임을 지우려고 하는 부분에 대해서 내담자에게 알려주는 일은 매우 중요하다. 많은 내담자는 자신이 내린 결정에 대한 불안을 피하기 위해 '마술 같은 해답'을 추구한다. 내담자의 삶의 방향을 지시하는 일은 상담자의 역할이 아니다. 협력적 관계에서 해야 할 일이나 집에서 할 과제를 내담자와 함께 고안하는 일은 내담자가 자신의 내면에서 방향을 찾게 하는 데 도움이 된다. 상담자의 효과성을 측정하는 가장 좋은 방법은 내담자가 '상담 선생님이 제게 해준 과제에 대해 감사해요. 선생님이 제게 가지고 있던 신뢰, 선생님이 제게 가르쳤던 것 때문에 이제 제가 홀로 서서 삶을 사는 데 자신을 가질 수 있어요.'라고 말할 수 있는지 여부이다. 결국 상담이 잘 되면, 우리는 일이 없어서 상담실 문을 모두 닫아야 할 것이다!

조언하는 것 참기

고통을 겪는 내담자들이 상담에 와서 조언을 구하거나 심지어 재촉하는 경우가 있다. 그들은 단순한 방향 제시 이상을 원한다. 그들은 현명한 상담자가 자신을 위해서 결정을 해주거나 문제를 해결해주기를 바란다. 그러나 상담을 정보를 제공하는 것과 혼동해서는 안 된다. 상담자는 내담자로 스스로 해결책을 발견하도록 돕고 행동할 자유를 가지고 있음을 깨닫게 한다. 상담자가 내담자의 고통을 해결해줄 수 있다 하더라도, 그것은 오히려 내담자의 의존성을 높일 수 있다. 그렇게 되면 내담자는 어려움을 겪을 때마다 지속적으로 상담자를 찾을 것이다. 우리의 과제는 내담자가 독립적으로 선택하고 그 선택의 결과를 받아들이게 하는 것이다. 습관적으로 조언을 제공하는 것은 이러한 상담의 목적을 성취하지 못한다.

상담자 역할 규정하기

상담자가 겪는 어려움 중 하나는 상담자의 전문적인 역할을 규정하고 명료하게 하는 것이다. 여러 가지 이론적 접근을 읽으면서 여러분은 각 이론과 관련된 다양하고 서로 다른 상담자 역할을 발견할 수 있다. 상담자로서 여러분은 다양한 역할을 하게 될 것이다.

나는 상담의 핵심적인 기능은 내담자가 자신의 강점을 자각하고, 자신이 가진 자원을 활용하지 못하게 가로막은 것이 무엇인지 발견하며, 어떤 모습의 삶을 살고 싶은지를 명확히 알게 돕는 것이라고 생각한다. 상담은 내담자가 자신의 행동을 정직하게 바라보고 삶의 질을 개선하기 위해 삶을 어떤 방향으로 수정할지 결정하는 자리로 이끄는 것이다. 이렇게 본다면 상담자는 지지와 따뜻함을 제공하지만, 동시에 내담자의 삶에서 의미 있는 변화를 촉진하는 데 필요한 행동을 하게끔 내담자에게 도전한다.

개인으로서, 그리고 전문가로서 활력 유지하기 학습목표 08

궁극적으로 여러분에게 가장 중요한 도구는 개인으로서의 자신이며, 여러분의 가장 강력한 기법은 여러분이 활기차게 현실 속에서 살아가는 것을 보여주는 능력이다. 우리는 우리 자신을 돌보는 것이 가장 중요하다. 왜냐하면 우리 자신을 돌보지 않는다면, 어떻게 다른 사람을 돌볼 수 있겠는가? 우리는 우리 삶을 소진시키고 무력하게 하는 요소를 다룰 필요가 있다. 나는 여러분이 자신의 인간적, 전문가적 관점에서 여러분의 삶을 개선하기 위해 공부하게 될 이론을 어떻게 적용할지 고려할 것을 권한다.

여러분이 활력을 유지하기 위해 어떤 선택을 하게 될지(또는 선택하지 않게 될지)를 결정하기 위해 자신의 내면을 들여다보는 법을 배우라. 만약 여러분이 개인으로서 자신의 활력을 잃게 하는 요인을 자각한다면, 여러분은 전문가적인 소진(professional burnout)으로 알려진 상황을 예방할 수 있다. 여러분은 소진될지 또는 소진되지 않을지를 통제하는 힘을 가지고 있다. 여러분은 스트레스를 주는 사건을 항상 통제할 수는 없다. 그러나 그러한 사건을 어떻게 해석하고 반응할지에 대해서는 꽤 많이 통제할 수 있다. 여러분이 돌아오는 것도 없이 주고 또 주기를 계속할 수 없다는 사실을 받아들이는 것이 중요하다. 내담자에게 항상 줄 수 있다고 생각하거나 타인의 삶과 운명을 책임져야 한다고 생각하면 대가를 치르게 된다. 정서적으로나 육체적으로 완전히 지치기 전에 소진의 미세한 징후가 없는지 면밀히 살펴보라. 여러분이 개인적으로나 전문적으로 활력을 유지하는 전략을 개발해두는 것이 지혜롭다.

자신에 대한 점검(self-monitoring)은 자기돌봄의 가장 중요한 첫걸음이다. 만약 여러분이 특수한 영역에서 자신을 돌보고 있는지에 대해 정직한 마음으로 평가할 수 있다면, 여러분은 무엇을 변화시키고 싶은지 결정하는 데 사용할 틀을 가지게 될 것이다. 삶의 방향에 대해 정기적인 평가를 함으로써 자신이 살고 싶은 방식대로 살고 있는지 알 수 있을 것이다. 그렇지 않다면, 변화를 위해 실제로 무엇을 할 의향이 있는지 결정하라. 자기 자신을 조율함으로써, 집중성과 단단함을 경험함으로써, 그리고 개인적인 힘을 느낌으로써 여러분은 개인적 경험을 전문적 경험과 통합할 수 있는 기초를 가지게 된다. 그러한 자각은 여러분의 신체적, 심리적 활력을 유지하고, 효과적인 전문가가 되는 기반을 제공할 것이다.

상담 전문가로서 우리는 타인을 잘 돕는 사람들이지만, 자신은 그만큼 잘 돌보지 못하는 성향을 가지는 경우가 많다. 스코브홀트와 트로터-매티슨(Skovholt & Trotter-Mathison, 2016)은 도움을 주는 직업에 종사하는 사람들은 직업적 업무에서 일방적인 돌봄의 전문가라고 지적하며, 개인 생활에서 일방적인 돌봄 관계의 수를 조사할 것을 제안한다. 상담자는 직업 생활에서의 일방적인 돌봄 관계를 상쇄할 수 있는 개인 생활의 균형을 찾을 필요가 있다. 내담자에게 유능한 서비스를 제공하기 위해서는 우리 자신의 활력을 지키기 위한 조치를 기꺼이 취해야 한다. 우리 자신을 돌보는 데 소홀히 하면 내담자에게 최고의 서비스를 제공할 수 없다. 우리가 육체적으로 지치고 심리적으로 고갈되어 있다면 함께 작업하는 사람들에게 줄 수 있는 것이 많지 않을 것이다. 우리 자신에게 영양을 공급하지 못하면 내담자에게도 영양을 공급할 수 없다. 내담자의 삶을 변화시키기 위해 헌신하기 위해 우리는 활력을 유지하기 위해 노력해야 한다. 자기관리를 꾸준히 실천하는 방법을 찾는 것은 지속적인 예방 활동으로 보는 것이 가장 좋다.

정신건강 전문가들은 자신을 돌볼 시간이 없다는 이야기를 자주 한다. 나는 그들에게 다음과 같은 질문을 하고 싶다. '자신을 돌보지 **않고도** 괜찮을 수 있나요?' 우리가 하는 전문적인 일의 요구를 성공적으로 맞추기 위해서 우리는 신체적, 심리적, 지적, 사회적, 영적으로 돌보아야 한다. 이상적으로는 우리가 자신을 돌보는 것은 타인에게 제공하는 돌봄을 반영한다. 만약 우리가 우리의 전문적인 목표에 집중하는 데 필요한 활력과 스태미나를 가지기 원한다면, 우리는 우리 자신의 일상생활을 웰니스(wellness)의 관점에서 볼 수 있어야 한다. 웰니스는 일회성 결정이 아니라 개개인의 열정과 평화, 활력, 행복으로 이어지는 일련의 결정을 내리는 과정이다(Corey et al., 2018).

고전적인 논문에서 월시(Walsh, 2011)는 개인의 웰니스를 증진하는 **치료적 생활습관 변화**(therapeutic lifestyle changes: TLC)에 대한 포괄적인 문헌 검토를 하였다. 그 결과 치료적 생활습관 변화에는 신체 활동과 운동, 영양과 식단, 자연에서 보내는 시간, 인간관계, 여가 활동, 종교적 또는 영적 참여, 타인에 대한 봉사 등이 포함됨이 확인되었다. 월시는 TLC가 건강과 웰빙을 증진하는 등 유의미한 치료적 이점을 제공하며, 연구와 임상 증거가 이러한 관행의 가치를 뒷받침한다고 주장한다. 자신을 돌보는 구체적인 방법으로 고려할 수 있는 월시의 치료적 생활습관 변화 목록에 기반을 둔 몇 가지 제안은 다음과 같다.

- **신체 활동.** 전반적인 웰니스 증진을 위한 한 가지 핵심 관행은 신체 활동과 규칙적인 운동을 일상생활의 일부로 정착시키는 것이다. 운동 프로그램을 개발하는 데는 정해진 방법이 없으므로 시간을 들여 자신에게 맞는 계획을 세우길 바란다. 자신의 나이, 신체 상태, 생활환경에 적합한 운동을 찾아 꾸준히 생활의 일부로 삼는 것이 좋다. 자신이 좋아하는 운동 형태를 선택하면 규칙적으로 실천하기가 더 쉬워질 것이다.
- **식단과 영양.** 현명하고 건강하게 먹는 방법을 배워 체중을 관리하고 신체적으로 건강해지는 방법을 배우면 평생 웰니스를 위한 과정을 시작할 수 있다. 건강한 식습관을 확립하면 내담자에게 양질의 돌봄을 제공하는 데 필요한 활력을 유지할 수 있는 능력이 향상된다(Corey et al., 2018).
- **자연과 함께하기.** 자연에 몰입하는 것은 신체적, 정신적 건강을 증진하는 길이며 많은 이점을 제공한다. 월시(2011)는 자연이 몸과 마음을 진정시키고 스트레스를 줄이며 정신적 잡념을 없애고 침묵의 선물을 제공하며 인생에서 가장 중요한 것을 떠올리게 한다고 주장한다. 달라이 라마(Dalai Lama, 2001)는 하루에 최소 30분 이상 자연 속에서 시간을 보낼 때 웰니스와 행복이 증진되고 지원된다고 하였다.
- **관계.** 풍부한 연구에 따르면, 좋은 인간관계는 신체적, 심리적 웰빙의 핵심이라는 사실이 밝혀졌다(Corey et al., 2018; Walsh, 2011). 여러분이 인생에서 어떤 사람을 만나는지에 따라 여러분의 세계관과 업무에 영향을 미친다. 만족스럽고 서로를 지지하는 관계를 구축하는 것은 웰빙에 긍정적인 영향을 미칠 수 있다.
- **레크리에이션.** 레크리에이션은 활력소가 되는 새로운 관심사를 만드는 것이다. 우리 대부분은 일과 가족, 여가 활동의 균형을 맞추는 것이 어렵다고 생각한다. 우리는 활력을 되찾을 수 있는 경험을 음미하고 즐길 수 있을 만큼 충분히 멈춰야 한다. 약간의 상상력을 발휘하면 업무에서 벗어나는 시간을 제공할 뿐만 아니라 다른 사람과의 관계도 개선할 수 있는 활동을 찾아낼 수 있다(Corey et al., 2018).
- **종교적 · 영적 참여.** 월시(2011)는 종교적 · 영적 참여가 개인 생활과 직장 생활에 모두 적용될 수 있는 중요한 생활습관의 한 측면이라고 하였다. 월시는 종교적, 영적

참여가 사랑, 수용, 용서와 같은 주제를 중심으로 이루어질 때 치료에서 가장 유익하다고 하였다. 우리는 서로 다르지만 연민과 친절로 다른 사람을 대함으로써 세상을 더 나은 곳으로 만들기 위해 노력할 수 있다. 달라이 라마(2001)는 선, 사랑, 연민, 관용, 인내, 만족, 용서, 인간의 따뜻함, 배려, 자신에 대한 친절과 같은 핵심적인 정신적 가치에 관해 이야기한다. 이러한 점을 생각해보면 자신을 돌보고 다른 사람을 돌보는 데 이러한 행동을 어떻게 접목할 수 있을지 생각해볼 수 있다.

- **다른 사람에게 봉사하기**. 타인에게 봉사하는 것은 개인적으로나 직업적으로 삶의 질을 향상시킬 수 있는 근본적인 생활습관의 변화이다(Walsh, 2011). 자기돌봄의 일환으로 타인에 대한 봉사와 나만의 방식으로 만들 수 있는 긍정적인 변화에 대해 생각해보길 바란다. 여러분은 다른 사람에게 베풀고 자신이 변화를 일으키고 있다는 것을 아는 데서 의미를 찾을 것이다(Corey et al., 2018).

학술대회에서도 웰빙과 자기돌봄에 대한 관심이 높아지고 있다. 자기돌봄과 웰빙에 관한 글을 읽으면서 자신이 알고 있는 내용을 실천하기 위해 무엇을 할 수 있을지 생각해보길 바란다. 이 시점에서 자신의 웰빙을 증진하기 위해 어떤 기본적인 변화를 주고 싶은지 생각해보는 시간을 가지길 추천한다. 한 개인으로서 그리고 전문가로서 활력을 유지하기 위해 어떤 종류의 실행 계획을 세울 수 있는가? 개인 실행 계획을 세울 때 아이디어를 자극하는 데 도움이 될 만한 읽을거리를 선정해보라.

만약 상담자의 자기돌봄에 대해 더 자세히 알고 싶다면 『그것을 사무실에 남겨두라: 상담자의 자기돌봄에 대한 지침(Leaving It at the Office: A Guide to Psychotherapist Self-Care)』(Norcross & VandenBos, 2018) 및 『상담자 자기돌봄(Counselor Self-Care)』(Corey et al., 2018; 정여주, 선혜연, 신윤정, 장한소리, 2020 번역)을 추천한다.

요약

상담이라는 직업과 관련된 기초적인 주제 중 하나는 상담관계에서 개인으로서의 상담자가 되는 일의 중요성과 관련된다. 상담하면서 여러분은 내담자에게 '자신의 삶에 대해 정직한 눈으로 바라보고, 어떤 모습으로 변화하고 싶은지에 대해 스스로 선택하라'고 한다. 여러분은 이러한 일을 자신의 삶에서도 실행하는 것이 중요하다. 다음과 같은 질문을 자신에게 던지라. '나는 자기 길을 찾으려고 노력하는 사람에게 개인적으로 무엇을 제공해야 하는가?', '나는 내가 다른 사람들에게 하라고 하는 일을 내 삶에서 하고 있는가?'

여러분은 방대한 양의 이론적, 실무적 지식을 얻을 수 있으며, 내담자에게도 그러한 지식을 전달하고 활용할 수 있다. 그러나 모든 상담 회기에 한 개인으로서의 여러분 자신도 가지고 들어간다. 만약 여러분이 내담자의 삶에 변화를 촉진하고자 한다면, 여러분은 자신의 삶에서도 변화에 개방적이어야 한다. 여러분이 가르치는 대로 살고자 하고 내담자에게 긍정적인 모범이 되고자 하는 의지 자체가 여러분을 '상담적 인간'으로 만든다.

자기 성찰 및 토론 질문

1. 여러분의 관점에서 볼 때, 효과적인 상담자의 주요 개인적 특성 세 가지는 무엇인가? 이 장의 목록을 검토하면서 각 영역에서 자신을 어떻게 평가하겠는가?
2. 이 장에서는 상담에서 가치관의 역할에 대해 상당한 주의를 기울이고 있다. 자신의 가치관을 관리하고 내담자와의 가치관 차이에 윤리적으로 대처할 때 어떤 어려움에 직면할 수 있는가?
3. 다양성에 유능한 상담자가 되기 위해 무엇이 필요한지에 대해 어떻게 생각하는가?
4. 이 장에서는 초보 상담자가 직면하는 문제를 다룬다. 초보 전문가로서 직면할 것으로 예상되는 어려움에는 어떤 것이 있는가? 이러한 문제를 해결하기 위해 지금 무엇을 할 수 있는가?
5. 자기돌봄은 윤리적 의무이다. 총체적인 관점에서 현재 자신의 자기돌봄 수준을 어떻게 평가하겠는가? 자신을 돌보는 데 있어 자신의 강점은 무엇인가? 자기돌봄에서 개선하고 싶은 한 가지 영역은 무엇인가? 원하는 변화를 이루기 위해 어떤 조치를 취할 의향이 있는가?

더 읽을거리

- **『그것을 사무실에 남겨두라: 상담자의 자기돌봄에 대한 지침(Leaving It at the Office: A Guide to Psychotherapist Self-Care)』**(Norcross & VandenBos, 2018)에서는 경험적 증거에 의해 뒷받침되는 12가지 자기돌봄 전략을 다룬다. 저자는 자기돌봄이 개인적으로 필수적이며 직업적으로도 윤리적이라는 입장을 전개한다. 상담자 자기관리와 번아웃 예방에 관한 가장 유용한 책 중 하나이다.
- **『상담자 자기돌봄(Counselor Self-Care)』**(Corey, Muratori, Austin, & Austin, 2018; 정여주 외 2020 번역)은 대학원부터 은퇴까지 일과 삶의 균형과 개인 웰니스를 달성하는 방법에 대한 다양하고 현실적인 관점을 제시한다. 저자들은 여러 경력 단계에 있는 전문가로서의 관점뿐만 아니라 50명 이상의 객원 저자들이 자기돌봄에 대한 경험과 생각, 그리고 가장 어려운 점 등을 공유한다. 이 책은 독자가 자기 성찰을 통해 자신만의 실용적인 자기돌봄 실천 계획을 세울 수 있도록 도와준다.
- **『효과적인 상담관계 제1권: 근거중심 상담자의 기여(Psychotherapy Relationships That Work, Volume 1: Evidence-Based Therapist Contributions)』**(Norcross & Lambert, 2019b)와 **『효과적인 상담관계 제2권: 근거중심 반응(Psychotherapy Relationships That Work, Volume 2:**

Evidence-Based Responsiveness)』(Norcross & Wampold, 2019)은 모두 상담관계의 효과적인 요소를 포괄적으로 다루고 있다. 다양한 저자들이 개별 내담자에 맞게 상담관계를 조정하는 방법을 다루고 있다. 효과적인 임상 실습을 위한 연구의 시사점을 제시한다.

- 『**좋은 상담자 되기**(**Becoming a Helper**)』(M. Corey & Corey, 2021)는 조력자의 개인적, 직업적 삶과 상담 실습의 윤리적 문제를 다루는 문제를 확장한다.
- 『**심리상담과 치료의 이론과 실제 학생용 매뉴얼**(**Student Manual for Theory and Practice of Counseling and Psychotherapy**)』(Corey, 2024)은 이론과 실제를 통합하고 이 책에서 다루는 개념을 생생하게 이해할 수 있도록 돕기 위해 고안되었다. 자기 설문지, 이론의 개요 요약, 주요 개념 용어집, 학습 질문, 개인 적용을 위한 문제 및 질문, 활동 및 연습, 이해도 점검 및 퀴즈, 사례 예시로 구성되어 있다. 이 매뉴얼은 교재와 완벽하게 연계되어 개인 학습 지침서로 활용할 수 있다.
- 『**상담 및 심리치료의 통합적 접근**(**The Art of Integrative Counseling**)』(Corey, 2019)은 다양한 상담 이론의 개념과 기법을 제시하고 독자가 상담 실습에 대한 자신만의 접근 방식을 개발할 수 있는 지침을 제공한다.
- 『**통합적 상담: 사례 중심의 접근**(**Case Approach to Counseling and Psychotherapy**)』(Corey, 2013)은 이 책에 제시된 각 이론이 실제로 어떻게 적용되는지에 대한 사례 적용을 제공한다. 가상의 내담자 루스는 모든 치료 모델에서 상담을 경험한다.
- 『**상담에 대한 개인적 성찰**(**Personal Reflections on Counseling**)』(Corey, 2020)은 학생들이 자주 묻는 다양한 질문을 다루는 개인용 도서이다. 몇 가지 주제별 질문 주제에는 직업 경로 만들기, 멘토링과 멘티 되기, 대학원에서 살아남기, 개인치료의 혜택 받기, 자기돌봄과 웰니스에 집중하기, 윤리적 상담자가 되기, 상담에서 가치 갈등 관리하기, 자기 공개를 치료적으로 사용하기, 어려운 내담자 다루기, 슈퍼비전 최대한 활용하기, 작가 되기 등이 있다.

3장 상담 실제에서 윤리적 문제

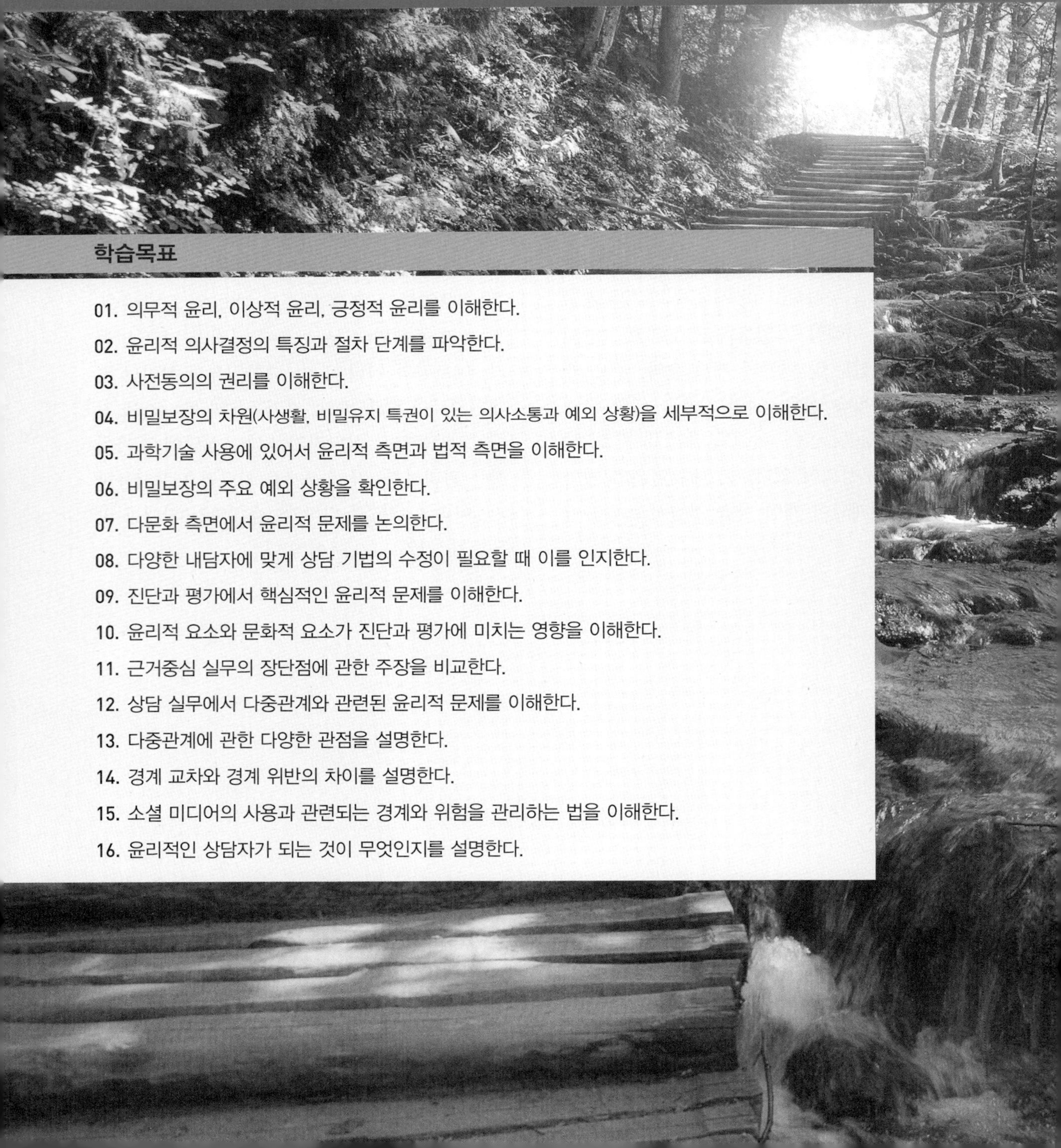

학습목표

01. 의무적 윤리, 이상적 윤리, 긍정적 윤리를 이해한다.
02. 윤리적 의사결정의 특징과 절차 단계를 파악한다.
03. 사전동의의 권리를 이해한다.
04. 비밀보장의 차원(사생활, 비밀유지 특권이 있는 의사소통과 예외 상황)을 세부적으로 이해한다.
05. 과학기술 사용에 있어서 윤리적 측면과 법적 측면을 이해한다.
06. 비밀보장의 주요 예외 상황을 확인한다.
07. 다문화 측면에서 윤리적 문제를 논의한다.
08. 다양한 내담자에 맞게 상담 기법의 수정이 필요할 때 이를 인지한다.
09. 진단과 평가에서 핵심적인 윤리적 문제를 이해한다.
10. 윤리적 요소와 문화적 요소가 진단과 평가에 미치는 영향을 이해한다.
11. 근거중심 실무의 장단점에 관한 주장을 비교한다.
12. 상담 실무에서 다중관계와 관련된 윤리적 문제를 이해한다.
13. 다중관계에 관한 다양한 관점을 설명한다.
14. 경계 교차와 경계 위반의 차이를 설명한다.
15. 소셜 미디어의 사용과 관련되는 경계와 위험을 관리하는 법을 이해한다.
16. 윤리적인 상담자가 되는 것이 무엇인지를 설명한다.

도입 학습목표 01

이 장에서는 전문적 상담 활동의 기초가 되는 윤리적 원칙과 윤리적 문제를 소개한다. 윤리적 상담의 중요성에 대한 상담자의 생각을 촉진함으로써 상담자가 윤리적 결정(ethical decisions)을 하는 데 있어서 탄탄한 기초를 다질 수 있기를 바란다. 이 장에서 다루게 되는 주제를 소개하면, 상담자의 욕구와 내담자의 욕구 간에 균형 잡기, 좋은 윤리적 결정을 내리는 방법, 내담자에게 자신의 권리에 대해 교육하는 것, 비밀보장의 범위, 다양한 배경을 가진 내담자를 상담하는 것과 관련되는 윤리적 문제, 진단과 관련되는 윤리적 문제, 근거중심 실무, 다중관계를 다루는 것, 경계를 관리하는 것이다.

상담을 배우는 학생들은 간혹 윤리에 대해서 생각할 때, 이것을 따르지 않았을 경우 과실 행위가 발생하고 제재가 가해지는 규칙과 금지사항을 모아 놓은 목록 정도로 간주하곤 한다. 그러나 윤리적 상담자가 되는 것은 단지 일련의 규칙을 지키는 것보다 훨씬 복잡하다는 것을 배우게 될 것이다. 의무적 윤리(mandatory ethics)는 전문적 상담의 최소 수준에서 윤리적으로 기능하는 수준을 의미한다. 반대로 이상적 윤리(aspirational ethics)는 내담자를 위한 최선의 행동을 하는 것에 무게를 둔다. 이상적 윤리 수준에서 행동한다는 것은, 생각과 행동에 있어서 가장 높은 기준을 요구한다. 이상적 윤리 수준에서 상담하는 것은 상담자에게 그저 윤리강령에 적혀 있는 내용을 준수하는 것 이상의 윤리적 기능 수준을 요구한다. 이는 윤리강령의 기본 정신과 원리를 이해하는 것이다. 두려움에 기초한 윤리(fear-based ethics)로는 윤리적 상담을 잘 진행하기 어려우며, 윤리라는 것은 처벌에 대한 두려움으로 피해야 하는 행동들의 목록보다 더 상위의 개념이다. 관심에 기초한 윤리(concern-based ethics)를 지향하고, 어떻게 하면 최고의 상담자가 될 수 있을지 고민해야 한다(Corey et al., 2024). 긍정적 윤리(positive ethics)란, 곤란한 상황을 만들지 않으려고 단지 최소한의 윤리적 · 법적 기준을 지키는 상담자가 아니라, 내담자를 위해 최선을 다하고자 하는 상담자가 취하는 접근이다(Knapp & VandeCreek, 2012).

이 책의 MindTap을 참조하여 동영상 퀴즈와 다양한 동영상 프로그램을 통해 3장과 관련된 주제에 대한 지식을 확장하기를 바란다.

상담자의 욕구보다 내담자의 욕구를 우선하기

상담자는 자신의 개인적인 욕구를 내담자와의 관계에서 완전히 분리할 수 없다. 윤리적으로 볼 때, 상담자가 자신의 욕구, 미해결 과제, 잠재적인 개인적 문제, 특히 역전이의 근원을 잘 인식하는 것이 꼭 필요하다. 상담자는 이러한 요소가 내담자를 효과적이고 윤리적으로 돕는 작업을 어떻게 방해할 수 있는지 인식할 필요가 있다.

상담자와 내담자의 전문적 상담관계는 내담자를 위해 존재한다. 상담자가 수시로 자신에게 던져야 하는 질문은, '상담관계에서 누구의 욕구가 채워지고 있는가? 내담자의 욕구인가, 아니면 나의 욕구인가?'이다. 상담자의 행동이 내담자에게 어떻게 영향을 미치는지를 있는 그대로 평가하기 위해서는 상당한 수준의 전문적 성숙이 요구된다. 상담자가 전문적 상담을 통해서 자신의 개인적 욕구를 충족하는 것이 비윤리적인 것은 아니지만, 이러한 상담자의 개인적 욕구를 항상 인식하는 것이 매우 중요하다. 내담자의 욕구를 희생시키면서 상담자의 욕구를 직접적 또는 간접적으로 채울 때 윤리적 문제가 발생할 수 있기 때문이다. 중요한 것은 내담자를 착취하거나 내담자에게 해를 입히지 않는 것이다.

인간은 모두 현실을 왜곡하거나 현실의 일정 부분을 보지 못하는 사각지대를 가지고 있다. 내담자를 돕는 전문가로서 상담자는 적극적으로 자신에 대한 자각을 증진하고 자신의 편견이나 취약성을 인식하는 법을 배워야 한다. 또한, 만약 상담자가 개인적 문제를 인지하고 있고 이를 헤쳐 나가고자 한다면, 상담자가 자신의 개인적 문제를 내담자에게 투사할 가능성은 낮아진다. 만약 상담자의 개인적 문제가 드러나고 오래된 내적 갈등이 다시 수면으로 올라온다면, 상담자는 이로 인해 내담자가 해를 입지 않도록 해야 하는 윤리적 의무가 있다.

상담자는 또한, 성장을 촉진하는 상담관계를 만드는 데 방해가 될 수 있는 또 다른 미묘하면서도 좋지 않은 개인적 욕구가 있는지 살펴보아야 한다. 예를 들면, 통제와 권력의 욕구, 돌봄에 대한 과도한 욕구, 자신의 가치관과 부합하는 방식으로 다른 사람을 바꾸고자 하는 욕구, 자신이 가치 있다는 느낌을 받고 싶은 욕구(특히 내담자가 우리의 역량을 인정해주는 것을 지나치게 중요하게 여길 때), 존경을 받고 가치를 인정받고자 하는 욕구 등이 있다. 내담자의 욕구를 희생해가면서 상담자의 욕구를 충족시키지 않는 것은 매우 중요하다. 이 주제에 대한 보다 자세한 논의에 대해서는 『좋은 상담자 되기(Becoming a Helper)』(M. Corey & Corey, 2021) 1장을 참고하기 바란다.

윤리적 의사결정 학습목표 02

윤리적 딜레마에 대해서 전문 기관들이 제공하는 사전 답변은 책임감 있는 실무에 대한 일반적인 지침만을 제시하고 있을 뿐이다. 실제 업무에서 전문가들은, 자신이 부딪히는 수많은 실질적인 문제에 직업 분야의 윤리강령을 적용해야 한다. 즉, 전문가들은 윤리 원칙을 해석하고 특정한 상황에 적용하는 데 있어서 신중한 판단이 요구된다. 윤리적 의사결정에 대한 책임은 자신이 지지만, 윤리적 의사결정을 혼자서 해야만 하는 것은 아니다. 그렇기 때문에, 자신이 사용할 수 있는 자원에 대해 알아두도록 해야 한다. 또한, 동료에게 자문을 구하고, 실무에 영향을 미치는 법률에 대한 정보를 계속 알아두고, 자신의 전문영역에 대한 최신 정보를 계속 개정하고, 윤리적 실무의 발전에 대해 파악하고, 자신의 가치관이 실무에 미치는 영향에 대해 고찰하고, 적극적으로 자신을 투명하게 평가하도록 한다. 끝으로, 자신이 회원으로 가입한 학회 또는 자신이 자격증을 취득한 지역에서 허가하지 않는 방식으로 상담할 때 받게 되는 제재나 처벌에 대해서도 알고 있어야 한다.

상담을 향상시키기 위한 촉매로서 윤리강령의 역할

윤리강령은 여러 가지 목적을 가지고 있다. 윤리강령을 통해 상담자와 일반 대중은 상담 분야의 책임에 대해 배우게 된다. 윤리강령은 책무의 기초를 제공하고, 비윤리적 상담으로부터 내담자를 보호한다. 아마도 윤리강령의 가장 중요한 목적은, 자신의 상담에 대해 고찰하고 전문적 상담을 향상시키는 기반을 제공하는 것이다. 상담자가 외부 기관에 의해 규제되기보다는, 자기 점검(self-monitoring)을 하는 것이 더 좋은 방법이다(Herlihy & Corey, 2015a).

저자의 관점에서 최근 윤리강령의 흐름이 점점 더 법률적이고 규정에 기초하여 적용되고 있는 것은 안타까운 일이다. 윤리적 상담자가 된다는 것은 단지 일련의 규정을 지키는 것 그 이상의 의미를 지닌다. 소송을 당하지 않으려고 애를 쓰는 상담자는, 법률이 요구하는 최소한의 것을 하는 방향으로 상담의 방향을 잡을 것이다. 상담자가 고소당하는 것에 너무 연연하게 되면, 창조적이고 효과적인 상담을 하는 것이 쉽지 않다. 상담 실무의 법률적 측면을 인식하고 위험 관리 전략을 알고 실행하는 것이 바람직하지만, 동시에 내담자를 위한 최선이 무엇인지를 놓쳐서는 안 된다. 위법행위로 인해 소송당하는 것을 예방하는 가장 좋은 방법 중 하나는, 내담자를 존중하고 내담자의 웰빙과 복지를 최우선으로 하며 윤리강령의 틀 내에서 상담을 하는 것이다.

상담자가 마주하게 될 문제 상황 각각에 대해서 적절한 행동이나 최선의 행동을 알려주는 윤리강령은 없다. 윤리강령은 상담자가 논리적으로 생각하고 가능한 한 최선의 판단을 내리는 데 도움을 주는 지침으로 사용되는 것이 가장 바람직하다는 것이 저자의 의견이다. 이 장의 끝부분에 여러 전문 기관과 웹사이트를 수록했으며, 이 웹사이트에서 각 기관의 윤리강령을 살펴볼 수 있다. 자신이 속한 전문 기관과 다른 여러 기관들의 윤리규정을 비교하여 유사점과 차이점을 이해하도록 해야 한다.

윤리적 의사결정 단계

대부분의 윤리적 의사결정 모형은 윤리적 딜레마 상황에 윤리 원칙을 적용하는 데 중점을 둔다. 윤리 원칙을 사용해서 윤리 문제를 헤쳐 나가는 것을 돕기 위해, 저자는 다음과 같이 일련의 절차 단계를 제시하였다(Corey et al., 2024).

- 문제 또는 딜레마를 파악한다. 문제의 본질에 대해 알려줄 수 있는 정보를 모은다. 이 과정을 통해서 상담자는 이것이 윤리적 문제인지, 법적 문제인지, 전문적 문제인지, 임상적 문제인지, 도덕적 문제인지를 결정할 수 있을 것이다.

- 잠재적 문제가 무엇인지를 파악한다. 문제 상황과 관련되는 모든 사람들의 권리, 책임, 복지를 평가한다.
- 문제 상황에 대한 전반적 방향성과 관련되는 윤리강령을 살펴본다. 상담자의 가치관과 윤리가 관련 지침과 일치하는지 또는 충돌하는지를 고려한다.
- 적용 가능한 법률과 규정을 고려해보고, 이들이 윤리적 딜레마에 있어서 어떤 의미를 가지는지 결정한다.
- 윤리적 딜레마에 대해 다양한 관점을 얻기 위해 여러 사람들에게 자문을 구한다. 그리고 이러한 자문을 통해 받은 제언을 내담자 기록에 문서화한다.
- 가능한 다양한 행동 방식에 대해 브레인스토밍을 한다. 여러 선택지에 대해서 다른 전문가들과 계속 논의한다. 이와 같이 행동의 선택지를 논의하는 과정에 내담자도 포함시킨다. 내담자와의 논의 과정의 성격에 대해서도 문서로 기록한다.
- 다양한 결정의 결과를 하나씩 따져보고, 각각의 행동이 내담자에게 가지는 의미에 대해 고찰해본다.
- 어떤 행동이 최선인지를 결정한다. 일단 그 행동을 실행하면, 행동의 결과를 평가하고 추가 행동이 필요한지를 결정한다. 상담자가 취한 행동의 이유와 행동의 평가방식 또한 문서로 기록한다.

어떤 윤리적 딜레마 상황을 헤쳐 나가는 과정에서 한 가지 행동방식만이 존재하는 경우는 거의 없으며, 상담자는 동일한 상황에 대해 서로 다른 결정을 내리기도 한다. 윤리적 딜레마가 미묘할수록, 윤리적 의사결정 과정은 더 복잡하고 더 많은 것이 요구된다. 상담자의 전문적 성숙도란, 열린 자세를 가지고 자신의 어려움을 동료들에게 물어보고 논의함을 의미한다. 동료들에게 자문을 구하는 과정에서 내담자의 신원을 보호하면서도 좋은 윤리적 결정에 필요한 유용한 조언을 얻을 수 있다. 윤리강령이 상담자를 위해 결정을 내려주는 것은 아니기 때문에, 상담자가 적극적으로 문제의 다양한 측면을 탐색하고, 의문점을 제기하고, 다른 사람들과 윤리적 문제를 논의하고, 자신의 가치관을 명확하게 하고 동기를 점검하도록 한다. 또한, 윤리적 의사결정의 모든 과정에서 가능한 범위 내에서 최대한 내담자도 같이 포함하도록 한다. 다시 한번 강조하지만, 의사결정 과정에 내담자를 어떻게 포함시켰고 윤리적 상담을 위해 상담자가 밟은 단계를 문서화하는 것이 필수적이다.

사전동의의 권리 학습목표 03

상담자의 치료이론과 관계없이, 사전동의는 상담 과정의 핵심 요소가 되는 윤리적, 법적 의무사항이다. 또한 사전동의는 내담자와 상담자 간에 치료적 동맹과 협력적 파트너십을 형성하는 기초를 세우는 과정이기도 하다. 사전동의(informed consent)란, 내담자가 상담에 대한 정보를 제공받고 치료에 관련되는 결정을 자율적으로 내릴 수 있는 권리를 말한다. 내담자가 선택을 내리는 데 필요한 정보를 제공받는 과정을 통해서 내담자는 자신의 상담 계획에 적극적으로 협조하게 된다. 내담자에게 자신의 권리와 책임에 대해 교육함으로써, 상담자는 내담자에게 힘을 실어주고 신뢰 관계를 형성할 수 있다. 이러한 측면을 고려할 때, 사전동의는 단지 내담자가 적절한 서류에 서명을 하는 것 이상의 과정이다.

사전동의의 내용에는 전반적인 상담의 목표, 내담자에 대한 상담자의 책임, 내담자의 책임, 비밀보장의 한계와 예외, 상담관계를 정의할 수 있는 법적 · 윤리적 기준, 상담자의 자격과 배경, 상담비, 내담자가 기대할 수 있는 서비스, 상담 과정의 대략적인 회기 수 등이 있다. 상담의 혜택, 상담의 위험, 상담자가 동료나 슈퍼바이저와 함께 내담자의 사례에 대해 논의할 가능성 등도 사전동의의 내용에 포함될 수 있다.

현대 사회에서는 다양한 형태의 과학기술을 부적절하게 사용함으로써 내담자의 사생활을 다양한 방식으로 침해할 수 있게 되었다. 우리 모두 과학기술에 의존하는 것에 익숙하므로, 상담자는 내담자의 사생활이 침해당할 수 있는 미묘한 방식에 대해서 주의를 기울일 필요가 있다. 사전동의의 과정 중 한 부분으로, 상담자는 다양한 과학기술을 사용하는 과정에서 발생할 수 있는 사생활 침해 문제에 대해서 논의하고 상담자와 내담자 모두를 보호할 수 있는 예방적 방법에 대해 의논하는 것이 좋다. 예를 들면, 상담자와 내담자는 내담자의 가정이나 직장에 이메일이나 문자를 보내는 것에 동의하기 이전에 사생활 침해 문제를 주의 깊게 고려해야 한다. 상담 시간과 같은 기본 정보는 이메일이나 문자로 주고받지 않도록 하는 것도 좋은 방법이다.

사전동의에 대해서 내담자를 교육하는 것은 상담의 첫 회기에 시작하며, 이 과정은 상담 기간 동안 계속 이어진다. 사전동의의 의미를 충분히 살리는 데 있어서 어려운 점은, 내담자에게 너무 많은 정보를 제공하는 것과 너무 적은 정보를 제공하는 것 간에 균형을 잡는 것이다. 예를 들어, 미성년자인 내담자가 상담자에게 낙태를 고려하고 있다고 밝힌 다음에 상담자가 이 문제에 대해서 내담자의 부모와 상의하려고 한다고 말하면 이미 너무 늦어버린 것이다. 나이가 어린 내담자는 매우 개인적인 사생활 문제를 상담자에게 드러내기 전에 비밀보장의 한계에 대해 알아야 할 권리가 있다. 하지만 상담자가 처음부터 상담자가 취할 수 있는 개입에 대해서 너무 자세하게 알려주면 내담자는 위축될 수 있다. 따라서 상담자가 균형을 잘 잡기 위해서는 직관과 기법이 모두 요구된다.

상담에서 사전동의는 서면 방식, 구두 설명, 또는 이 두 가지 방법을 같이 사용할 수도 있다. 사전동의를 구두 설명으로 한다면, 상담자는 사전동의의 본질과 내용을 내담자 기록에 문서화해야 한다. 상담 과정에 대한 기본 정보를 서면으로 제공하면서, 동시에 내담자가 상담 경험을 가장 잘 활용할 수 있는 주제에 대해서 내담자와 함께 논의하는 것도 좋은 방법이다. 문서화된 정보는 내담자와 상담자를 모두 보호하고 내담자로 하여금 정보에 대해서 생각해서 다음 상담 회기에 질문을 가져오도록 도울 수 있다.

사전동의와 내담자 권리에 대한 보다 자세한 논의에 대해서는 『상담 및 심리치료 윤리(Issues and Ethics in the Helping Professions)』(Corey et al., 2024, 5장), 『상담자와 법: 합법적이고 윤리적인 작업을 위한 가이드(The Counselor and the Law: A Guide to Legal and Ethical Practice)』(Wheeler & Bertram, 2019, 3장), 『상담에서 윤리적, 법적, 전문적 문제(Ethical, Legal, and Professional Issues in Counseling)』(Remley & Herlihy, 2020, 4장)를 참고하기 바란다.

비밀보장의 범위 학습목표 04

비밀보장(confidentiality)과 비밀유지 특권(privileged communication)은 서로 연관되면서도 다른 개념이다. 두 개념 모두 내담자의 사생활 보호권에 뿌리를 둔다. 비밀보장은 **윤리적 개념**으로, 미국의 대부분의 주(州)에서 비밀보장은 상담자가 내담자에 대한 정보를 공개하지 않는 법적 의무로 되어 있다. 비밀유지 특권은 **법적 개념**으로, 내담자의 허락 없이는 법정에서 비밀 대화가 공개되지 않도록 내담자를 보호하는 것이다(Herlihy & Corey, 2015a). 미국의 모든 주에서 심리치료사와 내담자의 대화를 법률로서 비밀유지 특권으로 규정하고 있지만, 세부적인 내용은 주마다 다르다. 이러한 법률에서는 상담자가 법적 절차에서 내담자가 상담에서 드러낸 내용을 밝히지 않도록 해서 내담자를 보호한다. 일반적으로, 비밀유지 특권의 법적 개념은 집단 상담, 커플 상담, 가족치료, 아동 및 청소년 상담, 또는 어떤 경우든 상담실에 두 사람 이상이 있을 경우에는 적용되지 **않는다**.

비밀보장은 신뢰할 수 있고 생산적인 내담자-상담자 관계를 만드는 데 핵심적이다. 내담자가 상담자에게 말하는 것이 개인정보로 보호된다는 것을 믿지 못한다면 진실한 상담은 일어나기 어렵다. 따라서 상담자는 자신이 지킬 수 있는 비밀보장의 범위를 명확하게 할 책임이 있다. 상담자는 내담자와 상담 초기과정에서 비밀보장의 성격과 목적에 대해 논의해야 하는 윤리적 · 법적 책임이 있다. 또한, 내담자는 상담자가 내담자와의 관계에 대한 몇 가지 세부사항을 슈퍼바이저나 동료에게 의논할 수 있다는 사실을 알 권리가 있다.

과학기술 사용에 대한 윤리적 우려 학습목표 05

비밀보장 및 사생활 보호와 관련된 문제는 과학기술이 개입되면서 더 복잡해지고 있다. 『미국상담학회 윤리규정』(American Counseling Association, 2014)의 H 섹션은 과학기술의 사용, 컴퓨터를 매개로 한 의사소통을 통해 형성된 관계, 전달 플랫폼으로서 소셜 미디어에 관한 기준을 제시하고 있다. H 섹션의 세부 항목을 보면 원격 상담을 제공하는 역량과 원격 상담과 관련된 법률, 사전동의의 요소와 안정성(비밀보장과 비밀보장의 한계), 내담자 인증, 원격 상담에서 관계(접근, 접근성, 전문적 경계), 기록의 유지, 웹사이트의 접근성, 소셜 미디어의 사용에 관한 것이 있다(Jencius, 2015).

비밀보장과 비밀유지 특권의 예외 학습목표 06

대부분의 상담자는 비밀보장이 필수적이라는 것에 동의하지만, 비밀보장에 우선하는 다른 의무사항이 있다는 것을 알게 된다. 비밀보장에 해당하는 정보를 알려야만 하는 경우가 있으며, 비밀보장을 유지하거나 비밀보장을 깨야 하는 것이 모호한 경우가 많이 있다. 비밀보장을 언제 깨야 하는지를 결정할 때, 상담자는 법적 요구사항, 자신이 일하는 기관, 자신이 주로 일하는 내담자 집단을 고려해야 한다. 윤리강령에는 이러한 상황이 분명하게 정의되어 있지 않은 경우가 빈번하기 때문에 상담자는 전문성을 가지고 판단해야 한다.

상담자가 비밀보장이나 비밀유지 특권에 관련되는 의무사항에 대해서 확실하지 않은 경우, 그때마다 자문을 구하거나 이러한 논의를 문서화하는 것이 중요하다. 레믈리와 헐리(Remley & Herlihy, 2020)는 비밀보장과 비밀유지 특권의 다양한 예외사항을 파악하여 제시하였다. 아동 학대, 노인 학대, 타인의 도움에 의존하는 성인의 학대, 자신 또는 타인에게 위험이 될 경우 비밀보장을 깨야 하는 법적 의무가 있다. 모든 정신건강 상담자와 수련생은 이러한 상황을 보고할 의무가 있다는 것과 비밀보장의 한계를 알아야 한다. 상담자가 보고해야 하는 법적 의무가 있는 또 다른 몇 가지 상황은 아래와 같다.

- 16세 이하의 내담자가 근친상간, 강간, 아동학대 또는 다른 범죄의 희생자로 추측되는 경우
- 내담자가 입원이 필요하다고 판단되는 경우
- 법정에서 이슈가 되는 정보가 있는 경우
- 내담자가 자신의 정보를 내담자 또는 제3자에게 알려달라고 요청하는 경우

상담자의 기본 의무는 내담자의 정보를 보호하는 것이며, 이는 상담관계의 핵심적 부분이다. 또한, 내담자에게 비밀보장의 한계에 대해 알려주는 것이 성공적인 상담을 가로막는 것은 아니다.

비밀보장에 대한 보다 자세한 논의에 대해서는 『상담 및 심리치료 윤리』(Corey et al., 2024) 6장, 『상담자와 법: 합법적이고 윤리적인 작업을 위한 가이드』(Wheeler & Bertram, 2019) 5장, 『상담에서 윤리적, 법적, 전문적 문제』(Remley & Herlihy, 2020) 5장을 참고하기 바란다.

다문화적 관점에서 본 윤리 문제 학습목표 07

윤리적 상담을 하기 위해서는 상담 실무에서 내담자의 문화적 맥락을 고려해야 한다. 상담 작업에서 내담자의 문화와 상담자의 문화적 역량을 고려해야 하며, 그렇게 하지 않을 경우 내담자에게 해를 입힐 수 있음을 지지하는 근거는 차고 넘친다(Pope et al., 2021). 이

제 상담 장면에서 문화적 차이를 다루지 않으면 어떻게 비윤리적으로 상담을 하게 되는지에 대해서 알아볼 것이다.

현재 상담 이론이 문화적으로 다양한 내담자와 작업하는 데 적합한가?

저자는 현재의 상담 이론이 다문화적 관점을 포함하여 확장될 수 있으며, 확장되어야 한다고 본다. 어떤 내담자에게는 정신건강, 최적의 인간 발달, 정신병리의 성격, 효과적인 치료의 성격에 대해서 어떤 가설을 미리 세우는 것이 별다른 의미를 갖지 않는다. 전통적인 이론이 다문화적이고 다양화된 사회에서 의미를 가지려면, 상호적 환경 속의 개인의 관점을 포함해야 한다. 즉, 개인에게 중요한 문화적, 환경적 변인을 고려할 때 그 사람을 가장 잘 이해할 수 있다. 상담자가 다원화 사회의 특징적인 가치관과 행동에 맞는 치료 전략을 세우는 것이 매우 중요하다.

상담은 문화에 기초한 것인가? 학습목표 08

역사적으로 상담자는 내담자가 정신건강 장면에서 보이는 문제를 개념화하고 자신의 상담의 방향성을 정하는 데 있어서 주로 서구의 치료 모델에 의존해왔다. 서구의 상담 모델은 아시아 사람, 남미계 사람, 미국 원주민, 아프리카계 미국인과 같은 특정 인종과 문화 집단에 적용하는 데 있어서 한계가 있다. 몇몇 다문화 이론가들은 상담 및 심리치료이론이 서로 다른 세계관을 반영하며, 각 이론은 인간 행동에 대해서 각자의 고유한 가치관, 편견, 가정을 가지고 있다고 보았다. 몇몇 치료 접근은 서로 다른 인종적, 민족적, 문화적 배경을 가진 내담자에게 적용하기 어려울 수 있다. 다양한 문화적 배경을 가진 내담자와 상담을 할 때 때로 상담 방법이 수정될 필요가 있다(Sue et al., 2022).

현재의 치료 접근은 핵심이 되는 일련의 가치관에 기초하고 있으며, 가치중립적이지 않고 또 모든 문화에 적용할 수도 없다. 예를 들어, 개인의 선택과 자율성의 가치는 보편적인 가치가 아니다. 어떤 문화에서는 집단주의가 중심 가치이며, 무엇이 집단을 위해 좋은 것인지가 중요한 고려사항이다. 상담자가 어떤 상담 이론을 사용하는지와 별도로, 내담자의 이야기를 듣고 그들이 왜 도움을 요청하는지, 그리고 그들에게 적절한 도움을 어떻게 전달할 수 있는지를 결정하는 것이 중요하다. 유능한 치료자는 자신을 사회적, 문화적 존재로 이해하고, 어떤 상담 상황에 대해서 자신이 영향을 미칠 수 있는 지식과 기술을 최소한의 수준으로 하고자 한다. 또한, 유능한 치료자는 내담자에게 필요로 하는 것을 이해하고 미리 정해진 틀에 내담자를 끼어 맞추려고 하지 않는다.

우리가 살고 있는 세계에서 문화적 다양성은 현실이다. 상담자가 주류 문화의 가치관에 초점을 맞추고 개인이나 집단의 다양성에는 무관심하다면, 비윤리적인 상담을 할 수 있는 위험을 가지게 된다(Barnett & Johnson, 2015). 상담자는 삶에 대해 다른 관점을 가지고 있는 내담자를 이해하고 수용해야 하며, 자신의 세계관을 강요할 가능성을 경계해야 한다. 특히, 자신과 다른 문화적 배경과 삶의 경험을 가진 내담자와 상담할 때 상담자가 자신에 맞춰서 가치 판단을 하지 않으려고 노력하는 것이 중요하다. 윤리적이고 효과적으로 상담을 하고자 한다면, 다양성과 사회정의의 문제를 명심하는 것이 매우 중요하다 (Chung & Bemak, 2012; Lee, 2015, 2018, 2019).

개인 요소와 환경 요소 모두에 초점 두기

상담자의 이론적 지향점은 상담자가 내담자와 함께 생산적인 방향으로 나아갈 수 있도록 안내해주는 지도를 제공한다. 이론이 상담자에게 방향을 제시해주지만 상담자가 상담에서 무엇에 주의를 기울이는지를 통제하지는 않는다. 다문화적 프레임에서 상담을 진행하는 상담자 역시 상담의 방향에 대한 몇 가지 가정과 초점을 가지고 있다. 상담자는 개인을 가족과 문화의 맥락에서 바라보며, 상담자의 목적은 단지 내담자 개인의 통찰을 증진시키는 것보다 내담자가 공동체 안에서 변화를 이끌어낼 수 있는 사회적 행동을 촉진하는 것에 있다. 다문화 상담자와 여성주의 상담자는 모두, 내담자의 문제를 발생시킨 요소를 비판하기보다는, 이러한 요소를 변화시키기 위한 사회적 행동을 촉진하기 위해서 치료적 개입이 이루어질 때 치료적 작업이 효과적이라는 입장을 지향한다(Chung & Bemak, 2012). 이러한 주제에 대해서는 뒷장에서 더 자세하게 다룰 것이다.

적절한 상담 이론은 개인의 문제에 담겨있는 사회문화적 요소를 다룬다. 하지만 내담자가 자신의 주변 환경의 현실에 대처하도록 돕는 데 있어서 짚고 넘어가야 할 점이 있다. 사회적 부조리로 고통받고 있는 내담자를 앞에 두고 사회 변화 문제를 꺼내려고 한다면 상담자는 막막해질 수밖에 없을 것이다. 상담자는 여러 전통적 상담 이론의 기법을 사용하여 내담자가 자신의 장벽과 고통을 다룰 수 있는 선택지가 있음을 인식하도록 도울 수 있다. 하지만 변화가 일어나기 위해서는 개인 요소와 사회 요소 둘 다에 초점을 맞춰야 하며, 여성주의치료 접근, 포스트모던 접근 접근, 가족체계치료 접근은 이러한 관점을 우리에게 알려준다. 실제로 환경 속 개인의 관점(person-in-the-environment perspective)은 이러한 상호적 현실을 일깨워준다. 다문화 상담에서의 윤리적 문제에 대한 보다 자세한 논의에 대해서는 정과 브막(Chung & Bemak, 2012), 코리와 코리와 코리(Corey, Corey & Corey, 2024, 4장), 리(Lee, 2019)를 참고하기 바란다.

평가 과정에서의 윤리 문제 학습목표 09

평가를 사용하고 진단을 내리는 과정에서 임상적 문제와 윤리 문제는 모두 관련된다. 앞으로 다양한 상담 이론을 공부하면서, 어떤 접근들은 상담 과정의 서막으로서 평가의 역할을 매우 강조하는 반면, 다른 접근들은 평가가 그렇게 유용하지 않다고 보고 있음을 알게 될 것이다.

상담에서 평가와 진단의 역할

평가와 진단은 상담 및 심리치료 실무와 깊은 관련성을 가지고 있으며, 치료 계획에 필수적인 선행조건으로 본다. 어떤 상담 접근에서는 내담자에 대한 포괄적인 평가를 상담 과정의 첫 단계로 본다. 이렇게 보는 이유는, 내담자의 과거와 현재 기능 수준을 이해해야 세부적인 상담 목표를 세우고 적절한 치료 전략을 설계할 수 있기 때문이다. 상담자는 자신의 치료적 지향과 관계없이 평가를 수행할 필요가 있으며, 평가는 지속적으로 상담 과정의 한 부분이 된다. 상담자가 치료 회기를 진행하면서 내담자에 대한 추가 자료를 모으면서 평가는 수정될 수 있다. 몇몇 상담자들은 공식 진단으로 이어지는 과정의 한 부분으로 평가를 간주하기도 한다.

평가(assessment)는 상담 과정에서 보다 깊게 탐색해야 하는 주제를 파악하기 위해 내담자의 삶에서 관련 요소를 평가하는 것으로 구성된다. 때로 평가 과정의 한 부분이기도 한 진단(diagnosis)은 일련의 증상에 기초해서 특정 정신장애를 확인하는 것이다. 평가와 진단은 모두 상담 과정의 방향성을 제시하는 것으로 이해될 수 있다.

진단은 내담자가 겪는 어려움의 원인에 대한 설명, 내담자의 문제가 시간이 지나면서 어떻게 진행되어왔는지에 대한 설명, 장애의 분류, 내담자의 문제에 따라서 선호되는 상담 과정에 대한 구체화, 내담자의 문제가 성공적으로 치료될 가능성에 대한 추정 등을 포함한다. 상담 및 심리치료에서 진단의 목적은 내담자의 현재 행동과 생활양식에서 문제가 되는 부분을 파악하는 것이다. 문제가 되는 부분이 명확하게 파악되면, 상담자와 내담자는 서로 협력하면서 상담 과정의 목표를 세울 수 있고, 내담자의 고유한 요구에 맞춰서 치료 계획을 조정할 수 있다. 진단은 상담자가 내담자를 이해하는 방향을 잡을 수 있는 가설을 제공한다. 상담 회기를 진행하면서 내담자 문제의 본질에 대한 유용한 단서를 알 수 있기 때문에, 진단은 접수 면접부터 시작하며 전체 상담 과정을 통해서 지속된다.

진단 사용을 선호하는 상담자에 따르면, 진단 절차를 통해서 상담자가 특정한 정서장애·행동장애를 확인할 수 있고, 이는 적절한 치료 계획의 설계를 도울 수 있다. 진단은 정신건강의 의학적 모델에서 기원하며, 이 모델에 따르면, 정신건강 문제의 기저에는 (생물학적 요인을 포함한) 유발 요인이 있고 이로 인해 서로 다른 유형의 정신장애가 나타난다.

진단은 일종의 라벨이며, 이 라벨이 인간의 총체성을 담아내지는 못한다. 따라서, 특정 내담자에 있어서 특정 진단이 어떻게 나타나는지를 아는 것이 중요하다. 일단 어떤 사람에게 진단이 내려지면 진단은 그 사람을 계속 따라다닌다. 해당 진단이 더 이상 그 사람에게 부합하지 않게 되더라도 진단은 따라다닌다.

몇몇 임상가들은 상담 과정에서 진단이 중심이 된다고 보지만, 또 다른 임상가들은 진단이 불필요하며, 손상을 입힐 수 있고, 소수 민족에게 차별적이라고 보기도 한다. 앞으로 이 책에 제시된 치료 모델에 대해 공부하면서 알게 되겠지만, 상담에 앞서서 진단을 사용하지 않는 치료 접근도 존재한다.

평가와 진단에서 민족적 · 문화적 요소를 고려하기 학습목표 10 진단적 접근의 위험은 상담자가 내담자의 특정 행동 방식에서 민족적 · 문화적 요소를 고려하지 않을 수 있다는 것이다. 『정신질환의 진단 및 통계 편람 5판(Diagnostic and Statistical Manual of Mental Disorders: *DSM-5*)』에서는 의도하지 않은 편견이 있을 수 있다는 것을 인식하는 것, 그리고 진단 과정에 영향을 미칠 수 있는 독특한 민족적 · 문화적 행동 방식에 대해 개방적인 자세를 유지하는 것의 중요성을 강조한다(American Psychiatric Association, 2013). 임상가들이 문화적 요소를 고려하고 이러한 요소가 내담자의 현재 행동, 감정, 사고, 증상 발현에 어떻게 영향을 미칠 수 있는지를 고려하는 것은 매우 중요하다. 문화적 변인이 고려되지 않으면 어떤 내담자는 잘못된 진단의 대상이 될 수 있다. 특정 행동과 성격 스타일은 단지 그들이 주류 문화의 특징을 보이지 않는다는 이유만으로 신경증이나 일탈적인 것으로 분류될 수 있다. 다양한 배경을 가진 내담자와 상담을 하는 상담자는, 실제로는 특정 집단에서 특정한 성격 특징이 정상적인 것으로 고려됨에도 불구하고 내담자가 억압되거나, 억제되었거나, 수동적이거나, 동기가 없다고 잘못된 결론을 내릴 수 있다.

*DSM-5*는 발달 단계, 학습과 인지, 외상(trauma), 성격, 물질남용, 정서, 불안, 성 정체성, 섭식, 수면, 충동 통제 및 적응과 관련되는 광범위한 장애를 다룬다. *DSM-5*는 정신건강 문제가 사회에 존재한다기보다는 개인에게 존재하는 것으로 정의하는 정신질환의 의학적 모형에 기초를 두고 있다. *DSM* 모델을 비판하는 사람들은 *DSM*에 의거한 진단이 맥락적, 사회적, 문화적 요소를 고려하지 않으며, 이러한 요소가 내담자 문제에서 중요한 역할을 할 수 있다고 본다. *DSM* 체계는 내담자를 병리적으로 분류함으로써 다양한 집단의 내담자가 받는 억압을 고착시킬 수 있다(Remley & Herlihy, 2020). 상담자는 진단에 대한 작업을 하기 전에 이에 대해서 주의 깊게 생각할 필요가 있으며, 사회와 정신건강 영역에서 차별, 억압, 인종차별의 현실을 고려해야 한다.

다양한 이론적 관점에서 평가와 진단 상담자가 사용하는 상담 이론은 상담 작업에서 진단의 사용에 대한 상담자의 생각에 영향을 미친다. 인지행동적 접근과 의학적 모델을 사용하는 많은 상담자들은 상담 과정의 도입 단계에서 평가의 역할을 상당히 중요하게 본다. 이러한 접근의 논리는, 내담자의 과거와 현재 기능 수준에 대한 그림을 분명하게 그려야만 구체적인 치료 목표를 설정할 수 있다는 것이다. 또한 초기 평가가 없는 상태에서는 진행 상황, 변화의 정도, 내담자가 좋아진 정도, 상담의 성공 여부를 평가하기 어렵다. 관계지향적 접근을 사용하는 상담자는, 평가와 진단의 과정이 내담자-상담자 관계에 핵심적이지 않다고 보며, 평가와 진단이 내담자의 주관적 세계를 이해하는 것을 방해한다고 믿는다. 이 책의 12장에서 살펴보겠지만, 여성주의 상담자는 전통적 진단 작업이 때로 억압적이며, 정신건강과 정신질환에 대한 백인, 남성 중심, 서구적 관점에 기초하고 있다고 주장한다. 여성주의 관점과 포스트모던 접근(13장) 모두 이러한 진단 작업이 사회적 맥락을 무시한다고 비판한다. 여성주의, 사회구성주의, 해결중심 상담, 또는 이야기치료 접근을 하는 상담자는 *DSM-5* 진단에 이의를 제기한다. 그럼에도 불구하고 이러한 접근을 사용하는 상담자들도 심리평가를 하며, 내담자의 문제와 강점에 대한 일련의 결론을 도출한다.

상담자가 지역사회 정신건강기관에서 일하고 있거나 또는 상담서비스에 대해서 보험회사가 비용을 지불하는 기관에서 일하고 있다면, 상담자의 치료적 지향과 관계없이 상담자는 *DSM* 체계 안에서 상담을 하게 될 것이다. 이러한 기관은 내담자에 대한 평가와 진단을 요구할 것이며, 따라서 상담자는 *DSM-5*의 진단 분류 체계와 구조에 대해 잘 숙지해야 할 필요가 있다. 요약하면, 상담자가 대부분의 정신건강 관련 기관에서 효과적으로 일하기 위해서는 진단 절차를 잘 사용하는 역량을 개발할 필요가 있다.

평가와 진단에 대한 논평 대부분의 상담자는 평가와 진단이 내담자를 이해하는 데 있어서 지속적으로 이루어져야 하는 과정으로 본다. 협력적 접근에서는 상담 과정에서 내담자를 능동적인 참여자로 보며, 상담의 첫 회기부터 마지막 회기까지 상담자와 치료자 모두 탐색과 발견의 과정에 함께 참여한다. 어떤 상담자들은 공식적인 진단 절차와 전문용어를 사용하지 않으려고 하지만, 상담 과정에서 내담자에 대한 잠정적인 가설을 세우고 이를 내담자와 공유하는 것도 지속적인 평가와 진단의 하나의 형태이다. 평가와 진단에 대한 이러한 관점은, 전통적인 진단 절차를 비판하는 여성주의치료의 원칙과도 일치하는 것이다.

순전히 보험처리의 목적으로만 진단이 이루어질 때 윤리적 딜레마 상황이 발생할 수 있으며, 이러한 상황에서는 때로 내담자를 임의로 진단 분류에 집어넣기도 한다. 그러나 기질성 정신장애(organic disorders), 조현병, 조울증, 자살 유형의 우울과 같은 내담자의 생명을 위협하는 문제가 있는지를 살펴보는 것은 상담자의 임상적, 법적, 윤리적 의무이다. 상담수련생은 이러한 유형의 검사를 하는 데 필요한 임상 기법을 배워야 하며, 이는 진단의 한 가지 형태이기도 하다.

개인을 평가할 때 전체로서 개인을 평가해야 하며, 여기에는 마음, 신체, 영적 차원에서 평가가 이루어진다. 상담자는 내담자의 심리적 증상의 기저 요인으로 내담자의 생물학적 과정을 고려해야 하며, 필요한 경우 의사와 긴밀하게 협력해야 한다. 하지만 내담자의 문제의 해결책을 찾는 과정에서 내담자의 가치관이 중요한 도구가 될 수 있으며, 때로 영적, 종교적 가치관이 내담자의 고민을 밝혀주기도 한다.

상담 실무에서 평가와 진단에 대한 보다 자세한 논의에 대해서는 『통합적 상담: 사례중심의 접근』(Corey, 2013)을 참고하기 바란다. 이 책에서는 루스(Ruth)라는 내담자에 대해서 12개의 서로 다른 상담 이론을 사용하는 상담자들이 자신의 진단적 관점을 공유한다. *DSM-5*의 변경 사항에 대한 포괄적 논의에 대해서는 『상담자를 위한 *DSM-5* 학습 동반자(*DSM-5* Learning Companion for Counselors』(Dailey, et al., 2014)를 참고하기 바란다.

근거중심 실무의 윤리적 측면 학습목표 11

정신건강 전문가들에게는 특정 내담자에게 가장 좋은 개입을 선택해야 하는 과제가 있다. 많은 상담자들은 자신의 이론적 지향에 기초해서 이 선택을 내린다. 하지만 최근에는 경험적으로 지지된 치료(empirically supported treatment)에 기초해서 특정 문제나 진단에 대한 구체적인 개입을 활용하는 방향으로 전환되고 있다(APA Presidential Task Force on Evidence-Based Practice, 2006; Cukrowicz et al., 2005; Deegear & Lawson, 2003; Edwards et al., 2004).

구체적이고 경험적으로 지지된 치료에 대한 최근 경향을 근거중심 실무(evidence-based practice: EBP)라고 한다. 근거중심 실무란, "환자의 특징, 문화, 선호의 맥락에서, 임상적 전문성과 현재 적용할 수 있는 가장 훌륭한 연구의 통합"(APA Presidential Task Force on Evidence-Based Practice, 2006, p. 273)이다. 행동 보건 시스템에서 일하는 상담자는 근거중심 실무와 관련된 어려움을 다룰 수밖에 없다. 노크로스, 호건, 쿠셔와 마지오(Norcross, Hogan, Koocher & Maggio, 2017)는 포괄적 근거중심 실무를 주장하는데, 여기에는 근거중심 실무의 세 가지 측면을 담고 있다. (1) 현재 적용할 수 있는 가장 훌륭한 연구를 찾는다. (2) 임상적 전문성에 의존한다. (3) 내담자의 특징, 문화, 선호를 고려한다. 근거중심 실무는 이 중에서 오직 한 가지 측면, 즉 현재 적용할 수 있는 가장 훌륭한 연구에 기반을 둔 치료 개입을 강조하는 경향이 있다.

무수한 심리치료 연구를 통해서 내담자, 상담자, 상담관계, 상담자의 성격과 상담 스타일, 상담 방법, 맥락, 이 모든 것들이 상담의 성공 또는 실패에 기여한다는 것이 일관적으로 밝혀졌다(Norcross & Lambert, 2019a). 근거중심 실무의 주된 목적은 심리치료사들로 하여금 경험 연구를 통해서 효과성(efficacy)이 지지된 상담 기법에 기초해서 상담하도록 하는 것이다. 연구를 통해서 가장 효과적이고 처치의 효과가 검증된 치료가 분석될 수 있으며, 이러한 치료가 상담 실무에서 널리 시행될 수 있다(Norcross et al., 2006). 현재 상담 실무에서 근거중심치료 방법이 널리 사용되고 중요하지만, 이 치료 방법이 치료적 관계의 중요성을 깎아내리는 것은 아니다. 노크로스와 램버트(Norcross & Lambert, 2019b)는 다음과 같이 말했다. "상담관계와 반응성을 포함하지 않고 가장 좋은 실무와 근거중심치료를 널리 알리고자 노력하는 것은 매우 적절하지 않으며, 잘못된 방향으로 이끌 가능성도 있다"(p. 631). 노크로스와 램버트는 심리치료의 특정한 방식과 무관하게, 상담관계는 치료 성과에 있어서 중요하고 일관적으로 기여한다고 보았다. 이들은 심리치료에서 최선의 치료 성과는 근거중심치료와 근거중심 관계 둘 다 사용하는 것에 달렸음을 강조한다.

많은 정신건강 분야에서 상담자는 단기적이고 표준화된 치료 개입을 사용하도록 압박을 받는다. 이 상황에서 치료는 치료 매뉴얼에 따라서 이루어지며, 치료 매뉴얼에는 각각의 상담 회기에서 무엇을 해야 하는지, 얼마나 많은 회기가 필요한지가 정해져 있다(Edwards et al., 2004). 많은 상담자는 이러한 접근이 기계적이며, 심리치료 과정의 관계적 차원과 개인의 다양성을 충분히 고려하지 못한다고 본다. 실제로 특정 문제에 대해서 표준화된 치료에만 전적으로 의존하는 것은 또 다른 윤리적 문제를 낳게 되는데, 이러한 경험적 기반의 기법들의 신뢰도와 타당도가 의심되기 때문이다.

인간의 변화는 복잡하며, 변화가 무의미할 수도 있는 단순한 수준 이상으로 측정하기 어렵다. 게다가 모든 내담자들이 명확하게 정의된 심리장애를 가지고 상담에 오는 것도 아니다. 많은 내담자들은 어떤 진단 범주에도 부합하지 않는 실존적 어려움을 가지고 있으며, 상담을 통해서 명확하고 구체적인 증상에 기초한 성과를 가져오는 것도 아니다. 근거중심 실무는 특정한 정서 · 인지 · 행동적 장애를 가진 사람들과 작업하는 정신건강 전문가에게는 어느 정도 도움이 될 수 있지만, 자신의 삶을 보다 의미 있고 풍부하게 향유하고자 하는 사람들과 작업하는 상담자에게는 크게 도움이 되지 않는다.

노크로스, 호건, 쿠셔와 마지오(2017)에 따르면, 정신건강 서비스에서 책무성에 대한 요구는 이제 일반화되었으며, 모든 정신건강 전문가들은 자신들이 제공하는 서비스의 효과성(efficiency), 처치의 효과(effectiveness)와 안전성을 입증해야 하는 과제를 요구받고 있다. 노크로스와 동료들(2017)은, 근거중심 실무의 매우 중요한 목표가 내담자 서비스의 효과를 높이고 공중 보건을 향상시키는 것임을 강조한다. 그들은 이러한 목표에 집중하기 위해 정신건강 전문가들이 보다 적극적인 태도를 취할 필요가 있다고 경고한다. 또한 보험회사와 같은 제3지급자들이 서비스 질 향상의 수단이 아니라 비용 절감의 수단으로 연구 결과를 선택적으로 사용할 수 있는 오남용의 위험이 있다는 것도 인식하고 있다.

근거중심 실무에 대한 보다 자세한 논의에 대해서는 『근거중심 실무를 위한 임상가들의 가이드: 행동적 건강과 중독(Clinician's Guide to Evidence-Based Practices: Behavioral Health and Addictions)』(Norcross et al., 20017)을 참고하기 바란다. 『개인화 심리치료(Personalizing Psychotherapy)』(Norcross & Cooper, 2021)는 평가에 있어서 윤리 문제와 내담자의 선택을 조정하는 것에 대한 훌륭한 참고자료로 추천한다.

상담 실무에서 다중관계 다루기 학습목표 12

이중관계 혹은 다중관계(dual or multiple relationships)는, 그것이 성적 관계든 성적 관계가 아니든, 상담자가 내담자와 동시에 또는 계속해서 두 가지 이상의 역할을 가질 때 발생한다. 한 가지 이상의 전문적 역할을 하거나 또는 전문적 역할과 비전문적 역할을 같이 하게 되기도 한다. 이러한 관계의 복잡성으로 인해 **이중관계**(dual relationship)라는 용어보다 **다중관계**(multiple relationship)가 더 자주 사용된다. 그러나 다양한 윤리강령에서 두 가지 용어를 모두 볼 수 있으며, 미국상담학회(2014)는 **비전문적 관계**(nonprofessional relationships)라는 용어를 사용한다. 여기에서는 이중관계와 비전문적 관계를 모두 포괄하기 위해 **다중**

관계라는 용어를 사용한다.

상담자가 내담자와의 관계에서 전문적 관계에 다른 종류의 관계가 섞이게 되면, 윤리적 문제를 고려해야 한다. 다양한 방식의 비전문적 상호작용(nonprofessional interactions) 또는 성적 관계가 아닌 다중관계는 상담자에게 숙제를 안겨준다. 성적 관계가 아닌 다중관계의 예를 몇 가지 살펴보면 다음과 같다. 교사와 상담자의 역할 또는 슈퍼바이저와 상담자의 역할을 같이 하는 것, 물품이나 치료 서비스를 교환하는 것, 내담자에게 돈을 빌리는 것, 친구나 직원이나 친척에게 상담하는 것, 내담자와 사적인 관계를 맺는 것, 내담자에게 비싼 선물을 받는 것, 내담자와 사업 관계를 맺는 것 등이다.

몇몇 다중관계는 명백하게 착취적 성격을 띠며 상담자와 내담자 모두에게 심각한 해를 입힌다. 예를 들면, **현재** 상담하고 있는 내담자와 감정적으로 깊은 관계 혹은 성적 관계를 맺는 것은 명백하게 비윤리적이고 비전문적인 행위이며, 많은 주에서 불법으로 명시하고 있다. **과거**에 상담했던 내담자와 성적 관계를 맺는 것은 현명하지 못하고, 착취적일 수 있으며, 일반적으로 비윤리적 행위로 간주된다. 예전에 내담자였던 사람과는 평생 동안 성적 관계를 맺지 말아야 한다는 주장도 어느 정도 정당화될 수 있는데, 왜냐하면 두 사람 간에는 계속적으로 권력의 차이가 있고 전이 · 역전이 역동이 존재하며 치료가 종료된 후 오랜 시간이 지나도 심리적 위해가 존재할 수 있기 때문이다(Levine & Courtois, 2021).

스타인버그, 앨퍼트, 쿠르투아(Steinberg, Alpert, & Courtois, 2021)는 그들의 책에서 상담자의 경솔함과 잘못된 행동을 집중적으로 다루었으며, 심리치료에서 성적 관계 위반의 문제를 여러 각도에서 다루었다. 상담자와 내담자의 성적 접촉은 비윤리적 행위이며, 모든 정신건강 분야와 의학 분야에서 도덕적으로 그리고 윤리적으로 잘못된 행위로 본다. 그러나 이러한 윤리적 · 법적 금지에도 불구하고 성적 관계 위반은 여전히 발생하고 있으며, 그 수가 증가했을 수도 있다. 성적 관계 위반이 끼치는 피해는 피해당사자를 넘어서 가족, 동료, 기관 및 상담 분야 전반에까지 미칠 수 있다(Gomez et al., 2021).

심리치료에서 성적 관계는 결코 정당화될 수 없고 명백하게 잘못된 것이다. 반면, 성적 관계가 아닌 다중관계는 복잡하고 다차원적이기 때문에, 이 문제에 대한 단순하고 절대적인 해결책은 현실적으로 존재하지 않는다. 상담자로 일하면서 상담자 역할 하나만을 맡는 것이 항상 가능하지 않고, 그것이 항상 바람직한 것도 아니다. 상담자는 자신이 일하는 기관이나 주로 만나는 내담자 집단과 무관하게 여러 가지 역할을 맡아서 대처해야 한다. 윤리적으로 문제가 될 수 있는 상황에 휘말리기 전에 다중역할과 다중관계의 복잡성에 대해서 신중하게 고려하는 것이 필요하다.

윤리규정이 특정 상황에 적용되면 윤리적 논리와 판단이 작동하기 시작한다. 『미국상담학회 윤리규정』(ACA, 2014)에서는 상담 전문가들이 다중역할과 책임을 어떻게 윤리적인 방식으로 관리할지를 배워야 한다는 것을 명시하고 있다. 여기에는 상담관계와 수련관계에 내재된 권력 차이를 효과적으로 다루는 것, 균형 있게 경계를 설정하는 문제, 비전문적 관계를 다루는 것, 내담자, 상담수련생 또는 슈퍼비전을 받는 상담자인 슈퍼바이지에게 해가 될 수 있는 방식으로 권력을 사용하지 않고자 노력하는 것 등이 있다(Herlihy & Corey, 2015b).

다중관계에는 위험요소가 내재되어 있지만, 다중관계가 언제나 비윤리적이며 필연적으로 위험과 착취를 가져온다고 결론을 내리는 것은 잘못이다. 다중관계가 신중하게 그리고 진실성을 가지고 이루어진다면 내담자에게 도움이 될 수 있다(Zur, 2007, 2017).

다중관계에 대한 여러 가지 관점 학습목표 13

다중관계가 문제가 되는 것은 무엇 때문인가? 헐리와 코리(Herlighy & Corey, 2015b)에 따르면, 다중관계가 문제가 되는 측면은 다음과 같다. 다중관계는 만연해 있다, 다중관계는 인식하기 어렵다, 다중관계는 때로 피할 수 없다, 다중관계는 잠재적으로 해가 될 수 있지만 반드시 해를 입히는 것은 아니다, 다중관계는 도움이 될 수 있다, 다양한 전문가들이 다중관계에 대해서 이견을 보인다. 문헌을 살펴보면 이중관계와 다중관계가 뜨거운 논란의 대상임을 알 수 있다. 현재 상담중인 내담자와 성적 관계를 가지는 것이 명백하게 비윤리적인 행동이라는 것을 제외하면, 다중관계를 다루는 적절한 방식에 대해 합의가 이루어진 경우는 많지 않다.

몇몇 전문 기관들의 규정에는 다중관계를 맺지 않도록 권고하고 있는데, 다중관계가 권력을 남용하고, 내담자를 착취하고, 객관성을 손상시킬 가능성이 있기 때문이다. 다중관계를 통해 내담자를 착취하거나 또는 내담자에게 해가 될 가능성이 다분하다면, 그 관계는 비윤리적이다. 그러나 윤리규정에서 모든 다중관계를 피해야 한다고 규정하거나 성적 관계가 아닌 다중관계가 비윤리적이라고 명시하지는 않는다. 현재 윤리규정에서 초점은, 내담자에게 해가 될 수 있는 가능성에 대해서 조심하고 내담자를 보호할 수 있는 보호장치를 만드는 것이다. 윤리규정에 일반적인 지침이 제시되어 있지만, 현명한 판단, 자신의 상담을 기꺼이 돌아보고자 하는 마음, 자신의 동기를 인식하는 것이 윤리적 상담자에게 매우 중요한 관점이다. 다시 한번 강조하지만, 다중관계 문제는 윤리규정만으로 해결될 수 없다. 상담자는 광범위한 경계 문제에 존재하는 모든 윤리적 · 임상적 측면에 대해 잘 생각해야 한다.

다중관계가 불가피하고 피할 수 없는 상황이 있다는 것, 그리고 다중관계를 전면 금지하는 것이 현실적인 대안이 아니라는 것은 많은 이론가들 간에 합의가 되었다. 대인관계에서 경계는 고정되어 있지 않고 시간이 지남에 따라 계속해서 새롭게 정의된다. 따라서 상담자는 경계에서 변동을 관리하고 중첩되는 역할을 효과적으로 대처할 수 있는 방법을 배워야 한다(Herlihy & Corey, 2015b). 다중관계를 다루는 핵심 중 하나는 개입될 수 있는 위험을 최소화할 수 있는 방법들을 생각해보는 것이다.

위험을 최소화하는 방법 다중관계를 맺을 것인지를 결정할 때, 다중관계가 내담자에게 주는 이득이 다중관계로 인해 발생할 수 있는 해보다 더 큰지를 고려하는 것이 중요하다. 어떤 관계에서는 잠재적 위험보다 잠재적 이익이 더 많을 수 있다. 부정적인 결과의 가능성을 줄이기 위한 보호수단을 만드는 것은 상담자의 책임이다. 헐리와 코리(Herlihy & Corey, 2015b)는 다음과 같은 지침을 제시한다.

- 상담관계 초기에 건강한 경계를 설정한다. 사전동의는 상담을 시작할 때 그리고 상담이 진행되는 동안 필수적이다.
- 진행 중인 논의와 의사결정 과정에 내담자를 계속해서 관여시키고, 논의의 내용을 문서화한다. 내담자에 대한 상담자의 기대와 상담자에 대한 내담자의 기대에 대해서 내담자와 논의한다.
- 객관성을 유지하고 예상치 못한 어려움을 파악하기 위해 동료 전문가에게 자문을 구한다. 혼자서 결정할 필요가 없음을 인식한다.
- 다중관계가 문제가 될 가능성이 있을 때, 또는 해를 끼칠 위험이 높을 때에는 슈퍼비전을 받으면서 상담을 진행하는 것이 현명하다. 슈퍼비전의 내용과 상담자가 취한 행동을 기록에 남겨 문서화한다.
- 전체 과정에서 자기 검열(self-monitoring)이 중요하다. 누구의 욕구가 충족되고 있는지 자신에게 물어보고, 이중관계나 다중관계를 맺는 것을 고려한다면 그 동기가 무엇인지 살펴본다.

다중관계가 우려되는 상담을 할 때, 먼저 이러한 다중관계 자체를 피하는 것이 가능한지를 확인하는 것이 좋다. 주르(Zur, 2017)는 다중관계를 항상 피할 수는 없으며, 특히 작은 마을의 경우에는 더욱 그렇다고 지적한다. 모든 다중관계를 비윤리적인 것으로 볼 수도 없다. 그러나 상담자의 객관성이나 역량이 손상될 때 상담자는 상담자의 개인적 욕구가 수면 위로 부상하고 전문적 작업의 질을 떨어뜨리고 있음을 알게 된다. 어떤 경우에는 다중관계를 피할 수 있으며, 그럼에도 상담자가 관여하는 것은 내담자를 불필요하게 위험에 처하게 할 수 있다. 다중관계를 피할 수 없는 경우도 있다. 다중관계로 인한 잠재적 문제를 다룰 수 있는 한 가지 방법은 어떠한 종류의 비전문적 상호작용이든지 이를 완벽하게 피하는 것을 정책으로 정하는 것이다. 일반적인 지침으로는, 다중관계는 가능한 한 피하는 것이 가장 좋다. 다중관계를 피할 수 없을 때 상담자는 내담자를 보호하기 위해 취한 조치를 문서화해두어야 한다. 또 다른 대안은 각각의 딜레마가 발생할 때 사전동의를 최대한 활용하고 동시에 이러한 상황을 다루는 것에 대해서 자문과 슈퍼비전을 받는 것이다. 이러한 두 번째 대안은 자기 자신을 모니터링하는 전문가로서 의무사항을 포함한다. 매일매일의 상담 작업에서 나타나는 이러한 윤리적 복잡성에 대해서 기꺼이 고심하고자 하는 것은 전문가로서 직업의식을 대표하는 특징 중 하나이다.

다중관계에서 윤리적 · 임상적 차원에 대한 두 가지 훌륭한 참고자료로는 『심리치료에서의 경계: 윤리적 · 임상적 발견(Boundaries in Psychotherapy: Ethical and Clinical Explorations)』(Zur, 2007)과 『심리치료와 상담에서의 다중관계: 치료에서 피할 수 없고 공통적이며 의무적인 이중관계(Multiple Relationships in Psychotherapy and Counseling: Unavoidable, Common, and Mandatory Dual Relations in Therapy)』(Zur, 2017)가 있다.

개인적 경계와 전문적 경계를 세우는 것 학습목표 14 내담자를 효과적으로 상담하기를 원한다면 유연한 경계를 만들고 유지하는 것이 필요하다. 자신의 개인적 삶에서 경계를 만들고 유지하는 것에 어려움을 겪는다면, 전문적 삶에서 경계를 관리하는 것에 대해서도 어려움을 겪을 가능성이 크다. 자신의 개인적 삶의 다양한 측면에서 성공적으로 경계를 만들 수 있다면, 내담자와 건실한 경계를 만드는 데 있어서 좋은 기반을 가진 것이다. 상담 작업에서 적절하고 효과적인 경계를 만드는 것은 다중관계를 어떻게 관리할 것인지를 배우는 첫 번째 단계다.

전문적 영역에서 적절한 경계를 유지하는 것의 중요한 측면은, 경계 교차를 인식하고 그것이 경계 위반으로 나아가지 않도록 예방하는 것이다. 경계 교차(boundary crossing)는 일반적으로 받아들여지는 실무에서 벗어나는 것으로 내담자에게 **잠재적으로** 이득이 될 수 있는 행동을 말한다. 예를 들면, 내담자의 결혼식에 참석하는 것은 경계를 확장하는 것일 수 있지만, 내담자에게는 이롭거나 도움이 될 수 있다. 반대로 경계 위반(boundary violation)은 내담자에게 해가 되는 심각한 위반을 말하며, 따라서 비윤리적인 행동이다. 경계 위반은 상담자가 전문적인 역할을 하지 못하게 하는 경계 교차, 일반적으로 내담자를 착취하는 것과 관련되고, 내담자에게 해를 끼치는 결과를 낳는다(Gutheil & Brodsky, 2008). 유연한 경계가 윤리적으로 적용된다면 상담 작업에서 유용할 수 있다. 몇몇 경계 교차는 전혀 윤리적 문제를 일으키지 않으며 상담관계를 향상시킬 수도 있다. 또 어떤 경계 교차는 명확하지 못한 전문가 역할의 방식으로 이어지며 문제가 될 수 있다.

소셜 미디어와 경계 학습목표 15 콜메스(Kolmes, 2017)에 따르면, 온라인에서 상담자와 내담자가 다중역할과 다중관계를 맺는 것이 점차 일상화되고 있다. 이러한 온라인에서의 다중관계에는 사회적, 전문적, 사업 관계가 있으며, 모든 관계가 상담자에게 새로운 숙제를 안겨준다. 윤리적 관점에서 보면, 이러한 다중관계의 성격을 이해하고 이 관계가 언제 문제가 될 수 있고 언제 상담 과정의 일부분인지를 이해하는 것이 매우 중요하다. 콜메스는 소셜 미디어와 인터넷을 통해 형성된 다중관계는 긍정적 영향과 부정적 영향을 모두 가지고 있다고 주장한다. "민감하고 사려 깊은 상담자가 다중관계를 잘 관리한다면, 다중관계는 치료적 관계에 도움이 될 수 있다. 이러한 다중관계는 임상적 관계를 증진시킬 수 있는 기회를 제공하기도 한다. 또 어떤 다중역할은 여러 가지 방식으로 치료적 관계를 손상시키기도 한다"(pp. 186-187). 내담자와 함께 소셜 미디어에 참여하는 상담자에게 어려운 과제는 소셜 미디어에 대한 지침을 만드는 것이다. 콜메스는 지침을 만듦으로써 혼란을 줄일 수 있고 내담자에게 소셜 미디어에 관한 지침을 제공할 수 있다고 주장한다. "문서를 만들기 위해 소셜 미디어 지침에 대해서 곰곰이 생각해보는 과정 자체가 상담자에게 윤리에 대해 검토해보고 상담자의 접근에 대한 자신의 생각을 탐색할 기회를 제공한다"(p. 192).

스파츠-드레이저(Spotts-DeLazzer, 2012)는 상담자가 소셜 미디어 문제에 있어서 전통적 윤리를 해석하고 유지해야 할 것이라고 보았고, 다음과 같은 권고사항을 제시했다.

- 사전동의 과정에 명확하고 철저한 소셜 네트워킹 지침을 포함한다.
- 온라인에서 공유하는 것을 제한한다.
- 소셜 미디어 공급자들이 개인보호 정책을 자주 바꾸므로, 개인정보 보호 설정을 정기적으로 업데이트한다.

부적절한 다중관계를 피하기 위해, 리머(Reamer, 2021)는 상담자가 개인 SNS와 직업적 SNS를 따로 만들어서 명확한 경계를 세울 것을 추천한다. 인터넷을 통해서 현재 내담자 또는 예전에 상담했던 내담자가 상담자와 친구를 맺고 싶어 하는 경우가 많아지고 있다. 정신건강 전문가들이 현재 내담자나 과거의 내담자로부터 '친구 요청'을 받는 일이 흔하다고 리머는 말한다. 과학기술을 사용하면서 경계 위반에 휘말리게 되는 것을 최소화하는 방법의 하나로, 리머는 상담자가 소셜 미디어에 대한 방침을 만들고 이를 내담자와 함께 검토할 것을 제안한다. 대표적인 소셜 미디어 방침으로는 내담자에게 명확한 전문적 경계를 유지하는 것이 매우 중요함을 설명하면서, SNS에서 상담자와 '친구'가 될 수 없음을 알려주는 것이다.

디지털 기술의 대두는 다중관계와 경계에 대한 전례 없는 윤리적 과제와 위험 관리의 문제를 가져왔다. 리머(2021)는 디지털 기술을 사용하면서 내담자와 상담자 모두의 개인적 삶과 전문적 삶의 경계가 뒤섞이게 되고 이와 관련되는 다수의 윤리적 문제가 야기되었다고 본다. 상담자는 사생활과 경계가 복잡하게 교차하는 이러한 변화에 대해 심각하게 고려할 필요가 있다. 디지털 시대는 정신건강 서비스를 받는 사람들에게 여러 가지 장점을 가져왔지만 동시에 경계와 관련되는 새로운 위험과 위기도 가져왔다. 리머 역시 정신건강 분야에서 디지털 기술이 지속될 것으로 보며, "내담자와 명확하고 윤리적이고 전문적인 경계를 유지하는 방식으로 디지털 기술을 사용하는 방법에 대해서 심사숙고하여 윤리적 결정을 내려야 한다."(p. 187)고 강조한다.

소셜 미디어의 사용이 계속 증가하고 있는 만큼, 『미국상담학회 윤리규정』(ACA, 2014)에서는 상담자가 소셜 미디어 방침을 만들고 사전동의를 논의하는 과정에 이를 포함할 것을 강조하고 있다. 또한, 미국상담학회의 개정된 규정(Jencius, 2015)에서는 사이버상에서 상담자와 내담자의 관계, 그리고 상담자가 사이버상에서 안전하게 존재할 수 있는 방법에 대해 강조하고 있다.

윤리적인 상담자 되기 학습목표 16

자기 분야의 윤리규정을 알고 따르는 것은 윤리적인 상담자가 되는 것의 한 부분이지만, 윤리규정이 여러분을 위해 결정을 내려주지는 않는다. 상담 작업을 하다 보면, 전문 기관의 윤리지침을 해석하고 특정한 상황에 이를 적용하는 것이 아주 높은 수준의 윤리적 민감성을 요구한다는 것을 알게 될 것이다. 기존의 윤리원칙들을 특정한 상황에 어떻게 적용할 것인가에 대해서는 숙련된 상담자들도 서로 의견이 다르다. 상담에서는 항상 분명한 답을 가지고 있지 않은 문제에 대해서 다루게 될 것이다. 또한 상담자는 내담자에게 가장 도움이 되기 위해 어떤 방식으로 행동해야 하는지 결정해야 할 책임을 지게 된다.

전문가로 활동하는 동안 상담자는 이 장에서 제시된 윤리적 문제를 계속해서 검토하게 될 것이다. 수련 프로그램에서 공식적, 비공식적 기회를 통해 윤리적 딜레마를 논의하는 것에서 많은 도움을 받을 수 있다. 하지만 대학원 공부를 하면서 몇 개의 윤리적 문제를 해결한다고 해도, 그 문제가 완전하게 해결되었다고 보장할 수는 없다. 상담자로서 경험을 쌓아 나가면서 학생일 때 다루었던 문제를 새로운 측면에서 다시 만나게 될 것이다. 학생들은 종종 상담 실무를 시작하기도 전에 자신이 모든 잠재적인 윤리적 문제 영역을 해결해야 한다고 생각하며 스스로에게 지나친 부담을 주기도 한다. 전문적 상담자로 생활하면서 윤리적 딜레마에 부딪힐 때마다 신뢰할 수 있는 동료와 슈퍼바이저에게 조언을 구하라. 윤리적 의사결정은 지속적으로 개방하고 자신을 돌아볼 것을 요구하는 점진적인 과정이다. 윤리적 상담자가 되는 것은 최종 정착지가 아니며 직업을 유지하는 내내 계속되는 여행이다.

요약

대부분의 윤리적 문제는 복잡하며 단순한 해결책이 없다는 것을 염두에 두고, 윤리적 딜레마에 대해 생각하고 다루는 과정을 배우는 것이 매우 중요하다. 상담자가 진솔하다는 것을 보여주는 좋은 신호는 자신이 힘들어하는 것에 대해 자진해서 동료와 나누고자 하는 자세이다. 동료에게 자문을 구하는 것은 상황에 대한 또 다른 관점을 제공해주기 때문에 이슈를 명확하게 하는 데 도움이 될 것이다. 새로운 이슈는 끊임없이 등장할 것이며, 긍정적 윤리(positive ethics)는 상담자가 주기적으로 고찰하고 변화에 대해 열린 자세를 가질 것을 요구한다.

이 장에서 논의된 모든 이슈를 하나로 묶는 하나의 근본적인 질문이 있다면, 그것은 '누가 다른 사람을 상담할 권리가 있는가?'이다. 이 질문은 상담자가 윤리적이고 전문적인 문제에 대해서 고찰할 때 핵심이 될 수 있으며, 매일매일 상담자가 내담자를 만나면서 자기를 점검하는 기초가 될 수 있다. 다음의 질문을 계속해서 자신에게 던져보라. '무엇이 내가 다른 사람을 상담할 권리가 있다고 생각할 수 있게 하는가?', '내가 상담하는 사람들에게 나는 무엇을 제공해야 하는가?', '내담자에게 실행하도록 격려하는 행동을 나는 내 삶에서 하고 있는가?' 때로 상담자는 다른 사람을 상담할 윤리적 권리가 없다고 생각할지 모른다. 왜냐하면 상담자 자신의 삶이 상담자가 내담자에게 모델로 삼기를 원하는 모델은 아닐 수도 있기 때문이다. 삶에서 일어나는 모든 이슈를 해결하는 것보다 더 중요한 것은, 어떤 질문을 해야 할지를 아는 것과 고찰에 대해서 열린 자세를 유지하는 것이다.

이 장에서는 상담자가 상담 실무를 하면서 어느 시점에서는 부딪힐 수밖에 없는 많은 윤리적 문제들을 소개했다. 이 장을 통해서 여러분의 관심이 자극되었기를 바라고 더 배우고자 하는 마음이 생겼기를 바란다. 윤리 문제에 대한 보다 자세한 정보에 대해서는 『상담 및 심리치료 윤리』(Corey et al., 2024)와 『심리치료 및 상담에서의 윤리: 실제적 지침(Ethics in Psychotherapy and Counseling: A Practical Guide)』(Pope et al., 2021)을 추천한다.

자기성찰과 토론을 위한 질문

1. 여러분이 윤리적 딜레마 상황에 처해 있다면, 이를 해결하기 위해 어떤 단계를 밟을 것인가?
2. 사전동의는 법적, 윤리적 의무사항이며 상담 과정의 핵심적인 부분이다. 초기 회기에서 여러분의 내담자와 사전동의의 어떤 구체적인 사항을 다루고 싶은가?
3. 윤리적 상담은 여러분의 이론적 지향과 관계없이 내담자의 문화적 맥락을 고려해야 한다. 여러분의 상담 실무에 문화적 요소를 어떻게 통합할 것인가?
4. 내담자에게 심리검사를 실시하고 진단을 하면서 어떤 어려움에 부딪힐 수 있는가?
5. 다중관계가 반드시 비윤리적인 것은 아니며 때로 내담자에게 도움이 될 수도 있다. 다중관계를 맺을 것인지, 아니면 다중관계를 피할 것인지를 결정하는 데 있어서 어떤 지침을 고려할 것인가?

더 찾아볼 자료

다음에 제시된 전문 기관들의 웹사이트에는 각 기관의 윤리규정을 포함하여 여러 가지 도움이 되는 정보를 제공한다.

1. 미국상담학회(American Counseling Association: ACA): 『ACA 윤리강령(ACA Code of Ethics)』 © 2014

이 학회에 대한 정보에 대해서는 www.counseling.org를 참고하라.

2. 미국국립공인상담자협회(National Board for Certified Counselors: NBCC): 『윤리강령(Code of Ethics)』 © 2016
   이 학회에 대한 정보에 대해서는 www.nbcc.org를 참고하라.
3. 미국재활상담자공인위원회(Commission on Rehabilitation Counselor Certification: CRCC): 『재활상담자에 대한 윤리강령(Code of Professional Ethics for Rehabilitation Counselors)』 © 2017
   이 학회에 대한 정보에 대해서는 www.crccertification.com을 참고하라.
4. 미국중독전문가학회(Association for Addiction Professionals: NAADAC): 『윤리강령(Code of Ethics)』 © 2016
   이 학회에 대한 정보에 대해서는 www.naadac.org를 참고하라.
5. 캐나다 상담 및 심리치료학회(Canadian Counselling and Psychotherapy Association: CCPA): 『윤리강령(Code of Ethics)』 © 2007
   이 학회에 대한 정보에 대해서는 www.ccpa-accp.ca를 참고하라.
6. 미국학교상담자협회(American School Counselor Association: ASCA): 『학교 상담자를 위한 윤리기준(Ethical Standards for School Counselors)』 © 2016
   이 학회에 대한 정보에 대해서는 www.schoolcounselor.org를 참고하라.
7. 미국심리학회(American Psychological Association: APA): 『심리학자를 위한 윤리원칙과 윤리강령(Ethical Principles of Psychologists and Code of Conduct)』 © 2017
   이 학회에 대한 정보에 대해서는 www.apa.org를 참고하라.
8. 미국정신의학회(American Psychiatric Association): 『특히 정신과에 적용되는 주석이 달린 의료 윤리원칙(The Principles of Medical Ethics With Annotations Especially Applicable to Psychiatry)』 © 2013
   이 학회에 대한 정보에 대해서는 www.psych.org를 참고하라.
9. 미국집단심리치료협회(American Group Psychotherapy Association: AGPA): 『집단 심리치료에 대한 실무 가이드라인(Practice Guidelines for Group Psychotherapy)』 © 2007
   이 학회에 대한 정보에 대해서는 www.groupsinc.org를 참고하라.
10. 미국정신건강상담자협회(American Mental Health Counselors Association: AMHCA): 『윤리강령(Code of Ethics)』 © 2020
    이 학회에 대한 정보에 대해서는 www.amhca.org를 참고하라.
11. 미국 부부 및 가족 치료학회(American Association for Marriage and Family Therapy: AAMFT): 『윤리강령(Code of Ethics)』 © 2015
    이 학회에 대한 정보에 대해서는 www.aamft.org를 참고하라.
12. 결혼 및 가족 국제상담자협회(International Association of Marriage and Family Counselors:

IAMFC): 『윤리강령(Ethical Code)』 © 2017
이 학회에 대한 정보에 대해서는 www.iamfc.org를 참고하라.

13. 집단상담전문가협회(Association for Specialists in Group Work: ASGW): 『가장 좋은 실무를 위한 가이드라인(Best Practice Guidelines)』 © 2008, 『집단작업을 위한 원리(Guiding Principles for Group Work)』 © 2021
이 학회에 대한 정보에 대해서는 www.asgw.org를 참고하라.

14. 미국사회복지사협회(National Association of Social Workers: NASW): 『윤리강령(Code of Ethics)』 © 2021
이 학회에 대한 정보에 대해서는 www.socialworkers.org를 참고하라.

15. 미국복지사업협회(National Association for Human Services: NOHS): 『복지전문가를 위한 윤리 기준(Ethical Standards of Human Service Professionals)』 © 2015
이 학회에 대한 정보에 대해서는 www.nationalhumanservices.org를 참고하라.

16. 미국음악치료협회(American Music Therapy Association: AMTA): 『윤리강령(Code of Ethics)』 © 2015
이 학회에 대한 정보에 대해서는 www.musictherapy.org를 참고하라.

17. 영국 상담 및 심리치료협회(British Association for Counselling and Psychotherapy: BACP): 『상담 및 심리치료에서 좋은 실무를 위한 윤리 기준(Ethical Framework for Good Practice in Counselling and Psychotherapy)』 © 2013
이 학회에 대한 정보에 대해서는 www.bacp.co.uk를 참고하라.

더 읽을거리

- **『상담자와 법: 합법적이고 윤리적인 작업을 위한 가이드(The Counselor and the Law: A Guide to Legal and Ethical Practice)』**(Wheeler & Bertram, 2019)는 상담 실무와 관련되는 법률에 대해서 포괄적으로 개괄한다. 상담자들의 윤리적 책임과 법적 책임을 강조하고 위험을 관리할 수 있는 전략을 파악한다.
- **『심리치료 및 상담에서의 윤리: 실제적 지침(Ethics in Psychotherapy and Counseling: A Practical Guide)』**(Pope, Vasquez, Chavez-Duenas, & Adames, 2021)은 전문적 윤리에 대한 광범위한 주제를 명확한 방식으로 제시한다. 이러한 주제로는 실생활에서 윤리, 윤리적 판단에서 어려움, 가상 세계의 상담자, 전문적 유서 작성, 내담자에게 느끼는 성적 유혹, 성적이지 않은 다중관계, 자기돌봄을 위한 전략의 사용 등이 있다.
- **『상담자를 위한 윤리 데스크 레퍼런스(Ethics Desk Reference for Counselors)』**(Barnett & Johnson, 2015)는 미국상담학회 윤리강령을 이해하고 적응하는 것에 대한 실무적 가이드이다. 이 책은 읽기 쉽고 재미있는 참고서로 학생들과 상담자 모두에게 적절한 책이다.
- **『미국상담학회 윤리규정 사례집(ACA Ethical Standards Casebook)』**(Herlihy & Corey, 2015a)은

미국상담학회 윤리강령에 맞추어서 다양하고 유용한 사례와 에세이를 담고 있다. 이 책에 제시된 사례는 윤리 기준의 의미와 의도를 잘 보여주고 분명하게 한다.

- 『**상담에서의 경계 문제: 다중역할과 다중관계(Boundary Issues in Counseling: Multiple Roles and Relationships)**』(Herlihy & Corey, 2015b)는 다중관계에 대한 논쟁에 대한 조망을 제공한다. 이 책은 다양한 업무 환경에서 나타나는 이중관계에 초점을 두고 있다.
- 『**심리치료와 상담에서의 다중관계: 치료에서 피할 수 없고 공통적이며 의무적인 이중관계(Multiple Relationships in Psychotherapy and Counseling: Unavoidable, Common, and Mandatory Dual Relations in Therapy)**』(Zur, 2017)는 다중관계의 다양한 차원에 대해서 26명의 기고자들의 생각을 제시한다. 이 책에서 다루는 다중관계의 차원에는 군대 · 경찰 · 법정 상황에서 맺을 수밖에 없는 다중관계, 소규모 지역에서 상담을 하면서 피할 수 없는 내담자와의 접촉, 종교 커뮤니티에서 다중관계, 교육 장면에서 다중관계, 디지털 · 소셜 미디어 다중관계, 디지털 세계에서 위험 관리의 어려움, 임상 슈퍼비전에서 다중관계 등이 있다.
- 『**상담 및 심리치료 윤리(Issues and Ethics in the Helping Professions)**』(Corey, Corey, & Corey, 2024)는 3장에서 간략하게 다루었던 문제들을 책 전체에서 다룬다. 이 책은 독자들이 개인적이고 적극적인 방식으로 관여하도록 설계되었으며, 열린 결말의 사례를 제시하고 독자로 하여금 광범위한 윤리 문제에 대한 자신의 생각을 고안해 보도록 한다.

2부

상담의 이론과 기법

THEORIES AND TECHNIQUES OF COUNSELING

4장 정신분석치료

학습목표

01. 프로이트학파의 인간 본성에 대한 결정론적 시각을 이해한다.
02. 원초아, 자아, 초자아의 차이점을 알아본다.
03. 자아의 방어기제가 어떻게 불안 대처를 돕는지 설명한다.
04. 초기 유아기 발달이 현재 개인이 겪는 문제에 어떤 영향을 주는지 이해한다.
05. 고전적 정신분석주의자와 자아 심리 이론가 간의 주요 차이점에 대해 살펴본다.
06. 고전적 정신분석에서 상담자가 익명의 역할을 유지하는 근거에 대해 설명한다.
07. 전통(고전적) 정신분석에 참여하는 내담자의 경험을 알아본다.
08. 상담 과정에서 전이와 역전이의 역할에 대해 설명한다.
09. 정신분석 현장에서 흔히 사용되는 기술(분석적 틀을 유지하는 것, 자유연상, 해석, 꿈의 분석, 저항과 전이에 대한 분석 및 해석)에 대해 정의한다.
10. 집단치료에 정신역동 개념을 적용한다.
11. 정신분석 접근을 학교 상담에 어떻게 적용될 수 있는지 논의한다.
12. 성격 발달에서 융 심리학의 관점이 가지는 독특한 특성에 대해 기술한다.
13. 정신분석을 지향하는 치료의 현 경향(대상관계이론, 자기심리학, 관계정신분석)에 대해 기술한다.
14. 다문화적 관점에서 본 정신분석의 강점과 약점을 확인한다.
15. 정신분석치료의 주요 공헌 및 한계에 대해 설명한다.

지그문트 프로이트(Sigmund Freud, 1856-1939)는 오스트리아 빈 출생으로 3남 5녀 중 장남으로 태어났다. 그 당시의 여느 아버지와 마찬가지로 그의 아버지 또한 매우 권위주의적이었다. 프로이트의 가족 배경은 그의 이론 발달을 이해하는 데 대단히 중요한 요인이다.

비록 프로이트의 가정이 재정적으로 넉넉지 못했고 비좁은 아파트에서 생활했지만, 그의 부모는 주위 사람들이 모두 인정할 만큼 지적으로 뛰어났던 프로이트를 잘 양육하기 위해 최선을 다했다. 프로이트는 다양한 분야에 흥미를 느꼈지만, 유대인이라는 사실 때문에 직업 선택 측면에서 제약이 있었고, 결국 의학의 길을 선택했다. 그는 26세 때 빈 대학교에서 의학 학위를 취득하고 4년 뒤에는 존경받는 교수가 되었다.

프로이트는 일생의 대부분을 그의 정신분석 이론을 만들고 확대하는 데 헌신하였다. 흥미롭게도, 그의 삶에서 가장 창의적이라고 여겨진 기간은, 그 스스로가 심각한 정서적 문제를 경험하고 있었던 시기와 맞물린다. 40대 초반부 수년에 걸쳐 프로이트는 다양한 신체화 장애를 겪었고, 또한 죽음과 그 이외 다양한 공포증으로 인해 과도한 불안을 경험했으며 그 결과 자기분석이라는 어려운 과업을 시작하였다. 자신의 꿈의 의미를 스스로 탐색해가면서 그는 성격 발달의 역동에 관한 통찰력을 얻었다. 그는 우선 자신의 유년기 시절 기억을 살펴보았고, 자신의 아버지에게 향했던 강한 적대감에 대해 이해하게 되었다. 그는 또한 그 과정에서 유년기에 겪었던 어머니에 대한 성적 감정을 떠올렸다. 그의 어머니는 매우 매력적이고, 사랑이 넘쳤으며, 보호적이었다. 그런 다음, 그는 환자들이 분석 과정에서 자신의 문제를 다루어가는 것을 관찰하면서 이론의 임상적 틀을 형성해 나갔다.

프로이트는 자신의 정신분석 접근과 관점을 달리하는 동료 학자들을 좀처럼 받아들이지 못했다. 그는 자신의 관점에 동의하지 않는 동료들을 제명시키는 방법으로 이 움직임을 통제하려고 하였다. 예를 들어, 칼 융(Carl Jung)과 알프레트 아들러(Alfred Adler)는 프로이트와 초기에는 가깝게 교류하였지만 이론이나 임상적 문제에 대해 반복적으로 프로이트와 관점을 달리하면서 그들 고유의 치료학파를 설립하였다.

프로이트는 매우 창의적이고 생산적이었으며, 낮에는 18시간 이상을 일하는 데 쏟아부었다. 그의 저서 전집은 24권으로 이루어져 있는데, 이와 같은 높은 생산성은 생애 말년에 턱 부분에 암을 얻게 될 때까지 유지되었다. 그는 생애의 마지막 20년 동안 33회의 수술을 받았고 항상 고통 속에 있었다. 결국, 그는 1939년 런던에서 생을 마감하였다.

정신분석의 창시자였던 프로이트는 뛰어난 지성인으로서 이름이 높았다. 그는 인간 행동을 이해하는 새로운 방법을 제시하였고 그 결과 역사상 가장 광범위한 영향력을 가진 성격 이론 및 심리치료이론이 탄생하였다.

도입

프로이트의 관점은 오늘날 인간 심리를 다루는 대부분의 현장에서 지속적인 영향을 미치고 있다. 그가 발달시킨 기본 개념은 지금도 여전히 다른 이론들이 만들어지고 발전하는 토대가 되고 있다. 실제로, 이 책에서 다루고 있는 상담과 심리치료이론의 대부분은 정신분석적 원리와 기술의 영향을 받은 것들이다. 그중 몇몇은 정신분석적 모형을 확대한 것이고, 다른 몇몇은 그 개념과 과정을 수정한 것이며 나머지는 이에 반대하는 움직임에서 시작된 것들이다.

프로이트의 정신분석 체계는 기본적으로 성격 발달 이론이며 또한 심리치료에 적용할 수 있는 모형이다. 그는 행동을 동기화하는 정신역동적 요인에 주의 기울일 것을 주장하면서 무의식의 역할에 초점을 두고, 개개인의 기본 성격 구조를 이해하고 수정할 수 있도록 최초의 치료적 방법을 개발하여 심리치료에 새로운 관점과 지평을 열어주었다. 프로이트의 이론은 다른 여러 이론들을 평가하는 바로미터의 역할을 하고 있다.

나는 프로이트로부터 정립된 정신분석적 개념과 실천에 대한 기본 개념을 우선 살펴보고, 그가 남긴 이론의 범위에 속하는 다양한 접근법 중 몇 가지에 관하여 간략히 소개할 것이다. 오늘날 정신분석은 이론적 측면에서 다양한 방향으로 발달해 나갔고, 그 결과 치료 접근으로 사용될 수 있는 단 하나의 정신분석 이론만을 언급하는 것은 불가능하게 되었다(Wolitzky, 2011b). 이 장에서는 정신분석과 그로부터 파생되었으며 보다 융통성 있게 변형되었지만 여전히 정신분석적 심리치료를 지향하는 이론에 대해 다룰 것이다. 덧붙여, 프로이트주의 이론을 여러 방면으로 확대한 에릭 에릭슨(Erik Erikson)의 심리사회 발달 이론과 칼 융(Carl Jung)의 접근법에 대해서도 간략히 소개할 것이다. 마지막으로 현대적 정신분석 접근법인 대상관계이론, 자아심리학, 정신분석의 관계 모형에 대해서도 살펴볼 것이다. 이러한 최근 이론은 정신분석적 접근의 변형 이론으로서, 프로이트의 추동이론을 배제하거나 수정하여 받아들이고 있지만, 프로이트의 이론을 여전히 자신들 이론의 시발점으로 간주한다(Wolitzky, 2011). 이 이론들이 전통 프로이트학파의 정신분석과 상당한 차이를 보이고 있지만 무의식의 과정, 전이와 역전이의 역할, 자아 방어기제와 내적 갈등의 존재, 그리고 삶의 초기 경험의 중요성에 대해서는 인식을 같이하고 있다(McWilliams, 2016).

이 책의 MindTap을 참조하여 동영상 퀴즈와 다양한 동영상 프로그램을 통해 4장과 관련된 주제에 대한 지식을 확장하기를 바란다.

주요 개념

인간 본성에 관한 관점 학습목표 01

프로이트주의는 인간 본성에 대하여 기본적으로 결정론적 관점을 취한다. 프로이트에 따르면, 우리의 행동은 비이성적인 힘, 무의식적인 동기, 생물학적 및 본능적 추동(drives)에 의해 결정되는데, 이는 우리 생애의 첫 6년 동안 진행되는 주요 심리성적 단계를 거치면서 발달된다.

본능(instincts)은 프로이트식 접근법의 중심을 차지하고 있다. 프로이트는 원래 리비도(libido)라는 개념을 성적 에너지를 지칭하는 데 사용하였지만 이후 모든 생의 본능(life instincts)을 포괄하는 힘으로 그 의미를 확장시켰다. 이러한 본능은 개인 및 인류 생존의 목적을 위해 사용된다. 이 본능은 성장, 발달, 창의성을 지향한다. 리비도는 성적인 에너지를 아우르고 있지만, 이를 뛰어넘는 동기의 원천으로서 이해되어야 할 것이다. 프로이트는 생의 본능 개념에 모든 쾌락적 행위를 포함시켰고, 대부분의 삶의 목표는 쾌락을 얻고 고통을 피하는 것과 연관되었다고 이해했다.

프로이트는 또한 죽음의 본능(death instincts)을 상정하였는데, 이는 공격적 추동으로 설명될 수 있다. 때때로 사람들은 죽고 싶거나 자신이나 타인에게 해를 가하고자 하는 무의식적 바람을 행동을 통하여 드러낸다. 이 공격적 추동을 다스리는 것은 인류의 주요 도전 과제이다. 프로이트의 관점에서 성적 추동과 공격적 추동은 사람들이 왜 그렇게 행동하는지 설명해줄 수 있는 강력한 결정 요인이다.

성격의 구조 학습목표 02

프로이트주의 정신분석적 관점에 따르면, 성격은 원초아, 자아, 초자아 세 가지 체계로 구성된다. 이는 심리학적 구조에 관한 이름일 뿐 성격 내에서 개별적 독립체로 작용하는 것으로 이해해서는 안 된다. 사람의 성격은 세 가지의 구분된 구획이라기보다는 전체로서 기능한다. 이드(id, 원초아)는 길들여지지 않은 추동이나 충동을 의미하는 것으로서 대부분이 인간의 생물적 측면과 연결된다. 자아(ego)는 이드와 이드의 충동으로부터 야기되는 현실의 위협 사이를 중재하고 처리하고자 시도한다. 우리의 추동이 초래하는 위험으로부터 자신을 보호하는 한 가지 방법은 초자아(superego)를 확립하는 것이다. 초자아는 사회 규범과 도덕을 개인이 내면화한 것으로, 주로 부모의 기대를 우리가 상상하는 것에 뿌리를 두고 있다. 상상으로 기대하는 이미지를 받아들이는 이유는 충동으로부터 자신을 보호하기 위한 것인데, 초자아는 실제의 부모보다는 좀 더 처벌적이고 요구적일 수도 있다. 자아의 행위는 의식적일 수도 있고 또는 의식적이지 않을 수도 있다. 예를 들어, 방어는 대부분 의식적이지 않다. 자아와 의식이 동일한 것이 아니기 때문에, 정신분석의 슬로건도 '무의식을 의식화하기'로부터 '이드가 있는 곳에 자아도 있게 하라'로 변경되고 있다.

전통 프로이트주의 관점은 인간을 에너지의 체계로 이해한다. 성격의 역학은 정신 에너지가 원초아, 자아, 초자아에 어떤 식으로 분배되는지에 의해 구성된다. 전체 에너지의 양이 제한되어 있으므로 하나의 체계가 에너지 통제권을 얻는다는 것은 다른 두 체계가 어느 정도 희생된다는 사실을 의미한다. 행동은 정신 에너지의 역동에 의해 결정된다.

이드 이드(id)는 성격의 가장 원초적인 체계로서 사람이 태어날 때에는 온전히 이드만 존재한다. 이드는 정신 에너지의 기본적인 원천이고 본능이 자리하는 곳이다. 이드는 체계성이 부족하고, 비이성적이며 요구가 많을 뿐 아니라, 고집도 세다. 흥분으로 끓는 가마솥과 같은 이드는 긴장을 참아내지 못하고, 바로 긴장을 해소하려고 한다. 이드의 쾌락 원리(pleasure principle)는 긴장을 줄이고, 고통을 피하며, 쾌락을 얻는 것을 목적으로 하며, 비이성적이고, 비도덕적이며, 본능적인 욕구를 만족시키도록 움직인다. 이드는 절대 성숙하지 않으며 성격 중에 버릇없는 아이 모습으로 남는다. 이드는 사고하지 않고 언제나 무언가를 바라거나 행동한다. 이드는 대개 무의식적이거나 인식하지 못하는 상태에서 존재한다.

자아 자아(ego)는 외부 세계의 현실과 맞닿아 있다. 자아는 성격을 조정하고, 통제하고, 규제하는 '실행자'이다. '교통 경찰관'의 역할을 하는 자아는 본능과 주위를 둘러싼 환경 사이를 중재한다. 자아는 의식을 통제하고 검열을 수행한다. 현실 원리(reality principle)의 지배를 받는 자아는 현실적이고 이성적인 사고를 하고 욕구를 만족시킬 수 있도록 행동 계획을 세운다. 지식과 합리성이 자리하는 자아는 이드의 비이성적인 충동을 확인하고 통제한다. 이드가 주관적인 현실만을 인식하는 반면, 자아는 정신적 형상(mental image)과 외부세계의 실재를 구분한다.

초자아 초자아(superego)는 마치 성격의 사법부와 같다. 개인의 도덕률을 포함하며 특정 행동이 좋은지 나쁜지, 옳은지 그른지에 대해 주요 관심을 둔다. 현실적이라기보다는 이상적인 것을 대변하고 쾌락이 아닌 완벽함을 이루려고 노력한다. 초자아는 부모로부터 자녀에게 전해 내려오는 전통적인 가치와 사회의 이상을 대변한다. 이드의 충동을 억제하고, 자아가 도덕적인 목표를 현실적인 것으로 선택하도록 설득하며, 완벽성을 지속적으로 추구할 수 있도록 한다. 초자아는 부모와 사회의 기준을 내재화하며, 심리적 보상이나 처벌과 관련이 있다. 심리적 보상은 자부심이나 자기애와 같은 것이고, 처벌은 죄책감이나 열등감이다.

의식과 무의식

프로이트의 가장 큰 공헌은 무의식과 의식의 수준에 관한 개념을 정립한 것이다. 무의식과 의식의 수준에 대한 개념은 인간 행동 및 성격의 문제를 이해하는 열쇠가 된다. 무의식(unconscious)은 직접적으로 살펴볼 수 없지만 행동으로부터 추론될 수 있다. 무의식을 상정하는 임상적인 근거는 (1) 무의식적 필요, 소망, 갈등을 상징적으로 대변하는 꿈, (2) 실언이나 망각(예: 친숙한 이름), (3) 최면 후 암시, (4) 자유연상 기법에 의해 도출된 내용, (5) 투사 기법을 통해 도출된 내용, (6) 정신증적 증상에서 나타나는 상징적 내용 등이 포함된다.

프로이트에 따르면, 의식은 정신 전체의 얇은 껍질에 불과하다. 빙산의 대부분은 눈에 보이지 않는 수면 아래에 있는 것과 마찬가지로, 정신의 많은 부분도 의식의 아래에 존재한다. 무의식은 모든 경험, 기억, 억압된 내용을 저장한다. 접근할 수 없는, 즉 인식 밖에 있는 욕구와 동기는 또한 의식의 통제 밖에 있다. 대부분의 심리학적 기능은 인식 밖의 영역에 존재한다. 정신분석적 치료의 목적은 무의식적인 동기를 의식할 수 있도록 하며, 그런 다음에야 비로소 개인은 진정한 선택을 할 수 있다. 무의식의 역할을 이해하는 것이야말로 행동에 관한 정신분석적 모형의 본질을 파악하는 것이다.

모든 형태의 신경증적 증상과 관련된 행동은 무의식적 과정에서 시작된다. 이 관점에서 '치료'는 증상의 의미, 행동의 원인, 그리고 건강한 기능을 방해하고 있는 억압된 내용을 알아내는 것에 초점을 맞춘다. 그러나 이러한 지적인 통찰력만으로는 증상을 해결할 수 없다는 점에도 주목해야 한다. 이전의 방식을 고수(반복)하고자 하는 내담자의 욕구는 전이 왜곡에 대한 작업을 하는 가운데 반드시 직면되어야 한다. 이에 관해서는 이번 장의 후반부에서 논의할 것이다.

불안

정신분석적 접근법의 또 다른 핵심은 불안에 대한 개념이다. 불안(anxiety)은 억압된 기분, 기억, 욕망, 그리고 의식의 수면 위로 무언가가 올라오는 경험으로부터 생겨나는 두려운 기분이다. 불안은 우리로 하여금 무언가를 하도록 동기부여하는 긴장 상태라고 볼 수 있다. 불안은 원초아, 자아, 초자아가 사용 가능한 정신적 에너지에 대한 통제권을 두고 벌이는 갈등에서부터 발생하며, 임박한 위험에 대한 경고의 역할을 한다.

불안에는 세 가지 유형이 있다. 현실적, 신경증적, 도덕적 불안이다. 현실적 불안(reality anxiety)은 외부 세계로부터의 위험에 대한 두려움이고, 이 불안의 수준은 실제 위협 수준에 비례한다. 신경증적, 도덕적 불안은 개인 내면의 '힘의 균형'에 대한 위협에 의해 촉발된다. 이 불안은 이에 대해 적절한 조치가 취해지지 않으면 자아가 붕괴될 때까지 위험이 증가할 수 있다는 것을 자아에게 알리는 신호이기도 하다. 신경증적 불안(neurotic anxiety)은 본능이 통제할 수 없게 되어버려 결국은 처벌받는 일을 하게 된다는 두려움이다. 도덕적 불안(moral anxiety)은 자신의 양심에 대한 두려움이다. 양심이 잘 발달된 사람은 자신의 도덕률에 반하는 무언가를 할 때 죄책감을 느낀다. 자아가 이성적이고 직접적인 방법으로 불안을 통제하지 못하면 자아 방어기제와 같은 간접적인 방법에 의존하게 된다.

자아 방어기제 학습목표 03

자아 방어기제(ego-defense mechanism)는 자아가 불안에 의해 압도되는 상황이 오지 않도록 예방하며 불안을 잘 대처할 수 있도록 도와준다. 자아 방어기제는 개인으로 하여금 현실을 회피할 수 있도록 도와주는 측면이 있는데, 이것이 생활양식으로 굳어지지만 않는다면 병리적이라기보다는 적응적 가치가 있는 정상적인 행동이다. 사용되는 방어는 개개인의 발달 수준과 불안의 정도에 의해 달라진다. 방어기제는 두 가지 공통 특성이 있다. (1) 현실을 부인하거나 왜곡한다. (2) 무의식적인 수준에서 작용한다. 표 4.1은 몇 가지의 일반적인 자아 방어기제를 간략히 설명하고 있다.

표 4.1 자아 방어기제

	방어기제	행동을 위한 사용
억압	위협적이거나 고통스러운 기억 또는 기분을 의식에서 배제시키는 것	프로이트주의 접근에서 가장 중요하게 간주하는 과정 중의 하나로, 여타의 자아 방어기제, 신경증적 장애의 원인이 된다. 프로이트는 억압을 무언가 의식에서 비자발적으로 제거하는 것이라고 설명하였다. 생애 초기 5~6년 동안 경험한 가장 고통스러운 경험은 억압되었으나, 이 사건이 이후의 행동에 영향을 미치는 것이라고 가정한다
부인	현실의 위협적인 상황의 존재에 대해 '눈을 감아버리는 것'	현실을 부인하는 것은 아마도 모든 자아 방어기제 중에서 가장 단순한 방식일 것이다. 충격적인 상황에서 사람이 사고, 감정, 지각을 왜곡하는 것을 말한다. 이 기제는 억압과 유사하지만, 일반적으로 전의식이나 의식 수준에서 작용한다.
반동 형성	위협적인 충동에 직면했을 때에 반대되는 충동을 적극적으로 표현하는 것	불편한 욕망과 정반대에 속하는 태도와 행동을 의식적으로 발달시킴으로써 사람들은 자신 내면에 존재하는 그러한 욕망을 인식할 때에 마주하게 될 불안에 직면하지 않는다. 사랑의 얼굴로 증오를 가리거나, 부정적인 반응을 숨기려고 매우 친절하게 대하거나, 과도한 호의를 베푸는 것으로 잔인함을 가릴 수 있다.
투사	자신의 허용할 수 없는 욕구나 충동을 다른 사람이 지닌 것으로 간주하는 것	자기기만의 기제이다. 욕정이 가득하거나, 공격적이거나 한 다양한 충동을 '내가 아닌 다른 사람'이 가진 것으로 간주한다.
전치	본래의 대상이나 사람에게 발산할 수 없을 때 그 에너지를 다른 물체나 대상에게 향하도록 하는 것	전치는 위협적인 대상으로부터 '더 안전한 대상'으로 상대를 바꾸어 충동을 발산하여 불안에 대처하는 방식이다. 예를 들어, 자신의 상사에게 위협을 느끼는 온순한 남성이 집으로 돌아와 부적절한 적대감을 자신의 자녀에게 드러낸다.
합리화	상처받은 자아를 설득하기 위해 '좋은' 이유를 지어내는 것	합리화는 특정 행동을 정당화하도록 돕고, 실망스러운 일이 가져온 충격을 완화시킨다. 사람들이 직장에서 지원한 일에 선발되지 못하면 성공하지 못한 논리적 이유를 생각해내고 때로는 그 직위를 진정으로 원한 것은 아니었다고 자신을 설득한다.
승화	성적 또는 공격적 에너지를 다른 경로를 통해 발산하는 것	이러한 에너지를 보통 사회적으로 용인될 수 있고 때로는 존경받을 수 있는 경로로 발산한다. 예를 들어, 공격적인 충동은 운동 경기 등과 같은 경로로 발산되는데 공격적인 감정을 표현하는 방법이 될 수 있을 뿐 아니라 칭찬까지 받게 되기도 한다.
퇴행	요구가 보다 적었던 낮은 발달의 단계로 되돌아가는 것	심각한 스트레스나 극도의 도전에 마주한 사람은 미성숙하거나 부적절한 행동을 고수하는 방법으로 불안에 대처하려고 시도한다. 예를 들어, 학교에서 두려움을 느끼는 아동은 울기, 과도한 의존성 보이기, 손 빨기, 숨어버리기, 선생님에게 매달리기 등과 같은 유아기의 행동을 보일 수 있다.
투입	다른 사람의 가치나 기준을 '삼키듯이' 그대로 받아들이는 것	긍정적인 형태의 투입은 부모의 가치 또는 상담자의 자질이나 가치를 자기 안에 통합하는 것이다(단순히 무비판적으로 받아들이지는 않았을 것이라고 가정한다). 부정적인 투입의 예는 강제수용소의 몇몇 죄수들이 자신을 핍박하는 간수와 자신을 동일시하는 과정을 통해 적의 가치를 받아들임으로써 극도의 불안에 대처하는 것이 예가 될 수 있다.
동일시	성공적인 이유나 기관 또는 자신이 가치가 있다고 지각하는 사람들과 동일시하는 것	동일시는 개인의 가치를 높일 수 있고, 자신이 실패자라는 감정에서 자신을 보호할 수 있다. 동일시는 아이들이 성역할을 배우는 발달기적 과정의 일부이지만, 동시에 자신이 기본적으로 열등하다고 느끼는 사람들이 사용하는 방어적인 반응이기도 하다.

표 4.1 **자아 방어기제** (계속)

	방어기제	행동을 위한 사용
보상	자신의 한계를 만회하기 위해 특정 긍정적 특성을 발달시키거나 지각된 약점을 가리려고 하는 것	이 기제는 직접적인 적응적 가치가 있는데, '나의 열등한 부분을 보지 말고, 내가 이루어낸 업적을 통해 나를 보라'고 말하는 것과 같은 것이다.

성격의 발달 학습목표 04

초기 발달의 중요성 정신분석적 모형의 중요한 공헌점은 출생부터 성인기에 이르는 심리성적 및 심리사회적 발달의 단계를 정립한 것이다. 심리성적 단계(psychosexual stage)는 프로이트 이론에서 유아기부터 시작되는 연대순의 발달 단계를 말한다.

프로이트는 발달의 초기 3단계에 대한 개념을 정립하였는데, 보통 이 단계에서의 문제가 적절하게 해결되지 않았을 때 사람들은 상담의 필요성을 느끼게 된다. 첫 단계는 구강기(oral stage)로, 자신과 타인을 신뢰하기 어렵다는 느낌을 해결해가야 하는 시기이고, 이러한 무능력감은 이후에 누군가를 사랑하고 가까운 관계를 형성하는 것에 대한 두려움이나 낮은 자존감으로 이어지기도 한다. 다음은 항문기(anal stage)인데, 이 단계에서는 분노를 인식하고 표현하는 데 경험하는 무능력감을 다루게 되는데 자칫하면 자신이 지닌 능력을 부정하거나 자율성을 잃어버리기도 한다. 세 번째는 남근기(phallic stage)이고, 자신의 성적 성향과 성적 감정을 있는 그대로 받아들이거나 자신을 남성 또는 여성으로 받아들이는 데 있어서 경험하는 어려움을 다루어야 한다. 프로이트주의의 정신분석적 관점에 따르면, 성격 및 사회적 발달, 즉 사랑과 신뢰, 부정적인 감정을 다루는 것, 성 성향을 긍정적으로 수용하도록 발달시키는 것은 모두 생애 초기 3단계인 첫 6년 내에 기반이 다져지게 된다. 이 기간은 이후 성격 발달이 이루어지는 근거가 된다. 아이의 요구가 이 발달 단계 동안 적절하게 채워지지 않으면, 특정 단계에 고착되어버릴 수 있고 이후의 생애에서 심리학적으로 미성숙한 행동을 보일 수 있다.

에릭슨의 심리사회적 관점 학습목표 05 프로이트가 처음 소개한 발달 단계는 다른 이론가들에 의해 확장되었다. 성격 발달에 관한 에릭 에릭슨(1963)의 심리사회적 관점은 특히 중요하다. 에릭슨은 프로이트의 아이디어에 기반을 두면서 초기 유아기를 넘어서 발달의 심리사회적 측면을 강조해 자신의 이론을 확장시켰다. 심리사회적 단계(psychosocial stage)는 에릭슨의 기본 심리 및 사회적 과업을 뜻하는 것으로, 이는 개인이 유아기부터 노년기에 걸쳐 달성해야 하는 것들이다. 이 단계적 관점은 상담자에게 일생의 다양한 단계의 주요 발달 과업 특성을 이해하도록 돕는 개념적 도구를 제공한다. 에릭슨의 발달 이론은 심리성적 성장과 심리사회적 성장이 함께 진행되고, 삶의 각 단계에서 우리는 우리 자신과 우리가 속한 사회 간의 균형을 이루어야 하는 과업에 직면한다는 관점을 유지한다. 그는 일생 전체에 걸친 발달에 관해 기술하였고, 각각의 단계를 해결되어야 할 구체적인 위기에 따라 나누었다. 에릭슨에 따르면, 이 위기(crisis)는 우리가 앞으로 나아가거나 퇴행하는 양방향으로서의 잠재력을 지니는 삶의 전환점과 같은 것이다. 이 전환점에 다다르면 우리는 갈등을 해결하고 성장하거나 주어진 발달 과업을 완수하지 못하고 실패할 수도 있다. 넓은 의미에서 보면 우리의 삶은 이 각 단계에서 우리가 하는 선택의 결과물이라 할 수 있다.

에릭슨을 흔히들 현대 정신분석학에서 사회적 요인의 중요성을 받아들이도록 만든 최초의 이론가라고 인정한다. 고전적 정신분석학(classical psychoanalysis)은 이드 심리학(id psychology)에 기반을 두고, 본능과 개인내적 갈등이 성격 발달(정상적이거나 비정상적인)을 형성하는 기본 요소라고 여긴다. 현대 정신분석학(contemporary psychoanalysis)은 자아심리학(ego psychology)에 기초하는 경향이 있는데, 이는 개인내적 갈등의 역할을 부인하지는 않지만, 인간의 전 생애에 걸친 숙달과 능숙함을 성취하기 위한 자아의 노력을 강조한다. 자아심리학자들은 내담자가 자신이 사용하고 있는 방어에 대한 인식을 얻고 이 방어를 더욱 잘 다룰 수 있도록 하며 성장하는 데 도움을 준다(McWilliams, 2016). 자아심리학자들은 현재의 문제가 단순히 초기 유아기 무의식적 갈등의 반복 수준으로 환원될 수 있는 것은 아니라고 보기 때문에 초기와 후기 발달 단계를 모두 다룬다. 청소년기, 중년기, 이후 성인기 단계 모두가 특별히 강조되어야 하는 위기를 포함하고 있다. 우리의 과거는 미래에 부여하는 의미가 있고, 발달은 연속적으로 성장 단계를 따라 일어나고 있기 때문에 각 단계는 또한 다른 단계와 관련이 있다.

한 개인의 발달을 심리성적 요인과 심리사회적 요인을 모두 포함한 통합적인 관점으로 바라보는 것은 매우 유용하다. 에릭슨은 프로이트가 발달에서 자아의 위치를 충분히 설명하지 않았고 전체 삶에 걸친 사회적 영향에 대해 충분한 주의를 기울이지 않았다고 생각한다. 발달 단계에 관한 프로이트의 심리성적 관점과 에릭슨의 심리사회적 관점에 대한 비교는 표 4.2에서 보여준다.

상담의 시사점 심리성적 및 심리사회적으로 통합된 관점을 취하게 되면 상담자는 상담 과정에서 드러나는 내담자의 발달 문제를 이해할 수 있는 유용한 개념적 틀을 얻게 된다. 주요 욕구와 발달 과업, 그리고 삶의 각 단계에 내재하는 도전의 개념은 내담자가 치료 회기에서 탐색하는 핵심 갈등을 이해할 수 있는 모형을 제공한다. 다음과 같은 질문이 상담 과정에 방향성을 제공해줄 수 있다.

- 생애의 각 단계에 요구되는 주요 발달 과업은 무엇이고, 이러한 과업이 상담에 어떻게 연관되는가?
- 이 사람의 삶에 연속성을 제공해주는 주제는 무엇인가?
- 삶의 다양한 지점에 있는 사람들의 공통된 관심사는 무엇인가? 이러한 시점에서 사람들은 어떻게 삶을 결정하는 선택을 하도록 도전받는가?

표 4.2 프로이트의 심리성적 단계와 에릭슨의 심리사회적 단계 비교

인생의 시기	프로이트	에릭슨
생애 첫 1년	**구강기** 어머니의 젖을 빠는 것은 음식과 쾌락에 대한 필요를 충족시킨다. 신생아는 기본적인 양육이 필요하고, 이후 탐욕과 욕심에 대한 감정이 발달할 수도 있다. 구강기 고착은 신생아기의 구강 만족감의 결여로 인해 나타난다. 이후 나타날 수 있는 성격 문제는 타인에 대한 불신, 타인에 대한 거절, 사랑 또는 친밀한 관계를 형성할 수 없거나 이에 대한 두려움을 가지는 것으로 나타나게 된다.	**유아기: 기본적 신뢰 대 불신** 만일 중요한 타인이 기본적인 신체적 및 감정적 필요를 제공한다면, 유아는 신뢰감을 발달시킨다. 만일 기본적인 필요가 충족되지 않으면 세상, 특히 대인관계에서 불신의 태도가 나타나게 된다.
1~3세 항문기	**항문기** 항문 부위가 성격 형성을 위한 중요한 정보의 원천이 된다. 주요 발달 과업은 독립심을 배우고, 개인의 능력을 수용하고, 분노와 공격성과 같은 부정적인 감정을 표현하는 것을 배우는 것이다. 부모의 훈육 양식과 태도가 아동의 이후 성격 발달에 중요한 영향을 미친다.	**초기 아동기: 자율성 대 수치심 및 의심** 자율성을 발달시키는 시기이다. 기본적인 갈등은 자기 의존과 자기 의심 간에 이루어진다. 아동은 탐색하고 실험하고, 실수를 범하고, 한계를 실험해야 할 필요가 있다. 만일 부모가 의존성을 조장한다면, 아동의 자율성은 억제되고 성공적으로 세상에 대처하는 능력은 방해를 받는다.
3~6세 남근기	**남근기** 기본 갈등은 무의식적인 근친 간 욕망에 의해 시작된다. 이는 아이가 이성 부모에 대해 발달시키는 것으로서, 그 위협적인 본질 때문에 의식에서는 억압된다. 오이디푸스 콤플렉스가 진행되는 것으로 알려진 남성 남근기는 어머니가 남아의 사랑의 대상이 된다. 엘렉트라 콤플렉스로 알려진 여성 남근기는 여아가 아버지의 사랑과 인정을 얻으려고 노력하는 것이 포함된다. 부모가 유아의 성 성향에 언어적으로나 비언어적으로 어떻게 반응하는지는 유아가 발달시키는 성적 태도와 감정에 영향을 미친다.	**취학 전 연령: 주도성 대 죄의식** 기본 과업은 역량과 주도성을 성취하는 것이다. 만일 유아에게 개인적으로 의미 있는 활동을 선택할 수 있는 자유가 주어진다면, 스스로에 대한 긍정적인 관점을 발달시키고 자신의 프로젝트를 완수하는 경향이 있다. 만일 스스로 결정을 내리는 것이 허용되지 않는다면, 주도성을 얻기보다 죄의식을 발달시키는 경향이 있다. 그러면 적극적인 입장을 취하는 것을 삼가게 되고 다른 사람들이 대신 선택하도록 만든다.
6~12세 잠재기	**잠재기** 이전 시기에서 성적 충동에 의한 고통을 겪은 후여서 상대적으로 잠잠한 시기이다. 성적인 흥미는 학교에서의 흥미, 놀이 친구, 스포츠, 다양한 새로운 활동으로 대체된다. 아동이 외부에 눈을 돌리면서 다른 사람들과 관계를 형성하는 사회화의 시기이기도 하다.	**학령기: 근면성 대 열등감** 아동은 세상에 대한 이해를 확대하고, 적절한 성역할 정체성을 계속 발달시키며, 학업에서 성공하기 위해 필요한 기본 기술을 배우기 시작할 때이다. 기본 과업은 근면성을 얻는 것으로, 이는 개인적인 목표를 설정하고 성취를 통해 얻는다. 이에 실패하면 열등감을 경험한다.
12~18세 생식기	**생식기** 남근기의 오래된 주제가 다시 나타난다. 이 단계는 사춘기와 함께 시작되고 노년이 시작될 때까지 지속된다. 사회의 규제와 금기가 있음에도 불구하고, 청소년은 교우관계를 형성하는 것과 같은 사회적으로 허용될 만한 다양한 활동이나, 예술 혹은 스포츠, 장래 직업 준비에 참여함으로써 성적 에너지를 다룰 수 있다.	**청소년기: 정체성 대 역할 혼미** 아동에서 성인이 되는 과도기이다. 의존적 연대를 깨뜨림으로써 자신의 한계를 시험해보기도 하며, 새로운 정체성을 형성하는 시기이다. 주요 갈등은 자아 정체성, 삶의 목표, 삶의 의미를 명확히 해가는 가운데 생겨날 수 있다. 정체성을 확립하지 못하면 역할 혼미를 경험하게 된다.

표 4.2 프로이트의 심리성적 단계와 에릭슨의 심리사회적 단계 비교 (계속)

인생의 시기	프로이트	에릭슨
18~35세	**계속되는 생식기** 성숙한 성인의 핵심적 특징은 자유롭게 '사랑하고 일하는 것'에 있다. 이와 같은 성인으로 향해 가는 과정은 부모의 영향으로부터의 벗어나 자유롭게 된다는 것과 다른 사람을 돌볼 수 있는 능력을 지닌다는 것을 의미한다.	**초기 성인기: 친밀감 대 고립감** 이 시기의 발달 과업은 친밀한 관계를 형성하는 것이다. 친밀감을 형성하는 것에 실패하면 소외와 고립으로 이어진다.
35~60세	**계속되는 생식기**	**중기 성인기: 생산성 대 침체감** 자신과 가족을 넘어서 다음 세대에 도움을 주고자 하는 욕구가 있다. 이 시기는 개인의 꿈과 실제 성취 간의 불일치가 맞춰지도록 조정해가는 시기이다. 생산성을 심리적으로 경험하지 못하게 되면 심리적 정체를 야기할 수 있다.
61세 이상	**계속되는 생식기**	**후기 성인기: 자아통합 대 절망** 만약 삶을 되돌아볼 때 몇 가지의 후회가 있지만 개인적으로 보람이 있었다고 느끼면 자아통합을 얻게 된다. 자아통합을 얻지 못하는 것은 절망감, 무망감, 죄책감, 분개, 자기 거절감을 야기할 수 있다.

- 사람들의 현재 문제와 지난 수년 동안 중요한 사건 간에는 어떤 관계가 있는가?
- 각각의 중요한 시기에 어떤 선택을 했고, 삶의 다양한 위기를 이 사람은 어떻게 다루었는가?
- 삶의 전반적인 측면을 치료에서 다루기 위해 고려해야 하는 개인의 발달에 영향을 미친 사회문화적 요인은 무엇인가?

심리사회적 이론은 유년기와 청소년기 요인에 특별히 중요성을 부여하고 있고, 이후 단계도 중요한 위기를 포함하고 있음을 인식하고 있다. 주요한 발달상의 주제와 맥락이 내담자의 생애 전반에 걸쳐 드러나고 있음을 발견할 수 있다.

상담 과정

상담 목표

정신분석적 접근의 우선적인 목표는 내담자의 역량을 높여 자신의 문제를 해결하고 잘 적응할 수 있도록 한다(McWilliams, 2014). 정신분석적 치료의 최종목표는 증상을 줄이고 갈등을 해결하여 최종적으로 적응적인 기능을 증가시키는 데 있다(Wolitzky, 2020). 프로이트주의 정신분석치료의 두 가지 목표는 무의식을 의식화하는 것이고 자아를 강화시킴으로써 행동이 현실에 더욱 기반을 두게 하여 본능에 따른 갈망이나 비이성적인 죄책감에 의해 조종되지 않도록 돕는 것이다. 성공적인 분석은 개인의 성격과 특징 구조에 상당한 수정을 가져올 것이라 예상할 수 있다. 치료적 방법은 기본적으로 무의식적 소재를 밖으로 가지고 나오도록 하는 것이다. 그런 다음 어린 시절의 경험을 재구성하고, 논의하고, 해석하며, 분석한다. 이 과정이 문제해결과 새로운 행동을 학습하는 데에만 국한되지 않는다는 것은 분명하다. 그보다, 성격의 변화를 위해 반드시 필요한 자기 이해의 수준을 높이기 위해 과거에 대해 깊이 살펴보는 것이다. 정신분석치료는 통찰력을 얻는 것을 중요하게 간주하는데 단순한 수준의 지적인 이해 정도를 뜻하는 것은 아니며 통찰의 과정에서 그 이해와 관련된 기분이나 기억을 재경험하는 것이 필수적이라고 본다.

상담자의 기능과 역할 학습목표 06

고전적 정신분석에서 상담자는 자신을 최대한 드러내지 않으며 비판단적 자세를 견지한다. 이는 때로 빈 화면 접근법(blank-screen approach)으로 불리기도 한다. 상담자는 자기개방을 피하고 전이관계, 즉 내담자가 상담자에게 투사(projection)하도록 하는 관계를 촉진시키기 위해 중립성을 유지한다. 이 전이관계(transference relationship)는 정신분석의 초석인데, "내담자가 초기 발달기적 단계에서 주 보호자 또는 주요 인물과의 경험에서 형성된 관점으로 상담자를 바라보려고 하는 내담자의 경향성을 의미한다"(Safran et al., 2019. pp. 38-39). 이러한 내담자의 완료되지 못하고 억압된 과거의 상황으로부터 유래된 이 투사는 '얻어낼 것이 대단히 많은 재료'로 여겨지고, 그에 대한 분석은 치료적 작업에 절대적으로 필요한 것이라고 할 수 있다. 고전적 정신분석의 입장과 달리 최근 관계적 입장에서는 상담자 자신에 대한 언급을 삼가고 개인적인 반응을 좀처럼 공유하지 않는 상태를 인정하지 않는다(McWilliams, 2014).

분석의 중심 기능 중의 하나는 내담자가 사랑하고, 일하고, 즐길 수 있는 자유를 누릴 수 있도록 돕는 것이다. 또 다른 기능은 내담자가 현실적인 방법으로 불안을 다루고, 충동과 비이성적인 행동에 대한 통제력을 얻음으로써 자기 인식, 정직함, 그리고 더욱 효율적인 대인관계를 성취할 수 있도록 돕는 것 등이 포함된다. 치료적 동맹관계를 수립하는 것이 일차적인 치료의 목표이고, 훼손된 동맹관계를 회복시키는 것은 치료가 진행되는 필수 요소이다(McWilliams, 2014). 내담자에 대한 공감적 조율은 내담자가 경험하고 있는 개인내적 세계에 대해 상담자가 공감할 수 있도록 도와준다. 상담자는 내담자의 경험적 세계에 대하여 인지적으로 정의적으로 상상하여 개인의 주관적인 경험에 들어가려고 노력한다(Wolitzky, 2020). 내담자의 저항에 특별히 주의할 필요가 있는데, 상담자는 내담자를 존중하며, 개방된 방법으로 경청하고 적절한 해석을 해야 하는 때를 잘 판단해야 한다. 또한 효과적인 해석에는 재치와 타이밍이 필수적이다(McWilliams, 2014). 해석의 주요 기능은 감춰진 무의식적인 내용의 처리 과정을 가속화하는 것이다. 정신분석 상담자는 말로 표현된 내용과 말로 표현되지 않은 것 모두에 주의를 기울이고, 내담자 이야기 속에

드러나는 빈 공간과 불일치를 경청하면서 찾아내며, 보고된 꿈과 자유연상의 의미를 추론하고 상담자를 향한 내담자의 감정과 관련된 단서에 민감한 자세를 유지한다.

성격 구조와 정신역동(psychodynamics)에 대한 이해의 틀 안에서 이 치료적 과정을 체계화하는 것은 상담자로 하여금 내담자가 지닌 문제의 본질을 더 잘 이해할 수 있도록 도와준다. 상담자의 중심 기능 중 한 가지는 이 과정의 의미를 내담자에게 가르쳐서(해석을 통해) 내담자가 경험하고 있는 자신의 문제에 대한 통찰력을 얻고, 변화 방법에 대한 인식을 증대시키며, 결과적으로 자신의 삶에 대한 통제권을 더 많이 얻도록 하는 것이다. 정신분석적 접근법의 주요 목표는 내담자로 하여금 자신의 문제를 스스로 해결할 수 있는 역량을 발전시키도록 돕는 것이다.

정신분석적 상담 과정은 퍼즐 조각을 맞추어 합치는 것과 같다. 내담자의 변화는 상담자의 해석에 대한 정확성보다 내담자의 변화에 대한 준비성에 의해서 더 좌우될 수 있다. 만약 상담자가 내담자를 너무 급하게 밀어붙이거나 시의적절치 않은 해석을 제시하게 되면, 치료는 효과적이지 못하게 된다. 변화는 내담자가 더욱 자유롭게 새로운 방식으로 행동할 수 있도록 오래된 방식을 재작업하는 과정을 통해 발생한다(Luborsky et al., 2011).

상담에서 내담자의 경험 학습목표 07

고전적 정신분석(classical psychoanalysis)에 관심이 있는 내담자는 장기간에 걸쳐 집중적으로 진행될 상담 과정에 기꺼이 헌신할 수 있어야 한다. 보통 내담자는 상담자와 몇 회에 걸쳐 면대면 초기 회기를 진행한 후, 긴 소파에 누워 자유연상(free association)에 참여하게 된다. 즉, 마음속에 떠오르는 말이 무엇이든지 자기검열 없이 말하도록 노력하게 된다는 뜻이다. 자유연상 과정은 '핵심적 원칙(fundamental rule)'이라고 알려져 있다. 내담자는 자신의 감정, 경험, 연상, 추억, 공상을 상담자에게 말한다. 소파에 눕는 것은 보다 깊이 그리고 검열되지 않은 반영을 할 수 있도록 하기 위해서이며 내적 갈등이나 정신역동적 내용에 접촉하는 것을 방해할 수도 있는 자극을 최소화시켜주기 위한 것이다. 또한 내담자의 말에 반응하는 상담자의 얼굴 표정을 내담자가 '읽음'으로써 전이 과정에서 투사시키는 성격 특성에 영향을 받을 가능성을 감소시키고자 하는 목적도 있다.

정신분석에 참여하는 내담자는 상담자와 독특한 관계를 경험하게 된다. 내담자는 자신의 생각이나 기분을 대단히 무책임하고, 가증스럽고, 사회적으로 옳지 않으며, 이기적이거나 유치할지라도 자유롭게 표현하도록 격려받는다. 상담자는 분석이 진행되는 과정에서 주의 깊게 듣고, 질문하고 해석하면서 비판단적인 자세를 유지한다. 이러한 구조는 긍정적인 치료적 성장을 도울 뿐 아니라 어느 정도의 취약성을 포함할 수 있게 하는, 덜 엄격한 정도의 적응을 경험하게 하므로 내담자가 자아 방어기제를 느슨하게 하고 '퇴보'할 수 있도록 조장하기도 한다. 내담자를 위해 분석적 환경을 안전하게 유지하는 것은 상담자의 책임이기 때문에 상담자는 자발적인 자기표현에 참여하는 것에서 자유롭지 못하다.

상담자의 모든 개입은 내담자의 과정을 발전시키기 위해 이루어진다. 고전적 분석에서, 치료적 중립성과 익명성은 상담자의 가치이고, 일관된 환경이나 '틀'을 유지하는 것이 분석적 기술의 많은 부분을 차지한다. 치료적 변화는 안전한 치료적 관계에서 이전의 양식을 '작업해 나가는' 오랜 기간이 필요하다.

정신역동 심리치료(psychodynamic psychotherapy)는 "정신분석 이론을 기반으로 하지만 정신분석의 특성이 다소 부족한 치료 형태"(Safran et al., 2019, p. 37)로 언급되었다. 그것은 고전적 정신분석의 긴 과정을 단축하고 간소화하기 위해 생겨났다(Luborsky et al., 2011). 많은 정신분석을 지향하는 실무가, 또는 정신분석 상담자(상담자와는 구분된)가 고전적 분석과 연관된 모든 기법을 사용하는 것은 아니다. 그렇지만 정신역동 상담자는 전이 징후에 대한 기민한 자세를 유지하고, 내담자 꿈의 의미를 발견하고, 과거와 현재를 모두 탐색하며, 방어와 저항에 대한 해석을 제공하고, 무의식적 내용에 관심을 둔다. 맥윌리엄스(McWilliams, 2014)에 따르면, 정신역동치료의 기본은 특별한 대상이나 기술에 달려있는 것이 아니라, "오히려 정신역동치료는 상담자와의 관계 속에서 무의식적인 과정에서 확실해지고, 강한 영향력을 가진 무의식 과정에 초점을 맞추는 것이다"(p. 82).

정신분석치료의 내담자는 집중적인 치료적 과정 절차를 고수하기 위해 상담자와 함께 상담 과정에 깊이 헌신한다. 이들은 언어적 부산물이 정신분석치료의 중심이 되기 때문에 적극적으로 말할 것에 동의한다. 이들은 보통 분석 기간 동안 이혼을 하거나 직장을 그만두는 것과 같은 생활양식에 있어서 급격한 변화를 실행하지 않는 것이 좋다고 안내받는다. 이러한 변화를 피하는 이유는 치료의 과정과 관련이 있는데, 이러한 변화가 종종 내담자를 동요시키고 또한 방어를 느슨하게 만들기 때문이다. 이와 같은 제한은 고전적 정신분석과 더 관련이 크고, 정신분석적 심리치료에서는 상대적으로 덜한 편이다. 정신분석적 심리치료는 보통 한 주당 회기의 횟수가 더 적고, 이 회기는 일반적으로 대면식이며, 상담자가 지지적이기 때문에 치료적 '퇴행'이 덜하다.

정신분석치료를 받는 내담자는 (1) 증상과 핵심 갈등을 해결하고, (2) 상담의 주요 목표를 달성하고, (3) 남아있는 감정적인 문제를 분명히 받아들이며, (4) 이러한 어려움의 오랜 원인을 이해하고, (5) 핵심 주제를 충분히 이해하여 그 주제를 잘 다룰 능력을 갖추고, (6) 환경이 그들에게 어떻게 영향을 끼치고 그들 또한 환경에 어떻게 영향을 끼치는지에 대한 통찰력을 얻고, (7) 방어적 태도가 감소되고, (8) 과거 문제에 대한 인식을 현재 관계와 통합할 수 있다고 자신과 상담자가 상호 동의할 때에야 비로소 회기를 종결할 준비가 된 것이다. 커티스(Curtis, 2020)는 종결이 애착, 분리, 상실에 관한 강한 감정을 일으키는 경향이 있음을 제언하고 있다. 종결 시기는 이러한 감정에 관하여, 그리고 내담자가 심리치료에서 어떤 것을 알게 되었는지에 관하여 종결 이전에 충분히 이야기할 수 있도록 설정된다. 상담자는 내담자가 변화를 야기할 수 있도록 무엇을 했는지를 명확히 할 수 있게 돕는다.

상담자와 내담자의 관계 학습목표 08

고전적 분석(classical analysis)과 현대적 관계 분석(relational analysis)에 의해 치료적 관계가 어떻게 개념화되는지에 관해서는 몇 가지 차이점이 있다. 고전적 분석은 관계의 밖에 위치하고, 이에 대해 견해를 말하며, 통찰력을 만들어내는 해석을 제공한다. 현대적 관계정신분석의 경우, 상담자는 객관적인 위치를 얻으려고 노력하지 않는다. 현대 정신역동 상담자는 초기의 재현만큼 '지금 여기'의 전이에도 초점을 둔다. 현재 관계에 과거를 가져오므로 과거에 대한 새로운 이해가 펼쳐질 수 있다(Wolitzky, 2020). 현대적 정신역동 상담자는 내담자와의 감정적인 대화가 정보를 얻고 연계를 만들어내는 유용한 방법이라고 이해한다. 분석적 치료는 치료 회기 순간에 발생하는 감정, 인지, 행동에 초점을 둔다(McWilliams, 2014). 사프란, 크리스, 폴리(Safran, Kriss & Foley, 2019)는 "전이가 내담자의 초기 관계를 현재 시점으로 다시 생생하게 경험하게 하는 방법을 포함하고 있기 때문에, 상담자의 관찰과 피드백은 상황에 기여하는 내담자의 특성을 이해하고 인정할 수 있도록 도울 수 있다."(p. 39)고 주장했다.

전이와 역전이는 정신역동치료를 이해하는 데에 가장 중요하다. 치료적 관계의 중요한 측면은 전이 반응을 통해 드러난다. 전이(transference)는 내담자가 과거의 중요한 타인에게 가졌던 감정, 태도, 공상(긍정적 또는 부정적)을 상담자에게로 무의식적으로 이동시켜 드러내는 반응이다. 전이는 현재에서 과거를 무의식적으로 반복하는 상태를 수반한다. 어린 시절의 경험이 현재 개인의 지각을 형성하는 틀을 제공한다(Safran et al., 2019). 내담자는 종종 상담자에 대한 긍정적이고 부정적인 감정과 반응을 함께 느낀다. 이러한 감정이 의식화되고 상담자에게 전이될 때, 내담자는 과거의 '미해결 과제'를 비로소 이해하고 해결할 수 있다. 치료가 진행됨에 따라, 어린 시절의 기분과 갈등이 깊은 무의식으로부터 수면 위에 오르기 시작하고, 내담자는 감정적으로 퇴행한다. 전이는 내담자가 사랑, 성, 적대감, 불안, 분노와 관계된 초기의 강력한 갈등을 부활시키고, 현재로 가져오며, 재경험하고, 상담자에게 부여할 때에 발생한다. 예를 들어, 내담자는 엄격하고 애정이 부족했던 아버지를 향한 미해결된 감정을 자신이 보기에 엄격하고 애정이 부족하다고 생각되는 상담자에게 전이시킬 수도 있다. 화난 기분은 부정적인 전이의 산물이지만 내담자가 반대로 긍정적 전이를 할 수도 있다. 예를 들어, 상담자를 사랑하게 되거나, 입양되길 원하거나, 그 밖의 다른 방식으로 전능한 상담자의 사랑, 수용, 인정을 추구하는 것과 같은 긍정적인 전이를 발달시킬 수도 있다. 간단히 말하면, 상담자는 중요한 타인에 대한 현재의 대리인이 되는 것이다.

만약 상담이 변화를 만들어내는 것이라면, 전이관계는 반드시 해결되어야 한다. 극복(working-through) 과정은 대부분 초기 어린 시절에서 비롯된 무의식적 내용과 방어에 대한 반복적이고 정교한 분석으로 구성된다. 내담자는 이 방어적 구조를 수용하고 이러한 것이 과거에 어떤 목적을 위해 사용되었는지를 인식하는 것을 배운다(Rutan et al., 2014).

이는 이전 양식을 해결하고 내담자가 새로운 선택을 할 수 있게 한다. 효과적인 치료에는 내담자가 현재에서 교정적이고 통합적인 경험인 상담자와의 관계를 발달시키는 것이 필요하다.

내담자는 자신의 핵심 갈등과 핵심 방어기제가 일상의 삶에서 나타나는 다양한 방식에 대해 살펴볼 많은 기회가 있다. 내담자가 심리적으로 독립될 수 있기 위해서는 반드시 무의식적 소재에 대해 인식해야 할 뿐 아니라, 부모와 같은 인물의 전적인 사랑과 수용에 대한 욕구와 같은, 유아의 노력에 의해 동기화되는 행동으로부터 어느 정도 자유로워야 한다고 할 수 있다. 만일 이러한 치료적 관계가 요구되는 어려운 과정이 적절히 극복되지 못하면 내담자는 전적인 사랑과 수용을 원하는 유아기적 바람을 또 다른 인물에게 전이시키게 된다. 내담자와 상담자의 관계는 이러한 어린 시절의 부모를 향한 동기가 투영될 수 있는 대단히 유사한 관계이다.

정신분석적 치료의 기간과 상관없이 우리의 유아기 욕구와 외상의 흔적은 절대 완전히 지워지지 않는다. 전이의 대부분의 측면이 상담자와 함께 다루어질 수 있음에도 불구하고, 이러한 유아기의 갈등은 완전히 해결되지 않을 수도 있다. 우리는 일생에 걸쳐 다른 사람에게 투사하는 것 같은 기분뿐만 아니라 다른 사람이 나의 욕구를 충족시켜줄 것이라 기대하는 비현실적인 기대와 끊임없이 싸워야 할 필요가 있을지도 모른다. 이 점에서 우리는 많은 사람과의 전이를 경험하고, 그래서 우리의 과거는 항상 현재 우리가 되어가는 존재의 중요한 부분이 된다.

내담자가 상담자에게 가지고 있는 모든 감정이 전이의 발현이라고 가정하는 것은 오해이다. 대부분의 반응이 현실적인 기반을 두고 있을 수 있고, 내담자의 감정은 상담자가 보여주고 있는 '지금 여기' 양식으로 향하고 있을 수도 있다. 모든 긍정적인 반응, 예를 들어 상담자를 좋아하는 것이 '긍정적인 전이' 등으로 단순히 명명되어서는 안 된다. 반대로, 상담자에 대한 내담자의 분노는 상담자의 행동에 대한 반응일 수 있고, 따라서 모든 부정적인 반응을 '부정적인 전이'의 신호로 보는 것도 옳지 않다.

과거의 경험으로부터 절대로 완전히 자유로울 수 없다는 개념은 내담자의 해결되지 않은 갈등에 직접적으로 연관된 상담자에게 중요한 함의를 제공한다. 상담자가 자기 자신의 갈등을 의식하고 있다 하더라도, 그리고 심지어 상담자가 이러한 개인적인 문제를 자신의 치료에서 집중적으로 이미 다루었다고 하더라도, 내담자에게 왜곡되게 투사하는 상황을 피할 수 없을 수도 있다. 상담자의 역전이 반응은 피할 수 없다. 왜냐하면 모든 상담자는 미해결된 갈등과 개인적인 취약성을 가지고 있으며, 이러한 문제들이 자신의 전문적 작업을 통해 활성화되기 때문이다. 전통 정신분석적 관점에서 **역전이**(countertransference)는 상담자가 부적절한 영향을 미치거나 비이성적인 방식으로 반응할 때, 또는 상담자 자신의 갈등이 촉발되기 때문에 관계 내에서 상담자가 객관성을 상실할 때 발생하는 현상으로 본다. 역전이는 상담자 자신의 과거에 기반을 두고, 내담자 행동에 대한 왜곡된 인식을 가져오는 내담자에 대한 상담자의 무의식적인 감정적 반응으로 구성된다(Rutan et al., 2014). 시간이 지나면서 이 역전이에 대한 전통적인 관점은 내담자의 전이에 대한 것뿐 아니라, 내담자의 성격과 행동의 모든 측면에 대한 상담자의 모든 반응을 포함하는 것으로 확대되었다. 이러한 확대된 관점에서 역전이는 내담자에 대한 상담자의 모든 감정적 반응을 포함하고, 철회, 분노, 사랑, 짜증, 무력감, 회피, 과도한 동일시, 통제, 슬픔을 포함할 수 있다. 오늘날의 정신분석적 현장에서, 역전이는 의식적으로든지 무의식적으로든지 내담자에게 불가피하게 영향을 미치는데, 주로 미묘한 비언어적, 음조적, 태도적 반응의 형태로 다양하게 나타난다(Curtis, 2020; Safran et al., 2019; Wolitzky, 2011).

내담자를 잘못 이해하고 과도하게 동일시하는 것을 피하기 위해, 이 분석적 접근법은 상담자 또한 분석적 심리치료를 받을 것을 요구한다. 맥윌리엄스(McWilliams, 2014)는 상담자가 자신의 무의식에 접근하고 이를 이해하는 것이 얼마나 중요한지에 대해 강조하였고, 상담자가 받는 심리치료의 주요 결과는 진실성, 이타성, 그리고 내담자와의 긍정적 치유 관계를 형성하도록 만드는 겸손함이라고 하였다. 상담자를 위한 개인치료와 임상감독은 상담 과정에 내적 반응이 어떻게 영향을 미치는지와 어떻게 치료 작업에서 역전이 반응을 도움이 되는 방향으로 사용할 수 있는지를 더욱 잘 이해하도록 도와줄 수 있다(Hayes et al., 2019; McWilliams, 2014).

모든 역전이 반응이 치료적 과정에 해로운 것은 아니다. 실제로, 역전이 반응은 종종 내담자의 세계를 이해하고 상담자의 자기 이해를 도와주는 강력한 자료가 된다. 예를 들어, 화가 나는 역전이 감정에 주목한 상담자는 내담자의 까다로운 요구를 지속하는 형태에 대해 상담 과정에서 더 탐색해보고 배움을 얻을 수 있다. 이렇게 긍정적인 방식으로 볼 때, 역전이는 내담자가 자신에 대한 이해를 얻을 수 있도록 돕는 중요한 진입로가 될 수 있다. 역전이에 관한 대부분의 연구는 해로운 영향에 관해서만 다루었지만, 헤이즈(Hayes, 2004)는 역전이의 잠재적인 치료적 이점에 관한 체계적인 연구를 시작할 필요가 있다고 제언한다.

관찰된 역전이를 어떻게 사용하는지는 정신분석적 치료의 종류만큼 다양하다. 어떤 접근은 그 감정을 내담자와 공유해도 무방하다고 보지만, 전통적 분석 상담자는 피할 수 없는 역전이의 발생에 관하여 드러내지 않고 살펴보며 역전이에 대한 표현을 최소화하기 위해 노력한다. 내담자와의 적절한 경계를 만들고 자기 이해를 얻는 상담자의 능력은 그들의 역전이 반응을 다루고 효과적으로 사용하는 데에 있어서 매우 중요하다(Hayes et al., 2019).

상담자가 어느 정도의 객관성을 유지하고, 분노, 사랑, 과찬, 비난, 그리고 그 외 내담자가 표출하는 강력한 감정에 대면하여 방어적으로나 주관적으로 반응하지 않는 것이 매우 중요하다. 만일 심리치료사가 특정 유형의 내담자에게 강력한 혐오, 강한 매력, 치료적 관계에서 확고하게 발생하는 신체화 반응을 인식한다면, 개인적인 문제가 효과적인 상담자가 되는 데 방해될 수 있으므로 당분간 작업할 수 있도록 치료를 받거나 전문적인 자문이나 임상적 감독을 반드시 구해야 한다.

내담자-상담자 관계를 통해, 내담자는 무의식적 과정을 탐색하는 통찰력을 얻는다. 억압된 내용에 대한 인식과 통찰력은 분석적 성장 과정의 기초이다. 이를 통해 내담자는 자신의 과거 경험과 현재 행동 간의 관련성에 대해 이해하게 된다. 정신분석 접근법은 이 역동적인 자기 이해 없이는 현재 갈등의 해결이나 상당한 성격의 변화는 없다고 가정한다.

적용: 상담 기법과 절차 학습목표 09

여기에서는 정신분석적 상담자들이 가장 일반적으로 사용하는 기법에 대해 다룬다. 또한 집단 상담의 정신분석적 접근법의 적용에 관한 내용도 포함한다. 정신분석 또는 정신역동치료는 다음과 같은 부분에서 전통적인 정신분석과 다르다.

- 이 치료법은 개인의 성격을 재구성하는 것보다 더 축소된 목표를 가진다.
- 이 상담자는 눕는 소파를 거의 사용하지 않는다.
- 매주 상담 회기 횟수가 더 적다.
- 확신, 공감과 지지의 표현, 제안과 같은 지지적인 개입법을 더 빈번하게 사용한다.
- 상담자와 내담자 간에 '지금 여기'의 관계를 더 강조한다.
- 상담자 전이를 방해하지 않는 선에서 자기개방에 대해 더 자유롭다.
- 상담자의 중립성을 덜 강조한다.
- 전이와 역전이 상호적 발현에 초점을 둔다.
- 상징적 내용보다는 닥쳐온 실제적 문제에 더 많은 초점을 둔다.

정신분석치료의 기법은 인식을 높이는 것, 내담자 행동에 대한 통찰력을 기르는 것, 증상의 의미를 이해하는 것이 목표이다. 이 치료는 내담자의 말에서부터 카타르시스(또는 감정의 표현), 통찰력, 그리고 무의식적 소재를 탐색하는 것으로 진행된다. 이 작업은 지적이고 감정적인 이해와 재교육의 목표를 이루어 결과적으로는 성격의 변화를 위해 행해진다. 정신분석치료의 6개 기본 기법은 (1) 분석적 틀 유지하기, (2) 자유연상 기법, (3) 해석, (4) 꿈 분석, (5) 저항의 분석, (6) 전이의 분석이다.

정신분석 지향 상담자인 윌리엄 블라우(William Blau) 박사가 제시한 『통합적 상담: 사례 중심의 접근』(Corey, 2013) 2장 중 **루스 사례**의 몇 가지 치료 기법을 참조하라.

분석적 틀 유지하기

정신분석적 과정은 이 치료 접근이 지향하는 목표를 성취할 수 있도록 하는 특정 틀을 유지할 것을 강조한다. 분석적 틀 유지하기(maintaining the analytic framework)는 상담자의 상대적인 익명성, 중립성과 객관성의 유지, 정기적이고 일관된 회기 만남, 정시에 회기를 시작하고 끝내는 것, 수수료에 대한 명확성, 상담자의 가치를 주입하거나 조언하기를 지양하는 것과 같은 기본적인 경계의 문제를 포함하는 절차적 및 양식적 요소를 뜻한다(Curtis, 2020). 정신분석 지향 치료의 가장 강력한 특징 중의 하나는 일관된 틀이 유아의 규칙적인 수유로부터의 감정 경험과 비교될 수 있을 만큼 그 자체로 치료적인 요소라는 것이다. 상담자는 이러한 일관된 형식으로부터 최대한 벗어나지 않도록 노력한다(예: 휴가, 수수료 변경, 환경의 변화 등). 이러한 분석적 틀을 유지하는 것이 어렵다면 그런 상황 자체가 분석의 주요한 대상이 되어야 할 것이다.

자유연상 기법

자유연상은 정신분석적 치료의 핵심 기법이고, 분석적 틀을 유지하는 과정에서 중요한 역할을 한다. 자유연상(free association)에서 내담자는 마음속에 떠오르는 것이 무엇이든지 간에 그 내용이 얼마나 고통스럽고, 바보 같고, 하찮고, 비논리적이거나 관련 없어 보이더라도 말하도록 격려받는다. 본질적으로, 내담자는 이것을 검열 없이 즉각적으로 보고 감정이나 생각을 따라 흘러가도록 노력한다. 분석적 작업이 진행됨에 따라, 대부분의 내담자는 때때로 이 기본적인 원칙에서 벗어나게 되는데, 이러한 저항은 시의적절할 때 상담자에 의해 해석된다.

자유연상은 무의식적인 바람, 공상, 갈등과 동기에 대한 문을 열기 위해 사용되는 기본적인 도구 중의 하나이다. 이 기법은 종종 과거 경험의 기억, 그리고 가끔은 닫혀있었던 강력한 감정의 방출이나 카타르시스를 이끌어낸다. 연속적 연상은 상담자로 하여금 내담자가 만드는 이러한 사건 간의 연결을 이해할 수 있도록 돕는다. 연상의 저지나 혼란은 불안을 자극하는 소재에 대한 단서 역할을 한다. 상담자는 이러한 내용을 내담자에게 해석해줌으로써 근원적인 역동에 대한 통찰력을 높일 수 있도록 안내한다.

분석적 상담자는 내담자의 자유연상을 들을 때에 그 표면적인 내용뿐 아니라 숨겨진 의미도 듣게 된다. 내담자가 말한 것 중 그대로 받아들여지는 것은 없다. 내담자가 논의의 대상으로 선택한 영역만큼 내담자가 언급하지 않은 영역도 중요하다. 정신분석 상담자는 내담자로 하여금 자신에 대해 아주 솔직하게 말하도록 격려하며, 내담자가 말하기 어려워하는 상황을 잘 기록해둔다(McWilliams, 2014).

해석

해석(interpretation)은 꿈, 자유연상, 저항, 방어, 치료적 관계 그 자체에서 나타나는 행동의 의미를 내담자에게 지적, 설명, 그리고 심지어는 가르치는 것으로 구성된다. 해석의 기능은 자아가 새로운 내용을 동화시키고 더 많은 무의식적 소재를 파헤치는 과정의 속도를 높일 수 있도록 하는 것이다. 해석은 내담자가 가지는 어려움에 기여한 내담자의 성격과 내담자 과거의 요인에 대한 상담자의 평가에 기반을 둔다. 현대적 정의에 따르면, 해석은 내담자의 자료를 확인하고, 명확히 하고, 이해하는 것이다. 관계정신분석적 상담자는 내담자의 생각, 감정, 또는 사건과 관련된 가능한 의미를 내담자 내면세계에 대한 진실이라기보다는 가설로써 제시한다(Curtis, 2020). 해석은 내담자가 그들 삶에 대한 감각을 만들고 의식을 확대시키도록 돕는 협력적 방법으로 제공된다.

상담자는 해석에 대한 내담자의 준비도를 결정하는 기준으로써 내담자의 반응을 활용한다. 시기가 적절하지 않은 상담자의 해석은 내담자에 의해 거절되기 때문에 적절한 시기에 맞추어 해석을 제공하는 것이 중요하다. 일반적인 원칙은 해석되는 현상이 의식적 인식에 가까울 때 해석을 제시해야 한다는 것이다. 다른 말로 바꾸면, 상담자는 내담자가 아직은 보지 않았지만 용인하고 받아들일 수 있는 소재를 해석해야 한다는 것이다. 또 다른 일반적인 원칙은 해석은 표면에서부터 시작하여 내담자가 갈 수 있는 깊이만큼만 들어가야 한다는 것이다.

꿈의 분석

꿈의 분석(dream analysis)은 무의식적 내용을 알아내고 해결되지 않은 문제의 영역에 대해 내담자에게 통찰력을 얻게 해주는 중요한 절차이다. 수면 중에는 방어기제가 낮아지고 억압된 감정이 표면화된다. 프로이트는 꿈을 '무의식으로 가는 왕도'로 보았다. 왜냐하면, 꿈에서는 무의식적인 바람, 욕구, 두려움이 표현되기 때문이다. 몇몇 동기는 너무나 용인될 수 없는 것이기 때문에 직접적으로 드러나기보다는 가장되거나 상징적인 형태로 표현된다.

꿈은 두 가지 수준의 내용이 있다. 잠재적 내용과 발현 내용이다. 잠재적인 내용(latent content)은 숨겨지고, 상징적이며, 무의식적인 동기, 바람, 두려움으로 구성된다. 너무나 고통스럽고 위협적이기 때문에, 잠재적인 내용을 이루는 무의식적인 성적 및 공격적 충동은 더욱 허용될 수 있는 발현 내용(manifest content), 즉 꿈을 꾸는 사람에게 나타난 꿈으로 변형된다. 꿈의 잠재적인 내용이 덜 위협적으로 발현된 내용으로 전환되는 과정을 꿈 작업(dream work)이라고 부른다. 상담자의 과업은 꿈의 발현 내용이 상징하는 것을 연구하므로 가장된 의미를 알아내는 것이다.

이 회기 동안, 상담자는 잠재된 의미를 알아내고자 하는 목적으로 꿈의 발현 내용의 몇몇 측면에 대해 내담자로 하여금 자유연상을 요구할 수도 있다. 상담자는 이 내용과 내담자의 관계를 탐색하면서 이 과정에 참여한다. 꿈 요소의 의미를 해석하는 것은 내담자가 내용을 의식하지 못하게 하는 억압을 걷어내고 현재의 노력에 새로운 통찰력을 연결시킬 수 있도록 돕는다. 꿈은 억압된 자료에 접근하는 통로의 역할을 할 수 있으며, 또한 내담자의 현재 기능에 대한 이해를 도와준다. 관계정신분석 상담자는 특히 내담자의 삶과 꿈의 연관성에 관심을 둔다. 꿈은, 분석되지 않고 내버려둘 경우 문제가 될 수 있는 무언가를 살펴보라는, 내담자에게 중요한 메시지로 해석된다(Curtis, 2020).

저항의 분석과 해석

정신분석 현장에서 핵심적인 개념인 저항(resistance)은 상담 과정의 진행을 막는 모든 시도와 무의식적 내용을 끌어내지 못하도록 방해하는 모든 것을 말한다. 구체적으로 저항은 억압된 무의식적 내용을 의식의 표면으로 가지고 오는 것을 주저하는 내담자의 상태이다. 저항은 지금 현재의 상황을 조성하고 변화에 방해가 되는 어떤 생각, 태도, 감정이나 행동(의식적이든 무의식적이든)을 뜻한다. 자유연상이나 꿈에 대한 연상 동안 내담자는 특정한 생각, 감정이나 기분에 관해 이야기하는 것을 꺼리는 모습을 보일 수 있다. 프로이트는 저항을 억압된 충동이나 감정을 인식하게 되면 나타나는 참을 수 없는 불안이나 고통으로부터 자신을 지키기 위해 사용하는 무의식적인 역동으로 보았다.

정신분석 상담 과정에서 저항은 불안에 대한 일종의 방어로서 내담자와 상담자가 무의식적인 역동에 대한 통찰을 얻지 못하도록 방해한다. 분석적 치료는 내담자가 변화하고자 하는 것과 이전 세계에 여전히 남아있기를 원하는 것 모두를 바란다고 가정한다. 내담자는 얼마나 고통스러울 수 있는지에 관계없이 일단 친숙한 양식을 고수하는 경향이 있다. 상담자는 안전한 분위기를 만들어 내담자가 치료 동안 저항을 인식하고 탐색해볼 수 있게 해야 한다(Curtis 2020; McWilliams, 2014; Wolitzky, 2020). 저항은 위협적인 내용이 인식되는 영역으로 들어오는 것을 막기 때문에 분석적 상담자는 이를 지적해야 하지만, 사프란, 크리스, 폴리(2019)는 상담자에게 내담자가 상담에 협조하지 않는다고 암시하는 방식으로 저항을 제한하여 인식하게 하는 것을 피하라고 경고하였다. 상담자의 해석은 내담자가 저항의 이유에 대해 인식하도록 도우므로 저항을 다룰 수 있게 한다. 일반적인 원칙처럼, 상담자는 내담자가 해석을 거절하는 가능성을 줄이고 저항적인 행동을 살펴볼 수 있게 하는 기회를 증대하기 위하여, 가장 확실한 저항을 지적하고 해석한다.

저항은 단순히 극복해야 하는 무언가가 아니다. 저항은 일상생활에서 유용한 방어기제를 나타내므로 불안을 막아주지만, 동시에 더욱 만족스러운 삶을 경험할 수 있도록 이끄는 변화를 받아들이는 능력을 저해하기도 하는 장치로 인식할 필요가 있다. 상담자가 내담자의 저항을 존중하고 이러한 방어를 치료적으로 접근할 수 있도록 돕는 것은 매우 중요하다. 저항을 탐색하는 것은 적절히 다루어질 때 내담자를 이해하는 매우 귀중한 도구가 될 수 있다.

전이의 분석과 해석

앞서 언급한 바와 마찬가지로, 전이는 내담자의 과거 중요한 타인과의 관계가 현재의 치료적 과정에서 상담자와의 관계를 왜곡시킬 때 나타난다. 전이 상황은 내담자가 다르게 접근할 수 없었던 다양한 감정을 재경험할 기회를 제공하기 때문에 그 발현을 가치 있게 여긴다. 상담자와의 관계를 통해 내담자는 지금껏 무의식 속에 묻어두었던 감정, 신념, 욕구를 표현할 수 있다. 전이를 해석하는 것은 내담자의 개인내적 삶을 설명하는 경로를 밟아가는 것이다. 이러한 해석을 통해 내담자는 자신이 어떻게 상담자, 과거의 다른 중요한 인물, 그리고 현재의 다른 중요한 타인과의 관계에서 동일한 역동적 방식을 반복하고 있는지 인식할 수 있다. 이전 감정의 현재 표현에 대한 적절한 해석과 면밀한 탐색 과정을 통해, 내담자는 행동의 오래된 양상을 인식하게 되고 점차 이를 변화시킬 수 있게 된다. 분석 지향적 상담자는 전이 감정의 탐색과 해석 과정을 치료적 과정의 핵심으로 여기는데, 그 이유는 이 과정이 성격 변화와 인식의 확장을 목표로 하기 때문이다.

전이의 분석은 고전적 정신분석과 정신분석 지향 상담 모두에서 중심이 되는 기법이다. 그 이유는 이 기법이 내담자로 하여금 현재 기능에 영향을 미치는 과거에 대하여 '지금 여기'의 통찰력을 얻을 수 있기 때문이다. 전이관계의 해석은 내담자가 자신의 정서적 성장을 고착시키거나 지연시키고 있는 오래된 갈등을 면밀하게 작업할 수 있게 한다. 본질적으로, 이전 관계의 영향은 현 치료적 관계에서의 유사한 감정적 갈등을 작업하는 것을 통해 상쇄될 수 있다. 전이를 활용하는 예는 이 장의 후반부에서 **스탠의 사례**를 통해 살펴볼 수 있다.

집단 상담에 적용하기 학습목표 10

정신분석 모형은 집단구성원의 역사, 그리고 그들의 과거가 지금의 집단에서, 그리고 그들 일상의 삶에서 어떻게 영향을 미치는지에 대하여 이해하는 개념적인 틀을 제공한다. 집단 지도자는 많은 정신분석적 기법을 사용하지 않으면서도, 정신분석적으로 **사고**할 수 있다. 집단 상담자가 어떤 이론을 지향하는지는 관계없이, 전이, 역전이, 저항, 불안에 대한 반응인 자아 방어기제의 사용과 같은 정신분석적 현상을 이해하는 것은 매우 유용하다.

전이와 역전이는 집단 상담과 치료의 현장에서 중요한 영향을 지닌다. 집단 작업은 내담자에게 지속적으로 영향을 미치는 이전 삶의 상황을 재창조하도록 도울 수 있다. 대부분의 집단에서 개인은 매력, 분노, 경쟁, 회피와 같은 다양한 감정을 끌어낸다. 이러한 전이 감정은 집단구성원이 과거의 중요한 사람에게서 경험했던 것과 유사할 수도 있다. 구성원들은 거의 대부분 집단 내에서 상징적인 어머니, 아버지, 형제자매나 연인을 찾게 될 것이다. 집단 참여자는 빈번하게 집단 지도자의 주목을 받기 위해 경쟁하고, 이러한 상황은 부모의 관심을 얻기 위해 형제자매와 다투어야 했던 어린 시절을 연상시킨다. 이 경쟁은 참여자가 어린아이로서 경쟁을 어떻게 다루었고, 과거 이러한 경쟁에서의 성공이나 실패가 현재 다른 사람과의 상호작용에 어떻게 영향을 미치는지에 대해 인식하도록 집단 내에서 탐색될 수 있다. 정신역동치료 집단은 기본적으로, 집단 참여자가 집단 내의 상호작용을 통해 그들의 사회적 상황을 재창조하고, 집단이 그들 일과 삶의 축소판 역할을 한다고 생각한다(Rutan et al., 2014). 집단은 집단 밖에서 사람들이 어떻게 역동적으로 기능하는지에 대해 이해할 수 있도록 정보를 제공해준다. 지도자와 다른 구성원들에 대한 투사는 집단 내에서 확인할 수 있고, 탐색 및 극복할 수 있는 미해결된 갈등에 관한 중요한 단서이다.

집단 상담자는 또한 구성원에 대해 특정한 방식으로 반응하기도 하고 구성원의 반응에 따라 영향을 받기도 한다. 역전이는 집단 상담자가 집단 내에서 작용할 수도 있는 역동을 이해하는 데에 유용한 도구가 될 수 있다. 그러나 집단 지도자는 효과적인 집단의 기능을 방해하고 구성원이 자신의 충족되지 않는 욕구를 만족시키기 위해 집단을 사용하는 상황을 만들 수 있는 미해결된 내적 갈등의 신호에 특히 민감해야 할 필요가 있다. 예를 들어, 만일 집단 지도자가 다른 사람의 호감을 사고 인정을 받고자 하는 강력한 욕구가 있는 경우, 이 지도자는 구성원의 인정과 확인을 얻기 위한 방식으로 행동할 수 있고, 따라서 주로 집단구성원을 기쁘게 하고 계속적인 지지를 얻기 위한 행동만을 지속할 수 있다.

집단 상담자는 자신의 권위를 남용하여 집단을 내담자 자신이 가진 세계관과 문화적 정체성을 잃고 지배적인 문화적 가치에 순응하여 강요하는 토론회로 변질시키지 않도록 늘 경계해야 한다. 집단 참여자는 또한 자신의 잠재적인 편향에 대해 인식해야 할 필요가 있다. 역전이 개념은 집단 상담자에 의해 사용되는 기법을 통해 의도치 않게 전달될 수도 있는, 의식하지 못하는 편향과 편견을 포함하는 것으로 확대될 수 있다.

집단 상담의 정신분석적 접근법에 대한 더 폭넓은 논의를 위해 『집단상담의 이론과 실제』(Corey, 2023) 6장을 참조하라. 『정신역동 집단 심리치료(Psychodynamic Group Psychotherapy)』(Rutan et al., 2014) 또한 이 주제에 관하여 훌륭하게 논하고 있다. 참고로, 제럴드 코리(Gerald Corey)는 MindTap 프로그램 안에 있는 『집단 이론의 실제(Group Theories in Action)』 동영상에서 정신분석 관점의 집단 상담을 이끌고 있다.

정신분석적 접근을 학교 상담에 적용하기 학습목표 11

이 부분은 전직 학교 상담자이자 애리조나 대학교(University of Arizona)의 상담학 명예교수인 셰리 바우먼(Sheri Bauman) 박사가 제공한 내용이다. 그녀의 연구는 학내 괴롭힘과 사이버 괴롭힘에 중점을 두고 있다.

학교 상담자에게 정신분석 이론은 역사적으로 흥미로운 이론으로만 여겨질 수 있지만, 학교 상담자의 실제 업무에는 정신분석적 사고를 기반으로 한 도전적인 작업이 많이 적용되고 있다. 정신분석 이론 중 어린 시절의 중요성이나, 놀이치료의 발달, 방어기제, 전이와 역전이 등과 같은 몇몇 개념은 현대 학교 상담자에게 도움이 되는 중요한 개념이다. 학교 상담자가 이러한 개념들을 자신의 상담 틀에 통합하기 위한 정식 정신분석 교육을 받을 필요는 없으며, 이러한 개념들은 다른 이론적 접근과도 잘 맞는다.

프로이트는 개인의 후기 발달과 기능에 영향을 주는 유아기와 아동기가 발달 단계에서 아주 중요하다고 강조하였다. 최근 유감스럽게도 부정적인 어린 시절 경험이 적지 않다는 인식이 확산되면서, 학교 상담자에게 트라우마 기반(trauma-informed) 접근을 채택하도록 권장하고 있다. 학교 상담자는 종종 학교 전반적인 훈련과 상담 실제에 있어서 최고의 조정자가 되며, 특정 아동에 대한 교사와 부모와의 상담은 트라우마 기반 관점에서 이루어질 수 있다. 학교 상담자는, 학생들의 우려되는 행동이 특정 수업 환경과 교사와의 상호작용에 잘 반응하는 트라우마 증상일 수 있다는 것을 교사가 잘 이해하도록 도울 수 있다. 나는 학교 상담자로서 학부모를 만날 경우가 있었는데, 초기 아동 시절의 중요성을 통해 아동의 과거를 이해할 수 있었다. 이러한 정보는 현재 우려하는 상황에 영향을 끼친 요인에 대한 통찰력을 제공하고 학생들을 보다 잘 이해할 수 있도록 했다.

초기 정신분석적 실행은 아동과 함께하는 놀이치료로 확장하였다. 학교 상담자는 초기 놀이 상담자와 같은 방식으로 놀이치료를 사용하는 것은 아니지만, 장남감과 표현할 수 있는 도구가 학생들과의 대화를 더욱 풍부하게 만든다. 놀이는 아이들의 언어이고, 자신을 가장 잘 표현하는 방식이다. 나는 주위의 창고 세일을 이용하거나 비싸지 않은 값으로 산 꽤 많은 장난감을 소유하고 있다. 어떤 고등학생은 장난감 중 곰 인형을 골라 자기 옆에 두고 나와 상담을 하기도 했다. 처음 만나는 회기에서 어떤 중학생은 두 마리의 곰 인형을 이용해 서로 싸우는 장면을 재연하기도 했다. 얼마 지나지 않아, 그 학생은 자기 오빠가 자신에게 얼마나 나쁘게 구는지에 대해 이야기하였다. 내가 함께 상담했던 4학년 학생은 나도 자신과 놀아야 한다고 떼를 썼는데, 그 학생의 직접적이며 지배적인 행동 때문에 교우관계에 어려움을 경험하고 있다는 사실을 이해하게 되었다. 이러한 경험에서 장난감은 치료적 도구로 기능하였으며, 학생들로 하여금 자신을 더욱 표현할 수 있도록 만들었다.

방어기제는 우리가 불안을 다스리는 방법이다. 우리가 보기에 명확한 비행은 사실상 아이들이 사용하는 방어기제일 수 있다. 학교 상담자는 학생들에게 자신이 언제 방어기제를 사용하는지 인식하도록 하고, 자신의 방어기제가 도움이 되는지, 혹은 적절하지 않은 결과를 가져오는지 이해하고 결정할 수 있게 도와야 한다. 학교 상담자가 교육자의 역량으로 학생들에게 스트레스 받는 상황이나 어려운 상황에서의 감정을 조절할 수 있는 대안적 전략을 가르쳐야 한다. 학교 상담자는 학생들의 문제행동이 이들이 경험하는 어려움을 이겨내기 위한 시도일 수 있음을 교사나 학부모를 대상으로 인식하도록 도와야 한다.

아이들은 자신의 감정이나 걱정을 무의식적으로 자신에게 중요한 어른에게 전이하거나, 삶 속의 다른 어른에게 표현한다. 학교 상담자 또는 학교 교사는 학생들에게 부모와 같은 존재나 권위 있는 인물로 표상될 수 있으며, 상담자를 향한 행동은 집에서 경험하는 학생의 어려움을 반영한 것일 수 있다. 학생의 상황에 맞지 않게 느닷없는 화를 내는 반응은 전이의 한 예일 수 있다. 상담자는 이러한 과정을 학생이 인지할 수 있도록 기회를 줌으로써 중요한 관계를 효과적으로 탐색할 수 있도록 이끌 수 있다. 또한 학교 상담자는 역전이가 학생에 대한 자신의 반응이나 응답에 영향을 줄 수 있다는 사실을 인지할 필요가 있다. 상담자는 자신의 가능한 역전이를 관리할 수 있는 적절한 윤리적 지침을 가지고 있어야 한다.

성격 발달에 관한 융의 관점 학습목표 12

한때 프로이트는 그의 정신적 상속자로 카를 융(Carl Jung)을 언급했지만, 융은 결국 프로이트주의 정신분석과는 뚜렷하게 차이가 있는 성격 이론을 발전시켰다. 융의 분석심리학(analytical psychology)은 역사, 신화, 인류학, 종교의 개념들을 결합한 인간 본성에 관하여 정교하게 설명한다(Schultz & Schultz, 2013). 융은 인간의 성격과 개인적 발달, 특히 중년기 발달에 관한 심도 깊은 이해에 크게 공헌하였다.

융의 선구자적 작업은 중년기와 관련 있는 심리학적 변화에 가장 중점을 둔다. 그는 우리 인생의 첫 절반가량을 이끌어온 행동과 가치의 많은 부분을 중년기에는 내려놓고 우리의 무의식에 직면해야 한다고 주장했다. 이것은 우리 꿈의 메시지에 주의를 기울이고 글을 쓰거나 그림을 그리는 것과 같은 창의적 활동에 참여함을 통해 가장 잘할 수 있다. 중년기에 우리가 마주하는 이 과업은 이성적인 사고의 영향을 덜 받는 반면에 무의식적인 힘을 표현하며 그것을 의식적인 삶에 통합하게 한다(Schultz & Schultz, 2013).

융은 그의 중년기 위기를 통해 많은 것을 배웠다. 81세에 그는 지난날을 돌아보며 자서전인『기억 꿈 사상(Memories, Dreams, Reflections)』(1961)을 집필하였다. 이 책에서 그는 또한 자신의 주요 업적을 확인하였다. 융은 자신의 개인 삶에서 무의식적인 영역에 초점을 두는 선택을 하였고, 이는 그의 성격 이론 발달에 영향을 미쳤다. 그러나 그는 프로이트의 무의식 개념과는 매우 다른 관점을 취했다. 융은 프로이트의 동료로서 그의 주요 업적에 대해 높이 평가했지만, 프로이트의 기본 개념, 특히 성 이론에는 더 이상 지지할 수 없는 지점에 도달하게 되었다. 융(1961)은 프로이트가 자신에게 쓴 글을 회고하였다. 거기에서 프로이트는 "친애하는 융, 결코 성 이론을 저버리지 않을 것이라 약속해주게. 이 이론은 모든 것 중에서 가장 기본이네. 이에 대해 절대 흔들리지 않는 방어벽을 세우고 교리처럼 만들어야 할 것이네."(p. 150)라고 했다. 융은 프로이트가 진실보다는 그 자신의 권위를 최우선에 둔다고 믿었기에 프로이트에 더 이상 협력하지 말아야 한다고 확신하였다. 프로이트는 융이나 아들러와 같이 자신의 이론에 도전하는 이론가들을 용인하지 않았다. 비록 융이 프로이트를 저버리면서 직업적으로 많은 것을 잃어야 했지만, 그에게 다른 선택권은 없었다. 그는 이후, 프로이트에 의해 기술된 심리적이고 생물학적인 힘에 의해 움직이는 것과 대조되는, 삶의 의미를 찾기 위한 추진력을 크게 강조하는 정신적 접근법을 발달시켰다.

융은 우리가 단순히 과거의 사건에 의해 형성되는 것이 아니라(프로이트주의의 결정론), 과거뿐만 아니라 미래에 의해 영향을 받는다고 주장하였다. 인간 본질은 지속적으로 발달하고, 성장하고, 발달의 최종 단계와 균형을 향해 이동한다는 것이다. 융에 따르면, 우리의 현재 성격은 지금까지 우리가 누구이고 어떻게 해왔는지와 미래에 무엇이 되고자 하는 열망, 두 가지 모두에 의해 형성된다. 그의 이론은 인간은 그들 능력의 모든 것을 이행하거나 실현하는 방향으로 이동하는 경향이 있다는 가정에 기반을 둔다. 개성화(individuation)를 얻는 것, 즉 성격의 무의식적인 측면과 의식적인 측면의 조화로운 통합은 인간의 주요한 본유의 목적이다. 융에 따르면, 우리는 건설적이고 파괴적인 힘을 모두 가지고 있고, 통합되기 위해서는 우리의 어두운 측면, 또는 이기심이나 욕심과 같은 원초적인 충동이 있는 그림자(shadow)를 받아들이는 것이 필수적이다. 우리의 그림자를 받아들이는 것은 우리 자신이 그 차원에 의해 지배된다는 것을 의미하는 것이 아니라, 그저 우리 본질의 일부로서 이것을 인정하는 것이다.

융은 많은 꿈이 무의식의 가장 깊은 층의 메시지를 포함한다고 가르친다. 그는 이를 창의성의 근원이라고 서술하였다. 융은 "가장 깊고 가장 접근할 수 없는 수준의 정신"을 '집단무의식(collective unconscious)'이라고 말했다. 이 무의식은 인간과 인류에게 전승되어 온 경험이 축적된 것이다(Schultz & Schultz, 2013, p. 95). 융은 꿈에서 각 개인의 성격과 과거, 어린 시절의 사건뿐만 아니라 인류 역사의 관련성을 보았다. 이것은 몇몇 꿈이 개인과 더 큰 전체, 가족, 보편적인 인류, 또는 시대에 걸친 세대와의 관계를 다루고 있을 수도 있음을 뜻한다. 집단무의식에서 포함된 보편적인 경험의 상을 원형(archetype)이라고 부른다. 이 중 가장 중요한 원형은 페르소나, 아니마, 아니무스이다. 페르소나(persona)는 마스크나 대중적 얼굴로 자신을 보호하기 위해 우리가 쓰는 것이다. 아니무스(animus)와 아니마(anima)는 남성성과 여성성의 심리학적 · 생물학적 측면을 대변한다. 이것은 남성과 여성 두 가지 성에서 모두 공존한다. 그림자는 가장 깊은 뿌리를 가지고 있고 가장 위험하고 강력한 원형이다. 이것은 우리의 어두운 면을 나타내는데, 말하자면 우리가 외부에 투사함으로써 마치 자신은 그것과 무관한 것처럼 보이려는 사고와 생각, 행동이다. 꿈에서 이 모든 부분이 우리가 누구이고 무엇인지를 나타내는 표현으로 나타날 수 있다.

융은 꿈이 무의식으로 가는 길을 제공한다는 프로이트의 의견에 동의했지만, 그 기능에 대해서는 프로이트와 뜻을 달리한다. 융은 꿈에는 두 가지 목적이 있다고 기술하였다. 이것은 장래에 있을 것으로, 사람들이 가까운 미래에 예측되는 경험이나 사건을 스스로 준비할 수 있도록 돕는다. 또한 꿈은 보상의 기능을 수행하는데, 사람 내면에 존재하는 정반대되는 내용과의 균형을 가져오는 것이다. 사람의 성격에서 과도하게 발달한 하나의 측면을 꿈은 반대로 보상한다(Schultz & Schultz, 2013).

융은 꿈을 억압하고 가장하는 시도라기보다는 표현하기 위한 시도라고 보았다. 꿈은 자기모순, 복잡성, 혼란과 싸우고 있는 창의적인 노력이다. 꿈의 목표는 해결과 통합이다. 융에 따르면, 꿈의 각 부분은 꿈꾸는 사람의 투사된 특징으로 이해해야 한다. 융은 내담자에게서 얻은 일련의 꿈에 기반하여 해석해야 하며, 해석을 통해 꿈의 숨겨진 의미는 점차 드러난다고 설명하고 있다.

만약 이에 관하여 더 자세한 내용을 얻고자 한다면, 『기억 꿈 사상』(Jung, 1961) 그리고 『역설과의 공존: 융 심리학 입문(Living With Paradox: An Introduction to Jungian Psychology)』

(Harris, 1996)을 읽어볼 것을 추천한다.

최근 경향: 대상관계이론, 자기심리학, 관계정신분석 학습목표 13

정신분석 이론은 계속 발전한다. 프로이트는 기본 욕구의 만족과 연관된 개인내적 갈등을 강조하였다. 신프로이트학파의 저자들은 정통적 자세에서 물러나 성격에 관한 문화 및 사회적 영향을 포함시켜 정신분석적 움직임을 성장시키고 확대하는 데 기여하였다. 자아심리학(ego psychology)은 원초아, 자아, 초자아 용어와 안나 프로이트(Anna Freud)에 의해 정립된 방어기제에 강조점을 두는 고전적 정신분석의 일부이다. 그녀는 정신분석을 유아와 청소년에게 적용하는 데 전문가로서의 삶 대부분을 보냈다. 에릭슨(1963)은 전 생애에 걸친 심리사회적 발달을 강조하여 관점을 확대하였다.

정신분석 이론은 수년 동안 다수의 재정립 과정을 거쳐 발달해왔다(McWilliams, 2016). 오늘날 정신분석 이론은 고전적 관점, 자아심리학, 대상관계 및 대상 정신분석, 자기심리학, 관계정신분석을 포함한 다양한 학파로 구성된다. 루탄, 스톤, 그리고 셰이(Rutan, Stone, & Shay, 2014)는 이 정신분석적 접근법 간의 몇 가지 공통성을 언급하였다. 이 모두는 지지적이고 따뜻하지만, 중립적이고 비교적 강요하지 않는 상담자가 안전하고 지지적인 상담관계를 형성하기 위해 노력하는 것을 전제로 한다(p. 73).

대상관계이론(object-relations theory)은 애착과 분리를 조사하는 것에 특히 관심을 두는 다수의 상이한 정신분석적 상담자의 작업을 아우른다. 이 접근은 우리가 타인에 대한 경험을 통해 우리 안에 내재화시킨 타인에 대한 표상이 타인과의 관계에 어떻게 영향을 주는지에 관심을 둔다. **대상관계**(object relation)는 개인내적으로 나타나고, 우리를 둘러싼 사람들과의 상호작용에 영향을 미치기 때문에 대인관계적이다. **대상**(object)이라는 용어는 욕구를 만족시켜주는 것, 또는 개인의 감정이나 추동의 대상이거나 목표인 중요한 사람이나 물건을 의미하기 위해 프로이트가 사용하였다. 이는 아이, 그리고 이후의 성인이 애착을 가지는 중요한 사람을 의미하는 **타인**(other)이라는 용어와 상호 교환하여 사용할 수 있다. 타인은 분리된 정체성을 가진 개인이라기보다는, 유아에 의해 욕구를 만족시켜주는 대상으로서 인지된다. 오토 컨버그(Otto Kernberg)와 같은 몇몇 이론가들은 이 학파의 사고를 특징짓는, 갈수록 더 다양해지는 개념을 고전적 정신분석적 틀 안으로 통합시키려고 노력하고 있다(St. Clair, 2004).

전통적 정신분석은 상담자가 개별 내담자에 관한 개인의 내적 '진실'을 발견하고 명명할 수 있다고 보았다. 정신분석 이론이 발달함에 따라, 이 접근법은 다른 사람의 무의식적인 영향에 대해서도 점차 그 중요성을 인정하기 시작했다. 하인츠 코헛(Heinz Kohut, 1971)의 작업에서 발전한 **자기심리학**(self psychology)은 고유의 자기감을 발달시키기 위해 대인관계(자기 대상)를 어떻게 사용하는지를 강조한다. 코헛은 비판단적 수용, 공감, 진실성을 강조하였다. 코헛과 여러 자기심리학자들은 정신분석적 치료의 중심에 공감을 두었고 내담자에게 맞춰진 진실되며 공감적인 자세에 개입의 기반을 두었다(McWilliams, 2016).

최근 관계 정신역동 모델(relational psychodynamic model)은 치료가 내담자와 상담자 간의 상호적인 관계라는 가정에 근거하고 있다. 치료적 관계에서의 개인에게 발생하는 일은 아주 중요하며, 치료적 관계가 변화를 가져오는 데 핵심이라고 주장하고 있다(Curtis, 2020). 월리츠키(Wolitzky, 2020)는 개인심리학자, 대상관계 심리학자 등 여러 현대 프로이트 이론에 기반을 둔 상담자는 치료적 관계 그 자체로 치료에 도움이 된다고 설명하고 있다. 상호주관적, 대인관계적, 또는 관계적 등 어떻게 불리든지 간에, 다수의 현대 정신분석적 접근법은 직접적으로 내담자와 상담자 둘 다 관련된 복잡한 무의식과 의식적 역동의 탐색에 기초한다. 관계 모델의 발달은 새로운 평등주의적 치료 양식을 더욱 강조하였다(McWilliams, 2016). 대상 상담자들은 **알지 못함**(not knowing)에 가치를 두고 내담자에게 진정한 호기심으로 다가간다. 상담자는 내담자의 삶에서 반복되는 주제가 상담자 자신에게도 비슷한 감정을 불러일으키는 상호작용에 참여하는 것을 기대한다.

프로이트의 시대부터 20세기 후반까지, 상담자와 내담자 사이의 힘은 동등하지 않았다. 현대 관계 분석 상담자는 전통적인 정신분석적 관계에 있어 권위주의의 본질이라고 여기는 것에 대해 끊임없이 도전하였고, 이를 더욱 평등주의적 모델로 대체하였다. 관계 분석의 과업은 특정 순간에 특정한 문화에서 함께 작업하는 상담자와 내담자에게 맞춤화된 창의적인 방식으로 각 내담자의 삶을 탐색하는 것이다.

미첼(Mitchell, 1988, 2000)은 분석적 관계의 새로운 개념화에 대해 폭넓게 집필하였다. 그는 타인, 특히 초기의 돌봄 제공자와의 애착을 추구하는 심오한 방식을 설명하기 위해 발달 이론, 애착 이론, 체계 이론, 대인관계 이론을 통합했다. 대인관계 상담자는 역전이가 내담자의 특성과 역동에 관한 정보에 중요한 자료를 제공한다고 믿는다. 미첼은 대상관계적 입장에 문화적 차원을 더하여, 돌봄 제공자의 특성이 그 사람이 살았던 특정 문화를 반영하고 있다는 사실에 주목한다. 문화는 우리 모두의 깊은 곳까지 침투해 있다. 다양한 문화는 서로 다른 가치를 지니고 있고, 따라서 객관적인 정신적 진리는 없다. 우리의 내적(무의식적) 구조는 모두 대인관계적이고 상대적이다. 이는 프로이트주의에서 모든 인간의 기능이라고 주장하는 보편적인 생물학적 추동 개념과는 대조된다.

발달 단계 요약

대부분의 현대 정신분석 이론은 자신에 관한 초기 경험이 점차 타인에 관한 인식으로 확장된다는 예측 가능한 발달적 연속성에 관심을 둔다. 일단 자신-타인의 양상이 형성되면, 이 양상이 이후의 대인관계에 영향을 미친다고 가정한다. 구체적으로, 사람들은 초기 경험에 의해 형성된 양상과 일치하는 관계를 찾게 된다. 예를 들어, 과도하게 의존적이거나 분리된 사람들은 유아였을 때 어머니에게 형성된 것과 관련된 양상을 타인과 지속적으로 반복할 수 있다(Hedges, 1983). 이와 같은 이론은 개인의 내적 세계가 인간관계의 일상을 살아가는 데서 겪는 어려움을 어떻게 야기할 수 있는지에 관한 통찰을 제공한다(St. Clair, 2004).

마거릿 말러(Margaret Mahler, 1968)는 현대의 대상관계이론에 중요한 영향을 미쳤다. 그녀는 아동의 관찰을 강조한 소아과 의사로서, 프로이트가 제안한 남근기에 나타나는 오이디푸스 콤플렉스의 해결보다 아동이 어머니와 같은 인물과의 상징적 관계로부터 분리 및 개별화로 진행되는 과정이 더 중요하다고 여겼다. 그녀의 연구는 생애 첫 3년 동안 아동과 어머니 간의 상호작용에 초점을 두었다. 말러는 전통 프로이트주의의 심리성적 단계와는 다소 다르게 자아의 발전을 개념화하였다. 그녀는 개인이 어머니와의 심리학적 결합 단계에서 시작하여 점차적으로 분리되는 방향으로 진행해간다고 믿었다. 초기 결합 단계의 미해결된 위기나 잔여물뿐 아니라 분리와 개별화의 과정이 이후 관계에 중대한 영향을 미친다. 이후 삶의 대상관계중심은 아동이 어머니와의 재결합을 찾는 것이다(St. Clair, 2004). 심리학적 발달은 한 사람이 타인들과 분리되고 구분되는 발전의 방식이라 할 수 있다.

말러(1968)는 생애의 첫 3~4주 기간을 **정상 유아 자폐증**(normal infantile autism)이라고 부른다. 이 시기에 유아는 심리적 과정보다는 신체적 긴장 상태에 더욱 반응하는 것으로 간주된다. 말러는 이 시기의 유아가 많은 면에서 어머니와 자신을 구분 짓지 못한다고 생각한다. 대상관계 관점의 또 다른 주요 공헌자인 멜라니 클라인(Melanie Klein, 1975)에 따르면, 이 시기의 유아는 통일된 자신보다는 가슴, 얼굴, 손, 입과 같은 부분을 인지한다. 이와 같은 미분화 단계에서는 전체로서의 자기는 존재하지 않으며, 전체로서의 대상도 없다. 성인이 심리적 유기체나 자기감의 가장 극적인 결여를 보이면, 이들은 가장 원시적인 유아기 단계로 되돌아간 것으로 간주될 수 있다. 이후 대니얼 스턴(Daniel Stern, 1985)의 후속 유아에 관한 연구는 말러 이론에 도전하였고, 유아는 사실상 날 때부터 타인에게 관심을 가진다고 주장한다.

말러(1968)가 제안하는 다음 단계는 **공생**(symbiosis)으로 3개월 때에 인식되어 대략 8개월 때까지 확대된다. 이 시기의 유아는 확연히 어머니에게 높은 의존을 보인다. 어머니(주요 돌봄 제공자)는 명백한 동반자이고 단순히 교체할 수 있는 부분이 아니다. 이 시기의 유아는 어머니에게 매우 높은 수준의 감정적인 조화를 기대하는 것으로 보인다.

분리-개별화 과정(separation-individuation process)은 4~5개월경에 시작된다. 이 시기의 아동은 대상과의 공생적 형태로부터 벗어나기 시작한다. 이때 아동은 중요한 타인으로부터 분리되기도 하지만 여전히 확인과 평안함을 찾기 위해 그 대상에게 돌아간다. 이 아동은 독립 상태를 즐기는 것과 의존 상태 사이에서 망설이며 양가감정을 보일 수도 있다. 자랑스럽게 부모로부터 걸음마를 하며 멀어지면서도 포근한 부모의 품 안으로 되돌아 뛰어가는 아동은 이 시기의 주요 문제를 보여준다(Hedges, 1983, p. 109). 타인은 아동이 자기감을 발달시키도록 하고 수용해주는 거울이라고 하는데, 이 관계는 결국 건강한 자존감을 제공할 수 있다.

타인과의 구별감을 경험해보지 못한 아동, 그리고 자신을 자랑스럽게 여기면서 다른 사람을 이상화할 기회를 얻지 못했던 아동은 이후 자기애성 장애와 자존감과 관련된 문제를 겪을 수도 있다. 자기애성 성격장애(narcissistic personality disorder)는 거창하고 과장된 자만감과 타인에 대한 착취적 태도가 특징인데, 이러한 특징은 약한 자기개념을 숨기는 기능을 한다. 이들은 타인으로부터 관심과 존경을 추구하며, 자신의 성취를 비현실적으로 과장하고, 극도의 자기도취적 경향을 보인다. 컨버그(Kernberg, 1975)는 자기애성 성격장애를 가진 사람들이 타인과의 상호관계에서 자신에게 집중하고, 다른 이들로부터 존경받는 것에 대한 큰 욕구를 지니며, 피상적인 감정을 소유하고, 타인과의 관계에서 착취적이고 때로는 기생적인 태도를 가지는 것으로 특징지었다. 코헛(Kohut, 1971)은 이들은 자존감에 대한 위협을 인지하고 공허함과 무감각한 감정을 가지는 것으로 특징지었다.

'경계선' 성격장애는 또한 분리-개별화의 기간에 그 뿌리를 둔다. 경계선 성격장애(borderline personality disorder)를 경험하는 사람들은 분리화 과정으로 나아갔지만, 부모의 거절로 인해 개별화가 좌절된 상태이다. 다른 말로 설명하면, 아이가 공생 관계를 넘어서 발달하는데, 부모가 아이의 개별화를 용인하지 못하고 감정적 지지를 철회할 때 따라오는 위기이다. 경계선 성격장애를 가진 이들은 불안정하고, 성급하며, 자기파괴적인 행동을 하고, 충동적인 분노와 극적인 기분 변화가 특징이다. 이들은 보통 오랜 기간의 환멸, 간간이 나타나는 행복감을 경험한다. 컨버그(1975)는 이 증후군을 분명한 정체성의 결여, 타인에 대한 깊은 이해 부족, 낮은 충동 조절력, 불안을 참지 못하는 것을 포함하는 상태로 설명한다.

말러(1968)의 분리-개별화 과정의 마지막 하위 단계는 자아와 대상에 대한 불변성 지향을 포함한다. 이 발달 단계는 일반적으로 36개월경에 두드러지게 나타난다(Hedges, 1983). 이 단계에서 타인은 완전히 자아와 분리된 것으로 여겨진다. 이상적으로, 유아는 자신의 개별성을 잃는 것에 대한 두려움에 압도되지 않으면서 자연스럽게 관계하는 것을 시작할 수 있고, 확고한 자기성의 기반을 가지고 후기 심리성적 및 심리사회적 단계에 들어서게 될 수 있다. 경계선 성격장애와 자기애성 장애는 분리-개별화 단계 동안의 외상과 발달 방해에 그 기반을 두는 것으로 보인다. 그러나 성격과 행동 증상의 완전한 징후는 초기 성인기에 발달하는 경향이 있다.

이번 장은 정신분석 이론의 새로운 공식에 관하여 간략히 살펴보고 있다. 최근에 나타난 접근법에 관해서는 미첼(Mitchel, 1988, 2000), 미첼과 블랙(Mitchell & Black, 1995), 월리츠키(Wolitzky, 2011)가 훌륭하게 설명하고 있다.

경계선 성격장애 및 자기애성 성격장애의 치료 경계선 성격장애와 자기애성 성격장애를 이해하는 가장 강력한 도구 중 몇몇은 정신분석 모형에서 발생했다. 이 분야에서 가장 중요한 이론가들은 컨버그(1975, 1976, 1997; Kernberg, Yeomans, Clarkin, & Levy, 2008), 코헛(Kohut, 1971, 1977, 1984), 매스터슨(Masterson, 1976)이다. 상당한 양의 정신분석적 저작물에서 경계선 성격장애와 자기애성 성격장애의 본질과 치료를 다루고 있고, 이 장애를 이해하는 데에 필요한 새로운 정보를 제공하고 있다. 코헛(1984)은 사람들이 자신에게서 기쁨을 찾으며, 다른 사람들을 이상화할 수 있으며 동시에 독립성과 애착을 느낄 수 있을 때 가장 건강하다고 주장한다. 성숙한 성인은 자유, 자기만족, 자부심에 기초한 기본적인 안도감을 느낄 수 있고, 타인에게 강박적으로 의존하지 않을 뿐 아니라 친밀감에 대한 두려움을 느끼지 않는다.

만약 경계선 성격장애를 가진 사람들을 대상관계적 관점에 기반을 둔 치료에 관하여 더 많은 것을 알고자 하는 경우, 『경계선 성격장애의 심리치료(Psychotherapy for Borderline Personality)』(Clarkin et al., 2006)를 참고하기 바란다.

현대 정신역동치료의 방향

스트럽(Strupp, 1992)은 정신분석에 관한 다양한 현대적 변형이 정신역동 심리치료에 새로운 정신과 활력을 불어넣었다고 주장한다. 비록 장기 분석치료가 우리 사회 대부분의 사람들에게 사치라고 여겨지지만, 스트럽은 특정 장애, 제한된 목표, 낮은 가격을 위한 단기간의 치료를 지향하는 경향이 증가하고 있다고 본다. 스트럽이 발견한 이와 같은 정신역동치료와 실천의 방향성을 요약하면 다음과 같다.

- 유아기와 청소년기의 장애에 많은 주의를 기울인다.
- 치료에 대한 강조점이 만성적인 성격장애, 경계선 성격장애, 자기애성 성격장애를 치료하는 방향으로 변화해왔다. 또한 구체적인 장애에 대한 구체적인 치료법을 고안하는 움직임이 있다.
- 치료 초기에 좋은 치료적 동맹을 확립하는 것에 많은 관심을 둔다. 협동적인 작업 관계는 현재 긍정적인 치료 결과의 주요인으로 여겨진다.
- 비용 효과성과 책임에 관한 사회적인 압력 때문에, 다소 짧은 형태의 정신분석적 치료를 개발하려는 새로운 관심이 생겨난다.

스트럽의 현 상황에 관한 평가와 미래 예측은 꽤 정확했다.

단기 시간제한적 정신역동치료를 지향하는 경향성 많은 정신역동을 지향하는 상담자들은 깊은 내면의 삶에 대한 본래의 초점을 유지하면서 시간제한적인 새로운 체계에 맞춰가고 있다. 이 상담자들은 관리의료 체계에 의해 규격화되어 임의로 정해진 제한보다는 내담자의 필요에 따라 간결한 형태의 치료를 취하는 것을 지지한다. 비록 단기의 정신역동 치료에는 많은 접근법이 있지만, 프로차스카와 노크로스(Prochaska & Norcross, 2018)는 이 접근법들이 모두 다음과 같은 특성을 공유한다고 주장한다.

- 시간제한적인 치료 체계 내에서 작업한다.
- 초기 회기 동안 구체적인 대인관계 문제와 목표를 대상으로 한다.
- 전통적 분석 접근법보다는 덜 중립적(less neutral)인 치료적 자세를 취한다.
- 치료 초기에 강력한 연합관계를 수립한다.
- 치료관계에서 상대적으로 초기부터 해석을 활용한다.
- 치료의 종결과정을 강조한다.

단기 정신역동치료(brief psychodynamic therapy: BPT)는 유망한 접근법으로 확인되고 있다. 경험적 연구를 통해 단기 정신역동치료의 효과가 확인되었다. 단기 정신역동치료 접근은 일반적으로 미리 설정된 8~25회기로 제한하여 선택적인 장애를 치료하는 정신역동 이론과 치료의 원칙에 적용된다(Levenson, 2017). 단기 정신역동치료는 심리성적, 심리사회적, 대상관계적 단계에서 지속되는 영향과 무의식적 과정과 저항, 해석의 유용성, 연합관계의 중요성, 상담자를 향한 내담자의 과거 감정적 문제의 재현과 같은 주요 정신역동적 개념을 사용한다.

기간이 제한된 대부분의 역동적 접근법 유형은 상담자에게 치료적 초점, 즉 작업을 안내하는 핵심 주제나 문제 영역을 빠르게 형성하는 데에 있어서 적극적이고 지시적인 역할을 요구한다(Levenson, 2017). 이 접근법의 몇몇 가능한 목표는 갈등 해결, 감정에 대한 더 많은 접근성, 선택 가능성의 증가, 대인관계의 개선, 증상의 감소를 포함할 수 있다. 레벤슨(Levenson)은 시간제한적 정신역동치료의 목표는 치료를 완수하는 것이라기보다는 행동, 사고, 감정에서의 변화를 촉진하는 것이라고 강조한다. 레빈슨은 "단기치료에서 우리는 치료적 완벽주의를 기대하지 않는다."(p. 93)라고 기술하고 있다. 단기 정신역동치료의 목표는 내담자가 중요한 타인과 상호작용하는 동일한 역기능적 방법으로 상담자와 소통한다고 가정하기 때문에 내담자-상담자 관계를 이용하여 한 사람이 세상과 어떻게 상호작용하는지를 이해함으로써 달성된다.

맥윌리엄스(McWilliams, 2014, 2016)는 정신분석적 실무자들이 치료적 관계에서 나타나고 영향을 미치는 무의식 과정에 초점을 두고 단기치료를 해야 하는 압박을 인정한다. 단기 정신역동치료는 실제 삶의 문제를 다룰 수 있는 내담자의 강점, 역량, 자원을 강조하는 경향이 있다. 레벤슨(2017)은 정신역동 기법에서 달라진 중요한 부분은 유아기를 탐색하는 것보다는 내담자의 '지금 여기'에서의 삶을 강조하는 것이라고 할 수 있다.

단기 정신역동치료를 경험하는 사람들은 치료 종결 후 오랜 시간이 흐른 다음에 변화의 과정이 시작된다. 단기치료는 장기치료와 유사한 개념적 접근법에 기반을 두고 있지만 사용되는 기법은 다르다. 레벤슨(2017)은 단기 정신분석치료의 상호작용적이고, 지시적이며, 집중적이고 자기개방적인 접근이 모든 내담자나 모든 상담자에게 적절하지 않음을 인정하였다. 이 접근법은 일반적으로 심각한 기질적 장애를 가진 사람이나 심각한 우울증이 있는 사람에게는 적합하지 않다. 단기 정신역동치료는 호기심이 있고, 최소한 자기 성찰이 가능하고, 애착의 두려움이 크지 않은 내담자들에게 적절하다(McWilliams, 2014).

단기치료의 끝 무렵에 내담자는 타인과 더 풍부하게 상호작용을 하는 경향이 있고, 지속적으로 일상의 삶에서 기능적인 행동을 할 기회를 가진다. 어느 미래의 시점에서, 내담자는 다른 문제를 다루기 위해 추가적인 치료 회기가 필요할 수도 있다. 이 접근법에 대하여 시간제한적인 역동적 심리치료(time-limited dynamic psychotherapy)를 확정적인 개입으로써 생각하기보다는 개인의 일생에 걸친 다양한 단기치료의 경험을 제공하는 것으로 바라보는 것이 최선이다.

시간제한적인 역동치료에 대해 더욱 자세히 알고자 한다면, 『단기 역동치료(Brief Dynamic Therapy)』(Levenson, 2017)를 읽어볼 것을 추천한다.

정신분석치료에 대한 전문가의 관점

다음 질문에 대한 답변은 심리전문가 자격증을 취득하고 개인 상담실을 운영하면서 캘리포니아 카퍼 마운틴 대학(Copper Mountain College)에 겸임교수로 출강하는 윌리엄 블라우(William Blau) 박사가 제공하였다.

1. 정신분석적 접근이 개인 상담 현장에 가장 크게 기여한 점은 무엇인가?

내가 생각하기에 정신분석이 비판하지 않는 질문과 경청을 통해 내담자의 삶을 상호 탐색할 수 있는 심리치료를 구현한다는 점에서 근본적인 기여를 하고 있다고 믿는다. 이러한 대화적 접근을 통해 정신적 고통을 낮추는 방법은 소크라테스식 믿음에 기초하고 있는데, 대화적 접근은 내담자의 문제에 내재되어 있는 참 진실은 초기에 내담자가 인식하지 못하더라도, 내담자의 마음에서 찾을 수 있다고 믿는다. 치료적 대화가 정신분석 기반으로 개발되었지만, 다양한 심리치료 학파가 부분적이거나 일부 적용해왔다. 정신분석적 입장에서는, 치료적 대화는 고전적 프로이트 분석인 자유연상이나 해석으로부터 관계적 치료의 개방적 상호 교류방법을 포함하고 있다.

2. 개인 상담 또는 치료 현장에 적용할 수 있는 정신분석치료의 특별한 핵심 개념 두세 가지는 무엇인가?

무의식. 프로이트는 인간의 선택이 현실적인 대안과 의식적인 욕구에 대한 합리적인 반응이라는 생각을 부인했다. 정신분석학적 견해에서는 인간의 마음은 상당히 많은 부분이 무의식으로 구성되어 있고, 우리 행동의 많은 부분은 무의식 과정의 결과이다. 심리치료에 참여하는 내담자는 정신적 고통으로부터 나아지기를 바라고, 그들은 자신의 고통이 지속되는 데 자신이 일조하고 있다는 사실을 알고 있다. 그럼에도 불구하고 내담자가 무엇을 잘못하고 있다고 말하는 것이 거의 도움이 되지 않는다. 치료는 내담자에게 자신의 오래된 믿음과 습관적인 반응이 자신의 고통에 어떻게 기여하는지 이해할 수 있게 도와야 한다. 무의식 과정에 대한 정신분석적 이해는 개인이 자신의 행복을 찾아가는 데 고의로 어떻게, 때로는 어떤 이유로 방해하는지 이해할 수 있는 틀을 제공한다.

초기 발달의 중요성. 정신분석은 개인이 가지고 있는 본능적인 프로그램과 사회환경을 통한 학습의 역동적 관계성을 강조한다. 모든 단계에서 개인의 세상에 대한 믿음은 공적인 교육보다는 관찰을 통해 배운다. 초기 언어사용 이전의 경험은 지속적인 인상을 만들어낸다. 내담자는 그들 자신에 대하여 일부분만 인정하는 고착된 믿음을 가지고 치료에 참여한다. 다른 치료에서는 자신에 대하여 아는 것을 인지적 "스키마(schema)"로 언급하고 있지만, 초기 학습은 논리적 믿음에 기초하지 않으며, 자신의 일부로 내재하면서, 자명한 사실로 경험된다. 정신분석치료는 이러한 패턴의 기원을 드러내려고 노력하며, 무의식을 의식화하고, 내담자를 과거의 압제로부터 자유로워질 수 있도록 시도한다.

전이와 역전이. 치료적 대화는 두 명 이상의 다양한 인물이 등장하는 사이코드라마로 개념화할 수 있다. 내담자가 다른 사람의 특성을 상담자에게 투사하는 것이 전이이다. 예를 들어, 나의 내담자가 내가 마치 자신의 아버지나 혹은 다음 중요한 인물과 유사한 특징을 가지고 있었던 것처럼 말할 수 있다. 내담자의 말에 대한 나의 반응은 나의 역전이로 인하여 왜곡될 수 있는데, 역전이는 나 자신이 내담자에게 보여주는 투사이며 내담자에서 무엇을 말하는지에 영향을 미친다. 그러므로 치료적 대화는 복잡한 상호 간 왜곡 가능성을 가지고 있다. 나는 모든 심리치료에서 전이와 역전이가 발생할 수 있다고 믿으며, 이론적 지향을 가진 모든 상담자는 그 사실을 인지하여 이롭게 사용할 수 있어야 한다.

3. 개인 상담을 하는 상담자가 활용하기 좋은 정신분석 접근의 두세 가지 기법은 무엇인가?

침묵. 고전적 분석의 자유연상 기법에서, 내담자가 떠오르는 어떤 생각이든 공유하려고 할 때, 상담자는 아무 말도 하지 않고 그냥 듣고 있어야 한다. 이와 반대로, 대부분의 현대 상담자는 치료적 대화에 적극적으로 참여하려고 한다. 그럼에도 나는 단순히 내담자의 말을 경청하는 훈련에 의지했으며, 내담자의 세계에 대해 말을 하기 전에 내담자의 경험적 세계에 집중할 수 있게 되었다. 나는 '입 다물고 듣기'를 위한 의지적인 침묵이 긍정적인 치료 효과를 만들어내는 데 핵심적이며, 치료적 관계의 발달에 근본적이라고 생각한다.

비판단적인 해석. 정신분석 상담자로서 나는 내담자 자신에 대한 위협을 방어하기 위해 증상이 지속되는 것을 알 수 있다. 내담자가 증상에서 벗어날 수 있도록 돕는 모든 치료적 시도는, 현재 내담자의 적응 상태를 인정하면서 내담자의 통찰을 촉진하는 방식으로 이루어져야 한다. 그러므로 내담자의 증상에 대한 나의 해석은 때로는 증상이 유용하기도 하고, 과거의 상황에 대응하기 위해 필요한 것이었음을 강조한다. 기존 증상의 가치를 이해하고 나면, 내담자가 그 증상이 지속되는 이유를 이해하고 그것이 더 이상 도움이 되지 않으며 오히려 해롭다는 것을 인식할 수 있을 것이다. 나는 해석을 사실의 선언이 아닌 직감으로 제시한다.

역전이에 대한 점검. 나의 역전이를 점검하는 태도는 매우 중요하다. 전이에 대한 해석이 유용할 때도 있지만, 나는 내담자에 대한 즉각적인 반응을 점검하는 것은 필요하다고 믿는다.

4. 정신분석 접근은 개인 상담 현장에서 다양성, 다문화 및 사회정의 문제를 어떻게 다루는가?

정신분석 이론은 프로이트가 초기 정신분석 인류학 작업을 하면서 다양한 문화연구의 한 부분을 차지하고 있다. 정신분석 이론가와 연구자는 차별의 부정적인 효과나, 인종주의에 반하는 강력한 주장을 해왔고, 사회정의를 지지하는 노력을 지속적으로 해왔다. 정신분석적 자기방어 개념화에서 특히 투사, 전치, 부인 그리고 반동 형성은 사회적 편견이나 편협성의 기저에 깔린 역동에 대한 이해를 제공한다. 정신분석치료는 현재의 괴로움을 없애기 위하여 과거의 환영과 싸우는 것으로 이해할 수 있다. 현재를 괴롭히는 편협성과 혐오는 치료 중에 어린 시절 왜곡되게 배웠거나, 내담자의 초자아에 무비판적으로 내재화된 형태로 전달된다. 다양한 내담자와 정신분석 작업을 할 때 역전이에 대한 경각심을 가지고, 상담자의 과거 환영이 내담자에 대한 이해를 왜곡하지 않도록 점검해야 한다.

5. 정신분석치료를 단기 상담(또는 시간제한 상담)에 어떻게 적용할 수 있는가?

고전적 정신분석보다 짧은 회기를 진행한다고 하더라도, 정신분석 지향적 심리치료는 일반적으로 장기적인 접근을 한다. 상담자 중 단기치료를 하는 경우도 있지만, 내 생각에 이는 특화된 실행이라고 이해한다. 일반적으로 분석치료의 기간은 치료적 관계를 발달시키는 데 필요한 시간과 내담자의 문제를 성공적으로 이해할 수 있는 시간을 기반으로 결정할 필요가 있다. 그렇지 못하다면, 정신분석적 견해와 중립적인 치료 틀 안에서 스트레스 관리, 분노조절, 감정조절에 사용하는 단기 기법을 사용하여 내담자의 문제를 개념화할 수 있어야 한다. 나는 마음챙김(mindfulness) 기법이나, 바이오피드백(biofeedback) 기법이 아주 유용하다고 생각한다.

6. 당신의 관점에서 볼 때, 정신분석적 접근의 현재와 미래는 어떠한가?

나는 정신분석적 접근의 현재와 미래 위상이 과거 견고한 도그마(dogma)로 군림하거나 혹은 비과학적으로 말도 안 된다고 조롱받던 시절에 비해 아주 좋다고 생각한다. 정신분석치료는 언제나 상담자와 내담자의 관계를 바탕으로 이루어졌으며, '근거중심치료(evidence-based treatment)'에 대한 연구는 치료적 관계가 아주 중요하다고 지속적으로 주장하였다. 무엇보다 다양한 치료적 입장을 통합하는 추세는 바람직하며, 나는 분석적 치료가 실존주의적 치료와 일종의 인지치료는 물론 최근 떠오르는 마음챙김, 철저한 수용(radical acceptance), 변증법적 행동치료와 함께 잘 활용될 수 있다고 믿는다.

블라우 박사의 정신분석 관점에 관한 토론 질문

1. '나는 모든 심리치료에서 전이와 역전이가 발생할 수 있다고 믿으며, 이론적 지향을 가지고 있는 모든 상담자는 그 사실을 인지하여 이롭게 사용할 수 있어야 한다.' 내가 전이를 인식하는 것이 내담자를 치료하는 데 어떻게 도움이 될까?
2. '정신분석치료는 현재의 괴로움을 없애기 위하여, 과거의 환영과 싸우는 것으로 이해할 수 있다.' 이 의견은 여러분이 생각하는 치료의 목적과 목표에 대한 생각과 어떤 점에서 일치하는가?
3. '입 다물고 듣기'를 위한 의지는 치료적 관계의 발달에 아주 중요하다. 내담자의 내면세계를 파악하는 데 침묵과 경청이 얼마나 효과적이라고 생각하는가?

다문화적 관점에서 본 정신분석치료 학습목표 14

다양성 관점에서 본 강점

정신분석 지향의 치료는 상담자가 일하는 환경에 맞도록 적절하게 기법이 수정된다면 문화적으로 다양한 집단에 적절하게 적용될 수 있다. 우리 모두는 어린 시절의 경험을 배경으로 가지고 있고, 우리 삶 전체에 걸친 발달적 위기들을 다루어왔다. 발달 단계의 중요한 문제에 강조점을 두고 있는 에릭슨의 심리사회적 접근법은 특히 다양한 문화의 내담자들에게 응용될 수 있다. 에릭슨은 사회 및 문화적인 요인이 일생에 걸쳐 다양한 문화의 사람들에게 어떻게 영향을 미치는지에 관하여 많은 공헌을 하였다. 상담자는 내담자에게 특정한 사건이 긍정적으로 또는 부정적으로 어떻게 영향을 미쳐왔는지 판단할 수 있도록 그 삶의 다양하고 중요한 전환점에서 환경적 상황을 재검토할 수 있게 도울 수 있다.

심리치료사는 자신이 가진 고유한 잠재적 편견의 출처와 역전이가 의도치 않게 치료의 개입을 통해 어떻게 전달될 수 있는지를 인식하고 직면할 필요가 있다. 정신분석적 접근법에서는 상담자 훈련의 일부로서 집중적인 심리치료의 가치를 강조한다. 이는 상담자가 가지는 편견이나 편향, 그리고 인종이나 민족적 고정관념을 포함하는 역전이의 출처를 인식할 수 있게 돕는다.

다양성 관점에서 본 약점

전통적인 정신분석적 접근법은 비용이 많이 들고, 일반적으로 상류층 및 중산층의 가치에 기반을 둔 것으로 알려져 있다. 모든 내담자가 이 가치를 공유하는 것이 아니며, 많은 경우 치료의 비용은 엄두도 낼 수 없을 만큼 비싸다. 다른 단점은 대부분의 정신분석적 접근에 내재하고 있는 모호성에 있다. 이는 상담자가 적극적이며 명확한 지침을 제공하기를 기대하는 문화에 있는 내담자에게는 문제가 될 수 있다(Wolitzky, 2020). 그렇다고 상담자는 많은 아시아계 미국인 내담자가 상담에 대해 더욱 구조적이고, 지시적이며, 문제 지향적 접근법을 선호하고, 비지시적이거나 비구조화된 접근법을 사용하면 치료를 계속하지 않을 거라고 가정하면 안 된다. 그러므로 처음 몇 회기 동안 내담자와 치료에 대한 이해와 기대에 대해 논의하는 것이 현명하다. 상담자는 내담자 한 명 한 명을 개별적으로 탐색하며, 집단적 고정관념에 의존하면 안 된다. 나아가 개인내적 분석은 어떤 내담자의 사회적 틀과 환경에 대한 견해와 직접적으로 충돌할 수 있다(Sue et al., 2022).

사회정의 상담에 관한 많은 저자들은 내담자, 특히 강압적인 환경을 경험한 내담자의 경우 문제의 가능한 외적 요인을 고려하는 것이 얼마나 중요한지를 강조한다. 정신분석적 접근법은 개인 문제를 만들어내는 사회적, 문화적, 정치적 요인을 적절하게 강조하지 못한다고 비판을 받을 수 있다. 만약 외적 및 내적 관점 간의 균형이 없다면, 내담자는 자신의 상태에 대한 책임을 느끼게 될 수도 있다. 그러나 정신분석적 전통의 초석이 되는 비판단적인 자세가 내담자를 비난하는 어떠한 경향성을 개선해줄 수도 있다.

정신분석적 접근을 저소득층 내담자에게 적용하는 데에는 어느 정도 어려움이 있을 수 있다. 저소득층의 내담자들은 주로 위기 상황에서 전문적인 도움을 구하며, 구체적인 문제해결 방안을 찾거나, 주거, 고용, 아이 돌봄과 관련된 생존에 필요한 사항을 해결하기 위한 정보나 방법을 얻고자 한다. 그러나 이것이 저소득층 내담자가 분석적 치료로부터 이득을 얻을 수 없다는 것을 의미하는 것이 아니라, 정신분석이 가지는 특정 지향성은 더욱 긴급한 문제와 걱정이 해결되고 난 후에 더 유익할 수 있다는 것을 의미한다.

스탠의 사례에 적용된 정신분석치료

각 이론이 논의되는 장마다 실제 적용을 보여주기 위해 스탠의 사례를 활용한다. 지난 1장에서 기술된 스탠의 삶을 살펴보며 주요 문제가 무엇이었는지 다시 생각해보도록 한다.

정신분석적 접근은 스탠의 행동에 있어 무의식적 정신역동에 초점을 두며, 그가 억압했던 내용에 상당한 주의를 기울인다. 극단적인 면을 볼 때, 스탠은 자신에게 해를 가하는 처벌의 형태로 자기파괴적인 경향을 보였다. 스탠은 그의 부모와 형제를 향한 적대성을 직접 표출하는 대신 마음속에 담아두었다. 스탠의 음주에 대한 집착은 구강기 고착(fixation)의 증거로 제기될 수 있었다. 그는 어린 시절 동안 사랑과 수용을 단 한 번도 받아보지 못했기 때문에, 그와 관련된 결핍으로 고통을 받고 있고 지속적으로 타인의 인정과 수용을 절박하게 구한다. 스탠은 성역할 정체성에서 치열한 갈등을 겪었다. 그는 어린 시절에 부모와의 경험을 통해 여성-남성 관계의 편견을 학습했다. 그가 본 것은 싸움, 언쟁, 그리고 무시였다. 그의 아버지는 항상 지는 약자였고, 어머니는 남성을 해할 수 있는 지배적인 힘을 가진 강자였다. 스탠은 어머니에 대한 두려움을 모든 여성에게 일반화하였다. 이것은 그가 결혼한 여성이 어머니와 비슷했고, 두 사람 모두 그의 무력감을 강화시킨다는 가설로 이어질 수 있다.

전이관계를 발전하고 상담자와 이에 대한 작업을 할 수 있는 기회는 상담 과정의 핵심이다. 스탠은 결국 상담자인 나를 아버지에게서 경험했던 방식으로 이해하게 될 것이고, 이 과정은 스탠이 타인과의 경험에서 겪는 어려움의 근원에 대한 통찰력을 얻는 데에 중요한 함의를 제공해줄 것이다. 분석적 접근은 스탠의 과거에 대해 집중적으로 탐색할 것을 강조한다. 스탠은 많은 상담 시간을 그의 초기 과거를 다시 살아보고 탐색하는 데에 사용하였다. 그가 말할 때 행동 역동에 대한 이해가 증가하였다. 스탠은 현재 문제와 어린 시절의 초기 경험 간의 연관성을 보기 시작한다. 스탠은 형제, 어머니와 아버지와의 관계에 대한 기억을 탐색하고, 어떻게 가족구성원의 관점으로부터 여성과 남성에 관한 관점을 일반화시켜왔는지에 대해 탐색한다. 이 과정을 통해 우리는 그가 오래된 감정을 재경험하고 충격적인 사건과 관련된 묻어두었던 감정을 알아낼 것으로 예상한다. 다른 관점에서, 스탠이 얻을 수 있는 의식적인 통찰력이 어떤 수준이든지 간에, 그가 경험하고 있는 낯선 것(원초아)이 편안한 것(자아)의 일부가 되므로 더욱 통합된 자신을 얻게 되는 것을 목표로 한다. 스탠은 나와의 관계를 통해서 그의 오래된 감정이 과거의 중요한 타인과의 경험과는 다를 수 있음을 깨닫고 깊은 인격의 성장을 얻을 수도 있다.

나는 스탠과 다음과 같은 질문 몇 가지를 탐색해볼 수 있다. '당신이 사랑을 받지 못한다고 느낄 때 어떻게 했나요?', '아이인 당신은 부정적인 감정을 어떻게 처리했나요?', '아이인 당신은 분노, 상처, 두려움을 표현할 수 있었나요?'. '당신의 어머니와 아버지와의 관계가 당신에게 어떤 영향을 미쳤나요?', '이것이 여성과 남성에 관하여 어떤 것을 가르쳐주었나요?', '지금 여기'의 전이관계에 접어들어서는 '당신의 부모님에게서 느꼈던 것을 느꼈던 때는 언제인가요?'라고 물을 수도 있다.

분석적 과정은 때로는 분명하게, 때로는 이전의 경험이 현재의 분석적 관계에서 어떻게 재현되는지로 나타나는 스탠의 발달적 연령에 미치는 주요 영향에 초점을 둔다. 이 과거 경험에 의해 그가 어떻게 형성되었는지를 이해하게 되면서, 스탠은 점점 더 현재 기능을 통제할 수 있게 된다. 스탠의 많은 두려움은 의식화되고, 그의 에너지는 무의식적인 감정 때문에 더 이상 스스로에게 부담을 지우는 고착된 상태로 남아있지 않게 된다. 그보다 현재의 삶에 대해 새로운 결정을 할 수 있다. 그러나 이는 오로지 치료에 쏟는 노력이 성격 변화의 정도와 깊이를 주로 결정하기 때문에, 전이관계를 극복한 이후에만 가능하다.

내가 현대 대상관계 정신분석을 지향하며 작업한다면, 초점은 당연히 스탠의 발달 순서에 있을 것이다.

주로 그의 초기 발달 단계 중 한 단계를 반복하는 것이기 때문에, 그의 현 행동을 이해하는 데에 많은 주의를 기울일 것이다. 그의 의존성 때문에, 유아기 동안 어머니와 형성한 방식을 현재 반복하는지를 보는 것이 그의 행동을 이해하는 데에 매우 유용하다. 이 관점에서 보면, 스탠은 분리와 개별화의 과업을 완수하지 못한 것이다. 그는 특정 수준의 공생 단계에 여전히 '갇혀 있는' 것이다. 그는 자신으로부터의 따뜻한 인정을 얻을 수 없고, 의존-독립 갈등을 해결하지 못하였다. 자기심리학의 관점에서 그의 행동을 살펴보는 것이 친밀한 관계를 형성하는 어려움에 빛을 비춰줄 수 있을 것이다.

후속 조치: 계속 스탠의 상담자가 되라

각 11개의 이론적 방향성을 가지고, 각 장에서 배운 원리와 기법을 적용하여 특정 관점에서 스탠과 작업할 수 있기를 권장한다. 각 이론을 논의하는 장에서 제시된 스탠의 정보는 그가 여러분에게 의뢰되었다면 어떻게 계속 작업해갈 것인지에 대한 아이디어를 제공해줄 것이다. 스탠이 해온 삶의 투쟁을 탐색하는 것을 돕기 위해 사용할 수 있는 기법과 특정 개념을 확인하여 최선을 다해 각 이론의 일반적인 정신을 유지하기 바란다.

자기성찰을 위한 질문

- 스탠의 초기 어린 시절에 얼마나 많은 관심을 가질 것인가? 그가 어린 시절의 문제와 지금 현재 문제 간의 양상을 볼 수 있도록 하는 방법에는 어떤 것이 있는가?
- 여러분과 스탠 간에 성립될 가능성이 있는 전이관계를 고려해보라. 그의 삶에서 여러분을 중요한 인물로 여기는 그에게 여러분은 어떻게 반응할 것인가?
- 스탠과 작업하면서 여러분에게 일어날 수 있는 역전이 문제는 어떤 것이 있는가?
- 스탠과 작업할 때 여러분이 예측할 수 있는 저항과 방어에는 어떤 것이 있는가? 정신분석적 관점에서 여러분은 어떻게 이와 같은 저항을 해석하고 작업할 것인가?
- 고전적 정신분석치료, 대인관계정신분석치료, 대상관계정신분석치료의 다양한 유형 중 스탠과의 작업에 적용될 가능성이 가장 큰 유형은 무엇인가?

이러한 관점에서 스탠을 상담하는 나의 상담 시연을 보기 원한다면, MindTap의 1장 1회기 '스탠과의 초기 회기'와 4장 2회기 '정신분석치료'의 '스탠의 사례' 동영상 퀴즈를 참조하라. 1회기는 접수 상담과 평가 과정으로 구성되어 있다. 2회기는 스탠의 저항과 전이를 다루는 것에 초점을 두고 있다.

그웬의 사례에 적용된 정신분석치료*

각 이론이 논의되는 장마다 실제 적용을 보여주기 위해 그웬의 사례를 활용한다. 지난 1장에서 기술된, 그웬이 살아온 삶을 살펴보며 주요 문제가 무엇이었는지 다시 생각해보도록 한다.

그웬은 약속에 늦었고, 지금 하고 있는 프로젝트 작업에 절망감을 느낀다고 말한다.

그웬: 저는 마치 막 무너져내리기 직전같이 느껴져요. 마치 아무것도 제대로 된 것이 없고 모두가 저를 실패자로 보는 것 같아요. 그저 슬프기만 하고 마음을 추스를 수가 없어요. 모든 것에서 뒤떨어지는 것 같고…… 완전히 희망을 잃을까봐 두려워요.

나는 그웬이 느끼고 있는 강력한 감정의 아래에 있는 것이 무엇인지 거기에 닿을 수 있도록 하는 것을 목표로 하면서 그녀의 이야기를 경청한다. 정신분석 상담

*켈리 커크시 박사는 정신분석적 관점에서 사고하는 방식과 상담 실제를 기술하며 이 모델을 그웬에게 적용하고 있다.

자로서 나는 심리학적 문제의 근원은 무의식적 정신에 있다고 믿는다. 회기에서 다루게 되는 문제는 종종 미해결된 어린 시절의 갈등과 외상에서 나타났다. 어린 시절의 고통과 괴로움은 꼭 극단적이거나 무시무시한 사건을 기반으로 하는 것은 아니다. 어린이들은 부정적인 감정적 사건은 어떤 것이든지 간에 그 기억을 억압할 수도 있다.

나의 초기 목표는 그웬으로 하여금 어린 시절의 일이 현재의 습관, 기분, 행동에 어떻게 영향을 미쳤는지 볼 수 있도록 돕는 것이다. 그웬이 무의식적인 내용을 의식의 수준으로 가져올 수 있을 때, 현재의 감정적인 갈등과 촉발제를 더 잘 이해할 수 있게 된다. 그웬은 무의식적인 내용을 의식적으로 만드는 과정에서 행동의 근원을 인식하고, 이 방식을 탐색하며, 초기 경험을 통해 작업하고, 역기능적 행동을 멈추고, 더 명료하고 나은 위치에서 삶을 시작할 수 있게 된다.

그웬은 계속해서 일과 관련된 절망감을 나누고 울기 시작한다. 나는 그웬이 더 안정된 상태를 달성하여 의식을 뛰어넘어 무의식적인 수준에서 무엇이 발생하고 있는지를 찾아낼 수 있게 돕는다. 나의 개입은 전통 정신분석의 전형적인 자유연상 기법이 아니고, 더욱 친근한 감정에 기반을 둔 유도된 연상이다.

상담자: 잠시 기대어 앉아 휴식을 취하세요. 당신이 지금과 같이, 또는 유사한 절망감을 느낀 처음 어느 날로 돌아가 봅니다. 그 당시로 돌아가게 놔두세요. 당신이 어린아이였고 무엇 하나 제대로 된 것이 없고 모든 것이 무너져내리는 것 같은 기분이 들었던 때로 돌아갑니다.
(나는 그웬을 촉발한다.)
당신이 점점 더 어리게 느껴집니다. 당신이 거기에 도달하면, 당신은 몇 살인지, 당신과 함께 있는 사람은 누구인지, 그리고 그 상황에 대해 말해 주세요.

나는 그웬의 얼굴 표정이 변하기 시작하는 것을 바라본다. 몇 분이 흐른 뒤, 그녀는 말을 잇는다.

그웬: 저는 다섯 살이에요. 그리고 저는 부엌 식탁에 앉아 울고 있어요. 저는 분홍색 드레스를 입고 있고, 드레스 앞부분이 더러워요. 엄마가 차에서 기다리라고 말을 했어요. 저는 차에서 기다리지 않고 뒷마당에서 놀기 시작했고, 옷이 더러워졌어요. 엄마가 저의 다리를 때렸고, 저는 그냥 울고 또 울었어요. 저는 그저 놀고 싶었던 것뿐이에요. 저는 제대로 놀아본 적이 없어요. 그저 공을 발로 차고 돌아다니면서 재미있게 놀고 싶었을 뿐이에요.

그웬은 어린 소녀였던 자신에 대해 말하며 계속 운다. 나는 그녀가 같은 절망감을 느꼈던 어린 시절의 다른 시간으로 가보자고 한다.

그웬: 저는 열두 살이고, 위층 부모님의 방에 있어요. 여동생이 침대에 불을 냈고, 저의 부모님은 제가 동생을 보살펴야 했기 때문에 저를 탓하고 계세요. 저는 동생을 보고 있었다고 말해요. 저는 부모님께 제 잘못이 아니라고 말하지만, 제 말을 듣지 않으세요. 부모님은 저를 두 달 동안이나 벌하셨고, 제가 어느 것 하나 제대로 하지 못한다는 말을 엿듣게 되었어요.

상담자: 그런 상황에서 어린 소녀는 무엇이 필요했나요?

그웬: 저는 이해가 필요했고, 누군가 저에게 모든 것이 괜찮아질 것이라고 말해주길 바랐어요. 비록 완벽한 아이가 아닐지라도 사랑이 필요했어요.

나는 그웬에게 어린 소녀였던 그 당시에 어떤 결정을 했는지 반영해볼 것을 요청한다.

그웬: 저는 사랑을 받기 위해 완벽해져야 한다고 결정했어요.

나는 그웬에게 이러한 초기의 결정이 얼마나 자주 현재 그녀의 삶에 영향을 미치는지 반영해보라고 말한다. 그녀는 잠시 동안 조용히 앉아 있고 그런 다음 그녀가 자주 이 어린 소녀와 같이 느낀다고 언급한다. 그웬은 표면 위로 올라온 감정과 통찰에 놀라워한다.

그웬: 오랫동안 이 어린 시절에 대해 생각해보지 않았어요. 이 상황이 여전히 저를 괴롭히고 있다는 것을 믿을 수가 없어요. 지금까지 인식하지 못했어요.

그 순간 그웬은 무의식의 힘과 무의식적인 내용을 수면 위로 가져오는 것이 삶 속에서 어떻게 치유 역할을 할 수 있는지 인식한다. 나는 그웬에게 성인으로서 이제 그 어린 소녀의 측면을 사랑하고 수용하며 관심을 줄 수 있다고 말한다.

그웬은 나에게 자신에게 있는 이 어린 소녀의 측면을 사랑하는 것이 약간 이상하게 들리지만, 그녀의 부모가 자신에게 조금 관대하고 그녀 자체로 사랑해주길 바랐던 것처럼 자신에게 조금 더 관대해지는 것에 마음이 열려 있다고 말한다.

그웬: 저는 이러한 체벌이나 소리치는 것이 지난 시간 내내 저에게 박혀 있었다는 것을 상상할 수 없었어요. 이제 저는 모든 것이 연결되어 있고 제가 이전에 경험한 모든 것이 여전히 오늘 저에게 영향을 미치고 있다는 것을 알아요. 와! 집으로 가서 이것을 모두 받아들여야겠어요.

그웬이 내 사무실을 나갈 때, 나는 그녀에게 꿈에 집중하고 다음 주 동안 꿈 일기를 써서 꿈에서 나타나는 상징을 통해 무의식적인 내용을 계속 탐색해보자고 말한다. 그웬은 웃으며 치료가 이런 줄은 전혀 몰랐다고 말한다. 나는 그녀에게 정신분석 지향적 치료는 긴 여정이고 그녀는 결코 혼자가 아니라고 상기시킨다.

전이(나에 대한 그웬의 무의식적 반응)에 대해 인식하는 것은 내게 중요한 일이다. 전이에 대한 인식은 그웬의 과거에 대한 연결을 깊게 만들 수 있다. 또한 역전이(그웬에 대한 나의 무의식적인 반응)에 대해 인식하는 것도 중요하다. 그웬이 어린 시절 체벌로 매를 맞았다고 말을 할 때, 나는 그녀의 고통에 공감할 수 있었고 그녀의 슬픔을 느꼈다. 나는 나의 어린 시절 동안 나에게 가해진 수없이 많은 고통에 관한 이야기를 할 수도 있었지만, 지금은 나를 위한 치료 회기가 아니다. 그러나 나는 그웬과의 치료적인 관계를 깊게 하고 상처받은 아이에 대해 공감할 수 있어서 역전이를 생산적인 방향으로 사용할 수 있다. 나는 치료적인 이득이 없는 행동을 하는 것을 피하는 것에 도움이 된다면, 그 회기에 나에게 나타났던 감정과 느낌을 조사하고, 스스로가 슈퍼비전을 받거나 동료 자문을 구할 수 있도록 한다.

자기성찰을 위한 질문

- 그웬이 자신의 이전 경험이 현재의 행동에 어떻게 영향을 끼치는지 볼 수 있도록 돕기 위해 상담자는 어떤 개입을 하였는가?
- 그웬이 초기 어린 시절의 고통을 탐색하는 것의 치료적 가치는 무엇인가?
- 여러분이 그웬을 상담하는 중이었다면, 여러분에게 나타날 수도 있는 잠재적인 역전이는 무엇인가?

요약과 평가 학습목표 15

요약

정신분석 이론의 몇 가지 주요 개념에는 무의식의 역동성, 행동에 대한 무의식의 영향, 불안의 역할, 전이와 역전이에 대한 이해, 삶 주기를 아우르는 다양한 단계의 성격 발달이 포함된다.

에릭슨은 정신분석 이론에 심리사회적 경향을 포함시켜 프로이트의 발달에 관한 관점을 확대하였다. 그의 모형은 인간 발달을 8단계의 위기나 전환점으로 특정지어 설명한다. 우리는 발달의 과업을 잘 완수할 수도 있고 핵심적 투쟁을 해결하지 못하고 실패할 수 있다(표 4.2는 프로이트와 에릭슨의 발달 단계에 관한 관점을 비교하여 보여준다).

정신분석적 이론은 주로 무의식적인 내용을 끌어내는 방법으로 구성된다. 이는 주로 어린 시절의 경험에 초점을 두며, 이와 같은 내용은 논의되고, 재현되고, 해석되며, 분석된다. 주로 상담자와의 전이관계를 작업하는 과정에서 성취하게 되는 과거에 대한 탐색이 성격 변화에 필연적이라고 가정한다. 정신분석에서 일반적으로 사용되는 가장 중요한 기법은 분석적 틀 유지하기, 자유연상 기법, 해석, 꿈, 저항, 전이의 분석이다.

융학파의 이론은 환원주의 입장을 취하는 프로이트학파의 이론과는 다르다. 융은 인간을 긍정적으로 바라보았고, 전체성과 자기실현을 향해 나아갈 수 있는 인간의 역량인 개성화에 초점을 두었다. 인간은 이것을 이루기 위해 성격의 무의식적인 측면, 즉 개인 무의식과 집단무의식을 모두 탐색해야 한다. 융의 분석적 치료의 경우 상담자는 내담자가 자신의 내적 지혜를 사용할 수 있도록 보조한다. 치료의 목표는 급박한 문제의 해결이 아니라 성격의 변화이다.

정신분석적 이론의 최근 경향은 자아심리학, 대상관계이론, 자기심리학, 관계 접근법에 반영된다. 자아심리학은 개인내적 갈등이 가진 역할을 부정하지는 않지만, 인간의 생애에 걸쳐 숙달되고 능숙함을 추구하는 자아를 강조한다. 대상관계이론은 태어났을 때는 자신과 타인에 대한 구분이 없고, 신생아에게 있어 타인은 욕구 만족을 위한 대상을 대표한다는 생각에 기반을 둔다. 분리-개별화는 시간이 지나면서 성취된다. 이 과정이 성공적이면, 타인은 분리되면서도 동시에 관계가 있는 것으로 인식된다. 자기심리학은 치료적 관계의 본질이며 주요 도구인 공감을 이용하는 것에 초점을 둔다. 관계 접근법은 내담자-상담자 관계를 통해 발달하는 것에 관심을 둔다.

고전적 정신분석 접근의 공헌

나는 상담자들이 프로이트가 주장하는 다수의 중요한 개념을 통해서 내담자가 치르고 있는 삶 속의 투쟁에 대한 이해를 넓힐 수 있을 것이라고 생각한다. 이는 정신분석적 기법을 능숙하게 사용하기 위해서는, 상담자 대부분이 일반적으로 이수하는 교육이나 훈련 프로그램 이상의 훈련이 요구된다는 점을 기억해야 할 것이다. 정신분석적 접근은 실무가에게 내담자의 행동을 바라보고 증상의 근원과 기능을 이해하기 위한 개념적인 틀을 제공한다. 정신분석적인 관점을 치료에 적용하는 것은 (1) 치료가 충분히 종결되지 않은 상태에서 약속을 취소하거나, 자신을 바라보는 것을 거절하는 형태의 저항을 이해하고 (2) 미해결된 문제를 자세히 살펴서 내담자가 감정적으로 자신을 제한했던 몇몇 사건에게 새로운 결말을 얻어낼 수 있도록 하는 경우, (3) 전이의 역할과 가치를 이해하며, (4) 자아 방어기제의 과도한 사용이 일상과 상담관계에서 어떻게 내담자를 효율적으로 기능하지 못하도록 하는지를 이해하는 데에 특히 유용하다.

비록 지금 현재 그 사람의 방식에 대해 과거를 비난하는 것, 과거를 곱씹는 것에서 얻을 수 있는 것이 많지 않을 수도 있지만, 내담자의 어린 시절을 숙고하는 것은 종종 내담자의 현재 상황을 이해하고 작업하는 데 유용하다. 내담자는 현재와 미래에서 중요한 변화를 시작하는 데 이와 같은 인식을 활용할 수 있다. 비록 고전적인 정신분석적 입장의 모든 전제에 동의하지 않더라도, 내담자를 이해하고 갈등의 뿌리를 더 깊게 이해할 수 있게 하는 틀로써 여러 정신분석적 개념을 사용할 수 있을 것이다.

현대 정신분석 접근의 공헌

만약 정신분석적(정신역동적) 접근법이 실제 고전적 정신분석보다 더 광범위한 맥락 속에서 고려될 수 있다면, 인간 행동을 이해하기 위한 매우 강력하고 유용한 모형이 될 수 있다. 비록 나는 프로이트의 심리성적 개념이 가치 있다고 여기지만, 에릭슨이 설명한 심리사회적 요인에 대한 강조점을 더할 때에 각 발달 단계의 주요 전환점이 더욱 완성된 그림으로 나타난다고 본다. 나는 이 두 가지 관점을 통합하는 것이 성격 발달의 주요 주제를 이해하기에 가장 유용한 관점이라고 본다. 에릭슨의 발달적 계획은 프로이트에 의해 상정된 심리성적 문제와 단계를 피하는 것이 아니라, 오히려 심리성적 발달의 단계를 삶 전체에 걸쳐 연장시키고 있다. 그의 관점은 심리성적 그리고 심리사회적 개념 중 어느 하나의 중요성을 폄하하는 것이 아니라 오히려 통합한다.

발달적 관점에서 작업하는 상담자들은 삶의 연속성과 내담자가 취하는 특정한 방향성을 통찰할 수 있다. 이 관점은 내담자가 하고 있는 삶의 투쟁에 대한 더 큰 그림을 보여주고, 이를 통해 내담자는 다양한 삶의 단계 중에서 몇 가지 중요한 연결점을 발견할 수 있게 된다.

정신분석적 사고의 현대적 경향은 우리의 현재 행동이 대부분 발달의 초기 단계 중 한 단계에서 만들어진 방식의 반복일 수 있다는 점을 이해할 수 있도록 돕는다. 대상관계이론은 우리로 하여금 내담자가 중요한 타인과 과거에 어떻게 상호작용하였는지, 그리고 그들이 이 초기 경험을 현재의 관계에 어떻게 겹쳐놓는지를 볼 수 있게 도와준다. 이 새로운 공식은 분리와 개별화, 친밀감, 의존과 독립, 정체성과 같은 문제로 고심하는 내담자에게 자신의 발달이 어떤 측면에 고착되었는지 이해할 수 있도록 돕는 틀을 제공할 수 있다. 이러한 이해는 친밀한 관계, 가족과 자녀 양육, 치료적 관계와 같은 많은 영역의 인간 상호작용에 중요한 영향을 미친다.

내가 생각하기에 상담 현장에 구조와 방향을 제공하기 위해 정신역동적 틀의 주요 개념을 사용하면서 동시에 다른 치료적 기법의 도움을 받는 것이 가능하다. 나는 프로이트의 기본적인 아이디어에 기반을 두고 성격 발달에 영향을 끼치는 사회 및 문화적인 차원에 강조점을 더한 다양한 이론가들의 공헌이 대단히 중요한 것이라고 생각한다. 현대 정신역동의 실천에서는 기법을 사용하는 데에 있어 상담자에게 많은 자유를 부여하고 있다. 새로운 정신역동 이론가들은 고전적인 분석 기법을 강화, 확대, 재조명해왔다. 이들은 특히 자아의 발달에 집중하고 있고, 타인과 개인 간의 차별에 영향을 미치는 사회적이고 문화적인 요인들에 관심을 가지며, 치료의 관계적 차원에 새로운 의미를 부여하고 있다.

여러 메타분석이 치료적 관계와 치료적 협응의 질이 분석적 치료의 결과에 중요하다는 것을 보여주었고 연구는 정신분석적 치료의 전반적인 유용성을 입증하고 있다. 맥윌리엄스(2014)는 정신분석적 치료가 다른 치료적 접근법에 비해 더욱 복잡하고, 개별화되며, 비구조화되어서 무작위적인 통제 실험을 통해 조사하는 것이 어렵다는 것을 인정한다. 그러나 전문가 집단은 과정 연구, 질적 연구, 사례 연구, 그리고 축적된 임상적 지혜의 가치를 인정할 필요가 있다. 맥윌리엄스는 근거중심 정신역동치료에 관한 몇몇 문헌을 인용하고 정신역동치료의 효과성을 뒷받침하는 문헌이 늘어나고 있다고 덧붙인다. 또한 방대한 실증 문헌이 애착, 정서, 방어, 성격, 그리고 다른 영역에 관한 정신역동치료의 이론적 모형과 임상적 경험을 뒷받침한다.

비록 현대 정신역동 접근법이 추동에 관한 본래의 프로이트주의 강조점, 무의식적 동기에 관한 본래의 프로이트주의 개념, 초기 발달의 영향, 전이, 역전이, 저항의 개념으로부터 상당히 분파되어 나아갔지만, 여전히 이러한 개념은 새로운 정신역동 접근법의 중심이 되고 있다. 이 개념은 치료의 핵심 사항이고 다양한 치료적 접근법에 기반을 둔 치료에 포함될 수 있다.

정신역동 접근법의 한계와 비판

정신분석적 치료에는 다수의 실제적 한계점이 있다. 시간, 비용, 훈련된 정신분석적 상담자의 이용 가능성을 고려할 때, 많은 정신분석적 기법의 실제적인 적용은 한계가 있다. 이는 소파에서의 자유연상, 꿈의 분석, 그리고 전이관계에 대한 방대한 분석과 같은 기법에서는 특히 더 그러하다. 고전적 정신분석의 현실적인 적용을 제한하는 요인은 복잡하고 심각한 장애가 있는 내담자의 경우 이 치료에 필요한 자아 강도의 수준이 결여되어 있다는 점이다

전통적인 정신분석적 치료의 주요 한계는 분석적 목표를 제대로 달성하기 위해서 상대적으로 긴 시간의 헌신이 필요하다는 것이다. 현대 정신분석 지향의 상담자는 내담자의 과거에 관심이 있고, 이들은 현재 그리고 미래의 목표를 이해하는 것과 관련이 있다. 간결하고, 시간제한적인 정신역동치료는 부분적으로는 장기간의 치료에 대한 비판에 대응하여 시작되었다. 정신역동 심리치료는 너무 길지 않고 복잡하지 않은 치료의 필요에 부응하기 위해 전통적 분석에서부터 발달되어 나왔다(Levenson, 2017).

정신분석적 접근법의 잠재적인 한계는 몇몇 상담자에 의해 고수되고 있는 익명의 상담

자 역할이다. 이 자세는 이론적인 근거로 설명할 수 있지만, 고전적인 정신분석 이외의 다른 치료 상황에서 볼 때 과도하게 제한적 접근이다. 정신분석적 실제의 새로운 방식은 '지금 여기'의 상담자-내담자 간의 상호작용을 상당히 강조하고, 상담자는 내담자에게 언제 그리고 무엇을 개방할 것인지 결정할 수 있다. 어빈 얄롬(Irvin Yalom, 2003)은 상담자의 적절한 자기개방은 상담의 결과를 향상시키는 경향이 있다고 제안한다. 빈 화면을 채택하는 것보다, 현재의 상담자-내담자 관계의 역동에 빛을 비추는 방법으로써 과거를 이해하도록 노력하는 것이 더욱 생산적이라고 생각한다. 이는 '지금 여기'에서 상담자와 내담자가 상호작용하는 것을 강조하는, 관계 분석적 접근법의 정신과 조화를 이룬다.

여성주의적 관점에서 볼 때, 프로이트주의 개념, 특히 오이디푸스와 엘렉트라 콤플렉스와 같은 다수의 개념은 뚜렷한 한계가 있다. 캐럴린 저브 엔스(Carolyn Zerbe Enns, 1993)는 또한 여성주의적 개념의 비평에서 대상관계 접근법이 이후의 대인관계 기능을 결정하는 데 있어서 어머니-아동 관계의 역할에 대한 강조점이 비판을 받아왔음을 언급하고 있다. 이 접근법은 발달에서의 결핍과 왜곡에 대한 큰 책임을 어머니에게만 부과한다. 아버지는 초기 발달의 양상에 관한 가설에서 확연히 배제되어 있고, 오직 어머니만이 부적절한 양육에 대해 비난을 받는다. 9장에서 조금 더 상세히 다루어지는 리네한(Linehan, 1993a, 1993b, 2015)의 변증법적 행동치료(dialectical behavior therapy: DBT)는 경계선 성격장애 내담자가 '타당함을 인정받지 못했던' 어린 시절의 환경 경험을 했다는 개념을 받아들임과 동시에 어머니에 대한 과도한 비난을 피하도록 하는 통합적 접근법이다(Linehan, 1993a, pp. 49-52).

루보스키, 오라일리-랜드리, 그리고 알로(Luborsky, O'Reilly-Landry, & Arlow, 2011)는 정신분석적 치료가 그동안 현대 문화에 부적절하고 엘리트 고등교육을 받은 내담자에게만 적절하다는 비난을 받아왔음을 언급한다. 이 비난에 대해, 이들은 다음과 같이 항변한다. "정신분석은 만들어진 시점부터 정신분석적 이론가들과 임상가들에 의해 수정되고 변경되어온, 지속적으로 발달하는 영역이다. 이러한 발달은 종종 자신의 발상을 재고하고 상당히 개정한 프로이트 그 자신으로부터 시작되었다."(p. 27)

2021년에 발간된『정신분석심리학(Psychoanalytic Psychology)』특별판에는 미국, 남미, 유럽의 상담자 20명이 코로나 바이러스 팬데믹이 정신분석을 실행하는 데 중요한 전환점이 필요하다고 기고하였다. 보러스와 엘먼(Vorus & Ellman, 2021)은 이 분석에서 주요항목을 제시하였는데, 면대면 치료가 아닌 전화나 동영상을 이용하는 회의를 활용한 원격 치료를 포함하여 상담자가 내담자와 함께 공유하는 트라우마적 경험을 보고하는 것, 그리고 복합적인 트라우마적 요인을 작업할 때의 어려움이다. 팬데믹으로 인해 존재하는 위험은 2020년에 발생한 다양하고 어려운 일 중 한 가지 일뿐이다. 유색인종을 살인한 경찰에 투쟁하는 사람들, 사회적, 정치적 변화에 따라 사회적 불안정성, 민주주의의 위협 역시 많은 사람들에게 불안을 증가시킨다. 미래에 아직 서비스가 충분하지 않았던 영역에서 정신분석의 원격 회기가 가능해짐에 따라 위기에 처한 내담자들의 당면하고 있는 요구를 해결하고자 정신분석을 적용하는 것은 도움이 될 수 있다.

자기성찰과 토론을 위한 질문

1. 여러분이 상담 현장에서 통합시킬 가능성이 가장 큰 관계정신분석 접근법의 주요 개념은 무엇인가?
2. 정신분석 상담자는 현재 행동의 중요한 결정요인으로서 초기 어린 시절의 경험과 과거에 특히 관심을 둔다. 이에 대한 여러분의 생각은 어떠한가? 여러분의 삶에 이 개념이 어떻게 적용되는가?
3. 전이는 내담자에게 과거와 현재의 경험 간의 평행선을 탐색하고 그 역동에 대한 새로운 이해를 얻을 수 있게 한다. 내담자와 함께 전이를 탐색하는 점에 대해 여러분은 어떤 가치를 둘 것인가?
4. 단기치료 또는 시간제한적 치료에 적용할 수 있을 것이라고 생각되는 정신분석적 접근의 측면에는 어떤 것들이 있는가?
5. 여러분에게 역전이를 유발할 수 있는 잠재적인 주제 영역 중 하나는 무엇인가? 여러분의 역전이 반응을 어떻게 식별할 수 있는가? 상담자로서 역전이를 어떻게 가장 잘 관리할 수 있는가?

더 찾아볼 자료

이번 장에서 다루었던 정신분석과 아래의 내용은 미국심리학회의 심리치료 체계에 대한 DVD에서 찾을 수 있다.

McWilliams, N. (2007). *Psychoanalytic Therapy*

Safran, J. (2008). *Relational Psychotherapy*

Safran, J. (2010). *Psychoanalytic Therapy Over Time*

Wachtel, P. (2008). *Integrative Relational Psychotherapy*

Levenson, H. (2009). *Brief Dynamic Therapy Over Time*

Psychotherapy.net(www.psychotherapy.net)은 학생과 전문가를 위해 오토 컨버그와 낸시 맥윌리엄스(Nancy McWilliams)와 같은 명성 있는 정신상담자들의 영상과 인터뷰가 있는 광범위한 자료를 제공하고 있다. 새로운 기사, 인터뷰, 블로그, 동영상이 매달 게재된다. 2011년도에 나온 오토 컨버그의 두 가지 자료는 다음과 같다.

Otto Kernberg: Live Case Consultation

Psychoanalytic Psychotherapy for Personality disorders: An Interview with Otto Kernberg, MD.

다양한 대학 및 대학교가 경계선 성격, 자기애성 성격이 있는 내담자와 작업을 할 때, 치료적 측면에서 살펴볼 고려사항과 같은 주제에 대해 지속적으로 특별 워크숍이나 단기 코스를 제공한다. 이 워크숍은 현대적 정신분석치료를 다양하게 적용하는 새로운 관점을 제공해줄 수 있다. 훈련 프로그램, 워크숍, 대학원 프로그램에 관한 더 많은 정보는 아래에서 찾아볼 수 있다.

American Psychoanalytic Association

www.apsa.org

더 읽을거리

- 『**정신역동 집단 심리치료(Psychodynamic Group Psychotherapy)**』(Rutan, Stone, & Shay, 2014)는 정신역동 집단치료의 여러 측면에 관한 포괄적인 논의를 제시한다. 다루는 주제에는 집단 발달의 단계, 집단 상담자의 역할, 변화에 도움이 되는 치료적 요인, 까다로운 집단이나 까다로운 구성원과의 치료 작업, 시간제한적 정신역동 집단이 있다.
- 『**단기 역동치료(Brief Dynamic Therapy)**』(Levenson, 2017)는 정신분석치료의 모형에 대해 기술한다. 또한 시간제한적 치료의 현실에 부합하는, 집중적이며 심도 깊은 임상적 작업을 위한 단계들을 개괄하고 있다. 이 책은 정신분석 개념과 기법이 장기치료에 참여할 수 없는 많은 내담자의 필요에 부합할 수 있도록 어떻게 수정할 수 있는지를 다룬다.
- 『**정신분석적 심리치료 임상자 가이드(Psychoanalytic Psychotherapy: A Practitioner's Guide)**』(McWilliams, 2004)는 초보 임상가를 위한 심리분석에 기초한 치료의 시작점으로 좋다. 저자는 임상 현장에서 당면하는 어려움에 대하여 가이드라인을 제공하고 있으며, 상담자의 스스로 돌보기, 전문가적 발달, 임상가로서 개인치료에 대한 훌륭한 내용을 제공하고 있다.
- 『**정신분석과 정신분석적 치료(Psychoanalysis and Psychoanalytic Therapies)**』(Safran, 2012)는 정신분석 이론과 실제의 발달과정에서 중요한 전환점을 단계적으로 기술하고 있다. 이론의 핵심적인 내용을 심도 있게 논의하고 있으며, 개입 방향을 기술하고 있다,
- 『**임상 실습 실제에서의 정신분석적 정신의학(Psychodynamic Psychiatry in Clinical Practice)**』(Gabbard, 2005)은 경계선 성격장애와 자기애성 성격장애에 관한 다양한 정신분석적 관점을 훌륭하게 보여주고 있다.

아들러치료

5장

공저자: 제임스 로버트 비터와 제럴드 코리

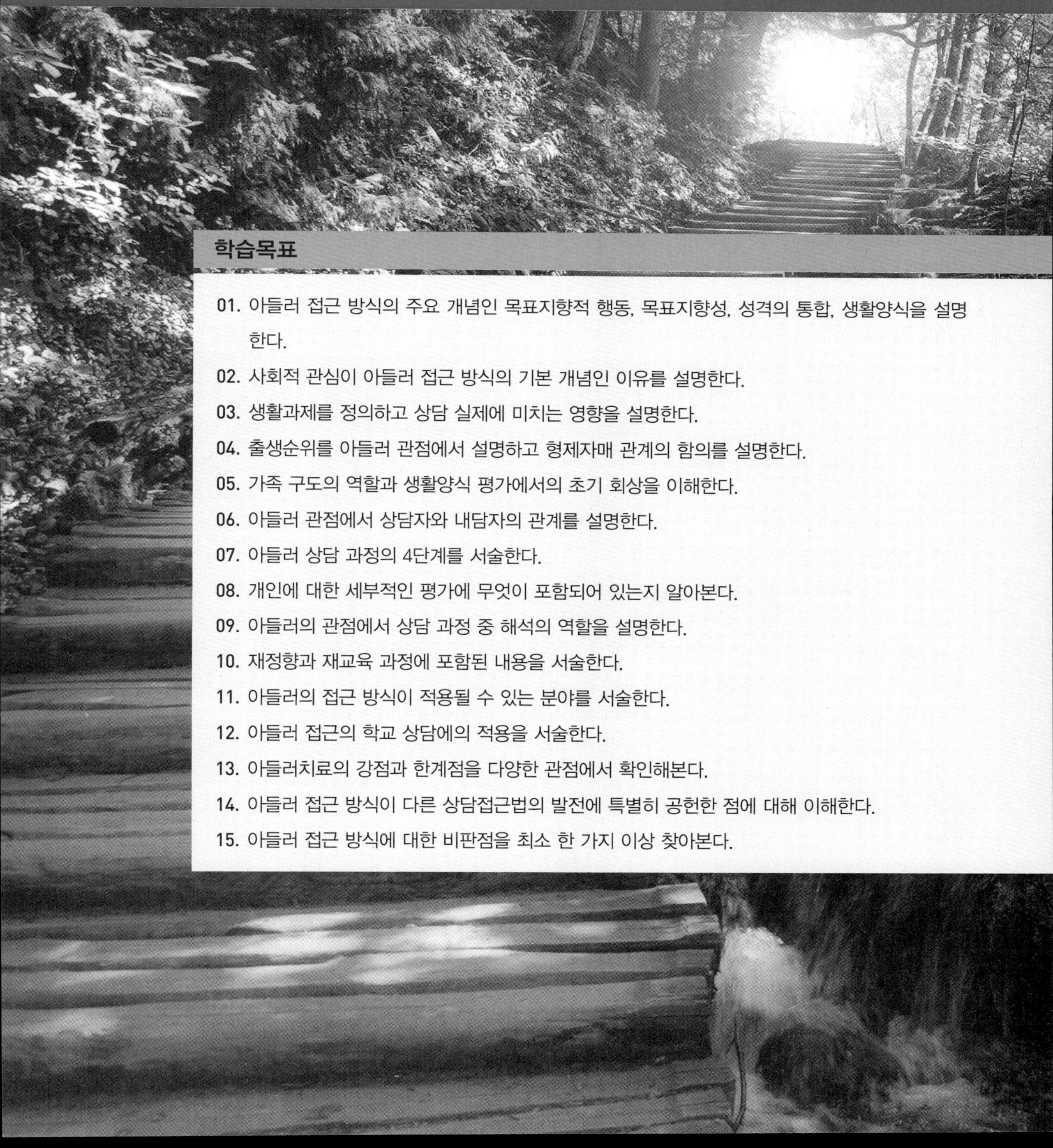

학습목표

01. 아들러 접근 방식의 주요 개념인 목표지향적 행동, 목표지향성, 성격의 통합, 생활양식을 설명한다.
02. 사회적 관심이 아들러 접근 방식의 기본 개념인 이유를 설명한다.
03. 생활과제를 정의하고 상담 실제에 미치는 영향을 설명한다.
04. 출생순위를 아들러 관점에서 설명하고 형제자매 관계의 함의를 설명한다.
05. 가족 구도의 역할과 생활양식 평가에서의 초기 회상을 이해한다.
06. 아들러 관점에서 상담자와 내담자의 관계를 설명한다.
07. 아들러 상담 과정의 4단계를 서술한다.
08. 개인에 대한 세부적인 평가에 무엇이 포함되어 있는지 알아본다.
09. 아들러의 관점에서 상담 과정 중 해석의 역할을 설명한다.
10. 재정향과 재교육 과정에 포함된 내용을 서술한다.
11. 아들러의 접근 방식이 적용될 수 있는 분야를 서술한다.
12. 아들러 접근의 학교 상담에의 적용을 서술한다.
13. 아들러치료의 강점과 한계점을 다양한 관점에서 확인해본다.
14. 아들러 접근 방식이 다른 상담접근법의 발전에 특별히 공헌한 점에 대해 이해한다.
15. 아들러 접근 방식에 대한 비판점을 최소 한 가지 이상 찾아본다.

알프레트 아들러(Alfred Adler, 1870-1937)는 6남 2녀의 자녀를 둔 비엔나 가정에서 자랐다. 그의 형제 중 남동생은 아주 어린 시절, 아들러의 바로 옆 침대에서 사망했다. 아들러의 유아기는 별로 행복하지 않았다. 그는 병약했고, 죽음에 대해 매우 잘 알고 있었다. 네 살 때, 그는 폐렴으로 죽을 뻔했는데, 의사가 자신의 아버지에게 "알프레트는 가망이 없습니다."라고 말하는 소리를 들었다. 아들러는 훗날 의사가 되기로 한 결심에는 이 시절의 영향이 있었다고 말했다. 그는 인생 초반인 어린 시절 동안 병치레가 잦아, 그의 어머니는 그를 애지중지하였다. 아버지와는 신뢰하는 관계였지만, 어머니와는 가까운 사이라고 느끼지 않았다. 그는 형인 지그문트(Sigmund)를 지나치게 질투했는데, 이로 인해 아동기와 청소년기 시절 두 형제 사이에 긴장감이 넘쳤다. 지그문트 프로이트와 아들러의 껄끄러운 관계를 고려해보면, 어린 시절 가족의 관계가 이 둘의 관계에서도 반복되었다고 생각할 수밖에 없다.

아들러의 유아기 경험은 그의 이론 형성에 영향을 주었다. 아들러는 자신의 인생을 운명에 맡기기보다는 만들어 나갔다. 사람들은 아들러가 항상 총기가 있는 아이라고 여겼다. 아들러는 어느 날 수학 선생님이 자기가 한 질문의 답을 모른다는 것을 알아챌 때까지는 학교에서 그럭저럭 지내는 것에 만족했다. 선생님의 질문에 아들러는 가장 우수한 학생들 다음에 차례를 기다려 손을 들고 일어나서 대답했다. 친구들은 그를 보고 비웃었지만, 그는 정답을 맞혔다. 그 뒤로 그는 학교생활에 전념하기 시작했고, 반에서 1등을 하게 되었다. 그는 비엔나 대학교 의대에서 공부하여 안과의사로 개업을 했다가, 이후 일반 의학 분야로 옮겼다. 그는 결국엔 신경학과 정신의학을 전공했고, 특히 아동기 난치병에 깊은 관심을 보였다.

아들러는 유대인이었는데, 반유대주의는 물론, 제1차 세계대전의 공포를 경험하였다. 그러한 경험과 사회정치적인 환경은 그가 인본주의와 함께 일해야 할 필요성을 강조하는 데 기여하였다. 그는 전후 상황과 문화가 인간 성격에 미치는 영향에 대해 절실히 인식하고 있었으며, 그의 이론은 이러한 관심에서부터 비롯되었다.

아들러는 일반 사람들에 대해 열정적인 관심이 있었고 갈등을 초래하는 육아 방식, 학교 혁신, 갈등을 야기하는 편견에 대해 거침없이 말했다. 그는 매우 간단하고 비전문적인 언어를 사용하여 연설하거나 글을 썼으며, 위험에 처한 아이들, 여성의 권리, 남녀평등, 성인 교육, 지역사회 정신건강, 가족 상담, 그리고 간단한 치료를 옹호하였다(Watts, 2012). 아들러(1927/1959)의 책, 『인간 본성의 이해(Understanding Human Nature)』는 미국에서 첫 번째로 수십만 부가 팔린 주요한 심리학 서적이다. 제1차 세계대전에서 군의관으로 복무한 이후로, 아들러는 여러 비엔나 국립학교 부속 32개의 아동상담소를 만들었고, 교사, 사회복지사, 의사, 그리고 기타 전문가를 교육하기 시작했다. 그는 현재 '공개 토론' 가족 상담이라고 불리는, 많은 대중 앞에서 부모와 아동이 함께 시연을 통하여 전문가들을 가르치는 분야를 개척하였다. 그가 설립한 병원들의 수는 점점 늘었고 인기도 많아졌으며, 그는 자신의 치료 방법을 강연하고 보여주는 데에 있어서 지칠 줄 몰랐다.

아들러는 업무가 과도하게 많았지만, 여전히 음악과 노래를 즐기며 친구들과 어울리는 시간을 보냈다. 1920년도 중반에 그는 미국에서 강의를 시작했고, 그 후로도 미국 여행을 자주 했다. 친구들은 그의 왕성한 활동에 무리하지 말라고 충고했지만 이를 무시했다. 그는 1937년 5월 28일 스코틀랜드 애버딘에서 강의를 앞두고 걸어가는 도중에 쓰러져서 결국 심부전으로 사망했다.

아들러의 생애에 관해 관심이 더 있다면 에드워드 호프먼(Edward Hoffman, 1996)의 훌륭한 전기인 『자기로의 여행(The Drive for Self)』을 읽어보면 된다. 아들러의 글과 현대 사회에서의 의미에 더 관심이 있다면, 존 칼슨과 미카엘 마니아치(Jon Carlson & Michael Maniacci, 2012)의 편집 도서인 『다시 보는 알프레트 아들러(Alfred Adler Revisited)』를 추천한다.

제임스 로버트 비터(James Robert Bitter, 1947-)는 이 장의 공저자이며, 현대 아들러치료법의 선구적인 인물이다. 그는 워싱턴주에 있는 워나치(Wenatchee)에서 자랐으며, 입양된 두 아이 중 첫째였다. 고등학생일 무렵, 루돌프 드라이커스(Rudolf Dreikurs)의 동료이자 학생이었던 만포드 손스테가르드(Manford Sonstegard)가 그의 마을에서 가족교육센터를 열었다. 손스테가르드는 이후 비터의 멘토가 되었고 그에게 어떻게 영향력 있는 상담자가 될 수 있는지를 가르쳐주었다.

비터의 어머니는 그가 14세 때 암에 걸려 사망했고, 그는 고등학교와 대학교 때 자신이 혼자라는 것을 느꼈다. 그는 모든 면에서 부진아였지만, 대학교 2학년부터 한 친구가 그가 더 진지하게 무언가를 배우고 자기 자신의 인생을 책임질 수 있도록 도전의식을 북돋아주었다. 그 덕에 비터는 학업적인 부분과 과외 활동에서 두각을 나타내기 시작했다.

1970년대에 탐 에드거(Tom Edgar) 교수의 소개로 아들러 가족 상담을 알게 되어, 아이다호 주립대학교에 있던 비터와 학생들은 아이다호에 최초의 가족교육센터를 열었다. 비터는 석사학위와 박사학위를 아이다호 주립대학교에서 취득하고, 그 이후에 만포드 손스테가르드가 학과장을 맡고 있는 웨스트버지니아 대학원 상담전공 분야에서 근무했다. 이후 13년 동안 그들은 함께 수업을 가르치고, 워크숍과 학회를 운영하고, 저술 활동과 더불어 학술지를 편집하며, 집단 상담의 아들러 모형을 개발했다(Sonstegard & Bitter, 2004).

1979년 버지니아 사티어(Virginia Satir)가 한 달 동안 지도하던 교육이 끝난 후, 비터는 사티어의 AVANTA 네트워크의 일원이 되었다. 그다음 9년 동안 비터는 사티어의 교육을 도왔다. 1987년에 사티어는 풀러턴에 있는 캘리포니아 주립대학교에 가서, 비터가 그곳에서 상담 프로그램의 새로운 시대를 열어가는 것을 도와주었다. 풀러턴에서 비터는 제럴드 코리를 만났는데, 코리는 비터에게 이 책의 집필에 참여하고 자신의 책도 쓰도록 격려하였다. 『부부 및 가족 상담의 이론과 실제(Theory and Practice of Couples and Family Counseling)』(Bitter, 2021)는 그 저서 중 하나이다. 코리와의 이러한 공동작업과 우정은 25년 이상 계속되었다. 비터는 2016년과 2017년에 북미아들러심리학회(North American Society of Adlerian Psychology: NASAP)의 회장직을 수행하였고, 2022년에 NASAP로부터 아들러 심리학에 이바지한 공로로 '평생 공로상'을 받았다.

비터는 그의 친구인 존 칼슨처럼 아들러학파의 통합론자이다. 그는 다른 사람들의 의견을 통합하지만, 그의 기반은 아들러 심리학의 체계적 치료에 있다. 비터는 아들러의 **공동체 의식**(community feeling)의 중요성과 **사회적 관심**에서 나오는 행동을 강조하는 것이 정신건강을 보장하고 사람들의 열등감(inferiority feeling)을 극복하도록 도우며, 세상에 그들의 자리가 있다는 것을 알게 해주는 것이라고 믿었다. 이 장에서 비터는 그의 철학과 실제적인 경험을 도입하여 아들러의 이론 및 실제를 논의하고 있다.

이 장은 여러 아들러학파에서 얻은 자료를 바탕으로 하지만, 주로 현재 주목받고 있는 두 가지 아들러식 모델에 근거하고 있다. 첫 번째는 폴 라스무센(Paul Rasmussen, 2010, 2021; Rasmussen & Schuyler, 2020)의 **적응 재지향 치료**(adaptive reorientation therapy)이며, 두 번째는 렌 스페리와 존 스페리(Len Sperry & Jon Sperry, 2020)의 **패턴중심/사례개념화 모델**(pattern-focused/case conceptualization model)이다.

폴 라스무센(Paul R. Rasmussen, 1959-)은 정서적 건강 선발대(Emotional Health Initiative: EHI)의 창립자이자 소장이다. 그는 워크숍을 주관하고 EHI 팀을 조직하고 훈련시키며 워크숍을 제공하고 후속 자문 역할을 해왔다. 또한 조지아 대학교에서 임상심리학 박사학위를 취득했다. 현재 그는 사우스캐롤라이나 대학교와 컬럼비아 대학교의 부교수로 재직하고 있다. 그는 이전에 20년 동안 퍼먼 대학교(Furman University)에서 가르치다가 시카고의 아들러 대학교에서 핵심 교수진으로 합류하여 아들러 어린이 생활지도 센터의 이사로 활동하였다. 현재 그는 미국 재향군인들에게 사후 적응을 지원하는 일을 하고 있다.

라스무센은 아들러 심리학의 전문가이자 임상 심리학자로 『성격: 인지행동치료 안내(Personality-Guided Cognitive – Behavior Therapy)』(2005), 『기분 좋은 탐구(The Quest to Feel Good)』(2010) 등 저서와 40편 이상의 학술 논문을 발표했다. 라스무센은 미국, 유럽 및 아시아 전역에서 정서적 건강과 임상치료와 관련된 주제로 강의를 하고 있다. 그의 아들러 심리치료 모델인 **적응 재지향 요법**(Adaptive Reorientation Therapy)은 가장 진보된 최신 아들러 심리치료 접근법 중 하나이며, 이는 현재 그가 속한 국가 보훈청(Veterans Administration)의 임상 장면에서 선택해서 사용하고 있는 모델이다.

렌 스페리(Len Sperry, 1943-)는 플로리다 애틀랜틱 대학교의 정신건강 상담학과 교수이자 임상훈련 소장 역할을 맡고 있다. 그는 위스콘신 의과대학 정신의학과 임상교수 및 행동의학 교수로도 활동하고 있다. 그는 약 50년 동안 정신건강 상담, 특히 아들러치료에 대해 가르치고, 상담에 활용하고, 연구하며 논문을 썼다. 그는 1972년에 시카고의 아들러 연구소(현 아들러 대학교)에서 심리치료 박사 후 자격증을 취득했으며 루돌프 드라이커스의 지도를 받았다.

스페리는 정신의학, 예방의학, 임상심리학, 아들러 심리학의 위원회 자격증을 받았다. 그는 미국심리학회, 미국정신의학회, 미국예방의학회, 미국상담학회의 연구원이다. 또한 그는 『개인심리학회지(Journal of Individual Psychology)』의 편집위원, 『미국 가족치료 저널(American Journal of Family Therapy)』의 편집장을 맡고 있으며 다른 10개 학술지의 편집위원회에도 속해 있다.

그의 전문적인 출판물은 1,100개 이상의 논문과 100개 이상의 전문서적이 있으며, 편저한 『정신병리학 및 심리치료: *DSM-5* 진단, 사례개념화, 치료(Psychopathology and Psychotherapy: *DSM-5* Diagnosis, Case Conceptualization, and Treatment)』(Sperry, et al., 2014)가 있다. 그의 연구와 학문적 관심은 사례개념화, 가족치료, 통합된 영적 심리치료, 통합적이고 건강한 행동, 패턴중심치료 등을 포함한다. 그의 독특한 공로 중 하나는 아들러 심리학에 통합적 접근법을 제시하고 **패턴중심 아들러 심리치료**(pattern-focused Adlerian therapy)라고 불리는 근거중심 심리치료를 개발한 점이다. 이 접근법은 『아들러치료의 학습 및 실천(Learning and Practicing Adlerian Therapy』(Sperry & Binensztok, 2019)에 설명되어 있다.

조너선 스페리(Jonathan Sperry, 1983-)는 린 대학교의 임상 정신건강 상담 프로그램에서 부교수로 활동하고 있다. 그는 2011년 플로리다 애틀랜틱 대학교에서 상담학 박사학위를 취득하고, 2009년부터 상담 심리치료 분야에서 전문 상담자로 활동해왔다. 스페리의 전문 분야는 상담 실무에서의 사례개념화이다. 그는 아들러 심리학의 전문가이며, 2008년 이후로 여러 아들러 심리학 단체와 활발히 활동해왔다. 2018년부터 2019년까지 북미아들러심리학회 회장을 역임했고, 2017년에는 『개인심리학회지』의 공동편집자로 임명되었다. 또한 2015년부터 아들러학파 여름학교 및 연구소 국제위원회의 교수진으로도 활동하고 있다.

스페리는 총 6권의 책과 5편의 공동집필, 그리고 학술

논문 다수가 있다. 『정신병리학 및 심리치료: *DSM-5* 진단, 사례개념화, 치료』(Sperry, Carlson, et al., 2014), 아랍어 · 한국어 · 튀르키예어로 번역된 『상담 실무자를 위한 사례개념화 이해와 실제(Case Conceptualization: Mastering This Competency With Ease and Confidence)』(Sperry & Sperry, 2012, 2020), 『*DSM-5* 성격장애의 인지행동치료(Cognitive Behavior Therapy of the *DSM-5* Personality Disorders)』(Sperry & Sperry, 2015), 『상담 실제에서의 인지행동치료(Cognitive Behavioral Therapy in Counseling Practice)』(Sperry & Sperry, 2017), 『15분짜리 사례개념화(The 15-Minute Case Conceptualization)』(Sperry & Sperry, 2021) 등이 있다.

스페리는 미국 전역에서, 그리고 불가리아, 바하마, 브라질, 캐나다, 중국, 프랑스, 독일, 아일랜드, 일본, 멕시코, 모로코, 네덜란드, 루마니아, 러시아, 슬로바키아, 싱가포르, 한국, 타이완, 튀르키예, 영국, 우크라이나, 우루과이 등 22개국에서 강의와 워크숍을 진행해왔다.

도입

프로이트 및 융과 마찬가지로, 알프레트 아들러는 정신역동적 접근 방식의 초기 발전에 주요한 기여를 한 사람이다. 프로이트와 아들러가 약 10년 정도 협력 관계를 유지하였지만 결별하게 되었고, 프로이트는 아들러가 자기를 배신한 이단자라고 주장하였다. 1911년 아들러는 비엔나 정신분석학회 회장직에서 사임하였고, 1912년 개인심리학회를 창립했다. 이때 프로이트는 아들러 개념을 지지할 수 없고 자기는 여전히 정신분석학자로서 굳건하다고 주장하였다.

이후에 많은 정신분석학자들은 프로이트의 전통적 입장에서 벗어났다. 프로이트학파의 수정주의자 가운데 주요 인물은 카렌 호나이(Karen Horney), 에리히 프롬(Erich Fromm), 해리 스택 설리번(Harry Stack Sullivan)이 있는데, 그들은 성격 형성에 있어서 관계적 · 사회적 · 문화적 요인이 중요하다는 것에 동의하였다. 일반적으로 이 세 이론가들은 신프로이트학파라 불리지만, 하인츠 안스바허(Heinz Ansbacher, 1979)가 제안했듯이 신아들러학파로 부르는 것이 더 적절할 것이다. 이들은 프로이트의 생물학적 · 결정론적 관점에서 아들러의 사회심리적 · 목적론적(목표지향적) 인간관으로 견해를 바꾸었기 때문이다.

아들러는 사람을 오직 통합된 완전한 존재로서 이해할 수 있다고 여기면서 성격의 통일성을 강조하였다. 이 관점은 목표지향적 행동을 지지하는데, 우리가 어디로부터 왔는지보다 우리가 어디로 가려고 하는지가 더 중요하다는 것을 강조한다. 아들러는 인간을 어린 시절 경험에 의해 형성되는 존재라기보다 스스로 자신의 삶을 창조하는 존재라고 믿었다.

아들러가 사망한 1937년 이후, 루돌프 드라이커스는 아들러학파의 심리학을 미국으로 전파한 매우 중요한 사람 중 한 명이다. 그는 특히 아들러 심리학 원리를 교육, 자녀 양육, 개인 상담과 집단 상담, 가족 상담에 접목시켰다. 드라이커스는 아동생활지도센터에 대한 아이디어를 자극했고, 다양한 범주의 내담자들과 작업할 전문가들의 수련에 박차를 가하여 명성을 얻었다(Terner & Pew, 1978).

이 책의 MindTap을 참조하여 동영상 퀴즈와 다양한 동영상 프로그램을 통해 5장과 관련된 주제에 대한 지식을 확장하기를 바란다.

주요 개념 학습목표 01

인간의 본성

아들러는 프로이트가 생물학적 · 본능적 결정을 너무 강조하는 편협한 시각을 가졌다고 생각하여 프로이트의 기본적 이론을 포기하였다. 아들러는 인간의 생활양식이 생후 6년 안에 형성하기 시작한다고 믿었다. 그는 과거 경험을 현재 어떻게 지각하는지에 초점을 두었고, 한 개인이 어린 시절 사건을 어떻게 해석하는지가 그의 현재 행동에 계속 영향을 준다고 보았다. 아들러는, 인간은 성적 충동보다는 사회적 관계에 의해 일차적으로 동기화된다고 보았다. 행동은 목적이 있고, 목표지향적이다. 그리고 무의식보다는 의식이 치료의 핵심이다. 아들러는 선택, 책임, 삶의 의미, 성공을 향한 노력, 완벽함, 완전함을 강조하였다. 아들러와 프로이트는 같은 대학에서 의사 교육을 받고 같은 시대에 같은 도시에서 성장했음에도 불구하고, 매우 다른 이론을 창조하였다. 그들의 개별적이고 독특한 아동기 경험, 개인적인 어려움, 함께 일했던 사람들은 그들의 인간 본성에 대한 특별한 관점을 형성하는 데 주요한 요인이 되었다(Schultz & Schultz, 2013).

목표지향적 행동

아들러는 사람들이 성격(personality)을 **가지고 있다고** 믿지 않았다. 사실, 아들러 관점에서는 인간은 성격적 특질(personality trait)과 인격(character)을 가지고 있으며, 이러한 모든 부분과 존재하는 방식은 최종적인 인생 목표를 향하고 있다. 간단히 말해, 인간의 모든 삶은 목표지향적인 행동이다. 출생부터 사망까지, 우리는 경험하고 지각하고 느끼는 열등감으로부터 그와 유사하게 느껴지고 상상하는 우월감을 얻기 위해 노력하고 극복하고 보상하는 데 전념한다(Adler, 1929/1969). 이 상상 속의 우월한 위치가 개인의 행동에 방향과 동기를 부여하며, 우리는 상상 속의 미래에서 목표달성을 위해 방향을 잡아간다.

어린이가 자라면서 목표는 계속 발전하며, 초기의 비전은 거의 변하지 않지만, 삶의 요구에 맞춰 확장되고 다듬어진다. 각 개인의 행동 법칙은 고유하지만, 개인의 행동을 초기에 판단하는 것은 다음 네 가지 중 한두 가지의 관점을 고려함으로써 가능하다. 즉, **접근하는** 행동, **대항하는** 행동, **회피하는** 행동, **양가적** 행동(아들러 학자들이 가끔 **주저하는** 행동이라고도 한다; Sperry & Sperry, 2020)이 그것이다. 자기 자신에 **대항하는** 행동은 개인이 자신의 이익을 저버리고 자기파괴적으로 움직일 때 발생한다.

유아와 영아의 동작은 거의 항상 다른 사람에게 접근하는 행동으로 나타난다. 왜냐하면 이들의 생존이 애착과 연결에 달려있기 때문이다. 아이는 안전한 부모(주로 어머니)에 대한 안정적인 애착을 위해 손을 뻗으며, 그 애착 속에서 양측 모두가 성장한다. 상호의 존성은 거의 모든 인간적 차원, 즉 영성, 의미, 감정, 심지어 육체적 건강에 이르기까지 중요한 것으로 밝혀졌다. 예를 들어, 모유 수유는 아이와 어머니의 면역 체계를 모두 향상시킨다. 부모가 품에 안고 조용히 흔들어주면 둘 다 함께 안정감을 찾게 된다. 아들러(1931/1958)는 이러한 애착을 아이의 최초 협력 경험이라고 불렀다. 그 후 주 보호자의 일은 아이의 첫 연결을 다른 부모, 형제자매, 나아가 친구, 이웃, 학교, 지역사회로 재지향하게 하는 것이다.

어린이가 성장함에 따라, 다른 사람을 향해 접근하는 행동은 다양한 형태로 나타나기 시작한다. 건설적인 관심 끌기(Dreikurs, 1948)와 같이 유용한 형태도 있고, 그렇지 않은 형태도 있다. 괴롭히기 위해 주의를 끄는 움직임, 의존성, 꽉 붙잡음, 부끄러움, 분리 불안, 안전을 확보하거나 인정받기 위해 비위 맞추기 등은 모두 잘못된 방식의 접근 행동으로 간주될 수 있다. 이러한 잘못된 형태는 종종 부모가 응석을 받아주거나 과잉보호로 인해 발생한다(Adler, 1931/1958).

애지중지와 과보호는 양가적인 움직임으로 이어질 수도 있다. 자녀가 스스로 할 수 있는 것을 정기적으로 대신해주면, 그들은 자신이 능력이 있다는 감각을 잃게 된다. 용기를 잃고 낙심하게 되며, 삶의 도전에 직면했을 때 주저하고 불안해하며 얼어붙을 수도 있다. 이러한 움직임은 인생의 과제와 도전에 직면했을 때 포기하거나 무력함으로 나타나며(Dreikurs, 1948), 불안과 우울이 일상 경험이 되는 경우가 있다.

애지중지와 과보호의 반대편에는 미움을 받거나 학대나 버림받은 아이들이 있다. 이러한 아이들은 종종 생존이 위협받는다고 느낀다. 상실과 상처로부터 자기를 보호하기 위하여 철저히 회피하거나 물러서는 방식의 행동을 하게 된다. 그러나 일부 아이들은 타인에 대한 반발심에서 반항하는 행동을 터득하여, 분노와 권리 주장을 통해 보복하기도 한다(Dreikurs, 1948). 이 경우, 반대하는 행동은 아이의 생존을 위한 최선의 희망으로 간주될 수 있다.

이러한 움직임들이 모두 생존을 기반으로 하는 것은 아니다. 자녀가 한 명 이상의 성인들과 안전한 유대를 형성할 수 있는 경우, 행동은 자연스럽게 연결과 소속감을 얻기 위한 것이 된다. 다양한 행동은 우리가 자신을 가치 있으며 능력 있는 존재로 느끼도록, 그리고 삶의 도전에 대처할 수 있도록 돕는 데 목적이 있다. 그러나 개인에게 삶의 도전과 짐이 너무 벅찰 경우, 이와 같은 네 가지 종류의 행동이 임상적 장애나 성격장애에서 관찰될 수 있다.

네 가지 일반적인 행동을 정신적인 낙담과 관련지어 본다면 어떻게 나타날까? 우리는 극복하려는 개인의 목표에 의해 행동이 결정된다는 것을 알고 있다. 정신질환의 경우, 그 목표는 안전과 안정을 갈망하는 욕구를 내포하고 있다. 우리는 그것이 개인의 삶에 문제가 있는 것이 아니라, 오히려 행동을 주도하는 자신, 타인 및 인생에 대한 그 사람의 평가가 문제라는 것을 알고 있다. 이 평가가 스트레스를 고통으로 전환시킬 때, 그 결과로 나타나는 감정은 자기와 세상에 대한 내적인 평가와 더불어 다른 사람들에게 자신을 보호하거나 돌봐줄 것을 기대하는 의존적 요구를 함께 전달한다. 이러한 움직임은 주로 **성격장애**(American Psychiatric Association, 2013)에서 쉽게 볼 수 있고, 임상적인 장애에서도 나타난다.

표 5.1 개인의 일반적인 행동

행동	감정, 행동, 그리고 가능한 장애/질환
접근하는 행동	**감정**: 수줍음, 창피함, 굴욕감, 수치심, 부러움, 욕망, 죄책감 **행동**: 주목 끌기, 의존성, 비위 맞추기, 달래기, 남 앞세우고 물러서기 **장애**: 분리 불안, 은둔 장애, 연극성 성격장애, 의존성 성격장애, 경계선 성격장애
대항하는 행동	**감정**: 좌절, 타인에 대한 실망, 분노, 혐오, 분개, 경멸 **행동**: 분노 폭발, 격정, 충동적 행동, 지나친 비난, 벽 쌓기 **장애**: 선택적 함구, 행동장애, 반사회적 성격장애, 자기애적 성격장애, 경계선 성격장애의 사용, 편집증적 성격장애
자신에게 대항하기 (대항하기의 하위 분류)	**감정**: 개인적인 낙담, 자기경멸 **행동**: 자해, 자해의 다른 형태, 자살 **장애**: 거식증, 폭식증, 신체기형 장애, 발모광, 피부 뜯기 장애
(타인으로부터) 회피하는 행동, 거리 두기	**감정**: 슬픔, 비탄, 상심, 두려움, 우울 **행동**: 비인격화, 불면 **장애**: 주의력결핍 과잉행동장애(ADHD), 분리 불안, 반응성 애착 장애, 회피성 성격장애, 선택적 공포증, 사회불안 장애, 조현병, 분열성 성격장애, 분열정동장애, 급성 스트레스 장애, 외상 후 스트레스 장애(PTSD)
양가적 행동	**감정**: 두려움, 막힌 느낌, 불안, 공황, 고통 **행동**: 망설임, 벽 쌓기, 공황 발작, 사재기, 불면증, 해리 혹은 비인간화 **장애**: 공황장애, 범불안장애, 해리성 정체성 장애, 해리성 기억상실, 수동적 공격적 성격장애, 강박적 성격장애

표 5.1에 설명된 몇 가지 감정, 행동 및 장애는 한 가지 이상의 행동을 반영하거나 행동들의 조합으로 개별화될 수도 있다. 한 행동만이 관련된다고 할 수 있지만, 예를 들어 분노가 반대 방향으로 움직이는 경우 우리는 개인의 삶의 방식에서 그 분노의 독특한 용도를 알 수 없다. 우리는 단지 그 사람이 위협을 느끼고, 어떤 비용을 감수하더라도 반격하고 이기려는 욕구를 느낀다는 것을 알 수 있을 뿐이다.

모삭과 라스무센(Mosak & Rasmussen, 2002)은 치료적 만남을 춤에 비유한다. 내담자들은 다양한 방법으로 치료라는 춤에 참여하는데, 단호하고 당당하며 자신만만한 춤 자세를 가진 사람부터 전혀 무도회장을 밟지 않고 멀리 떨어진 자리에서 지켜보는 사람처럼 치료에 참여하기도 한다. 일부 댄서는 한 방향으로 가는 것처럼 보이지만, 때로는 계속해서 다른 목적지로 방향을 바꿔간다. 어떤 댄서는 수동적이거나 주저하고, 또 어떤 이들은 앞에서 허세를 부리기도 한다. 어떤 댄서는 끝날 때까지 음악을 무시하기도 하고, 어떤 이들은 단순히 세상에서 가장 못난 댄서라는 것을 보여주기도 한다. 이 춤 파트너들은 각자 자신만의 움직임 스타일을 가지고 치료에 참여하며, 그들은 삶에서 평소에 의존했던 행동방식대로 상담 과정에 참여한다. 상담자는 내담자에게 귀 기울이지 않던 '음악을 듣게' 하고, 새로운 춤을 추도록 격려하는 역할을 하게 된다(p. 120).

목표지향성과 성격의 통합성

다른 사람들이 개인의 성격으로 간주하는 것을 아들러학파는 개인의 생활양식(style of living)이라고 이해한다. 각 개인의 생활 방식에는 삶의 목표나 목적, 행동에 관한 저마다의 법칙과 자기 자신 및 삶에서 직면해야 할 문제나 과제에 대한 개인의 의견, 평가, 그리고 판단이 포함된다. 아들러학파가 생활양식(lifestyle) 또는 구체적으로 생활양식 평가(lifestyle assessment)에 대해 언급할 때, 이들은 삶 전반의 개인의 행동 방식을 다루는 것이다. 아들러(1927/1959)는 개인의 목표가 어린 시절 초기에 형성된다고 믿었고, 빠르면 4세 또는 5세 때부터 원형으로 나타날 수도 있다고 했다. 이 목표는 아이가 만약에 아주 성공적이거나 완전해진다면 그가 어떠한 모습일지에 대한 초기 개념이다. 완벽함을 꿈꾸는 것은 아이 자신이다. 이러한 어린 시기에는 판단, 사고, 지각 측면에서 실수가 발생할 가능성이 크고, 이러한 오류는 감정과 행동에서 또 다른 실수로 이어질 수 있다.

일단 삶의 목표가 형성되면, 그 목표는 성격을 하나로 통합시킨다. 어떤 경우에 가끔 패턴에서 일시적으로 벗어날지라도, 모든 생각, 신념, 믿음, 감정, 또한 행동은 최종 목표에 맞추어지고 그것을 향해 전진한다. 우리는 완벽한 목표에 도달할 수 없기 때문에, 목표는 허구적이며, 먼 미래에 있는 최종 목적지로 인도하는 이상에 해당한다. 이것이 아들러(1932)의 허구적 목적론(fictional finalism)이라는 개념이 의미하는 것이다. 목표의 힘은 우리가 현재나 앞으로도 절대로 될 수 없는, 우리를 뛰어넘는 것이지만, 적어도 인생 초기에 가능할 것으로 상상한 특성에서 나온다.

공동체 의식과 사회적 관심 학습목표 02

폴 라스무센(2010)의 주장에 따르면, 우리는 모두 같은 일을 하고 있다. 우리는 모두 공간을 통해 이동하며, 시간을 앞서가기도 하고, 삶이 잘 흘러가길 바라는 목적을 가지고 상황을 변화시킨다. 우리는 모두 기분 좋고 행복하며 만족하고 완전해지길 원한다. 그러나 문제는 우리가 준비되지 않은 도전, 과제 및 사건을 마주하게 된다는 것이다. 우리가 기분 좋지 않으면, 적어도 기분이 더 좋기를 바라며, "더 나은 것은 항상 더 좋은 것이지만, 그러나 더 나은 것이 항상 완벽한 것은 아니다."(p. 7)라고 한다. 우리가 삶의 도전에 직면했을 때 우리의 생활양식이 가장 명확하게 드러나고 표현된다. 또한 개인의 내면에 있는 다른 모든 것과 마찬가지로 감정은 개인의 목표, 행동의 법칙 및 자아 인식을 말해준다.

그러나 개인의 행복과 기능성을 결정하는 것은 움직임 자체가 아니다. 오히려 개인의 움직임이 공동체 의식(community feeling. 아들러의 용어로는 Gemeinschaftsgefühl)으로 스며들고 사회적 관심(social interest)과 함께 행동으로 옮기는 정도에 달려있다. 아들러학파에서 중요한 개념 중 하나인 공동체 의식은 모델 내에서 개발이 가장 덜 된 개념 중 하나이다. 아들러(1929, 1932, 1938)의 이론 안에서 이 개념은 시간이 지남에 따라 성장하고 발전했다.

공동체 의식은 개인을 인류 전체와 연결하는 것이다. 아들러(1938)의 공동체는 개인이 살고 있는 장소나 자라난 문화 그 이상이다. 이것은 인류의 지속적인 역사에 소속되어 있고, 인류 전체에 기여하기 위해 부름을 받는 느낌이다. 이것은 시간과 공간을 초월한 인간 공동체를 의미한다. 공동체 의식은 세상이 내 집 같은 느낌이며, 적어도 나 자신이 다른 사람만큼이나 중요하다는 느낌이다. 이것은 신과 같다는 느낌이라기보다는 보다 온전한 인간, 충분히 존재가치가 있는, 무언가 제공하고 마침내는 남겨둘 것이 있다는 느낌이다. 이 의미에서 삶의 의미는 바로 우리가 이곳에 있는 동안 인류와 삶에 기여하는 것이다. 아들러의 공동체 의식은 체계적이며 관계적인데, 개인의 정신건강은 타인과의 연대감에서 비롯되며, 우리 자신보다는 타인을 더 걱정하는 느낌에서 비롯된다. 개인적인 행복은 행복을 추구하는 다른 사람들에게 도움을 주는 일에서 비롯된다.

이 관점을 개인의 행동 법칙에 적용하면, 유용한 행동과 유용하지 않는 행동을 구별하기가 훨씬 쉬워진다. 우리는 이 구별을 통해 대항하는 행동을 살펴보겠다. 언제 반대하는 행동이 유용한지 살펴보면, 긍정적인 반대 행동은 사회정의 운동에 참여하는 것, 도움이 필요한 누군가를 위해 대변하는 것, 또는 사회적으로 제외되거나 차별대우 받는 사람들을 위해 비폭력적인 시민불복종 행동 등이 포함될 수 있다. 이러한 대항하는 행동이 얼마나 큰 규모인지 주목해보자. 예를 들어, 샘은 자동차와의 전쟁을 선포하는 티셔츠를 입고, 자동차 소유를 단호히 거부했다. 이는 기후 변화에 대한 그의 다양한 기여 중 하나로, 100년 후에도 인류가 살 수 있는 지구가 존재하기를 바라는 마음에서 생겨난 것이다.

또한 공동체 의식을 가진 사람들의 회피 행동이 때로는 싸움을 피하거나 또는 도전을 받고서도 평온을 유지하기로 선택한 것으로 볼 수도 있다. 이는 집단을 발전시킬 수 있는 사람들에게 자신이 가지고 있던 리더십을 넘겨주는 것으로 나타날 수도 있다. 영국이 인도를 자치적으로 통치하도록 두고 떠날 때 마하트마 간디는 그렇게 했다. 미국의 일부 전직 대통령들도 비슷하게 행동하곤 했다. 공동체 기반 사회적 관심을 가진 사람들은 종종 좋은 지도자이지만, 그들은 때로 좋은 추종자가 될 수도 있다.

심지어 양가적인 행동조차도 유용할 수 있다. 모든 사람은 언젠가 굳어지는 순간이 있을 수 있다. 굳어지는 것 자체는 문제가 되는 것은 아니다. 중요한 것은 이러한 긴장을 어떻게 다루는지에 달려있다. 공동체 의식을 가진 사람들은 당황하지 않고, 불안에 빠지지도 않는다. 그들이 남들과 다른 점은 그들이 현재에 머무를 수 있는 능력이며, 닥쳐오는 일을 있는 그대로 경험하는 데 있다. 차분한 가운데 선택사항을 고려하며, 준비가 될 때까지 움직이지 않는다. 안전을 추구하는 행동의 법칙은 두려움 속에서 얼어붙고 멈출 수도 있고, 또한 평화와 사색 속에서 멈출 수도 있다. 달라이 라마(Dalai Lama, 1998/2009)는 이에 대한 여러 가지 예를 제공한다.

공동체 의식의 반대 현상은 아들러(1935/1996a, 1935/1996b)의 신경증을 묘사한 데서 찾을 수 있다. 여기서 아들러는 지나친 열등감과 삶을 위한 준비 부족이 삶의 요구와 도전에서 철수하게 만드는 것, 특히 우정, 일, 사랑의 과업으로부터 철수하게 만드는 것의 부정적 영향을 강조했다. 이것은 열등감이 철수와 고립을 초래하거나 지나친 보호 기제의 형태로 나타나며, 우울증의 경우 자기도취로 나타나기도 한다. 이러한 움직임은 정신적 질병의 특징이다.

문제없는 삶, 스트레스 없는 삶은 불가능하다. 때로는 우리는 무시할 수 없는 문제나 도전과 부담을 경험한다. 스트레스 자체가 기능장애로 이어지지는 않는다. 고통이란 압도당하는 경험에서 나타나는데, 자신이 도전에 대처할 준비가 되지 않았다고 믿거나 상황을 다룰 능력이 없다고 믿는 경험이다. 그와 같은 열등감이 감정적 반응, 즉 대부분의 경우 분노, 불안, 때로는 우울증으로 이어진다. 저명한 캐나다의 연구자 한스 셀리에(Hans Selye, 1974)는 아들러가 사회적 관심을 강조한 것에 동의하였다. 셀리에는 우리 모두 매일 다른 사람의 사랑을 받을 수 있는 방식으로 살 수 있도록 노력해야 한다고 제안했다.

사적 논리

아들러에 따르면, 다른 사람들과 관계를 맺지 못하는 사람들은 사적 지능, 즉 사적 논리(private logic)를 발전시킨다. 사적 논리는 마치 중요한 것은 단지 개인뿐인 것처럼 이기적으로 자기, 타인, 그리고 삶을 생각하는 것을 의미한다. 사적 논리는 종종 회피와 고립, 자기도취와 부적응 반응으로 이어진다. 물론 모든 사람은 자기 중심적이지만, 공동체 의식을 가진 사람들은 자기 생존과 관련된 사적인 사고에 스며들어 있는 의식적 혹은 무의식적 자기 지향성을 극복할 수 있다.

사적 논리는 개인이 자신의 존재가치를 보전하기 위해 개발한 모든 잘못된 믿음, 잘못된 가정과 신념, 불완전한 지식을 포함하는데, 이들 대부분의 편견은 의식적이라기보다 직관적이다. 이러한 삶에 대한 사적 지향성의 결과는 부적응적인 행동 패턴, 대인관계 갈등이나 정서적 고통으로 경험된다. 스트레스가 고통이 되면, 열등감과 압도당할 듯한 감정과 함께 사적 논리가 작동하게 된다. 이러한 감정은 다른 감정(두려움, 불안, 분노, 우울)을 자극한다. 이러한 부정적 감정은 우리가 원하는 긍정적인 감정을 찾기 위한 행동과 활동을 강요한다. 라스무센(2010)은 이같이 강하게 원하는 감정을 'Z 요인'이라고 부르는데, 개인이 기분 좋게 느끼는 경험을 의미한다(p. 11). 성공, 성취 또는 충족과 같은 보편적인 인생 목표 없이는 Z 요인은 존재하지 않는다. Z 요인의 긍정적 감정과 부정적으로 강력한 감정은 모두 인생 여정의 표식이자, 개인 삶의 양식에 대한 피드백이다. 그리고 이러한 감정은 자신과 다른 사람들에게 그 여정이 어떻게 진행되고 있는지를 알려준다. 개인이 **경험하는** 어떤 것(X)과 그에 따른 **감정**(Y 또는 Z) 사이에는 개인의 생각과 해석(T)이 있다. 결과적으로 나타난 감정이 긍정적이고 우리를 행복하게 만들면, 이것이 원하는 결과(Z), 즉 타당한 감정이다. 결과적으로 부정적인 감정이 나타나면, 그것은 우리의 사적 논리 또는 사고방식(T)과 직접적으로 관련된 통제하기 힘든 강렬한 감정(Y)이며, 보다 바람직한 결과를 얻기 위해서 우리가 열심히 행동(A)하도록 요구한다(그림 5.1).

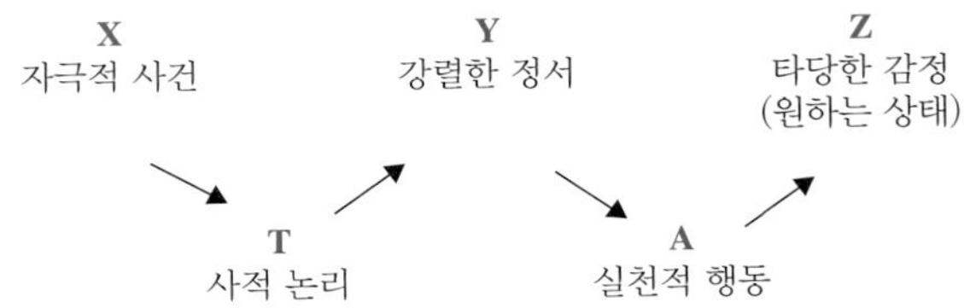

그림 5.1 Z 요인

정서는 즉각적인 실존적 피드백을 제공할 뿐만 아니라 개인이 원하거나 필요한 것을 다른 사람들에게 전달하는 목적이 있다. 예를 들어, 분노는 '나는 어떤 결과를 받을 자격이 있다.'라는 믿음에서 비롯된다. 또한 분노는 '나는 공격할 것이며, 어떤 대가를 치르더라도, 승리를 추구할 것이다.'라고 전달한다. 분노의 외부로 나타내는 성향은 그 사람이 강하고 그 힘을 최대한 이용할 것이라는 것을 암시하지만, 겉으로 나타난 힘은 그만큼 강한 자신의 나약함을 숨기고 있다.

이제 불안에 대해 생각해보자. 불안은 무엇을 암시하는가? 불안은 지나치게 경계하는 감정으로 자신이 한계에 처해 있다는 느낌이다. 실제로, 불안은 정리해야 할 사안을 우리에게 알려준다. 불안은 개인에게 경계심을 갖고 주의를 기울이며 문제에 대처하도록 요청하는 것이다. '삶은 위험하고, 이 위험에서 나를 구해줄 누군가가 필요하다!'라고 말한다. 그러나 우울은 절망의 경험에서 비롯된다. 우울은 감정적으로 백기를 흔들고, 수건을 던지며 포기하는 감정이다. 이것은 '절망적이지만, 제발 손을 내밀어 나를 잡아주세요.', '나를 돌봐줄 누군가가 필요해요.'라고 말하는 것이다. 수십 가지의 감정적인 반응은 스트레스를 나타내는데, 스트레스가 압도적이라고 해석될 때 괴로움이 된다. 각각의 정서적 반응은 개인의 자기평가를 반영하며, 다른 사람들에게 원하는 결과를 알려주고, 행복과 웰빙을 회복해줄 것으로 기대되는 행동을 강요하는 것이다.

라스무센(2010)은 어떤 감정은 그 자체가 목적이 될 수 있는데, 즉 Z 요인은 우리가 추구하는 결과다. 이러한 감정에는 기쁨, 행복, 만족, 사랑, 자부심 등이 포함된다. 이들은 원하는 상태를 달성한 결과를 반영하니까 더 이상 다른 것을 필요로 하지 않는다. 이러한 감정은 우리가 공동체 의식과 사회적 관심을 가지고 삶의 과제에 접근할 때 상식적으로 발생하는 감정이다.

인생 과제 학습목표 03

아들러(1964)는 우리가 적어도 세 가지 보편적인 인생 과제(life task)를 성공적으로 달성해야 한다고 주장한다. 모든 사람은 나이, 성별, 역사적 시기, 문화 또는 국적과 상관없이 이러한 인생 과제를 다루어야 한다. 이러한 과제는 친구 사귀기(사회적 과제), 친밀한 관계 맺기(사랑/결혼 과제) 및 사회에 공헌하기(직업적 과제)이다. 이러한 인생 과제는 인간의 삶에 있어서 근본적인 요소이기 때문에, 그중 하나라도 제대로 기능하지 않으면 종종 심리적 장애의 지표가 된다. 이러한 각각의 과제는 우정과 소속감, 기여와 자기 가치, 협력을 위한 심리적 역량의 발달을 요구한다.

아들러(1927/1959)에 따르면, 삶의 의미는 공헌하는 데 있다. 이 의미에서 우리의 직업은 우리가 하는 일 이상이며, 우리가 이 땅에서 주어진 시간이 한정되어 있다는 것을 인식하는 것이며, 직업은 우리에게 주어진 시간을 어떻게 사용할지를 선택하는 것과 관련이 있다. 우리는 우리 자신만을 돌보았는지, 아니면 다른 사람들, 보다 넓은 의미에서 인류의 지속적인 발전에 기여했는지 한번 생각해볼 필요가 있다.

개인 발달에 미치는 영향

우리는 선천적으로 일련의 주어진 조건들을 가지고 태어난다. 기질, 물려받은 유전자, 생물학적 구조와 생물학적 성향, 정신적 능력 또는 한계, 그리고 우리를 사랑하는 사람들이 바라는 사람으로 성장할 사회문화적 환경 속에서 태어난다. 그러나 이러한 구성요소 중 어느 것도 우리의 삶이 어떻게 될 것인지를 결정하지 않는다. 오히려 개개인이 어떤 사람이 되는지는 개인이 그 구성요소를 어떻게 경험하고 해석하며 사용하는지에 달려있다. 삶에 대한 개인의 태도가 삶과 외부 세계와의 관계를 결정하고 삶의 양식을 결정한다(Adler, 1935). 그럼에도 불구하고 어떤 경험은 개인의 발달에 매우 강력한 영향을 미친다는 것을 부인할 수 없다.

가족 구도와 가족 가치 아들러는 최초의 체계적인 상담자였으며, 실제로 청중들 앞에서 가족 상담을 실시한 첫 번째 상담자였다(Bitter, 2021). 가족 구도(family constellation)는 우리가 요즘 가족체계라고 부르는 개념의 아들러의 용어이다. 아들러 시대에 이상적인 가족은 대부분 이성애 부부가 이끄는 가정이었는데, 어머니들이 주로 아이들을 양육하고 아버지들은 가족 부양자이면서 가능하면 자주 자녀를 지도하는 역할을 하는 것이다. 신생아와 첫 번째 유대를 형성하는 것은 어머니의 역할이었고, 아이에게 안전한 연결감과 첫 번째 협력관계 경험을 제공하는 역할을 했다. 자녀가 자라면서 어머니의 임무는 아이를 아버지에게, 그리고 그다음에는 형제자매, 마지막으로는 더 큰 세상으로 돌리는 것이었다. 이상적인 부모 팀은 가족 내에서 상호존중, 친절 및 배려로 서로 대우하여 남성과 여성이 서로 어떻게 잘 지낼 수 있는지에 대해 모델을 제시했다.

부모 양쪽이 공통 가치를 공유하고 비슷한 믿음과 신념을 갖고 생활 과제를 같은 방식으로 접근할 때, 그들은 일상생활에서 아이들에게 모델이 된다. 이러한 공유된 삶의 방식은 가족 가치(family value)가 되며, 이는 정해진 것처럼 경험하게 되는 삶의 방향성이 된다. 가족 가치와 삶의 방향성은 우리 가족의 규칙이고, 우리 가족이 어떤 사람인지를 말해준다. 아이들은 거의 대부분 이러한 가치를 어린 시절에 받아들인다. 나중에 아이들이 그런 가치에 반항할 수도 있고, 반대로 지지할 수도 있지만, 가족 가치 자체는 쉽게 무시할 수 없을 정도로 강하다.

가정 분위기 첫아이가 태어나기도 전에 그 아이를 맞이할 분위기는 이미 조성되기 시작한다. 그 아이는 한 부모로부터 환영받을 수도 있다. 대개는 확장된 가족구성원, 친구 또는 육아와 가족을 지원하기 위해 고용된 사람들을 포함한 지지 세력으로부터 환영을 받는다. 두 부모가 가족을 이끄는 경우, 부부간의 관계가 가족의 분위기와 정서를 결정한다. 이 커플이 이성애자, 동성애자, 트랜스젠더, 성 중립 혹은 성 유동적인지의 여부는 별로 중요하지 않다. 이러한 부부는 가족의 안내자로서, 서로에 대한 태도와 감정이 아이에게 첫 삶의 경험과 안정감을 제공한다.

아이는 끊임없이 보고 관찰하고 해석한다. 이 부모라는 사람들이 함께 무엇을 하는가? 그들은 경쟁하는가, 아니면 협력하는가? 부모는 서로에게, 아이에게 어떻게 말하는가? 그들은 서로 붙어 있는가, 아니면 떨어져 있는가? 주의를 기울이는가, 아니면 산만한가? 아이와 함께 있는가, 아니면 없을 때가 있는가? 내 요구에 반응하는가? 반응한다면 어떻게 반응하는가? 그리고 그들의 관심과 지원을 받기 위해 나는 무엇을 해야 하는가? 그들은 어떻게 결정을 내리는가? 싸우는가? 그렇다면 무엇 때문에 싸우는가? 그들의 다툼이 나에게 어떤 영향을 미치는가? 그들은 함께 동의하는 일이 있는가, 아니면 어떤 믿음과 행동이 확고부동하고 자동적이며 의심할 여지가 없는 것처럼 행동하는가?

부모 혹은 대가족에 의해 조성된 가정 분위기(family atmosphere)는 양육적일 수도 있고, 학대할 수도 있고, 놀이터와 같을 수도 있고, 정글과 같을 수도 있다. 평화로울 수도 긴장감이 돌 수도 있고, 협력적이거나 경쟁적일 수도 있으며, 안전하거나 무서울 수도 있다. 부모는 배우자와 아이들에게 어떻게 반응하는지에 따라 가정 분위기를 결정하게 된다.

성역할 지침과 성 정체성 아들러가 함께 일한 가족들은 대부분 이성애적인 두 부모가 이끌어 가는 가정이었다. 20세기 초기에는 두 가지 성 정체성만이 인정되었으며, 개인의 성별은 태어날 때 의사의 해부학적 평가를 기반으로 지정되었다. 부모는 의사의 지정에 대해 거의 항의하지 않았다. 이러한 가정에서는 부모가 자녀를 위한 **성역할 지침 역할**을 했다. 즉, 어린 남자아이는 아버지를 보며 남성의 모습을 배웠고, 어린 여자아이는 어머니를 보며 여성의 모습을 배웠다. 이러한 면에서 자녀는 같은 성별의 부모를 보며 미래의 자신을 상상하고, 거의 항상 그 부모와 동일한 성인이 될 것이라고 결심한다. 가족 내 다른 어른은 자녀가 고려할 수 있는 대안적인 모델을 제시할 수 있지만, 부모의 모델이 가장 큰 영향력을 가졌다.

21세기 이성애적 가족에서도 이와 매우 유사한 일이 아이들에게 일어난다. 한 부모 가정에서는 같은 성별의 부모와 함께 자라는 아이들 또한 자신이 어른이 될 때 그 부모를 강력한 안내자로 보게 된다. 그러나 두 동성애적인 부모와 함께 자라는 아이는 어떨까? 두 명의 동성애적인 부모와 동일한 성별을 가진 아이들조차도 여러 모델을 마주하게 된다. 결국, 부모는 성인이 세상에서 어떤 모습인지에 대한 강력한 모델이다. 그러나 아이가 동성의 모델을 경험할 때, 그 해석이 모든 것을 결정한다. 그 아이는 한 부모나 이성애적인 부모와 자라는 아이들과는 다른 선택을 경험하게 된다. 이는 자기와 같은 성을 가진 부모가 없던 아이들과, 태어날 때 잘못 지정되었거나 성 정체성이 중립적이거나 유동적인 아이들도 마찬가지이다. 이러한 아이들은 자기 삶의 맥락 속에서 자신의 정체성을 공동으로 형성하며, 그들의 주관적인 자기 해석이 중요하게 작용한다.

출생순위와 형제자매 관계 학습목표 04

아들러 접근법은 형제와 가족에서의 출생 순서와 심리적 관련성에 주의를 기울인다는 점에서 독특하다. 아들러는 아이들이 삶을 바라볼 때 취하는 다섯 가지 심리적 위치 혹은 관점을 확인하였다. 이 출생순위에 따라 아이들은 보통 삶을 다르게 인식한다. **맏이**, **두 명 중 둘째**, **중간**, **막내**, **외동**인 경우이다. 출생순위(birth order)가 사람이 어떤 인간이 될지를 결정하지는 않지만, 특정 경험을 할 확률을 증가시키는 역할을 한다. 그러나 결국 개인의 삶에서 출생순위의 의미를 만드는 것은 그 경험에 대한 해석에 달려있다.

아들러(1931/1958)는 많은 사람들이 동일한 가족의 자녀들이 왜 그렇게 큰 차이를 보이는지 궁금해하는 것을 관찰하였고, 한 가정의 자녀들이 같은 환경에서 자란다고 가정하는 것은 잘못된 생각이라고 지적하였다. 형제들은 가족관계의 일부를 공유하지만, 출생순위로 인해 각각의 아이의 심리적 상황은 서로 다르다고 하였다. 출생순위의 영향에 대한 다음의 설명은 안스바커와 안스바커(Ansbacher & Ansbacher, 1964), 드라이커스(Dreikurs, 1953) 및 아들러(1931/1958)를 기반으로 한 것이다.

1. **맏이**는 일반적으로 많은 관심과 집중된 에너지를 받게 된다. 어느 기간 동안 맏이는 유일한 자녀이며 모든 감정적인 연결과 조화의 혜택을 누릴 수 있다. 그러나 새로운 형제가 등장하면 맏이는 왕관을 빼앗기고 유리한 위치에서 내쫓기게 되며 더 이상 고유하거나 특별한 존재가 아니게 된다. 맏이는 새로운 형제(혹은 침략자)가 자신이 누리던 사랑을 빼앗을 것이라고 쉽게 믿을 수 있다. 대부분의 경우, 맏이는 모범생의 위치를 취하고 동생들을 지배하며 높은 성취 욕구를 보일 수 있다. 이러한 맏이는 신뢰감을 주고 열심히 일하며, 첫째라는 장점을 바탕으로 성장하고 앞서 나가려고 한다.

2. **두 명 중 둘째**는 다른 위치에 있다. 출생 순간부터 둘째는 첫째와 어른들의 관심을 나누게 된다. 전형적인 둘째는 경주를 벌이는 것처럼 항상 전진하는 모습을 보인다. 둘째아이는 마치 첫째를 앞지르기 위해 훈련 중인 것처럼 보인다. 첫 두 아이 사이의 이 경쟁적인 다툼은 이후 삶의 경로에 영향을 미친다. 동생은 연장자의 약점을 찾아내고, 연장자가 실패한 곳에서 성공을 거두는 요령을 터득하여 부모와 교사로부터 칭찬을 받게 된다. 한 명이 특정 분야에서 재능이 있다면, 다른 하나는 다른 능력을 발전시켜 인정받으려고 한다. 둘째 아이는 종종 첫째와 정반대의 성격을 갖게 된다.
3. **중간 아이**는 종종 압박을 받는 듯한 느낌을 갖는다. 이 아이는 삶이 불공평하다고 확신하며 속았다고 느낄 수 있다. 이 경우 아이는 '나는 불쌍해'라는 태도를 취하고 문제아가 될 수 있다. 그러나 특히 갈등이 많은 가정에서는 중간 아이가 중재자의 역할을 하여 가족을 잘 유지하는 일을 할 수 있다. 만약 가족에 4명의 자녀가 있다면, 둘째 아이는 종종 중간 아이처럼 느끼고, 셋째 아이는 더 느긋하고 사교적이며 첫째와 서로 동조할 수 있다.
4. **막내**는 항상 가족의 아기 역할을 하며 가장 아낌을 받는 경향이 있다. 막내는 지나치게 보살핌을 받거나 응석을 받아준 결과로, 자신의 무력감을 교묘한 형태로 발달시켜서 다른 사람들을 자신의 봉사자로 만드는 걸 잘 할 수 있다. 막내는 종종 가족구성원 중 아무도 시도하지 않은 방식으로 발달하여 자신만의 방식으로 살아가며, 결국에는 다른 형제보다 더 나은 삶을 살 수도 있다.
5. **외동아이**는 그들 나름대로의 문제를 가지고 있다. 첫째 자녀의 몇 가지 특징을 공유하지만(예: 높은 성취 욕구), 외동아이는 결코 왕좌에서 내려오지 않을 수 있으며, 다른 자녀들과 공유하거나 협력하는 법을 잘 배우지 못할 수 있다. 외동아이가 배우는 것은 어른들을 다루는 법인데, 왜냐하면 어른들이 그 아이의 세계를 전부 구성하고 있기 때문이다. 보통, 외동아이는 부모가 애지중지 키워서 부모 중 한 명이나 양쪽에게 의존적으로 매달릴 수 있다. 외동아이는 어린 시절에 종종 어른들의 언어를 많이 배우며, 항상 무대의 중심에 있기를 원할 수 있고, 만일 자신의 위치에 도전이 오면, 그들은 불공평하다고 느낄 수 있다.

출생순위는 해석에 불과하며, 이러한 설명이 어떤 개인에게 완전히 틀릴 수 있다. 그러나 출생순위와 가족 내 위치의 해석은 어른이 되어 세상에서 상호작용하는 방식에 많은 영향을 미친다. 사람들은 어린 시절에 다른 사람들과 관계 맺는 일정한 스타일을 습득하고, 성인이 되어 상호작용할 때 보여줄 자신의 분명한 이미지를 형성한다. 아들러치료에서는 가족 역동, 특히 형제자매 간의 관계에 대한 작업이 중요한 역할을 한다. 개인에 대한 고정 관념을 피하는 것이 중요하지만, 형제자매 간의 관계로 인해 어린 시절에 시작된 특별한 성격 경향성이 개인의 인생 전반에 영향을 미칠 수 있다.

문화, 인종 및 민족성: 체계적인 전체론

출생순위처럼 문화는 개인들이 삶을 조망하는 관점이다. 만약 지구상의 특정한 장소에서 태어나 그 지역의 주류 문화 속에서 10년 동안 자란다면, 그 문화의 세계관, 가치관, 사회적 지향성을 받아들일 가능성이 매우 크다. 가정이 가족구성원들에게 영향을 미치듯이 문화는 그 안에 있는 가족들에게 영향을 미친다. 개인의 차이는 있을 수 있지만, 일반적인 생활 방식은 강력한 영향을 미친다. 문화는 공동체의 가치, 신념, 확신으로 표현되며, 예식 등을 통해 기념되고 강화되며, 법과 종교를 통해 조직화된다. 우리는 우리 문화를 떠날 수 있고 세계를 여행하며, 정말로 세계의 시민이 될 수 있다. 하지만, 어디를 가도 자기가 삶을 시작했던 고향만큼 특별하게 느껴지지는 않는다.

어떤 문화는 인종과 민족을 중심으로 형성되는데, 특히 인종이나 민족이 억압과 배척을 당한 경우에 더욱 그렇다. 어떤 집단이 자신들의 구성원이 도전받고 공격받거나 혹은 무시당한다고 느낄 때, 그들은 함께 결집하여 자기를 방어한다. 결집한 집단은 시간이 지나면서 그들 자신의 독자적인 문화를 발전시킨다.

세계의 모든 지역에는 지배적인 문화가 있다. 미국에서의 지배적인 문화는 남성, 백인, 부유층, 이성애자, 유능한 사람, 오른손잡이, 상대적으로 젊은 사람, 기독교인을 중심으로 한다. 지배적인 문화와 완벽하게 일치하는 사람들은 평생 노력 없이 얻은 혜택을 누릴 수 있다. 물론 지배적인 문화는 실제로 권력이 있으며, 지배적인 문화에 속하지 않을수록 억압을 받게 된다. 지배적인 문화의 의도는 자기 스스로를 강화하고 하위문화를 주변화시키려는 것이다. 결국 어떤 사람이 누구인지를 결정하는 것은 인종, 민족, 성별, 경제적 수준, 종교, 문화가 아니라 개인이 겪는 이와 같은 중요한 경험과 영향을 어떻게 해석하는지에 달려있다. 개인을 충분히 이해한다는 것은 그 사람의 체계적이고 사회적인 근원의 맥락 전체를 이해하지 않고서는 사실상 불가능하다.

상담 과정

상담 목표

아들러 상담과 치료는 내담자와 상담자의 협력적인 관계를 기반으로 한다. 일반적으로 상담 과정은 상호존중을 바탕으로 관계를 형성하고, 전체론적인 심리평가나 생활양식 측정, 그리고 개인의 생활 방식 내에 있는 잘못된 목표와 가정을 밝히는 것을 포함한다. 이는 내담자를 삶의 유용한 측면을 향해 재교육하거나 재정향하며, 부적응 행동을 건설적인 패턴으로 대체하는 과정을 거친다. 치료의 주요 목표는 내담자의 소속감을 증진시키고 공동체 의식과 사회적 관심의 특징을 지닌 행동을 채택하도록 돕는 것이다. 아들러학파가 강조하는 것은 문제의 치료가 아니라 건강, 웰빙 그리고 문제의 예방이다. 아들러학파는 성격의 성장 모델을 선호하며 개인의 강점과 자원을 강조한다(Carlson & Englar-Carlson, 2013, 2017; Sweeney, 2019).

핵심 목표 중 하나는 내담자가 인생 과제에 대처하는 것을 돕는 일이다. 아들러학파는 내담자가 일차적 변화(first-order change)를 이루는 데 도움이 필요하다고 인식하고, 심각한 증상을 대처하고 관리하는 것도 중요하지만, 진정한 치료의 목적은 사람들이 보다 적응적인 삶을 살도록 돕는 것이다. 이는 부적응적인 행동 패턴을 수정하고, 사회적으로 더 유용한 생활 방식으로 대체하는 것을 의미한다. 보다 적응적인 삶은 아들러학파가 소위 심리적 근육이라고 부르는 것을 발달시키는 것이 특징이다(Rasmussen & Schuyler, 2020). 심리적 근육(psychological muscle)은 일상적인 인생 과제에 접근할 때에 책임감, 협력, 자기와 타인에 대한 존중, 그리고 용기를 발휘하는 것을 의미한다.

격려는 사람의 신념을 바꾸는 가장 강력한 방법이다. 격려는 내담자가 자신감을 키우고 용기를 북돋는 데 도움이 된다. 용기(courage)란 **비록 두렵더라도** 사회적 관심과 일치하는 방향으로 행동하려는 의지를 말한다. 두려움과 용기는 함께 존재한다. 두려움이 없다면 용기가 필요하지 않을 것이다. 용기를 잃거나 낙담하는 것은 잘못된 신념과 문제행동을 초래한다. 용기를 잃은 사람들은 자신의 이해관계와 일치하는 방식으로만 행동하는 경향이 있으며, 이는 종종 사회적 관심의 결핍과 관련이 있다.

마니아치, 샤킷-마니아치(Maniacci, Sackett-Maniacci, 2019)는 상담의 교육 과정에서 다음과 같은 목표를 향해 지도할 것을 제안한다.

- 내담자의 사회적 관심과 공동체 의식 촉진하기
- 내담자가 낙담과 열등감을 극복하도록 도와주기
- 내담자의 생활양식을 좀 더 적응적이고 유연하고 사회적인 방향으로 조정하기
- 잘못된 동기 변화시키기
- 자기와 타인에 대한 수용과 평등에 대해 격려하기
- 사람들이 인류 공동체에 기여할 수 있도록 돕기

상담자의 기능과 역할 학습목표 05

아들러학파 상담자의 역할은 내담자들이 잘못된 세계관을 알아차릴 수 있도록 돕고 새로운 '인지 지도'를 제공하여 그들의 감정과 행동을 변화시킬 수 있도록 돕는 것이다(Carlson & Englar-Carlson, 2017). 모든 내담자는 상담과 치료를 통해 기분이 좋아지길 바라며, 만약 그렇지 않다면 적어도 기분이 더 좋아지거나 기분 나쁘게 만드는 사건을 다룰 방법을 찾길 원한다(Rasmussen, 2010). 아들러 상담자는 내담자가 기본적 실수(basic mistake)를 발견하고 바로잡을 때 기분이 더 좋아지고 더 나은 행동을 할 것이라고 가정한다. 상담자는 내담자가 사고하고 평가하는 과정에서 불신, 이기적 성향, 비현실적인 야망, 자신감 부족과 같은 중대한 실수를 발견하고자 한다. 또한 기본적인 실수를 조사하는 일 외에도, 아들

러 상담자는 종종 내담자가 자신의 핵심적인 두려움, 즉 불완전함, 취약함, 죄책감, 또는 과거에 대한 후회 같은 불안을 알아차리고 탐색하도록 도와준다(Carlson & Englar-Carlson, 2017).

증상을 발현시키는 것은 내담자의 내면 평가에서 비롯되는 이러한 실수 때문이다. 이러한 증상은 주로 정서적인 불안으로 표현되는데, 물론 아들러식 상담자는 심각한 경우 내담자가 증상을 관리하는 데 도움을 줄 것이다. 그러나 정서적인 불안을 다루고 실수를 바로잡거나 적응적인 패턴으로 변화시키는 것 그 자체는 목적이 아니라 최종 목표로 가는 수단이다.

상담자의 궁극적인 역할은 선호하는 생활양식의 발달을 촉진하고, 인생 과제가 심리적인 근육을 발달시키는 기회가 되도록 대처 양식을 촉진하는 것이다. 또한, 개인이 다른 사람들에게 기여하는 공동체 의식과 사회적 관심이 생활 속에서 나타날 수 있도록 도와주는 것을 의미한다. 이러한 큰 목표를 성취할 수 있도록 도와주다 보면, 내담자가 처음 보여주었던 초기 증상은 종종 사라지는데, 그 이유는 이러한 증상이 더 이상 필요하지 않기 때문이다.

상담에서 내담자의 경험

내담자는 어떻게 자신의 생활양식을 유지하며, 왜 이러한 생활양식 변화에 저항하는 것일까? 개인의 생활양식은 그가 안정적이고 지속적인 삶을 유지하도록 도움을 준다. 다시 말해, 예측할 수 있게 한다. 그러나 생활양식은 대부분의 삶에서 변화에 저항하게 만들기도 한다. 일반적으로 사람들은 변화에 실패하는데, 그 이유는 자신의 사고의 오류나 행동의 목적을 인식하지 못하기 때문이다. 그리고 무엇을 다르게 해야 할지 모르고, 새롭고 예측할 수 없는 결과를 위해 예전의 패턴을 버리는 것을 두려워하기 때문에 변하지 못한다. 그 결과 그들은 사고와 행동 방식이 성공적이지 않더라도 익숙한 방식에 집착하려는 경향이 있다(Sweeney, 2019). 아들러 상담에서 내담자들은 바람직한 결과와 회복탄력성 있는 생활양식을 얻는 일에 초점을 맞춘다. 이는 내담자의 행동을 위해 새로운 청사진을 제공해줄 수 있다.

내담자들은 자신이 견딜 수 없을 정도로 불행할 때, 종종 정서적인 괴로움을 경험할 때 상담실에 찾아온다. 자신의 사고나 행동에 대한 염려로 인해 상담을 시작하는 내담자들은 거의 없다. 대부분의 경우, 내담자들은 불행하며, 상담자에게 도움을 받아 기분이 좋아지길 원한다. 적어도 기분이 좋아지지 않더라도 내담자들은 최소한 더 나아졌으면 한다.

부정적인 정서에는 목적이 있다. 부정적인 정서는 개인에게 어떤 문제가 생겼다는 신호를 주는 것이며 관심을 끌게 한다. 부정적인 정서는 다른 사람들에게 자신이 괴로움을 겪고 있고, 원하는 결과를 얻기 위해 도움이 필요하다는 신호를 보내는 것이다. 그리고 이러한 부정적 정서는 부적응적인 사고방식과 생활양식이 있음을 암시한다.

상담을 받으러 오는 내담자들이 보이는 몇 가지 공통된 감정을 살펴보면, 다음과 같다, 예를 들어, **불안**은 전투적인 정서다. 내담자는 잠재적인 결과에 대해 걱정하지만, 여전히 전투적이며, 여전히 '일'이 잘 해결되길 바란다. 이 정서는 당사자에게 경계하고 주의해야 한다는 점을 알려주고, 그의 웰빙과 건강에 위협이 있다는 것을 말해준다. 이것은 사람들에게 '저와 함께 싸워주세요. 제가 위험에 빠질 수도 있어요. 저는 도움과 지지가 필요해요.'라고 말하는 것이다.

또 다른 감정으로는 **분노**가 있다. 분노는 한 사람이 무언가를 잃거나 원하는 것을 얻지 못할 것 같은 위협을 느낄 때 나타나는 신호이다. 분노는 그 사람이 특정한 결과를 기대하고 있다는 믿음에서 비롯된다. 분노는 사람들에게 '당신의 말이나 행동은 받아들이지 않겠어요. 만약 안 된다면 제가 공격하겠어요. 당신을 장애물로 여기고 기꺼이 제거할 수도 있어요. 복수하는 데 반대하지 않아요.'라고 말하는 것이다.

그리고 **우울감**이 있다. 우울감은 패배나 실패가 임박했다고 느낄 때 경험한다. 어떤 문화에서는 우울은 체면을 상실했을 때 나타난다. 이것은 인생 과제에서 후퇴하는 것이며, 경기장에서 물러나는 것이다. 사람들에게 '저는 희망이나 도움, 안도감이 필요해요.'라고 말하는 것이나 다름없다.

정서적인(증상적인) 표현과 사고방식을 연결 짓는 것은 내담자들의 부적응적인 양상을 이해하는 데 꼭 필요하다. 앞서 세 가지 감정에 대한 예시를 제공했지만, 다른 감정(불만, 두려움, 공포, 공황, 애도, 슬픔, 수치심, 원한, 혐오, 경멸, 질투, 탐욕, 죄책감)에서도 유사한 패턴이 나타난다. 이러한 감정이 마음속의 자기 의식에 어떤 의미가 있고, 그 개인이 사람들에게 어떤 메시지를 전달하고자 하는지 생각해보라.

상담 과정에서 나타나는 문제나 주제에는 촉발사건이 있는데, 이는 사회적, 가족적, 생물학적 요인에 의해 유지되고, 내담자의 환경에서의 강화 요인에 의해 지속된다(Sperry & Sperry, 2020). 촉발사건은 상담자에게 무엇 때문에 내담자가 도움을 구하게 되었는지, 그리고 내담자가 어떤 행동을 하게 만들었는지를 알려준다. 강화요인은 부적응적 패턴을 계속 유지하게 하는 모든 사회적 자극이다. 그리고 개인의 소질은 아들러가 말한 '생활양식 평가'를 통해 대부분 드러난다.

생활양식 평가는 삶에 대한 개인의 접근 방식에 대한 보다 더 공식적인 조사과정이다. 이 평가는 가족 구도에서 채택한 방식, 가정 분위기에서 기대하게 된 것, 개인이 성장하며 터득한 생각, 가치관, 확신을 포함한다. 또한 생활양식 평가는 직업, 우정, 사랑과 관련된 인생 과제에 대한 개인의 경험과 해석을 조사하게 한다. 마지막으로, 초기 회상(early recollection)은 내담자가 자기 자신, 타인, 그리고 인생을 어떻게 보는지를 확인하고, 개인이 오랫동안 지녀온 패턴을 파악하는 데 사용된다.

구체적인 예로, 만성 우울증에 시달리는 중년의 남성이 상담을 시작한다고 가정해보자. 생활양식 평가가 완료된 후, 다음과 같은 기본적인 오류가 확인되었다.

- 그는 어느 누구도 진심으로 자신에게 마음을 쓰지 않을 거라고 확신하고 있다.
- 그는 사람들이 자기를 거절하기 전에 먼저 그들을 거부한다.
- 그는 완벽하기를 기대하며, 자신을 가혹하게 비난한다.
- 그는 일이 잘 풀리지 않을 것이라는 부정적인 기대를 하고 있다.
- 그는 자신이 모든 사람을 실망시키고 있다고 확신하기 때문에 죄책감에 짓눌려 있다.

이 남성은 어려서부터 자기 자신과 삶에 대해 잘못된 믿음을 가지게 되었는데도, 여전히 그것을 자기 삶의 규칙으로 고수하고 있다. 그의 기대는 대부분 비관적이고, 그는 이러한 부정적인 믿음이 타당하다는 것을 입증하려고 노력하기 때문에 어느 정도는 그 기대대로 되는 경향이 있다. 실제로 그의 우울증은 결국 그가 실패할 것으로 예상하는 인생 과제인 타인과의 접촉을 피하는 목적에 도움이 된다. 상담 과정에서 이 남성은 자신의 사적 논리 구조에 변화를 주는 방법을 배우게 될 것이다. 이 경우, 삼단논법은 다음과 같다.

- '나는 기본적으로 사랑받을 가치가 없다.'
- '세상은 나를 거부할 만한 사람들로 가득 차 있다.'
- '따라서 나는 상처받지 않기 위해서 지금 내 모습(사귀지 않는 것)을 유지해야 한다.'

이러한 생각으로 인해 우울증이 생긴다는 것을 쉽게 알 수 있지만, 아들러학파 상담자는 이 남성이 우울증을 자신의 도피 구실로 이용한다는 것 또한 알고 있다. 상담자는 이 내담자 행동 이면의 숨은 목적에 귀를 기울이고 이해하는 것이 중요하다. 내담자는 공동체 의식에서 자신을 고립시켜왔기 때문에 사회적 관심이 낮아졌다. 상담 과정을 통해서 내담자는 자신이 중요한 삶의 문제와 과제를 다룰 수 있는 자원과 선택지가 있음을 알게 될 것이다.

상담자와 내담자의 관계 학습목표 06

아들러학파는 바람직한 내담자-상담자의 관계란 협력, 상호 신뢰와 존중, 자신감, 협업 및 목표의 일치를 기반으로 한 동등한 관계라고 생각한다. 아들러학파는 상담자의 의사소통 모델링과 선의의 신념을 바탕으로 행동하는 것을 특별히 중요시한다. 아들러학파는 상담의 시작부터 상담관계는 협력적이며, 상담자와 내담자 두 사람이 합의한 구체적인 목표를 향해 동등하게 노력하는 것이 특징이다. 이들은 평등한 치료적 동맹을 만들고 유지하려고 노력하며, 공감과 지지에 의해 촉진된 인간 대 인간의 관계를 맺으려고 노력한다. 좋은 상담관계를 형성하는 것은 성공적인 성과를 가져오는 데 필수적인 요소이다. 상담관계는 주관적이고 객관적인 심리검사를 하기 위한 기반이 되며, 개인적인 변화와 변형을 위한 지원이 된다. 최종적으로, 아들러학파 상담자들은 내담자가 부적응적 패턴을 적응적인 패턴으로 대체하도록 도와주는 것이다(Sperry & Binensztok, 2019; Sperry & Sperry, 2020).

적용: 상담 기법과 절차 학습목표 07

아들러 상담은 네 가지 주된 목적을 중심으로 구조화되는데, 이는 상담 과정의 네 단계와 상응한다(Dreikurs, 1967).

1단계: 적절한 상담관계 형성하기
2단계: 내담자 내면에서 작용하는 심리적 역동성 탐색하기(평가)
3단계: 자기 이해를 향상하도록 격려하기(행동화할 수 있는 통찰)
4단계: 내담자가 새로운 선택을 할 수 있도록 도와주기(재정향과 재교육)

이러한 단계는 선형적으로 진행되지는 않으며 정해진 단계대로 항상 나아가는 것은 아니다. 대신, 이러한 단계는 실을 짜서 직물을 만드는 과정으로 이해하는 것이 가장 적절하다. 드라이커스(Dreikurs, 1997)는 이러한 단계를 통합하여 총체적 의료의 맥락에서 소위 **'소규모 심리치료**(minor psychotherapy)'라고 명명하였다. 이 방식의 작업은 다음 절에서 논의할 것이다.

1단계: 관계 형성하기

아들러 상담자는 내담자와 협력적으로 일하는데, 이 관계는 돌봄, 관여 및 우정으로 발전하는 상호 관심을 기반으로 한다. 치료적 향상은 상담자와 내담자 사이에 명확히 정의된 목표가 일치할 때만 가능하다. 상담이 효과적으로 되기 위해서는, 내담자가 상담 과정을 중요하다고 인식하고, 기꺼이 탐색하고 변화하기를 원하는 내담자 개인의 문제를 다루어야 한다. 아들러 상담의 후기 단계에서의 치료적 효능은 상담 초기 단계에서 돈독한 치료관계의 발전과 유지 여부에 달려 있다(Watts, 2015).

아들러 상담자들은 '문제'에서 시작하기보다는 내담자들과 인간 대 인간으로 접촉하는 데 중점을 둔다. 내담자의 문제는 상담 과정에서 비교적 빨리 나타날 수 있지만, 초기에는 문제가 아니라 사람에 초점을 맞추어야 한다. 효과적인 접촉을 형성하는 한 가지 방법은 내담자의 약점과 책임을 계속 다루기보다는 상담자가 내담자의 장점과 자원을 자각하도록 도와주는 것이다. 초기 단계에서, 긍정적인 관계는 듣고 공감하며 반응하는 것으로 형성된다. 내담자의 목적을 이해하고, 변화를 추구하는 능력을 존중하며 그들에게 희망과 배려를 보여줌으로써 긍정적 관계가 촉진된다. 내담자는 상담에 참여할 때 일반적으로 자기존중과 자기 가치감이 낮은 상태이다. 그들은 삶의 과제에 대처할 능력에 대한 믿음이 부족하며 자주 좌절감을 느낀다. 상담자는 절망과 낙담에 대한 해독제와 같은 지지를 제공해준다. 어떤 사람들에게는 상담 시간이 진심으로 돌봄을 받는 인간관계를 경험할 수 있는 얼마 안 되는 시간 중 하나가 될 것이다.

아들러 상담자는 기법을 사용하기보다는 내담자의 주관적 경험에 더 많은 관심을 기울인다. 상담의 초기 단계에서 상담자는 내담자의 정체성과 세상에 대한 경험을 이해하고, 개인이 삶의 시련을 마주할 때 사용하던 적응적 패턴과 부적응적 패턴을 모두 이해하려고 노력한다. 아들러는 상담자와 내담자 사이의 상담관계와 치료적 동맹을 구분한다. 전자는 상담자와 내담자 사이의 유대를 나타낸다. "상담자와 유대감을 형성하려면, 내담자는 자신이 이해되고 편안해야 하며, 상담 과정에 대해 희망을 가질 수 있어야 한다"(Sperry & Binensztok, 2019, p. 41). 치료적 동맹은 이러한 관계와 상담 목표와 그 목표를 달성하는 방법에 대해 상호합의하는 것을 포함한다.

아들러식 기법은 각 내담자의 필요에 맞게 적용되는데, 관심을 가지고 경청하고 공감하여 내담자의 주관적 경험을 최대한 가깝게 따라가는 것, 목표를 파악하고 명확히 하는 것, 내담자의 증상, 행동 및 상호작용에 대한 초기의 직감을 제시하는 것이 포함될 수 있다. 아들러 상담자는 내담자의 언어적 및 비언어적 메시지를 모두 이해하려고 하며, 내담자의 삶에서 핵심적인 패턴을 파악하려고 한다. 만일 내담자가 깊이 이해받고 수용되는 느낌을 받는다면, 내담자는 상담에서 원하는 것에 집중하게 되고 목표를 설정할 수 있게 된다.

2단계: 개인의 심리적 역동 평가 학습목표 08

상담과 심리치료는 특정 문화에서는 낯선 개념일 수 있다. 예를 들어, 아시아계 미국인 내담자들은 상담자가 상담 회기를 적극적으로 구조화하고 문제해결에 초점을 맞추기를 기대할 수 있다. 아들러학파 상담자에게 평가와 상담 과정, 특히 가족구조에 대한 개인적 정보를 구할 필요성에 대해 설명하는 것은 중요한 일이다(Sue et al., 2022).

강력한 치료적 동맹은 내담자의 삶의 접근 방식을 철저하게 평가하기 위한 기반이 되는데, 치료적 동맹의 형성과 평가는 종종 동시에 일어나기도 한다. 이 평가 단계는 주관적 면접과 객관적 면접의 두 가지 면접 양식으로 진행된다(Dreikurs, 1997). 주관적 면접(subjective interview)에서 상담자는 내담자가 자신의 인생 이야기를 최대한 완전하게 말할 수 있도록 도와준다. 이 과정은 공감적 경청과 반영을 많이 사용하면 용이하게 이루어진다. 그러나 적극적인 경청만으로는 충분하지 않다. 주관적 면접은 궁금증, 강한 흥미와 관심을 느끼는 마음에서 우러나와야 한다. 내담자가 말하는 내용이 상담자에게 흥미를 불러일으키면서 자연스럽게 내담자의 인생 이야기에 대한 가장 중요한 질문이나 탐색으로 이어지도록 진행한다. 실제로 최고의 주관적 면접은 내담자를 자신의 삶에 대한 전문가로 취급하며, 내담자가 충분히 이야기했다는 느낌을 갖도록 한다. 주관적 면접을 통하여 아들러 상담자는 내담자의 삶에 대한 대처와 접근 방식이 추구하는 목적과 관련한 단서를 찾기 위해 경청한다. "주관적 면접은 개인 삶에서의 패턴을 찾아내는데, 무엇이 내담자에게 효과적인지 가설을 세우고, 무엇이 내담자의 삶의 다양한 고민을 설명하는 데 도움이 되는지를 결정한다"(Bitter et al., 1998, p. 98). 면담이 이 부분에 이를 때가 되면, 아들러 상담자는 '당신과 당신의 고민을 이해하기 위해 내가 더 알아야 할 것이 있나요?'라고 질문한다.

한 사람의 삶에서 증상, 행동 또는 어려움이 제공하는 목적에 대한 초기 평가는 드라이커스(Dreikurs, 1997)의 『질문(The Question)』 개정판에서 얻을 수 있다. 아들러학파는 종종 주관적 면담을 다음과 같은 질문으로 마무리한다. '만약 이 증상이나 문제가 없었더라면 당신의 삶은 어떻게 달라지고, 당신은 무엇을 다르게 하고 있을까요?' 아들러학파는 감별 진단을 위해 이 질문을 사용한다. 내담자가 경험하는 증상이나 문제는 내담자가 필요하다고 인식되지만 피하고 싶어 하는 무언가를 회피하는 데 도움이 된다. 보통은 인생 과제를 회피하려고 한다. 즉, '만약 우울증이 없었다면, 저는 더 자주 나가서 친구들을 만났을 텐데요.' 이러한 발언은 내담자가 좋은 친구가 되거나 그 친구들에게 환영받을 가능성에 대한 걱정을 무심코 드러낸 것이다. '결혼할 필요는 있는데, 제가 공황 발작을 하는데 결혼할 수 있을까요?'라는 말은 그 사람이 결혼생활에서 배우자가 되는 것에 대한 걱정을 나타낸다. 우울증은 인간관계나 직장에서 마주하게 될 내담자의 어려움에 대한 해결책일 수 있다. 내담자가 신체적 증상과 관련하여 '아무것도 달라지지 않을 것'이라고 보고한다면, 아들러 상담자는 그 문제가 의학적 개입이 필요한 신체의 생물학적 문제로 여긴다.

객관적 면접(objective interview)은 다음과 같은 정보를 알아내고자 한다. (1) 내담자의 삶에서 문제가 어떻게 시작되었는지, (2) 촉발사건, (3) 의료 기록(현재 및 과거 약물 복용 여부), (4) 사회적 경력, (5) 현시점에서 내담자가 상담받기를 선택한 이유, (6) 인생 과제에 대처하는 방식, (7) 생활양식 평가. 아들러와 드라이커스가 개발한 면접 방법을 기반으로 하는 생활양식 평가는 가족 형성과 초기 아동기 발달사를 조사하는 것으로 시작한다(Powers & Griffith, 2012; Shulman & Mosak, 1988). 상담자는 내담자가 삶의 경험에 부여한 의미를 이해하기 위해, 내담자의 초기 기억을 해석한다. 아들러학파는 사람들이 자기, 타인, 세상 및 인생에 대해 해석하는 방법이 그들의 행동을 지배한다는 가정을 바탕으로 상담을 한다. 모든 사람은 한평생 움직이는데, '생활양식'이라고 하는 삶을 통해 움직이는 독특한 방식으로 움직인다. 생활양식 평가는 개인의 삶에 대한 총체적 이야기(holistic narrative)를 만들어가고, 삶의 과제에 대처하는 방식을 이해하며, 그 대처 과정에 관여하는 개인적인 해석과 사적 논리를 파악하기 위해 노력하는 과정이다.

예를 들어, 제니는 자기 삶의 대부분을 비판적인 환경에서 자랐고 실패조차 보이지 않도록 완벽해야 한다고 믿는다. 이 경우 평가 과정은 이 관점에서 나온 제한된 생활을 강조하게 될 것이다. 또 다른 예는 불법 이민자의 자녀로 자라온 라몬에 대한 이야기다. 그는 대부분의 삶을 주변 환경에 대한 두려움 속에서 살았으며, 자신을 잘 숨기려 하고, 다른 사람들을 신뢰하기 어려워했다. 현재 그는 동료들과 관계를 맺고 헌신적인 관계를 유지하는 데 어려움을 겪고 있다. 평가 과정은 그의 생활양식이 관계 맺기를 원하는 그의 목표와 일치하지 않는다는 점을 탐색하게 된다.

가족 구도 아들러는 원가족이 개인의 성격 형성에 중요한 영향을 미친다고 생각했다. 아들러는 우리가 자기, 타인, 그리고 삶에 대한 독특한 관점을 형성하는 것은 가족 구도(family constellation)를 통해 이루어진다고 주장했다. 문화적, 가족적 가치, 성역할 기대 및 대인관계의 특성과 같은 요소는 아이가 가족 내의 상호작용 패턴을 관찰하는 것에 의해 영향을 받는다. 아들러식 평가는 주로 내담자의 가족 구도 탐색에 많이 의존한다. 여기에는 내담자의 어린 시절 가족 내 상황(가정 분위기)에 대한 내담자의 평가, 출생순위, 부모 간의 관계 및 가족 가치, 확대가족 및 문화가 포함된다. 다음 질문 중 몇 가지를 거의 항상 사용하게 된다.

- 가족 안에서 가장 사랑받는 아이는 누구였는가?
- 아버지와 아이, 어머니와 아이의 관계는 어떠한가?
- 어떤 아이가 아버지와 가장 닮았는가? 어머니와 가장 닮은 아이는 누구인가? 어떤 면에서 닮았는가?
- 형제, 자매 중 누가 당신과 가장 다른가? 어떤 면에서 다른가?
- 형제, 자매 중 누가 당신과 가장 닮았는가? 어떤 면에서 닮았는가?
- 어린 시절에 당신은 어땠는가?
- 당신의 부모는 서로 잘 지냈는가? 어떤 면에서 서로 동의하는가? 부모는 어떻게 의견충돌을 다루었는가? 부모는 자녀를 어떻게 지도했는가?

가족 구도의 조사는 이러한 몇 가지 질문보다 훨씬 포괄적이지만, 이러한 질문은 상담자가 찾는 정보의 종류를 보여준다. 이러한 질문은 내담자의 자기와 타인에 대한 인식, 발달과정, 그리고 그 발달에 영향을 미친 경험을 이끌어내기 위한 목적으로 각각의 내담자에게 맞게 조절한다.

초기 회상(기억) 상담자는 초기 기억 회상을 평가 절차로 사용한다. 초기 회상(early recollections: ERs)은 "10세 이전에 발생했다고 **말하는** 사건의 이야기"로 정의된다(Mosak & Di Pietro, 2006, p. 1). 초기 회상은 내담자가 어린 시절 발생한 **특정** 사건과 그때의 감정과 생각을 기억하는 것이다. 초기 기억 회상은 과거에 대한 것이 아니다. 심지어 과거를 정확하게 반영할 필요도 없다. 기억은 현재에서 활용하기 위해 중요하다. 초기 회상은 내담자가 자기, 타인 및 삶에 대한 자신의 관점을 돌이켜보게 하고, 현재 취해야 할 태도를 제시한다. 초기 기억의 해석은 치료하려는 시도의 출발점이 된다. 초기 기억의 해석은 내담자가 적응적 혹은 부적응 방식으로 무엇을 하고 있고, 어떻게 생각하는지를 이해하는 데 도움이 된다(Mosak & Di Pietro, 2006).

초기 기억은 우리 자신을 바라보는 방식, 세상을 보는 방식, 인생 목표, 동기 부여, 가치 있게 여기는 것과 선호하는 것, 그리고 우리가 미래에 무엇을 기대하는지를 이해하도록 이끌어주는 일련의 작은 수수께끼들이다(Clark, 2002; Mosak & Di Pietro, 2006). 아들러에 따르면, 우리가 가질 수 있는 수천 개의 초기 기억 중에서, 우리는 인생의 핵심적인 신념과 기본적인 실수를 반영하는 특별한 기억을 찾아낼 수 있다고 추론했다. 큰 맥락에서 볼 때, 우리가 과거 경험에서 선택적으로 주목하는 것은 대부분 우리가 무엇을 믿고, 현재 어떻게 행동하며, 그리고 미래를 어떻게 기대하는지를 반영하는 것이다(Watts, 2015).

초기 기억은 '우리 삶의 이야기'를 이해하는 데 실마리를 제공하는데, 이들은 현재 우리가 지닌 관점에 대한 은유적인 요소를 나타내기 때문이다. 대부분의 사람들은 수많은 경험 중에서 7에서 12개의 기억을 회고할 수 있다. 특정한 기억이 왜 유지되는지, 이러한 기억이 어떻게 현재의 자기 자신, 타인, 삶을 바라보는지에 대해 무엇을 말해주는지를 이해함으로써, 잘못된 신념, 현재의 태도, 사회적 관심, 가능한 미래 행동에 대하여 명확하게 이해할 수 있게 된다. 초기 기억을 탐색함으로써, 잘못된 목표와 가치에 기반을 둔 오류가 어떻게 내담자의 삶에서 계속 문제를 창출하는지를 이해할 수 있다. 초기 기억은 행동의 목적성, 생활 방식, 우월감의 추구(striving for superiority), 전체론, 출생순위를 이해하는 데 하나의 틀을 제공하는 역할을 한다(Clark, 2012).

상담자는 이러한 기억을 이끌어내기 위해 다음과 같이 진행할 수 있다. '당신의 초기 기억에 대해 듣고 싶습니다. 어릴 적(10세 미만)으로 거슬러 올라가서, 기억할 수 있는 가장 어렸을 때로 돌아가서 그때 일어났던 일을 말해주세요. 남들한테 들은 말이 아닌, 당신이 직접 기억하는 일을 회상해주세요.' 각각의 기억에 대해 들은 후, 상담자는 다음과 같이 물을 수 있다. '어떤 부분이 눈에 들어오나요? 초기 기억 중에서 가장 생생하게 기억나는 부분은 무엇인가요? 초기 기억을 영화처럼 재생하고 한 장면에서 멈춘다면, 어떤 일이 일어나고 있나요? 당신 자신을 그 순간에 넣는다고 하면 어떤 기분이 들 것 같나요? 당신의 반응은 어떤가요?' 최소한 3개의 기억을 통하여 삶의 양식을 평가하는데, 일부 상담자들은 최대 12개의 기억을 묻기도 한다.

아들러 상담자들은 초기 회상을 투사적 기법으로 활용한다(Clark, 2002; Hays, 2013). 초기 회상을 (1) 내담자 자신, 타인, 삶, 윤리에 대한 신념을 평가하기 위해 사용한다. (2) 상담 회기와 상담관계에 대한 내담자의 입장을 파악한다. (3) 내담자의 대처 방식을 확인한다. (4) 개인적인 강점, 자원, 그리고 방해가 되는 생각을 평가한다(Bitter et al., 1998, p. 99). 이러한 초기 기억을 해석할 때, 아들러 상담자는 다음과 같은 질문을 고려할 수 있다.

- 그 기억 속에서 내담자가 어떤 역할을 하고 있는가? 내담자는 관찰자인가, 아니면 참가자인가?
- 그 기억 속에 나오는 다른 인물은 누구인가? 다른 사람들은 내담자와 어떤 관계인가?
- 그 기억의 중심 주제와 전체적인 패턴은 무엇인가?
- 그 기억 속에서 어떤 감정이 표현되고 있는가?
- 내담자가 왜 이 사건을 기억하기로 선택했는가? 내담자가 전달하려는 메시지는 무엇인가?

한번 시도해보자. 다음에 세 가지의 기억이 있고, 이 기억이 무엇을 의미할 수 있는지에 대한 추측이다.

기억 1: "4살 때였다. 우리는 할아버지와 할머니 집에 머물고 있었다. 다락방에서 자게 되었는데, 아래의 어른들을 몰래 엿볼 수 있는 멋진 구멍이 있었다. 나는 어른들을 보고 들을 수 있었지만, 그들은 나를 보지 못했다. 나는 은밀하게 행동하는 것을 좋아한다."
해석: (1) 나는 모든 것을 알고 싶다. (2) 무슨 일이 벌어지는지 알고 싶다. 내가 상관할 일이 아닐지라도. (3) 나는 관찰자가 되는 것을 좋아한다.

기억 2: "나는 8살이었고, 여름이었다. 아빠가 나를 야구 경기에 데리고 가려고 했는데, 난 근처에 없었다. 놀아서는 안 되는 곳에서 놀고 있었고, 엄마가 나를 찾지 못했다. 아빠와 함께 시간을 보낼 기회를 놓치고 말았다. 나중에 그 이야기를 듣고는 울었고, 슬펐다."
해석: 재미있는 일이라도 내가 해서는 안 되는 일을 하다 보면, 더 재미있는 무언가를 놓칠 수 있다.

기억 3: "나는 2학년 아니면 3학년이었다, 아마 8세나 9세였을 것 같다. 칠판 앞으로 나와서 문제를 풀어야 했었다. 대부분은 기억이 났지만 끝까지 해내지는 못했다. 다른 친구가 나와서 그 문제를 완성했다. 나는 정답을 맞히지 못했다. 나는 게리 스나이틀리가 그 문제를 완성하는 것을 지켜보고 있었고, 난 그 문제 푸는 방법을 제대로 기억하지 못해서 실망했다."
해석: 항상 나보다 더 똑똑한 사람이 있다. 무언가를 해서 칭찬받으려면 처음부터 모든 것을 다 완벽하게 해야 하고, 실수할 여유가 없다고 느껴진다.

여러분은 이들의 잠정적인 해석과 각 초기 기억 속에 나타난 구체적인 사항을 일치시킬 수 있는가?

통합과 요약 내담자와의 주관적 면접과 객관적 면접에서 자료가 수집되면, 자료의 통합된 요약을 만들게 된다. 각각 다른 내담자들을 위해 다양한 요약이 준비되는데, 개인의 주관적인 경험과 인생 이야기에 대한 이야기식 요약, 가족 구도와 발달사 요약, 초기 회상의 요약, 개인의 강점과 장점, 방해하는 생각의 요약, 대처 전략의 요약은 공통적인 부분이다. 이러한 요약은 회기에서 내담자에게 주어지고 논의되는데, 상담자와 내담자가 함께 특정한 사항을 개선하게 된다. 이러한 정보는 내담자가 특정 주제에 대해 토의하고 질문을 제시할 기회를 제공한다.

이 책 뒤에 나오는 학생용 매뉴얼은 스탠의 사례에서 적용되듯이 생활양식 평가를 구체적인 예시로 제공한다. 『통합적 상담: 사례 중심의 접근』(Corey, 2013) 3장에서 제임스 비터와 빌 니콜(Bill Nicoll)은 또 다른 가상 내담자인 루스의 생활양식에 대한 평가를 제시한다.

3단계: 자기 이해와 통찰력 촉진 학습목표 09

3단계에서 아들러학파 상담자는 자기 이해와 통찰을 향상시키기 위한 방안으로 평가의 결과를 해석한다. 통찰(insight)에 대해 이야기할 때, 아들러학파 상담자는 내담자의 생활양식에서 작동하는 동기와 행동 패턴을 이해하고 언급한다. 자기 이해는 이면에 숨겨진 행동의 목적과 목표가 의식화될 때에만 가능하다. 아들러학파는 통찰을 자각의 특별한 형태로 생각하는데, 통찰은 변화를 위한 기초적인 행동과 상담관계 안에서 의미 있는 이해를 촉발시킨다. 행동 없는 통찰은 충분하지 않다. 통찰은 목적을 위한 수단일 뿐, 그 자체가 목적은 아니다. 인간은 충분한 자각 없이 급격하고 중요한 변화를 만들 수 없다.

개방과 시기적절한 해석은 통찰을 얻는 과정을 촉진하는 기법이다. 해석(interpretation)은 '지금 여기'에 그들이 행동하는 방식에 대한 내담자의 잠재적인 동기를 다룬다. 아들러학파의 개방과 해석은 삶의 방향성에 대한 인식, 목표와 목적, 사적 논리와 이것이 작동하는 방법, 현재의 행동에 대한 인식을 높이는 것과 관련이 있다.

아들러 상담자의 해석은 상담에서 탐색할 수 있는 개방형 질문 형식을 통해 시범적으로 제시된다. 이는 예감이나 추측이며, 종종 '내가 틀릴 수도 있겠지만 ……이 맞는지 궁금합니다.', '……일 수도 있을까요?', 또는 '……이 가능할까요?'와 같은 말과 함께 시작한다. 해석이 이러한 방식으로 제시되기 때문에, 내담자는 자기방어를 하지 않고, 상담자의 예상과 느낌에 대해 자유롭게 토론하고 논쟁도 할 수 있다. 그러한 과정을 통해, 내담자와 상담자는 결국 내담자의 동기를 이해하게 된다. 또한, 이러한 내담자의 동기가 어떻게 현재 문제를 계속 유지되는 데 기여하는지 이해하며, 내담자가 이러한 상황을 고치기 위해 무엇을 할 수 있는지를 알려준다. 상담의 단계에서 상담자는 내담자가 선택한 생활양식의 한계를 스스로 이해할 수 있도록 돕는다. 그리고 그들이 선택한 목표를 실현하기 위하여 삶의 접근 방식을 어떻게 변할 수 있는지를 이해하도록 돕게 된다.

4단계: 적응적인 재정향과 재교육 학습목표 10

상담 과정의 마지막 단계는 재정향(reorientation)과 재교육(reeducation)으로 알려져 있다. 물론 증상 완화가 종종 필수적인 첫 단계일 수는 있지만, 상담의 목표는 증상을 단순히 줄이는 1차원적 변화(first-order change)에 그치는 것이 아니다. 상담의 목표는 삶에 대한 보다 적응적인 지향인 2차원적 변화(second-order change)로 나타나는 것도 아니다. 그보다는 선호하는 삶과 그것을 지지하는 생활 방식과 패턴을 개발하는 것, 즉 3차원적 변화(third-order change)가 목표이다. "3차원적 변화는 상담의 궁극적인 목표인데, 이는 지속적인 상담 없이도 내담자가 적응적인 방식으로 삶의 스트레스 요인을 효과적으로 대응할 수 있도록 해준다"(Sperry & Binensztok, 2019, p. 44). 3차원적 변화의 핵심은 심리적 근육의 발달이다

(Rasmussen, 2021; Rasmussen & Schuyler, 2020). 심리적 근육에는 삶의 과제를 해결하는 데 필요한 특성과 역량이 포함되며, 마치 신체적 근육과 마찬가지로 이러한 특성과 역량은 심리적 힘을 기르기 위해서 훈련하고 연습하고 사용해야만 한다.

라스무센과 스카일러(Rasmussen & Schuyler, 2020)는 인생 과제를 심리적 근육의 성격적 특성과 베트너와 루(Bettner & Lew, 1989/2005)가 말한 "중요한 C(Critical C's, 표 5.2 참조)"와 관련지었다. 중요한 C는 자아 존중, 자존감, 개인 정체성을 얻기 위해 필요한 능력을 의미한다. 내담자는 용기를 기르고, 삶에서 변화를 만들어내기 위해 격려도 받고 동시에 도전도 받는다. 이 단계에서 내담자는 현재의 생활 방식을 삶의 유용한 측면으로 재정향하는 방법을 찾게 되며, 공동체 의식과 사회적 관심을 높일 수 있게 된다. 유용한 측면은 소속감과 가치를 느끼는 것, 타인과 그들의 복지에 대한 관심, 용기, 불완전함을 받아들이는 자신감, 유머 감각, 기여할 의지, 밝은 성격 등을 포함한다. 삶의 부정적인 측면은 자아 집착적인 태도, 생활 과제로부터의 회피, 자기보호, 타인에 대한 적대적인 행동 등의 특징이 나타난다. 삶의 부정적인 측면에서 행동하는 사람들은 기능이 저하되며 정신병리에 더 취약해진다. 아들러치료는 자기 비하, 고립 및 회피에 대항하며, 내담자가 용기를 가지고 자기 자신 내의 강점과 타인, 삶과 연결될 수 있도록 돕는다.

표 5.2 인생 과제, 심리적 근육, 중요한 C

인생 과제 도전할 영역	심리적 근육 필요한 특성	중요한 C 성과
일/직장: 장기적인 자급과 자원 관리	**책임:** 비록 불쾌하더라도 필요한 일을 하기 위해 행동하기	유능감(Feeling Capable)
사회/우정: 소속과 관계 형성하기, 타인과 잘 지내기	**협력:** 다른 사람과 어울리며 집단의 성공에 기여하기	소속감/연대감(Feeling Connected)
사랑/섹스: 충동을 통제하고 친밀감을 형성하기	**존중:** (자신과 다른 사람들에 대해) 타인과 자신에게 최선을 다하는 행동	존재 가치(Feeling that one Counts)
불완전함: 불완전함이라는 불가피한 상태 관리하기	**용기:** 기꺼이 실패를 무릅쓰고 불편함에 직면하기	용기(Having Courage)

출처: Rasmussen, 2021, p. 80; Rasmussen & Schuyler, 2020, p. 312를 수정함.

격려 과정 격려는 가장 독특한 아들러치료의 절차이며, 치료와 상담의 모든 단계에서 핵심이 된다. 이것은 특히, 사람들이 그들의 삶에서 변화를 생각할 때 중요하다. 격려(encouragement)는 문자 그대로 '용기를 만들어내는 것'을 의미한다. 격려는 인생에서 개인이 직면하는 어려움에 필요한 용기를 증진시키는 과정이다(Carlson & Englar-Carlson, 2017). 격려는 사람들이 자신의 강점을 인식할 때, 혼자가 아니라 소속되어 있다고 느낄 때, 희망이 있고 자신과 자신의 일상에서 새로운 가능성을 발견할 때 나타난다. 상담자는 비록 삶이 어려울지라도 인생에서의 변화를 만들어낼 수 있다는 믿음을 가지고 내담자가 자신의 자원과 강점에 초점을 맞추도록 돕는다. 밀리렌, 에번스, 뉴바우어(Milliren, Evans, & Newbauer, 2007)는 사회적 흥미를 활성화시키고 향상시킬 수 있는 비결로 격려를 꼽았다. 그들은 격려가 아들러 상담자에게 일반적인 치료적 개입이며, 이것은 기법이라기보다는 핵심적인 태도 또는 존재하는 방식이라고 덧붙였다. 내담자는 흔히 자신의 긍정적인 자질, 강점, 또는 내적 자원을 수용하거나 인식하지 못하기 때문에, 상담자의 주요 과제 중 하나는 내담자가 그렇게 할 수 있도록 도와준다.

아들러학파는 사람들이 기능하는 것을 방해하는 기본 조건이 낙담이라고 믿으며, 격려가 그 해결책이라고 본다. 용기는 때로는 인생이 어려울 수 있다는 점을 인정하는 것으로부터 시작한다. 상담자는 내담자에게 인생을 변화시킬 능력이 있다는 믿음을 심어준다(Carlson & Englar-Carlson, 2017). 상담 과정에서 아들러 이론가는 내담자가 자기 패배적인 사고방식을 파악하고 도전할 수 있도록 관계적, 인지적, 행동적, 정서적, 체험적 기법을 다양하게 활용한다.

격려는 상담 과정의 단계에 따라 다양한 형태를 취한다. 관계형성 단계에서 상담자가 만들려고 하는 상호존중에서부터 격려가 발생한다. 격려에 초점을 맞춘 개방적 개입의 예를 다음과 같이 제시한다.

내담자: 전 거의 못 올 뻔했어요.

상담자: ……하지만 오셨어요.

내담자: 네, 하지만 정말 모르겠어요. 이것저것 따질 것 없이 모든 것을 끝내버리는 것(자살하는 것)이 더 나았을지도 몰라요.

상담자: 당신은 엄청난 고통 속에 있군요. 생을 저버리는 것에 대해 생각하면서도 여기에 왔군요. 그렇게 행동하는 데 많은 용기가 필요했을 거예요. 어떻게 당신은 그 용기를 내고, 그 용기를 행동으로 옮길 수 있었나요?

개인의 강점을 밝히기 위해 고안된 평가 단계에서 내담자는 자신이 삶을 주도하고 새로운 이해를 바탕으로 다른 선택을 할 수 있다는 것을 알아차리도록 격려받는다.

재정향이 일어나는 동안, 격려는 새로운 가능성이 발생할 때, 그리고 내담자가 더 나은 삶으로 긍정적인 발걸음을 내딛기 위해 인정받고 확인받을 때 발생한다. 이 다음에 나오는 개입은 격려가 당당한 말투를 가진다는 것에 중점을 둔 것이다.

상담자: 제가 이것을 이해했는지 좀 확인해볼게요. 당신은 친밀한 가족 환경에서 자랐어요. 당신의 아버지는 사소한 의견 차이로 당신을 질책했어요. 아버지는 당신의 감정을 자극했어요. 그래도 당신은 침착함을 유지하고, 아버지 사무실에서 몇 가지 자료들을 정리하는 데 도움을 주기도 했군요. 당신은 자신을 자랑스럽게 느껴야만 해요. 심지어 크게 성공했어요. 당신의 평상시 인간관계와 비교해 본다면 굉장한 변신이네요!

내담자: 네. 그리고 심지어 아버지의 삶에 제가 새로운 변화를 가져왔다고 느끼면서 걸어 나왔어요. 저는 이성을 잃으며 화를 내지도 않았고 반격하지도 않았어요. 단지 다른 방식으로 아버지를 경청했어요. 그리고 아버지가 자신이 옳고 중요하다고 느끼고 싶어 하신다는 것을 알고 제가 그것을 수용했어요. 그 순간, 우리 사이의 모든 것이 달라졌어요.

상담자: 당신은 심지어 성공적으로 도달한 그 단계에 대해서도 알고 있군요.

내담자: 네, 맞아요.

상담자: 오랫동안 지속된 가족 방식을 변화시켰다는 건 가장 실천하기 어려운 일 중 하나예요. 당신은 기쁨을 누릴 만한 자격이 있어요.

변화와 새로운 가능성 탐색 상담의 재정향 단계에서는 내담자는 결심하고 목표를 수정한다. 그들은 **마치** 그들이 자신이 되고 싶은 사람이었던 **것처럼** 행동하도록 격려받는데, 이는 자기 스스로 제한해온 가정(assumptions)에 도전할 수 있도록 한다. 내담자들은 비효율적인 행동으로 이끈 과거 패턴을 반복하는 자기 자신을 자각하도록(catch themselves) 요청받는다(Watts, 2015). 행동 결심은 재정향에서 필수적인 부분이다. 내담자가 변화를 희망한다면 일상생활에서 자신에게 과제를 설정하고 문제에 대한 해결책을 구체적으로 기꺼이 시도해야 한다. 이렇게 내담자는 새로운 통찰력을 구체적인 행동으로 실천하게 된다. 비터와 니콜(Bitter & Nicoll, 2004)은 구체적인 변화가 상담 회기 사이에 발생한다고 강조하며, 변화는 상담 그 자체에서 생기는 것이 아니라 일상생활에서 일어난다고 주장한다. 그들은 변화에 대한 전략을 찾는 것이 중요한 첫 번째 단계라고 설명하면서, 치료받은 것을 일상생활에 적용하는 데에는 용기와 격려가 필요하다고 강조한다.

이 행동지향적인 단계(action-oriented phase)는 문제해결과 결정을 내리는 시간이다. 상담자와 내담자는 가능한 대안과 그 결과를 고려하며 이 대안이 내담자의 목표를 어떻게 충족시킬 수 있는지 평가하고 구체적인 행동 계획을 수립한다. 가장 좋은 대안과 새로운 가능성은 내담자 스스로에게서 나오는데, 상담자는 이 단계에서 많은 지원과 격려를 제공해야 한다.

차이 만들기 아들러학파 상담자는 내담자의 일상생활에서 차이를 만들려고 노력한다. 그 차이는 행동이나 태도, 또는 인식의 변화에 의해 분명해진다. 아들러학파는 변화를 촉진하기 위한 많은 다른 기법들을 사용하는데, 그중 몇몇은 다른 상담 모형에서도 일반적 개입 방법으로 사용된다. 기법은 즉시성, 조언, 유머, 침묵, 역설적 의도, '마치 ……인 것처럼' 행동하기, 자기 간파, 버튼 누르기 기법, 외현화, 다시 쓰기, 수렁 피하기, 직면, 이야기와 우화 이용하기, 초기 회상 분석, 생활양식 평가, 격려, 초월 명상, 과제 설정과 이행, 과제 부여, 종결과 요약 등이 있으며, 이들 모두 상담에서 사용되어왔다(Carlson & Englar-Carlson, 2017; Carlson & Johnson, 2016; Dinkmeyer & Sperry, 2000; Disque & Bitter, 1998;

Mozdzierz et al., 2009). 현대 아들러학파 전문가는 다양하게 자신만의 상담 스타일을 가지고 있다(Maniacci, 2012; Watts, 2015). 그리고 그들이 사용하는 방법이 철학적으로 아들러 심리학의 기초나 이론적 전제와 일치하는 한, 그들은 넓은 범위에서 다른 기법들을 독창적으로 이용할 수 있다. 아들러치료는 특정한 내담자에게 적절한 기법으로 사용될 때 실용적이다. 그러나 일반적으로 아들러학파 전문가는 행동 변화보다는 동기부여에 더 중점을 둔다. 그리고 일상의 유용한 측면에서 전체론적 변화를 만들어내기 위해 내담자를 격려한다.

모든 치료법은 협력적인 노력의 결과이다. 그리고 차이를 만들어내는 것은 내담자의 협조를 얻어내는 상담자의 능력에 달려있다. 아들러식 패턴중심치료(Adlerian pattern-focused therapy)에서 사례개념화는 부적응적 패턴을 식별하고 즉각적이고 장기적인 치료 계획을 구성하는 데 사용된다(Sperry & Binensztok, 2019; Sperry & Sperry, 2020). 처음에 내담자는 자신에게 압도적인 정서적/행동적 증상이나 갈등 때문에 치료를 받으러 온다. 이러한 증상은 보통 내담자의 삶의 지향과 대처 패턴을 반영하는 일종의 촉발요인에 의해 나타난다. 생물학적, 사회적, 문화적인 발달사는 마치 현재 지속되는 패턴이나 외적 강화요인이 그 문제를 지속시키는 것과 똑같이 문제행동의 패턴과 촉발요인의 소질을 암시해준다. 2차 및 3차 변화가 궁극적인 목표, 즉 삶에 적응하기 위한 방향전환이긴 하지만 상담자의 초기 개입은 부적응적 패턴을 중단시키는 데 초점을 두는 것이 흔히 있는 일이다. 아들러 상담과 전통적으로 관련 있다고 하는 기술 중 하나가 실제로 어떻게 작용하는지에 주목해보자.

해럴드 모삭(Harold Mosak)은 아들러 상담자로서 우울증을 겪고 있는 내담자들과 버튼 누르기 기법(push-button technique)을 사용했다. 내담자들은 우울증이 자신을 지배하여 아무런 행동을 취할 수 없다고 느끼고 있었고, 이들에게 버튼 누르기 기법을 사용했다. 이 기법의 목표는 내담자들이 불쾌한 기분에 기여하는 자신의 역할을 인식하도록 돕는 것이다. 일반적으로 내담자에게 불쾌한 기억을 재현하도록 요청한 후에, 바로 이어서 즐거운 기억을 떠올리도록 하였다(Watts, 2015).

상담자: 우리가 당신의 우울증을 꽤 쉽게 해결할 수 있다고 확신합니다. 먼저, 당신이 삶에서 정말 처리해야 할 일부터 시작해 봅시다. (준비 과정)

내담자: 잠깐만요. 만약에 당신이 제 우울증을 쉽게 없앨 수 있다면, 그렇게 합시다.

상담자: 그래요, 좋아요. 눈을 감아보세요. 최근에 당신에게 일어난 가장 최악이고 끔찍한 일을 생각해보세요. 그것을 떠올리셨으면 오른손을 올려주세요. (내담자가 잠시 멈추고 손을 올린다.) 이제, 당신이 그 끔찍한 일을 생각할 때 느끼는 감정을 표현해주세요.

(상담자가 내담자의 오른손을 잡고 상담자의 검지를 내담자의 다리에 눌러준다.) 이걸 우리는 당신의 '우울 버튼'이라고 부를 거예요. 이제 당신의 삶에서 가장 좋았

던 일, 또는 가장 좋았을 것 같은 일, 또는 당신에게 일어났으면 하는 일을 생각해보세요. 그게 어떤 것인지 생각이 떠오르면 왼손을 올려주세요.

내담자: 정말로 아무 생각도 떠올릴 수 없어요.

상담자: 당신이 지금 당신의 삶에서 원하는 좋은 기억을 떠올리려면, 더 이른 시점으로 돌아가야 할 수도 있겠지만, 나는 당신이 할 수 있다고 믿어요. (몇 분 후에 남자가 왼손을 올린다.) 이제, 그 행복한 기억을 생각했을 때 느끼는 기분을 말해주세요. (상담자가 내담자의 왼손을 잡고 검지를 내담자의 다른 다리에 눌러준다.) 그러니까, 당신의 오른쪽 다리에는 우울 버튼이 있고, 그 버튼을 누르면 모든 무시무시하고 끔찍하거나 더 나쁜 것들을 생각하고 우울해질 수 있어요. 또는 당신이 왼쪽 다리의 '행복 버튼'을 누르면 멋진 일이나 사건 또는 사람을 생각하고 행복해질 수 있어요. 다음 주에 오셔서 우울한 기분을 느꼈다고 하면, 당신이 왜 행복 버튼을 누르지 않고, 우울 버튼을 누르기로 결정했는지 물어보겠습니다.

버튼 누르기 기법은 '통제'가 우울에서 주요한 주제라는 사실을 인식하는 것이다. 그리고 이러한 개입은 내담자가 압도당하는 것으로 보이는 부정적인 감정에 대한 통제감을 회복하도록 돕기 위해 계획된 것이다. 이러한 기법은 내담자 중 특히 아이나 청소년에게 효과적으로 사용될 수 있는데, 실제로 물리적인 알람처럼 주머니에 넣고 가지고 다닐 수 있는 누름 버튼을 제공할 수 있다.

부정적인 감정(예: 우울증)의 감소는 치료의 최종 목표가 아니다. 치료에서 더 중요한 것은 개인이 감정적 고통에 취약해지지 않도록 삶의 방향을 재조정하는 것이다. 개인의 생활 방식의 발달을 고려해봄으로써, 상담자와 내담자는 함께 잘못된 믿음을 발견하고, 보다 새로운 최적의 상태를 이끌어낼 전략을 찾을 수 있게 된다. 이는 개인들이 사회적 현실과 심리적 능력, 그리고 사회적 관심에 중점을 두고, 삶에 대한 자신의 방향을 조정해야 할 필요가 있음을 알려준다(Rasmussen, 2021, p. 94). 이후에 이러한 재조정이 발생하면 증상은 직접적이거나 지속적인 개입이 필요 없이 스스로 자연스럽게 사라진다.

개인심리학에 적용하기 학습목표 11

아들러는 상담자들에게 미래에 사회적인 활동가가 되길 당부했고, 사회적 관심에서 멀어졌기 때문에 인간 문제를 야기하는 사회적 조건들을 예방하고 개선하는 일에 전문가들이 초점을 맞추기를 기대하였다. 아들러 자신의 인종차별에 의한 쓰라린 경험과 사회적 불평등의 영향은 그의 저서에 잘 나타나 있다. 정신건강에서의 예방 서비스에 대한 아들러의 선구적인 노력은 학교와 가정에서 개인심리학(individual psychology)의 역할을 점점 더 지지하도록 이끌고 있다. 개인심리학은 의료 모형이 아닌 성장 모형에 기반을 두고 있기 때문이다. 이것은 아동 지도, 부모/자녀 상담, 부부 상담, 가족 상담과 치료, 집단 상담과 치료, 아동이나 청소년이나 성인 대상의 개인 상담, 문화적 갈등, 교정과 회복 상담, 정신건강 기관처럼 다양한 측면에 적용할 수 있다. 아들러의 기본적인 이론은 학교 심리학, 학교 상담, 지역사회 정신건강 활동, 부모 교육에서 실행되어왔다. 아들러학파의 원리는 약물중독 프로그램, 빈곤과 범죄에 대한 사회적 문제, 노인 문제, 학교 체계, 종교, 직장에서의 문제에서 매우 넓게 적용되고 있다. 아들러학파의 이론은 국제적으로도 폭넓게 적용 및 수용되고 있다(개인심리학에 대한 국제적 관점을 살펴보려면 『개인심리학회지』의 '2012년 봄, 겨울 특집 이슈'를 참조하라).

가족 상담에 적용하기

가족 구도, 총체적 관점, 즉흥적으로 대처하도록 상담자의 자유를 강조한 아들러의 접근은 가족 상담의 관점에 근간이 되었다. 아들러학파의 연구는 가족 분위기, 가족 구도, 그리고 각 구성원이 상호작용하는 목표에 초점을 두고 있다(Bitter, 2021). 상담 과정은 가족체계 안에서 개인의 목표지향적인 상호작용에 대한 자각을 증가시키도록 노력한다. 아들러학파의 관점에서 가족 상담을 하는 사람들은 목표, 신념, 각 가족구성원의 행동과 가족을 그 자체로 하나의 통일된 실체로 이해하려고 노력한다.

아들러학파는 개방형 가족 상담을 개척하였다(Bitter & Byrd, 2017b). 아들러가 1920년대에 아동 생활지도센터를 시작으로, 아들러학파는 동료들 앞에서 가족들과 면담하는 방법을 배웠다. 이 면담에서는 아동의 잘못된 목표에 초점을 맞추었으며(Dreikurs, 1948), 성인의 잘못된 생각에도 주목하였다(Bitter, 2009). 집단 상담과 유사하게, 개방형 가족 상담은 비밀을 보장할 수 없는 과정이다. 처음에는 전문적인 정신과 의사와 심리학자로부터 공개 면담이 일부 반대에 부딪히기도 했다. 그러나 비밀보장 측면에서 잃는 것은 책임감과 고무적인 치료적 공동체를 발전시킴으로써 극복할 수 있었다.

비공개 혹은 개방형 면담이든 간에, 아들러식 가족 상담가는 가족이 반복적이고 비생산적인 상호작용에서 벗어나 협력적인 상호작용으로 바꿔가도록 도움을 준다(Armerding, 2021). 그들은 가족구성원들이 잘못된 행동의 목적을 인식하도록 도와주고, 격려와 자연스러운 논리적 결과로 처벌과 기타 부정적인 규율을 대체하는 데 도움을 준다(Nelson, 2006). 아들러식 개방형 가족 상담은 크리스텐센(Christensen, 2004)에 의해 제시되었다. 가족 상담에 대한 아들러식 접근방법에 대해서는 『부부 및 가족 상담의 이론과 실제』(Bitter, 2021, chap. 6) 및 비터와 버드(Bitter & Byrd, 2017a, 2017b)를 참조할 수 있다.

집단 상담에 적용하기

아들러와 그의 동료들은 이미 1921년, 비엔나에 있는 아동 생활지도센터에서 집단적 접근을 사용했다(Dreikurs, 1969). 드라이커스는 아들러의 연구를 집단으로 확대하였고 대중화하였으며, 40년 넘게 그의 개인 상담에서 집단 상담을 사용해왔다. 드라이커스는 시간을 절약하는 방안으로 집단 상담을 정신과 치료에 도입하였지만, 그는 곧 집단 상담에서 사람을 효과적으로 변화시키도록 돕는 집단의 독특한 특성을 발견하였다. 열등감은 집단에서 도전받기도 하고 그 열등감의 영향이 효과적으로 중화되기도 한다. 그리고 집단은 가치 형성의 중요한 역할을 하는 원인이 되기 때문에, 사회적이고 정서적 문제의 근원인 잘못된 개념과 가치는 집단에서 깊게 영향을 받을 수 있다(Sonstegard & Bitter, 2004).

아들러 집단 상담은 우리의 문제들이 주로 사회적 특성에 기인한다는 전제에 기초하고 있다. 집단은 사회적 맥락을 제공하는데, 이것은 구성원들이 소속감, 사회적 연대감, 공동체를 발달시킬 수 있다는 것이다. 손스테가르드와 비터(2004)는 집단 참여자들이 지닌 많은 문제가 사실상 대인관계에 있고, 그들의 행동은 사회적 의미를 가지며, 그들의 목표는 사회적 목적의 틀에서 가장 잘 이해될 수 있다고 보았다. 집단 상담은 사회적 관심을 향상하는 데 특별히 유용하다. 핵심 상담 요소는 이타주의의 역할인데, 이것은 집단에서 타인을 돕기 위한 과정이다. 집단응집력의 발전 과정은 사회적 관심(집단의 경우, 사회복지의 향상)과 공동체감(집단과 연결되고 가까워졌다는 느낌)과 아주 유사하며, 이는 아들러치료의 주요 목표이다. 예를 들어, 남성 집단에서 주요한 목표 중 하나는 자주 낙담하고 고립감을 느끼는 사람이 타인 속에서 가치 있다는 감정을 느끼도록 도와주는 것이다. 이러한 집단 과정이 형성되는 동안, 집단구성원은 역시 자신보다 더 큰 무언가와 연결됨을 느낌으로써 사회적 관심을 형성한다.

아들러 집단 상담의 독특한 특징은 초기 기억/회상의 활용이다. 앞에서 언급했듯이, 초기 회상으로부터 개인은 그릇된 신념과, 현재의 태도, 사회적 관심, 가능한 미래 행동에 대한 명확한 생각을 얻을 수 있다. 이러한 초기 회상의 상호 공유를 통해 구성원은 타인과 연결된 느낌을 발달시키고, 집단의 응집력 또한 증가하게 된다. 구성원들 사이의 상호관계와 희망이 증진되기 때문에 집단은 변화의 중요한 동인이 된다.

특히 중요한 점은 아들러 집단 상담자는 각 집단 회기에 행동 전략을 시행하는 방식을 가지고 있다는 것이다. 특히 재정향 단계에서 더욱 그러하다. 새로운 결심을 하게 될 때 목표는 수정된다. 자기를 제한하고 있는 가정에 도전하기 위해서, 구성원은 **마치** 자신이 원하는 사람이 되어있는 **것처럼** 행동하도록 격려받는다. 그들은 오래된 방식, 즉 자기파괴적인 행동이나 비효율적인 행동을 반복하게 하는 과정에서 '자신을 포착하기'를 요구받는다. 구성원은 자신이 변화하고 싶다면 자신에게 과제를 부여하고, 집단의 교훈을 일상생활에 적용하며, 자신의 문제에서 해결책을 발견하기 위한 단계가 필요함을 인식하게 될 것이다.

아들러학파의 집단 상담은 손스테가르드, 비터, 펠로니스-페네로스(Pelonis-Peneros), 니콜(2001)에 의해 본격적으로 착수되었다. 집단 상담에 대한 아들러학파의 접근에 대해 더 알고 싶다면, 『집단상담의 이론과 실제』(Corey, 2023) 7장과 손스테가르드와 비터(2004)를 참고하면 된다. 또한, MindTap 프로그램의 『집단상담의 이론의 실제』 동영상을 보면,

제럴드 코리가 아들러식 관점으로 집단 상담을 진행한 상담 시연을 볼 수 있다.

아들러학파 접근을 학교 상담에 적용하기 학습목표 12

이 부분은 모어하우스 대학의 평등, 포용성, 소속감 분야의 담당 연구소장인 **히데코 세라**(Hideko Sera) 심리학 박사가 제공한 것으로, 그녀는 20년 이상 흑인, 원주민, 유색인종을 위한 교육, 훈련 및 권익 옹호에 주력해왔다.

알프레트 아들러는 그의 시대를 앞질러 간 사람이다. 그의 이론은 실용적이면서도 철학적이며 우리가 스스로 선택할 수 있는 주체라는 점에서 희망적이다. 가장 어려운 상황에서도 우리는 이러한 상황을 만들 수 있는 선택권이 있다. 아들러 심리학의 거장인 해럴드 모삭으로부터 가르침과 훈련을 받은 나는 아들러의 이론적 구조가 어느 시대에나 학교 환경에 걸맞은 중요한 체제임을 분명히 믿고 있다.

학교는 의미를 창출하는 기회를 제공한다. 교육자와 학생은 가정에서 벌어지는 것과는 다른 기대와 규칙을 학교에서 경험하고 배우게 된다. 우리 가족은 기본 규칙과 관계, 관계적 구조, 그리고 이러한 구조와 관계 안에서 자신의 위치에 대해 배우는 첫 번째 관문이다. 반면에 학교는 다양하고 때로는 모순적인 가치, 의미, 해결책 및 목표를 조정해야만 하는 넓은 공동체에 바탕을 둔 시스템을 제공한다. 학생들은 또한 다양한 교육적 공간에서 자기상(self-image)과 존재가치를 발전시킬 수 있다.

아들러의 주요 이론적 개념은 학교 환경에서 활동하는 개인에게 특별히 잘 적용된다. 교사, 학교 관리자, 학교 상담자 및 학생의 학습과 성공에 기여하고자 하는 분에게는 다음의 조언이 도움이 될 수 있다.

- **학생을 총체적으로 이해하기.** 학생을 성적이나 시험 점수의 합으로 간주해서는 안 된다. 미국의 학교는 종종 성적으로 우수한 학생을 칭찬하지만, 어떤 학생의 강점은 편파적인 수행 검사로는 측정하기 어려워서 인정받기 어렵다. 각 학생은 독특한 존재로서 학습과 행동에 대한 목표지향성을 통해 다음과 같은 의미 있는 질문을 던져 준다. 그들은 개인적으로 누구인가? 그리고 더 중요한 것은 어떤 사람이 되어가고 있는가? 우리는 한 학생을 위한 개입과 접근법이 다른 학생에게는 효과가 없을 수도 있고, 한 번 잘 작동한 것이 어떤 맥락적 변화와 영향에서는 다시 잘 작동하지 않을 수 있다는 사실을 기억해야 한다. 아들러는 일괄적인 접근법을 사용하지 않았다.
- **행동을 목적론적으로 생각하기.** 어린이와 청소년은 존재 자체가 오로지 선천적이거나 환경으로 인한 것은 아니다. 이것은 삶의 환경을 구성할 뿐이다. 중요한 것은 그들이 이 삶의 구성요소를 어떻게 만들어 나가는지에 달려있다. 학생이 잘못된 행동을 할 때, 이해가 안 간다는 듯이 '대체 무슨 생각을 했어?'나 '왜 그래?'라고 묻기보다는, '그 행동의 목적이 무엇이었어?'라고 물어보자. 학령기 아동의 목표는 거의 대

부분 중요한 존재가 되고 싶거나, 어딘가에 소속하고 싶거나, 연결되고 싶거나, 혹은 도전에 마주 설 용기가 부족한 느낌과 관련이 있다.

- **학생에게 적절한 격려 제공하기.** 교육에서 성공이 어떤 것인지를 홍보하는 데 주의하자. 아들러의 탁월한 제자 루돌프 드라이커스는 유명한 어린이 전문가였으며, 격려가 사람의 잠재력과 능력을 육성하는 데 중요한 요소라고 믿었다. 학생은 발전 과정에서 자신의 능력을 믿어주는 사람으로부터 많은 격려를 받아야 한다. 동시에 드라이커스는 완벽을 추구하도록 하는 격려에는 신중을 기하도록 경고했다. 드라이커스는 불완전할 용기를 갖는 것, 즉 우리는 이루기 어려운 완벽한 이상을 쫓지 말아야 한다고 믿었다.
- **공감하는 학생을 육성하기.** 곤경에 빠진 다른 사람의 처지를 이해할 수 있는 것은 오늘날 리더와 변화를 이끄는 인물에게 필수적인 요소이다. 기업체 관련 문헌에서는 최근에 효과적인 리더의 핵심 구성 요소로서 공감에 초점을 두고 있다. 아들러가 언급한 대로 우리의 웰빙은 자신을 위해 하는 것, 성공, 행복, 자각뿐만이 아니라 다른 사람을 배려하는 것과 깊은 관련이 있다. 아들러에게 있어서 '우리'는 '나' 이상으로 중요하다. 게다가 성별에 따른 공감 능력은 미국에서 주류 가치가 되었다. 우리는 아들러가 '사적 논리'라고 부르는 우리 자신의 편견에 주의해야 한다. 예를 들어, 여학생의 공감 능력을 칭찬할 때 민감하고 친절하다는 용어를 사용하지만, 남학생의 동일한 공감적 특성을 약하거나 단호하지 않다고 묘사하지는 않는지 확인해야 한다.

아들러는 1930년대 초기부터 교사와 부모에게 어린이의 민주적 교육의 중요성에 대해 글을 썼고 강의를 했다. 미국에서는 드라이커스(1957/1968)와 그의 동료들(Dreikurs et al., 1998/2013)이 화합과 격려를 강조하는 아들러식 교육 및 학교 상담 모델을 오랫동안 개발해왔다.

아들러치료에 대한 전문가의 관점

이 절에는 이스트테네시 주립대학교 상담 및 인간 서비스 학과의 교수인 **제임스 로버트 비터** 교육학 박사가 다음 질문에 대한 답변을 제공하였다.

1. 아들러 접근이 개인 상담 현장에 가장 크게 기여한 점은 무엇인가?

나는 전체론(concept of holism)과 성격의 통합(unity of the personality)이라는 두 개념이 유익한 방식으로 내담자들과 작업하는 데 큰 도움이 된다고 믿는다. 아들러는 자신의 접근법을 '개인심리학(individual psychology)'이라고 부르는데, 이는 각 개인이 온전한 전체로서 이해되어야 함을 강조하기 위함이다. 완전하고 더 이상 나눌 수 없는 존재로서 각 개인은 스스로 선택한 목표, 즉 완전함, 완성, 실현, 심지어 완벽을 향해 나아간다. 인생 초기에 사람들은 완성 혹은 완벽이라는 허구적 개념을 만들어내고 이 목표를 향해 평생 노력하게 된다. 이러한 평생 목표가 정해지면 모든 생각, 신념, 가치관, 감정 및 행동이 그 목표를 지향하게 된다. 이러한 허구적 최종 목표는 인생 초기에 형성되기 시작하기 때문에 실수가 발생할 수 있다. 때로는 개인의 삶을 인도하는 잘못된 목표가 있을 수 있다. 때로는 용납 가능한 목표이지만, 단지 잘못된 생각이거나 접근일 수 있다. 사람마다 자신이 이미 학습했거나 앞으로 배울 모든 것을 포괄하는 생활양식과 자신의 인생 목표를 향하여 행동하는 방식을 채택한다. 이러한 의미에서 내담자에 대한 아들러학파는 내담자를 이해하기 위하여 항상 체계적이며, 내담자가 자기 자신, 다른 사람, 인생 및 세상을 어떻게 보는지를 고려한다. 또한 가족 배경, 문화, 성별 및 역사적 위치를 고려하며, 개인이 인생 이야기에 부여하는 특정한 의미나 해석을 이해하려고 한다. 개인의 생활양식 전체를 이해한다면, 완전함이라는 최종 목표를 향한 개인의 움직임을 이해할 수 있으며, 잘못된 가치관과 신념을 교정하고, 유용한 방향으로 다시 평가하고 재정향시켜서, 잘못된 가치관과 신념에 대한 수정을 축하해줄 수 있게 된다.

2. 개인 상담 또는 치료 현장에 적용할 수 있는 아들러 접근법의 특별한 핵심 개념 두세 가지는 무엇인가?

인생 과제의 이해. 아들러는 모든 사람이 세 가지 인생 과제를 공통적으로 가지고 있다고 주장했다. 이러한 과제는 피할 수 없으며 사회적으로 해결해야 한다. 우리는 공동체적인 존재이며(우리는 생존하기 위해 무리를 이룬다), 다른 사람들과 잘 지내는 것(우정)과 협력은 풍부하고 생산적인 삶을 사는 데 필수적이다. 우리 모두가 같은 일을 할 수는 없으므로 저마다 일을 분담하여 전체에 기여하는 것 역시 중요한 일이다. 사실 우리가 다른 사람들에게 기여하고, 우리가 땅 위에 사는 시간을 유용하게 사용하는 것은 우리의 삶의 의미와 가치와 직접적으로 관련 있다. 마지막으로, 인간은 다양한 성별과 성을 가지고 있다. 일정 수의 두 성별을 가진 사람들은 종을 번식시키기 위해 협력하여 인류를 살려낸다. 그러나 번식하든 그렇지 않든 간에, 우리 모두는 삶에서 깊은 정서적 유대가 필요하다. 자신과 다른 성과 어울리는 방법을 모두 알아야 하며 서로를 상호존중하고 차이를 인정하는 것이 더 나은 삶을 사는 데 도움이 된다.

사용의 심리. 아들러의 내담자 경험의 개념화와 현대 정신과학 사이의 가장 중요한 차이 중 하나는 아들러학파가 문제나 장애가 내담자의 삶에서 어떤 목적을 위해 **사용되는지를** 살펴보는 것이다. 정신과적 의미와는 달리 아들러학파는 개인이 문제나 문제를 **가지고** 있는 것으로 보지 않는다. 문제를 '가지고 있다(to have)'

와 문제가 '있는(to be)'이라는 동사를 사용하는 것을 꺼리고, 개인의 어떤 심리적 문제나 장애가 유지되는 목적이 무엇인지를 보고 싶어 한다. 1927년에 아들러는 『질문(The Question)』을 소개했는데, 그것은 해결중심치료자들(solution-focused therapist)이 나중에 재발견하고 '기적질문(miracle question)'이라고 명명했다. 이 질문은 다음과 같이 구성된다. '내일 아침에 일어나 보니 문제가 다 사라졌다면 당신은 무엇을 하고 있을 건가요?' 해결중심 상담자들은 이 답변을 사용하여, 종종 저항에 부딪히는 그 답변과 같은 삶을 시작할 수 있도록 돕는다. 아들러는 삶을 살아가는 데에 유용하기 때문에 장애가 계속 유지되고 있으며, 문제없이 사는 것을 회피하기 위해 문제를 계속 유지한다는 것을 알아냈다. 어쩌면 어떤 사람은 이렇게 말할지도 모르겠다. '우울하지 않다면 일을 더 생산적으로 할 수 있을 것이고, 진급할 수 있을 것이며, 아니면 관리자나 상사가 될지도 모릅니다.'라고 말할 수 있다. 아들러학파는 이 사람이 실제로 그 수준의 생산적인 일과 성취에 자신감이 없다는 것을 이해한다. 우울증은 미리 시도하지도 않고 실패하지 않기 위한 핑계로 작용한다. 아들러학파는 장애가 어떤 인생 과제와 관련이 있는지, 특별히 사회적 관계, 직장, 또는 절친한 관계 중 어떤 것과 관련이 있는지에 주의를 기울인다. 그리고 그 장애가 스스로 인식한 실패를 외면하기 위해 어떻게 사용되고 있는지를 이해하려고 노력한다.

3. 개인 상담을 하는 상담자가 활용하기 좋은 아들러 상담의 두세 가지 기법은 무엇인가?

실재/현존. 현존(presence)은 상담 회기 중 상대방에게 모든 주의를 집중시키는 상담자의 능력이다. 상대방을 완전히 이해하기 위해 눈과 귀를 사용하는 것이다(일부 경우에는 신체 접촉과 냄새도 포함된다). 내담자의 언어와 그 사용 및 표현 방법에 주목하는 것이다. 존재는 다른 문제로 인해 주의가 산만해지지 않도록 집중하는 것을 의미한다. 이는 칼 로저스(Carl Rogers)가 심리적 접촉이라고 부른 것이다. 이것은 공감, 관심, 그리고 때로는 호기심, 신기함, 그리고 탐구심을 필요로 한다. 현존은 상담자와 함께 있는 상담 시간 동안 내담자가 상담자의 전 세계라는 느낌을 갖게 하는 것이다.

패턴중심치료. 아들러 상담의 핵심은 개인이 삶을 통해 움직이는 과정을 이해하고, 자기 자신, 타인, 삶, 세상을 어떻게 인식하는지, 그리고 개인적인 대처 방식과 그 방식이 어떤 목적을 가지고 있는지를 알아내는 것이다. 대부분의 경우, 개인은 어떤 정서적인 혼란으로 상담을 받게 된다. 감정은 그들의 삶에서 실존적인 위협(불안)이나 특정 결과에 대해 당연히 느끼는 도전에 대한 신호(분노)로 작용하거나 도움을 요청하는 신호(우울)로 기능한다. 거의 대부분 상담을 요청해야 할 만큼 정서적인 혼란을 유발하는 촉발 사건이 있기 마련이다. 급격하게 촉발된 사건과 상담 회기 사이에는 부적응적인 사고, 대처, 행동의 패턴이 존재하기 마련이다. 사고와 대처의 패턴은 거의 항상 현재에 근간이 되는 생물심리사회적 기질과 유전적이고 환경적인 경험에 근거를 두고 있다. 이 모든 것은 일상생활에서 부적응적 패턴을 유지하는 사람과 사건이 보강해주기 때문에 지속되는 것이다. 아들러식 상담자는 부적응적 사고, 대처, 행동에 경청하기를 배우고, 이들 부적응 패턴을 사회적 관심과 공동체 의식에 기반을 둔 적응적 패턴으로 대체하는 방법을 추구한다.

초기 회상/기억 평가. 초기 기억은 투사적인 기법이며, 그것을 이해함으로써 상담자는 내담자의 삶의 움직임이나 행동을 파악할 수 있다. 우리는 출생부터 10세까지 백만 개 이상의 경험을 한다(무엇을 경험으로 계산하는지에 따라 다를 수 있다). 그러나 대부분의 사람들은 떠올리거나 재경험할 수 있는 10세 이전의 초기 기억을 12개 이상 회상하기는 어렵다고 한다. 중요한 질문은 무엇을 기억하는지가 아니라 왜 이러한 초기 기억을 회상하는지이다. 아들러의 해답은 우리가 누구인지, 타인, 삶과 세상을 어떻게 바라보는지, 어떤 세상을 좋아하거나 싫어하며, 이러한 시각 때문에 어떤 신념이나 윤리적 입장을 가지게 되었는지를 알려주는 그런 경험을 우리는 기억하는 것이라고 했다. 아들러 상담자는 내담자에게 10세 이전으로 돌아가서 '있었던 일을 저에게 말해보겠어요?'라고 묻는 것으로 시작한다. 그 기억에 경청하면서, 상담자는 무엇이 돋보이며 그 순간에 그 사람의 느낌이나 반응이 무엇인지를 묻는다. 이를 통해 상담자는 개인의 초기 기억에 대한 의미를 추측할 수 있게 된다.

4. 아들러 접근법은 개인 상담 현장에서 다양성, 다문화 및 사회정의 문제를 어떻게 다루는가?

아들러 접근법은 개인을 전체적으로 다루는데, 체계적인 방향을 임상 업무에 적용하여 개인이 경험해왔던 가족, 문화 혹은 문제나 도전의 관점을 이해하지 않고서는 어느 누구도 온전히 이해될 수 없다고 주장한다. '짐'이라는 개인을 알기 위해서는 그가 어떻게 생각하고 느끼는지만 알아서는 충분하지 않다. 또한 짐이 어떻게 자랐으며 어떤 사회경제적 조건에서 자라고, 어떤 문화, 종교, 국가나 세계의 일부로서 살아왔는지, 또 어떤 인종이나 민족성의 일부로서 살아왔는지, 어떤 성별 또는 성적 지향의 관점에서 살아왔는지를 알아야 한다. 짐이 이러한 가능성과 관련하여 특권 계급의 일원이었는지, 아니면 소수 인종, 가난한 문화, 성차별, 장애 또는 성차별과 관련된 어려움을 경험했는지 등을 알아보아야 한다. 짐이 인생 경험에서 무엇을 배웠으며, 어느 정도는 아직도 편견이나 차별로 인해 부정적인 영향을 받고 있는지, 개인적으로 짐이나 상담자가 이러한 불평등에 대응하기 위해 무엇을 할 수 있는지 알아야 한다. 아들러는 성별과 사회경제적 불평등을 지적한 선구자 중의 한 사람이었다. 오늘날 아들러 접근법은 사회정의를 매우 중요시하고, 개인적으로는 물론 지구상의 인간 전체에 해를 끼치는 상황을 바꾸는 방안을 찾고 있다.

5. 아들러치료를 단기 상담(또는 시간제한 상담)에 어떻게 적용할 수 있는가?

한동안 동료 빌 니콜과 나는 아들러 단기 상담(Adlerian brief therapy)을 강력히 지지했다. 아들러 단기 상담은 전체적인 생활양식 평가를 한두 회기 안에 완료할 수 있으며, 상담자가 내담자를 정말로 완벽하게 잘 알 수 있어서 놀라울 정도의 평가가 가능하다. 사고, 행동 및 움직임의 실수들을 다루면서 변화를 지원하고 격려할 수 있으며, 내담자가 자신을 위해서 새로운 선택지를 궁리하고 새로운 행동을 실천하도록 지지하고 새로운 경험에 참여하는 데 도움을 줄 수 있다.

내가 생각하는 단기 상담의 문제는, 정신적 증상을 해결하거나 제거하는 데 초점을 맞추는 관리형 돌봄에 쉽게 빠지게 된다는 사실이다. 단기 상담에서는 심각한 도움이 필요한 내담자들이 종종 몇 달 안에 호전될 것으로 기대하거나, 자살 시도 이후에도 약 10일 이내의 거주치료만을 제공받을 수 있게 한다. 실제로, 외상과 학대에 관련된 심각한 문제를 가진 일부 내담자들은 우울증이나 불안과 함께 진단되지 않으면 의료 제도에서 보상받을 수 없으며, 그럴 경우에도 외상이나 학대가 아니라 우울증을 극복하는 데에 주안점을 두는 경우가 많다.

나는 관계와 내담자와 효과적인 작업 동맹이 강조된 시기에 상담 분야에 입문했다. 주에서 운영하고 지지하는 지역사회 정신건강센터와 심각하게 아픈 사람들을 위한 거주 돌봄 시설이 있었다. 그리고 내담자를 몇 년 동안 보고 오랜 세월 동안 사람들을 지원하는 것은 드문 일이 아니었다. 나는 많은 내담자들이 삶에서의 진정한 고통을 드러낼 수 있을 만큼 충분히 안전하다고 느끼려면 긴 시간이 필요하다는 것을 봐왔다. 특별히, 트라우마를 겪었거나 학대당한 사람들의 경우 긴 시간이 필요했다. 나는 운이 좋았다. 나는 대학교에서 일하며 급여를 받으면서 필요할 때 오랜 기간 사람들을 볼 수 있었고, 내 일에서 이것을 점점 더 중요하게 생각하게 되었다.

6. 당신의 관점에서 볼 때, 아들러 접근법의 현재와 미래는 어떠한가?

상담 프로그램에 들어가는 모든 사람들은 내담자와 함께 실재하고 참여하는 방법을 배우고 싶어 한다. 아마도 그래서 거의 모든 프로그램이 인간중심치료와 로저스의 반영, 감정의 반영, 공감적 이해와 무조건적인 긍정적 태도에 중점을 둔다. 아들러는 이러한 중요성에 반대하지 않을 것이다. 그러나 학생들이 임상가로 성장함에 따라 그들은 단순히 내담자들과 함께 실재/현존(presence)하는 데 만족하지 않고, 더 나아가고 싶어 한다. 임상가들은 다양한 접근법 중에서 절충적인 방법 다음으로 아들러치료를 자신의 작업에서 가장 영향력 있는 접근법으로 꼽는 경향이 있다. 그 이유의 일부는 아들러가 정신적 건강의 근간으로 사회적 관심에 중점을 두었기 때문이다. 그리고 아들러의 전체적인 접근법은 상담자들이 개인이 원하는 것이 무엇이고, 인생에서 어디로 향해 가고 있는지를 이해하는 데 도움이 되기 때문이다. 이 접근법은 내담자가 불편하고 바람직하지 않은 증상을 그저 끝내는 것이 아니라 선호하는 삶을 선택하는 데 도움이 된다. 상담의 새로운 접근법 중 많은 이론들이 인간과 인간의 본성에 대한 아들러의 이해로부터 유래되었다. 현대 아들러 지지자들은 아들러가 개발한 매우 포괄적이고 포용적인 모델에 새로운 접근법의 장점들을 쉽게 통합하고 있다.

미국과 캐나다에서는 매년 아들러 심리학에 관한 상당한 규모의 학회가 열리고 있으며, 연중 작은 규모의 학회들도 열린다. 국제적인 아들러 학회가 성장하고 있고, 유럽의 모든 국가뿐만 아니라 일본, 중국, 한국 및 홍콩에도 아들러 상담전문가들이 있다. 아들러는 한때 그의 접근법이 우리가 현재 인본주의 심리학이라고 부르는 모든 것의 기초가 될 것이라고 생각했다. 그러나 아마도 그렇게 되지는 않을 것이다. 하지만 아들러 접근법은 쉽게 사라지지 않을 것이다. 아들러식 접근은 개인들이 문제에 직면하고 그들의 삶을 풍요롭게 살게 하는 데에 가장 쓸모 있는 접근법 중 하나로 남아있을 것이다.

비터 박사의 아들러 관점에 관한 토론 질문

1. 인생 초기에 사람들은 완전 또는 완벽함이라는 허구적인 관념을 만들어내는데, 이는 평생 동안 계속해서 추구하려는 목표가 된다. 이 개념이 여러분에게 개인적으로 어떤 의미가 있으며, 만약 있다면 어떤 식으로 의미가 있는가?
2. 실재/현존은 다른 일로 산만해지지 않고 집중하는 것을 의미한다. 현존은 공감, 흥미, 그리고 어떤 경우에는 놀람, 호기심, 탐구심을 요구한다. 여러분은 현존과 치료적 동맹 형성이 어느 정도로 관련이 있다고 생각하는가?
3. '초기 회상은 투사적 기법이며, 초기 회상을 이해함으로써 상담자는 내담자의 삶의 움직임을 지배하는 의미와 해석 속으로 들어갈 수 있다.' 초기 회상이 내담자의 문제를 이해하는 데 얼마나 중요하다고 생각하는가?

다문화적 관점에서 본 아들러 상담 학습목표 13

다양성 관점에서 본 강점

칼슨과 잉글러-칼슨(Carlson & Englar-Carlson, 2017)은 아들러 이론이 다양한 사람들에게 잘 적용되는 상담 이론이며 사회정의 작업에 적합하다고 믿는다. 그들은 아들러치료가 다문화적 및 사회정의 문제에 능동적으로 초점을 맞추는 데 그치지 않을 뿐만 아니라 "현대 글로벌 사회의 문제에 대응할 준비가 되어있다."(p. 24)라고 말한다. 우리 내담자들의 사연을 듣고, 이들이 지배적인 사회에 문화적으로 동화된 정도를 이해하는 것은 매우 중요하다. 우리는 특정 그룹에 대해 강의실에서 배운 내용을 기반으로 내담자와 함께 작업하길 원하지는 않는다. 우리는 상담자로서 내담자들이 살아온 경험과 가족 이야기를 듣는 것이 필수적이다.

아들러 접근법은 개인심리학이라고 불리지만, 초점은 사회적 맥락에서의 개인에게 있다. 아들러 접근법은 내담자들이 사회적 환경 속에서 자신을 정의하도록 하고, 그 환경이 생활 방식과 건강에 어떤 영향을 미치는지 이해하는 것을 권장한다. 아들러학파는 나이, 민족, 생활 방식, 성적 · 애정적 지향성 및 성별 차이에 대한 포괄적인 개념이 상담 중에 드러나기를 기대하는데, 이러한 문제는 상담 과정에서 다루어진다(Carlson & Englar-Carlson, 2017). 평가가 개인적인 시각을 넘어 가족, 지역사회 및 사회적 영향을 포함하도록 하는 것은 중요하다(Sue et al., 2022). 아치니가와 뉴론(Arciniega & Newlon, 2003)은 아들러 이론이 가족 및 사회문화적 맥락 속에서 개인의 이해를 강조하기 때문에 다양성 문제를 다루는 데 성공할 가능성이 크다고 믿는다. 또한 사회적 관심과 다른 사람들에게 기여하는 역할에 주목하기 때문에 소속감과 집단정신에 초점을 맞추게 된다. 1967년 미국 아들러 심리학회에서 케네스 B. 클락(Kenneth B. Clark, 2021)의 발표 중에도 비슷한 선언이 있었는데, 아들러 심리학이 **브라운 대 교육위원회 재판**의 논쟁에 대한 기초이자 기반이 된다고 언급했다. 블러브스타인 등(Bluvshtein et al., 2021)은 클락의 발표와 아들러 심리학이 인종차별과 사회정의에 대한 그들 자신의 이해에 많은 영향을 미쳤음을 인정하였다.

아들러식 상담자는 경쟁과 개인적 가치보다는 협력과 사회 지향적인 가치에 초점을 맞추는 경향이 있으며, 이는 점점 다문화적이고 다양성이 있는 사회에 아주 적합한 방법이다. 예를 들어, 원주민 미국인 내담자들은 협력을 경쟁보다 중요하게 여긴다. 한 내담자가 집단으로 뛰는 경주에 관해 이야기한 적이 있다. 한 소년이 다른 소년들보다 앞서가게 되면, 그는 속도를 줄이고 다른 소년들이 따라잡도록 하며, 결국 모두가 동시에 결승선을 통과한다. 코치가 경주의 목적은 개인이 먼저 도착하는 것이라고 설명하려고 했지만, 이 소년들은 협력하여 집단으로서 함께 일하는 것에 익숙해져 있었다. 아들러치료는 이와 같이 공동체를 강조하는 문화적 가치에 적절하게 적응할 수 있다.

아들러식 상담자는 각 내담자의 상황에 맞게 기술을 적용하는 가치를 잘 알고 있지만, 대부분의 경우 내담자의 가족구조와 상호작용에 초점을 둔 생활양식 평가를 수행한다. 내담자는 자신의 가족 유산을 존중하고, 자기 가족의 영향으로 자신이 발전해왔음을 인정한다. 상담자는 내담자와 상반되는 감정과 노력에 대해 민감해야 한다. 상담자가 이러한 문화적 가치를 이해한다는 것을 보여주면, 내담자는 자신의 생활양식 탐색을 기꺼이 수용할 가능성이 커진다. 이러한 탐색에서는 가족 안에서 내담자의 위치에 대하여 자세하게 논의하는 것이 포함된다.

아들러 상담자는 그들이 출생순위와 가족 분위기를 다루는 것과 거의 같은 방법으로 문화를 탐색한다는 점에 주목해야 한다. 문화는 개인의 삶을 경험하고 해석할 때 전망대 역할을 하고, 문화는 그 개인이 갖고 있는 가치, 역사, 신념, 관습 및 기대가 어떻게 형성되었는지를 이해하는 데 도움을 주는 배경 역할을 한다. 문화는 개개인에게서 서로 다르게 표현되며, 개인이 가지고 있는 문화에 대한 지각, 평가 및 해석에 따라 다양한 방식으로 표현될 수 있다. 아들러식 상담자는 상담 과정에서 자기 자신, 타인 및 세계를 다차원적으로 바라볼 기회를 발견하게 된다.

다양성 관점에서 본 약점

아들러 이론은 과거의 어린 시절의 경험, 초기 기억, 가족 경험 및 꿈 등을 탐색하는 데 관심이 없는 내담자에게는 일부 단점이 있을 수 있다. 또한, 이 접근 방식은 삶의 현재 문제를 다룰 때, 내담자가 생활양식 분석의 세부사항을 탐색하는 목적을 이해하지 못하는 경우에는 상담 효과가 좀 떨어질 수 있다(Arciniega & Newlon, 2003). 더불어, 일부 내담자는 상담자를 '전문가'로 여기고 자신의 문제에 해결책을 제공해주길 기대하고 지나치게 의존적일 수도 있다. 이러한 내담자는 아들러 상담자의 역할을 이해하기 어려울 수 있다. 왜냐하면 아들러 상담자는 다른 사람의 문제를 해결하는 전문가가 아니기 때문이다. 상담자는 치료를 제공하는 전문가로서 자신의 역할을 받아들일 수 있지만, 내담자의 삶에 관해서는 내담자가 전문가이다(Sue et al., 2022). 따라서 아들러 상담자는 내담자와 협력하여 삶의 문제에 대처하는 대안적인 방법을 도입해야 한다.

많은 내담자는 상담하러 오게 된 자신의 고민과 관련이 없다고 생각되는 삶의 영역에 대해서 논의하는 것을 주저한다. 어떤 문화에서는 개인이 가족 정보를 공개하는 것이 부적절하다고 믿기도 한다. 이러한 경우 상담자는 문화적으로 형성된 가족 정보 공개에 대한 내담자의 망설임을 수용하고 이해해야 한다. 상담자가 자신의 가족 전통에 대해 자기개방을 할 수 있다면 이는 내담자를 위한 롤모델이 되어 효율적으로 작용할 수 있다. 상담자가 내담자의 문화적 가치를 이해하고 자신의 경험을 공유할 수 있다면 내담자가 평가와 상담 과정에 더 쉽게 개방적으로 될 가능성이 있다.

스탠의 사례에 적용된 아들러 상담

스탠과 작업하는 아들러 상담자들의 기본적인 목표는 네 가지이며, 이는 상담의 네 단계에 해당한다. (1) 스탠과의 좋은 작업 관계를 형성하고 유지하기, (2) 스탠의 역동성을 탐색하기, (3) 스탠이 통찰과 이해를 증진시킬 수 있도록 격려하기, (4) 스탠이 새로운 대안과 결정을 내릴 수 있도록 도와주기.

상호 간의 신뢰와 존중을 발전시키기 위해서, 나는 스탠의 주관적인 경험에 세심한 주의를 기울였다. 그리고 삶의 전환점에 그가 어떻게 대처했는지를 이해하려고 노력했다. 초기 회기 동안에 스탠은 나에게 정답을 가진 권위 있는 전문가로 대하며 반응하였다. 스탠은 결정을 내릴 때마다 그 결과에 대해 후회하게 된다고 믿고 있었다. 스탠은 자포자기하는 심정으로 나에게 다가왔다. 나는 상담을 동등한 사람들의 관계로 보기 때문에, 처음에는 많은 사람에 대해 불평등하다고 느끼는 그의 감정에 집중하였다. 그가 대부분의 상황에서 느낀다고 말한 열등감에 대한 탐색이 좋은 출발점이 되었다. 상담의 목표는 상호 간에 협력하여 형성되는 것이기 때문에 나는 스탠을 위해 그의 목표가 무엇이 되어야 한다고 결정하지 않으려고 했다. 또한 의존적이 될까봐 스탠이 요청한 간단한 답도 주려고 하지 않았다.

나는 설문지를 기반으로 하여 생활양식 평가를 준비했다. 설문지는 스탠의 초년에 대한 정보를 이용하는데, 특히 그의 가정에서의 초기 경험에 대한 정보를 사용한다. [스탠에게 적용된 것과 같은 생활양식 평가지를 설명하기 위해 『심리상담과 치료의 이론과 실제를 위한 학생용 매뉴얼』(Corey, 2024)을 참고했다.] 이러한 평가지에는 자살 위험성도 포함되었는데, 그가 자살 사고에 대하여 언급했기 때문이다. 몇 차례의 회기가 진행되는 평가 단계 동안에, 나는 스탠과 함께 사회적 관계와 가족구성원과의 관계, 일에 대한 책임감, 남성으로서의 역할, 자기 자신에 대한 감정을 탐색했다. 나는 스탠의 인생 목표와 우선순위에 대하여 상당한 중점을 두었다. 나는 그가 미래를 향해 나아가기 때문에 과거와 현재 사이에 있는 일관성을 그에게 보여주는 것을 제외하고는 그의 과거에 크게 관심을 가지지는 않았다.

아들러식 상담자로서, 나는 스탠의 목표, 동기부여, 가치를 이해하기 위한 자료로서 초기 회상을 탐색하는 일에 중점을 두었다. 나는 스탠이 초기 회상에 대해 보고할 수 있도록 질문했다.

스탠: 제가 여섯 살 때 학교에 갔는데, 다른 아이들과 선생님을 두려워했어요. 제가 집에 돌아왔을 때, 저는 울며 어머니에게 학교에 가고 싶지 않다고 말했어요. 어머니는 저를 향해 소리치며 '애기'라고 불렀어요. 저는 소름 끼치는 공포를 느낀 후에 두려움은 더욱 커졌어요.

스탠의 또 다른 초기 회상은 여덟 살 때였다.

스탠: 우리 가족이 할머니 댁에 놀러 갔어요. 제가 밖에서 놀고 있는데, 몇몇 이웃 아이들이 이유도 없이 저를 때렸어요. 우리는 싸우기 시작했고, 어머니는 나와서 제가 버릇없는 아이처럼 행동한 것에 대해 꾸짖었어요. 아이들이 먼저 때리기 시작했다고 말했는데, 어머니는 믿지 않았어요. 저는 화가 났고 어머니가 저를 믿지 않았다는 사실에 상처받았어요.

이러한 초기 회상을 기반으로, 나는 다음과 같은 의견을 제시하였다. 스탠은 인생을 무섭고 예상할 수 없는 끔찍한 것으로 바라보고 있고, 여성에 대해 믿을 수 없다는 생각을 가지고 있다. 스탠은 여성을 가혹하고 믿을 수 없으며 돌보지 않는 존재라고 여긴다.

그의 가족 구도와 초기 회상에 대한 생활양식 평가를 기반으로 하여 정보를 모았는데, 나는 이러한 정보를 스탠이 요약하고 해석할 수 있도록 도와주었다. 나는 기본적 오류를 확인하는 데 특별히 주의를 기울였다. 기본적 오류는 삶과 자기 패배적 사고에 대한 잘못된 결론이었다. 다음은 스탠이 도출한 몇 가지 잘못된 결론이다.

- '나는 사람들 가까이에 있어서는 안 된다. 그들이 분명히 나를 상처 입힐 것이기 때문이다.'
- '나의 부모님이 나를 원하지도 사랑하지도 않기 때문에, 나는 누군가에게 절대로 사랑받거나 원하는 대상이 될 수 없을 것이다.'
- '만약 내가 완벽해질 수 있다면, 아마도 사람들은 나를 인정하고 받아들여줄 것이다.'
- '남자가 된다는 것은 감정을 보이지 않아야 한다는 것을 의미한다.'

내가 요약하고 해석한 내용을 통해 스탠은 통찰할 수 있었고, 스스로에 대한 이해를 높일 수 있었다. 그는 고통스러운 감정을 느끼지 않기 위해 자신의 세계를 통제하고자 했던 마음속의 욕구에 대해 좀 더 이해할 수 있게 되었다. 그는 술을 마시는 것, 위협이 되는 대인관계 상황을 피하는 것, 다른 사람들의 심리적인 지지를 믿지 못하는 것 등의 고통을 극복하고 통제하려고 노력해온 몇 가지 방법을 더 분명하게 이해하게 됐다. 그의 신념, 목적, 의도를 계속해서 강조함으로써 스탠은 어떻게 그의 사적 논리가 부적절한지를 알게 되었다. 그의 사례에서, 생활양식에 대한 삼단논법은 이러한 방식으로 설명할 수 있다. (1) '나는 사랑받지 못하고, 중요하지 않고, 가치 있는 사람이 아니야.', (2) '세상은 살기에 위협적이며, 삶은 불공평해.', (3) '그러므로, 나는 나 자신을 보호하기 위해 안전한 방법을 찾아야만 해.' 그래서 이 단계에서 나는 그의 생활양식, 현재 방향, 목표와 목적, 그리고 그의 사적 논리가 어떻게 작용하는지에 중점을 두고 해석했다. 물론, 스탠은 자신의 통찰을 새로운 행동으로 실천하는 데 도움을 주는 과제를 수행해야 한다. 이러한 방식으로 그는 상담에 적극적으로 참여하게 되는 것이다.

상담의 재정향 단계에서, 스탠과 나는 대안적인 태도, 신념, 생각을 찾기 위해 함께 작업했다. 현재 스탠은 자신을 과거의 방식에 가두어 두면 안 된다는 것을 알게 되었고, 격려받는다고 느끼며, 자신의 삶을 바꿀 힘이 있다는 것을 깨닫게 되었다. 그는 단지 통찰을 얻는 것만으로는 변할 수 없다는 것을 깨닫게 되었고, 그러한 통찰을 행동지향적인 계획을 실천하는 데 사용해야 한다는 것을 알게 되었다. 스탠은 자기가 환경의 희생자로 남지 않고, 자기 자신을 위해 새로운 삶을 만들어갈 수 있다고 느끼기 시작했다.

자기성찰을 위한 질문

- 신뢰와 상호존중에 기초한 스탠과의 관계를 설정하기 위해 여러분은 어떤 방법을 시도할 수 있을까? 스탠과 돈독한 관계를 맺고자 할 때 어떠한 어려움이 있을지 상상해볼 수 있을까?
- 스탠의 생활양식 중 어떤 측면에 특히 관심 있었는가? 그와 상담하면서 이러한 것을 어떻게 탐색할 수 있을까?
- 아들러학파 상담자는 스탠의 네 가지 잘못된 결론을 확인하였다. 여러분은 그러한 기본적인 실수 중 어떤 것을 확인할 수 있는가? 그렇다면 그것이 치료적 효과에 도움이 된다고 생각하는가, 아니면 방해가 된다고 생각하는가?
- 어떻게 스탠의 문화적 정체성과 맥락이 평가될 수 있겠는가? 그리고 이것은 그가 호소한 걱정거리와 어떤 관계가 있는가?
- 스탠이 사회적 관심을 발견하고, 그가 가진 문제에 집착하는 것을 극복하도록 하기 위해서 여러분은 어떤 도움을 줄 수 있는가?
- 변화를 위한 스탠의 결정과 결심을 돕기 위해 여러분이 끌어낼 수 있는 그의 장점과 자원은 어떤 것이 있는가?

스탠의 초기 회상에 초점을 맞춰서 스탠을 상담하는 나의 상담 시연을 보기 원한다면 MindTap의 5장 3회기 '아들러치료'의 '스탠의 사례' 동영상 퀴즈를 참조하라.

그웬의 사례에 적용된 아들러 상담*

집안의 맏이로서 그웬은 그녀 자신뿐 아니라 주변에 도움이 필요한 모든 사람을 책임져야 한다고 어릴 때부터 교육받았다. 그녀는 종종 다른 사람을 기쁘게 하기 위해서 자신의 욕구는 희생시켰다. 그녀는 스스로 어떻게 바로 서야 하는지 알았지만, 남을 도와주는 사람으로서의 역할이 많다 보니 그녀 자신의 존재 의미와 정체성을 잊어버리게 되었다.

그웬: 저는 오랜 시간 동안 다른 사람들의 규칙대로 살아왔어요. 그리고 저는 너무 지쳐 있어요. 저는 버거운 삶을 이겨낼 수 있을 것 같지 않아요.

상담자: 만약 제가 당신이 겪었던 일을 모두 겪었다면, 저 역시 너무 지치고 슬펐을 거예요. ……그리고 때때로 짜증도 났겠죠.

나는 그웬의 경험을 정상적이라고 하고 싶었다. 나는 아프리카계 미국 여성으로서 다양한 역할을 하며 살아간다는 것은 상당한 스트레스와 부담을 갖게 된다는 것을 너무나 잘 알고 있기 때문이다.

상담자: 당신의 삶이 통제 밖인 것 같다고 이해하는 게 맞을까요?

그웬: 네. 제가 정말로 제 삶을 이끌어가는 운전석에 앉아 있다고 느껴본 적이 언제인지 기억할 수가 없어요.

상담자: 그래요. 한번 보죠. 당신은 배우자와 어머니를 돌보고, 형제들을 챙겨왔군요. 그리고 당신은 어린아이일 때부터 이렇게 행동해야 했네요. 당신의 아이들이 다 자라서 집을 나갔는데도, 당신은 여전히 정기적으로 그들의 요구를 듣고 있고, 당신이 할 수 있는 한 모든 걸 동원해서 도와주고 있네요. (시간도 없지만) 친구들도 못 만나고 좀처럼 일에 만족할 수 있을 만큼 당신이 충분히 집중할 틈도 없어 보여요. 제가 당신을 제대로 이해하고 있나요?

그웬: 네, 전부 맞아요.

상담자: 그런 일들은 누구에게나 너무나 벅찬 일이라, 제가 거의 다 이해했는지 잘 모르겠네요.

그웬: 네, 저는 너무 많은 일에 지쳐 있어요. 저는 그 모든 일을 처리하고 해내야 해요. 저는 삶을 정상적으로 되돌리고 싶어요. 하지만 그게 잘 안 돼요.

상담자: 그래요. 할 일이 너무 많죠. 그래서 정신을 차릴 수가 없어요. 어디로 가고 있는지 알지 못한 채 그저 달리고 있군요. 걱정되지만 그런 악순환이 계속되는군요.

그웬: 제가 너무 많은 문제를 가지고 있어요.

상담자: 만약에 당신의 삶에서 그 모든 문제가 사라진다면, 무엇을 하고 있을 것 같나요? 어떻게 삶이 달라질까요? ['질문(The Question)' 하기]

그웬: 바로 그게 문제예요. 저는 더 이상 알 수 없어요. 음, 저는 더 이상 우울하지 않을 거예요. 저는 남편과 친구들과 함께 더 나은 삶을 살기를 원해요. 하지만 그게 가능할지 모르겠어요.

그웬은 다음 회기에 첫 회기보다는 훨씬 안정된 모습을 보이며 찾아왔다. 나는 그녀에게 그 이유에 관해 설명해 달라고 요청했다. 그녀는 정말 모든 것이 똑같지만 지난 회기에서 그녀가 이해받는 느낌을 가졌고, 그래서 어떤 희망을 가지게 되었다고 말했다. 나는 그녀가 말해준 것에 대해 감사함을 표하며, 그녀가 상담에 왔을 때 보여줬던 용기에 대해 칭찬해주었다.

상담자: 그웬, 저는 당신에 대해서 좀 더 잘 알고 싶고, 삶을 통해 당신이 경험한 것에 대해 이해하고 싶어요. 지금까지의 삶에서 중요한 부분에 관해 물어봐도 되겠어요?

그웬: 네, 물론이죠.

*켈리 커크시 박사는 아들러식 관점에서 사고하는 방식과 상담 실제를 기술하며 이 모델을 그웬에게 적용하고 있다.

이 회기에서 나는 그웬에게 그녀의 삶에 관해 묻기 시작했다. 여기에는 생활양식 평가를 포함한 아들러식 도구가 활용되었다. 나는 그녀의 부모에 대한 설명과 그들 사이의 관계를 포함한 가족 구도에 관해 물어보았다. 나는 다음과 같은 질문을 했다. '형제 중 누가 그녀와 가장 다르고, 어떻게 다른가? 어떤 형제가 그녀와 같으며, 어떤 방식으로 같은가? 그리고 어린 시절 그녀는 어땠는가?' 각 대화에서 그녀가 가족에 대해 부여한 어린 시절의 의미를 나에게 말해주었다. 이렇게 논의하는 동안, 그녀는 아동기 시절 사촌 오빠에 의해 추행을 당했던 것과, 이와 유사한 일로 자신의 형제들을 보호하기 위해 내린 그녀의 결단에 대해 말해주었다.

그다음 회기에서, 그웬은 자신의 발달사에 대해 나에게 말해주었는데, 이는 아들러의 세 가지 과업 중 하나를 다룬 것이다. 그녀는 항상 소수의 친한 친구들이 있었고, 그중에서 주도권을 잡는 경향이 있었다. "친구들 중 몇 명은 제가 약간 골목대장 행세를 한다고 생각했을 것이라고 전 추측해요. 여동생도 그렇게 생각했을 것이라고 확신해요. 여동생은 여전히 제 친한 친구이기도 하지만요." 그웬은 항상 일을 해왔는데, 처음에는 집안일을 했고 점차적으로 세상에 나가 일을 했다. 그녀는 14세 때 처음으로 진짜 직업을 가졌는데, 나이를 속여서 이웃의 레스토랑에서 일할 수 있었다. 그녀는 항상 다른 사람을 돌보았고, 심지어 대학에 다니는 동안에도 계속되었다. 그리고 현재, 그녀는 직장에서 중책을 맡고 있다. 그녀의 남편은 사회활동가이다. 남편 론은 그녀가 사랑받아본 경험이 있는 유일한 남자다. 그녀는 서로가 점차 멀어진다고 느끼는데 둘 다 바빠서 그런 것으로 핑계를 댄다. 그녀의 이야기 속에서 그녀가 어떻게 다른 사람을 책임져야 한다고 느끼는지, 그녀가 해야만 하는 것에 얼마나 기진맥진해 있는지, 그리고 얼마나 많이 그녀 자신이 일상생활의 투쟁 속에서 길을 잃었는지를 쉽게 이해할 수 있었다.

상담자: 당신이 언급한 그 어려움들은 그 자체로 충분히 힘든 일이에요. 하지만 당신은 인종차별과 성차별에 대해서도 언급했어요. 당신이 아프리카계 미국인 여성으로서 직면해야만 했던 특별한 어려움에 대해서도 제게 몇 가지 말해주겠어요?

나 또한 아프리카계 미국 여성이지만, 내 경험이 그녀의 경험과 유사하다고 가정할 수가 없었다. 나는 인종과 성별과 관련된 것이 그녀에게 어떤 고난을 주었는지 들어야만 했다. 흑인 여성이라는 것은 추가적인 삶의 고통이었다. 그녀는 그녀의 존재에 대해 매일 고심해야만 했다. 나는 그녀의 최고 강점과 자부심뿐만 아니라 문화의 구성원으로서 그녀가 직면한 가장 큰 어려움이 무엇인지 알고 싶었다.

회기의 마지막 무렵, 나는 그웬에게 다음 회기에서 초기 회상 목록을 미리 준비할 것을 요청했다. 나는 그녀가 8세가 되기 이전에 겪었던 일들을 6개 이상 기억해내기를 부탁했다. 나는 그녀가 그 사건을 동영상처럼 떠올리고, 그중 한 장면에서 멈춰 보길 권했다. '그 장면에서 무엇이 일어나고 있는가? 그리고 무엇을 느끼는가? 그 사건에 대한 그녀의 반응은 어떠한가? 만약 이것이 신문기사라면, 제목을 어떻게 붙일 것인가?' 이 기억은 내가 그웬에 대해 이미 알게 된 사실을 확인할 수도 있고, 그녀의 확신과 신념을 확인하는 데 도움이 될 수도 있다. 그중 일부에는 아마도 지금까지 그녀의 삶을 이끌어온 잘못된 신념이 있을 수 있다.

생활양식 평가는 사랑, 우정, 일이라는 인생 과제에 대한 내담자의 고유한 접근법을 조사하는 방법이다. 이것은 내담자의 의미와 정체성과 신념과 확신으로 가득 차 있다. 또한 이것은 개인의 내적 자원을 구성하는 특성, 감정과 행동을 위한 동기, 앞으로 발전할 수 있게 하는 토대 등이 포함된다. 개인심리학의 황금률은 '모든 것이 다르고 차이가 있을 수 있다.'이다. 지금 그웬은 그녀의 인생에서 어떤 차이를 만들기를 원하는가?

자기성찰을 위한 질문

- 그웬의 초기 회상의 일부를 떠올려보도록 그녀에게 요청하는 것에 대하여 여러분의 생각은 어떠한가? 오래된 과거가 정말 개인의 생활양식 발달에 중요한가? 왜 우리는 오래된 과거를 기억하는가?

- 그웬은 상담자로부터 좀 더 많은 조언을 요구한다. 여러분이 상담자라면, 그녀가 여러분으로부터 더 많은 지시를 받기를 원할 때 어떻게 대처하고 개입할 것인가?
- 격려는 아들러 상담의 기본적인 기법이다. 여러분은 상담자가 격려하는 행동을 포착할 수 있는가? 여러분은 격려에 어떠한 가치를 두는가? 격려와 칭찬의 차이점은 무엇인가?
- 그웬에게 인종과 문화의 논쟁점과 관련해서 정보를 얻는 것에 대해 여러분은 얼마나 관심이 있는가?
- 여러분이 그웬의 상담자라면 아들러 기법 중 어떤 기법을 추가로 사용할 것인가? 이러한 개입의 경우, 여러분이 설정한 목표는 무엇인가?

요약과 평가

요약

아들러는 시대를 앞서갔으며, 대부분의 현대 심리치료는 그의 견해를 어느 정도 채택하여 반영한 것이다. 개인심리학에서 사람들은 사회적 요인으로 동기화되고, 자신의 사고, 감정, 행위에 대한 책임이 있으며, 무력한 희생자가 아니라 자기 삶의 창조자이고, 목표나 목적을 향해 움직이며, 과거보다는 미래를 향하여 나아간다고 가정한다.

아들러학파 접근의 기본 목적은 내담자가 자기 자신, 타인, 삶에 대한 그릇된 신념을 확인하고 변화시켜 사회에 보다 완전히 참여할 수 있도록 돕는 것이다. 상담자는 내담자를 정신적으로 병든 상태로 보지 않고 단지 낙담한 것으로 본다. 상담 과정은 내담자가 자신의 행동 방식을 알게 되고, 생활양식을 근본적으로 변화시키도록 돕는 것이다. 그리고 이것은 내담자가 느끼고 행동하는 방식에 변화가 생기게 할 것이다. 개인 발달에서는 가족의 역할이 강조된다. 상담은 내담자가 자신의 통찰을 일상생활에서 행동으로 옮기도록 도전하는 협동적 모험이다. 현대의 아들러 이론은 통합적 접근, 협력적 인지, 구성주의적 · 실체론적 · 정신역동적 · 체계적 접근법이다. 아들러 접근법은 내담자와 상담자 간의 상호존중하는 관계 형성에 대한 강조, 내담자의 장점과 자원에 대한 강조, 낙천적이고 미래지향적인 관점을 강조한다는 것이 일반적 특징이다.

아들러 접근의 공헌 학습목표 14

아들러학파 접근의 장점은 유연성과 통합적인 성격에 있다. 아들러 상담자들은 자원이 넘치고, 다른 방법들을 사용하는 데 유연하다. 그래서 다양한 환경과 상황에 처해 있는 다양한 장면의 내담자에게 적용될 수 있다. 이들은 이론적으로 일관성이 있고, 기법적으로는 절충주의자가 되는 경향이 있다(Watts, 2015). 상담자는 내담자를 하나의 이론적 틀에 맞추기보다는 내담자에게 가장 이익이 되는 것에 주로 관심을 둔다(Carlson et al., 2006).

아들러학파 접근의 또 다른 공헌은 그것이 간단하여 시간이 제한된 단기치료법에 적합하다는 것이다. 아들러는 시간제한치료법의 제안자였으며, 현재의 단기 상담 접근법에서 많이 사용된 기법들은 아들러 상담자들이 만들고 자주 사용한 개입과 비슷하다(Carlson et al., 2006). 아들러치료법과 현대의 단기상담법은 많은 공통점을 갖고 있다. 그것은 '조속한 치료적 동맹의 수립, 명확한 문제 초점과 목표 설정(goal alignment), 빠른 평가와 상담의 적용, 적극적이고 직접적인 개입의 강조, 심리교육적 초점, 현재와 미래지향, 내담자의 장점과 능력에 대한 집중, 변화에 대한 낙천적 기대, 내담자의 독특한 요구에 개입을 맞추어 가는 시간적 민감성 등 많은 공통점을 갖고 있다(Carlson & Englar-Carlson, 2017; Hoyt, 2015). 모삭과 드피에트로(Mosak & Di Pietro, 2006)에 따르면, 초기 회상은 단기 상담의 중요한 평가 개입이다. 그들은 초기 회상이 종종 상담 횟수를 최소화하는 데 유용하다고 주장한다. 초기 회상 절차는 상담자가 실시하고 해석하고 추구할 방향을 제시하는 데 많은 시간이 걸리지 않고 효율적이다.

현대 심리치료에 아들러가 이바지한 점은 아무리 강조해도 지나침이 없다. 우리는 현재 상담 실제에 미친 아들러의 영향은 여러 측면에서 프로이트의 영향보다 더 크다고 믿고 있다. 아들러의 많은 견해는 그 시대를 앞서갔고 혁명적이었다. 그의 영향력은 개인상담을 너머서 지역사회 정신건강 운동으로 확산되었다(Ansbacher, 1974). 에이브러햄 매슬로(Abraham Maslow), 빅터 프랭클(Viktor Frankl), 롤로 메이(Rollo May), 파울 바츨라빅(Paul Watzlawick), 카렌 호나이, 에리히 프롬, 칼 로저스, 버지니아 사티어, 윌리엄 글래서(William Glasser), 에런 벡(Aaron Beck), 앨버트 엘리스(Albert Ellis) 등이 모두 알프레트 아들러에게 신세를 졌다고 했다(Carlson & Englar-Carlson, 2017). 프랭클과 메이는 아들러를 실존주의 운동의 선두주자로 보았는데, 왜냐하면 인간은 선택의 자유가 있고, 자신의 됨됨이에 대하여 온전히 자신이 책임져야 한다고 믿었기 때문이다. 이 견해는 아들러로 하여금 심리학에서 주관적인 접근의 선구자가 되게 하였는데, 이 접근은 인간 행동의 내면적 결정요인, 즉 가치, 신념, 태도, 목적, 흥미, 개인적 의미, 현실에 대한 주관적인 지각과 자기실현을 향한 동기유발 등에 초점을 두는 것이다.

아들러의 가장 중요한 기여 중 하나는 다른 심리치료 체계에 미친 그의 영향력이다. 특히 비터(2008; Bitter et al., 2009)는 아들러학파의 사고와 여성주의치료적 접근을 연결시키는 데 주의를 기울였다. 많은 사람들은 아들러가 현대 심리치료의 조상이라고 믿는다. 그의 기본적인 개념 중 많은 것들이 대부분의 치료적인 연구 모형에서 사용되어왔다. 그중에는 실존주의치료, 인지행동치료, 합리적 정서행동치료, 현실치료, 해결중심치료, 여성주의치료, 가족치료가 포함된다.

여러 측면에서 아들러는 인지적 및 구성주의적 치료의 발달에 토대를 쌓은 것으로 보인다(Watts, 2012, 2015). 아들러학파의 기본 전제는 내담자들이 생각을 바꿀 수 있다면 감정과 행동도 변화시킬 수 있다는 것이다. 현대 상담 이론에 대한 연구는 아들러의 많은 견해가, 아들러의 공로가 인정받지 못한 채, 다른 명칭으로 현대의 심리치료이론에서 다시 등장한다고 밝히고 있다(Watts, 2015). 이것의 한 예는 긍정심리학 운동의 출현인데, 긍정심리학은 희망, 용기, 만족, 행복, 복지, 인내, 회복탄력성, 관용 및 개인 자원을 증진시키는 연구이다. 긍정심리학과 관련된 이 접근방법이 상담 장면에 나타나기 전에 아들러는 분명히 오래전에 주요한 주제로 이미 다루었다(Watts, 2012).

칼슨과 잉글러-칼슨(2013)은 아들러학파가 글로벌화된 현대 사회의 요구를 충족시킬 수 있는 그들만의 접근방법을 개발하도록 계속해서 압력을 받고 있다고 주장한다. "아들러의 사상이 다른 이론적 접근법에서 많이 활용되고 있지만, 독립적인 접근법으로 아들러 이론이 길게 존속할 수 있을지에 대해서는 의문을 제기하기도 한다"(p. 124). 왜냐하면 다른 모형들에 의해서 많은 아들러학파의 개념들이 공동으로 채택되고 있어서, 칼슨과 잉글러-칼슨은 아들러학파의 모형이 살아남고 번창하려면 그 자체의 중요성을 추구하는 방법을 찾는 것이 필수적이라고 했다.

아들러 접근법의 한계와 비판 학습목표 15

아들러는 자신의 시간을 이론 형성에 바칠 것인지 아니면 개인심리학의 기본 개념을 타인들에게 가르치는 데 바칠 것인지를 선택해야 했다. 그는 잘 정의된 체계적 이론을 조직하고 제시하기보다는 실제적인 상담과 교육을 우선시했다. 대부분의 아들러 사상은 모호하고 일반적이어서, 어떤 개념에 대해 연구를 수행하기에는 어려움이 있다(Carlson & Johnson, 2016). 그의 저술은 종종 과학적이라기보다는 시적이며, 그의 많은 글들은 아들러의 강연 내용의 축어록이었다. 아들러가 전 세계에 미친 영향력은 전례가 없는 듯했지만, 그는 자신의 저술이 널리 번역되는 일에 참여하지 않았다. 그는 여러 면에서 뛰어났지만, 소위 요즘 말하는 학자는 아니었다(Maniacci, 2012).

자기성찰과 토론을 위한 질문

1. 여러분의 생애 초기 기억에는 어떤 것이 있는가? 하나의 특정한 초기 회상을 확인하고 그 기억이 여러분에게 주는 의미를 생각해보자. 아들러학파의 기법에서 개인의 생애 초기 기억을 회상하는 것이 여러분이 보기에 어떤 의미를 가지는가?
2. 아들러학파는 몇몇 지각된 열등감을 극복하기 위한 보상으로, 초기 아동기에 성격이나 독특한 생활양식이 발달하기 시작한다고 주장한다. 이 주요 개념이 어떻게 여러분에게 적용되는가? 어떤 면에서 여러분은 과거에 열등감을 느꼈고, 그것을 어떻게 다루었는가? 여러분의 기본 열등감과 여러분의 성취감 사이에 어떤 잠재적인 연관이 있다고 보는가?
3. 아들러학파의 관점에서 개인은 그들이 미래에 달성하고자 하는 목표를 살펴봄으로써 가장 잘 이해된다. 여러분의 목표는 여러분이 지금 하고 있는 일에 어떻게 영향을

미치고 있는가? 여러분은 과거가 어떻게 여러분의 목표에 영향을 미친다고 생각하는가? 상담자로서 여러분은 이 목표지향적인 접근을 어떤 방식으로 적용할 것인가?

4. 아들러학파는 가족 구도를 강조한다. 이는 여러분이 가족 안에서 어떻게 성장했는지를 반영한다. 여러분은 각 형제자매들과의 관계를 어떻게 묘사하는가? 여러분의 초기 가족 경험을 통해 여러분은 다른 사람과 여러분 자신에 대해 무엇을 배웠는가?
5. 사회적 관심은 아들러학파의 접근에서 중심이 되는 개념이다. 여러분의 삶에서 여러분은 사회적 관심에 어떤 가치를 두고 있는가? 여러분은 어떤 방법으로 내담자의 사회적 관심을 발달시킬 수 있도록 도와줄 수 있다고 생각하는가?

더 찾아볼 자료

미국상담학회(ACA) 회원을 위한 무료 팟캐스트

www.counseling.org 사이트에서 '자료(Resource)' 아이콘을 누르고 '팟캐스트 시리즈(Podcast Series)'를 누르면 미국상담학회 팟캐스트(미리 녹음된 인터뷰)를 무료로 내려받을 수 있다. 5장에 대해서는 존 칼슨(Jon Carlson) 박사의 팟캐스트 11 '아들러치료'를 보면 된다.

기타 자료

Psychotherapy.net의 동영상은 성인, 가족, 아동을 대상으로 한 아들러치료를 보여준다. 학생과 전문가도 웹사이트에서 이용할 수 있다(www.Psychotherapy.net). 매달 새로운 논문, 인터뷰, 블로그, 치료 만화, 동영상 등이 제공된다. 이 장과 관련하여 다음 자료를 참고하라.

Carlson, J. (1997). *Adlerian Therapy* (Psychotherapy with the Experts Series)

Carlson, J. (2001). *Adlerian Parent Consultation* (Child Therapy with the Experts Series)

Kottman, T. (2001). *Adlerian Play Therapy* (Child Therapy with the Experts Series)

실제 내담자와 아들러 심리치료이론을 보여주는 또 다른 두 개의 동영상은 미국심리학회(http://www.apa.org/pubs/videos/index.aspx)에서 구입할 수 있다. 하나는 단기 아들러치료의 예시이고, 다른 하나는 동일한 내담자와 시간이 흐른 뒤에 6회기 작업을 한 것을 보여준다.

Carlson, J. D. (2005). *Adlerian Therapy* (Systems of Psychotherapy series)

Carlson, J. D. (2006). *Psychotherapy Over Time* (Psychotherapy in Six Sessions video series)

여러분의 생각이 아들러의 접근법과 일치한다면 개인심리학 연수에 참여하거나 북미아들러심리학회(North American Society of Adlerian Psychology: NASAP)에 가입하는 것도 좋다.

학생들은 처음 1년 동안 무료로 NASAP에 가입할 수 있다. 북미아들러심리학회에 대한 정보와 아들러 모임이나 기관에 대한 정보를 얻으려면 www.alfredadler.org를 방문한다.

이 학회는 회보, 학술지(4분기마다 1회)를 발행하며, 아들러 심리학에 대한 현재의 연구기관, 훈련 프로그램, 워크숍에 대한 정보를 갖고 있다. 『개인심리학회지』는 현대의 학문적이고 전문적인 연구를 다룬다. 상담, 교육, 부모와 가족 교육에 대한 칼럼으로 분류된다. 구독에 대한 정보는 학회에 연락하면 도움을 받을 수 있다.

만약 훈련을 받는 것, 대학원 이상의 강좌, 후속 교육 또는 학위에 관심이 있다면 아들러학파의 기관과 연구기관의 목록을 가진 북미아들러심리학회에 연락하라. 훈련기관 중 일부는 다음과 같다.

전문적 심리학에 대한 아들러 학교(Adler School of Professional Psychology)
www.adler.edu
아들러학파 훈련기관(Adlerian Training Institute, Inc.)
www.adleriantraining.com
아들러학파 여름학교 및 연구소 국제위원회(International Committee of Adlerian Summer Schools and Institutes)
www.icassi.net

더 읽을거리

- **『아들러식 심리치료(Adlerian Psychotherapy)』**(Carlson & Englar-Carlson, 2017)는 아들러 이론의 종합적이면서 간결한 개관이다. 아들러 접근의 이론, 과정 및 실제에 대하여 명쾌하게 집필한 책이고 유익한 학습자료이다.
- **『아들러식 상담과 심리치료: 상담자의 웰니스 접근(Adlerian Counseling and Psychotherapy: A Practioner's Wellness Approach)』**(Sweeney, 2019)은 심리치료와 웰니스에 관하여 아들러 이론의 폭넓은 적용에 대하여 집필한 가장 종합적인 책 중의 하나이다.
- **『기분 좋은 탐구(The Quest to Feel Good)』**(Rasmussen, 2010)는 심리치료에서 감정의 사용방법을 탐색하고, 감정이 어떻게 인생 과제에 적응적 혹은 부적응적으로 반응하는지를 탐색한다. 아들러 모델 안에서 적응적인 재정향의 모델을 제시하고 시연한다.
- **『아들러치료의 학습과 실습(Learning and Practicing Adlerian Therapy)』**(Sperry & Binensztok, 2019)은 아들러식 패턴중심치료를 실행하는 방법에 관한 완전한 매뉴얼이다. 제니퍼의 사례를 사용하여 두 저자는 아들러 심리학의 원리를 탐색하며 독자들로 하여금 처음부터 종결까지 많은 상담 회기를 경험하게 한다.
- **『심리치료의 열쇠: 자신을 창조한 개인 이해하기(The Key to Psychotherapy: Understanding Self-Created Individual)』**(Powers & Griffith, 2012a)는 생활양식 평가방법에 관한 유익한 정보

를 제공하는 자료이다. 각 장은 면접 기술, 생활양식 평가, 초기 회상, 가족 구도, 요약과 정보의 해석 방법을 다룬다.

실존치료

6장

학습목표

01. 실존 철학과 치료의 특징적인 주요 주제를 확인한다.
02. 몇몇 중요한 실존주의 사상가와 치료자의 공헌을 비교한다.
03. 자기 인식, 자유와 책임, 친밀감과 고립감, 삶의 의미, 죽음 불안, 본래성과 같은 실존주의적 접근의 근본적인 주요 개념과 기본 가정을 살펴본다.
04. 실존치료의 치료 목표를 확인한다.
05. 치료관계에서 특별히 주어지는 강조점에 대해 논의한다.
06. 실존치료의 세 단계를 설명한다.
07. 이 접근법의 단기치료 적용에 대해 설명한다.
08. 이 접근법의 집단 상담 적용에 대해 확인한다.
09. 이 접근법의 학교 상담 적용에 대해 논의한다.
10. 실존주의적 접근법이 다문화 상담에 적합한 이유와 그렇지 않은 이유에 대해 설명한다.
11. 실존주의적 접근법의 기여와 한계를 평가한다.

빅터 프랭클(Viktor Frankl, 1905-1997)은 비엔나에서 태어나 그곳에서 교육을 받았다. 그는 1928년 비엔나에서 청소년상담센터를 설립하여 1938년까지 운영하였다. 프랭클은 1942년부터 1945년까지 아우슈비츠와 다하우의 나치 강제수용소에 수감되었고 그곳에서 부모, 형제, 아내, 자녀를 잃었다. 그는 수용소에서 겪은 끔찍한 경험을 생생하게 기억하고 있었지만, 그러한 기억이 삶에 대한 사랑과 열정을 잠식시키지는 못했다. 그는 세계 각지를 돌아다니며 유럽, 라틴아메리카, 동남아, 미국 등지에서 강연하였다.

프랭클은 비엔나 대학교에서 1930년에 의학박사 학위, 곧이어 1949년에 철학박사 학위를 받았다. 그는 비엔나 대학교의 부교수가 되었고 그 이후 미국의 샌디에이고 국제대학교에서 유명한 강의자가 되었다. 하버드 대학교, 스탠퍼드 대학교, 서던메소디스트 대학교(Southern Methodist University)의 방문교수로 있기도 하였다. 프랭클의 저술은 20개 국어 이상의 언어로 번역되었고, 그의 사상은 실존치료의 발달에 현재까지도 지대한 영향을 미치고 있다. 그의 저서인 『죽음의 수용소에서(Man's Search for Meaning)』(1963)는 세계적인 베스트셀러가 되었다.

비록 프랭클은 죽음의 나치 수용소에서 암울한 시기를 보내기 이전부터 임상적 실제에 대한 실존주의적 접근법을 개발하기 시작하였지만, 수용소에서의 경험이 이 관점을 더욱 확고하게 하였다. 프랭클(1963)은 실존주의적 철학자들과 저자들이 모든 순간 우리에게 선택권이 있다고 표현한 사실을 개인적으로 직접 관찰하고 경험하였다. 심지어 그는 끔찍한 상황에서조차도 우리가 정신적인 자유와 독립성의 흔적을 지킬 수 있다고 생각했다. 그는 사람에게서 "인간 최후의 자유, 즉 주어진 상황 속에서 한 사람의 태도를 선택하고 자신의 길을 선택할 수 있는 자유"(p. 104)만큼은 빼앗을 수 없다는 것을 경험적으로 배웠다. 프랭클은 인간존재의 핵심은 의미와 목적을 탐구하는 데에 있다고 생각했다. 우리는 가치(사랑 또는 성취 등)를 경험하고 고통을 겪으며 행동과 행위를 통해 의미를 발견할 수 있다.

프랭클은 프로이트에게 많은 영향을 받았지만, 그의 엄격한 정신분석적 체계에 동의하지 않았고 알프레트 아들러의 학생이 되었다. 프로이트가 주장한 대부분의 결정론적 관념에 반발한 프랭클은 자유, 책임, 의미, 가치의 탐구를 강조하는 자신만의 심리치료의 실천과 이론을 발달시켰다. 그는 지그문트 프로이트의 정신분석과 알프레트 아들러의 개인심리학 이외의 '빈 정신분석학파라는 제3학파'의 창시자로서 국제적인 명성을 얻었다.

프랭클은 유럽의 실존치료를 개발하고 이를 미국으로 가지고 온 핵심 인물이다. 그는 "삶의 이유를 알고 있는 사람은 어떠한 것이든지 견딜 수 있다."(1963, pp. 121, 164)라는 니체의 말을 즐겨 인용했다. 프랭클은 이 문장이 모든 심리치료 실천의 모토가 될 수 있다고 주장했다. 또 달리 인용하는 "나를 죽이지 못하는 것은 나를 더욱 강하게 만든다."(Frankl, 1963, p. 130)라는 니체의 말은 프랭클의 경험과 집필을 집약적으로 표현했다고 할 수 있다.

프랭클은 '의미를 통한 치료'라는 뜻의 로고테라피(logotherapy)를 개발하였다. 프랭클의 철학적 모형은 온전히 살아있게 된다는 것이 무엇인지의 의미를 보다 분명하게 설명한다. 그의 직업의 중심 주제는 어떤 상황에서도 삶에는 의미가 있다는 것이다. 삶의 핵심 동기는 **의미에 대한 의지**이고, 우리는 우리가 생각하는 모든 것에 대한 **의미를 찾을 자유**가 있으며, 우리는 몸, 마음, 그리고 정신을 통합하여 온전히 살아있게 되어야 한다. 프랭클의 글은 현대 사람들에게 삶의 방식은 발달했지만, 무엇을 위해 살아야 하는지에 대한 의미는 없음을 반영한다.

프랭클의 이론이 삶의 비극을 통해 검증되었다는 극적인 방식 때문에 나는 프랭클을 실존치료의 주요 인물 중 하나로 선정했다. 그의 삶은 그의 이론의 실례이고, 그는 자신의 이론을 뒷받침하는 삶을 살았다.

롤로 메이(Rollo May, 1909-1994)는 어릴 적 다섯 명의 형제와 한 명의 여동생과 함께 오하이오주에서 살다가 미시간으로 이사를 갔다. 그는 자신의 가정이 불행했다고 기억한다. 이 상황은 그로 하여금 심리학과 상담에 관심을 갖게 하였다. 메이는 개인적으로 실존적 고뇌와 두 번의 결혼 실패 문제 때문에 고군분투하였다.

메이는 1930년 오벌린 대학(Oberlin College)을 졸업한 다음 그리스로 넘어가 교사가 되었다. 그리스에 있는 여름 동안 그는 알프레트 아들러에 대해 배우기 위해 비엔나로 여행을 떠났다. 메이는 유니언 신학교(Union Theological Seminary)에서 신학 학위를 취득한 후, 사람들을 돕기 위한 최선의 길은 신학보다는 심리학이라고 판단하였다. 그는 컬럼비아 대학교에서 임상심리 박사학위를 받고 뉴욕에서 개업하였다. 그는 또한 윌리엄 앨런슨 연구소(William Alanson Institute)의 감독 훈련 분석가가 되었다.

메이는 박사학위를 취득하는 동안, 결핵에 걸려 2년 동안을 결핵 요양소에서 지내게 되었다. 회복 기간 동안 메이는 불안의 본질에 대하여 직접 경험하며 배우는 시간을 많이 가지게 되었다. 그는 또한 독서를 하며 대부분의 시간을 보냈다. 그러면서 쇠렌 키르케고르(Søren Kierkegaard)에 대해 공부하게 되었는데, 이는 그가 불안의 실존적인 차원에 대해 인식하게 한 기폭제가 되었으며, 그 결과 『불안의 개념(The Meaning of Anxiety)』(1950)을 집필하게 되었다. 그의 유명한 저서 『사랑과 의지(Love and Will)』(1969)는 사랑과 친밀한 관계에 관한 그의 개인적인 투쟁을 반영하고 있고 성과 결혼의 가치에 관한 서양 사회의 문제를 보여준다.

롤로 메이에게 개인적으로 가장 큰 영향을 준 사람은 실존주의 신학자 파울 틸리히(Paul Tillich)[『존재의 용기(THe Courage to Be)』(1952)의 저자]로, 그의 멘토이자 친구였다. 이 두 사람은 철학, 종교, 그리고 심리학적 주제를 논의하는 데에 많은 시간을 함께 보냈다. 메이는 실존주의적 철학, 프로이트 심리학 개념, 알프레트 아들러의 개인심리학의 여러 측면에 깊은 영향을 받았다. 메이의 대부분의 글은 권력에 대해 인정하고 다루는 것, 자유와 책임을 받아들이는 것, 정체성을 발견하는 것과 같은 인간 경험의 본질에 관한 것을 반영한다. 그는 많은 지식을 고전적 관점과 그의 실존주의적 관점에 기초하여 얻어왔다.

메이의 글은 실존 지향의 실무자들에게 상당한 영향을 미쳤고, 미국과 유럽 내의 심리치료적 실천 현장에서 주요 실존주의적 개념을 번역하는 데 도움이 되었다. 메이는 심리치료가 사람들로 하여금 삶의 의미를 발견하도록 돕는 것을 목표로 해야 하고, 문제해결보다는 존재적 문제에 관한 것이어야 한다고 믿었다. '존재하는 것'에는 용기가 필요하고 우리의 선택은 우리가 어떤 유형의 사람이 될 것인지를 결정한다. 존재의 문제는 성과 친밀감, 늙어가는 것, 죽음에 직면하는 것, 세상 속에서 행동을 취하는 것과 같은 문제를 다루는 법에 대해 배우는 것을 포함한다. 메이에 따르면 진정한 도전이란, 결국 혼자이고 죽음에 직면하게 되는 세상을 살아갈 수 있게 되는 것이다. 치료자의 과업은 사람들이 자신이 살고 있는 사회의 향상에 기여할 수 있는 방법을 찾도록 돕는 것이다.

어빈 얄롬(Irvin Yalom, 1931-)의 부모는 제1차 세계대전 직후 러시아에서 미국으로 이민을 갔다. 초기 어린 시절 동안, 얄롬은 가난한 동네가 있는 워싱턴 D. C.의 도심 지역에서 살았다. 거리 위의 삶은 매우 위험했고, 얄롬은 집 안에서 소설을 읽거나 다른 일을 하는 것으로 위안을 삼았다. 일주일에 두 번 정도 읽을 책을 가져오기 위해 도서관까지 자전거를 타고 위험한 거리를 오갔다. 그는 소설을 읽는 것에서 대안을 찾았고 만족스러운 세상을 찾게 되었으며, 결국 이것이 그의 영감과 지혜의 근원이 되었다. 젊은 시절에는 소설을 쓰는 것이 사람이 할 수 있는 가장 훌륭한 것이라고 판단하였고, 이후 여러 편의 교육 소설을 썼다.

어빈 얄롬은 스탠퍼드 대학교 의과대학의 정신의학과 명예교수이다. 정신과 의사이자 작가인 얄롬은 1970년에 그의 영향력 있는 저서가 된 『최신 집단 심리치료의 이론과 실제(The Theory of Practice of Group Psychotherapy)』(Yalom & Leszcz, 1970/2020)의 출판 이래로 집단 심리치료 영역의 주요 인물이 되었다. 이 책은 현재 12개 국어로 번역되었고 최근 제6판이 출판되었다. 그의 선구적인 저서인 『실존 심리치료(Existential Psychotherapy)』는 1980년에 저술되었고, 실존치료의 고전적이며 권위 있는 교재이다. 현대 미국의 실존치료자인 얄롬은 유럽과 미국의 심리학자들과 정신과 의사들이 실존주의적 사고와 실천의 발전에 기여했음을 인정한다. 얄롬은 임상적인 경험과 실증적 연구, 철학, 문헌에 의지하여, 네 가지 '주어진 실존의 조건', 또는 궁극적인 인간의 관심사로 불릴 수 있는 자유와 책임, 실존주의적 고립, 무의미함, 죽음을 다루는 심리치료에 대한 실존주의적 접근법을 발전시켰다. 이 실존주의적 주제는 내담자의 실재 또는 세계 내 존재를 다룬다. 얄롬은 경험 있는 치료자들의 대다수가 이론적인 지향성과는 상관없이 이 실존적인 핵심 주제를 치료 장면에서 이미 다루고 있다고 생각한다. 우리가 이 실존주의적 주제를 어떻게 다루는지는 대개 우리 삶의 계획과 질에 영향을 받는다.

심리치료는 모든 환자에게 경이로움을 느끼며 다가간 얄롬에게 끝없는 흥미를 불러일으켰다. 그는 모든 사람들이 독특한 이야기를 가지고 있기 때문에 각 내담자에게 모두 다른 치료가 설계되어야 한다고 생각했다. 그는 치료자가 '지금 여기'의 치료적 관계를 통해 내담자의 대인관계적 세계를 탐색하며, (치료자는) 특히 내담자와의 관계에서 경험하는 모든 감정에 대해 정직해야 한다고 주장했다. 그의 기본 철학은 실존주의적이고 대인관계적인 접근에 기반을 두며, 이를 개인 상담과 집단 상담 모두에 적용하고 있다.

어빈 얄롬은 『나는 사랑의 처형자가 되기 싫다(Love's Executioner)』(1987), 『니체가 눈물을 흘릴 때(When Nietzsche Wept)』(1992), 『카우치에 누워서(Lying on the Couch)』(1997), 『엄마와 삶의 의미(Mamma and the Meaning of Life)』(2000), 『쇼펜하우어, 집단심리치료(The Schopenhauer Cure)』(2005)를 포함하여 심리치료와 관련된 많은 이야기와 소설을 집필해오고 있다. 2008년에 출간된 비소설 『태양을 직면하기(Staring at the Sun: Overcoming the Terror of Death)』는 심리치료에서 죽음 불안이 가지는 역할에 관한 보고서로, 죽음과 삶의 의미가 어떻게 심도 깊은 치료 작업의 근본 주제가 되는지를 보여주고 있다. 2021년에 발표된 『죽음과 삶(A Matter of Death and Life)』이라는 책에서, 어빈 얄롬과 매릴린 얄롬은 매릴린이 암 진단을 받은 후 생의 마지막 달 동안의 경험을 서술한다. 얄롬 부부는 그들이 어떻게 심오한 새로운 투쟁을 다루었는지 공유한다. 매릴린은 좋은 죽음을 맞이하고 어빈은 아내 없이 살아간다. 이것은 삶의 실존적 주제를 보여주는 죽음, 상실, 불안 및 슬픔을 다루는 감동적인 이야기이다. 얄롬의 작품은 20개 이상의 국어로 번역되었고, 치료자와 일반인에게 두루 읽히고 있다.

도입 학습목표 01

실존치료는 심리치료를 실천하는 특정 유형의 접근법이라기보다는 사고의 방식 또는 심리치료에 관한 태도이다. 치료의 독립된 분파도 아니며, 구체적인 기법이 있는 분명하게 정의된 모형도 아니다. 실존 심리치료 분야는 다양한 신념과 실천을 특징으로 하며, 하나의 실존주의적 접근법보다는 **실존치료**를 언급하는 것이 더 적절하다(Craig et al., 2016).

실존치료는 현재 한 개인의 삶 한복판의 투쟁과 관련된 것이기 때문에 도덕성, 의미, 자유, 책임, 불안, 고립과 같은 주제를 탐색하는 데에 초점을 둔다. 실존치료의 목표는 내담자가 존재에 관한 '삶의 주어진 것들'을 탐색하는 것을 돕는 것이다. 즉, 어떻게 이것이 종종 무시되거나, 부인되는지, 그리고 이것을 다루는 것이 궁극적으로 어떻게 더 깊고, 반영적이며, 의미 있는 실존을 이끌어올 수 있는지를 탐색하도록 돕는 것이다. 내담자는 삶에 대해 성찰하고, 대안의 범위를 인식하고, 이것을 결정하도록 초대된다. 실존치료는 우리는 자유롭고, 따라서 우리의 선택과 행동에 책임이 있다는 가정에 기반을 둔다. 우리는 각자의 삶을 쓰는 작가이고, 우리가 가는 길을 스스로 설계한다. 이번 장은 실존 지향의 실무가에게 중요한 영향을 미치는 '주어진 삶'과 같은 실존주의적 개념과 주제를 다룬다.

기본적인 실존주의적 전제는 우리가 상황의 희생자가 아니라는 것인데, 이는 우리가 스스로 선택한 것이기 때문이다. 상황을 수동적으로 받아들이고 통제에 둘러싸여 있었다는 것을 제대로 인식하는 과정을 시작하면, 내담자는 의식적으로 자신의 삶을 스스로 형성하는 경로를 걷기 시작할 수 있다. 치료 여정의 첫 단계는 내담자가 책임을 받아들이게 하는 것이다. 얄롬(2003)이 말한 것처럼, "사람들이 삶의 곤경을 만들어가는 데 있어서의 자신의 역할을 인식하게 되면, 동시에 자신에게는 자신과 상황을 바꿀 힘이 있음을 깨닫는다"(p. 141). 실존치료의 목표는 내담자가 자신들의 가치와 신념을 탐색하고 삶의 목표를 솔직히 평가함으로써 행동을 취할 수 있도록 이끄는 것이다.

이 책의 MindTap을 참조하여 동영상 퀴즈와 다양한 동영상 프로그램을 통해 6장과 관련된 주제에 대한 지식을 확장하기를 바란다.

철학과 실존주의의 역사적 배경 학습목표 02

많은 분야의 사상이 1940년대와 1950년대의 실존치료 운동에 기여하였다. 실존치료는 유럽의 여러 영역과 심리학 및 정신의학의 다양한 학파에서 자발적으로 발생했다. 많은 유럽인들이 제2차 세계대전으로 인해 삶이 파괴되었고, 고립감, 소외감, 무의미를 포함하는 실존적인 문제로 허우적거리고 있음을 발견하였다. 초기 저자들은 세상에 혼자인 개인의 경험과 이 상황의 불안에 직면하는 것에 초점을 두었다. 유럽의 실존주의적 관점은 인간의 한계와 삶의 비극적인 차원에 초점을 두었다(Sharp & Bugental, 2001).

실존주의적 심리학자들과 정신 의학자들의 사고는 19세기의 많은 철학자들과 작가들에 의해 영향을 받았다. 현대 실존주의적 심리치료의 철학적인 토대를 이해하기 위해서는, 쇠렌 키르케고르, 프리드리히 니체, 마르틴 하이데거, 장폴 사르트르, 마르틴 부버의 문학적 · 철학적 · 종교적 저서를 알아야 한다. 이와 같은 실존주의(existentialism)와 실존주의적 현상학(phenomenology)의 핵심 인물들이 실존치료의 형성을 위한 기초를 제공하였다. 루트비히 빈스방거(Ludwig Binswanger)와 메다드 보스(Medard Boss) 또한 실존 심리치료의 주요 아이디어에 기여한 초기 실존주의 정신분석가들이다. 이와 같은 초기 철학자의 영향을 인정하는 얄롬은 이들이 모두 자신의 사고를 이끌어내는 주요한 주제에 기여하였음을 발견하였다.

- 키르케고르: 창의적 불안, 절망, 두려움과 무서움, 죄책감, 공허
- 니체: 죽음, 자살, 의지
- 하이데거: 본래적 존재, 돌봄, 죽음, 죄책감, 개인의 책임, 고립
- 사르트르: 무의미, 책임, 선택
- 부버: 대인관계, 치료에서의 '나/너(I/You)'의 관점, 자기초월

쇠렌 키르케고르 덴마크 철학자이자 기독교 신학자인 쇠렌 키르케고르(Søren Kierkegaard, 1813-1855)는 특히 영어 dread(두려움)와 anxiety(불안) 사이의 의미를 지닌 덴마크와 독일 단어 angst에 특별한 관심을 기울였고 삶에 있어서 불안과 불확실성의 역할을 다루었다. 실존적 불안은 원하는 삶을 어떻게 살 것인지에 대한 의사결정과 관련이 있으며, 이는 병리적인 것이 아니다. 키르케고르는 자기 자신이 되기 위해 교육받는 배움의 장이 불안이라고 생각했다. 불안을 경험하지 않는다면 우리는 몽유병자처럼 살아갈 수도 있다. 하지만 대다수 사람들은 특히 청소년기에 불안에 기인한 끔찍한 불쾌감을 겪음으로써 비로소 현실에 눈을 뜨게 된다. 삶은 우발적 사건들의 연속이고, 죽음이란 확신 이외에 보장되는 것이 없다. 이 과정은 결코 유쾌한 경험이라 할 수 없지만, 이는 인간이 되기 위한 필수 조건이다. 키르케고르는 우리가 스스로에게 정직하지 못할 때 "죽음에 이르는 병"이 나타난다고 믿었다. 정말 필요한 것이 무언가를 선택할 때 자신이 맹신하는 것의 희생을 감수하려는 의지이다. 인간이 된다는 것은 하나의 **프로젝트**이고, 우리의 과업은 우리가 누구인지 발견하는 것이 아닌 우리 자신을 **만들어가는** 것이다.

프리드리히 니체 독일 철학자인 프리드리히 니체(Friedrich Nietzsche, 1844-1900)는 키르케고르의 통념에 반대하여 자아, 윤리, 사회에 대한 혁명적인 접근법을 보여주었다. 키르케고르와 마찬가지로, 그는 주관성의 중요함을 강조하였다. 니체는 인간이 합리적 존재라는 오래된 정의가 완전히 틀릴 수 있다는 데서 시작한다. 우리는 몰인격적으로 **지성**을 따르는 것이 아니라 의지를 추구하는 존재들이다. 하지만 키르케고르가 신과의 강렬한 관계라는 '주관적인 진리'를 강조한 점에서, 니체는 개인의 '힘에 대한 의지'에 가치를 두었다. 사회가 우리에게 다른 세속적인 주제를 강조하며 무기력할 수밖에 없도록 할 때, 우리는 이 힘에 대한 의지가 우리에게 제공하는 가치를 솔직하게 인정하는 것을 포기해버린다. 만약, 양처럼 '집단 도덕성' 속에서 침묵하기를 선택한다면, 우리는 보통 평범한 사람 그 이상의 무엇도 아니게 된다. 하지만 우리가 자신에게 권력 의지에 대한 무제한적인 자유를 준다면, 창조성과 독창성에 대한 잠재성을 두드리게 될 것이다. 불안, 우울, 주관성, 진실한 자아에 관한 분석의 개척자인 키르케고르와 니체는 모두 일반적으로 실존적 관점의 창시자로 여겨진다(Sharp & Bugental, 2001).

마르틴 하이데거 마르틴 하이데거(Martin Heidegger, 1889-1976)의 현상학적 실존주의는 우리가 '세상 속에' 존재하므로 자신을 우리가 내던져진 세상과 동떨어진 것으로 생각하고

자 해서는 안 된다는 것을 상기시킨다. 매일의 삶을 피상적인 대화와 반복적 일상으로 채우는 방식은 종종 우리의 삶은 영원할 것이고 하루하루를 낭비할 수 있다고 가정한다는 것을 보여준다. 우리의 감정과 기분(죽음에 대한 불안을 포함하여)은 우리가 본래성대로 살고 있는지 또는 타인의 기대 때문에 진정한 우리 삶을 살지 못하고 있지 않은지를 살펴볼 수 있도록 하는 방식이다. 우리가 이 지혜를 애매한 감정에서 명확한 인식으로 바꿀 때, 되고자 하는 존재에 대한 긍정적인 결심을 하게 될 수 있을 것이다. 하이데거가 제시한 현상학적 실존주의는 과거의 사건에 초점을 두지 않고 아직 다가오지 않은 미래의 '진정한 경험'을 기대하도록 동기부여하는 인간 역사에 관한 관점을 제공한다.

마르틴 부버 이스라엘의 새로운 지역에서 살기 위해 독일을 떠난 마르틴 부버(Martin Buber, 1878-1965)는 대부분의 다른 실존주의자들에 비해 개인주의적 입장을 다소 덜 취한다. 그는 우리 인간은 일종의 **사이**(betweenness)에서 살고 있다고 말한다. 즉, 결코 단순한 **자아**는 없고, 항상 **타자**가 우리의 존재 가운데 있다는 것이다. 그래서 주체인 **자아**는 타자가 **그것**인지 아니면 **너**인지에 따라서 변화한다. 하지만 때로 우리는 타자를 단편적인 존재로 전락시키는 심각한 실수를 범한다. 이 경우 이 관계는 **나/그것**이 된다. 비록 부버가 매일의 삶 속에서 '나/그것'의 상호작용이 있어야 할 필요가 있음을 인정했지만, 우리가 '나/그것'의 세상 속에서만 산다면 우리의 존재는 심각하게 제한된다. 부버는 **현존**(presence)의 중요성을 강조한다. 현존은 세 가지 기능이 있다. (1) 진정한 '나/너(I/Thou)'의 관계를 가능하게 한다. (2) 어떤 상황에서 존재함을 위한 의미가 있다는 것을 인정한다. (3) 한 개인으로 '지금 여기'에서의 책임을 질 수 있게 한다(Gould, 1993). 칼 로저스(Carl Rogers)와의 유명한 대화에서, 부버는 내담자가 치료자에게 도움을 구하러 왔기 때문에 치료자와 내담자는 결코 같은 입장에 설 수 없다고 논쟁한다. 이 관계가 충분히 상호적일 때에 비로소 우리는 완전히 인간적인 상태인 '대화(dialogic)'를 할 수 있게 된다.

루트비히 빈스방거 실존주의 분석가인 루트비히 빈스방거(Ludwig Binswanger, 1881-1966)는 한 사람과 그의 환경 간의 관계를 강조하는 자아의 전체론적 모형을 제안하였다. 그는 선택, 자유, 돌봄을 포함하는 자아의 중요한 특성을 탐색하기 위해 현상학적 접근법을 사용하였다. 그는 자신의 실존주의적 접근법이 하이데거의 사상에 크게 의존하였고 우리는 "세상에 내던져진 존재"라는 하이데거의 생각을 받아들였다. 그러나 '내던져짐'이 우리를 선택과 미래의 계획에 대한 책임으로부터 해방시켜주지는 않는다(Gould, 1993). **현존재 분석**(Daseinanalysis)은 인간존재의 주관적이고 영적인 차원을 강조한다. 빈스방거(1975)는 치료에서의 위기는 일반적으로 내담자에게 중요한 선택 지점이라고 주장한다. 그는 초기에 정신분석적 이론이 정신증에 대한 해결의 실마리를 준다고 보았지만, 시간이 지나면서 결국 내담자에 대한 실존주의적 관점을 지향하게 되었다. 이 관점의 변화는 그로 하여금 치료자로서의 견해를 내담자의 경험과 행동에 주입하려는 접근을 취하는 대신에 내담자의 세계관과 당면한 경험을 이해할 뿐 아니라 행동의 의미를 이해할 수 있게 하였다.

메다드 보스 빈스방거와 메다드 보스(Medard Boss, 1903-1990)는 모두 초기 실존주의적 정신분석가들이며 실존주의적 심리치료 발달의 중요한 인물들이다. 이들은 삶의 사건을 반영하고 이 사건에 의미를 부여할 수 있는 우리의 능력, 즉 현존재(dasein), 세상 속의 존재(being-in-the-world)에 관해 이야기하였다. 또한 치료자는 반드시 실존주의적인 이해에 방해되지 않으면서 내담자의 주관적인 세계에 들어가야 한다고 생각했다. 빈스방거와 보스는 모두 개인을 이해하기 위한 폭넓은 기초를 제공한(May, 1958) 하이데거의 『존재와 시간(Being and Time)』(1962)에 큰 영향을 받았다. 보스는 프로이트식 정신분석에 깊은 영향을 받았지만, 하이데거에 더 큰 영향을 받았다. 보스의 주요 관심사는 주로 하이데거의 철학적 관념을 치료의 실천에 적용하는 것이었고, 특히 『현존재 분석과 정신분석(Daseinanalysis and Psychoanalysis)』(1963)에서 기술한 것처럼 프로이트의 방법을 하이데거의 개념에 통합시키는 것이었다.

장폴 사르트르 철학자이자 소설가인 장폴 사르트르(Jean-Paul Sartre, 1905-1980)는 부분적으로 제2차 세계대전 중 수년간의 프랑스 레지스탕스를 통해 인간은 이전의 실존주의자들이 믿었던 것보다 더 자유로운 존재라고 확신하였다. 우리의 과거 전체와 현재 사이의 공간(무)의 존재는 우리가 무엇이 될 것인지를 자유롭게 선택하게 한다. 우리가 선택하는 것이 우리의 가치이다. 우리의 자유와 선택을 인정하지 않는 것은 감정적인 문제를 야기한다. 이 자유는 불만을 야기하기 때문에 쉽게 직면하기 어렵고, 따라서 '내 과거의 조건 때문에 지금 변화할 수 없다.'라고 말하며 변명을 만들어내는 경향이 있다. 사르트르는 이와 같은 변명을 '잘못된 믿음(bad faith)'이라고 불렀다. 우리가 이전에 어떻게 해왔는지와 관계없이 우리는 지금 선택을 할 수 있고 다른 무언가가 될 수 있다. 우리는 자유롭도록 선고받았다. 선택을 하는 것은 무언가에 참여하는 것이고, 자유의 다른 측면인 책임이 따른다. 사르트르의 관점은 모든 순간에 우리는 우리가 어떤 사람인지 선택한다. 우리의 실존은 결코 고정되거나 완성되는 것이 아니다. 우리 모든 행동 하나하나가 새로운 선택이다. 우리가 누구인지를 특정한 틀로 고정하려고 할 때 우리는 자기기만에 빠진다(Russell, 2007).

현대 실존 심리치료의 주요 인물

이 장의 초반에서 소개된 빅터 프랭클, 롤로 메이, 어빈 얄롬은 그들만의 강력한 실존주의와 인본주의적 심리학 배경으로부터 심리치료에 대한 실존주의 접근법을 만들어냈다. 제임스 부젠탈(James Bugental)은 또한 미국 내 실존치료의 발달에 상당한 기여를 했고, 에미 반 두르젠(Emmy van Deurzen)은 영국 내 실존치료의 실천에 지속적으로 영향을 미치고 있다.

제임스 부젠탈 제임스 부젠탈(James Bugental, 1915-2008)은 내담자들이 어떻게 삶의 실존적인 문제에 대응해왔는지를 살펴보도록 돕고, 이를 수정하여 진정한 삶을 살 수 있도록 초대하는 **삶을 바꾸는 심리치료**(life-changing psychotherapy)에 대해 기술하였다(1987). 부젠탈은 '실존주의적 · 인간중심적(existential-humanistic)' 심리치료라는 용어를 처음으로 만들었고, 이 접근법에 관한 선구자적인 대변인이다. 그의 철학 및 치료적 접근법에는 내담자에게 진단명을 붙이고 진단하는 전통적인 치료 환경과는 다른 호기심과 초점을 포함하고 있다. 그의 작업은 내담자와 치료자의 **실재함**(presence)을 구축하는 것을 강조한다. 치료자의 주요 과업은 내담자가 단순히 자신에 **대해 말하는 것**에 그치지 않고, 삶의 실제적인 순간에서 스스로 새롭게 발견할 수 있도록 돕는 것이다.

부젠탈 접근법의 핵심은 저항(resistance)에 대한 관점으로, 저항은 치료 자체에 대한 저항이 아니라 치료 **시간**을 포함한 삶 전체에서 존재하는 것으로 보는 실존주의적 · 인간중심적 관점에서의 저항이다. 저항은, 한 사람이 자신의 존재와 전체적인 세계와의 관계를 이해하는 방식인 **자기 그리고 세계 구조**(self-and-world construct) 개념의 일부로 본다. 저항의 유형은 지성화, 논쟁적인 것, 항상 기쁨을 추구하는 것, 그 밖의 삶을 제한하는 방식을 포함해서 나타난다. 치료 회기 동안 저항이 나타날 때, 치료자는 이 저항을 반복적으로 기록하거나 '태그'를 붙여주어서 내담자가 자신에 대한 인식을 향상시키고, 궁극적으로 선택의 폭을 늘릴 수 있게 한다.

부젠탈의 이론과 실천은 치료적 과정과 내용 간의 차이를 강조하였다. 그는 주로 자신의 이론에 따라 삶을 살았기 때문에 능숙한 교사이자 심리치료사로 알려졌다. 그는 뼛속 깊이 실존주의자였고, 이 모습 덕분에 내담자뿐만 아니라 학생과 전문가에게도 훌륭한 모델과 멘토가 되었다. 그는 워크숍에서 치료자가 기술을 연마하고 연습할 수 있도록 돕는 많은 훈련을 개발하였다. 그는 자주 생생한 시연을 통해 자신의 개입법을 실생활로 가져왔다. 이는 그 순간에 일어나는 치료적인 작업, 즉흥적인 **지금 여기**의 대화, 그리고 내담자 또는 치료자로서의 자신이라는 맥락에서 탐색하는 것을 강조한다. 부젠탈의 저서 『심리치료사의 기술(The Art of the Psychotherapist)』(1987)은 상담 과정을 해체하고 분석하며 이론과 일반화를 넘어 치료 장면의 순간순간에 실제로 일어나는 것을 보여준다. 『심리치료의 본 모습(Psychotherapy Isn't What You Think)』(Bugental, 1999)은 그가 2008년 93세의 나이로 세상을 떠나기 전 남긴 마지막 저서이다.

실존치료에 공헌한 영국인들 에미 반 두르젠(Emmy van Deurzen)은 영국 실존 심리학의 발전에 큰 기여를 한 학자로, 철학자, 심리치료사이자 상담 심리학자이다. 두르젠은 많은 저서와 교육과 훈련의 역할을 통해 실존 심리치료에서 전 세계적으로 큰 명성을 얻었다. 두르젠(2012)은 사람들은 아픈 것이 아니라 "삶에 넌더리가 났거나 서투른 것"이기 때문에, 실존치료는 전통적인 의학 모형에서 질병을 가진 사람들을 "치료하기 위해 고안된 것이 아니다."(p. 30)라고 말한다. 두르젠(2014)의 심리치료 실천은 사람들이 일단 자기탐색

과정에 전념하게 되면, 문제를 극복하는 엄청난 회복탄력성과 지능을 보인다는 것을 강조한다. 그녀의 내담자들은 과거에 겪은 어려운 경험을 이전의 양상으로 정의하기보다는 그 역경 속에서 의미를 찾는다. 내담자는 삶의 모순과 역설을 인식하고 문제를 직면하며 딜레마를 해결할 수 있으며, 또한 삶에서 가장 중요한 것이 무엇인지 발견할 수 있다.

두르젠은 학문 및 교육 프로그램을 개발하는 '새로운 심리치료 및 상담 학교(New School of Psychotherapy and Counselling)'의 공동 설립자이다. 실존주의 접근법은 최근 수년간 영국에서 급격하게 퍼져나갔고, 지금은 전통적 모형의 대안으로 꼽힌다(Deurzen, 2002, 2012). 영국 실존치료의 역사적 상황 및 발달에 관한 내용은 두르젠(2002), 두르젠과 애덤스(Deurzen & Adams, 2011), 쿠퍼(Cooper, 2017)를 참고하고, 실존치료의 이론과 실천에 관한 설명은 두르젠(2012)과 슈나이더와 크루그(Schneider & Krug, 2017, 2020)를 살펴보기 바란다. 이 장의 후반부에서 두르젠은 실존주의적 접근법에 대한 전문가의 관점을 제공하며 이 접근법에 대한 6가지 주요 질문을 다루고 있다. 영국 내의 새 학파에 관한 정보는 이 장의 마지막에 있는 '기타 자료' 목록에서 살펴보기 바란다.

주요 개념 학습목표 03

인간 본성에 관한 관점

실존주의 운동은 치료를 일련의 기술로 보는 경향성을 거부하였다는 점에서 결정적인 의의가 있다. 실존주의는 인간이 되는 것이 어떤 의미인지를 이해하는 것에 치료의 기반을 둔다. 실존주의적 운동은 인간에 대한 존중, 행동의 새로운 측면을 탐색, 인간을 이해하는 방법을 의미한다. 이는 인간 본성에 관한 가정에 기반을 두고 치료에 다양한 접근법을 사용한다.

실존주의적 전통(existential tradition)은 인간 존재의 한계와 비극적인 차원을 인식하는 것과, 또 다른 한편으로는 인간 삶의 가능성과 기회를 인식하는 것 사이의 균형을 추구한다. 실존주의는 고립, 소외, 무의미와 같은 현대적 삶의 딜레마에 처한 사람들을 돕고자 하는 바람에서 나타났다. 실존주의적 접근법이 현재 주목하는 것은 개개인이 세상 속에 홀로 있는 경험과 이 고립감이 주는 불안에 직면하는 것이다. "어떤 관계도 실존적인 고립을 없앨 수 없고, 사랑이 고통을 수반하지만 고통을 이기는 힘이 되듯이 혼자라는 것도 공유될 수 있다"(Yalom & Josselson, 2019, p. 291).

인간 본성에 관한 실존주의적 관점은 우리 존재의 중요성이 결코 단 한 번에 완전히 결정될 수 없다고 본다. 그보다 인간은 자신만의 지속적인 프로젝트를 통해 자신을 형성해 간다. 인간은 계속해서 전환, 발생, 진화하며 삶의 긴장, 모순, 갈등에 반응하면서 무언가가 되어가는 상태에 있다. 우리는 지속적으로 자신, 타인, 세계에 대해 질문한다. 삶의 발달 단계에 따라 우리가 하는 구체적인 질문은 비록 다양할지라도 근본적인 주제는 그리

다르지 않다. 우리는 철학자들이 서양 역사에 걸쳐 숙고해온 같은 질문을 제기한다. '나는 누구인가?', '내가 알 수 있는 것은 무엇인가?', '나는 무엇을 해야 하는가?', '나는 무엇을 바랄 수 있는가?', '나는 어디로 가고 있는가?'.

인간 상태의 기본적인 차원은, 실존주의적 접근법에 따르면, (1) 자기 인식 능력, (2) 자유와 책임, (3) 정체성을 만들고 타인과의 의미 있는 관계 맺기, (4) 의미, 목적, 가치, 목표에 대한 탐색, (5) 삶의 조건으로서의 불안, (6) 죽음과 비존재에 대한 인식이 포함된다. 나는 실존주의 철학자와 심리치료사의 글에서 나타나는 주제를 요약하며 다음과 같은 명제를 발전시켰다. 그리고 이 명제가 상담의 실천에 미치는 영향을 논하고자 한다.

명제 1: 자기 인식 능력

자유, 선택, 책임은 자기 인식(self-awareness)의 토대를 구성한다. 인식이 커질수록 자유에 대한 가능성도 커진다(명제 2 참조). 우리가 다음 부분에서의 인식을 확대시키면 온전히 삶을 살 수 있는 가능성도 증가한다.

- 우리의 삶은 유한하고, 하고자 하는 것을 할 시간은 한정되어 있다.
- 행동을 취하거나 취하지 않을 잠재력이 있고, 행동하지 않는 것도 자신의 결정이다.
- 우리는 어떤 행동을 할 것인지 선택하므로 부분적으로 자신의 운명을 만들어갈 수 있다.
- 의미라는 것은 우리가 어떻게 세상 속에 '던져졌는지' 또는 놓여있는지를 발견하고 나서 전념을 다해 살아가는 데서 생긴다.
- 우리에게 선택 가능한 것에 관한 인식을 증대시키면, 우리 선택에 따른 결과의 책임감도 증대된다.
- 우리는 외로움, 무의미, 허무함, 죄책감, 고립감을 겪는다.
- 우리는 기본적으로 혼자지만, 다른 존재들과 관계를 맺을 수 있다.

우리는 의식을 확대하거나 제한하는 것을 선택할 수 있다. 자기 인식은 인간 대부분이 가진 여러 능력의 근본이 되기 때문에, 이를 확장하고자 하는 결정은 인간 성장의 기초가 된다. 개개인이 상담 과정에서 경험할 수 있는 새로운 인식 영역은 다음과 같다.

- 내담자는 자신을 위한 선택에 동반되는 불안을 의존이 제공해주는 안정성과 자신이 어떻게 맞바꾸는지를 본다.
- 내담자는 자신의 정체성이 다른 누군가가 자신을 정의하는 것에 고정된다는 것, 즉 자기 존재를 스스로 생각하여 확인하기보다는 타인의 인정과 확인에서 찾고 있다는 것을 보기 시작한다.
- 자신이 과거에 내렸던 몇 가지 결정이 여러 형태로 자신을 강제한다는 것과 새로운 결정을 할 수 있다는 점을 인식한다.

- 비록 삶의 특정 사건을 바꿀 수는 없을지라도 이 사건을 바라보고 반응하는 방법은 바꿀 수 있다는 것을 배운다.
- 과거에서 배운 것을 토대로 미래를 재형성할 수 있으므로 자신의 미래가 과거와 비슷한 삶을 살도록 정해지지 않았다는 것을 배운다.
- 삶을 고마워하지 않으며, 고통, 죽음, 그리고 죽음에 이르는 것에 사로잡혀 있다는 것을 인식한다.
- 존중받을 자격이 있다고 느끼기 위해서 반드시 완벽할 필요가 없다는 것을 이해하게 되므로 여전히 가치가 있다고 느끼는 동시에 자신의 한계를 받아들일 수 있게 된다.
- 과거에 대한 집착, 미래에 대한 계획 세우기, 또는 한꺼번에 너무 많은 일을 하려는 시도에 사로잡혀 있어서 현재 이 순간에 사는 것을 실패했다는 점을 인식하게 된다.

대안, 동기, 사람에게 영향을 미치는 요인, 그리고 개인적인 목표에 대한 인식을 포함하여 자기 인식의 증가가 모든 상담의 목표이다. 치료에 참여하는 사람들은 인식을 증대시키기 위해선 반드시 대가가 있어야 한다는 것을 배워야 한다. 우리의 인식이 더욱 고양되면, 이전으로 되돌아가는 것은 더욱 어려워진다. 우리의 상태를 무시하는 것은 약간의 무감각과 함께 만족스러움을 제공해준다. 하지만 내면의 세계로 들어가는 문을 열면 우리는 잠시 혼란을 경험하게 되겠지만 보다 만족스러운 삶 또한 기대할 수 있게 된다.

명제 2: 자유와 책임

실존주의의 특징적 주제는 개인이 다양한 대안 중에 선택할 수 있는 자유가 있고, 따라서 자신의 운명을 결정짓는 데 큰 역할을 한다는 것이다. 슈나이더와 크루그(2017)는 실존치료가 세 가지 가치를 강조한다고 말한다. (1) 자연적으로 주어진 한계와 스스로가 만든 한계 속에서 **무언가가 될 수 있는 자유**, (2) 우리 선택의 의미를 **반추할 수 있는 능력**, (3) 우리가 한 선택에 따라 **행동할 수 있는 능력**이다. 비록 우리가 태어나는 상황을 선택할 수는 없더라도 운명은 우리의 선택을 통해 만들어진다. 사르트르는 우리는 끊임없이 어떤 유형의 사람이 될 것인지에 대한 선택과 직면하고, 존재하는 이상 이러한 종류의 선택은 끝이 없는 것이라고 주장한다. 진실한 존재로 살아가는 것은 우리의 선택에 대한 책임을 스스로가 지도록 요구한다(Rubin & Lichtanski, 2015).

실존주의의 주요 개념은 우리가 자유를 갈망하는 동시에, 종종 자신을 고착되거나 고정된 독립체로 규정함으로써 자유로부터 도피하고자 한다는 것이다(Russell, 2007). 장폴 사르트르(1971)는 이러한 상태를 개인적인 책임을 받아들이지 않는 비본래성(inauthenticity)이라고 부른다. 그러면 우리는 선택하기를 회피하고 대신에 '나는 원래 이렇게 때문에, 그렇게 행동할 수밖에 없었다.'라거나 '나는 역기능적인 가정에서 자라났기 때문에, 본래 이렇다.'라는 변명을 만들어낸다. 존재의 비본래적 방식은 삶에 있어 개인적 책임의 인식 결여, 존재는 주로 외부의 힘에 의해 통제된다는 수동적 가정을 포함한다.

자유(freedom)는 우리의 삶, 행동하는 것, 그리고 행동하지 않는 것에 대한 책임이 우리에게 있음을 암시한다. 사르트르의 관점에 따르면, 인간은 자유롭게 살도록 태어났다. 그는 스스로 선택하는 것에 전념을 다할 것을 요구한다. 실존적 죄책감(existential guilt)은 참여를 회피하는 것, 또는 선택하지 않기로 선택하는 것을 인식하는 것이다. 이 죄책감은 불완전함에서 나타나는 상태 또는 지금의 우리는 다른 존재로 존재했을 수도 있었다는 인식이다. 죄책감은 우리가 불안에 대해 도전하지 못했고 가능한 것을 알면서도 하지 않으려고 회피해왔다는 신호일 수 있다(Deurzen, 2012). 이 상태는 신경증이나 치료가 필요한 증상은 아닐 것이다. 실존적 죄책감은 변화와 진정한 삶을 살고자 하는 강력한 동기의 근원이 될 수 있다(Rubin & Lichtanski, 2015). 실존치료자는 내담자가 자신의 삶을 살아가는 방식에 대해 무엇을 배울 수 있는지를 확인하기 위해 이 죄책감을 탐색한다. 이 죄책감은 또한 타인이 우리를 정의하도록 허락하거나 우리를 대신해서 선택하도록 하는 원인이 된다. 사르트르는 "우리는 우리의 선택 그 자체이다."라고 말했다. 본래성(authenticity)은 자신에게 가치 있는 존재란 무엇인지 판단하고 이에 따라 참되게 살아가는 것으로 진정한 자신이 되는 용기를 뜻한다. 실존치료의 목표 중의 하나는 삶에서의 힘든 싸움을 피하기보다는 용기를 가지고 삶의 어려움에 직면할 수 있도록 돕는 것이다(Deurzen & Adams, 2011).

실존주의자에게 인간은 (내담자의) 자유라는 말과 동의어이다. 자유와 책임은 서로 연관된 것이다. 우리는 운명, 삶의 상황, 문제를 만든다는 관점에서 삶의 작가이다(Russell, 1978). 책임을 진다는 것은 변화를 위한 기본 조건이다. 문제에 대해 계속 다른 사람을 탓하면서 책임을 받아들이기 거부하는 내담자는 치료를 통한 혜택을 얻을 가능성이 낮다.

프랭클(1978)도 또한 자유를 책임과 연관 지었다. 그는 미국 동부에 자유의 여신상이 있다면 서부에는 책임의 여신상을 세워 균형을 이루도록 했어야 한다고 주장했다. 그의 기본 전제는 자유는 특정한 한계에 구속된다는 것이다. 우리는 상황으로부터 자유롭지 않지만 이 제한에 맞서 태도를 정할 수 있는 자유가 있다. 궁극적으로, 이 상황은 결정의 대상이 되고, 따라서 우리에게 책임이 있다는 의미이다.

치료자는 내담자가 어떻게 자유를 회피하는지 발견할 수 있도록 돕고, 내담자가 자유를 사용하여 위험을 감수하는 법을 배우도록 격려한다. 이같이 하지 않는 것은 내담자가 제 기능을 못하도록 하는 것이고, 치료자에게 의존하도록 만드는 것이다. 치료자는 비록 내담자가 삶의 대부분에서 선택을 피하는 것에 전념해왔을지라도 선택권은 자신에게 있다는 것을 분명하게 받아들일 수 있도록 가르쳐야 한다. 러셀(Russell, 2007)은 다음과 같이 말했다. "우리에게 선택권이 없을 때 우리는 분하게 생각하지만, 막상 선택할 때에는 불안해한다. 실존주의는 선택의 시야를 넓히는 것에 관한 모든 것이다"(p. 111).

사람들은 종종 삶에 대한 통제권을 잃었다고 느끼기 때문에 심리치료를 찾는다. 사람들은 상담자가 자신에게 지시하고, 조언을 주거나 마법 같은 치료책을 만들어줄 것이라

기대할 수 있다. 그들은 또한 누군가로부터 경청을 경험하고 이해받아야만 할 필요가 있을 수 있다. 치료자의 두 가지 핵심 과업은 여태껏 내담자가 어떻게 타인으로 하여금 자신을 대신해 결정하게 해왔는지를 인식하도록 돕고, 스스로 선택할 수 있는 단계를 밟아가도록 격려하는 것이다. 내담자에게 현재의 제한된 존재보다 더욱 성취감을 주는, 다르게 존재할 수 있는 방법을 탐색하도록 권유하면서 몇몇 실존치료 상담자들은 '비록 지금껏 특정한 생활양식을 유지하며 살아왔지만 그 방식의 대가를 인식하는 현시점에서 새로운 생활양식을 만들어갈 마음이 있습니까?'라고 묻는다. 또 다른 상담자들은 이전의 방식에 내담자를 머물게 함을 통해서 상황을 변화시키고자 하는 의지가 내담자로부터 나타나도록 하는 데에 관심을 기울일 수도 있다.

내담자의 선택을 살펴보는 과정을 도울 때에는 문화적인 요인을 고려해볼 필요가 있다. 가정환경에 제한되어 힘들어하는 사람이 있다면 상담자는 내담자로 하여금 자신이 지닌 문화적 가치를 검토해보도록 격려할 수 있을 것이다. 예를 들어, 노르웨이 출신의 미국인인 메타는 사회복지사로서의 전문가적 직업 정체성을 획득하기 위해 열심히 일하고 있었지만, 그녀의 가족은 그녀가 가족으로서의 의무를 소홀히 하고 이기적으로 군다고 생각한다. 이 가족은 전체 가족구성원의 복지를 최우선으로 여기기 때문에 그녀 개인적인 관심사는 포기하도록 압력을 행사할 가능성이 있다. 메타는 이 상황에 갇힌 것처럼 느끼고 가족이 원하는 것을 거절하지 않는 이상 빠져나갈 방도가 없다고 생각할 수 있다. 이 경우에는 내담자가 두 가지 문화 간의 가치를 저울질하고 행동들의 균형을 잡는 과제를 가지고 있기에 내담자가 가진 근본적인 가치를 탐색해볼 수 있다. 궁극적으로, 메타는 자신의 상황을 어떤 방식으로 바꿀 수 있을지에 대해 결정해야 하고 자신의 문화에 근거해서 가치를 평가해야 할 필요가 있다. 실존치료자는 메타에게 그녀가 할 수 있는 것을 탐색하고 상황이 그녀에게 주는 압박에도 불구하고 본래성을 가질 수 있음을 인식하도록 도울 것이다. 본트레스(Vontress, 2013)에 따르면 우리가 개인주의적 혹은 집단주의적 사회에 속해 있든지 간에 어떤 사회에서든지 본래성을 따를 수 있다.

치료를 시작할 때, 내담자가 마음속에 가지고 있는 목표를 존중하는 것은 대단히 중요하다. 내담자가 원하는 것을 말하는 데에 충분히 주의를 기울인다면 우리는 실존주의적 틀 안에서 작업할 수 있다. 우리는 대안적인 행동의 가치를 저울질해보고 현재 하고 있는 행동의 결과를 탐색해보도록 격려할 수 있다. 비록 억압적인 힘이 삶의 질을 매우 심각하게 제한할 수도 있지만, 내담자로 하여금 자신의 통제를 넘어선 외부 환경의 단순한 피해자가 아님을 볼 수 있도록 도울 수 있다. 비록 때때로 우리에게 나타나는 일을 통제할 수는 없지만 이것을 어떻게 인식하고 다룰 것인지를 선택하는 것에 관해서는 완전한 통제권이 있다. **행동하는 자유**는 외부 현실 때문에 제한될 수 있을지라도 **어떤 존재가 될 것인지에 대한 자유**는 내적인 현실과 관련이 있다. 내담자가 어떻게 외부 환경을 변화시킬지 배우는 동시에 자신의 문제에 스스로 기여한 것을 인정하여 자신을 바라보도록 할 수 있다.

그들은 자신의 자원을 탐색할 수 있고 그 상황 속에서 변화를 이끌어올 새로운 행동 과정을 발견할 수도 있다.

명제 3: 정체성과 타인과의 관계를 위한 노력

사람들은 자신의 독특성과 중심성을 유지하는 것을 염려하는 동시에, 타인 그리고 자연과 관계를 맺기 위해 자신 밖으로 향하는 것에 관심을 가진다. 우리는 각각 자기 자신을 발견하거나, 더욱 본래성을 따르거나, 개인적인 정체성을 만들고 싶어 한다. 그러나 이것은 자동적인 과정이 아니다. 정체성을 만드는 데는 용기가 필요하다. 관계적인 존재로서, 우리는 또한 타인과의 유대감을 얻으려고 노력한다. 많은 실존주의적 작가들은 외로움, 뿌리가 없는 것 같은 느낌, 소외감에 대해 논했다. 이것은 타인 혹은 자연과의 유대를 맺지 못해서일 수 있다.

많은 사람들이 가지고 있는 문제는 자신에게 중요한 사람들로부터 지시, 답, 가치, 신념을 찾아왔다는 것에 있다. 그것을 자신 속에서 찾을 수 있다고 믿고, 삶의 갈등에 대한 답을 찾을 수 있음을 믿기보다는, 타인이 우리에게 바라는 어떤 것이 되어감을 통해 우리 자신을 팔아버린다. 우리의 존재는 그들의 기대감에 기반을 두게 되고 우리 자신에게는 이방인이 되고 만다.

존재를 위한 용기 20세기의 존경받던 기독교 신학자 파울 틸리히(1886-1965)는 우리의 유한성에 대한 인식이 보다 궁극적인 문제에 대해 관심을 기울이게 한다고 믿었다. 진정한 '우리 존재의 근거'를 발견하고 이 힘을 이용해 세상이 우리를 파괴하는 데 사용하는 비존재의 측면을 초월해 나가는 데에는 용기가 필요하다(Tillich, 1952). 용기는 죽음을 직면했을 때와 같이 불안을 유발하는 상황 속에서도 앞으로 나아가는 의지를 갖게 한다(May, 1975). 우리는 존재 깊은 곳에서 존재의 핵심을 발견하고, 만들어내고, 또한 유지하기 위해 노력한다. 내담자의 가장 큰 두려움 중의 하나는 자신에게 중심, 자아, 실체가 없다는 것, 그리고 다른 사람들의 기대를 단순히 반영시키고 있다는 것을 발견하는 것이다. 어떤 내담자는 '나의 두려움은 내가 아무도 아닌 존재라는 것을 발견하리라는 것, 나에겐 아무것도 없다는 것을 발견하게 될 것이라는 점이다. 나는 속이 비어 있는 껍데기이고, 마스크를 벗으면 아무것도 존재하지 않음을 발견하게 될 것이다.'라고 말할 수도 있다. 만약 내담자가 이 두려움을 직면할 수 있는 용기를 드러낸다면, 치료를 마칠 때에는 삶의 불확실성을 더욱 잘 견디게 될 수 있다. 내담자가 삶이나 자신이 비어 있고, 의미가 없다는 두려움에 직면하도록 도움으로써, 치료자는 내담자가 스스로 선택한 의미와 과정이 있는 자기(self)를 만들어낼 수 있도록 도울 수 있다.

실존치료자는 내담자에게 다른 사람들의 기대에만 충실히 부합하는 삶을 살아왔고 부모와 보호자의 욕망을 그대로 받아들인 상태가 된 기분을 강하게 느껴보도록 요청하는 것으로 치료를 시작할 수 있다. 지금 그들은 어떻게 느끼는가? 이들은 영원히 이러한 방식으로 남아있어야 하는가? 빠져나갈 방법은 없는가? 자아가 하나도 없다는 것을 발견한다면, 자아를 만들어낼 수 있는가? 어디에서부터 시작할 수 있을까? 내담자가 일단 이 두려움을 인정하는 용기를 보인다면, 이것을 말로 표현하고 나눌 수 있는 모습을 보인다면, 이러한 상황은 더 이상 극복하기 힘든 것처럼 보이지 않게 된다. 나는 내담자에게 그들이 이제껏 진정한 자기와는 동떨어진 삶을 살아왔다는 것을 받아들이고 스스로와 단절되었던 방식을 탐색하도록 이끌면서 작업을 시작하는 것이 가장 최선이라는 것을 알게 되었다.

혼자라는 경험 실존주의자들은 인간 조건의 한 측면이 혼자라는 경험이라고 본다. 하지만 이들은 우리가 자신에 대해 생각해보고 우리의 분리를 감지하는 경험으로부터 힘을 끌어낸다고 덧붙인다. 고립감은 우리가 자신에 대한 확인을 다른 누군가에게 의존할 수 없다는 사실을 인식할 때, 즉 우리가 홀로 우리 삶에 대한 의미를 부여해야 하고 우리가 홀로 어떻게 살아야 할지를 결정해야 할 때에 경험하게 된다. 만일 우리가 혼자일 때에 자신을 견딜 수 없다면, 어떻게 다른 사람이 우리와 함께 있는 것으로 풍요로워질 수 있다고 기대할 수 있을까? 다른 사람과 견고한 관계를 맺기 전에, 우리는 자기 자신과의 관계를 바로 경험해야 한다. 자신의 소리에 귀 기울이는 것을 배워야 한다. 다른 사람과 진정으로 나란히 설 수 있기 전에 홀로 설 수 있어야 한다.

관계의 경험 사람은 다른 사람과의 관계에 의존한다. 다른 사람의 세계에 중요한 사람이 되길 원하고, 다른 사람의 존재가 자신의 세계에 중요하다고 느끼길 원한다. 우리가 홀로 서고 견고성에 다가갈 수 있을 때, 우리의 관계는 박탈이 아닌 실현에 기반을 둔다. 그러나 만일 개인적으로 박탈되었다고 느껴지면, 다른 사람에게 매달리고 공생적인 관계 외에는 다른 기대를 할 수 없다.

아마도 치료의 기능 중의 한 가지는 내담자가 다른 사람에게 신경증적으로 의존하는 애착관계와 두 사람이 모두 향상되는 삶의 긍정적인 관계를 구분할 수 있도록 돕는 것일지도 모른다. 치료자는 내담자에게 그들의 관계에서 무엇을 얻는지, 친밀한 관계를 어떻게 피하는지, 평등한 관계를 갖는 것을 어떻게 막는지, 그리고 치료적이고, 건강하며, 성숙한 인간관계를 어떻게 형성할 수 있을지에 대해 살펴보도록 도전할 수 있다. 실존치료자는 상호주관성(intersubjective), 즉 타인과 우리의 상호 관계성과 창의적인 방식으로 이것에 대해 고심해야 할 필요성에 대해 말할 수 있다.

정체성에 대한 고심 우리의 혼자라는 느낌에서 비롯된 두려움 때문에, 파르하(Farha, 1994)는 몇몇 사람들이 초기 어린 시절에 획득한 형상 또는 정체성에 접합시키는 의식적인 행동 양상에 사로잡혀 있다고 지적한다. 우리는 존재의 경험을 회피하기 위해 끊임없이 무언가를 실행하는 행동 방식(doing mode)에 사로잡히게 된다. 치료적 여정의 일부는 치료자가 내담자에게 정체성과의 접촉을 잃게 된 태도, 특히 다른 사람이 내담자의 삶을 설계하도록 놔두게 된 태도에 대해 살펴보도록 도전하는 것으로 구성된다. 내담자가 다른 사람에게 자신의 자유를 양도했다는 것과 치료관계 내에서 그들이 이 자유를 다시 되찾게 될 것이라는 것을 깨달을 때, 내담자에게는 상담 과정 자체가 종종 놀라운 경험일 수 있다. 쉬운 해결책이나 답을 주지 않으므로, 실존치료자는 내담자에게 자신의 답을 반드시 스스로 찾아야 한다는 현실을 직면시킨다.

명제 4: 의미 탐색

인간됨의 명백한 특성은 삶의 목적과 중요성을 위해 고심한다는 것이다. 내 경험에 따르면, 사람들을 상담과 치료로 이끄는 근본적인 갈등은 실존적인 문제에 있다. '나는 왜 여기에 있는가?', '나는 삶에서 무엇을 원하는가?', '어떤 것이 내 삶에 목적을 주는가?', '삶에서 나의 의미의 원천은 어디에 있는가?'

실존치료는 내담자에게 그들 삶 속에서의 의미에 의문을 던질 수 있도록 돕는 개념적인 틀을 제공할 수 있다. 치료자가 할 수도 있는 질문은 '당신은 당신의 삶의 방향을 좋아하십니까?', '지금 당신과 당신이 되어가고 있는 모습에 만족합니까?', '당신이 누구이고 자신에게 무엇을 원하는지가 혼란스럽다면, 명확히 알기 위해 무엇을 하고 있습니까?'와 같은 것이 있다.

오래된 가치를 버리는 문제 치료 동안 나타나는 문제 중 한 가지는 내담자가 이전의 가치를 대체할 대안을 만들지 않은 상태에서 이전(그리고 강요된)의 가치를 버릴 수도 있다는 것이다. 내담자가 실제로 한 번도 도전하거나 내재화하지 않았던 가치를 더 이상 고수하지 않고, 현재의 진공 상태를 경험할 때에 치료자는 무엇을 해야 하는가? 내담자는 방향키 없는 보트처럼 느낀다고 말할 수도 있다. 이들은 새롭게 발전된 자신의 측면에 적절한 새로운 지침과 가치를 추구하지만, 아직은 제대로 자리잡지 못한 상태이다. 치료적 과정의 과업 중의 하나는 내담자가 자신의 존재 방식과 일치하는 삶의 방식에 기반을 두고 가치 체계를 형성할 수 있도록 돕는 것이다.

치료자의 과업은 내담자의 내부에서 비롯되어 의미 있는 삶의 기반이 되는 가치 체계를 만들어내는 내담자의 능력을 신뢰하는 것이다. 이들은 틀림없이 때때로 허우적거릴 것이고 명백한 가치가 부재한 결과로 불안을 경험할 것이다. 치료자가 보이는 신뢰는 내담자가 새로운 가치의 원천을 만들 수 있다는 자신의 능력을 믿도록 격려하는 데 있어서 특히 중요하다.

무의미 프랭클(1963)에 따르면, 인간의 중심 관심사는 삶에 방향성을 줄 수 있는 의미를 발견하는 것이다. 프랭클은 삶의 경험과 임상적 작업을 통하여, 의미의 결여가 현대에 실존적인 스트레스와 불안의 주요한 원천이라고 결론지었다. 그는 실존적 신경증(existential neurosis)을 무의미의 경험으로 바라보았다. 우리가 살고 있는 세계가 무의미한 것처럼 보일 때, 우리는 계속 분투하고 심지어는 삶을 계속하는 것이 가치가 있는지 궁금해질 수 있다. 죽음을 예측하는 것에 직면할 때, 우리는 '내가 결국엔 죽을 것이라면, 지금 내가 하는 것이 의미가 있는 것인가? 내가 하는 것이 내가 떠나고 나면 다 잊힐 것인가? 죽음을 가정한다면, 왜 나는 자신을 바쁘게 해야 하는가?'라고 물을 수 있다. 나의 치료 집단 중 하나에 속했던 어떤 남자는 "나는 그 어느 누구도 읽으려고 하지 않아 빨리 넘어간 어느 책의 한 페이지처럼 느낍니다."라고 말하며 개인적인 중요성에 관한 생각을 정확하게 담아냈다.

삶의 무의미는 허무와 공허감, 또는 프랭클이 실존적 진공(existential vacuum)이라고 불렀던 상태를 이끌어올 수 있다. 이 상태는 사람들이 일상이나 일로, 자신을 바쁘게 하지 않을 때에 종종 경험된다. 삶에는 이미 예정된 설계가 없기 때문에, 사람들은 자신만의 의미를 만들어내야 하는 과업에 직면한다. 삶의 공허함에 사로잡혀 있다고 느끼는 사람들은 때로 목적이 있는 삶을 만들어내기 위한 투쟁을 철회한다. 무의미를 경험하는 것과 의미 있는 삶의 일부인 가치를 정립하는 것은 상담의 핵심이 되는 문제이다.

새로운 의미 만들기 로고테라피(logotherapy)는 내담자가 삶 속에서 의미를 찾을 수 있도록 돕기 위해 고안되었다. 로고테라피는 내담자에게 삶의 의미가 무엇이어야 하는지를 말하지 않는다. 대신에, 실존치료자는 내담자가 과거, 현재, 미래의 의미를 탐색하고 삶에서 의미의 원천을 찾아 연결 혹은 재연결할 수 있도록 돕는다(Craig et al., 2016). 치료자는 내담자가 고통(삶의 비극과 부정적인 측면)에 직면했을 때, 어떠한 태도를 취하는지에 따라 고통을 인간 성취로 바꾸어낼 수 있다고 제안한다. 프랭클(1978)은 고통, 죄책감, 절망, 죽음에 직면한 사람들은 절망을 효율적으로 다룰 수 있고 또 결국은 승리할 수 있다고 주장한다.

의미는 우리가 직접 찾거나 얻을 수 있는 무언가가 아니다. 역설적으로, 우리가 의미를 이성적으로 찾을수록 더 잃게 될 가능성이 크다. 의미는 중요한 무언가와의 개인적인 관계에서 만들어지고, 그리고 이에 대한 참여는 삶을 의미 있게 만드는 목적을 제공한다(Deurzen, 2012). 나는 본트레스(2013)의 설명처럼, 삶의 의미란 삶 전체에 걸쳐 우리가 계속 분투하며 진행해가는 과정이라는 개념을 좋아한다. "어느 날 의미를 제공한 것이 다음 날은 의미를 제공해주지 않을 수도 있고, 삶 전체에 걸쳐 한 사람에게 의미가 있었던 것이 죽음을 앞두고 있을 때에는 무의미해질 수도 있다"(p. 147).

『삶의 의미를 찾아주는 상담자(Meaning in Life: A Therapist's Guide)』에서, 클라라 힐(Clara Hill, 2018)은 심리치료에서 삶의 의미를 다루는 모델을 제공한다. 힐의 연구는 실존주의 심리치료에 중점을 두지만, 그녀는 모든 이론적 입지를 가진 치료자들이 상담 과정의 필수적인 부분으로서 삶의 의미의 역할을 다룰 필요가 있다고 믿는다. 삶의 의미(meaning in life)는 사람들이 치료에 가져오는 종종 제기되는 문제(우울, 불안, 고립, 신체적 질병, 노화, 죽음 불안)의 근본이 되는 보편적인 관심사이다. 치료자의 핵심 역할은 내담자가 더 많은 삶의 의미를 찾기 원하는지, 만약 그렇다면 그러한 변화를 가져오기 위해 그들이 취할 수 있는 행동이 무엇인지 결정하는 데 도움을 주는 것이다.

명제 5: 삶의 조건으로서의 불안

존재를 존속시키고 유지하고 주장하기 위한 개인적인 노력에서부터 불안(anxiety)이 발생하는데, 불안이 만들어낸 감정은 인간의 조건에서 피할 수 없는 측면이다. 실존적 불안(existential anxiety)은 존재가 주는 것들(givens of existence), 즉 죽음, 자유, 선택, 고립, 무의미와 직면할 때 나타나는 어쩔 수 없는 결과이다(Vontress, 2013; Yalom, 1980; Yalom & Josselson, 2019). 실존적 불안은 우리가 죽음의 현실, 고통과 괴로움에 대한 직면, 생존을 위해 노력해야 하는 필요성, 우리의 기본적인 오류 가능성(fallibility)을 인식할 때에 발생한다. 우리는 자유에 대해 점점 더 인식하고, 이 자유를 받아들이거나 거절하는 결과를 알아갈수록 이 불안을 경험한다. 삶의 재건을 위한 결단을 내릴 때 수반되는 불안은 우리가 개인적인 변화에 대해 준비되었다는 신호일 수 있고, 또한 성장을 위한 자극제가 될 수 있다. 만일 우리가 불안이 주는 미묘한 메시지를 듣는 법을 배울 수 있다면, 삶의 방향성을 변화시키기에 필요한 단계를 용기 있게 내디딜 수 있게 된다.

실존치료자는 정상 불안과 신경증적 불안을 구분 짓고, 불안을 잠재적인 성장의 자원으로 본다. 정상 불안(normal anxiety)은 직면한 사건에 대한 적절한 반응이다. 결정을 내리고 삶의 선택에 대한 자유와 책임을 받아들이는 것, 의미를 탐색하는 것, 죽음에 직면하는 것은 두려움을 경험하게 할 수 있다. 이 유형의 불안은 억압되어야 할 필요가 없고, 변화와 성장을 향한 강력한 원동력이 될 수 있다(Rubin & Lichtanski, 2015). 실존적인 관점에서 볼 때, 정상적 불안은 자유로의 초대이다. "불안은 선생이지, 제거되거나 회피되어야 할 장애물 같은 것이 아니다"(Deurzen & Adams, 2011, p. 24).

불안을 헤치고 나아가는 것에 실패하면 신경증적 불안(neurotic anxiety)이 생겨날 수 있다. 상황에 들어맞지 않는, 구체적인 것에 대한 불안이다. 신경증적 불안은 전형적으로 의식 밖에 있고, 사람을 움직이지 못하게 하는 경향이 있다. 심리학적으로 건강하다는 것은 가능한 적은 신경증적 불안을 가지고 살아가는 동시에, 삶의 일부인 피할 수 없는 실존적인 불안을 받아들이고 이것을 다루기 위해 노력하는 것이다.

상담을 찾는 많은 사람들은 불안을 제거할 수 있는 해결책을 원한다. 삶에는 확실성이 있다는 환상을 만드는 것은 알지 못하는 것에 대처하도록 도울 수도 있지만, 어느 수준에서는 자신을 기만하고 있는 것임을 알게 한다. 두르젠(2012)은 실존적 불안이 인식을 가지고 온전한 존재로 살아가는 일부라고 믿었다. 사실, 온전히 살아가는 용기는 죽음이라는 현실 그리고 불확실성과 관련된 불안을 받아들이는 것을 수반한다. 실존적 불안에 직면하는 것은 보호를 제공하는 것처럼 보이는 형상화된 확실성 뒤에 숨는 것이 아닌 삶을 모험으로 바라보는 것이다. 새로운 삶을 맞이하는 것은 불안을 받아들이는 것과 같다. 불안을 가벼이 해결하려 할 때에는 그에 대한 대가를 치러야 한다.

실존치료자는 내담자가 애매모호함과 불확실성을 인내하는 방법 그리고 버팀목 없이 살아가는 법을 배우는 것이 의존에서 자율로 가는 여정에서 필요한 과정임을 인식하도록 돕는다. 비록 심하게 손상된 양식에서 벗어나 새로운 삶의 방식을 만드는 그 과정에서 얼마 동안은 더 많은 불안을 경험하겠지만, 치료자는 내담자와 함께 내담자가 더 새롭게 존재하는 방식과 더불어 풍성한 만족감을 경험하면서 불안이 감소할 수 있는 가능성을 탐구할 수 있다. 내담자의 자신감이 높아지면, 재앙에 대한 염려로 나타나는 불안을 줄어들 가능성이 크다.

명제 6: 죽음과 비존재의 인식

실존주의자는 죽음을 부정적으로 바라보지 않고 죽음을 삶에 중요성을 더해주는(가치를 주는) 기본적인 인간의 조건으로 인식한다. 다른 존재와 구분되는 인간만의 특성은 미래의 현실과 죽음의 불가피성을 오롯이 이해할 수 있는 능력이다. 삶을 중요하게 생각하고자 한다면, 죽음에 관해서도 생각해야 할 필요가 있다. 죽음을 위협으로 받아들여서는 안 된다. 죽음은 우리에게 현재의 순간에 감사하게 하는 동기를 부여해준다. 죽음에 대한 두려움으로 움츠러들기보다, 죽음의 현실을 반영하는 것을 통해 우리는 어떻게 온전히 살아가야 하는지를 배울 수 있다. 두르젠과 애덤스(2011)는 다음과 같이 기술하였다. "죽음이 가르침을 주는 스승이라면 삶은 일을 해내는 숙련공이다"(p. 105). 만약에 우리가 궁극적인 죽음의 현실에 대해 방어적으로 된다면, 삶은 재미없고 의미가 없어지게 된다. 그러나 죽음에 대해 깨닫게 되면, 우리만의 프로젝트를 완수하는 데에는 시간이 무한히 주어지는 것이 아니기에, 현재가 중요하다는 것을 깨닫게 된다. 죽음에 대한 인식은 삶에 대한 열정과 창의성의 근원이 된다. 죽음과 삶은 상호의존적이며, 물리적인 죽음이 비록 우리를 파괴할지라도, 죽음에 대한 관념은 우리를 구원한다(Yalom, 1980, 2003).

얄롬(2008)은 치료자가 내담자에게 죽음의 현실에 대해 단도직입적으로 말할 것을 권한다. 그는 죽음에 대한 두려움이 표면 아래로 스며들고 삶 전체에 퍼져 우리의 뇌리에서 떠나지 않는다고 생각한다. 죽음은 치료적 과정에서 항상 찾아오는 방문객이고, 얄롬은 죽음의 존재를 무시하는 태도는 죽음이 우리가 탐색하기에 너무나 압도적이라는 메시지를 전달하는 것이라고 본다. 이 두려움에 직면하는 것은 본래성 없이 삶을 살아가는 방식에서 더욱 본래성을 따르는 존재로 살아가는 것으로 전환할 수 있게 하는 요인이 될 수 있다. 개인적인 죽음의 현실을 받아들이는 것은 우리가 세계 속에서 살아가는 방식에서 중요한 전환을 이끌어올 수 있다(Yalom & Josselson, 2019). 우리는 죽음의 현실을 받아들일 때 이에 대한 두려움을 긍정적인 힘으로 바꿀 수 있다. 얄롬(2008)은 그의 저서, 『태양을 직면하기』에서 죽음에 직면하는 것이 더욱 연민 어린 방식으로 삶을 살아가게 한다는 생각을 발전시켰다. 프랭크(Frank, M. L. B., 2022)는 죽음 불안이 우리를 연결하게 할 수 있을 뿐만 아니라 고립감과 절망감을 유발할 수 있다고 주장하며, 다음과 같이 말한다. "죽음과의 대립은 보다 자각적이고, 생동감 있고, 정직하고, 진정한 존재로 거듭나게 할 수 있다"(p. 123).

실존치료가 주목하는 한 가지는 내담자가 어느 정도로 자신이 중요하게 여기는 가치에 부합하게 행동하는지 탐색하는 것이다. 항상 존재하는 비존재의 위협에 병적으로 사로잡혀 있지 않고, 내담자가 삶에서 하고자 하는 변화는 무엇이며 어떻게 잘 살아갈 수 있을지를 평가하는 방법으로서 죽음에 대한 건강한 인식을 발전시킬 수 있게 된다. 궁극적인 죽음의 현실에 대해 감정적으로 받아들일 때 우리는 비로소 우리의 행동이 중요하고, 선택권은 우리에게 있으며, 우리가 얼마나 잘 사는지에 대한 궁극적인 책임을 받아들여야 함을 더욱 명확히 깨닫게 된다(Corey et al., 2018).

상담 과정 학습목표 04

상담 목표

실존치료는 내담자가 본래성을 따르는 삶을 온전히 살고 있지 않음을 인식하고 자신의 가능성에 따른 존재를 선택해야 함을 인식하도록 이끈다는 설명이 가장 정확할 것이다. 치료의 목표는 내담자가 본래성을 향해 나아가도록 돕고, 자신을 기만할 때에 이를 인식할 수 있게 하는 것이다(Deurzen, 2012). 실존주의적 관점에서 보면 우리는 자유로부터 도피할 수 없으며 그래서 동시에 항상 책임져야 하는 위치에 있다. 우리는 자유를 포기할 수 있지만, 자유를 포기함은 궁극적으로 본래성을 포기하는 것과 마찬가지다. 실존치료는 내담자가 자신의 불안을 바라보고, 존재의 가치를 만들어내는 진정한 목적을 기반으로 하는 행동을 취하도록 돕는 것이 목표이다. 본래성은 우리 행동과 살아가는 방식에 대한 책임을 지는 것으로 삶의 저작권을 주장하는 것이다(Deurzen & Adams, 2011).

메이(1981)는 사람들이 내면에서부터 노예가 된 자신을 다른 사람들(치료자들)이 해방시켜줄 것이라는 자기충족적인 착각을 가지고 치료를 받으러 온다고 주장한다. 실존치료자는 이 사람들이 삶을 되찾도록 돕는 것에 주로 관심을 둔다. 실존치료의 과업은 내담자가 비록 자신이 알고 있는 것에 따라 살고 있지 않을지라도, 이미 그들 자신에 대해 알고 있는 사실에 집중하도록 돕는 것이다. 슈나이더와 크루그(2020)는 실존주의 · 인간중심치료의 네 가지 근본적인 목표를 다음과 같이 밝혔다. (1) 내담자가 자신과 타인 모두에게 더욱 존재(presence)하도록 돕는다. (2) 내담자가 더욱 온전하게 존재하지 못하도록 자신을 방해하는 방식을 규명할 수 있게 돕는다. (3) 내담자가 현재의 삶을 설계하는 책임을 지도록 돕는다. (4) 내담자가 일상의 삶에서 더욱 열린 방식으로 존재하는 것을 선택하도록 권장한다.

인식의 증대는 실존치료의 핵심 목표이며, 이는 내담자가 이전에는 인식하지 못했던 대안적인 가능성이 존재한다는 것을 발견할 수 있게 한다. 내담자는 자신이 세상에 존재하는 방식을 바꿀 수 있다는 것을 인식하게 된다.

상담자의 기능과 역할

실존치료자는 주로 내담자가 새로운 이해와 대안적 행동에 대해 알아차릴 수 있도록 돕기 위하여, 내담자의 주관적인 세계를 이해하는 데 집중한다. 실존치료자는 특히 내담자가 책임을 회피하려는 부분에 관심을 둔다. 그리고 지속적으로 내담자가 개인적인 책임을 받아들일 수 있도록 격려한다. 내담자가 그들이 처한 곤경에 대해 불평하고 타인을 비난한다면, 치료자는 내담자에게 그 상황에 자신이 어떻게 기여했는지를 물을 수 있다.

실존주의적 성향을 가진 치료자는 보통 제한된 실존(restricted existence)이라고 불릴 수 있는 상태의 사람들을 치료한다. 이 내담자는 자신에 대한 제한된 인식을 가지고 있고 종종 그들이 가진 문제의 근본에 대해 잘 알지 못한다. 이들은 자신의 상황을 다룰 수 있는 대안적 방법이 부족하거나 부재하다. 그리고 갇히거나, 무기력하거나, 꼼짝할 수 없다고 느끼는 경향이 있다. 치료자의 기능 중 하나는 내담자가 자신의 인식을 제약시키는 방식과 이 제약이 가져다주는 손실에 대해 들여다볼 수 있도록 돕는 것이다(Bugental, 1997). 치료자는 말하자면, 거울을 들어 내담자가 점차 자기 직면을 할 수 있도록 도울 수 있다. 이 방식으로 내담자는 지금 자신의 모습이 어떻게 되었는지, 그리고 살아가는 방식을 어떻게 확대시킬 수 있는지를 볼 수 있다. 일단 내담자가 과거의 요인과 현존재의 숨 막힐 듯한 상황을 인식하고 나면, 미래를 변화시키는 책임감을 받아들이기 시작할 수 있다.

실존치료자는 다양한 이론적 성향에서 유래된 기법을 사용할 수도 있지만, 그 어떤 기법도 필수적이라고 여기지 않는다. 치료적 여정은 창조적이며, 불확실하고, 각 내담자마다 상이하다. 러셀(2007)은 이 개념을 잘 담아냈다. "심리치료를 하는 데 있어서 단 하나의 바른 방향이란 존재할 수 없고, 실존주의를 근본으로 하는 기법에 대한 단 하나의 견고한 원칙도 없다. 중요한 것은 당신의 내담자에게 맞게 조율시키는 당신만의 진정성 있는 방식을 만들어야 한다는 것이다"(p. 123). 실존치료자는 치료 밖에서의 삶이 중요하다는 신념에 기반을 두고, 치료실 내에서뿐 아니라 치료실 밖의 삶 속에서도 이러한 실험을 하도록 장려한다. 실존치료자는 종종 내담자에게 일상의 삶에서 마주하는 문제적 사건에 대해 반영하거나, 또는 이에 대해 적어보도록 요청한다(Schneider, 2011).

상담에서 내담자의 경험

실존치료에서 내담자는 자신의 삶 속에서 자신이 어떻게 존재할지에 대해 스스로 선택함을 통해 책임을 지도록 분명하게 격려받는다. 효과적인 치료는 인식 그 자체로 멈추지 않는데, 왜냐하면 치료자가 내담자에게 치료적 과정을 통해 발달시킨 이 통찰력을 기초로 하여 행동할 것을 장려하기 때문이다. 만일 내담자가 변화할 것이라면, 바깥 세계에서 새롭게 행동해보는 실험이 필요하다. 더불어, 내담자는 치료 회기 동안에 그들이 탐색할 두려움, 죄책감, 불안에 대해 결정해야 하기 때문에 상담 과정에서 반드시 적극적인 자세를 취해야 한다.

단지 심리치료를 시작하는 것만으로도 대부분의 사람은 두려움을 경험한다. 자신에 대하여 문을 여는 경험은 두렵고, 흥미롭고, 기쁘고, 우울하거나, 아니면 이 모든 기분이 혼합되어 나타날 수도 있다. 내담자가 닫힌 문을 열기 위해 비집고 들어가게 되면 그 과정에서 자신을 심리적으로 묶여 있게 했던, 결정론적인 족쇄를 느슨하게 풀어놓기 시작한다. 점차 내담자는 지금껏 그들이 어떻게 해왔고 지금은 어떤 사람인지에 대해 인식하고 그들이 원하는 형태의 미래를 더욱 잘 결정할 수 있게 된다. 치료의 과정에 걸쳐, 개개인은 자신의 상상을 현실로 만드는 대안에 대해 탐색할 수 있다.

내담자가 무력함을 옹호하고 스스로 무기력하다고 설득하려고 할 때, 메이(1981)는 자유를 향한 내담자의 여정은 그 사무실로 오기 위해 치료자 앞에 한 발자국을 떼면서 이미 시작되었다고 상기시켰다. 자유가 아무리 보잘것없고 작은 것이라 해도 개개인은 그 작은 단계들을 밟으며 자유의 범위를 늘려나갈 수 있다.

실존치료에서 내담자가 경험하는 또 다른 측면은 당면한 문제를 다루는 것이라기보다 궁극적인 걱정에 직면하는 것이다. 실존치료는 해결 지향적이라기보다는, 의미 있는 삶의 길을 막고 있는 장애물을 걷어내고 내담자가 행동에 책임을 질 수 있도록 돕는 것에 목표를 둔다(Yalom & Josselson, 2019). 실존치료자는 용기, 희망, 그리고 삶에서 의미를 찾고자 하는 의지로 삶에 당당히 맞설 수 있도록 돕는다. 두르젠과 애덤스(2011)는 치료자는 반드시 내담자의 경험에 공명(resonance)해야 하고 진정으로 삶에 직면하도록 분투해야 한다고 주장한다. 공명하는 능력은 반드시 끊임없이 연마해야 하고, 치료자가 내담자와 온전히 함께하고, 온전히 관여된 방식으로 치료적 만남에 참여하도록 하는 능력이다.

상담자와 내담자의 관계 학습목표 05

치료관계는 내담자가 자기 삶의 방식을 솔직하게 탐색할 수 있는 환경을 조성하는 데 중요하다. 사람 대 사람 간 대면의 질이 긍정적 변화의 재료이기 때문에, 실존주의 실천에서 치료관계는 핵심 역할을 한다(Craig et al., 2016). 계속되는 경험, 특히 치료자와 내담자 간의 상호작용에서 어떤 것이 일어나고 있는지에 대해 주의를 기울인다. 치료는 대인관계와 내담자의 실존적 문제가 치료관계의 '지금 여기'에서 명확해질 것이기 때문에, 사회생활의 축소판으로 여겨진다(Yalom & Josselson, 2019).

실존주의를 지향하는 치료자는 내담자에 대한 자신의 기본 태도, 그리고 정직함, 진실성과 용기라는 특성을 제공해야 한다고 생각한다. 치료는 내담자에 의해 인식되고 경험되는 세계를 철저히 조사하는 치료자와 내담자의 여정이다. 하지만 이 유형의 탐구는 치료자 자신의 현상학적인 세계와 접촉해 있을 필요가 있다. 실존치료는 자기발견에 대한 항해이고 내담자와 치료자 모두에게 있어서 삶을 발견하는 여정이다(Deurzen, 2010; Yalom

& Josselson, 2019).

부버(1979)의 나/너의 관계 개념은 여기에서 중요한 영향을 미친다. 그 자신에 대한 이해는 두 가지의 근본적인 관계 나/그것 그리고 나/너에 기반을 둔다. 나/그것은 시간과 장소와의 관계로 자아에 대한 필수 시작점이다. 나/너는 자아와 정신을 연결하고, 진정한 대화를 달성하도록 하는 데 필수적인 관계이다. 이 유형의 관계는 완전한 인간 자아의 패러다임, 즉 부버의 실존주의적 철학의 목표를 달성하는 것이다. 나/너의 관계는 직접적이고, 상호적이며, 그리고 현재의 상호작용이 있음을 의미한다. 실존치료자는 치료적 객관성과 전문적 거리를 중요하게 생각하는 것보다, 내담자와 배려하는 친밀한 관계를 만들기 위해 노력한다.

치료적 관계의 핵심은 존중으로, 이는 내담자가 자신의 문제를 진정으로 다룰 수 있는 잠재력과 존재의 대안적인 방식을 발견할 수 있는 능력을 지니고 있다는 데에 대한 신뢰를 함축한다. 실존치료자는 치료적 관계를 깊게 하는 하나의 방식으로써 진정한 걱정과 공감을 통해 내담자에 대한 반응을 공유한다. 치료자는 내담자가 진정한 행동을 모형화함으로써 성장할 수 있도록 초대한다. 만일 치료자가 치료 회기 동안 자신을 숨기거나 진실하지 않은 행동을 한다면, 내담자도 방어하는 자세를 유지하고 진실하지 않은 방식을 고수하게 될 것이다.

부젠탈(1987)은 치료자의 존재(presence)가 치료적 관계에서 중요한 역할을 한다고 강조한다. 그의 관점에서 볼 때, 다수의 치료자가 그 근본적인 중요성을 간과하고 있다. 그는 치료자가 내담자가 말하는 내용에 관심을 너무 많이 두기 때문에 자신과 내담자 간의 거리를 인식하지 못한다고 말한다. 치료자는 내담자의 웰빙(well-being)에 진정으로 관심을 가져야 한다. 내담자는 존재감과 진정성을 보여주고, 전문적인 역할에 사로잡혀 있는 것이 아니라 한 인간으로서 그들을 대하는 치료자를 중요하게 생각한다(Craig et al., 2016).

실존치료자는 치료적 존재가 치료관계에서 신뢰와 안전을 확립하기 위해 필요하다고 믿는다. 마이클 앨시(Michael Alcee, 2022)는 다음과 같이 말했다. "치료적 존재는 단순히 떨어져 있는 느낌 대신, 일시적으로 우리의 고립에서 벗어나 다시 세상의 일부가 될 수 있게 해주는 숭고한 교감이다"(p. 123). 앨시는 치료적 존재는 우리가 알지 못하는 것을 참아내야 하기 때문에 어렵다고 말한다. 존재는 절대적이거나 완벽한 존재 방식은 아니지만, "개인적이고 의미 있는 관계를 가질 수 있는 충분히 안전한 기반"(p. 121)을 제공한다.

적용: 상담 기법과 절차

실존주의적 접근법은 기술 지향적이지 않다는 면에서 대부분의 다른 치료 접근들과 차이가 있다. 실존주의를 지향하는 치료자가 다른 모형에서 파생된 다양한 기술을 포함시켜 활용하거나 자신만의 기술을 만들 수 있지만, 이 개입법은 내담자의 주관적인 세계를 이해하기 위한 노력의 맥락에서 이루어진다. 실존치료자는 내담자에게 개입하는 방법을 안내하는 일련의 가정과 태도를 가지고 있으며, 나의 동료인 브라이언 파르하(Bryan Farha)는 내담자가 삶의 의미와 목적을 고민하는 데 도움을 주는 실존주의적 기술을 개발했다. 그는 내담자들에게 밤에 밖에 앉아서 약 한 시간 동안 별을 바라보도록 요청했다. 그러면서 그의 내담자는 '나는 어디에서 왔는가?', '나는 어디로 가고 있는가?', '우주는 얼마나 방대한가?'와 같은 깊은 실존적 문제에 대해 생각하기 시작했다. 파르하는 치료자가 자신만의 실존적 개입법을 성공적으로 만들 수 있다고 확신한다.

실존치료자가 사용하는 이 개입법은 인간 존재의 본질에 관한 철학적인 견해에 그 기반을 둔다. 실존치료자는 진단, 치료, 예후에 의존하는 접근에 반하여 내담자의 주관적인 현실을 설명, 이해, 탐색하는 것을 선호한다(Deurzen, 2002). "실존치료자는 정신을 고치는 사람이 아니라, 철학적인 동반자로 여겨지는 태도를 선호한다"(Vontress, 2013, p. 150). 얄롬과 요셀슨(Yalom & Josselson, 2014)은 실존치료자를 적절한 자기개방을 통해 기꺼이 알려지길 원하는 "동료 여행자"라고 기술하였다. 이것은 치료하는 이론이나 기법이 아니라 내담자와 치료자가 함께 작업하는 가운데 나타나는 만남이다(Elkins, 2007, 2016). 엘킨스(Elkins, 2016)는 치료 효과와 관련된 요인을 확인한 수백 개의 연구의 메타분석 결과를 인용했다. "놀랍게도, 연구 결과는 기술이 효과성과는 거의 관련이 없으며 공통 요인이 진정한 변화의 원동력임을 보여주었다"(p. 4). 엘킨스는 심리치료의 인간적 요소가 정서적 치유의 주요 요인이라고 확신하게 되었다.

실존치료 작업은 치료자와 내담자의 개별적인 창의적 개방성을 주요 기반 원칙으로 삼는다. 실존치료자는 자신의 성격과 양식에 따라 개입법을 조절하고, 또한 각 내담자가 필요로 하는 것에 민감해야 할 필요가 있다. 실존치료 상담자의 개입법은 각 내담자의 고유성에 즉각 반응해야 한다는 것이 핵심 지침이다(Deurzen, 2010). 『통합적 상담: 사례 중심의 접근』(Corey, 2013) 4장에서는 마이클 러셀(J. Michael Russell)이 루스의 사례에서 몇 가지 주요 주제를 가지고 어떻게 실존주의적 방법으로 작업을 했는지를 보여주고 있다.

두르젠(2012)은 치료자가 자신의 삶과 현존에 대한 관점을 명확하게 하는 것이 실존치료의 시작점이라고 생각한다. 그녀는 치료자가 내담자의 혼탁한 물속에서 길을 잃지 않으면서 모험할 수 있도록 자신의 삶에서 충분한 깊이와 개방성에 도달하는 것이 중요하다는 것을 강조하였다. 실존주의적 작업은 광범위한 전문 지식과 편의성을 가지고 살아가는 과정 속에서 사람들을 돕는 것을 근본으로 한다. 두르젠(2010)은 치료자가 내담자와 어떻게 차이를 만들어내는지를 발견하였다. "우리는 내담자가 그들의 삶을 더욱 잘 반영해보고, 딜레마를 다루며, 곤경에 직면하며, 스스로를 위해 생각할 수 있도록 돕는다"(p. 236). 두르젠은 실존치료는 만일 내담자와 치료자가 자신의 삶에 접촉하도록 허용할 때, 내담자와 치료자가 같이 바뀌게 되는 협동의 모험임을 우리에게 상기시킨다. 치료자의 가장 깊은 곳의 자아가 내담자의 가장 깊은 곳의 내면과 만날 때 가장 이상적인 상담이 이루어진다. 상담은 창조적이고, 진화하는 발달의 과정이며, 일반적으로 세 단계로 개념화될 수 있다.

실존 상담의 단계 학습목표 06

상담의 초기 단계 동안 치료자는 내담자가 세상에 대해 가지고 있는 가정을 확인하고 이를 명확하게 할 수 있도록 돕는다. 내담자는 자신의 존재를 인지하고 이해하는 방식을 정의하고 질문할 수 있게 초대된다. 내담자는 자신의 가치, 신념, 가정을 조사하여 그 타당성을 판단한다. 초기에 내담자는 대부분 그들의 문제가 전적으로 외부적 원인에 있다고 보기 때문에 이 과업을 매우 어렵게 느끼기도 한다. 이들은 다른 사람들이 '그들이 어떻게 느끼도록 만드는지' 또는 어떻게 타인들이 행동이나 행동을 하지 않음을 통해 책임이 있는지에 초점을 맞추려고 한다. 상담자는 내담자에게 자신의 존재를 반영하고 삶의 문제를 만들어내는 자신의 역할을 탐색하도록 돕는다.

실존 상담의 중간 단계 동안, 내담자는 현재의 가치 체계의 출처와 권위를 더욱 철저하게 탐색할 수 있도록 도움을 받는다. 이와 같은 자기 탐색의 과정은 일반적으로 가치와 태도에 관한 새로운 통찰력과 어느 정도의 재구조화를 필요로 한다. 개개인은 그들이 살기에 어떤 유형의 삶이 가치가 있는지에 대한 더 나은 아이디어를 얻게 되고 내적 가치 처리과정을 더욱 분명히 발달시킨다.

실존 상담의 마지막 단계에서는 자신에 대해 배우고 있는 것을 받아들이고 이를 행동에 옮기는 것에 초점을 둔다. 변화는 치료 시간 동안에 일어나는 것에만 국한되지 않는다. 치료 시간은 한 사람이 새롭게 삶에 참여하는 것에 대한 작은 기여이자, 삶을 위한 리허설이다(Deurzen, 2002). 치료의 목표는 내담자로 하여금 회기 중간, 그리고 치료가 종결된 후에 지금껏 탐색하고 내재화시킨 가치를 구체적으로 실행할 방법에 대해 알아볼 수 있도록 돕는 것이다. 내담자는 일반적으로 삶을 목적성 있게 살 수 있는 방법과 강점을 발견할 수 있다.

실존 상담에 적절한 내담자

실존주의의 실천은 다양한 환경, 그리고 물질남용 문제, 다양한 인종과 민족 집단, 동성애자, 정신질환 입원환자와 같은 다양한 사람들에게 적용되어왔다(Schneider, 2011). 개인적인 성장이 가능한 선택과 경로에 대해 초점을 맞춘다는 점이 이 관점의 강점이다. 발달적 위기, 슬픔과 상실의 경험, 죽음을 직면, 또는 삶의 주요 결정에 당면한 사람들에게 실존치료가 특히 적절하다. 이와 같이 삶을 다른 단계로 이동시키는 몇몇 사례의 중대한 전환점은 청소년기의 정체성에 대한 투쟁, 중년기에서 경험할 수 있는 실망감에 대처하는 것, 아이들이 집을 떠나는 것에 적응하는 것, 결혼과 직장에서의 실패에 대처하는 것, 그리고 나이가 들어가면서 늘어나는 신체적인 한계에 대처하는 것이 있다. 이 발달적 도전

과제에는 위험과 기회가 모두 수반된다. 불확실성, 불안, 그리고 결정을 내리기 위해 노력하는 것이 모두 이 과정의 일환이다.

두르젠(2002)은 이 유형의 치료는 삶에 관한 문제를 다루는 데 전념하는 내담자, 현 사회의 기대에서 소외되었다고 느끼는 사람, 또는 삶의 의미를 찾는 사람에게 가장 적합하다고 제안한다. 이는 갈림길에 서 있는 사람과 세상의 정세에 의문을 가지는 사람과 현재 상황에 기꺼이 도전하고자 하는 사람과 잘 맞는 경향이 있다. 이는 또한 실존의 나락에 위치한 사람, 예를 들어 죽어가거나 자살을 생각하는 사람, 발달 또는 상황적 위기를 겪고 있는 사람, 주변 환경에 더 이상 속하지 않는다고 느끼는 사람, 또는 삶의 새로운 단계를 시작하는 사람에게 유용할 수 있다.

단기 상담에 적용하기 학습목표 07

실존주의적 접근법은 개인의 책임감을 가정하는 것, 결정과 행동에 참여하는 것, 그리고 현재 상황에 대한 인식을 확대시키는 것과 같은 중요한 부분에 초점을 둔다. 내담자가 치료의 각 회기에서 적극적으로 온전히 참여하도록 촉매제의 역할을 하기 위한 시간제한적인 접근법도 가능하다. 내담자는 각 회기를 자신의 마지막 기회로 간주하고 다음과 같은 질문을 받을 수 있습니다. '만약 이 회기가 당신의 삶을 변화시키는 마지막 기회라면, 당신에게 가장 중요한 것은 무엇입니까?' 샤프와 부젠탈(Sharp & Bugental, 2001)은 실존주의 접근법의 단기 적용에는 더욱 구조화되고 명확하게 정의되는 다소 분명한 목표가 필요하다고 주장한다. 단기치료의 종결 시, 개개인이 어떤 것을 달성했고 이후에 다루어야 할 필요가 있는 문제는 무엇인지에 대해 평가하는 것이 중요하다. 치료자와 내담자가 모두 단기 작업이 적절하고, 이로운 결과가 나올 것이라고 판단하는 것이 필수이다.

집단 상담에 적용하기 학습목표 08

실존치료 집단은 다음의 목표를 가지고 평생 동안의 자기 탐색 여정에 헌신하는 사람들의 모임이다. (1) 집단구성원이 자신에게 정직할 수 있도록 한다. (2) 집단구성원이 자기 자신과 그들을 둘러싼 세상에 대한 관점을 넓히도록 한다. (3) 현재와 미래의 삶에 의미를 주는 것이 무엇인지를 명확하게 한다(Deurzen, 2002). 삶에 대한 개방적인 태도가 필수적이고, 또한 알려지지 않은 영역에 대해 탐색하고자 하는 의지도 중요하다. 삶의 경로를 선택할 수 있는 능력, 자유와 불안, 죽음의 현실에 직면하여 어떻게 의미 있는 삶을 사는지, 그리고 어떻게 본래성을 따르는 상호적인 관계를 만들 수 있는지와 같은 실존적인 문제를 구성원에게 진지하게 탐색하게 하는 다양한 집단에서는 되풀이하여 발생하는 보편적인 주제가 점진적으로 발전된다(Leszcz, 2015). 실존치료 집단의 작업 핵심은 보편적인 실존적인 문제를 회피하는 것을 줄이는 것인데 그 이유는 이 주제를 다루지 않는 것이 삶에 대한 참여를 감소시키기 때문이다. 집단 지도자는 일반적으로 베일에 싸인 현자라기보다는 친근한 동료 여행자이며 참여자이자 관찰자이다. 레쉬취(Leszcz, 2015)는 이 집단 지도자는 적절한 자기개방과 투명성을 보여야 하고, 피드백을 주며, 집단 내에서 자신의 반응을 공유한다고 말한다. 집단 지도자의 개방은 지도자 자신의 욕구나 흥미보다는 구성원의 관심사에 초점을 둔다.

실존치료 집단은 책임감에 대한 치료 작업에 최적의 조건을 제공한다. 이 구성원은 집단 내에서 자신이 행동하는 방식에 대해 책임이 있고, 이는 세상에서 그들이 어떻게 행동하는지를 보여주는 거울이 된다. 집단은 집단 참여자들이 살아가며 기능하고 있는 세상의 축소판이다. 집단은 집단 내에서 보여주는 자기 제약적인 방식의 일부가 일상 삶과 어떻게 유사한지를 볼 수 있도록 돕는 도구가 될 수 있다. 시간이 지나면서 참여자의 대인관계 및 실존적 문제가 집단 내의 '지금 여기' 상호작용에서 분명히 드러난다(Yalom & Josselson, 2019). 피드백을 통해 구성원은 다른 사람의 눈으로 자신을 보는 법을 배우고, 자신의 행동이 타인에게 영향을 미치는 방법을 배운다. 집단 내에서 구성원이 배우는 자신의 대인관계 기능을 기반으로, 일상 삶에서의 변화를 만들려는 책임감을 높여갈 수 있다. 집단 경험은 참여자가 타인과 의미 있는 양식으로 관계하고, 다른 사람들과 함께 자기 자신이 되는 법을 배우며, 관계를 보상하고 성장시키는 기회를 제공한다.

실존주의 집단 상담에서 구성원은 실존의 역설을 받아들이는 법을 배운다. 즉, 삶은 죽음에 의해 미완성이 될 수 있다는 것, 성공은 위태로운 것이며, 우리는 원래 자유로우며, 우리가 선택하지 않은 삶의 영역에 대해서도 책임이 있으며, 의문과 불확실 속에서 선택해야만 한다는 것이다. 구성원은 고난과 고통, 생존을 위한 노력의 필요성, 그리고 기본적인 실수를 범하는 본성을 포함하는 인간 조건의 현실을 인식할 때에 불안을 경험한다. 내담자는 궁극적인 걱정에 대한 궁극적인 답이 없다는 것을 배운다. 집단 내의 지지를 통해, 참여자는 존재의 방식과 일치하는 내적으로 얻어진 가치 체계를 만들기 위해 필요한 힘을 이용할 수 있게 된다.

집단은 자신을 바라볼 수 있고, 자신에게 더욱 본래성을 따르는 선택은 무엇일 수 있는지를 고려할 수 있게 하는 강력한 맥락을 제공한다. 구성원은 성취감이 없는 방식으로 살아가는 것과 관련된 두려움을 공유할 수 있고 자신의 본래성을 어떻게 타협시켜왔는지를 인식하게 된다. 구성원은 점차 자신이 방향을 잃고 헤매던 패턴을 발견할 수 있고 자신에게 더욱 진실하기 시작할 수 있다. 집단은 사람들이 의미 있는 방식으로 함께할 수 있는 장소가 된다. 구성원은 삶의 중요성과 목적에 관한 질문의 답이 다른 사람들에게서 찾는 것이 아님을 배우게 된다. 실존치료 집단의 지도자는 구성원이 더욱 진정한 방식으로 삶을 살 수 있도록 돕고 단순한 해답을 주는 것을 삼간다. 집단 상담에 대한 실존주의적 접근법에 관한 더 자세한 논의는 코리(2023)의 저서 9장에서 살펴볼 수 있다.

실존주의적 접근을 학교 상담에 적용하기 학습목표 09

이 부분은 전직 학교 상담자이자 애리조나 대학교의 상담학 명예교수인 **셰리 바우먼**(Sheri Bauman) 박사가 제공한 내용이다. 그녀의 연구는 학내 괴롭힘과 사이버 괴롭힘에 중점을 두고 있다.

언뜻 보기에 실존주의 이론은 특히 어린이와 청소년에게 사용하기에는 너무 철학적인 것처럼 보일 수 있다. 학교 상담자가 학생들을 도울 수 있으려면 추상적인 개념보다는 검증된 기술이 필요하다. 그러나 자세히 살펴보면 실존주의 이론은 학교 상담자에게 유용한데, 이는 학생들의 자기 인식을 높이고 인간의 공통적인 발달적 문제를 다룰 수 있기 때문이다. 나는 학교 상담자에게 이러한 중요한 주제를 학생들과 함께 이야기하는 것을 주저하지 말라고 권장한다.

실존주의 이론가는 상담자-내담자 관계의 중요성을 강조하며, 이는 학교 상담자에게 중요한 요소이다. 학생들은 상담자를 따뜻하고, 신뢰할 수 있으며, 진정으로 자신에게 관심을 갖고, 의지할 수 있는 사람으로 인식해야 한다. 나는 학교 상담자로서 가능한 한 많은 학생들을 알아가려고 노력했다. 학생들이 나에게 상담을 하러 왔을 때, 우리는 이미 가볍게라도 관계를 맺은 상태였다. 급식실, 학교 복도, 교실 등 학생들이 모이는 곳 어디에서나 눈에 띄고 접근하기 쉬운 위치에 있도록 노력했다. 가끔은 점심시간에 남자아이들과 함께 농구를 (잘하지 못하지만) 하기도 했다. 이러한 가시성은 학생들이 나를 해결해야 할 문제가 있을 때 접근할 수 있는 친숙한 사람으로 보는 데 도움이 되었다.

실존주의는 인간 조건의 네 가지 '주어진 것(givens)', 즉 죽음에 대한 인식, 자유와 책임, 삶의 의미, 고립감에 중점을 둔다. 이러한 주제는 성인과 마찬가지로 어린이와 청소년에게도 중요한 주제이다. 학교 상담자를 포함한 많은 성인들은 아이가 이러한 주제를 이해할 수 없거나 이러한 문제에 관해 이야기하면 괴로움을 겪을 것이라고 믿기 때문에 이러한 주제에 관하여 이야기하기를 꺼리는 것으로 보인다. 나는 이러한 주제에 관해 이야기하지 않는 것이 오히려 일반화된(또는 실존적인) 불안을 더 야기한다고 믿는다.

우리는 아이들을 죽음으로부터 항상 보호할 수 있는 것은 아니다. 어린아이들도 애완동물, 조부모, 부모, 심지어 친구의 죽음을 경험할 수 있으며 어른들은 이러한 사건을 다루는 데 도움을 줄 수 있다. 때로 아이들은 주변 어른들이 죽음을 회피하기 때문에 죽음에 관해 이야기하면 안 된다고 생각하는데, 이는 아이들에게 더 많은 혼란과 불안을 안겨준다. 같은 반 친구가 죽자, 어린아이 한 명이 나에게 "나도 죽나요?"라고 물었고, 청소년들은 자신의 죽음을 인정하려고 애썼다. 진정한 상담관계에서는 학생들에게 그 상실을 어떻게 다루고 있는지 물어보고, 질문에 솔직하고 연령에 맞게 대답하는 것이 중요하다. 학교 상담자는 학생들을 개별적으로 돕고, 필요한 경우 애도 집단 상담을 제공할 수 있다.

실존주의 이론은 사람들이 삶에서 사소한 일부터 중요한 일까지 선택할 자유가 있다는 것을 인정한다. 특히 권위에 저항하고 현재 상태를 거부하는 청소년에게는 자신이 선택의 자유를 가지고 있다는 개념이 매력적이다. 다른 사람들이 결정을 내릴 때에도 학생들은 그 상황을 어떻게 생각할지 선택할 수 있다는 것을 배울 수 있다. 또한 선택의 자유에는 결과에 대한 책임이 따르므로, 학생들은 가능한 결과를 예상하고 자신의 선택에 대한 책임을 받아들이는 것이 도움이 된다. 학교 상담자는 이를 염두에 두고 학생의 중요한 선택과 사소한 선택에 대해 논의해야 한다.

청소년들은 정체성을 찾아가는 과정 중에 있으며, 이는 자신의 삶의 목적이나 의미를 찾는 것을 포함한다. 학교 상담자가 제공하는 진로 탐색 및 상담은 단순히 직장을 찾는 것 이상의 의미를 갖는다. 학교 상담자는 가능성을 제시하고 무엇을 하고 누가 되어야 하는지에 대한 학생들의 탐색을 지원할 수 있으며, 이는 실존주의 이론과 일치하는 바이다.

마지막으로, 실존주의 이론은 우리가 궁극적으로 혼자이긴 하지만 다른 사람들과 관계를 맺고 싶어 하는 욕구가 있다는 것을 인정한다. 연결에 대한 욕구는 젊은이들의 많은 행동에 동기를 부여한다. 학교 상담자는 소속감과 관계의 중요성을 인식하고 학생들이 삶에서 다른 사람들과 직면하는 어려움을 헤쳐나갈 수 있도록 돕는다. 학생들이 자신만의 시간을 보내는 것을 소중히 여기도록 격려하는 것은 가치가 있는 노력이다. 그러나 나는 이 노력이 크게 성공하지 못했음을 고백한다. 고독은 많은 학생들에게 두려움을 주며, 핸드폰과 친구는 그들의 세계에서 중요한 역할을 한다. 나는 시간이 지남에 따라 도움이 될 씨앗을 심었기를 희망하며, 학교 상담자의 업무에서 실존주의 이론이 어떻게 관련되는지를 알 수 있기를 바란다.

실존치료에 대한 전문가의 관점

실존치료에 관한 다음 질문에 대한 답변은 **에미 반 두르젠**(Emmy van Deurzen) 박사가 제공하였다. 그녀는 실존치료에 관한 책을 12권 이상 저술했으며, 이 접근법에 대한 세계적 권위자이다. 그녀는 실존분석학회(Society for Existential Analysis), 리젠트 대학(School at Regent's College), 그녀가 감독하는 '새로운 심리치료 및 상담 학교'를 설립했을 뿐만 아니라 개인 실무 영역에서 활동함으로써 영국의 실존치료를 확립하였다.

1. 실존주의적 접근이 개인 상담 현장에 가장 크게 기여한 점은 무엇인가?

실존치료의 철학적 강조는 개인치료에서의 가장 큰 장점이자 가장 큰 공헌이다. 우리는 실존적으로 사람들을 도우면서 그들이 일상적인 문제에서 벗어나 더 넓은 관점과 더 큰 명확성을 얻을 수 있는 중요한 질문을 하도록 돕는다. 우리는 내담자의 문화적, 사회적, 정치적, 이념적 맥락이 그들에게 영향을 미치는 방식을 살펴본다. 이 접근법은 내담자가 자신에게 가장 중요한 것과 열정적으로 느끼는 것을 다시 찾을 수 있도록 도우며, 새로운 행동을 취하고 삶에 완전히 참여하도록 영감을 준다.

2. 개인 상담 또는 치료 현장에 적용할 수 있는 실존주의 심리치료의 특별한 핵심 개념 두세 가지는 무엇인가?

불안(anxiety). 키르케고르는 불안, 즉 실존적 불안을 **자유의 현기증**(dizziness of freedom)에 비유했다. 그는 불안을 경험하는 것이 자기 삶에 대한 책임을 지는 데 있어 필수 조건이라고 생각했다. 불안은 활력의 기본 요소이다. 이는 우리가 문제에 맞서는 데 필요한 에너지를 제공한다. 너무 많지도 너무 적지도 않은 적절한 방법으로 염려하는 법을 배우는 것이 성찰적이고 의미 있는 삶을 살아가기 위한 열쇠이다.

자유(freedom). 우리가 궁극적으로 삶의 모든 것을 자유롭게 바꿀 수 있고, 새로 시작하거나 세상을 변화시킬 수 있다는 사실을 발견하는 것은 우리가 삶에서 만들어가는 것에 대한 책임을 지는 것과 밀접한 관련이 있다. 자유와 책임은 언제나 인간 존재의 한계 내에 있다. 우리는 가능성뿐만 아니라 우리 자신의 한계에 대해서도 배워야 한다.

가치와 의미(values and meaning). 우리가 살아가는 방식을 어떻게 변화시킬 것인지 결정할 때, 우리는 우리를 이끄는 가치를 알게 된다. 가치는 역설적이다. 우리는 죽음과 직면할 때에만 삶에 대해 진정으로 감사할 수 있고, 상실과 맞서 싸울 때에만 사랑에 대해 진정으로 감사할 수 있다. 많은 사람들은 부정적인 것을 피하고, 가치를 발견하거나 삶의 의미를 찾는 것이 어려워진다. 이것은 병리학의 한 형태가 아니라 삶이 무엇인지 발견하는 과정의 일부이다. 고통은 우리가 의미를 배우는 한 가지 방법이다. 창의성과 즐거움은 의미를 찾는 또 다른 방법이다.

3. 개인 상담을 하는 상담자가 활용하기 좋은 실존주의적 접근의 두세 가지 기법은 무엇인가?

실존치료자는 현상학적 방법을 사용한다. 이 방법의 일부는 설명이나 해석으로 바로 넘어가기보다는 묘사에 머무르는 훈련이다. 이론에 기반을 둔 해석 대신 그것이 내담자에게 어떤 의미를 갖는지에 중점을 둔다.

또한, 실존치료는 개인의 세계관에서 비롯되어 모든 경험에 영향을 미치는 그들의 편견에 초점을 맞춘다. 실존치료자는 사람들의 가정, 가치, 신념을 끌어내고, 명확하게 하며, 도전하는 구체적인 방법을 가지고 있다.

실존주의적 작업은 이전에 암묵적이고 말하지 않았던 것을 명시적으로 드러내게 한다. 모든 것을 더 넓은 맥락에서 살펴보고 깊이 숨은 의미를 탐구한다. 이 과정에서 종종 변증법적 방식으로 모순과 긴장을 극복하고 초월하기 위해서는 먼저 그것을 인식해야 한다는 역설, 갈등 및 딜레마를 발견한다. 이 작업은 협력적 치료관계의 맥락에서 이루어지며, 대화를 통해 진행된다. 대화는 두 명 이상의 사람이 문제를 서로 다른 시점에서 주의 깊게 살펴보는 방법이다.

4. 실존치료는 개인 상담 현장에서 다양성, 다문화 및 사회정의 문제를 어떻게 다루는가?

실존주의적 작업은 철학적 성격으로 인해 문화적 가정에 의문을 제기하고 열린 호기심의 태도로 인간 조건을 이해하는 데 전념한다. 실존치료를 수행하는 방법은 다양하며, 이 방법은 세계 여러 지역에서 다양한 이념과 결합하여 적용되고 있다. 그 지역의 조건과 각각의 새로운 내담자에 맞게 작업을 조정하는 치료자의 창의성이 중요한 역할을 한다.

5. 실존주의적 접근을 단기 상담(또는 시간제한 상담)에 어떻게 적용할 수 있는가?

실존주의 철학은 공간과 시간의 중요성을 높게 인식하고 있다. 이 철학은 죽음과 삶의 끝이 우리의 시작만큼 중요하고, 모든 것은 상대적이고 끝없이 제한되며 변할 수 있다는 점을 인정한다. 한계는 우리가 사용 가능한 시간을 최대한 활용하도록 도와주며, 모든 형태의 단기치료는 다양한 방법으로 제한된 시간이 만들어내는 긴박성을 활용하여 실존적 요소를 도입한다. 따라서 단기 실존치료의 기간은 사람들이 자신의 삶을 어떻게 책임지고 싶은지에 대해 진지하게 생각하는 데 큰 도움을 줄 수 있다.

6. 당신의 관점에서 볼 때, 실존치료의 현재와 미래는 어떠한가?

철학은 수천 년 전에 인간의 지혜를 활용하고 삶을 이해하고 살아가는 더 나은 방법을 개발하기 위한 수단으로 만들어졌다. 이 의미에서 실존치료는 아주 오랜 시간 동안 존재해왔다. 현대 치료법으로서 백 년에 가까운 역사를 가지고 있지만, 20세기 말까지는 매우 특화된 접근법으로 남아있었다. 실존치료자는 자신만의 개인적인 작업 방식을 엄격하게 지켜왔으며, 정형화된 실존주의적 기법이나 기술을 오랫동안 거부하면서 즉흥적이고 유연한 방식을 선호해왔다. 최근 몇십 년 동안 실존치료는 더 많이 알려지고 저술되었다. 사람들이 정형화된 방법에 싫증을 느끼고 실존주의적 작업이 주는 철학적 자유를 새롭게 느끼면서 실존치료는 급속도로 존경을 받게 되었다. 실존치료는 전 세계적으로 점점 인기를 얻고 있으며, 전 세계의 치료자들이 한데 모이는 제1차 세계실존치료대회(First World Congress for Existential Therapy)가 2015년 런던에서 개최되었다.

두르젠 박사의 실존주의적 관점에 관한 토론 질문

1. 실존주의 접근법의 주요 개념 중 개인적으로 가장 중요하게 생각하는 개념은 무엇인가?
2. 두르젠은 "너무 많지도 너무 적지도 않은 적절한 방법으로 염려하는 법을 배우는 것이 성찰적이고 의미 있는 삶을 살아가기 위한 열쇠이다."라고 말했다. 이러한 방식으로 불안을 이해하면 여러분의 내담자와의 작업에 도움이 될 수 있다고 생각하는가?
3. 우리가 우리의 죽음과 직면할 때에만 삶을 진정으로 감사할 수 있다는 주장에 대해 여러분은 어떻게 생각하는가?

다문화적 관점에서 본 실존치료 학습목표 10

다양성 관점에서 본 강점

실존주의 접근법은 특정한 관점이나 현실에 관하여 지시하지 않고, 또한 넓은 관점을 지니고 있기 때문에, 다문화적 맥락에서 작업하는 데 매우 적절하다(Deurzen, 2012). 본트레스와 동료들(1999)은 여러 문화에 걸친 상담에 대한 실존주의의 토대에 대하여 다음과 같이 말한다. "실존 상담은 사랑, 불안, 고통, 죽음과 같이 우리 모두가 반드시 불가피하게 직면하는 진지한 문제에 초점을 두기 때문에 모든 문화의 내담자들이 삶의 의미와 조화를 발견할 수 있도록 돕기에 가장 유용한 접근법일 수 있다"(p. 32). 이것은 문화를 구분 짓는 경계선을 초월하는 인간 경험이다.

실존치료는 존재, 나/너의 관계, 용기를 강조한다. 엄밀히 말해, 다양한 특정 문제를 가진 광범위한 환경의 다양한 내담자 집단에 효과적으로 적용될 수 있다(Schneider, 2008, 2011; Schneider & Krug, 2017, 2020). 슈나이더(2008)의 '실존 통합' 모형은 대단히 중요한 실존적·경험적 틀 내의 다양한 치료적 방식이 조화를 이룬다. 본트레스(2013)는 실존치료가 보편성, 또는 우리 모두가 공유하는 유사성에 초점을 두기 때문에 문화적으로 다양한 인구를 대상으로 작업할 때에 특히 유용하다고 주장한다. 그는 수련 중인 상담자에게 우선적으로 내담자의 보편적인 공통성에 우선 초점을 두고 점차적으로 그 외의 다양한 영역으로 초점을 확대해갈 것을 장려한다. 문화적 다양성을 가지고 작업할 때, 우리가 어떻게 비슷하고 다른지를 인식하는 것이 필수이다.

주관적인 경험, 또는 현상학에 대한 실존주의적인 초점은 다문화적 관점에서 강점이다. 또 다른 강점은 상담 과정에서 공유된 의사결정을 강조한다는 것이다. 치료와 관련된 내담자의 선택과 선호가 존중되며, 치료자는 내담자의 선호를 수용하기 위해 노력한다. 내담자는 자신이 살아가고자 선택한 가치에 관한 전문가이며, 자신의 존재 방식을 어떻게 형성할지 알고 있는 전문가라는 인식이 있다. 치료자는 내담자를 전문가로 인정하고,

그들의 전문적인 지식을 사용하여 내담자와 협력적인 파트너십을 맺는다(Norcross & Cooper, 2021). 여러분이 내담자의 문화에 대해 알고 있다고 생각하는 것에 대한 가정을 버릴 수 있고 완전히 현재에 머무를 수 있는 것이 가장 중요하다. 상담자의 겸손은 내담자와의 소통의 문을 연다.

전 세계에서 실존주의 접근에 관해 관심을 두고 있으며, 여러 스칸디나비아 사회, 동유럽 사회(에스토니아, 라트비아, 리투아니아, 러시아, 우크라이나, 벨라루스 등), 멕시코 및 남아메리카 사회에서 실존치료가 활발하게 번창하고 있다. 더하여, 인터넷 강의인 SEPTIMUS는 아일랜드, 아이슬란드, 스웨덴, 폴란드, 체코, 루마니아, 이탈리아, 포르투갈, 오스트리아, 프랑스, 벨기에, 영국, 이스라엘, 오스트리아에서 운영되고 있다. 제1회 국제동서실존심리학(First International East-West Existential Psychology) 콘퍼런스가 미국, 한국, 일본의 대표들과 함께 중국의 난징에서 열렸다. 국제 실존치료 상담심리사와 정신치료사협회(International Collaborative of Existential Counsellors and Psychotherapies: ICECAP)는 온라인에서 찾아볼 수 있으며 국제적 콘퍼런스도 개최하고 있다. 영국에는 실존주의 움직임이 번창하고 있으며, 여러 박사학위 프로그램이 있다. 이와 같은 국제적인 성장은 실존치료가 세계 많은 곳의 사람들에게 폭넓게 적용하는 데 큰 장점이 있음을 다시 한번 보여준다.

다양성 관점에서 본 약점

체계적 관점을 가진 사람들이 볼 때, 실존주의자는 과도하게 개인주의적이며 인간 문제를 야기하는 사회적인 요인을 무시한다는 근거로 비판을 받을 수도 있다. 그러나 '실존주의 통합' 모형(Schneider, 2008)의 출현으로 이 상황은 바뀔 수 있다. 슈나이더(2011)에 따르면, 실존주의적 치료자는 개인적인 변화를 용이하게 하는 것뿐 아니라, 사회적인 변화에 영향을 미치는 깊이 있는 탐구를 촉진한다. "그 누구도 그들이 떠안고 있는 사회적인 맥락을 무시하면서 사람을 치유할 수는 없다. 책임감 있는 치료자가 되기 위해서는 반드시 개인적인 변화에 대한 관점과 함께 그와 동일한 정도의 사회적인 변화의 책임에 관한 관점을 발달시켜야 한다"(p. 281).

상담을 찾는 몇몇 사람들은 그들 삶에 영향을 미치는 자신의 능력에 환경적인 상황이 심하게 제한을 가하기 때문에 선택권이 매우 적다는 가정을 할 수 있다. 그들이 내적으로 변화함에도 불구하고, 인종주의, 차별, 억압이라는 외부 현실이 변화할 것이라는 데에는 그리 큰 희망을 품지 않는다. 그들이 자신 밖의 영역에 대한 변화를 이루고자 할 때 깊은 절망감과 무기력감을 경험할 가능성이 크다. 12장에서 언급하겠지만, 여성주의 상담자는 치료의 실천은 내담자의 문제를 만들어내는 외적 요인을 변화시키기 위해 어떤 형태의 사회적 행동으로 개입할 때에야 효과적이라고 주장한다. 실존치료자는 내담자에게 다양한 옹호 기술을 가르치고 그들이 자신의 삶의 환경에 능동적으로 대처하기 위해 조치를 취하도록 돕는 방법을 통합할 수 있다. 도전적인 환경에서 온 유색인종과 작업을 할 때, 그 지역사회의 일원으로서 발전한 회복탄력성, 끈기, 독창성의 살아있는 기술을 탐구하는 것이 중요하다. 만약 상담자가 이 내담자에게 더욱 나은 삶을 만들 수 있는 선택권이 있다는 메시지를 너무 빨리 전달하면, 내담자는 치료자를 깔보거나 자신이 인정받지 못한다고 느낄 수 있다. 회복탄력성은 치료자가 내담자와 함께 기꺼이 내담자의 삶의 이야기를 탐색하고 받아들일 때 상담에 좋은 초점을 제공할 수 있다.

실존주의 이론은 억압을 받아온 많은 사람들이 반드시 다루어야 하는 복잡한 요인을 고려하지 않을 수도 있는, 자기결정에 관한 철학적인 가정에 초점을 많이 두고 있다. 다수의 문화권에서, 자신과 자기결정을 자신의 사회 연결망이나 환경적인 상황 맥락과 분리하여 말하는 것이 쉽지 않다. 그러나 내담자가 품고 살아가는 가치에 관한 것일 때는 실존주의적 접근 방식이 의식적인 선택을 할 수 있도록 하는 도구가 될 수 있다는 주장이 제기될 수 있다. 실존치료자는 내담자의 문화와 동떨어진 자율성을 강압하지 않는다. 치료자는 내담자가 문화와 가족의 가치를 비판하지 않고 받아들이기보다는, 선택을 하고 가치의 근원을 비판적으로 평가할 수 있도록 돕는다. 종종 내담자가 자신의 여정을 공유하는 안전한 공간을 만드는 것은 그들이 가족 맥락 안에서 그리고 한 개인으로서 자기 자신을 볼 수 있도록 돕는다. 한 동료는 부모님의 영향으로 25년 동안 채식주의자였던 힌두교 내담자를 상담하였으며, 그들은 어떻게 그녀의 대부분의 생활 방식이 자신의 부모님에 의해 모델링 되었는지를 탐구했다. 이는 그녀가 자신의 개인적인 가치가 무엇인지 알지 못하게 했다. 그녀는 자기 삶에서 자신을 고려하지 않았던 다른 부분에 대해 더 비판적으로 생각하기 시작했다.

상담에 참여하는 많은 내담자들이 전형적인 실존주의 접근법에서는 찾아볼 수 없는, 구조화되고 문제 지향적인 접근법을 기대한다. 비록 내담자가 말하고 이해받는 기회를 갖게 될 때 기분이 나아질 수 있을지라도, 내담자는 상담자가 삶의 상황에서 변화를 초래할 수 있는 무언가를 하기를 기대한다. 실존주의적 관점을 실천하는 상담자의 주요 과업은 이 내담자들에게 책임감을 없애지 않으면서 충분히 구체적인 방향을 제시하는 것이다. 상담자는 내담자가 말하고 들을 수 있는 공간을 확대하는 것이 좋다.

스탠의 사례에 적용된 실존치료

실존주의를 지향하는 치료자로서, 나는 스탠이 자기 인식을 높이고 삶의 미래 방향성을 스스로 결정할 수 있는 능력을 가졌다고 믿으며 상담한다. 나는 그 무엇보다도 그가 과거 상황의 희생자가 아니며, 미래를 다시 고안할 수 있는 건축가가 될 수 있음을 인식하기 원한다. 그는 결정론적인 족쇄로부터 자유롭고 자신의 삶을 연출하는 책임감을 받아들일 수 있다. 이 접근법은 스탠의 세계를 이해하는 것을 중요하게 여긴다. 이러한 접근은 완전한 자기 이해의 수단으로 진정한 관계를 만들어감으로써 이루어진다.

스탠은 개인적인 책임을 받아들이지 않으므로 사르트르가 '나쁜 신념'이라고 부를 만한 것을 보여주었다. 나는 스탠에게 알코올과 약물을 통해 그가 자유로부터 도망치려고 시도하고 있음을 직면시킨다. 결국, 나는 스탠의 수동성에 도전한다. 나는 이제 그가 완전히 그의 삶, 그의 행동, 그리고 행동을 취하지 않는 것에 대해서도 책임이 있음을 재확인한다. 나는 이 모든 과정에서 단호하지만 지지하는 태도를 취한다.

나는 스탠의 불안을 부정적인 어떤 것으로 보지 않고, 불확실성과 자유를 지니고 살아가는 데 필수적인 일부로 바라본다. 어떠한 보장도 없고 개인은 궁극적으로 혼자이기 때문에, 스탠은 건강한 불안감, 외로움, 죄책감, 그리고 심지어는 절망감을 어느 정도 경험할 것으로 예상할 수 있다. 이 상황은 신경증적인 것이 아니며, 스탠이 자신의 본래성을 지향하게 해준다. 이 상황에 대처하는 것은 필수적이다.

스탠은 때로 자살 감정에 관해 이야기한다. 틀림없이 나는 그가 자신에게 즉각적인 위협을 취할 것인지를 판단하기 위해 깊이 탐색한다. 그 생각이 얼마나 위험한지를 판단하기 위해 평가하는 것과 동시에 나는 '죽는 것이 더 나은' 것과 같은 생각의 상징성을 살펴본다. 스탠이 사람으로서 죽는다고 느끼는 것인가? 스탠은 인간 잠재성을 사용하고 있는가? 그는 삶을 긍정하기보다는 단순히 도망치는 것을 선택하고 있는가? 스탠은 가족으로부터 연민을 끌어내기 위해 시도하는 것인가? 나는 스탠에게 삶의 의미와 목적을 탐색해보도록 초대한다. 계속 삶을 살아가기를 원하는 어떤 이유가 있는가? 삶을 풍요롭게 할 수 있는 프로젝트에는 어떤 것이 있는가? 자신이 더욱 중요하다고 살아있다고 느낄 수 있도록 만드는 목적의식을 발견하기 위해 그는 무엇을 할 수 있는가?

스탠은 때로 홀로 있다고 느낄 수 있는 현실을 받아들일 필요가 있다. 자신을 위해 선택하고 자신의 중심으로부터 살아가는 것은 혼자라는 기분의 경험을 더욱 두드러지게 한다. 그렇다고 그가 다른 사람으로부터 소외되고 고립되며 외로운 삶을 살아가도록 만들어진 것은 아니다. 나는 스탠이 자신의 중심성을 발견하고 자신을 위해 선택하고 만든 가치를 가지고 살아갈 수 있도록 도울 수 있기 바란다. 그렇게 함으로써 스탠은 더욱 자신이 중요한 사람임을 깨달을 수 있고 자신을 더 인정하게 된다. 그렇게 될 때 다른 사람, 특히 부모나 대리 보호자와 같은 사람들로부터 인정을 얻고자 하는 욕구가 줄어들게 될 것이다. 의존적인 관계를 형성하는 것보다 장점을 가지고 다른 사람들과 관계하는 방향을 선택할 수 있을 것이다. 그런 다음에야 개별성과 고립감을 극복할 수 있는 가능성이 있게 된다.

자기성찰을 위한 질문

- 만약 스탠이 현재 삶의 방향에 대해 자신에게 책임이 있다는 것을 보여주기 위한 여러분 시도에 저항한다면, 어떻게 개입할 수 있겠는가?
- 스탠은 상당한 정도의 불안을 경험하고 있다. 실존주의 관점에서 볼 때, 여러분은 그의 불안을 어떻게 바라보는가? 도움이 되는 방향에서 그의 불안을 어떻게 치료할 수 있겠는가?
- 만일 스탠이 삶의 무의미함과 절망에 대한 반응으로 자살에 관해 이야기한다면, 여러분은 어떻게 반응하겠는가?

이러한 관점에서 스탠을 상담하는 나의 상담 시연을 보기 원한다면, MindTap의 6장 4회기 '실존치료'의 '스탠의 사례' 동영상 퀴즈를 참조하라. 이 회기는 죽음과 삶의 의미라는 주제에 초점을 두고 있다.

그웬의 사례에 적용된 실존치료*

나는 실존주의적 접근법으로 그웬과 작업할 때, 세상에 대한 그녀의 주관적인 경험에 대한 증인이 되기 원한다. 또한 그녀가 의미를 만드는 것, 죽음의 불가피성, 자유, 선택, 책임과 같은 삶의 강력한 주제를 탐색하는 것을 돕기 바란다. 그웬이 이 회기에 가져온 관심사를 듣고 이해하는 것이 중요하다. 그웬이 내 사무실에 들어올 때, 나는 그녀의 축 처진 어깨를 볼 때 그녀의 감정의 무게를 느낀다.

상담자: 어떤 것을 경험하고 있는지 말해주십시오. [현상학적 탐구]

그웬: 저는 억압되고, 정지한 것처럼 느껴져요. 슬프기도 하고 진이 다 빠진 것만 같아요.

상담자: 지금 말씀하신 기분은 당신이 상담을 시작했을 때의 기분과 비슷한 것처럼 들립니다. 마비된 것 같은 느낌, 당신의 삶에는 즐거움이 거의 없이 단조로운 것 같다는 기분이요.

그웬: 맞아요! 저는 폭력이 지긋지긋해요. 저는 제 아들 같은 흑인 남자애들이 목숨을 잃는 것을 보는 게 너무 고통스러워요. 멈춰야만 해요. 이 나라의 무언가가 변해야 해요. 겉이 아니라 알맹이가요. 무언가가 반드시 변해야 해요.

상담자: 그렇군요.

그웬: 저는 밤에 잠도 잘 수가 없어요. 저는 젊은 사람들이 죽어가는 것이 매일 아무렇지도 않은 일처럼 일어나는 것 같아서 뉴스를 보지 않으려고 해요. 삶은 무지와 부당함으로 갑자기 멈추지요. 제 아이의 소식을 한동안 듣지 못하면, 저는 속이 다 타들어 가요. 제 아이를 잃어버릴 것 같다고 생각하는 것도 너무 힘들어요.

나는 그웬이 그녀 삶의 어려운 실존주의적 주제를 해결하려고 노력할 때 그웬을 위해 그 자리에 실재하는 것에 초점을 둔다. 나는 그웬이 경험한 개인적인 인종차별주의와 불평등 그리고 의미에 대한 탐색에 대해 듣는다. 그녀는 자신의 불안을 항상 존재하고 누구도 어찌할 수 없는 안개와 같다고 표현한다. 그녀의 무력감과 아들의 죽음에 대한 두려움은 현실적이다. 나는 그웬이 그녀 삶에서 발생하는 불평등과 부당함의 경험에 그녀가 어떻게 직면할 것인지에 대한 선택권이 있음을 볼 수 있게 돕는다. 자신의 불안과 두려움을 탐색하고 표현함에 따라, 그녀는 삶에서 나타나는 상황으로부터 의미를 창출할 힘과 자유가 있음을 인식하기 시작한다. 그녀에게 고통을 가져오는 이 사건과 경험조차 더욱 활력이 넘치는 방법으로 그녀의 상황과 삶을 통제할 수 있도록 도울 수 있다.

그웬: 걱정은 수많은 밤 동안 저를 깨어 있게 해요. 저는 결국 두려움과 우울함을 느끼게 되고, 그러면 저는 모든 것이 잘못되었다고 느껴지는 소용돌이 속에 들어가게 돼요. 삶은 너무 망가지기 쉽고 눈 깜빡할 새에 끝나버리지요.

상담자: 마치 당신이 우리는 유한하다는 것과 시간은 제한된다는 인식에 도달한 것처럼 보이네요. 그리고 그것이 두렵고 불안을 만드는 것이지요.

그웬: 저는 무력함을 느껴요. 제 아들의 삶을 걱정해요. 아들을 보호하기 위해 제가 할 수 있는 것은 아무것도 없는 것 같아요.

상담자: 이 강력한 무력감, 두려움, 걱정을 경험하면서 당신은 어떻게 하루를 견디나요?

그웬: 저는 많은 것들을 겪어왔고 또 살아남았어요. 저에게 두려움이 있을지라도, 저는 스스로 다그치면서 결국 다시 회복하지요. 하루의 끝에, 저를 앞으로 나아가게 도와주는 저의 믿음을 아이들에게 가르치면서 세상에 변화를 줄 수 있다고 생각해요.

나는 실존치료자로서 그웬에게 불안은 삶의 자연스러

*켈리 커크시 박사는 실존주의 관점에서 사고하는 방식과 상담 실제를 기술하며 이 모델을 그웬에게 적용하고 있다.

운 부분이고 죽음에 대한 인식은 우리가 더욱 완전하게 존재할 수 있도록 도와줄 수 있는 강력한 힘이라는 점을 공유한다. 우리가 언젠가는 죽어야 한다는 것을 인식하면서, 우리는 삶에 책임을 지기로 결단할 수 있고 우리의 존재를 강화시킬 수 있는 선택을 할 수 있다. 그웬은 불안의 경험 자체가 자신에게 삶에서 다른 행동을 할 수 있다는 점을 확실히 보여주는 열쇠가 될 수 있음을 깨닫기 시작한다.

우리의 회기가 종결에 가까워짐에 따라, 나는 그웬에게 회기에서 수면 위로 나타난 강력한 주제와, 강하고 영적이며 회복력이 뛰어난 여성으로서의 자신의 능력을 상기시킨다. 나는 그녀의 삶에서 의미와 기쁨을 주는 것, 그리고 이 어려운 시기에 어떻게 변화를 만들 수 있는지에 대해 생각과 감정을 일기로 써보기로 하는 그녀의 결정을 지지한다.

자기성찰을 위한 질문

- 그웬이 삶에서 마주한 실존적 질문은 무엇인가?
- 이 회기 동안 그웬과 함께 방 안에 있는 경험은 어떠한가? 그녀 곁에 앉아 있으면 무엇이 떠오르겠는가?
- 삶의 나약함에 대한 인식이 어떻게 삶을 더욱 완전히 살아가기 위한 결단의 촉매제가 될 수 있는가? 여러분과 가까운 누군가를 잃은 경험이 있는가? 여러분은 어떤 결정을 할 것인가?
- 그웬은 외로움과 고립에 관해 이야기하였다. 이는 인간 환경의 일부이다. 그웬이 이 문제를 다루는 데 있어 실존주의적 접근법은 어떤 도움을 줄 수 있을까?

요약과 평가

요약

실존치료자는 우리 모두가 자기 인식, 우리가 반영하고 결정할 수 있도록 하는 독특한 능력이 있다고 믿는다. 이 인식을 통해 우리는 살아가는 방식을 선택하는 책임이 있는 자유로운 존재가 되고, 운명에 영향을 미친다. 자유와 책임감에 대한 인식은 실존적 불안을 일으키게 되는데, 이는 또 다른, 인간의 기본적 특성이다. 우리가 이것을 좋아하든지 그렇지 않든지 간에, 비록 자유에 대한 반영을 피하고자 할지라도 우리는 자유로운 존재이다. 비록 결과가 확실하지는 않을지라도 반드시 선택해야 한다는 사실은 불안을 이끈다. 이 불안은 사람은 반드시 죽는다는 현실을 반영할 때에 더욱 고조된다. 피할 수 없는 궁극적인 죽음에 대한 예상에 직면하는 것은 우리의 계획을 완수하기까지 영원한 시간이 주어진 것이 아님을 인식하게 되기 때문에 현재 상황에 중요성을 더해준다. 인간은 삶에 의미를 부여하는 목적과 가치를 위해 노력하는 독특한 존재이다. 우리 삶 속의 의미가 무엇이든지 간에, 이는 삶의 불확실성에도 불구하고 선택을 하는 자유와 참여를 통해 발전한다.

실존치료는 개인과 개인 간의 관계에 가장 많은 중점을 둔다. 내담자의 성장은 진실한 만남을 통해 나타난다고 가정한다. 실존치료는 치료자가 치료적 차이를 만들어내기 위해 사용하는 기술이 아니라, 치료하는 내담자-치료자 관계의 질인 것이다(Elkins, 2016). 치료자가 그들 고유의 정체성을 잃지 않으면서 내담자의 주관적인 세계를 탐험할 수 있도록 하기 위해, 삶의 충분한 깊이와 개방성에 도달하는 것은 필수적이다. 현존(presence)은 치료를 위해 꼭 필요한 상태이자 동시에 치료의 목표이기도 하다. 실존치료자는 치료적 작업에 있어서 진실하고 자기개방을 위해 분투한다. 이 접근법은 치료의 목표, 인간 존재의 기본 조건, 그리고 공유되는 여정으로서의 치료에 초점을 두고, 치료자는 구체적인 기술에 얽매이지 않는다. 비록 실존치료자가 다른 지향성을 가진 치료자의 기술을 적용할 수도 있지만, 이 개입법은 인간이라는 것은 어떤 의미인가에 대한 철학적인 틀을 유지하는 가운데 사용된다.

실존주의 접근의 공헌 학습목표 11

실존주의 접근법은 우리가 핵심 초점을 다시 상기하도록 하는 데 도움이 되어왔다. 이는 인간 실존의 주요 사실에 집중한다. 즉, 자아의식과 결과적 자유이다. 실존주의자에게 있어 죽음은 삶의 의미를 주기 때문에 죽음에 대한 두려움은 소름 끼치는 것이 아니라, 긍정적인 힘으로서 새로운 관점을 제공하는 긍정적인 것으로 평가된다. 실존주의자는 불안, 죄책감, 절망, 외로움과 소외감을 새로운 차원으로 이해하기 위해 노력해왔다.

나는 특히 두르젠(2012)이 실존치료자를 삶에서 내담자가 마주하는 문제를 반영해볼 수 있도록 사람들을 격려하는 **멘토**나 **여행 동반자**로 보는 관점을 환영한다. 내담자에게 필요한 것은 "자신의 길을 다시 찾을 수 있도록 지형을 조사하고 올바른 경로를 결정하는 것에서 얻는 어느 정도의 가이드"(p. 30)이다. 실존주의 접근법은 사람들이 자신의 기준과 가치를 따라 살아가도록 격려한다.

실존주의 접근법의 주요 공헌 중 하나는 치료적 관계에서 인간성에 강조점을 둔다는 것이다. 이 측면은 심리치료가 기계적인 과정을 통해 비인간적이게 될 가능성을 줄여준다. 실존 상담자는 치료적 객관성과 전문적 거리감과 같은 개념을 거부하며, 이는 도움이 되지 않는다고 본다.

나는 내담자가 깨달음 속에 선택함을 통해 자신의 삶을 재설계할 수 있는 인간의 능력과, 자유, 책임에 대한 실존주의적 강조점을 매우 가치 있게 생각한다. 이 관점은 그 자체가 현대인의 핵심적 갈등을 다루기 때문에, 치료자에게 자기만의 독특한 치료적 스타일을 만들게 하는 견고한 철학적 토대를 제공한다.

이 장에서 다루는 실존적 주제들은 2020년 초 COVID-19 팬데믹의 시작과 함께 더욱 선명하게 부각되었다. 점점 더 많은 사람이 정신건강 서비스를 찾게 되었는데, 이는 다른 사람들과의 단절, 병에 걸리거나 입원할 것에 대한 불안, 가족과 친구를 잃는 경험, 나아가 자신의 죽음에 대한 두려움을 느끼면서 비롯된 것이었다. 이러한 팬데믹은 자유와 책임의 관계, 불확실한 결과 속에서 선택을 해야 하는 상황을 여실히 드러냈다. 미국인들은 백신 접종 여부, 마스크 착용, 사회적 거리두기 등의 문제를 두고 선택을 해야 했으며, 격리 속에서 높은 수준의 스트레스를 견뎌야 했다. 많은 사람들이 의무적인 백신 접종 정책과 마스크 착용 요구가 자유를 제한한다고 반발하는 모습을 보였다. 자유와 그 선택의 결과를 받아들이는 실존적 관점이 극명히 드러나는 순간들이었다. 새로운 변이 바이러스가 등장하면서 '위기는 끝나지 않았다'는 두려움이 계속되었고, 불안감은 더욱 높아졌다. 매일 직면하는 두려움과 선택에 관해 이야기할 기회가 필요했던 내담자들은 실존적 접근 방식을 받아들였다. 팬데믹과 상담 분야에 미친 영향을 더 깊이 이해하고자 한다면, 『팬데믹 바이러스 단계 동안의 상담 실습(Counseling Practice During Phases of a Pandemic Virus)』(Stebnicki, 2021)을 참고하기를 권한다.

심리치료 통합에 대한 공헌 나의 관점에서 볼 때, 실존주의 접근법의 주요 개념은 대부분의 치료 학파에 통합될 수 있다. 치료자의 이론적 배경과 관계없이 심리치료의 토대를 실존주의적 주제에 둘 수 있다(Corey, 2019). 주요 공헌은 실존치료의 개념적 명제를 다른 많은 치료 방법과 함께 창의적으로 통합시킬 수 있다는 가능성에 있다(Bugental & Bracke, 1992; Schneider, 2008, 2011; Schneider & Krug, 2017, 2020). 이 창의적인 통합의 한 가지 예는 다틸리오(Dattilio, 2002)에 의해 제시되었다. 그는 실존주의적 접근법의 주제를 인지행동적 기법에 통합하였다. 다틸리오는 인지행동치료자이자 저자로서, 노력의 대부분을 "내담자가 깊은 실존적 전환, 즉 세상에 대한 새로운 이해를 이루도록 돕는"(p. 75) 것을 목표로 한다. 그는 신념 체계를 재구조화하는 것, 이완 기법, 그리고 다양한 인지 및 행동 전략을 사용하였지만, 실제의 변화 과정을 시작할 수 있는 실존적 틀 내에서 이 전략을 실행한다. 그의 많은 내담자들은 공황장애나 우울증을 겪고 있으며, 다틸리오는 종종 그들과 함께 실존주의적 주제인 의미, 죄책감, 무기력감, 불안과 같은 것을 탐색하고, 이와 동시에 일상의 문제에 대처할 수 있도록 인지행동적인 도구를 제공한다. 간략히 말해, 그는 실존적 접근법에 근거해서 증상을 치료한다.

몇몇 사람들은 긍정심리학에 대한 새로운 경향이 실존치료 접근법과 유사하다고 주장하고 있다. 실존치료가 내담자에게 자신의 강점을 인식하고, 삶의 사건에 대한 태도를 바꾸며, 회복탄력성을 실현하도록 유도하는 것은 사실이다. 비록 실존치료자가 행복을 포함하는 집중적이고 열성적인 경험을 선호할지라도, 인간 본질의 어두운 측면을 동일하게 중요시하고, 내담자에게 경험의 두 측면을 모두 중요하게 여기는 것을 배울 수 있도록 격려하리라는 것을 아는 것이 중요하다(Deurzen, 2009).

실존주의적 접근법의 한계와 비판

이 접근법은 주로 주요 원리에 대한 체계적인 진술과 심리치료 과정에서의 구체적인 지침이 결여되어 있다는 비판을 받는다. 몇몇 치료자들은 실존주의에서 사용되는 신비스러운 언어나 개념과 종종 마찰을 빚는다. 실존주의적 방향성을 고수한다고 주장하는 몇몇 치료자들은 치료적 양상을 **자기실현, 대화적 만남, 진실성, 세상 속의 존재**와 같은 모호하고 포괄적인 용어로 설명한다. 이와 같은 특정한 언어의 사용은 때때로 혼란을 야기하고 실존치료의 결과나 과정에 관한 연구를 수행하는 데에 어려움을 준다.

철학적인 사고방식을 가지지 않은 상담자는 실존주의적 개념을 범접할 수 없고 이해하기 어려운 것으로 여기는 경향이 있다. 우리가 보아온 것과 마찬가지로, 이 접근법은 내담자의 세계에 대한 주관적인 이해에 주로 강조점을 둔다. 이 접근법에서는 기법은 이해에 뒤따라온다고 가정한다. 이 접근법에서 발생한 기법이 적다는 사실로 미루어 보아 상담자에게 자기 고유의 참신한 절차를 발전시키거나 다른 치료학파의 기법을 빌려오는 것은 필수적이다. 효과적인 상담을 위해 특별한 기법이 필요하다고 믿는 상담자의 경우, 이 접근법은 한계가 있다(Vontress, 2013).

근거중심 상담 실천을 선호하는 상담자는 개념이 경험적으로 견고해야 하며, 정의는 수행 가능해야 하며, 가설은 실험되어야 하고, 치료적 실천은 상담의 과정과 결과에 모두에서 연구의 결과에 기반을 두어야 한다고 주장한다. 확실히, 매뉴얼화된 치료와 근거중심 실무의 개념은, 모든 심리치료의 경험이 독특하기 때문에 실존주의적 관점에서 적절치 않다(Walsh & McElwain, 2002). 쿠퍼(2003)에 따르면, 실존 상담자는 일반적으로 치료적 과정이 수량적이고 경험적 방식으로 측정되고 평가되어야 한다는 관점을 거부한다. 비록 실존주의적 실천이 일반적으로 치료적 효과성에 관한 최근의 연구에 의해 인정되고 있지만(Elkins, 2009), 실존주의적 접근법을 직접 평가하고 조사한 연구는 적다.

두르젠(2002)에 따르면, 이 접근법의 주요 한계는 상담자에게 성숙의 정도, 삶의 경험, 집중적인 훈련을 필요로 한다는 점이다. 실존치료자는 현명해야 하고 인간이라는 것의 의미에 대한 심오하고 폭넓은 이해를 할 수 있어야 한다. 본래성은 역량 있는 실존치료자들에게 가장 중요하면서도 기본적인 특성으로, 단순히 일련의 지식을 숙달하고 기법을 습득하는 것 이상이다. 러셀(2007)은 이 개념을 훌륭하게 정리해 두었다. "본래성은 당신의 일과 삶에 당신의 이름을 서명할 수 있음을 의미한다. 이는 당신이 치료자가 되는 자신만의 방법을 창출하기 위한 책임을 지기 원하게 됨을 의미한다"(p. 123).

자기성찰과 토론을 위한 질문

1. 여러분의 삶의 전환점을 적어도 한 가지 찾아보라. 그때 여러분은 어떤 결정을 하였고, 그것이 지금 현재 여러분이라는 사람에게 어떤 영향을 미쳤는가?
2. 여러분에게 실존적 불안은 무슨 의미인가? 삶에서 이 유형의 불안을 어떻게 다루는가?
3. 실존치료는 심리치료를 위한 철학과 틀을 제공하지만, 그에 따라 제공되는 기법은 적다. 실존주의 방향성을 가지면서 동시에 다른 치료 모형의 기법을 어떻게 통합할 수 있는가?
4. 실존적 주제는 다양한 환경에서 여러 문제를 가진 다양한 내담자와 작업하는 데에 적합하다. 오늘날의 많은 사람들의 주요 문제라고 생각하는 대표적인 실존적 주제

는 무엇인가?

5. 실존적 주제를 탐색하고자 하는 흥미가 없고 몇 가지 구체적인 문제를 어떻게 다룰 것인지에 대한 조언을 구하는 내담자와는 어떻게 작업을 할 것인가?

더 찾아볼 자료

미국상담학회(ACA) 회원을 위한 무료 팟캐스트

www.counseling.org 사이트에서 '자료(Resource)' 아이콘을 누르고 '팟캐스트 시리즈(Podcast Series)'를 누르면 미국상담학회 팟캐스트(미리 녹음된 인터뷰)를 무료로 내려받을 수 있다. 6장 실존치료의 경우, 제럴드 코리 박사의 팟캐스트 14를 보라.

기타 자료

미국심리학회는 '심리치료 DVD 시리즈'에서 이번 장과 관련한 '실존주의적 인간중심치료(Existential-Humanistic Therapy)'라는 제목으로 슈나이더(K. J. Schneider, 2009)의 DVD를 제공하고 있다.

Psychotherapy.net은 어빈 얄롬, 제임스 부젠탈, 롤로 메이를 위주로 구성된 실존치료에 관한 동영상과 인터뷰를 통해 학생과 전문가를 위한 포괄적인 자료를 제공하고 있다. 매달 새로운 동영상과 콘텐츠를 이용할 수 있다. 이 장과 관련하여 www.psychotherapy.net에서 볼 수 있는 DVD는 다음과 같다.

Bugental, J. F. T. (1995). *Existential-Humanistic Psychotherapy in Action*

Bugental, J. (1997). *Existential-Humanistic Psychotherapy* (*Psychotherapy with the Experts Series*)

Bugental, J. (2008). *James Bugental: Live Case Consultation*

May, R. (2007). *Rollo May on Existential Psychotherapy*

Yalom, I. (2002). *The Gift of Therapy: A Conversation with Irvin Yalom, MD*

Yalom, I. (2006). *Irvin Yalom: Live Case Consultation*

Yalom, I. (2011). *Confronting Death and Other Existential Issues in Psychotherapy*

어빈 얄롬에 관한 더 많은 정보에 관심이 있는 경우, 그의 웹사이트를 참고하라(www.yalom.com).

실존주의적 인간중심 기관(Existential-Humanistic Institute: EHI)의 주요 초점은 교육이다. 이 기관은 세이브룩 대학교(Saybrook University)와 연계하여 강의와 실존주의적 인간중심치료 및 이론의 새로운 자격 및 프로그램을 제공하고 있다. 이차적인 초점은 커뮤니티 시설이다. EHI는 1997년 퍼시픽 연구소(Pacific Institute)의 후원하에 비영리 기관으로 만들어졌고 실존주의적 인간중심 이론과 실천의 심도 싶은 교육을 추구하는 정신건강 전문가, 학자, 학생을 위한 시설이 되었다. EHI의 1년 자격증 프로그램은 석사 및 박사학위 학생에게 실존주의적 인간중심치료의 이론과 실천에 관한 기초적인 토대를 마련할 기회를 제공한다. EHI는 실존주의적 인간중심 실제의 원칙에 관한 강의와 실존주의적 인간중심 이론과 실제에 관한 사례 세미나를 제공한다. 대부분의 EHI 강사는 제임스 부젠탈, 어빈 얄롬, 롤로 메이와 같은 숙련된 전문가와 방대한 연구를 해왔고, 커크 슈나이더(Kirk Schneider)와 오라 크루그(Orah Krug)와 같이 오늘날의 실존주의적 인간중심 운동의 저명한 지도자들이다. 더 많은 정보를 원한다면, 실존주의적 인간중심 기관 사이트를 방문해보라(www.ehinstitute.org).

실존분석학회(Society for Existential Analysis)는 상담과 치료에 관한 실존주의적 · 현상학적 접근법에 관한 주제를 탐구하는 전문 기관이다. 이 접근법에 관심이 있는 누구나 회원이 될 수 있고, 회원에는 학생, 교육가, 심리치료사, 철학자, 정신과 의사, 상담자, 심리학자가 포함된다. 회원들은 정규 뉴스레터와 『실존주의적 분석 학술지(Journal of the Society for Existential Analysis)』 책자를 매년 받아보게 된다. 이 집단은 참고 목적으로 실존주의 지향의 심리치료사들의 목록을 제공한다. 런던의 리젠트 대학교 치료학회(School of Psychotherapy and Counselling at Regent's University)는 실존주의 심리치료의 고등 학위를 제공할 뿐 아니라 이 분야의 단기 강좌도 열고 있다. 이외의 자세한 사항은 www.dilemmas.org에서 확인할 수 있다. 더 많은 정보를 원한다면, 실존분석학회 사이트를 방문해보라(www.existentialanalysis.co.uk/).

국제실존심리치료상담학회(International Society for Existential Psychotherapy and Counselling)는 2006년 7월 런던에서 세워졌고 이후 국제 실존주의 상담심리사와 심리치료사 협력기구(International Collaborative of Existential Counselors and Psychotherapists)로 이름을 변경하였다(www.icecap.org.uk). 이 기관은 기존의 전국적인 집단을 한데 모을 뿐만 아니라 이 접근방법의 발전과 승인을 위한 포럼도 제공하고 있다. 더 많은 정보를 원한다면, 국제실존심리치료상담학회 사이트를 방문해보라(www.existentialpsychotherapy.net).

셉티무스(SPETIMUS)는 인터넷 기반의 강의로 아일랜드, 아이슬란드, 스웨덴, 폴란드, 체코, 루마니아, 이탈리아, 포르투갈, 오스트리아, 벨기에, 프랑스, 이스라엘, 호주, 영국에서 제공된다. 이외의 자세한 사항은 www.psychotherapytraining.net과 '네트워크상의 심리치료 훈련: 셉티무스' 사이트(www.septimus.info)에서 살펴볼 수 있다.

새로운 심리치료 및 상담 학교(New School of Psychotherapy and Counselling: NSPC)는 현재 두 가지의 박사학위를 제공하고 있다. 하나는 실존주의 심리치료이고 다른 한 가지는 실존주의 상담심리학이다. NSPC는 전 세계 각지에 있는 학생들에게 e-러닝을 포함하여 집중적인 강좌들을 제공한다. 더 많은 정보를 원한다면, 새로운 심리치료 및 상담 학교 사이트를 방문해보라(www.nspc.org.uk).

더 읽을거리

- 『날마다 미스터리: 실용적인 심리치료 핸드북(Everyday Mysteries: A Handbook of Existential Psychotherapy)』(Deurzen, 2010)은 실존주의적 관점에서 상담을 실천하기 위한 틀을 제공하고 있다. 저자는 불안, 본래성 있는 삶, 한 사람의 세계관을 분명하게 하기, 가치 결정하기, 의미 발견하기, 삶에 관한 합의에 이르기와 같은 주제에 명확한 관점을 더하고 있다.
- 『실존 상담과 심리치료 실제(Existential Counselling and Psychotherapy in Practice)』(Deurzen, 2012)는 유럽 전통의 실존치료의 이론과 실천에 관하여 훌륭하게 보여주고 있다. 저자는 내담자와 작업하는 기법보다는 삶의 문제를 다루기 위한 틀을 제공한다.
- 『실존 상담과 심리치료의 기법(Skills in Existential Counselling and Psychotherapy)』(Deurzen & Adams, 2011)은 실존주의적 태도를 설명하고 치료자라는 사람의 중요성을 강조하며, 실존치료의 과정을 기술하는 책이다. 이는 실존주의적 생각을 치료의 실천 현장에 어떻게 적용할 것인지를 이해하기 위한 토대를 제공한다.
- 『실존치료(Existential Therapies)』(Cooper, 2017)는 실존치료에 관하여 명확하고 유용하게 개관하고 있다. 로고테라피, 영국 실존치료, 미국식 실존주의적 인간중심 접근법, 실존치료 실천의 차원, 단기 실존치료를 각 장에서 개별적으로 다루고 있다.
- 『실존 심리치료(Existential Psychotherapy)』(Yalom, 1980)는 치료에 관련된 문제인 죽음, 자유, 고립, 무의미라는 궁극적인 인간의 관심사에 관한 최고의 심리치료 서적이다. 이 책은 깊이가 있고 명확하게 쓰였으며, 실존주의적 주제를 보여주는 많은 양의 임상적 사례가 포함되어 있다.
- 『실존주의적 인간중심치료(Existential-Humanistic Therapy)』(Schneider & Krug, 2017)는 실존주의적 인간중심치료의 이론과 실제를 분명하게 보여준다. 이 접근법은 다른 현대적 치료 접근법의 기술을 포함한다.
- 『전 생애 발달과 적응(I Never Knew I Had a Choice)』(Corey et al., 2018)은 실존주의적 관점으로 쓰인 자조 관련 서적이다. 자율성을 얻기 위한 노력, 외로움, 죽음, 상실의 의미와 같은 주제, 그리고 우리가 삶의 가치와 철학을 어떻게 선택하는지에 관한 내용이 포함되어 있다.

인간중심치료

7장

학습목표

01. 인간중심치료의 발전과정을 살펴본다.
02. 정서중심치료의 주요 주장을 설명한다.
03. 칼 로저스와 에이브러햄 매슬로의 인본주의 심리학에 대한 공헌을 구별한다.
04. 상담 과정에서 상담자의 태도의 역할을 이해한다.
05. 공감, 무조건적인 긍정적 존중, 진솔성이 치료 과정과 결과의 토대가 되는 방식을 설명한다.
06. 내담자의 진전에 필수적인 상담자의 인간적 특성을 확인한다.
07. 인간중심 접근을 위기 개입에 적용하는 방안을 검토한다.
08. 집단 상담에 인간중심 접근을 적용하는 방안을 논의한다.
09. 학교 상담에 인간중심 접근을 적용하는 방안을 논의한다.
10. 인간중심 표현예술치료의 독특한 특징과 그것이 어떻게 인간중심 철학에 기초하고 있는지를 이해한다.
11. 인간중심 접근이 다양한 문화적 배경의 내담자를 이해하고 상담하는 데 기여한 점과 한계점을 인식한다.
12. 인간중심 접근의 공헌과 한계를 규명한다.

칼 로저스(Carl Rogers, 1902-1987)는 인본주의 심리학의 대표적인 학자로서 반세기 동안 발전시킨 자신의 이론을 잘 보여주는 삶을 살았다. 그는 개인적으로나 전문가로서 항상 탐구하는 자세를 가졌고, 변화에 개방적이었으며, 미지의 세계를 향해 나아가는 용기를 보여주었다. 로저스(1961)는 자신의 가족은 친밀하고 따뜻했지만, 한편으로는 종교적 규칙을 엄격하게 따르는 분위기였다고 자신의 성장과정을 회상했다. 오락은 억제되고 청교도적 윤리 덕목은 칭찬받았다. 소년 시절은 외로웠기에 친구 관계보다는 공부에 관심을 기울였다. 로저스는 내성적이어서 독서와 상상, 성찰 등의 활동으로 시간을 보냈다. 대학 시절 그의 관심은 농업학에서 출발하여 역사학이 되었고, 그 후에는 신학에 이어 최종적으로는 임상심리학으로 바뀌었다.

로저스는 교육, 사회사업, 상담, 심리치료, 집단 상담, 평화, 대인관계 등 다양한 분야에서 학문적 권위를 갖고 있으며, 심리치료에서 인본주의 운동을 시작하고 발전시킨 공로로 세계적으로 인정받고 있다. 그의 근본적인 생각, 특히 성장과 변화의 도구로서 내담자-상담자 관계의 핵심적인 역할은 여러 다른 이론적 접근에서도 수용되었다. 로저스의 생각은 심리치료 분야에서 지속적으로 광범위한 영향을 미치고 있다(Cain, 2010).

로저스가 임상 및 상담심리학에 공헌한 바는 높이 평가받아 마땅하다. 그는 "자기 시대를 50년 앞섰으며 우리가 따라잡기를 기다리고 있는"(Elkins, 2009, p. 20) 용기 있는 개척자였다. 로저스는 종종 '심리치료 연구의 아버지'라고도 불리는데, 왜냐하면 그가 처음으로 실제 상담 회기 녹취록을 분석해서 상담 과정을 심층적으로 연구하였으며, 양적 방법을 사용해서 심리치료에 대한 중요한 연구를 수행한 최초의 임상가였기 때문이다. 로저스는 최초로 경험적 연구에 근거해서 성격과 심리치료에 관한 종합적인 이론을 만들었으며, 개인의 장점과 자원에 초점을 둔 심리치료이론을 개발하기 위해 노력했다. 그는 전문가로서 한평생 망설임 없이 견고한 입장을 취하였고 시대적 문제점에 대해 도전하였다.

로저스는 생애 마지막 15년 동안 정책입안자, 지도자 및 분쟁중인 집단을 훈련시켜서 인간중심 접근을 세계평화에 적용하였다. 그는 인종 간의 갈등을 줄이는 데 가장 큰 열정을 쏟으며 세계평화를 이루기 위해 노력하였으며 이로 인해 그는 1987년 노벨 평화상 후보로 지명되기도 했다.

칼 로저스의 생애와 작품에 대한 자세한 영상 자료는 이 장의 뒷부분에 설명되어 있는 『딸이 본 칼 로저스(Carl Rogers: A Daughter's Tribute)』(N. Rogers, 2002)에서 볼 수 있다. 이 위대한 사람과 업적을 심층적으로 살펴보려면 『칼 로저스의 조용한 혁명(Carl Rogers: The Quiet Revolutionary)』(Rogers & Russell, 2002)과 『칼 로저스의 삶과 활동(The Life and Work of Carl Rogers)』(Kirschenbaum, 2009)을 보면 된다.

나탈리 로저스(Natalie Rogers, 1928-2015)는 인간중심 표현예술(Person-Centered Expressive Arts: PCEA) 치료 분야의 선구자다. 그녀는 아버지의 업적에 추가적으로 "창조적 연결(creative connection)"이라고 이름한 다양한 형태의 인간중심 표현예술 기법을 개발하였다. 인간중심 표현예술치료는 성장과 치료를 촉진하기 위해 지지적인 상황에서 신체 동작, 그림, 조각, 음악, 글쓰기, 즉흥시 등 다양한 기법을 활용한다. 표현예술치료는 창의적인 표현을 통해 개인이 자신의 감정에 다가가도록 조력하여 인간중심 이론을 확장하였다. 나탈리 로저스는 내담자나 집단구성원이 동작, 소리, 시각적 예술, 글쓰기 등의 일련의 활동을 통해 내적 감정의 접근 과정을 의미하는 창조적 연결 개념을 개발했다. 내담자는 이 과정을 거치면서 자기의 숨겨진 또는 무의식적 측면이 드러나게 되고 이 통찰을 상담자와 나누게 된다.

나탈리 로저스의 업적은 그녀가 아버지의 이론에서 부

족하다고 느꼈던 것에서 나왔다. 여성은 남성에게 맞추어 살아야 하는 분위기에서 자라온 여성으로서 그녀는 이등 시민인 것에 대해 감추어져 있던 분노를 발견하게 되었다. 그녀의 예술은 이 정의롭지 못함에 대한 통찰을 얻고 표현하는 수단이었다. 그녀는 아버지에게도 분노를 표현했는데, 이는 아버지가 자신도 모르게 가부장적 체계의 일원이었기 때문이었다. 아버지는 놀랐지만 열린 자세로 배우려고 했다. 여성을 끌어내리는 자신과 다른 남자들의 역할을 알게 된 후에 로저스는 자신의 태도와 저술을 상당히 많이 변화시켰다.

나탈리 로저스는 그가 2015년 세상을 떠날 때까지 미국, 영국, 홍콩, 남미, 러시아, 한국 등에서 집단과 워크숍을 진행하고 상담자를 훈련하며 강의해왔다. 그녀는 캘리포니아 통합연구 및 창의력 연구 대학에서 부교수로 근무하였다. 나탈리 로저스의 주된 목표는 다문화적 작업에 표현예술을 통합함으로써 개인과 지구촌 치유를 촉진하려는 것이었다.

도입

칼 로저스는 치료적 접근의 기초를 마련한 모든 선구자들 중에서 상담 이론과 실제의 방향을 혁명적으로 전환시킨 가장 영향력 있는 인물 중의 하나이다. 로저스는 이론 발달에 기여했을 뿐만 아니라 지금까지 상담의 실제에 계속 영향을 끼치고 있는 '조용한 혁명가'로 알려져 있다(Cain, 2010; Kirschenbaum, 2009; Rogers & Russell, 2002).

인간중심 접근은 6장에서 제시한 실존주의적 관점과 많은 개념과 가치를 공유한다. 로저스의 기본 전제는 사람이 본질적으로 믿을 만한 존재라는 것이다. 사람은 상담자의 지시적인 개입이 없어도 자신을 이해하고 자신의 문제를 해결할 수 있는 막대한 잠재력을 가지고 있고, 특별한 종류의 상담관계를 형성하게 되면 자기주도적인 성장을 이룰 수 있다는 것이다. 처음부터 로저스는 상담 과정의 성과에 있어 가장 중요한 결정요소로서 상담자의 태도와 개인적 특성 및 내담자-상담자 관계의 질을 강조했다. 그는 일관되게 이론과 기법에 대한 상담자의 지식은 부차적인 것이라고 여겼다. 내담자의 자기 치유 능력에 대한 이 믿음은 상담자의 기법을 변화의 가장 중요한 요소로 보는 많은 이론들과는 뚜렷한 차이를 보인다(Bohart & Tallman, 2010). 분명히 로저스는 건설적인 자기 변화의 가장 중요한 요소로 내담자를 중심에 둔 이론을 제안함으로써 심리치료 분야에 혁명을 일으켰다(Elkins, 2016).

지금의 인간중심치료는 변화와 개선에 계속 열려 있는 진화 과정의 결과이다(Cain, 2010; Cain et al., 2016). 로저스는 인간중심 이론을 치료의 완성된 최종 접근방법으로 제시하지 않았다. 그는 다른 사람이 자신의 이론을 독단적인 것이 아니라, 상담 과정의 발달에 관한 잠정적인 원리로 보기를 원했다. 로저스는 그의 모형이 진화하기를 기대했고 변화를 개방적인 자세로 수용하였다.

이 책의 MindTap을 참조하여 동영상 퀴즈와 다양한 동영상 프로그램을 통해 7장과 관련된 주제에 대한 지식을 확장하기를 바란다.

이론 발달의 네 시기 학습목표 01

짐링과 라스킨(Zimring & Raskin, 1992), 그리고 보자르스, 짐링, 타우쉬(Bozarth, Zimring, & Tausch, 2002)는 주요 전환점을 기준으로 로저스식 접근의 발달과정을 4단계로 구분하였다. 첫째 시기인 1940년대에 로저스는 **비지시적 상담**(non-directive counseling)을 개발했는데, 이는 당시 사용되던 지시적이고 해석적인 치료 접근에 대한 강력하고 혁명적인 대안이었다. 로저스(1942)는 오하이오 주립대학의 교수로 재직하면서 비지시적 상담의 철학과 실제를 보여주는 『상담과 심리치료: 상담 실제의 새로운 개념(Counseling and Psychotherapy: Newer Concepts in Practice)』을 저술하였다. 로저스의 이론은 상담자가 허용적이고 비지시적인 분위기를 조성해야 한다는 점을 강조했다. '상담자가 가장 잘 안다.'는 기본 전제에 이의를 제기했을 때, 로저스는 그의 급진적인 생각이 당시 상담 전문직 사이의 권력역학과 정치적 관계에 영향을 미칠 것임을 알고 있었고, 실제로 이로 인해 큰 파문이 일어났다(Elkins, 2009, 2016).

또한 로저스는 충고, 제안, 지시, 설득, 교육, 진단, 해석 등 일반적으로 받아들여지던 상담 절차의 타당성에 대해서 문제를 제기했다. 진단의 개념과 절차가 부적합하고 편향적이며 때로 잘못 사용되기 때문에 로저스는 자신의 접근법에서는 이러한 것을 제외하였다. 비지시적 상담자는 자신을 내담자에게 많이 개방하지 않으며, 대신 내담자의 언어적 의사소통과 그것이 의도하는 의미를 반영하고 명료화하기 위해 노력했다.

두 번째 시기인 1950년대에 로저스(1951)는 자신의 접근법을 **내담자중심치료**로 명칭을 변경했는데, 이는 비지시적 방법보다 **내담자**를 강조하는 로저스의 입장을 반영한 것이다. 또한 그는 시카고 대학교에서 상담센터를 시작했는데, 이 시기의 특징은 감정의 명료화에서 내담자의 현상학적 세계에 초점을 두는 것으로 전환한 것이다. 로저스는 사람들이 어떻게 행동하는지를 이해하는 가장 좋은 방법은 그들 자신의 내적 참조체계(internal frame of reference)에서 이해하는 것이라고 생각했다. 그는 내담자를 변화로 이끄는 기본적인 동기로서 실현 경향성(actualizing tendency)을 더 분명하게 강조했다.

1950년대 후반부터 1970년대까지의 세 번째 시기에는 상담의 필요충분조건을 다루었다. 로저스(1957)는 그 후 30년 동안 연구가 지속된 하나의 가설을 세웠다. 『진정한 사람되기(On Becoming a Person)』(C. Rogers, 1961)는 키르케고르에게서 아이디어를 가져온 '진정한 자기 되기'의 특성을 다룬 중요한 저술이다. 로저스는 위스콘신 대학교의 심리학 및 정신의학과의 겸임교수로 있으면서 이 책을 저술했다. 그는 이 책에서 '자신의 경험이 되어가는' 과정을 설명하였는데, 이는 경험에 대한 개방성, 자기 경험에 대한 신뢰, 내적 평가기준, 지속적 성장 의지 등의 특징을 지닌다. 1950년대와 1960년대에 로저스와 동료들은 심리치료의 과정과 결과에 대한 광범위한 연구를 실시하여 내담자 중심 접근의 기본 가설을 검증하기 위해 노력했다. 그는 어떻게 사람들이 심리치료에서 잘 진전을 보일 수 있는지에 관심을 가졌고, 성격 변화를 이끄는 촉매제로서 내담자-상담자 관계의 특징을 연구했다.

로저스와 시카고 대학교의 동료들은 치료적 변화를 설명할 수 있는 심리치료의 요소를 밝혀내는 연구를 수행했다. 내담자 중심 접근은 성장의 촉진자로서 상담자의 역할을 강조했고, 내담자의 타고난 내적인 힘을 중요시했다. 연구 결과는 치료적 변화는 특정 심리장애를 치료하기 위한 특정 기법보다는 인성적, 대인관계적 요인으로 인해 변화한다는 것을 확인하면서 일관되게 이 접근을 지지했다(Elkins, 2016). 이러한 연구를 기반으로 내담자 중심 접근은 더욱 정교화되고 확장되어 나갔다(C. Rogers, 1961). 예를 들어, 내담자 중심 철학이 교육에 적용되어 **학생 중심 교육**이 되었다(C. Rogers & Freiberg, 1994). 이 접근은 참만남집단(encounter group)에도 적용되었다(C. Rogers, 1970).

네 번째 시기인 1980년대와 1990년대의 특징은 이 접근이 교육, 부부와 가족, 산업, 집단, 갈등 해결, 정치, 세계평화 추구 등으로 폭넓게 확대된 것이다. 인간이 어떻게 권력을 획득, 소유, 공유하는지 혹은 자기 자신과 타인에 대한 통제를 어떻게 포기하는지에 대한 로저스의 관심과 더불어 로저스의 영향력은 지속적으로 확장되면서, 그의 이론은 **인간중심 접근**(person-centered approach)이라고 알려지게 되었다. 이 용어의 변경은 로저스 접근의 적용 영역이 보다 넓어졌다는 것을 반영한다. 비록 인간중심 접근이 개인 상담과 집단 상담에 주로 적용되었지만, 중요하게 추가 확장된 영역에는 교육, 가족생활, 리더십과 행정, 조직 발달, 건강관리, 다문화 및 다인종 활동, 국제 관계 등이 포함된다. 1980년대에 로저스는 인간중심 접근을 정치, 특히 세계평화 구현에 적용시키려고 노력하였다.

보자르스, 짐링, 타우쉬(Bozarth, Zimring, & Tausch, 2002)는 60년간의 인간중심치료에 대한 연구를 다음과 같이 요약 정리하였다.

- 초기에 이 접근은 상담자보다는 내담자가 상담의 방향과 목표를 결정했고 상담자의 역할은 내담자가 감정을 명료화하도록 돕는 것이었다. 비지시적 상담의 이 모습은 이해증진, 자기탐색의 증가, 자기개념의 향상 등과 연관된다.
- 이후에 이 접근은 감정의 명료화에서 내담자의 실제 경험에 초점을 두는 것으로 방향을 전환하였다.
- 계속 인간중심치료가 발전하면서 성공적인 치료를 위한 필요충분조건으로 가정한 핵심적 조건에 관해 주로 연구하였다. 상담자의 태도, 즉 내담자의 경험세계에 대한 공감적 이해와 내담자에 대한 무비판적 자세로 의사소통하는 능력이 상담자의 진솔성과 함께 성공적인 상담 성과에 기본이 된다는 것이 밝혀졌다.
- 성공적인 심리치료의 주요 자원은 내담자다. 내담자의 참조체계에 상담자가 주의를 기울이면 내담자가 내적, 외적 자원을 더 잘 활용하게 된다.

정서중심치료 학습목표 02

정서중심치료(Emotion-focused therapy: EFT)는 경험적으로 지지되고 연구 결과에 기반을 둔 경험적 접근이다(Goldman et al., 2021; Greenberg & Goldman 2019). 정서중심치료는 인

간의 기능과 심리치료적 변화에서 정서의 역할을 이해하는 것을 특징으로 하는 인간중심 접근으로 등장하였다(Greenberg, 2017). 정서중심치료의 핵심은 인간중심적인 관계 원리, 형태주의 기법, 그리고 현대 정서이론을 통합시킨 것이다(Goldman et al., 2021). 이 통합적 접근의 발전에 중요한 인물인 레슬리 그린버그(Leslie Greenberg)에 따르면, 정서중심치료는 내담자의 자기 정서에 대한 자각을 증진시키고 정서를 생산적으로 사용하도록 하기 위해 만들어졌다. 정서중심치료는 내담자와 상담자의 관계 속에서 일어나는 성장의 중요성을 인정한다(Goldman, 2021). 그러나 일단 조력관계가 형성되면 정서중심 상담자는 내담자의 자기를 강화하고 정서를 조절하며 새로운 의미를 발견하도록 일련의 경험적 기법을 사용하여 적극적으로 감정에 대한 작업을 수행한다.

정서중심치료 전략은 다음 두 가지 주요 과제에 초점을 둔다. (1) 정서가 너무 부족한 내담자는 자신의 정서에 접근하도록 한다. (2) 정서가 너무 넘치는 내담자는 자신의 정서를 품고 있도록 한다(Greenberg, 2017). 많은 전통적인 상담은 의식적 이해와 인지적, 행동적 변화를 강조하지만 자주 정서적 변화의 기본적인 역할을 무시한다. 정서중심치료의 주요 목표는 존재의 새로운 방식을 구성하기 위해 개인이 정서에 접근하여 정서를 처리하도록 돕는다. 경험적 기법을 통해 새로운 이야기가 만들어지면서 부적응적인 과거의 감정적 도식을 깨뜨릴 수 있으며, 이를 통해 긍정적인 감정 경험의 기회를 제공한다(McDonald, 2015). 이 접근은 개인의 변화에 있어 정서의 역할과 그리고 정서적 변화가 어떻게 인지행동적 변화의 중요한 통로가 되는지를 우리에게 잘 알려준다(Greenberg, 2017). 정신분석과 인지행동 접근에서도 점점 더 정서에 초점을 두기 시작하고 있다.

정서중심치료는 심층적 정서 경험의 자각, 수용, 이해의 중요성을 강조한다. 그린버그(2017)는 우리 정서가 단지 정서에 관해 이야기하거나 그 근원을 이해하거나 신념을 바꾼다고 해서 달라지지 않는다고 생각한다. 내담자는 자신의 정서를 확인하고, 경험하고, 수용하고, 표현하고, 탐색하고, 변형하고, 조절하도록 한다. 정서중심치료 기법은 부정적인 문제의 정서를 탐색, 심화, 조절, 변형시키도록 고안되었다(Goldman et al., 2021). 정서중심치료는 인간중심치료, 실존치료 및 게슈탈트치료의 기법을 종합하였기 때문에 통합적인 접근이다. 맥도널드(McDonald, 2015)는 정서중심치료가 불안, 친밀한 파트너의 폭력, 섭식장애, 트라우마 등의 문제에 대해 효과가 있는 경험적으로 검증된 단기 상담 접근이라고 보고하였다. 지난 30년 동안, 관련 연구는 상담 과정에서의 내담자의 정서 변화와 상담 성과와의 관계를 입증하였으며, 특정 장애 치료의 근거중심 처치 방법으로 정서중심치료의 효과성을 규명하였다(Goldman, 2016). 정서중심치료는 개인, 집단, 부부, 가족 등의 상담과 다양한 문화적 맥락에서의 상담활동에도 적용되고 있다.

여기에서는 정서중심치료의 이론과 실제에 대해 간략하게만 다루었다. 정서중심치료의 실제와 관련된 원리와 기법에 대한 심층적인 논의를 위해서는 그린버그(2017)의 『정서중심치료(Emotion-Focused Therapy)』를 보면 된다. 또한 골드만(2016)의 "정서중심치료

(Emotion-Focused Therapy)”와, 골드만, 바즈, 루즈머니어(Goldman, Vaz, & Rousmaniere, 2021)의 『정서중심치료의 신중한 상담 실습(Deliberate Practice in Emotion-Focused Therapy)』을 참조하기 바란다.

실존주의와 인본주의

1960년대와 1970년대에 상담자들 사이에서는 정신분석과 행동주의 접근에 대한 대안으로 치료 접근의 제3세력(third force in therapy)에 관한 관심이 증가하였다. 여기에는 실존주의치료(6장), 인간중심치료(7장), 게슈탈트치료(8장), 그리고 여러 다른 경험적이고 관계지향적인 접근이 포함된다.

실존주의와 **인본주의** 용어 간의 관계는 학생이나 이론가 모두에게 혼란스럽다. 두 관점은 많은 것을 공유하고 있지만 둘 사이에는 중요한 철학적 차이 또한 있다. 두 접근은 내담자의 주관적 경험과 각 내담자의 고유함과 개성을 존중하고, 긍정적이고 건설적인 의식적 선택을 하는 내담자의 능력을 신뢰하는 공통점을 지니고 있다. 이들은 자유, 선택, 가치, 개인적 책임, 자율성, 목적, 의미 등의 개념을 강조하는 공통점이 있다. 둘 다 상담과정에서 기법의 역할을 중요시하지 않고 대신 진실한 만남의 중요성을 강조한다.

실존주의자들은 인간이 본질적 의미가 없는 세상에서 정체성을 창조하기 위해 선택해야 하는 불안에 직면해 있다는 입장을 취한다는 점에서 인본주의자들과 차이를 보인다. 실존주의자는 인간 경험의 냉혹한 현실을 인정하고자 하며, 이들의 저술은 종종 죽음, 불안, 무의미, 고립 등을 다룬다. 반면 인본주의자는 우리 각자가 실현할 수 있는 천부적인 가능성을 지니고 있으며 이를 통해 의미를 발견할 수 있다는 좀 더 긍정적이고 불안을 덜 야기하는 입장을 취한다. 요즈음의 많은 실존주의 상담자는 자신을 **실존주의적 인본주의** 상담자라고 말하는데, 이는 그들의 뿌리는 실존주의 철학에 있지만 북미 인본주의 심리치료의 여러 측면을 수용하고 있다는 점을 보여주는 것이다(Schneider & Krug, 2017).

이 장에서 명확하게 알게 되겠지만, 실존주의적 접근과 인간중심 접근은 내담자-상담자 관계가 상담의 핵심이 된다는 동일한 개념을 가지고 있다. 실존주의 접근에서 기본이 되는 현상학적 강조는 인간중심치료에서도 중요하다. 두 접근은 내담자의 지각에 집중하며, 상담자가 내담자와 온전히 함께 존재하여 내담자의 주관적 세계를 이해할 것을 요구하고, 내담자의 자기 자각과 자기 치유 능력을 강조한다. 상담자는 내담자에게 자기 탐색, 성장, 치유를 촉진하는, 안전하고 섬세하게 반응하며 돌보는 관계를 제공하는 것을 목표로 한다(Watson, et al., 2011).

인본주의 심리학에 대한 에이브러햄 매슬로의 공헌 학습목표 03

에이브러햄 매슬로(Abraham Maslow, 1970)는 인본주의 심리학(humanistic psychology)의 선구자로서 자기를 실현하는 인간에 대한 이해를 발전시키는 데 큰 영향력을 미쳤다. 칼 로저스의 많은 생각들, 특히 인간의 긍정적인 측면과 충분히 기능하는 사람에 대한 생각은 매슬로의 기본 철학에 영향을 받았다. 매슬로는 프로이트 심리학이 인간 본성의 병들고 어두운 측면에 몰두해 있다고 보고 비판했다. 매슬로는 불안, 적개심, 신경증 등에 대해서는 너무 많은 연구가 수행되는 반면 즐거움, 창의성, 자기실현 등에 대해서는 연구가 너무 적게 수행되고 있다고 생각했다. **자기실현**(self-actualization)은 매슬로의 연구에 있어서 중심 주제였다(1968, 1970, 1971).

매슬로는 그가 '자기를 실현한 사람들'이라고 부른 인물들을 연구했고, 그들이 소위 평범한 사람들과 중요한 면에서 다르다는 점을 발견했다. 자기를 실현한 사람들의 핵심 특성은 자기 자각, 자유, 근본적인 정직, 돌봄, 신뢰, 자율 등이다. 자기를 실현한 사람들의 또 다른 특성은 자기 삶의 불확실성을 환영하는 능력, 자신과 타인 수용, 자발성과 창의성, 사생활과 고독에 대한 욕구, 자율성, 깊고 집중적인 대인관계 능력, 타인에 대한 진정한 돌봄, 자기주도성(타인의 기대에 따라 살아가는 경향성과 반대되는 특성), 자기 안에 인위적인 이분법(일/놀이, 사랑/미움, 약함/강함 등) 없음, 유머 감각 등이다(Maslow, 1970). 이 모든 개인적 특성은 인간중심 철학과 잘 호환된다.

매슬로는 동기의 원천으로서 **욕구 위계**(hierarchy of needs)를 제안했는데, 여기에서 가장 기본적인 욕구는 **생리적 욕구**다. 우리가 배고프고 목마르면 이 기본 욕구를 충족시키는 데 주의를 집중한다. 다음은 **안전 욕구**로서 안전감과 안정감이 해당된다. 신체적 욕구와 안전 욕구가 충족되면 그다음에는 **소속과 사랑의 욕구**를 충족시키려고 노력하게 되고, 그 뒤에는 자신과 타인으로부터 **존중받고 싶은 욕구**가 뒤따라온다. 우리는 이 네 가지 기본 욕구가 충족된 다음에 자기실현을 위해 노력할 수 있다. 콜트코-리베라(Koltko-Rivera, 2006)에 따르면, 매슬로는 자기실현 이후 단계의 동기로 **자기초월**을 첨가하였다. 매슬로의 욕구위계의 일부로 자기초월을 인정한 것은 이론과 연구 측면에서 몇 가지 함의를 지니고 있다. 그것은 (1) 삶의 의미와 관련하여 보다 더 종합적인 세계관의 이해, (2) 박애정신, 사회적 진보 및 지혜의 근원적인 동기에 대한 폭넓은 이해, (3) 영성을 정통 심리학에 통합할 근거, (4) 심리학 이론에 대한 보다 더 통합적인 다문화적인 접근을 가능하게 한다. 자기실현 단계에서 사람들은 자신의 잠재력을 구현하려고 한다. 그러나 자기초월을 추구하는 과정에서는 사람들은 자신을 뛰어넘는 의미, 목적, 영적 교감을 추구한다.

인본주의 철학의 비전 인본주의 철학의 기본 비전은 도토리가 적절한 환경이 주어지면 참나무로서의 자기실현을 향해 긍정적인 방향으로 '자동적으로' 자란다는 비유에 잘 나타나 있다. 반면에 실존주의자들에게는 이렇게 우리가 의지할 수 있는 우리의 '존재'나 내적인 '특성'이 없다. 우리는 매 순간 이 조건으로 무엇을 할 것인지를 선택해야 한다. 매슬로가 인간의 건강한 측면과 즐거움, 창의성, 자기실현을 강조한 것은 인간중심 철학의 입장에서 있기 때문이다. 인간중심 접근이 기초하고 있는 인본주의 철학은 성장을 조성하는 분위기를 만들어내는 태도와 행동으로 표현된다. 로저스(1986)에 따르면, 이 철학으로 살게 되면 사람들이 자신의 능력을 개발하게 되고 다른 사람들의 건설적인 변화를 촉진하게 된다. 개인은 힘을 얻게 되고 그들은 이 힘을 개인적, 사회적 변혁을 위해 사용하게 된다.

인본주의 심리학은 인간 경험의 건설적이고 긍정적인 면을 강조한다. 근래에 주목을 받고 있는 긍정심리학(positive psychology) 운동은 인간 존재의 긍정적인 측면에 관한 많은 개념을 인본주의적 접근과 공유하고 있다. 역사적으로 심리학자들은 긍정적 정서보다 부정적 정서에 더 많이 주목해왔다. 그리고 인간의 병리, 약점과 고통 연구에 중점을 두었다. 긍정심리학 옹호자들은 희망, 용기, 만족, 진정한 행복, 웰빙, 인내, 회복탄력성, 담력, 관용, 그리고 개인의 자원에 대해 더 많은 연구를 할 것을 요구한다. 긍정심리학자들은 인간의 단순한 생존이 아니라 더 번영하는 것을 돕고자 노력한다. 긍정심리학 주창자 마틴 셀리그먼(Martin Seligman, 2011)은 지구촌 웰빙의 증진을 위해 주도적인 노력을 해왔다. 긍정심리학은 인본주의 심리학의 발자취를 따르고 있는 중이다. 낙관주의, 성장과 건강에 대한 인본주의적 강조는 긍정심리학 발달의 토대가 되었다. 긍정심리치료는 전통적인 심리치료의 영역을 확장하는 데 초점을 둔 긍정심리학의 넓은 영역 안에 포함되어 있는 심리치료 접근법이다. 이 치료 접근은 심리적 웰빙을 가져올 긍정적인 자원을 기반으로 하고 있으며, 이 접근은 증상 개선만큼이나 많은 관심을 받을 필요가 있다(Rashid & Seligman, 2019).

주요 개념

인간관

로저스의 초기 집필에서 시작되어 그의 전체 저술에 계속 스며있는 주제는 내담자에 대한 신뢰감이다. 이 신뢰감은 만약 내담자의 성장을 촉진할 조건이 주어지면 내담자가 건설적인 방향으로 앞을 향해 나갈 수 있다는 내담자의 능력에 대한 기본적인 신뢰감이다. 만약 개인의 마음속에 깊이 들어갈 수 있다면, 로저스는 그곳에서 신뢰할 수 있는 긍정적인 중심을 발견하게 된다는 것을 자신의 전문적 경험을 통해 알게 되었다. 로저스는 인본주의 철학을 고수하면서 사람은 신뢰할 수 있고, 자원이 풍부하며, 자기 이해와 자기주도 능력이 있으며, 건설적인 변화가 가능하며, 효과적이고 생산적인 삶을 살 수 있다고 강하게 주장하였다. 상담자가 자신의 진실성, 지지, 돌봄, 무비판적 이해를 경험하고 전달할 수 있을 때 내담자에게 의미 있는 변화가 일어날 가능성이 크다.

로저스는 다음과 같은 상담자의 세 가지 특성이 개인의 잠재력을 실현하도록 앞으로 나아가게 하는 성장촉진적인 환경을 만든다고 주장했다. (1) 일치성(congruence, 진솔성과 진실성), (2) 무조건적인 긍정적 존중(unconditional positive regard, 수용과 돌봄), (3) 정확한 공감적 이해(accurate empathic understanding, 다른 사람의 주관적 세계를 깊이 이해할 수 있는 능력). 로저스에 따르면, 상담자가 이 태도로 의사소통한다면 내담자의 방어가 약해지고, 자신과 자신의 세계에 대해 개방적인 태도를 갖게 되어 친사회적이고 건설적인 방향으로 행동하게 된다.

실현 경향성(actualizing tendency)은 현실화, 충족, 자율성, 자기결정을 이루기 위해 노력하는 목표지향적 과정이다. 인간의 이 타고난 성향은 매슬로(1970)의 자기실현을 한 사람들의 연구에 기초를 두고 있으며, 상담의 실제에 중요한 의미를 지닌다. 개인이 부적응에서 벗어나 심리적 건강과 성장을 향해 움직이는 내적 능력을 가지고 있다고 믿기 때문에 상담자는 내담자에게 일차적인 책임을 부여한다. 인간중심 접근은 가장 잘 아는 권위자로서의 상담자 역할이나 상담자의 전문성에 의존하려는 내담자의 수동적 역할을 거부한다. 상담은 내담자의 자각 능력과 태도와 행동에서 자기주도적으로 변화하는 능력에 기초하고 있다.

인간중심 접근은 내담자가 다른 사람들과 함께하면서 내담자 자신의 자원을 사용하는 능력을 강조한다. 내담자는 건설적인 방향으로 전진할 수 있으며, 성장을 방해하는 장애물(자기 내부 또는 외부에서 오는)을 성공적으로 다룰 수 있다. 자기 자각과 자기 성찰을 증진하게 되면 내담자는 선택하는 법을 배운다. 인본주의 상담자들은 내담자가 자신의 내적 경험을 가장 잘 아는 전문가라는 탐구 지향적인 접근(discovery-oriented approach)을 강조하며(Watson et al., 2011), 내담자가 온전하고 진정한 삶을 사는 방향으로 변화를 추구하도록, 그리고 이 삶은 끊임없는 노력이 필요하다는 것을 알도록 격려한다.

상담 과정

상담 목표

로저스는 상담의 목표를 단순히 문제를 해결하는 것으로 생각하지 않았다. 오히려 상담의 목표는 내담자가 더 높은 수준의 독립과 통합을 이루어 그들이 당면한 문제에 더 잘 대처해가도록 돕는 것이다. 이 목표를 달성하기 위해서는 먼저 내담자가 사회화 과정에서 발달시켜온 가면을 벗어야 한다. 상담 과정에서 내담자는 자신이 가면을 사용해서 살아왔기에 자기 자신과의 접촉을 상실했다는 것을 깨닫게 된다. 상담 장면의 안전한 분위기에서 내담자는 더 진정한 삶의 방식이 있다는 것을 알게 된다. 상담자가 내담자를 위해 구체적인 목표를 선택해주지 않는다. 인간중심 이론의 핵심은 촉진적인 상담자와 관계를 맺은 내담자는 자기 자신의 목표를 정하고 명료화하는 능력을 가지고 있다는 관점이다. 인간중심 상담자는 내담자가 어떤 변화가 필요한지에 대한 목표를 상담자가 정해주지 않는다는 점에서는 의견이 일치하지만, 내담자가 **어떻게** 자신의 목표를 성취하고 자신만의 대답을 찾도록 돕는 방법 측면에서는 차이를 보인다(Bohart & Watson, 2020).

상담자의 기능과 역할 학습목표 04

인간중심 상담자의 역할은 존재 방식과 태도에 있는 것이지 내담자로 하여금 '무엇인가를 하도록' 만들려고 고안된 어떤 기법에 있는 것이 아니다. 인간중심 연구에 따르면, 상담자의 지식, 이론 혹은 기법보다 상담자의 태도가 내담자의 성격 변화를 촉진한다(C. Rogers, 1961). 기본적으로 상담자는 인간 대 인간의 대등한 관계에서 내담자를 격려함으로써 자기 자신을 변화의 도구로 사용한다. 엘킨스(Elkins, 2016)는 심리치료의 인간적 요소를 검토한 연구에서 인간적 영역이 이론과 기법보다 더 강력한 상담 효과의 결정요인이라고 결론지었다. 상담자의 태도와 내담자의 내적 자원에 대한 믿음이 성장을 위한 치료적 분위기를 조성한다.

인간중심 이론에서는 상담자의 기능은 내담자와 함께 있고, 내담자가 접근할 수 있는 상태에 있으며, 내담자의 즉각적인 경험에 집중하는 것이라고 본다. 우선 상담자는 내담자와의 관계에서 기꺼이 진실하기 위해 노력해야 한다. 진솔하고 수용하며 공감적인 태도를 보임으로써 상담자는 변화의 촉매가 된다. 내담자를 사전에 진단된 유형으로 보는 것이 아니라 순간순간의 경험에 기초하여 내담자를 만나고 그들의 세계에 들어간다. 상담자의 진실한 돌봄, 존중, 수용, 지지 및 이해를 통해 내담자는 자신의 방어와 경직된 인식을 느슨하게 할 수 있고, 내담자의 개인적 기능 수준은 올라가게 된다. 이러한 태도가 제공될 때, 내담자는 지금까지 자각하지 못했거나 왜곡되었던 자신의 삶을 탐색하기 위해 필요한 자유를 갖게 된다. 슈나이더와 크루그(Schneider & Krug, 2020)는 이러한 태도를 다음과 같은 관점으로 설명하였다. "상담자의 목적은 내담자의 자기발견을 위한 여정에 동반자가 되는 것이다. 온정적, 공감적, 수용적이고 진실함으로써 상담자는 내담자 자신의 성장동력이 작동할 수 있는 분위기를 제공한다"(p. 233).

상담에서 내담자의 경험

치료적 변화는 상담에서 내담자가 자신의 경험과 상담자의 기본적 자세를 어떻게 인식하는지에 달려있다. 내담자는 상담자가 자기 탐색이 용이한 분위기를 만들어주면 자신의 경험, 신념, 행동, 세계관 등 경험 전체를 탐색할 기회를 갖는다. 내담자는 대체로 상담에서 다음과 같은 경험을 하게 된다.

내담자는 불일치, 즉 자기 인식과 실제 경험 간에 차이가 있는 상태에서 상담자를 찾아온다. 예를 들어, 대학생인 레온은 자신을 장래의 의사로 생각하지만 낮은 성적으로 의과대학에서 탈락할 상황에 있다. 레온이 자신을 보는 것(자기개념) 또는 자신을 어떻게 바라보고 싶은 것(이상적 자기개념)과 자신의 낮은 성적이라는 현실적 경험 간의 차이는 불안과 개인적 취약성을 유발하고, 이것이 상담을 받고 싶은 동기를 제공한다. 레온이 변화의 가능성을 찾으려면 자신에게 문제가 존재한다는 점, 또는 최소한 자신의 현재 심리적 적응이 불편하다는 점을 인식해야 한다.

내담자가 상담을 찾는 이유에는 기본적인 난감함이나 무력감, 결정을 내리거나 자신의 삶을 효과적으로 이끌 수 없는 무능력 등이 있다. 내담자는 상담자의 안내를 통해 '길'을 찾고자 한다. 그러나 인간중심 상담에서 내담자는 곧 그들의 관계에서 자신을 책임질 수 있으며, 자기를 더 잘 이해하기 위해 그 관계를 이용해서 보다 더 자유로워질 수 있다는 것을 배우게 된다.

상담이 진행되면서 내담자는 광범위한 신념과 감정을 탐색할 수 있게 된다. 내담자가 인정하기에는 너무 부정적이라고 여겨왔던 두려움, 불안, 죄책감, 부끄러움, 미움, 분노, 그 밖의 감정을 표현할 수 있게 된다. 그리고 자기구조 속에 그 감정을 통합시킬 수 있다. 상담을 통해 사람들은 갈등하고 혼란스러운 감정을 덜 왜곡하고 더 수용하며 통합하게 된다. 그들은 자신 안에 숨겨진 측면을 점점 더 발견하게 된다. 내담자는 이해받고 수용된다고 느끼면서 덜 방어적이게 되고 자신의 경험에 대해 더 개방적이게 된다. 내담자는 더 안전하다고 느끼고 덜 취약하다고 느끼기 때문에 더 현실적이게 되고, 타인을 더 정확하게 인식하며, 다른 사람을 더 잘 이해하고 받아들이게 된다. 상담받는 개인은 자신을 있는 그대로 보게 되고, 더 유연하고 창의적으로 행동한다. 이들은 타인의 기대를 충족시키는 일에 덜 염려하여 자신에게 더 진실한 방식으로 행동하기 시작한다. 이들은 대답을 찾기 위해 자기 외부를 바라보기보다는 자신의 삶을 스스로 주도한다. 상담에서의 경험은 심리적 감옥에 묶어두었던, 자기가 만든 쇠사슬을 벗어던지는 것과 같다. 더 많은 자유를 가짐에 따라 내담자는 심리적으로 더 성숙하고 자기실현을 향해서 더 나아가게 된다.

인간중심치료에서는 내담자는 자기 성장을 창조하는 적극적인 자기 치유자라는 전제에 기초하고 있다. 상담관계는 내담자의 자기치료 능력을 활성화하는 지지적인 구조를 제공한다(Bohart & Wade, 2013). 상담 회기에서 작업의 대부분을 수행하는 사람은 내담자 자신이다. 내담자가 활동적이고 개방적이며 깊이 참여할 때 상담의 성과가 나타나기 쉽다. 내담자의 개방성과 방어적이지 않은 자세가 상담의 성과를 가장 잘 예측할 수 있는 변인이다. 내담자가 상담자의 존재, 공감, 긍정적 존중, 돈독한 관계 및 진실성을 경험하게 되면 내담자는 더 깊이 적극적으로 참여하게 된다(Cain, 2016).

상담자와 내담자의 관계 학습목표 05

로저스(1957)는 관계의 질에 근거하여 '치료적 성격 변화의 필요충분조건'이라는 가설을 세웠다. "만약 내가 누군가와의 관계에서 특정 유형의 관계를 제공한다면 그는 그 관계를 성장과 변화를 위해 사용할 능력이 자신 안에 있다는 것을 발견할 것이며, 개인적 발달이 일어날 것이다"(C. Rogers, 1961, p. 33). 로저스(1967)는 더 나아가 "중요한 긍정적 변화는 관계 밖에서는 일어나지 않는다."(p. 73)는 가설을 제시했다. 로저스의 가설은 수년간의 전문적 경험에 기초해서 만들어졌으며, 지금까지도 기본적으로 변화하지 않고 유지되고 있다.

1. 두 사람이 심리적 접촉 상태에 있다.
2. 내담자라고 불리는 첫 번째 사람은 불일치 상태에 있고 취약하거나 불안을 경험하고 있다.
3. 상담자라고 불리는 두 번째 사람은 관계에서 일치성(진실 또는 진솔)을 유지하고 내담자는 이 일치성을 인식한다.
4. 상담자는 내담자에 대한 무조건적인 긍정적 존중을 제공한다.
5. 상담자는 내담자의 내적 참조체계에 대한 공감적 이해를 경험하고 이 경험을 내담자에게 의사소통하기 위해 노력한다.
6. 상담자의 공감적 이해와 무조건적인 긍정적 존중이 내담자에게 어느 정도 전달된다 (Cain, 2002, p. 20).

로저스는 다른 조건은 필요하지 않다고 가정하였다. 치료적 핵심 조건(therapeutic core condition)이 일정 기간 존재하면 건설적인 성격 변화는 일어난다. 핵심 조건은 내담자 유형에 따라 변하지 않는다. 이 조건은 심리치료적 변화가 일어나기 위한 필요하고도 충분한 조건이다.

변화 과정은 주로 내담자와 상담자와의 관계의 질에 달려있다. 상담자 홀로 작업 동맹을 맺을 수는 없으니 내담자와 상담자가 함께 작업 동맹을 만들어간다(Keenan & Rubin, 2016). 상담자가 내담자와 협력하여 작업하여 최적의 개별화된 상담을 제공할 때 좋은 상담 성과를 기대할 수 있다(Cain, 2016). 내담자가 상담자의 진실성을 경험하게 되면 내담자는 많은 가식을 벗어버리고, 자기 자신과 상담자 둘 모두에게 진실해진다.

인본주의적 접근은 아마도 **존재 방식**(a way of being)과 **함께하는 여행**(a shared journey), 즉 상담자와 내담자가 자신의 인간성을 드러내 보이고 성장 경험에 동참하는 것으로 그 특징이 잘 나타난다. 상담자는 이 역할에서 대체로 내담자보다 심리적으로 경험이 더 많으므로 관계를 맺어가는 안내자가 될 수 있다. 상담자는 자신의 삶의 경험을 폭넓게 하고, 깊은 자기 이해를 위해 필요한 노력을 기꺼이 기울인다.

로저스는 그의 이론이 매우 도전적이고 과격하다는 것을 시인하였다. 그는 다른 상담자들이 효과적인 상담에 필요한 요인으로 여기는 많은 조건을 무시하는 주장을 했기 때문에 그의 상담 방법은 상당한 물의를 일으켰다. 일치성, 무조건적인 긍정적 존중, 정확한 공감적 이해라는 상담자의 핵심 조건은 많은 다른 상담 접근에서도 치료에서 변화를 촉진하는 필수조건으로 받아들여지고 있다. 이러한 상담자의 핵심적인 자질은 상담자의 존재와 함께 안전한 학습 환경을 조성하는 데 총체적으로 작용한다(Cain, 2010). 어떤 이론적 접근인지에 상관없이 대부분의 상담자는, 특히 상담의 초기 단계에서는 내담자에게 충분히 공감적으로 경청하려고 노력한다. 이들 핵심 조건이 이제 어떻게 상담관계의 필수적인 부분이 되는지를 자세히 살펴볼 것이다.

일치성 또는 진솔성 일치성(congruence)은 상담자가 진실하다는 의미이다. 즉, 상담자가 상담 시간 동안 진실하고 통합되어 있으며 참되다는 것이다. 그들은 거짓된 가면이 없고, 자신의 내적 경험과 그 경험의 외적 표현이 일치하며, 내담자와의 관계에서 현존하는 감정, 사고, 반응, 태도 등을 솔직하게 표현할 수 있다. 이 의사소통은 상담자 편에서 사려 깊은 성찰과 깊이 고려한 판단과 함께 이루어진다(Kolden et al., 2019).

진솔성을 통해 상담자는 더 진실하고자 노력하는 하나의 인간 모형이 된다. 진솔하면 필연적으로 분노, 좌절, 선호, 관심, 고통 등을 포함하는 광범위한 감정을 표현하게 된다. 그렇다고 상담자가 자신의 모든 반응을 강박적으로 이야기해야 한다는 것은 아니다. 자기개방은 적합하고 시의적절하게 이루어져야 하며 건설적인 치료적 의도를 지녀야 한다. 상담자가 진실하고자 지나치게 노력하면 실수하기도 한다. 개인적인 내용을 진솔하게 표현하지 않고, 단지 내담자에게 좋을 것이라는 이유만으로 이야기하는 것은 불일치를 초래할 수 있다. 인간중심치료에서는 상담자가 내담자에 대해서 느끼는 것과 다르게 행동하게 되면 상담에 방해가 될 것이라고 강조한다. 예를 들어, 상담자가 내담자를 싫어하고 인정하지 않으면서 겉으로는 수용하는 척한다면 상담은 실패할 것이다. 케인(Cain, 2010)은 상담자가 내담자에게서 나타나는 욕구에 주파수를 맞추면서 그에게 가장 도움이 되는 방식으로 반응해야 한다고 강조한다. 상담자가 이것을 염두에 두면 대부분 올바른 치료적 결정을 할 수 있다.

로저스의 일치성 개념은 온전히 자기실현을 한 상담자만이 효과적인 상담을 할 수 있다는 의미가 아니다. 상담자도 사람이기 때문에 온전한 진솔성을 갖기를 기대할 수 없다. 일치성은 매우 진솔한 수준부터 매우 진솔하지 않은 수준까지 연속선상에 있다. 이것은 세 특성 모두 마찬가지다. 상담자가 진실하게 지각되지 않으면 무조건적인 긍정적 존중이나 공감이 적절히 구현되기 힘들다. 일치성은 공감과 긍정적 존중에 신뢰성을 부여하고, 일치성은 인간중심 개념화에서 중심적인 위치를 차지한다(Kolden et al., 2019).

무조건적인 긍정적 존중과 수용 상담자가 전달해야 할 두 번째 태도는 내담자를 한 인간으로 깊고 진실하게 돌보는 것이다. 무조건적인 긍정적 존중(unconditional positive regard)은 내담자에 대한 공감적 확인을 통해 가장 잘 이루어질 수 있다(Farber & Doolin, 2011). 돌봄은 비소유적이며, 내담자의 감정, 생각, 행동을 좋거나 나쁘다고 평가나 판단하는 것이 아니어야 한다. 상담자는 어떤 조건도 달지 않고 내담자를 귀하게 여기고 따뜻하게 받아들인다. 이는 '나는 당신이 ……할 때 수용할 것입니다.'라는 태도가 아니라 '나는 당신을 있는 그대로 수용합니다.'라는 태도다. 상담자가 내담자를 판단하지 않고, 긍정적으로 존중하고, 배려하고, 수용하는 자세로 대하면 치료적 변화가 일어날 가능성이 크다(Farber et al., 2019).

로저스(1977)에 따르면, 비소유적인 방법으로 내담자를 돌보고, 칭찬하고, 수용하고, 귀하게 여기는 정도가 클수록 상담은 성공할 가능성이 크다. 또한 그는 상담자가 수용과 무조건적인 돌봄을 항상 진실하게 느낄 수는 없다고 명시하였다. 그러나 상담자가 내담자를 존중하지 않거나 적극적으로 싫어하거나 혐오한다면 상담 작업이 성공할 수는 없다. 만약 상담자의 돌봄이 사랑받고 칭찬받고 싶은 자기 자신의 욕구에서 비롯된 것이라면 내담자의 건설적인 변화는 억제된다. 이 긍정적 존중의 개념은 상담자의 이론적 입장과 관계없이 모든 상담자에게 중요한 의미를 지닌다(Farber et al., 2019).

정확한 공감적 이해 상담자의 중요한 과제 중 하나는 상담 회기 동안 매 순간의 상호작용에 나타나는 내담자의 경험과 감정을 있는 그대로 민감하고 정확하게 이해하는 것이다. 상담자는 내담자의 주관적 경험, 특히 '지금 여기'에서의 경험을 알아차리려고 노력한다. 그 목적은 내담자가 그들 자신에게 더 가까이 다가가서 더 깊고 집중적으로 느끼게 해서 그들 속에 있는 불일치를 인식하고 해결하도록 하려는 것이다.

공감(empathy)은 내담자와 함께 내담자의 깊고 주관적인 경험을 이해하는 것이다. 공감은 동정이나 내담자에게 미안함을 느끼는 것이 아니다. 상담자가 내담자의 감정과 유사한 자기 자신의 경험을 이야기하는 방법으로 내담자의 주관적 세계를 공유할 수 있다. 그러나 상담자는 자신과 내담자를 분리할 수 있어야 한다. 로저스(1961)는 공감을 상대방의 내적 참조체계에서 상대방의 세계를 볼 수 있는 능력이라고 정의하였다. "내담자의 사적인 경험세계를 마치 그것이 자기 자신의 것인 양, 그러나 상담자의 분리된 정체성을 잃지 않고 내담자가 보고 느끼는 대로 이해하는 것이 공감인데, 그것이 치료의 핵심이다"(p. 284). 로저스는 공감을 학습과 자기주도적 변화를 가져오는 가장 강력한 요인으로 보았고, 그래서 변화의 힘을 상담자가 아니라 내담자 속에서 찾았다. 로저스는 상담자가 자신의 분리된 정체성을 잃지 않고, 내담자가 보고 느끼는 대로 내담자의 사적인 세계를 파악할 수 있을 때 건설적인 변화가 일어날 수 있다고 주장하였다. Cain(2016)은 일관성 있는 공감적 동조는 모든 심리치료 접근의 근본이고, 상담자의 공감은 내담자와 치료적 동맹을 형성하는 데 기본이라고 주장한다. 내담자가 무비판적으로 이해받고 있다고 느낄 때 내담자는 자기 자신의 사적인 깊은 측면을 자유롭게 개방할 마음이 생긴다. 상담자로부터 이해받고 있다는 내담자의 지각이 긍정적인 성과의 중요한 요인이라는 증거가 일관성 있게 나온다. 수년간의 연구는 공감이 상담에서 내담자의 진전을 결정하는 가장 강력한 요인 중의 하나임을 보여준다(Elliot et al., 2019).

클라크(2022)는 상담과 심리치료 과정에서의 공감의 통합적인 모델을 3가지 인식방법에 근거하여 소개한다. (1) **주관적인 공감**은 실제로 내담자가 되는 것이 어떤 느낌인지를 상담자가 경험할 수 있게 한다. 이 공감은 상담자가 내담자를 이해하고 공감적 관계를 맺기 위한 경험적 자원으로 종종 간과했던 상담자의 내적 역량을 발현하게 한다. (2) **대인관계적 공감**은 내담자의 내적 참조체계를 이해하는 것과 관련이 있다. 이것은 내담자의 현상적 경험의 이해를 전달하고, 공감에 기초한 다양한 상담기술을 용이하게 한다. (3) **객관적 공감**은 내담자의 내적 참조체계 이외의 지식을 자원으로 삼는다. 이론적 지식과 누적된 상담 경험을 활용하면 내담자를 공감적으로 이해하는 데 도움을 준다. 공감에 대한 다양한 관점의 통합적 모델은 상담자가 내담자를 폭넓게 이해할 수 있게 한다.

정확한 공감은 인간중심 접근의 핵심이며 다른 효과적인 상담에서도 필수적인 요소다(Cain, 2010). 정확한 공감적 이해(accurate empathic understanding)란 상담자가 내담자의 감정을 마치 자기 것처럼 느끼되 자신을 잃지 않는 것을 의미한다. 이는 종종 내담자의 의식 가장자리에 있는, 내담자가 표현한 의미를 상담자가 파악해내는 것이다. 내담자가 상담자의 공감을 경험하는지를 알아내는 가장 좋은 방법은 내담자로부터 피드백을 받는 것이다. 치료관계의 질, 내담자가 나아지고 있는지를 모니터하고 치료관계에서의 긴장 등을 확인하는 것은 상담자의 책임이다(Cain, 2016). 내담자가 상담자로부터 이해받았다고 지각하는 것은 성공적인 상담 성과와 관련이 있다. 공감적인 상담자는 내담자의 경험의 의미를 발견하고, 내담자의 전반적인 목표를 이해하며, 내담자에 맞추어 반응하려고 노력한다. 효과적인 공감은 내담자에 대한 진정한 돌봄에 근거하고 있다(Elliott et al., 2019).

밀러와 모이어스(Miller & Moyers, 2021)에 따르면, 정확한 공감의 핵심은 상담자가 내담자 자신의 경험과 조망을 이해하려고 노력하는 것이다. 효율적인 상담자는 다른 사람의 경험을 파악하려는 호기심과 흥미를 가지고 있다. 정확한 공감 기술이 높은 상담자는 내담자에 대한 깊은 이해와 이해한 것을 내담자에게 전달하는 능력을 가지고 있다. 밀러와 모이어스의 메타분석 연구에서 공감은 내담자의 폭넓은 자기 탐색과 긍정적인 상담 성과와 관계가 있다고 보고한다.

왓슨(Watson, 2016)에 따르면, 충분한 공감은 내담자 경험의 의미와 감정에 대한 이해를 모두 다룬다. 이는 '내담자 자신이 된다는 것이 어떤 것인지'를 파악하는 것이다. 공감은 내담자의 인지적 과정과 정서적 자기조절을 촉진하는 변화의 중요한 성분이다. 70년이 넘는 연구 결과에 따르면, 상담자의 공감은 상담에서 내담자가 보이는 변화의 가장 강력한 예측 요인임을 보여준다. 공감은 모든 상담 모형에서 성공적인 상담의 핵심 요소이다(Cain, 2016; Elliott et al., 2019; Watson, 2016).

적용: 상담 기법과 절차

감정 반영에 대한 초기의 강조

로저스가 처음에 강조한 것은 내담자의 세계를 파악해서 그 이해를 반영하는 것이었다. 그러나 심리치료에 대한 그의 관점이 발전하면서 그의 초점이 절대적인 비지시적 입장으로부터 전환되어 상담자와 내담자와의 관계를 강조했다. 인간중심 상담 발전에 기여한 로저스와 그의 추종자들은 이 접근이 내담자가 말한 것을 단순히 재진술하는 것이라고 보는 전형적인 관점에 대해 비판해왔다.

인간중심 접근의 진화 학습목표 06

현재의 인간중심치료는 70년 이상의 진화 과정의 산물이며 계속 변화와 수정의 가능성을 열어놓고 있다. 로저스가 상담 분야에 기여한 큰 공헌 중의 하나는 기법 구사에 반대하며 상담관계의 질이 내담자의 성장을 이끄는 가장 중요한 요소라는 견해를 제시한 것이다. 내담자와 강한 연대를 형성할 수 있는 상담자의 능력이 성공적인 상담 성과를 결정하는 가장 핵심적인 요인이다. 효과적인 상담이 되기 위해서는 상담자가 내담자와 함께 존재하며 몰입해야 한다. 상담자가 온전히 함께 존재할 때 상담자는 내담자에게 지속적으로 초점을 맞추고 주의를 집중할 수 있다(Cain, 2016).

어떤 내담자에게는 기법이 적용될 수도 있겠지만, 기법은 인간중심 상담의 기본이 되는 방식이 아니다. 인간중심 상담에서는 내담자와 함께 존재하고, 상상력을 동원해 내담자의 지각과 감정의 세계에 들어가는 것이 변화 과정을 촉진하기에 충분하다고 본다. 인간중심 상담자가 기법을 제안할 때는 제안하는 방식이 중요하다. 어떤 내담자는 좀 더 지시적일 때 잘하는 반면, 어떤 내담자는 비지시적인 분위기에서 더 잘한다(Cain, 2010). 통합적인 접근을 채택하는 인간중심 상담자는 내담자의 상담 목표달성을 조력하는 과정에서 더 유연할 수 있다. 인간중심 상담자는 내담자의 필요에 더 적합한 개별화된 상담을 위해서 다른 접근방법의 개념, 방법 및 관계의 유형을 사용하기도 한다(Murphy & Joseph, 2016).

내담자의 진전에 핵심적인 것은 상담자의 실재(presence)이다. 경청, 수용, 존중, 이해, 반응 등의 질과 기술은 상담자의 진실한 표현이어야 한다. 기법은 그것이 내담자와 상담자가 공감적인 방법으로 함께하는 것을 도와줄 수 있는 경우에 사용된다. 기법은 내담자에게 '아무것이나 하자는' 시도가 아니다(Bohart & Watson, 2020).

로저스는 인간중심치료가 계속 진화, 발전하면서 다른 사람들이 새로운 분야를 개척하는 것을 돕기를 원했다. 인간중심치료가 발전한 중요한 방법 중 하나는 상담 장면에서의 다양성, 혁신, 개별화이다. 이제 인간중심치료를 실천하는 한 가지 방법은 없다(Cain, 2010). 상담자가 자신의 반응을 공유하고, 돌보는 방식으로 내담자를 직면하고, 상담 과정에 더 적극적으로 충분히 참여할 여지가 많아졌다(Bozarth, et. al., 2002). 즉시성(immediacy), 또는 내담자와 상담자 사이에 일어나는 일을 언급하는 것은 이 접근에서 매우 가치 있는 것으로 여겨진다. 이러한 발달로 인해 다양한 방법을 사용하는 것이 장려되고, 인간중심 상담자들 간에 상당히 다양한 개인적 양식이 허용된다. 진솔성에 집중하게 되면서 상담자가 자신의 성격에 맞는 유연하고 통합적인 방법을 사용할 수 있게 되었을 뿐만 아니라 개별 내담자에게 적합한 상담관계를 맺을 수 있는 더 큰 유연성을 갖게 되었다(Bohart & Watson, 2020). 케인(Cain, 2010, 2013)은 각 내담자의 독특한 필요를 충족시키기 위해서 상담자는 자신의 상담 스타일을 수정할 필요가 있다고 믿는다. 내담자에게 인간중심치료를 적용하려면 내담자가 상담자에게 적응하기를 기대하지 말고 상담자가 내담자에게 적응해야 한다는 노크로스와 쿠퍼(2021)의 충고에 귀를 기울일 필요가 있다. 인간심 접근은 내담자가 원하고 필요로 하는 방법과 관계양식에 맞추어주고, 내담자의 선호를 평가하여 충족시키며 내담자가 원하고 필요로 하는 방법과 관계양식을 수용한다. 노크로스와 쿠퍼는 내담자 선호에 맞는 돌봄은 조력관계를 강화하고 조기 종결을 감소시키며 상담 성과의 증진에 효과적임을 일관성 있게 지적한다.

인간중심 상담자는 내담자를 돕기 위해 다양한 반응과 방법을 사용할 자유가 있다. 이때 상담자에게 필요한 질문은 '그것이 적합한가?'이다. 케인(2013)이 보기에 이상적인 상담자는 자신이 하는 것이 적합한지를 계속 모니터하는데, 특히 자신의 상담 방식이 내담자가 문제를 보고 이해하는 방식과 어울리는지를 살펴본다. 케인 박사가 인간중심 방식으로 루스 사례를 상담하는 모습은 『통합적 상담: 사례 중심의 접근』(Corey, 2013) 5장을 보면 된다.

오늘날 인간중심 접근을 실천하는 사람들은 이론과 기법의 발전과 각자의 개인적인 방법이 반영된 매우 다양한 방식으로 일한다. 이 모습은 다행스럽고 바람직한데 왜냐하면 로저스를 모방하면서 동시에 우리 자신에게 충실할 수는 없기 때문이다. 로저스를 닮으려고 우리의 방식을 바꾸려고 하는데, 그것이 우리에게 맞지 않는다면 우리는 우리 자신이 될 수 없으며, 충분히 진솔하지 못하게 되는 것이다.

평가의 역할

종종 평가는 상담을 진행하기 위해 사전에 필수적으로 해야 하는 것으로 여겨진다. 많은 정신건강 관련 기관은 진단 도구나 내담자의 강점과 취약점 검사 도구와 같은 다양한 도구와 평가 절차를 사용한다. 인간중심 상담자는 이 절차가 내담자에 대한 전문가의 외부 관점을 부추기기 때문에 전통적인 평가나 진단은 유용하지 않다고 본다(Bohart & Watson, 2020). 상담자의 내담자 평가보다는 내담자의 자기평가가 더 중요하다. 인간중심 관점에서 볼 때 내담자에 대한 지식의 가장 좋은 자원은 내담자 개인이다. 로저스는 상담이란 상담자와 내담자가 자기 이해 과정에 계속 참여하는 공동 평가라고 생각했다.

대부분의 상담 기관에서 단기 상담의 경우, 평가는 점점 더 중요하게 여겨지며, 내담자는 자신의 상담에 핵심적인 결정을 내리는 데 협력적으로 참여해야 한다고 주장한다. 지금은 평가를 상담 과정에 포함할 것인지 아닌지의 문제가 아니라 평가와 상담 과정에 내담자가 어떻게 충분히 참여할 수 있을지가 문제이다.

인간중심 접근 철학의 적용

인간중심 접근은 개인, 집단, 가족 상담에 적용되어왔다. 보자르스, 짐링, 타우쉬(Bozrath, Zimring, & Tausch, 2002)는 1990년대에 수행한 불안장애, 알코올중독, 신체화 장애, 광장공포증, 대인관계 문제, 우울, 암, 성격장애 등 다양한 문제를 다룬 인간중심치료의 효과성을 보여주는 연구들을 살펴보았다. 인간중심치료는 다른 목표지향적 상담만큼 성공적이었다. 게다가 1990년대에 수행된 성과 연구는 효과적인 상담이 내담자의 내적, 외적 자원과 결합된 내담자-상담자 관계에 달려있다는 점을 보여주었다(Duncan et al., 2010).

인간중심 접근은 다양한 상황에서 사람들을 상대하는 전문가와 준전문가를 훈련하는데 광범위하게 사용되었다. 이 접근은 상담자가 해석을 통해 내담자를 앞서가기보다는 내담자와 함께 머무를 것을 강조했다. 심층적인 심리교육을 받지 않은 사람도 진솔성, 공감적 이해, 무조건적인 긍정적 존중을 자신의 개인적, 전문적 생활에 적용하여 유용하게 사용할 수 있다. 수용적인 태도로 자기 자신을 경청하는 것은 자기가 자신의 상담자가 되는 유용한 기술이다. 기본 개념은 명확하며 이해하기 쉽다. 이 접근은 개인의 통제와 권한을 허락하지 않는 권위주의적 구조를 강화하는 것이 아니라 각 개인에게 힘을 부여한다. 이 핵심 기술은 또한 이 교재에서 다루는 모든 상담 치료에 적용할 수 있는 필수적인 기반을 제공한다. 이 관계와 의사소통 기술이 부족하다면 상담자는 내담자를 위한 상담 프로그램을 효과적으로 수행할 수 없다.

인간중심 접근은 상담자에게 많은 것을 요구한다. 효과적인 인간중심 상담자는 든든하고, 중심이 잡혀 있고, 진실하고 존중하며, 돌보고, 현재에 충실하며, 집중하고, 인내하며, 수용하는, 성숙하고도 영리한 경청자가 되어야 한다. 인간중심적인 **사람됨**(way of being)이 부족하다면 기법의 단순한 적용은 피상적인 것이다. 나탈리 로저스(2011)는 인간중심 접근은 머리로 이해하기는 쉽지만 실천하기는 매우 어려운 방법이라고 말한다. 그녀는 또한 진솔성, 긍정적 존중, 공감 등의 핵심 조건은 집단에서 신뢰, 안전, 성장을 이루기 위해서도 중요하다는 점을 계속 강조한다.

위기 개입에 적용하기 학습목표 07

인간중심 접근은 원하지 않는 임신, 질병, 재난, 사랑하는 사람의 상실 등의 위기 개입에 특별히 적용될 수 있다. 인간조력 전문직(간호, 의료, 교육, 종교) 종사자들은 다양한 위기 상황에 가장 먼저 찾게 되는 사람이므로 만약에 이 장에서 다루는 기본 태도를 가지고 있다면 많은 도움을 줄 수 있다. 위기에 처한 사람에게는 맨 처음 자신을 충분히 표현할 기회를 주는 것이 필요하다. 이때 민감한 경청, 잘 들어주기, 이해 등이 필수적이다. 누군가가 들어주고 이해해준다는 것은 위기에 처한 어려운 사람들을 도와 고통 중에서 이들을 진정시키고, 잘 생각해서 최선의 결정을 내릴 수 있게 한다. 개인의 위기가 한두 번 조력자를 만난다고 해결되지는 않지만, 이 만남을 통해 나중에 도움을 받는 것에 대해 열린 마음을 갖게 된다. 위기에 처한 사람이 이해받고 수용받는 경험을 하지 못하면 '정상적인 생활로 돌아갈' 희망을 잃고 나중에도 도움을 받으려고 하지 않는다. 진실한 지지, 돌봄, 비소유적 온정은 위기를 극복하고 해결하기 위해 무엇인가를 **하도록** 동기를 부여할 수 있는 다리 역할을 해준다. 깊은 이해감을 전달하는 일은 다른 문제해결 개입보다 항상 선행되어야 한다.

위기 상황에서는 인간중심 상담자도 위기를 경험하지 않은 내담자의 경우와는 달리 구조와 지시를 제공할 필요가 있다. 내담자가 효과적으로 기능하지 못하는 경우에는 제안, 안내, 지시 등도 필요할 수 있다. 예를 들어, 자살을 시도하는 내담자는 자해를 막기 위해 입원 조치를 취하는 것이 필요하다.

집단 상담에 적용하기 학습목표 08

인간중심 접근은 집단 상담자가 지도자가 아닌 촉진자라는 독특한 역할을 할 것을 강조한다. 촉진자의 일차 기능은 안전하고 치유적인 분위기, 즉 집단구성원들이 정직하고 의미 있는 방식으로 상호작용할 수 있는 분위기를 조성한다. 이러한 분위기에서 구성원들은 자신을 더 잘 존중하고 신뢰하며, 구성원들이 더욱 자기주도적이게 되어 자신에게 힘을 부여할 수 있게 된다. 촉진자의 존재 방식이 집단 내의 생산적인 분위기를 만들 수 있다.

> 촉진자가 참여자로 하여금 집단 과정을 신뢰하게 만들 수는 없다. 촉진자는 존중하고 돌보며 사랑하는 것을 통해 신뢰를 얻는다. 효과적인 집단 촉진자가 되는 것은 그의 '사람됨'과 깊은 관계가 있다. 촉진자 자신이 온전히 함께하며, 사려 깊고, 돌보며, 진실하며, 반응적인 역량을 지니고 있지 않다면 어떤 방법이나 기법도 신뢰를 조장할 수 없다. 여기에는 사람들에게 건설적으로 도전하는 능력도 포함된다. (N. Rogers, 2011, p. 57)

촉진자가 함께하고 여러 구성원이 지지해주는 것을 경험하면서 참여자들은 변화를 위한 고통을 혼자 경험할 필요가 없으며, 집단 전체가 변화의 자원이라는 점을 알게 된다.

칼 로저스(1970)는 촉진자가 구성원에 대한 깊은 신뢰감을 보여주며, 집단을 움직이기 위해 기법이나 과제를 사용하지 않는다면 집단이 앞으로 전진한다고 분명히 믿었다. 촉진자는 해석이나 집단 과정을 관찰한 것에 대하여 언급을 하지 않아야 하는데, 이 언급은 집단에 자의식이 생기게 하여 진행 과정을 방해하기 때문이다. 집단 과정을 관찰하는 것은 참여자들이 해야 한다. 이것은 참여자들에게 집단 진행에 대한 책임을 부여한 로저스의 철학과 부합한다. 집단 촉진자는 특정한 목표를 향해서 구성원을 이끄는 것이 아니라 구성원들이 진솔성, 수용, 공감의 태도를 발달시키도록 조력하여 구성원 스스로 집단의 방향성을 찾아 치료적 방식으로 상호작용하게 한다.

여기에서 다루는 핵심 조건은 집단 지도자의 이론적 지향과 관계없이 어떤 집단 촉진자의 방식에도 잘 적용될 수 있다. 지도자가 인간중심적인 분위기를 만들 수 있을 때 집단 내에서 진전이 있을 것이다. 이 교재에서 다루어지는 모든 이론은 상담관계의 질을 기초로 하고 있다. 앞으로 살펴보겠지만 집단 상담에서의 인지행동 접근도 작업 동맹과 협력적인 관계 형성을 강조한다. 사실 대부분의 효과적인 집단작업 접근은 인간중심 철학의 핵심 요소를 공유한다. 인간중심 집단 상담을 더 자세히 알아보려면 코리의 저서(2023, 10장)를 보면 된다.

아동 및 청소년을 대상으로 한 인간중심 접근법을 학교 상담에 적용하기 학습목표 09

이 부분은 조지 메이슨 대학교(George Mason University)의 부교수인 **샘 스틴**(Sam Steen) 박사가 제공한 것이다. 그는 다양성 연구 실천협회의 소장이고, 학교 상담 전문가 자격을 가지고 있다. 그는 학교 상담, 집단 활동, 흑인 학생들의 학업 정체성 발달 분야 전문가이다.

나는 모든 전문적 상호작용에서, 특히 학교 환경에서 아동 및 아동의 가족과 함께 상담할 때 인간중심 상담을 사용한다. 이러한 관계에서 여러분은 얼마나 '진실되고', '무비판적이며', 그리고 정말 '열린' 태도를 가지고 있는지 생각해보자. 이러한 관계 수준에 도달하는 데 얼마나 오래 걸렸는가? 이제 여러분이 학생이라고 상상해보고, 낯선 성인과 앞서 말한 관계를 맺는다고 상상해보자. 이제 학교 상담교사로서 이러한 관계를 맺고 현안 문제를 논의하는 상황을 상상해보자. 이 주제는 학교 내의 다른 동료나 성인 또는 학교 밖의 가족구성원 또는 보호자와 관련된 어려운 주제일 수도 있다.

나는 학생, 가족, 직원과 일대일 상황에서 일하게 될 때 돈독한 관계를 형성하는 데에는 시간이 걸린다는 것을 기억한다. 때로는 학교에서 1회기만 가능한 경우도 있기 때문에 치료적 동맹을 빠르게 형성해야 한다. 나는 학생이 내 사무실에 올 때까지 기다리거나, 내 집단이 이러한 관계를 구축할 때까지 기다리지 않는다. 나는 복도를 돌아다니고 버스 승차 지도감독을 하며 식당을 둘러보고 교실을 방문하고 교외 활동에 참석하는데, 이러한 노력은 종종 효과가 있다. 학생이 지지를 필요로 할 때, 나는 지속적으로 이러한 관계 위에서 발전시켜 나간다. 반면에 나는 학생과 함께 보내는 시간이 사적인 것이고(비밀보장 한계 내에서) 안전하며 정직하고 비판하지 않는다는 것을 전달하려고 노력한다. 나는 우리가 함께 모이게 된 모든 사안에 대하여 학생들이 탐색할 수 있는 안전한 플랫폼을 제공한다.

나는 소통을 시도하는데, 표정과 신체 언어 등과 같은 비언어적 의사소통을 많이 사용한다. 나는 적극적으로 경청하고 현재에 초점을 맞추며 친절과 동정심을 표현하기 위해 최선을 다한다. 나는 학생과 나 사이의 정체성이 분명히 교차하는 측면을 존중하고 인정하는 노력을 기울이고 있다. 나는 어린 학생들과 영어 학습하는 자들의 이해를 돕기 위해 때때로 부드럽고 천천히 말하기도 한다. 또한 내가 사용하는 다른 기술에는 감정과 내용의 반영이 있다. 나는 이러한 반영을 공개적으로 전달하는데, 학생들은 이러한 반영을 받아들이거나 거절할 자유가 있다. 나의 반영을 제공하거나 관찰을 표현하는 것은 나의 호기심에서 나오는 것이며, 나는 학생들이 이에 대해 피드백을 해주기를 바란다. 내가 맞다는 것이 중요한 것이 아니라 이들의 공명판이 되는 것이 중요하다. 적절한 경우에는 개방형 질문, 침묵, 심지어 유머를 사용하기도 한다.

인간중심 상담의 정신은 학생들이 그들이 원하는 방향을 결정할 수 있도록 도와주는 것이다. 나는 학생들이 성공하는 데 필요한 모든 것을 가지고 있다고 믿는다. 학생들은 자기 안에 답을 갖고 있으므로, 나의 역할은 그들에게 답을 제공하는 것이 아니다. 나의 역할은 그들의 답을 찾아낼 수 있도록 돕는 것이다. 아이들과 함께 인간중심 접근 방식을 적용하려고 노력할수록 나 자신과 다른 사람들에 대해 더 많은 것을 배우게 된다. 학생들은 자신의 인생 여정에 대한 전문가이므로 그들의 필요에 초점을 두는 것이 매우 중요하다.

인간중심 표현예술치료* 학습목표 10

나탈리 로저스(1993, 2011)는 개인과 집단에서 성장을 촉진하기 위해 표현예술을 사용하여 아버지(C. Rogers, 1961)의 창의성 이론을 확장하였다. **표현예술치료**(expressive arts therapy)로 알려진 나탈리 로저스의 접근은 인간중심 접근을 자발적인 창의적 표현으로 연장시켰는데, 이는 심층적이고 때로는 접근하기 어려운 감정과 정서 상태를 상징적으로 나타내 보여준다. 인간중심 표현예술 훈련을 받은 상담자는 내담자가 몸동작, 시각적 예술, 일기 쓰기, 소리, 음악 등으로 자신의 감정을 표현하고 이 활동을 통해 통찰을 얻도록 한다.

표현예술치료의 원리

표현예술치료는 성장, 치유, 자기발견 등의 목적을 위해 몸동작, 그림, 조각, 음악, 글쓰기, 즉흥 예술 등 다양한 예술 형식을 사용한다. 이는 마음, 신체, 정서, 내적인 영적 자원을 통합하는 다차원적 접근이다. 표현예술치료의 방법은 인본주의 원리에 기초하고 있지만, 칼 로저스의 창의성 개념에 더 충실한 형태이다. 이 접근의 원리는 다음과 같다(N. Rogers, 1993).

- 모든 사람은 타고난 창조적 능력을 지니고 있다.
- 창조적 과정은 변형적이며 치유적이다. 치유적 측면은 명상, 움직임, 예술, 음악, 일기 쓰기 등과 같은 활동을 포함한다.
- 인격의 성장과 높은 의식 수준은 자각, 자기 이해, 통찰을 통해 성취된다.
- 자각, 이해, 통찰은 슬픔, 분노, 고통, 두려움, 즐거움, 환희 등의 감정을 탐색할 때 얻을 수 있다.
- 우리의 감정과 정서는 표현예술을 통해 방출되고 변형되는 하나의 에너지원이다.
- 표현예술치료는 우리를 무의식으로 인도해서 이전에는 알지 못했던 우리의 내면을 표현하여 새로운 정보와 자각을 갖게 해준다.
- 하나의 예술 양식은 다른 양식을 자극하고 풍성하게 해주어서 우리 삶의 에너지인 내면의 중심 또는 핵심으로 우리를 이끌어준다.
- 우리 삶의 힘(내면의 중심 또는 영혼)과 모든 존재의 핵심은 연결되어 있다.

*이 부분의 자료는 『창조적 연결: 치료로서의 표현예술(The Creative Connection: Expressive Arts as Healing)』(N. Rogers, 1993)과 『집단을 위한 창조적 연결: 치료와 사회 변화를 위한 인간중심 표현예술(The Creative Connection for Groups: Person-Centered Expressive Arts for Healing and Social Change)』(N. Rogers, 2011)에 잘 기술된 주요 아이디어에 바탕을 둔 것이다. 이 자료는 나탈리 로저스와 긴밀한 협력하에 집필된 것이다.

- 우리의 핵심 또는 온전함을 발견하기 위해 내면으로 여행하게 되면 우리는 우리가 외부 세계와 연관되어 있음을 발견하게 되고, 내면과 외부가 하나가 되어간다.

다양한 예술 형식은 나탈리 로저스가 말한 '창조적 연결'로 서로 연관되어 있다. 우리가 움직이면 그것은 우리가 쓰거나 그림 그리는 방식에 영향을 미친다. 우리가 쓰거나 그림을 그리면 그것은 우리의 느낌과 생각에 영향을 미친다.

나탈리 로저스의 접근은 개인과 집단 과정에 대한 인간중심 이론에 기초하고 있다. 칼 로저스와 그의 동료들이 촉진적인 상담자-내담자 관계를 강화하는 데 기초가 된다고 제시한 조건은 여기서도 창의성이 발휘되도록 돕는다. 인격적 성장은 진실하고 따뜻하며 공감적이고 개방적이며 정직하고 진솔하며 돌보는 상담자 또는 촉진자가 만드는 안전하고 지지적인 환경에서 일어난다. 그러한 성품은 먼저 경험해보아야 배울 수 있는 특성이다. 이러한 경험을 성찰하고 평가하는 시간을 갖게 될 때 지적, 정서적, 신체적, 영적 수준에서 인격적 통합이 이루어진다.

창의성과 자극 경험

나탈리 로저스에 따르면, 온전히 자신이 되고자 하는 개인의 내적 추동에 대한 깊은 신뢰는 인간중심 표현예술 작업의 기초가 된다. 개인은 적절한 환경만 주어진다면 엄청난 자기 치유 능력을 갖추고 있다. 한 개인이 인정받고 신뢰받는 환경에서 개성을 발휘하여 계획을 세우고 프로젝트를 만들며 보고서를 쓰거나 진실할 수 있도록 지지해주면, 그 도전은 신나고 새로운 것을 유발하며 개인이 확장되는 경험을 하게 한다. 나탈리 로저스는 선천적인 창의성을 포함하여 온전히 잠재력을 발휘하고 실현하려는 경향성이 우리 사회에서 평가절하되고, 무시되며 자주 억눌린다고 보았다. 전통적인 교육기관은 창의적 사고와 창조적 과정보다는 순응적 태도를 조장하는 경향이 있다.

인간중심 표현예술치료는 심층적이고 때로는 접근하기 어려운 감정과 정서 상태를 상징적으로 보여주는 즉흥적인 창의적 표현을 하기 위해 예술을 활용한다. 창의성이 나타나도록 하는 조건에는 수용, 무비판적 환경, 공감, 심리적 자유, 자극하고 도전하는 경험해보기 등이 있다. 이 환경에 있어야 내담자의 촉진적인 내적 상태가 촉발되어 활성화된다. 내담자는 비방어적인 개방성을 경험하고, 타인 평가를 개의치 않으며, 내적 평가 준거를 경험하게 된다. 나탈리 로저스(1993)는 만일 예술가만이 창의성의 영역에 들어갈 수 있다고 생각한다면 우리는 충만하고 즐거운 창의성이라는 자원을 몰라서 버리는 것이라고 생각했다. 예술은 소수의 천재나 장인만을 위한 것이 아니다. 우리 모두 자기표현과 인격적 성장을 촉진하기 위해 다양한 예술 형식을 사용할 수 있다. 표현예술을 광범위하게 탐색하려면 『집단을 위한 창조적 연결: 치료와 사회 변화를 위한 인간중심 표현예술』(N. Rogers, 2011)을 보면 된다.

인간중심 표현예술에 대한 전문가의 관점

다음 질문에 대한 답변은 **나탈리 로저스**(Natalie Rogers) 박사가 제공하였다. 나탈리 로저스는 인간중심 표현예술 접근법의 창시자이며, 이 주제로 두 권의 책을 쓰고, 치유와 사회 변화를 위한 인간중심 표현예술 워크숍을 세계 여러 지역에서 진행해왔다.

1. 인간중심 표현예술 접근이 개인 상담 현장에 가장 크게 기여한 점은 무엇인가?

개인 상담의 실제에 있어서 우리가 가장 중요한 기여라고 믿는 것은 표현예술을 상담 회기에 도입하여 내담자가 자기 자신과 상담자와 비언어적으로 소통하는 수단으로 활용할 수 있도록 도와주는 것이다. 인간중심 표현예술(PCEA)은 개인에게 특별한 의미를 갖고 있는 무의식에서 나오는 색상, 형태, 상징을 표현할 통로를 제공한다. 이는 자신이 알지 못하는 측면을 발견하고 경험할 수 있는 새로운 언어를 제공한다. 내담자들이 이미지와 상징을 통해 경험을 나누면, 나는 내담자 관점에서 세계를 빠르게 이해할 수 있다. 내담자는 표현예술이 치유과정으로 이끄는 변화를 시각화하고 치유로 향하는 건설적인 행동을 규명하는 데 도움이 되었다고 말했다.

2. 개인 상담 또는 치료 현장에 적용할 수 있는 인간중심 표현예술 접근의 특별한 핵심 개념 두세 가지는 무엇인가?

창조적 연결.® 창조적 연결은 내가 개발한 과정인데, 이 과정은 움직임, 소리, 그림 및 일기 작성을 순차적으로 통합한다. 예를 들면, 감정을 발견하려는 의도로 움직이는 것은 깊은 깨달음으로 우리를 안내해주며, 그러한 인식은 종종 색상, 선과 형태로 표현될 수 있다. 시각예술(색상, 점토, 콜라주)과 함께 이러한 과정을 따라가면 창의성의 깊은 근원에 도달하게 되고, 이때 종종 무의식적인 자료가 드러난다. 이러한 과정은 인간중심 접근에서 제안하고 있는 안전하고 무비판적인 양육적인 환경을 필요로 한다.

칼 로저스의 인간중심적 가치와 방법을 표현예술과 통합하기. 내 작업의 기반이라고 할 수 있는 것은 각 개인이 자신의 잠재력을 충분히 발견할 수 있는 내면적 능력을 가지고 있다는 깊은 믿음과 신념이다. 칼 로저스의 많은 연구는 안전하고 평가받지 않는 허용적인 환경에서 인간적인 성장이 이루어진다는 것을 보여주었다. 이러한 환경을 주의 깊게 정의했는데, 인간중심적인 관계를 형성하는 세 가지 조건은 무조건적인 긍정적 존중, 공감 및 일치성이다. 이러한 자질(쉽게 달성하기는 어렵다)은 칼 로저스와 나의 저술 속에 자세히 정의되어 있다.

3. 개인 상담을 하는 상담자가 활용하기 좋은 인간중심 표현예술 접근의 두세 가지 기

법은 무엇인가?

가장 중요한 과정은 내담자가 이끄는 대로 따르는 것이다. 내담자가 깊은 의미를 가진 주제에 관해 이야기하지만, '무엇인가에 관해 이야기하고 있는(이야기 형태의)' 경우, 예를 들어 상사에 대한 분노라면, 나는 이렇게 말할 것이다. '그 상황에 대해서 당신이 어떻게 느끼는지 색상을 사용해서 한번 표현해보실래요? 평소에 사용하지 않는 손으로 색상을 골라서 종이 위에다가 마음 가는 대로 표현해보시겠어요?' 내담자는 종이 위에 검은색과 빨간색으로 온통 낙서를 할 수도 있다. 시각적 표현은 내담자에게 더 깊은 깨달음을 제공하며, 내담자와 상담자 사이의 더 깊은 소통을 이끌어낸다.

일반적인 용어로 말하자면, 나는 회기를 시작할 때 종종 내담자에게 짧은 명상을 제안한다. 이 명상 중에 내담자가 현재 경험하고 있는 감정이나 신체감각에 접촉할 수 있도록 한다. 상담자와의 공감적인 신뢰 관계의 정도에 따라, 순차적인 창조적 연결 과정을 제안하여 감정과 신체감각에 대하여 더 많은 정보를 얻도록 도와줄 수도 있다. 시각예술과 일기 쓰기를 한 다음에 진정한 몸놀림을 제안하여 내담자의 내면세계로의 여행에 들어가도록 안내한다. 내 경험에 따르면, 표현예술치료는 몸과 마음과 영혼에서 나오는 지혜에 접근하고 통합하는 종합적인 방법을 제시한다.

4. 인간중심 표현예술치료는 개인 상담 현장에서 다양성, 다문화 및 사회정의 문제를 어떻게 다루는가?

나의 개인적인 사명은 문화 간 협력을 통해 국제적 집단 내외에서 상호이해를 도모하는 것이었다. 표현예술과 함께 작업하는 일은 비언어적이고 상징적이며 신화적인 표현이 문화 간에 이해되는 공용어처럼 작용하여 가면과 언어적 장벽을 제거한다. 다문화 집단에서 우리 참가자는 종종 표현예술 과정이 공통된 언어로 이해를 이끌어내는 다리 역할을 한다고 언급한다. 안전하고 무비판적이며 인간중심적인 환경을 조성하는 것은 매우 중요한데, 이는 다양한 문화적 배경의 개인이나 집단이 자신의 진정한 태도와 감정을 드러낼 수 있게 해준다. 나와 동료들은 유럽, 멕시코, 일본, 러시아, 남미, 한국, 미국을 비롯하여 전 세계에서 표현예술을 통해 문화 간의 다리를 놓고 있다. 인간중심 표현예술을 활용하여 다양성, 다문화 및 사회정의 문제를 다루면 우리는 모두 희망과 열망, 고통, 분노 및 사랑을 가진 인간임을 이해하게 된다. 나는 세계 곳곳에서 작업하면서, 우리가 저마다 지닌 창의성을 개발하는 것이 평화와 이해를 증진하는 것임을 깨달았다.

5. 인간중심 표현예술치료를 단기 상담(또는 시간제한 상담)에 어떻게 적용할 수 있는가?

인간중심치료의 가장 중요한 측면 중 하나는 내담자가 경험하는 그대로 세상을 이해하는 것이다. 내담자와의 돈독한 관계를 형성하는 것은 모든 상담자에게 기본이다. 나는 공감적이고 일치하는 태도와 배려가 단기치료나 장기치료에 관계없이 모든 상담 과정에서 필수적인 요소라고 믿는다. 인간중심 표현예술은 교육, 병원, 호스피스, 사회복지, 상담 및 직장을 포함하여 다양한 상황에서 활용되고 있다. 논문에 따르면, 인간중심 표현예술은 교육적 환경, 의사결정, 그리고 직장에서도 사용되고 있다.

6. 당신의 관점에서 볼 때, 인간중심 표현예술 접근의 현재와 미래는 어떠한가?

현재 인간중심 표현예술(PCEA)의 현황을 보고하는 것은 흥미로운 일이다. 우리는 지속적으로 진화하고 있는 표현예술의 분야에서 인정받는 전문성을 갖추게 되었다. 미국, 일본, 한국, 아르헨티나, 홍콩에서 400시간의 교육 프로그램을 세계 각지의 수백 명의 PCEA 전문가들과 함께 제공한 지 30년이 되고 나니, 우리는 강한 가치와 깊은 유대를 갖는 공동체가 되었다. 우리는 매년 두 번의 국제학술대회를 개최하고, 웹사이트와 소셜 미디어 커뮤니케이션을 만들었으며, 캘리포니아 소피아 대학교를 통해 계속해서 인증 프로그램을 진행하고 있다.

우리는 마음, 몸, 감정, 영혼을 통합하는 것에 대한 깊은 필요성을 이해하고 있다. 언어적인 상담은 항상 필수적일지라도 상담 과정의 일부는 창의적인 생명력을 일깨우는 것이다. 인간중심 표현예술은 인본주의 표현예술가, 컨설턴트, 교육자, 상담자로 이루어진 국제적이고 다문화적인 네트워크이다. 우리는 창의성, 성장, 변형을 촉진하기 위한 교육, 연구, 자원, 지도를 제공한다. 우리는 사람들이 창의력을 활용하여 돈독한 인간관계와 지구촌을 하나로 연결하는 세상을 꿈꾸고 있다.

인간중심 표현예술 관점에 관한 토론 질문

1. 표현예술치료에 여러분이 참여하면 어떨 것이라고 상상하는가?
2. 나탈리 로저스는 다음과 같이 말한다. "다문화 집단에서 참가자는 종종 표현예술 과정이 공통된 언어와 이해를 위한 다리와 같은 역할을 한다고 말한다. 다양한 문화적 배경을 가진 사람이나 집단이 자신의 진정한 태도와 감정을 드러내기 위해서는 안전하고 무비판적이고 인간중심적인 환경을 조성하는 것이 매우 중요하다." 만일 예술이 모든 사람에게 공통된 언어를 제공한다면, 표현예술을 상담 회기에 도입하는 것이 다문화적인 내담자에게 어떤 이점을 가져올 수 있는가?
3. 나탈리 로저스는 다음과 같이 진술했다. "내담자와 신뢰 관계를 형성하는 것은 모든 상담자들에게 근본이 되는 것이다. 나는 공감적이고 일치하는 태도와 배려가 단기치료나 장기치료에 관계없이 모든 상담 과정에서 필수적인 요소라고 믿는다." 여러분은 어떻게 내담자와의 신뢰 관계를 형성해 나갈 것인가?

다문화적 관점에서 본 인간중심 상담 학습목표 11

다양성 관점에서 본 장점

인간중심 접근의 장점으로는 다양한 문화 집단에서의 인간관계 분야에 미친 영향력을 들 수 있다. 인간중심 철학과 상담은 유럽의 여러 국가, 남아메리카, 일본 등에서 연구되고 있다. 이 접근이 여러 나라와 문화에서 활용되는 것을 보여주는 몇 가지 사례가 있다.

- 유럽의 여러 나라에서 인간중심 접근의 개념은 상담 현장뿐만 아니라 교육, 다문화 의사소통, 인종과 정치적 긴장 완화 등에도 중요한 영향을 끼쳤다.
- 1970년대에 로저스와 동료들은 다문화 의사소통을 증진시키는 워크숍을 진행하기 시작했다. 그는 1980년대 들어서 세계 여러 곳에서 대규모 워크숍을 진행했다. 국제적인 참만남집단은 참여자들에게 다문화 경험을 제공했다.
- 일본, 오스트레일리아, 남아메리카, 멕시코, 영국 등은 모두 인간중심 접근의 개념을 수용하여 그들의 문화에 맞게 적용하였다.
- 로저스는 사망 직전에 구소련에서 전문가들을 대상으로 집중 워크숍을 진행했다.

로저스가 세계적 영향을 끼쳤다는 점은 의심의 여지가 없다. 그의 업적은 30개국 이상에 알려졌고, 그의 저술은 12개 언어로 번역되었다. 핵심 조건에 대한 강조로 인해 인간중심 접근은 다양한 세계관을 이해하는 데 유용하게 사용되었다. 내담자중심치료의 기본 철학은 내담자의 심층적인 메시지를 듣는 것이 중요하다는 점에 있다. 공감, 현재에 존재하기, 내담자의 가치 존중은 문화적으로 다양한 내담자를 상담하기 위해 필요한 핵심 태도와 기술이다. 인간중심 상담자는 내담자 문화의 다양성 측면을 알고 있기는 하지만 개인에 관한 선입견을 갖지는 않는다(Cain, 2010, 2013). 상담자는 각 내담자의 여정이 독특하기 때문에 자신의 방법을 개개인에게 맞추어야 한다는 것을 알고 있다.

인간중심치료는 다양한 세상의 내담자에게 이상적으로 맞추려고 한다고 믿는 학자들이 있다. 보하르트와 왓슨(Bohart & Watson, 2020)은 인간중심 접근이 다양한 내담자를 상담하는 데 특히 더 적합하다고 주장했는데, 이는 상담자가 내담자에게 '올바른 생활방식'을 요구하는 전문가 역할을 하지 않기 때문이다. 대신 상담자는 관심을 가지고 수용하며 열린 태도로 내담자의 현상학적 세계를 이해하려고 노력하며 자신의 이해가 정확한지를 내담자와 함께 확인해가는 '동료 탐색가'이다.

다양성 관점에서 본 약점

비록 인간중심 접근이 다양한 사회적, 정치적, 문화적 배경의 사람들을 상담하는 데 중요한 공헌을 했지만 이 틀 안에서만 상담하는 것에는 한계가 있다. 지역사회 정신건강센터에 오는 내담자나 외래 상담을 받는 내담자는 이 접근보다는 더 구조화된 틀을 원한다.

위기를 다루고, 정서 문제를 완화시키며, 일상적 문제를 다루는 적응 기술을 가르쳐주는 전문가의 도움을 찾는 내담자도 있다. 이 내담자는 상담자가 안내와 조언을 제공할 것을 기대하기 때문에, 이 비구조화된 접근을 받아들이지 못할 수도 있다. 수와 그의 동료들(Sue et al., 2022)은 많은 아시아계 미국인 내담자들이 상담자에게 능동적인 역할을 기대한다고 했는데, 상담자가 상담 회기를 구조화하고 상담에 최선의 방법으로 참여하는 방법에 대한 내담자의 기대를 파악해주기를 바란다고 주장했다. 또한, 수와 그의 동료들은 많은 아시아계 미국인 내담자에게는 시간제한 상담을 제공하고, 구체적인 문제해결과 현재나 즉각적인 미래에 초점을 두는 것이 적절하다고 하였다.

인간중심 접근의 두 번째 단점은 어떤 문화에서는 핵심 치료 조건을 실제 상담으로 실현하기가 어렵다는 점이다. 이 핵심 조건에 대한 의사소통은 내담자의 문화적 구조와 일치해야 한다. 예를 들어, 상담자의 진솔성과 공감을 고려해보자. 우회적인 의사소통에 익숙한 내담자는 직접적인 공감 표현이나 상담자의 자기개방이 불편할 수 있다.

인간중심 접근을 다양한 문화 배경의 내담자들에게 적용할 때 생기는 세 번째 단점은 이 접근이 내적 평가기준을 최고로 여긴다는 점이다. 인간중심치료의 인본주의적 토대는 자각, 자유, 자율, 자기수용, 내적 지향성, 자기실현 등의 영역을 강조한다. 케인(2010)은 "집단적 문화에서 온 사람들은 자기실현보다는 다른 사람과의 친밀, 연결, 조화를 추구하며, 공동체와 공공의 이익을 위해 노력한다."(p. 143)고 지적하였다. 집단주의 문화에서 온 내담자들은 가족을 우선시하고 내담자의 결정이 가족들에게 미치는 영향을 고려하여 개인주의적 관점을 수정할 필요를 느낀다. 공공의 이익을 강조하는 문화에서는 개인적 자율이나 인격적 성장의 개발에 초점을 맞추는 것이 이기적인 모습으로 보일 수 있다.

자신의 이익보다는 가족의 이익을 우선시하는 라틴계 내담자인 루페의 예를 생각해보자. 인간중심 관점에서는 그녀가 가족 내에서 다른 사람을 돌보는 역할에 전념하는 것을 '자신의 정체성을 상실할' 위험에 처한 것으로 여긴다. 상담자는 그녀가 개인적 욕구를 우선시하도록 하기보다는 루페의 문화적 가치가 무엇인지와 이 가치를 얼마나 따르려고 하는지를 탐색해야 한다. 그녀가 어떤 여성이 되어야 할 것인지에 대한 상담자의 의견을 이야기하는 것은 부적절하다.

이러한 단점에도 불구하고 인간중심 접근은 다양한 문화의 내담자와 상담할 수 있는 많은 기회를 제공한다. 어느 집단에나 다양성은 존재하며, 다양한 상담 방식이 사용될 수 있다. 문화적으로 다양한 내담자를 상담하기 위해서는 일반적인 인간중심 접근에서보다는 더 많은 활동과 구조화를 필요로 할 수 있지만, 문화적으로 다른 내담자에게 공감적으로 반응하는 상담자의 긍정적 영향은 아무리 강조해도 지나치지 않는다. 모든 사람은 똑같지 않기 때문에 모든 인간의 상호작용은 다양한 개인 간의 상호작용이다. 같은 집, 같은 지역, 같은 부모님 밑에서 함께 자란 두 자매조차도 서로 다른 관점과 경험을 갖게 된다. 상담자는 자신의 문화적 가정과 눈에 보이지 않는 시야를 인식하기 위해 노력해야 하며, 이를 통해 내담자와 진정성 있는 대화를 이룰 수 있도록 열린 자세로 다가가야 한다.

스탠의 사례에 적용된 인간중심 상담

스탠의 자서전적 글을 보면 그는 자신의 인생에서 무엇을 원하는지를 알고 있다. 인간중심 상담자로서 나는 공식적인 평가나 진단보다는 그가 자신에 대해 이야기한 보고를 활용한다. 나의 관심은 그의 내적 참조체계로부터 그를 이해하는 것이다. 그는 자신에게 의미 있는 목표에 대해 언급했다. 그는 변화하려는 동기를 가지고 있으며, 이러한 원하는 변화를 위해 노력해야 할 만큼 불안한 상태이다. 나는 스탠이 자신의 길을 찾을 능력이 있다는 점을 믿으며, 상담 목표를 이루기 위해 필요한 자원을 가지고 있다고 생각한다. 나는 스탠으로 하여금 그가 생각하는 현재의 자신과 장차 되고 싶은 모습 사이의 차이, 실패하고 부적합한 상태에서의 느낌, 두려움과 불확실함, 그리고 이따금 일어나는 절망에 대해 자유롭게 이야기하도록 격려한다. 나는 스탠이 자신의 자기개념 중 위협적인 측면을 탐색할 수 있도록 자유롭고 안전한 분위기를 만들기 위해 노력한다.

스탠은 자존감이 낮다. 그는 다른 사람이 정말로 자신을 좋아한다고 생각하기가 어렵지만 다른 사람의 사랑을 받고 싶다. 스탠은 "저는 적어도 몇 명만이라도, 특히 여자들을 사랑하는 법을 배우고 싶어요."라고 말한다. 그는 다른 사람과 동등하다는 느낌을 가지며 자신의 존재에 대해 죄책감을 느끼고 싶지 않지만 여전히 계속 자신이 열등하다는 생각을 하고 있다. 나는 지지적이고 신뢰하며 격려하는 분위기를 만들어 스탠이 강점과 한계를 포함한 자기 자신을 수용할 수 있도록 돕고자 한다. 그는 여성에 대한 두려움, 다른 사람과 함께 일하기 어려움, 부적합하고 멍청하다는 느낌 등을 개방적으로 표현하게 된다. 부모나 권위 있는 사람들로부터 평가받았을 때 어떤 느낌이었는지를 탐색한다. 그는 죄책감(그가 부모의 기대에 부응하지 못했으며 부모와 자신을 실망시켰다)을 표현한다. 그는 자신의 상처를 과거에 사랑받지 못하고 선호의 대상이 아니었던 경험에 연관시킨다. 그는 그가 자주 경험하는 외로움과 고립감뿐만 아니라 술과 약물로 이 감정을 무마시키고 싶은 욕구를 표현한다.

스탠은 더 이상 아주 외롭지는 않다. 왜냐하면 내가 그의 사적 감정의 세계로 들어가도록 허용하는 모험을 감수하기 때문이다. 스탠은 점차 자신의 경험에 예리하게 집중하여 자신의 감정과 태도를 명료하게 표현할 수 있다. 즉, 우리의 상담관계를 통해 스탠이 자기 패배적 방식을 버리게 된다. 우리 관계에서 그가 나로부터 경험하는 돌봄과 신뢰로 인해 스탠의 자신에 대한 신뢰와 확신이 커질 수 있다.

나의 공감을 통해 스탠은 자신의 목소리를 듣게 되고 깊은 수준의 자신을 만나게 된다. 스탠은 점차 자신의 내면의 소리에 민감해지고 주위의 다른 사람들의 확인에 덜 의존하게 된다. 상담이라는 모험을 통해 스탠은 자신이 의존할 수 있는 누군가가 있다는 것을 알게 된다. 그 사람은 바로 자기 자신이다.

자기성찰을 위한 질문

- 여러분은 스탠의 깊은 자기 의심에 어떻게 반응할 것인가? 여러분은 스탠의 참조체계에 들어가서 공감적 태도로 반응해서, 여러분이 조언이나 제언을 하지 않으면서 그의 고통과 어려움을 경청하고 있다는 것을 스탠이 알 수 있도록 할 수 있는가?
- 여러분은 스탠의 깊은 어려움과 노력을 어떻게 표현할 수 있는가? 그의 세계에 대해 어떤 생각이 드는가?
- 여러분이 스탠과 형성할 관계가 어느 정도까지 그를 긍정적인 방향으로 나가게 할 것이라고 생각하는가? 스탠이나 여러분 속에 있는 어떤 것이 혹시 상담관계 형성에 방해가 될 것이라고 생각하는가?

이러한 관점에서 스탠을 상담하는 나의 상담 시연을 보기 원한다면, MindTap의 7장 5회기 '인간중심 상담'의 '스탠의 사례' 동영상 퀴즈를 참조하라. 이 회기는 우리 상담관계의 즉시성을 탐색하는 것과 스탠이 자신의 길을 찾아가도록 조력하는 일에 초점을 두었다.

그웬의 사례에 적용된 인간중심 상담*

그웬은 매우 천천히 움직이며 상담실에 왔다. 그녀는 지난 며칠간 아팠다고 이야기했다. 몸의 어느 부분이 아픈지를 묻자 온몸이 다 아프다고 이야기했다.

그웬: 밤새 잠을 못 자고 온종일 피곤을 느껴요. 고통을 견뎌내려 하지만 그냥 주저앉아 일어나고 싶지 않아요.

상담자: 그 감정에 대해 좀 더 말해보세요.

그웬: 주저앉아 죽겠다는 것은 아니에요. 잠시 삶에서 벗어나 쉰다는 것이지요. 축 가라앉고 스트레스 받고 있어요.

그웬의 고통이 그녀의 일주일 생활에 어떤 영향을 미치는지 알기 위해 회기 시작할 때 간단한 척도를 실시했다. 결과평가척도(Outcome Rating Scale: ORS)는 스콧 밀러(Scott D. Miller)가 개발한 간단한 질문지로서 지난 1주일간 얼마나 잘 생활했는지(개인적, 대인관계적, 사회적, 전반적 행복)를 평가한다. 나는 이 척도가 그녀의 현재 기능과 감정 수준을 금방 알 수 있게 해줄 것이라고 설명했다. 또한 이 척도는 어떤 생활 영역이 가장 스트레스를 주는지를 알게 해준다. 그웬은 빨리 질문지를 완성했고 그 결과 개인적 행복과 대인관계가 그녀에게 가장 힘든 영역으로 나타났다. 이 평가 결과를 가지고 우리 상담관계가 그녀의 전반적인 행복에 어떻게 기여하는지를 논의하기 시작했다.

상담자: 그웬, 이 정보가 당신에게 도움이 되면 좋겠어요. 오늘 어디서부터 이야기를 시작할까요?

그웬: 개인적 행복을 다루고 싶어요. 바쁜 일상으로 돌아가기 전에 잠시 긴장을 풀고 쉬고 싶어요. 여기저기 뛰어다니느라 정말 피곤했어요. 제가 '과부하' 모드로 살고 있나 봐요. 이 생활방식을 벗어날 준비는 되어있어요. 제 삶의 균형을 유지할 수도 있었는데, 그렇게 하지 못해서 몹시 아팠던 것 같아요. 이것이 제가 겪고 있는 스트레스예요. 긴장이 느껴져요.

상담자: 당신이 이야기한 '과부하'에 대해 좀 더 이야기해보세요.

그웬: 저는 집을 정돈하는 것과 엄마의 건강관리팀이나 보험사와 싸우는 일 속에서 항상 왔다 갔다 해요. 나는 고되게 일하고 집에 와서도 집안을 정돈해야 해요. 저는 너무 많은 방면으로 발을 걸치고 있어서 하루를 마칠 때에도 여전히 어디선가 저를 찾고 있어서 쉴 수 없는 거예요. 밤에 누워도 마음에서는 책임감이 요동쳐요. 가끔 머리를 감싸 안고 모든 것이 사라져버리기를 바라는데, 그러면 최소한 밤에는 조금 편안해져요. 제가 버리기 전에는 그것 중 어느 것도 사라지지 않을 거예요. 제 삶에 휴식을 위한 공간을 만들기 위해 노력해야 해요.

상담자: 당신이 '과부하'에 대해 설명하는 것을 들으니 당신이 제 심장을 마구 뛰게 만드는 것 같아요. [즉시성] 당신의 많은 책임이 사라지지 않을 것을 알고 있지만, 당신은 그것을 다룰 방법을 찾아서 당신 삶에서 더 평안을 얻고 싶군요.

그웬: 그래요. 그러나 어디서부터 시작해야 할지 모르겠어요. 쉴 시간을 찾을 수 없어요.

상담자: 무엇부터 해야 할지, 당신을 위한 시간을 찾을 수 있을지 모르겠다는 것이군요. 당신은 언제 좀 편안해지는지 궁금해요.

그웬: 업무에서 과제를 마치고 저만의 시간을 가질 때가 제일 좋아요. 제가 할 일의 목록에서 어떤 것을 완성했다고 표시할 때가 좋아요. 큰 과제를 마쳤을 때 목욕하는 하루를 만들어서 나 자신에게 보상을 주곤 했어요. 그런데 오랫동안 그것을 못 해왔어요.

상담자: 지금 당신이 이야기하는 것을 보니 당신이 과제를 마쳐 완성 표시를 하고 자신을 위한 시간을

*켈리 커크시 박사는 인간중심 관점에서 사고하는 방식과 상담 실제를 기술하며 이 모델을 그웬에게 적용하고 있다.

가질 때 얼마나 당신이 신났는지를 알겠어요. 그 때가 당신 자신에 대해 정말 좋게 느끼는 때인가 봐요. 일을 완성한 후 당신 자신도 돌볼 필요를 느낄 때 말이에요.

그웬: 엄마를 돌보기 전에는 일주일에 3일은 체육관에 갔어요. 춤추기와 요가를 좋아해요. 그것은 정말 스트레스 수준을 낮춰주거든요. 생활이 바빠질수록 일만 하고 살지요.

상담자: 정말 지치겠어요. 당신은 엄마, 남편, 크는 아이들, 동료, 다른 모든 사람을 돌보잖아요. 그런데 당신 자신은 돌보지 않아요. 지금 당장 당신의 욕구를 충족하면 얼마나 좋겠어요?

그웬: 아니에요. 전 완전히 자신을 포기했어요. 다 닳아 없어진 것 같아요.

상담자: 다 닳아 없어진 것에 대해 좀 더 말해보세요.

그웬: 닳아 없어졌다는 표현은 좀 극단적이네요. (그웬이 미소 짓는다.) 제 몸이 천천히 일하고 저에게 집중하라고 명백하게 말해줘요.

상담자: 한쪽에서는 이 속도를 유지할 수 없으니 자신을 돌보라고 말하는데, 다른 한쪽에서는 '그웬, 너에게 주어진 것을 모두 해야 해.'라고 말하는군요.

그웬: 맞아요. 저에게 관심을 가져본 지 오래되었어요. 소리 내어 이 이야기를 하니 슬프네요. 무엇인가 다른 일을 하고 싶어요. 작은 일이라고 해도요.

상담자: 당신은 휴식의 필요성을 몰랐던 자신에게 실망했는데, 이제 작은 변화를 시도하기로 결심한 것 같군요. 무엇을 다르게 할지 정해볼까요?

그웬: 저를 우선시하고 싶어요. 일을 잠깐 쉬면서 그 시간에 저를 돌보는 일을 시작할 수 있지요. 전에는 책상에서 스트레칭을 하거나 건물 주위를 산책하곤 했어요. 사실 그렇게 하는 것이 재미있어요. 일하면서 만보 걷기 도전을 해보기도 했어요. 좋았어요. 왜 그 모든 것을 그만두었는지 모르겠어요. 그냥 저보다 모든 사람과 모든 일을 우선시했어요. 심지어 점심시간에 하는 댄스 수업도 가곤 했어요. 그런 작은 일이 얼마나 저에게 행복을 주었는지를 잊고 있었어요.

상담자: 그런 활동을 당신 생활에서 사라지게 한 것이 후회스럽군요. 당신을 조금만이라도 우선시하면 어떨 것 같아요?

그웬: 15분 정도 저를 위해 무엇인가 할 시간을 낼 수 있을 거예요. 제 머리를 단정하게 만들 수 있겠지요. 일과 중 짧은 휴식이 도움이 될 수 있어요. 저 자신을 돌본 지 오래되었어요.

상담자: 당신이 생활양식을 변화시킬 때 안전하게 하면 좋겠어요. 당신이 경험하는 고통과 신체 증상의 원인을 알기 위해 주치의에게 건강 검진을 부탁하도록 제안하고 싶어요.

그웬: 좋습니다. 그렇게 할게요.

상담자: 가기 전에 회기평가척도(Session Rating Scale: SRS) 질문지를 작성해주세요. 우리 관계, 목표 및 주제, 상담 접근 및 오늘 상담 전반 등 네 가지 주제에 대해 오늘 상담을 평가하면 됩니다. 회기 시작할 때 했던 척도와 유사합니다.

그웬은 금방 척도질문지를 완성하여 제출했다. 그녀는 상담자가 자신의 이야기를 들어주었으며, 논의하고 싶었던 주제를 다루었다고 반응했다. 그녀는 회기에서 놓친 것이 있다고 표시했는데, 이를 통해 우리는 그것이 무엇인지를 알아볼 기회를 갖게 되었다. 결과평가척도와 회기평가척도를 사용해서 그녀 자신의 변화에 대한 피드백과 상담 회기에 대한 그녀의 인식을 알 수 있다. 나는 상담자로서 이 피드백을 달라고 하는데, 이것이 그웬의 관점을 이해하는 유용한 방법이라고 생각한다. 나는 그웬과의 협조적인 관계 속에서 그녀의 피드백에 기초해서 그녀에게 맞추어서 상담을 진행하려고 노력한다. 그웬은 자신이 느끼는 것에 대해 다음과 같이 말하였다.

그웬: 긴장 정도가 처음 여기 왔을 때와는 확실히 달라요. 제 가슴에서 무엇인가 떼어내야 했어요. 제가 다음에 무엇을 해야 할지에 대해 당신의 조언을 듣고 싶었지요. 당신이 마법 같은 답변을 갖고 있지 않다는 것을 알아요. 그러나 그것이 제가

바라는 것이에요.

상담자: 솔직한 피드백 고마워요. 당신이 이 상담 회기와 당신 삶을 지휘하는 지휘자가 되는 것이 이 상담의 목표입니다. 당신이 이끌어가게 되면 당신 자신의 해결책이 떠올라 당신의 문제를 해결하도록 도와줍니다. 오늘 상담에서 당신은 스트레스 영역을 명확하게 했고 과거에 평안과 휴식을 주었던 활동과 다시 연결되었어요. 당신은 자신 안에 있는 당신의 답변을 찾을 수 있는 능력을 가지고 있었던 것입니다.

인간중심치료는 내담자가 회기에 가져온 주제에 의해 진행되는 협력적인 여행이다. 나는 그웬을 괴롭히는 것에 대해 그녀가 이끄는 대로 따라갔으며, 그녀가 원한다고 말한 틀 내에서 상담을 진행하였다. 나는 그녀가 자기 신뢰를 회복하고 자신의 개인적 힘과 가치에 대한 느낌을 다시 가지려고 노력할 때 그녀의 도전에 대해 공감과 동감을 보여주었다.

자기성찰을 위한 질문

- 결과평가척도나 회기평가척도와 같은 척도를 사용해서 내담자의 피드백을 받는 것에 대해 어떻게 생각하는가?
- 그웬은 상담자에게서 더 많은 제안을 얻고 싶어 했다. 여러분이 그녀의 상담자라면 그녀가 여러분에게서 더 지시를 받고 싶어 할 때 어떻게 개입할 것인가?
- 인간중심치료가 여러분의 인간됨과 어떤 면에서 어울리는가? 이 회기의 상담자처럼 대부분의 시간 동안 내담자 이면에 있는 메시지를 확인하는 것이 편안한가?
- 인간중심 상담자는 자주 갈등이나 어떤 주제의 대립적 측면을 명확하게 한다. 그웬과의 대화에서 언제 상담자가 이렇게 하였는가?

요약과 평가

요약

인간중심 상담은 자기실현을 향한 내적 추구를 가정하는 인간 본성에 대한 철학을 기반으로 하고 있다. 인간 본성에 관한 칼 로저스의 관점은 현상학적이다. 즉, 우리는 현실에 대한 우리의 지각에 따라 우리를 구조화한다. 우리는 우리가 지각한 현실에서 우리를 실현하려고 노력한다.

로저스의 이론은 내담자는 자신에게 스트레스를 주는 자기 삶의 요인을 알 수 있다는 전제를 근거로 삼고 있다. 내담자는 자기 방향성과 건설적인 개인 변화 능력을 지니고 있다. 진솔한 상담자가 불안하고 불일치 상태에 있는 내담자와 심리적 접촉을 하면 변화가 일어난다. 상담자가 내담자가 진솔하고 수용적이며 이해받고 있다고 지각하는 관계를 만드는 것이 필수적이다. 치료적 상담은 '나/너', 또는 인간 대 인간의 관계에 기초해서 내담자가 방어를 벗어버리고 그동안 부인하거나 왜곡해온 측면을 수용하고 통합하도록 하는 안전하고 수용적 환경에서 이루어진다. 인간중심 접근은 상담자의 지식, 이론, 기법보다 내담자와 상담자 간의 개인적 관계를 더 강조한다. 이 관계의 맥락에서 내담자는 자신의 성장 가능성을 촉발시켜서 점차 자신이 될 가능성이 있는 그 사람이 더 되어간다. 아주 많은 연구가 상담의 효과와 성과에서 심리치료의 인간적 요소(내담자 요인, 상담자 효과, 치료적 동맹)가 상담 모형이나 기법보다 훨씬 더 중요하다는 점을 지지한다(Elkins, 2016).

인간중심 접근은 상담의 방향에 대한 일차적 책임을 내담자에게 둔다. 상담 맥락에서 개인은 스스로 결정할 기회를 가지면서 자신의 내적 능력을 경험하게 된다. 그 전제는 누구도 내담자만큼 그를 아는 사람은 없다는 것이다. 즉, 내담자는 자신의 삶에서 전문가이다(Cain, 2010). 상담의 일반적 목표는 경험에 더 개방적이 되고, 자기 신뢰를 구축하며, 내적 평가 자원을 개발하고, 기꺼이 지속적으로 성장하는 것이다. 내담자에게 특정 목표가 제시되는 것이 아니라, 내담자가 자신의 가치와 목표를 선택한다. 최근에는 이 이론을 적용하면서 초창기보다 상담자의 적극적인 참여를 강조한다. 이제 상담자가 상담관계에 인간으로서 온전히 관여하는 것을 권장한다. 상담에서 일어나고 있는 일에 적합하다면 상담자가 자신의 반응과 감정을 표현하는 것이 많이 허용된다. 인간중심 상담자는 내담자와의 관계에서 존재하는 지속적인 감정에 투명해지기 위해 노력한다(Watson et al., 2011). 각 내담자에게 가장 잘 맞게 적응하고 조율하는 것은 상담자가 해야 할 몫이고, 이는 상담 과정에서 방법을 적용할 때 유연성을 발휘해야 한다는 것을 의미한다. 인간중심 접근의 적용은 내담자의 고유의 필요와 선호에 맞추어서 해야 한다(Cain, 2010; Norcross & Cooper, 2021; Norcross & Wampold, 2018, 2019).

인간중심 접근의 공헌 학습목표 12

70여년 전 칼 로저스가 비지시적 상담을 시작했을 때에는 다른 상담 모형이 거의 없었다. 이 모형이 이렇게 오래 지속된 점은 그 영향력을 평가할 때 고려해야 할 요소이다. 로저스와 그의 이론은 상담과 심리치료 분야에 중요한 영향을 끼치고 있다. 1940년대에 그가 혁명적인 생각을 도입했을 때 그는 당시 시행되던 정신분석과 지시적 접근에 대한 강력하고 급진적인 대안을 제시했다. 로저스는 상담의 초점을 상담자의 권위에 대한 의존과 기법에 대한 강조로부터 상담관계의 효력에 대한 강조로 전환하게 한 개척자였다. 오늘날 상담자는 로저스의 기본 개념이 모든 상담 이론에 깊이 배어 있음을 깨닫게 될 것이다(Hazler, 2022).

앞서 살펴본 대로 나탈리 로저스는 치유와 사회적 변화(특히 집단 상황에서)를 촉진하는 매개로 표현예술을 활용하여 인간중심 접근의 적용에 큰 기여를 했다. 그녀는 개인의 치유와 발전을 위해 비언어적 방법을 사용하여 인간중심 접근이 한층 더 진화하는 데 이바지했다. 언어로 자신을 표현하기 어려워하는 많은 사람들이 비언어적 도구와 표현예술을 통해 자신을 표현할 수 있는 새로운 기회를 찾게 되었다(N. Rogers, 2011).

커센바움(Kirschenbaum, 2009)은 로저스의 업적의 범위와 영향은 그의 죽음 이후에도 계속되어 인간중심 접근이 여전히 살아있고, 활성화되며, 확장된다고 주장하였다. 현재 인간중심 접근은 단일한 접근법이 아니며 계속 진화하는 수많은 인간중심 심리치료가 있다(Cain, 2010). 인간중심 상담자는 점진적으로 내담자를 돕기 위해 다른 이론적 접근에서 개념과 방법을 채택하기도 한다(Cain, 2016). 어떤 상담자는 전적으로 인간중심 이론적 접근을 고수한다고 주장하지만 이 접근의 철학과 원리는 대부분의 상담자의 상담에 녹아 있다. 다른 치료학파도 치료적 변화의 핵심 요소로 상담관계의 중요성을 점점 더 인정하고 있다.

연구에 대한 강조 심리치료 분야에 칼 로저스가 기여한 것 중 하나는 그가 자신의 개념을 검증 가능한 가설로 기술하고 연구를 실시한 점이다. 그는 사실상 상담 심리치료 분야를 연구에 개방하였다. 그는 상담 회기의 녹취록을 비판적으로 검토하도록 하고 상담자-내담자 대화를 연구 기법으로 분석하기를 주장한 진정한 개척자였다. 케인(2010)에 따르면, 70여 년간의 방대한 연구 결과들이 인간중심 접근의 효과를 지지한다. 이 연구는 세계 곳곳에서 계속되고 있으며, 효과적인 심리치료를 구성하는 요소가 무엇인지에 대한 우리의 이해를 계속 확장 및 수정해주고 있다. 머피와 조지프(Murphy & Joseph, 2016)는 다음과 같이 예상했다. "미래에는 널리 활용되는 유연하고 효과적이며 근거중심치료를 제공하는 인간중심 경험치료를 상상하게 된다"(p. 210).

로저스의 비평가들조차도 로저스는 다른 사람들로 하여금 상담 과정과 성과에 대해 집중적인 연구를 하도록 자극을 주었음을 인정한다. 로저스는 심리학이 인간의 내적이고 주관적인 경험을 다룰 수 있는 새로운 과학적 탐구 방법을 개발하도록 도전하였다. 상담과 성격 변화에 대한 그의 이론은 엄청나게 큰 발견을 촉진하였다. 이 접근법에 관한 논쟁에도 불구하고, 그의 업적은 실무자와 이론가로 하여금 자신의 상담 방식과 신념을 검토하도록 도전해왔다.

인간중심 접근법의 한계와 비판

나는 인간중심 상담자가 가설과 상담 과정을 과학적 연구자료로 기꺼이 내놓은 점을 칭찬했지만 어떤 연구자들은 그러한 연구가 가지고 있는 방법론적 오류를 비판하기도 한다. 실제 상담을 받으러 온 사람이 아닌 통제집단을 사용한 점, 미처치 통제집단을 사용하지 않은 점, 위약 효과를 고려하지 못한 점, 상담 성과 측정 방법으로 주로 자기 보고에 의존한 점, 부적절한 통계 절차를 사용한 점이 과학적 한계로 지적된 것들이다. 공평하게 보자면 이 비판은 다른 많은 상담 접근에 대한 연구에도 해당된다.

인간중심 접근과 실존주의적(경험적) 접근이 함께 가지고 있는 유사한 한계가 있다. 두 상담 모형 모두 내담자 행동의 변화를 가져오는 기법의 역할을 강조하지 않는다. 심리치료 매뉴얼이나 특정 장애에 대한 매뉴얼화된 상담 방법을 선호하는 사람들은 이 경험적 접근에서는 효과가 증명된 기법과 전략에 관심을 보이지 않는 것이 심각한 한계라고 생각한다. 정신건강 분야에서 근거중심 실무가 말하는 책무성을 강조하는 사람들도 경험적 접근에 대해 상당히 비판적이다.

그러나 나는 심리치료에서 매뉴얼화된 상담 방법이 황금률이 될 수 없다고 생각한다. 기법은 내담자 성과의 15% 정도만 설명력이 있는 반면(Duncan et al., 2010), 맥락적 요인은 상담에서 일어나는 일에 강력한 영향력을 미친다(Elkins, 2009, 2012, 2016). 연구에 따르면, 관계적인 요인과 내담자 요인이 효과적인 상담의 주요 예측 변인이다. 게다가 근거중심 실무에 대한 평가는 상담자의 전문성, 내담자의 성격, 문화, 선호 등을 고려한 연구까지 포함하게 되었다(Norcross et al., 2017; Norcross & Wampold, 2019).

인간중심 접근이 가질 수 있는 잠재적 한계는 훈련 중인 학생이나 이 접근을 사용하는 상담자가 내담자에게 도전하는 일 없이 지지만 하는 경향을 보일 수 있다는 것이다. 이 접근의 기본 개념에 대한 오해로 인해 어떤 사람들은 상담자 반응과 상담 방식으로 주로 반영과 공감적 경청만 사용한다. 비록 정확하고 깊은 경청, 공감의 전달, 반영 등이 중요한 가치가 있지만, 상담은 그 이상의 과정이 필요하다. 나는 치료적 핵심 조건은 상담을 위해 필요하기는 하지만, 모든 내담자에게 항상 충분한 변화 조건은 아니라고 생각한다. 내가 보기에 이 기본 태도는 상담자가 치료적 개입 기술을 세워나가는 기초가 되어야 한다.

내담자가 자신만의 길을 찾도록 진정으로 지지하는 것 또한 이 접근을 사용하는 상담자에게 주어진 도전이다. 상담자는 가끔 내담자가 스스로 자신의 상담 목표를 결정하도록 하는 데 어려움을 겪는다. 내담자가 자신의 길을 찾는 것에 대해 말로는 좋다고 할 수 있지만, 내담자로 하여금 자신의 목소리를 듣고 자신만의 방향을 따르도록 하는 것은(특히 상담자가 바라지 않는 선택을 내담자가 할 때) 내담자에 대한 상당한 존중과 상담자의 신념이 필요하다.

다른 어떤 특성보다도 상담자의 진솔성이 상담관계의 힘을 결정한다(Kolden et al., 2019). 상담자가 자신만의 고유한 정체성과 방식을 수동적이고 비지시적 방식으로 감춘다면 내담자에게 강력한 영향을 주기 어렵다. 상담자가 진솔하게 진짜 자신이 되는 것이 이 접근에서는 매우 중요하기 때문에 이 접근으로 상담하는 사람은 그들 자신의 진실한 반응을 내담자에게 표현하는 방법을 가지고 있어야 한다.

자기성찰과 토론을 위한 질문

1. 내담자가 상담자의 많은 조언이나 충고 없이도 자신의 문제를 이해하고 해결할 능력을 가지고 있다는 생각을 여러분은 어느 정도 믿는가?
2. 이 상담 접근은 상담자의 진솔성(참됨 또는 진솔성)을 매우 강조한다. 여러분은 내담자와의 관계에서 얼마나 진실할 수 있다고 확신하는가?
3. 이 이론은 상담관계를 우선시한다. 여러분은 내담자와 어떤 관계를 맺고 싶은가? 여러분이 가장 중요하다고 생각하는 특성을 제시하라.

4. 공감은 인간중심치료의 핵심 요소이다. 여러분이 보기에 어려움에 처한 내담자를 공감하는 능력을 키우기 위해 여러분이 할 수 있는 일은 무엇인가?
5. 최소한으로 기법에 의존하면서 내담자의 순간순간의 경험에 공명하는 연습을 하는 것이 여러분에게는 어떨 것 같은가?

더 찾아볼 자료

미국상담학회(ACA) 회원을 위한 무료 팟캐스트

www.counseling.org 사이트에서 '자료(Resource)' 아이콘을 누르고 '팟캐스트 시리즈(Podcast Series)'를 누르면 미국상담학회 팟캐스트(미리 녹음된 인터뷰)를 무료로 내려받을 수 있다. 7장 칼 로저스와 인간중심 접근을 보려면 하워드 커셴바움(Howard Kirschenbaum) 박사가 제작한 팟캐스트 7을 찾아보라.

기타 자료

미국심리학회(APA)는 심리치료 동영상 시리즈에서 다음과 같은 DVD를 제공한다.

Greenberg, L. S. (2010). *Emotion-Focused Therapy Over Time*
Cain, D. J. (2010). *Person-Centered Therapy Over Time*

Psychotherapy.net은 학생과 전문가에게 나탈리 로저스, 롤로 메이 등을 보여주는 동영상과 인터뷰 등 광범위한 자료를 제공해준다. 매달 새로운 연구물, 인터뷰, 블로그, 치료 만화, 동영상이 출간된다. 이 장과 관련하여 www.psychotherapy.net에서 볼 수 있는 DVD는 다음과 같다.

Rogers, N. (1997). *Person-Centered Expressive Arts Therapy*
May, R. (2007). *Rollo May on Existential Psychotherapy*

인간중심접근 발달학회(Association for the Development of the Person-Centered Approach: ADPCA)는 인간중심 접근의 발달과 적용을 지지하는 사람들의 네트워크로 구성된 국제적 학제 간 조직이다. 회원은 『인간중심 저널(Person-Centered Journal)』, 학회 소식지, 회원 주소록, 연차대회 소식 등을 받아볼 수 있다. 이 학회는 인간중심 접근의 평생교육, 슈퍼비전, 훈련 등에 대한 정보를 제공한다. 『인간중심 저널』에 대한 정보는 편집자(Jon Rose)에게 문의하라. 인간중심접근 발달학회(ADPCA)에 관하여 더 자세히 알고 싶으면 www.adpca.org를 방문하라.

인본주의 심리학협회(Association for Humanistic Psychology)는 이 시대에 인간이 된다는

것에 대한 여러 도전을 감행하면서 개인적인 통합, 창의적 학습, 적극적인 책임감을 조장하는 일에 헌신한다. 『인본주의 심리학 저널(Journal of Humanistic Psychology)』에 관한 정보는 출판사 웹사이트에 있다. 인본주의 심리학협회에 관한 더 많은 정보를 원하면 그들의 주소 www.ahpweb.org를 방문하라.

미국심리학회 32분과인 인본주의 심리학회(Society for Humanistic Psychology)는 최근 개발되는 관점뿐만 아니라 초기 로저스 학파, 초인간주의, 실존주의적 입장까지 포함하는 '인본주의 심리학자들'의 집합체이다. 32분과는 심리치료, 교육, 이론, 연구, 인식론적 다양성, 문화적 다양성, 조직, 관리, 사회적 책임, 변화 등에 기여하기 위해 노력한다. 이 분과는 질적 연구 방법 개발에 앞장서 왔다. 인본주의 심리학회는 학술지 『인본주의 심리학자(The Humanistic Psychologist)』를 발간한다. 회원가입, 학술대회, 학술지 등에 대한 정보는 32분과 웹사이트에서 찾아볼 수 있다. 인본주의 심리학회에 관한 정보는 그들의 웹 주소 www.societyforhumanisticpsychology.com/을 방문하라.

더 읽을거리

- 『**진정한 사람되기(On Becoming a Person)**』(C. Rogers, 1961)는 인간중심치료에 관해 읽어야 할 첫 번째 책이다. 이 고전적인 책에는 심리상담 과정, 그 성과, 상담관계, 교육, 가족생활, 의사소통, 건강한 인간의 특성 등에 대한 로저스의 글이 수록되어 있다.
- 『**존재의 방식(A Way of Being)**』(C. Rogers, 1980)은 인간중심 접근의 기초와 적용에 대해서뿐만 아니라 로저스의 개인적 경험과 관점을 담은 일련의 글이 포함되어 있다.
- 『**창조적 연결: 치유로서의 표현예술**』(N. Rogers, 1993)은 창의성, 자기표현, 치유, 변형 등을 자극하는 신선한 아이디어와 천연색 활동사진으로 구성된 실제적이고 영감 있는 책이다. 나탈리 로저스는 내담자와 상담자의 의사소통을 활성화하기 위해 아버지 칼 로저스의 철학을 표현예술과 결합시켰다.
- 『**칼 로저스의 삶과 활동(The Life and Work of Carl Rogers)**』(Kirschenbaum, 2009)은 칼 로저스의 어린 시절부터 사망에 이르기까지의 생애를 다룬 뛰어난 전기 작품이다. 이 책은 칼 로저스의 위대한 유산과 함께 상담과 심리치료 분야에 끼친 그의 막대한 영향력을 보여준다.
- 『**인간중심 심리치료(Person-Centered Psychotherapies)**』(Cain, 2010)는 인간중심 이론, 상담 과정, 이 접근에 대한 평가, 향후 발전 등에 대해 명쾌한 논의를 제공한다.
- 『**인본주의적 심리학: 임상적 선언(Humanistic Psychology: A Clinical Manifesto)**』(Elkins, 2009)은 의학적 심리치료 모델과 경험적으로 지지된 치료 신화에 대한 통찰력 있는 비판을 제공한다. 저자는 개인적이고 사회적인 변혁을 이룰 수 있는 관계기반 접근의 심리치료를 제안한다.

8장 게슈탈트치료

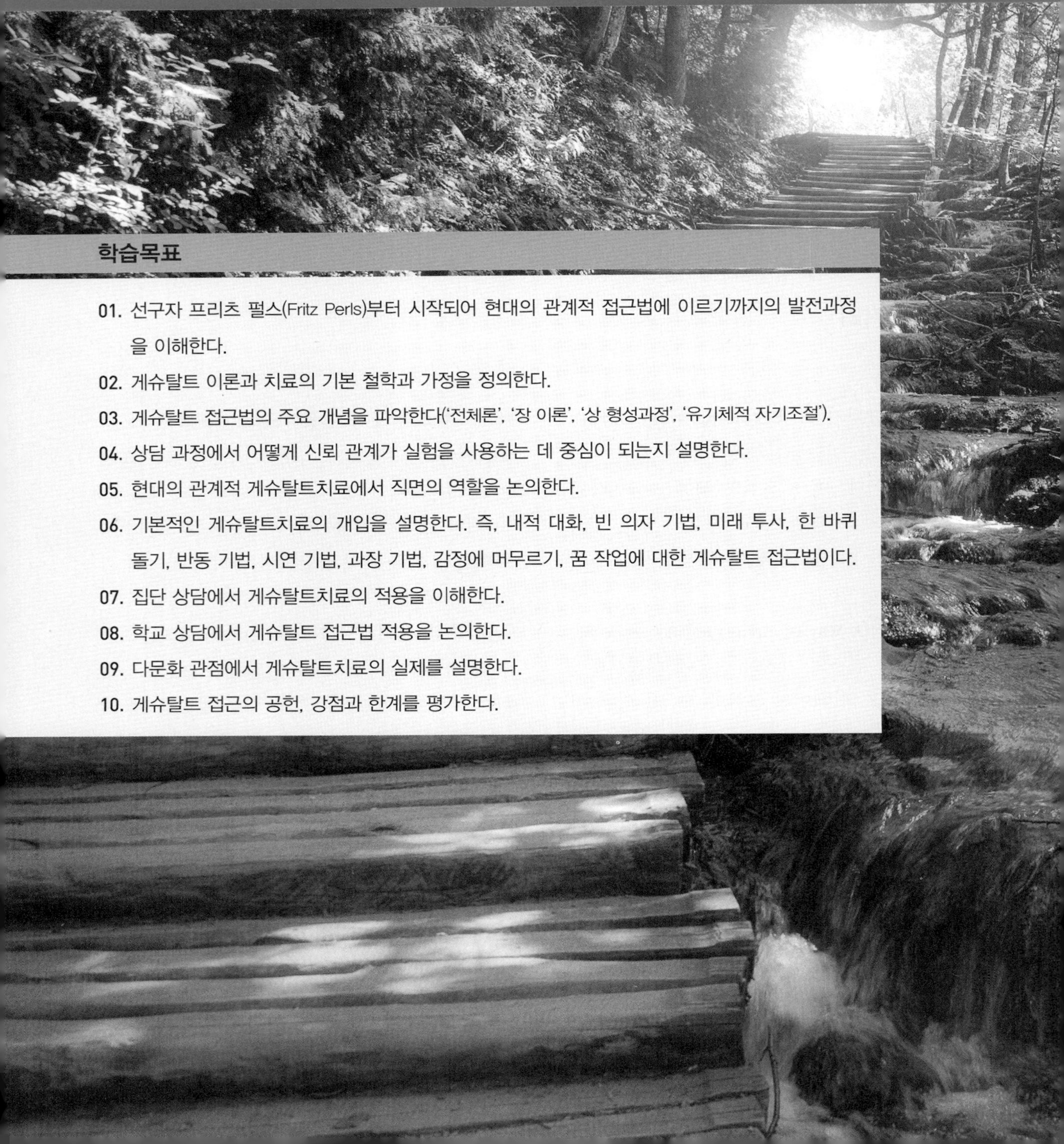

학습목표

01. 선구자 프리츠 펄스(Fritz Perls)부터 시작되어 현대의 관계적 접근법에 이르기까지의 발전과정을 이해한다.
02. 게슈탈트 이론과 치료의 기본 철학과 가정을 정의한다.
03. 게슈탈트 접근법의 주요 개념을 파악한다('전체론', '장 이론', '상 형성과정', '유기체적 자기조절').
04. 상담 과정에서 어떻게 신뢰 관계가 실험을 사용하는 데 중심이 되는지 설명한다.
05. 현대의 관계적 게슈탈트치료에서 직면의 역할을 논의한다.
06. 기본적인 게슈탈트치료의 개입을 설명한다. 즉, 내적 대화, 빈 의자 기법, 미래 투사, 한 바퀴 돌기, 반동 기법, 시연 기법, 과장 기법, 감정에 머무르기, 꿈 작업에 대한 게슈탈트 접근법이다.
07. 집단 상담에서 게슈탈트치료의 적용을 이해한다.
08. 학교 상담에서 게슈탈트 접근법 적용을 논의한다.
09. 다문화 관점에서 게슈탈트치료의 실제를 설명한다.
10. 게슈탈트 접근의 공헌, 강점과 한계를 평가한다.

어빙 폴스터(Erving Polster, 1922-)는 여전히 전문가로 활동하며 강의, 치료 시연, 워크숍을 진행하고 있다. 그는 정기적으로 심리치료 학회나 단기 상담 학회에 참여한다. 어빙 폴스터는 게슈탈트치료와 관련하여 다음과 같이 저술하였다.*

나는 1953년에 클리블랜드에서 프리데릭 펄스(Frederick Perls)의 워크숍에 참석하며 처음으로 게슈탈트치료를 알게 되었다. 그는 그 치료 부문에서는 장인이었고, 워크숍에 참석한 우리에게 게슈탈트치료에 대해 안내했다. 그 경험은 두 가지 측면에서 나에게 깊은 깨달음을 주었다. 첫째는 그의 개념과 상담 작업 전반에서 단순함과 강렬함이 조화를 이루었다는 점이다. 두 번째는 개인적 탐색의 놀라운 공공성이었다. 이러한 개방성은 감춰진 사생활의 한 과정을 드러내는 것이었다. 이러한 자유는 자연스러운 동시에 대담한 삶의 드라마를 매혹적으로 보여주는 예시와도 같았다.

이러한 경험은 클리블랜드의 게슈탈트 연구소의 설립을 이끌었고, 그곳에서 나는 1956년부터 1973년까지 교수회의 의장으로 있었다. 내가 그 연구소에서 개설한 강좌는 나와 내 아내인 미리엄(Miriam)이 공동 저술한 『통합된 게슈탈트치료: 이론과 실제의 윤곽(Gestalt Therapy Integrated: Contours of Theory and Practice)』(1973)의 기초가 된 관점을 형성했다. 1973년에 우리는 샌디에이고로 이동하여 게슈탈트 교육센터를 열었다. 우리와 함께 광범위한 훈련 작업을 하기 위해 세계 여러 나라의 사람들이 이곳으로 방문한 지 약 25년이 되었다. 흥미롭고 생산적인 나날이었고, 미리엄과 나는 우리의 아이디어와 훈련 프로그램 개발에 있어 우리의 파트너십에 감사했다.

몇 년 후, 나는 『모든 사람의 삶은 소설이 될 가치가 있다(Every Person's Life Is Worth a Novel)』(1987b)와 『다수의 자아: 성격 다양성에 대한 심리치료적 탐색(A Population of Selves: A Therapeutic Exploration of Personality Diversity)』(1995)을 저술하였고, 『근본적 중심으로부터: 게슈탈트치료의 핵심(From the Radical Center: The Heart of Gestalt Therapy)』(1999)을 미리엄과 공동 저술하였다. 미리엄은 2001년에 세상을 떠났고, 그 시점에 2년 동안 우리는 둘 다 은퇴해 있었다. 그녀가 세상을 떠난 후, 나는 은퇴에서 복귀하여 새로운 주제를 탐구하였다. 나는 심리치료를 개인 사무실 공간에서 하던 것을 공공서비스로 진전시키는 일에 노력하고 있다. 나는 이와 관련된 책을 세 권 썼는데, 『흔하지 않은 근거(Uncommon Ground)』(2006), 『치료를 넘어: 생활 중심 커뮤니티 운동 활성화(Beyond Therapy: Igniting Life Focus Community Movements)』(2015), 『매혹 및 게슈탈트치료: 삶을 탐구하는 파트너(Enchantment and Gestalt Therapy: Partners in Exploring Life)』(2021)이다.

*나는 폴스터와 그의 아내 미리엄의 일대기를 써달라고 어빙 폴스터에게 요청했는데, 그는 흔쾌히 수락하였다. 게슈탈트치료의 발전에 대한 폴스터 부부의 공헌에 기여한 내용을 담은 이 글을 제공해준 것에 대해 어빙에게 감사함을 표한다.

미리엄 폴스터(Miriam Polster, 1924-2001)는 음악 쪽으로 학사 학위를 받았다. 그녀는 클래식한 보컬리스트와 오페라 음악 연주가로 훈련받았다. 그녀의 예술가적 재능은 개인적, 직업적 삶 전반에 걸쳐 남아있다. 미리엄 폴스터는 음악을 기반으로 한 워크숍을 통해 내담자가 개인적인 경험을 탐색하도록 도왔다.

그녀는 게슈탈트치료에 있어서 관계성 차원을 강력히 옹호했는데, 이는 대립적이고 엄밀히 말하면 편협한, 왜곡된 고정관념에 대한 강조였다. 그녀의 신선한 관점, 명료한 언어, 매혹적인 감동이 상담자의 카리스마를 보여주었고 사람들이 그들의 삶을 살아가도록 하는 매우 단순한 방식에 매혹되도록 하였다. 그녀의 영향력은 여성스러운 솔직함과 일상적인 대화와 같은 상호관계에 의해 발휘되었다. 그것은 강압적인 것보다는 존재와 지성을, 조종하기보다는 관계하는 것을, 차가운 합리주의보다는 낙관주의를, 그리고 마지막으로 자연스러운 경험에 의해서 지속적으로 만들어지는 긴장에 기초한 지혜를 통해 성취하는 것이었다.

그녀가 남편 어빙 폴스터와 공동 저술한 『통합된 게슈탈트치료: 이론과 실제의 윤곽』(1973)은 게슈탈트치료의 발전에서 고전이자 기준으로 고려되는 책이다. 『이브의 딸들: 금지된 여성 영웅주의(In Eve's Daughters: The Forbidden Heroism of Women)』(1992)에서 미리엄 폴스터는 우리 사회에서 여성의 특성과 공헌에 대한 괄목할 만한 묘사를 했다. 그녀는 여성의 역사적 역할과 여성이 특별히 사회 발전에 있어서 영웅적으로 공헌했음을 강조한다. 그녀는 단순히 간과되었던 여성의 영웅적 기여를 강조할 뿐만 아니라, 영웅주의의 개념 자체를 재정의한다. 그녀는 영웅주의를 일상생활의 한 부분이라고 우리에게 상기시킴으로써 그 개념을 재조명한다. 그녀는 여성의 영웅주의가 특별한 상황에서만 발휘되는 것이 아니라 '일상적인 삶 속에서도' 중요한 역할을 하며, 이를 통해 새로운 사회 규범을 형성할 수 있는 여성의 잠재력을 강조한다. 여성의 영웅성은 당연하게 여겨져 사회적 중요성이 간과되었다. 미리엄 폴스터는 이러한 여성적 영웅성이 일상생활에서 발휘되는 세심한 보살핌과 깊이 연결되어 있다고 보았으며, 이를 통해 평범한 사람들의 일상적인 영웅성이 지닌 섬세한 역할을 더욱 생생하게 이해할 수 있다고 설명했다.

도입 학습목표 01

게슈탈트치료는 실존주의적, 현상학적, 과정중심적 접근으로, 개인은 계속 진행 중인 환경과의 관계적 맥락 내에서 이해되어야 한다는 기본 전제를 제시하였다. 알아차림, 선택, 책임이 치료의 초석이다. 기본 목표는 내담자가 현재의 순간에 경험하고 있는 것에 대한 알아차림(awareness)을 확장시키는 것이다. 이러한 알아차림을 통해서 변화는 자동적으로 일어난다. 이 접근법은 내담자의 현실 지각을 강조하는 점에서 **현상학적**이며, 사람은 언제나 자신을 만들어가고, 개선하고, 재발견해가는 과정에 있다고 보는 점에서 **실존주의적**이다. 실존주의적 접근으로서의 게슈탈트치료는 개인적 경험으로서의 실존에 각별한 주의를 기울이며, 대인관계에서의 접촉과 통찰을 통해 성장하고 치료할 수 있는 개인의 능력을 주장한다(Yontef, 1995). 한마디로, 이 접근은 **지금 여기**(here and now), 경험에 대한 **무엇**(what)과 **어떻게**(how), 관계 속의 **나/너**(I/Thou) 등을 중요시한다(Brownell, 2016; Resnick, 2015; Wheeler & Axelsson, 2015; Yontef et al., 2019).

프리츠 펄스(Fritz Perls)는 게슈탈트치료의 주된 창시자이자 개발자였다. 펄스는 정신분석의 영향을 받기는 했지만 많은 근거를 들어 프로이트의 이론에 대해 이의를 제기했다. 인간에 대한 프로이트의 견해는 기본적으로 기계론적이지만, 펄스는 성격에 대한 총체적 접근을 강조했다. 프로이트는 초기 아동기에 억압된 개인내적 갈등을 강조했지만, 펄스는 현재 상황을 중요시했다. 게슈탈트 접근법은 내용보다는 과정을 훨씬 더 중요시한다. 이 과정은 게슈탈트 상담자가 자신이 하나의 개별적이고, 독립적인 존재라는 것을 인식하면서 동시에 어떠한 해석이나 분석, 판단 없이 내담자의 경험 속에 가능한 한 충분히 들어가는 것을 의미한다. 상담자는 내담자가 자신이 **무엇**을 하고 있으며 그것을 **어떻게** 하고 있는지에 대한 알아차림을 높일 수 있도록 설계된 '실험'을 고안한다. 펄스에 따르면,

자기 이해 측면에서 인간이 '지금 하고 있는 행동의 이유'보다 '지금 하고 있는 행동의 방식'이 훨씬 더 중요하다. 알아차림은 통찰과 때때로 자기성찰을 수반하지만 게슈탈트치료 상담자는 그 이상이라고 본다. 알아차림의 특징을 정의한다면, 그것은 여러분 경험의 흐름에 주의를 기울이는 것과 여러분이 그 일을 할 때 무엇을 하고 있는지와 접촉하는 것이다(Resnick, 2015).

자기수용, 환경에 대한 지식, 선택에 대한 책임, 장(field, 상호관계의 역동적인 체계)에 있는 사람들과 접촉할 수 있는 능력은 중요한 인식 과정이며 목표인데, 이 모든 것은 항상 변화하는 '지금 여기에서의 경험'에 뿌리를 두고 있다. 내담자는 상담자가 통찰과 정답을 제공하는 것을 수동적으로 기다리는 것과 반대로, 그들의 고유한 '보기(seeing)', '느끼기(feeling)', '감지하기(sensing)', '해석하기(interpreting)'를 해야 한다.

현대의 관계적 게슈탈트치료(contemporary relational Gestalt therapy)는 내담자와 상담자 간의 대화와 '나/너' 관계를 강조한다. 상담자는 치료적 관계를 강조하고 이해하기 위하여 내담자와 협력적으로 작업한다(Brownell, 2016; Wheeler & Axelsson, 2015). 1960년대와 1970년대에 어빙 폴스터와 미리엄 폴스터, 조지프 징커(Joseph Zinker)가 교수진으로 있었던 '클리블랜드 학파'와 로라 펄스(Laura Perls)가 주도했던 이 모형은 프리츠 펄스의 직면적이고 극적인 방식보다 상담에서 더욱 큰 지지를 얻었으며, 높아진 민감성과 공감을 포함한다(Yontef, 1999). 오늘날 대부분 게슈탈트치료 상담자는 직면만큼이나 지지, 수용, 공감, 존중, 대화를 강조한다.

게슈탈트치료는 추상적인 설명보다 직접적인 경험을 강조하며 생동감을 더한다. 게슈탈트치료는 내담자가 상담자와 상호작용함에 따라 그들이 무엇을 어떻게 생각하고, 느끼며, 실행하는지를 이해하기 시작한다는 점에서 실험적인 접근이다. 게슈탈트 상담자는 내담자와 상담자의 진실한 접촉에서 성장이 일어난다는 신념과 더불어, 치료적 만남 동안 충분히 존재하는 것(being fully present)을 지향한다.

이 책의 MindTap을 참조하여 동영상 퀴즈와 다양한 동영상 프로그램을 통해 8장과 관련된 주제에 대한 지식을 확장하기를 바란다.

주요 개념 학습목표 02

인간 본성에 대한 관점

인간 본성에 대한 게슈탈트치료의 관점은 실존 철학과 현상학, 장 이론(field theory)에 뿌리를 두고 있다. 참된 지식은 지각하는 사람의 경험에서 직접적이며 뚜렷하게 드러나는 것의 결과물이다. 상담은 외적 세계와 내적 세계 모두로 구성된 환경과의 접촉과 알아차림을 목표로 한다. 이 과정에서 외적 세계(예: 타인들) 및 내적 세계(예: 소외된 자아의 일부)

와의 접촉의 질을 점검한다. 소외된 자기 자신의 일부를 '재소유하는' 과정과 통합 과정은 내담자가 고유한 개인적인 성장을 수행할 수 있게 될 때까지 단계적으로 진행된다. 내담자는 알아차리게 됨으로써, 정보에 입각하여 선택할 수 있게 되며, 더욱 의미 있는 실존적 삶을 살아갈 수 있게 된다.

인간 본성에 대한 이러한 관점 때문에, 프리츠 펄스(1969a)는 게슈탈트치료의 온정적 간섭주의 입장을 주장한다. 내담자는 성장해야 하고, 자신의 두 발로 서야 하며, "스스로 자신의 인생 문제를 다루어야만 한다"(p. 225). 펄스의 상담 진행방식은 두 개의 개인적인 의제를 포함하고 있는데, 내담자를 환경적 지지에서 자기 지지로 나아가게 하는 것과 성격의 소외된 부분을 재통합시키는 것이다. 인간 본성에 대한 개념과 두 가지 의제가 상담 과정에서 다양한 기법과 직면 방식을 이끌었다. 그는 내담자의 알아차림을 강화하기 위해 의도적으로 내담자를 좌절시키는 데 통달하였다.

게슈탈트치료의 기본적인 가정은 개인들이 자신의 내부와 주변에서 무슨 일이 벌어지고 있는지 알아차릴 때, 자기조절을 할 수 있는 능력을 가지게 된다는 것이다. 사람들은 상황에 민감해지고, 문제를 해결하려는 동기가 생긴다. 상담자는 상담 과정에서 내담자의 현재 경험에 주의를 기울이며 그 과정을 신뢰함으로써 내담자가 알아차림, 접촉, 통합을 향상시키도록 돕는다(Yontef et al., 2019).

변화에 대한 게슈탈트 이론은 우리 자신이 아닌 누군가 혹은 무엇이 되는 작업을 진행할수록 우리는 더욱 더 동일한 상태에 머무르게 된다고 가정한다. 프리츠의 좋은 벗이자 심리학자인 아르니 바이서(Arnie Beisser, 1970)는 진실한 변화란 우리가 자신이 아닌 존재가 되기 위하여 노력하는 것보다 나 자신으로서 존재할 때 더 많이 발생한다고 주장하였다. 바이서는 이러한 간단한 진리를 변화에 대한 역설론(paradoxical theory of change)이라고 일컬었다. 우리는 '되어야만 하는' 나와 여기에 '존재하는' 나 사이에서 끊임없이 움직이고 있다. 게슈탈트치료 상담자는 내담자가 되어야만 하는(should be) 존재가 되도록 분투하기보다, 현재 조건에서 충분히 자신에게 투자할 것을 요청한다. 우리가 처한 상황의 진실을 알고 받아들이는 것이 온전함을 만들고 성장을 지원한다(Yontef et al., 2019).

게슈탈트 이론의 원리 학습목표 03

게슈탈트치료 이론의 기저를 이루는 몇 가지 기본적 원리는 전체론(holism), 장 이론, 상 형성 과정, 유기체적 자기조절로 간략하게 설명된다. 게슈탈트치료의 그 밖의 주요 개념은 아래에 더욱 자세하게 소개된다.

전체론 **게슈탈트**(Gestalt)란 전체 혹은 완전함, 그들의 본질을 잃지 않고 부분으로 분리될 수 없는 형태를 의미하는 독일어이다. 모든 자연은 응집력 있고 통합된 전체로 여겨지며, 전체는 부분의 합과 다르다. 게슈탈트치료 상담자는 총체적 인간에 관심을 갖기 때문에 개인의 하나의 특정한 측면에 더 우월한 가치를 두지 않는다. 게슈탈트 상담은 내담자의 사고, 감정, 행동, 신체, 기억, 꿈을 다룬다.

장 이론 게슈탈트치료는 장 이론(field theory)에 기반을 둔다. 이는 간단히 말해서, 지속적으로 변화하는 장(場)의 일부로서, 유기체는 반드시 유기체가 처한 환경이나 맥락에서 고려되어야만 한다는 것이다. 게슈탈트 상담자는 인간과 환경 사이의 경계에서 무엇이 발생하고 있는지에 주의를 기울이며 탐색한다. 강조해야 하는 부분은 전경(figure), 즉 매 순간 가장 두드러지는 개인의 경험에 대한 양상이나 배경(ground), 즉 종종 내담자의 알아차리지 못한 내담자의 표현이다. 그 배경에 대한 단서는 신체적인 몸짓, 목소리의 어조, 태도, 그 외의 비언어적인 내용에서 발견될 수 있다. 게슈탈트 상담자는 흔히 이것을 '분명한 것에 관심 주기(attending to the obvious)'라고 말한다. 이는 부분이 어떻게 서로 잘 맞는지, 어떻게 개인이 환경과 접촉을 맺고 통합을 이루어내는지에 주의를 기울이는 것이다.

상 형성 과정 게슈탈트 심리학의 시지각 연구에서 비롯된 것으로, 상 형성 과정(figure-formation process)은 개인이 배경으로부터 출현하는 환경적 장의 변화를 시시각각으로 어떻게 경험을 체계화시키고, 어떻게 개인의 주의를 끌며 흥미의 관심사가 되는지 추적한다. 예를 들어, 저 멀리 언덕에 있는 여성을 보고 있다고 상상해보라. 여러분은 그녀가 분명하게 보이지 않더라도, 그 형상의 전반적인 인상, 즉 게슈탈트로 받아들인다. 더욱 가까이 다가오면서 여러분은 형상에 대해 더 높은 수준의 알아차림을 얻게 되고, 그녀는 점점 더 명확해지고 더 구체적인 모습을 갖춘다. 여러분은 그녀의 얼굴과 그녀가 입은 블라우스의 단추가 어떻게 잠겨 있는지를 알게 된다. 상 형성 과정에서 현대 게슈탈트치료 상담자는 내담자가 관심을 갖고 있는 형상에 가까워지거나 멀어지는 과정을 촉진하는 데 관심이 있다. 그리고 특정한 순간에 개인의 지배적인 욕구가 이 과정에 영향을 미친다(Frew, 1997).

유기체적 자기조절 상 형성 과정은 유기체적 자기조절(organismic self-regulation)의 원리와 밀접한 관련이 있는데, 유기체적 자기조절은 욕구, 감각 혹은 흥미의 발생에 의해 균형상태가 '방해되는' 과정이다. 유기체는 자신의 고유한 능력과 환경의 자원을 고려하여, 자신을 조절하기 위해 최선을 다한다(Latner, 1986). 개인은 균형을 회복하거나 성장과 변화를 위해 접촉하고 행동한다. 치료적 작업에서 내담자가 관심을 두고 있는 것 혹은 내담자가 균형상태를 회복하거나 변화하고자 하는 것이 나타난다. 게슈탈트치료 상담자는 내담자가 상담 과정에서 배경에 존재하는 형상을 알아차리게 하고, 상담의 초점에 대한 지침으로서 상 형성 과정을 활용한다.

접촉과 접촉에 대한 저항

게슈탈트치료에서 변화와 성장을 이끌어내기 위해 접촉은 불가피하다. 접촉(contact)은 보고, 듣고, 냄새 맡고, 만지고, 움직임으로써 생겨난다. 효과적인 접촉은 개인의 고유한 개성을 잃지 않으면서 자연, 그리고 다른 사람들과 상호작용하는 것을 의미한다. 올바른 접촉을 위한 전제조건은 분명한 알아차림, 충분한 에너지, 자신을 표현하는 능력이다. 게슈탈트치료 실제에서 상담자와 내담자 간의 접촉은 핵심이다.

미리엄 폴스터(Miriam Polster, 1987)는 접촉이 성장의 생명선이라고 주장하였다. 접촉이란 인간이 자신의 환경에 계속 새롭게 창의적인 방식으로 적응하는 것이다. 이는 열정, 상상력, 창의성을 필요로 한다. 이러한 접촉 유형은 순간적으로 존재하며, 접촉의 성취하려는 마지막 상태가 아니라 접촉의 수준이라는 점을 고려해야 한다. 접촉 경험 이후에는, 학습해온 것을 통합하기 위해 일반적으로 철회가 나타나게 된다. 게슈탈트치료 상담자는 연결과 분리라는 경계의 두 가지 기능에 관하여 설명한다. 접촉과 철회는 모두 필수적이며 건강한 기능을 위하여 매우 중요하다.

게슈탈트치료 상담자는 대처 과정으로 개발되었지만 결국 우리가 현재를 온전하고 실제적인 방식으로 경험하지 못하게 하는 접촉에 대한 중단, 방해, 저항에 초점을 맞춘다. 저항은 전형적으로 우리의 알아차림의 범위를 벗어나서 발생하며, 만성적인 방식으로 저항할 때 이는 역기능적인 행동에 기여할 수 있다. 폴스터(2021)는 전통적으로 저항은 사람들이 '해야 할' 일을 하지 않는다는 것을 의미한다고 주장한다. 저항은 개인적인 갈등이나 고통스러운 감정을 탐색하지 못하게 하는 행동으로 이해될 수 있다. 그것은 불안으로부터 자신을 보호하고, 고통으로부터 자신을 방어하려는 시도로 기능을 수행한다.

상담자는 내담자의 저항을, 한때는 적응적 기능을 수행했지만 더 이상 유용하지 않은 낡은 대처 전략으로 이해할 수 있다. 내담자의 저항을 존중함으로써 상담자는 특정 대처 전략이 어려운 상황에 대한 최선의 대응책이었음을 이해할 수 있다. 폴스터(2021)는 저항적 행동이 바람직한 특성이 될 수 있음을 의미하는 '창의적 저항'에 대해 이야기한다. 저항은 생활 상황에 대처하기 위한 수단으로 발달하는 도구로서 문제가 되기도 하지만, 긍정적인 특성도 가지고 있으므로, 많은 현대 게슈탈트치료 상담자는 이를 '접촉 경계 혼란(contact boundary disturbances)'이라고 부른다(Polster, 2021). 폴스터와 폴스터(1973)는 내사, 투사, 반전, 편향, 융합의 다섯 가지의 접촉 경계 혼란에 대해 기술하였다.

내사(introjection)는 우리가 타인을 이해하지 않고도 그들의 신념과 기준을 무비판적으로 받아들이며, 자신과 동일시하려는 경향이다. 우리가 받아들인 것을 분석하고 재구성하지 않았기 때문에 이렇게 내사된 것은 자신과 융화되지 않고 남아있다. 내사를 할 때, 우리는 명확하게 우리가 원하는 것이나 필요한 것이라고 인식하기보다 환경이 제공하는 것을 수동적으로 통합시킨다. 우리가 이 단계에 머물러 있다면, 우리의 에너지는 사물을 있는 그대로 받아들이고, 스스로의 노력으로 무언가를 성취하려는 주체적 태도 대신 권위자가 우리를 위해 무엇이 최선인지 알고 있다고 믿는 데 소모하는 결과를 초래한다.

투사(projection)는 내사의 반대이다. 투사는 자신의 일부 측면을 환경의 탓으로 돌리고 부인하는 것이다. 우리의 자기상(self-image)과 모순적인 성격 속성을 부인하고, 타인의 속성이라고 여긴다. 그러므로 우리의 많은 문제를 다른 사람들 탓으로 돌린다. 우리가 자신의 것임을 인정하기를 거부한 바로 그 속성이 다른 사람에게 있다고 봄으로써, 우리는 자신의 감정에 대한 책임과 우리 자신이 바로 그 사람임을 회피하게 된다. 이것은 우리가 변화를 시작하려고 할 때 계속 무기력하게 만드는 요인이다. 투사를 습관적으로 사용하는 사람들은 그들이 환경에 대한 피해자라고 느끼는 경향이 있고, 사람들이 말하는 내용에 숨겨진 의미가 있다고 믿는다.

반전(retroflection)은 타인에게 하려던 행동을 자신에게 돌리거나, 타인이 해주길 바랐던 것을 스스로에게 행하는 것이다. 이러한 과정은 특히 경험의 과정에서 주로 행동 단계의 장애가 되고, 전형적으로 아주 큰 불안을 동반한다. 사람들은 당혹감, 죄책감, 분노에 대한 두려움 때문에 행동하는 것을 억제하는 경향이 있다. 예를 들어, 자기를 비난하거나 자해하는 사람들은, 다른 사람에게 향하는 공격성을 직접적으로 드러내는 것이 두려워 자신 내부로 향하게 하는 것이다. 우울과 신체화 문제는 종종 반전으로 발생한다. 전형적으로, 이러한 부적응적인 방식은 우리의 알아차림 밖에서 일어난다. 게슈탈트 상담 과정은 우리가 자기조절적인 체계를 발견함으로써 우리가 세계에 현실적으로 대처할 수 있도록 돕는다.

편향(deflection)은 주의를 분산시키거나 방향을 갑작스럽게 바꾸는 행동을 의미하며, 지속적으로 접촉을 유지하기 어렵다. 편향이 있는 사람들은 유머, 추상적 일반화, 진술문이 아닌 의문문을 과도하게 사용하여 접촉을 분산시키거나 완화하려고 시도한다(Frew, 1986). 상황을 편향하는 사람은 다른 사람을 통하여 말하거나 다른 사람을 대변하며, 직접적으로 행동하거나 환경과 참여하기보다 모순적이거나 중요하지 않은 근거로 요점을 피해서 말한다. 그 결과 정서적 고갈이 일어난다.

융합(confluence)은 자기와 환경 간의 구분이 모호해지는 것이다. 사람들과 잘 어울려 지내려고 노력하기 때문에 내적 경험과 외부 현실 간의 경계가 분명해지지 않는다. 관계에서의 융합은 갈등의 부재, 분노의 둔화, 그리고 모든 집단구성원이 자신과 동일한 감정과 사고를 경험한다는 신념을 포함한다. 이러한 접촉 양식을 가진 내담자는 인정이나 사랑을 받고자 하는 욕구가 강하고, 그럼으로써 안전함을 발견한다. 이러한 상태는 진실한 접촉을 매우 어렵게 만든다. 상담자는 다음과 같이 질문함으로써 이러한 저항의 수단을 활용하는 내담자를 도울 수 있다. '당신은 지금 무엇을 하고 있습니까?', '당신은 이 순간 어떤 것을 경험하고 있습니까?', '바로 지금 당신이 원하는 것은 무엇입니까?'

접촉 방해(interruptions in contact) 혹은 **경계 혼란**(boundary disturbance)과 같은 용어는 이러한 저항 중 하나를 통해 환경을 통제하고자 시도할 때 사용하는 특징적 스타일이다. 게슈탈트치료의 전제는 접촉은 정상적이면서 건강하다는 것이다. 그리고 내담자는 접촉을 방해하는 지배적인 양식과 그들이 사용하는 저항에 대해 지각하도록 격려받는다. 오늘날의 게슈탈트치료 상담자는 내담자가 접촉을 어떻게 방해하는지에 주목하는데, 그 접촉 방해

방식이 과거에 중요한 기능을 했다는 것을 알고 있기 때문에 접촉 방해 방식을 존중하며 각 저항의 방식을 진지하게 받아들인다. 저항이 내담자에게 작용하는 결과, 즉 그들을 무엇으로부터 보호하고 있는지, 그들이 경험하지 못하도록 막는 것은 무엇인지를 탐색하는 것이 매우 중요하다.

지금

게슈탈트 접근의 주요한 공헌 중 하나는 현재 순간의 가치를 알아차리고 이를 충분히 경험하도록 강조한 점이다. 게슈탈트치료의 핵심 원칙은 현재 일어나고 있는 모든 일이 중심이 된다는 것이다(Polster, 2021). 과거와 미래에 집착하면 현재를 회피하게 될 수 있다고 본다. 폴스터와 폴스터(1973)는 '힘은 현재에 있다.'라는 가설을 발전시켰다. 일부 게슈탈트치료 상담자들은 내담자가 과거의 실수를 한탄하고 인생이 어떻게 달라졌어야 했는지에 대해 반추하거나 미래에 대한 끝없는 결심과 계획에 에너지를 투자하는 경향이 있다고 주장한다. 내담자가 과거나 과거에 있었을지 모를 일, 또는 미래에 대한 환상 속에 사는 쪽으로 에너지를 쏟으면 현재의 힘은 약해진다.

현상학적 탐구(phenomenological inquiry)는 현재 발생하는 것에 주의를 기울이는 것을 포함한다. 대부분의 사람은 현재에 단지 짧은 순간에만 머무를 수 있고, 현재의 흐름을 방해하는 방법을 찾는 경향이 있다. 내담자는 '지금 여기'에서 감정을 경험하는 대신, 마치 감정이 현재 경험과 분리되어 있는 것처럼 종종 감정에 **대하여 이야기한다**(talk about). 게슈탈트치료의 목적 중 하나는 내담자가 점차 현재의 경험을 알아차리도록 돕는 것이다.

내담자가 현재 순간에 접촉하도록 돕기 위해, 게슈탈트 상담자는 '왜'라는 질문을 하기보다는 '무엇을'과 '어떻게'라고 질문한다. '지금'에 대한 알아차림을 증진시키기 위해 게슈탈트치료 상담자는 다음과 같이 현재형으로 대화하는 것을 격려한다. '지금 무엇이 일어나고 있습니까?', '지금 무엇이 계속되고 있습니까?', '당신이 여기 앉아서 이야기하려고 할 때 경험한 것은 무엇입니까?', '이 순간에 당신이 알아차린 것은 무엇입니까?', '당신의 두려움을 당신은 어떻게 경험하고 있습니까?', '이 순간에 당신은 어떻게 철회하려고 시도하고 있습니까?', '지금 이 방 안에 나와 함께 있는 것이 당신에게는 어떻게 느껴집니까?' 현상학적 탐구에는 또한 어떠한 선입견, 가정, 또는 내담자 경험의 의미에 관련된 해석을 중단하는 것을 포함한다.

예를 들어, 만약 조지핀이 슬픔, 고통, 혼란에 관해 이야기하기 시작했다면, 게슈탈트치료 상담자는 그녀가 **지금 이 순간**의 슬픔, 고통, 혼란을 경험하도록 초대한다. 그녀가 현재 경험에 주목하게 되면, 상담자는 얼마나 많은 불안이나 불편감이 존재하는지를 측정하고, 그에 맞춰 보다 적절한 개입을 선택한다. 상담자는 조지핀이 현재 순간으로부터 벗어나게 되면 몇 분 후 또 다른 실험을 제안하기 위해 그 부분에 대해 언급하지 않을 수도 있다. 조지핀에게 어떤 감정이 나타난다면, 가령 어디에서 그리고 어떻게 그녀가 경험했는지 탐색하기 위하여 그 감정을 알아차리는 실험을 제안할 수 있다. 마찬가지로 생각이나 사고가 드러난다면, 어떤 실험을 제안함으로써 그녀가 그 생각에 대해 철저하게 파헤치고, 완전히 탐색하고, 그 효과와 가능한 결과에 대해 생각할 수 있도록 도울 수 있다.

게슈탈트치료의 초점이 현재에 일어나고 있는 일에 있지만, 과거와 미래를 고려하지 않으면 불이익이 있을 수 있다. 폴스터(2021)는 현재에 너무 집중하면 과거와 현재의 연속성에서 중요한 부분을 놓칠 수 있다고 주장한다. 상담자는 과거 경험이 다소 미해결된 채로 남아 있기 때문에 과거가 현재 순간에 정기적으로 모습을 드러낸다고 생각한다. 과거가 내담자의 현재 태도나 행동과 관련하여 중요한 의미를 가진다고 여겨질 때, 최대한 현재 순간으로 가져와 다루어야 한다. 내담자가 과거를 말할 때, 상담자는 그 감정을 현재로 재연하도록 요청할 수 있다. 상담자는 내담자에게 자신이 이전에 경험했던 것을 재경험할 수 있도록 돕고자 '그 상상을 여기로 가져오세요.' 또는 '마치 지금 꿈속에 있는 것처럼 그 꿈을 나에게 말해주세요.'라고 지시할 것이다. 예를 들어, 그녀의 아버지에 대한 과거 아동기 트라우마에 관해 이야기하기보다는, 내담자가 그 상처받은 아이가 되어 환상 속의 아버지에게 직접적으로 이야기하거나 상담실 빈 의자에 그녀의 아버지가 앉아 있다고 상상하게 할 수 있다.

미해결 과제

배경에서 상이 나타나지만 완성되지 않고 해결되지 않으면 개인은 미해결 과제(unfinished business) 상태로 남겨지게 된다. 그리고 그것은 암묵적으로 수치심, 분노, 증오, 고통, 불안, 비탄, 죄책감, 포기와 같은 감정으로 드러날 수 있다. 인식되지 못한 감정은 현재에 초점을 맞춘 알아차림을 뒤죽박죽으로 만들어버리는 불필요한 정서적 찌꺼기를 만들어 낸다. 이러한 감정이 완전히 알아차림 속에서 경험되지 않았기 때문에, 그들은 배경에서 계속 남아있으면서 자신과 타인과의 효과적인 접촉을 방해하는 방식으로 현재의 삶에서 진행된다. "이러한 미완성의 방향은 완성을 추구하게 되며 이것이 충분한 힘을 얻게 되면 개인은 집착, 강박적인 행동, 경계심, 억압하는 에너지, 자기 패배적인 행동 등으로 괴로워하게 된다"(Polster & Polster, 1973, p. 36). 미해결 과제는 개인이 억눌렸던 감정을 직면하고 처리하기 전까지 지속적으로 영향을 미친다. 미해결 과제의 영향은 종종 신체 내부의 차단 상태로도 나타난다. 그리고 상담자의 과업은 내담자가 그러한 신체 표현을 탐색할 때 도움을 주는 것이다. 게슈탈트 상담자는 감정이 표현되지 않으면, 어떤 신체적 감각이나 문제가 발생되는 경향이 있다는 가정하에 신체 표현에 주의를 기울일 것을 강조한다.

교착 상태(impasse) 또는 갇힌 지점은 외부적인 지지를 구할 수 없거나 존재하는 습관적인 방식이 기능하지 않을 때 발생한다. 상담자의 과업은 내담자를 구출하거나 절망을 느끼지 않게 하고 교착 상태를 경험할 때 동행하는 것이다. 상담자는 내담자를 도와 갇혀있는 상태를 충분히 경험할 수 있는 상황을 제공한다. 내담자가 교착 상태를 온전하게 경험함으로써, 단순히 자신이 달라지기를 바라기보다 자신의 절망과 접촉할 수 있고, 무엇이든지 수용할 수 있게 된다. 게슈탈트치료는 개인들이 자아실현과 성장을 향해 노력하며, 자신에 대하여 판단하지 않고 모든 모습을 수용한다면, 그들은 다른 방식으로 생각하고, 느끼고, 행동할 수 있게 된다는 신념에 기반을 두고 있다.

에너지와 에너지의 차단

에너지가 차단될 때, 미해결 과제가 발생될 수 있다. 게슈탈트치료에서는 어디에 에너지가 위치하는지, 어떻게 그것이 사용되는지, 그리고 어떻게 그것이 차단되는지에 대해 특별한 주의를 기울인다. 차단된 에너지(blocked energy)는 또 다른 형태의 방어적인 태도이다. 이것은 긴장된 신체, 자세, 신체의 경직, 얕은 호흡, 대화할 때 접촉을 피하기 위한 시선 피하기, 감정 억제, 감정 둔화, 제한된 목소리로 말하기, 거의 말하지 않기 등으로 드러날 수 있다.

내담자는 자신의 에너지를 알아차리지 못하거나 그것이 어디에 있는지 알지 못할 수 있으며, 부정적인 방식으로 에너지를 경험할 수 있다. 상담자의 과업 중 하나는 내담자의 억압된 에너지에 초점을 맞추어 에너지를 막고 있는 방식을 확인하고, 차단된 에너지를 더 적응적인 행동으로 전환하도록 돕는 것이다. 내담자는 자신의 저항이 몸으로 어떻게 표현되는지 인식하도록 격려받을 수 있다. 그들 자신에게서 특정한 신체 증상을 제거하려고 노력하기보다, 내담자는 긴장 상태와 신체 증상에 온전하게 머물러 더욱 깊이 탐구하도록 격려받는다. 예를 들어, 입을 굳게 다물고 다리를 흔드는 것을 과장하도록 허용함으로써, 내담자 자신이 어떻게 에너지를 다른 곳으로 돌리고, 생동감을 온전히 표현하지 못하게 하는지 스스로 발견할 수 있다.

상담 과정

상담 목표

게슈탈트치료가 그 자체로 '목표지향적인' 방법론에 해당하지 않지만, 상담자는 명확하게 기본적인 목표, 즉 내담자가 더 나은 알아차림을 얻고, 이를 통해 더 나은 선택을 하도록 돕는 목표를 가진다. 알아차림(awareness)은 환경을 아는 것, 자기 자신을 알고 수용하는 것, 접촉할 수 있는 것을 포함한다. 높고 풍부한 수준의 알아차림은 그 자체로 치유력이 있다. 알아차림은 내담자의 성격 변화를 위한 수단이기도 하다. 알아차림과 더불어 내담자는 그들의 주관성을 충분히 경험할 뿐만 아니라 부인하던 부분을 직면하고, 수용하며, 통합하는 능력을 갖게 된다. 내담자는 자신이 부인했던 부분을 알아차려 자신의 경험을 온전히 받아들이는 방향으로 나아감으로써, 통합적이고 총체적인 사람이 될 수 있다.

내담자가 알아차림 상태에 있을 때, 중요한 미해결 과제가 출현하게 되고, 상담 과정에서 다룰 수 있게 된다. 게슈탈트 접근은 내담자가 자신의 인식 과정을 알아차리도록 돕는데, 그 결과 그들은 책임을 가지고 선별적이며 분별적인 선택을 할 수 있게 된다. 알아차림은 내담자와 상담자 간의 진실한 접촉의 맥락 내에서 출현한다.

실존주의적 관점(6장 참조)은 우리가 지속적으로 우리 자신을 재구성하고 발견하는 과정에 참여하고 있다고 본다. 우리는 고정적인 정체성을 가지지 않는다. 하지만 새로운 도전에 직면함으로써 우리의 존재에 대한 새로운 국면을 발견하게 된다. 게슈탈트 과정의 창의적인 개입을 통해, 징커(Zinker, 1978)는 내담자가 아래 내용을 실천할 수 있기를 기대한다.

- 내담자 자신에 대한 알아차림을 고양시키는 방향으로 나아간다.
- 내담자 자신의 경험에 대한 주인의식을 점진적으로 갖도록 취한다(내담자가 사고하고, 느끼며, 실행하는 것을 다른 사람의 책임으로 돌리지 않는다).
- 타인의 권리를 침해하지 않으면서 내담자 자신의 욕구를 만족할 수 있는 기술을 개발하고 가치관을 형성한다.
- 자신의 모든 감각에 대해 더 많이 알아차린다.
- 자신의 행동에 대한 결과를 수용하는 것을 포함하여 자신이 행하는 것에 대한 책임감 갖는 법을 학습한다.
- 다른 사람에게 도움을 요청하거나 요구할 수 있으며, 다른 사람에게 도움을 줄 수 있다.

상담자의 기능과 역할

게슈탈트치료 상담자는 내담자가 삶에 대한 실험적 태도를 선택하여 자기 자신에 대해 배울 수 있도록 내담자와 적극적인 파트너십을 맺는다. 게슈탈트 상담자는 적극적인 기법과 내담자와 개인적인 계약을 활용하여 사전에 결정된 목표를 향해 내담자가 나아가도록 지시하기보다, 내담자들의 알아차림, 자유, 자기주도성을 높인다. 상담자는 자신의 편견을 버리고, 가정하거나 기대하는 것을 중단하고 내담자의 현재에서 무엇이 드러나는지에 집중한다(Brownell, 2016).

현대의 게슈탈트 상담자는 내담자가 자신의 고유한 경험에 대한 전문가라고 여기며, 현재의 순간에서 감각적인 알아차림에 주목하도록 격려한다. 게슈탈트 상담자는 내담자의 자기발견에 가치를 두며 자신의 알아차림과 경험을 방해하거나 가로막는 방식을 스스로 발견할 수 있다고 가정한다. 욘테프(Yontef, 1993)는 비록 상담자가 안내자이자 촉진자로서 기능하고, 실험을 제안하며, 관찰 내용을 공유하더라도, 상담의 기본 작업은 내담자에 의해 이루어진다는 것을 강조한다. 욘테프는 상담자의 역할은 내담자가 새로운 존재방식과 행동을 실험할 수 있는 환경을 조성하는 것이라고 주장한다. 게슈탈트 상담자는 직면을 통하여 내담자가 변화하도록 강요하지 않는다. 대신에, 그들은 '지금 여기'의 틀 안에서 '나/너'의 대화적 맥락을 가지고 작업한다.

게슈탈트치료 상담자의 중요한 기능은 내담자의 신체 언어에 주의를 기울이는 것이다. 이러한 비언어적인 단서는 내담자가 알아차리지 못하는 것에 대한 감정을 종종 대변함으로써 풍부한 정보를 제공한다. 상담자는 주의와 알아차림에서의 차이, 그리고 말로 표현되는 것과 내담자의 신체로 표현되는 것 사이의 모순에 대해 주목해야 할 필요가 있다. 상담자는 다음과 같은 질문을 통해 내담자가 자신의 몸짓이나 신체 일부가 되어서, 그것에 대해 말하도록 지시할 수 있다. '당신의 눈은 무엇을 말하고 있습니까?', '만약 당신의 손이 지금 이 순간 말을 할 수 있다면, 무엇이라고 말할까요?', '당신의 오른손과 왼손 사이의 대화를 지속할 수 있나요?' 내담자는 분노를 언어적으로 표현하는 동시에 웃음을 보일 수 있다. 혹은 그들은 고통스럽다고 말하면서 동시에 웃을 수도 있다. 상담자는 내담자에게 웃음이 무엇을 의미하는지 알아차리도록 요청할 수 있다. 웃음은 분노나 고통의 감정을 숨기는 것일 수 있으며, 상담자는 웃음이 그들에게 어떤 의미인지 발견하도록 촉진할 수 있다.

게슈탈트치료 상담자는 내담자의 비언어적 표현뿐만 아니라, 언어 패턴과 성격 간의 관계에도 주의를 기울인다. 내담자의 언어 패턴은 종종 그들의 감정, 사고, 태도의 표현이 된다. 게슈탈트 접근은 언어 습관에 초점을 두어 내담자의 언어가 자신이 경험한 것과 일치하는지, 혹은 자신의 감정과 동떨어져 있지 않은지 주목하게 하여 내담자 자신에 대한 알아차림을 증진시킨다.

언어는 설명하기도 하고, 감추기도 한다. 언어에 집중함으로써 내담자는 현재의 순간에 경험하고 있는 것이 무엇인지, 어떻게 그들이 '지금 여기'의 경험과 접촉을 회피하고 있는지에 대한 알아차림을 높일 수 있다. 게슈탈트치료 상담자가 초점을 두는 언어의 양상에 대한 예시는 다음과 같다.

- **'그것(it)' 대화**: 내담자가 '나(I)' 대신 '그것(it)'을 말할 때, 그들은 비인격화된 언어를 사용하고 있는 것이다. 상담자는 내담자에게 비인칭 대명사를 인칭 대명사로 대체하도록 요청할 수 있으며, 그럼으로써 내담자는 그에 대한 책임감이 증가될 것이다. 예를 들어, 내담자가 '다들 친구를 사귀는 것이 어려워요.'라고 말한다면, 상담자는 이 문장을 '나(I)' 진술로 다시 고쳐 다음과 같이 말하도록 요청할 수 있다. '나는 친구를 사귀는 데 어려움을 겪고 있어요.'
- **'당신(you)' 대화**: 포괄적이고 비인칭적 언어는 자신을 숨기려는 경향이 있다. 상담자는 '당신'의 일반화된 사용을 지적하고, 내담자에게 '당신'을 대신하여 '나'로 대체하는 실험을 하라고 요청한다.
- **질문(question)**: 질문은 질문자를 계속해서 숨기고, 보호하며, 알려지지 않도록 하는 경향이 있다. 게슈탈트치료 상담자는 종종 내담자에게 질문을 진술로 바꾸어 보도록

요청한다. 개인적인 진술을 함으로써 내담자는 말하는 것에 책임감을 갖기 시작한다. 그들은 질문의 장벽을 통해 자신 자신을 어떻게 숨기고 있었는지 알아차릴 수 있으며, 어떻게 자신을 표현하려는 진술을 하지 못하도록 막고 있었는지 인식할 수 있다.

- 능력을 부인하는 언어: 어떤 내담자들은 진술에 수식어구를 포함하거나 부정함으로써 개인의 능력을 부인하는 경향을 나타낸다. 상담자는 내담자의 수식어구가 어떻게 그 효과성을 가감시키는지 내담자에게 알려줄 수 있다. '아마도', '어쩌면', '다소', '내 짐작으로는', '가능한 한', '생각해보면'과 같은 수식어구를 생략해보는 실험은 내담자가 모호한 메시지를 명확하고 직접적인 진술로 변화시키도록 도울 수 있다. 이와 같이, 내담자가 '나는 할 수 없다.'라고 말할 때, 그것은 사실 '나는 하지 않을 것이다.'라는 의미를 내포하고 있다. 내담자가 '할 수 없다'를 '하지 않을 것이다'라는 말로 대체하도록 격려하는 것은 내담자가 자신의 결정에 대한 책임감을 가짐으로써 그들의 능력을 수용하고 소유하는 것을 돕는다. 그러나 상담 개입 시 상담자는 내담자 자신이 하는 모든 말을 철저하게 검토해야 한다고 느끼지 않도록 주의해야 한다. 상담자는 행동을 면밀히 조사하는 것만이 아니라, 단어를 통해 실제로 표현되는 것에 대한 인식을 키울 수 있기를 희망한다.
- 내담자의 비유를 경청하기: 어빙 폴스터(1995)는 그의 워크숍에서 상담자가 내담자의 비유에 경청하는 방법을 배우는 것이 중요하다고 강조했다. 비유에 초점을 맞춤으로써, 상담자는 내담자의 내면적인 어려움에 대한 풍부한 단서를 얻는다. 자세히 설명될 수 있는 비유의 예시는 다음과 같은 내담자 진술을 포함한다. '이곳에서 나의 속마음을 모조리 털어놓는 것은 내게는 어려운 일입니다.', '그때 나는 지탱할 다리가 없는 것처럼 느껴요.', '나는 내 영혼 안에 구멍이 난 것처럼 느껴져요.', '나는 누군가가 나를 비난할 경우에 대비하여 준비할 필요가 있어요.', '당신이 지난주에 날 직면시킨 이후 갈기갈기 찢긴 것 같아요.', '이 회기 이후에, 나는 마치 내가 고기 분쇄기에서 갈아지는 것처럼 느껴져요.' 이러한 비유 안에는 중대한 미해결 과제나 현재의 상호작용에 대한 반응을 나타내는 억압된 내적 대화가 존재할 수 있다. 예를 들어, 자신이 고기 분쇄기에 갈아지는 것처럼 느껴진다고 말하는 내담자에게 상담자는 다음과 같이 질문할 수 있다. '다진 고기가 된 것 같은 경험은 어떠한가요?' 혹은 '누가 분쇄기를 돌려 갈고 있나요?' 내담자가 자신이 경험하고 있는 것에 대하여 더 말하도록 격려하는 것은 매우 중요하다. 상담의 기술은 내담자가 내담자의 비유에 대한 의미를 해석해서 상담 과정에서 다룰 수 있도록 돕는 것이다.
- 이야기에 감춰진 언어를 경청하기: 폴스터(1995)는 또한 그가 '구체화하기(fleshing out a flash)'라고 부르는 것의 가치를 강조한다. 그는 내담자가 모호하지만 삶의 투쟁에 대한 이야기의 중요한 단서가 되는 단어를 종종 사용한다고 보고한다. 효과적인 상담자는 내담자가 말한 사소한 부분을 발견하여 이 부분에 집중하고 발전시켜 나가는

방법을 알고 있다. 내담자는 함축적인 구절을 대충 넘겨버리기 쉽지만, 예민한 상담자는 내담자가 그 부분을 더 구체적으로 이야기하도록 도울 질문을 던질 수 있다. 상담자는 자기 앞에 앉아 있는 사람의 주 관심사가 무엇인지에 주의를 기울이고, 그들이 이야기하도록 유도하는 것이 중요하다.

나는 공개 워크숍에서 개인 상담 시연에 자원했던 조라는 사람과 어빙 폴스터와의 감명 깊은 대화 모습을 관찰하였다. 비록 조가 그의 독특한 생활양식이 드러나는 멋진 이야기를 했지만, 그의 태도는 생동감도 없었고 활기도 보이지 않았다. 결국 폴스터는 그에게 "당신은 지금 나의 관심을 끌고 싶나요? 내가 당신에게 몰두하는 것이 당신에게 중요한가요?"라고 질문했다. 조는 충격받은 것처럼 보였지만, 곧 요점을 파악했다. 그는 상담자의 관심을 지속적으로 끄는 것뿐 아니라 청중의 관심을 지속시키기 위한 방식으로 자신을 표현했다는 것을 확인했기에 폴스터의 도전을 받아들였다. 폴스터는 조가 말하려는 내용보다는 자신이 어떻게 느끼고, 일상의 경험을 표현하는 과정에 주의를 기울이게 하였다.

폴스터는 스토리텔링이란 언제나 저항의 형태만을 나타내는 것은 아니라고 믿는다. 대신에, 스토리텔링은 상담 과정의 핵심일 수 있다. 그는 사람들은 이야기하는 존재라고 주장한다. 상담자가 해야 할 일은 내담자가 생생한 방식으로 자신의 이야기를 할 수 있도록 돕는 것이다. 폴스터(1987b)는 많은 사람들이 자기 삶의 이야기를 변화시키기보다 자신의 이야기 제목을 바꾸기 위해 상담을 받는다고 믿는다.

상담에서 내담자의 경험

게슈탈트치료의 일반적인 지향점은 대화(dialogue)로서, 각자 자신의 독특한 경험을 가져와 만나는 사람들과 연결한다(Yontef et al., 2019). 전통적인 게슈탈트 상담자는 내담자가 책임을 회피하는 방식에 대해 반드시 직면해야 한다고 가정하였다. 그러나 현대의 게슈탈트치료의 특징이 되는 대화적 참여는 내담자와 상담자 간의 만남의 장을 마련한다. 상담에서 핵심이 될 수 있는 다른 주제로는 내담자-상담자 관계를 비롯하여, 내담자가 상담자와 관계를 맺는 방식과 주변 환경에서 다른 사람들과 관계를 맺는 방식의 유사성이 포함된다.

게슈탈트 상담자는 내담자의 경험에 대한 전문가가 아니라고 생각하기 때문에 개인의 행동에 대한 역동을 설명하거나 내담자에게 왜 그가 특정한 방식으로 행동하는지에 대하여 해석하지 않는다. 게슈탈트치료에서 내담자는 자신의 고유한 해석과 의미를 만들어내는 적극적인 참여자이다. 내담자는 알아차림을 키워가며, 자신의 개인적인 의미에 의해서 무엇을 할 것인지 혹은 무엇을 하지 않을 것인지를 결정하는 존재이다.

미리엄 폴스터(1987)는 상담에서 내담자의 성장을 설명하며 이를 통합의 3단계로 정의하였다. 첫 번째 단계는 **발견**이다. 내담자는 자신에 관하여 새롭게 이해하거나 오래된 상황에 대한 새로운 관점을 획득하기도 하고, 그들의 삶에 중요한 사람에 대한 새로운 시각을 얻을 수 있다. 이러한 발견은 종종 내담자들에게 놀라움으로 다가온다.

통합의 두 번째 단계는 **조절**이다. 이는 내담자 자신에게 선택권이 있다는 것을 인식하는 것이다. 내담자는 상담실의 지지적인 분위기 속에서 새로운 행동을 실험해보거나 시작해봄으로써 세상에 대한 자신의 인식을 확장한다. 새로운 선택을 하는 것은 종종 어색하고 서투르게 이루어지지만, 치료적 지지를 통해 내담자는 어려운 상황에 대처할 수 있는 기술을 습득할 수 있다. 내담자는 상담실 밖에서의 실험 장면에 참여하게 되고, 다음 상담 회기에서 이에 대해 논의할 수 있다.

통합의 세 번째 단계는 **동화**이다. 동화는 내담자가 자신의 환경에 어떻게 영향을 미치는지 학습하는 단계이다. 이 단계에서 내담자는 매일의 삶에서 마주치는 놀라움에 대처할 수 있음을 알게 된다. 내담자는 이제 환경을 수동적으로 받아들이는 것 이상의 행동을 하게 된다. 이 단계에서의 행동은 중요한 주제에 대한 분명한 입장표명이 포함될 수 있다. 결국 내담자는 개선될 수 있음에 대하여 그리고 즉흥적으로 대처할 수 있는 자신의 능력에 대한 자신감을 갖게 된다. 즉흥성이란 지식과 기술에서 비롯되는 자신감이다. 내담자는 자신이 원하는 것을 얻을 수 있는 선택을 할 수 있게 된다. 상담자는 내담자가 무엇을 성취하였는지에 주목하고, 내담자의 내부에서 일어난 변화를 인정한다. 이 단계에서 내담자는 환경에서 필요한 것을 얻을 수 있는 기회를 극대화하기 위해 무엇을 할 수 있는지 배우게 된다.

상담자와 내담자의 관계

게슈탈트치료에서 실존주의적 요소는 상담자와 내담자 사이의 사람 대 사람의 관계이다. 상담자는 자기 현존의 질, 자신과 내담자에 대해 아는 것, 내담자에게 개방성을 유지하는 것에 대한 책임이 있다. 또한 이들은 내담자가 상담에 임할 의욕을 가질 수 있도록 치료적 환경을 구성하고 유지할 책임이 있다. 상담자가 내담자에 의해 영향을 받는 것을 허용하는 것과 지금 여기에서 내담자와 만날 때 현재의 인식이나 경험을 내담자와 적극적으로 공유하는 것은 중요하다. 게슈탈트치료 상담자는 적절하게 자신을 드러낼 수 있어야 하며, 상담자 자신의 인식과 경험을 공개함으로써 내담자에게 유용한 상호작용의 과정을 모델링할 수 있다(Yontef et al., 2019). 그러나 상담자는 공유할 **내용**(what)과 **시기**(when)에 대해 신중해야 한다.

게슈탈트치료 상담자는 내담자가 있는 그대로의 자신을 드러내도록 허용할 뿐만 아니라, 자기 자신을 유지하면서도 역할 속에서 길을 잃지 않도록 한다. 상담자는 정직하고 즉각적인 반응을 내담자에게 제공해야 하며, 개인적 경험과 이야기를 적절한 방식으로 공유해야 한다. 또한 상담자는 내담자 자신이 실제로 무엇을 하고 있는지에 대한 알아차림을 높이도록 피드백을 제공한다.

많은 저자들은 기교적 기법을 강조하는 것을 반대하고, '나/너' 관계와 상담자의 현존의 질을 매우 중요하게 여긴다. 내담자와 작업할 때 기법 중심이 되거나, 자신의 존재를 잃어버릴 위험성을 경고한다. 현대의 관계적 게슈탈트치료는 초기의(전통적) 치료적 실제와는 많이 다른 모습이다. 관계(또는 동맹)를 형성하는 것은 치료의 선행조건이 아니라 게슈탈트치료의 핵심이다. 정립된 상담자의 태도와 행동 그리고 관계는 매우 중요하다(Frew, 2013; Resnick, 2015; Wheeler & Axelsson, 2015; Yontef et al., 2019). 상담자는 내담자와 함께 있음과 마음챙김을 통해 내담자의 주관적 경험에 주의를 기울일 수 있다(Brownell, 2016).

현대의 많은 게슈탈트 상담자는 현존, 진실한 대화, 부드러움, 상담자의 더욱 직접적인 자기표현, 정형화된 상담 개입 감소, 내담자의 경험에 대한 깊은 신뢰 등과 같은 요인을 더 많이 강조한다. 로라 펄스(1976)는 상담자가 사용하는 기법보다는 상담자라는 사람이 더 중요하다는 개념을 강조한다. 그녀는 "상담자와 내담자가 자신을 발견하고 함께 상담관계를 발전시켜나가는 방법은 다양하다."(p. 223)라고 말한다. 게슈탈트치료에서 현재 추세는 점점 더 내담자-상담자 관계를 강조하고 있다. 이러한 경향을 지지하는 상담자는 현재 중심적이고 비판단적인 대화를 강조하는데, 이는 내담자가 더 깊이 있게 그들의 알아차림을 경험하게 하고 다른 사람과 접촉하도록 도와준다(Wheeler & Axelsson, 2015).

폴스터와 폴스터(1973)는 상담자가 자기 자신에 대해 아는 것과 치료적 도구가 되는 것의 중요성을 강조한다. 자신이 그리고 있는 작품과 교감할 필요가 있는 예술가처럼, 상담자는 새로운 삶을 창조하는 데 참여하는 예술가다. 이 두 사람은 상담자들이 상담 과정의 핵심적 요소로서 그들이 가진 경험을 사용하라고 요청했다. 그들에 따르면, 상담자는 단순한 반응자 또는 감정의 카타르시스를 제공하는 그 이상의 역할을 하는 사람이라고 이야기한다. 상담자가 내담자와 효과적인 접촉을 원한다면 상담자는 내담자와도, 그리고 자기 자신과도 모두 조화를 이루어야만 한다. 치료는 상담자와 내담자 모두가 변화되는 쌍방의 참여 활동이다. 상담자가 자신의 부드러움과 거칢, 동정과 같은 자신의 특성에 그리고 내담자에 대한 반응에 민감하게 맞추지 못한다면, 상담자는 기술자가 될 뿐이다. 실험은 내담자 문제에 관한 단순한 해결책을 제공하는 것이 목적이 아니라, 내담자의 알아차림에 목적을 두어야 한다.

적용: 상담 기법과 절차

게슈탈트치료의 실험

게슈탈트 접근이 명백한 것을 다루지만, 이 단순성이 상담자의 역할이 쉽다는 것을 의미하는 것은 아니다. 다양한 개입 방법을 개발하는 것은 간단하지만, 이 방법을 기계적으로 사용한다면 이는 내담자가 진솔하지 못한 삶을 살도록 내버려두는 것과 마찬가지이다. 내담자가 진솔해지려면, 진솔한 상담자를 만나야 한다. 게슈탈트치료의 방법론은 내담자의 욕구에 맞게 조정되며, 실험은 전형적으로 초청에 의해서 이루어진다. 게슈탈트 상담자인 존 프루(Jon Frew) 박사는 『통합적 상담: 사례 중심의 접근』(Corey, 2013) 6장에서 루스의 사례에 적용함으로써 게슈탈트 개입을 보여주었다.

상담 절차에서 여러분의 레퍼토리에 포함할 수 있는 다양한 게슈탈트 방법에 대해 논의하기 전에, 연습(또는 기법, exercise or technique)과 실험(experiment)을 구별하는 것은 중요하다. **연습**은 상담 회기에서 어떤 상황을 유발하거나 목표를 성취하기 위해 사용되는 이미 만들어진 기법이다. 이것은 개인치료의 촉매가 되거나 집단 상담 구성원들 간의 상호작용을 촉진하는 데 사용될 수 있다. 대조적으로 **실험**은 내담자와 상담자의 상호작용을 토대로 이루어지며, 대화 과정 안에서 발생한다. 실험은 경험적 학습의 초석으로 여겨진다. 프루(2013)는 실험을 "상담의 초점을 주제에 관한 이야기에서 경험을 통해 내담자의 인식과 이해를 높이는 활동으로 옮기는 하나의 방법"(p. 238)으로 정의한다. 멜닉과 네비스(Melnick & Nevis, 2005)에 따르면, 실험과 기법(technique)이 혼동스럽게 사용되었다. "기법은 구체적인 학습목표와 함께 수행되는 실험이다. 반면 실험은 치료이론에서 바로 나와 '지금 여기'에 존재하는 개개인에게 꼭 맞도록 만들어진다"(p. 108).

게슈탈트치료에서 실험은 내담자의 경험에 대한 통합적인 탐색을 가능하게 하는 개입이며 적극적인 기법이다(Brownell, 2016). 실험은 사람들에게 행동을 통해 체계적으로 학습할 기회를 제공하며, 내담자가 자신의 경험을 깊이 탐구할 수 있는 효과적인 방법으로 평가된다. 내담자는 자신의 알아차림 과정을 탐구하고 어떻게 자신의 사고, 감정, 감각, 행동이 자신에게 작동하거나 작동하지 않는지를 발견한다. "(실험의) 목표는 항상 학습하는 것이다. 즉, 보다 유연하고 효과적으로 반응할 수 있는 새로운 이해와 가능성에 대해 천천히 그리고 깊이 있게 경험하는 것이다"(Wheeler & Axelsson, 2015, p. 40). 내담자와 상담자 간의 대화를 유지하는 데 중요한 부분은 경험이지, 내담자를 바로잡거나 상담 과정을 더 흥미롭게 만드는 방법이 아니다(Yontef & Schulz, 2013).

실험은 현대 게슈탈트치료의 근간이다. 이러한 극적인 행위는 내담자의 알아차림과 학습을 증진시키기 위해 고안되었다(Brownell, 2016). 실험으로부터 학습되는 것은 내담자와 상담자 모두에게 하나의 놀라움인데, 발견을 위해 신기한 경험 속으로 들어가는 의도적인 작업이기 때문이다. 게슈탈트치료에서 실험은 내담자와 상담자와의 몰입 상황에서 생기는 새로운 시도이다(Brownell, 2016). 게슈탈트 실험은 창의적인 모험으로, 내담자가 자신을 행동으로 표현할 수 있는 기회를 제공한다. 실험은 자발적이며, 독특하고, 특정한 순간과 상 형성 과정의 발달에 적절해야 한다. 실험은 특정한 목표를 달성하기 위해 고안된 것이 아니라 상담자와 내담자가 매 순간 접촉하는 과정 속에서 일어난다. 폴스터(1995)는 실험은 상담자에 의해 설계되며, 욕구, 꿈, 환상, 신체 알아차림과 같은 내담자의 보고와 같이 치료적 참여를 통해 개발된 주제에서 발전한다고 설명하였다. 실험은 모든 게슈탈트치료에서 고유하게 나타나는 태도이며, 내담자의 완전한 참여가 동반되는 협력적인 과정이다. 실험은 상담 과정의 현상학적 부분이며, 내담자가 실험이 얼마나 치료적으로 도움이 되었는지 확인해야 한다.

미리엄 폴스터(1987)에 따르면, 실험은 내적 갈등을 밖으로 꺼내어 작업하는 하나의 과정이다. 내담자의 삶에서 교착된 지점에 대한 작업을 통해 내담자의 능력을 키우는 데 실험의 목적이 있다. 실험은 상담 중에 직접적으로 행동 발생의 가능성을 제공하기 때문에 자발성과 창의성을 고무시킨다. 비교적 안전한 치료 상황에서 문제가 되는 상황이나 관계를 연출하거나 재연함으로써, 내담자는 행동의 융통성을 확장할 수 있다. 미리엄 폴스터에 따르면, 게슈탈트 실험에는 다양한 형식이 있다. 예를 들면, 미래에 마주칠 수 있는 위협적인 장면 상상하기, 내담자와 삶에서 중요한 타인과의 대화 장면 설정하기, 고통스러웠던 기억 극화하기, 현재에 특히 심오한 초기 경험을 다시 경험하기, 역할놀이를 통해 본인의 어머니나 아버지가 되었다고 가정하기, 몸짓이나 자세 또는 그 외 내적 표현의 비언어적 신호에 대해 집중하기, 또는 개인 내부에 존재하는 두 가지 갈등 측면 간에 대화해보기 등이 있다. 실험을 통해 내담자가 현재의 시점에서 삶의 갈등을 재현해보도록 함으로써 내담자는 갈등과 연결된 감정을 생생하게 경험할 수 있다. 실험을 개개인에게 맞추고 시기적절하게 사용하는 것은 매우 중요하다. 실험은 또한 지지와 위험 사이의 균형을 제공되는 환경 속에서 수행되어야 한다. 이때 상담자는 민감성을 가지고 세심한 주의가 필요하여 그래야만 내담자가 "지나치게 위협적인 실험으로 해를 입지도 않고, 안전하거나 유익하지도 않은 상황에 놓이게 된다"(Polster & Polster, 1990, p. 104).

만약 수련 중에 있는 학생들이 이 글을 단순히 읽는 것으로 게슈탈트치료를 이해하려고 한다면, 게슈탈트 방법이 추상적이고 실험이라는 개념은 생소할 수 있다. 예를 들어, 내담자에게 꿈에서 나오는 어떤 대상이 되어보라고 하는 것은 바보 같고 황당할 수 있다. 상담자 자신이 게슈탈트 실험의 힘을 개인적으로 경험해보고 편안하게 내담자에게 제안해볼 수 있어야 한다. 이런 면에서 수련생 자신이 내담자가 되어 게슈탈트치료의 기법을 경험해보는 것은 매우 유용하다.

게슈탈트 실험을 위한 내담자 준비과정 학습목표 04

상담자와 내담자의 관계 수립이 핵심이다. 그래서 게슈탈트의 실험을 통해 새로운 학습에 참여할 수 있을 정도로 신뢰를 형성하는 일이 중요하다. 내담자가 게슈탈트 실험에 대해 사전 지식이 있고 준비되어 있을 때 더욱 많은 것을 얻을 수 있다. 상담자와 신뢰하는 관계를 통해 내담자는 자신의 주저함을 인식할 수 있으며 자발적으로 실험에 참여한다.

내담자를 협력하게 하려면, 상담자는 실험을 수행하기 위해 내담자에게 명령적인 방식으로 지시하는 것을 피해야 한다. 대체로 나는 내담자에게 실험을 시도해서 뭔가를 배울 의향이 있는지를 물어본다. 또한 내담자가 원하면 언제든지 중단할 수 있으며, 따라서 결정권은 내담자에게 있다고 말한다. 내담자는 그 시간에 바보가 된 기분이 든다거나, 남의 시선이 의식된다고 말하거나, 과제가 인위적이거나 비현실적으로 느껴진다고 말하기도 한다. 이럴 때 나는 다음과 같이 말하곤 한다. "한번 해보지요? 그리고 무슨 일이 일어나는지 봅시다." 내담자가 실험을 해보는 것에 대해 저항하는 방식은 그들의 성격과 세상에 존재하는 방식에 대하여 많은 것을 드러낸다. 게슈탈트 상담자는 실험에 대해 내담자가 꺼린다는 것을 충분히 예상하고 존중하며 그들이 어떠한 태도를 보이더라도 이해해야 한다. 게슈탈트 실험은 상담자가 내담자의 문화적 배경을 존중할 때, 그리고 내담자와 단단한 작업 동맹이 이루어져 있을 때 가장 효과가 좋다. 오랜 시기에 걸쳐 감정을 억눌려왔던 내담자는 자신의 감정을 드러내게 될 것 같은 실험에 참여하기를 꺼릴 것이다.

현대 게슈탈트치료에서는 초기 게슈탈트치료에 비해 저항을 훨씬 덜 강조한다. '알아차림에 대한 저항', '접촉에 대한 저항'이라고 볼 수 있는 가능성이 있더라도, 일부 게슈탈트 상담자들은 저항이라는 개념을 불필요하다고 간주한다. 프루(2013)는 저항이라는 개념이 게슈탈트치료의 이론과 실제에서 완전히 이질적이며, 상담자가 원하는 대로 하지 않는 내담자에게 저항이란 용어가 너무 빈번하게 사용된다고 주장하였다. 폴스터와 폴스터(1976)는 상담자에게 최선이란 무언가를 일어나게 하는 것보다 실재하는 것과 현재 일어나고 있는 것을 관찰하는 것이라고 말했다. 이것은 내담자가 저항하는 것이 잘못된 행동이라고 보는 개념으로부터 벗어난 것이다. 폴스터에 따르면, 변화란 노력해야 하는 것이 아니라 접촉과 알아차림을 통해 일어난다. 마우러(Maurer, 2005)는 '저항의 가치 인정하기'에 대해 글을 썼는데, 저항은 극복해야 하는 어떤 것이기보다 상황에 대한 창의적인 적응이라고 보았다. 마우러는 저항을 존중하고 진지하게 다루어야 하며 '적'이 아니라 '에너지'로 보아야 한다고 주장한다.

게슈탈트 실험은 내담자의 알아차림을 확장하고 새로운 행동 방식을 시험해보도록 고안된 것임을 잘 기억해두어야 한다. 안전한 치료 상황에서 내담자는 기회를 제공받고, 새로운 행동을 '시험해보도록' 격려받는다. 치료적 과정에서 실험적 태도는 내담자의 참여가 중요하며 내담자와 상담자 간 상호작용을 통해 나타나는 것을 허용함으로써 이를 치료의 방향으로 삼는다(Yontef & Schulz, 2013). 이것은 어떤 특정한 기능의 모습에 대한 알아차림을 고양시켜서 자기 이해를 높인다(Yontef, 1995). 실험은 사람들이 좀 더 알아차리도록 하고, 자신이 가장 원하는 변화를 이루도록 돕는 유일한 수단이다.

직면의 역할 학습목표 05

학생들은 때때로 게슈탈트 상담자는 지시적이고 직면적이라는 인식을 갖고 있다. 나는 학생들에게 그런 인식은 이론의 창시자와 이론의 실제를 동일하게 보는 데서 오는 실수라고 말한다. 프리츠 펄스의 워크숍에서 사람들은 종종 그가 심하게 내담자를 직면시키는 것을 발견했고, 쇼맨십을 통해 자신의 욕구를 충족시키는 것을 보았다. 욘테프(1993)는 펄스의 전통적인 스타일을 '붐, 붐, 붐 치료(boom boom boom therapy)'라고 일컬으며 극적인 요소, 거친 직면과 강렬한 카타르시스와 같은 특징이 있다고 말했다. 욘테프(1993, 1999)는 '무엇이든 허용되는 환경'으로 특징지어지는 1960년대와 1970년대의 게슈탈트치료를 반지성적이고 개인주의적이며, 연극처럼 과장되어 있으며 직면을 선호한다고 비판했다.

현대 게슈탈트치료의 실제는 이러한 방식과는 다르게 진행되고 있다. 욘테프(1999)에 따르면, 현대의 관계적 게슈탈트치료는 더 많은 지지와 치료에서 친절함과 동정심을 포함시키도록 진화하였다. 이 접근은 "지속적인 공감에 기반을 두며 내담자에 대한 탐구와 선명하고 명확하며 적절한 알아차림"을 결합시킨 것이다"(p. 10). 펄스는 회피를 다루는 방법으로 강한 직면을 사용했지만, 이러한 기법 중심의 상담 방법은 오늘날 대화 중심적인 방법론으로 바뀌었다(Frew, 2013; Yontef et al., 2019).

현대의 게슈탈트치료에서, 직면(confrontation)은 내담자가 자신의 행동, 태도, 생각을 검토하도록 **초청**(invite)하는 방식으로 시작된다. 상담자는 내담자가 자신의 특정한 모순을 보도록 격려할 수 있는데, 특히 자신의 언어적 표현과 비언어적 표현 간의 차이를 볼 수 있게 한다. 더 나아가, 직면은 약점이나 부정적 특성을 목표로 해야만 하는 것은 아니며 내담자가 어떻게 자신의 강점을 차단하고 있는지 인식하도록 유도할 수 있다.

내담자를 충분히 배려하는 상담자는 내담자에게 자신과 그리고 다른 사람들과 더 잘 접촉할 수 있을 것이라 말을 한다. 그러나 궁극적으로, 내담자는 자신에 대해 더 많이 배울 수 있는 초청을 받아들일 것인지는 내담자 자신이 결정해야 한다. 이 권고는 이제 이야기하게 될 모든 실험에서 염두에 두어야 한다.

게슈탈트치료의 개입 학습목표 06

기법은 정서를 끌어내고 행동을 유발하거나 구체적인 목표를 성취하는 데 사용되는 사전에 계획된 활동이다. 대조적으로 실험은 상담 과정에서 발생하는 상황에 맞게 자연스럽게 만들어진다. 또한 실험은 내담자가 더 완전한 알아차림을 얻고, 내적 갈등을 경험하며, 불일치나 양극성을 해결하고, 미해결 과제의 완성을 방해하는 장벽에 대해 작업한다(Conyne, 2015). 어떤 상담자들은 게슈탈트치료의 실제가 치료를 정의하는 다양한 기법으로 구성된다고 잘못 생각하지만, 레스닉(Resnick, 2015)은 기법과 연습은 게슈탈트치료에서 가장 중요하지 않은 부분이라고 말한다.

여기 기술된 기법이 게슈탈트치료를 정의하는 것도 아니고, 게슈탈트 실제의 필수적인 부분도 아니다. 이러한 기법은 그 개입이 치료적 상황에 잘 맞고 내담자가 경험하는 모든 것을 부각시킬 수 있을 때 가장 잘 사용될 수 있다. 이어지는 다음 내용은 레비스키와 펄스(Levitsky & Perls, 1970)에 기초하였으며, 이와 같은 방법을 사용하는 데 개인적인 의견을 덧붙였다.

내적 대화 기법 게슈탈트치료의 목표 중 하나는 거부하고 부인해왔던 자신의 성격의 측면을 통합하고 수용하는 것이다. 게슈탈트 상담자는 성격 기능의 분열에 주목한다. 중요한 구분 중의 하나는 '상전(top dog)'과 '하인(underdog)'이며, 치료는 종종 둘 사이의 대립에 초점을 맞춘다.

상전은 도덕적으로 옳고, 권위주의적이며, 도덕주의자처럼 굴고, 요구적이며, 대장처럼 굴며 다른 사람을 조종하는 데 능하다. 이는 '비판적 부모'로서 '당위성(shoulds)'과 '의무(oughts)'로 못살게 굴고, 파국으로 위협하며 조종한다. 하인은 방어적이고, 미안해하며, 무기력하고, 약하고 무력한 척함으로써 희생자의 역할을 연기한다. 이는 수동적이고 책임감이 없으며 변명을 찾는 모습이다.

상전과 하인은 통제라는 주제로 항상 갈등한다. 이 갈등은 왜 결심과 약속이 종종 이행되지 않는지, 왜 미루는 버릇이 계속 유지되는지를 설명하는 데 도움이 된다. 상전은 '그러므로/그래서'로 요구하는 독재자인 반면, 하인은 반항적이며 순종하지 않는 아동이다. 서로 통제하기 위한 투쟁의 결과, 개인은 지배자와 피지배자로 분열된다. 이 두 측면의 내적 갈등은 양측 모두가 자신의 존재를 위해 싸우는 것이므로 계속된다.

성격의 양극 간 갈등은 내사(introjection)라는 기제에 뿌리를 두고 있는데, 내사는 타인, 보통은 부모의 어떤 면을 자신의 성격에 통합시키는 것을 포함한다. 내담자는 자신의 성격 통합을 막으면서 치명적인 영향을 주는 내사를 알아차리는 것이 중요하다.

빈 의자 기법 사이코드라마의 창시자인 야코프 모레노(Jacob Moreno)는 빈 의자 기법(empty chair technique)을 고안하였다. 그 기법은 이후 펄스에 의해 게슈탈트치료에 통합되었다. 빈 의자 기법은 역할 바꾸기 기법인데, '타인'이 생각하거나 느낄 수 있는 것에 대한 환상을 의식의 세계로 가져오는 데 유용하다. 본질적으로, 이것은 역할 연기 기법으로, 모든 부분을 내담자가 연기한다. 이러한 방식으로 내사는 수면으로 올라올 수 있고, 내담자는 갈등을 더 강렬하게 경험할 수 있다. 이 기법은 다양하게 적용될 수 있다. 가장 중요한 용도 중 하나는 자신의 사회적 관계 내에 있는 다른 사람에게 느낄 수 있는 감정을 탐색하고, 그 사람이 겪을 수 있는 현실적인 어려움이 무엇인지 탐색하는 것이다.

2개의 의자를 사용하여, 상담자는 내담자에게 한 의자에 앉아서 온전히 상전이 되어보라고 한다. 그런 다음, 다른 의자로 옮겨 가서 하인이 되어보라고 한다. 대화는 내담자의 두 측면 간에 계속될 수 있다. 이 갈등은 내담자의 두 측면에 대한 수용과 통합을 통해 해결될 수 있다. 이 활동은 내담자가 부인하고 있을지도 모르는 자신의 어떤 감정이나 측면에 접촉하도록 도와주는데, 단순히 갈등에 관해 이야기를 해보는 것이 아니고 감정을 격렬하게 격화시켜 충분히 경험하도록 한다. 더 나아가 이 개입은 그 감정이 실제적인 자신의 일부라는 것을 내담자가 깨닫도록 도와줌으로써, 내담자가 감정을 분리하지 못하도록 개입한다. 이 연습의 목표는 모든 사람들에게 존재하는 양극성이나 갈등을 높은 수준에서 통합시키는 것이다. 인간의 어떤 특성을 제거하는 것이 목표가 아니라 양극성을 수용하며 이것을 가지고 살아가도록 가르치는 것이 목표이다.

미래 투사 기법 미래 투사는 예상되는 사건을 현재 순간으로 가져와서 시연해보는 기법이다. 이 기법은 종종 사이코드라마와 관련이 있으며, 내담자가 미래에 대한 걱정을 표현하고 명료화하도록 돕기 위해 고안되었다. 이 걱정은 소망과 희망, 미래에 대한 두려움, 삶에 대한 방향을 제공하는 목표가 포함될 수 있다. 내담자는 특정 인물과 함께할 미래의 시간과 장소를 상상하며, 그 사건을 현재로 가져와 새로운 관점을 모색한다. 내담자는 주어진 상황에서 그들이 바라는 것을 이상적으로 펼치거나, 그들이 예상하는 두려운 결과를 시연할 수 있다. 일단 내담자가 희망하는 특정한 결과가 명료화되면, 그들이 바라던 미래를 달성할 수 있도록 구체적인 조치를 취할 수 있는 더 나은 위치에 놓이게 된다.

한 바퀴 돌기 한 바퀴 돌기는 집단구성원이 차례로 다른 구성원들에게 말을 걸거나 활동을 함께하는 게슈탈트치료 기법 중 하나다. 이 활동의 목적은 자기와의 직면, 모험, 자기개방, 새로운 행동을 실험해보기, 성장과 변화이다. 나는 한 참여자가 어떤 주제로 집단의 구성원 각자와 직면해볼 필요가 있다고 느낄 때, 이 기법으로 실험한다. 예를 들면, 한 구성원이 다음과 같이 말할 수 있다. '저도 예전부터 이 집단에 참여하고 싶었지만 여기 있는 사람들을 신뢰하는 것이 두려워서 망설였습니다. 또한 집단 안에서의 시간이 저에게 그다지 가치 있는 것으로 느껴지지 않아요.' 나는 다음과 같이 대응할 수 있을 것이다. '당신은 자신을 위한 투자로, 그리고 신뢰와 자신감을 얻기 위한 시작으로, 지금 당장 어떤 것을 기꺼이 할 의향이 있습니까?' 이 사람의 대답이 긍정적이라면, 다음과 같은 제안을 할 것이다. '각 사람들에게 차례로 다가가서 '나는 당신을 믿지 못합니다. 왜냐하면 ……'이라는 문장을 완성해보십시오.' 이 방식으로 수많은 기법이 만들어질 수 있는데, 개인이 타인과 관계하고 그 개인을 공포로 얼어붙게 만드는 문제를 해결하기 위한 작업을 선택할 수 있다.

이 개입에 적합하다고 생각되는 또 다른 예시는 다음과 같은 내담자의 말에서 찾을 수 있다. '저는 사람들에게 더 자주 다가가고 싶습니다.', '여기에 있는 사람들은 아무도 저에게 관심이 없는 것 같습니다.', '저는 당신과 친해지고 싶지만 거부당할까(또는 받아들여질까) 두렵습니다.', '저에 대한 칭찬을 받아들이기 어렵습니다. 저는 저에게 하는 좋은 말을 항상 무시합니다.'

반동 기법 어떤 증상과 행동은 때때로 근원적이고 잠재적인 충동에 대한 반동으로 나타난다. 그러므로 상담자는 심한 억제와 과도한 소심함으로 고통을 느끼는 사람에게 과시욕이 강한 사람의 역할을 해보게 할 수 있다. 나는 치료 집단 중 한 집단에서 상대방의 기분을 좋게 하는 말 말고는 다른 말을 하는 데 어려움을 가지고 있었던 한 여성을 기억한다. 나는 그녀에게 기존 틀에 박혀있는 방식을 반대로 바꾸어 가능한 한 부정적인 사람이 되어보라고 했다. 반동은 성공적으로 이루어졌으며, 그녀는 곧 이 역할을 열정적으로 수행하였고, 나중에는 자신의 '긍정적인 면'과 '부정적인 면'을 모두 인식하고 수용할 수 있었다.

반동 기법은 내담자가 불안한 상황에 직면하도록 하여, 숨기거나 부인해왔던 자신의 일부와 접촉하게 하는 이론에 기초한다. 이 기법은 내담자가 부인하려고 노력했던 개인적 특성을 수용할 수 있도록 돕는다.

시연 기법 인정을 받기 위해서 우리는 때때로 내적으로 시연을 한다. 우리는 자신의 역할을 훌륭하게 수행하지 못할까 두려워하여 무대 공포증이나 불안을 경험한다. 내적 시연은 많은 에너지를 소모하여, 새로운 행동을 실험하려는 자발성과 의지를 억제할 때가 많다. 내담자에게 자신의 내적 시연을 큰 소리로 이야기하게 함으로써 그 내용을 상담자와 공유하게 되면 내담자는 자신의 사회적 역할을 유지하는 데 사용하는 많은 사전 조치에 대해 더 잘 알게 된다. 내담자는 점점 자신이 타인의 기대를 충족시키기 위해 어떻게 노력하는지, 자신이 어느 정도 인정받고 수용되며, 얼마나 호감을 얻고 싶은지, 그리고 달성하고자 하는 인정의 정도에 대해 알아가게 된다.

과장 기법 게슈탈트치료의 목표 가운데 하나는 내담자가 신체 언어를 사용하여 자신이 보내고 있는 미세한 신호와 단서를 더 잘 알아차리게 하는 것이다. 움직임, 자세, 몸짓은 중요한 의미를 전달하지만 이 단서가 불완전할 수도 있다. 이 기법에서는, 내담자에게 행동이나 몸짓을 반복적으로 과장하도록 요청하는데, 그것은 보통 행동의 기저에 있는 감정을 심화시키고 내적 의미를 더 분명하게 만든다. 과장 기법을 사용하여 다룰 수 있는 행동의 예로는 다리나 손을 떠는 것, 축 늘어뜨린 자세와 구부정한 어깨, 주먹을 꽉 쥐는 것, 찌푸린 눈살, 얼굴 표정을 찌푸리는 것, 팔짱 끼는 것 등이다. 내담자가 다리를 떨고 있다고 말하면, 상담자는 내담자에게 일어서서 더 심하게 떨어보라고 요구한다. 그다음에 내담자에게 떨고 있는 자신의 팔다리에 단어를 사용하여 표현해보도록 요청한다.

감정에 머무르기 대부분의 내담자는 두려운 자극에서 벗어나려고 하거나 불쾌한 감정을 피하고 싶어 한다. 내담자가 불쾌한 감정이나 기분에 관해 이야기하고, 그 상황에서 도망치고 싶다고 느끼는 그 순간에, 상담자는 내담자에게 그 감정에 머무르라고 말하며, 피하고 싶은 감정이나 행동에 더 깊이 들어가 보기를 권유한다. 감정을 직면하고 경험하는 것은 용기를 길러줄 뿐만 아니라, 새로운 단계의 성장을 이루는 데 수반되는 고통을 감내하는 의지의 표현이기도 하다. 강력한 상담관계는 신뢰를 기반으로 형성되며, 개인적 판단을 배제한 수용은 내담자가 이러한 불쾌한 감정을 견디는 데 필요한 안정감을 제공한다.

꿈 작업에 대한 게슈탈트 접근 정신분석에서는 꿈을 해석하고, 지적 통찰력을 강조하며, 자유연상을 통해 꿈의 무의식적 의미를 탐색한다. 게슈탈트 접근에서의 꿈 작업(dream work)은 꿈을 해석하거나 분석하지 않는다. 대신에, 꿈을 현재 삶으로 가져와, 마치 지금 일어나고 있는 것처럼 재현한다. 꿈은 현재에서 시연되며, 꿈을 꾸는 사람은 자신의 꿈의 일부가 된다. 꿈 작업에는 꿈의 모든 세부 사항을 목록으로 정리하고, 꿈속의 사람이나 사건, 분위기를 기억해내며, 자신을 꿈속 각 부분으로 변형시켜 행동화하거나 대화를 만들어보는 활동이 포함된다. 꿈의 각 부분이 자신에 대한 투사로 추정되기 때문에, 내담자는 다양한 인물들 간에 또는 꿈의 각 부분들 간에 만남을 위해 각본을 짠다. 꿈의 다양한 부분은 모두 내담자 자신의 모순적이며 불일치하는 측면의 표출이다. 내담자는 이러한 상반된 측면 간의 대화에 참여함으로써 자신의 감정 범위를 더 잘 알아차리게 된다.

투사에 대한 펄스의 개념은 꿈의 형성 이론에서 가장 중요하다. 꿈속의 모든 사람과 물체는 꿈꾸는 사람의 투사된 관점을 나타낸다. 펄스(1969)는 "사람들에게서 또는 세상에 대해서 우리가 본다고 믿는 것이 무엇이든 단지 투사에 불과하다는 믿기 어려운 가정에서부터 시작한다."(p. 67)라고 제시했다. 그는 감각을 인식하는 것과 투사를 이해하는 것이 동시에 이루어진다고 본다. 내담자는 꿈에 대해 생각하거나 분석하지 않지만, 꿈의 다양한 부분에 대하여 대화가 있는 각본이나 실험으로써 꿈을 사용한다. 내담자가 상반되는 측면 간의 갈등을 행동화할 수 있다면, 결과적으로 내적 불일치를 인정하고 수용할 수 있으므로 양극의 상반되는 힘을 통합하게 된다. 프로이트가 꿈을 무의식으로 가는 왕도라고 한 데 반해, 펄스는 꿈을 "통합으로 가는 왕도"(p. 66)라고 했다.

펄스에 따르면, 꿈은 인간 존재의 매우 자연스러운 표현이다. 꿈은 미해결된 상황을 나타내기는 하지만, 모든 꿈은 또 자신에 대한 실존적 메시지와 현재의 갈등을 담고 있다. 꿈의 모든 부분을 이해하고 완전히 소화하면 꿈에서 모든 것을 발견할 수 있다. 꿈은 성격에서 결핍된 부분이나 내담자의 회피 방법을 밝혀줌으로써 성격의 공백을 발견하는 매우 훌륭한 방법이다. 펄스는 꿈을 제대로 작업할 수 있다면, 실존적 메시지가 더 분명해진다고 했다. 사람들이 꿈을 기억하지 못한다면, 삶에서 직면하기 힘든 문제를 회피하려는 것일 수도 있다. 적어도 게슈탈트 상담자는 내담자에게 놓치고 있던 꿈을 이야기하도록 요청한다. 예를 들어, 한 내담자는 상담자의 지시로 그가 여전히 꿈을 꾸고 있는 것처럼 현재 시제로 아래의 꿈을 보고했다.

> 나는 우리 안에 세 마리의 원숭이를 키우고 있다. 한 마리는 큰 원숭이, 두 마리는 어린 원숭이이다! 세 원숭이가 3개의 분리된 공간으로 나눠진 한 우리에서 크게 소란을 피우고 있지만 나는 이 원숭이들에게 강한 애착을 느낀다. 이들은 서로 싸우고 있다. 큰 원숭이가 어린 원숭이와 싸우고 있다. 원숭이들이 우리 밖을 나오고 있고, 나에게 매달리고 있다. 나는 그들을 나에게서 밀어내고 싶다. 나는 내 주위에서 원숭이들이 일으키는 소란에 완전히 압도당하는 기분이 들었다. 나는 엄마에게 도움이 필요하다고, 원숭이들이 나를 미치게 해서 더 이상 감당할 수 없다고 말했다. 나는 매우 슬프고, 매우 피곤하다. 그리고 절망감을 느낀다. 나는 원숭이들을 사랑하지만 이제 원숭이들을 없

> 애야 한다고 생각하면서 우리에서 걸어나왔다. 나도 다른 사람들과 똑같다고 혼잣말을 한다. 나도 반려동물을 키우다가 상황이 어려워지면 없애고 싶다. 나는 원숭이들이 나를 더 이상 괴롭히지 못하게 할 수 있는 해결책을 찾으려고 열심히 노력하고 있다. 꿈에서 깨기 전에, 나는 개별적인 우리에 각각의 원숭이를 넣기로 결심한다. 그렇게 하는 것이 원숭이를 지키는 방법일 것 같기도 하다.

상담자는 내담자인 브렌다에게 꿈의 다른 부분이 '되어'보라고 했다. 그래서 그녀는 우리가 되었고 원숭이들 각각과 대화를 나눴다. 그다음으로 어머니, 그리고 또 다른 부분이 되는 경험을 했다. 브렌다가 자신의 꿈을 마치 지금 실제로 일어나고 있는 것처럼 보고하는 것이 이 기법의 가장 강력한 측면이다. 그녀는 꿈이 그녀의 남편과 두 아이와의 싸움을 표현했다는 사실을 재빠르게 인식하게 되었다. 그녀와 대화 작업을 통해, 브렌다는 그녀가 가족에게 고마워하는 한편, 분개하고 있음을 발견하였다. 그녀는 가족들에게 그녀의 감정을 알려야 한다는 것과 그들도 지금의 힘든 생활방식을 개선시키기 위해 노력해야 한다는 사실을 깨닫게 되었다. 상담자는 그녀가 꿈의 분명한 메시지를 이해하도록 해석해줄 필요가 없었다.

집단 상담에 적용하기 학습목표 07

장 이론에 근거한 치료로서, 게슈탈트치료는 집단 상담에 매우 적절하다. 게슈탈트 집단 상담의 주된 목표는 집단구성원 서로 간의, 그리고 집단 자체와 상호작용을 통해 알아차림과 자기조절을 증진시키는 데 있다(Conyne, 2015). 게슈탈트치료는 갈등과 문제, 감정 등에 대해 단순히 **이야기하는**(talking about) 것이 아니라 직접 경험하고 행동하도록 격려한다. 집단구성원이 앞으로 일어날 미래 사건에 대한 걱정을 하면, 이 미래 걱정을 현재로 가져와 현재에서 시연해보게 한다. 이러한 '지금 여기'의 집중은 집단을 활기차게 만들고 집단구성원이 자신의 걱정을 탐색하도록 돕는다. **이야기만 하는 것**에서 행동으로의 이동은 종종 집단에서 실험을 통해서 이루어진다. 게슈탈트치료는 알아차림을 향상시키기 위해, 집단구성원이 현재 순간에서 직접적으로 경험하고 있는 것을 강렬하게 경험하도록 고안된 여러 가지 개입 방법을 활용한다. 게슈탈트 집단 상담자는 언어적이고 비언어적인 언어, 자세, 목소리, 대인관계와 관련된 상호작용, 집단 과정 등과 같은 문제를 다룬다(Conyne, 2015).

한 집단구성원이 작업의 중심이 되면, 다른 구성원도 그 개인 작업을 강화할 수 있다. 연결하기 기술을 활용하여, 집단 지도자는 많은 집단구성원을 문제를 탐색하는 데에 끌어들일 수 있다. 나는 게슈탈트 집단 상담의 상호작용적 방식을 선호하며, 대인관계적 차원 속에서 집단 내 치유의 힘을 극대화시킨다는 것을 안다. 나는 집단 내에 무엇이든 발생할 수 있도록 기법을 도입하는 것을 그다지 좋아하지 않는다. 그보다 집단구성원들에게 바로 그 순간 구성원들이 경험하는 것들이 무엇인지 인식할 수 있도록 지금까지와는 다른 행동방식을 시험해보라고 권유한다. 집단의 형태는 개입을 제공하고 실험을 설계하는 데 상당한 창의성을 발휘할 수 있는 맥락이 된다. 이 실험은 각 집단구성원의 필요나 욕구에 맞춰져야 하며 시기적으로도 적절해야 한다. 그리고 실험은 지지와 위험 간에 균형을 제공하는 맥락 내에서 수행되어야 한다. 최고의 실험은 그 순간 집단구성원들 각자 내부에서 진행되고 있으며 집단 내에서 무엇이 발생하는지에 따라 진화한다.

게슈탈트 집단 지도자는 집단구성원의 알아차림을 증진시키고, 상호 간에 관계를 맺는 양식에 관심을 기울이도록 격려하면서, 지도자는 실험을 고안하는 데 집단구성원이 자신의 자원을 확인하도록 적극적으로 조력해야 한다. 게슈탈트 집단 지도자는 집단구성원에게 적극적으로 개입하며, 빈번한 자기개방을 통해 관계를 촉진하고 집단 내의 상호성을 만들어낸다. 게슈탈트 집단 지도자는 특히 알아차림과 접촉, 실험을 강조한다(Yontef et al., 2019).

집단을 안전한 장소로 경험하게 되면, 집단구성원은 알지 못했던 자기 자신을 알아보고 도전해보려고 한다. 집단구성원이 게슈탈트 방법으로 도움을 받으려면, 집단 지도자는 그러한 개입의 전반적인 목표에 관해 이야기하고, 실험의 분위기를 만들어가야 한다. 지도자는 실험의 주제를 밀어붙이려고 노력하기보다 집단구성원이 자유롭게 새로운 것을 시도해보고 그들 스스로 실험의 성과를 결정하도록 한다.

메리엔 슈나이더 코리와 나는 집단 상담 훈련 워크숍을 한국에서 시행했는데, 게슈탈트 접근이 매우 잘 받아들여졌다. 집단의 분위기가 안전하다고 인식하자, 집단구성원은 매우 개방적으로 감정을 공유하였다. 현상학적 탐구의 입장에서, 우리는 집단의 구성원들에 대해 어떠한 가정도 하지 않으려고 했고, 우리의 세계관이나 가치를 집단구성원에게 강요하지 않도록 주의했다. 우리는 존경과 관심, 동정, 현존(presence)으로 내담자에게 다가갔다. 우리는 내담자가 개인내적으로, 대인관계적 상황에서, 그리고 사회적 상황에서 경험하는 어려움을 해결할 방법을 찾는 데 도움을 주기 위해 내담자와 협력하여 작업했다. 비현실적인 생각 같지만, 여러분은 다른 문화권에 대해 모든 것을 알아야 한다. 세계의 다양한 문화적 환경에서 여러분의 작업을 하기 위해 차이를 존중하고 차이에 대해 감사하는 태도를 가지는 것이 중요하다. 이러한 태도로 우리는 한국인들과 집단 훈련을 하면서 많은 게슈탈트적 개입을 사용할 수 있었다. 어떤 점에서, 이것은 놀라운 일이 아니다. 한국은 집단주의적 가치관을 강조하기 때문에 집단 작업은 한국 문화와 매우 잘 어울린다.

집단에서의 게슈탈트치료에 관해 더 구체적인 설명을 찾는다면, 페더와 프루(Feder & Frew, 2008), 페더(Feder, 2006), 코리(Corey, 2016, 11장)의 논문을 보라.

게슈탈트 접근을 학교 상담에 적용하기 학습목표 08

이 부분은 두 명의 상담 교육자가 제공했다. **마거릿 힌드먼**(Margaret L. Hindman) 박사는 세인트 보나벤처 대학교(St. Bonaventure University)의 상담자 교육전공 조교수이다. 아칸소주에서 면허를 취득한 전문 상담자이며, 놀이치료사로 등록되어 있고 표현예술 분야에서 감독 경험이 있다. **크리스티 페리먼**(Kristi Perryman) 박사는 아칸소 대학교(University of Arkansas)의 상담학 전공 부교수이다. 또한, 미주리 주립대학교(Missouri State University) 놀이치료 연구소 및 아칸소 대학교 놀이치료 연구 및 훈련 센터 설립자이기도 하다.

게슈탈트치료는 학교 상담자들이 오랫동안 사용해왔으며 학생들과 함께 작업하는 데 발달기적으로 적절한 방법을 제공한다. 언어적 표현보다는 놀이 활동에 더 중점을 두기 때문에 학령기 학생에게 적합하다. 학생 대 상담자 비율이 높고 학교 상담자가 책임지는 업무도 많기 때문에 학생들과 자주 상담하는 것이 늘 가능하지 않다. 우리의 경험에 따르면, 게슈탈트 접근법은 학생들이 감정을 조절하고, 교실에서보다 성공적인 학교생활을 할 수 있도록 도울 수 있으며, 시간적으로 적절한 과정을 제공한다.

우리 둘은 게슈탈트 놀이치료 분야의 선구자인 바이올렛 오클랜더(Violet Oaklander)의 연구에서 많은 도움을 받았다. 『우리 아이들에게 열리는 창: 아동 및 청소년을 위한 게슈탈트치료 접근법(Windows to our children: A Gestalt Therapy Approach to Children and Adolescents)』(1988)에서 오클랜더는 아동이 자신의 감정을 경험하도록 돕기 위해 사용하는 다양한 창의적 활동에 관해 설명한다. 환경 내 아동들과 주변 사람들의 관계를 이해하고, 아동들이 자신의 행동에 대한 책임감을 키울 수 있도록 도와야 한다. 이러한 활동은 학교 상담자가 제공하는 소집단, 개별 상담, 교실 수업 등의 서비스와 잘 어울린다. 오클랜더(2006)는 상담자의 설명과 해석보다 아동들이 직접 지각하고 느끼고 경험하는 것이 더 적절하다고 주장한다. 그녀는 투사가 예술활동과 스토리텔링을 통해 아동이 자기 인식을 높일 수 있을 때 가치가 있다고 주장한다. 그녀는 아동 자신이 무엇을 하고 있는지, 어떻게 하고 있는지, 어떻게 자신을 변화시킬 수 있는지 인식하도록 돕는 것에 가장 주목했다.

예술활동과 놀이는 여러 문화권에서 자연스럽게 소통할 수 있는 방법이며, 게슈탈트 접근법은 다양하고 소외된 학생들을 상담할 때 강력한 방법이 될 수 있다. 사회의 다양하고 소외된 학생들은 자신과 가족이 겪은 구조적인 인종차별, 미세한 폭력, 자신과 유사한 사람들이 해를 입거나 심지어 살해당하는 것을 목격하고 두려움으로 발생한 트라우마 때문에 접촉 경계 혼란(contact boundary disturbances)을 겪는 경우가 많다. 이러한 경험은 뇌에 암묵적 기억으로 저장되어 그 감정을 말로 표현할 수 없는 경우가 많은데, 상상 놀이와 같은 게슈탈트 기법은 이러한 억제된 감정에 접근하고 안전하고 발달적으로 적절한 방식으로 아동의 온전함을 체험할 수 있는 방법을 제공한다. 암묵적 기억을 해결함으로써 아동 스스로 자신을 더 잘 조절할 수 있으며, 더 안정된 자아인식을 갖게 된다.

푸에르토리코에서 미국으로 이주한 초등학교 5학년의 한 남학생(루이스)이 교실에서 다른 남학생을 발로 차고, 또래 친구들과의 관계에서 어려움을 겪으며, 학업에 어려움을 겪고 있어서 나(마거릿)에게 의뢰되었다. 처음 두 회기 동안 루이스는 통역이 필요하다고 말했다. 나는 곧 루이스가 영어로 말하고 이해할 수 있으며, 통역 요청이 자신을 보호하기 위한 방법이라는 것을 깨달았다. 루이스는 통역사를 통해 미국으로 이주하던 중 가족의 죽음과 관련된 깊은 슬픔을 공유했다. 그다음 나는 루이스에게 푸에르토리코에 있는 자신과 가족의 그림을 그리고 나중에 미국에 있는 가족과 자신의 그림을 그려달라고 요청했다. 그림을 그린 후 루이스는 통역사를 통한 의사소통을 멈추고, 통역사가 있다는 사실을 잊은 듯했다. 루이스는 푸에르토리코에 남겨진 가족에 대한 그리움에 대해 직접 이야기했다. 회기 후반에는 루이스가 어른이 되면 타인을 배려하고, 사람들로부터 존경받고, 성공한 사람이 되고 싶다는 꿈을 그림으로 그렸다.

상담 종결 회기에서 루이스는 내가 느낀 것처럼 상담이 끝나서 평화로움을 느낄 수 있다고 표현했다. 우리 둘 다 루이스가 상담을 끝내고 학교생활로 돌아갈 준비가 되었으며, 필요하다면 다시 상담을 시작할 수 있다는 것을 알고 있었다. 나는 루이스에게 함께한 시간을 추억으로 간직할 수 있는 무언가를 만들어보라고 권유했는데, 그는 돌멩이에다 "친절은 마법이다."라고 썼다. 그리고 우리가 상담 회기 동안 함께 연습했던 모든 형태의 의사소통과 연결의 과정을 거쳤다. 루이스는 모래놀이, 미술, 인형극, 역할극을 통해 함께한 시간을 마무리하고 작별 인사를 나누었다. 갈 시간이 되자 루이스는 인형을 이용해 문을 막았다. 루이스는 가고 싶지 않다고 했다. 시간이 조금 지난 후 자신은 교실로 돌아갈 준비가 되었다며 함께한 시간을 항상 기억할 것이라고 말했고, 나도 그럴 것이라고 생각했다.

나(마거릿)는 다른 상담자와 함께 주로 충동조절 행동에 어려움을 겪는 유색인종 및 라틴계 초등학생으로 구성된 집단을 구성했다. 우리는 유색인종으로 태어난 새로운 스파이더맨에 관하여 만화책을 구성하고 활용하는 과정을 개발했다. 각 회기에 학생들이 창의력, 상상력 놀이, 실험, 감각 인식을 통해 자신의 투사를 한 단계 더 발전할 수 있도록 지도했다. 이 과정에서 슈퍼히어로를 상징하는 무언가를 만들기, 그 힘을 가진 슈퍼히어로에 대한 나만의 만화 그리기와 같은 지시문을 활용하고, 궁극적으로 슈퍼히어로가 되기 위해 망토를 장식하고 파워포즈와 동작을 사용하는 다양한 활동을 진행했다. 또한 집단 내에서 아이들이 서로 의견을 교환하는 연습을 하고, 자신의 역할에 대해 더 많이 배우고, 자신의 역할을 바꾸기 위해 실험에 참여하는 모습을 관찰했다.

8주 동안 진행된 집단 활동은 학생들이 집단 내에서 배운 기술을 적극적으로 연습하는 체험을 위해 지역 박물관을 방문하여 슈퍼히어로 전시회를 관람하는 활동을 포함하였다. 몇몇 학생들은 동네를 벗어나본 적이 없고 박물관에 가본 적이 거의 없었기 때문에 박물관 방문의 현장 학습은 학생들에게 도전과 함께 새로운 기술을 연습할 많은 기회를 제공했다. 학생들은 내면의 목소리를 사용하여 자신을 표현하고, 다른 곳으로 가고 싶어도 집단에 남아있어야 하며, 사람들이 끊임없이 이동하는 환경에서 다른 사람의 개인 공간을 존중해야 했다. 박물관에 전시된 그림 중 일부는 사회정의 문제에 관한 것이었는데, 학생들은 질문하고 의견을 나누면서 작가의 메시지를 불평등에 대한 자신의 개인적 투쟁에 적용하는 실습을 했다. 게슈탈트 상담을 통해 이 집단의 학생들은 개인적인 인식을 발달시키고, 감정을 처리하며, 자아인식을 발달시키는 데 도움이 되는 경험을 했다.

우리의 경험에 따르면, 상담은 단순하게 **행동**(doing)에 대한 것이 아니라, **존재**(being)에 관한 것이다. 상담은 현존하는 것이며, 서로 공유하는 것에 열려 있는 것이다. '**함께한다**(being with)'는 것이 의미 있으며, 변화가 시작될 수 있다. 아동들은 학교에서 하루 종일 무엇을 해야 하는지 배우지만, 이들이 배운 것은 자기 자신, 주변 환경, 타인과 함께 존재하고 연결될 때 도움이 된다는 점이다. 학교 상담자가 된다는 것은 '지금 여기'에서 아이들을 받아들이고 연결할 수 있다는 점에서 마법과도 같다.

학교에서 아동 및 청소년에게 게슈탈트치료와 체험적 접근법을 적용하는 방법에 대한 자세한 내용은 오클랜더의 저작(1988, 1997, 1999, 2001, 2006)을 적극 추천한다. 바이올렛 오클랜더는 Oaklandertraining.org를 통해 가상 교육도 제공한다.

게슈탈트치료에 대한 전문가의 관점

다음 질문에 대한 답변은 **존 프루**(Jon Frew) 박사(Ph. D, ABPP)가 제공하였다. 존 프루 박사는 퍼시픽 대학교 전문 심리학부 심리학 교수이자 워싱턴주 밴쿠버에서 개인 상담실을 운영하고 있다.

1. 게슈탈트치료가 개인 상담 현장에 가장 크게 기여한 점은 무엇인가?

게슈탈트치료 상담자의 주요 공헌 중 하나는 내담자가 삶의 **내용**(content)과 **과정**(process)의 중요성을 모두 이해하도록 장려한다는 점이다. 대부분 심리치료 접근의 주제는 내용에 관한 것이다. 내담자는 자신의 먼 과거와 가까운 과거 경험에 관해 이야기하고, 논리적으로 생각하며, 원인과 결과가 무엇인지 찾고, 행동을 설명하고 해석한다. 이와 대조적으로 게슈탈트치료 상담자는 내용과 과정을 어떻게 혼합하여 완전한 그림을 그릴 수 있는지에 주목한다. 지금 존재하는 '지금 여기' 풍부한 과정, 예를 들어 눈맞춤, 목소리 톤, 제스처, 얼굴 표정 등을 치료적 접근에 통합한다.

2. 개인 상담 또는 치료 현장에 적용할 수 있는 게슈탈트치료의 특별한 핵심 개념 두세 가지는 무엇인가?

현상학적 탐구. 이는 내담자와 소통하는 자세이자 방법이다. 우리는 가능한 한 우리의 선입견과 편견을 배제하고 내담자의 주관적인 경험을 탐색한다. 적절한 질문을 던지고, 관찰하고, 내담자에게 자신의 경험을 설명하는 것이 아니라 묘사하는 방법을 가르친다.

전체론. 내담자는 생각, 느낌, 신체적 감각, 영성, 행동 등 여러 부분으로 구성되어 있다. 게슈탈트치료 상담자가 특별히 관심을 가지는 부분은 없다. 상담자는 꿈, 불안한 생각, 강력한 느낌 등과 같이 한순간 내담자가 가장 두드러지게 느끼는 부분에 집중하게 되고, 이 경우 치료가 가장 생생하고 내담자에게 도움이 된다.

환경적 지원. 게슈탈트치료 상담자는 내담자가 현재의 '장 상황'을 인식하고, 현재의 욕구가 해결되는 방식으로 환경과 연결할 수 있다면 건강을 회복할 수 있다고 믿는다. 게슈탈트치료 상담자는 지속적인 치료관계를 가지면서, 내담자가 인식과 연결 기능을 회복할 수 있도록 지원한다.

3. 개인 상담을 하는 상담자가 활용하기 좋은 게슈탈트치료의 두세 가지 기법은 무엇인가?

많은 게슈탈트치료 상담자는 기법을 사용하지 않지만, 두 가지 기본 방법이 접근법의 핵심이다. 첫 번째는 마르틴 부버가 제시한 '디아로그(dialogue)'라는 개념에서 유래한다. 게슈탈트치료 상담자는 부버가 '나/너의 순간'이라고 불렀던 인간 연결의 특별한 순간이 지닌 치유력을 잘 알고 있다. 이러한 순간이 가능하도록 치료적 관계의 조건을 만들기 위해 게슈탈트치료 상담자는 포용(inclusion)해야 한다. 포용은 상담자가 내담자의 '알겠어요'라는 상태를 진실하게 이해할 때 발생한다. 상담자는 내담자가 자신의 즉각적인 경험에 존재한다는 것이 어떤 것인지 언어적 혹은 비언어적으로 전달할 수 있어야 한다. 내담자는 상담자에게 인정받고, 이해받고, 확인받는다고 느끼며 판단을 받는다는 인식은 없다. 어떠한 치료 접근 방식을 적용하더라도 포용을 적용하는 것은 가치 있는 개입 방법이다.

두 번째 방법은 실험을 사용하는 것이다. 실험의 종류는 무수히 많으며, 치료 회기의 특별한 순간에 적합한 실험이 있다. 실험은 회기 중의 주제나 대화 소재에 대해 '이야기'하는 상황에서 벗어나, 에너지, 행동, 잠재력을 창출할 수 있는 활동을 시도하는 방향으로 전환하여 내담자가 기존에 가지고 있는 전형적인 행동 패턴 일부가 아닌 환경과의 접촉을 시도하거나 인식을 얻을 수 있는 방법이다. 최근 치료 회기에서 내담자 중 한 명이 나와의 눈맞춤 강도에 대해 불편함을 표현했다. 그래서 짧은 시간 동안 나를 쳐다보게 하고, 나를 쳐다보지 않게 하고, 눈을 감게 하는 실험을 했다. 이 실험은 또한 숙제로 사용할 수 있다. 상담자는 내담자에게 혼자 식당에 가는 것을 시도하라고 제안할 수 있다. 내담자는 '어떻게 진행되었는지'에 대해 이야기하거나 실험을 완료하지 못했음을 인정하는 경우가 있다. 실패한 실험은 존재하지 않는다. 위의 과제에 대해, 상담자는 식당에서 내담자에게 어떤 일이 있었는지,

제안을 수행하는 데 방해하는 이유가 무엇이었는지 탐색한다.

4. 게슈탈트치료는 개인 상담 현장에서 다양성, 다문화 및 사회정의 문제를 어떻게 다루는가?

현대 게슈탈트치료는 내담자의 가치 체계를 포함하여 내담자가 속한 맥락을 고려하기 때문에 다양한 배경을 가진 내담자에게 유용하고 효과적인 접근 방식이 될 수 있다. 서구문화에서 통용되는 정상에 대한 이해나 사회적 기대에 대한 가치관을 내담자에게 강요하지 않는다. 따라서 게슈탈트치료는 적응 치료나 다수의 가치관이나 생활 방식의 동화를 유도하는 도구가 아니다. 내담자는 과거 환경의 요구와 현재 환경의 요구에 창의적으로 적응한다. 특히 다양성을 가지고 있거나 차별이나 미시적인 폭력을 겪고 있는 내담자가 이러한 창의적 적응 과정을 이해할 수 있도록 우리의 지원이 필요하다. 우리는 현상학적 관점에서 접근하기 때문에 선입견, 고정관념 없이 모든 내담자를 대하고, 그들의 목표나 치료의 이유가 아닌 다른 목적을 달성하기 위해 그들을 변화시키려 하지 않는다.

5. 게슈탈트 접근을 단기 상담(또는 시간제한 상담)에 어떻게 적용할 수 있는가?

게슈탈트치료는 장 · 단기 상담 상황에 적용되어왔다. 게슈탈트치료에서 다수의 주요 개념은 단기 상담에 적용할 수 있다.

6. 당신의 관점에서 볼 때, 게슈탈트 접근의 현재와 미래는 어떠한가?

게슈탈트치료는 1970년대에 5대 상담 접근법 중 하나였다. 게슈탈트치료는 1960년대에 프리츠 펄스가 게슈탈트치료를 제시한 방식과 동일하다는 오해를 받지 않기 위해 스스로 정의하려고 노력하는 과도기적 시기가 있었다. 이 입장은 1960년대 프리츠 펄스에 의해 제시된 방식과 차별화하고자 노력하는 과도기를 겪었다. 현재 게슈탈트치료는 미국 외 여러 지역에서 인기와 인지도가 급상승하고 있다. 브라질, 일본, 러시아, 호주, 뉴질랜드, 터키, 영국 및 기타 여러 나라에서 잘 알려져 있고 존중받고 있다. 미국을 비롯한 전 세계에, 많은 게슈탈트 교육은 학계가 아닌 연구소 환경에서 이루어진다. 게슈탈트치료에 관심을 두는 많은 실무자들은 학계와 보험회사에서 계속 신뢰를 얻으려면 더 많은 연구를 수행해야 한다는 점을 인식하고 있다. 연구는 접근 방식에 적합해야 하며 질 중심, 과정 중심이어야 한다.

게슈탈트치료에 관한 토론 질문

1. 내용과 과정의 차이는 무엇인가? '게슈탈트치료 상담자는 내용과 과정이 어떻게 조화를 이루어 완전한 그림을 그릴 수 있는지에 주목한다.'

2. 게슈탈트치료의 어떤 측면에 가장 관심이 있으며 그 이유는 무엇인가?
3. 실험이 '말하기'에서 벗어나 행동으로 나아가기 위하여 어떤 시도를 해야 하는가?

다문화적 관점에서 본 게슈탈트치료 학습목표 09

다양성 관점에서 본 강점

문화적으로 다양한 사람들에게 시의적절한 시간에 융통성 있는 개입이 이루어진다면 창의적으로 게슈탈트 방법을 사용할 수 있다. 게슈탈트 실험의 강점 중 하나는 실험을 개인이 인지하고 해석하는 자신의 문화의 독특한 방식에 맞출 수 있다는 사실이다. 대부분의 상담자들이 선입견을 가지고 있지만, 게슈탈트 상담자는 각각의 내담자에게 개방적인 방식으로 접근하려고 노력한다. 상담자 자신의 가치관으로 바라보지 않고, 게슈탈트 상담자는 내담자의 현실이 상담자의 현실과 어떻게 다른지를 이해하는 데 수용적이다. 상담자는 내담자와 대화하면서 자신의 편견과 관점을 확인한다. 이것은 특히 다른 문화권의 사람들과 작업하는 데 중요하다.

게슈탈트치료는 사람들 내부의 양극성을 통합하도록 도와줄 때 특히 효과적이다. 두 문화 속에서 자라온 많은 내담자들은 그들이 살아온 두 문화의 다양한 측면에서 발생하는 충돌로 인해 지속적으로 갈등을 경험한다. 일주일 동안 진행한 집단에서 유럽 태생의 한 여성과 역동적인 작업이 이루어졌다. 그녀의 투쟁은 어린 시절 독일에서의 경험과 그녀의 미국인으로서의 측면을 통합하는 것이다. 나는 집단 내 집단구성원들이 마치 그녀의 가족인 것처럼 생각하고 그녀의 가족구성원을 선택하여 '이야기해볼 것'을 제안하였다. 나는 그녀가 8세라고 상상하고, 그 당시 부모님과 형제들에게 절대 표현하지 못했던 것을 지금 말할 수 있다고 했다. 그녀에게 (어린 시절 주요 언어였기 때문에) 독일어로 이야기하도록 요청했다. 집단에 대한 그녀의 신뢰, 어린 시절 초기 장면을 현재에 재현함으로써 재창조하려는 그녀의 의지, 환상을 통한 상징 작업이 함께 이루어지면서 그녀는 상당히 의미 있는 변화를 경험했다. 그녀는 게슈탈트 실험에 참여함으로써, 오래되고 미해결된 상황을 드디어 끝낼 수 있었다.

게슈탈트 실험을 창의적인 방식으로 다양한 내담자에게 적용할 수 있는 기회는 많다. 간접 화법을 일반적으로 사용하는 문화권에서는 비언어적 행동이 언어적 의사소통에서 말하지 않은 맥락을 강조할 수도 있다. 이러한 내담자는 말하는 것보다 비언어적으로 자신을 더 의미심장하게 표현할 수 있다. 일반적으로 게슈탈트 상담자는 내담자에게 자세, 얼굴 표정, 그리고 신체 내부에서 경험하는 것에 집중하도록 요청한다. 그들은 내담자의 문화적 배경을 충분히 이해하려고 하며, 이러한 배경의 어떤 측면이 내담자에게 중심 혹은 전경이 되는지, 그리고 이러한 전경에 내담자는 어떤 의미를 두는지에 관심을 갖는다.

다양성 관점에서 본 약점

대부분의 다른 접근방법에도 해당되지만 어떤 내담자에게는 게슈탈트 실험을 너무 빨리 적용하는 것이 더 큰 문제점을 발생시킬 수 있다. 게슈탈트 방법은 극도의 격렬한 감정을 이끈다. 이렇듯 정서중심의 기법은 감정을 절제하고 개방적으로 표현하지 않도록 문화적으로 조건화된 내담자에게는 명백한 한계가 있다. 앞서 말했듯이, 어떤 사람들은 개방적인 감정 표현이 강하지 못하고 취약하다는 신호라고 믿는다. 또한 강렬한 감정의 표현은 자기통제가 부족하거나, 미성숙함의 증상으로 간주되어 수치심을 느낄 수도 있다. 경우에 따라서 정서에 초점을 맞추기보다 행동에 초점을 맞추는 것이 더 적절할 수 있다(Sue et al., 2022). 변화가 일어나기 위해서 카타르시스가 필수적이라고 생각하는 상담자는 실험에 참여하기를 점점 주저하는 내담자를 발견할 수 있으며, 이러한 내담자는 상담을 조기 종결할지도 모른다. 또 다른 사람들은 부모에게 직접적으로 감정을 표현하는 것이 금기시된 문화를 갖고 있다('당신이 부모 때문에 화가 났다는 것을 절대로 부모에게 보여서는 안 된다.' 또는 '평화와 화합을 위해 노력하고 갈등을 피하라.' 등). 나는 상담자로부터 "당신의 아버지를 이 방으로 모시고 오세요."라고 요청을 받은 인도인 내담자가 떠오른다. 그 내담자는 아버지에게 아버지와의 관계에서 느꼈던 실망감에 대해서 상징적으로 말하는 것조차도 매우 어려워하였다. 아버지를 대하는 데 있어 문화적으로 수용되는 방법은 삼촌을 중재자로 활용하는 것이며, 아버지에게 부정적인 감정을 표현하는 것은 매우 부적절한 것으로 여겼다. 내담자는 만약 자신이 종종 생각하고 느꼈던 것을 상징적으로 아버지에게 말했다면 매우 죄책감을 느꼈을 것이라고 나중에 말했다.

통합적인 게슈탈트 상담자는 융통성 있게 상담할 수 있도록 민감해야 한다. 그들은 내담자의 문화적 틀을 고려하여 받아들여지기 쉬운 방법을 채택할 수 있다. 그들은 내담자들이 최대한 현재에서 온전함을 경험할 수 있도록 도우려 노력하지만, 규칙에 의해 엄격하게 경계를 두지 않으며 내담자가 현재로부터 벗어날 때마다 규칙적으로 개입하지 않는다. 내담자 경험의 흐름과 민감하게 접촉을 유지하기 위해서는 특정 효과를 위해 기법을 기계적으로 사용하지 않고 사람에게 초점을 맞추어야 한다. 상담자는 신체언어를 알아차릴 수 있는 간단한 실험에 참여할 수 있다. 동료들이 보기에 등이 뻣뻣하게 굳어 있는 미국 흑인 여성이 있을 때, 상담자는 그녀에게 자신의 긴장한 어깨에 관하여 이야기해보라고 요청할 수 있다. 이러한 요청으로 그녀가 과거에 경험하였던 인종차별 행동과 결과적으로 그녀가 과도하게 긴장하며 살아왔던 인생을 격렬한 감정을 가지고 이야기할 수 있다. 게슈탈트치료 상담자에게는 내담자를 진정성 있게 바라보고, 내담자의 존재를 입증하는 기술을 시연할 수 있는 기회가 된다.

스탠의 사례에 적용된 게슈탈트치료

게슈탈트를 지향하는 치료는 스탠과 부모, 형제, 전 부인과의 미해결 과제에 중점을 둔다. 스탠은 미해결 과제가 주로 분노의 감정으로 지속적으로 나타나는데, 이 분노를 자신에게 돌린다. 그는 현재 삶의 상황에 주목하고 있지만, 또한 그는 현재 타인과의 친밀감 형성을 방해하는 과거의 감정을 다시 경험할 필요가 있다.

초점은 스탠의 현재 행동에 맞춰져 있지만, 나는 어떻게 그가 오래된 응어리를 짊어지고 있는지, 그리고 그것이 오늘날 그의 인생을 어떻게 방해하고 있는지 인식하도록 이끈다. 나의 과제는 아동기 시절에 창의적인 적응이 가능했던 맥락을 재창조하도록 스탠을 도와주는 것이었다. 그에게 가장 중요한 내사 중 하나는 '나는 멍청해. 내가 존재하지 않는 게 더 나을 거야.'라는 것이다.

스탠은 그가 받아들였던 문화적 메시지로부터 영향을 받아왔다. 나는 그의 가치와 그의 문화의 특성이 지닌 가치를 포함하여, 그의 문화적 배경을 탐구하는 것에 흥미가 있었다. 이러한 관점에서 나는 스탠이 다음과 같은 몇 가지 문화적 내사를 찾는 것을 도왔다.

'낯선 사람과 너의 가족에 관해 이야기하지 마라.', '공공장소에 너의 더러운 세탁물을 널지 마라.', '부모를 존중하고 부모에게 맞서지 마라.', '너 자신에 대해 너무 걱정하지 마라.', '너의 약점을 보이지 마라. 너의 감정과 약점을 숨겨라.' 나는 스탠의 현재 상황에서 이러한 내사가 유용한지 평가하기 위해 그가 이를 검토하도록 하였다. 스탠은 그가 소중히 여기는 이러한 문화적 요소를 유지하기로 결정할 수도 있지만, 다른 사람의 문화적 기대를 수정하거나 거절할 수도 있다. 물론 이 주제가 그의 작업의 전경에 나타날 때 가능하다.

나는 상담 회기를 시작할 때, 그가 알아차리게 되는 것에 주목하라고 스탠에게 요청하였다. "우리가 오늘 상담을 시작했을 때 당신이 경험한 것은 무엇이었습니까?" 내가 스탠에게 현재의 경험에 귀를 기울이고 선택적으로 관찰하게끔 격려하면, 수많은 전경이 출현할 것이다. 스탠이 가장 많은 에너지를 쏟거나 그와 관련하여 신경을 많이 쓰는 전경에 초점을 두는 것이 목표이다. 하나의 전경이 확인되면, 나의 과제는 관련된 실험을 통해 이 생각, 감정, 신체감각, 혹은 통찰 등에 대한 스탠의 알아차림을 심화시키는 것이다.

전형적인 게슈탈트 방식에서는 스탠은 우리의 관계 맥락 안에서, 그리고 실험을 통해서 그의 현재 갈등을 다룬다. 한 가지 가능한 실험은 스탠이 어린아이였을 때 생각하고, 느끼고, 행동하는 방식을 말했던 그 사람들이 되어보도록 하는 것이다. 그런 다음 그는 그때 그 아이가 되어, 그가 가장 혼란스럽고 고통을 느꼈던 장소에서 그들에게 반응할 수 있게 된다. 그는 자기 자신에 대한 신념을 동반하는 감정을 새로운 방식으로 경험하고, 어떻게 감정과 생각이 현재의 자신에게 영향을 미치는지에 대해 더 깊게 인식하게 된다.

스탠은 감정을 드러내기보다 숨기는 법을 배워왔다. 그의 이 부분을 이해하고자, '감정을 갖는 것'에 대한 거부와 걱정에 대해 탐색한다. 지금 관심을 갖는 전경은 감정을 경험하거나 표현하는 것에 대한 그의 주저함이다. 이 시점에서 나는 스탠이 그의 감정을 경험하게 하려는 계획은 없지만, 그에게 주저함에 대한 인식을 증진시키고 주저함이 갖는 의미를 탐색하도록 하는 것은 중요하다.

만약 스탠이 감정을 부인하기보다 경험하기를 원한다고 결심한다면, 나는 다음과 같이 물을 것이다. '당신이 했던 일에 대해 말을 하면서 지금 알아차린 것이 있다면 무엇입니까?' 스탠은 자신의 전 부인을 잊을 수 없다고 말했다. 그는 나에게 관계에 대해 느끼는 고통과 또 상처받고 싶지 않아서 다른 사람과 다시 관계를 맺기가 두렵다는 것에 대해 말했다. 나는 그가 자신의 속마음에 대해 집중하면서 지금 이 순간 자신에게 두드러지게 나타나는 감각에 대해 계속해서 물어보았다. 스탠은 말했다. "아내가 저에게 준 고통으로 상처받았고 화가 납니다." 나는 마치 고통스러운 상황이 지금 여기에서 일어나고 있는 것처럼, 그에게 전 부인과 함께했던 이전의 생활 장면 속에서 자신을 상상해보라고 요청했다. 그는 전 부인에게 '직접' 말함으로써, 그 상황을 상징적으로 재연하고 재경험하였다. 스탠은 그의 분노와 상처받은 것을 직접적으로 표현함으로써, 그의 현재 기능을 방해하는 미해결 과제를 해결하기 시작했다. 이 실험에 참여함으로써, 스탠은 그가 현재 무엇을 하고 있고 어떻게 자신을 과거에 계속 가둬두었는지에 대해 알아차릴 수 있었다.

자기성찰을 위한 질문

- 여러분은 스탠과의 상담을 어떻게 시작할 수 있을 것인가? 그가 나아가야 하는 방향을 제시해줄 수 있는가? 여러분은 그가 작업을 시작하기를 기다릴 수 있는가? 여러분은 전 회기에서 그가 중단한 지점에 이어 작업을 계속하도록 요청할 수 있는가? 여러분은 그에게 전경이 될 수 있는 어떠한 주제나 문제를 작업할 수 있는가?
- 스탠의 사례에서 여러분이 확인할 수 있는 미해결 과제는 무엇인가? 떨쳐버리지 못하는 그의 경험이 여러분 자신에게 대해 생각나게 하는 무언가가 있는가? 만약 그가 여러분의 미해결 과제를 불러일으킨다면 여러분은 스탠과 함께 작업할 수 있겠는가?
- 스탠이 그의 감정에 접근하고 표현하는 데 주저함과 저항에 대해 더 학습하도록 도와주기 위해 여러분은 어떤 실험을 제안할 것인가?
- 스탠은 전 부인과의 상황에서 겪은 고통, 분노, 상처를 다루는 실험에 참여하고 있다. 여러분은 스탠이 꺼낸 내용을 가지고 어떤 작업을 할 수 있는가? 여러분은 어떤 종류의 실험을 계획할 것인가? 여러분은 어떤 종류의 실험을 사용할지 어떻게 결정할 것인가?
- 여러분은 스탠의 문화적 메시지를 어떻게 다룰 것인가? 여러분은 그의 문화적 가치를 존중하면서 현재의 그에게 영향을 미치는 문화적 요소에 대해 평가해보도록 계속 그를 격려할 수 있겠는가?

> 이러한 관점에서 스탠을 상담하는 나의 상담 시연을 보기 원한다면, MindTap의 8장 6회기 '게슈탈트치료'의 '스탠의 사례' 동영상 퀴즈를 참조하라. 이 회기는 스탠이 게슈탈트 방식으로 그의 꿈 중 하나를 탐색하는 것으로 구성된다.

그웬의 사례에 적용된 게슈탈트치료*

게슈탈트 관점에서 나는 그웬이 '지금 여기'에 그녀 자신을 총체적 인간으로서 더 알아차릴 수 있도록 돕는 것에 관심이 있었다. 나의 일은 그녀가 자신을 아주 명확하게 있는 그대로 보도록 하는 것이다. 나는 그웬이 내 사무실 안으로 걸어들어올 때, 그녀가 약간 다리를 저는 것을 알아차렸다. 나는 그녀가 다리를 저는 것에 관해 물어보았고 그웬은 지난주에 왼쪽 엉덩이 쪽에 엄청난 통증이 있었다고 말했다. 그녀는 전에 엉덩이에 문제가 있었고, MRI에서 좋지 않은 결과가 나왔다고 설명해주었다. 그녀는 계속 이것이 그녀의 낡은 침대 매트리스 때문이라고 말했다.

상담자: 어디가 아프고 어떻게 느껴지는지 정확하게 설명해주세요.

그웬: 음, 엉덩이 골에 불편함을 느껴요. 아픈 것은 무뎌졌어요.

상담자: 당신 엉덩이 쪽에서 느껴지는 질감과 색깔을 말해주세요. [그녀의 신체 알아차림과 접촉하기 위해 요청하기]

그웬: 고통은 꺼끌꺼끌하고, 회색이고, 무거워요. (그녀는 이 순간 그녀의 신체와 접촉하기 시작했다.)

상담자: 엉덩이가 당신에게 뭐라고 말하나요?

그웬: 조금 이상해요. 내 엉덩이에게 말해보라고 하는

*켈리 커크시 박사는 게슈탈트 관점에서 사고하는 방식과 상담 실제를 기술하며 이 모델을 그웬에게 적용하고 있다.

것이 정말이지 불편해요.

상담자: 이상한 것처럼 보이지만, 저는 당신이 이걸 하면서 배울 수 있는 것이 무엇인지 볼 수 있도록 시도해보길 원해요. 도움이 되지 않는다고 생각할 때, 당신은 항상 멈출 수 있어요.

그웬: 알겠어요. 불편하지만 노력해볼게요. (그녀는 우리의 관계를 신뢰했다.) 엉덩이가 신음소리를 내요!

상담자: (실험이 이 관계를 향상시키는 것 같다.) 조금 이상한 것 같지만, 당신이 엉덩이가 되어서 어떻게 느끼는지 과장하여 표현하도록 노력해보세요.

그웬: (신음소리를 내며 흐느끼고 눈에서 눈물이 나오기 시작한다.) 제가 해야만 하는 산더미 같은 일에 지쳤고, 전 성과를 내지 못했어요. 저는 숲속에 떨어진 나무 같다고 느껴요. 저는 떨어졌고 아무도 제가 거기에 있는지 몰라요. 다시 일어서서 다시 가는 것은 저에게 달려있어요.

일상생활에서 보통 그웬은 솔직한 감정을 말하지 않았다. 그녀는 초조함과 승리의 기쁨마저 억누르곤 했다. 그녀는 아이일 때 빈번하게 무시당했기 때문에, 자신의 생각과 정서가 정말로 중요하다고 느끼지 못했다. 직장에서 그녀의 역할은 문제를 해결하는 것이고, 집에서 그녀는 모두를 돌봐주는 사람이다. 그녀는 자신을 상처받기 쉽다거나 완전한 사람이라고 거의 여기지 않았다. 그웬은 자신을 '어떤 임무를 맡은 책임자'라고 보았고, 자신에게 휴식 시간을 좀처럼 주지 않았다.

그웬: 기본적으로 나는 좋은 나날을 보내고 있다는 것을 알고 있어요. 단지 좋은 것들을 너무 급하게 과거로 보내버렸고, 모든 축복에 정말로 감사해야 하는 것을 잊고 살았어요. 아직 끝내지 못한 일이나 잘못된 느낌이 무엇인지 따라잡을 수 있지만 불평할 수는 없어요. 제 엉덩이가 나에게 천천히 그리고 인생을 즐기라고 말하고 있다는 걸 아니까요. 제가 그렇게 숲속에 떨어진 나무가 될 필요는 없어요. 제가 정말로 필요한 도움에 대해서 요청할 필요는 있는 것 같아요. (그녀는 자세를 바꾸었고 의자에 앉아있는 모습이 좀 더 편안해 보였다.)

상담자: 당신의 엉덩이에 다시 주의를 기울여보세요. 지금은 어떤가요?

그웬: 지금은 더 나아졌네요. 천천히 해도 괜찮을 것 같아요. 제가 속한 위원회의 일에서 벗어나는 것도 괜찮을 것 같아요. (웃음) 아마 제 엉덩이는 해변 어딘가에 앉고 싶어 했거나 충분히 즐기기 위해서 최소한 천천히 하고 싶었나 봐요.

상담자: 순간 동안 잠시 멈추고 당신의 몸을 점검하는 것은 중요합니다. 우리 몸이 감정을 쥐고 있기 때문이죠. 잠시 쉬면서 우리 몸의 감각이 나에게 무엇을 말하고 있는지 듣는 것도 중요해요.

그웬의 알아차림이 높아짐에 따라, 그녀는 기능하는 과거의 어떤 방식들이 더 이상 그녀를 도와주지 않는다는 것을 깨달았고, 이전과는 다르게 행동하기 시작했다. 나는 그웬이 억압된 감정과 육체적 불편함의 연결고리를 볼 수 있기를 원한다. 게슈탈트치료는 그웬에게 현재 마음과 몸에서 무엇이 일어나는지, 감정 표현이 어떻게 신체를 편안하도록 만드는지 관심을 기울일 기회를 제공하였다. 게슈탈트치료는 그웬이 총체적 인간으로서 자신을 더 알아차리게 되도록 도울 수 있다. 그녀로 하여금 직업적으로 성공을 가능하게 했지만 또한 결과적으로 불안으로 압도된 감정을 느끼게 했던 미해결 과제에 도전할 수 있다.

자기성찰을 위한 질문

- 그웬과 함께 신체감각과 신체적 증상을 탐색하는 데 중요한 것은 무엇인가?
- 여러분이 그웬에게 '자신의 엉덩이가 되어보라.'고 말하도록 요청할 때의 치료적 가치는 무엇인가?
- 상담자가 그웬이 실험을 수행하도록 아이디어를 소개했던 방식에 대해 여러분은 어떻게 생각하는가?
- 만약 여러분이 그웬과 같은 입장이었다면, 여러분은 이 실험을 하면서 어떠했을 것 같은가?

요약과 평가

요약

게슈탈트치료는 현재의 알아차림과 개인과 환경 간 상호작용의 깊이를 강조하는 실험적인 접근이다. 게슈탈트치료의 주된 강조점은 과거 환경에서는 적응적이었던 행동이 현재 삶에서 효과적으로 기능하고 살아가는 데 어떻게 방해하고 있는지 인식하는 것이다. 이 접근의 첫 번째이자 가장 중요한 목표는 알아차림을 확인하는 것이다.

또 다른 치료적 목표는 내담자가 그들의 환경의 요소와 어떻게 상호작용하는지 탐색하고 돕는 것이다. '무엇인가'에 대한 인식 고양을 통해 변화는 일어난다. 게슈탈트 상담자가 내담자의 알아차림을 높여 그들을 돕는 것 이외에는 계획이 없기 때문에 내담자의 행동을 '저항'으로 이름 붙일 필요가 없다. 대신 상담자는 저항이 출현할 때, 그 새로운 과정에 단순히 따라간다. 상담자는 자기조절이란 자연스럽게 전개되는 과정이라는 믿음을 가지고 있다. 알아차림은 개인의 환경 내에서 자기조절을 회복하기 위한 핵심 요구 사항이다(Resnick, 2015). 알아차림이 확장되면 내담자는 자신 안에 있는 양극성과 이원성을 조화롭게 만들 수 있고, 자신에 대한 모든 국면의 재통합을 향해 계속해서 나아갈 수 있다.

상담자는 내담자의 전경 혹은 개인-환경의 장에서 가장 현저하게 나타나는 양상이 배경으로부터 출현하면, 내담자와 함께 이를 확인하는 작업을 한다. 게슈탈트 상담자는 그러한 전경에 개입하고 해결하여 다른 것으로 그것을 대체할 수 있다면, 각 내담자는 자기조절을 할 수 있다고 믿는다. 게슈탈트 상담자의 역할은 가장 시급한 문제, 욕구, 관심사를 확인하도록 돕는 것과 전경을 선명히 하고 상호작용과 알아차림에 대한 저항을 탐색하는 실험을 설계한다. 게슈탈트 상담자가 치료 시간에 자신의 현재 반응과 개인적인 경험에 대해 적절히 공개하는 것이 상담 과정을 촉진하는 데 도움이 된다(Yontef et al., 2019).

게슈탈트 접근의 공헌 학습목표 10

게슈탈트치료의 한 가지 공헌은 과거를 현재로 가져와 생동감 있게 다루는 흥미로운 방식이다. 상담자는 현재의 기능을 저해하고 있는 문제를 알아차리고 그것을 작업하기 위해 창의적인 방식으로 내담자에게 도전한다. 나아가, 내담자로부터의 명백한 언어적, 비언어적인 신호에 주의를 기울이는 것은 상담 회기를 진행하고 접근하는 데 유용한 방식이다. 능숙하고 민감한 게슈탈트 개입을 통해 실무자는 내담자가 행동하는 것뿐 아니라 생각하고 느끼는 것에 대한 현재 중심의 알아차림을 고조시키도록 내담자를 도울 수 있다.

게슈탈트 방법은 갈등과 투쟁을 삶으로 가져온다. 게슈탈트치료는 내담자에게 단순하게 말하는 수준에서 벗어나 행동과 경험으로 옮겨오도록 실험을 사용하는 창의적인 접근이다. 실험의 창의적이고 즉흥적인 사용은 경험적 학습의 통로가 된다. 실험의 초점은 장애를 치료하기 위한 기법보다는 성장과 향상에 중점을 두며, 이는 초기 게슈탈트의 모토인 '나아지기 위해서 당신이 아파야만 하는 것은 아니다.'를 반영한다. 내담자는 자신의 새로운 양상을 발견하고 삶의 과정을 바꾸는 결정을 하기 위해, 게슈탈트 실험의 형태로 다양한 도구를 제공받는다.

꿈 작업에 대한 게슈탈트 접근은 사람들이 삶에서 핵심 주제에 대한 알아차림을 고양하도록 하는 독특한 경로이다. 그들 자신에 대한 투사로 꿈의 각 국면을 이해함으로써, 내담자는 꿈을 삶으로 가져와 그것의 개인적인 의미를 해석하고, 그에 대한 책임을 진다.

게슈탈트치료는 개인 경험의 각 측면을 동등하고 가치 있게 여기는 총체론적 접근이다. 상담자는 전경 형성 과정을 허용하고 내담자를 이끈다. 그들은 사전에 형성된 편견이나 계획된 의도를 가지고 내담자에게 접근하지 않는다. 대신, 개인과 환경 사이의 경계에서 발생하는 것을 강조한다. 상담자는 내담자를 어디로든 이동시키려 하지 않는다. 주요 목표는 내담자의 '무엇인가'에 대한 알아차림을 향상시키는 것이다. 상담자의 역할은 무언가 일어나도록 의도하는 대신 내담자가 스스로 소외시킨 자신의 부분을 재인식하도록 돕는 것이다.

게슈탈트치료의 핵심 강점은 이론, 실습, 연구를 통합하려는 시도이다. 비록 게슈탈트 치료가 수년 동안 실증적인 연구가 부족했지만 최근에는 연구가 활발히 이루어지고 있다. 두 책은 미래 연구에 영향을 미칠 가능성을 보여주었다 슈트룸펠과 골드만(Strumpfel & Goldman, 2002)은 과정 연구와 결과 연구가 모두 게슈탈트치료의 이론과 실제를 발전시켰다고 지적하며, 결과 연구를 기반으로 한 몇 가지 중요한 결과를 제시한다.

- 결과 연구는 게슈탈트치료가 다른 치료적 접근에 비해 다양한 장애를 치료하는 데 효과성이 비슷하거나 더 낫다는 것을 증명하였다.
- 최근 연구는 게슈탈트치료가 성격장애, 신체화 문제, 약물중독에 효과가 있음을 보여주었다.
- 게슈탈트치료가 치료 종결 후 1~3년의 후속 연구에서 안정적으로 효과가 있다.
- 게슈탈트치료는 다양한 심리 장애의 치료에 효과성을 증명하였다.

게슈탈트치료의 한계와 비판

게슈탈트치료의 비판은 직면을 강조하고 성격의 인지적 요소를 강조하지 않은 전통적 관점 혹은 펄스의 스타일과 관련 있다. 전통적 관점에서의 게슈탈트치료는 내담자를 직면시키기 위해 기법을 사용하거나 그들이 감정을 경험하는 데 많은 관심을 갖는다. 현대의 게슈탈트치료는 많은 진전이 있었고 전반적으로, 이론교육, 이론적 설명과 인지 요인에 대하여 많은 관심을 갖고 있다.

게슈탈트치료에서 내담자는 자신의 생각을 명확히 하고, 신념을 탐색하며, 그들이 치료 장면에서 다시 체험하는 경험에 의미를 부여한다. 내담자는 실험에 참여할 때 적극적인 역할을 해야 하며 경험적으로 배워야 한다. 내담자의 자기발견과 학습 과정을 촉진(facilitating)하는 것을 강조한다. 경험적이고 자기주도적인 학습의 과정은 유기체의 자기통제에 대한 근본적인 믿음을 근거로 하는데, 이는 내담자가 알아차림과 환경과의 개선된 상호작용을 통해 자기 자신에 대한 신뢰에 도달한다는 것을 의미한다. 그러나 나는 내담자가 스스로 자기발견을 할 수 있고, 동시에 상담자의 적절한 가르침으로부터 도움을 받을 수도 있다고 생각한다. 경험적 학습의 장점 외에, 내담자는 시기적절하게 유용한 정보를 얻을 수 있고, 심리교육의 초점은 학습 과정을 향상시키는 것이다.

현대의 게슈탈트 실제는 상담자와 내담자 간의 접촉과 대화에 높은 가치를 부여한다. 효과적인 게슈탈트치료를 위해, 상담자는 높은 수준의 개인적 발달에 도달해야 한다. 현재 자신의 욕구를 알아차리고, 내담자의 과정을 방해하지 않고, 현재 순간에 존재하며, 방어적이지 않으면서 자기개방을 하려는 태도가 상담자에게 요구된다. 제대로 훈련받지 않은 상담자는 주로 내담자를 압박하는 데 관심이 있는데, 이는 위험한 일이다.

게슈탈트 상담자는 에너지와 신체에 주의를 기울인다. 내담자가 격렬한 감정을 경험하고 있을 때, 내담자가 신체적 접촉을 받아들일 수 있다면 부드럽고, 성적 느낌이 아닌 인간적인 접촉은 도움의 원천이 될 수 있다. 로드리게즈(Rodriguez, 2021)는 게슈탈트치료에서 신체적 접촉을 사용할 때는 내담자와 상담자 간 힘의 역학 관계를 이해하는 것이 필수적이라고 한다. 로드리게즈는 게슈탈트치료 교육을 받으면서 잘 훈련되고 경험이 풍부한 임상의만이 치료에서 신체적 접촉을 사용해야 한다고 설명한다. 신체적 접촉을 비윤리적으로 사용하면 경계 위반이 발생할 수 있지만, 로드리게즈는 게슈탈트치료에서 성적 경계 위반에 관한 문헌을 거의 또는 전혀 찾지 못했다. 로드리게즈는 게슈탈트 상담자가 훈련에서 신체 인식의 윤리적 사용에 대해 다룰 필요가 있으며, 치료관계에서 건강한 접촉 경계를 유지해야 한다고 주장한다.

몇 가지 주의 사항 일반적으로 게슈탈트 상담자는 매우 능동적이며 내담자에 대한 민감성, 시기적절성, 창의성, 공감, 존중의 특성을 보인다(Zinker, 1978). 만약 상담자가 이러한 특성이 부족하다면, 그들의 실험은 쉽게 해로운 결과를 낳을 수 있다. 몇몇 상담자들이 게슈탈트 기법에 관한 이론적 근거를 완전히 이해하지 못한 채 적용한다. 미숙한 상담자가 강력한 기법을 사용하여 내담자의 감정을 휘저어 놓으면 내담자는 알아차림에 완전하게 이르지 못한 상태에서 자신의 문제를 개방하게 되며, 내담자는 가까스로 역동적인 카타르시스를 관리하지 못하는 상황에 남겨진다. 내담자와 함께 머물면서 내담자가 경험한 내용에 대한 작업을 도운 후 그 경험에 대하여 종결하지 못하면 내담자에게 해로울 수 있으며 비윤리적으로 간주될 수 있다.

게슈탈트치료의 영향력 있는 전문가들은 게슈탈트치료의 이론과 실제에서의 전문적인 임상경험과 훈련뿐 아니라 성격 이론, 정신병리학, 정신역동의 지식을 요구한다(Yontef et al., 2019). 숙련된 전문가는 그들 스스로 개인적 치료도 받아야 하며, 임상적인 훈련과 수

퍼비전을 받는 경험이 필요하다. 상담자는 본질적으로 내담자에 대한 존중을 바탕으로, 시기적절한 실험을 가지고 현상학적 접근과 대화적 접근을 조화롭게 사용하는 것을 배운다.

자기성찰과 토론을 위한 질문

1. 내담자에게 '지금 여기'에서 경험하고 있는 걱정과 문제를 가져오도록 요청하는 것은 어떤 장점이 있는가?
2. 치료 장면에서 나타나는 상담자의 능력은 게슈탈트치료에서 핵심이다. 여러분이 내담자를 위해 충분히 함께 머물려고 할 때 직면할 수 있는 도전은 무엇인가? 여러분은 이 도전을 어떻게 다룰 수 있는가?
3. 여러분은 게슈탈트치료에서 실험과 기법 간의 차이점이 무엇이라고 이해했는가?
4. 에너지와 에너지 차단은 게슈탈트치료에서 주어지는 중요한 문제이다. 여러분은 내담자에 대한 해석이 없는 상태에서, 내담자의 에너지를 작업하기 위해 어떤 아이디어가 있는가?
5. 여러분을 게슈탈트 상담자와 함께 있는 내담자라고 상상해보라. 여러분에게 이 경험은 어떠할 것 같은가?

더 찾아볼 자료

기타 자료

Psychotherapy.net은 학생과 전문가를 위해 성인과 아동을 대상으로 게슈탈트치료를 시연하는 동영상 등 광범위한 자료를 제공해준다. 매달 새로운 기사, 인터뷰, 블로그, 치료 만화, 동영상이 출간된다. 이 장과 관련하여 www.psychotherapy.net에서 볼 수 있는 DVD는 다음과 같다.

Oaklander, V. (2001). *Gestalt Therapy with Children* (Child Therapy with the Experts Series)

Polster, E. (1997). *Psychotherapy With the Unmotivated Patient*

훈련 프로그램과 협회

만약 게슈탈트치료의 더 많은 지식과 기법에 관심 있다면, 워크숍 참석 등을 포함한 게슈탈트 훈련 찾아보기, 게슈탈트 상담자에게 개인치료 받기, 자료 읽기, 실습, 슈퍼비전 등이 포함된 게슈탈트 훈련 프로그램에 등록하기 등을 고려해볼 수 있다. 이 자료의 종합적인 목록은 웹사이트와 함께 월트와 토먼의 교과서 부록(Woldt & Toman, 2005)에서 이용할 수 있다. 가장 저명한 교육 프로그램과 협회는 아래에 제시하였다.

클리블랜드 게슈탈트 협회(Gestalt Institute of Cleveland. Inc.)
www.gestaltcleveland.org
태평양 게슈탈트 협회(Pacific Gestalt Institute)
www.gestalttherapy.org
심리치료와 훈련을 위한 게슈탈트 센터(Gestalt Center for Psychotherapy and Training)
www.gestaltnyc.org
게슈탈트 국제연구센터(Gestalt International Study Center)
www.GISC.org
북서부 지역의 게슈탈트치료 훈련센터(Gestalt Therapy Training Center Northwest)
www.gttcnw.org
로스앤젤레스의 게슈탈트 협회 훈련(Gestalt Associates Training, Los Angeles)
www.gatla.org

국제적인 회의를 주최하는 가장 저명하고 전문적인 게슈탈트치료협회는 다음과 같다.

게슈탈트치료의 진보를 위한 협회(Association for the Advancement of Gestalt Therapy: AAGT)
www.AAGT.org
게슈탈트치료에 대한 유럽 연합(European Association for Gestalt Therapy: EAGT)
www.EAGT.org
게슈탈트 호주 뉴질랜드(Gestalt Australia New Zealand)
www.ganz.org.au
『게슈탈트 리뷰(Gestalt Review)』
www.gestaltreview.com
『영국 게슈탈트학회지(British Gestalt Journal)』
www.britishgestaltjournal.com

『게슈탈트 안내 책자(The Gestalt Directory)』는 전 세계의 게슈탈트 실무자와 교육 프로그램에 관한 정보를 포함한다. 게슈탈트 발전을 위한 센터(Center for Gestalt Development, Inc.)에 신청하면 자료를 무료로 이용할 수 있다. 또한 이 센터는 게슈탈트 실습을 다룬 많은 책, 오디오테이프, 비디오테이프를 소장하고 있다.

게슈탈트 발전을 위한 센터
www.gestalt.org

더 읽을거리

- 『**게슈탈트치료 축어록(Gestalt Therapy Verbatim)**』(Perls, 1969)은 프리츠 펄스가 작업한 방식을 직접 경험한 사람들의 이야기를 제공한다. 이것은 워크숍에서 실시했던 설명을 그대로 기록한 것을 포함하고 있다.
- 『**게슈탈트치료(Gestalt Therapy)**』(Wheeler & Axelsson, 2015)는 이론, 발전, 연구, 게슈탈트치료 실습의 훌륭한 개론을 제공한다. 이 책은 상담자 입장에서 역동적이고, 현재에 초점을 맞추며, 관계적인 태도를 취하는 것을 격려하고 있다.
- 『**게슈탈트 심리치료: 역사, 이론 및 실습(Gestalt Therapy: History, Theory, and Practice)**』(Woldt & Toman, 2005)은 게슈탈트치료의 역사적 기반과 주요 개념, 치료적 실습에 적용하는 특징들을 소개하고 있다. 교육적인 학문 활동과 실험, 질문 리뷰, 모든 공헌자들의 사진을 담은 이 출간물은 게슈탈트치료 분야에서 중요하다.
- 『**통합된 게슈탈트치료: 이론과 실제의 윤곽(Gestalt Therapy Integrated: Contours of Theory and Practice)**』(E. Polster & Polster, 1973)은 이 분야의 고전이며 게슈탈트치료의 더 진보적이고 치료적인 기술을 배우기 원하는 사람들에게는 훌륭한 자료이다.
- 『**매혹 및 게슈탈트치료: 삶을 탐구하는 파트너(Enchantment and Gestalt Therapy: Partners in Exploring Life)**』(Polster, 2021)는 게슈탈트치료의 여러 핵심 주제를 생생하게 전달하며, 그중 몇 가지 주제에는 지금 여기에서의 작업, 삶의 포커스 그룹, 저항 이해, 접촉 경계의 기본이 포함된다. 저자는 심리치료에서 매혹 현상을 설명하며 게슈탈트 상담자로서 오랜 경력을 쌓아온 자신의 경험을 이야기한다.
- 『**뜨거운 의자 기법 그 이상: 집단에 대한 게슈탈트 접근(Beyond the Hot Seat Revisited: Gestalt Approaches to Group)**』(Feder & Frew, 2008)은 집단 작업에 대한 게슈탈트 접근법만을 다룬 몇 안 되는 책 중 하나이며, 나는 이 책을 적극 추천한다. 게슈탈트 집단 과정, 가족치료, 훈련 집단, 집중 워크숍 및 기타 임상 적용에 대해 별도의 장이 마련되어 있다.

행동치료

9장

학습목표

01. 행동치료의 출현과 관련된 주요 사건을 이해한다.
02. 행동치료의 발달을 영역별(고전적 조건형성, 조작적 조건형성, 사회인지이론, 인지행동치료)로 이해한다.
03. 다양한 유형의 행동치료가 공유하고 있는 특성과 가정을 이해한다.
04. 상담 과정에 영향을 미치는 상담자의 기능과 역할을 이해한다.
05. 행동 접근에서 내담자-상담자 관계의 기능을 이해한다.
06. 다양한 유형의 행동 기법과 절차, 그리고 그 요소가 근거중심 운동을 어떻게 만족시키는지를 이해한다.
07. 안구운동 민감소실 재처리의 주요 개념과 활용, 효과 등에 대하여 이해한다.
08. 사회기술 훈련의 핵심 요소를 이해한다.
09. 자기관리 프로그램의 주요 단계에 대하여 이해한다.
10. 네 가지 유형의 마음챙김 및 수용 기반 행동치료의 주요 개념을 이해한다.
11. 단기 개입과 집단 상담에 행동 원리 및 기법을 적용하는 방법을 이해한다.
12. 행동치료를 학교 상담에 적용하는 방법을 이해한다.
13. 문화적 다양성을 가진 내담자와 작업할 때 행동치료가 갖는 강점을 이해한다.
14. 현대 행동치료에 대하여 평가한다.

*이 장의 내용을 보강하고 개정하는 데 크게 기여하고 장 전체에 걸쳐 실제 사례를 통합하는 데 도움을 준 캐럴라인 베일리(Caroline Bailey) 박사에게 감사를 표한다. 또한 이 장의 검토와 행동치료에 대한 전문가의 관점을 제공한 셰리 코미어(Sherry Cormier) 박사에게도 감사를 표한다.

스키너(B. F. Skinner, 1904-1990)는 따뜻하고 안정적인 가정환경에서 자란 것으로 알려져 있다.* 어린 시절 그는 물건 만드는 것을 좋아했는데, 이러한 특성은 전문가로 성장한 후에도 지속되었다. 1931년에 하버드 대학교에서 심리학 박사학위를 받았고, 여러 대학에서 가르치다가 결국 하버드 대학교로 돌아갔다. 두 딸을 두었으며, 그중 한 명은 교육심리학자이고, 다른 한 명은 예술가다.

스키너는 행동주의의 대변인이자 행동주의 심리학의 아버지로 불린다. 스키너는 행동에 미치는 환경의 효과를 강조하는 급진적 행동주의자로 활동했다. 또한 그는 결정론자였기 때문에 인간이 자유의지를 가지고 선택할 수 있는 존재라고 믿지 않았다. 느낌과 생각이 존재함을 인정했지만, 그것이 우리 행동을 **야기한다**는 주장은 부정했다. 대신에, '객관적이며 관찰 가능한 환경적 조건(원인)'과 '행동(결과)' 사이의 관계가 인과관계라는 점을 강조했다. 스키너는 그간의 심리학이 내적 마음 상태나 동기에 너무 많은 관심을 기울인 반면, 눈으로 직접 관찰 가능한 환경 조건의 변화(차이)에는 너무 무관심했다고 주장했다. 그는 본인의 생활에 직접 활용한 강화라는 개념에 상당한 관심을 가지고 있었다. 예를 들어, 몇 시간 일하고 난 뒤 그는 헤드폰을 끼고 클래식 음악을 들으러 텐트 모양의 집에 들어가곤 했다(Frank Dattilio, 개인적 교신, 2010년 9월 24일).

스키너의 작업은 대부분 실험을 통해 이루어졌지만, 자신의 생각을 강연을 통해 밝히거나 인류의 문제를 다루고 사회적 변화를 꾀하기 위한 저술 활동을 하기도 했다. 가령 『과학과 인간 행동(Science and Human Behavior)』(1953)이라는 책에서 그는 행동주의 사상이 어떻게 인간 행동의 모든 영역에 적용될 수 있는지 설명하고 있으며 『월든 2(Walden II)』라는 책에서는 그가 실험실에서 가져와서 사회에 적용한 유토피아를 소개하고 있다. 1971년 출간된 『자유와 존엄을 넘어서(Beyond Freedom and Dignity)』라는 책에는 우리 사회가 생존하기 위해 필요한 급격한 변화에 대해 언급하고 있다. 그는 과학과 기술이 더 나은 미래를 보장한다고 믿었다.

*위에 소개한 내용은 B. F. 스키너의 급진적 행동주의에 관한 나이(Nye, 2000)의 글을 주로 참고하여 작성한 것이다.

앨버트 반두라(Albert Bandura, 1925-2021)는 캐나다 앨버타 북부의 작은 마을에서 태어났다. 그는 동유럽 가문의 6형제 중 막내였다.* 선생님도 부족하고 시설도 좋지 못한 그곳에서 초등학교와 고등학교에 다녔다. 이처럼 열악한 교육 환경은 오히려 그에게, 이후 연구 주제 중 하나가 된 자기주도 기술을 학습할 기회를 제공했다. 1952년에 아이오와 대학교에서 임상심리학 전공으로 박사학위를 받았으며, 1년 후에 스탠퍼드 대학교의 교수가 되었다. 반두라와 동료들은 사회적 모델링에 관한 선도적 연구를 수행했고, 모델링(modeling)이 다양한 유형의 학습을 설명하는 강력한 과정 요인임을 입증했다(Bandura 1971a, 1971b; Bandura & Walters, 1963). 이들은 스탠퍼드 대학교에서 사회학습 이론과 관찰 학습 및 사회적 모델링이 인간의 동기, 사고, 행위에 미치는 영향에 관한 연구를 수행했다. 1980년대 중반에 자신의 이론적 접근을 **사회인지이론**(social cognitive theory)이라고 명명했다. 그의 이론은 우리가 어떻게 자기 자신을 조직화하고 행동하며 돌아보고 조절하는지 이해할 수 있는 틀을 제공했다(Bandura, 1986). 우리가 단지 환경적 힘에 의해 조형되거나 내적 충동에 내몰린 수동적 존재가 아니라는 인식은 행동치료 발전에 큰 영향을 끼쳤다. 그는 인간 행동을 동기화하는 내적 힘인 인지-정서 요인을 탐구함으로써 행동치료의 영역을 넓혔다.

사회인지이론은 실존주의적 특성을 내포하고 있다. 반

두라는, 인생의 모든 순간이 선택 가능한 요소들로 구성되어 있다는 것을 입증하는 다양한 경험적 증거를 제공했다. 『자기효능감(Self-Efficacy: The Exercise of Control)』(Bandura, 1997)에서 그는 인간발달, 심리학, 정신의학, 교육, 의료와 보건, 운동, 사업, 사회와 정치적 변화, 국제정세 등과 같은 분야에 자기효능감 이론을 포괄적으로 적용하였다.

그는 다음 네 가지 연구 분야에 집중하였다. (1) 사고, 정서, 행동을 조형하는 심리적 모델링의 힘, (2) 집행 기능(human agency)의 메커니즘 혹은 사람들이 선택을 통해 자신의 동기와 행위에 영향을 미치는 과정, (3) 삶에 영향을 미치는 사건을 관리하는 데 기여하는 지각된 자기효능감, (4) 스트레스 반응과 우울증 사이의 인과적 관계에 대한 이해. 반두라는 21세기도 여전히 번창하는 몇 안 되는 거대 이론 중 하나를 만들었다. 반두라에 따르면, 성공적 삶을 위해 그리고 삶에서 만나게 되는 불가피한 역경과 장애물에 대처하기 위해 인간은 자기효능감과 회복탄력성을 갖춰야 한다.

반두라는 9권의 책을 썼는데, 그 책들은 다양한 언어로 번역되었다. 2004년에 그는 미국심리학회로부터 '평생 공로상(Outstanding Lifetime Contribution to Psychology)'을 수상하기도 했다. 반두라는 사람들이 어떻게 상호작용하고 학습하는지, 어떻게 발달하고 어떤 경우에 도덕적 규범을 위반하는지, 자신의 능력에 대한 믿음이 성공을 결정하는 데 어떻게 도움이 되는지 등의 영역에 대한 통찰력을 통해 인간 행동에 대한 현대적 이해를 재구성했다. 그는 2021년 7월 26일 캘리포니아주 스탠퍼드에 있는 자택에서 95세의 나이로 세상을 떠났다.

*위에 소개한 내용은 반두라의 삶과 업적에 관한 판자레스(Panjares, 2004)의 글을 주로 참고하여 작성한 것이다.

마샤 리네한(Marsha Linehan, 1943-)은 워싱턴 대학교의 심리학 명예 교수이자 행동 연구 및 치료 클리닉의 명예 소장이다. 시카고 로욜라 대학교에서 박사학위를 받았으며 미국 전문 심리학 위원회의 인증을 받았다. 리네한은 행동과학과 수용 및 마음챙김의 개념을 결합한 치료 모형인 변증법적 행동치료(dialectical behavior therapy: DBT)를 주창한 사람이다. 리네한의 주요 연구 분야는, 치료가 어렵고 경계선 성격장애의 특징을 보이는 자살 위험이 높은 사람들을 위한 근거중심치료의 개발 및 평가다.

상담 이론의 창시자 대부분이 그러하듯, 리네한의 인생 경험은 그의이론을 발전시키는 원동력이 되었다. 마샤 리네한은 『살 만한 가치가 있는 삶 만들기(Building a Life Worth Living)』(2020)에서 자신의 인생 여정을 지옥에 떨어진 삶으로 묘사했다. 리네한은 고등학교를 졸업하기 직전에 자살 행동을 포함한 신체적, 정신적, 행동적 문제로 인해 장기간 위기시설에 입소한 바 있다. 그녀는 그 지옥 같은 경험을 탈출구가 없는 작은 방에 갇혀 있는 것으로 묘사했다. "내 삶을 되돌아보면 수년 전 내가 겪었던 절망적이고 극심한 정서적 고통에 균형을 맞춰 줄 수 있는 행복은 우주에 존재하지 않는다는 것을 깨닫게 되었다."(p. 23) 그녀는 자신의 이야기가 실패와 실패를 거듭할지라도 결코 포기하지 않고 일어나서 계속 나아가는 것에 관한 이야기라고 표현했다. 이는 끈기와 사랑에 관한 이야기이다. 리네한은 자신도 지옥에서 벗어나고 다른 사람들도 지옥에서 벗어날 수 있는 방법을 찾겠다고 신께 약속했고, 탄탄한 연구 결과를 바탕으로 대중적인 접근 방식인 DBT를 개발하는 데 자신의 전문적인 에너지를 쏟았다. 영적 여정의 일환으로 리네한은 선 수도원에서 1년을 보냈고 결국 선 마스터가 되었다. 그녀는 선과 마음챙김 수행을 심리치료에 도입하고 동양의 수행법과 행동치료를 결합했다.

도입

행동치료(behavior therapy) 전문가들은 관찰 가능한 행동, 현재 행동의 결정 요소, 변화를 증진시키는 학습 경험, 각 내담자에 맞는 상담 전략, 그리고 엄밀한 검사와 평가에 초점을 맞춘다. 행동치료는 다양한 내담자를 대상으로 여러 유형의 심리적 장애를 다루어왔다. 이 접근을 통해 불안장애, 우울증, 외상 후 스트레스 장애, 물질남용, 섭식장애, 성 문제, 통증 관리, 조현병, 고혈압 등을 성공적으로 치료했다(Antony, 2019). 아동 및 청소년의 자폐 스펙트럼 장애(Laugeson & Frankel, 2010)나 적대적 반항 장애와 같은 발달장애와 외현화 장애를 치료하는 데에도 행동적 접근 방식이 사용된다(Bodiford et al., 2010; Kazdin, 2005). 행동주의적 절차는 발달장애, 정신적 질병, 교육과 특수교육, 사회심리, 임상심리, 재활, 사업, 자기관리, 스포츠 심리, 건강 관련 행동, 의료, 노인 관련 분야에 활용되고 있다(Miltenberger, 2016).

행동치료의 역사적 배경 학습목표 01

행동적 접근은 1950년대와 1960년대 초에 출현했는데, 당시 우세했던 정신분석적 관점과 큰 차이를 보였다. 행동치료 운동은 다양한 문제행동을 치료하기 위해 고전적 조건형성과 조작적 조건형성 원리를 활용했다는 점에서 다른 상담 접근과 구분되었다. 물론 현대 행동치료는 더 이상 그렇게 단순히 정의할 수 없게 되었는데, 왜냐하면 이 분야는 거대하고 복잡해졌으며 다양한 견해가 출현하고 있기 때문이다. 현대 행동치료는 더 이상 고전적인 학습 이론에 머물지 않고(Antony et al., 2020), 다양한 이론적 접근을 통합하고 있는 추세다(Antony, 2019). 행동치료 상담자는 인지치료를 포함하여 사회기술 훈련, 이완 훈련, 마음챙김 전략 등 다양한 근거중심 기법을 활용하고 있다(이번 장에서 각 기법들을 모두 소개할 것이다). 지금부터 소개할 행동치료의 간략한 역사는 주로 스피글러(Spiegler, 2016)를 참고하여 기술하였다.

전통적인 행동치료는 1950년대에 미국, 남아프리카, 영국에서 동시에 출현했다. 정신분석 기반 심리치료사들의 거친 비판과 저항에도 불구하고 이 접근은 살아남았다. 이는 행동 조건형성 기법들이 효과적이며, 정신분석치료의 대안이 될 수 있다는 것을 입증하는 것이었다.

1960년대에 앨버트 반두라는 고전적 조건형성과 조작적 조건형성을 관찰 학습과 결합시켜 사회학습 이론을 개발했다. 반두라는 행동치료의 핵심 성분에 인지를 포함시켰다. 1960년대에는 객관적 환경의 특성보다는 환경에 대한 인지적 표상에 초점을 맞춘 여러 인지행동적 접근법이 등장했다.

현대 행동치료는 1970년대에 심리학 분야의 주류가 되었으며 교육학, 심리학, 심리치료, 정신의학, 사회복지학에 중요한 영향을 끼쳤다. 행동 기법이 발전하고 확장되었으며 사업, 산업, 아동 양육 문제에도 적용되었다. 행동치료 상담 기법은 다양한 심리적 문제에 유효한 상담 방법으로 간주되었다.

1980년대는 초기 전통적 학습 이론을 넘어서 새로운 개념과 기법을 찾는 시기로 특징지을 수 있다. 행동치료 상담자는 그들이 사용한 방법을 경험적으로 연구하고 내담자와 사회에 미치는 영향을 탐색했다. 심리장애에서 생물학적 요인의 역할뿐만 아니라, 치료적 변화에서 정서의 역할에도 많은 관심을 기울였다. 이 분야에서 가장 중요한 세 가지 발전은 (1) 인지행동치료가 주요 세력으로 부상한 것과 (2) 건강 관련 장애의 예방 및 치료에 행동 기법이 적용된 것, (3) 제3세대 행동치료(마음챙김 및 수용 기반 접근법)가 출현한 것이다.

1990년대 후반에 행동인지치료학회(Association for Behavioral and Cognitive Therapy: ABCT, 이전 학회명은 Association for Advancement of Behavior Therapy)는 4,500명의 회원을 보유한 단체로 성장했다. 행동인지치료학회는 현재 6,000명 이상의 회원을 보유하고 있으며, 이 회원들은 모두 경험적 기반을 가진 행동치료나 인지행동치료에 관심이 있는 정신보건 전문가와 학생으로 구성되어있다. 학회 이름의 변화는 행동치료와 인지치료를 통합한 시대정신을 반영하고 있다.

2000년대 초반에 행동치료 전통은 연구와 임상 조망의 확장을 포함하여 거대한 변화를 맞이했다. 행동치료의 '제3세대' 혹은 '제3의 물결', '뉴웨이브'로 불리는 이 변혁은 변증법적 행동치료(DBT), 마음챙김 기반 스트레스 감소(Mindfulness-Based Stress Reduction: MBSR), 마음챙김 기반 인지치료(Mindfulness-Based Cognitive Therapy: MBCT), 수용전념치료(Acceptance and Commitment Therapy: ACT) 등을 포함하고 있다. 오늘날 행동치료는 심리적 · 행동적 문제를 상담할 때 가장 널리 활용되는 기법이다. 특정 문제에 대한 행동치료 및 인지행동치료의 효과를 뒷받침하는 증거는 다른 어떤 치료적 접근보다 더 많이 쌓였다(Antony, 2019).

이 책의 MindTap을 참조하여 동영상 퀴즈와 다양한 동영상 프로그램을 통해 9장과 관련된 주제에 대한 지식을 확장하기를 바란다.

행동치료 발전의 네 영역 학습목표 02

현대 행동치료는 주로 (1) 고전적 조건형성, (2) 조작적 조건형성, (3) 사회학습 이론, (4) 인지행동치료 등 네 영역에서 발전한 것으로 볼 수 있다.

고전적(반응적) 조건형성(classical conditioning, respondent conditioning)은 자극 간 연합을 통해 반응을 형성하는 학습이 어떻게 나타나는지 살펴보는 이론이다. 이 분야의 중요한 인물은 이반 파블로프(Ivan Pavlov)이다. 그는 개 실험을 통해 고전적 조건형성을 소개했다. 먹이를 줄 때 개가 침을 흘리는 것은 반응 행동이다. 먹이를 반복적으로 중립 자극(특별한 반응을 불러일으키지 않는 어떤 것, 이를테면 벨소리)과 함께 제시하면 개는 마침내 벨소리만 울려도 침을 흘리게 된다. 그러나 벨이 먹이와 짝지어지지 않은 상태에서 계속 울리게 되면, 침을 흘리는 반응은 약해지다가 결국 소거된다. 고전적 조건형성 모형을 응용한 절차 중 하나로 조지프 울프(Joseph Wolpe)의 체계적 둔감화가 있는데, 이 장의 뒷부분에서 설명할 것이다. 이 기법은 실험실에서 발견된 학습 원리가 어떻게 임상 장면에서 활용되는지를 보여준다. 체계적 둔감화는 비행기를 탈 때 강렬한 공포 반응을 보이는(고전적 조건형성이 된) 환자에게 적용할 수 있다.

기술적 측면에서 보면 개인적으로 위험 상황을 경험한 적 없는 사람도 비행에 대한 강한 공포 반응을 형성할 수 있다. 예를 들어, 브라질 해안에 비행기가 추락한 장면을 본 사람은 지금까지 단 한 번도 비행기를 타본 적이 없더라도 비행에 대한 두려움을 갖게 될 것이다. 물론 일부 연구자들은 비행에 대한 공포가 일차적으로 폐소공포증에 의한 것이라고 주장하기도 한다(Frank Dattilio, 개인적 교신, 2010년 9월 24일).

일상생활을 구성하는 주요 반응들 대부분, 예를 들어 읽기, 쓰기, 운전하기, 포크 등 도구를 사용한 밥 먹기 등은 조작적 행동이다. **조작적 조건형성**(operant conditioning)에는, 행동의 결과에 주로 영향을 받은 유형의 반응 학습이 포함된다. 행동이 이끌어낸 환경 변화가 강화 형태라면, 즉 유기체에게 어떤 보상을 제공하거나 혐오 자극으로부터 피할 기회를 제공하면 그 행동이 다시 일어날 가능성이 증가한다. 환경 변화가 강화를 만들어내지 못하거나 혐오 조건을 만들어낸다면 그 행동이 다시 일어날 가능성은 줄어든다. 정적 강화, 부적 강화, 처벌, 소거 기법 등은 나중에 설명하겠지만, 조작적 조건형성은 어떻게 친사회적이고 적응적인 행동이 발달할 수 있는지 설명하는 데 유용하다. 행동치료의 조작적 기법은 부모 교육(Kazdin, 2005)과 체중조절 프로그램 등에 활용되고 있다.

고전적 조건형성과 조작적 조건형성을 강조하는 행동주의자는 모두 사고과정, 태도, 가치의 역할과 같은 매개적 개념은 언급조차 하지 않았다. 이는 통찰 지향적 정신역동 접근에 대한 반발에서 나온 것이다. 앨버트 반두라와 리처드 월터스(Bandura& Walters, 1963)가 발전시킨 **사회학습 접근**(social learning approach) 혹은 **사회인지 접근**(social-cognitive approach)은 교호적, 학제적, 중다양식적 접근이다(Bandura, 1977, 1982). 사회인지이론은 환경, 개인 요인(믿음, 선호도, 기대, 자기인지, 해석), 개인 행동 등 3요소 간의 상호작용을 강조한다. 사회인지 접근에 따르면, 환경 요인이나 사건은 그 경험에 대한 개인의 지각이나 해석과 같은 **인지적 처리 과정**(cognitive processes)을 통해 행동에 영향을 끼친다. 즉, 사람은 자기주도적으로 행동을 변화시킬 수 있으며 그 변화의 주체(agent)라고 가정한다. 반두라(1982, 1997)에 따르면, **자기효능감**(self-efficacy)은, 상황에 잘 대처하고 바라는 변화를 이끌 수 있다고 믿는 개인의 신념이나 기대다. 사회학습의 예는, 사람들이 대인관계를 잘하는 누군가와 상호작용한 후 그 사람의 효과적인 대인관계 기술을 배우는 것이다.

인지행동치료(cognitive behavior therapy: CBT)는 현대 행동치료의 주류에 해당하며 심리학자들이 선호하는 이론적 지향이다. 인지행동치료는 개인의 신념이 행동과 정서에 영향을 미친다고 가정한다. 1970년대 초 이래로 행동주의 내부에서도 생각(thinking)의 역할을 인정하기 시작했으며, 심지어 인지적 요소가 행동 문제에 대한 이해와 상담에 핵심 역할을 한다고 인정하는 단계까지 이르렀다. 1970년대 중반부터 인지행동치료는 행동치료를 대체하기 시작했는데, 이때부터 감정, 행동, 인지적 요인 간 상호작용의 중요성이 강조되기 시작했다.

현대 행동치료는 일반적으로 인지(행동 변화를 위한 생각의 수정)와 행동(행동 변화를 위한 외적 조건의 수정)의 변화 과정을 강조하는 인지행동치료 형태를 띠고 있다. 사회기술 훈련, 인지치료, 스트레스 관리 훈련, 마음챙김, 수용 기반 훈련 모두 인지행동주의 전통을 따르고 있다. 이번 장에서는 전통적인 행동주의 관점을 넘어서, 지금까지 소개한 주요 변화도 다룰 것이다. 다만, 심리적 문제를 지속시키는 내담자의 인지(사고와 믿음) 변화에 초점을 맞추는 인지행동 접근은 다음 장(10장)에서 본격적으로 소개할 것이다.

주요 개념

행동치료의 최신 동향

현대 행동치료는 인간 행동에 대한 과학적 관점에 기초하고 있으며 이는 체계적이고 구조화된 상담을 가능케 했다. 현대 행동치료는 내담자에게 통제력을 넘겨줘서 자유로운 선택을 강조하는 방향으로 발전하고 있다. 행동치료의 목표는 내담자가 다양한 대처 기술을 습득하도록 돕는 것이다. 즉, 제한된 선택으로 인한 문제행동을 극복하기 위해, 이전에는 할 수 없었던 다양한 선택을 자유롭게 할 수 있도록 돕는 것이다.

기본 특징과 가정 학습목표 03

행동치료의 주요 특징과 가정 일곱 가지를 소개하면 다음과 같다. 행동치료는 과학적 방법의 원리와 절차에 근거한다. 실험에서 도출된 학습 원리는 부적응 행동 변화를 위해 체계적으로 활용된다. 행동치료 상담자의 두드러진 특징은, 정확성과 경험적 평가를 강조하며 일관성 있는(재현 가능한) 치료적 개입을 제공할 수 있도록 구체적이고 객관적인 용어로 기술된 상담 목표를 설정한다는 것이다. 상담 목표는 내담자와 상담자의 합의를 통해 설정한다. 상담 과정 내내 상담자는 문제행동과 문제행동을 지속시키는 조건을 평가한다. 평가 전략은 검사와 개입 절차의 효과를 확인하기 위해 활용된다. 활용된 상담 기법은 그 효과가 입증되어야 한다. 따라서 행동주의 개념과 절차는 명확하게 기술되고, 개념적 틀과 일치하는지 경험적으로 검증되며 지속적으로 수정된다.

행동치료에서 활용하는 '행동'이라는 개념 속에는 밖으로 드러나는 개인의 행동뿐만 아니라 인지나 이미지, 신념, 정서와 같은 내적 반응이 포함되어있다. 즉, '행동'의 주요 특징이나 특성은 조작적으로 정의된 것이다.

행동치료는 과거를 중요시하지 않으며, 내담자의 현재 문제를 다루고 현재 문제에 영향을 주는 요인을 다룬다. 현재 기능에 영향을 주는 요인과 행위를 변화시키기 위해 활용할 수 있는 요인을 강조한다. 행동치료 상담자는 문제행동을 지속시키는 현재 환경 요인(조건)을 찾고, 울프(Wolpe, 1990)가 '행동 분석'이라고 부르기도 했던 기능 평가(functional assessment)를 통해 내담자의 환경 조건을 변화시킴으로써 행동 변화에 이를 수 있도록 돕는다. 행동치료는 개인과 개인의 환경, 그리고 그 둘 간의 상호작용에 초점을 맞춰 변화를 유도한다.

행동치료에서는 내담자에게 자신의 문제를 다루기 위해 구체적 행동을 하도록 요구한다. 내담자는 자신의 처지에 대해 이야기하는 것을 넘어 변화를 가져올 수 있는 무언가를 한다. 상담 장면 안에서나 밖에서 자신의 행동을 관리하고 대처 기술을 배우고 실습하며 새로운 행동을 연습한다. 내담자가 일상생활에서 실행해야 할 치료적 과제 혹은 과제물은 행동치료의 기본에 해당한다. 행동치료는 행동지향적이며 교육적 접근에 가깝다. 그리고 학습은 상담의 핵심 요소로 간주된다. 내담자는 이전에 가지고 있던 부적응 행동을 새롭고 적응적인 행동으로 교체해가는 것을 배운다.

행동치료는 심리적 문제의 근원에 대한 역동적 통찰 없이도 변화가 가능하다고 가정한다. 행동치료 상담자는 행동 변화가 자기 이해와 동시에 혹은 그 전에 일어난다고 보며, 행동 변화 자체가 높은 수준의 자기 이해를 이끈다고 가정한다. 문제를 악화시키는 우연적 사건에 대한 통찰과 이해가 변화 동기를 강화할 수 있다 하더라도, 문제가 있다는 것을 아는 것과 그것을 변화시킬 방법을 아는 것은 별개다(Martell, 2007).

평가는 문제행동 확인과 변화 평가를 포함하여 행동에 영향을 미치는 요인을 관찰하고 자기 감찰하는 지속적인 과정이다. 평가를 통해 상담 과정에 대한 정보를 모을 수 있고 내담자의 사회적 환경(예: 목표 행동과 관련된 사회적 지지 자원)에 해당하는 문화적 특성을 파악할 수 있다. 신중한 평가와 검사를 통해 행동 변화가 치료적 개입의 효과에 의한 것인지 확인할 수 있기 때문에, 평가는 행동적 접근에서 매우 중요한 위치를 차지한다.

행동치료는 개별 내담자가 가진 문제에 맞게 세부 내용을 구성할 수 있는데, 특정 내담자가 가진 문제를 다룰 때 여러 기법을 혼합해서 사용할 수도 있다. 어떤 기법을 사용할지 선택하는 데 도움이 되는 핵심 질문은 다음과 같다. "이 내담자는 구체적으로 어떤 환경에서 그 어떤 문제를 호소하고 있는가? 그 문제에는 무슨 기법이 누구에 의해서 제공되는 것이 가장 효과적인가?"(Paul, 1967, p. 111).

상담 과정

상담 목표

행동치료에서 상담 목표는 매우 중요하다. 행동치료의 일반적인 목표는 개인의 선택을 증가시키고 새로운 학습 조건을 형성하는 것이다. 상담자의 도움을 받아 내담자가 상담 과정 초기에 목표를 설정한다. 평가와 상담은 동시에 이루어지지만, 변화의 결과가 되는 목표 행동을 결정하기 위해 평가가 상담에 앞서 이루어진다. 상담 과정에서 반복적인 평가를 통해 목표달성 정도를 점검한다. 경험적 근거를 가지고 목표달성 수준을 타당하게 측정할 수 있는 방법을 고안하는 것이 중요하다.

현대 행동치료는 상담 목표 설정 과정에서 내담자의 능동적인 역할을 강조한다. 치료자는 내담자가 측정 가능한 목표를 설정하도록 돕는다. 목표는 분명하고 구체적이며, 내담자와 상담자 사이에 합의된 것이어야 한다. 상담자와 내담자는 목표와 관련된 행동, 변화를 위해 필요한 환경, 하위 목표의 성격, 목표달성을 위한 작업 계획 등에 대해 의견을 나눈다. 상담 목표를 설정하는 과정은 내담자와 상담자 사이에 협의를 필요로 하고, 이것은 상담 과정을 안내하는 계약으로 이어진다. 행동치료 상담자와 내담자는 상담 과정 중이라 하더라도 필요할 때마다 목표를 수정한다.

상담자의 역할 학습목표 04

행동치료 상담자는 **기능 평가**(functional assessment) 혹은 **행동 분석**(behavioral analysis)을 통해 선행사건과 문제행동 수준, 문제행동의 결과 등에 대한 정보를 체계적으로 수집해서 문제행동이 유지되는 조건을 확인한다. 이것을 **ABC 모형**(ABC model)이라고 부르는데, A는 **선행사건**(antecedent), B는 **행동**(behavior), C는 **결과**를 의미한다. ABC 모형에 따르면, 행동은 발생 이전의 특정 사건에 의해, 즉 선행사건에 의해 영향을 받고, 결과라고 부르는 특정 조건에 의해서도 영향을 받는다. **선행사건**(antecedent event)이란 특정 행동을 유발하는 조건이다. 예를 들어, 잠을 못 자는 내담자에게는 이완 음악을 듣는 것이 수면을 유도하는 신호가 될 수 있다. 불을 끄거나 텔레비전을 침실에서 없애는 것도 수면 행동을 촉진할 수 있다. **결과**(consequence)는 강화나 소거 등의 기능을 통해 행동을 유지시키는 결과물을 의미한다. 예를 들어, 내담자가 제시간에 오는 것과 과제를 마친 것에 대해 칭찬을 듣는다면 그 내담자는 상담받는 행동을 유지할 가능성이 커진다. 반면, 상담자가 계속 시간을 어긴다면 내담자는 더 이상 상담받고 싶지 않을 것이다. **행동 평가 면담**(assessment interview)을 할 때, 상담자는 개인의 행동에 영향을 미치거나 기능적으로 관련이 있는 특정 선행사건과 결과물(보상)을 확인해야 한다(Cormier et al., 2017).

행동지향적 상담자는 적극적이고 지시적인 문제해결사가 되기 쉽다. 그들은 특정 문제에 행동 기법을 적용하는 것의 효율성에 대한 다양한 경험적 근거가 있다는 확신을 가지고 있다. 행동주의 상담자는 상담 기법을 선택하고 적용하는 기술을 습득해야만 한다. 상담자는 내담자가 제공하는 단서에 주의를 기울이며 임상적 직관을 따라간다. 행동치료 상담자도 요약, 반영, 명료화, 개방형 질문 등 일반적인 상담 기법을 활용한다. 이들은 종종 지시적이고 교육적인 자세를 취하기도 하지만(Antony, 2019), 전형적인 상담자로서의 기능을 잘 수행하기도 한다(Miltenberger, 2016; Spiegler, 2016).

- 상담자는 내담자의 행동이 문제 발생과 지속에 어떤 기능을 하는지 이해하기 위해 노력해야 한다. 이와 같은 이해를 바탕으로 상담자는 초기 개입 목표를 설정하고 그 목표를 달성하기 위한 상담 계획을 수립한다.
- 행동주의적 임상가는 구체적인 문제에 대해 '해결 전략이' 적용되었던 연구를 '근거하여' 효과가 검증된 전략을 활용한다. 이러한 근거중심 전략은 행동 변화의 확산과 유지에 효과를 발휘한다. 이 장의 후반부에 다양한 유형의 전략을 소개할 것이다.
- 임상가는 상담 기간 동안 목표를 향한 변화, 즉 예후를 측정함으로써 상담의 성공 여부를 평가한다. 상담 시작 때 기저 수준을 측정하여 제공하고 전략과 상담 계획의 효과를 확인하기 위해 상담을 하는 과정 중이나 상담이 종결된 이후에 정기적으로 반복 측정을 한다. 측정 결과 효과가 없는 것으로 나타나면 전략을 수정한다.
- 상담자의 중요한 과제 중 하나는 상담 후에도 변화가 지속되는지 추수 평가를 실시하는 것이다. 내담자는 문제의 재발 여부를 확인할 수 있는 방법과 재발했을 경우 이에 대처하거나 그 전에 예방할 수 있는 행동적 대처 전략 및 인지적 대처 전략(cognitive coping skill)을 학습한다.

행동치료 상담자의 상담 과정에 대한 예를 들어보기 위해, 집을 떠나는 것에 대한 두려움으로 상담을 받고 싶어 하는 내담자가 있다고 가정해보자. 상담자는 내담자의 공포에 대해 구체적 분석을 시작할 것이다. 실제로 상담자는 내담자가 그 상황에서 무엇을 하는지를 포함하여 집을 떠나는 것에 대한 두려움을 어떻게 경험하는지를 묻는다. 상담자는 이 두려움에 관한 정보를 체계적으로 수집한다. 두려움이 언제부터 있었는가? 어떤 상황에서 일어나는가? 그때 무엇을 하는가? 그 상황에서 내담자의 느낌과 생각은 어떠한가? 불안을 경험할 때 함께 있는 사람은 누구인가? 불안을 줄이기 위해 무엇을 하는가? 현재의 두려움이 실제 삶에 어떻게 영향을 끼치는가? 평가가 이루어진 후에 구체적인 행동 목표가 정해지고, 이완 훈련과 체계적 둔감화, 노출치료 등과 같은 전략을 조합하여 내담자가 자신의 불안을 다룰 수 있는 기술을 습득하도록 치료 계획을 수립한다. 상담자는 내담자가 구체적 목표달성을 위해 작업하도록 유도하고, 치료 기간 중에 반복적으로 목표달성 수준을 평가한다.

개별 내담자의 평가와 개입에 행동주의 전략을 적용한 실제 사례를 보고 싶다면, 『통합적 상담: 사례 중심의 접근』(Corey, 2013) 7장에서 셰리 코미어(Sheery Cormier) 박사가 내담자 루스에게 제공한 행동적 개입을 참고하라.

상담에서 내담자의 경험

행동치료의 독특한 공헌 중 하나는 상담자가 활용할 수 있는 잘 정의된 절차를 제공한다는 것이다. 상담자와 내담자의 역할이 분명하며 상담 과정에 대한 내담자의 인식과 참여를 강조한다. 행동치료는 상담자와 내담자 모두가 적극적인 역할을 한다는 점이 특징이다. 상담자의 주요 역할은 역할놀이, 모방, 행동 시연과 피드백을 통해 구체적인 기술을 가르치는 것이다. 내담자는 기술을 잘 익힐 때까지 피드백을 받으면서 행동 시연에 참여하고 회기 사이에는 일반적으로 문제행동의 자기 점검(self-monitoring)과 같은 행동적 과제를 수행해야 한다. 행동주의 임상가는 상담 과정 중에 나타난 변화가 내담자의 일상으로 확장되어야 한다는 점을 강조한다.

내담자는 변화하려는 동기를 가져야 하며, 심리치료를 받을 때나 실생활 모두에서 변화를 위해 노력해야 한다. 내담자가 이 노력을 기울이지 않으면 치료는 성공하지 못한다. 동기강화 상담(motivational interviewing. 13장 참조)은 경험적 근거를 가진 행동전략을 통해 내담자의 변화 동기를 강화하거나 지속시키는 데 기여한다(Miller & Rollnick, 2013; Naar & Safren, 2017).

상담자는 내담자의 적응 행동 목록을 확장시키기 위해 다양한 실험을 해보도록 격려한다. 상담은 말로 한 것이 행동으로 이어져야 완전해진다. 실제로, 변화가 치료 장면에서 일상생활로 확장되고 치료 효과가 종결 후까지 지속될 때 비로소 성공적인 치료라고 할 수 있다. 상담자가 목표달성 시점과 치료 종결 시점을 고민하는 것처럼 내담자도 그것을 인식해야 한다. 내담자는 무언가 깨닫는 것(통찰) 이상을 해야 하는데, 변화하고자 하는 의지를 가져야 하고 공식적인 상담 회기가 끝난 후에도 새로운 행동을 유지해야 한다.

상담자와 내담자 관계 학습목표 05

행동주의 상담자도 상담관계의 중요성과 상담자의 행동이 상담 과정 및 결과에 큰 영향을 끼친다는 것을 인식하기 시작했다. 앞서 본 것과 같이, 경험적 치료(실존치료, 인간중심치료, 게슈탈트치료)는 상담자와 내담자의 관계의 질을 강조한다. 오늘날 대부분의 행동주의 상담자도 내담자와 협력 관계를 유지하는 것의 가치를 인정하지만, 온정, 공감, 신뢰, 진실성, 수용 등의 관계 요인이 행동 변화를 유도하기 위한 필수 조건은 아니라고 생각한다. 내담자와 상담자의 관계는, 내담자가 원하는 방향으로 변화하도록 돕기 위한 상담 전략 수립의 기초가 된다(Kazantzis et al., 2017).

적용: 상담 기법과 절차 학습목표 06

행동치료의 강점은 행동 기법이 객관적으로 효과가 있다는 것을 보여주는 구체적 절차를 만들어왔다는 것이다. 지속적으로 내담자의 반응을 직접 확인하기 때문에 행동치료의 효과는 명백하다. 행동치료의 특징은 상담 기법을 실증적으로 검증한다는 것, 즉 근거중심 실무의 가치와 부합한다는 것이다. 행동치료는 다양한 유형의 내담자와 광범위한 장애에 효과가 있는 것으로 나타났다. 행동 기법은 여러 다른 접근법에 쉽게 접목시켜 활용할 수 있다.

행동치료 상담자는 상담 기법을 무작위로 선택하는 것이 아니라, 각 내담자에게 가장 효과적일 것으로 예상되는 기법을 선택해서 적용한다. 상담자는 종종 창의성을 발휘하기도 한다. 지금부터 상담자에게 유용한 행동 기법인 응용행동분석, 이완 훈련, 체계적 둔감화, 노출치료, 안구운동 민감소실 재처리 기법(EMDR), 사회기술 훈련, 자기주도 행동, 중다양식치료, 마음챙김과 수용 기반 접근법 등을 소개할 것이다. 이 기법들이 행동치료의 전부는 아니지만 현대 행동치료 상담 기법 중에서 가장 많이 활용되는 것들이다.

응용행동분석: 조작적 조건형성 기법

여기에서는 조작적 조건형성의 몇몇 주요 원리, 즉 정적 강화, 부적 강화, 소거, 정적 처벌, 부적 처벌 등을 설명할 것이다. 현대 행동수정(behavior modification) 영역에서 구체적인 조작적 조건형성 방법을 보고 싶다면 밀텐버거(Miltenberger, 2012)와 스피글러(2016)의 글을 참고하라.

응용행동분석의 핵심은, 내담자의 문제를 이해하기 위해 기능적 접근을 제공하고 선행사건과 결과를 변화시킴으로써 문제를 개선하는 것이다(ABC 모형). 행동주의자는, 사람들이 일반적으로 보상을 얻거나(정적 강화) 불쾌한 결과를 피하는(부적 강화) 방향으로 반응(행동)한다고 믿는다. 따라서 특정 (문제)행동이 가져다주는 강화물(내담자가 그렇게 행동하는 목적)을 구체적으로 평가해야 한다. 강화(reinforcement)의 목적은 그것이 정적이든 부적이든 목표 행동이 증가하는 것이다. 정적 강화(positive reinforcement)란 특정 행동에 대한 결과로 칭찬, 관심, 돈 혹은 음식과 같이 개인에게 가치 있는 것을 획득하는 것을 뜻한다. 문제행동의 결과물도 정적 강화물로 기능할 수 있다. 예를 들어, 한 여자아이가 우수한 점수를 받고 그 결과로 부모로부터 칭찬을 받는다면, 그리고 그녀가 칭찬에 가치를 부여한다면, 미래에 공부할 가능성이 커질 것이다. 상담의 목표가 바람직하지 않은 행동을 줄이거나 소거하는 것이라면, 바람직하지 않은 행동을 바람직한 행동으로 대치하는 빈도가 높아지도록 정적 강화 전략을 활용할 수 있다. 위에 제시한 예에서 부모의 칭찬은 아이가 더 자주 공부를 하고 더 좋은 성적을 받도록 만드는 정적 강화물이다. 하지만 주목해야 하는 것은 아이가 부모의 칭찬을 가치 있게 생각하지 않는다면 그것은 강화물로서 기능하지 못한다. 그래서 행동치료 상담자는 일반적으로 강화 시스템을 구축하기 전에 내담자가 어떤 것에 강화되는지 파악하기 위한 구조화된 강화 목록 평가를 실시한다. 따라서 강화물이란 그 자체가 가진 물리적 속성으로 정의할 수 있는 것이 아니라, 행동의 빈도를 증가시키거나 유지시키는 기능적 속성으로 정의할 수 있다.

부적 강화(negative reinforcement)는 혐오(불쾌한) 자극을 피하거나 벗어나는 것을 포함한다. 사람은 불쾌한 상태를 피하는 방향으로 행동한다(동기화된다). 예를 들어, 내 친구 중 한 명은 날카로운 알람 소리를 듣고 잠을 깨려고 시계를 맞추지만 알람 소리를 듣기 몇 분 전에 일어나곤 한다. 그녀는 알람 소리라는 혐오 자극을 피하기 위해 스스로 일어나도록 훈련(조건형성)되었다.

교실 환경에서 교사는 종종 정적 강화와 부적 강화 전략을 모두 결합한 행동 관리 시스템을 사용하여 학급을 관리한다. 예를 들어, 교실 정면에 각 학생의 이름이 적힌 행동 온도계를 게시하기도 하는데, 이름이 녹색 영역에 있는 학생은 좋은 행동에 대해 공개적으로 칭찬을 받고, 노란색 또는 빨간색 영역에 있는 학생은 처벌을 받는다. 목표는 개별 학생이 자신의 행동을 수정하여 녹색 영역에 머무르도록 하는 것이다.

행동을 변화시키는 또 다른 조작적 방법으로 기존 강화 반응을 억제하는 소거(extinction)가 있다. 임상 장면에서 소거는 정적 혹은 부적 강화물에 의해 지속된 행동에 이용할 수 있다. 예를 들어, 자주 짜증을 내는 아이의 경우, 부모가 기울이는 관심이 짜증 반응을 강화한다. 문제행동을 다루는 방법 중 하나는 그 행동(짜증)과 정적 강화(부모 관심) 사이의 관계를 제거하는 것이다. 예를 들어, 부모가 아이의 분노 폭발 행동에 관심을 주지 않는다면, 그 행동은 **소거 과정**을 통해 줄어들거나 사라질 것이다. 물론 소거는 분노나 공격성 같은 부작용을 초래할 수 있다는 것을 기억해야 한다. 원치 않는 행동에 대한 소거 과정 중에 일시적으로 표적 행동이 증가하는 현상이 나타날 수도 있다. 소거는 특정 행동을 줄이거나 제거할 수 있지만 다른 반응으로 대체할 수는 없다.

행동을 제거하는 또 다른 방법은 처벌(punishment)을 활용하는 것이다. 때로 혐오 통제라고 부르는 처벌은, 행동의 결과 때문에 그 행동이 줄어드는 것을 뜻한다. 강화의 목표는 표적 행동을 **증가시키는** 것이지만, 처벌의 목표는 표적 행동을 **줄이는** 것이다. 밀텐버거(Miltenberger, 2016)는 행동의 결과로 나타날 수 있는 두 가지 유형의 처벌(정적 처벌과 부적 처벌)에 대해 소개했다. 정적 처벌(positive punishment)은 빈도를 줄이기 위해 혐오 자극을 **제공하는** 것이다(예: 잘못된 행동을 할 경우 타임아웃을 시키는 것).

부적 처벌(negative punishment)은 표적 행동의 빈도를 줄이기 위해 결과에 해당하는 강화물을 **제거하는** 것이다(예: 시간을 지키지 못할 경우 월급을 삭감하는 것, 아이가 잘못된 행동을 할 때 TV 보는 시간을 박탈하는 것). 두 종류의 처벌을 통해 표적 행동의 발생 가능성을 낮출 수 있다. 이들 네 가지 조작적 절차는 부모 기술 훈련을 위한 행동치료 프로그램의 기반을 이룬다. 이 절차는, 나중에 다시 설명하겠지만, 자기관리 절차에도 활용된다.

일부 행동 전문가들은 혐오적 통제나 처벌을 사용하는 것에 반대하며 정적 강화로 대체할 것을 권장한다. 행동 분석 접근법의 핵심 원칙은 행동을 변화시키기 위해 가능한 한 가장 덜 혐오적인 수단을 사용해야 한다는 것으로, 정적 강화는 가장 강력한 변화 요인으로 알려져 있다. 억압된 행동을 대체할 수 있는 적절한 행동을 개발하는 방법으로 강화를 사용하는 것이 중요하다.

교육, 지역사회 및 가정 맥락에서 자폐 스펙트럼 장애의 치료를 위해 응용행동분석(Applied Behavioral Analysis: ABA) 기법이 활용되기도 한다. ABA는 학습의 행동 원리를 활용하여 특정 행동의 변화 또는 수정을 목표로 삼는 구조적이고 체계적인 접근법이다. 예를 들어, 교사는 ABA 전략을 사용하여 자폐 스펙트럼 장애 아동의 과제 수행 중 행동을 칭찬하고, 과제 외 행동에 해당하는 자리를 떠나거나 다른 사람을 방해하는 등의 부적절한 행동에는 부적 강화(예: 관심 주지 않기)를 제공하여 교실에서 집중하는 법을 배우도록 도울 수 있다.

점진적 근육이완

점진적 근육이완(progressive muscle relaxation)은 생활 스트레스에 대처할 수 있도록 돕는 방법으로 인기를 끌고 있다. 근육과 마음의 이완을 목표로 하고 있으며 쉽게 배울 수 있다. 효과를 극대화하기 위해서는 이완 훈련의 기초를 배우고 난 후, 매일매일 연습을 해야 한다.

제이콥슨(Jacobson, 1938)은 점진적인 근육이완 절차를 처음 개발한 인물이다. 근육이완 절차가 소개된 이래로 여러 차례 수정 보완이 이루어졌으며, 현재는 다양한 행동 기법과 결합되어 사용된다. 내담자는 긴장을 푸는 교육을 받는다. 조용한 환경에서 근육을 긴장시켰다가 이완시키는 행동을 반복하면서 수동적이고 이완된 자세를 취한다. 상담자는 내담자에게 점진적으로 근육을 이완시키는 구체적인 방법을 가르친다. 깊고 규칙적인 호흡도 이완을 유도한다. 동시에 내담자는 즐거운 생각이나 심상에 초점을 맞추는 것을 통해 근심이나 걱정을 '내려놓는(let go)' 법을 배운다. 내담자로 하여금 고조되는 긴장 상태를 생생하게 느끼도록 만들기 위해 근육이 팽팽해지는 것에 주목하게 하고, 이 긴장 상태를 유지하며 탐색하고 충분히 경험할 수 있도록 유도한다. 이를 통해 내담자는 긴장 상태와 이완 상태의 차이를 명확하게 구분할 수 있게 된다. 그 후 내담자는 얼굴부터 시작해서 신체 각 부위로 주의를 이동해가면서 모든 부위의 근육을 이완시키는 방법을 배운다. 팔 근육을 먼저 이완하고, 다음에는 머리, 목, 어깨, 등, 배, 가슴, 다리순으로 이완한다. 매일 25분씩 이완 훈련을 실시하여 습관화시키면, 필요할 때 자동적으로 이완 반응이 나타난다. 치료자는 종종 내담자가 집에서도 연습할 수 있도록 이완 방법을 녹음해준다. 특히 녹음을 할 때, 내담자의 특별한 요구나 이슈(예: 움직임이 어렵거나 특정 부위의 통증이 있거나) 등을 감안하여 맞춤 형태로 이완 훈련을 가이드할 수 있다.

이완 절차는 독립된 기법으로 또는 다른 접근법과 결합되어 다양한 임상 문제에 적용되어왔다. 특히 신체화가 명백하게 드러나는 스트레스와 불안 관련 문제에 가장 자주 활용되었다. 이완 훈련은 수술을 기다리는 환자를 안정시키는 데 도움이 되고, 만성 통증에 대처하거나 편두통을 감소시키는 데 도움이 된다. 이완 훈련은 천식, 두통, 고혈압, 불면증, 과민성 대장증후군, 공황장애 등 다양한 문제를 다루는 데 도움이 된다(Cormier et al., 2017).

자신에게 적용할 수 있는 점진적 근육 이완 절차의 단계별 연습은, 『심리상담과 치료의 이론과 실제를 위한 학생용 매뉴얼』(Corey, 2024)을 참조하라.

체계적 둔감화

체계적 둔감화(systematic desensitization)는 고전적 조건형성 원리에 근거하고 있으며 행동치료의 선구자 중의 한 명인 조지프 울프가 개발한 기본적인 행동 절차다. 내담자는 불안을 느끼는 상황을 상상하면서 불안에 맞서는 행동을 한다. 내담자는 점차(점진적으로 혹은 체계적으로) 불안을 일으켰던 상황에 덜 민감해진다(둔감해진다). 이 절차는 불안 감소를 위해 내담자 스스로가 불안을 느끼는 심상에 자신을 노출시키기 때문에 노출 기법의 일종으로 볼 수 있다.

체계적 둔감화는 경험적 연구를 통해, 부적응적 불안을 감소시키고 특정 공포증을 포함한 불안 관련 장애를 개선하는 데 효과가 있는 것으로 확인되었다(Cormier et al., 2017; Spiegler, 2016). 둔감법을 사용하기 전에 상담자는 불안에 대한 구체적 정보와 내담자에 대한 정확한 배경 정보를 수집하기 위해 초기 면접을 실시한다. 이 면접은 몇 회기 동안 지속될 수 있는데, 내담자가 어떤 사람인지를 잘 이해할 수 있게 해준다. 상담자는 내담자에게 조건화된 공포를 일으키는 특정 환경에 대해 질문한다. 예를 들어, 어떤 상황에서 주로 불안을 느끼는가? 사회적 상황에서 불안해진다면 사람들이 얼마나 있는지에 따라 불안 수준이 달라지는가? 동성과 이성 중 누구와 있을 때 더 불안한가? 등을 묻는다. 내담자에게 일주일 동안 불안했던 상황을 관찰하고 기록하도록 요구하는 자기관찰을 활용하기도 하고, 어떤 상담자는 불안 유발 상황에 대한 부가 정보를 얻기 위해 질문지를 활용하기도 한다.

둔감법을 활용하기로 결정했다면 상담자는 내담자에게 상담 절차에 대한 이론적 배경과 근거, 실제로 어떤 과정을 통해 상담이 진행되는지 간략하게 설명해준다. 둔감화 절차는 (1) 이완 훈련, (2) 불안 위계 목록 작성, (3) 이완된 상태에서 불안 위계에 따라 체계적 둔감화 실시의 3단계를 거친다.

첫 번째 단계에는 앞에서 소개한 **점진적 근육이완법**을 훈련한다. 상담자는 매우 부드럽고 차분한 목소리로 단계적 근육이완을 가르친다. 내담자에게 호숫가에 앉아있거나 아름다운 초원을 거니는 것과 같은 상상을 하도록 하여 고요하고 평화로운 상태에 도달하게 한다. 상담자는 내담자에게 상담(둔감화) 과정뿐만 아니라 일상에서도 이완 훈련을 하도록 지시한다.

상담자는 내담자와 함께 표적 증상과 관련된 **불안 위계 목록**을 작성하기 위해 거부, 질투, 비판, 무시, 공포 등과 같이 불안을 유발하는 조건을 분석한다. 상담자는 불안이나 회피 수준에 따라 상황(조건)에 대한 순위 목록을 만든다. 내담자가 생각할 수 있는 매우 나쁜 상황에서부터 가벼운 불안을 일으키는 상황까지 순서대로 정렬하여 위계 목록을 만든다. 예를 들어, 내담자가 거절에 대한 두려움이나 불안 문제를 가지고 있다면, 가장 높은 유발 상황은 배우자의 거절, 그보다 덜한 상황은 친한 친구의 거절, 그보다 덜한 상황은 직장 동료의 거절순이 될 것이며, 가장 낮은 상황은 파티에서 마주친 낯선 사람이 내담자에게 관심을 보이지 않는 상황일 것이다.

초기 면접 후 몇 회기가 지나고 나서야 **둔감화**를 실시한다. 내담자가 상담실에서 이완을 배우고 집에서 연습하며 불안 위계를 구성할 충분한 시간이 필요하기 때문이다. 둔감화 과정은 눈을 감고 완전히 이완된 상태에서 실시한다. 처음에는 불안이 없는 중립적인 장면을 제시하고 상상을 하도록 한다. 내담자가 충분히 이완 상태에 머물고 나면, 불안 위계표에 있는 가장 낮은 단계의 불안 유발 장면을 상상하도록 지시한다. 상담자는 내담자가 불안 신호를 보낼 때까지 단계적으로 장면을 변경하되, 불안을 경험하고 있다는 신호를 보내면 둔감화 개입을 중단한다. 중단된 후 내담자를 다시 이완시키고 충분히 이완된 후 다시 위계에 따라 둔감화 과정을 진행한다. 이전에 가장 혼란스럽고 가장 많은 불안을 경험했던 장면을 상상하는 동안에도 내담자가 이완 상태를 유지할 수 있게 되면 둔감화 과정이 끝난 것이다. 체계적 둔감화의 핵심은 부정적 결과 없이(이완 상태로) 불안 유발 상황에 반복적으로 노출되는 것이다.

과제와 과제에 대한 확인은 성공적인 둔감화의 필수 구성요소다. 내담자는 이전 회기에서 완수한 장면을 떠올리며 매일매일 몇몇 장면을 선택해서 이완 절차를 연습한다. 충분히 훈련되고 나면 불안을 더 깊이 다루기 위해 실제 상황에 자신을 노출시키는 과제를 수행하기도 한다. 상담이 끝난 후에도 불안 대처 전략을 지속적으로 활용하는 내담자가 더 큰 효과를 보는 것으로 나타났다(Head & Gross, 2008).

체계적 둔감화는 경험적 연구를 통해, 특히 불안 문제를 상담하는 데 효과적인 것으로 나타났다. 체계적 둔감화는 두려움 감소뿐만 아니라 분노, 천식, 불면증, 멀미, 악몽, 몽유병 증상 개선에 활용되고 있다(Spiegler, 2016). 내담자는 불안 유발 상황에 단계적으로 노출되기 때문에 체계적 둔감화 과정도 쉽게 받아들인다. 체계적 둔감화에 대한 좀 더 자세한 논의를 보고 싶다면 헤드와 그로스(Head & Gross, 2008), 스피글러(2016), 코미어 등(Cormier et al., 2017)을 참고하라.

내담자의 입장에서 체계적 둔감화는, 협력적이고 목표가 정해져 있으며 시간이 제한되어 있다는 점에서 매력적이다. 대부분의 경우 내담자는 12~16주 안에 단순 공포증 치료를 완료할 수 있다(Goldfried & Davison, 1994). 생명을 위협하거나 업무에 지장을 주는 공포증을 경험하는 내담자에게, 체계적인 둔감화를 통해 삶의 심각한 장애물에 대한 비교적 빠르고 효과적인 해결책을 제시할 수 있다. 예를 들어, 쥐 공포증이 있는 아동 복지사를 상상해보라. 그녀의 직업상 가정 방문을 해야 하고 쥐가 있는 환경을 자주 접하게 될 텐데, 쥐를 볼 때마다 공포에 질려 비명을 지르고 도망을 친다면 그녀는 직업의 역할을 수행할 수 없을 것이다. 체계적인 둔감화 기법은 그 내담자를, 단 14회기 만에 쥐를 떠올리기만 해도 울던 모습에서 불안감 없이 집에서 쥐를 볼 수 있는 모습으로 변화시킬 수 있다.

실제 노출 및 홍수법

노출치료(exposure therapy)는 주의 깊게 통제된 조건에서 공포나 부적 정서를 유발하는 실제 상황에 내담자를 노출시켜 공포나 부적 정서 반응을 다루도록 고안되었다. 노출은 공포 및 불안과 관련된 다양한 문제를 치료하는 중요한 과정으로 볼 수 있다. 노출치료는 상상 혹은 실제 자극을 활용하여 체계적으로 직면시키는 기법이다. 상상을 활용한 노출은 실제 노출을 실시하기 전에 활용할 수 있는데, 특히 내담자의 공포가 너무 강해서 실제 상황을 마주할 수 없을 때 활용한다(Hazlett-Stevens & Craske, 2008). 어떤 형태를 활용하든 노출은 내담자가 두려운 상황과 마주하도록 하는 것이다. 앞에서 소개한 체계적 둔감화는 여러 노출 기법 중 하나다. 전통적인 체계적 둔감화를 변형시킨 노출법으로 실제 노출과 홍수법이 있다.

실제 노출 실생활에서의 노출(in vivo exposure)은 내담자가 단순히 상황을 상상하기만 하는 것이 아니라 불안이 유발되는 실제 상황에 들어가는 것이다. 실제 노출은 지난 수십 년간 행동치료의 기반 역할을 했다. 해즐릿-스티븐스와 크레이스크(Hazlett-Stevens & Craske, 2008)는 실제 노출의 과정을 구성하는 핵심 요소를 소개했다. 특히, 상담은 두려워 피하고 싶은 대상이나 상황에 관한 기능 분석으로부터 시작한다. 상담자와 내담자가 함께 내담자가 마주하기 힘든 순서대로 상황의 위계를 만든다. 실제 노출은 위계의 가장 낮은 단계부터 공포를 유발하는 대상에 반복적이고 체계적으로 노출한다. 공포 자극이나 상황에 노출되는 동안 상담자는 주관적 고통 척도(SUDS)를 활용하여 내담자의 불안을 지속적으로 평가한다. 척도의 구체적인 설계는 내담자의 연령이나 개별적 필요에 따라 다를 수 있으며, SUDS에서는 내담자가 리커트 척도(보통 1-100점)를 사용하여 공포를 스스로 평가하도록 요구한다. 자극 초기에는 내담자의 공포 반응이 높게 나타날 수 있지만, 체계적 둔감화의 경우와 마찬가지로, 내담자는 근육 이완 후 반응과 같이 공포와 양립할 수 없는 반응을 학습한 후, 노출을 통해 회피하지 않고 있는 그대로의 공포 반응을 경험하는 과정을 반복하며 두려워했던 부정적인 결과가 발생하지 않는다는 것을 학습하게 된다. 내담자는 공포 감소의 형태로 부적 강화를 경험하고, 이전에 두려워했던 자극, 상황 또는 환경과 새로운 연합 학습을 하게 된다. 내담자는 이 과정을 통해 회피하지 않고 가장 두려운 상황까지 들어가도록 격려를 받는다. 회기와 회기 사이에 내담자는 자기주도적인 노출 훈련을 수행해야 한다. 내담자가 해온 과제를 검토하며 상담자는 내담자가 다루기 어려워했던 부분에 대해 조언한다.

어떤 경우에 상담자는 내담자가 두려워하는 실제 상황 속으로 함께 들어가기도 한다. 예를 들어, 상담자는 엘리베이터에 타는 것에 대한 공포를 가진 환자와 함께 엘리베이터에 오를 수도 있다. 물론 상담실 밖으로 나가는 경우에는 안전과 적절한 윤리적 경계에 관한 점검이 필요하다. 특정 동물에 대해 극도의 공포를 가지고 있는 내담자도 치료자와 함께 안전한 장면에서 해당 동물을 실제로 마주하도록 할 수 있다. 만약 상담자가 실생활에서 함께하지 못할 때에는 내담자 주도로 실생활 노출을 실시하기도 한다. 이는 내담자가 불안 유발 상황에 자신을 노출시키는 과정이다.

역할극은 노출치료를 위한 강력한 도구가 될 수 있다. 예를 들어, 잠재적 연애 대상의 거절을 두려워하는 내담자는 그 대상과 직접 상호작용하기 전에, 상담자와 수행하는 역할극을 통해 두려움의 근거를 탐색하며 단계적이고 구조화된 방식으로 두려움을 다룰 수 있다.

홍수법 노출치료의 또 다른 형태는 홍수법(flooding)이다. 실제로 혹은 상상을 통해 유발된 불안 자극에 오랫동안 노출시키는 방법이다. 모든 노출 기법의 특징처럼 홍수법에서도 내담자는 노출하는 동안 불안을 경험하지만, 두려워했던 결과가 실제로는 일어나지 않는다는 것을 체험한다.

실생활에서의 홍수법(in vivo flooding)은 실제 불안 유발 자극에 집중적으로 오래 노출하는 것이다. 어떤 불안 감소 행동도 하지 않으면서 오랫동안 불안 자극에 노출된 채 그대로 있도록 하여 불안이 저절로 감소되도록 만든다. 불안 수준이 높은 내담자는 일반적으로 부적응적 행동을 통해 불안을 억제하려는 경향이 있다. 홍수법에서는 내담자가 불안 상황에 대해서 평소에 하던 부적응적 행동을 하지 않게 한다. 실생활에서의 홍수법은 불안을 빨리 감소시키는 효과가 있다.

상상 홍수법(imaginal flooding)은 실생활 속에서가 아니라 상상을 통해 노출시킨다는 것을 제외하고는 실생활에서의 홍수법과 동일한 원칙과 절차를 따른다. 실생활에서의 홍수법이 아닌 상상 홍수법을 사용하는 이점은 불안 상황의 특성에 제한이 없다는 것이다. 실제 외상 사건, 예를 들어 비행기 추락이나 강간, 화재, 홍수 등에 대한 노출은 윤리적이고 실제적인 이유에서 부적절하고 불가능하다. 상상 홍수법은 내담자에게 불리한 결과를 가져오지 않는 방식으로 외부 환경을 재창조할 수 있다. 예를 들어, 비행기 추락의 생존자는 여러 증상으로 고통을 받는데, 이들은 재난에 대한 악몽을 꾸거나 플래시백을 경험하고, 비행기 여행을 피하거나 모든 여행에 대해 죄의식, 불안, 우울과 같은 고통스러운 증상을 다양하게 경험할 수 있다. 홍수법과 같은 실제 그리고 상상 노출은 불안 관련 장애, 특정 공포증, 사회공포증, 공황장애, 강박장애, 외상 후 스트레스 장애, 광장공포증 등에 대한 행동치료에 종종 활용된다(Hazlett-Stevens & Craske, 2008).

지속적이고 강렬한 노출과 관련된 불편 때문에 어떤 내담자는 이러한 노출치료법을 택하지 않는다. 그러므로 행동치료 상담자가 내담자 스스로 노출할 동기를 가지고 준비하도록 도와주는 것이 중요하다. 윤리적 관점에서 내담자는 상담에 참여하기로 동의하기 전에, 지속적이고 강렬한 노출치료에 대한 정확한 정보를 가지고 있어야 한다. 내담자가 자신의 불안을 줄이는 방법으로 불안 노출이 활용된다는 것을 이해하는 것이 중요하다. 내담자는 자신을 스트레스 상황에 일시적이나마 노출시키는 상담에 대한 긍정적 측면, 부정적 측면 모두를 고려한 후에 결정을 내릴 필요가 있다. 내담자는 높은 수준의 불안을 경험할 때 노출 과정을 중단할 수 있다는 사실을 알아야 한다.

여러 장애에 노출치료의 효과가 지속적으로 확인되는 이유는 불안장애에 관한 행동치료에 종종 노출치료가 활용되기 때문이다. 스피글러(2016)에 따르면, 노출치료는 불안 관련 장애에 가장 유용한 전략이며 지속적인 효과를 볼 수 있는 전략이다. 그러나 그는 단독 상담 절차로 노출을 사용하는 것은 충분치 않다고 덧붙였다. 특히 외상 후 스트레스 장애(posttraumatic stress disorder: PTSD)와 같이 심각한 수준의 여러 증상을 보이는 장애의 경우에는 하나 이상의 행동적 개입이 필요하다는 것이다. 상상과 실생활에서의 노출을 결합시키는 형태가 늘어나고 있다. 이는 행동치료에서 상담 효과를 강화시키는 방법으로 여러 기법을 병행해서 사용하는 경향에 따른 것이다.

안구운동 민감소실 재처리 학습목표 07

안구운동 민감소실 재처리(Eye Movement Desensitization and Reprocessing: EMDR)는 외상적 기억을 가진 개인을 상담하기 위해 평가, 준비, 상상 노출, 인지 재구조화 등의 절차를 활용하는 노출 상담 기법 중 하나다. 샤피로와 솔로몬(Shapiro & Solomon, 2015)에 따르면, "안구운동 민감소실 재처리는 현재 정신건강 문제가 발생하는 이유에 대해 과거 경험이 신경생리적 측면에서 잘못 저장되어 처리되지 못한 기억으로 남아 발생하는 것으로 개념화하고, 이를 다루기 위해 개발한 통합적 심리치료 전략이다"(p. 303). 안구운동 민감소실 재처리는 빠르고 리드미컬한 안구운동과 양측 자극을 활용하여 내담자가 경험한 외상 수준의 스트레스를 다룬다. "안구운동 민감소실 재처리는 (1) 현재 문제의 근원에 해당하는 스트레스 경험에 대한 기억과, (2) 문제를 촉진하는 현재 상황, (3) 내담자의 미래 행동의 기초가 될 행복한 기억을 유도할 수 있는 기술 등을 확인하고 다루기 위한 8단계와 3개의 전략으로 구성되어있다"(p. 389). 프랜시스 샤피로(Francine Shapiro, 2001)에 의해 개발된 이 상담 절차는 다양한 행동주의 전략을 포함하고 있다. 외상 후 스트레스 장애를 가진 내담자를 상담하기 위해 개발된 안구운동 민감소실 재처리는 아동, 부부, 성 학대 피해자, 퇴역 군인, 범죄 희생자, 강간 목격자, 사고 희생자를 포함하여 불안장애, 공황장애, 우울장애, 재난, 중독, 공포증 등을 겪고 있는 사람들에게 널리 적용되고 있다.

샤피로(2001)는 이 접근을 사용할 때 내담자의 안전과 복지를 신경 써야 한다고 강조했다. 안구운동 민감소실 재처리의 시행은 간단해 보이지만, 일반적인 노출치료가 그러하듯 윤리적 실천을 위해서는 훈련과 임상적 지도 감독을 필요로 한다. 내담자 증상의 심각성 때문에 상담자가 안전하고 효과적으로 내담자의 반응을 관리해나가는 방법을 익히는 것이 필수이다. 상담자는 공인된 안구운동 민감소실 재처리 강사로부터 적절한 훈련과 지도 감독을 받지 않으면 이 절차를 시행해서는 안 된다. 이러한 행동적 절차에 대한 더 자세한 논의는 샤피로(2001, 2002a)에서 볼 수 있다.

안구운동 자체가 치료적 효과를 내는 것인지, 아니면 다른 요인(예: 인지적 기술)이 효과를 내는 것인지에 대한 논란이 있다. 양측 안구운동의 기능에 대한 명확한 설명과 증거는 여전히 불충분한 상태인데, 심지어 일부 연구 증거는 안구운동이 불필요하다는 주장을 지지한다(Prochaska & Norcross, 2018; Spiegler, 2016). 외상 치료에 활용된 안구운동 민감소실 재처리에 관한 통제된 연구를 개관한 후 샤피로(2002b)는 다른 치료에 비해 월등한 효과를 보이는 것을 확인했다고 보고했다. 샤피로와 솔로몬(2015)은 무선 할당된 엄격한 통제 연구를 통해 안구운동 민감소실 재처리(EMDR)의 효과와 효능이 확인되었다고 보고했다. 외상 후 스트레스 장애로 진단받은 참전 군인을 대상으로 12회기의 안구운동 민감소실 재처리를 실시한 결과, 참여자의 77% 이상이 상담 효과를 본 것으로 나타났다. 안구운동 민감소실 재처리의 전반적 효과에 대해 프로차스카와 노크로스(2018)는 "안구운동 민감소실 재처리는 30개 이상의 통제된 결과 연구에서 평가되었으며, 아마 다른 어떤 외상 치료 방법보다 더 많은 연구가 축적되었을 것이다."(p. 191)라고 기록했다. 안구운동 민감소실 재처리의 미래에 관한 글에서 프로차스카와 노크로스는 다음과 같이 예측했다. 안구운동 민감소실 재처리 훈련을 받은 임상가 수는 점차 증가할 것이며, 통제된 연구를 통해 외상에 대한 다른 상담 대비 안구운동 민감소실 재처리의 효과가 어떠한지 점차 명확해질 것이고, 지속적인 연구와 임상 적용을 통해 외상 후 스트레스 장애 이외에 다른 장애에 안구운동 민감소실 재처리가 적용 가능한지 분명해질 것이다.

내담자의 관점에서 볼 때, EMDR 치료는 내담자가 외상 사건을 자세히 설명할 필요가 없기 때문에 일부 노출기반치료보다 덜 힘들 수 있다. 내담자가 하는 작업의 대부분은, 외상 사건에 자체에 대한 깊이 있는 대화가 아닌, 상담자와 EMDR 도구(양측안구운동용 시각 자극, 맥박 측정기)의 도움을 받아 심상 노출을 실시하는 것이다. 인지 기능에는 문제가 없으나 언어적 표현이 제한적이거나 단순히 말하기보다 행동지향적이거나 감각에 기반을 둔 접근방식을 선호하는 내담자에게는 EMDR이 더 적합할 수 있다.

사회기술 훈련 학습목표 08

사회기술 훈련(social skills training)은 여러 종류의 사회적 상황에서 다른 사람들과 효과적으로 교류하는 다양한 기술을 훈련시키는 기법이다. 내담자로 하여금 대인관계 역량을 강화하는 기술을 익히도록 돕는다. 사회적 기술은 타당하고 효과적인 방법으로 타인과 소통할 수 있게 만들어주는 과정을 포함한다. 부적응적 대인관계에서 야기된 심리 사회적 문제를 경험하고 있는 사람들이 사회기술 훈련의 대상이 된다. 일반적으로, 사회기술 훈련은 정신교육, 모방, 강화, 행동 시연(behavior rehearsal), 역할 연기, 피드백을 포함한다. 사회기술 훈련은 내담자의 대인관계 기술을 증가시켜 심리사회적 문제를 해결한다(Kress & Henry, 2015; Segrin, 2008). 사회기술 훈련의 장점은 개별 내담자의 욕구나 필요에 맞춰 다양한 응용이 가능하다는 것이다.

사회기술 훈련의 핵심 요소에는 평가, 직접적인 지시와 코칭, 모델링, 역할 연습, 과제 등이 포함된다(Segrin, 2008). 내담자는 다양한 대인관계 상황에 활용할 수 있는 정보를 학습하고, 상담자라는 롤모델을 통해 실제 그 기술을 어떻게 적용하는지 배운다. 핵심 단계는 내담자가 필요한 정보를 취득하기 위해 실제 행동에 나서는 것을 포함하며, 역할 연기를 통해 실제 대인관계 행동을 훈련하는 것을 포함한다. 상담자는 피드백과 강화를 통해 내담자의 새로운 사회기술 이해와 활용을 지원한다. 만약 훈련 상황에서 자신의 문제행동을 수정할 수 있게 되면, 내담자는 그 기술은 일상생활에 직접 적용하는 단계로 넘어간다(Kress & Henry, 2015). 내담자가 다양한 사회적 상황에 그 기술(효과적인 행동)을 확장시킬 수 있도록 돕기 위한 추수 단계는 꼭 필요하다.

사회기술 훈련의 근거중심 활용의 몇몇 예는 알코올 · 물질 남용, ADHD, 학교폭력, 사회불안, 아동의 정서 및 행동 문제, 커플을 위한 행동치료, 우울증 등에서 찾아볼 수 있다(Antony et al., 2020; Segrin, 2008). 잘 알려진 사회기술 훈련 중 하나가 바로 공격 행동 문제가 있는 개인을 위해 개발된 분노 관리 훈련(anger management training)이다.

관계기술 평가 및 강화 프로그램(Evaluation and Enrichment of Relational Skill: PEERS)은 발달 장애 및 고기능 자폐 스펙트럼 장애 진단을 받은 청소년을 위한 매우 효과적인 사회기술 훈련 프로그램이다(Laugeson & Frankel, 2010). 집단 형태로 실행되며, 청소년과 부모는 숙제, 모델링, 훈련, 심리교육과 같은 행동치료 기법을 사용하여 전화 걸기, 문자 주고받기 등과 같은 중요한 관계기술뿐만 아니라 사회적 환경을 탐색하고 놀림에 대처하며 '모임'을 주최하고 또래와의 갈등을 대처하는 데 필요한 기술 등을 배운다. 청소년은 상담자와 코치의 지도하에 집단에서 기술을 배우고, 부모는 자신의 치료 집단에서 가정과 지역사회의 자원 활용 방법을 배운다. 이 근거중심의 부모 지원 사회기술 훈련 프로그램은 학교 환경(Laugeson, 2014) 및 다문화 환경(Yamada et al., 2020)에서 활용할 수 있도록 개발되었다.

자기관리 프로그램과 자기주도적 행동 학습목표 09

한때 '대중을 위한 심리학'이 유행한 적이 있었다. '소비자'인 대중들이 자신의 문제를 전문가에게 의뢰하지 않고 자기주도적(self-directed) 삶으로 나아가길 바라는 마음으로 지식을 공유했던 심리학자들이 주도했던 흐름이다. 이 견해를 가진 심리학자들은 사람들에게 삶을 효과적으로 관리하는 기술을 가르치는 것에 관심이 많다. 자기관리 기술의 장점은 전통적인 치료적 접근으로는 할 수 없었던 방식으로 대중에게 상담을 확산시킨다는 것이다. 또 다른 이점은 비용을 최소화할 수 있다는 것이다. 또한, 내담자가 상담 과정에 주도적인 역할을 하기 때문에 자기 변화 목표를 가지고 상담에 적극 참여하게 만드는 이점이 있다.

자기관리 평가와 개입의 기본 전제는 사람들에게 문제 상황에 대한 대처 기술을 가르치면 변화가 일어난다는 것이다. 자기관리 전략(self-management strategy)은 내담자로 하여금 현실적인 목표를 설정하고 그 목표를 실현 가능한 목표 행동으로 구체화하며 변화를 위한 계획을 수립하고 그 행위를 감찰하고 평가하는 방법을 익히게 하는 것이다(Kress & Henry, 2015). 내담자가 일상생활에서 이러한 전략을 수행할 책임이 있다는 것을 인정하도록 격려하면 그 효과는 지속되고 확산된다.

자기관리 프로그램에 참여한 사람들은 조절하거나 변화시키길 원하는 구체적인 행동 목록을 작성한다. 사람들이 자신의 목표를 달성하지 못하는 주된 이유는 관련 기술이 없거나 비현실적인 기대(목표) 탓이다. 희망은 변화를 이끄는 치료적 요소이지만 비현실적 희망은 자기 변화 프로그램의 실패 요소로 기능할 수 있다. 자기주도적 접근은 성공적인 변화를 위한 기준과 현실적인 계획(전략)을 제공할 수 있다.

이와 같은 프로그램을 효과적으로 활용하기 위해서는 행동 방식의 맥락에 대한 조심스러운 분석이 필수적이다. 왓슨과 타프(Watson & Tharp, 2014)가 제시한 다음의 몇 가지 기본 단계를 따를 것을 제안한다.

1. **목표 선택:** 목표는 한 번에 하나씩 세워야 하며, 측정 가능하고 달성 가능하며 긍정적이고 개인에게 중요한 것이어야 한다. 기대 목표는 반드시 현실적이어야 한다.
2. **목표를 표적 행동으로 만들기:** 변화를 위해 표적이 되는 행동을 정한다. 일단 변화를 위한 표적이 선택되면 장애물을 예상하고 그것을 뛰어넘을 방법을 생각해야 한다.
3. **자기 감찰:** 자신의 행동을 체계적으로 관찰하고, 선행사건과 결과에 관한 코멘트와 함께 행동, 생각, 감정에 대한 일기를 작성하라. 이 일기는 변화를 위해 필요한 것이 무엇인지 알려줄 것이다.
4. **변화를 위한 계획의 실천:** 좋은 계획은 비효율적인 생각과 행동을 대처할 새로운 생각과 행동을 포함한다. 목표와 관련된 실제 변화를 가져다줄 실행 프로그램을 고안하라. 목표달성을 위한 다양한 계획을 수립할 수 있으며 각각은 효과적이어야 한다. 강화는 현대 행동치료의 초석이기 때문에 자기 강화 체계를 수립하는 것은 필수적이다. 자기 강화는 새로운 행동을 일상생활에 성공적으로 정착시킬 때까지 사용하는 일시적 전략이다. 여러분이 성취하고 싶은 새로운 행동을 훈련하고 그 행동이 유지될 수 있도록 단계적인 전략을 취하라.
5. **실행 계획 평가:** 목표달성 여부를 확인하기 위해 변화 계획을 평가하고, 필요시 계획을 수정 보완하라. 상황이 달라질 수 있기 때문에 기꺼이 계획을 수정할 수 있어야 한다. 평가는 한 번만 하는 것이 아니라 반복적으로 해야 하며, 자기 변화는 평생 훈련하는 것이다.

자기관리 전략은 다양한 집단을 대상으로 공황 발작을 포함하여 완벽주의 감소, 아동의 어둠에 대한 공포증 개선, 창조적 생산성 증가, 사회적 상황에서의 불안 조절, 수업 시간에 앞에서 말하기, 운동 촉진, 직장 동료와의 갈등 감소, 공부 습관 기르기, 흡연 조절, 우울증 개선 등에 성공적으로 활용되었다(Watson & Tharp, 2014). 자기관리는 다양한 건강 문제에 적용되었는데, 예를 들어 관절염, 천식, 암, 심장병, 물질남용, 당뇨병, 두통, 실명, 우울증, 영양, 자기 건강관리 등에 활용되었다(Cormier et al., 2017).

중다양식치료: 임상행동치료

중다양식치료(multimodal therapy)는, 임상행동치료의 선구자인 아널드 라자루스(Arnold Lazarus, 1989, 1997, 2005, 2008)에 의해 개발된 포괄적이고 체계적이며 전체론적 접근을 지양하는 행동치료다. 중다양식치료는 인지학습이론에 기초하고 있다. 평가 과정은 중다양식 전략을 취하지만 상담은 인지행동 전략을 포함하여 경험적 근거가 있는 기법을 활용한다. 이 접근은 개방적인 태도로 다양한 행동 기법을 통합 활용하므로 여러 종류의 문제를 다룰 수 있도록 고안되었다. 중다양식 상담자는 가능한 경험적 근거가 있는 근거중심 상담기법(evidence-based treatment)을 활용하기 위해 노력한다(Lazarus & Lazarus, 2015).

중다양식 상담자는 다양한 상담 체계로부터 기법을 빌려 쓰지만, 라자루스와 라자루스(2015)는 그 기법을 무턱대고 활용해서는 안 된다고 지적한다. "분명한 논리적 근거 없이 기법을 조합하는 것은 혼합주의가 초래하는 혼란만 야기할 뿐이다"(p. 682). 중다양식 상담자는 각 내담자와 그들이 처한 환경 속에서 최선의 치료적 효과를 낼 수 있는 기법과 관계는 무엇인지 고민하고 결정해야 한다. 이러한 접근의 기저에는, 각 내담자가 가진 문제에는 고유한 특성이 있기 때문에 변화를 위해서는 다양한 전략이 필요하다는 전제가 깔려 있다. 상담 과정의 유연성과 융통성이 강조되기 때문에 중다양식 상담자는 내담자의 목표를 달성하기 위한 목적으로 상담 절차를 수정하기도 한다. 치료자는 내담자의 욕구에 따라 언제 어떻게 도전하고 지지할지, 그리고 관계 양상을 어떻게 수정할지 결정할 필요가 있다. 이 접근 방식은 다양한 이론에서 도출한 여러 기법을 활용하며 특정 이론에 얽매이지 않는다(Kelley, 2018). 상담관계는 기술 적용의 기반이 되기 때문에, 중다양식 상담자는 작업 동맹을 잘 맺는 것이 바로 효과적인 상담의 기본이라는 사실을 기억해야 한다(Lazarus & Lazarus, 2015). 중다양식 상담자는 상담 과정에서 다양한 역할을 하는데, 트레이너 역할을 하기도 하고 교사, 조력자, 코치, 역할 모델 등을 하기도 한다. 이들은 정보를 제공하거나 지시를 하기도 하고, 주장 행동의 모델 역할을 통해 피드백을 제공하기도 한다. 또한 제안을 하기도 하고 정적 강화물을 제공하거나 적절한 자기개방을 하기도 한다.

라자루스 박사가 루스라는 인물을 대상으로 BASIC I.D. 평가 모형과 다양한 기술을 적용한 구체적인 사례를 보고 싶다면 『통합적 상담: 사례 중심의 접근』(Corey, 2013) 7장을 참고하라.

마음챙김 및 수용 기반 접근 학습목표 10

행동치료의 제3세대(뉴웨이브, 제3의 물결) 접근은 기존 행동치료 상담자들이 관심을 기울이지 않았던 마음챙김, 수용, 상담관계, 영성, 가치, 명상, '지금 여기'에 존재하기, 정서 표현 등을 강조한다(Corey, 2019; Herbert & Forman, 2011). 제3세대 행동치료는 다음과 같은 다섯 가지 핵심 주제를 공유한다. (1) 심리적 건강에 대한 확장된 관점, (2) 상담에 있어서 수용 가능한 효과에 대한 확장된 관점, (3) 수용, (4) 마음챙김, (5) 일상생활의 가치에 대한 인식.

마음챙김(mindfulness)이란 "목적에 주의를 기울이고 지금 이 순간에 머물며 무비판적으로 순간순간의 경험을 자각하는 것"(Kabat-Zinn, 2003, p. 145)이다. 마음챙김 개입에서는 "수용적 태도로 현재의 경험을 바라보도록"(Siegel, 2010, p. 27) 내담자를 훈련시키고, 호기심과 자비로운 태도를 가지고 현재의 경험을 대하도록 훈련시킨다.

마음챙김은 우울증과 불안장애, 대인관계 문제, 물질남용, 심리생리적 장애 등 다양한 임상적 문제를 상담하는 데 효과적인 것으로 알려져 있다(Germer, Siegel, & Fulton, 2013). 마음챙김은 퇴역군인들의 외상 후 스트레스 장애를 상담하는 데도 효과적이었는데, 마음챙김 훈련을 통해 퇴역군인들은 반복적으로 떠오르는 부정적인 생각을 좀 더 잘 관찰하여 부적응적인 회상 반응에 집착하는 것을 줄일 수 있었다. 심리적 장애에 초점 맞춘 질병 모형에서 벗어나 웰빙에 초점을 맞추는 것이 마음챙김 및 수용 기법의 핵심이다.

수용(acceptance)은 현재의 경험을 호기심과 친절한 자세로, 판단이나 선호 없이 마주하며 지금 이 순간을 충분히 자각하기 위해 노력하는 과정이다(Germer, 2013). 수용은 내적 경험에 반응하는 대안적 방법으로, 문제에 대처하기 위한 일련의 기술로 보기보다는 세상에 존재하는 방식이자 고통을 다루는 방법으로 볼 수 있다(Fruzzetti et al., 2019).

마음챙김 및 수용에 관한 좀 더 깊이 있는 논의를 보고 싶다면『인지행동치료에서 수용과 마음챙김: 새로운 치료법의 이해와 적용(Acceptance and Mindfulness in Cognitive Behavior Therapy: Understanding and Applying the New Therapies)』(Herbert & Forman, 2011)을 참고하라.

인지행동 계열의 전통을 발전시킨 최근의 네 가지 중요한 접근은 다음과 같다. (1) 스트레스에 대처하고 신체적, 심리적 건강을 증진하기 위해 마음챙김 기법을 적용하는 8주 집단 프로그램인 **마음챙김 기반 스트레스 감소 프로그램**(Kabat-Zinn, 1990, 2003; Lehrhaupt & Meibert, 2017), (2) 주로 우울증 치료를 목적으로 하는 **마음챙김 기반 인지치료**(Segal et al., 2013), (3) 경계선 성격장애 및 치료가 어려운 내담자를 위한 치료법으로 인정받고 있는 **변증법적 행동치료**(Linehan, 1993a, 1993b, 2015, 2020), (4) 불쾌한 감각을 통제하거나 바꾸려고 시도하지 않고 받아들이도록 내담자를 격려하는 **수용전념치료**(Hayes et al., 2012; Hayes & Lillis, 2012). 이 네 가지 접근 방식은 모두 행동주의 전통의 특징인 경험적 근거를 확보한 마음챙김 전략을 사용한다. 마음챙김에 기반을 둔 접근 방식은 그 효과에 대한 다양한 경험적 근거를 제시하고 있다(Pantaleno & Sisti, 2018).

마음챙김 기반 스트레스 감소 프로그램 매사추세츠 대학교의 존 카밧진(Jon Kabat-Zinn)은 1979년에 스트레스와 통증, 질병 등으로 인해 고통받는 환자를 돕기 위한 훈련 프로그램으로 마음챙김 기반 스트레스 감소 프로그램(Mindfulness-Based Stress Reduction: MBSR)을 개발했다. 8주로 구성된 집단 프로그램인 마음챙김 기반 스트레스 감소 프로그램은 사람들에게 마음챙김 명상을 가르친다. 마음챙김 기반 스트레스 감소 프로그램은 기본적으로 사람들이 자신의 안녕에 대해 좀 더 책임을 지도록 돕고, 신체 건강 문제를 다룰 수 있는 내적 자원을 개발하도록 돕기 위해 설계되었는데(Kabat-Zinn, 2003), 이 프로그램 자체는 심리치료가 아니지만 상담과 결합해서 보조 수단으로 활용할 수 있다. MBSR 훈련은 자기 자신으로 돌아가는 여정이다(Lehrhaupt & Meibert, 2017). MBSR 훈련 진행자는 의사, 사회복지사, 교사, 간호사, 요가 교사, 코치, 심리학자 등 다양한 전문가로 구성된다.

마음챙김 기반 스트레스 감소 프로그램의 핵심은, 인간이 경험하는 괴로움과 고통은 사람들이 현재에 충실하기보다 과거에 대한 집착과 미래에 대한 과도한 걱정에 마음을 쓰기 때문에 발생하는 것이라는 이해에 기초하고 있다. 마음챙김 기반 스트레스 감소 프로그램은 인지를 수정하는 방법을 가르치거나 특정 인지에 '역기능적'이라는 꼬리표를 붙이지 않는데, 이는 마음챙김 훈련을 통해 길러내야 할 비판단적 태도와 대치되기 때문이다.

마음챙김 기반 스트레스 감소 프로그램에 활용된 마음챙김 접근은 공식적 혹은 비공식적 명상을 통해 내담자가 지속적이고 능동적인 주의력을 개발하도록 돕는다. 8주간의 MBSR 프로그램은 주제(마음챙김 자기관리, 마음챙김 의사소통, 스트레스에 보다 효과적으로 대처하기)별로 회기가 구성되는데, 체험 학습과 내담자의 자기발견 과정에 중점을 둔다. 공식적인 훈련 과정에는 마음챙김을 기르는 것을 목표로 정좌 명상, 걷기 명상, 마음챙김 요가 등이 진행되며, 내담자가 신체의 모든 감각을 관찰할 수 있도록 돕는 바디 스캔 또한 진행된다. 내담자는 모든 일상 활동에 마음챙김을 도입하도록 훈련받는데, 서 있거나 걷거나 식사를 하거나 집안일을 할 때 마음챙김 상태를 유지하도록 훈련한다. 프로그램에 참여하는 사람들은 매일 45분 동안 공식적인 마음챙김 명상을 실천하게 되고, 비공식적인 마음챙김 명상은 일반적으로 다음 세 가지 질문을 순간순간 던지는 방식으로 실천하게 된다. 나는 지금 이곳(now & here)에 살고 있는가? 나는 현재를 충실히 살고 있는가? 과거를 회상하거나 미래에 빠져서 현재를 살지 못하고 있지는 않은가?

레르하우프트와 마이베르트(Lehrhaupt & Meibert, 2017)의 MBSR 프로그램은 8회기로 구성되어 있으며, 각 회기의 핵심 주제는 다음과 같다.

- 1주차에는 참가자에게 마음챙김의 기본 개념을 소개하고 서로를 알아가며 기본 규칙을 정한다. 참가자는 바디 스캔을 배우며, 마음챙김이 공식적 혹은 비공식적으로 무엇을 포함하는지 배운다.
- 2주차 주제는 '우리가 세상과 나 자신을 어떻게 인식하는가?'이다.
- 3주차의 초점은 집에서 할 수 있는 일련의 부드러운 요가 동작을 배우는 것으로, 몸을 활용하는 요가 훈련을 한다.
- 4주차는 정좌 명상을 훈련하는 것을 시작으로, 스트레스의 근원과 어려운 삶의 상황에 더 효과적으로 대처하는 방법을 탐구하는 내용을 다룬다.
- 5주차에는 참가자가 새로운 방식으로 생각을 바라보는 방법을 배운다. 스트레스를 증가시키는 생각에 관해 탐구하고 어려운 생각과 '새로운 관계를 맺는 방법'을 다룬다.
- 6주차에는 마음챙김을 적용한 의사소통을 다룬다. 참가자는 보다 효과적으로 소통

하는 방법을 배우고 가정과 직장에서 그 방법을 훈련한다.

- 7주차에는 마음챙김을 적용한 자기관리 훈련에 집중한다.
- 8주차 역시 대부분의 주차와 마찬가지로 바디 스캔과 마음챙김 훈련으로 시작한다. 훈련 후 참가자들은 경험을 나누고 이 훈련이 일상생활에 어떤 영향을 미치고 있는지 공유한다. 마지막으로 프로그램 종료 후에도 이 여정을 지속하는 방법에 대해 다룬다.

마음챙김 기반 스트레스 감소 프로그램은 참여자가 스트레스의 내적 · 외적 근원과 구성주의적 방법으로 관계하도록 가르치고, 매 순간 요구되는 핵심 원리를 훈련하고 따르는 데 지속적으로 헌신하도록 설계된다. 마음챙김을 적용하며 사는 것은 단순히 행동 기술을 익히는 것을 넘어 일상에서 마음을 다해 수행하는 삶을 사는 예술과 같은 것이다. 카밧진(2003)은 마음챙김을 어딘가에 도달하거나 무언가를 고치는 것이 아니라 "이미 존재하고 있던 그곳에 자신을 초청하는 것이고, 매 순간의 직접적인 경험에 대한 내적 · 외적 실체를 자각하는 것"(p. 148)으로 보았다. 레르하우프트와 마이베르트(2017)는 MBSR에서 다음과 같은 세 가지 핵심 주제를 강조한다.

- 마음챙김은 지금 이 순간을 사는 것이다.
- 마음챙김은 훈련하고 강화하며 배양할 수 있다.
- 마음챙김 훈련은 내게 있는 지혜와 통찰을 활용할 수 있게 해준다.

마음챙김 기반 스트레스 감소 프로그램은 병원과 의원, 학교, 직장, 사무실, 법학대학, 감옥, 도시에 있는 보건 기관 등에 제공되고 있다(Kabat-Zinn, 2003). 마음챙김 기반 스트레스 감소 프로그램은 다양한 형태의 임상적 활용이 가능한데, 앞으로 불안이나 스트레스, 우울과 같은 부정적 심리 상태를 다루는 형태로 확장될 것으로 기대된다. 마음챙김 기반 스트레스 감소 프로그램은 건강과 행복, 건강한 생활양식을 촉진하는 영역에서 다양한 형태로 활용되고 있다. 레르하우프트와 마이베르트(2017)는 MBSR이 모든 연령대의 삶의 질을 개선하는 데 도움이 된다고 보고했다. 또한 연구 결과에 따르면, 만성 통증, 고혈압, 수면 장애, 우울증 및 불안, 만성 질환, 암, 일반적인 스트레스, 번아웃 등 다양한 질환의 심리적 고통을 완화하는 데 MBSR이 도움이 되는 것으로 나타났다. 수많은 연구를 개관하고 메타분석을 실시한 결과 마음챙김, 수용, 자비 기반 개입이 신체적 · 심리적 건강 증진에 효과적인 것으로 나타났다(Germer, 2013). 일부 연구에서는 마음챙김 기반 스트레스 감소 프로그램 훈련이, 스트레스 상황에서 나타나는 부적 정서 반응에 좀 더 잘 대처할 수 있는 형태로 뇌를 변화시키는 것으로 나타났다(Kabat-Zinn, 2003).

상담자나 MBSR 훈련사는, 내담자에게 마음챙김 경험을 소개하기 전에 스스로 마음챙김 훈련을 지속하여 익숙해져야 한다(Pantaleno & Sisti, 2018). 상담자는 짧은 시간이라도 조용히 성찰할 수 있는 시간을 마련함으로써 많은 것을 얻을 수 있다.

임상에서 마음챙김을 활용하는 방법에 대해 더 자세히 알고 싶다면 다음 책들을 참고하라. 『마음챙김과 심리치료(Mindfulness and Psychotherapy)』(Germer, Siegel, & Fulton, 2013), 『심리치료에서 지혜와 자비: 심리치료 현장에서의 마음챙김 강화(Wisdom and Compassion in Psychotherapy: Deepening Mindfulness in Clinical Practice)』(Germer & Siegel, 2012), 『마음챙김 기반 스트레스 감소(Mindfulness-Based Stress Reduction)』(Lehrhaupt & Meibert, 2017), 『마음챙김 기반 제3세대(제3의 물결) 인지행동치료(Third-Wave Cognitive Behavioral Theories with Mindfulness-Based Interventions)』(Haddock, 2022).

마음챙김 기반 인지치료 마음챙김 기반 인지치료(Mindfulness-Based Cognitive Therapy: MBCT)는 우울증 상담에 마음챙김의 원리와 기술을 통합 적용한 것이다. 마음챙김 기반 인지치료는 매 회기 2시간씩 8주 동안 진행하는 집단 상담 프로그램으로 카밧진(Kabat-Zinn, 1990, 2003)의 마음챙김 기반 스트레스 감소 프로그램을 참고하여 개발한 것이다. 이 프로그램은 마음챙김 기반 스트레스 감소 프로그램과 인지행동 기술을 통합하여 내담자를 훈련시킨다. 일차 목표는 부정적인 생각에 대한 내담자의 자각을 키우고 그 생각을 대하는 내담자의 태도를 변화시키는 것이다. 참가자는 자신의 자동적인 부정적 사고방식에 기술적이고 의식적인 형태로 반응하는 방법을 배운다(Segal et al., 2013).

시걸, 윌리엄스, 티즈데일(Segal, Williams, & Teasdale, 2013)에 따르면, 8회기 마음챙김 기반 인지치료의 핵심은 다음과 같다.

- 1회기는 우울증을 겪고 있는 사람들의 부정적인 자동적 사고를 확인하고 마음챙김의 기초를 소개하는 것으로 시작한다.
- 2회기에서 참여자는 일상의 경험에 반응하는 방법을 배우고 마음챙김 훈련에 참여한다. 참여자는 자신과 타인에게 친절과 자비를 베푸는 것의 중요성을 배운다.
- 3회기는 흐트러진 마음을 모으는 데 초점을 맞춘다. 참여자는 호흡법과 현재 경험에 주의를 집중하는 방법을 배운다. 참여자는 경험에 자신을 개방하며 호흡에 집중하고 생각을 바라보는 훈련을 한다.
- 4회기에서는 결과에 집착하지 않고 순간을 경험하는 것을 배운다. 참여자는 정좌 명상과 마음챙김 걷기를 훈련한다.
- 5회기에서 참여자는 집착 없이 경험을 수용하는 방법을 배운다. 참여자는 수용과 내려놓기의 가치를 배운다.
- 6회기는 생각을 '그저 생각일 뿐'이라는 자세로 바라보는 훈련을 한다. 참여자는 생각이 떠오른다고 해서 행동으로 옮겨야 하는 것은 아니라는 것을 배우며, 자신에게 '생각은 생각일 뿐 내가 아니다.'라고 말하거나 '생각은 실체 혹은 사실이 아니다.'라고 말하는 법을 배운다.
- 7회기에서 참여자는 자신을 돌보는 방법을 배우고 재발의 위험을 다루는 전략을 개

발한다.
- 8회기는 배운 것을 유지하고 확장하는 데 초점을 맞춘다. 참여자는 훈련한 마음챙김 기법을 일상의 삶으로 확장하는 방법을 배운다.

시걸, 윌리엄스, 티즈데일(2013)에 따르면, 마음챙김 기반 인지치료의 핵심 요소는 친절과 자기 자비다. 마음챙김은 어려운 상황을 만났을 때 자신을 돌보는 태도인 자기 자비(self-compassion)를 개발하는 방법이다. 마음챙김은 순간순간의 경험에 집중하는 방법을 익히도록 내담자를 훈련시키며, 그 경험에 비판적으로 다가가기보다 열린 자세로 자각하고 수용하는 태도를 취하도록 돕는다. 우리가 자신의 단점을 비판단적 태도로 인식할 수 있다면, 자신에게 좀 더 친절(kindness)해질 수 있을 것이다. 우리는 분노와 불안, 우울과 같은 정서를 경험하는 순간에도 의식적으로 자신과 타인에게 친절함을 유지할 수 있다. 연구 결과에 따르면, 자기 자비는 정서적 안녕감과 정적 상관이 있고 불안 및 우울과 부적 상관이 있는 것으로 나타났다(Morgan, Morgan, & Germer, 2013; Neff, 2012; Neff & Germer, 2018). 자기 자비와 정서적 안녕감의 관계를 연구한 네프(Neff, 2012)에 따르면, 다음과 같다.

- 자기 자비 수준이 높은 사람은 고통스러운 경험을 할 때 자신에게 좀 더 친절하다.
- 자기 자비 수준이 높은 사람이 더 지혜롭고 정서 지능 또한 높다.
- 자기 자비 수준이 높은 사람이 삶에 더 만족하고 더 많은 사람과 삶을 공유한다.
- 자기 자비 수준이 높은 사람은 더 많이 행복해하고 낙관성과 호기심, 긍정적 정서 수준 또한 높다.
- 자기 자비 수준이 높은 사람이 타인에게 더 자비롭다.

모건, 모건, 거머(Morgan, Morgan, & Germer, 2013)는 마음챙김 명상이 주의 집중과 지속 능력을 향상시킨다는 증거가 있다고 보고했다. 현재 경험에 머무는 것이 바로 자신과 타인을 자비롭게 대하는 방법을 개발하는 길이다. 마음챙김은 누군가 가르쳐줄 수 있는 것이라기보다 스스로 깨달아야 하는 것이다. 마음챙김 기반 인지치료 집단의 진행자 혹은 촉진자의 태도와 행동은 참여자로 하여금 습관적인 자기비판과 판단을 내려놓고 수용의 길로 나아가는 데 도움이 되어야 한다.

마음챙김 기반 인지치료는 경험적 학습과 회기 내에서 직접 훈련하는 것, 피드백을 통해 배우는 것, 과제를 완수하는 것, 실생활에서 마주하는 위기 상황에 배운 것을 활용하는 것 등을 강조한다. 마음챙김 기반 인지치료의 간결함은 이 접근이 효율적이고 비용 효과 면에서 우수한 상담이 되도록 해준다. 마음챙김 기반 인지치료에 관한 좀 더 자세한 내용을 읽고 싶다면 『우울증에 대한 마음챙김 기반 인지치료(Mindfulness-Based Cognitive Therapy for Depression)』(Segal et al., 2013)를 참고하라.

변증법적 행동치료 변증법적 행동치료(Dialectical Behavior Therapy: DBT)는 경계선 성격장애로 진단받은 만성적 자살 위험을 가진 내담자를 상담하기 위해 개발되었으며, 현재 그와 같은 문제를 가진 내담자를 위한 주요 심리치료로 인식되고 있다. 자살을 고려할 만큼 비참한 사람들의 정서적 고통을 덜어주는 것을 목표로 마샤 리네한(1993a, 1993b, 2015)에 의해 개발된 변증법적 행동치료(DBT)는 자살 위험이 큰 사람들이 가치 있는 삶을 살 수 있도록 돕는 데 효과적이다. 자살 위험이 큰 내담자에게는 치료적 관계가 그들을 살아있게 하는 원동력이다(Linehan, 2020). DBT는 약물 의존, 우울증, 외상 후 스트레스 장애, 섭식장애, 자살 행동, 비자살적 자해 등 다양한 조건 속 여러 장애를 치료하는 데 효과적인 것으로 나타났다(Fruzzetti et al., 2019; Linehan, 2015; Rizvi & King, 2019). 리네한은 원래 자살 및 자해 위험이 큰 사람, 심각한 기능장애가 있는 사람, 치료가 어려운 개인을 위해 DBT를 개발했다. 그러나 기본적인 DBT 기술은 좀 더 효율적이며 정서적으로 안정된 삶을 살고자 하는 사람들에게도 유용할 수 있다(Linehan, 2020). DBT의 궁극적인 목표는 가치 있는 삶을 향해 나아가도록 돕는 것인데, 이 과정에는 부적응 행동을 숙련된 행동으로 대체함으로써 발생하는 행동 변화가 포함되어 있다(Swenson, 2016).

DBT는 인지, 행동, 마음챙김 기반 전략으로 구성된 포괄적인 심리사회적 치료법이지만, 그 핵심을 구성하는 것은 행동주의적 접근법이다(Rizvi & King, 2019). DBT는 경계선 성격장애를 치료하기 위해 행동 기법과 정신분석 기법을 통합한 것으로도 볼 수 있다. 분석치료와 마찬가지로 DBT는 치료관계의 중요성, 내면에 대한 통찰, 어린 시절 '역기능적 환경'의 영향, 갈등과 마주하기 등을 강조한다.

DBT 치료에는 수용 기반 전략과 변화 지향 전략이 모두 포함된다. 이 치료 프로그램은 내담자가 자신의 현재 상태를 받아들이는 동시에 행동과 환경을 변화시킬 수 있도록 돕는 데 중점을 둔다. 감정 조절에 특별한 문제가 있는 내담자를 돕기 위해 DBT는, 내담자 자신 속에 서로 반대되는(갈등하고 충돌하는) 힘이 내면에 공존하고 있음을 인식하고 받아들이도록 가르친다. 변증법은 DBT의 핵심 개념으로, 반대되는 것들 사이의 긴장 또는 통합을 포함한다. 이러한 긴장은 내담자가 변화를 추구하면서도 자신을 수용해야 하는, 모순처럼 보이는 심리적 현실 속에서도 관찰된다(Linehan, 2020). 리즈비와 킹(Rizvi & King, 2019)은 DBT의 핵심 원칙은 상담자가 수용과 변화의 균형을 변증법적으로 맞추는 것이라고 말했다. "수용과 변화를 얼마나 강조할지 결정하는 과정은 DBT 상담자가 내담자와 함께 추는 '춤'의 일부다"(p. 306). 특정 행동을 하고 싶지 않지만 원하는 목표를 달성하려면 그 행동을 해야 한다는 것을 아는 것과 같이, 근본적인 변증법적 관계를 인정함으로써 내담자는 수용과 변화라는 상반된 개념을 통합하는 법을 배울 수 있다. 상담자는 내담자에게 감정과 행동을 조절하는 방법을 가르친다. 리네한(2020)은 DBT의 본질을 다음과 같이 설명한다. "DBT는 매우 실용적인 치료법으로, 사람들이 삶의 모든 측면에서 효율성을 높일 수 있도록 도와준다. DBT는 문제해결 중심적이고 집중적이며 행동지향적인 치료법이다"(p. 172).

DBT는 삶이 견딜 수 없이 고통스러운 사람들에게 진통제를 제공하는 것이 아니라 의미 있는 삶을 재구성하도록 돕는다. 이 접근 방식은 내담자가 자신의 문제를 받아들이도록 돕고 문제를 해결하는 실용적인 방법을 제공한다(Linehan, 2020). 그럼에도 불구하고 DBT 기술 훈련은 '단기' 접근법이 아니다. 1년의 치료 기간이 필요하며 개인 상담과 집단에서 이루어지는 기술 훈련을 모두 포함한다. DBT는 노출 기법을 포함한 다양한 인지행동 전략을 통해 내담자 자신이 자기파괴적인 행동을 멈추고 고통스러운 감정을 견디는 법을 배울 수 있도록 돕는 근거중심 상담 기법이다.

DBT는, 마음챙김과 수용에 기반을 둔 개입을 치료에 통합하기 위해 '선불교'의 가르침과 수행을 활용한다. 선불교의 원리와 수행법에는 현재 순간을 인식하고, 왜곡 없이 현실을 바라보며, 판단 없이 현실을 받아들이고, 고통을 초래하는 집착을 버리며, 자신과 타인을 더 많이 수용하고, 진행 중인 경험(사건)으로부터 자신을 분리하지 않고 현재에 온전히 몰입하는 것 등이 포함된다(Linehan, 2020; Rizvi & King, 2019; Swenson, 2016).

DBT는 구조화되고 예측 가능한 치료 환경을 구성한다. 치료 목표는 각 개인에 맞게 조정되는데, DBT를 시작할 때 상담자는 내담자의 삶을 가치 있게 만들 수 있는 구체적인 목표를 파악하여 반영하는 작업을 진행한다. DBT의 핵심 기술에는 마음챙김, 고통 감내, 감정 조절, 대인관계 효과성 기술이 포함된다(Linehan, 2020; Swenson, 2016). 처음 두 가지 DBT 기술은 현실을 있는 그대로 받아들이는 길을 제시하고, 마지막 두 가지 기술은 내담자를 의미 있는 존재로 변화시키는 길을 안내한다.

마음챙김은 판단이나 집착 없이 현재 순간에 집중하는 것이다. 마음챙김은 개인이 세상을 있는 그대로 인식하고 받아들이며 매 순간에 효과적으로 대응할 수 있도록 가르치는 DBT의 기본 기술이다. 마음챙김은 DBT 전체에 스며들어 있다. 마음챙김을 통해 내담자는, 고통스러운 상황에 직면했을 때 발생하는 격렬한 감정을 수용하고 인내하는 법을 배워 고통을 줄이고 행복을 증진하는 길에 이르게 된다.

고통 감내는 개인이 고통스러운 상황이나 사건에 압도되지 않고 부정적인 상황과 관련된 감정을 인식하도록 돕는 데 목적이 있다. 내담자는 스트레스의 원인에 대한 해결책을 찾아 위기 상황을 효과적으로 견뎌내는 방법을 배운다.

감정 조절에는 감정 파악하기, 감정 변화의 장애물 파악하기, 취약성 줄이기, 긍정적 감정 높이기 등이 포함된다. 내담자는 분노, 우울, 불안과 같은 감정을 조절하는 것의 이점을 배운다.

대인관계 효과성 기술(interpersonal effectiveness)은 사람들이 효과적인 대인관계 기술을 습득할 수 있도록 돕는다. 내담자는 필요한 것을 요청하는 방법과, 자존감 및 타인과의 관계를 유지하면서도 '아니요'라고 말하는 방법을 배운다. 이 기술은 관계를 손상시키지 않고 내담자의 목표가 달성될 가능성을 높이는 것을 수반한다.

DBT는 개인이 치료에서 배운 기술을 일상생활에 활용할 수 있도록 돕는다. DBT는 관련 지식을 학습하고 마음챙김 기술을 훈련하는 데 중점을 두기 때문에, 상담자 자신이 이 기술을 적용하는 데 능숙해지고 내담자를 위한 구체적인 전략과 태도를 직접 시연할 수 있도록 교육을 받아야 한다. 마음챙김 전략을 사용하고자 하는 상담자는 이러한 개입을 내담자에게 효과적으로 적용할 수 있도록 스스로 훈련하기를 게을리해선 안 된다. DBT에 참여하는 것 자체가 성장을 위한 집중적인 노력을 기울이는 것이기 때문에, 상담자와 내담자 모두 충분한 시간을 투자해야 한다. 또한 상담자의 공감적 이해와 지원, 적절한 경계 설정은 DBT를 성공적으로 이끄는 데 중요한 요소로 기능한다.

DBT에 대한 자세한 검토는 『DBT 기술 훈련 매뉴얼(DBT Skills Training Manual)』(Linehan, 2015)을 참고하라. 여기에는 내담자에게 DBT를 안내하는 지침이 포함되어 있으며, 다양한 기술을 훈련하는 방법이 소개되어 있다. 마샤 리네한의 삶과 업적에 대해서는 『살 만한 가치가 있는 삶 만들기』(Linehan, 2020)를 참고하라. DBT에 대한 포괄적이고 명확하며 구체적인 설명은 『DBT 실천 원리: 수용, 변화, 변증법(DBT Principles in Action: Acceptance, Change, and Dialectics)』(Swenson, 2016)을 참고하라.

수용전념치료 또 다른 마음챙김 기반 접근법으로 수용전념치료(Acceptance and Commitment Therapy: ACT)(Hayes et al., 2005, 2011)가 있다. ACT는 수용 및 마음챙김 전략과 전념 및 행동 변화 전략을 함께 사용하여 **심리적 유연성**을 높이는 독특한 근거중심 심리치료로, 우리가 하는 일에 집중하고 참여하며 생각과 감정을 열어 심리적 공간을 마련하고 행동을 선택할 수 있도록 돕는 내용을 포함한다. ACT는 가치와 마음챙김 기술을 사용하여 사람들이 의미 있는 삶을 만들 수 있도록 돕는 행동 기법이다(Harris, 2019). ACT가 다른 서양의 심리치료 접근법과 차별화되는 점은 증상 완화를 주된 목표로 하지 않는다는 것이다. 이 접근법은 정상적인 환경, 좋은 사회적 상호작용, 건강한 생활양식이 제공되면 사람들이 만족하고 행복할 것이라는 기존 가정을 거부한다. 대신, ACT는 인간의 고통은 지극히 정상적인 심리적 반응일 뿐 '증상이나 비정상적인 것'이 아니라고 주장한다. ACT는 내담자가 고통스러운 경험에 대한 태도를 변화시키고 불쾌한 사건을 피하려는 습관적인 반응(행동)에서 벗어나도록 돕는다. 이를 통해 심리적 유연성을 키우고, 회피가 아닌 가치에 전념하는 방식으로 삶을 이어가도록 돕는다.

해리스는 『ACT 핵심 배우기(ACT Made Simple)』(2019)에서 ACT의 6가지 핵심 치료 과정인 현재 순간과의 접촉, 인지적 탈융합, 수용, 자기 맥락, 가치, 전념 행동을 소개한다. ACT의 핵심 원리와 과정에 대한 다음 설명은 해리스(2006, 2019)의 개념을 각색한 것이다.

현재 순간과 접촉한다는 것은 우리 주변의 세계와 우리 내면의 심리적 세계에 유연하게 주의를 기울이는 것을 의미한다. 즉 개방성, 호기심, 관심, 유연성을 가지고 지금 이 순간의 경험에 온전히 주의를 기울이고, 경험에 온전히 전념하는 것을 의미한다. 유연하게 열린 주의 집중은 자기 인식과 자기 이해에 필수적이며, ACT의 실천에서 핵심적인 역할을 한다.

인지적 탈융합이란 한 걸음 물러서서 생각, 이미지, 기억으로부터 분리되는 것을 의미한다. 생각에 얽매이지 않고 생각을 지켜보고, 생각에 집착하지 않고 가볍게 붙잡아 둔다. 10장에서 설명하는 역기능적 사고를 식별하고 도전하는 인지행동적 접근법과는 달리, ACT에서는 내담자의 사고 내용을 바꾸는 데 초점을 두지 않는다. 헤이즈(2004)는 부적응적 인지에 집중하면 이러한 인지가 약화되기보다 오히려 강화된다는 사실을 발견했다. 대신, 우리의 생각을 다루는 방식에 초점을 맞췄는데, 우리의 생각이 문자 그대로 진리이거나 반드시 따라야 하는 실제인 것처럼 다루면, 그 생각이 행동을 지배할 수 있게 된다는 것이다. 따라서 자신의 생각을 그저 알아차리고 한걸음 떨어져 살펴보는 방식으로 다루게 되면 변화가 시작된다. 내담자는 자신의 생각을 냉정하게 관찰함으로써 생각으로부터 탈융합되어 새롭게 다루는 방법을 배우고, 생각은 피할 수 없는 일시적 경험일 뿐이라는 것을 배우게 된다. 이 과정을 통해 내담자는 부정하거나 피하려고 했던 생각과 감정을 받아들이고 공존하는 방법을 배운다. 사람들이 원치 않는 사적인 경험을 피하거나 없애려고 하면 할수록 오히려 그 고통은 장기화될 가능성이 크다. 해리스(2019)는 ACT가 일반적으로 생각을 다루는 관점을 크게 변화시키지만, 어렵거나 도움이 되지 않는 생각과 투쟁하거나 무시하는 방식이 아닌, "(1) 그러한 생각에서 한걸음 떨어져 그저 바라보고, (2) 그러한 생각이 반복될 것이라는 사실을 받아들이며, (3) 동시에 새롭고 더 유연하며 효과적인 생각을 적극적으로 배양하는 방향을 향한다"(p. 313).

수용은 ACT의 핵심 원리로, 비판단적으로 현재의 경험을 온전히 받아들이는 것을 의미한다. 즉, "수용은 단순한 관용이 아니라 지금 여기에서의 경험을 판단하지 않고 적극적으로 수용하는 것"(Hayes, 2004, p. 32)을 의미한다. "수용이란 의식적으로 순간순간의 경험에 대해 개방적으로 받아들이며, 유연하고 비판단적인 자세를 취하는 것"(Hayes & Lillis, 2012, p. 90)이기도 하다. 수용은 생각, 감정, 기억, 감각, 이미지 등 원치 않는 사적인 경험에 대해 마음을 열고 받아들일 수 있는 심리적 공간을 마련하는 것을 포함한다. 불쾌한 사적 경험에 저항하거나 피하는 대신, 그 경험이 우리 안에 잠시 머물다 흘러가도록 허용한다. 수용은, 기존 인지행동치료에 대안을 제시하는 접근법의 핵심 요인으로, 내담자가 훈련해야 할 삶의 자세로 볼 수 있다.

ACT에서 내담자는 모든 경험에 대해 맥락적 자기를 알아차리는 법을 배운다. 내담자는 자신의 생각, 감정, 이미지, 기억이 자신의 본질은 아님을 배운다. 갑자기 찾아오는 어려운 경험은 피할 수 없으며, 우리가 누구인지 정의하는 것도 아니다. 나를 구성하는 피할 수 없는 맥락의 존재를 인식하면 자기 초월을 통해 진정한 본질에 다가설 수 있다는 것을 배운다.

가치는 치료 과정의 기본적인 부분인데, ACT는 개인의 바람과 가치를 바탕으로 한다. 가치 작업은 행동의 의미와 목적에 대한 선택 감각을 향상시키는 것을 목표로 활력과 내재적 동기를 촉진하는 방식으로 진행된다. ACT 상담자의 역할은, 내담자가 보다 온전한 자신이 되고 자신의 가치관과 일치하는 보다 활기찬 삶을 살 수 있도록 돕는 것이다

(Hayes & Lillis, 2012). 내담자와 상담자는 함께 일, 관계, 영성, 웰빙 등의 영역에서 개인의 가치를 파악하기 위해 노력한다. ACT 상담자는 내담자에게 '삶의 의미 혹은 가치는 무엇입니까?'라고 질문할 수 있다. '어떤 삶을 원하십니까?', '당신은 무엇에 깊은 관심을 갖고 있으며, 그 관심에 전념하며 삶을 살 의향이 있나요?'라고 질문할 수 있다.

헤이즈와 릴리스(Hayes & Lillis, 2012)는 치료적 관계가 ACT의 핵심이라고 말한다. 상담자도 개방성, 알아차림, 가치에 전념해야 한다. 상담자와 내담자는 모두 "인생 여정의 동료 여행자"(p. 66)다. ACT에는 내담자의 적극적인 참여가 필요하다. "내담자는 상담자와 신체적으로나 심리적으로나 동등한 위치에 서서 치료에 참여한다"(p. 68). ACT는, 내담자가 자신의 가치를 선택하고, 구체적인 목표를 설계하며, 목표를 달성하기 위한 조치를 취하도록 돕는 것을 포함한다. 가치의 명료화와 인식은, 내담자가 자신의 생각이나 감각에 의존하지 않고 자신이 선택한 가치를 삶의 원칙으로 사용할 수 있는 발판을 마련해준다. 가치는 인생의 여정에서 방향을 제시하고 안내하는 나침반과 같다.

행동에 대한 약속은 필수적이며, 내담자는 가치 있고 의미 있는 삶을 살기 위해 무엇을 할 것인지 신중하게 결정해야 한다. 내담자가 자신의 가치를 행동으로 옮길 때에만 풍요롭고 충만하며 의미 있는 삶을 경험할 수 있다. 내담자는 자신의 가치에 부합한 삶을 살기 위해 필요한 일을 해야 한다. 자신이 선택한 가치에 따라 살기 위해 약간의 불편함을 기꺼이 감수할 수 있어야 한다. 헤이즈와 릴리스(2012)는 "ACT의 성공 요인은 장벽이나 도전에 직면했을 때 가치에 기반을 둔 행동을 실천하는 것"(p. 95)이라고 말한 바 있다. 구체적인 숙제와 행동 연습은 내담자가 행동할 수 있도록 돕는 두 가지 전략이다. 마음챙김 연습은 회기 내에서 혹은 숙제 형태로 수행할 수 있다. 마음챙김을 일상생활에 적용하면 치료의 진행을 향상시킬 수 있다. 숙제의 또 다른 형태는 내담자에게 삶의 목표나 삶의 다양한 측면에서 중요하게 여기는 것들을 적도록 요청하는 것이다. 내담자는 의미 있는 삶을 추구하는 동안 다양한 경험을 허용하는 법을 배워야 한다.

내담자가 가치 중심적이고 의미 있는 삶을 사는 데 집중할 때, 그 결과로(부산물로) '증상'이 감소하는 경우가 많다. 내담자가 심리적으로 더 유연해지면, 증상이 더 이상 선택의 폭을 좁히거나 주어진 상황에서 선택할 수 있는 대응 레퍼토리를 제한하지 않게 된다. 본질적으로, 삶의 중요한 측면에 집중하고 전념함으로써 증상은 덜 중요해지고 괴로움은 줄어든다. 또한, 내담자는 어려움에서 벗어나려고 노력하기보다 어려움에 효과적으로 대응하는 방법을 배우게 되며, 이는 덜 위축되고 더 개방적인 삶으로 내담자를 이끈다.

ACT는 행동치료 현장에 지속적으로 영향을 미치는 효과적인 치료 기법이다. 이 접근법은 임상 장애 전반에 걸쳐 관찰되는 공통적인 취약성 요인을 강조하므로 범용 치료 기법을 더 쉽게 습득할 수 있도록 돕는다. 이 기법을 습득한 상담자는 기본 원리를 다양하고 창의적인 방식으로 실행할 수 있다. ACT는 약물 남용, 우울증, 범불안장애, 공황장애, 섭식장애, 공포증, 외상 후 스트레스 장애, 만성 통증 등 다양한 장애를 치료하는 데 효과적인 것으로 나타났다(Batten & Cairrochi, 2015; Hayes & Lillis, 2012; Podina & David, 2018). 헤이즈와 릴리스(2012)는 다음과 같이 말했다. "ACT 커뮤니티는 인간의 고통을 예방하거나 완화하고 인간의 건강과 발달을 증진하는 데 기여하고 있다"(p. 13).

해리스(2019)는 ACT를 배우는 상담자에게 ACT 기법을 자신의 상담 스타일에 맞게 적용할 것을 지속적으로 권했다. 그는 기법과 훈련을 창의적으로 활용하라고 말한다. 그는 전문가들에게, ACT는 기법 기반 접근이 아닌 과정 기반 모형이며, 상담자가 자신의 개성에 맞게 응용하여 활용할 수 있음을 강조했다. 해리스는 ACT를 배우고자 하는 상담자에게 ACT를 자신에게 적용하고 이러한 기술을 기꺼이 연습함으로써 가장 잘 배울 수 있다고 말했다.

ACT에 대해 더 자세히 알고 싶다면 다음 문헌을 참고하라. 『수용전념치료(Acceptance and Commitment Therapy)』(Hayes & Lillis, 2012), 『수용전념치료: 마음챙김 기반 변화를 위한 훈련서(Acceptance and Commitment Therapy: The Process and Practice of Mindful Change)』(Hayes et al., 2012), 『ACT 핵심 배우기(ACT Made Simple: An Easy-to-Read Primer on Acceptance and Commitment Therapy)』(Harris, 2019).

집단 상담에 적용하기 학습목표 11

행동주의 집단 상담은 고전적 조건형성과 조작적 조건형성, 사회학습 이론을 참고한 전통적인 행동치료의 원리를 집단에 적용한 것이다. 행동주의 집단 상담은 구체적인 표적 행동의 변화를 위해 가르치고 본을 보이며 과학적 원리를 적용하는 데 초점을 맞추고 있다(Kress & Henry, 2015). 집단 상담의 행동주의적 접근은 내담자의 사고를 재구성하는 것뿐 아니라, 자기관리 기술과 일련의 새로운 대처 행동을 가르치는 것도 강조한다. 내담자는 자신의 삶을 통제하고 현재와 미래의 문제를 효과적으로 다루며 집단 경험을 마친 후에도 잘 활용할 수 있는 기법을 배울 수 있다. 많은 집단 프로그램이 주로 일상생활의 구체적인 면에 대한 내담자의 통제력과 자유를 증가시키기 위해 개발되었다.

행동주의 틀 속에서 활동하는 집단 지도자는 다양한 이론적 관점을 활용하여 기법을 개발할 수 있다. 행동주의 상담자는 경험적 근거가 있는 개념과 기법이 반영된 간단하고 활동적이며 지시적이고 구조화되며 협동적이고 심리교육적인 상담 모형을 활용한다. 집단 지도자는 개입 과정 전반에 걸쳐 지속적으로 자료를 모으며 집단구성원의 역동을 따라간다. 이러한 자료를 활용하여 집단 지도자와 구성원 모두에게 상담 과정에 대한 지속적인 피드백을 제공할 수 있는데, 오늘날 많은 지역사회 속 집단은 이러한 식의 피드백을 제공할 의무가 있다.

행동주의 집단 상담은 다른 집단들과 구별되는 특징이 있다. 행동주의치료의 뚜렷한 특징은 구체화와 측정에 관한 체계적 접근이라고 할 수 있다. 행동주의 집단 상담은 다음과 같은 독특한 특징을 가지고 있다. (1) 행동 평가(behavioral assessment) 시행, (2) 협동적 상담 목표의 정확한 기술, (3) 특정 문제에 적절한 구체적인 상담 과정 공식화, (4) 상담 결과에 대한 객관적 평가. 행동주의 집단 상담자는 집단구성원이 효율적이고 효과적으로 문제를 해결하고 새로운 기술을 개발하도록 돕기 위해 단기 개입을 선호한다.

행동주의 집단 지도자는 교사의 역할을 하며, 집단구성원이 일상생활에 적용할 수 있는 기술을 집단에서 연습하고 익힐 수 있게 격려해준다. 집단 지도자는 활동적이고 지시적이며 지지적인 역할을 한다. 그리고 문제해결을 위해 그들이 가진 행동주의적 원리와 기술을 활용한다. 지도자는 안건을 제안하고 과제를 설계하며 새로운 행동과 기술을 가르치는 데 참여하고 협력하는 것을 통해 집단구성원에게 모범을 보인다. 또한, 특정 문제와 관련된 조건 및 변화 촉진 조건을 결정하기 위해 조심스럽게 내담자를 관찰하고 그들의 행동을 평가한다. 행동주의 집단에서 집단구성원은 그들에게 부족하거나 향상시키고 싶은 구제적인 기술을 확인한다. 표현 훈련과 사회기술 훈련은 집단 형식에 잘 맞는다. 이완 절차, 행동 시연, 모방, 코칭, 명상, 마음챙김 기법 등은 행동주의 집단에 통합될 수 있다. 마음챙김 상태에 대한 경험은 집단 회기 내에서뿐만 아니라 다른 삶의 영역으로 확장될 수 있다. 이 책의 앞 장에 소개되었던 나머지 기법도 집단 작업에 활용될 수 있다.

오늘날, 대부분의 행동치료 집단은 인지와 행동 개념 및 기술을 혼합하여 활용하고 있으며 행동에만 초점을 맞춘 경우는 드물다(Kress & Henry, 2015). 특정 집단을 위해 행동주의 방법이나 인지적 방법을 혼합한 다양한 형태의 집단이 존재한다. 심리교육적인 주제를 가진 구조화된 집단은 오늘날 여러 장면에서 좋은 평판을 듣고 있다. 최소한 다음 네 가지 일반적인 접근이 행동주의 집단의 실천에 활용될 수 있다. (1) 사회기술 훈련 집단, (2) 특수 주제에 관련된 심리교육 집단, (3) 스트레스 관리 집단, (4) 마음챙김과 수용 기반 행동치료 집단.

집단에 대한 인지행동적 접근 방식에 대한 자세한 논의는 코리(Corey, 2023, 13장)를 참고하라.

행동치료를 학교 상담에 적용하기 학습목표 12

이 부분은 공인 임상 상담자이자 공인 재활상담자, 임상 슈퍼바이저인 **켈리 커크시**(Kellie Kirksey) 박사의 이야기로 구성했다. 켈리 커크시는 25년 이상 상담 분야에서 현장 활동 및 강의를 해왔으며 다문화 상담, 사회정의, 통합 상담, 웰니스 분야에 집중하고 있다.

마음챙김과 함께 한 내 여정은 마음챙김이 흔한 유행어가 되기 훨씬 전부터 시작되었다. 초등학교 4학년 때, 나는 지금 마음챙김 명상이라고 할 수 있는 것을 소개받았다. 내 선생님은 키가 크고 부드러운 목소리를 가진 여성이었다. 선생님은 하루 중 특정 시간이 되면 책상을 치우게 한 후, 팔짱을 끼고 고개를 숙이도록 하셨다. 부드러운 음악을 틀어주면서 "긴장을 풀고 천천히 숨을 쉬세요."라고 말하곤 했다. 선생님은 캣 스티븐스(Cat Stevens)의 말을 빌려 "이 순간을 경험할 수 있는 기회는 지금이 마지막이다!"라고 말씀하시곤 하셨다. 다시는 돌아오지 않을 이 순간을 놓치지 말고 지금 이 순간에 있으라는 뜻이었다. 지금 이 순간에 마음을 집중하는 것은 다양한 걱정과 시험 성적 부진에 따른 고민 등을 잠시 내려놓는 데 도움이 되었다. 선생님은 하루의 한가운데서 평화와 여유를 찾으라고 가르쳐 주셨다. 나는 일상의 쉼표가 나를 편안하게 하는 데 도움이 된다는 것을 배웠다. 성인이 된 후에도 나는 나 자신을 회복하기 위해 한낮에 휴식을 취하고 있다.

교실은 이완 반응을 돕는 마음챙김 명상과 간단한 호흡 기술을 가르치기에 완벽한 장소다. 학생들은 매일 여러 스트레스에 노출된다. 팬데믹으로 인해 이러한 스트레스는 가중되었으며, 교사는 학생들에게 일상적인 도전에 건강하게 대응할 수 있는 간단한 기술을 소개할 수 있는 좋은 위치에 있다. 나는 느리고 구불구불한 길을 산책 삼아 걷도록 장려하신 어머니 밑에서 자란 것이 행운이라고 생각한다. 나무, 바위, 꽃을 바라보는 것만으로도 행복했던 기억이 있다.

마음챙김 연습은 사물의 복잡성을 알아차리는 연습이기도 하다. 학생들에게 자신이 살고 있는 순간에 단순히 주의를 기울일 수 있는 다양한 방법을 소개하는 것은 매우 중요하다. 자신이 하는 일에 섬세한 주의를 기울이는 것이 마음챙김이며, 몸의 감각을 알아차리는 것도 마음챙김이고, 음식을 주의 깊게 살펴보고 색깔, 질감, 향기를 알아차리는 것도 마음챙김이다. 판단하지 않고 알아차리는 것이 목표이며, 여기에는 순간순간 존재하는 것을 알아차리고 받아들이는 것이 포함된다. 명상은 의자에 가만히 앉아 마음을 비우는 것이 아니다. 우리의 마음은 항상 무언가를 생각하고 있으며(정보를 처리하고 있으며), 그것이 바로 마음이 하는 일이다. 마음챙김의 목표는 생각을 있는 그대로 알아차리면서도 그것에 집착하지 않는 것이다. 나중에 언제든지 그 생각으로 돌아갈 수 있다.

의식적으로 호흡을 하는 것은 훌륭한 명상 전략이다. 학생들에게 코로 숨을 들이마시고 입으로 숨을 내쉬게 하며 숨이 코로 들어올 때의 느낌과 입에서 나올 때의 느낌에 주의를 기울이도록 한다. 또한 호흡에 주의를 기울일 때 배의 상승과 하강을 알아차리게 하며, 목과 어깨의 느낌에 주의를 기울여 목과 어깨를 이완하도록 유도한다. 호흡은 부교감신경계를 활성화하기 때문에 스트레스를 해소하는 가장 명확한 경로 중 하나다. 기본적으로 호흡은 신체에 쉬어도 괜찮다는 메시지를 직접 전달하는 가장 효과적인 방법이다.

대학교 초임 교수였던 나는 모든 수업을 명상, 고요함, 마음챙김 산책으로 시작했다. 나는 상담자를 양성하는 일을 하고 있었는데, 상담자가 스트레스 관리 기술을 연습할 수 있도록 훈련하면 현장에서 도움이 될 수 있다고 생각했기 때문이다. 학생들에게 명상을 너무 많이 시킨다는 이유로 선임 교수님들께 비판을 받기도 했지만 명상 훈련을 멈추지 않았다. 나는 명상이 건강과 웰빙에 도움이 된다고 믿었는데, 과학이 명상의 효과를 경험적으로 입증했기 때문이다. 학생들에게 이러한 기술을 가르치기 전에 학교 상담자나 교사가 개인적으로 마음챙김을 연습하고 경험하는 것이 중요하다. 전문가가 자신의 상담 경험을 공유하는 것은, 교사나 상담자로서의 역할 면에서나 웰니스 및 자기돌봄에 끼친 긍정적 측면을 말해주고 보여줄 수 있다는 면에서 중요하다. 마음챙김은 세상을 변화시키는 데 큰 도움이 주었으며, 내가 평생 사용할 마음관리 기술이다.

행동치료에 대한 전문가의 관점

다음 질문에 대한 답변은 웨스트버지니아 대학교의 상담, 재활상담 및 상담심리학과 명예교수인 **셰리 코미어**(Sherry Cormier) 박사가 제공하였다. 그녀는 현재 메릴랜드주 아나폴리스에 있는 '풀 서클 힐링 아트 & 웰니스 하우스(Full Circle Healing Arts and the Wellness House)'에 소속되어 있다.

1. 행동치료가 개인 상담 현장에 가장 크게 기여한 점은 무엇인가?

행동치료는 다양한 기여를 했기에, 기여한 점을 한 가지 혹은 주요한 것을 고르라는 이 질문은 어려운 질문이다. 내가 생각하는 행동치료의 가장 중요한 기여는, 과학의 원리를 적용하여 근거중심 개입 및 기법을 적용하고 입증한 것이다. 이 접근 방식은 내담자 회복 정도를 객관적으로 평가하도록 돕고, 상담자가 상담 과정 중에 경과를 평가하는 데 도움을 준다. 즉, 내담자와 상담자 모두 진행 과정과 그 효과를 평가할 수 있는 자료를 수집하여 개입의 효과를 검증하는 데 활용한다. 행동치료는 경험적 연구에 의해 뒷받침되기 때문에 다른 접근 방식과 차별화된다.

2. 개인 상담 또는 치료 현장에 적용할 수 있는 행동치료의 특별한 핵심 개념 두세 가지는 무엇인가?

이 장에서 논의한 두 가지 핵심 개념을 개인 상담 및 치료 현장에 적용할 수 있다고 생각한다. 첫 번째는 내담자 개인, 내담자의 환경, 개인과 환경 간의 상호작용에 초점을 맞추는 것이고, 두 번째는 상담 과정과 개입이 각 내담자의 상황이나 특성에 맞춰 선택되고 맞춤화될 수 있다는 것이다. 치료는 내담자의 현재 문제와 고통 수준에 최적화된 형태로 이루어져야 하는데, 일반화된(추상화된) 개입으로는 모든 내담자에게 동일한 효과를 낼 수 없다는 것을 명심해야 한다. 행동 상담자는 내담자의 문제(증상)뿐만 아니라 내담자의 선호도, 개인적 · 문화적 특성에 대한 행동 분석을 반영한 개별 맞춤형 평가를 내담자와 함께 수행해야 한다. 그 결과는 상담자가 각 내담자에 대한 맞춤형 상담 계획을 수립하는 데 도움이 된다.

3. 개인 상담을 하는 상담자가 활용하기 좋은 행동치료의 두세 가지 기법은 무엇인가?

내가 행동치료에서 특히 즐겨 사용하는 세 가지 기법은 이완, 자기관리, 마음챙김 전략이다. 이 기법은 개인 상담에 매우 유용하며 경험이 적은 초심자도 쉽게 배울 수 있다.

이완 기법. 불안하거나 스트레스를 많이 받는 내담자 모두에게 도움이 된다. 개인 상담에서 이완 기법을 사용하면 몇 가지 장점이 있다. 첫째, 이완은 일반적으로 거의 즉시 내담자의 기분이 다소 나아지는 데 도움이 된다. 둘째, 이완 절차는 일상생활 중에도 내담자가 쉽게 활용할 수 있다. 이 절차는 스마트폰으로도 이용할 수 있는데, 내담자가 이완 기술 적용에 참고할 수 있는 디지털 앱이 많이 출시되어 있다.

자기관리 전략. 내담자가 실생활에 적용할 수 있는 대처 기술과 변화의 방법을 배우는 데 도움이 되기 때문에 유용하다. 특히 자기관리 전략은 내담자가 스스로 결정한 변화를 주도할 수 있도록 하기 때문에 내담자에게 큰 힘을 실어준다. 자기관리 훈련은 내담자가 능동적이고 적응적인 습관을 개발하는 데 도움을 주며, 명시된 목표를 잘 달성하고 지켜 가는지 쉽게 추적할 수 있다.

마음챙김 전략. 회기 중 정신건강을 증진하는 데 활용할 수 있고, 일상생활 중에도 다양한 디지털 앱을 통해 숙제 형태로 훈련할 수 있기 때문에 매우 유용하다. 마음챙김은 내담자가 산만함에 대처하는 방법을 배우고, 집중력과 주의력을 증진하며, 방해가 되는 생각을 떨쳐내고, 자신과 타인에 대한 수용적인(자비로운) 마음을 갖는 데 도움이 된다.

4. 행동치료는 개인 상담 현장에서 다양성, 다문화 및 사회정의 문제를 어떻게 다루는가?

행동치료는 다양한 방식으로 다양한 내담자를 돕는데, 많은 내담자들이 정서중심 접근법보다는 행동중심의 실용적인 접근법을 선호하며, 행동치료는 변화를 위해 감정적인 카타르시스를 요구하지 않는다. 즉, 행동치료는 실용적인 행동과 대처 및 문제해결 기술 개발에 중점을 두는 접근 방식으로, 다양한 내담자와 가치중립적인 상호작용을 하는 데 유리하다. 물론, 행동치료는 차별적이고 억압적인 환경 조건에 초점을 맞춤으로써 사회정의를 증진하는 데 기여할 수 있다. 여성주의자인 나는 자기 변화에 초점을 맞추는 것이 내담자에게 특히 큰 힘이 된다는 것을 배웠다. 즉, 내담자는 상담 회기에서 배운 기술을 현재와 미래의 문제해결에 적용함으로써 스스로 최고의 치료자이자 변화의 주체가 되도록 격려받는다. 자기조절은 행동적 접근의 주요 목표이며, 내담자가 습득한 지식과 기술은 개인의 힘과 자기효능감을 높이는 데 활용될 수 있다.

5. 행동치료를 단기 상담(또는 시간제한 상담)에 어떻게 적용할 수 있는가?

행동치료는 특히 적응 문제와 생활 습관 변화에 초점 맞춘 단기 개입에 매우 적합하다. 행동치료는 이러한 종류의 문제를 표적 삼아 4~8회기로 진행되는 경우도 흔하며, 특히 변화에 대한 명확한 목표가 있고 동기 수준이 높은 내담자에게 효과적이다. 행동치료의 최종 목표는 치료 기간 동안 완벽하게 증상을 소거하는 것이 아니라, 내담자가 실제 상황에서 상담자의 도움 없이도 그 증상이나 문제를 다룰 수 있는 지식과 기술을 갖도록 훈련시키는 것이기 때문에 회기 수가 짧은 경우에도 목표를 달성할 수 있다. 행동치료는 기본적으로 회기 수가 길지 않은데, 일반적으로 10~16회기 내에 효과가 나타난다. 또한 행동치료는 성격과 같이 오래 다루어야 할 문제가 아니라 평가 가능한 특정 증상이나 행동을 감소시키는 데 초점을 맞춘다는 면에서 그 자체로 단기 개입의 속성을 가지고 있다고 보아야 한다.

6. 당신의 관점에서 볼 때, 행동치료의 현재와 미래는 어떠한가?

행동치료의 현재와 미래는 밝아 보인다! 오늘날 이 접근법은 다른 어떤 이론보다 더 강력한 경험적 지지를 받고 있다. 현재 전통적인 행동치료 접근법은 종종 인지치료 또는 인지행동치료와 통합되어 활용되고 있다. 제3세대(제3의 물결) 접근법 또한 그 활용 빈도나 경험적 근거 모두 지속적으로 증가하고 있다. 예를 들어, **변증법적 행동치료**(DBT)는 현재 중독치료 프로그램의 주요 구성요소로 활용되고 있고, **마음챙김 기반 인지치료**(MBCT)는 원래 우울증 재발 위험에 처한 내담자를 위해 개발되었지만 현재는 많은 상담자가 정신건강을 증진하는 도구로 사용하고 있다. **수용전념치료**(ACT)는 삶의 고통에 적응하기 위해 수용과 마음챙김을 강조하는 접근법으로, 약물 오남용 및 만성 통증, 섭식장애 등의 치료에도 활용되고 있다. 코로나19 팬데믹으로 인해 더욱 심화된 서비스 접근성 격차를 해소하기 위한 온라인 개입(상담) 시장이 성장함에 따라, 내담자에게 행동치료 및 인지행동치료 기술을 가르치는 휴대폰 앱을 비롯한 디지털 치료 시장도 빠르게 성장하고 있다는 점도 주목할 만하다.

행동치료에 관한 토론 질문

1. 코미어 박사는 다음과 같이 말한 바 있다. "많은 내담자는 감정적인 접근보다는 행동 중심의 실용적 접근을 선호하며, 행동치료는 변화를 위해 감정적인 카타르시스를 요구하지 않는다." 이러한 지향성은 특히 어떤 특성이나 조건을 가진 내담자에게 도움이 되겠는가?
2. 단기 개입이 필요한 사례에 행동 개입을 적용한다면, 구체적으로 어떤 조건의 전략을 활용하면 되는가?
3. 개인의 삶에 적용하고 싶은 구체적인 행동 기법은 무엇인가?

다문화적 관점에서 본 행동치료 학습목표 13

다양성 관점에서 본 강점

행동치료는 문화적 다양성을 가진 내담자들을 다루는 데 있어서 다른 이론들보다 몇 가지 분명한 이점을 가지고 있다. 문화적, 인종적 배경 때문에 어떤 내담자는 감정을 자유롭게 표현하지 못하고, 개인적 관심을 말하지 못하는 경우도 있다. 한 아프리카계 미국인 내담자는 아버지로부터, 슬픔을 드러내거나 울면 진짜로 울 일을 만들어주겠다는 협박을 자주 받았다고 말 한 바 있다. 그녀의 집에서는 감정을 드러내는 것이 용납되지 않았던 것이다. 그러나 이러한 감정 억압은 그녀를 보호하기 위한 것이었는데, 약한 모습을 보이면 죽임을 당할 수 있으니 절대 그 약함을 드러내지 말라는 것이었다.

행동주의적 상담은 감정의 정화를 강조하지 않는다. 행동치료는 구체적인 행동과 문제해결 기술을 개발하는 데 초점을 맞춘다. 다문화 내담자를 상담하는 데 있어서 행동주의적 접근의 강점은 전문성, 문제 지향, 객관성에 초점 맞추기, 인지와 행동에 초점 맞추기, 행동지향, 과거보다 현재 다루기, 단기 개입의 강조, 대처 전략 가르치기, 문제해결 지향 등을 강조한다는 것이다. 일상에서 새로운 행동을 유지하기 위한 학습과 원칙, 전략 등에 주의를 기울여야 한다. 행동 계획과 구체적 행동 변화를 추구하는 내담자는 이 접근 방식에 협력할 것이다. 왜냐하면 삶의 문제를 다루는 데 활용할 수 있는 구체적인 도구를 제공하기 때문이다.

행동치료는 내담자에게 문제를 야기한 환경 요인에 초점을 맞춘다. 사회적, 정치적 영향이 차별적인 관습과 경제적 문제를 통해 유색인종의 삶에 큰 영향을 미친다. 그런 까닭에 행동주의적 접근은 내담자의 사회문화적 차원을 고려한다. 행동치료는 내담자가 처한 사회적 환경에서 행동의 실험적 분석에 기초하고 있으며, 내담자가 처한 구체적인 상황에 대해 특별한 관심을 기울인다. 예를 들어, 내담자의 문제행동에 대한 문화적 관념이라든지, 구체적 상담 목표 설정, 성공적인 상담 결과에 대한 내담자의 기대감 증진 등을 들 수 있다(Tanaka-Matsumi, Higginbotham, & Chang, 2002). 윤리적 수련 과정의 기초에는 평가와 진단, 상담 전략 등을 세울 때 이러한 지식을 유용하게 활용하는 것뿐만 아니라, 상담자가 내담자의 문화에 익숙해지는 것도 포함된다.

행동주의적 접근은 내담자의 구체적 증상이나 행동 문제를 개선하는 것 이상을 추구하고 있다. 이 접근은 내담자에게 문제를 일으키는 상황이 무엇인지뿐만 아니라, 목표 행동이 변화될 수 있는 것인지, 그러한 변화가 내담자의 삶 전체에 긍정적인 변화를 가져다줄 수 있을 것인지 등을 확인하기 위해서 개인의 생활환경을 총체적으로 평가하는 데 강조점을 두고 있다.

다양한 배경의 내담자를 위한 변화 프로그램을 설계하면서 행동치료 상담자는 문제 상황을 기능적으로 분석한다. 기능 분석(평가)에는 문제행동이 발생하는 문화적 맥락, 내담자와 내담자의 문화적 환경에 미치는 결과, 변화를 촉진할 수 있는 환경 자원, 변화가 내담자의 주위에 있는 다른 사람에게 미치는 영향 등이 포함된다. 평가 방법은 내담자의 문화적 배경을 고려해서 선택해야 한다(Spiegler, 2016). 상담자는 다음과 같은 쟁점에 대해 열린 자세로 관심을 기울일 뿐만 아니라 잘 알고 있어야 한다. 내담자의 문화 맥락에서 무엇이 정상 행동이고 무엇이 비정상 행동인가? 문제에 내포된 문화적 관념은 무엇인가? 내담자의 삶에서 영성 혹은 종교의 잠재적 역할은 무엇인가? 내담자에 대한 정확한 평가를 위해 필요한 핵심 정보는 무엇인가?

내담자의 문화적 특성을 제대로 이해하기 위해서는 우선 상담자 본인의 문화적 배경을 인식해야 하며, 다층적이고 다문화적 관점을 지닌 전문가가 되기 위한 노력을 기울여야 한다. '우리가 경험한 만큼 내담자를 도울 수 있다.'는 속담처럼 문화적 배경을 탐구하려면 노력이 필요하지만 이러한 노력은 가치 있는 것이다.

다양성 관점에서 본 약점

비록 행동치료에서 내담자 개인의 특성에 대한 민감도를 높이는 것이 중요하다 하더라도 행동치료 상담자는 여러 문화 속 내담자들이 공통적으로 가지고 있는 **특성**에 더 많은 관심을 기울일 필요가 있다. 인종, 성별, 민족성, 성적 지향 등은 상담 과정과 결과에 중요한 영향을 끼치기 때문에 행동치료 상담자는 이러한 요인을 주의 깊게 살피고 내담자 치료와 관련된 사회정의 문제에 관심을 기울이는 것이 필요하다.

물론 어떤 행동치료 상담자는 구체적 행동 문제를 상담하기 위해 여러 기법을 활용하는 데에만 관심을 두기도 한다. 이러한 상담자는 내담자가 처한 사회문화적 환경이라는 맥락은 고려하지 않은 채 내담자의 문제에만 과도한 관심을 기울인다. 그렇게 할 경우 실제보다 문제를 더 부풀릴 위험성이 있고, 결국 내담자는 그 상담자로부터 제대로 된 도움을 받지 못할 수 있다. 상담자는 용기를 내서 인종적 · 문화적 차이를 다루어야 한다. 상담 중에 구조적 인종차별에 관한 대화를 나누는 것을 불편해하면 안 되고, 특정 집단의 권리를 의도적으로 박탈하는 사회구조의 영향에 대해서도 살필 수 있어야 한다.

다문화 상담에서는 행동적 개입이 효과적일 경우 흥미로운 문제가 발생하기도 한다. 내담자가 의미 있는 변화를 경험하면, 내담자와 삶을 공유하는 주변 사람들이 그에게 다르게 반응하는 일이 벌어지기도 한다는 것이다. 상담 목표를 서둘러 결정하기 전에 상담자와 내담자는 변화에 내재해 있는 복잡성에 대해 논의할 필요가 있다. 상담자는 문제가 내포하고 있는 대인관계 차원과 문화적 차원을 철저히 검토해야 한다. 새로 획득한 사회적 기술이 가져올 결과를 제대로 평가해야 내담자를 안전하게 도울 수 있다. 일단 목표가 설정되면 본격적인 상담에 앞서, 내담자가 집과 일터에서 전과 다르게 행동함으로써 발생할 수 있는 문제에 관해서 이야기를 나눠야 한다. 상담자는 치료 초기 단계에 이를 명확히 파악하여, 가족이나 주변 사람들의 잠재적인 저항에 대처할 수 있는 전략을 준비하도록 내담자를 도울 수 있다.

스탠의 사례에 적용된 행동치료

기능적 평가를 통해 스탠의 사례에서 구체적 주 호소 문제를 찾을 수 있다. **행동적인 면에서** 그는 방어적이며 시선을 피하고 말할 때 머뭇거리며 술을 지나치게 마시고 잠을 잘 자지 못하며 여러 가지 회피 행동을 한다. **정서적인 면에서** 그는 불안, 공황장애, 우울, 비판이나 거부에 대한 공포, 무가치하고 바보 같다는 느낌, 고립되고 이질적이라는 느낌 등 구체적인 문제를 가지고 있다. 졸림, 심박항진, 두통 등 여러 신체 증상을 가지고 있다. **인지적인 면에서** 죽음에 대해 걱정하고 여러 가지 자기 패배적 사고나 신념을 가지고 있으며 당위적이고 절대적 의무의 지배를 받고 숙명론적 생각을 하며 다른 사람과 자신을 비교할 때 주로 부정적인 면을 본다. **대인관계 측면에서** 스탠은 자기표현을 잘하지 못하고 부모와의 관계가 만족스럽지 못하며 친구가 별로 없고 이성과 친해지는 것을 두려워하며 사회적 관계에서 열등감을 느낀다.

스탠에 대한 평가가 끝난 후, 상담자는 그가 변화시키고자 하는 구체적 영역을 규정하도록 도왔다. 상담 계획을 세우기 전에, 스탠으로 하여금 자기 행동의 목표를 이해하도록 도운 다음, 상담자는 스탠에게 상담 그리고 상담 시간의 행동이 목표달성에 어떤 도움을 줄 수 있는지를 교육했다. 상담 초기에 일반적 목표를 구체적이고 측정 가능한 목표로 전환하도록 돕는다. 스탠이 '나 자신에 대해 더 나은 느낌을 갖고 싶습니다.'라고 말하면 상담자는 목표를 좀 더 구체적으로 설명하도록 요구한다. 스탠이 '열등감을 버리고 싶습니다.'라고 말하면 상담자는 '좀 더 구체적으로 말해주시겠습니까? 당신은 주로 어떤 상황에서 열등하다고 느낍니까? 무엇이 당신으로 하여금 열등감을 느끼게 만듭니까?'라고 묻는다. 스탠의 구체적 목표에 약이나 술 없이도 잘 생활할 수 있기를 바라는 것도 포함될 수 있다. 그에게 술을 마시게끔 만든 사건을 기록하라고 할 수도 있다. 내 바람은 스탠이 부정적 형태가 아닌 긍정적 진술 형태로 목표를 수립하는 것이다. 스탠이 어떤 문제로부터 벗어나는 데 집중하기보다 무언가를 얻고 개발하는 데 관심을 갖기를 바랐다.

스탠은 자신이 쓸모없는 존재라는 느낌에서 해방되고 싶어 했다. 상담자는 스탠이 상사나 동료와의 대화에 어려움이 있으므로 행동 기술 훈련을 소개했다. 직접적이고 자신감 있게 접근할 수 있도록 구체적 기술에 대한 시범을 보여줄 수도 있다. 여기에는 모델링, 역할 연습, 행동 시연 등이 포함된다. 스탠은 상사 역할을 하는 상담자에게 더 효과적인 행동을 연습해볼 수도 있고, 상담자는 스탠의 표현이 얼마나 강한지 혹은 그 이야기가 변명조로 들리지는 않는지 등에 대해 피드백해줄 수 있다.

실패에 대한 스탠의 공포에는 상상 노출과 체계적 둔감화가 적절하다. 상담자는 상담을 시작하기 전에 노출 절차를 스탠에게 설명하고 서면 동의를 받는다. 노출에 대한 사전준비로 먼저 이완훈련을 하고 매일 집에서 연습한다. 다음으로 실패와 관련된 공포를 구체적으로 적고 공포 위계 목록도 만든다. 스탠은 이성과 데이트할 때 가장 큰 불안을 느낀다고 말했고, 매력 없는 여학생과 함께 있을 때는 거의 불안을 느끼지 않는다고 말했다. 먼저 스탠의 위계를 참조하여 체계적 둔감화를 실시한다. 먼저 가장 적은 불안을 느끼는 상황에 반복적이고 체계적으로 노출시킨다. 노출된 불안 자극에 대해 아주 가벼운 불안만을 느끼게 되었을 때 다음 단계의 불안 자극에 대해 반복적 노출을 실시한다. 상담실을 떠나 일상에서 마주할 수 있는 다양한 상황에서 노출 훈련을 반복하도록 유도한다.

상담의 목표는, 스탠에게 죄책감과 불안을 야기하는 행동을 수정하는 것이었다. 그가 더 적절한 문제해결 행동을 배우고 비현실적인 불안과 죄책감을 버리며 더 적응적인 반응을 획득하게 되면 현재의 증상은 감소하게 되고 더 만족스러운 삶을 향유하게 될 것이다.

자기성찰을 위한 질문

- 상담의 방향을 결정하는 구체적인 행동 목표를 설정할 때, 스탠과 어떻게 협력할 것인가?

• 스탠의 문제해결에 가장 적절한 행동 기법은 무엇인가?
• 스탠은 자신이 쓸모없는 존재라는 느낌에서 해방되기를 바랐다. 어떻게 그의 소망을 구체적인 행동 목표로 변형시킬 수 있는가? 그를 돕기 위해 어떤 행동 기법을 활용할 것인가?
• 여러분은 스탠에게 어떤 과제를 내줄 것인가?

이러한 관점에서 스탠을 상담하는 나의 상담 시연을 보기 원한다면, MindTap의 9장 7회기, '행동치료'의 '스탠의 사례' 동영상 퀴즈를 참조하라. 그 안에는 자기주장에 대한 행동 시연과 숙제 등이 소개되어 있다.

그웬의 사례에 적용된 행동치료*

평소에 그웬은 어느 누구로부터도 도움을 받지 않으려는 경향을 가지고 있다. 이전 회기에서 그녀는 집에서나 일터에서 타인에게 도움을 요청하는 것을 목표로 설정하기로 합의했다. 우리는 그웬에게 도움을 요청하는 역할을 하도록 행동 실현을 요구했다. 그웬은 매우 어렵다고 하면서도 도움을 청하는 새로운 행동을 시도해보겠다고 답했다. 그녀의 과제는 집이나 일터에서 누군가에게 도움을 청하는 것이다. 그녀는 상담에 늦었고 매우 지쳐 보였다.

그웬: 미안해요. 늦었죠. 엄마를 병원에 모셔다드리느라 일찍 나왔는데, 대기 시간이 생각보다 너무 길었어요.

상담자: 그래도 상담에 와줘서 기뻐요. 하지만 오늘 상담은 좀 더 짧아지겠네요. 지난주에 남편과의 관계 문제에 관해 이야기했지요. 남편에게 그웬의 일상을 공유하고 격려해주도록 요청하기로 했지요. 그리고 그것이 당신의 대인관계 상호작용에 도움이 될 것이라고 말했고요. 집에서 그런 요구를 하고 이야기를 나눌 수 있었나요?

그웬: 일이 다 끝난 후에야 직장 동료에게 도움이 필요하다는 말을 했네요. 그리고 남편에게는 전처럼 침묵으로 일관한 것 같아요.

상담자: 전과 같은 침묵에 대해 좀 더 이야기해주세요.

그웬: 엄마를 좀 도와드리라고 남편에게 부탁하려 했는데요, 생각해보면 엄마는 제가 책임져야 할 분이라서요. 남편은 제가 뭐 하고 있는지 보고 있고 필요한 도움을 줘요.

상담자: 남편에게 도움을 요청해보려 노력하신 것 같은데, 아마도 중간에 무언가가 당신을 멈추게 했군요. 무엇이 당신을 멈추게 했나요? [ABC 모형 활용]

그웬: 저는 부탁하는 게 싫어요. 제가 책임져야 할 일이잖아요. 그 일을 해야 할 사람은 바로 '나'라고 생각해요. 제가 남편에게 부탁하면 그 짐을 떠넘기는 느낌이 들어요.

상담자: 많은 것을 홀로 책임을 져야 하기 때문에 힘들겠어요.

그웬: 그래요, 힘들다는 느낌이 들어요.

상담자: 알겠어요. 이해가 되네요. 엄마를 도와드리는 것은 당신이 홀로 책임져야 할 것이지 남편의 몫은 아니라는 생각이 들었군요. [사건 A] 그래서 당신은 남편에게 부담을 준다는 느낌이 들었고 결국 그래서 부탁을 하지 못하게 된 것이고요. [행동 B]

그웬: 그래요, 집에 돌아와서 이야기를 하고 싶었지만 제가 사랑하는 남편에게 부담을 주고 싶지 않았어요. 그래서 결국 부탁을 하지 못했죠. [결과 C]

평가는 행동치료의 주요 구성요소이며 과제를 부여하

*켈리 커크시 박사는 행동치료 관점에서 사고하는 방식과 상담 실제를 기술하며 이 모델을 그웬에게 적용하고 있다.

고 살펴보는 것은 상담이 효과적인지 확인하는 데 도움이 된다. 그웬은 집에서 침묵이 반복되고 있다는 것을 인식하고 있었지만, 행동을 수정하지 못했고 자신의 감정을 남편에게 표현하지 못했다.

나는 그웬에게 스트레스를 유발하는 자동적 행동을 멈추는 데 도움이 되는 마음챙김 전략에 대해 소개하기로 마음먹었다. 그웬은 순간에 머무는 것을 어려워했지만, 천천히 자신을 돌보는 활동을 통해 도움을 받기 시작했다. 마음챙김 훈련은 그녀의 삶에 평화와 안정을 가져다주었고 복잡했던 마음도 차분해졌다. 나는 그웬이 집에서 간단히 따라 할 수 있는 기법을 소개했다.

상담자: 그웬, 잠시만 조용히 앉아있는 시간을 가져볼게요. 생각은 자연스럽게 흘러가게 놔두고 지금 이 순간에 주의를 기울여보세요. 기분이 어떤가요? (그녀는 신체감각에 주의를 기울이기 시작했다.) 그웬, 머리에서부터 시작해서 당신의 몸 전체의 감각 하나하나를 천천히 느껴보세요. 긴장하고 있는지 어떤지 말입니다. 무엇이 느껴지나요?

그웬: 가슴 쪽이 조여 온다는 느낌이 들어요. 스트레스 덩어리 같은 기분이에요.

상담자: 가슴 쪽 감각에 주의를 집중해보세요. 그리고 자신에게 편안해진다고 말해보세요. 그리고 그 느낌에 대해 아무런 평가도 내리지 말고 그 자체를 느껴보세요. 어떤 느낌이 드세요?

그웬: 좀 낯선 느낌이에요. 하지만 상담을 시작하기 전보다는 좀 더 편안한 느낌이 드네요.

상담자: 이번 주에 집에서 마음챙김 훈련을 해볼 수 있을까요? 그리고 당신이 바라는 것이 무엇인지 주의 깊게 살펴볼 수 있을까요?

그웬: 남편과 좀 더 잘 대화했으면 좋겠고 도움을 요청할 수 있으면 좋겠어요. 지금 편안한 기분이 드는데, 집에서도 연습해볼게요. 차분하게 가라앉히고 지금 이곳에 머물러 보는 것은 새로운 경험이네요.

상담자: 마음챙김에 대한 훌륭한 경험을 한 겁니다. 집에서 얼마나 연습을 잘 해올지 기대하며 지켜볼게요.

그웬: 좋아요, 지금 이 순간에 편안한 상태로 머무니까 스트레스도 덜 받는 것 같아요. 집에 돌아가면 매일 매일 연습해볼게요. (목표 설정은 행동치료의 핵심 요소다.)

나는 그웬 자신의 행동에 주의를 집중하는 연습을 하도록 격려했고 그녀가 진정으로 원하는 것이 무엇인지 알아차릴 수 있도록 마음챙김 훈련을 권했다. 나는 그녀가 마음챙김 훈련을 통해 스트레스를 줄이고, 자신의 삶에 좀 더 집중할 수 있기를 바랐다.

자기성찰을 위한 질문

- 그웬이 행동을 바꾸지 않을 경우 어떤 결과가 발생할 것인가?
- 여러분이라면 그웬에게 어떤 종류의 과제를 부여할 것인가?
- 여러분이라면 평소에 어떤 종류의 마음챙김 훈련을 해보고 싶은가?

요약과 평가 학습목표 14

요약

행동치료는 내담자가 구체적인 문제에 대처하는 데 활용 가능한 기본적인 원리뿐만 아니라 다양한 기법을 가지고 있다. 행동주의 발전과정에는 고전적 조건형성, 조작적 조건형성, 사회학습 이론, 행동에 영향을 미치는 인지적 요소에 대한 관심의 증가(10장 참조)와 같은 네 가지 주요 영역이 있다. 제3세대의 행동치료는 최근 발전한 영역으로 마음챙김과 수용 기반 행동치료를 포함한다. 행동치료의 특징은 엄격한 과학적 방법의 원리를 따른다는 것이다. 개념과 절차를 명확하게 진술하며, 실증적으로 검증하고, 지속적으로 수정한다. 상담과 측정은 상호 관련이 있으며 동시에 진행된다. 연구는 행동치료의 근간을 이루며, 상담 기법은 지속적으로 발전하고 있다.

상담 과정 초기에 구체적 목표를 확인하는 것은 행동치료의 기초가 된다. 내담자의 목표 성취를 돕는 데 있어서 행동치료 상담자는 적극적이고 지시적 역할을 한다. 어떤 행동을 변화시킬지는 일반적으로 내담자가 결정하지만, 그 행동을 적절히 수정할 수 있는 '방법'은 상담자가 결정한다. 행동치료는 구조화된 접근 방식이지만, 상담자는 내담자의 문화, 선호 및 개인적 특성을 반영하여 치료를 수행해야 한다.

현대 행동치료는 개인과 환경의 상호작용을 강조한다. 행동 전략은 개인의 목표와 사회적 목표 모두를 달성하는 데 활용할 수 있다. 인지적 요인이 행동치료 실천에 활용되기 때문에 각 전략은 인본주의적 결론에 도달할 수 있다. 최근 들어 자기관리에 대한 관심과 마음챙김, 수용 기반 접근이 행동주의적 실천과 결합되면서 인본주의 상담과 행동치료 간 교류가 가능해졌다. 마음챙김 훈련은 교훈적인 지시문을 따르는 것이 아니라 내담자가 스스로 발견하고 경험적으로 학습하는 것이다. 자기 자비는 새로운 행동치료의 기초가 되며 웰빙 증진과 관련이 있다(Neff & Germer, 2018). 이와 같은 새로운 흐름은 동양의 수행과 서양의 방법론이 결합해서 나타난 것이다. 현대 행동치료는 단순히 문제를 다루던 좁은 관점에서 벗어나 개인 기능의 복잡한 측면을 다루는 방향으로 확장되고 있다.

행동치료의 공헌

행동주의자는 상담에 대한 추상적인 접근을 개선하도록 자극했다. 내담자가 '저는 사랑을 받지 못하고 있습니다. 삶은 의미가 없습니다.'라고 말할 때 어떤 사람들은 자신이 그 의미를 안다고 가정한다. 인본주의자는 그런 문장을 수용하지만, 행동주의자는 '누가 특히 당신을 사랑하지 않습니까?', '당신의 생활에서 일어난 무슨 일이 무의미를 가져옵니까?', '당신의 현 상태를 바꾸기 위해서 지금 하고 있는 일에는 구체적으로 어떤 것들이 있습니까?', '가장 변화되어야 할 것은 무엇입니까?' 등 구체적인 것에 초점을 맞춘다. 행동치료의 핵심 강점은 구체적인 목표와 표적 행동, 절차 등을 강조한 것이다. 행동주의 접근의 구체성은 내담자가 불명확한 목표를 구체적인 행동 계획으로 바꾸도록 도와주며 상담자와 내담자가 이 계획에 집중하게 한다. 레들리, 마르크스, 하임버그(Ledley, Marx, & Heimberg, 2018)는 상담자가 내담자에게 자신의 문제 사고와 행동을 유지시키는 유관 사건을 알아차리도록 도와주고, 원하는 변화를 만들 수 있는 방법을 가르쳐야 한다고 말한다. 역할 연기, 이완 절차, 행동 시연, 코칭, 유도된 연습, 모델링, 피드백, 성공적인 접근에 의한 학습, 마음챙김 기술, 과제물과 같은 기법은 모두 이론적 지향과 관계없이 상담자라면 누구나 활용하는 것이다.

행동치료의 강점은 다양하고 구체적인 기법이 있다는 것이다. 행동치료는 문제에 대해서 말이나 통찰만 하는 상담과 달리 '행위'를 강조하기 때문에, 상담자는 내담자의 행동 변화를 위한 계획을 공식화함으로써 내담자를 돕기 위해 많은 행동 전략을 사용한다. 인간중심 상담자가 주장하는 기본적인 상담 조건인 적극적 경청, 정확한 공감, 긍정적 태도, 진솔성, 존경, 수용, 즉각성은 행동주의적 틀 안에서 통합될 필요가 있다.

행동치료의 중요한 공헌은 상담의 성과에 대한 연구와 평가를 강조한 것이다. 이는 상담이 효과적이라는 것을 입증하려는 상담자들 덕분이다. 진전이 없으면 상담자는 초기 분석 결과와 상담 계획을 주의 깊게 살펴본다. 이 책에 제시된 모든 상담 중 그 어떤 접근이나 기법도 행동치료만큼 경험적 연구가 많이 수행된 것은 없다. 행동주의 상담자는 효과가 입증된 구체적인 개입 전략을 확인하기 위해 지속적으로 연구하며, 효과가 검증된 특정 개입을 선택하여 활용한다.

행동치료와 인지행동치료는 모두 근거중심치료(Evidence-Based Therapies: EBT)로 분류된다(Dobson & Dobson, 2017). 행동치료 상담자는 일반화 가능성, 유의미성, 변화의 지속성 측면에서 치료의 효과를 적극적으로 검토한다. 대부분의 연구에서 행동치료는 상담을 받지 않는 것에 비해 효과적인 것으로 나타난다. 더하여 행동 및 인지행동 개입은 우울증, 강박장애, 공황장애, 사회공포증, 건강염려증, 범불안장애, 외상 후 스트레스 장애, 섭식장애, 경계선 성격장애, 양극성 장애, 아동기 장애를 상담하는 데 가장 효과적인 전략으로 알려져 있다(Hollon & DiGiuseppe, 2011).

새로운 물결인 마음챙김과 수용-기반치료는, 단순하고 개별적인 문제를 주로 다루던 행동치료를 행동주의 원리에 기초한 복합적이고 완전한 심리치료로 발전시켰다(Prochaska & Norcross, 2018). 프로차스카와 노크로스(Prochaska & Norcross)는 "전문가들이 심리치료의 미래를 예측하는 것처럼, 향후 10년 동안 제3의 물결이 부상하고 확장될 것으로 확신한다."(p. 286)라고 말했다.

행동적 접근의 또 다른 강점은 윤리적 책임을 강조하는 것이다. 행동치료는 윤리적으로 가치중립적이어서, 내담자에게 특정한 변화의 방향을 지시하거나 강요하지 않는다. 최소한 자발적 상담의 경우 행동치료 상담자는 내담자가 변화시키고자 하는 행동을 변화시킬 수 있는 방법을 제시할 뿐이다. 행동 변화의 통제력은 내담자가 가지고 있으며 상담의 목표가 무엇인지 결정할 자유도 가지고 있다. 상담자와 내담자 간의 협력 관계는 행동치료의 필수 요소다. 내담자는 목표와 상담 절차를 선택할 수 있고 일상에서 활용할 기법 역시 선택할 수 있기 때문에 행동치료에서 비윤리적인 행동이 발생할 가능성은 낮다(Spiegler, 2016).

행동치료의 한계와 비판

행동치료는 다양한 이유로 비판받아왔다. 지금부터 일반적으로 자주 언급되는 네 가지 유형의 비판과 행동치료에 대한 오해 등을 저자의 의견과 함께 소개하고자 한다.

행동은 변화시킬 수 있을지 모르지만, 감정은 변화시키지 못한다. 어떤 비판가들은 행동이 변화되기 위해서는 감정이 먼저 변해야 한다고 주장하지만 행동치료 상담자는 감정이 먼저 변해야 한다는 것을 보여주는 경험적 증거가 없다고 반박한다. 행동주의 임상가들도 상담 과정 중에 상당한 양의 감정을 실제로 다룬다. 행동 접근과 인지 접근 모두에 대한 일반적인 비판은 내담자가 정서를 경험하도록 격려하지 않는다는 것이다. 내담자가 어떻게 행동하고 생각하는지에 집중하는 상담자는 정서적 문제를 통해 작업하는 것을 경시한다. 일반적으로 나는 내담자의 정서적 경험에 초점을 맞추고, 그다음 행동적 · 인지적 차원으로 넘어가 작업하는 것을 좋아한다. 내담자가 자신의 감정을 솔직하게 경험하고 표현하기 시작할 때가 본격적인 행동치료에 들어갈 수 있는 시점이라고 생각한다. 나는 내담자가 느끼는 감정이 무엇이며 그 감정이 어떻게 행동에 영향을 미치는지 논의한 후 인지에 대해 다룬다.

행동치료는 통찰을 제공하지 않는다. 이 주장이 사실이라 하더라도 행동치료 상담자는 통찰이 행동 변화에 필수 요건은 아니라고 답할 것이다. 어떻게 변화가 일어나는지 내담자가 알아차리지 못해도 상담은 진행될 수 있다. 비록 변화를 경험했다 하더라도 내담자는 어떻게 그런 변화가 발생했는지 명확히 설명하지 못할 수 있다. 더 나아가 통찰은 내담자의 행동에 변화가 일어난 후 찾아올 수도 있다. 종종 행동의 변화가 이해나 통찰의 변화를 유도하고 정서적 변화 역시 일으키기도 한다.

행동치료는 원인보다 증상을 다룬다. 정신분석에서는 초기(어린 시절) 외상 사건에 의해 현재 기능장애가 발생한 것으로 가정한다. 행동치료 상담자도 이상 반응(행동)의 근원은 과거에 있다는 것을 인정하지만 과거는 선행 조건 및 결과와 같은 환경 요인에 비해 현재 문제의 유지에는 그다지 중요치 않다고 주장한다. 행동치료 상담자는 행동을 바꾸기 위해 현재의 환경을 변화시킬 것을 강조한다.

유사한 맥락에서 현재 행동의 과거 원인을 상담을 통해 다루지 않으면 '제거된 증상'은 새로운 다른 증상으로 대체될 것이라는 비판이 있다. 행동주의자는 이론적 · 경험적 차원에서 이러한 주장을 반박한다. 이들은 행동치료가 문제행동(증상)의 유지 조건에 간접적 변화가 아닌 직접적인 변화를 준다고 주장한다. 더구나 이들은 행동치료가 원치 않는 행동을 야기하는 조건을 변화시키기 때문에, 이 행동이 성공적으로 소거된 후 증상 대치가 일어났다는 경험적 증거는 없다고 답한다(Spiegler, 2016).

행동치료는 상담자의 통제와 사회적 영향력을 배제할 수 없다. 모든 상담자는 내담자와 위계 관계를 갖기 때문에 상담은 사회적 영향력을 포함하고 있다. 윤리적 쟁점은 치료자가 이러한 영향력을 어느 정도 인식하고 상담에 참조하는지에 관한 것이다. 행동치료는 사회적 영향력이 행사되는 과정이 투명하게 공개되어야 한다는 것을 강조하고, 행동 목표 설정 또한 내담자가 주도해야 한다는 점을 강조한다. 상담 효과는 지속적으로 점검되며 필요에 따라 내담자의 목표에 맞게 수정되기도 한다.

행동치료 상담자는 상담의 기초인 심리교육 절차를 통해 윤리적 문제를 다룬다. 행동치료 초기에 내담자는 상담의 본질과 상담이 초래할 수 있는 이익 및 위험에 대해 배우고, 주 호소 문제에 특화된 형태로 상담 절차에 관한 안내를 받는다. 좀 더 나아가서 내담자가 자기 문제를 다룰 상담 기법을 직접 선택하는 경우도 있다. 이러한 정보는 내담자로 하여금 자발적 참여자가 되도록 유도하여 상담자와 함께 모험을 떠나도록 만든다.

행동치료와 관련된 문헌은 다양한 개념과 기법에 대한 깊이 있고 포괄적인 논의를 담아내는 형태로 확장되고 있다. 이 장의 말미에 복잡한 행동치료를 더 깊이 이해하기 위한 읽을거리를 소개했다.

자기성찰과 토론을 위한 질문

1. 행동치료 상담자는 경험적 타당성을 가진 개념과 기법으로 구성된 간단하고 활동적이며 주도적이고 협동적이며 현재 중심적이고 지시적이며 심리교육적인 상담 모형을 활용한다. 이와 같은 모형이 가진 주요 강점과 한계점은 무엇인가?
2. 행동치료가 공통적으로 가지고 있는 독특한 특징은 무엇인가? 이 상담법을 여러분의 현장에서 어떻게 활용할 수 있는가?
3. 제3세대 행동주의 접근은 마음챙김과 수용 기반 개념을 포함하고 있다. 이러한 개념의 어떤 측면이 내담자와의 협력 작업에 유효하겠는가?
4. 어떻게 여러분의 일상에 마음챙김 기법을 적용하겠는가? 마음챙김을 잘할 수 있게 되는 것의 가치는 무엇인가?
5. 여러분의 평소 삶에 적용해볼 만한 행동 전략은 무엇인가? 여러분이 상담 장면에서 활용해보고 싶은 구체적인 행동주의 기법은 무엇인가?

더 찾아볼 자료

기타 자료

미국심리학회에서 제공하는 DVD의 목록 중 이번 장에서 소개한 내용과 부합하는 것은 다음과 같다.

Antony, M. M. (2009). *Behavioral Therapy Over Time* (APA Psychotherapy Video Series)

Hayes, S. C. (2011). *Acceptance and Commitment Therapy* (Systems of Psychotherapy Video Series)

Psychotherapy.net은 학생과 전문가를 위해 행동치료에 관한 동영상과 인터뷰 등 포괄적인 자료를 제공해준다. 매달 새로운 동영상과 정보가 제공된다. 이 장과 관련하여 psychotherapy.net에서 볼 수 있는 DVD는 다음과 같다.

Stuart, R. (1998). *Behavioral Couples Therapy* (Couples Therapy With the Experts Series)

만약 행동치료에 대한 전문적 훈련을 받고 싶다면 행동인지치료학회(Association for Behavioral and Cognitive Therapies: ABCT)를 활용하라. 행동인지치료학회는 행동치료와 인지행동치료, 행동주의적 평가, 응용행동분석 등에 관심이 있는 4,500명 이상의 정신건강 전문가와 학생으로 구성된 학술단체다. 학회의 회원이 되면 행동인지치료학회에서 발행하는 자료(아래 참조)를 저렴하게 구독할 수 있다.

- 『행동치료와 실험임상심리 대학원 훈련(Directory of Graduate Training in Behavior Therapy and Experimental-Clinical Psychology)』은 행동훈련을 강조하는 프로그램에 관한 정보를 원하는 학생들이나 직업을 구하는 사람들에게 좋은 자료를 제공한다.
- 『심리학 수련 목록: 행동 훈련을 제공하는 프로그램(Directory of Psychology Internships: Programs Offering Behavioral Training)』은 행동치료를 포함하는 훈련 프로그램 목록을 기술하고 있다.
- 『행동치료(Behavior Therapy)』는 실험, 임상적 연구, 이론과 실제에 초점을 둔 연 4회 간행되는 국제 저널이다.
- 『인지행동치료(Cognitive and Behavioral Practice)』는 임상 논문을 수록한 연 4회 간행되는 저널이다.

정회원과 준회원의 회비는 199달러다. 회비에는 저널 구독료(『행동치료』 또는 『인지행동치료』 중 1권)와 『행동치료』(논문 관련 소식, 훈련 프로그램 정보, 학회 소식 제공)의 구독료가 포함되어 있으며 매년 개최되는 행동인지치료학회의 워크숍, 임상 전문가 프로그램, 학술대회, 기타 교육 등을 위한 감면된 등록비와 교육과정 비용도 포함되어 있다. 학생 회원은 49달러다.

행동인지치료학회
www.abct.org

마음챙김 및 수용 기반 접근

만약 마음챙김과 수용 기반 프로그램에 관심이 있거나 관련 상담자에 대한 정보를 얻고 싶다면 아래 웹사이트를 방문해보라.

명상 및 심리치료 연구소(Institute for Meditation and Psychotherapy)
www.meditationandpsychotherapy.org

마음챙김 기반 스트레스 감소 프로그램(Mindfulness-Based Stress Reduction)
www.umassmed.edu/cfm
변증법적 행동치료(Dialectical Behavior Therapy)
www.behavioraltech.com
수용전념치료(Acceptance and Commitment Therapy)
www.acceptanceandcommitmenttherapy.com
자기 자비 관련 정보(Self-Compassion Resources)
www.self-compassion.org

더 읽을거리

- **『현대 행동치료(Contemporary Behavior Therapy)』**(Spiegler, 2016)는 행동치료의 기본 원리와 응용에 대해 포괄적으로 소개하고 있다.
- **『조력자를 위한 면담과 변화 전략(Interviewing and Change Strategies for Helpers)』**(Cormier et al., 2017)은 훈련 경험과 기술 개발을 다루는 포괄적이고 읽기 쉬운 교과서다. 이 책은 임상가에게 평가 절차, 목표 선정, 적절한 프로그램 개발, 효과 평가 방법 등 다양한 주제에 관한 풍부한 자료를 제공한다.
- **『마음챙김과 심리치료(Mindfulness and Psychotherapy)』**(Germer, Siegel, & Fulton, 2013)는 마음챙김과 활용에 대한 실용적인 개론서다. 이 책은 마음챙김 명상의 기초와 상담관계의 중요성, 마음챙김 훈련을 통해 수용과 공감 능력을 키우는 방법 등을 소개하고 있다.
- **『심리치료에서 지혜와 자비: 심리치료 현장에서의 마음챙김 강화(Wisdom and Compassion in Psychotherapy: Deepening Mindfulness in Clinical Practice)』**(Germer & Siegel, 2012)는 다른 사람이 나에게 대해주길 바라는 것처럼 자신을 대해야 한다는 메시지를 전하는 책이다. 지혜의 의미에 대한 탁월한 논의를 포함하여 서양 심리치료와 불교심리학의 융합을 통해 임상적 함의를 도출한 내용을 담고 있다.
- **『우울증에 대한 마음챙김 기반 인지치료(Mindfulness-Based Cognitive Therapy for Depression)』**(Segal et al., 2013)는 우울증을 위한 마음챙김 기반 인지치료의 기초와 응용에 대해 관심 있는 독자를 위한 훌륭한 책이다.
- **『마음챙김 솔루션: 일상의 문제를 위한 일상 훈련법(The Mindfulness Solution: Everyday Practices for Everyday Problems)』**(Siegel, 2010)은 의미 있는 삶을 살기 위해 마음챙김 연습을 적용하는 데 있어 탁월한 실용적인 안내서이자, 내담자에게 삶의 어려움을 극복하는 데 마음챙김을 사용하는 방법을 가르치고자 하는 실무자를 위한 안내서다. 이 책은 잘 쓰인 책으로, 개인 및 전문 영역에 대한 적용을 강조한다.
- **『인지행동치료를 위한 심상 기법(Imagery in Cognitive-Behavioral Therapy』**(Stopa, 2021)은 행동치료와 CBT에 심상 기법을 통합하는 방법을 다룬 실용적인 책이다. 심상 노출, 트라우마 중심 치료에서 심상 재현, 심상 재구성, 자기 심상 작업, 웰빙을 개선하기 위한 긍정적 심상 활용 등의 절차가 설명되어 있다.

인지행동치료 10장

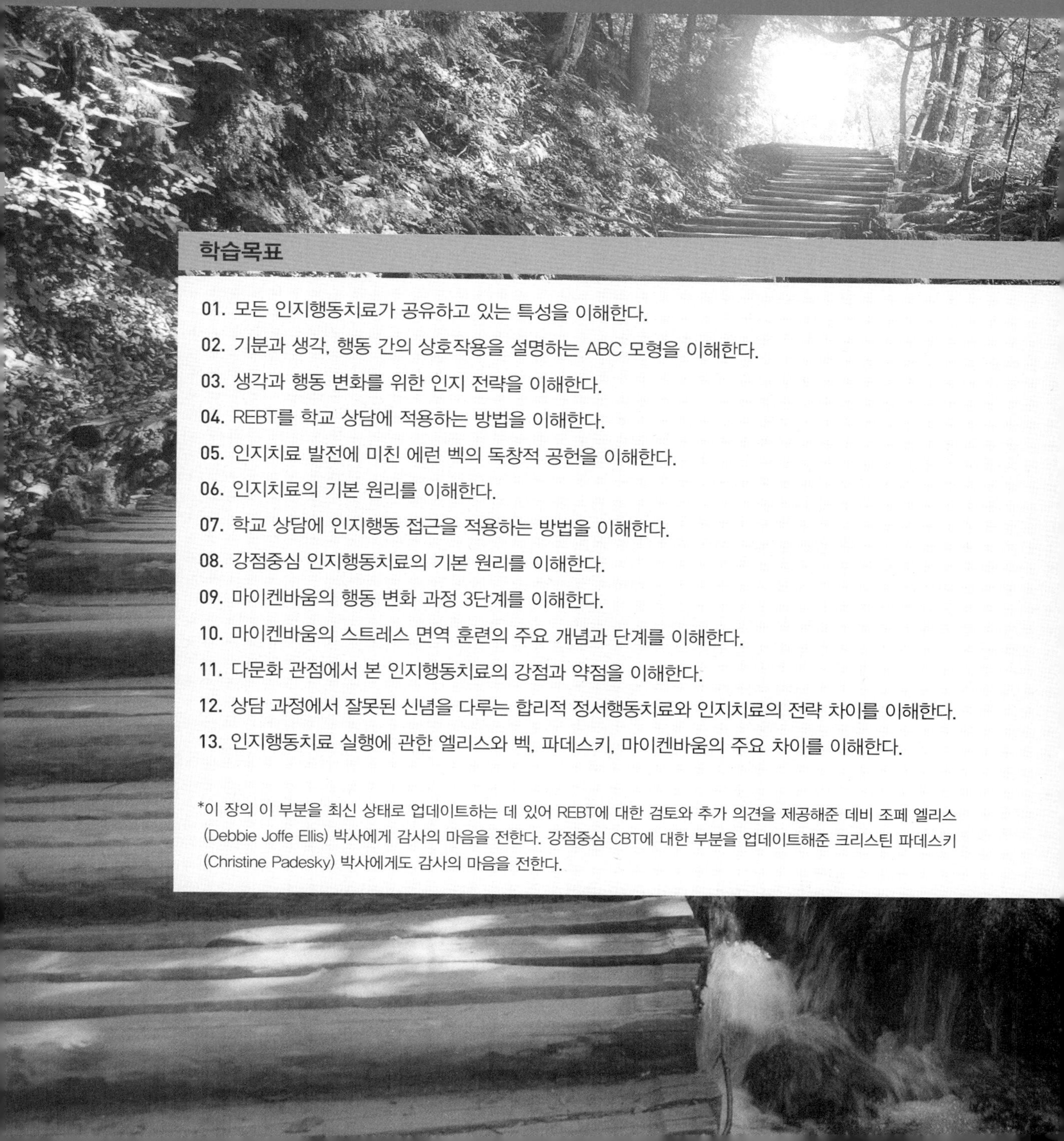

학습목표

01. 모든 인지행동치료가 공유하고 있는 특성을 이해한다.

02. 기분과 생각, 행동 간의 상호작용을 설명하는 ABC 모형을 이해한다.

03. 생각과 행동 변화를 위한 인지 전략을 이해한다.

04. REBT를 학교 상담에 적용하는 방법을 이해한다.

05. 인지치료 발전에 미친 에런 벡의 독창적 공헌을 이해한다.

06. 인지치료의 기본 원리를 이해한다.

07. 학교 상담에 인지행동 접근을 적용하는 방법을 이해한다.

08. 강점중심 인지행동치료의 기본 원리를 이해한다.

09. 마이켄바움의 행동 변화 과정 3단계를 이해한다.

10. 마이켄바움의 스트레스 면역 훈련의 주요 개념과 단계를 이해한다.

11. 다문화 관점에서 본 인지행동치료의 강점과 약점을 이해한다.

12. 상담 과정에서 잘못된 신념을 다루는 합리적 정서행동치료와 인지치료의 전략 차이를 이해한다.

13. 인지행동치료 실행에 관한 엘리스와 벡, 파데스키, 마이켄바움의 주요 차이를 이해한다.

*이 장의 이 부분을 최신 상태로 업데이트하는 데 있어 REBT에 대한 검토와 추가 의견을 제공해준 데비 조페 엘리스(Debbie Joffe Ellis) 박사에게 감사의 마음을 전한다. 강점중심 CBT에 대한 부분을 업데이트해준 크리스틴 파데스키(Christine Padesky) 박사에게도 감사의 마음을 전한다.

도입 학습목표 01

전통적 행동치료는 주로 인지행동치료(cognitive behavior therapy: CBT) 형태로 확장되었다. 이번 장에서는 초기 인지행동 접근 중 일부를 소개할 것이다. 앨버트 엘리스(Albert Ellis)의 합리적 정서행동치료(rational emotive behavior therapy: REBT), 애런 벡(Aaron T. Beck)과 주디스 벡(Judith Beck)의 인지행동치료(cognitive behavior therapy: CBT), 크리스틴 파데스키(Christine Padesky)의 강점중심 인지행동치료(strengths-based CBT: SB-CBT), 도널드 마이켄바움(Donald Meichenbaum)의 인지행동치료. 이 모든 접근은 인지행동치료라는 공통 범주로 묶을 수 있다.

모든 인지행동 접근은 9장에서 기술한 전통적 행동치료의 기본 특징과 가정을 공유하고 있다. 전통적인 행동치료처럼 인지행동 접근 역시 다양하지만, 다음과 같은 특징을 강조한다는 점에서 유사성이 있다. (1) 내담자와 상담자의 협력적 관계, (2) 심리적 어려움은 주로 인지 과정의 혼란으로 인해 발생한다는 관점, (3) 감정과 행동의 적응적 변화를 생성하기 위한 인지적 변화 강조, (4) 현재를 강조하고 단기 상담 지향, (5) 상담자의 적극적이고 능동적인 태도, (6) 구조화된 구체적인 표적 문제에 초점을 맞추는 교육적 개입(Beck & Weishaar, 2019). 더하여 인지치료와 인지행동치료는 일반적으로 구조화된 심리교육 모형에 기초하고 있으며, 과제(숙제)의 기능을 강조하고 상담 회기 동안 혹은 일상생활에서 내담자가 적극적인 역할을 하는 내담자 책임성을 강조하며 강력한 치료적 동맹관계를 강조하고 변화를 이끌어내기 위해 다양한 인지적 전략과 행동적 전략을 사용한다. 상담자는 내담자가 자신과 세상을 어떻게 이해하고 있는지 점검해보도록 돕고 새로운 생각과 행동을 실험해보도록 격려한다(Dienes et al., 2011).

일반적으로 인지치료와 인지행동치료 모두 신념과 행동, 정서, 신체적 반응이 긴밀하게 연결되어 상호작용한다고 가정한다. 특정 영역에서의 변화는 다른 영역의 변화를 이끈다. 신념만이 상담의 유일한 표적은 아니지만, 일반적으로 변화가 지속되려면 신념이 바뀌어야 한다. 인지행동 상담자는 사고의 주관적 과정과 내적 대화를 변화시키는 전략에 더해서 조작적 조건형성과 모델링, 행동 연습과 같은 행동주의 기법을 활용한다. 상담자는 내담자가 상담 과정 중에 다양한 행동실험을 통해 자신의 신념을 직접 점검해볼 수 있도록 돕는다. 인지행동 접근에는 다양한 행동적 전략(9장 참조)이 통합되어 있다.

이 책의 MindTap을 참조하여 동영상 퀴즈와 다양한 동영상 프로그램을 통해 10장과 관련된 주제에 대한 지식을 확장하기를 바란다.

앨버트 엘리스(Albert Ellis, 1913-2007)는 피츠버그에서 태어나서 4세 때 뉴욕으로 이주한 후 1년간 뉴저지에서 살았던 것을 제외하고는 평생 뉴욕에서 살았다. 어렸을 때 신장염으로 9회나 병원에 입원했고, 19세 때 신장 당뇨가 발병하기 시작했으며 40세에는 당뇨병으로 고생했다. 건강을 잘 챙겨 건강 문제로 힘들어하지 않기로 결심한 후 93세에 세상을 떠날 때까지 강건하고 활력 있는 삶을 살았다. 그는 "성 앨버트(St. Albert)처럼, 나는 '복된 소식'을 전하느라 바쁘다."라고 말한 바 있다.

엘리스는 자신이 상담을 잘하고 즐거워한다는 것을 깨달으면서 심리학자가 되기로 결심했다. 그는 정신분석이 상담의 매우 심오한 형태라고 생각해 분석 전문가로부터 정신분석과 지도 감독을 받았다. 그러나 정신분석을 받은 내담자들의 회복이 더딘 것에 실망하면서 오히려 내담자가 자신과 문제에 대해 생각하는 방식을 바꾸자 더 빨리 회복된다는 것을 발견하게 되었다. 1955년 초에 그는 합리적 상담이라 부른 심리치료를 개발하였으며 그 후 합리적 정서치료로 명칭을 수정했다가 최종적으로 합리적 정서행동치료(REBT)로 명명하였다. 엘리스는 인지행동치료의 창시자로 불린다.

엘리스는 청년기에 자기 문제를 해결하면서 자신만의 접근법을 개발했다. 예를 들어, 엘리스는 사람들 앞에서 말하는 것에 대해 강한 공포를 느꼈고 청소년기에는 여성이 주변에 있기만 해도 심하게 부끄러워했다. 19세 때 스스로 용기를 내서 한 달 동안 처음 보는 100명의 여성에게 힘들지만 억지로 말을 걸기도 했다. 이 짧은 만남들이 데이트로 연결되지는 않았지만, 여성의 거부에 대한 공포를 감소시킬 수 있었다고 회고했다. 엘리스는 인지행동 기법을 적용하여, 자신이 가진 최악의 정서적 어려움을 극복했다(A. Ellis, 1994, 1997).

엘리스의 강연을 들은 사람들은 화려하지만 거칠고 재치 있는 표현에 대해 지적하기도 했다. 그는 워크숍에서 비속어를 써가며 강연하는 것과 같이 자신의 별난 점을 드러내는 것을 즐겼다. 상담과 합리적 정서행동치료 교육을 매우 즐겼으며 그 일에 열정을 쏟고 헌신했다. 그가 가는 곳마다 워크숍을 진행했는데, 심지어 다음과 같이 말하기도 했다. "그곳이 (인도) 타지마할이라 할지라도 워크숍 진행을 부탁하는 것이 아니라면 나는 가지 않겠다!"

엘리스는 호주 출신 심리학자인 데비 조페(Debbie Joffe)와 2004년 11월에 결혼했으며 그녀를 "내 생애에서 가장 위대한 사랑"이라고 불렀다(A. Ellis, 2008). 두 사람은 삶의 목표와 이상을 공유했으며 워크숍에서 한 팀으로서 활동했다. 그는 그녀에게 일을 계속하도록 맡겼고, 그녀는 열정과 헌신으로 그 일을 이어갔다. 앨버트 엘리스와 합리적 정서행동치료 역사에 대해 더 자세하게 알고 싶다면, 『합리적 정서행동치료(Rational Emotive Behavior Therapy: It works for Me-It Can Work for You)』(A. Ellis, 2004a)와 『전심을 다해! 자서전(All Out! An Autobiography)』(A. Ellis, 2010)을 보라.

앨버트 엘리스의 합리적 정서행동치료

도입

합리적 정서행동치료(Rational Emotive Behavior Therapy: REBT)는 최초의 인지행동치료 중 하나였으며, 지금도 중요한 인지행동 접근 중 하나로 활용되고 있다. 합리적 정서행동치료는, 사고와 판단, 의사결정, 분석, 행동 등을 강조하며 인지와 행동을 지향하는 여러 상담과 공통점이 많다. 현대 REBT는 연민(자비)을 바탕으로 자신과 타인, 삶에 대한 무조건적인 수용을 촉진하고 유지하는 것의 중요성을 강조하며, 매일 감사를 실천하는 것의 이점을 강조하고 상기시킨다. 합리적 정서행동치료의 기본 가정에 따르면, 사람들은 사건과 상황에 대한 딱딱하고 극단적인 해석 때문에 구체적인 증상과 심리적 문제를 갖게 된다. 합리적 정서행동치료는 인지와 정서, 행동이 중요한 방식으로 서로 영향을 미치며 호혜적 인과관계를 형성한다고 가정한다. 합리적 정서행동치료는 일관성 있게 이 세 양상 모두와 이들의 상호작용을 강조하는 통합적 접근이라는 특징을 갖고 있다(Ellis & Ellis, 2019a, 2019b; D. Ellis, 2014; Norcross et al., 2019).

일반적으로 합리적 정서행동치료가 현대 인지행동적 접근의 모체로 인정받고 있기는 하지만, 그전에도 이 관점을 가진 학파는 존재했다. 엘리스는 아들러를 합리적 정서행동치료의 개념적 틀 형성에 기여한 선구자로 보았고, 카렌 호나이(1950)의 '당위의 횡포' 개념 역시 합리적 정서행동치료의 개념적 틀 형성에 기여했다고 말했다. 엘리스는 자신이 고대 그리스 철학자, 특히 스토아학파의 에픽테토스(Epictetus)의 영향을 받았다고 말했다. 에픽테토스는 2,000여 년 전에 다음과 같이 말했다. "인간은 사건 때문이 아니라 그것을 받아들이는 관점 때문에 고통받는다"(Ellis, 2001a, p. 16). 엘리스는 에픽테토스의 격언을 다음과 같이 수정할 수 있다고 말했다. "사람들은 사건 자체보다 그 사건과 관련된 딱딱하고 극단적인 신념 때문에 고통받는다".

합리적 정서행동치료의 기본 가설은 정서가 주로 신념과 평가, 해석, 생활 사건에 대한 반응을 통해 유발된다는 것이다. 상담 과정을 통해 내담자는, 과거에 획득되어 자기 구조화되고 지금은 자기 암시를 통해 유지되는 비합리적 신념을 규명하고 논박하기 위한 기술을 배운다. 내담자는 비효율적인 사고방식을 효율적이고 합리적인 것으로 대체하여 그 상황에 대한 정서적 반응을 변화시키게 된다. 이러한 상담 과정을 통해 내담자는 지금 경험하는 문제뿐만 아니라 삶의 다른 문제와 미래에 닥칠 수 있는 많은 문제에도 합리적 정서행동치료의 원리를 적용할 수 있게 된다. **교육 과정**은 합리적 정서행동치료 상담 과정의 상당 부분을 차지하고 있다. 상담자는 여러 면에서 '교사' 역할을 하는데, 특히 과제를 도와주고 일관성 있는 사고 전략을 가르친다. 내담자는 학생이 되어 상담 과정 중에 배운 새로운 기술을 일상생활에서 실천한다.

긍정심리학의 아버지라 불리는 마틴 셀리그먼(Martin E. Seligman)은 자신의 초기 연구에 REBT가 미친 영향을 인정했으며, 에런 벡도 마찬가지다. REBT의 기본 태도와 방식은 '현실적 낙관주의'로 설명할 수 있는데, 부정적인 것을 식별하여 이를 최소화하고, 변화시키며 치유한다. 그 과정에서 주로 긍정적이며 건강한 것에 초점을 맞추고 지지와 격려를 제공한다.

남편의 뒤를 이어 데비 조페 엘리스(Debbie Joffe Ellis)는 감사와 무조건적인 수용을 일상적인 실천으로 활용하는 것의 중요성을 강조했다. REBT는 다양한 문화, 인종, 종교, 성 정체성을 가진 사람들에게 적용 가능한데, REBT는 인본주의적이며 유연하고 수용적이어서 내담자의 신념 체계를 무조건적으로 수용하며 작업을 진행할 수 있다. REBT 기법과 활동은 수용성이 높기 때문에 일반적으로 다양한 배경을 가진 많은 사람들이 활용하기에 적절하며, 다른 많은 접근 방식과 호환되어 다른 상담 기법과 통합되어 활용되는 경우가 많다.

주요 개념

정서장애에 관한 관점

합리적 정서행동치료에 따르면, 우리는 아동기에 중요한 타인으로부터 비합리적 신념(irrational belief)을 처음 배우기는 하지만 스스로 비합리적 독단이나 근거 없는 믿음을 만들어 내기도 한다. 그것은 자기 암시와 반복의 과정을 통해 자기 패배적 신념을 강화하고, 비합리적 신념이 유용한 것처럼 행동함으로써 강화된다. 따라서 역기능적 태도가 지금도 우리에게 영향을 미치는 것은 부모들이 여전히 비합리적 신념을 주입하고 있기 때문이라기보다, 초기 삶에서 학습한 비합리적 사고를 우리 스스로가 반복하고 있기 때문이다.

엘리스에 따르면, 대부분의 정서장애의 핵심은 비난이다. 만약 심리적으로 건강해지고 싶다면 자기 자신이나 타인에 대한 비난을 멈추고, 불완전한 자기 자신을 온전히 그리고 무조건적으로 수용하는 것을 배워야 한다. 엘리스와 엘리스(Ellis & Ellis, 2019a)는 우리가 소망하거나 선호하는 것에 대해서는 '하지 않으면 안 된다', '반드시 해야 한다', '당연히 해야 한다' 등의 당위적 신념을 갖고 있다는 가설을 세웠다. 우리가 정서적 혼란에 빠져 있다면 '반드시 해야 한다'와 '당연히 해야 한다' 등의 드러나지 않는 신념이 작동하고 있는지 주의 깊게 살펴야 한다. 이러한 요구는 분열적 감정과 역기능적 행동을 만들어낸다(A. Ellis, 2001a, 2004a).

필연적으로 자기 패배감을 일으키는 내면화된 **세 가지 기본 당위**(비합리적 신념)가 있다(Ellis & Ellis, 2019a).

1. '나는 언제나 잘해야 하고 다른 사람들로부터 사랑과 인정을 받아야 한다.'
2. '다른 사람들은 내게 언제나 공정하고 친절하며 잘해야 한다.'
3. '세상과 내 삶의 조건은 언제나 편안하고 만족스러워야 하며 내가 원하는 방식대로 구성되어야 한다.'

우리가 일상에서 심리적 건강을 성취하고 유지하는 것이 어려운 이유는 이 자기 패배적 신념을 내면화하여 자신을 정서적으로 혼란스럽게 만드는 경향이 강하기 때문이다(A. Ellis, 2001a, 2001b).

ABC 모형 학습목표 02

성격의 ABC 모형(ABC model of personality)은 합리적 정서행동치료이론과 실제의 핵심이다. 이 모형은 내담자의 감정과 사고, 사상, 행동 등을 이해할 수 있는 유용한 틀을 제공한다(Ellis & Ellis, 2019a). A(activating event, 발생한 사건)는 사실, 발생한 사건, 개인의 행동이나 태도 등이며, C(emotional consequence, 정서적 결과)는 그 사람의 정서적이고 행동적인 결과 혹은 반응이다. 반응은 적절할 수도 있고 부적절할 수도 있다. A가 C의 직접적 원인이 아니다. A에 대한 개인의 해석에 활용되는 B(belief, 신념)가 주로 정서 반응인 C의 원인이 되는 것이다.

예를 들어, 어떤 사람이 이혼 후에 우울증에 걸렸다면 우울 반응을 일으킨 것은 이혼 그 자체가 아니라 자신의 인생이 실패했다는 해석 혹은 **믿음**이다(D. Ellis, 2014). 엘리스는 이혼이라는 실제적 사건(A)이 아니라 거부와 실패에 대한 신념(B)이 우울증이라는 결과(C)를 일으킨다고 주장한다. 사람 그 자체가 정서적 반응과 혼란의 주원인이라는 믿음을 가지고, 혼란스러운 정서적 반응의 직접적 '원인'이 되는 비합리적 신념을 변화시킬 수 있는 방법을 제시하는 것이 합리적 정서행동치료의 핵심이다(Ellis & Ellis, 2019a).

A, B, C 다음에 D(disputing, 논박)가 있다. 본질적으로 D는 내담자가 비합리적 신념에 도전하도록 돕는 과학적 방법이다. 이러한 논박 과정의 3요소로 탐지, 반박, 변별이 있다. 내담자는 자기파괴적인 비합리적 신념을 합리적인 신념과 **변별**하는 방법을 배운다(Ellis & Ellis 2019a). 비합리적인 신념, 특히 '반드시 해야 한다'거나 '끔찍한 자기 비하' 등을 찾아내면(**탐지**) 내담자는 논리적, 경험적, 실용적 측면의 의문을 제기하여 역기능적인 신념에 이의를 제기(**반박**)한다. 내담자는 비합리적 신념을 믿고 행동하는 것에서 벗어나기 위해 최선을 다해 자신을 설득해야 한다. 합리적 정서행동치료는 내담자의 비합리적 신념을 최소화하기 위해 다른 많은 인지적, 정서적, 행동적 기법을 사용하기도 하지만, 상담 장면과 일상에서 논박하기(D) 과정을 강조한다. 그 후 내담자는 유용한 측면을 가지는 새롭고 효율적인 철학(새로운 합리적 신념)인 E(effective philosophy)에 도달한다. 새롭고 효율적인 신념체계가 건강하지 못한 사고를 건강한 사고로 대체하는 것이다. 협력하여 설계된 '과제(숙제)'는 이러한 상담 목표달성과 개인적 통찰을 촉진하고 유지하는 데 도움이 된다.

상담 과정

상담 목표

합리적 정서행동치료에서 사용하는 많은 방법은 내담자가 더 현실적이고 실현 가능한 인생 철학을 습득함으로써 정서적 혼란과 자기 손상 행동을 최소화하는 것을 목표로 한다. 합리적 정서행동치료의 과정에는 내담자와 상담자가 협력하여 현실적이고 자기 고양적인 상담 목표를 선택하는 노력이 담겨 있다. 상담자의 과제는 내담자가 현실적 목표와 비현실적 목표를 구분하고 자기 손상 목표와 자기 고양 목표를 구분하도록 돕는 것이다. 기본 목표는 내담자에게 역기능적 정서 및 행동을 건강한 정서 및 행동으로 변화시키는 방법을 가르치는 것이다.

엘리스와 엘리스(2019a)에 따르면, 합리적 정서행동치료의 또 다른 목표는 내담자의 **무조건적 자기수용**(unconditional self-acceptance: USA)과 **무조건적 타인 수용**(unconditional other-acceptance: UOA), **무조건적 인생 수용**(unconditional life-acceptance: ULA)을 돕는 것이다. 내담자가 자신을 수용할 수 있는 의지와 능력을 갖추게 되면 타인을 무조건적으로 받아들이고, 어려움과 도전에도 불구하고 삶을 있는 그대로 수용할 수 있게 된다. 프루제티, 맥린, 에릭슨(Fruzzetti, McLean, & Erikson, 2019)에 따르면, 엘리스는 서양 심리치료에 수용을 도입하는 데 영향을 미쳤다. REBT는 마음챙김 및 수용 접근법과 유사한 방식으로 생각을 바라보고 관찰하며 생각에 얽매이지 않는 것을 강조한다.

REBT 실천에서 수용을 강조하는 것은 9장에서 논의한 '제3의 물결' 접근법과 유사성이 있다. 엘리스의 다음과 같은 유명한 명언에 그 정신이 담겨 있다(Ellis & Ellis, 2019a). "인생에는 즐거움뿐만 아니라 피할 수 없는 고통도 있다. 현실적으로 생각하고 느끼며 행동하면, 할 수 있는 것을 즐기고, 바꿀 수 없는 고통스러운 측면을 불안이나 불평 없이 수용하면 많은 기쁨을 누릴 수 있다"(p. 55).

상담자의 기능과 역할

상담자의 구체적인 역할은 다음과 같다. 첫 번째 단계로 '……하지 않으면 안 된다', '반드시 ……해야 한다'와 같은 비합리적 신념을 내담자가 얼마나 많이 가지고 있는지 볼 수 있게 도와야 한다. 상담자는 내담자의 비합리적 신념을 논박하고, 내담자가 자기 손상 신념에 맞서 '반드시 ……해야 한다'를 '……할 수도 있다'로 대체할 수 있도록 격려해야 한다. 두 번째 단계에서 상담자는 내담자가 비합리적이고 비현실적인 생각을 통해 자신의 정서장애를 지속시키고 있다는 것을 보여준다. 다시 말해서, 내담자 자신이 재교육을 통해 스스로 심리적 문제를 만들어내고 있다는 것을 보여준다. 엘리스는 우리의 정서적 운명에 대한 책임이 결국 자신에게 있다는 것을 강조한다(A. Ellis, 2004b, 2010).

비합리적인 생각을 자각하는 것을 넘어 내담자를 성장시키기 위해서 상담자는 세 번째 단계를 통해 내담자가 신념을 수정하고 비합리적인 생각을 포기하도록 돕는다. 우리가 비합리적으로 생각하는 방식을 전부 없앨 수는 없지만 그러한 생각을 줄여가는 노력은 지속할 수 있다. 상담자는 내담자가 자동적으로 따랐던 비합리적 신념을 자각하고 그 신념이 어떻게 지속되는지 이해하며 지속적인 노력을 통해 변화시킬 수 있다는 것을 기억하도록 돕는다.

네 번째 단계에서는 미래에 또 다른 비합리적 신념의 희생자가 되는 것을 피할 수 있도록 합리적인 인생 철학을 개발하도록 격려한다. 구체적 문제나 증상만 상담하는 것으로는 새로운 비논리적 공포가 생기지 않을 것이라 보장할 수 없다. 따라서 상담자는 비합리적 사고의 핵심을 논박하고 내담자에게 비합리적 사고를 합리적 신념과 태도로 대체하는 방법을 가르치는 것이 바람직하다.

상담자는 교육 및 치료적 개입 외에도 무조건적 타인 수용(UOA)을 포함한 REBT 원칙을 실천하기 위해 최선을 다해야 한다. REBT는 상담자가 내담자와 좋은 관계를 형성하는 것의 이점을 인정하며, 그렇게 함으로써 상담 과정의 효과를 높일 수 있음을 강조한다. REBT 상담자는 내담자를 수용하는 것이 상담 과정의 중요한 요소임을 인식해야 하는데, 이를 통해 내담자가 상담자를 자신의 비밀스러운 생각, 감정, 행동을 드러낼 수 있을 만큼 안전한 대상으로 신뢰할 수 있기 때문이다(DiGiuseppe & Doyle, 2019). 물론 REBT는 내담자가 상담자에게 가질 수 있는 건강하지 않은 의존성을 경계하고 이를 억제하여 내담자의 자율성 개발에 도움을 주는 방향으로 진행되어야 한다.

일부 사람들은 REBT를 매우 도전적이고 지시적인 접근법으로 잘못 알고 있다. REBT를 제공하는 방식은 내담자에 따라 달라진다. 유능한 REBT 상담자는 내담자와 공감적인 신뢰 관계를 형성하고 유지하기 위해 어조와 태도를 조정 또는 강화하며, 내담자의 감정과 상황에 주의를 기울이고 그에 따라 태도를 조율한다. 예를 들어, 슬픔의 문제를 다룰 때는, 미루는 습관을 고치도록 적극적으로 동기를 부여할 때와는 다른 어조로 상담을 진행한다.

상담에서 내담자의 경험

상담 과정은 내담자의 현재 경험에 초점을 맞춘다. 인간중심치료 및 실존주의치료와 마찬가지로 합리적 정서행동치료는 주로 '지금 여기'의 경험과, 내담자가 이전에 구성했던 사고나 정서를 변화시키기 위해 내담자의 현재 능력을 강조한다. 상담자는 내담자의 초기 생활사를 탐색하거나 과거와 현재 행동을 연결시키는 데에 많은 시간을 할애하지 않는다. 합리적 정서행동치료는 자유연상이나 꿈 해석, 전이 현상 등에 가치를 부여하지 않는다는 면에서 다른 치료적 접근과 차별화된다. 엘리스와 엘리스(2019b)는 전이를 강조하지 않았는데, 만약 전이가 발생하더라도 그것은 내담자의 욕구를 반영하고 있는 것이기 때문에 마주할 수 있도록 격려하면 된다는 입장을 취했다. 내담자가 추구하는 욕구가 비록 건강하지 않은 것이라 할지라도 상담자의 격려를 통해 변화될 수 있다.

내담자는 상담 회기 밖에서도 능동적으로 행동해야 한다. 행동 과제를 열심히 실천함으로써 내담자는 혼란스러운 감정과 행동을 야기한 부질없는 사고를 최소화할 수 있다는 것을 학습할 수 있다. 과제(homework)는 상담자와 내담자의 합의하에, 정서와 태도 변화를 가져올 긍정적 행동을 실천하는 데 그 목표를 두고 세심하게 고안된다. 과제는 그다음 회기에서 점검되며, 이를 통해 내담자는 자기 손상 사고를 논박하는 데 효과적인 방법을 배운다. 상담 종결을 위해서 내담자는 상담 과정을 돌아보고 계획을 세우며, 지속되고 있거나 잠복하고 있는 문제에 대한 대처 전략을 확인한다.

상담자와 내담자의 관계

합리적 정서행동치료는 본질적으로 인지적이고 능동적인 행동 과정을 강조하기 때문에 상담자와 내담자의 친밀한 관계를 요구하지 않는다. 로저스의 인간중심치료에서와 마찬가지로, 합리적 정서행동 상담자는 내담자를 무조건적으로 수용해야 하며 내담자에게 자기 자신과 사람들을 무조건적으로 수용하도록 교육해야 한다. 상담자는 상담 과정을 숙지하고 있어야 하며 고통에 대한 인지 가설을 내담자에게 교육할 수 있어야 하고 내담자 스스로 문제가 지속되는 과정과 변화를 위해 무엇을 할 수 있는지 이해할 수 있도록 도와야 한다. 통찰만으로 치료적 변화가 유발되는 것이 아니며 행위 또한 필요하다. 상담자는 내담자가 노력을 통해 성취한 변화에 대해서 지속적으로 격려해야 한다. 합리적 정서행동 상담자는 내담자(물론 상담자 자신도!)가 교육이나 독서치료, 행동 수정 등 다양한 기법을 통해 도움을 받을 필요가 있는 불완전한 존재라고 가정한다(Ellis & Ellis, 2019a, 2019b; D. Ellis, 2014).

적용: 상담 기법과 절차

합리적 정서행동치료의 실제

합리적 정서행동 상담자는 중다양식적이며 절충적인 입장을 취한다. 합리적 정서행동 상담자는 내담자가 자기 패배적 인지를 없애고 합리적인 삶의 접근을 배우도록 돕기 위해 다양한 양식(인지적, 정서적, 행동적, 대인관계적 양식)을 활용한다. 상담자는 기법 활용 과정에서 유연하고 창의적인 태도를 취해야 하며, 각 내담자의 독특한 욕구에 맞게 기법을 수정 적용할 수 있어야 한다(Ellis & Ellis 2019a; D. Ellis, 2014). REBT 상담자는 다양한 이론 속 여러 기법을 참조하는데, 특히 적극적이고 지시적인 전략을 채택하고 있으며, 그런 의미에서 REBT는 진정한 통합적 접근법으로 볼 수 있다(Norcross et al., 2019).

엘리스 박사가 구체적으로 인지 기법과 정서 기법, 행동 기법 등을 활용하여 어떻게 내담자인 루스를 상담했는지 보고 싶다면 『통합적 상담: 사례 중심의 접근』(Corey, 2013) 8장을 참고하라. 중요한 인지 기법과 정서 기법, 행동 기법 등을 간단히 소개하면 다음과 같다(A. Ellis, 2004a; Ellis & Ellis, 2019a).

인지 기법 학습목표 03 합리적 정서행동 상담자는 상담 과정에서 강력한 인지적 기법을 사용한다. 상담자는 내담자가 자신에게 끊임없이 말하고 있는 내용이 무엇인지 빠르고 직접적인 방법으로 보여준다. 그 후 현실에 기반을 둔 철학을 획득하도록 격려하면서 내담자가 잘못된 믿음에 근거한 자기 진술에 도전하고 더 이상 믿지 않도록 만들기 위해 자기 진술을 다루는 방법을 가르친다. 합리적 정서행동치료는 생각하기와 논박, 논쟁, 도전, 해석, 설명, 교육 등의 전략을 주로 사용한다. 감정과 행동 변화를 지속시키는 가장 효율적 방법은 내담자의 사고방식을 바꾸는 것이다(Ellis & Ellis, 2019a, 2019b).

상담자가 활용할 수 있는 인지적 전략은 다음과 같다.

- **비합리적 신념 논박하기**: 가장 많이 사용되는 인지적 방법은 상담자가 내담자의 비합리적 신념을 적극적으로 논박하여 내담자 스스로 자신의 신념에 도전하는 방법을 학습시키는 것이다. 내담자가 비합리적 신념을 버릴 때까지 또는 적어도 강도가 약해질 때까지 '해야 한다', '하지 않으면 안 된다', '당연히 해야 한다'라는 등의 당위적 명제를 구체적으로 검토한다. 내담자가 자신에게 말하도록 배워야 하는 질문이나 진술의 예는 다음과 같다. '사람들이 나에게 왜 정당한 대우를 해야만 하는가?', '노력한 일이 성공적으로 마무리되지 못했다고 해서 완전히 실패한 것인가?', '내가 원하는 직장을 구하지 못하면 실망스럽겠지만 충분히 견딜 수 있다.', '인생이 뜻대로 되지 않더라도 끔찍한 상황에 처한 건 아니다. 단지 불편할 뿐이다.'
- **인지 과제 수행하기**: 내담자는 문제 목록을 만들고 절대적 신념을 찾아내며 그 신념을 논박해야 한다. 내담자는 자신의 신념이 어떻게 문제를 일으키는지 생각하고 기록해야 하며 자기 손상 신념의 뿌리를 파헤치기 위해 노력해야 한다. 과제는 일상화된(내면화된) 당위적 자기 지시문을 찾아내는 데 도움이 된다. 이와 같은 방법을 통해 내담자는 단계적으로 불안을 감소시키고 기본적인 비합리적 신념에 도전하는 방법을 배우게 된다. 내담자는 『심리상담과 치료의 이론과 실제를 위한 학생용 매뉴얼』(Corey, 2024)에 소개된 합리적 정서행동치료 자조 매뉴얼을 활용할 수 있다. 내담자는 상담 회기 중에 이 양식을 활용해서 자신의 신념을 비판적으로 평가할 수 있다. 내담자는 자신을 위험 상황에 노출시켜서 자기 제한적 신념에 도전하게 된다. 예를 들어, 상담자는 실패에 대한 공포 때문에 관객들 앞에서 연기하는 것에 대해 두려움을 느끼고 있는 배우에게 실제 무대에서 신념에 도전할 것을 요구한다. 회기 중에 내담자는 실제 삶에서 시도해야 할 도전 과제에 잘 대응할 수 있도록 준비되어야 한다. 변화란 매우 어려운 과제다. 실제 삶에서 이와 같은 시도를 해보는 것은 내담자의 생각과 느낌, 행동을 변화시키는 데 매우 중요하다.
- **독서치료**: 합리적 정서행동치료와 나머지 인지행동치료 접근은 상담의 보조수단으로 독서치료를 활용할 수 있다. 독서치료는 비용-효과 측면에서 우수하고, 다양한 집단에 폭넓게 적용할 수 있다는 장점이 있다. 독서치료 접근은 우울증을 포함하여 다양한 불안장애 문제에 효과가 있는 것으로 알려져 있다(Jacobs, 2008). 상담은 교육 과정과 유사하기 때문에, 내담자는 『합리적 정서행동치료(Rational Emotive Behavior Therapy: It Work for Me-It Can Work for You)』(A. Ellis, 2004a)나 엘리스의 다른 책(Ellis, 1999, 2000, 2001a, 2001b, 2005, 2010; Ellis & Ellis, 2019a)과 같은 합리적 정서행동치료 자조 관련 서적을 통해 도움을 받을 수 있다.
- **내담자 언어 변화시키기**: 부정확한 언어가 왜곡된 사고과정의 원인 중 하나다. 내담자

는 '반드시 해야 한다', '당연히 해야 한다', '하지 않으면 안 된다'라는 말을 '하고 싶다', '하지 않는다면 좀 불편할 텐데' 정도의 표현으로 대체하는 법을 배운다. 무력함과 자기 비난적 언어를 사용하는 내담자는 새로운 자기 진술을 학습할 수 있고 그것은 그들이 다르게 사고하며 행동하도록 돕고, 그 결과 그들은 다르게 느끼기 시작한다.

- **심리교육적 방법**: 합리적 정서행동치료 프로그램은 내담자에게 다양한 유형의 책과 동영상, 자료 등을 소개한다. 상담자는 내담자에게 문제의 본질과 어떻게 상담이 진행되는지 가르친다. 상담자는 내담자에게 상담의 특정 개념과 원리, 방법 등을 소개하는데, 내담자가 그 내용과 과정, 필요성 등을 내담자가 잘 이해할 경우 상담 과정에 더 적극적으로 참여하게 된다(Ledley et al., 2018).

정서 기법 합리적 정서행동 상담자는 무조건적 수용, 합리적 정서 역할 연습, 모델링, 합리적 정서 상상, 수치심 공격 훈련 등을 포함하는 다양한 정서 기법을 활용한다. 여러 가지 정서적 기법들은 문제의 본질을 생생하게 드러내는 효과를 내지만, 결국 최종 목표는 내담자의 비합리적 신념을 논박하는 것이다. 이러한 기법은 상담 시간에 활용되기도 하지만 과제로 제공되기도 한다. 정서 기법의 목표는 단순히 정화를 돕는 것이 아니라 내담자의 사고, 정서, 행동을 변화시키는 것이다(Ellis, 2001b; Ellis & Ellis, 2019a). 이러한 정서 관련 기법에 대해 좀 더 자세히 설명하면 다음과 같다.

- **합리적 정서 상상**: 이 기법은 새로운 정서 방식을 확립하도록 설계된 강렬한 정신 훈련이다(Ellis, 2001a, 2001b). 합리적 정서 상상(rational emotive imagery: REI)에 참여한 내담자는 자신에게 일어났던 최악의 사건 중 하나를 생생하게 기억해내고 그 당시 경험한 부정적 기분을 자세히 묘사한 후, 스스로 부정적인 기분을 건강한 기분으로 변화시키는 방법을 훈련하여 그 상황에서 더 나은 행동을 선택할 기회를 갖게 된다. 이 기법은 대인관계 및 개인에게 문제가 될 수 있는 여러 상황에서 유용하게 활용될 수 있다. 내담자가 일주일에 몇 번씩 몇 주간 합리적 정서 상상 훈련을 한다면, 더 이상 부정적 사건으로 인해 과도한 분노를 경험하지 않게 될 것이다(Ellis, 2001a; Ellis & Ellis, 2019a; D. Ellis, 2014).
- **유머**: 엘리스는 과도한 진지함 때문에 정서적 고통이 발생한다고 보았다. 그는 100개가 넘는 '합리적 유머송(Rational Humorous Songs)'(A. Ellis, 2005)을 만들고, 워크숍을 진행할 때마다 참여자들과 함께 이 노래를 불렀다. 합리적 정서행동치료가 내세울 만한 것 중 하나는 상담을 통해 내담자가 좀 더 유머 있게 되고 건강한 세계관을 갖게 된다는 것이다(A. Ellis 2004a, 2010). 유머는 인지적 · 정서적 측면의 변화를 이끄는 장점이 있다. 유머는 내담자가 고수하려는 생각의 불합리한 면을 드러내고, 내담자 자신이 아닌 그 생각(자기 파괴적 신념)을 웃어넘길 수 있도록 도와준다.
- **역할 연습**: 역할 연습에는 정서, 인지, 행동 요소가 모두 포함된다. 상담자는 내담자

의 자기 대화가 고통을 만들어낸다는 것과 부적절한 감정을 건강한 감정으로 변화시킬 수 있다는 것을 보여주기 위해 개입할 수 있다. 또한, 문제 상황에서 내담자가 어떻게 느끼는지 알아보기 위해 행동 시연을 해볼 수 있다. 예를 들어, 도슨이라는 내담자가 시험에 떨어질까 두려워 대학원 응시를 미루려 한다고 가정해보자. 선택한 학교가 그를 받아주지 않았다는 생각은 '어리석은 존재'라는 평가와 함께 강한 수치심을 불러일으킬 것이다. 이와 같은 감정을 불러일으킨 비합리적 신념을 다루는 것에 상담 초점을 맞추게 되는데, 꼭 합격해야만 한다는 신념과 합격하지 못한 것이 바로 자신의 어리석음과 불완전함을 말해주고 있다는 생각을 논박하게 된다.

- **수치심 공격 훈련**: 엘리스는 행동에 따른 수치심과 불안을 감소시키는 것을 도울 수 있는 훈련법을 개발했다. 엘리스에 따르면, 누군가 우리를 보고 멍청하다고 생각하더라도 이것이 비극적인 일은 아니라고 자신에게 말함으로써 수치심에 저항할 수 있다. 수치심 공격 훈련(shame attacking exercise)은 수치심, 죄책감, 불안, 우울 등을 예방하거나 경감시키는 데 도움이 된다(A. Ellis, 1999, 2000, 2001a, 2001b, 2005, 2010; Ellis & Ellis, 2019a, 2019b). 이 훈련을 통해 내담자의 수치심이 경험 자체가 아닌 해석 때문에 나타난다는 것을 이해할 수 있도록 도울 수 있고 내담자의 자기수용과 책임감을 촉진할 수 있다. 내담자는 평소 두려워했던 행동을 실제로 수행하는 모험(과제)을 해야 할 수도 있다. 과제 훈련을 통해 내담자는 타인의 반응이나 거절에 영향을 받을지 여부를 스스로 선택하는 법을 배울 수 있다. 예를 들어, 내담자는 주의를 끌 만한 '화려한' 옷을 입을 수도 있고, 목청껏 노래를 부를 수도 있으며, 강의실에서 바보스러운 질문을 할 수도 있고, 식품점에서 왼손잡이용 렌치를 요구할 수도 있다. 이러한 과제를 실행함으로써 내담자는 사람들이 자신의 행동에 실제로 그렇게 많은 관심을 기울이지 않는다는 것을 알게 된다. 한 가지 기억할 것은, 이러한 훈련에 불법적이거나 자신 혹은 타인에게 해가 되는 행동은 포함될 수 없다는 것이다!

행동 기법 합리적 정서행동 상담자는 대부분 표준적인 행동치료 절차, 즉 조작적 조건형성, 자기관리 원리, 체계적 둔감화, 이완 기법, 모델링 등을 활용한다. 실생활에서 실천하도록 요구하는 과제는 특히 중요하다. 과제는 체계적으로 수행되며 서식에 맞춰 기록되고 분석된다. 과제는 내담자에게 실생활에서 새로운 기술을 연습해볼 기회를 제공하는데, 그 경험은 상담 회기 중 경험보다 가치 있다(Ledley et al., 2018). 과제에는 실생활에서 수행하는 둔감법(Ellis & Ellis, 2019a)과 실제 상황에서의 노출이 포함되어 있다. 내담자는 새롭고 어려운 행동을 실천하고, 이를 통해 자신의 통찰을 구체적인 행동으로 실현한다. 다르게 행동함으로써 내담자는 기능적 신념을 갖게 된다.

단기 상담에 적용하기

엘리스는 처음부터 합리적 정서행동치료를 다른 치료 체계보다 더 효율적인 형태로 만들려고 노력했다. 합리적 정서행동치료는 흔히 단기 상담으로 활용된다. 엘리스는 항상, 최고의 상담은 내담자에게 실제 삶의 문제를 다루는 효율적인 방법을 빠르게 가르치는 것이라고 주장했다. 합리적 정서행동치료는 적용 대상(개인, 부부 또는 가족)에 관계없이 단기 개입 형태로 활용하는 데 최적화되어 있다. 내담자는 상담 과정을 통해 일상에서 활용 가능한 자가 상담 기술을 배운다(Ellis & Ellis, 2011a).

집단 상담에 적용하기

인지행동치료(CBT) 집단은 상담센터와 지역 상담소에서 매우 인기가 높은 프로그램 중 하나다. 가장 많이 활용되는 인지행동치료 집단 중 하나는 바로 합리적 정서행동치료 원리와 기술을 활용한 집단이다. 합리적 정서행동치료 집단 상담자는 집단구성원들이 회기 중에 학습한 것을 일상에서 연습하도록 격려하는 적극적인 역할을 한다. 상담자는 내담자가 상담 회기 중에 경험하는 것도 가치 있게 여기지만, 회기와 회기 사이 그리고 집단이 종결된 후에도 이어지는 작업을 더 중요시한다. 집단이라는 맥락은, 내담자가 일상에서 새로운 문제를 만났을 때 자신을 위로하고 자신과 타인을 무조건적으로 수용할 수 있도록 돕는 동료(집단구성원)와 기술을 제공한다.

집단 상담에서 구성원은 서로서로에게 합리적 정서행동치료 원리의 적용 방법을 가르친다. 엘리스는 개인 상담을 받는 일부 내담자들에게 집단 상담에 참여해볼 것을 권하기도 했다. 집단구성원은 (1) 신념이 어떻게 기분과 행동에 영향을 끼치는지 배우고, (2) 여러 구체적인 상황에서 자기파괴적인 생각을 변화시키는 방법을 탐색하며, (3) 세계관(철학)을 변화시켜 증상을 경감시키는 방법을 배운다. 엘리스와 엘리스(2019a, 2019b)는 집단 합리적 정서행동치료가 주장 기술을 연습해볼 기회와 다른 행동을 했을 때 발생할 수 있는 위험을 경험해볼 기회, 자기파괴적인 생각에 도전해볼 기회, 타인과의 경험으로부터 배울 기회, 치료적이고 사회적인 상호작용을 상담 회기 이후에도 경험해볼 기회 등을 제공한다는 점에서 자주 활용될 필요가 있다고 말했다. 9장에서 소개한 행동치료 기술을 포함하여 이번 장에서 소개한 인지적, 정서적, 행동적 기술 모두 집단 상담에 적용할 수 있다. 집단 상담에 REBT를 적용하는 방법에 대한 자세한 논의는 코리(Corey, 2023) 13장을 참고하라.

REBT를 학교 상담에 적용하기 학습목표 04

이 부분은 **데비 조페 엘리스**(Debbie Joffe Ellis) 박사가 제공한 내용이다. 이 회기에서는 ABC 틀을 따라 그림을 그리는 것이, 아동과 청소년이 자신의 감정이나 생각, 행동을 이해하는 데 어떻게 도움이 되는지 설명하고 있다. 그녀는 학교 상담자가 REBT 개념을 교육 장면에 효과적으로 적용할 수 있다고 믿는다.

REBT는 개인 및 집단 상담 상황에서 모든 학년의 학생들에게 적용할 수 있다. 아동과 청소년이 REBT의 원리를 배우고 일상생활에 적용할 수 있게 되면 어려운 상황을 더 성공적으로 다룰 수 있게 되고, 괴롭힘을 포함하여 나쁜 일이 발생했을 때 화를 덜 낼 가능성이 높다. 학교와 가정에서 REBT를 잘 훈련할 수 있다면 어려움에 대처하는 방법뿐만 아니라 많은 종류의 정서적, 심리적, 행동적 문제를 예방할 수 있는 잠재력을 갖출 수 있다.

다음과 같은 REBT의 세 가지 주요 요소는 특히 아동에게 적합하며 6세 이상의 아동에게 가르치면 매우 유익할 수 있다.

- **무조건적 자기수용**(unconditional self-acceptance): 아동 및 청소년 모두 존재 자체로 가치 있다는 것을 배울 수 있다. REBT는 친절과 연민을 강조하고 사려 깊고 선한 행동을 장려하는 접근 방식이다. 자신의 존재에 대한 추상적 평가가 아니라, 행동을 중심으로 배우고 성장하기 위한 구체적인 평가를 강조한다.
- **높은 수준의 좌절에 대한 감내력**(high frustration tolerance): 무언가 원할 수 있지만, 원한다고 모두 가질 수는 없다는 것을 배우는 것은 중요하다. 아동 및 청소년 모두 이러한 현실을 받아들이고, 원하는 것을 얻을 가능성을 높이기 위해 무엇을 할 수 있는지 생각하고, 인생에는 여전히 즐길 수 있는 다른 좋은 것이 많다는 것을 스스로 상기하도록 격려할 수 있다.
- **타인에 대한 무조건적인 수용**(unconditional acceptance of others): 모든 사람은 실수하거나 실패할 수 있지만, 실수를 한다고 해서 실패자가 되는 것은 아니라는 사실을 배우는 것이 중요하다. 다른 사람이 한 나쁜 행동과 그 사람 자체를 구분(분리)하는 법을 배울 수 있다. 즉, 어떤 사람이 나쁜 행동을 했다 하더라도 여전히 가치 있는 사람일 수 있다는 점을 배울 수 있다.

REBT는 아동 및 청소년이 자신의 생각을 점검하고, 긍정적인 자기 대화를 매일 실천하며, 건강하고 합리적인 핵심 신념을 수용하고, 비합리적인 신념을 식별하여 이의를 제기하며 합리적인 신념으로 대체할 수 있도록 가르칠 수 있다. 이처럼 실용적이고 간단하며 효과적인 도구로 무장한 아동 및 청소년은 건강한 태도와 감정 등을 가지고 바르게 행동할 수 있다.

REBT는 청소년의 풍부한 감정 어휘 발달을 촉진하고, 건강한 감정과 해로운 감정을 구분할 수 있게 해준다. ABC 모형을 학습하면 생각, 감정, 행동 사이의 연관성을 이해하고, 타인의 행동에 영향을 덜 받으며 본인의 마음을 더 잘 다룰 수 있게 된다. 긍정적인 자기 진술이 담긴 포스터 그리기와 같은 창의적인 활동은 인지적 역량 강화에 기여할 수 있다.

합리적 정서행동치료에 대한 전문가의 관점

다음 질문에 대한 답변은 대체의학 의학박사인 **데비 조페 엘리스**(Debbie Joffe Ellis) 박사가 제공하였다. 그녀는 전 세계를 돌며 REBT에 관한 워크숍을 진행하고 있다. 호주 멜버른에서 태어나고 자란 그녀는 공인 심리학자(호주), 공인 정신건강상담자(뉴욕), 강연자이자 작가이며 뉴욕 컬럼비아 대학교에서 합리적 정서행동치료 등을 가르치는 겸임 교수로 재직하고 있다. 수년간 남편인 앨버트 엘리스와 함께 합리적 정서행동치료에 관한 대중 강연과 전문 교육을 진행했으며, 2007년 남편이 사망할 때까지 저술 및 연구 프로젝트에서 공동 작업을 수행했다.

1. 합리적 정서행동치료가 개인 상담 현장에 가장 크게 기여한 점은 무엇인가?

1950년대 초 심리치료의 인지 혁명을 예고한 REBT는 이론, 철학, 다양한 기법을 통해 많은 공헌을 해왔지만, 가장 중요한 공헌은 전인적 접근을 강조했다는 점이다. REBT는 증거에 기반을 둔 과학적이고 능동적인 접근법이지만, 인본주의적이며 연민으로 가득 차 있다. REBT는 자신과 타인, 삶을 무조건적으로 수용하도록 장려한다. 이 접근법은 우리의 사고, 감정, 행동이 서로 분리될 수 없을 만큼 긴밀히 상호작용한다는 것과, 이것이 우리의 신체 건강과 웰빙에 중요한 역할을 한다는 것을 강조했다는 점에서 크게 기여했다.

2. 개인 상담 또는 치료 현장에 적용할 수 있는 REBT의 특별한 핵심 개념 두세 가지는 무엇인가?

REBT는 상황 자체가 아니라 상황을 인식하는 방식과 그에 대한 우리의 신념이 감정을 만들어낸다고 가르친다. 스트레스 사건에 대해 합리적인 방식으로 생각하기로 선택하면 건강한 감정이 만들어지지만, 비합리적인 방식으로 생각하면 해로운 감정이 만들어진다.

REBT는 건강하고 합리적인 사고의 구성요소와 비합리적인 사고의 구성요소 간 차이를 가르쳐준다. 또한 건강한 부적 감정(걱정, 슬픔, 실망, 건강한 분노, 후회 등)과 건강에 해로운 부적 감정(불안, 공황, 극심한 두려움, 우울증, 절망, 낙담, 분노, 죄책감, 수치심 등)의 차이도 알려준다. REBT는 우리 자신의 생각에 대해 점검하고, 비합리적인 신념을 발견하며 이의를 제기하고, 합리적인 신념으로 이를 대체하도록 훈련시킨다. 이렇게 함으로써 우리는 삶을 향상시키는 감정을 만들어 낼 수 있다.

REBT는, 각 개인이 존재한다는 이유만으로 가치가 있으며, 우리의 가치는 재능, 성공, 배우자, 재산, 기술, 외모, 실패, 실수에 의해 결정되지 않는다는 사실을 일깨워준다. 우리가 무언가에 실패하더라도 그것이 우리를 실패자로 만들지는 않는다. 잦은 자기 비난, 타인 비난, 인생 비난은 정서적 장애를 유발하기 때문에 주의할 필요가 있는데, 무조건적 수용과 이를 달성하고 유지하는 방법에 대한 REBT의 강조는 내담자의 회복과 웰빙에 기초가 된다.

3. 개인 상담을 하는 상담자가 활용하기 좋은 REBT의 두세 가지 기법은 무엇인가?

다른 인지적 접근법들도 참고하는 REBT의 가장 효과적인 기법 중 하나는 비합리적인 신념을 식별하고 이의를 제기하며 합리적인 신념으로 대체하기 위해 활용하는 ABCDE 전략이다. 내담자는 이 모형과 전략을 사용하는 방법을 배우게 되며, 종종 숙제 형태로 수행하곤 한다. 시간이 지남에 따라 내담자는, 이 접근법을 통해 생각을 바꾸면 건강한 정서가 형성되고 자신이 외부 사건이나 상황의 희생자가 아니라는 것을 알게 된다.

REBT의 유명한 '수치심 공격 기법(shame-attacking technique)'은 다른 사람의 인정을 필요로 하는 사람, 다른 사람의 의견에 따라 자신의 가치를 판단하는 사람, 극심한 수줍음이나 사회공포증을 경험하는 사람에게 특히 유용하다. 내담자는 공공장소에서 이상한 모자나 옷을 입거나 노래를 하는 등 다른 사람의 관심을 끌 수 있는 행동(위험하지 않은 행동!)을 하면서, 다른 사람의 시선은 자신에 대한 가치 평가와 아무런 관련이 없다는 것을 자신에게 상기시키는 활발한 자기 대화 훈련을 한다.

상담 회기 중에 상담자와 내담자가 역할극을 하는 것도 도움이 될 수 있다. 상담자가 내담자 역할을 하면서 내담자의 문제(역기능적 감정)와 관련 있는 태도와 신념을 표현하면, 내담자는 이러한 신념에 이의를 제기하고 합리적이며 삶에 도움이 되는 신념을 생각해보도록 권하는 역할을 하게 된다.

4. REBT는 상담 현장에서 다양성, 다문화 및 사회정의 문제를 어떻게 다루는가?

REBT는 타인이 우리의 신념, 문화 또는 선호를 인정하든 인정하지 않든 무조건 수용하는 것의 중요성을 강조한다. 연구에 따르면, REBT는 다양한 문화, 성 정체성, 종교를 가진 사람들을 돕는 데 효과적이라는 사실이 입증되었다. REBT는 내담자 개인의 문화 · 정체성 · 종교 속 관습과 금기에 주의를 기울이고 신중하게 반응하면서 삶을 개선하는 선택과 목표를 지원한다. REBT는 편견과 괴롭힘의 피해자인 내담자를 돕는 데 효과적이다. 내담자를 대하는 태도와 직접 관련된 REBT의 구성요소 몇 가지를 들자면, 자신 · 타인 · 삶에 대한 무조건적 수용, 바꿀 수 없는 것에 대한 인정, 자신과 타인에 대한 관심 등이 있다. 내담자는 잘못을 저지른 사람 자체를 수용하는 것이 그들의 나쁜 행동을 받아들이거나 승인하는 것을 의미하지 않는다는 것을 배운다. REBT는 사람들이 가능한 정의를 추구하되 불가능할 때도 있다는 것을 인정하고, 삶이 때때로 불공평할 수 있다는 것 또한 인정하도록 유도한다. 내담자가 견뎌야 했던 무례함과 불공평함에도 불구하고 자신이 할 수 있는 일은 하되 할 수 없는 일은 받아들이고, 과거나 현재의 힘든 일을 포함하여 감사할 수 있는 일을 매일 기억하는 데 집중하도록 훈련시킨다.

5. REBT를 단기 상담(또는 시간제한 상담)에 어떻게 적용할 수 있는가?

REBT는 내담자가 문제의 근본 원인을 파악하도록 돕고, 문제의 제거와 재발 방지에 도움이 되는 여러 종류의 단순하면서도 명확한 기법을 제공한다는 점에서 단기 접근법으로 매우 효과적이다. REBT는 내담자에게 심리교육과 진정성 있고 열정적인 격려를 제공하는데, 특히 상담자는 내담자에게 건강한 변화를 만들고 유지하려면 지속적인 노력이 필요하다는 점을 강조한다. 6회기 미만으로도 불안, 우울증 및 기타 정서 문제를 다루는 데 효과적인 것으로 나타났으나, 이러한 효과를 유지하려면 일상생활에서 지속적으로 노력해야 한다는 점 또한 인식할 필요가 있다. 특히 이중 진단을 받은 내담자나 경계선 성격장애, 강박장애 또는 중독 행동으로 고통받는 내담자 등 복잡한 문제를 가지고 있는 내담자는 오랜 기간 REBT를 받아야 한다.

6. 당신의 관점에서 볼 때, REBT의 현재와 미래는 어떠한가?

현재 REBT는 소외되고 무시당하는 것 같다. 많은 사람들이 CBT를 선택하고 있는데, 앨버트 엘리스가 그랬던 것처럼 CBT와 전체 상담 분야에 대한 REBT의 특별한 공헌이 무시되거나 잊히지 않기를 바라는 것이 내 바람이다. CBT에 대한 방대한 연구가 CBT를 더욱 주목하게 만들지만, 그 연구는 REBT를 지지하는 것이기도 하다. 더 많은 학교에서 더 많은 아이들에게 REBT를 적용하고, 그 풍부한 효능을 입증하는 연구가 더 많이 수행되며, 더 많은 상담학도들이 REBT를 자세히 공부하고, 더 많은 상담자들이 REBT를 활용하게 되기를 바란다. 이렇게 되면 더 많은 사람들이 일상생활에서 REBT의 원리를 적용해볼 수 있는 기회를 갖게 될 것이다.

REBT 관점에 관한 토론 질문

1. 여러분이 내담자가 되어 '수치심 공격 훈련'을 한다면 어떨지 상상해보라. 여러분이 상담자라면 관련 문제가 있는 내담자에게 '수치심 공격 훈련'을 제안할 의향이 있는가?
2. 여러분이 내담자라면, REBT 상담자와 작업하는 것을 얼마나 편하게 느낄 것 같은가?
3. 데비 조페 엘리스 박사는 다음과 같이 말했다. "REBT는 자신의 생각을 점검하고 비합리적인 신념을 찾아내 이의를 제기하여 합리적인 신념으로 이를 대체하도록 훈련한다. 그렇게 함으로써 우리는 삶을 향상시키는 감정을 만들어 낼 수 있다." 그렇다면 잘못된 신념을 찾고 나서 그 신념에 이의를 제기하는 구체적인 방법에는 어떤 것이 있을까?

에런 벡(Aaron Temkin Beck, 1921-2021)은 로드아일랜드주 프로비던스에서 태어났다. 그의 어린 시절은 비록 행복했지만, 8세 때 찾아온 신체 질병으로 위협받았다. 그 결과 혈관 손상의 공포와 질식에 대한 두려움, 건강에 대한 근심에 사로잡히기도 했다. 벡은 개인적 경험을 타인을 이해하고 인지치료를 개발하는 데 활용했다.

브라운 대학교와 예일 대학교 의과대학을 졸업하고 신경학자로서 수련을 시작했지만 수련의로 있는 동안 정신의학으로 전공을 변경했다. 벡은 프로이트의 우울증 이론을 타당화하려고 시도했지만, 연구 결과는 프로이트의 동기 모형과 우울을 '자신을 향한 분노'로 보는 견해를 반박하는 것으로 나타났다. 따라서 벡은 관찰 결과를 근거로 새로운 우울증 모형을 만들려고 시도했고 이로 인해 수년 동안 정신의학계 동료들로부터 배척되고 고립되는 고통을 겪었다. 벡은 지속적인 연구를 통해 우울증에 대한 인지이론을 개발했는데, 이 이론은 새롭고 포괄적인 개념을 담고 있다. 벡은 우울한 사람들의 인지에서 '인지적 왜곡(cognitive distortions)'이라 부를 수 있는 논리적 오류가 작동하고 있음을 발견했다. 벡의 이론에 따르면, 부정적 사고는 기본적으로 역기능적 신념 및 가정을 반영한다. 이 신념이 상황적 단서에 의해 촉발되었을 때 우울 방식이 작동하기 시작한다. 벡은 역기능적 사고를 수정하는 과정에서 내담자가 적극적인 역할을 할 수 있으며 그렇게 함으로써 정신건강 문제에서 벗어날 수 있다고 주장했다. 벡은 정신병리 영역과 인지치료(CT)의 활용에 관한 끊임없는 연구를 통해 미국 과학계에서 확고한 위치를 차지했다. 벡은 가장 영향력 있고 탄탄한 경험적 근거를 갖춘 심리치료 접근인 인지치료의 창시자다. 그는 과학자로서 심리치료와 자살 연구 분야에 끼친 공로를 인정받아 다양한 상을 수상했으며 노벨의학상 후보에 오르기도 했다.

벡은 1954년 펜실베이니아 대학교 정신의학과에 부임했으며 명예교수로 재직했다. 벡의 연구는 우울증에 대한 인지치료의 효율성을 확립했다. 그는 인지치료를 우울증, 일반화된 불안과 공포장애, 자살, 알코올중독과 약물남용, 섭식장애, 부부 문제와 대인관계 문제, 정신증적 장애, 성격장애 등에 성공적으로 적용시켰다. 또한, 우울증, 자살 위험, 불안, 자기개념, 성격에 대한 평가 척도를 개발했다.

벡은 연구를 수행하고 수련을 제공하는 벡 연구소의 창시자인데, 이 연구소는 현재 벡의 네 자녀 중 한 명인 주디스 벡(Judith Beck)이 운영하고 있다. 벡은 60년이 넘는 결혼생활을 통해 9명의 손자와 5명의 증손자를 두었다. 벡은 전 세계에 수만 명이 넘는 상담자들의 인지치료 기술을 발전시키는 데 주력했다. 그 결과 수많은 상담자들이 세계 각지에서 다양한 형태의 인지치료센터를 설립 운영하고 있다. 벡은 인지치료 공동체가 전 세계적으로 협력하며 온정적이면서도 강력한 힘을 가진 집단으로 성장하길 바라는 비전을 가지고 있었다. 그는 100세의 나이로 생을 마감할 때까지 저술 및 연구 활동을 계속했다. 그는 24권의 책과 600편 이상의 논문, 여러 편의 저작물을 남겼다.

에런 벡에 대해 더 자세히 알고 싶다면 『에런 벡(Aron T. Beck)』(Weishaar, 1993)이나 『에런 벡: 마음, 사람, 멘토(Aron T. Beck: Mind, Man and Mentor)』(Padesky, 2004)를 보라.

주디스 벡(Judith S. Beck, 1954-)은 필라델피아에서 에런 벡의 둘째 딸로 태어났다. 그녀의 부모는 모두 전문 영역에서 두각을 나타낸 인물이었는데, 아버지는 '인지치료의 창시자'였으며 어머니는 펜실베이니아 고등법원의 첫 여성 판사를 지낸 인물이다. 어린 시절 벡은 교사가 되고 싶었고 그 결과 특수아동을 가르치는 일로 전문적인 직업 활동을 시작했다. 복잡한 주제를 쉽게 풀어내는 그녀의 능력은 학습이 어려운 아동을 교육할 때뿐만 아니라 이후 그녀가 몸담은 전문 활동 전반에서 드러난 특성이다.

벡은 대학원 과정에 입학해서 교육학과 심리학을 전공

했으며, 펜실베이니아 대학교 인지행동치료센터에서 박사 후 과정을 이수했다. 1994년 그녀와 그녀의 아버지는 필라델피아 인근에 비영리 벡 인지치료 연구소를 설립했고 현재 그녀는 이 연구소의 대표로 활동하고 있다.

벡은 미국 내뿐만 아니라 세계 곳곳을 다니며 인지행동치료를 전파하고 있으며 인지치료 프로그램을 개선하고 강화하는 다양한 기관을 지원하고 있다. 벡은 펜실베이니아 대학교의 임상 부교수로 재직 중이며 전 세계 인지치료 조직의 모체에 해당하는 인지치료 아카데미 설립에 주된 역할을 했다. 그녀는 인지치료에 관한 100편에 이르는 논문과 책을 썼는데, 대표적인 저서를 추천하면 다음과 같다. 『인지행동치료: 기초와 그 넘어(Cognitive Behavior Therapy: Basics and Beyond)』(2021), 『인지치료의 도전적 과제: 인지치료의 난제들(Cognitive Therapy for Challenging Problems: What to Do When the Basics Don't Work)』(2005), 『인지치료 워크북(Cognitive Therapy Worksheet Packet)』(2011)과 체중 감량과 유지 관리를 위한 인지행동 프로그램을 담은 전문서적도 있다.

주디스 벡은 3명의 자녀를 두고 있는데, 그중 한 명이 인지치료에 전문성을 지닌 사회복지사로 활동하고 있다.

에런 벡의 인지치료 학습목표 05

도입

에런 벡은 엘리스가 합리적 정서행동치료를 개발한 시점과 유사한 시기에 인지치료(Cognitive therapy: CT)를 개발했다. 벡과 엘리스는 그 당시 서로를 알지 못했고, 둘은 독립적으로 상담법을 개발한 것이다. 엘리스는 철학 교의에 기초해서 합리적 정서행동치료를 개발한 반면, 벡은 경험적 연구에 기초해서 인지치료를 개발했다(Padesky & Beck, 2003). 합리적 정서행동치료처럼 인지치료도 교육과 예방을 강조하지만, 특정 문제에 최적화된 구체적 기법을 사용한다. 인지치료의 특수성 덕분에 상담자는 평가와 개념화, 상담 전략을 체계적으로 연결해서 활용할 수 있다.

에런 벡(1963, 1967)은 우울증을 위한 근거중심치료 개발에 착수했는데, 경험적 연구를 통해 이론적 구성개념을 검증했고, 우울증에 적용되던 기존 심리치료 및 약물치료와 인지치료의 효과를 비교하기 위해 통제된 결과 연구를 수행했다. 전 세계에 있는 동료 연구자들 역시 벡의 신중한 경험적 접근을 따랐다.

근거중심 인지치료 접근은 우울증을 포함하여 공황장애, 사회불안, 공포증, 외상 후 스트레스 장애, 조현병 및 기타 정신증, 건강염려증, 신체이형장애, 섭식장애, 불면증, 분노 문제, 스트레스, 만성 통증 및 피로, 암과 같은 일반적인 의학적 상태로 인한 고통 등에 광범위하게 적용되었다(Hofmann, Asnaani, Vonk, Sawyer, & Fang, 2012; White & Freeman, 2000).

우울증에 대한 벡의 초기 연구에 따르면, 우울한 내담자는 인지적 왜곡을 통해 삶의 경험을 부정적으로 해석하는 경향을 가지고 있다(A. Beck, 1967). 이러한 이해는 벡으로 하여금 우울한 내담자를 상담할 때 부정적 생각을 자각하고 변화시키도록 돕는 것이 효과적이라고 믿게 만들었다. 엘리스와 다르게 벡은 부정적인 생각이 우울증의 유일한 원인은 아니라고 생각했다. 벡의 연구에 따르면, 우울증은 부정적인 생각뿐만 아니라 유전적, 신경생물학적, 환경적 변화 요인에 의해서도 발생한다. 벡의 초기 업적 중 하나는, 누군가 우울증에 걸렸고 아직 그 이유를 알지 못한다 하더라도 자신(자기 비난)과 세상(비관주의), 미래(무망감)에 대한 부정적 관점, 즉 인지삼제(negative cognitive triad)라 부르는 비합리적 신념을 가지고 있을 것이라는 예측이 가능하도록 해준 것이다. 벡은 부정적 생각이 우울증 발생의 원인이 아닌 경우에도 인지삼제로 인해 우울증이 지속된다고 믿었다(Beck, 1967; Beck et al., 1979).

인지치료(CT)는 합리적 정서행동치료 및 행동치료와 유사점이 많다. 이 상담법은 모두 활동적이고 지시적이며 단기 접근을 지향하고 현재 중심적이며 문제 지향적이고 협력적이며 구조화되어있고 경험적이다. 모두 과제(회기 외 연습)를 수행해야 하며 내담자 스스로 문제 및 관련 상황을 파악할 수 있어야 한다(Beck & Weishaar, 2019). 합리적 정서행동치료와 유사하지만, 행동치료와는 다르게 인지치료는 경험을 어떻게 지각하고 구조화했는지에 따라 각 개인이 느끼고 생각하는 방식이 결정된다는 이론적 가정에 근거하고 있다. 인지치료의 이론적 가정은 (1) 내적 의사소통은 내성법을 통해 접근 가능하고, (2) 내담자의 신념은 개인적으로 매우 의미가 있으며, (3) 이 의미는 상담자가 해석해주거나 가르쳐주지 않아도 내담자가 스스로 발견할 수 있다(Weishaar, 1993).

벡은 초기에, 불안이나 우울, 분노 문제를 가지고 있는 사람들에게 동일한 철학적 원리를 교육했던 엘리스와 다르게 문제별로 특화된 상담 프로토콜을 만들었다. 이와 같은 차이에도 불구하고 현재 행동치료나 합리적 정서행동치료, 인지치료를 활용하고 있는 임상가들은 서로에게서 배우고 있으며, 임상 현장에서는 각 학파가 활용하고 있는 기법이 공유되고 있다. 오늘날 가장 권장되는 방식은 그 기원이 어디에 있든 간에 연구를 통해 특정 문제에 가장 효과적인 것으로 밝혀진 '근거중심 실무'를 제공하는 것인데, 예를 들어 공포증을 치료할 때는 행동 기법이 권장되고 공황장애를 치료할 때는 인지 기법이 권장된다. 많은 상담자는 본인이 초기에 행동치료와 합리적 정서행동치료, 인지치료, 그 어느 것으로 훈련받았는지에 관계없이 스스로 인지행동치료 상담자로 규정한다.

포괄적인 인지 모형

인지치료에 관한 지난 50년간의 연구와 임상 경험을 근거로 벡은 정신증과 물질 사용을 포함하여 우울증과 불안장애 상담을 위한 인지치료 원리를 담은 포괄적 인지 모형(generic cognitive model)을 제안했다(Beck & Haigh, 2014). 적응적 인간 반응과 심리적 문제 사이의 관계를 살핀 후 벡은 포괄적 인지 모형이 "유일하게 경험적 근거를 갖춘 보편 정신병리 이론"(p. 21)이라고 믿게 되었다. 포괄적 인지 모형은 심리적 문제에 관한 종합적인 이해의 틀을 제공하는데, 지금부터 핵심 원리를 소개하고자 한다. 벡은 인간의 인지와 행동, 정서를 가능한 한 정확히 이해하기 위해 동료 연구자들이 포괄적 인지 모형의 구성요소를 탐색해보도록 격려했다. 지금부터 포괄적 인지 모형을 구성하고 있는 주요 원리에 대해 살펴보자.

심리적 고통은 인간의 정상적인 적응 기능이 과도하게 활동해서 발생한 것으로 이해할 수 있다. 사람들이 정상적으로 기능할 경우에는 여러 상황에서 다양한 정서를 경험하며 적응적인 방향으로 문제를 풀어가고 목표를 성취하며 위험으로부터 자신을 보호할 수 있게 행동한다. 때때로 관계를 단절하고 통제할 수 없는 상황으로부터 벗어나며 답을 찾기 위해 고민하는 것은 정상적이다. 이와 같은 정상적인 정서 및 행동이 너무 자주 나타나서 기질과 같이 될 경우 심리적 장애가 발생하기 시작한다. 예를 들어, 어떤 사람이 대부분의 시간을 근심하면서 보내기 시작하면, 일반적으로 사람들이 쉽게 넘어가는 상황에서도 그는 범불안장애 증상을 보일 수 있다.

잘못된 정보처리는 적응적 정서 및 행동 반응을 과도하게 만드는 주요 원인이 될 수 있다. 우리의 생각은 정서적 반응과 행동, 동기와 직접 연결된다. 어떤 일에 대해 오류가 있는 뒤틀린 방식으로 생각할 경우, 정서나 행동 반응 역시 과도해지거나 뒤틀릴 것이다. 벡은 일반적인 인지적 왜곡의 유형을 구분하여 소개했다.

- **근거 없는 추론**(arbitrary inference)은 지지할 만한 적절한 증거 없이 결론에 도달하는 것이다. 이는 대부분의 상황에 대해 '파국' 혹은 극단적 시나리오를 생각하는 것이다. 예를 들어, 여러분은 유능한 상담자가 될 수 없을 거라는 확신을 가지고 상담자로서의 첫 직무를 시작할 수도 있다. 여러분은 교수님을 속여서 그럭저럭 성적을 받을 수 있었지만, 지금은 사람들이 여러분을 꿰뚫어볼 것이라고 확신하고 있을 수도 있다.
- **선택적 추론**(selective abstraction)은 경험의 일부를 근거로 결론을 내리는 것으로, 이 과정에서 다른 정보가 무시되고 전체적 맥락의 중요성이 간과되기도 한다. 문제가 되는 기본 가정은 실패와 박탈에 관한 것이다. 예를 들어, 성공이 아니라 약점과 실수를 기초로 상담자인 자신의 가치를 평가하는 경우를 들 수 있다.
- **과잉 일반화**(overgeneralization)는 단 하나의 사건을 근거로 형성된 극단적 신념을 다른 상황이나 장면에 부적절하게 적용하는 것이다. 예를 들어, 어떤 청소년을 상담하면서 어려움을 경험한 후 청소년 상담에는 소질이 없다는 결론에 이르거나, 더 나아가 상담 자체에 소질이 없는 것 같다는 결론을 내리는 경우에 해당한다.
- **확대와 축소**(magnification and minimization)는 어떤 경우나 상황을 실제 가치보다 크게 또는 작게 지각하는 것이다. 예를 들어, 상담할 때 행한 작은 실수가 내담자를 위기에 빠뜨렸다고 믿거나 내담자에게 심리적 손상을 입혔다고 추측하는 경우를 들 수 있다.
- **개인화**(personalization)는 관련지을 만한 근거가 없는데도 외적 사건과 자기 자신을 관련짓는 경향성이다. 내담자가 두 번째 회기에 오지 않은 경우, 첫 회기에서 자신이 잘못했기 때문이라고 믿는 경우를 예로 들 수 있는데, 여러분은 자신에게 이렇게 말

할지도 모른다. '이것은 내가 내담자를 실망시켰고 다시는 도움을 청하지는 못하게 만들었다는 증거다.'

- **꼬리표 달기와 낙인찍기**(labeling and mislabeling)는 불완전성과 과거 실수에 근거해서 정체감을 묘사하고 이를 자신의 진정한 정체감으로 정의하는 것이다. 예를 들어, 내담자의 기대에 부응하지 못했다는 생각이 들 때 이렇게 생각하는 것이다. '나는 전혀 가치 없는 인간이고 지금 당장 상담자 자격증을 반납해야 해.'
- **이분법적 사고**(dichotomous thinking)는 경험을 어느 한 극단으로 범주화하는 것이다. 이 극단적 사고를 하게 되면 경험을 흑백논리에 따라 분류하게 된다. 예를 들어, 완벽하고 유능한 상담자(항상 모든 내담자에게 성공적으로 상담한다)가 될 수 없다면, 그저 실패자일 뿐이라고 생각하는 경우를 들 수 있다(실수는 절대 용납할 수 없다).

신념은 우리가 어떤 심리적 고통을 경험할지를 결정하는 주요 요소다. 정서장애 및 행동장애는 해당 문제를 유발하는 독특한 신념을 내포하고 있다. 대학에 지원했지만 합격하지 못한 두 명의 학생이 있다고 가정해보자. 한 명은 우울해졌고 다른 한 명은 불안해졌다면, 우울해진 학생은 '나는 실패했어.', '내 미래는 암울해.', '나는 절대 의대에 갈 수 없을 거야.'와 같은 생각을 했을 가능성이 크다. 반면, 불안해진 학생은 '내가 그 대학에 합격하지 못한 걸 사람들이 알면 나를 깔볼 거야.'(부정적 결과에 대한 과대평가), '사람들에게 뭐라고 말해야 할지 모르겠어.'(대처 능력에 대한 과소평가), '다른 의대에 지원해 봐야 소용없을 거야.'(자원에 대한 과소평가)와 같은 생각을 했을 가능성이 크다.

인지치료의 핵심은 '신념의 변화가 행동과 정서의 변화를 수반한다.'라는 경험적으로 뒤받침되는 관찰이다(Beck & Haigh, 2014, p. 14). 앞에서 예로 든 학생들이 처음 선택한 대학에서 입학하지 못한 경험을 다르게 해석할 수 있다면 그들의 우울과 불안은 감소할 것이다. 즉, 첫 번째 학생의 경우, 불합격 통보를 받았을 때 '좀 더 준비된 학생들이 지원했던 모양이군. 내가 불합격했다고 해서 완전히 실패한 건 아니야. 내겐 다시 도전해볼 기회가 있어.'라고 생각한다면 우울한 기분은 감소할 것이다. 유사하게, 불안을 경험한 두 번째 학생도 '내가 처음으로 선택한 의대에 입학하지 못한 것이 얼마나 실망스러운지 다른 사람들에게 이야기할 수 있어. 당연히 나를 부정적으로 보는 사람들도 있겠지만, 나를 진심으로 아끼는 사람들은 누구나 실패할 수 있다고 말해주며 오히려 나를 격려해줄 거야.'라고 생각한다면 불안한 기분은 감소할 것이다.

신념이 바뀌지 않는다면 임상적 증상이 재발할 가능성이 크다. 물론 상담을 받지 않거나 신념을 바꾸지 않더라도 우울하거나 불안한 기분을 떨쳐버리고 일상의 건강한 기능 상태를 회복할 수 있다. 그러나 기본적인 신념이 변하지 않았다면 새로운 스트레스 상황이나 실망스러운 일이 발생했을 때 심리적 문제가 다시 찾아올 가능성이 크다. 우울증과 불안장애 치료에 인지치료나 인지행동치료를 적용한 장기 추적 연구에 따르면(DeRubeis, Keefe, & Beck, 2019) 다른 치료법에 비해 재발률이 제일 낮은 것으로 나타나는데, 이는 인지기법이 근본적인 신념의 변화를 일으켰기 때문으로 해석된다. "인지치료 기술은 분명 치료적 변화를 위한 가장 잘 확립된 도구 중 하나다"(DeRubeis, Keefe, & Beck, 2019, p. 240).

인지치료의 기본 원리 학습목표 06

인지치료에 따르면, 심리적 문제는 일상에서 작동하는 인지적 왜곡의 결과가 누적되어 발생한다. 합리적 정서행동치료처럼 인지치료는 비현실적인 생각과 부적응적인 신념을 자각하고 변화시키는 것을 강조하는 심리교육적 요소를 내포한 통찰중심치료다. 내담자는 상담자와 협력하여 회기 중에 학습 및 연습을 하고, 일상생활에 돌아가서도 숙제를 통해 훈련을 지속하게 된다(Kazantzis et al., 2017). 인지치료의 목적은 내담자가 자신의 생각과 행동, 정서를 변화시키고 지속시키는 데 활용할 수 있는 실용적 기술을 학습하도록 돕는 것이다. 인지치료는 기술 기반 접근 방식이기 때문에, 상담이 종결된 후에도 내담자 스스로가 습득한 지식(인지 모형)과 기술을 활용하여 어려운 상황에 효과적으로 대처할 수 있게 된다(DeRubeis et al., 2019).

인지치료를 통해 내담자는 자신이 가지고 있는 역기능적인 생각을 확인하는 방법을 배운다. 내담자가 인지적 왜곡을 확인하고 나면 그 생각과 관련된 증거를 검토하여 수정 여부를 판단하게 된다. 핵심 신념을 비판적으로 검토하는 과정에는 소크라테스식 대화에 적극 참여하기, 신념을 경험적으로 검증하고 과제 수행하기, 내담자의 가정에 관한 자료 수집하기, 활동 기록하기, 대안적 해석하기 등이 포함된다(Dattilio, 2000; DeRubeis et al., 2019; Tompkins, 2004, 2006). 상담 초기부터 내담자는 자신의 행동에 대한 가설을 세우고 구체적인 문제해결 기술이나 대처 기술을 배운다. 상담자의 안내를 받으며, 내담자는 자신의 생각과 행동 및 정서 간의 연관성을 통찰하게 된다.

인지치료는 내담자가 어떤 진단을 받았는지에 관계없이 현재 문제를 강조한다. 핵심 역기능적 신념이 언제, 어떻게 형성되었는지 확인해야 할 경우와 이 신념이 개별 도식에 어떻게 영향을 주는지 확인해야 할 경우 상담자는 내담자의 과거를 다룰 수 있다(Dattilio, 2002). 단기치료적 속성을 가진 인지치료의 목표는 내담자의 증상을 완화시키고 가장 고민스러운 문제를 해결할 수 있도록 지원하며 문제 유지에 기여하는 신념과 행동의 변화를 촉진하고 재발을 예방할 수 있는 전략이나 기술을 가르치는 것이다.

인지치료와 합리적 정서행동치료의 차이점 벡의 인지치료와 합리적 정서행동치료는 체계적인 현실 검증을 강조한다. 내담자는 상황을 잘못 해석했다는 사실을 경험적 수준에서 깨닫게 된다. 그러나 합리적 정서행동치료와 인지치료는 몇 가지 중요한 차이, 특히 상담 기법과 양식에서 차이가 있다.

합리적 정서행동치료는 매우 지시적이고 설득적이며 직면적이다. 또한 상담자의 가르치는 역할을 중요시한다. 상담자는 합리적으로 생각하는 모형이 되고 내담자로 하여금 비합리적 신념을 발견해 논박하도록 돕는다. 반면에, 인지치료는 소크라테스식 대화를 이용해 개인적 주제를 되돌아보고 자신만의 결론에 도달하게 하는 목표를 이루기 위해서 내담자에게 개방형 질문을 한다. 인지치료는 합리적 정서행동치료와 달리 내담자 스스로 잘못된 생각을 찾아내 확인하도록 격려하는 것을 강조한다. 인지치료는 협력적 경험주의(collaborative empiricism) 원칙을 기초로 사려 깊은 질문을 통해 상담자와 내담자가 협력하여 신념(생각)의 타당성을 검토한다. 치료적 변화는 내담자가 모으고 평가한 증거와 신념이 서로 상반됨을 알아차릴 때 나타난다.

엘리스와 벡이 오류를 보는 관점에서도 차이가 나타난다. 합리적 논박 과정을 통해 엘리스는 내담자가 신념 중 일부를 비합리적이며 역기능적인 것으로 보도록 설득한다. 벡의 관점에 따르면, 내담자의 왜곡된 신념은 비합리적 신념뿐만 아니라 **인지적 오류**에 의해서도 발생한다. 벡은 내담자에게 자신의 신념이 타당한지 스스로 검토해볼 수 있도록 행동 실험을 요구한다(Beck & Weishaar, 2019). 벡의 관점에 따르면, 사람들은 규칙(전제나 공식)에 따라 살고 있다. 비현실적 규칙에 따라 분류하고 해석하고 평가할 때 또는 부적절하거나 과도하게 규칙을 사용할 때 어려움에 빠지게 된다. 자신을 불행으로 이끄는 규칙에 따라 살고 있다는 결론에 내담자 스스로 도달하게 되면, 상담자는 대안 규칙을 교육하는 것이 아니라 내담자 스스로 그 대안을 생각해보도록 격려한다. 인지치료는 내담자의 참조체계를 확인하는 것에서 시작하며, 상담자는 그 신념 체계의 타당성에 대한 증거를 지속적으로 요구한다.

상담자와 내담자의 관계

상담관계는 인지치료의 기초가 된다. 에런 벡에 따르면, 효율적인 상담자가 되기 위해서는 기술적 능력과 함께 공감 능력과 민감성을 가져야 한다(A. Beck, 1987). 인간중심 접근에서 로저스가 말한 핵심 상담 조건이 **충분조건은 아니지만**, 인지치료 상담자가 최고의 상담 효과를 얻기 위해 필요한 조건이다. 특히 까다로운 내담자와 작업할 때, 인지치료의 첫 번째 단계는 상담관계를 형성하는 것이다. 작업 동맹을 형성하지 못하면 상담 기술의 효과를 보기 어렵다(Kazantzis et al., 2017). 이 관계는 상담자와 내담자가 내담자의 문제해결에 대해 동등한 책임을 지는 협력적 관계로 설정된다(DeRubeis et al., 2019). 상담자는 반드시 인지 중심의 사례개념화를 해야 하며, 창조적이고 적극적인 자세를 취해야 하고, 내담자로 하여금 소크라테스식 문답 과정에 참여하도록 격려해야 하며, 내담자 스스로 자기발견을 통해 변화에 이르도록 돕는 인지적이고 행동적인 전략에 익숙해져야 한다(Beck & Weishaar, 2019).

인지치료 상담자는 항상 능동적인 자세로 내담자와 상호작용하여 검증 가능한 가설 형태로 생각과 신념을 다루고 결론에 이르도록 도와야 한다. 상담자는 내담자의 신념과 태도가 감정과 행동에 어떻게 영향을 미치는지 이해하도록 돕는 분석가와 지도자 역할을 한다. 내담자는 자신이 가지고 있는 생각 중에서 왜곡된 부분을 확인하고 상담 과정을 통해 핵심을 요약하며, 실행하기로 약속한 과제를 수행해야 한다. 인지치료 상담자는 내담자의 능동적인 역할을 강조한다. 내담자의 사고와 행동 변화가 지속되기 위해서는 내담자 스스로가 주도성을 가져야 하며 이해와 인식 증진을 위해 노력해야 한다(Beck & Weishaar, 2019; J. Beck, 2021).

인지치료 상담자는 구체적이고 측정 가능한 형태의 목표를 확인하고 내담자를 괴롭히는 핵심 영역을 직접 다룬다. 특히 상담자는 내담자에게 문제의 본질과 경과, 인지치료 상담 과정, 그리고 생각이 정서와 행동에 어떻게 영향을 미치는지 등에 대해 교육한다. 내담자를 교육하는 방법 중 하나로 독서치료를 들 수 있는데, 인지치료의 원리와 기술을 이해할 수 있는 보충자료를 읽도록 하는 것이다. 이와 같은 읽을거리는 상담의 보조 자료로 활용될 수 있고, 교육적 초점을 통해 상담 과정을 촉진하는 데 도움이 되는 형태로 설계할 수 있다(Dattilio & Freeman, 2007; Jacobs, 2008). 이와 같은 용도로 활용하기 좋은 자조(self-help) 관련 서적의 예로 『기분 다스리기(Mind over Mood)』(Greenberger & Padesky, 2016)를 들 수 있다.

과제(숙제)는 실제 삶에서 인지행동 기술을 연습해볼 기회를 제공하여 상담 효과를 촉진하기 때문에 인지치료의 일부로 자주 활용된다. 과제는 내담자에게 새로운 기술을 가르치는 것뿐만 아니라 자신의 신념을 일상 환경에서 검증해볼 수 있게 하는 데 그 목적이 있다. 과제는 일반적으로 내담자의 개방성을 증가시키는 실험 형태로 제시된다. 내담자의 욕구에 과제가 부합하거나 내담자가 직접 과제 선정에 참여했거나 상담 회기 중에 이미 과제가 시작되었거나, 과제를 완성하지 못했을 경우 생기는 문제에 대해 이야기를 한 경우 내담자가 과제를 수행할 가능성 이 더 높아진다(J. Beck, 2021). 내담자와 상담자가 협력적 방식으로 상호 동의하에 과제를 수행하는 것이 내담자와 상담자 모두에게 유익하다. 치료적 동맹 수준을 확인할 수 있는 지표 중 하나는 내담자가 과제를 얼마나 해오는지와 얼마나 잘하는지이다(Kazantzis et al., 2017).

인지치료의 적용

초기 인지치료는 우울증을 치료하기 위해 개발되었지만, 이후 다양한 연구를 통해 여러 정신장애에 적용되었다. 인지치료의 인기는 부분적으로 "이론적 틀에 대한 강력한 경험적 근거와 임상 집단을 대상으로 한 수많은 결과 연구" 덕분이다(Beck & Weishaar, 2019, p. 268). 인지치료에 관한 수많은 연구들이 이론적 기초의 타당성을 탐색했으며, 다양한 정신질환과 심리적 문제, 심리적 요소를 포함한 신체적 문제에 인지치료가 효과적인지 탐색했다(DeRubeis et al., 2019; Hofmann et al., 2012).

인지치료는 우울증 상담뿐만 아니라 불안장애, 대마초 의존, 건강 염려증, 신체이형장애, 섭식장애, 분노 문제, 조현병, 불면증, 만성 통증에도 효과적인 것으로 나타났고(Chambless & Peterman, 2006; Dattilio & Kendall, 2007; Hofmann et al., 2012; Riskind, 2006),

자살 시도 행동, 경계선 성격장애, 자기애성 성격장애, 조현 장애 등에도 유효했으며(Dattilio & Freeman, 2007), 성격장애(Pretzer & Beck, 2006), 약물 남용(Newman, 2006), 의학적 질병(Dattilio & Castaldo, 2001), 위기 개입(Dattilio & Freeman, 2007), 부부 및 가족 상담(Dattilio, 1993, 1998, 2001, 2005, 2010; Dattilio & Padesky, 1990; Epstein, 2006), 아동학대 대상자 및 이혼 상담, 기술 훈련, 스트레스 관리 등(Dattilio, 1998; Granvold, 1994; Reinecke, Dattilio, & Freeman, 2002)에도 유효한 것으로 나타났다. 특히 아동 및 청소년의 우울증과 불안장애의 경우 인지치료가 약물치료보다 더 효과적인 것으로 나타났다. 분명, 인지치료 프로그램은 다양한 유형의 내담자와 모든 연령대를 위해 설계되었다.

더하여 우울증과 불안장애에 대한 인지치료의 효과는 다른 치료에 비해 지속성이 높은데, 특히 행동치료와 함께 제공될 경우 긍정적 변화의 지속성이 높다. 인지치료를 잘 활용한 사람일수록 약물치료나 다른 치료적 개입을 받은 사람들에 비해, 재발 위험성도 낮은 것으로 나타났다(DeRubeis et al., 2019; Hollon et al., 2006).

인지 기법의 적용 벡과 웨이셔(Beck & Weishaar, 2019)는 인지 기법과 행동 기법 모두를 인지치료 상담자가 사용하는 일반적 절차의 일부로 본다. 인지 기법은 내담자의 신념을 확인하고 조사하며 그 기원을 탐색하여 내담자가 그 신념을 더 이상 지지할 수 없다면 바꾸도록 돕는다. 특히 인지치료에서 활용되는 행동 기법은 능동적인 계획 세우기, 행동 실험, 기술 훈련, 역할 연기, 행동 시연, 노출치료 등이다. 내담자가 가지고 있는 구체적인 문제의 본질이 무엇이든 간에 인지치료 상담자는 주로 내담자가 일상 사건을 재해석하고 자신의 목표와 가치에 따라 행동하도록 돕는 데 초점을 맞춘다.

치료적 접근 인지치료 회기의 길이와 과정은 매우 다양한데, 주로 어떤 진단을 받았는지에 따라 결정된다. 예를 들어, 우울증에 대한 인지치료는 일반적으로 16~20회기로 구성되며, 행동 활성화 기법으로 시작한다. 특히 내담자가 즐겁고 목표지향적이며 적극적인 활동을 할 때, 그 활동은 항우울제 효과를 낸다. 내담자는 하루 동안 자신의 활동과 관련된 기분을 평정해야 하고, 그 평정 결과는 이어지는 한 주간 기분을 전환시켜줄 활동을 찾는 데 활용된다. 우울한 기분이 개선되기 시작하면 상담자는 내담자의 부정적인 자동적 사고(thought record)를 기록하고 점검하는 사고 기록(automatic thought) 기술을 소개한다. 살펴본 증거가 자동적 사고를 지지하지 않을 경우, 내담자는 덜 우울한 대안적 해석을 찾아보는 방법을 배운다. 하지만 증거가 그 사고를 지지하는 것으로 나타난다면 내담자는 사고 속에 빠져 있기보다 그 문제를 해결할 수 있는 실행 계획(action plan)을 세우도록 도움을 받는다(Greenberger & Padesky, 2016). 상담을 종결하기 전에, 내담자가 재발 위험성을 높이는 완벽주의 가정('내가 실수를 한다면 나는 가치 없는 존재다.')을 하지는 않은지 점검해야 한다. 그 가정은 행동 실험을 통해 평가할 수 있는데, 예를 들어 완벽주의 성향이 있는 내담자라면 특정한 일을 할 때 의도적으로 실수를 저지른 후, 나머지 성과를 살펴보며 그

성과가 여전히 가치 있게 느껴지는지 평가해볼 수 있다.

대조적으로 공황장애를 위한 인지치료는 대부분 6~12회기 정도로 구성되며 신체감각에 대한 파국적 해석에 초점을 맞춘다(Clark et al., 1999). 내담자는 공황 발작을 촉발하는 감각 경험과 그 경험에 대한 파국적 해석을 확인하는 방법을 배운다. 예를 들어, 내담자는 '심장이 빠르게 뛰기 시작(감각 경험)하는 걸 보니 심장마비가 오는 것 같다(파국적 신념).'라고 생각할 수 있다. 상담자는 내담자가 두려운 감각 경험을 설명할 수 있는 대안적 가설을 만들어낼 수 있도록 돕는다. 예를 들어, 내담자는 '심장이 빨리 뛰기 시작하는 것은 위험한 게 아니야. 운동이나 불안, 카페인 혹은 다른 이유 때문에 그럴 수 있어. 심장은 근육으로 구성되어 있어서 일반적으로 운동을 하면 빠르게 뛰기 시작하고 그건 건강한 거라고 의사 선생님이 말씀하셨어.'라고 생각한다. 그 후 상담자는 회기 중 실시한 일련의 실험을 통해 내담자가 찾아낸 증거가 파국적 가설과 대안적 가설 중 어느 가설을 더 지지하는지 탐색하도록 돕는다. 이와 같은 과정을 통해 내담자가 대안적 가설을 더 신뢰하게 되고 일상에서 이와 같은 경험을 반복하게 되면 공황 발작은 줄어들거나 사라진다.

가족 상담 접근 인지행동 접근은 가족들의 상호작용 양상 및 가족관계와 인지, 정서, 행동 등에 초점을 맞춘다. 인지 이론은 상담 과정의 핵심 요인에 해당하며 핵심 신념으로 정의되는 도식(schema)을 강조한다(A. Beck, 1976; A. Beck & Haigh, 2014). 상담자는 가족들이 왜곡된 신념(혹은 도식)을 재구조화하여 역기능적 행동을 변화시킬 수 있도록 돕는다. 일부 인지치료 상담자는 '가족 도해(family schemata)'로 불리는 가족구성원 개인의 인지를 평가하는 것을 강조한다(Dattilio, 1993, 1998, 2001, 2010). 이것은 수년간 가족구성원들이 상호작용한 결과로 만들어진 것이며 가족 신념을 형성한다. 도식은 일반적으로 원가족으로부터 유래한 기대와 지각으로 직계 가족과 방계 가족 모두에게 영향을 미친다. 이 도식은 개개인이 가족체계 안에서 생각하고 느끼며 행동하는 방식에 큰 영향을 미친다(Dattilio, 2001, 2005, 2010).

다틸리오 박사가 인지적 원리를 적용하여 가족 도식을 수정하는 방식에 관한 구체적인 예를 보려면, 『통합적 상담: 사례 중심의 접근』(Corey, 2013) 8장에서 루스의 가족 상담을 위한 인지행동적 접근을 살펴보라. 인지행동 가족 상담의 근거 없는 믿음과 잘못된 개념에 대한 논의를 보고 싶다면 다틸리오(2001)를 참고하고, 가족 상담에 대한 인지행동적 모형을 개관하고 싶다면 다틸리오(2010)를 보라. 또한, 부부 및 가족과 함께 작업하기 위한 인지행동 접근법의 구체적인 응용 전략을 보고 싶다면 비터(2021)와 다틸리오(1998)를 참고하라.

청소년을 대상으로 한 인지행동 접근법을 학교 상담에 적용하기 학습목표 07

알렉스 벡넬(Alex Becnel) 박사는 캔자스 주립대학교 특수교육상담학과 조교수이자 학생상담센터 담당자이다. 그는 학교 상담자와, 청소년 및 그 가족을 전문적으로 돕는 현장 상담자로 활동한 경험이 있다.

인지행동치료(CBT)는 학교 환경에서 청소년들의 강점을 강화하는 데 효과적인 접근 방식이다. 발달 특성상 대부분의 청소년은 사고와 행동 모두에서 충동성이 나타난다. CBT는 천천히 생각을 점검하며 행동할 수 있는 기회를 제공함으로써 사춘기 학생들을 도울 수 있다. 시험에 낙제한 후 상담실을 찾은 학생을 생각해보라. 이 학생은 '이제 대학에 갈 수 없겠어!'라고 말할 수 있다. CBT의 협력적 경험주의 관점에서 학교 상담자는 개방형 질문을 통해 학생의 진술(생각)이 타당한지 검토해볼 수 있도록 안내할 수 있다. 학교 상담자는 학생 스스로 왜곡된 신념을 파악할 수 있도록 돕고, 보다 기능적인 신념으로 바뀌가도록 도울 수 있다.

많은 학교 상담자는 개인 상담 외에도 교실 기반 활동 및 소규모 집단 프로그램을 통해 학생들과 작업한다. CBT는 이러한 환경에 맞게 변형해서 활용하기 좋다. 대규모 교실 환경에서도 사춘기 학생들은 심리교육을 통해 CBT의 기본 원리를 학습할 수 있다. 내가 고등학교 교실에서 사용한 개입(활동) 중 하나는 '반응 게임'이었다. 이 활동 시간에 나는 학생들에게 시나리오를 제시하고 어떻게 반응할지 물어보곤 했다. 예를 들어, '누군가 내 차 앞에 끼어들면 어떻게 반응할까?'라고 묻는 식이었다. 학생들은 종종 상황에 맞지 않는 감정적 반응(예: '창문을 내리고 소리를 지를 거예요!')을 하곤 했다. 그런 다음 이러한 감정적 반응을 특정 생각('그 사람이 나를 무시했어요.')과 연결한 후, 그 생각과 반응에 따른 결과('나는 너무 화가 나서 수업에 집중할 수 없었어요.')에 대해 함께 논의했다. 이 간단한 대화를 통해 학생들은 자동적 사고가 어떻게 부정적인 결과를 초래할 수 있는지 알게 되며, 부정적인 감정적 반응을 하지 않을 수 있는 새로운 해석(생각)을 찾는 법을 배우게 된다('그 사람에게 급한 일이 있어서 비정상적으로 운전한 것일 수도 있어요.').

CBT는 학교 기반 집단 상담에서도 유용한 접근 전략으로 활용될 수 있다. 청소년은 또래의 피드백에 높은 가치를 두기 때문에, 학교 환경은 변화를 이끌어내는 데 이상적이다. 협력적 경험주의에는 여러 학생들과 동시에 협업하는 것도 포함될 수 있다. 예를 들어, 한 학생이 표현된 감정 뒤에 숨겨진 역기능적 신념을 파악하는 데 어려움을 겪고 있다면 집단 지도자는 다른 학생들에게 피드백을 요청할 수 있다. 또래로부터 새로운 관점을 듣는 것은 청소년들에게 큰 영향을 미치고, 잘못된 신념을 재평가하게 만들 수 있다.

고등학교 상담자인 나는 REBT가 아닌 벡의 인지치료 전략을 활용했다. 고등학교 환경에서 인지치료 접근의 강점 중 하나는 상담관계에서 위계 구조가 없다는 것이다. 학교에서 청소년은 힘(권한)을 행사하기 어렵다. 반면 교직원과 같은 성인 구성원들은 종종 규칙을 제시하고 학생들로 하여금 그 규칙을 따르도록 요구한다. REBT의 고도로 지시적인 특징은 청소년들에게 상담자를 또 다른 어른(선생님) 중 한 명으로 인식하게 만들 수 있다. 이러한 방식은 학생들을 위축시키고 학교 상담자와의 신뢰 관계를 해칠 수 있다. 반면 인지치료의 협력적 특징은 학교 상담자가 청소년 내담자에게 권한을 부여하여 스스로 자신의 사고 과정을 성찰하도록 인도하는 데 도움이 된다. 그러면 학생들은 책임감을 가지고 더 자유롭게 참여할 수 있게 된다. 청소년에게 인지 과제를 내줄 때는 주의를 기울여야 한다. 청소년기 학생들은 이미 학교생활의 일부로 숙제를 수행하고 있기 때문에, 이러한 활동이 '숙제'처럼 느껴지지 않도록 내용과 표현을 잘 구성해야 한다.

크리스틴 A. 파데스키

(Christine A. Padesky, 1953-)는 미국 중서부에서 태어나고 자랐다. 예일 대학교 학부생 시절 과학을 전공하던 중, 심리학 수업을 들으며 이 분야에 매료되어 과학과 사회 변화에 대한 관심사를 연결할 수 있는 방향을 모색하기 시작했다. 그 후 로스앤젤레스 캘리포니아 대학교의 임상심리학 박사과정에 진학하여 대학원 지도교수와 함께 우울증 증상의 성차에 관한 논문을 발표했고, 이 논문은 에런 벡의 관심을 끌게 된다. 벡과 파데스키는 결국 동료가 되었고, 벡은 이후 파데스키의 전문가로서의 삶에 멘토가 되었다(Padesky, 2004 참조). 1980년대에는 벡과 함께 전 세계를 돌며 20회 이상의 워크숍을 진행하기도 했다.

1983년 벡의 초청으로 파데스키는 미국 서부에 최초의 인지치료센터 중 하나를 개소했다(현재 캘리포니아주 헌팅턴 비치에 위치한다). 그녀는 이곳에서, 상담자 교육에 전념하고 있던 창의적이고 혁신적인 CBT 상담자 캐슬린 무니(Kathleen Mooney)를 만나게 된다. 두 사람은 함께 센터를 운영하며 많은 사람들을 훈련시켰고, 이 센터는 선도적인 국제 CBT 교육센터로 기능하고 있다. 파데스키와 무니는 건설적인 질문 활용, 내담자의 변화를 위한 상징과 은유의 활용, 내담자의 강점에 대한 강조 등을 통해 인지치료의 실무에서 많은 혁신을 이루었다. 이러한 혁신은 결국 '강점중심 CBT(Strengths-Based CBT: SB-CBT)'로 알려진 접근법의 토대가 되었다.

1995년에, 그린버거와 파데스키(Greenberger & Padesky, 2016)는 『기분 다스리기(Mind Over Mood: Change How You Feel by Changing the Way You Think)』라는 인지행동치료 기반 자기개발서를 출간하여 선풍적인 인기를 끌었다. 23개 언어로 번역되어 100만 부 이상 판매된 이 책은, 사람들이 전문가에게 의존할 필요 없이 스스로 기분을 개선할 수 있도록 인지행동 기술을 가르치고자 했던 파데스키의 꿈을 실현한 것이기도 하다.

파데스키는 전 세계를 돌며 강연과 워크숍을 진행하고 있다. 전 세계 상담자 및 클리닉의 상담자로 활동하며 강점중심 CBT를 평가하는 여러 연구 프로젝트에 참여하고 있다. 그녀는 『기분 다스리기』 외에도 4권의 CBT 관련 전문 서적과 다양한 논문 및 글을 집필했다. 최근 저서인 『기분 다스리기를 활용한 CBT 임상 가이드북(Clinician's Guide to CBT Using Mind Over Mood, Padesky)』(2020)에서 그녀는 100쪽이 넘는 분량의 상담자 · 내담자 대화 자료를 통해 CBT 실천의 비전을 자세히 설명하고 있다. 그녀는 탁월한 수준의 CBT 시연 영상과, 정신건강 분야 전문가 및 수련생을 위한 다양한 오디오 교육 프로그램 등을 개발하여 보급하고 있다. 파데스키의 YouTube 채널(YouTube.com/ChristinePadesky)에서는 현장 전문가를 위한 간단한 정보와 인터넷상 세미나를 무료로 제공하고 있다.

크리스틴 파데스키와 캐서린 무니의 강점중심 인지행동치료

도입

강점중심 인지행동치료(strengths-based CBT: SB-CBT)는 에런 벡의 인지치료를 기초로 크리스틴 파데스키와 그녀의 동료 캐서린 무니가 개발한 인지치료이다(Padesky & Mooney, 2012). 강점중심 인지행동치료는 에런 벡과 동료들에 의해 개발된 모든 원리와 근거중심 기술을 포함하고 있다. 제목이 시사하는 것과 같이 강점중심 인지행동치료는 상담 회기마다 내담자의 강점을 파악하여 통합하는 것을 강조한다. 강점중심 인지행동치료의 핵심 아이디어는, 내담자의 강점을 고양시키는 전략이 상담 효과를 높이고 변화를 위한 추가적 이점을 제공한다는 것이다.

강점중심 인지행동치료의 기본 원리 학습목표 08

기존 인지치료와 같이 강점중심 인지행동치료 역시 경험주의에 기초하고 있다. 그 의미는 (1) 상담자가 내담자의 이슈에 관해 이야기할 때 증거에 기초한 접근을 해야만 한다는 것과, (2) 내담자는 상담 과정 중에 구체성 있는 실제 경험을 기초로 객관적인 증거를 확인하는 노력을 기울여야 한다는 것이며, (3) 상담자와 내담자는 목표를 달성하기 위해 상호 협력하여 신념을 검증하고 새로운 행동 실험을 수행해야 한다는 것이다.

강점중심 인지행동치료는 초기 면접부터 강점을 각 상담 단계에 통합시킨다. 상담을 찾게 된 계기를 이야기한 후 강점중심 인지행동 상담자는 내담자 삶의 긍정적 측면에 대해 관심을 기울인다. 강점중심 인지치료 상담자는 다음과 같이 이야기한다. '저를 찾아오게 된 이유를 설명해줘서 고맙습니다. 힘든 시간을 보내셨겠습니다. 그럼에도 불구하고 당신의 삶을 풍성하고 행복하게 해준 경험이 있었을 것 같습니다. 괜찮으시다면 이야기를 해주실 수 있을까요? 그러면 제가 당신을 깊이 이해하는 데 도움이 될 것 같습니다.'

『협력적 사례개념화(Collaborative Case Conceptualization: Working Effectively With Clients in CBT)』(Kuyken, Padesky, & Dudley, 2009)라는 책은 상담 초기에 긍정적 관심과 강점에 대해 파악하는 것이, 상담자와 내담자가 협력하여 사례개념화 및 상담에 강점을 통합하도록 돕는 데 어떻게 활용될 수 있는지 설명하고 있다. 예를 들어, 내담자는 고통을 경험하고 있는 영역보다 흥미를 느끼고 있는 영역에서 발생한 문제에 더 회복력 있게 대처하고 있다는 것을 알게 되고, 그 대처 전략을 문제 영역으로 가져와 활용할 수 있게 된다. 우울한 내담자는, 거의 즐거움을 느끼지 못했던 시절보다 과거 즐거웠던 경험으로부터 기분 향상 활동을 찾아내는 것이 더 쉽다는 것을 배우게 된다.

강점중심 인지행동 상담자는 내담자가 세상과 긍정적인 방식으로 상호작용하는 새로운 방법을 배울 수 있도록 돕는다. 개인의 회복탄력성을 개발하고 강화하는 강점중심 인지행동치료 모형은 그 자체로 혹은 기존 근거중심 인지행동치료에 통합되어 다양한 정신건강 문제를 상담하는 데 활용할 수 있다(Padesky & Mooney, 2012). 강점중심 인지행동치료에 따르면, 변화에 저항하는 만성적인 문제를 가지고 있는 내담자의 경우에는 완전히 새로운 길을 찾는 것이 일부를 수정하거나 풀어내는 것보다 쉽다. 내담자가 공통으로 '새로운 패러다임'을 창조해내면 그것은 내담자의 존재와 새로운 삶을 위한 비전이 된다.

상담자와 내담자의 관계

벡의 인지치료처럼 강점중심 인지행동 상담자는 협력적이며 능동적이고 '지금 여기'를 강조하며 내담자 중심적인 태도를 취한다. 강점중심 인지행동 상담자는 내담자의 협력을 독려하며, 진솔하고 염려하는 마음으로 기꺼이 내담자의 전 존재 및 경험과 상호작용한다. 강점중심 인지행동 상담자는 '전문가'로서의 태도를 취하기보다 내담자의 능동적인 회복 및 성장 여정에 동참하는 호기심 가득한 지원자 혹은 가이드와 같은 자세를 취한다.

강점중심 인지행동치료 임상가는 내담자에게 긍정적인 경험과 부정적인 경험 모두를 기술할 수 있는 이미지와 비유를 활용하도록 요청한다. 언어적 기술보다는 이미지와 비유가 경험의 정서적, 인지적, 생리적, 행동적 측면을 포착하고 통합하는 데 유리하다. 신념과 문제를 재구성하는 것에 더해서 강점중심 인지행동치료는 소크라테스식 문답법(Socratic dialogue)의 구성주의적 활용을 강조한다. 강점중심 인지행동 상담자는 '당신은 어떻게 하고 싶습니까?', '당신의 삶이나 관계가 어떻기를 바랍니까?'와 같은 구성주의적 질문을 활용한다. 내담자가 반복되는 방식에 빠져 있다면 강점중심 인지행동치료는 그 방식의 순기능에 대해 교육하고, 내담자가 심지어 파괴적인 행동(예: 스트레스를 받을 때 회피하는 행동)에도 자기 보호 기능과 일종의 대처 기능('회피하면 정서적 안정을 되찾을 수 있다.')이 있다는 것을 이해하도록 돕는다.

강점중심 인지행동치료의 활용

현재 강점중심 인지행동치료가 내포하고 있는 세 가지 특징은 (1) 기존 인지행동치료를 발전시켰다는 것, (2) 회복탄력성 및 긍정적 특성을 개발할 수 있는 4단계 모형을 포함하고 있다는 것, (3) 만성적인 문제와 성격장애를 위한 새로운 패러다임을 제시했다는 것이다. 강점중심 인지행동치료는, 내담자가 문제성 기분(우울, 불안, 분노)과 행동(섭식장애, 물질오용), 혹은 또 다른 어려움(정신증, 건강염려증)을 해결하기 위해 찾아왔을 때, 이미 효과가 확인된 고전적인 인지행동치료 절차를 활용한다. 다만 강점중심 인지행동 상담자는 내담자가 자신의 강점을 확인하도록 돕고, 어떤 상담 전략을 선택할지 결정하는 데 그 강점을 활용하도록 돕는다.

회복탄력성 개발을 위한 4단계 모형은 긍정적 특성을 강화할 수 있는 틀을 제공한다(Padesky & Mooney, 2012). 4단계에는 (1) 탐색, (2) 구성, (3) 적용, (4) 실천이 포함된다. 파데스키와 무니는, 심리적 장애가 발생하는 경로는 몇 가지에 불과하지만 회복탄력성을 기르는 방법은 수천 가지에 이른다고 보았다. 따라서 파데스키와 무니는, 상담자가 특정한 방법을 가르치기보다 실제 삶에서 적용 가능한 방법을 내담자에게 직접 묻는 것이 바람직하다고 주장했다. 내담자를 동기화하는 일상의 활동이 바로 **강점 영역**이며, 이와 같은 강점을 탐색하는 것이 바로 모형의 첫 번째 단계다.

두 번째 단계에서는 일상의 활동을 할 때 만날 수 있는 장애물을 발견하고 그 장애물을 관리하는 방법을 배운다. 두 번째 단계의 전제는, 우리는 매일의 삶에서 장애물을 만난다는 것과, 심지어 즐거운 활동을 하고 있을 때도 장애물을 만나게 되는데, 그것을 자각하지 못하면서도 처리하는 경우가 많다는 것이다. 예를 들어, 조지프는 비디오 게임을 좋아한다. 그는 게임을 할 때 마주하게 되는 장애물(예: 게임 기계의 배터리 수명이 다 되었을 때)을 처리하는 다양한 전략을 가지고 있다. 조지프의 전략은 문제해결 기술 활용이나 친구에게 도움 구하기, 전에 이 일을 처리했던 방법이 무엇이었는지 회상하기, 에너지를 유지하기 위한 음악 듣기 등을 포함할 수 있다. 이러한 전략들로 구성된 것이 바로 회복탄력성의 개인 모형(Personal Model of Resilience: PMR)이다.

세 번째 단계는 조지프에게 회복탄력성의 개인 모형을 활용하여 좀 더 어려운 생활 영역(예: 데이트)에 회복탄력성을 활용할 수 있도록 창의성을 발휘하게 돕는 것을 포함한다. 조지프는 데이트 중에 사람을 만나는 것을 도울 수 있는 전략에 대해 계획한 후 이를 적용하여 이전 방식이 아닌 새로운 전략으로 다양한 데이트 문제를 해결해본다.

네 번째 단계는 여러 종류의 데이트 실험을 실시하여 회복탄력성에 초점을 유지하는 것을 훈련하고 실천하는 것이다. 이 상담 단계의 핵심은, 조지프의 목표가 데이트 성공에 있는 것이 아니라 '위기 상황에 회복력 있게 대처하는 것'을 목표로 설정하는 것이다. 그의 목표는 '회복탄력성을 유지'하는 것이기 때문에 긍정적인 데이트 경험을 더 많이 하게 될 것이다. 심지어 데이트가 성공적이지 않았더라도, 그는 회복력 있게 대처하므로 더 나은 기분을 느낄 수 있다. 이러한 경험은 조지프가 어떤 상황에서도 동기를 유지할 수 있도록 돕는다. 시간이 지날수록 그의 회복탄력성은 내구성(예: 문제해결, 친구로부터의 도움)과 수용성(예: 모든 데이트가 성공적일 수는 없고, 어떤 상황이든 음악을 즐길 수 있다는 것)을 통해 드러날 것이다.

같은 원리가 이타성이나 창조성, 용기 등과 같은 긍정적 특성을 기르는 데 적용될 수 있다. 핵심은 이미 그 특성이 활용된 일상에서 긍정적 특성을 찾아야 한다는 것이다. 예를 들어, 심지어 이기적인 사람도 애완동물이나 특정 인물에게는 친절을 베풀거나 관심을 기울일 수 있다. 일상의 경험으로부터 그는 'X에 대한 개인 모형(Personal Model of X)'(예: 이타성)을 찾아낼 수 있고, 그것을 다른 삶의 영역에 어떻게 적용하고 실천할지 고민할 수 있다.

강점중심 인지행동치료 활용의 마지막 유형은 만성적인 문제와 성격장애에 새로운 패러다임을 적용하는 것이다. 이러한 접근은 내담자에게 좀 더 포괄적인 형태로 새로운 느낌과 생각, 행동을 경험하고 시도해보도록 요청한다. 이 모형은 (1) 내담자에게 자신의 행동이나 증상의 기능성을 이해할 수 있도록 돕는 '옛 시스템' 개념화 단계, (2) 내담자가 지향해야 할 새로운 체계 구성 단계, (3) 원하는 방향에 맞춰 새로운 행동 실험을 촉진하고 새로운 태도 형성을 강화하는 단계, (4) 재발 관리 단계 등의 총 4단계로 이루어져 있다.

상담자는 옛 체계가 내담자의 학습을 방해하지 않는지 주의 깊게 살펴야 하기 때문에 새로운 패러다임에 익숙해야 한다. 상담자는 내담자가 모든 일상 경험을 통해 옛것이 아닌 새로운 체계를 학습할 수 있도록 도울 수 있어야 한다.

인지행동치료에 대한 전문가의 관점

다음 질문에 대한 답변은 캘리포니아 헌팅턴비치에 있는 인지치료센터의 공동 설립자이자 인지치료 아카데미의 저명한 창립 회원인 **크리스틴 A. 파데스키**(Christine A. Padesky) 박사가 제공하였다.

1. 인지행동치료(CBT)가 개인 상담 현장에 가장 크게 기여한 점은 무엇인가?

다양한 형태의 CBT가 가장 크게 기여한 바는, 이러한 치료법이 감정, 생각, 행동, 신체 반응 및 우리가 살고 있는 문화·환경과 관련된 인간의 고통을 이해하는 데 새로운 방향과 전략을 제시했다는 것이다. CBT 모형은 과학적으로 검증된 것이며, 이러한 모형을 기반으로 개발된 치료법 또한 그 효과가 입증된 것이다. 과학적 검증 과정을 통해 CBT는 각 정신건강 문제에 최적화된 형태로 발전하였고, 그러한 변화 과정은 기존 상담 및 심리치료 접근이 보여주지 못한 것이다.

2. 개인 상담 또는 치료 현장에 적용할 수 있는 인지행동치료의 특별한 핵심 개념 두세 가지는 무엇인가?

CBT의 핵심 원리는, 우리가 사건과 상황에 부여하는 의미가 우리의 행동과 감정적 반응을 결정한다는 것이다. 상담자는 내담자가 특정 상황에서 자신의 생각이나 심상을 알아차릴 수 있도록 돕고, 내담자가 자신의 반응을 더 잘 이해하여 변화를 위한 새로운 방향(해석)을 찾을 수 있도록 도울 수 있다.

두 번째 핵심 아이디어는, 각 내담자 또는 문제별로 CBT가 다룰 표적들이 구체화되어 있다는 것이다. 상담자는 내담자가 다루어야 할 핵심 주제를 스스로 찾도록 돕는다. 핵심 생각은 단어가 아닌 심상의 형태일 수도 있다. CBT를 공부하는 상담자는 다양한 문제 각각에 어떤 유형의 생각과 심상이 표적이 되는지 배운다. 예를 들어, 우울증은 자기 비판적, 비관적, 절망적인 자동적 사고를 표적으로 삼는 것이 가장 효과적이다. 불안장애의 경우, 내담자가 가진 위험 및 위협에 대한 근본적인 가정을 파악하여 표적으로 삼고, 두려운 사건에 대한 내담자의 대처 효능감을 높여줄 때 가장 빨리 치료된다.

3. 개인 상담을 하는 상담자가 활용하기 좋은 인지행동치료의 두세 가지 기법은 무엇인가?

첫째, 상담은 내담자와 상담자가 함께 노력하는 협력 작업이며 내담자에게 힘을 실어주는 과정으로, 결국 내담자 자신이 치료자가 될 수 있게 도와야 한다. 나는 내담자가 오늘 당장 기분이 좋아지길 바라지만 그 변화가 평생 지속될 수 있도록 힘과 기술을 배우기를 바란다. 치료의 각 단계(사례개념화, 회기 중 논의할 주제 선택, 치료 실행, 과제 수행)에서 내담자가 적극적으로 협력하도록 안내하고 스스로 치료자가 될 수 있도록 이끄는 것이 그 어떤 기술보다 중요하다.

둘째, 상담 과정에 상담자나 내담자의 편견이 개입되지 않도록 경험적 근거에 기초한 임상 지침을 따르는 것이 중요하다. 상담자는 (1) 연구 근거가 있는 효과적인 치료법을 배우고 (2) 내담자와 협력하여 구체적인 정보를 수집하며 내담자의 생각, 기분, 행동 및 신체 반응에 대한 관찰을 기록하고 이러한 것들이 특정 상황과 어떻게 연관되어 있는지 관찰하며, (3) 내담자의 삶에서 증거를 수집하여 새로운 생각과 행동을 시도할 때 어떤 일이 일어나는지 실험해볼 수 있도록 도와야 한다. 이 과정에 활용할 수 있는 전략으로는 소크라테스식 문답법, 자동적 사고 기록, 행동 실험 등이 있다.

4. 인지행동치료는 개인 상담 현장에서 다양성, 다문화 및 사회정의 문제를 어떻게 다루는가?

CBT는 내담자 개인의 의미체계를 다루기 때문에 대부분의 CBT 상담자는 내담자의 문화적 배경을 고려하여 작업한다. 유능한 CBT 상담자는 내담자의 문화가 주호소 문제에 어떤 영향을 미치는지 살피고, 내담자의 문화를 이해하기 위해 노력한다. 비교문화 연구에 따르면, 일반적으로 사고의 내용은 문화마다 다른 경우가 많지만, CBT 원리는 문화적 배경과 관계없이 일반화가 가능하다는 것이 밝혀졌다. 예를 들어, 뉴욕에서 심장이 두근거리는 경험을 한 내담자는 '내게 심장마비가 발생했다'고 생각하며 공황 발작을 경험할 수 있지만, 중국 시골에서 심장이 빠르게 뛰는 것을 경험한 내담자는 '낙태한 딸의 영혼이 나를 괴롭히고 있다'고 생각하며 공황 발작을 경험할 수 있다. 생각의 내용은 다르지만, 공황장애가 내부 감각에 대한 편향적 해석에서 비롯된다는 인지 이론은 두 경우 모두에 적용된다. 유사한 치료 방법이 두 내담자 모두에게 도움이 되겠지만, 문화적으로 적합한 방식으로 적용되어야 한다.

또한, CBT 전략은 억압과 차별에 시달리는 사람들이 공격이나 사회적 차별을 비인격화하도록 돕는 데 활용될 수 있다. 최근 몇 년 동안 CBT 상담자는 인종차별 외상이나 동성애 혐오증 등 모든 유형의 사회적 차별이 개인과 공동체에 미치는 장기적인 피해에 점점 더 많은 관심을 기울이고 있다. 사회적, 환경적 변화는 CBT의 목표가 될 수 있다. 특정 공동체(가족, 이웃, 직장, 학교, 국가)에 속한 사람들이 내담자에게 해를 끼치는 경우, CBT 상담자는 단순히 피해와 관련된 생각만 다루는 것이 아니다. 외상으로 인해 고통받는 내담자 스스로 자신을 보호할 수 있는 문제해결 방법을 찾도록 돕고, 해당 공동체를 떠나거나 변화시키기 위한 치료 목표를 설정하는 것이 내담자에게 유익한지 검토한다. 또한 CBT 상담자는, 타인을 억압하거나 해치는 사람들이 자신의 편견으로 인한 대가를 더 잘 인식하고 인종차별, 동성애 혐오 및 기타 타인에 대한 편향된 시선을 바꾸기 위해 노력하도록 도울 수 있다.

5. 인지행동치료를 단기 상담(또는 시간제한 상담)에 어떻게 적용할 수 있는가?

CBT는 전 세계 대부분의 선진국에서 가장 널리 활용되고 있는 단기치료이다. CBT는 가능한 한 짧은 회기를 선호하면서도 가장 효과적이고 그 효과의 지속성 또한 높은 치료법 중 하나다. 물론 필요한 치료 기간은 해결해야 할 문제에 따라 다르지만, 평균적으로 우울증 치료에는 12~20회기가 필요하다. 다만 내담자가 참여할 수 있는 회기 수가 더 적은 경우, CBT 상담자는 내담자가 항우울제 복용을 병행하며 가능한 만큼 CBT 기술 훈련에 참여할 수 있도록 안내한다. 대부분의 불안장애는 3~12회기 내에 다룰 수 있기 때문에 특히 단기 개입으로 볼 수 있다. CBT는 단일 회기로 진행되는 경우도 있는데, 이 경우 상담자는 내담자가 감정 조절에 도움이 되는 기술을 스스로 배울 수 있도록 『기분 다스리기』(Greenberger & Padesky, 2016)와 같은 자기개발서를 추천하기도 한다.

6. 당신의 관점에서 볼 때, 인지행동치료의 현재와 미래는 어떠한가?

CBT는 수십 년 동안 가장 인정받고 있는 상담 이론이자 기법이다. 우울증, 불안장애 및 기타 기분 문제로부터 약물 오남용, 섭식장애 및 기타 행동 문제에 이르기까지 광범위한 문제에 대해 가장 권장되는 치료법 중 하나다. 최근 연구에 따르면, CBT가 조현병을 포함한 심각한 정신건강 문제에도 효과적인 치료법이 될 수 있다는 사실이 밝혀지고 있다. 개인적으로 나는 앞으로 CBT 이론과 기법이 상담실을 넘어 공공 교육 및 예방 활동에 더 많이 활용되기를 바란다. 특히 아이들도 CBT 기법을 쉽게 배울 수 있기 때문에 청소년기와 성인기에 발생할 수 있는 다양한 문제를 예방하는 데 적극 활용되길 바란다. 나도 강점중심 CBT가 심리적 고통을 겪고 있는 사람들의 회복탄력성을 강화하는 데 도움이 된다는 것에 주목하고 있다. 마지막으로 나는 CBT의 핵심 주제(예: 협업, 근거중심치료 전략 선택, 내담자 기술 교육에 대한 강조)가 '효과적인 심리치료'의 핵심이 되어 모든 상담자에게 활용되는 날이 오기를 바란다.

크리스틴 파데스키 박사의 인지행동 관점에 관한 토론 질문

1. 파데스키 박사는 다음과 같이 말했다. "나는 내담자의 기분이 오늘 당장 나아지는 것뿐만 아니라 그 변화가 평생 지속될 수 있도록 기술을 익히길 바란다." 오늘 기분이 좋아지는 것 이상의 성과를 내도록 돕기 위해 내담자에게 어떤 기술을 적용할 수 있을까?
2. "CBT 전략은 억압과 차별에 시달리는 사람들이 본인을 향한 공격이나 사회적 차별을 비인격화하도록 돕는 데 활용될 수 있다." 억압이나 차별을 받는 사람들을 돕기 위해 어떤 CBT 전략을 활용할 수 있을까?
3. "치료 작업은 상담자와 내담자가 긴밀히 협력하며 진행하는 공동 작업이다." 이 관점을 받아들인다면, 내담자와의 협력적 관계를 증진하기 위해 구체적으로 무엇을 할 수 있을까?

Courtesy of Donald Meichenbaum, University of Waterloo, Department of Psychology

도널드 마이켄바움(Donald Meichenbaum, 1940-)은 뉴욕시(브롱크스)에서 출생했으며 세상 물정에 대해 이른 나이에 눈을 뜨게 되었고 위험한 환경 속에서 자랐다. 그는 뉴욕 시립대학교에 입학했고, 임상심리 전공의 박사학위는 일리노이 대학교에서 취득했다. 그 후 캐나다 온타리오에 있는 워털루 대학교에서 인지행동치료의 발전에 관한 연구를 수행했다. 그는 인지행동치료의 기초를 닦은 인물 중 하나이며, 임상가들이 뽑은 20세기 가장 영향력 있는 심리치료사 중 한 명이다. 그는 자살 예방에 관한 업적으로 미국심리학회 임상심리 분과에서 수여하는 공로상을 받았다. 1995년에 마이켄바움은 워털루 대학교에서 은퇴한 후 폭력을 줄이고 폭력 피해자를 상담하기 위해 과학적 재능을 공유하는 비영리 조직 '멜리사 폭력예방 연구소(Melissa Institute for Violence Prevention)'의 책임연구원으로 일하고 있다.

마이켄바움은 일상 이야기에 생각과 기분, 부연 설명 등을 더해준 어머니 덕분에 인지행동치료를 개발하게 되었다고 한다. 이와 같은 어린 시절 경험 덕분에 마이켄바움은 내담자가 어떤 삶을 살았고 '생존과 대처'를 위해 무엇을 했는지를 강조하는 구성주의적 이야기치료(constructivist narrative therapy) 관점을 갖게 되었다. 마이켄바움은 현재 아이팟(iPod)이라는 기기를 활용하여 회복탄력성을 보강하는 후속 서비스를 실시하고 있다. 상담이 성공적으로 끝났음을 확인할 수 있는 시점은, 내담자가 자신이 성취한 변화를 인정할 때라고 마이켄바움은 확신했다. 마이켄바움은 "내담자가 내 제안보다 한 걸음 더 앞으로 나아갔을 때, 내 상담은 가장 성공적이었다."라고 말했다(도널드 마이켄바움과의 개인적 교신, 2010년 10월 21일).

마이켄바움은 여러 권의 책을 출간했다. 『인지행동 수정-통합적 접근(Cognitive Behavior Modification: An Integrative: An Integrative Approach)』(1997), 『스트레스 면역 훈련(Stress Inoculation Training)』(1985), 『분노조절 문제와 공격 행동을 가진 개인을 위한 상담(Treatment of Individuals With Anger-Control Problems and Aggressive Behaviors)』(2002), 『회복탄력성 길라잡이: 군인, 트라우마 피해자 및 그 가족을 위한 가이드(Roadmap to Resilience: A Guide for Military, Trauma Victims and Their Families)』(2012). 그는 미국이나 캐나다, 그리고 국제무대에서 여러 차례 강연하였는데, 2013년 심리치료의 진화에 관한 콘퍼런스와 2014년 단기 상담에 관한 콘퍼런스에서 주요 강연자로 활동했다.

도널드 마이켄바움의 인지행동수정

도입

도널드 마이켄바움(Donald Meichenbaum, 2017)의 인지행동수정(Cognitive Behavior Modification, CBM)은 행동치료와 인지치료의 핵심 요소를 결합한 것이다. 인지행동수정의 기본 전제는, 행동 변화가 일어나기 위해서 내담자의 생각과 느낌, 행동, 그리고 자신이 다른 사람들에게 미치는 영향을 먼저 확인해야 한다는 것이다. 행동 변화가 일어나려면 도식화된 행동 반응을 멈추고 다양한 상황에서 자신의 행동을 재평가할 수 있어야 한다(1993, 2007). 마이켄바움(2017)은 치료관계의 질이 내담자의 긍정적 변화에 매우 중요하다고 생각하며, 치료 목표를 달성하는 데 필요한 기술을 개발하기 위해 내담자와 협력적인 방식으로 작업할 것을 강조한다. 상담자는 전문가가 가질 수 있는 편견이나 자만심을 내려놓고 내담자와 슈퍼바이저, 동료들로부터 지속적인 피드백을 받아야 한다.

이 접근은 합리적 정서행동치료나 벡의 인지치료와 마찬가지로 고통스러운 정서가 대개 부적응적 사고에서 나온 것이라고 가정한다. 합리적 정서행동치료는 비합리적 사고를 드러내고 논박하는 데 있어서 더 지시적이고 직접적인 반면, 마이켄바움의 **자기 지시 훈련**(self-instructional training)은 내담자가 자기 대화와 자신에 대한 이해의 틀을 인식하도록 돕는 데 더 초점을 둔다. 합리적 정서행동치료와 인지치료 모두 생각의 과정을 변화시키는 데 초점을 맞추는 반면, 마이켄바움은 생각보다 행동을 바꾸는 것이 더 쉽고 효과적이라고 주장한다. 또한, 인지행동수정에서는 우리의 정서와 생각을 동전의 양면으로 보는 입장을 취한다(느끼는 방식이 생각에 영향을 주는 것처럼 생각하는 방식도 느낌에 영향을 준다). 상담 과정은, 내담자가 마주하는 문제들을 좀 더 효과적으로 처리할 수 있도록 안내서를 수정하는 자기 진술(self-statement)을 교육하고 훈련하는 것으로 구성된다. 인지 재구조화(cognitive restructuring)는 마이켄바움(1977, 1993)의 자기 지시 훈련 접근에서 핵심 기능을 한다. 그는 인지구조(cognitive structure)를 사고의 조직화 측면에서 기술했으며, 그것이 사고의 선택을 관리하고 방향을 결정하는 것으로 보았다. 인지구조는 '실행 기제'를 의미하는데, 이것은 사고를 지속하거나 중단 변화시킬 시기를 결정하는 '사고 계획'을 담당한다. 더불어, 상담자와 내담자는 일상에서 마주할 수 있는 문제 상황 역할놀이를 통해 자기 지시와 바람직한 행동을 연습한다.

행동 변화 전략 학습목표 09

마이켄바움(1977)은 "행동 변화는 내적 언어, 인지구조, 행동과 그 결과의 상호작용을 포함하는 연속적 개입 과정을 통해 일어난다."(p. 218)고 말했다. 그는 세 가지 측면이 결합된 3단계 변화 과정을 기술했다. 그에 따르면, 한 가지 측면만을 강조하는 것은 충분하지 않을 수 있다.

- **1단계: 자기관찰.** 변화 과정의 시작 단계는 내담자가 자신의 행동을 관찰하는 방법을 학습하는 것이다. 상담을 시작할 때, 내담자의 내적 대화(internal dialogue)는 부정적 자기 진술과 상상이라는 특징을 보인다. 결정적 요소는 자기 자신을 경청하는 내담자의 의지와 능력이다. 이 과정에는 자신의 사고, 감정, 행동, 생리적 반응, 대인관계 반응에 대한 높은 민감성이 필요하다. 예를 들어, 우울한 내담자가 건설적으로 변하고 싶다면, 내담자는 먼저 자신이 부정적 사고나 감정의 '희생자'가 아니라, 오히려 스스로에게 하는 말을 통해 실제로는 우울의 발생에 기여하고 있다는 것을 깨달아야 한다. 자기관찰이 변화를 위한 필요조건이긴 하지만 충분조건은 아니다.
- **2단계: 새로운 내적 대화의 시작.** 내담자와 상담자의 초기 계약에 따라 내담자는 자신의 부적응적 행동을 알아차리는 것을 배우고, 적응적인 대안 행동에 주목하기 시작한다. 내담자가 자기 대화 방식을 바꾸기를 원한다면, 부적응적 행동과 양립할 수 없는 새로운 행동 훈련을 시작해야만 한다. 내담자는 심리적 고통이 인지와 정서, 행동의 상호의존성과 관련 있고 그 조합에 의한 결과물이라는 것을 배워야 한다. 내담자는 상담을 통해 내적 대화를 변화시키는 방법을 배우게 되고, 내담자의 새로운 내적 대화는 새로운 행동을 유도한다.
- **3단계: 새로운 기술의 학습.** 내담자는 생각과 감정, 행동이 서로 악순환의 고리를 형성하는 것을 끊는 법을 배우고, 상담자는 내담자의 자원을 동원하여 좀 더 적응적인 대처 방식을 활용할 수 있도록 교육한다. 내담자는 좀 더 효과적인 대처 기술을 익히고 실제 삶을 통해 훈련해야 한다. 다르게 행동함에 따라 내담자는 일반적으로 타인들에게 다른 반응을 얻게 된다. 내담자가 새롭게 획득한 행동과 그 결과에 대해 자신에게 말하는 것은 학습의 효과를 높이는 데 큰 영향을 미친다.

스트레스 면역 훈련 학습목표 10

내담자에게 대처 기술 프로그램(coping skills program)을 구체적으로 적용한다는 것은 스트레스 면역 훈련(stress inoculation training: SIT)으로 불리는 스트레스 조절 기법을 가르치는 것이다. 마이켄바움(1985, 2007, 2008)은 인지적 기법을 사용해서 생물학적 면역에 비유할 수 있는 심리적이고 행동적인 스트레스 예방 절차를 개발하였다. 비교적 가벼운 스트레스를 성공적으로 다룰 수 있게 되면 점차적으로 강한 자극에 대해서도 내성을 갖게 된다. 이 훈련은 긴장 상황에서의 수행에 대한 신념이나 자기 진술을 수정함으로써 스트레스에 대처하는 능력을 높일 수 있다는 가정에 근거한다. 마이켄바움의 스트레스 면역 훈련은 구체적 대처 기술을 단순히 가르치는 것 이상을 담고 있다. 마이켄바움의 프로그램은 내담자가 개입을 준비하고 변화하도록 동기화되게끔 설계되었고, 저항이나 재발과 같은 문제를 다룬다.

스트레스 면역 훈련은 정보 제공, 소크라테스식 문답법, 인지 재구조화, 문제해결, 이완 훈련, 행동 시연, 자기 감시, 자기주도, 자기 강화, 환경 상황의 수정 등으로 구성된다(Meichenbaum, 2008). 희망을 기르고 자기주도적 기술을 획득하며 수용 기반 대처 기술을 익히는 것이 공통 목표로 설정된다. 이 접근은 현재 문제와 미래의 어려움에 적용할 수 있는 대처 기술을 가르치도록 설계된다. 내담자는 이 과정에서 배운 기술을 일상에서 활용할 수 있도록 훈련하며 재발을 예방하는 전략을 배운다. 마이켄바움(2008)은 스트레스 면역 훈련을 예방과 치료 모두에 활용할 수 있는 복합적이고 다면적인 속성을 가진 인지 행동 개입이라고 소개했다.

내담자는 자신의 인지적 '틀'과 신념을 수정하는 방법을 학습하여 스트레스 상황을 다루는 좀 더 효과적인 전략을 획득할 수 있다. 좀 더 자세한 대처 기술 학습 절차는 다음과 같다.

- 역할 연습이나 상상을 통해 불안이 유발되는 상황에 내담자를 노출시킨다.
- 내담자에게 불안 수준을 평가하도록 요청한다.
- 유발된 스트레스 상황에서 어떤 생각이 불안을 촉진하는지 자각하도록 내담자를 교육한다.
- 내담자 스스로 자기 진술을 재평가하여 그 생각을 시험하도록 돕는다.
- 재평가 과정이 끝나면 다시 불안 수준을 평가한다.

스트레스 면역 훈련의 단계 마이켄바움(2007, 2008)은 (1) 개념 교육 단계, (2) 기술 획득 및 확립 단계, (3) 적용 및 활용 단계라는 스트레스 면역 훈련에 대한 3단계 모형을 제시했다.

개념 교육 단계의 핵심은 내담자와의 관계 수립에 있다. 관계 수립은 내담자가 스트레스의 본질을 정확히 이해하고 사회적 상호작용 맥락에서 개념화할 수 있도록 돕는 과정이다. 상담자는 그 과정에서 내담자의 협조를 구하고 문제의 본질을 내담자와 함께 검토한다. 초기에는 다양한 스트레스 상황에 반응하는 방식을 내담자에게 교육시키기 위해 고안된 간단한 용어와 개념적 틀을 제공한다. 내담자는 교육과 호기심 가득한 질문, 스스로 발견해가는 방법 등을 통해, 스트레스가 유발되고 지속되는 과정에 인지와 정서가 어떤 역할을 하는지 학습한다. 초기 단계를 통해 협력적 관계를 형성하고, 문제의 본질을 이해하기 위해 내담자와 상담자가 함께 스트레스를 재평가한다.

내담자는, 자신이 통제할 수 없는 외부 환경과 사고, 감정, 행동의 희생자라고 느끼며 상담 장면에 찾아온다. 내담자의 주관적 세계에 대한 이해를 통해 상담자는 내담자 자신의 이야기를 이끌어낸다. 훈련은, 스트레스를 받고 삶의 이야기가 만들어지는 과정에 내담자 자신의 역할이 있었음을 인식하도록 가르치는 것을 포함한다. 내담자는 내적 대화에서 나오는 부적응적 행동을 검토할 뿐만 아니라, 내적 자기 진술의 체계적 관찰을 통해 스트레스를 만들어내는 자신의 역할을 인식하게 된다. 이러한 자기 감시는 모든 단계에서 지속된다. 모든 인지치료가 그러하듯 내담자는 매일매일 구체적인 생각과 느낌, 행동을 기록한다. 이러한 대처 기술을 교육하는 데 있어, 상담자는 기법을 융통성 있게 사용하면서 내담자의 개인적 · 문화적 · 상황적 환경에 민감하도록 노력한다.

기술 획득 및 확립 단계의 핵심은 내담자에게 스트레스 상황에 적용시키기 위한 여러 가지 행동적 · 인지적 대처 기술을 교육하는 것이다. 이 단계에는 두려움에 대한 정보 모으기, 스트레스를 일으키는 구체적 상황 파악하기, 다른 방식으로 행동함으로써 스트레스를 경감할 수 있는 방법 나열하기, 물리적 · 심리적 이완 기법 학습하기 등의 직접적 행동 기법이 포함된다. 이 단계는 인지적 대처를 포함하고 있으며, 내담자는 적응 행동과 부적응 행동이 내적 대화와 관련이 있음을 학습하고, 이 단계를 통해 새로운 자기 진술을 획득하고 시연한다. 마이켄바움(1986)은 이 단계의 스트레스 면역 훈련에서 시연되는 대처 진술의 몇 가지 예를 제시하였다.

- '스트레스 요인에 대해 어떻게 준비하겠는가?'('무엇을 해야 하는가? 스트레스를 처리할 계획을 세울 수 있는가?')
- '스트레스를 주는 것에 어떻게 직면하고 대처할 수 있는가?'('스트레스 요인을 다루는 방법은 무엇인가? 이 난관을 어떻게 대처할 수 있는가?')
- '압도당하는 감정에 대처할 수 있는가?'('지금 내가 할 수 있는 것은 무엇인가? 어떻게 두려움에 대처할 수 있는가?')
- '어떻게 자기 진술을 강화할 수 있는가?'('나 자신을 어떻게 신뢰할 수 있는가?')

스트레스 관리 프로그램의 한 부분으로 내담자는 다양한 행동 개입에 참여하기도 하는데, 행동 개입에는 이완 훈련, 사회기술 훈련, 시간 관리 교육, 자기 지시 훈련 등이 있다. 내담자는 우선순위를 재평가하고 지지 체계를 개발하며 스트레스 상황을 변화시키는 직접적인 행동을 하게 된다. 교육과 시범, 지도를 받으며 연습함으로써 내담자는 점진적인 이완 기술을 배우고 훈련해야 한다.

적용 및 활용 단계의 핵심은 치료적 상황에서 생긴 변화를 일상생활로 전달하여 잘 유지하는 것이다. 내담자는 자기 진술을 연습한 후 실제 상황에서 그 기술을 적용해야 한다. 훈련 회기 동안 학습한 내용을 확립하기 위해 내담자는 다양한 활동을 해야 하는데, 그 활동에는 심상과 행동 시연, 역할놀이, 모델링, 실제 상황 연습 등이 포함된다. 내담자가 인지적 · 행동적 대처 기술에 숙달되면 행동 과제를 수행하게 되며 과제는 점점 많아진다. 내담자는 과제를 기록해야 하는데, 기록한 결과는 다음 만남에서 꼼꼼하게 체크한다. 만약 과제를 완성하지 못했다면 상담자와 내담자는 그 이유를 함께 찾아본다.

재발 예방(relapse prevention)은 학습한 내용을 일상에 적용하면서 경험하게 되는 필연적인 실수나 재발을 다루는 절차로 구성된다(Marlatt & Donovan, 2007). 내담자는 어떤 형태의 재발이든 그 경험을 '재앙에 가까운 실패'로 보기보다 '배움의 기회'로 보는 방법을 학습한다. 내담자는 다양한 형태의 고위험 상황과 스트레스 상황을 탐색한다. 상담자와 함께 그리고 또 다른 집단구성원들과 함께 상담 과정에서 획득한 것들을 유지할 수 있도록 연습하고 훈련한다. 추후 회기와 격려 회기는 일반적으로 내담자가 계속해서 자신의 대처 기술을 적용하고 다듬게 하기 위한 유인물로서 3개월, 6개월, 12개월 주기로 실시된다. 스트레스 면역 훈련은 그 효과를 지속시키고 확장시키는 스트레스 관리 프로그램의 하나라 할 수 있다.

스트레스 관리 훈련은 치료 교육과 예방 전략을 내담자의 다양한 문제에 적용할 수 있는 잠재적 유용성이 있다. 스트레스 면역 훈련은 분노 조절, 통증 조절, 불안 관리, 주장 훈련, 창조적 사고의 증진, 우울증 치료, 건강 문제나 외과적 수술을 준비하는 과정 등에 활용할 수 있다. 스트레스 면역 훈련은 신체건강 문제와 정신건강 문제 모두에 활용되고 있다. 마이켄바움(2007)은 스트레스 면역 훈련 틀의 유연성이 다양한 효과를 지속시키는데 기능한다고 했다. 스트레스 면역 훈련은 분노 문제를 가졌거나 불안장애, 공포증, 사회적 무력감, 중독, 알코올중독, 성기능장애, 사회적 위축 혹은 전쟁 외상을 경험한 퇴역 군인 등이 겪는 외상 후 스트레스 장애 등을 가진 아동과 청소년, 성인에게도 성공적으로 활용되었다(Meichenbaum, 1993, 1994a, 1994b, 2007, 2008, 2012).

인지행동치료에 대한 인지적 이야기 접근

마이켄바움(2015)은 중요한 인생사를 중심으로 자신과 타인의 삶을 기술한 이야기의 구성과 캐릭터, 테마 등에 초점을 맞춘 인지적 이야기 접근(cognitive narrative perspective)을 옹호했다. 상담자는 내담자가 상담 과정에서 이야기를 탐색하도록 유도해야 한다. 이 접근은 다중적인 현실이 있다는 가정에서 시작한다. 치료적 과제의 하나는 내담자가 세상을 보는 자신만의 방식과 자신의 이야기를 어떻게 만들고 있는지를 깨닫게 돕는 것이다(13장 참조). 마이켄바움은 우리 모두가 '이야기하는 사람들'이며, 자신과 타인에 관한 이야기를 자각할 수 있어야 한다고 주장했다. 예를 들어, 어떤 내담자는 자신을 '과거라는 감옥에 감금된 사람' 혹은 '회복되기 어려운 피해자'로 규정하고 있을 수 있다. 이러한 관용구는 유효한 비유가 될 수 있는데, 이들은 자신과 세상, 미래를 바라보는 개인적 관점에 따라 자신의 도식을 구성하기 때문이다. 상담자는 내담자가 세상을 어떻게 구성해가는지 스스로 평가해볼 수 있도록 돕고, 그 구성물(이야기)의 결과와 활용에 대해 평가해보도록 도와야 한다. 내담자가 어떻게 생존했고 대처했는지 '나머지 이야기'에 대해 말해보는 것은 내담자의 강점을 강화하고 회복탄력성을 강화하는 행동을 발전시키도록 돕는다. 이러한 방법을 통해 내담자는 '회복되기 어려운 피해자'에서 '강한 생존자'로 아니면 '인상적인 성공을 한 인물'로 자신에 대한 인식을 변화시킬 수 있다. 마이켄바움(2012)은 이러한 상담 목표를 달성하기 위해 필요한 대처 기술을 내담자와 함께 개발할 것을 강조한다. 그는 소크라테스식 발견 지향 접근을 활용하며 내담자가 그 목표에 도달하도록 예술적인 질문을 통해 지원하는 전략을 활용한다.

마이켄바움(1997)은 상담 효과를 평가하기 위해 다음과 같은 질문을 활용한다.

- 내담자는 현재 자신과 세상에 대해 새로운 이야기를 만들어낼 수 있는가?
- 내담자는 자신을 묘사하는 데 더 긍정적 비유를 사용하는가?
- 내담자는 위험한 상황을 예측하고 발생할 수 있는 문제를 다루는 대처 기술을 활용할 수 있는가?
- 내담자는 자신이 만들어낸 변화에 대해 인정하고 있는가?

상담이 성공적일 경우 내담자는 자신만의 소리를 가질 수 있고 성취한 것에 자부심을 느끼며 자신이 일으킨 변화를 자신의 것으로 받아들인다. 요약하면 내담자는 스스로 상담자가 되어 자신을 향해 치료적 목소리를 들려줄 수 있게 된다.

다문화적 관점에서 본 인지행동치료 학습목표 11

다양성 관점에서 본 강점

인지행동 접근은 다문화, 다인종 배경을 가진 내담자와 상담할 때 강점이 있다. 접수 과정에서 내담자에게 자신의 문화적, 인종적, 민족적 정체성의 강점과 어려움을 공유하도록 요청하는 것은 내담자를 제대로 이해하는 데 도움이 된다. 상담자가 자신의 가치, 신념, 편견을 인식하고, 내담자의 핵심 문화적 가치와 신념 체계를 존중하는 것은 매우 중요하다(Shaw & Green, 2022). 상담자가 문화적으로 다양한 내담자의 핵심 가치관을 이해한다면, 내담자가 자신의 가치관을 탐색하고 정서적 갈등에 대해 충분히 인식하도록 도울 수 있다. 그러고 나서 내담자와 상담자는 선택된 신념과 행동을 수정하기 위해 협력할 수 있다. 인지행동 접근법은 개인주의적 관점에 기초하지만, 집단주의적 관점을 통합한 형태로 활용할 수 있다(Sue et al., 2022). 인지행동치료는 개인의 신념체계 또는 세계관을 자기 도전의 수단으로 활용하기 때문에 문화적으로 민감하다는 특징이 있다. 내담자의 세계관을 이해하지 않고는 제대로 소통하기 어렵다.

인지행동 지향을 가진 상담자는 교사로서 기능하기 때문에, 내담자가 삶의 문제를 다루는 기술을 익히도록 하는 데 초점을 둔다. 문화적으로 다양한 집단을 상담하는 동료들과의 대화에서, 나는 그들이 만난 내담자들이 대인관계 문제의 중요성뿐만 아니라 인지와 행동의 중요성을 이해하려 한다는 것을 알게 되었다. 인지행동치료의 지향성은 내담자에게 구조화된 상담 프로그램을 제공하지만, 그럼에도 상담자는 내담자의 적극적 협력과 참여가 이루어지도록 모든 노력을 쏟는다. 심리교육에 초점을 맞춘 CBT는 다양한 임상 문제에 활용할 수 있고, 다양한 내담자를 대상으로 여러 조건 속에서 효과적으로 활용할 수 있는 분명한 강점이 있다. CBT의 강점은, 치료 전반에 걸쳐 내담자의 신념, 정서적 반응 및 행동 선택에 대한 평가를 수행하고 이를 통합하여 내담자의 관점이나 상태를 존중하며 진행할 수 있다는 것이다. 개인의 문화적 특성이 무시되는 사회적 상황 속에서 상담자는 내담자의 이야기를 경청하고 그들의 삶의 이야기를 존중함으로써 내담자를 제대로 파악할 기회를 갖게 된다.

헤이스(Hays, 2009)는 인지행동치료와 다문화 상담이 통합 가능한 가정을 공유하고 있기 때문에 거의 완벽하게 어울린다고 주장한다. 통합을 가능케 하는 구체적인 요소는 다음과 같다.

- 개인의 독특한 욕구와 강점에 맞춰 개입할 수 있다.
- 내담자는 일상생활에 적용할 수 있는 구체적인 기술을 학습할 수 있는데(인지행동치료), 내담자 개인이 가진 독특성은 문화적 요인에 의해 영향을 받는다(다문화 상담).
- 내담자의 내적 자원과 강점은 변화를 통해 활성화된다.
- 내담자는 스트레스원을 최소화하고 개인의 강점과 지원을 강화할 수 있으며 신체적 · 사회적(문화적) 환경을 효과적으로 다룰 수 있는 기술을 익힐 수 있다.

다양성 관점에서 본 약점

가치관과 핵심 신념을 검토하는 것이 인지행동 접근에서 중요한 역할을 하며, 상담자가 내담자의 문화적 배경을 이해하고 고통을 잘 감지해내는 것은 중요하다. 합리적 정서행동 상담자는 내담자의 신념과 행동을 마주할 때 어떤 언어와 표현을 선택할지 신중하게 결정한다. 합리적 정서행동 상담자는, 내담자에게 역기능적 정서와 행동을 유발하지만 이미 익숙해져 버린 문화적 가치를 비판적으로 검토할 수 있도록 돕는다. 그러나 합리적 정서행동치료의 한계는 의존성을 부정적 관점에서 바라본다는 것이다. 많은 문화권에서 따라서 상호의존성을 정신건강에 유익한 것으로 본다. 상호의존성을 중요한 가치로 여기는 문화권에서 성장한 내담자는 독립성을 강조하는 개입이나 전략에 반응하지 않을 것이다. 숙련된 합리적 정서행동 상담자는 내담자의 문화를 고려한 의사소통과 단어 선택, 스타일, 방법 등을 활용할 것이다.

헤이스(2009)는 내담자가 자신의 문화적 가치를 명확하게 드러내기 전까지 핵심 문화적 신념에 도전하는 작업은 미룰 것을 권한다. 인지행동 접근이 추구하는 바와 같이, 저항을 극복하고 협력을 이루기 위해 상담자는 내담자를 무시하는 태도를 버려야 한다. 헤이스는 역기능적 인지를 수정하는 방법을 배우는 과정에서 내담자의 문화적 강점을 부각시킬 것을 제안했다. 예를 들어, 최선 다하기, 협동하기, 상호 의존하기, 열심히 일하기 등의 가치를 강조하는 문화권 출신인 아시아계 미국인 내담자인 성(Sung)을 살펴보자. 성은 가족과 사회가 자신에게 거는 기대와 기준에 도달하지 못하고 있다는 생각으로 인한 부끄러움과 죄책감으로 괴로워한다. 그녀는 자신이 이혼하면 가족에게 수치심을 안겨줄 것이라고 생각한다. 성은 이혼이라는 고통스러운 기간 동안, 협력과 상호의존을 가치 있게 여기는 이 문화가 그녀의 가족이 그녀를 지지하도록 만드는 데 얼마나 유용할지 생각해보아야 한다. 성이 속한 문화에서 그녀에게 적용되는 규칙은 남성에게 적용되는 규칙과 다르다. 상담자는 성별과 문화가 왜 이 상황에서 고려되어야 하는지를 성이 이해하고 탐색하도록 도와야 한다. 성이 사람들의 기대나 규칙에 따라서 자신의 삶을 살고 있다는 것을 성급하게 직면하게 만들면 역효과가 생길 수 있다. 성은 자신의 문화적 정체성을 무시하도록 요구받거나 이해받지 못한다고 느끼면 보다 서구적인 건강과 웰빙의 관점에 맞추기 위해 상담을 중단해버릴 수 있다.

주장성과 독립성, 언어적 능력, 합리성, 인지, 행동 변화에 대한 인지행동치료의 강조는 자기주장보다 소통을, 독립성보다 상호의존성을, 말하기보다 듣고 관찰하기를, 그리고 행동 변화보다 수용을 강조하는 문화권에서 적용할 경우 한계에 부딪힐 것이다(Hays, 2009). 인지행동치료에서는 초점이 현재에 맞춰져 있기 때문에 상담자는 내담자의 발달사에 포함된 과거의 역할을 놓칠 수도 있다. 인지행동 평가는 내담자의 개인사 탐색을 포함하고 있다. 만약 상담자가 내담자의 과거에 뿌리를 두고 있는 문화적 신념을 파악하지 못한다면 내담자의 개인적 경험을 정확히 해석하기 어려울 것이다.

다문화 관점에서 볼 때 인지행동치료의 또 다른 한계는 개인주의적 지향성이다. 따라서 집단주의 특성이 있는 문화권의 내담자 문제를 평가하고 정의할 때는 특히 가족 및 지역사회 맥락을 고려해야 한다(Sue et al., 2022). 초보 상담자는 인지 재구조화를 너무 강조하다가 환경 요인을 무시하는 우를 범할 수 있다. 헤이스(Hays, 2009)는 이러한 잠재적 한계가 인지행동치료와 다문화 상담의 통합을 방해하지 못하게 해야 한다고 지적하며, 그 대신 이러한 한계를 자각하고 "다시 생각하며 재검토하고 심리치료의 효과와 타당성을 증가시키는 기회"(p. 356)로 삼아야 한다고 말했다.

스탠의 사례에 적용된 인지행동치료

인지행동 관점에서 상담자는 스탠이 자기 패배적 신념에 도전하여 이를 수정할 수 있도록 돕는 데 관심을 가진다. 그 결과 스탠은 더 효과적 행동을 할 가능성이 높아진다. 상담자는 목표지향적이며 문제 중심적이다. 상담자는 초기 회기부터 문제점을 명확히 하여 구체적 목표를 설정하도록 요구할 것이다. 더욱이 상담자는 해결책을 발견할 기회를 증가시키는 방식으로 문제점을 재개념화하도록 스탠을 도울 것이다.

상담자는 매 회기마다 명확히 구조화된 형태로 상담을 진행한다. 상담에 대한 기본 절차는 다음과 같다. (1) 상담의 인지적 논리를 제공하여 치료의 모호함을 제거함으로써 스탠을 준비시킨다, (2) 스탠 스스로 스트레스를 수반하는 사고를 검토하도록 격려한다, (3) 행동 · 인지 기법을 이행한다, (4) 기본 신념과 사고를 밝혀내어 도전하도록 격려하면서 스탠과 함께 작업한다, (5) 신념과 가정을 현실을 통해 검증하면서 그것을 점검하는 방법을 교육한다, (6) 예전 양식으로 돌아가지 않도록 기본 대처 기술을 가르친다.

상담 회기를 구조화하기 위해, 상담자는 스탠에게 지난 한 주간을 간략하게 회고하도록 하여 이전 회기에 대한 피드백을 이끌어내며, 과제를 검토하고 협력하여 회기에 대한 예정표를 만들고 예정표 안에 있는 의제를 논의하며 새로운 과제를 제공한다. 스탠은 문제 상황에서 직접 대처 기술을 활용해보도록 격려받을 것이다.

스탠은 여성에 대한 두려움을 떨쳐버리고 싶고 매력적인 여성을 덜 위협적으로 느끼길 원한다고 말했다. 대부분의 여성에게 두려움을 느끼며 특히 강한 여성에게는 더 그렇다. 상담자는 스탠의 두려움을 네 단계로 구분하여 다루었다. 네 단계는 자기 언어에 대한 교육, 잘못된 신념에 대한 조사와 평가, 인지행동적 개입 활용, 일상생활에서 새로운 행동 연습 기회를 갖기 위한 과제 계획 등을 포함한다.

첫째, 상담자는 스탠의 자동적 사고, 자기 대화, 무분별하게 받아들인 '……하지 않으면 안 된다', '당연히 ……해야 한다', '반드시 ……해야 한다'를 재검토하는 것이 왜 중요한지 교육한다. 스탠과 협력적인 관계를 유지하며 상담자는 스탠의 기본 인지가 말하고 느끼며 행동하는 방식에 영향을 미친다는 것을 발견하도록 돕는다. 다음은 스탠의 자기 대화의 일부다.

- '항상 강하고, 강인하고, 완벽해야 한다.'
- '약해 보이면 남자가 아니다.'
- '모든 사람들에게 사랑받고 인정받지 못한다면, 모든 것이 무의미하다.'
- '여성이 나를 거부한다면, 정말로 '아무것도 아닌' 존재가 될 것이다.'
- '실패한다면, 나는 인간으로서 낙오자다.'
- '다른 사람들과 똑같이 느끼지 못하는 걸 보면, 내 존재는 하찮다.'

둘째, 상담자는 스탠 스스로 자기 패배적 진술을 사용하는 방식을 검토하고 평가하도록 도와준다. 상담자는 구체적 문제를 확인하도록 돕고, 잘못된 사고를 비판적으로 검토하는 방법을 학습할 수 있도록 돕는다.

상담자: 당신은 당신 아버지가 아닙니다. 당신이 아버지와 닮았다고 끊임없이 말하는 이유가 궁금합니다. 당신의 진정한 가치에 대한 부모님의 판단을 의심 없이 계속해서 수용해야 된다고 생각하시나요? 당신에 대한 부모님의 평가가 옳다는 증거가 있습니까? 당신은 그러한 실패가 열등감을 느끼게 한다고 말합니다. 현재 당신의 행동이 이러한 사실을 뒷받침해주나요? 당신이 자기 자신을 그렇게 괴롭히지 않는다면, 당신의 삶이 어떻게 달라질 수 있을까요?

셋째, 스탠이 인지 왜곡과 자기파괴적 신념의 본질을 충분히 이해하고 나면 그 신념을 확인하고 평가하며 처리하는 데 활용할 수 있는 다양한 인지행동 기술을 훈련시킨다. 상담자는 스탠의 핵심 신념을 지지하거나 반박하는 증거를 검토하기 위해 소크라테스식 문답과 안내된 발견, 인지 재구조화 등을 활용한다. 이 과정을 통해 스탠은 자신과 세계에 대한 신념을 드러낼 수 있게 될 것이다. 상담을 통해 스탠은 기본 신념과 자동적 사고를 검증해야 할 가설로 인식하게 될 것이다. 이러한 식으로 스탠은, 개인적 문제를 초래한 많은 결론과 기본 가정이 타당한지 따져보는 과학자가 된다. 안내된 발견을 통해 스탠은 신념과 결론의 타당성과 기능성을 평가하는 방법을 배우게 된다. 스탠은 또한 여러 상황에서 행동을 관찰하여 얻은 인지 재구조화의 이점을 발견할 수 있다. 예를 들어, 문제가 되는 특정 상황이 일어난 한 주 동안, 특히 자신의 자동적 사고와 내적 대화에 관심을 기울일 수 있다. '어려운 상황에 놓였을 때 나는 자신에게 무슨 말을 하고 있었는가?'라고 관심을 기울일 수 있다. 자신의 생각과 행동에 주의를 기울이는 방법을 학습하고 나면, 그는 스스로에게 한 말이 그에 대한 타인의 평가만큼 큰 영향을 미친다는 것을 알게 될 것이다. 그는 또한, 사고와 행동 문제의 관련성을 알게 된다. 이러한 이해를 통해 새롭고 기능적인 내적 대화를 배울 수 있게 된다.

넷째, 상담자는 두려움을 처리하는 데 도움이 되는 구체적 과제를 스탠과 협력하여 고안해낸다. 스탠은 과제를 통해 새로운 대처 기술을 배우게 되며, 이 대처 기술은 먼저 상담 회기에서 배우고 나서 일상생활에서 연습해볼 수 있다. 물론 스탠이 자신에게 새로운 내용을 말하는 것만으로 충분하지 않다. 스탠은 새로운 인지와 행동 대처 기술을 다양한 일상생활에 적용시켜야 한다. 어느 순간 상담자는 스탠에게, 강한 여성에 대한 공포를 탐색하면서 자신에게 지속적으로 '그 여자는 내가 강하고 완벽한 남자이기를 바라고 있어. 조심하지 않는다면 지배당할지도 몰라.'라는 말을 하는 이유를 찾아보도록 요청할 것이다. 그가 해야 할 과제에는 여성에게 데이트 신청하기도 포함된다. 데이트에 성공한다면, 나쁜 일이 일어날 것이라는 자신의 파괴적 기대에 도전할 수 있게 된다. 그녀가 스탠을 좋아하지 않거나, 데이트를 거절하는 것이 그렇게 끔찍한 일일까? 스탠은 끊임없이, 자신은 모든 여성에게 인정을 받아야 하고 여성의 거부는 견딜 수 없는 일이라고 말해왔다. 과제를 통해서 스탠은 왜곡이라는 이름표를 붙일 수 있고 자동적으로 자신의 역기능적 사고를 탐지할 수 있으며 인지적 방식을 확인할 수 있게 된다. 다양한 인지 기법과 행동 기법을 통해서 스탠은 새로운 정보를 획득할 수 있으며, 자신의 기본 신념이나 도식을 바꿀 수 있고 새롭고 더 효과적 행동을 실천할 수 있다.

자기성찰을 위한 질문

다음 질문은 스탠을 상담하는 방법에 대해 생각해보는 데 도움이 될 것이다.

- 스탠을 상담할 때 상담 양식은 인지행동치료의 통합적 형식이라는 특징이 있다. 상담자는 엘리스, 벡, 마이켄바움의 접근 기법과 개념을 빌려온다. 상담자가 각 접근에서 빌려온 구체적 개념은 무엇인가? 각 인지행동적 접근에서 사용할 기법은 무엇인가? 통합적 인지행동 접근을 상담에 적용할 때의 이점은 무엇인가? 파데스키와 무니의 강점중심 인지행동치료로부터 얻을 수 있는 이점이 있는가?
- 인지행동치료가 어떻게 진행되는지와 관련해서 스탠에게 꼭 가르쳐주고 싶은 것은 무엇인가? 치료적 동맹이나 협력적 상담관계에 대해 스탠에게 말하고 싶은 것은 무엇인가?
- 스탠의 생활 방식에서 두드러진 잘못된 신념은 무엇인가? 그의 핵심 신념을 검토하도록 돕기 위해 어떤 인지적 · 행동적 기법을 사용하겠는가?
- 스탠은 '……하지 않으면 안 된다', '당연히 ……해야 한다'로 살아간다. 그의 자동적 사고는 그가 원하는 것을 얻는 방식처럼 보인다. 스탠의 입장에서, 발견을 유도하기 위해 어떤 기법을 사용할 것인가?
- 스탠이 수행할 수 있는 유용한 과제는 무엇인가? 어떤 방식으로 여러분은 스탠과 협력해서 과제를 설계할 것인가? 스탠이 자신의 사고와 결론의 타당성을 검증할 수 있는 행동 계획을 개발할 수 있도록 격려하려면 어떻게 해야 하는가?

> 이러한 관점에서 스탠을 상담하는 나의 상담 시연을 보기 원한다면, MindTap의 10장 8회기 '인지행동치료'의 '스탠의 사례' 동영상 퀴즈를 참조하라. 이 회기에서는 역할 바꾸기와 인지 재구조화 기법을 통해 스탠의 잘못된 신념을 탐색하는 과정이 소개된다.

그웬의 사례에 적용된 인지행동치료*

그웬은 들어와 자리에 앉은 후 사무실에서 겪게 될 걱정거리를 이야기하기 시작했다. 그녀는 다른 사람들로부터 인정을 받고 관계를 맺고 싶었음에도 불구하고 스스로를 고립시키고 있어서 사회적 관계 형성이 어렵다고 호소했다.

그웬: 저는 앞으로 8시간 동안 사람들과 함께 보낼 것을 생각하니 두려워요. 일을 할 때 이러한 것에

*켈리 커크시 박사는 인지행동치료 관점에서 사고하는 방식과 상담 실제를 기술하며 이 모델을 그웬에게 적용하고 있다.

신경 쓰고 싶지 않거든요! 정말 끔찍한 일이에요.

상담자: 잠시 멈춰서 동료들과 함께 있을 때 떠오르는 생각에 주의를 기울여보세요. 그 모임에 참석할 때 그런 일이 벌어질 거라고 믿을 만한 근거가 있나요? [인지적 왜곡 탐색]

그웬: 저는 동료와 상호작용을 해본 적이 없어요. 그리고 그 모임이 즐거울 거라는 건 상상할 수가 없어요. 동료들에 둘러싸여 있는 모습을 상상하면 불안해져요. 그들과 함께 있을 때 불안을 느끼고 싶지 않아요. 그들이 저를 평가하고 비판할 거라는 느낌이 들어요.

그웬의 잘못된 가정과 인지적 왜곡이 불안을 촉진하고 있다. 나는 그웬이 오래된 비합리적 생각을 알아차리고, 그러한 생각이 불안을 유발한다는 것을 이해할 수 있도록 돕고 싶었다. 곧 닥칠 사회적 사건은 그녀를 더욱 불안하게 만들 것이며 더욱 더 혼자 있고 싶게 만들 것이다. 만일 그웬이 자각 능력을 키울 수 있다면 자신의 잘못된 신념을 논박할 수 있게 될 것이다.

상담자: 당신은 자신에게 그 모임이 괴로운 시간이 될 거라고 말하고 있군요. 동료들이 당신을 평가할 거라고 믿고 있고요. 혹시 그렇게 믿을 만한 근거가 있나요? 아니면 반대로 당신을 평가하지 않을 동료들이 있을 수도 있나요? 그 모임에 참석하고 있다고 상상해보고 그 장면을 액자 속 사진이라 생각해보죠. 그런데 사진을 둘러싼 액자가 너무 오래되고 더러워서 새로운 액자로 그림을 옮긴다고 생각해봅시다. 그렇게 하면 어떤 일이 벌어질까요? 다시 말해서 그 모임에 참석할 때 벌어질 일이라고 생각하는 것을 새로운 관점에서 바라보고, 동료들과의 상호작용이 긍정적일 수도 있다는 생각을 해볼 수 있을까요?

그웬: 글쎄요, 그 모임이 괴로울 거라고 말하지 않을 수도 있겠지요. 제가 생각하는 바가 저를 두렵게 만드는 것 같아요. 솔직히 말하면 어떤 일이 벌어질지 모르는 거죠. 실제로 어떤 일이 벌어질지 보기 전까지는 스스로에게 아무 말도 하지 말아야겠네요. 제가 가끔 부정적인 생각을 한다는 것을 알겠어요.

상담자: 당신 안에서 부정적인 생각이 떠오른다면 그 생각을 취소하기로 결심해보세요. 부정적인 생각을 논박하고 당신이 느끼며 생각하고 싶은 바를 지지하는 생각으로 대치해보세요. 당신을 불안하게 만드는 인지적 왜곡에 대해 이야기해보세요.

그웬: 저는 스스로에게, 동료들은 제가 실수하기를 바라고 있고 제가 까다로워서 관계하고 싶지 않다고 생각하는 것 같다고 말한 것 같아요. 하지만 실제로 그들이 어떤 마음인지 알아보려 노력하지 않았죠.

상담자: 일터에서 불안을 줄이기 위해 동료들과의 관계를 개선하려면 무엇을 해야 할까요?

그웬: 저는 그들을 봤을 때 그냥 지나치지 말고 인사를 나눠야 할 것 같아요. 저는 솔직히 이방인 취급을 당하기보다 동료들과 좋은 관계를 맺고 싶어요.

상담자: 모두가 당신을 적대시한다는 잘못된 생각에 어떻게 대응하면 좋을까요?

그웬: 우선 동료들이 저를 평가하고 비판할 거라는 생각을 지지하는 증거가 없다는 것을 알아차려야 할 것 같아요. 저는 그들이 저를 배척할 것이 두려워서 제가 먼저 그들을 거부하는 전략을 택했던 것 같아요.

상담자: 그렇다면 이번 주에 해볼 과제를 이야기해봅시다. 사무실에서 동료들이 당신을 판단하고 비난하는 것 같다는 느낌이 들 때 그런 가정을 지지하지 않는 증거가 있는지 살펴보기로 하죠.

그웬: 아마도 그런 가정과 부정적인 생각의 목록을 만들 수 있을 것 같아요. 그러고 나서 그런 부정적 생각을 지지하지 않는 증거 목록을 만들어볼게요.

상담자: 노력해주겠다고 말해서 기뻐요. 그 노력이 당신의 불안을 줄이는 데 도움이 될 거라고 생각합니다.

그웬: 그리고 직장에서 좀 더 친절하게 행동하도록 노력해볼게요.

상담자: 스스로를 고립시키지 못하게 하고, 동료와 대화할 때 어떤 기분이 드는지 잘 살펴보세요.

나는 그웬에게 과제를 기록하고 새로운 행동이 불안 감소 수준에 얼마나 영향을 미쳤는지 기록할 수 있는 용지를 제공했다. 그리고 그녀가 자동적 생각을 자각하여 논박하는 훈련을 지속하도록 격려했다. 다음 회기에서 우리는 과제를 검토했고 직장에서 경험한 불안 수준을 점검했다.

자기성찰을 위한 질문

- 고립을 경험하는 과정에서 그웬은 어떤 역할을 했는가?
- 상담자는 그웬이 자신의 부정적 생각에 대한 증거를 찾는 것을 돕기 위해 어떻게 해야 하는가?
- 그웬이 과제를 완수하도록 용기를 주려면 어떻게 해야 하는가?
- 상담자는 그웬이 인종차별을 받거나 사무실에서 배척당하고 있다는 것을 알게 되었다면 어떻게 반응해야 하는가? 이 사례에 인지행동치료는 어떤 기능을 하겠는가?
- 그웬의 상담에 추가적인 인지행동치료 기술을 적용한다면 어떤 기술을 추천하겠는가?

요약과 평가

요약

합리적 정서행동치료(REBT)는 사고, 판단, 결정, 행동, 자비 등을 강조하는 포괄적이며 통합적인 접근으로 발전하고 있다. 이 접근은 사고, 감정, 행동이 연결된다는 가정에 기초하고 있다. 상담은 내담자의 문제행동과 정서를 먼저 확인하며 이 문제를 직접적으로 만들어내는 사고를 논박한다. 자기주입 과정에 의해 강화되는 자기 패배적 신념을 막기 위해 합리적 정서행동 상담자는 교육, 제안, 설득, 과제 등과 같은 능동적이고 직접적 기법을 활용하고, 이를 통해 비합리적 신념을 합리적 신념체계로 바꾸도록 힘쓴다. REBT의 핵심 전략은 비합리적 신념을 합리적 신념으로 바꾸도록 도전하는 것이다(DiGiuseppe & Doyle, 2019). 상담자는 역기능적 신념이 부정적 정서 및 행동을 초래하는 과정과 이유를 실례로 들어 제시한다. 상담자는 내담자에게 앞으로 발생할 수도 있는 자기 패배적 신념이나 행동을 논박하는 방법을 가르친다. 합리적 정서행동치료는 행위, 즉 상담에서 얻은 통찰에 따른 구체적 행동을 강조한다. 변화는 주로 오래되고 비효율적인 행동을 대치하는 새로운 행동을 꾸준히 실천할 때 나타난다. 무조건적 자기수용과 무조건적 타인 수용, 무조건적 인생 수용 역시 강조된다. 합리적 정서행동 상담자는 상담 전략을 선택적으로 통합해 활용한다. 그들은 개인의 특성에 맞는 상담 전략을 개발하거나 기존 전략을 수정하여 창의적으로 활용한다. 특정 문제에 대한 고정된 기법에 얽매이지 않고, REBT 개념과 기법을 다른 상담 접근법과 통합해서 활용하기도 한다.

인지치료 상담자 역시 내담자가 생각과 정서, 행동, 신체, 상황 사이의 관계를 이해할 수 있도록 돕는 여러 전략을 통합적으로 활용한다. 인지치료는 내담자와 상담자의 적극적 협력, 상담자의 주도적 기능, 상담의 구조화 및 심리교육적 속성, 각 회기별 의제 설정, 단기 개입 등을 강조하는 특징을 가지고 있다(Freeman & Freeman, 2016). 작업 동맹은 인지치료에서 협력적 상담관계를 형성하는 핵심 요소다. 벡 역시 내담자와 상담자 관계에 라포 형성이 필요하다고 보았지만 성공적 상담의 충분조건은 아니라고 보았다. 인지치료는, 내담자의 숙련된 인지행동적 전략 활용과 일상 과제 수행 등을 통해 효과를 발휘한다. 상담자는 내담자의 개인적 경험을 가장 효과적인 근거중심 개입 전략과 연결하는 방식으로 내담자의 문제(증상)를 개념화할 수 있어야 한다.

모든 유형의 인지행동 접근은 인지적 처리 과정과 정서, 행동이 서로 연결된다는 것을 강조한다. 사람이 어떻게 느끼고 실제로 어떤 행동을 하는가 하는 것은 주로 상황에 대한 자신의 주관적 평가에 영향을 받는다. 삶의 상황에 대한 수용이 신념과 가정, 내적 대화 등에 영향받기 때문에 이 인지는 상담에서 주된 관심의 대상이 된다.

인지행동치료의 공헌 학습목표 12

이 책에서 논의한 대부분의 상담은 자신과 세계에 대한 내담자의 주관적 관점을 변화시키는 것을 목표로 하기 때문에 일반적으로 '인지적'일 수 있다. 인지행동 접근은 가정과 신념을 검토하고, 문제를 다루는 데 필요한 대처 기술을 내담자에게 가르치는 데 초점을 맞춘 체계적이고 정교한 심리치료 형태로 발전했다. 인지행동치료의 기본 원리는 인지의 변화를 통해 정서와 행동을 변화시킬 수 있다는 것인데, 정서와 행동의 변화는 인지의 변화 역시 초래할 수 있다(Freeman & Freeman, 2016).

엘리스의 합리적 정서행동치료와 벡의 인지치료는 인지행동치료를 대표한다. 합리적 정서행동치료와 인지치료는 모두 다양한 유형의 인지행동 기술을 포함하고 있으며 실천계획을 따른다. 이 둘은 상대적으로 짧고 구조화되며 효과와 효율, 비용 대비 효과, 근거중심 실무 등을 추구한다(DiGiuseppe & Doyle, 2019). 인지행동치료와 합리적 정서행동치료의 심리교육적 특징은 다양한 임상적 문제를 다루고 다양한 유형의 내담자를 돕는 과정에서 명백한 강점으로 기능한다(A. Ellis & Ellis, 2019a). 인지행동치료의 효과를 지지하는 근거중심 평가는 상담 효과 평가의 '표준(gold standard)'으로 받아들여지고 있다. 여러 연구 결과가 REBT의 효능을 뒷받침한다(DiGiuseppe & Doyle, 2019).

엘리스의 합리적 정서행동치료 합리적 정서행동치료의 장점 중 한 가지는 상담자의 직접적인 개입 없이도 내담자 스스로 치료를 이행할 방법을 교육한다는 점이다. 특히 나는 합리적 정서행동치료가 오디오 청취 및 영상 시청, 자조 관련 서적 읽기, 행동하고 사고하는 것 기록하기, 과제 수행하기 등과 같은 추가 전략을 강조하는 것을 높이 평가한다. 이렇게 함으로써 내담자는 상담자에게 지나치게 의존하지 않고 스스로를 변화시킬 수 있다.

벡의 인지치료 벡의 주요 개념은 엘리스와 매우 유사한 면이 있지만 이론의 기초가 되는 철학과 상담의 진행과정 면에서는 엘리스와 차이가 있다. 벡은 불안, 공포, 우울의 치료에 선구자적 역할을 했다. 벡은 현재에 초점을 맞추고 문제 지향성을 갖춘 구조화된 상담이 비교적 짧은 기간 안에 우울증과 불안 문제를 효과적으로 상담할 수 있다는 것을 보여줬다. 오늘날 불안 문제와 우울증에 대한 경험적으로 입증된 상담은 현장에서 혁명을 일으켰으며, 연구는 다양한 문제에 대한 인지적 상담의 효율성을 입증하고 있다(DeRubeis et al., 2019; Hofmann et al., 2012). 벡은 우울한 내담자의 기본 가정이나 신념에 도전하고, 낙천적 태도나 변화된 행동을 유도하는 새로운 인지적 관점을 제공하는 데 더 도움이 되는 구체적인 인지 절차를 개발했다. 우울이나 무력감에 대한 인지치료의 효과는 치료 후 최소한 1년 이상 유지되는 것으로 보인다. 벡 역시 처음에는 인지치료가 적합하지 않을 것이라고 생각했던 외상 후 스트레스 장애나 조현병, 망상장애, 양극성 장애, 성격장애 등을 포함하는 광범위한 임상적 문제 영역에도 인지치료가 적용되고 있다(Hofmann et al., 2012). 인지 모형의 신뢰성은 인지치료의 명제가 경험적으로 검증되고 있다는 데서 나온다.

파데스키와 무니의 강점중심 인지행동치료 벡의 인지치료는 파데스키와 무니의 강점중심 인지행동치료 접근을 통해 확장되었다. 상담 과정 중에 강점을 통합 적용하는 강점중심 인지행동치료는 인지행동치료 개입 전략을 이미지나 비유, 이야기, 신체 운동 경험 등으로 확장시켰다. 강점중심 인지행동치료 역시 내담자 문제에 대한 근거중심 상담을 지향하며 내담자의 긍정적 특성과 강점 개발이 가능한 인지행동치료 확장 모형을 제공한다. 강점중심 인지행동치료는 기존 신념 점검에 초점을 맞추는 것뿐만 아니라 내담자가 '어떻게 생각하고 행동해야 하는지' 그 목표에 해당하는 새로운 신념과 행동을 구성할 수 있도록 돕는 체계적인 방법을 제공한다.

마이켄바움의 인지행동수정 자기주도치료와 스트레스 면역 훈련에 대한 마이켄바움의 상담은 다양한 내담자 집단과 여러 구체적 문제에 성공적으로 적용되었다. 특히 스트레스가 내적 대화를 통해 어떻게 유발되는지를 이해하는 데 기여하였다. 마이켄바움의 통합된 인지 이야기 조망은 그의 상담이 갖는 핵심 강점이다. 그는 내담자의 인지행동적 개념틀을 활용하여 인지, 정서, 행동의 변화를 유도할 수 있는 포스트모던 관점의 이야기 요소를 상담에 통합시켰다.

모든 인지행동 접근은 통찰에서 행동을 강조하는 방향으로 상담의 관점을 이동시키는 데 기여했다. 과제 수행은 내담자가 새로운 행동을 일상에서 실천하여 좀 더 효과적인 대처 기술을 학습할 수 있도록 돕는 데 유용했다. 특히 내담자와 합력하여 과제를 구성하고 상담 회기 밖에서 이를 실천해가는 것이 중요하다. 엘리스의 합리적 정서행동치료, 벡의 인지치료, 파데스키와 무니의 강점중심 인지행동치료, 마이켄바움의 스트레스 면역 훈련 모두 상담 회기뿐만 아니라 일상에서 실천하는 것의 중요성을 강조했고, 과제가 학습 과정의 핵심을 구성한다고 보았다. 내담자는 새로운 대처 기술을 다양한 문제 상황에 적용하는 방법을 배우고, 습득한 그 기술을 통해 재발을 예방할 수 있게 된다.

엘리스, 벡, 파데스키와 무니, 마이켄바움은 모두 상담 과정을 객관화(demystification)시키는 데 기여했다. 인지행동 접근은 상담자와 내담자의 작업 동맹을 강조하는 교육 모형에 기초를 두고 있다. 이러한 모형은 내담자의 자조 활동을 격려하고 상담 전략이 잘 적용되도록 지속적 피드백을 제공하며 결과에 대한 평가를 가능하게 해주는 상담의 방향과 구조를 제공한다. 내담자는 상담 과정의 동반자이기 때문에 상담 방향을 정하는 데 적극 참여할 의무가 있다.

인지행동치료의 한계와 비판 학습목표 13

인지행동 접근은 상담 과정 중에 정서의 역할에 거의 관심을 기울이지 않는 것이 문제라는 비판을 받아왔다. 초기 인지행동치료는 과도한 정서적 각성 문제를 가진 내담자를 돕기 위해 개발되었는데, 이러한 배경을 살펴보면 좀 더 균형 잡힌 이해가 가능하다. 내담자가 심각한 우울이나 불안 증상을 경험할 때 정서로부터 관심을 돌려서 신념과 행동을 통해 균형을 잡으려 하는 것은 기능성이 있다. 그러나 정서로부터 일정 거리를 두고 있는 내담자와 작업할 경우에는 인지행동 상담자 역시 이미지나 역할극, 정서 표현 등을 통해 그 정서를 상담 장면에서 직접 다룰 수 있도록 유도한다. 비록 인지행동치료가 다른 치료에 비해 정서를 직접적인 대화 주제로 삼는 빈도는 낮지만, 매 회기마다 정서와 그 결과물을 직접적으로 다루고 있다. 다양한 인지행동치료의 좀 더 근본적인 한계는 다음과 같다.

엘리스의 합리적 정서행동치료 나는 과거를 탐색하는 것이 거짓된 사고와 행동을 변화시키는 데 별다른 효과가 없다고 보는 합리적 정서행동치료의 가정에 동의할 수 없다. 내가 보기에 과거 유년기를 탐색하는 것은, 과거의 경험이 현재의 기능과 관련이 있을 경우 엄청난 영향력을 끼친다. 사실, 앨버트 엘리스(그리고 데비 조페 엘리스 역시)는 첫 회기나 초기 회기에 내담자의 어린 시절 경험에 대해 듣곤 했다. 그 이야기는 내담자가 현재 가지고 있는 비합리적 신념의 근원이 무엇인지 확인하는 데 도움이 된다. 이야기를 듣고 나면 확인된 신념을 탐색하고 논박하며 대체하는 방향으로 주제를 이동한다.

비효율적이거나 경험이 부족한 REBT 상담자의 또 다른 잠재적 한계는 합리적 사고를 내담자에게 강요함으로써 상담자의 권한을 오용하는 것이다. 이 접근법의 적극적이고 지시적인 특성을 감안하면, 상담자가 자신의 철학이나 가치를 내담자에게 강요하지 않는 것이 특히 중요하다. 숙련된 REBT 상담자는 REBT에서 말하는 합리적 사고와 비합리적 사고, 건강한 부정적 감정과 건강에 해로운 부정적 감정을 명확히 구분할 수 있다(Ellis & Ellis, 2019a).

일부 내담자는, 특히 치료적 동맹이 형성되지 않았을 때, 직면을 강조하는 합리적 정서행동 전략의 특징으로 인해 어려움을 겪을 수 있다. 하지만 합리적 정서행동치료를 엘리스가 사용하던 방식과 다르게 사용할 때 그러한 위험을 줄일 수 있다. 앨버트 엘리스는 상담자들이 본인(엘리스)의 방식을 따를 필요 없이 자신만의 레퍼토리를 가지고 합리적 정서행동치료를 효과적으로 활용하라고 말하곤 했다. '엘리스'의 합리적 정서행동치료 접근에 대해 가르치고 글을 쓰는 데비 조페 엘리스는, 상담자들에게 합리적 정서행동치료의 요소와 원리를 자신만의 방법과 스타일에 접목해서 활용하도록 격려하고 있다(D. Ellis, 2014).

벡의 인지치료 인지치료는 긍정적 사고의 힘을 지나치게 강조하고, 너무 피상적이며, 극단적으로 단순하고, 과거의 중요성을 부정하며, 지나치게 기법에 의존한다는 비판을 받고 있다. 또한, 상담관계를 제대로 활용하지 못하고 증상 제거에만 관심을 기울이며 문제의 근원을 탐색하지 않고 무의식적 요인의 역할을 무시하며 감정의 역할을 부정했다고 비판받았다(Freeman & Dattilio, 1992; Weishaar, 1993).

인지치료 상담자는 복잡한 해결책보다 간결하고 직접적인 해결책을 선호하지만, 이것이 인지치료의 실제가 단순하다는 것을 의미하지는 않는다. 인지치료 상담자는 실제 경험에 기초한 생각을 강조하는 것이지 단순히 긍정적 생각을 강조하는 것이 아니다. 이들은 무의식 세계가 접근하기 어렵다고 믿지 않는다. 직접적이고 안내된 질문을 통해서 내담자는 의식 아래에서 작용하는 가정과 신념을 확인할 수 있고, 그와 같은 신념은 행동방식 및 정서 반응과 연결된다. 인지치료 상담자들 역시 내담자의 인생 초기 경험이 현재 문제와 연결된다는 것을 알고 있고 그 경험을 현재 문제와 연결시켜 탐색하기도 한다.

파데스키와 무니의 강점중심 인지행동치료 강점중심 인지행동치료에 대한 가장 큰 비판은 경험적 근거가 아직 미흡하다는 것이다. 일부 인지행동 상담자는 내담자의 강점을 강화하는 전략이 인지행동치료 효과를 높이는 기능을 하는지 의문을 가지고 있다. 현재 유럽과 영국에서 강점 및 회복탄력성에 초점을 맞추는 것이 상담 효과를 지속시키는 데 도움이 된다는 주장에 대해 연구하고 있다. 그뿐만 아니라 만성적인 문제를 상담할 때 현재 신념이나 행동을 검토하는 것보다 새로운 신념과 행동을 구성하는 것이 더 효과적인지 연구하고 있다.

마이켄바움의 인지행동수정 마이켄바움은 워크숍을 진행할 때 카리스마가 넘친다. 그의 접근이 성공적인 것은 기본적으로 남을 돌보려는 동기가 강하고 인지행동치료 개입을 할 때 매우 창의적이기 때문일 것이다. 임상가가 유머나 에너지, 개인적 재능, 주도적인 상담 스타일 등에 있어서 마이켄바움과 유사성을 가지고 있지 않다면 그의 상담 절차를 따른다고 해도 동일한 결과를 얻지는 못할 것이다. 이는 각 상담자가 자신만의 상담 스타일을 갖는 것이 중요함을 보여준다.

인지행동 접근의 잠재적 한계는 상담자의 개인적 성장 수준과 훈련, 지식, 기술, 조망, 치료적 동맹 형성 능력에 따라 그 효과가 달라진다는 것이다. 이는 모든 상담이 가지고 있는 한계이기도 하지만, 특히 삶의 기술을 가르치고 구조화를 강조하며 내담자에게 유용한 정보를 제공해야 하는 인지행동치료 임상가에게 더욱 두드러진다. 상담자가 어떤 종류의 사람인가 하는 것은 지식이나 기술만큼이나 중요하다. 상담자는 내담자에게 자신이 가지고 있는 모형을 소개할 수밖에 없다. 데비 조페 엘리스(2014)는 상담자들에게 마음챙김을 훈련하고, 자신의 생각을 점검하며, 내담자에게 가르친 것은 자신도 실천하도록 격려한다. 상담자는 이를 통해 내담자를 위한 건강한 모형을 가질 수 있고 더 나은 삶의 경험과 만족을 누릴 수 있다.

자기성찰과 토론을 위한 질문

1. 대부분의 인지행동치료 모형에서 상담자는 교사로서의 기능을 한다. 그렇다면 여러분의 상담 현장에 심리교육 모형을 어떻게 적용할 수 있는가?
2. 인지행동 상담자는 단기적이고, 적극적이며, 주도적이고, 협력적이며, 현재에 초점을 맞추고, 교훈적이며 심리교육 모형에 입각하여 개념과 기술에 경험적 타당성을 갖춘 상담을 활용한다. 이러한 특성이 주는 이익과 불이익 무엇이라고 생각하는가?
3. 앨리스, 벡, 파데스키, 마이켄바움은 서로 다른 방식으로 상담을 진행하지만 모두 인지행동학파에 속한다. 여러분은 이들 중 누구에게 가장 마음이 끌리며 그 이유는 무엇인가?
4. 인지행동치료는 다양한 기법을 제공한다. 여러분 자신에게 적용해본다면 어떤 기술을 활용해보고 싶은가? 또한 내담자와 협동 작업을 한다면 어떤 기술을 활용해보고 싶은가?
5. 현대 임상가 중에서는 인지행동 상담자가 가장 많다. 인지행동치료에 대한 관심의 증가는 무엇 때문이라고 생각하는가?

더 찾아볼 자료

이번 장과 관계된 미국심리학회 '심리치료의 체계 동영상 시리즈' 목록은 다음과 같다.

Beck, J. (2005). *Cognitive Therapy*

Ellis, D. J. (2014). *Rational Emotive Behavior Therapy*

Meichenbaum, D. (2007). *Cognitive Behavioral Therapy With Donald Meichenbaum*

Vernon, A. (2010). *Rational Emotive Behavior Therapy Over Time*

Dobson, K. S. (2010). *Cognitive Therapy Over Time*

Persons, J. (2006). *Cognitive-Behavior Therapy*

Dobson, K. S. (2008). *Cognitive-Behavioral Therapy for Perfectionism Over Time*

Dobson, K. S. (2011). *Cognitive-Behavioral Therapy Strategies*

이번 장과 관련하여 파데스키가 웹사이트(www.padesky.com)를 통해 제공하는 오디오 워크숍과 동영상 목록은 다음과 같다.

Padesky, C. A. (1993). *Cognitive Therapy for Panic Disorder*

Padesky, C. A. (1996). *Guided Discovery Using Socratic Dialogue*

Padesky, C. A. (1996). *Testing Automatic Thoughts With Thought Records*

Padesky, C. A. (1997). *Collaborative Case Conceptualization*

Padesky, C. A. (2003). *Constructing NEW Core Beliefs*

Padesky, C. A. (2004). *Constructing NEW Underlying Assumptions & Behavioral Experiments*

Padesky, C. A. (2008). *CBT for Social Anxiety*

Padesky, C. A. (2015). *A Four-Step Approach to Building Resilience*

www.Psychotherapy.net은 학생과 전문가에게 인지치료에 관한 광범위한 동영상과 인터뷰 등 광범위한 자료를 제공해준다. 매달 새로운 동영상과 정리된 정보가 제공된다. 이 장과 관련된 DVD는 www.psychotherapy.net에서 확인할 수 있다.

앨버트 엘리스의 작업에 관한 정보와 합리적 정서행동치료 수련을 위한 최신 정보를 보고 싶다면 다음 사이트를 방문하라.

Debbie Joffe Ellis

www.debbiejoffeellis.com

합리적 정서행동치료에 관심이 더 있다면 아래 웹사이트를 참고하라.

www.ellisrebt.com

www.rebtnetwork.org

『인지치료 국제 학술지(International Journal of Cognitive Therapy)』는 인지치료에 관한 이론, 실무, 연구 관련 정보를 제공한다. 이 논문집이 보고 싶다면 다음 사이트를 방문하라.

www.guilford.com

캘리포니아 헌팅턴 비치에 있는 파데스키와 무니의 인지치료센터(Center for Cognitive Therapy)는 전문가와 일반인을 위한 웹사이트를 구분해서 제공하고 있다. 전문가를 위한 웹사이트에서는 파데스키와 무니의 글을 내려받을 수 있고 파데스키의 블로그를 볼 수 있으며 다양한 형태(책, 오디오, 동영상 등)의 인지치료 관련 자료와 정보를 접할 수 있다. 일반인을 위한 웹사이트에서는 인지행동치료 상담자를 만날 수 있는 주소와 일반인이 흥미를 느낄 만한 논문, 24개 국어로 번역된『기분 다스리기』를 구매할 수 있는 웹사이트 주소 등이 소개된다.

파데스키와 무니의 인지치료센터

www.padesky.com(전문가용)

www.MindOverMood.com(일반인용)

참고로 파데스키 유튜브 채널에서는 상담자를 위한 간단한 팁과 무료로 볼 수 있는 인터넷 세미나에 대한 정보를 제공한다.

파데스키 유튜브 채널

YouTube.com/ChristinePadesky

CBT 워크숍, 슈퍼비전, CBT 블로그 및 뉴스레터에 대한 자세한 내용은 벡 인지행동치료 연구소(Beck Institute for Cognitive Behavior Therapy)의 웹사이트를 참고하면 된다.

벡 인지행동치료 연구소

www.beckinstitute.org

전 세계 인지치료 상담자들의 '고향'과 같은 단체는 에런 벡과 주디스 벡이 설립한 '인지치료 아카데미(Academy of Cognitive Therapy)'이다. 공인된 전 세계 인지치료 상담자들과 만나고 다양한 연구물과 전문 서적에 관한 정보를 확인하고 싶다면 다음 웹사이트를 방문하라.

인지치료 아카데미

www.academyct.org

도널드 마이켄바움은, 폭력을 줄이고 폭력 피해자를 상담하기 위해 과학적 재능을 공유하는 비영리 조직 '멜리사 폭력예방 연구소(Melissa Institute for Violence Prevention)'의 수석연구원이다. 이 연구소는 교육과 지역사회 서비스, 연구지원, 자문 등을 통해 폭력 연구 및 예방 사업을 수행하고 있다.

멜리사 폭력예방 연구소

www.melissainstitute.org

더 읽을거리

- 『**합리적 정서행동치료**(**Rational Emotive Behavior Therapy**)』(A. Ellis & Ellis, 2019a)는 합리적 정서행동치료에 대한 최신 정보를 담고 있는 훌륭한 개론서다.
- 『**앨버트 엘리스 다시 보기**(**Albert Ellis Revisited**)』(Carlson & Knaus, 2014)는 다양한 주제에 관한 엘리스의 영향력 있는 글을 담고 있다. 이 책의 각 장에는 엘리스의 논문에 대한 편저자들의 논평이 실려 있다.
- 『**인지치료: 기초와 그 넘어**(**Cognitive Therapy: Basics and Beyond**)』(J. Beck, 2021)는 인지치료 전반을 소개하고 있는 교과서와 같은 책이다. 이 책의 이전 판은 20개 언어로 번역되었다.
- 『**기분 다스리기**(**Mind Over Mood: Change How You Feel by Changing the Way You Think**)』(Greenberger & Padesky, 2016)는 기분을 확인하는 방법 및 문제해결 전략과 우울, 불안, 분노, 죄책감, 수치심 등과 관련된 생각을 검증하는 단계적 전략 및 도구를 제공하고 있다. 이 책은 대중적인 자조 관련 서적이며 상담자와 내담자 모두에게 유용한 인지치료 입문 서적이다.
- 『**기분 다스리기를 위한 임상 안내서**(**The Clinician's Guide to Mind Over Mood**)』(Padesky, 2020)는 상담자가 『기분 다스리기』라는 책을 특정 장애의 상담 과정에 어떻게 활용할 수 있는지 소개하는 책이다. 이 책은 문화적 이슈를 포함하여 개인, 부부(연인), 집단을 위한 상담에 적용할 수 있는 명쾌한 해설과 가이드를 제공하며, 60개 워크시트 각각에 대한 경험적 근거와 사용법에 대한 자세한 안내도 제공한다.
- 『**인지행동치료를 위한 치료적 관계: 임상 안내서**(**The Therapeutic Relationship in Cognitive-Behavioral Therapy: A Clinician's Guide**)』(Kazantzis et al., 2017)는 인지행동치료 과정에 치료적 관계가 어떻게 기여하는지 소개하고 있으며 숙제와 재발 예방, 치료관계의 윤리적 측면 또한 다루고 있다.
- 『**초보자를 위한 인지행동치료 임상 지침서**(**Making Cognitive-Behavioral Therapy Work: Clinical Processes for New Practitioners**)』(Ledley et al., 2018)는 인지행동치료를 적용한 평가, 사례개념화, 치료 계획 수립, 종결 준비 전략과 신입 상담자가 당면할 수 있는 문제 등을 다루고 있다.
- 『**인지행동치료의 근거중심 실무**(**Evidence-Based Practice of Cognitive-Behavioral Therapy**)』(Dobson & Dobson, 2017)는 인지행동치료를 적용한 심리교육, 행동 개입, 인지 작업, 가치 기반 목표 설정 등 다양한 개입 전략을 다루고 있다. 저자들은 행동치료와 인지행동치료에 대한 잘못된 이해에 대해서도 명확히 지적하고 있다.
- 『**인지행동치료 핸드북**(**Handbook of Cognitive-Behavioral Therapies**)』(Dobson & Dozois, 2019)은 정서중심 문제해결치료, REBT, 인지치료, 도식치료, 마음챙김 및 수용 기반 개입, 변증법적 행동치료, 통합 심리치료 등 인지행동 관점의 주요 접근법을 개관한 글을 묶어 놓은 책이다.

선택이론과 현실치료

11장

학습목표

01. 현실치료와 관련된 핵심 개념을 이해한다.
02. 선택이론이 어떻게 현실치료의 이론적 토대가 되는지 설명한다.
03. 전 행동의 개념과 임상적 의미를 이해한다.
04. 현실치료의 기본 가정, 고유한 특징 및 목표를 파악한다.
05. 성공적인 상담을 위한 상담 환경 조성에 있어 상담자의 개입 역할을 이해한다.
06. WDEP 모델이 상담 실무에 어떻게 적용되는지 설명한다.
07. 현실치료가 집단 상담에 어떻게 적용되는지 설명한다.
08. 현실치료의 학교 상담 적용에 대해 논의한다.
09. 다문화적 맥락에서 현실치료의 장단점을 이해한다.
10. 현실치료 접근의 공헌과 한계에 대해 논의한다.

*이 장을 최신 상태로 업데이트하는 데 있어 검토와 추가 의견을 제공해준 로버트 우볼딩(Robert Wubbolding)과 샌디 우볼딩(Sandie Wubbolding)에게 감사드리고 싶다.

윌리엄 글래서(William Glasser, 1925-2013)는 오하이오주 클리블랜드에 있는 케이스웨스턴리저브 대학교(CaseWestern Reserve University)에서 교육을 받았다. 처음에는 화학공학자였던 그는 심리학(임상심리학 석사, 1948년)으로 진로를 바꾼 후, 정신과 의사가 되기 위해 의과대학(의학박사, 1953년)에 입학하여 정신과를 전공하였다. 1957년 로스앤젤레스에 있는 재향군인병원과 UCLA에서 정신과 수련을 마쳤고, 1961년 정신과 전문의 자격을 취득하였다. 글래서는 윌리엄 글래서 연구소에 깊이 관여한 나오미(Naomi)와 1992년 그녀가 사망할 때까지 47년간 결혼생활을 하였다. 이후 1995년 글래서는 연구소의 강사이자, 여러 권의 책을 공동 저술한 칼린(Carleen)과 재혼하였다.

초기의 글래서는 부분적으로 프로이트의 원칙을 따르지 않는 정신분석 훈련을 받은 상담자들을 보고, 프로이트 모델을 거부했다. 오히려 그 상담자들은 내담자에게 그들의 행동에 대한 책임을 묻는 경향이 있었다. 처음에 글래서는 캘리포니아 청소년국에서 운영하는 여학생들을 위한 교도소이자 학교인 벤투라 고등학교(Ventura School)의 정신과 의사였다. 글래서는 자신의 정신분석 훈련이 이러한 청소년들을 상담하는 데 한계가 있다는 것을 확신하게 되었다. 이후 이러한 관찰을 통해 글래서는 내담자의 불안한 부분이 아니라 건강한 부분과 대화하는 것이 최선이라고 생각하였다. 글래서는 내담자가 현실 세계에 몰입할 수 있다고 믿었던 정신과 의사이자 멘토였던 해링턴(G. L. Harrington)의 영향도 받았다. 글래서는 레지던트 시절이 끝날 무렵, 훗날 현실치료로 알려진 아이디어를 모으기 시작하였다.

1962년에 글래서는 '현실 정신의학'이라는 공개 강연을 시작했지만, 청중 중에는 정신과 의사는 거의 없었다. 참석자 대부분은 교육자, 사회복지사, 상담자, 교도관이었기 때문에 글래서는 이름을 '현실치료'로 바꾸었고, 이것이 1965년에 출간된 획기적인 책의 제목이 되었다. 교육자들은 현실치료의 원리가 도움이 된다는 것을 받아들이게 되었고, 이후 글래서는 현실치료를 교실과 학교 조직에 적용해 달라는 요청을 받기도 하였다.

이러한 경험을 바탕으로 그는 1968년에 『실패 없는 학교(Schools Without Failure)』를 저술하여 학교 행정, 교사 연수, 학교 학습 방식에 큰 영향을 미쳤다. 글래서는 학생들이 **실패 정체성**이 아닌 **성공 정체성**을 갖도록 돕는 방식으로 학교를 구성해야 한다는 입장을 취했다. 그는 학습자의 삶에 맞춘 교육과정을 옹호하였으며, 교사와 관리자를 위한 현직 워크숍을 통해 상당한 공헌을 했다. 1960년대 후반부터 현실치료는 교육과 사실상 거의 모든 인간관계, 특히 친밀한 관계에 적용되었다. 최근에는 현실치료가 관리 및 감독, 지도, 가족치료 및 육아에서도 적용되고 있다. 이제는 현실치료가 남극을 제외한 거의 모든 대륙에서 널리 교육 및 적용되고 있다.

글래서는 내담자가 자신의 행동에 대한 책임을 받아들이는 것이 가장 중요하다고 확신하게 되었다. 1980년대 초, 글래서는 자신의 모든 작업을 설명할 수 있는 이론을 찾고 있었다. 글래서는 윌리엄 파워스(William Powers)에게서 **통제 이론**에 대해 배웠고, 이 이론이 큰 잠재력을 가지고 있다고 믿었다. 그는 이후 10년 동안 처음 배운 내용을 확장하고 수정하며 명료화하는 데 시간을 보냈다. 1996년에 이르러 글래서는 이러한 수정 작업을 통해 이론이 크게 바뀌었기 때문에 통제 이론이라고 계속 부르는 것은 오해의 소지가 있다고 보았다. 그리고 그는 자신이 개발한 모든 것을 반영하기 위해 **선택이론**으로 이름을 바꾸었다. 현재 전 세계에서 가르치고 있는 현실치료의 본질은 우리 모두에겐 스스로 선택한 일에 책임이 있다는 것이다. 우리는 현재의 필요와 욕구에 의해 내적으로 동기화되며, 많은 사람들이 생각하는 것보다 자신의 현재 행동 선택을 더 많이 통제할 수 있다.

Courtesy of Robert E. Wubbolding

로버트 우볼딩(Robert E. Wubbolding, 1936-)은 오하이오주 신시내티에서 태어나고 자랐으며 6남매 중 막내이다. 신시내티 대학교에서 상담학 박사학위를 받았으며, 여러 전문 기관의 회원으로 활동하고 있으며 상담자 및 심리학자 자격증을 보유하고 있다. 고등학교에서 역사를 가르쳤고, 고등학교 및 초등학교 상담자로 일하기도 하였으며, 미 육군과 공군의 약물 및 알코올 남용 프로그램 상담자로도 활동했다.

우볼딩은 처음 가톨릭 신부가 되었지만, 이후 홀가분하고 명예롭게 성직자를 그만두었다. 그는 전직 프랑스어 교사였던 샌드라 트리필리오(Sandra Trifilio)와 결혼하여 자신의 일에 대한 열정을 공유하고 있다. 그녀는 현실치료 센터의 관리자이자 우볼딩의 저서 편집자로도 활동하고 있다.

우볼딩은 현재 신시내티의 현실치료 센터의 소장이며, 전 존스홉킨스 대학교(Johns Hopkins University) 교수이다. 그는 32년간 상담자 교육을 해왔던 자비어 대학교(Xavier University)의 명예교수이기도 하다. 그는 가르치는 것을 좋아했으며, 학생들이 학업에 동기와 열의가 높으며 경험이 풍부했다. 그의 가장 의미 있는 경험 중 하나는 자비어 대학교 상담학과에서 대학원생들을 가르친 것이었다.

박사학위를 마친 후 우볼딩은 다양한 상담 접근법을 대표하는 교육 회기에 참석했고, 현실치료가 자신의 관심사에 가장 적합하다는 것을 알게 되었다. 그는 로스앤젤레스에서 윌리엄 글래서가 진행하는 집중 훈련 워크숍에도 수차례 참석했다. 1988년에 글래서는 우볼딩을 윌리엄 글래서 연구소의 교육 책임자로 임명했다.

우볼딩은 서던캘리포니아 대학교(University of Southern California)의 객원 교수로 재직하면서, 일본, 한국, 독일의 해외 프로그램에 참여했으며, 이로써 평생 여행하면서 다른 나라에서 살고 싶다는 소망을 이루었다. 그는 국제적으로 유명한 현실치료 교사, 작가, 상담자가 되었으며, 유럽, 아시아, 중동에서 선택이론과 현실치료를 소개했다. 그의 전문 분야 중 하나는 선택이론과 현실치료를 다양한 문화와 민족에 적용하는 것이다. 그는 영국에 처음으로 현실치료를 소개하여 공로상(2009)과 유럽심리치료협회가 수여하는 현실치료 심리상담사 자격증(2009)을 받았다.

우볼딩은 WDEP(희망-행위-평가-계획) 체계로 개념화하여 현실치료의 이론과 실제를 확장하였다. 그는 18권의 책과 160편 이상의 논문, 수필, 교재의 일부를 집필하였으며, 20편 이상의 동영상을 제작하였다. 이 중 일부는 이 장에서 언급하고 있다. 그의 종교적 헌신과 타인을 위해 봉사하는 삶은 그의 업적에서 잘 나타나며, 그는 아내 샌디와 함께 교사, 상담자, 심리학자, 교회의 적극적인 구성원이라는 소명을 이어가고 있다.

도입 학습목표 01

현실 상담자는 많은 내담자의 근본적인 문제가 동일하다고 여긴다. 이 문제는 현재 불만족스러운 관계를 가지고 있거나, 관계라고 할 만한 것이 없다는 것이다. 많은 내담자의 문제는 다른 사람과 관계를 맺지 못하거나, 친해지지 못하거나, 자신의 인생에서 중요한 사람과 만족스럽고 성공적인 관계를 맺지 못하기 때문에 발생한다. 상담자는 내담자가 만족스러운 관계를 맺을 수 있도록 안내하고 보다 효과적인 행동 방식을 가르친다. 내담자가 다른 사람들과 관계를 잘 맺을수록 그들의 정신건강은 더 개선된다.

자신의 문제인 불행이 자신이 선택한 행동 방식에서 비롯된다는 것을 알고 있는 내담자는 거의 없다. 내담자는 자신의 행동에 만족하지 못하는 권위 있는 사람, 즉 일반적으로 법원 공무원, 학교 행정가, 고용주, 배우자, 또는 부모에 의해 상담에 보내진 것이기 때문에 큰 고통과 불행을 느낀다. 현실 상담자는 많은 내담자가 불만족스러운 관계로 인한 좌절감을 다루기 위한 방법으로 자신의 행동을 선택한다고 여긴다.

글래서(2003)는 보험 목적상 필요한 경우를 제외하고, 내담자에게 진단명을 붙여서는 안 된다고 주장하였다. 글래서의 관점에서 진단은 불만족스러운 현재 관계에서 오는 고통과 좌절을 다루기 위해 선택하는 행동에 대한 설명이므로, 이러한 비효과적인 행동을 정신질환으로 진단하는 것은 정확하지 않다고 보았다. 글래서는 알츠하이머, 뇌전증, 뇌의 외상 및 감염과 같은 뇌 손상으로 인한 질환만을 정신질환으로 제한하였다. 이러한 환자는 뇌에 이상이 있기 때문에 먼저 신경과 의사에게 치료를 받아야 한다는 것이 글래서의 견해이다. 우볼딩은 이러한 원칙을 완화시켜, 상담자에게 정신의학적 약물의 진단과 사용에 관한 표준적인 관행과 치료 표준을 따르도록 권고했다. 그는 현실치료는 『정신질환의 진단 및 통계 편람 5판(*DSM-5*)』(American Psychiatric Association, 2013)의 사용과 완전히 일치한다고 덧붙였다.

현실치료는 글래서(1998, 2001, 2003, 2011)의 여러 저서에서 설명하고 있듯이 선택이론에 기초하고 있다. (이 장에서 글래서의 이론에 대한 논의는 특별한 언급이 없는 한 위의 4권의 책에 근거한다.) 선택이론은 우리가 왜 그리고 어떻게 기능하는지를 설명하는 현실치료의 이론적 토대이다. 현실치료는 자신의 삶을 보다 효과적으로 통제할 수 있도록 돕는 전달체계를 제공한다. 선택이론이 철도라면 현실치료는 전달하는 기차이다(Wubbolding, 2011). 상담은 주로 내담자가 자신의 삶에 필요한 사람을 대할 때, 더욱 효과적인 선택을 하도록 돕고, 때로는 가르치는 것으로 구성된다. 효과적인 상담을 위해서는 내담자와 만족스러운 관계를 형성하는 것이 필수적이다. 이러한 관계가 발전되면서 경청자 및 교사로서 상담자의 기술이 중심적인 역할을 하게 된다. 우볼딩은 이러한 절차가 치료적 동맹을 형성하고 발전시켜 나가는 수단이라고 가르친다.

현실치료는 다양한 환경에서 사용되고 있다. 상담, 사회복지, 교육, 위기 개입, 교정 및 재활, 조직 관리, 지역 사회 개발에도 적용될 수 있다. 현실치료는 학교, 주립 정신건강 병원, 사회 복귀 시설, 알코올 및 약물 남용센터에서 널리 사용되었다. 특히 약물 남용을 치료하는 군 병원 중 상당수는 치료적 접근으로 현실치료를 선호한다.

이 책의 MindTap을 참조하여 동영상 퀴즈와 다양한 동영상 프로그램을 통해 11장과 관련된 주제에 대한 지식을 확장하기를 바란다.

주요 개념 학습목표 02

인간관

선택이론(choice theory)은 우리가 외부의 힘에 의해 동기화되기를 기다리는 백지상태로 태어나지 않는다고 가정한다. 더욱이 인간은 생득적으로 **생존**(또는 자기 보호), **사랑과 소속**, **권력**(또는 내적 통제), **자유**(또는 독립), **즐거움**(또는 기쁨)과 같은 다섯 가지 욕구를 가지고 태어난다. 인간은 모두 이 다섯 가지 욕구를 가지고 있지만, 강도에는 차이가 있다. 예를 들어, 우리 모두는 사랑과 소속감의 욕구를 가지고 있지만, 어떤 사람은 다른 사람보다 더 많은 사랑을 필요로 하기도 한다. 선택이론은 인간은 본질적으로 사회적 동물이기 때문에 사랑을 주고받아야 한다는 전제를 바탕으로 한다. 글래서(2001, 2005)는 다른 욕구를 충족시키기 위해서는 사람이 필요하기 때문에, **사랑과 소속의 욕구**가 기본 욕구라고 여긴다. 또한 사랑과 소속의 욕구는 그것을 충족시키기 위해서 도움을 줄 협조적인 사람이 있어야 하기 때문에 충족시키기 가장 어려운 욕구이기도 하다. 이러한 개념은 기존의 상담 분야에서 치료적 동맹을 강조하는 것과 일맥상통한다(Forrest, 2021). 우볼딩은 또한 빅터 프랭클(Viktor Frankl)이 제안한 여섯 번째 욕구인 **목적과 의미**가 선택이론과 현실치료에 통합될 수 있다고 말했다. 모든 행동에는 목적이 있기 때문에, 인간에게도 의미와 목적의 욕구가 있다고 보았다. 상담의 실질적인 방법은 도움을 받기로 결정한 내담자의 목적과 문제가 해결된다면 어떤 의미가 있을지를 내담자와 함께 탐색하는 것이다.

우리의 뇌는 통제 체계로 기능을 한다. 이러한 기능은 우리가 욕구를 충족시키기 위한 노력이 얼마나 잘 이루어지고 있는지 판단하기 위해서 지속적으로 우리의 감정을 주시한다. 우리가 부정적인 감정을 느낀다면 다섯 가지 욕구 중 하나 이상의 욕구가 충족되지 않은 것이다. 또한 자신의 욕구를 인식하지 못한 경우에도 우리는 기분이 나아지기를 원한다. 고통에 이끌려 기분이 나아지는 방법을 찾으려고 노력한다. 현실치료 상담자는 때때로 선택이론을 미묘하고 간접적으로 가르쳐, 내담자가 충족되지 않은 욕구를 파악하고 이를 충족시키기 위해 노력하게 한다.

선택이론에서는 인간이 자신의 욕구를 직접적으로 충족시키지 않는다고 여긴다. 우리는 태어나면서부터 평생 기분이 좋아지는 모든 행동을 면밀히 추적한다. 마음속에 이러한 정보를 저장하고 삶의 핵심인 질적(좋은) 세계(quality world)라고 불리는 욕구 파일을 생성한다. 이것은 우리 각자의 샹그릴라(Shangri-la, 이상향, 지상의 천국), 즉 가능하다면 살고 싶은 세상이다. 전적으로 우리의 바람과 욕구에 기초하지만, 일반적인 욕구와는 달리 매우 구체적이다. 질적 세계는 우리의 욕구를 충족시켜주는 사람, 활동, 사건, 신념, 사물 및 상황에 대한 구체적인 이미지로 구성된다(Wubbolding, 2000, 2011, 2017). 우리는 우리의 질적 세계에서 구체적인 욕구와 이러한 욕구를 충족할 방법이 담긴 내면 사진첩(picture album)을 만든다. 우리는 삶을 가장 효과적으로 통제할 수 있는 방식으로 행동하려고 노력한다. 사진첩 중 일부 사진은 흐릿할 수 있으며, 상담자의 역할은 내담자가 이를 선명하게 하도록 돕는 것이다. 대부분의 사람들에게 사진은 우선순위에 따라 존재하지만, 내담자는 우선순위를 파악하는 데 어려움을 겪을 수도 있다. 현실치료 과정의 일부는 내담자 욕구의 우선순위를 정하고, 가장 중요한 것인 무엇인지를 알아차리도록 돕는 것이다(Wubbolding, 2011, 2017). 이는 약물 남용 문제가 있는 내담자를 상담할 때 특히 중요하다.

우리가 가장 친밀하고 함께 있는 것이 즐거운 사람들은 우리의 질적 세계에서 가장 중요한 구성요소이며, 이러한 사람들과 연결되기를 원한다. 치료를 받는 사람들은 자신의 질적 세계에 아무도 없거나, 자주 만족스러운 방식으로 관계를 맺을 수 없는 사람이 있을 수도 있다. 성공적인 상담을 위해 먼저 상담자는 내담자의 질적 세계로 들어갈 수 있을 만한 사람이어야 한다. 즉, 내담자의 질적 세계로 들어가는 것은 상담의 기술이다. 상담자와의 관계를 통해 내담자는 원하는 사람들과 가까워지는 방법을 배우기 시작한다.

행동의 선택이론 설명 학습목표 03

선택이론에 따르면, 인간이 태어나서 죽을 때까지 하는 모든 것은 행동이며, 일부 예외를 제외하고는 모든 행동은 스스로 선택했거나 적어도 자신의 내면에서 생성된다고 설명한다. 모든 전 행동(total behavior)은 욕구를 충족시키기 위한 최상의 시도이다. 전 행동은 모든 행동이 **활동하기, 생각하기, 느끼기, 생리적 반응**이라는 네 가지 별개의 구성요소가 긴밀하게 연결되어 있으며, 모든 활동, 생각, 느낌은 반드시 생리 반응이 수반된다고 보았다. 선택이론은 사고와 행동을 강조하는 일반적인 인지행동치료의 형태이다. 주요 강조점은 내담자가 어떤 행동을 하는지, 그 행동의 구성요소가 전 행동의 다른 측면에 어떻게 영향을 미치는지에 있다. 우리가 원하는 것과 얻고 있다고 인식하는 것 사이의 간격을 좁히는 데 목적이 있다. 특정한 행동은 항상 이러한 불일치에서 나타난다. 행동은 내면에서 비롯되며, 따라서 우리는 운명을 선택하는 것이다.

글래서의 관점에서 '우울하다, 머리가 아프다, 화나다, 불안하다'과 같이 말하는 것은 수동성과 개인적인 책임감 결여를 의미하며 부정확하다. 이들은 전 행동의 일부이며, '우**울하게 만들다, 머리 아프게 만들다, 화나게 하다, 불안하게 만들다**'와 같은 동사 형태를 사용하여 기술하는 것이 더 정확하다. 사람들이 외부 세계에서 그 행동을 강요당하기보다는 스스로 우울하거나 화를 내는 것이라고 생각하는 것이 더 정확하다. 사람들이 다양한 고통스러운 행동(paining behavior)을 함으로써 비참해지기를 선택하는 것은 그것이 그 당시 그들이 할 수 있는 최선의 행동이며 이러한 행동은 종종 원하는 것을 얻게 해주기 때문이다.

현실 상담자가 선택이론을 언급하기 시작하면 내담자는 종종 "저는 고통받고 있습니다. 제가 이 고통을 선택한다고 말하지 마세요."라고 저항한다. 상담자는 우울함은 고통스럽기 때문에 사람들이 고통을 직접 선택하는 것이 아니라 오히려 전 행동에서 선택되지 않은 부분이라고 설명한다. 그 행동이 욕구를 충족시키기 위한 최선의 노력이지만 효율적이지는 않은 것이다.

우볼딩(2017)은 선택이론에 행동은 언어이며, 우리가 하는 행동은 메시지를 보낸다는 새로운 아이디어를 추가하였다. 행동의 목적은 우리가 원하는 것을 얻기 위해 세상에 영향을 주는 것이다. 상담자는 내담자에게 그들의 행동을 통해 세상에 어떤 메시지를 보내고 있는지 묻는다. '다른 사람들이 어떤 메시지를 받기를 원하십니까?', '당신이 의도했든 의도하지 않았든 다른 사람들은 어떤 메시지를 받고 있습니까?' 내담자가 다른 사람에게 보내는 메시지를 생각해봄으로써, 상담자는 내담자가 의도하지 않게 다른 사람들에게 보내는 메시지를 잘 이해할 수 있도록 간접적으로 도울 수 있다.

현실치료의 특징 학습목표 04

불만족스러운 관계나 관계의 부재에 초점을 맞추는 현대 현실치료(reality therapy)에서 정신건강을 증진시키는 의미 있는 관계의 역할은 더욱 주목받고 있다. 내담자는 직업을 유지하지 못하거나, 학교생활을 잘하지 못하거나, 의미 있는 관계를 맺지 못한다고 호소할 수 있다. 내담자가 다른 사람이 자신에게 고통을 준다고 호소할 때, 현실 상담자는 내담자에게 자신의 선택이 얼마나 효과적인지를 생각해보도록 한다. 이러한 선택은 내담자의 삶에서 중요한 사람과의 관계에 영향을 미치기 때문이다. 선택이론에서 내담자가 통제할 수 없는 것에 관해 이야기하는 것은 거의 가치가 없다고 여기며 내담자가 관계에서 통제할 수 있는 것에 중점을 둔다. 내담자를 이해하는 데 중요한 선택이론의 기본 공리는 '자신을 통제할 수 있는 유일한 사람은 바로 자기 자신'이라는 것이다.

현실 상담자는 불평, 비난, 비판을 거의 듣지 않는데, 이것은 우리의 행동 레퍼토리에서 가장 비효율적인 행동이기 때문이다. 그렇다면 현실 상담자는 무엇에 집중하는가? 다음은 현실치료의 몇 가지 근본적인 특징이다.

선택과 책임을 강조하라. 현실 상담자는 내담자가 흔히 믿는 것보다 자신의 행동에 대해 더 많은 통제를 할 수 있기 때문에 자신의 선택에 책임이 있다고 보았다. 이는 사람들이 법을 어긴 경우에도 비난이나 처벌을 받지 않아야 한다는 의미가 아니라 상담자는 내담자가 자신이 한 행동에 대한 책임이 있다는 사실을 잊지 말아야 한다는 뜻이다. 선택이론은 책임의 초점을 선택과 선택하는 것으로 바꾼다.

현실 상담자는 사람들이 '마치' 선택권이 있는 것처럼 대한다. 상담자는 내담자가 선택할 수 있는 영역에 집중하는데, 그것은 내담자가 필요한 사람들에게 더 가까워질 수 있도록 만들기 때문이다. 예를 들어, 일과 같은 의미 있는 활동에 참여하는 것은 타인의 존경을 받을 수 있는 좋은 방법이며, 일은 내담자가 권력에 대한 욕구를 충족시키는 데 도움이 될 수 있다. 성인은 어떤 형태로든 의미 있는 활동에 참여하지 않으면 스스로에 대해 좋은 감정을 갖기가 매우 어렵다. 내담자가 자신에 대해 좋은 감정을 갖기 시작하면 비효율적이고 자기파괴적인 행동은 점차 줄어들게 된다.

전이를 거부하라. 현실 상담자는 자신의 전문적인 일 속에서 진정한 자기가 되기 위해 노력한다. 상담자가 진정한 자기가 됨으로써 내담자가 삶에서 타인과 관계를 맺는 방법을 가르치는 데 그 관계를 활용할 수 있다. 글래서는 전이는 상담자와 내담자 모두가 진정한 자기가 되는 것과 현재 자신이 하고 있는 행동에 대해 인정하는 것을 회피하는 방식이라고 주장한다. 상담자가 진정한 자기가 아닌 다른 사람이라는 생각을 가지고 치료하는 것은 비현실적이다. 내담자가 '당신을 아버지나 어머니로 생각하기 때문에 제가 이렇게 행동하는 것입니다.'라고 주장한다고 가정해보자. 이 상황에서 글래서는 '저는 당신의 어머니나 아버지가 아니며 나 자신일 뿐입니다.'라고 명확하고 단호하게 대답할 것이다. 그러나 우볼딩은 모든 현실 상담자가 전이에 대한 글래서의 관점을 받아들이는 것은 아니라고 주장하였다(개인 교신, 2021년 8월 25일).

현재에 집중하여 치료하라. 어떤 내담자는 상담에서 과거를 반드시 돌아보아야 한다고 확신한다. 많은 치료 모델에서는 현재 잘 기능하려면 과거를 이해하고 재경험해야 한다고 가르친다. 글래서(2001)는 이러한 가정에 동의하지 않으며, 과거에 저지른 실수가 무엇이든 간에 그것은 현재와 관련이 없다고 주장한다. 선택이론의 공리는 과거가 현재의 문제에 영향을 끼쳤을 수도 있지만, 과거는 결코 문제가 아니라는 것이다. 사람은 효과적으로 기능하기 위해서 현재에 살고 계획하며 더 나은 미래를 만들기 위해 단계적으로 나아가야 한다. 우리는 현재의 욕구만을 충족시킬 수 있다.

현실 상담자가 과거를 완전히 거부한 것은 아니다. 만약 내담자가 과거의 성공 경험이나 좋은 경험에 관해 이야기하고 싶다면 상담자는 현재에도 반복될 수 있기 때문에 경청할 것이다. 현실 상담자는 내담자가 과거의 실패를 거부하지 않는다는 확신을 가질 수 있도록 충분한 시간을 가진다. 우볼딩은 '역사는 운명이 아니다.'라고 주장한다. 과거가 우리를 현재로 인도했지만, 미래를 결정할 필요는 없다. 핵심은 내담자가 행동을 변화시키기 위해 지금 당장 무엇을 할 수 있고 기꺼이 할 수 있는지에 있다(Wubbolding, 2016, 2017). 그러나 우볼딩은 과거의 행동은 해결되어야 하고, 재평가되어야 한다고 주장하였다. 미국 소설가 윌리엄 포크너(William Faulkner)는 "과거는 결코 죽지 않는다. 사실 아직 지나간 일도 아니다."라는 유명한 말을 남겼다.

증상에 집중하지 말라. 전통적인 치료에서는 내담자가 어떤 감정을 느끼는지, 왜 집착을 하는지 물어봄으로써 증상에 많은 시간을 집중하였다. 과거에 초점을 맞추는 것은 불만족스러운 현재 관계의 현실에 직면하지 않도록 내담자를 '보호'하며, 증상에 초점을 맞추는 것과 같은 것이다. 사람들은 우울하거나 고통스러울 때, 자신이 겪고 있는 일이 자신에게 실제로 일어나고 있다고 생각하는 경향이 있다. 또한 자신의 고통이 자신의 내부에서 발생하는 전 행동 때문이라는 현실을 받아들이기를 꺼린다. 증상은 자신이 만들어낸 행동이 기본적인 욕구를 충족시키지 못한다는 것을 신체가 경고하는 방식으로 볼 수 있다. 현실 상담자는 증상은 불만족스러운 관계나 기본적인 욕구의 좌절을 다루는 동안에만 지속되기 때문에 가능한 한 증상에 거의 집중하지 않는다. 글래서(2005)는 거의 모든 증상이 현재의 불행한 관계로 인해 발생한다고 주장한다. 현재의 문제 특히 대인관계에 초점을 맞춤으로써 일반적으로 치료 기간을 상당히 단축할 수 있다.

정신질환에 대한 전통적인 관점에 도전하라. 선택이론은 신체적, 심리적 증상에 문제가 있는 사람은 정신질환자라는 전통적인 개념을 거부한다. 우볼딩(개인 교신, 2021년 8월 25일)은 정신장애 진단을 포함하는 표준 관행을 준수하고 창의적인 방식으로 *DSM-5*를 사용하는 것에 대한 확고한 입장을 취한다. 그러나 글래서(2003)는 정신의학은 신체적, 정신적 건강에 모두 해로울 수 있으므로 주의해야 한다고 경고했다. 그는 진단과 치료 모두에서 *DSM-5*(American Psychiatric Association, 2013)에 크게 의존하는 전통적인 정신의학 기관을 비판한다. 글래서(2003)는 전통적으로 받아들여진 정신질환과 약물 사용에 의한 치료에 대한 견해, 특히 신체 및 정신적으로 부작용을 초래하는 정신과 약물의 광범위한 사용에 이의를 제기한다. 우볼딩(2017)은 현실치료가 정신장애 체계라기보다는 정신건강 체계라고 주장한다. 그는 '사람에게 문제가 있는 것이 아니라 효과가 없는 해결책이 있다.'는 에릭슨의 원칙을 통합한다. 상담자는 진단 범주와 부정적인 행동을 재구성함으로써 내담자가 자신의 행동을 다른 관점에서 인식하도록 돕고, 이를 통해 보다 효과적인 해결책과 선택을 모색할 수 있도록 한다.

상담 과정

상담 목표

현대 현실치료의 주요 목표는 내담자가 자신의 질적(좋은) 세계에 두기로 선택한 사람들과 연결되거나 다시 연결될 수 있도록 돕는 것이다. 현실치료의 기본 목표는 사랑과 소속감에 대한 욕구를 충족시키는 것뿐만 아니라 내담자가 성취감, 권력 또는 내적 통제, 자유 또는 독립, 즐거움을 포함한 모든 욕구를 충족시키는 더 나은 방법을 배우도록 돕는 것이다. 인간의 기본적 욕구는 치료 계획 및 장 · 단기적 목표 설정에 초점을 맞추는 역할을 한다. 현실 상담자는 내담자가 자신이 원하는 것과 욕구와 관련하여 보다 효과적이고 책임감 있는 선택을 할 수 있도록 돕는다.

대부분의 경우 자발적으로 치료를 받으러 오는 내담자를 가장 쉽게 도울 수 있다. 그러나 또 다른 목표는 상담자와 상담 과정에 적극적으로 저항하는 많은 비자발적 내담자와 협력하는 것이다. 이러한 내담자는 종종 폭력적인 행동, 중독, 기타 반사회적 행동을 하는 경우가 많다. 상담자는 비자발적 내담자와 관계를 맺기 위해 할 수 있는 모든 노력을 해야 한다. 만약 상담자가 비자발적 내담자와 관계를 맺을 수 없다면 의미 있는 도움을 제공할 수 없다. 하지만 상담자가 비자발적 내담자와 관계를 맺을 수 있다면 그들의 욕구를 충족시킬 방법을 가르치는 것을 목표로 천천히 상담을 시작할 수 있다.

상담자의 기능과 역할 학습목표 05

상담은 종종 상담자가 교사, 내담자가 학생 역할을 하는 멘토링 과정으로 간주된다. 현실 상담자는 내담자에게 '당신이 선택한 것은 당신이 원하는 것과 필요한 것을 얻는 것인가?'라는 질문을 제기함으로써 자기평가에 참여하는 방법을 가르친다. 다음은 상담자가 내담자에게 자주 묻는 몇 가지 질문이다.

- 당신의 삶을 어떻게 변화시키고 싶습니까?
- 당신의 삶에서 현재 얻지 못하고 있는 것은 무엇입니까?
- 만약 당신이 변화한다면 당신의 삶에서 무엇을 가지게 되겠습니까?
- 변화하기 위해 지금 무엇을 해야 합니까?
- 당신의 외부 환경이 전혀 변하지 않는다면 당신은 무엇을 다르게 해야 합니까?

현실 상담자의 역할은 내담자를 평가하기보다는 무엇을 하고 있는지 살펴볼 수 있도록 돕는 것이다. 현실 상담자는 내담자가 자신의 행동 방향, 구체적인 행동, 욕구, 지각, 노력의 정도, 새로운 방향에 대한 가능성, 행동 계획을 평가하도록 돕는다. 다음으로 내담자는 무엇을 바꿀지 결정하고 원하는 변화를 촉진하기 위한 계획을 수립한다. 그 결과 더 나은 관계, 향상된 행복감, 삶에 대한 내적 통제감을 얻을 수 있다(Wubbolding, 2016).

삶이 아무리 힘들어도 희망이 있다는 생각을 전달하는 것은 상담자의 역할이다. 상담자가 이러한 희망을 심어줄 수 있다면 내담자는 자신이 더 이상 혼자가 아니며, 변화가 가능하다고 느끼게 된다. 내담자와 상담자는 함께 다양한 고민과 선택을 창의적으로 해결해 나간다.

상담에서 내담자의 경험

내담자는 과거를 회상하거나 증상에 관해 이야기하지 않아도 된다. 또한 내담자의 전 행동의 일부인 행동 및 사고와 분리된 감정에 대해서도 많은 이야기를 하지 않아도 된다. 행동이 강조되며, 내담자가 행동을 바꾸면 자신의 감정과 생각도 바뀌는 경우가 많다.

현실 상담자는 부드럽지만 단호하게 내담자에게 다음과 같은 질문을 한다. "당신이 선택하는 행동이 지금 더 가까워지고 싶은 사람들에게 더 가까이 다가갈 수 있도록 해주는 것입니까?", "현재 모든 사람과 단절되어 있다면 새로운 사람과 더 가까워지기 위해 당신이 하고 있는 일이 있습니까?", "더 나은 선택을 하려는 현재의 노력이 목표를 달성하기에 충분한 수준입니까? 그렇지 않다면 노력의 수준을 수정할 의향이 있습니까?"(Wubbolding, 2021a) 이러한 질문은 현실치료의 초석인 자기평가 과정의 일부이다.

내담자는 상담 과정에서 약간의 절박함을 경험할 수 있다. 각 회기는 마지막 회기일 수 있으므로 시간이 중요하다. 내담자는 자신에게 '나는 오늘 우리가 이야기한 내용을 내 삶에 적용할 수 있다. 나의 문제는 현재에 있기 때문에 나의 현재 경험을 상담에 가져올 수 있고, 상담자는 내가 그 사실에서 벗어나도록 허락하지 않을 것이다.'라고 말할 수 있어야 한다.

상담자와 내담자의 관계

현실치료는 이해, 지지, 신뢰 관계를 강조한다. 이러한 치료적 동맹은 효과적인 결과를 위한 기반이다. 우볼딩(2017)은 상담자가 신체적, 정서적, 정신적, 행동적으로 함께해야 할 필요성을 강조한다. 치료적 관계가 가장 중요하지만, 그 자체로 끝이 아니며, 치료 또는 치유가 자동으로 이루어지는 것이 아니다. 상담자와 내담자 간의 개입(involvement)이 이루어지기 위해서 상담자는 따뜻함, 성실함, 일치감, 이해, 수용, 관심, 내담자에 대한 존중, 개방성, 타인의 도전을 기꺼이 받아들이는 태도를 포함한 특정한 개인적 자질을 갖추어야 한다. (기타 개인적 특성은 2장을 참조하라.) 우볼딩(2011, 2016, 2020, 2023)은 상담자가 내담자의 참여를 유도하는 분위기를 조성할 수 있는 구체적인 방법을 제시한다. 이러한 방법으로는 경청하는 행동, 내담자의 말에 귀 기울이기, 판단 유예하기, 예상치 못한 행동하기, 적절한 유머 사용하기, 상담자 스스로 자신이 되기, 촉진적 자기개방 하기, 내담자의 자기표현에서 은유 찾기, 주제 찾기, 요약 및 집중하기, 결과 허용하기, 침묵 허용하기, 윤리적 실천가 되기 등이 포함된다. 치료적 개입이 효과적으로 이루어지려면 공정하고, 단호하며, 친근하고 신뢰할 수 있는 환경이 필요하다. 일단 치료적 개입이 시작되면 상담자는 내담자가 현재 행동의 결과에 대해 더 깊이 이해할 수 있도록 돕는다.

적용: 치료기법과 과정 학습목표 06

현실치료의 실제

현실치료의 실제는 상담 주기(cycle of counseling)(Wubbolding, 2023)로 가장 잘 개념화할 수 있으며, 이는 (1) 상담 환경 조성, (2) 행동 변화로 이어지는 구체적인 과정 구현의 두 가지 주요한 요소로 구성된다. 상담의 기술은 이러한 구성요소를 함께 엮어, 내담자가 자신의 삶을 평가하고 보다 효과적인 방향으로 나아가는 결정을 할 수 있도록 이끄는 것이다.

상담 주기는 내담자와 치료관계를 형성하는 것에서 시작하여 내담자가 원하는 것, 욕구, 지각을 탐색하는 과정을 통해 진행된다. 내담자는 자신의 전 행동을 탐색하고 자신이 원하는 것을 얻는 데 얼마나 효과적인지 스스로 평가한다. 내담자가 새로운 행동을 시도하기로 결정하면 변화로 이어질 계획을 세우고 그 계획에 전념한다. 상담 주기에는 내담자가 얼마나 잘 지내는지 추적하여 필요하다면 추수 상담을 제공하는 것도 포함한다.

현실치료의 개념은 제시된 것처럼 단순해 보일 수 있지만, 이러한 원칙을 치료적 상황에 적용하는 것은 상당한 기술과 창의성이 필요하다(Wubbolding, 2016, 2017). 모든 현실치료 상담자는 동일한 원칙을 바탕으로 하고 있지만, 원칙이 적용되는 방식은 상담자의 스타일, 개인적 특성, 지식에 따라 다양하다. 또한 원칙은 점진적으로 적용되며, 별개의 엄격한 범주로 여겨서는 안 된다. 현실치료의 실제 기술은 요리책 방식의 단계별 절차를 따르는 것보다 훨씬 더 많은 것을 포함하고 있다. 상담자는 선택이론을 상담의 배경으로 삼아 각 내담자의 호소 문제에 맞게 상담을 진행한다. 상담자가 내담자에게 의미 있는 방식으로 일할 준비가 되어 있더라도 만족스러운 관계를 향한 움직임은 여전히 최우선 과제이다.

우볼딩은 현실치료의 발전에 중요한 역할을 했으며, WDEP 체계의 개발을 통해 현실치료의 실천을 확장하였다. 나는 특히 현실치료 교육과 치료 절차의 개념화에 대한 우볼딩의 공헌을 높이 평가한다. 그는 선택이론을 상담자가 실용적이고 사용할 수 있게 만들었으며, 그의 WDEP 체계는 이론을 개념화하고 적용하기 위한 기초를 제공한다. 이 교재와 함께 제공되는 『심리상담과 치료의 이론과 실제를 위한 학생용 매뉴얼』에는 WDEP 모델을 도표화한 우볼딩(2023)의 표가 포함되어 있다. 표는 상담, 코칭, 관리, 감독 및 양육에 관해 설명하고 상담 주기 전반에 걸쳐 다루어야 할 문제와 과업을 보여준다. 다음은 다양한 출처의 자료를 기반으로 한다(Glasser, 1992, 1998, 2001; Wubbolding, 2011, 2013, 2016, 2017, 2023).

상담 환경

현실치료의 실제는 지지적이고 도전적인 환경이 내담자의 삶의 변화를 가져올 수 있다는 가정에 기초한다. 치료적 관계는 효과적인 상담 실제의 기초이다. 치료적 관계가 형성되지 않으면 체계가 성공적으로 실행될 수 없다. 치료적 동맹을 형성하려는 상담자는 논쟁하기, 공격하기, 추궁하기, 비하하기, 강요하기, 비판하기, 요구하기, 결점 찾기, 강제하기, 변명하기, 원한 품기, 두려움 심어주기, 쉽게 포기하기를 피하려고 노력한다(Wubbolding, 2011, 2016, 2023). 짧은 시간 내에 내담자는 일반적으로 배려하고 수용하며 비강제적인 선택이론 환경을 높이 평가하기 시작한다. 약간은 대립적이지만 항상 배려하는 환경에서 내담자는 성공적인 관계로 이어지는 만족스러운 환경을 조성하는 방법을 배우게 된다. 강압적이지 않은 분위기에서 내담자는 자유롭게 창의력을 발휘하고 새로운 행동을 시도하기 시작한다.

변화를 이끄는 과정

현실 상담자는 우리가 변화하려는 동기가 있다는 가정하에 작업한다. (1) 현재 행동이 우리의 욕구를 충족시키지 못하는 것이 확실할 때, (2) 우리가 원하는 것에 더 가까워질 수 있는 다른 행동을 선택할 수 있다고 믿을 때 작업에 들어간다. 현실 상담자는 내담자에게 치료에서 무엇을 원하는지 질문함으로써 상담을 시작한다. 상담자는 상담 과정의 애매함과 불확실성을 없애고, 내담자가 관계에서 어떤 선택을 하고 있는지에 대해 질문한다.

첫 회기에서 숙련된 상담자는 내담자가 원하는 것을 찾고 그것에 대해 정의한다. 또한 상담자는 보통 배우자, 자녀, 부모, 또는 고용주 등 현재 불만족스러운 주요 관계를 찾는다. 상담자는 '당신은 누구의 행동을 통제할 수 있습니까?'라고 질문할 수 있다. 이 질문은 자신의 행동을 들여다보는 것에 대한 내담자의 저항을 다루기 위해 다음 몇 번의 회기 동안 여러 번 질문해야 할 수도 있다. 내담자가 자신이 통제할 수 있는 것에 집중하도록 격려하는 것에 중점을 둔다.

내담자가 자신의 행동을 통제할 수 있다는 것을 깨닫기 시작하면 치료가 진행된다. 나머지 치료는 내담자가 더 나은 선택을 할 수 있는 방법에 초점을 맞춘다. 내담자가 생각하는 것보다 더 많은 선택지가 있으며, 상담자는 이러한 가능한 선택지를 탐색하게 한다. 내담자는 불행, 자책, 과거에 갇혀 있을 수도 있지만, 관계에서 상대방이 변하지 않더라도 변화를 선택할 수도 있다. 우볼딩(2011)은 내담자가 자신이 아닌 다른 사람의 자비에 휘둘리지 않고, 피해자가 아니며, 내적 통제감을 얻을 수 있고, 다양한 선택을 할 수 있다는 것을 배울 수 있다고 말했다. 요약하면, 현실치료의 내담자는 종종 더 나은 미래의 희망을 얻게 된다. 우볼딩(2021b)은 내담자가 자신이 지각한 통제 소재를 상담자와 논의하도록 제안한 줄리언 로터(Julian Rotter, 1954)의 이론과 통합하였다. 내담자가 다른 사람, 외부 환경, 심지어는 자신의 과거 때문에 억압받고 위축감을 느끼는가? 내담자는 자신이 완전한 통제권을 가지고 있다고 믿지 않을 수도 있지만, 이전에 믿었던 것보다 더 많은 통제권을 가지고 있다는 것을 알게 된다. 실제로 내담자는 자신에게 선택권이 있다는 것을 깨닫는다.

현실 상담자는 내담자와 함께 선택이론의 원칙을 탐구하고, 내담자가 기본적 욕구를 알아차리도록 돕고, 자신의 질적(좋은) 세계를 발견하며, 마지막으로 자신의 증상인 전 행동(total behavior)을 선택하고 있음을 이해하도록 돕는다. 내담자가 변화하는 모든 경우 그것 또한 내담자의 선택이다. 상담자의 도움으로 내담자는 혼자 있을 때보다 더 나은 선택을 하는 방법을 배운다. 선택이론을 통해 내담자는 성공적인 관계를 형성하고 유지할 수 있다.

'WDEP' 체계

우볼딩(2000, 2016, 2017, 2022, 2023)은 현실치료의 주요 절차를 설명하기 위해 WDEP라는 머리글자를 사용한다. WDEP 체계(WDEP system)는 내담자가 자신의 **욕구**, 그들이 할 수 있는 가능한 일, **자기평가**의 기회, 개선을 위한 **계획** 설계를 탐색하는 데 적용할 수 있다(Wubbolding, 2011, 2016, 2017). WDEP 공식은 기계적인 방식으로 적용하는 것이 아니라, 적절한 시점에 특정한 개입을 하는 것을 기반으로 한다(Wubbolding, 2022). 선택이론에 기반을 둔 WDEP 체계는 사람들이 기본적 욕구를 충족시킬 수 있도록 지원한다. 각 글자는 일련의 전략을 나타낸다. W=원하는 것(wants), 욕구, 지각, D=방향 및 행동(direction and doing), E=자기평가(self-evaluation), P=계획(planning). 이러한 전략은 변화를 촉진하기 위해 만들어졌다. 각각의 전략에 대해 자세히 살펴보자.

욕구(원하는 것, 욕구, 지각 탐색하기) 현실 상담자는 내담자가 자신의 욕구와 희망을 발견하도록 돕는다. 모든 욕구는 다섯 가지 기본적 욕구와 관련이 있다. 핵심 질문은 '당신은 무엇을 원합니까?'이다. 상담자의 숙련된 질문을 통해 내담자는 상담 과정과 주변 세계에서 원하는 것이 무엇인지를 분명하게 하는 데 도움을 받을 수 있다. 내담자가 상담자와 자신에게 기대하는 것과 원하는 것을 분명하게 하는 것은 유용하다. 상담의 일부는 내담자의 '사진첩' 또는 질적(좋은) 세계를 탐색하고, 외부 세계에 대한 인식을 내부 세계의 원하는 것에 더 가깝게 이동시키는 것을 목표로 하는 행동을 탐색하는 것으로 이루어진다.

내담자는 가족, 친구, 직장에서 원하는 것을 포함하여 삶의 모든 측면을 탐색할 기회가 생긴다. 또한 이러한 원하는 것, 욕구, 지각에 대한 탐색은 내담자의 사진이 변화함에 따라 상담 과정 내내 계속되어야 한다.

다음은 내담자가 원하는 것을 정확하게 파악하는 데 도움이 되는 몇 가지 유용한 질문이다.

- 당신이 원하는 사람이 된다면, 어떤 사람이 되고 싶습니까?
- 당신이 원하는 것과 가족이 원하는 것이 일치한다면, 당신의 가족은 어떤 모습이겠습니까?
- 당신이 원하는 대로 살고 있다면, 당신은 무엇을 하고 있겠습니까?
- 당신은 정말로 당신의 삶을 바꾸고 싶습니까?
- 당신의 삶에서 얻지 못할 것 같지만, 원하는 것은 무엇입니까?
- 당신이 원하는 변화를 방해하는 것은 무엇이라 생각합니까?

우볼딩과 브리켈(Wubbolding & Brickell, 2009)과 저디스와 우볼딩과 우볼딩(Gerdes, Wubbolding, & Wubbolding, 2012, p. 51)은 지각에 초점을 맞춘 질문을 포함한다.

- 당신은 그 상황을 어떻게 보고 있습니까?
- 당신의 통제력은 어디에 있다고 봅니까?

사람들은 흔히 생각하는 것보다 훨씬 더 많은 통제력을 가지고 있으며, 이러한 질문은 내담자의 외적 통제감을 내적 통제감으로 바꾸는 데 도움이 된다. 이러한 질문은 현실치료에서 다른 절차를 적용하기 위한 단계를 설정한다. 무엇을 질문해야 하는지, 어떻게 질문을 해야 하는지, 언제 질문해야 하는지를 아는 것은 상담 기술이다. 관련 질문은 내담자가 통찰력을 얻고 계획과 해결책에 도달하는 데 도움이 된다. 적절한 시점에 개방형 질문을 하면 내담자가 상담 목표를 파악하는 데 도움이 될 수 있지만, 과도한 질문은 저항과 방어를 유발할 수 있다. 이 상담 단계에서 내담자는 자신의 행동을 변화시키기 위해 노력하기 시작한다.

방향과 행동하기 현실 상담자가 묻는 핵심 질문은 '당신은 지금 무엇을 하고 있습니까?'와 같이 현재에 초점을 맞추는 것이 특징이다. 문제가 과거에 뿌리를 두고 있을 수 있지만, 내담자는 원하는 것을 얻는 더 나은 방법을 배움으로써 현재 문제를 다루는 방법을 배워야 한다. 문제는 현재 또는 미래에 대한 계획을 통해 해결될 수 있다. 상담자의 과제는 내담자가 더 많은 욕구를 충족시키는 선택을 하도록 돕는 것이다.

상담 초기에 내담자가 어느 방향으로 가고 있는지, 어떤 행동을 하고 있는지를 포함한 전반적인 삶의 방향에 대해 논의하는 것은 필수적이다. 이러한 탐색은 바람직한 방향인지를 평가하기 위한 예비 단계이다. 상담자는 내담자를 반영하면서, '현재와 미래의 자신의 모습을 어떻게 보고 있습니까?'와 같은 질문을 한다. 내담자가 자신의 인식을 언어로 표현할 수 있도록 하는 성찰이 더 명확해지기까지는 시간이 걸리는 경우가 많다.

현실치료는 현재의 전 행동을 인식하고 변화시키는 데 중점을 둔다. 이를 위해서 현실 상담자는 다음과 같은 질문을 한다. '당신은 지금 무엇을 하고 있습니까?', '당신은 어제 실제로 무엇을 했습니까?', '지난주에 다르게 행동하기를 원했던 것은 무엇입니까?', '당신이 하고 싶다고 말한 것을 하지 못하게 된 이유는 무엇입니까?', '당신은 내일 무엇을 할 것입니까?'

내담자의 감정에 관한 이야기를 경청하는 것은 내담자의 행동과 관련이 있을 때만 생산적일 것이다. 자동차 대시보드의 비상등이 켜지면 운전자에게 무언가 잘못되었으며 문제를 해결하기 위해 즉각적인 조치가 필요하다는 경고이다. 마찬가지로 내담자가 문제가 있는 감정에 관해 이야기할 때, 대부분의 현실 상담자는 이러한 감정을 확인하고 인정한다. 그러나 현실 상담자는 이러한 감정에 초점을 맞추기보다 내담자가 행동하고 생각하는 것을 바꾸어 행동하도록 격려한다. 감정을 바꾸는 것보다 행동과 생각을 바꾸는 것이 더 쉽기 때문이다. 선택이론의 관점에서는 사람들의 행동과 생각에 연관시키지 않은 채 감정에만 초점을 맞추는 것은 비생산적인 것이다.

자기평가 현실치료 절차의 초석은 자기평가(self-evaluation)이다. "탐색적이며, 두려움 없는 자기평가를 수행하는 것은 행동 변화의 왕도이다"(Wubbolding, 2015, p. 860). 내담자는 다음과 같은 자기평가를 하도록 되어 있다. '당신의 현재 행동은 현재 원하는 것을 얻을 수 있는 합리적인 가능성이 있습니까? 또한 원하는 방향으로 나아갈 수 있습니까?' 이 평가는 내담자의 행동 방향, 구체적인 행동, 원하는 것, 지각, 새로운 방향 및 계획을 검토하는 것을 포함한다(Wubbolding, 2016, 2017). 우볼딩은 내담자가 중요한 관계 문제를 제기하는데, 이것이 불만족의 근원이라고 생각했다. 상담자는 다음과 같은 질문을 통해 내담자가 자신의 행동을 평가하도록 도울 수 있다. '현재 당신의 행동이 당신에게 중요한 사람들과 더 가까워지게 하고 있습니까? 아니면 더 멀어지게 하고 있습니까?' 상담자는 숙련된 질문을 통해 내담자가 현재 하고 있는 행동이 자신에게 도움이 되는지 판단할 수 있도록 도와준다.

기술적인 질문은 내담자가 자신의 현재 행동과 행동으로 인해 어떤 방향으로 나아가고 있는지를 평가하는 데 도움이 된다. 우볼딩(2000, 2011, 2017)은 다음과 같은 질문을 제안하였다.

- 지금 하고 있는 행동은 당신에게 도움이 됩니까, 아니면 해가 됩니까?
- 지금 하고 있는 행동은 당신이 하고 싶은 행동입니까?
- 당신이 하고 있는 행동과 믿는 것은 건강한 조화를 이루고 있습니까?
- 지금 당신이 하고 있는 행동이 법에 어긋납니까?
- 당신이 원하는 것은 현실적입니까? 또는 달성 가능합니까?
- 그렇게 바라보는 것은 당신에게 도움이 됩니까?
- 당신이 자신의 상황을 통제할 수 없다는 것이 정말 사실입니까?
- 당신은 치료적 과정과 삶을 변화시키기 위해 얼마나 노력하고 있습니까?
- 당신이 원하는 것이 무엇인지 주의 깊게 살펴본다면, 그것이 당신의 최선의 이익과 함께 다른 사람에게도 최선의 이익이 됩니까?

내담자에게 전 행동의 각 구성요소를 평가하도록 하는 것은 현실치료의 주요 과업이다. 내담자가 행동의 질을 평가하고, 책임감 있는 선택을 하고, 효과적인 계획을 세울 수 있도록 돕는 것이 상담자 과업이다.

개인은 먼저 변화가 더 유리할 것이라고 판단하기 전까지는 변화하지 않을 것이다. 솔직한 자기평가 없이 내담자가 변화할 가능성은 거의 없다. 현실 상담자는 내담자가 각 행동 구성요소에 대한 명확한 자기평가를 할 수 있도록 끊임없이 노력할 것이다. 상담자가 우울한 내담자에게 그 행동이 장기적으로 도움이 되는지 물어볼 때, 내담자에게 선택이라는 개념을 소개한다. 전 행동의 활동하기, 생각하기, 느끼기, 생리적 요소를 평가하는 과정은 내담자의 책임 범위 내에 있다.

현실 상담자는 치료 초기에 특정 내담자에게 일부 행동이 효과적이지 않다는 것을 인식하도록 지시할 수 있다. 예를 들어, 위기에 처한 내담자를 치료할 때는 어떤 것이 효과가 있고 어떤 것이 효과가 없는지 솔직하게 제시하는 것이 필요하다. 알코올중독자나 알코올중독자 자녀와 같은 내담자는 상담 과정 초기에 방향을 제시해야 한다. 왜냐하면 그들은 자신의 삶을 효과적으로 통제할 수 없을 때를 일관적으로 평가할 수 있는 통제 시스템에 사고 행동이 없는 경우가 많기 때문이다. 이러한 내담자는 흐릿한 사진을 가지고 있으며, 때때로 자신이 원하는 것이 무엇인지 또는 원하는 것이 현실적인지를 인식하지 못할 가능성이 크다. 내담자가 성장하고 상담자와 지속적으로 상호작용하면서, 상담자의 도움 없이도 스스로 평가하는 방법을 배우게 된다(Wubbolding, 2011; Wubbolding & Brickell, 2005, 2015).

계획하기와 실천 대부분의 상담 과정에서 중요한 것은 내담자가 원하는 것과 욕구를 충족시킬 수 있는 구체적인 방법을 찾는 것이다. 내담자가 무엇을 변화하고 싶은지 결정하면, 일반적으로 할 수 있는 행동을 탐색하고 실행 계획을 세우기 시작한다. 핵심 질문은 '당신의 계획은 무엇입니까?'이다. 계획을 세우고 실행하는 과정에서 사람들은 자신의 삶을 효과적으로 통제할 수 있게 된다. 어떠한 이유로든 계획이 효과가 없다면, 상담자와 내담자는 함께 협력하여 다른 계획을 세운다. 계획은 내담자에게 인생의 출발점, 삶의 발판이 되지만, 필요에 따라 계획을 수정할 수 있다. 계획 전반에 걸쳐, 상담자는 내담자가 자신의 선택과 행동의 결과를 기꺼이 받아들이도록 지속적으로 강력하게 이야기한다. 계획은 내담자에게 개인적으로 어떤 도움을 줄 수 있는지에 대해 논의될 뿐만 아니라, 내담자의 삶에서 다른 사람들에게 어떤 영향을 미칠 수 있는지에 대한 측면에서도 고려된다.

우볼딩(2011, 2016, 2017)은 계획과 실천(commitment)이 중요한 역할을 한다고 주장하였다. 상담 주기의 핵심은 행동 계획에 있다. 계획이 중요하기는 하지만, 내담자가 자기평가를 하고 행동을 바꾸고 싶다고 결정한 경우에 효과적이다. 우볼딩은 좋은 계획의 핵심을 SAMIC3라고 하였다. 계획은 단순하고(simple), 달성 가능하며(attainable), 측정 가능하고(measurable), 즉각적으로 관여해야 되며(immediate, involved), 계획자에 의해 통제되어야 하고(controlled by the planner), 실천할 수 있어야 하며(committed to), 지속적으로 할 수 있어야(consistently done) 한다. 우볼딩은 자신의 삶을 보다 효과적으로 통제할 수 있는 내담자는 다음과 같은 특징을 가진 계획을 가지고 있다고 주장하였다.

- 계획은 내담자의 동기와 능력의 범위에 있다. 숙련된 상담자는 내담자가 욕구를 충족하는 더 큰 보상을 받을 수 있는 계획을 찾도록 돕는다. 내담자는 '더 만족스러운 삶을 살기 위해 지금 어떤 계획을 세울 수 있습니까?'라는 질문을 받을 수 있다.
- 좋은 계획은 단순하고 이해하기 쉽다. 계획은 현실적으로 실행할 수 있고 부정적이기보다는 긍정적이며, 즉각적이고, 반복적이다. 계획은 구체적이고, 명확하며 측정할 수 있어야 하지만, 계획은 내담자가 변화하고자 하는 구체적인 행동에 더 깊은 이해가 있을 때, 유연하고 개방적으로 수정할 수도 있어야 한다.
- 계획에는 긍정적인 행동 방침이 포함되며 내담자가 기꺼이 수행하려는 사항이 명시되어 있다. 작은 계획일지라도 내담자가 원하는 변화를 향한 중요한 단계일 수 있다.
- 상담자는 내담자가 다른 사람이 하는 것과 독립적으로 수행할 수 있는 계획을 세우도록 권장한다. 다른 사람에게 의존하는 계획은 내담자가 자신의 배를 직접 조종하

는 것이 아니라 바다의 상황에 맡겨져 있다는 느낌을 갖게 만든다.

- 효과적인 계획은 반복적이며 이상적으로는 매일 실행하는 것이 좋다.
- 계획은 가능한 한 즉각적으로 실행된다. 상담자는 '삶을 변화시키기 위해 오늘 무엇을 할 것입니까?'라고 질문할 수 있다.
- 계획은 과정 중심 활동이 포함된다. 예를 들어, 내담자는 다음과 같은 계획을 세울 수 있다. 구직 활동하기, 친구에게 편지 쓰기, 요가 수업 듣기, 정크푸드(열량은 높지만 영양가 없는 음식) 대신 영양가 있는 음식 먹기, 일주일에 두 시간씩 자원봉사에 참여하기, 원하는 휴가 가기 등
- 내담자가 계획을 실행하기 전에 계획이 현실적이고 달성할 수 있는지, 자신이 필요로 하고 원하는 것과 관련이 있는지 상담자와 함께 평가하는 것이 좋다. 계획이 일상생활에서 실행된 후에는 다시 평가하고 필요하다면 수정을 하는 것이 유용하다.
- 내담자가 자신의 계획에 전념하도록 돕기 위해서, 계획을 서면으로 확실하게 해두는 것이 유용하다.

결심과 계획은 실천할 의지가 없다면 의미가 없다. 계획을 어떻게 제한된 치료 세계에서 벗어나 일상 세계로 가져갈 것인지는 내담자에게 달려 있다. 효과적인 치료는 자기주도적이며, 책임감 있는 삶을 이끄는 촉매제가 될 수 있다.

내담자가 스스로 원하는 것을 결정하고, 자기평가를 하며, 행동 계획을 따르는 것은 내담자가 원하는 변화를 달성하기 위해 얼마나 열심히 노력할 것인지를 결정하도록 돕는다. 실천은 모 아니면 도가 아니라, 정도에 따라 다르다. 우볼딩(2007, 2011, 2016, 2021a)은 상담자가 내담자의 노력 수준, 즉 변화를 가져오기 위해 얼마나 기꺼이 노력할 것인지를 확인하는 것은 중요하다. 이것은 내담자에게 자신의 삶을 책임질 수 있는 힘을 가지고 있음을 암시적인 방식으로 전달한다. 실천을 꺼리는 내담자는 실패에 대한 두려움을 표현하고 탐색하도록 돕는 것이 필수적이다. 내담자는 비록 자신의 계획을 완수하는 데 항상 성공하지 않더라도, 자신이 더 나은 선택을 할 수 있다는 믿음을 쉽게 포기하지 않도록 돕는 상담자의 도움을 받는다. 우볼딩은 워크숍에서 "계획을 세우지 않는 것은 실패를 계획하는 것과 같다."는 현실치료의 공리를 종종 언급하였다.

집단 상담에 적용하기 학습목표 07

현실치료는 관계, 즉 사람들 사이의 관계에 중점을 두고 있어, 다양한 집단 상담에 매우 적합하다. 집단 상담은 집단 내에서 형성된 관계를 통해 집단구성원이 자신의 욕구를 충족시킬 방법을 탐색할 수 있는 많은 기회를 제공한다. 특히 WDEP 체계는 집단구성원의 기본적 욕구 충족을 돕는 데 활용될 수 있다. 집단구성원이 과거 경험에 관해 이야기하거나, 현재 행동에 대해 변명을 하는 경우, 집단 지도자는 집단구성원이 현재 하고 있는 것으로 다시 방향을 바꾼다. 집단 상담 초기에는 집단구성원이 자신이 하고 있는 행동을 솔

직하게 살펴보고, 자신의 행동이 원하는 것을 얻고 있는지 명확하게 하도록 한다. 집단구성원이 현재 자신의 삶에서 무엇을 가지고 있고, 무엇을 바꾸고 싶은지에 더 명확한 그림을 갖게 되면, 집단은 대안적인 행동 과정을 탐색하는 곳으로 활용할 수 있다.

현실치료 집단 상담 모델은 집단구성원이 집단 상담 과정에서 과제를 스스로 할 것으로 여긴다. 집단 지도자의 도움을 받지만, 자신의 행동을 평가하고, 삶의 일부를 변화하고자 하는 것을 결정하는 것은 집단구성원이다. 또한 목표를 달성하기 위해 스스로 어떤 과제를 할 것인지를 결정하는 것도 집단구성원이 주도적으로 한다. 집단 지도자가 집단구성원이 가장 잘 사는 방법에 대해 시기적절하지 않은 제안이나 계획을 제시하면, 종종 저항에 부딪히게 된다. 현실 상담자는 집단구성원에게 자신이 하고 있는 행동이 원하는 것을 얻고 있는지 스스로 평가하도록 지속적으로 질문한다. 집단구성원이 지금 하고 있는 행동이 자신에게 효과가 없다는 것을 인정하게 되면, 저항은 훨씬 줄어들고 다른 행동을 시도하는 데 더 개방적이게 된다.

집단구성원의 변화가 생기면, 현실 상담자는 집단구성원의 구체적인 행동 계획을 세우고, 성공 수준을 평가할 수 있는 기준을 제공한다. 집단구성원과 집단 지도자의 피드백은 집단구성원이 현실적이고, 달성 가능한 계획을 세우는 데 도움이 될 수 있다. 집단 회기 중에 계획을 세우고 실행하는 데는 시간이 걸린다. 집단구성원이 계획을 실행하지 않는 경우, 무엇이 집단구성원을 멈추게 했는지에 대해 이야기하는 것이 중요하다. 목표를 비현실적으로 높게 세웠거나, 변화하고 싶다고 이야기하는 것과 변화를 가져오기 위한 노력 사이에는 차이가 있을 수 있다.

나는 또한 변화가 통찰만으로는 오지 않을 것이라는 현실치료의 주장에 동의한다. 오히려 집단구성원은 자신의 행동이 자신에게 효과가 없다고 판단되면, 행동을 다르게 해야 한다. 나는 억눌린 감정의 방출이 결국 어떤 종류의 인지적 틀에 들어가고, 다음의 행동 계획으로 이어지지 않는다면, 치료적 수단으로서 카타르시스의 가치에 대해서는 회의적이다. 내가 진행하는 집단 상담에서는 집단구성원이 다른 사람이 변화하기를 기다리는 것이 얼마나 부질없는 일인지를 깨닫도록 한다. 나는 집단구성원이 자신의 삶에서 중요한 사람이 결코 변하지 않을 수 있다고 가정하도록 한다. 이는 자신의 운명을 개척하는 데 보다 적극적인 자세를 취해야 함을 의미한다. 나는 내담자가 통제할 수 있는 유일한 삶은 자신의 삶임을 가르치는 것과 집단구성원의 행동 및 사고 패턴을 변화시키는 데 중점을 둔 현실치료의 강조점을 높이 평가한다. 현실치료 집단 상담에 대한 더 자세한 내용은 코리(Corey, 2023) 14장을 참조하라.

현실치료를 학교 상담에 적용하기 학습목표 08

이 부분은 전직 학교 상담자이자 애리조나 대학교의 상담학 명예교수인 **세리 바우먼**(Sheri Bauman) 박사가 제공한 내용이다. 그녀의 연구는 학내 괴롭힘과 사이버 괴롭힘에 중점을 두고 있다.

학교 상담자의 역할은 정신건강 상담자의 역할과 다르다. 가장 분명한 차이점은 근무 환경이다. 학교 상담자는 상담이 아닌 학문적 교육을 일차적인 목적으로 하는 환경에서 근무하며, 교육 또한 상담자의 중요한 역할이다. 학교 상담자는 업무량이 많기 때문에, 간략한 개입(때때로 단일 회의)으로 제한되기도 한다. 그래서 학교 상담자는 교육과 통합할 수 있으면서 많은 상담 회기를 요구하지 않는 이론을 필요로 한다. 현실치료/선택이론(RT/CT)은 이러한 기준을 모두 충족한다.

학교에서의 윌리엄 글래서의 경험은 그의 이론을 발전시키는 데 중요한 역할을 하였다. 글래서가 '정신질환'의 개념을 거부하는 것은 학교 상담자가 장애에 대한 진단이나 치료를 제공하지 않는 학교 상담의 실제와 일치한다. 문제의 원인을 알아보는 것보다 현재에 초점을 맞춰 상담 회기를 더욱 효율적으로 만든다. 결국 과거의 역사가 현재에 영향을 미치지 않는 것은 아니지만, 변화의 대상은 현재에 있는 것이다.

학교의 교육적 사명에 따라, 학교 상담자는 모든 학생에게 '지도 수업'의 형태로 교육을 제공한다. 이는 본질적으로는 예방적이며, 관계 및 발달적인 문제 예방을 위해 RT/CT의 핵심 개념을 가르칠 수 있다. 학생들은 RT/CT의 원리를 자신의 상황에 적용하는 방법을 배운다. 내가 RT/CT 원리를 가르쳤던 수업의 학생들은 실습할 수 있는 실제 시나리오를 달라고 하였다. 자신의 문제를 적용해봄으로써, 학생들은 RT/CT가 그들의 삶에 사용하고 적용할 수 있는 도구라고 확신했다.

RT/CT는 자문가로서의 역할을 수행하는 학교 상담자에게도 적합하다. 『질적인 학교: 강압 없이 학생 관리하기(The Quality School: Managing Students Without Coercion)』(1990)에서 글래서는 현실치료가 학교 환경에 어떻게 적용될 수 있는지에 대해 다루었다. 이 책이 출간되었을 당시 나는 한 대안 고등학교에서 상담자로 일하고 있었고, 교사들은 이 책을 읽고 토론하기로 결정했다. 우리는 이 책이 너무 흥미로웠다. 그래서 책에 나오는 학교에 팀을 보내기 위한 자금을 마련했고, 프로그램의 내용을 풍부하게 하는 새로운 아이디어를 가지고 돌아왔다. 이 책의 핵심은 학급 관리와 학교 환경이지만, 상담자는 RT/CT를 학교 정신에 통합하는 데 힘썼다. 상담자뿐만 아니라 교사, 행정가도 RT/CT의 개념적 틀을 활용하여, 학교 철학과 접근 방식을 개념화하였다.

RT/CT는 여러 가지 측면에서 학교 상담자에게 적합하다. WDEP 과정뿐만 아니라, 선택과 책임에 대한 강조는 어른이 모든 것을 통제한다고 생각하는 어린이나 청소년에게 매력적이다. 실행 계획을 세울 때, 학생들이 아이디어를 내고 실행 가능성이 가장 높은 계획을 선택하도록 하는 것은 학생들에게 어느 정도 통제력을 줄 수 있다. 목표가 자신의 기본적 욕구를 충족시킬 수 있는 긍정적인 방법을 찾는 것임을 청소년들이 이해하도록 돕는 것은 변화를 이끄는 주체성을 부여할 수 있다.

나에게 있어, 학생들과 함께 WDEP 모델을 사용하면서 가장 어려웠던 단계는 첫 번째 단계인 W(욕구: 당신은 무엇을 원합니까?)였다. 예를 들어, '나는 행복해지고 싶어요.'는 너무 광범위해서 다루기 어려웠다. 그래서 학생들이 자신이 통제할 수 있는 행복의 요소(보통 관계에서)를 정하도록 하였다. 내가 자주 들었던 또 다른 W(욕구)는 '다른 사람/선생님/남자친구가 변했으면 좋겠어요.'였다. 청소년들은 자신의 문제가 다른 사람의 행동 때문이라고 여겼다. 선택이론은 자신을 바꿀 수 있는 유일한 사람은 자기 자신이라고 가르친다. 청소년들은 종종 이 이론에 의문을 제기하였고, 그 개념의 타당성을 설득하기 위해서는 노력이 필요할 때도 있었다. 그러나 청소년들이 그 개념을 제대로 이해하게 되면, 생각에 큰 변화가 생기는 경우가 많다. 그 후 상담자는 이러한 과정이 개인적 레퍼토리의 일부가 될 때까지 나머지 WDEP 단계를 통해 학생들을 지도한다.

선택이론과 현실치료에 대한 전문가의 관점

다음 질문에 대한 답변은 오하이오주 신시내티에 있는 자비어 대학교(Xavier University)의 상담학 명예교수이자 신시내티 현실치료센터 소장인 **로버트 우볼딩**(Robert E. Wubbolding)이 제공하였다.

1. 선택이론과 현실치료가 개인 상담 현장에서 가장 크게 기여한 점은 무엇인가?

선택이론과 현실치료의 가장 중요한 공헌은 내적 동기부여인 개인의 욕구에 기반으로 하여, 개인에게 희망감을 제공한다는 점이다. 계획을 세우는 방법을 배우는 내담자는 일종의 메타커뮤니케이션 메시지를 배우게 된다. 내담자는 더 나은 삶이 가능하다는 것을 빠르게 믿게 된다. 또한 내담자는 피해의식, 소외감, 외로움, 죄책감, 수치심, 분노, 격분 등과 같은 심신을 나약하게 만드는 수많은 감정을 포함하는 우울증에 갇혀 있을 필요가 없다. 현실치료는 정신장애 체계가 아니라 정신건강 체계이다. 따라서 현실치료의 올바른 사용은 절망적으로 여겨지는 삶의 이유나 증상보다는 정신건강의 개선 가능성에 초점을 둔 논의를 강조한다. 이상적인 목표는 내담자의 행복감과 웰빙이 실제로 향상되는 것이다. 이에 따라 내담자는 피해자 의식보다는 내적 통제감을 지니게 될 수 있다.

2. 개인 상담 또는 치료 현장에 적용할 수 있는 선택이론과 현실치료의 특별한 핵심 개념 두세 가지는 무엇인가?

숙련된 현실 상담자는 구조화되었으면서도 유연한 시스템으로 내담자를 상담한다. 내담자가 상담 회기 외 또는 상담 종결 후에도 체계를 실천할 수 있도록 교육하는 것이 좋다. 내담자는 다섯 가지 동기부여 욕구(생존 또는 자기보호, 사랑과 소속감, 내적 통제 또는 힘, 자유 또는 독립, 재미 또는 즐거움)를 보다 효율적으로 충족시킬 때, 문제를 다루기가 더 쉬워진다는 것을 배우게 된다. 내담자는 또한 WDEP 체계 활용에 대한 지식과 기술을 얻게 된다. 즉 자신이 원하는 것을 분명하게 하고, 행동을 파악하고, 행동, 인지, 감정의 효과를 평가하고, 변화를 위한 계획을 세우게 된다. 따라서 내담자는 승객이 아니라 자신의 행동하는 자동차의 운전자가 된다.

3. 개인 상담을 하는 상담자가 활용하기 좋은 선택이론과 현실치료의 두세 가지 기법은 무엇인가?

내담자에게 자신의 욕구를 분명하게 정의하도록 요청하는 것은 현실치료의 실제에서 가장 중요하다. 현실 상담자는 내담자가 가족, 친구, 직업, 사회, 종교 기관, 특히 자기 자신으로부터 원하는 것이 무엇인지 파악하여, 명확하게 하고 정확하게 정의할 수 있도록 돕는다. 내담자의 전 행동과 욕구를 평가하는 데 도움을 주는 기술은 현실치료의 실제에서 가장 중요하다. 실제로 현실치료 관점에서 자기평가는 필수 불가결한 요소로서 변화를 위한 필수 전제조건이다.

4. 선택이론과 현실치료는 개인 상담 현장에서 다양성, 다문화 및 사회정의 문제를 어떻게 다루는가?

다른 상담 접근법과 마찬가지로 현실치료에서도 개별 내담자에게 맞추어야 한다. 내담자는 다양한 문화의 산물이며, 현실 상담자는 성공적인 상담을 위한 절대적인 전제조건, 즉 치료적 동맹을 맺도록 노력한다. 현실 상담자가 문화적 장벽을 공개적으로 알아차리고, 인정하면, 역설적으로 장벽은 덜 중요해진다. 현실치료는 광범위하고 다양한 문화적 배경을 가진 사람들이 있는 정신병원과 교정시설에서 시작되었다. 여러 출판물에서 언급되었듯이, 현실치료의 사용은 매우 효과적인 것으로 입증되었다. 또한 전 세계의 수많은 연구 결과가 현실치료의 효과성을 보여준다.

WDEP 체계는 사회로부터 '부당'함을 느끼는 내담자의 지각에 초점을 맞춘다. 현실치료는 내담자가 선택할 수 있는 것에 집중한다. 현실치료 전문가는 빅터 프랭클과 마찬가지로 인간은 항상 선택권을 가지고 있다고 믿었다. 프랭클은 나치 강제수용소에 3년 동안 수감되었지만, 여전히 자신에게는 이러한 끔찍한 경험을 자신과 타인에게 목적과 의미가 있는 것으로 여길 수 있는 선택권이 있다고 믿었다. 모든 상담 이론과 마찬가지로 현실 상담자는 내담자가 선택할 수 있는 것을 늘리기 위해 기관과 지역사회에 개입할 수도 있다.

5. 선택이론과 현실치료를 단기 상담(또는 시간제한 상담)에 어떻게 적용할 수 있는가?

처음에는 현실치료가 단지 증상만을 다루는 단기적 문제해결 모형으로 비판받았다. 그 이후로 현실치료는 해결중심적이고, 즉각적이며 단기적인 상담의 차원을 추가하였다. 이 이론은 대부분의 현재 문제에 적용할 수 있는 구조를 제공함으로써 단기치료의 실제를 보완하였다. 게다가 기본 이론은 내담자가 다른 사람과의 소속감이나 참여, 내적 통제감이나 힘을 만족시키는 활동과 관련된 구체적인 목표를 세울 수 있다는 점에서 치료 계획과 양립할 수 있다. 이러한 활동은 선택의 레퍼토리를 추가할 수 있고, 취미와 같은 즐거운 활동을 통해 새로운 학습을 제공할 수 있다. 각 상담 회기의 목표는 달성 가능한 구체적인 행동 계획을 세우는 것이다.

6. 당신의 관점에서 볼 때, 선택이론과 현실치료의 현재와 미래는 어떠한가?

현실치료가 단기적으로 적용되더라도 지속적인 결과를 가져올 수 있다. 행동을 바꾸면 새로운 신경 경로가 열리기 때문이다. 이는 최신 신경과학의 연구와 명백하게 일치한다. 현실치료는 인지행동 이론과 연결된 독립적인 체계로서 존경받고 있다. 전문가와 상담자에게 느리지만 점진적으로 수용과 존중이 증가하고 있다. 학생 및 수련생이 현실치료의 정확한 원리와 적용을 배우게 되면, 기본 철학적 개념인 이론(선택이론)의 깊이와 '현실치료의 WDEP 체계'로 요약되는 방법론을 이해하게 된다. 더욱이 현실치료는 유럽심리치료학회(EAP)로부터 '과학적으로 입증된 심리치료 체계'로 인정받았다. 현재 남극을 제외한 모든 대륙에는 자격을 갖춘 교수진이 훈련 프로그램을 교육하는 전문 기관이 있다. 전문가들의 기술 향상을 돕기 위한 이러한 노력은 현실치료의 미래에 대한 낙관적이고 희망적인 신호이다.

선택이론과 현실치료 관점에 관한 토론 질문

1. 내담자에게 원하는 것을 분명하게 하도록 하는 것은 현실치료에서 가장 중요한 부분을 차지한다. 여러분은 내담자가 삶에서 원하는 것이 무엇인지에 초점을 맞추어 상담을 시작함으로써 내담자의 협조를 어떻게 이끌어낼 수 있는가?
2. 우볼딩 박사는 "내담자가 자신의 전 행동과 원하는 것을 평가하도록 돕는 기술은 현실치료의 실제에서 가장 중요하다."라고 말했다. 여러분은 내담자가 자신의 현재 행동에 대해 솔직하게 평가하도록 격려하기 위해 무엇을 할 수 있는가?
3. 내담자가 원하는 변화를 이루기 위한 방법으로 행동 계획을 세우도록 하는 것에 대한 여러분이 생각하는 가치는 무엇인가?

다문화적 관점에서 본 선택이론과 현실치료 학습목표 09

다양성 관점에서 본 강점

선택이론과 현실치료의 핵심 원리는 다문화 상담 분야에 많은 공헌을 하고 있다. 현실치료 상담자는 내담자의 현재 행동이 내담자 자신과 타인에게 얼마나 만족스러운지 탐색하도록 도움으로써 내담자의 문화적 가치에 대한 존중을 보여준다. 내담자가 이러한 평가를 하게 되면, 문화적 가치와 일치하는 현실적인 계획을 세울 수 있다. 상담자가 어떤 행동을 변화시킬 것인지에 대해 결정하지 않는 것은 더 깊은 존중의 표시이다. 역사적으로 많은 문화적 집단이 거주지, 직장, 학업, 심지어는 머리 스타일에 대한 선택권도 박탈당해왔다. 서구사회에서 살아남기 위해 개인의 문화적 정체성을 숨겨야 하는 경우도 많았다.

다양한 민족적 배경을 가진 내담자는 상담자의 숙련된 질문을 통해 자신이 지배적인 사회 속에 어느 정도 문화적으로 적응했는지를 알 수 있다. 내담자가 자신의 민족적 정체성이나 가치관을 유지하면서 지배집단의 가치와 관습을 통합하도록 균형을 잡는 것이 가능할 것인가? 꼭 필요한 것인가? 다시 말해 상담자가 내담자를 위해 균형을 잡아주는 것이 아니라, 내담자 스스로 답을 찾을 수 있도록 함께 노력해야 한다. 감정을 탐색하기보다는 사고나 행동에 초점을 맞추기 때문에 많은 내담자가 상담에 대한 저항을 덜 하게 된다.

우볼딩(2007, 2011, 2016)은 선택이론의 기본 원리가 보편적이기 때문에 다양한 사람에게 적용할 수 있다고 주장한다. 우리 모두는 내적 욕구를 갖고 있고, 선택을 하며, 주변 세계에 영향을 미치려고 노력한다. 선택이론의 원리를 실행에 옮기려면 창의성, 문화와 개인에 대한 민감성 및 현실치료의 절차를 실천하는 데 있어 유연성이 필요하다. 현실치료의 원리와 절차는 문화에 따라 다르게 적용되어야 하고 개인의 심리적, 발달적 수준에 맞게 적용되어야 한다(Wubbolding, 2016).

현실치료는 북미 지역 이외의 다른 지역 사람들의 문화적 맥락에 맞게 수정되어야 한다는 가정에 기반으로 하여, 우볼딩(2000, 2011)은 현실치료를 다문화적 상황으로 확장해오고 있다. 우볼딩은 일본, 대만, 홍콩, 싱가포르, 한국, 인도, 쿠웨이트, 모로코, 몰타, 루마니아, 호주, 슬로베니아, 크로아티아 및 서유럽 국가에서 실시한 현실치료 워크숍 경험을 통해, 다른 문화에 현실치료를 일반화하기가 어렵다는 것을 깨달았다. 우볼딩(2000)은 이러한 다문화 경험을 통해 성장했고, 일본인 내담자와 상담하면서 상담 주기를 수정했다. 그는 일본과 서구 문화 사이의 기본적인 언어 차이를 지적하였다. 북미 사람들은 의견을 잘 표현하며, 자기주장적인 경향이 있다. 일본 문화에서는 부모와 자녀, 감독자와 고용인 사이의 단호한 언어표현은 부적절하다. 의사소통 방식은 더 간접적이다. 어떤 일본인 내담자에게 원하는 것을 묻는 것은 무례하고 참견하는 것으로 보일 수 있다. 이 스타일의 차이가 있기 때문에 일본인 내담자에게 적합한 현실치료 적용을 위해서는 다음과 같은 수정이 필요할 수 있다.

- 직접적인 질문을 하는 현실 상담자의 경향은 간접적이거나 더욱 정교한 질문과 같이 부드러워져야 한다. 특정한 행동이 내담자의 욕구를 충족시키는지 알아보기 위해 개인적인 질문을 하는 것은 실례이다. 맥락을 주의 깊게 살핀 후 직면이 이루어져야 한다.

- 일본어에는 '계획'이라는 단어에 대한 정확한 번역이 없고, '책임'이라는 정확한 단어도 없지만, 두 가지 모두 현실치료의 핵심 요소이며, 일본 문화의 중심이다.
- 내담자에게 계획을 세우고 실천을 요구할 때, 서구 상담자는 '노력하겠습니다'라는 대답에 멈추지 않고 실천하겠다는 분명한 약속을 하려고 하는 경향이 있다. 그러나 일본 문화에서 상담자는 '노력하겠습니다'를 확실한 약속으로 받아들일 가능성이 높다.

위의 내용은 현실치료가 비서구권 내담자에게 적용될 수 있는 방법에 대한 소수의 예에 불과하다. 모든 사람은 동일한 기본적 욕구(생존, 사랑과 소속감, 힘, 자유, 즐거움)를 가지고 있지만, 이러한 욕구가 표현되는 방식은 대개 문화적 맥락에 따라 달라진다. 다양한 문화적 배경을 가진 내담자와 작업할 때, 상담자는 이러한 욕구를 충족시키기 위한 수용 가능한 행동을 폭넓게 허용해야 한다. 다른 이론이나 이론에 따른 기법에서도 유연성은 매우 중요하다.

현실치료의 핵심적인 강점은 내담자가 원하는 변화를 만들 수 있는 도구를 제공한다는 것이다. 이는 특히 현실치료 과정의 핵심인 계획 단계에서 할 수 없는 것이 아니라, 할 수 있는 긍정적인 단계에 초점을 맞춘다는 것이다. 내담자는 자신에게 어려움을 야기하는 문제를 확인하고 그 문제를 변화의 목표로 삼는다. 효과적인 계획에 의해 제공되는 구체성과 방향은 다양한 내담자 집단과 작업하는 데 있어 확실한 장점이다. 현실치료는 문화적으로 다양한 개인의 욕구를 기반으로 유연하게 적용될 수 있는 개방적인 체계이다.

현실치료는 숙련되게 사용되어야 하며 다양한 내담자에게 다양한 방식으로 적용되어야 한다. 현실치료의 원리와 개념은 대부분 상담자의 스타일에 따라 역동적이고, 개인적인 방식으로 통합될 수 있으며, 이 책에서 다루는 대부분의 다른 치료 접근법과 이 개념을 통합할 수 있는 근거도 있다.

다양성 관점에서 본 약점

특정한 인종 집단의 내담자와 함께 작업할 때의 현실치료의 약점 중 하나는 내담자의 일상생활에서 불리하게 작용하는 매우 실제적인 환경의 힘을 충분히 고려하지 않을 수 있다는 것이다. 상담자는 폭넓은 훈련을 받아야 하며, 모든 상담 이론에 내재된 한계를 보완할 수 있어야 한다. 현실치료는 사람들이 환경적, 사회적 문제를 해결하도록 돕는 것에 대한 제한적인 관심을 둔다. 차별, 인종차별, 성차별, 동성애 혐오, 이성애주의, 노인 차별, 장애에 대한 부정적인 태도 및 기타 사회적인 불의는 불행한 현실이며, 이러한 것의 영향력은 많은 이들이 삶에서 원하는 것을 얻는 것을 제한한다. 상담자는 사람들이 다양한 형태의 차별과 억압의 희생자가 되기를 선택하지 않는다는 점을 인식하는 것이 중요하다. 사회적인 불의 문제를 공개적으로 다루고, 이러한 불의가 내담자의 일상생활에 어떤 영향을 미치는지에 대해 내담자와 솔직한 대화를 나누는 것이 중요하다. 상담자가 이러한 환경적 제약을 인정하지 않거나, 개인의 변화와 함께 사회정의에 관심을 갖지 않는다면, 내담자는 이해받지 못한다고 느낄 가능성이 높다. 일부 현실 상담자가 내담자에게 자신의 삶을 책임지는 능력을 지나치게 강조하고, 선택을 제한할 수 있는 체계적, 환경적 요인을 충분히 고려하지 않는 것은 위험하다.

일부 현실 상담자들은 내담자가 자신의 삶을 책임질 수 있는 능력을 너무 성급하게 또는 너무 강압적으로 강조하는 실수를 저지를 수 있다(Glasser, 2011). 우볼딩(2013)은 억압과 차별로 인해 어떤 사람들은 선택의 여지가 거의 없다는 점을 인정하지만, 그래도 선택을 할 수 있다는 점을 강조한다. 내담자가 가지고 있는 선택권에 초점을 맞추는 것이 유용하기는 하지만, 나는 내담자가 자신의 선택이 환경적 상황에 의해 제한되는 방식에 관해 이야기하는 것이 필요하다고 믿는다. 상담자는 여성주의 상담자와 마찬가지로 자신과 내담자 모두가 사회적인 변화를 가져올 수 있는 매우 사소한 행동이라도 할 수 있는 방법을 고려하는 것이 좋다(12장 참조). 상담자는 신중한 행동을 통해 보다 정의로운 사회를 만드는 데 기꺼이 자신의 역할을 다해야 한다. 상담자는 사회정의를 옹호하고 행동할 책임이 있으며, 또한 적극적이고 의도적인 변화를 위한 역할 모델이 될 책임이 있다.

현실치료와 관련된 또 다른 단점은 일부 내담자들이 자신의 욕구를 말하는 것을 꺼린다는 것이다. 그들의 문화적 가치와 규범이 개인의 욕구보다 사회 집단에 유익한 것을 우선시한다면, 상담자는 현실치료를 어느 정도 '부드럽게' 적용해야 한다. 현실치료가 다른 문화권의 내담자에게 효과적으로 적용되려면, 상담 과정은 해당 문화권 구성원들의 삶의 경험과 가치관에 맞게 조정되어야 한다(Wubbolding, 2000, 2011; Wubbolding et al., 2004).

스탠의 사례에 적용된 현실치료

현실 상담자로서 나는 선택이론의 핵심 개념을 바탕으로 스탠의 행동 역학을 파악하고, 그가 나아가야 할 방향을 제시하고, 그가 원하는 것을 얻기 위한 더 좋은 대안을 가르쳤다. 스탠은 자신이 원하는 만족스러운 관계를 얻는 데 효과적이지 못했다.

스탠은 피해자 역할에 빠져 있었고, 다른 사람을 비난하고 미래 대신에 과거를 보았다. 처음에 그는 나에게 자신의 주요 증상인 우울, 불안, 수면장애 및 기타 신체화 증상을 곱씹으면서 삶의 부정적인 면에 대해 말하고 싶어 했다. 나는 그의 고민을 주의 깊게 들었고, 그가 다르게 **행동**할 수 있는 선택권이 많다는 것을 깨닫기를 바랐다. 나는 스탠과 함께 치료가 성공, 생산적인 시간, 목표, 미래에 대한 희망 등 그가 쌓을 수 있는 것을 탐색할 기회를 제공한다는 전제하에 작업하였다.

스탠과 관계를 형성한 후, 나는 그가 선택하지 않는 한 그가 과거의 희생자가 될 필요가 없다는 것을 그에게 보여줄 수 있었고, 그가 과거의 불행을 충분히 되풀이했다는 것을 확신시켜주었다. 상담이 진행됨에 따라, 스탠은 문제의 대부분이 실제로 어린 시절에 시작되었지만, 지금은 어린 시절을 되돌리기 위해 할 수 있는 일이 거의 없다는 것을 알게 되었다. 그러나 그는 과거의 경험과 그것이 현재 자신에게 주는 의미에 대해 다른 관점을 취할 수 있다. 마침내 그는 현재 자신을 위해 할 수 있는 일에 대한 많은 통제권을 가지고 있다는 것을 깨닫게 된다.

나는 스탠에게 만약 증상이 해소된다면, 그의 삶이 어떻게 달라질 것인지 말하도록 하였다. 나는 그가 소속감, 성취, 힘, 자유, 즐거움에 대한 욕구를 충족시킨다면 무엇을 할 것인지 알고 싶었다. 나는 그에게 자신이 원하는 삶에 대한 이상적인 그림은 갖고 있지만, 자신의 욕구를 충족시키기 위한 효과적인 행동은 가지고 있지 않다고 설명했다. 나는 그에게 그의 기본적인 심리적 욕구와 이러한 치료방식이 어떻게 효과적인 방법으로 욕구를 충족시키는 데 도움이 될 것인지에 대해 이야기한다. 또한 그의 **전 행동**은 활동하기, 생각하기, 느끼기, 생리적 반응으로 구성되어 있다고 설명한다. 스탠은 대부분의 시간 동안 불안감을 느끼는 것이 싫다고 말하더라도, 자신이 행동하고 생각하는 많은 것이 원치 않는 감정과 생리적 반응으로 직접적으로 이어진다는 것을 알게 된다. 그가 대부분의 시간 우울감을 느끼고, 밤에는 불안감을 느끼며, 공황 발작에 시달린다고 불평할 때, 나는 그가 어떤 **행동을 하고**, 어떤 **생각을 하는지**에 더 관심이 있다고 알려준다. 왜냐하면 이러한 것이 직접적으로 변화를 시킬 수 있는 행동 요소이기 때문이다.

나는 스탠이 자신의 **우울함**이 자신이 선택한 감정의 일부라는 것을 이해하도록 돕는다. 그가 자신의 감정, 신체감각, 사고에 대해 거의 통제할 수 없다고 생각할 수도 있지만, 나는 그가 우울한 경험을 변화시킬 수 있는 다른 행동을 취할 수 있다는 것을 이해시키고 싶다. 나는 '당신이 선택한 행동이 당신이 원하는 것을 얻게 해줍니까?'라는 질문을 자주 한다. 나는 스탠이 자신의 감정을 간접적으로 통제할 수 있다는 사실을 조금이라도 인식하기 시작하도록 유도한다. 이것은 그가 지금까지 해온 것과는 다른 무언가를 하기로 선택한 후에 하는 것이 가장 좋다. 이 시점은 그가 행동을 하기로 한 선택이 기분이 좋아지게 하였다는 것을 더 잘 알 수 있는 지점이다. 이는 자신에게 변화할 힘이 있다는 것을 깨닫는 데 도움이 된다.

스탠은 자신의 머릿속에 있는 그림, 즉 상담자가 되는 것, 사람들을 만날 때 자신감 있게 행동하는 것, 자신을 가치 있는 사람으로 생각하는 것, 인생을 즐기는 것 등에 관해 이야기한다. 치료를 통해 그는 자신이 행동하는 것이 대부분 자신이 원하는 그림에 더 가까이 가거나, 자신이 원하는 것을 얻는 것이 아니라고 평가한다. 그가 스스로 달라지기 위해 노력하기로 결정하면 상담 회기의 대부분의 시간은 계획을 세우고, 실천을 위한 논의하는 데 사용된다. 우리 둘 다 그가 원하는 변화를 시작하기 위해 지금 당장 실천할 수 있는 구체적인 단계에 초점을 맞춘다.

스탠은 현실 세계에서 계획을 실천함에 따라 점차적으로 성공 경험을 하기 시작한다. 그가 퇴보하게 되면 우리는 이에 대해 함께 이야기하고 계획을 세밀하게 조정한다. 나는 스탠이 큰 발전을 이루지 못하더라도 그를 포기하지 않을 것이며, 스탠은 나의 지지가 계속해서 노력하도록 하는 실제 영감의 원천임을 알려준다.

나는 스탠에게 선택이론과 WDEP 체계에 대해 가르치고 삶의 변화에 대한 생각을 자극할 수 있는 책을 읽도록 격려한다. 스탠은 독서를 통해 배운 것을 상담 회기에 가져오고, 결과적으로 그의 몇몇 목표를 달성할 수 있다. 현실 상담자와의 작업, 독서, 그리고 세상의 새로운 행동에 참여함으로써 배운 것을 실천하려는 의지의 결합은 비효율적인 선택을 삶을 긍정하는 선택으로 바꾸는 데 도움이 된다. 스탠은 자신의 운명을 통제할 수 있는 유일한 사람이 자신임을 받아들이게 된다.

자기성찰을 위한 질문

- 스탠이 대부분의 시간 우울하다고 호소하며, 자신을 '고쳐주기'를 원한다면 여러분은 어떻게 상담을 진행할 것인가?
- 스탠이 계속 고집을 부리며, 자신의 기분을 최대한 좋게 하려고 노력하고 있다고 한다. 그리고 의사와 상의하여 항우울제를 처방해주기를 바란다면 여러분은 무슨 말을 하고, 무슨 행동을 할 것인가?
- 스탠의 충족되지 않은 기본적 욕구는 무엇인가? 스탠이 원하는 것을 얻을 수 있는 더 나은 방법을 찾도록 돕기 위해 여러분은 어떤 행동 계획을 생각할 수 있는가?
- 여러분은 스탠과 함께 알코올중독에 대한 체크리스트를 작성할 의향이 있는가? 그렇다면 혹은 그렇지 않다면 그 이유는 무엇인가? 여러분은 스탠이 알코올중독증이라고 판단되면, 여러분과 함께 상담을 진

행하면서 알코올중독자 자조 모임과 같은 프로그램에 참석하도록 권유할 것인가? 그렇다면 혹은 그렇지 않다면 그 이유는 무엇인가?
- 여러분은 스탠이 자신의 전 행동을 탐색하도록 돕기 위해 어떤 개입을 할 것인가?

이러한 관점에서 스탠을 상담하는 나의 상담 시연을 보기 원한다면, MindTap의 11장 9회기 '현실치료'의 '스탠의 사례' 동영상 퀴즈를 참조하라. 이 회기에서는 스탠이 행동 계획을 세우도록 돕는 방법을 다룬다.

그웬의 사례에 적용된 현실치료*

그웬은 오랫동안 상담이 마약을 하거나 미친 사람을 위한 것이지, 강한 신앙을 가진 아프리카계 미국인 여성을 위한 것이 절대 아니라고 믿으며 살아왔다. 그웬은 이전에 한 번도 상담을 받은 적이 없었기 때문에, 그녀가 자신의 감정을 표현하는 것이 안전하다고 느낄 수 있는 신뢰와 존중의 분위기를 조성할 필요가 있었다. 우리가 작업 동맹을 형성함에 따라, 나는 그웬이 다르게 행동하고, 상담을 위해 오는 것만으로도 이미 변화 과정이 시작되었다는 것을 그녀가 이해하도록 도왔다.

상담자: 당신의 삶이 어떤 모습이길 원하는지 말해주세요. [그녀의 질적(좋은) 세계에 대한 질문]

그웬: 저는 인정을 받고 편안함을 느끼고 싶어요. 일이 제 삶의 가장 중요한 것이 되는 것을 원하지 않아요. 그리고 기운이 넘치고 몸이 건강했으면 좋겠어요. 몸이 아프고 힘들다는 느낌에 지쳤어요. 전 가족으로부터 존경과 사랑을 받고 싶어요. 모든 것을 혼자 해야 한다는 생각에 지쳤어요.

상담자: 지난 몇 주간을 돌아보고 당신이 원하는 삶에 더 가까워지기 위해 한 일에 관해서 이야기해주세요.

그웬: 요가 초급반을 들었는데 마음을 편안하게 하는 데 도움이 되었어요. 다음 날 몸이 아프지 않아서 8주 수업을 등록했어요. (그웬은 새로운 행동을 시도했다.)

상담자: 아주 좋아요! 당신이 자랑스러워요! 당신이 노력하고 있다고 말하는 것처럼 들려요.

그웬은 자신의 희망과 꿈을 향해 운전대를 잡고 운전하기보다는 삶이 흘러가는 대로 받아들이게 되었다. 진정한 변화가 일어나려면 그웬은 무언가 다른 '행동'을 해야 한다. 요가 수업은 그녀의 계획을 위한 좋은 시작이다.

상담자: 이제 삶의 다른 부분에서 이상적인 장면에 더 가까워지기 위해 무엇을 다르게 행동할 수 있을지 생각해보세요.

그웬: 저는 이미 많은 것을 하고 있는 것 같아요.

상담자: 맞아요. 당신은 많은 것을 하고 있어요. 계속 그렇게 하고 싶은 건가요? [현실 확인]

그웬: 제 삶의 우선순위를 정하고, 저를 가장 우선시해야 한다는 걸 알고 있어요. 제가 너무 많은 것을 하고 있다는 것도 알아요. 나쁜 습관이죠. 그리고 그것이 저를 지치게 하고 있어요. [자기평가]

상담자: 도움을 주는 역할을 맡는 것이 얼마나 잘 이루어지고 있나요? (비판이 함축되어 있지 않다.)

그웬: 전혀요! 저는 할머니가 온 가족을 돌보느라 지쳐가는 모습을 지켜봤어요. 저는 그만해야 해요.

*켈리 커크시 박사는 현실치료 관점에서 사고하는 방식과 상담 실제를 기술하며 이 모델을 그웬에게 적용하고 있다.

나는 그웬이 목표를 달성하지 못하거나 계획이 성공적이지 못하더라도 그녀를 포기하지 않을 것이다. 나는 그웬이 상담 과정으로 돌아오게 하기 위해서 공감하고 지지적인 태도로 그녀를 위해 노력할 것이다. 나는 계속해서 그웬을 위해 노력할 것이고 그녀가 원하는 작은 변화를 만들 수 있도록 도울 것이다.

상담자: 이번 주에 약속할 수 있는 당신이 다르게 행동할 수 있는 것은 무엇이 있습니까?

그웬: 저를 위한 시간을 더 많이 가질 거예요. 유연성과 스트레스 관리를 위해 요가를 일주일에 두 번 이상 할 거예요. 그리고 엄마에게 음식을 배달시켜 줄 거예요. 그러면 시간을 좀 더 확보할 수 있을 것 같아요.

상담자: 첫 시작이 좋아요. 당신의 삶을 위한 건강한 행동 계획을 세우는 중입니다. 이러한 단계를 밟아가면서 당신의 불안감을 완화하는 데 도움이 될 수 있습니다. 다음 주 회기가 시작할 때 계획을 얼마나 잘 실천했는지 확인할게요.

그녀가 떠나기 전 나는 그웬에게 읽을 책을 추천해주었다. 우리는 다음 회기 때 그녀의 행동 계획을 세울 것이다.

상담자: 읽기 쉬운 짧은 책 한 권을 읽을 시간을 낼 수 있나요? (나는 그녀에게 우볼딩과 브리켈(2001)의 책, 『마음을 다스리는 지침서(A Set of Directions for Putting and Keeping Yourself Together)』라는 책을 건네주었다.) 이 책은 삶의 다른 부분에서 할 수 있는 행동 단계에 대한 몇 가지 아이디어를 얻게 해줄 거예요. 할 수 있다고 생각되는 활동 한두 가지만 골라서 시작해보세요.

그웬: 그럼 제가 바꾸어야 할 다른 부분은 없을까요?

우리가 함께 작업하는 성공 여부는 그웬과 관계를 형성하는 나의 기술과 능력뿐만 아니라 그녀가 자신의 행동에 대한 책임과 대안적인 선택을 하려는 의지에 달려있다. 나는 그웬이 그 질문에 대한 답을 스스로 찾을 수 있도록 돕고 싶다. 나는 그녀의 행동 계획을 위해 무엇을 선택해야 할지 말하는 것을 자제하고 있다. 그녀의 성공은 자신의 삶에서 무엇이 바뀌어야 하는지에 대한 자신의 평가에서 비롯되어야만 한다.

상담자: 이것은 당신의 여정이며, 어떤 변화가 당신에게 도움이 될지 스스로 잘 알고 있을 거예요. 삶의 운전대를 잡고 당신의 건강과 웰빙에 대해 '예'라고 대답하는 습관이 생기면, 어떤 느낌이 들기 시작하는지 알아차려 보세요. 천천히 하세요. 서두르지 않아도 되고, 지금 당장 많은 변화를 만들지 않아도 됩니다.

나는 그웬이 자신의 행동 계획을 실천하기 시작하면서 불안 수준의 변화를 알아차리기를 바란다. 그녀가 자신의 삶을 책임지는 것에 편안함을 느끼면, 성인이 된 자녀와도 명확한 경계를 설정하는 등 더 중요한 변화를 만들 것이라고 믿는다. 그웬은 새로운 길을 가기 시작했다. 그녀는 새로운 수준의 개인적 책임으로 나아가고 있으며, 자신의 처한 상황에 대한 수동적인 희생자가 되는 것에서 벗어나고 있다.

자기성찰을 위한 질문

- 그웬이 자신의 현재 행동을 평가하는 것을 돕기 위해 상담자는 어떤 개입을 했는가?
- 그웬과 함께 작업하면서 다음 질문의 유용성을 평가하라. '당신이 하고 있는 행동은 당신이 원하는 것을 얻는 데 도움이 되는가?'
- 그웬이 행동 계획을 세우기 위한 준비가 어느 정도 되어 있다고 생각하는가?
- 상담자와 그웬 사이의 상호작용과 관계를 어떻게 설명할 것인가?

요약과 평가 학습목표 10

요약

현실 상담자는 교사, 멘토, 롤모델로서 역할을 하며, 내담자가 하고 있는 것과 그들의 행동이 자신이나 타인에게 해를 끼치지 않고 기본적 욕구를 충족시키는지를 평가하게 함으로써 내담자를 직면시킨다. 현실치료의 핵심은 더 나은, 더 효과적인 선택을 하는 방법 및 더 효과적인 통제력을 얻는 방법을 배우는 것이다. 사람들은 통제할 수 없는 상황의 희생자라기보다 자신의 삶을 책임진다. 현실치료 상담자는 내담자가 자신의 행동을 변화시키기 위해 **현재 무엇을 할 수 있고, 무엇을 할 의지가 있는지**에 초점을 맞춘다. 상담자는 내담자가 다른 사람들과 의미 있는 관계를 맺는 방법을 가르친다. 상담자는 내담자가 더 나은 선택을 할 수 있도록, 자신이 결정하고 행동하기로 선택한 것이 효과적인지를 계속 평가하도록 한다.

현실치료의 실제는 상담 환경과 행동 변화를 가져올 수 있는 구체적인 절차, 두 가지 요소로 이루어진다. 이 상담 과정은 내담자가 원하는 것을 얻는 방향으로 나아가도록 해준다. 현실치료의 목표는 행동 변화, 더 나은 의사결정, 중요한 관계 개선, 삶의 질 향상, 모든 심리적 욕구(psychological needs)에 대한 더 효과적인 만족감 등이 포함된다.

선택이론과 현실치료의 공헌

현실치료의 장점은 상대적으로 단기적이며, 의식적인 행동 문제를 다룬다는 것이다. 통찰과 인식만으로는 충분하지 않다. 내담자의 자기평가, 행동 계획, 뒤따르는 실천이 상담 과정의 핵심이다. 나는 내담자가 자기평가에 참여하고, 자신이 하고 있는 일이 효과가 있는지 결정하고, 원하는 변화를 만들기 위해 필요한 것을 하는 데 전념하도록 강하게 권장한다. 선택이론의 실존주의적 토대는 이 접근 방식의 주된 장점이며, 그것은 자신이 하고 있는 일에 대한 책임(responsibility)을 강조한다. 사람들은 희망이 없고, 무기력하게 우울한 존재로 여겨지지 않는다. 대신 사람들은 자신이 할 수 있는 최선을 다하거나, 자신의 욕구를 충족시키기 위해 선택을 하는 것으로 여긴다. 책임과 선택을 강조함으로써, 사람들은 자기주도성과 자율성을 얻을 수 있다.

상담자가 내담자를 위한 정해진 계획을 가지고 있는 경우 상담은 대부분 실패하게 된다. 현실 상담자는 내담자가 자신이 하고 있는 일에 대한 탐색 목록을 작성하도록 돕는다. 만약 내담자가 자신의 현재 행동이 효과가 없다고 판단되면, 새로운 행동 레퍼토리를 만들게 될 가능성이 훨씬 더 높다. 회의적인 태도로 상담에 접근하는 내담자가 많다. 현실치료는 변화를 꺼리거나, 변화에 대한 양가감정을 가진 내담자에게 효과적이다. 예를 들어, 중독이 있는 내담자와 작업할 때, 현실치료 전략은 내담자가 자신의 행동이 자신을 어디로 이끌고 가는지 평가하도록 돕고, 행동에 긍정적인 변화를 가져올 수 있는 선택지를 제공하는 데 사용될 수 있다. 현실치료는 중독치료 및 회복 프로그램에 30년 이상 동안 효과적으로 사용되어왔다(Wubbolding & Brickell, 2005). 내담자가 현재 하고 있는 행동을 다루고, 내담자가 무엇을 변화시키고 싶은지를 평가하도록 하는 것은 다양한 상황에 적합하다. 현실치료는 효과적이고, 단기적인 접근 방식으로, 10회기 이내의 회기를 요구하며, 장기적인 치료 없이도 삶의 변화를 이끌어낼 수 있다(Wubbolding, 2016).

현실치료는 그 기본 개념을 교실과 학교 상담에 적용함으로써 상당한 공헌을 했다. 선택이론과 현실치료를 학교에 적용하는 방법에 대해 쓰인 내용의 대부분은 교실 역학과 학교 시스템 전반적인 구조와 관련되어 있지만, 선택이론의 기본 철학은 학교 환경에서 아동 및 청소년 상담에 매우 유용하다. 상담은 학생들이 사랑과 소속감, 힘, 자유, 즐거움에 대한 욕구를 어느 정도 충족시키고 있는지를 탐색하는 데 도움이 되도록 설계할 수 있다. 학교 상담의 중요한 목표는 학생들이 자신의 행동을 변화시킬 수 있는 유용한 행동 계획을 세우도록 돕는 것이다.

이 장 앞부분에서 설명한 WDEP 체계를 활용하여 아동 및 청소년이 자신이 원하는 것, 욕구, 지각을 탐색하도록 할 수 있다. 상담자의 개인적 특성은 개방적인 분위기를 조성하고, 학교에서 생산적인 작업을 촉진할 수 있는 안전한 분위기를 조성하고 유지하는 데 중요하다. 학생들은 자신이 하고 있는 행동을 솔직하게 살펴보고, 자신의 행동이 자신이 원하는 것을 얻도록 하고 있는지 명확하게 하도록 요구한다. 학교 환경에서는 일반적으로 상담 시간이 제한적이기 때문에 현재 행동에 중점을 두는 것은 아동 및 청소년과 함께 작업할 때 장점이 된다. 발달 수준에 따라 아동 및 청소년은 자신이 하고 있는 행동을 평가하는 방법과 다르게 행동하기를 원하는지를 결정하기 위해 자기평가를 활용하는 방법을 배울 수 있다. 청소년들은 그들이 원하는 것에 대한 더 명확한 그림을 갖게 되면, 목표를 달성하기 위한 계획을 세우기 시작할 것이다.

선택이론과 현실치료의 한계와 비판

나의 관점에서 현실치료의 주요 한계는 무의식의 역할, 과거의 힘, 초기 아동기 외상 경험의 영향, 꿈의 치료적 가치, 전이의 장소를 강조하지 않는다는 것이다. 현실치료는 거의 전적으로 의식에 초점을 맞추기 때문에 억압된 갈등이나 우리가 생각하고, 느끼고, 행동하고, 선택하는 것에 영향을 미치는 무의식의 힘과 같은 요인을 고려하지 않는다.

꿈을 다루는 것은 현실 상담자의 역할이 아니다. 글래서(2001)에 따르면, 꿈을 탐색하는 것은 치료적으로 유용하지 않다고 했다. 나는 이 접근 방식이 한계가 있다고 생각한다. 글래서는 꿈에 관해 토론하며 시간을 보내는 것은 자신의 행동에 관해 이야기하는 것을 회피하기 위해 사용되는 방어 수단이 될 수 있으므로 시간 낭비라고 여긴다. 나의 관점에서 꿈은 사람들이 자신의 내적 갈등을 인식하도록 돕는 강력한 도구이다. 나는 꿈에 풍요로움이 있다고 믿는다. 꿈은 내담자의 주요 갈등, 욕구, 희망, 미래에 대한 기대에 대한 간략한 메시지이다. 내담자에게 치료 회기 중 '지금 여기'에서 자신의 꿈을 회상하고, 보고하고, 공유하고, 재현하도록 하는 것은 차단(방어기제)을 해제하는 데 도움이 될 수 있으며, 내담자가 다른 행동을 할 수 있는 길을 열어줄 수 있다.

마찬가지로 나는 전이를 잘못된 개념으로 보는 글래서의 관점도 수용하기 어렵다. 왜냐하면 내담자는 자신의 삶에서 중요한 사람이 현재 자신의 타인을 지각하고 반응하는 방식에 영향을 미친다는 것을 배울 수 있기 때문이다. 타인에 대한 정확한 지각을 왜곡하는 전이에 대한 탐색을 배제하는 것은 편협한 생각이다.

우볼딩(2017)은 현실치료가 문제해결에만 초점을 맞추어, 경험이 없거나 부적절하게 훈련된 상담자의 경우 내담자에게 자신의 가치관을 강요할 수 있음을 인정했다. 현실치료가 치료에 대한 간단한 접근 방식이지만, 우볼딩은 그것이 단기적으로 해결되는 것이 아님을 강조하였다. 일반적으로 내담자의 특정한 행동이 잘 작용하고 있는지, 어떤 변화를 원하는지를 결정하기 위해서는 용기 있는 자기평가 과정이 필요하다. 변화의 목표인 행동을 결정하는 것은 내담자의 몫이다.

마지막으로, 현실치료는 이해하기 쉽기 때문에 실행하기도 쉬워 보일 수 있다. 하지만 그렇지 않다. 효과적인 현실치료의 실제는 훈련, 슈퍼비전, 지속적인 학습이 필요하다(Wubbolding, 2011, 2016, 2023). 우볼딩(2017)은 현실치료를 적용하는 데 한계가 있다고 말하지만, "많은 인식된 단점은 오해 또는 현실치료의 숙련되지 못한 적용으로 인한 것"(p. 199)이라고 주장하였다. 유능한 현실 상담자는 선택이론에 대해 완벽하게 이해하고, 다양한 임상적 문제를 가진 내담자와 상담할 때 현실치료 절차를 적용하는 것에 숙련되어 있다.

자기성찰과 토론을 위한 질문

1. 현실치료가 현재 행동에 초점을 맞추고 과거 사건에 관한 관심이 부족하다는 점에 대해 어떻게 생각하는가?
2. 내담자가 자신이 하고 있는 행동이 자신에게 도움이 되는지 스스로 평가하도록 어떻게 도울 수 있는가?
3. 비자발적 내담자와 작업하는 경우, 치료 프로그램에 대한 협조를 위해서 선택이론과 현실치료 원칙을 어떻게 사용할 수 있는가?
4. 현실치료와 여러분이 배운 다른 치료법을 결합하면 어떤 잠재력이 있다고 보는가? 현실치료와 가장 통합하고 싶은 이론은 무엇인가?
5. 여러분이 바꾸고자 하는 행동을 생각해보라. 여러분이 원하는 것을 얻기 위한 행동 계획을 세우기 위해 어떤 단계를 밟아야 하는가?

더 찾아볼 자료

미국상담학회(ACA) 회원을 위한 무료 팟캐스트

www.counseling.org 사이트에서 '자료(Resource)' 아이콘을 누르고 '팟캐스트 시리즈(Podcast Series)'를 누르면 미국상담학회 팟캐스트(미리 녹음된 인터뷰)를 무료로 내려받을 수 있다. 11장 현실치료는 아래의 팟캐스트를 찾아보라.

Podcast ACA088, "Reality Therapy, Choice Theory: What's the Difference?"(Dr. Robert Wubbolding)

Podcast ACA194, "William Glasser: A Retrospective and Why His Groundbreaking Work Will Continue to Matter in Professional Counseling"(Dr. Robert Wubbolding)

기타 자료

이 장과 관련하여 미국심리학회(APA)에서 제공하는 DVD에는 R. 우볼딩의 『현실치료(Reality Therapy)』(2007)가 포함되어 있다.

Psychotherapy.net은 학생 및 전문가를 위해 중독자, 성인 및 아동을 대상으로 한 현실치료 시연에 관한 동영상 및 인터뷰를 포괄적인 자료를 제공한다. 매달 새로운 동영상과 편집된 콘텐츠가 제공된다. 이 장과 관련된 DVD는 www.psychotherapy.net에서 구할 수 있으며 다음과 같은 내용을 포함한다.

Wubbolding, R.(2000). *Reality Therapy*(Psychotherapy With the Experts Series)

Wubbolding, R.(2000). *Reality Therapy for Addictions*(Brief Therapy for Addictions Series)

Wubbolding, R.(2002). *Reality Therapy With Children*(Child Therapy With the Experts Series)

Wubbolding, R.(2014). *Choice Theory/Reality Therapy Demonstration: Couple Counseling "Elroy and Judy"*(Center for Reality Therapy)

그 외 자료는 미국상담학회(CAC)에서 제공한 비디오이다.

현실치료와 자기평가

https://aca.digitellinc.com/aca/sessions/10960/view)

윌리엄 글래서 인터내셔널(William Glasser International)에서 제공하는 프로그램은 선택이론의 개념과 현실치료의 실제를 가르치기 위해 만들어졌다. 7,800명이 넘는 상담자가 현실치료와 선택이론 교육을 이수했다. 기관에서는 자격증 과정을 제공한다. 이 과정은 참여자들이 토론, 시연, 역할극에 3일간 참여하는 '기본 교육'으로 시작한다. 보다 집중적인 교육을 원하는 사람들을 위해 기관은 현실치료 자격증을 취득할 수 있는 5단계 과정을 제공한다. 여기에 기본 교육, 기본 실습, 고급 교육, 고급 실습 및 자격증 취득 주간이 포함된다. 18개월 교육 프로그램을 마치면 자격증을 받을 수 있다. 이 프로그램에 대한 자세한 정보는 윌리어 글래서 인터내셔널에 문의하라.

윌리엄 글래서 인터내셔널
www.wglasserinternational.org

신시내티의 현실치료센터(Center for Reality Therapy)는 상담, 코칭, 교실 관리, 중독, 교정, 가족에 적용되는 선택이론과 현실치료의 원리에 대한 교육을 제공한다. 로버트 우볼딩은 센터장이며, 주, 국내 및 국제 학회에서 자주 발표한다. 현실치료 자격증을 위한 3일간의 워크숍도 있다.

현실치료센터
www.realitytherapywub.com

『선택이론 및 현실치료 국제 저널(International Journal of Choice Theory and Reality Therapy)』(무료 온라인 학술지)은 내적 통제 심리학의 개념에 초점을 맞추고 있으며, 다양한 환경에서 선택이론 및 현실치료 원리의 연구, 개발 및 실제 적용을 강조한다. 이 학술지에 관한 더 많은 정보는 편집자 톰 패리시(Tom Parish) 박사에게 메일(Parishts@gmail.com)로 문의하라.

더 읽을거리

- **『선택이론을 이용한 상담: 새로운 현실치료(Counseling With Choice Theory: The New Reality Therapy)』**(Glasser, 2001)는 선택이론에 대한 저자의 중요한 생각을 대표하며, 우리가 모든 전 행동을 선택한다는 실존주의적 주제를 전개한다. 사례는 사람들이 더 나은 관계를 형성하도록 돕기 위해 선택이론의 원칙이 어떻게 적용될 수 있는지 보여준다.
- **『현실치료와 자기평가: 내담자 변화의 열쇠(Reality Therapy and Self-Evaluation: The Key to Client Change)』**(Wubbolding, 2017)는 자신의 행동을 자기평가하는 데 있어 내담자의 역할을 설명하고 확장하는 훌륭한 책이다. 자기평가의 핵심 개념과 현실치료의 WDEP 체계를 다루고, 자발적인 내담자와 비자발적인 내담자 모두와 작업하는 실제적인 방법을 설명한다. 다문화 상담에 대한 특별한 관심을 기울인다.
- **『현실치료(Reality Therapy)』**(Wubbolding, 2011)는 선택이론과 현실치료에 관한 기존 판본을 개정하고 확장하였다. 미국심리학회(APA)의 심리치료 시리즈의 일부로서, 현실치료와 선택이론에 대해 잘 쓰여있으며 이해하기 쉬운 개요로 되어있다.
- **『통합적 상담: 사례 중심의 접근(Case Approach to Counseling and Psychotherapy)』**(Corey, 2013; 현명호, 유제민, 이정아, 박지선, 2016)은 저명한 현실 상담자인 윌리엄 글래서 박사와 로버트 우볼딩이 선택이론과 현실치료에 대한 서로 다른 관점에서 루스에게 어떻게 상담하는지 보여준다.

여성주의치료

12장

학습목표

01. 여성주의치료 발전에서 주요 인물과 이들의 공헌점을 이해한다.
02. 다양한 형태의 여성주의치료를 설명할 수 있다.
03. 여성주의치료와 관련되는 여섯 가지 원리의 차이점을 이해한다.
04. 여성주의 상담자의 상담을 안내하는 상담 목표를 이해한다.
05. 상담 과정에서 성별과 권력의 역할을 이해한다.
06. 상담 과정에서 평등한 관계의 중요성과 협력의 효과를 설명할 수 있다.
07. 여성주의치료의 표준 절차(상담자 자기개방, 재구성, 재명명, 성역할 분석 및 개입, 권력 분석 및 개입, 사회적 행동)를 이해한다.
08. 기본 전략으로서 임파워먼트의 가치를 이해한다.
09. 상담에서 사회적 행동의 역할을 설명한다.
10. 여성주의 원리를 집단 상담에 적용한다.
11. 여성주의 개념과 기법을 학교 상담에 적용한다.
12. 여성주의치료와 다문화치료의 관계를 이해한다.
13. 여성주의치료의 핵심적인 공헌과 주요 제한점을 파악한다.

*저자는 이 장의 공동집필자로 저자의 친구이자 동료인, 산안토니오에 있는 뉴올리언스 대학교(University of Texas at San Antonio)의 상담자 교육 전공 교수 바버라 헐리를 초대하였다. 바버라 헐리와 나는 2권의 책(Herlihy & Corey, 2015a, 2015b)을 공동 집필했으며, 이 책들은 우리 두 사람 모두가 가치 있게 여기는 프로젝트에서 협력의 자연스러운 기반이라고 생각한다. 캐럴린 저브 엔스(Carolyn Zerbe Enns) 박사가 이 장을 전반적으로 검토하고 개정을 위한 제안을 해주었으며, 이 장에 2개의 절에 독창적인 글을 기고해주셨다. 엔스 박사의 도움에 감사를 표한다.

현대 여성주의 상담자

여성주의치료는 한 사람에 의해 창안되지 않았으며, 많은 사람들의 협력적 노력의 결과이다. 여기에서는 여성주의치료에 중요한 공헌을 한 몇 명의 학자를 선별하여 소개하고자 한다. 물론 여기에 소개할 만한 영향력 있는 다른 학자와 상담자가 많이 있다. 여성주의치료는 실로 통합의 원리에 토대를 두고 있다.

Courtesy, Jean Baker Miller Training Institute

진 베이커 밀러(Jean Baker Miller, 1927-2006)는 보스턴 대학교 의대 정신과의 임상교수이자 웰즐리 대학(Wellesley College) 스톤센터(Stone Centr)에 있는 진 베이커 밀러 훈련기관의 책임자였다. 밀러는 『새로운 여성 심리학을 향하여(Toward a New Psychology of Women)』(1986)를 저술했고 『치유적 관계: 여성의 치료와 삶에서 관계 맺기(The Healing Connection: How Women Form Relationships in Therapy and in Life)』(Miller & Stiver, 1997)와 『관계에서 여성의 성장(Women's Growth in Connection)』(Jordan et al., 1991)을 공동 저술했다. 밀러는 다양한 분야에서 활동하는 학자와 동료와의 공동 작업으로 관계문화이론을 계속 발전시켰다. 밀러는 이 이론을 확장하였고 심리치료뿐만 아니라 심리치료 바깥의 다른 분야에서 복잡한 이슈에 이 이론을 새롭게 적용하는 것을 탐색하였다. 이러한 이슈로는 다양성, 사회적 행동, 직장 환경 변화 등이 있다.

Courtesy of Carolyn Zerbe Enns

캐럴린 저브 엔스(Carolyn Zerbe Enns, 1951-)는 아이오와주 마운트 버넌(Mount Vernon)에 위치한 코넬 대학(Cornell College) 심리학과의 명예교수이자, 성·섹슈얼리티·여성 연구 프로그램의 명예교수이다. 엔스는 샌타바버라의 캘리포니아 대학교(University of California)에서 상담심리학 박사과정을 밟는 동안 여성주의치료에 흥미를 갖게 되었다. 엔스는 다양한 형태의 여성주의 이론이 여성주의 상담자의 우선순위와 심리치료 실무에 어떻게 영향을 미치는지를 탐색하는지를 주로 연구하였다. 엔스는 『여성주의와 상담: 기원, 주제, 다양성(Feminist Theories and Feminist Psychotherapies: Origins, Themes, and Variations)』(2004)을 저술했다. 이 책은 유색인종 여성과 다국적 영향력이 여성주의치료에 미친 영향을 포함해서 다양한 형태의 여성주의치료가 발전한 궤적을 따라가고 있다. 보다 최근에 엔스는 다문화 여성주의 치료와 교수법을 명확하게 하는 것, 그리고 전 세계의 다국적 여성주의 상담 현장(특히 일본)을 탐색하는 것에 많은 노력을 기울이고 있다. 엔스는 여러 권의 편저서와 학술지 특별호를 조직했는데, 『여성주의 다문화 상담 치료의 옥스퍼드 핸드북(Oxford Handbook of Feminist Multicultural Counseling Psychology)』(Elizabeth Nutt Williams와 공동 편집, 2013), 『여성 심리 실무: 지침, 다양성, 임파워먼트(Psychological Practice With Women: Guidelines, Diversity, Empowerment)』(Joy K. Rice, Roberta L. Nutt와 공동 편집, 2015), 학술지 『여성과 치료(Women & Therapy)』의 특별호인 『초국가적 여성주의 이론과 실제(Transnational Feminist Theory and Practice)』(Lillian Comas-Diaz, Thema Bryant Davis와 공동 편집, 2021) 등이 있다.

Courtesy of Thelma Bryant-Davis

테마 브라이언트 데이비스(Thema Bryant-Davis, 1974-)는 교육자이자 예술가로 페퍼다인 대학교(Pepperdine University)의 교육 및 심리학 프로그램의 심리학 교수이다. 그녀는 트라우마 전문 심리학자이며, 영성과 표현예술을 치유와 외상후 성장의 문화적 자원으로 통합하고 있다. 그녀는 듀크 대학교(Duke

University)에서 임상심리학으로 박사학위를 받았으며 하버드 의료센터(Harvard Medical Center)의 폭력 피해자 프로그램에서 박사후 수련을 마쳤다. 그녀 자신이 외상 생존자인 테마 브라이언트 데이비스는 외상 회복의 문화적 맥락을 이해하고 향상하는 연구에 헌신했다. 그녀는 '여성 심리학 사회(Society for the Psychology of Women)'의 학회장과 미국심리학회의 UN 대표를 역임했고, 미국심리학회 차기 학회장(2022년 기준)으로 선출되었다. 그녀는 리더십, 학문적 업적, 멘토십, 미디어에 큰 기여를 했으며 캘리포니아 심리학회, 미국심리학회, 폭력 · 학대 · 외상 협회로부터 공로상을 받았다. 브라이언트 데이비스는 종교와 심리학, 우머니스트(womanist) 심리학과 무헤리스타(mujerista) 심리학, 해방심리학(liberation psychology), 다문화 여성심리학, 인종차별주의의 사회적 외상, 대인관계 외상 및 의학적 외상의 문화적 맥락에 관한 책을 저술하고 편집했다.

릴리언 코마스 디아스(Lillian Comas-Diaz, 1950-)는 미국 시카고에서 태어나 여섯 살 되던 해에 부모의 고향인 푸에르토리코로 이주했다. 릴리언은 20대 초반에 미국 본토로 돌아왔으며, 이 과정에서 인종차별, 성차별, 계급주의, 언어적 폭력, 외국인 혐오를 동반하는 외상적 이주를 경험했다. 이러한 경험은 다문화주의를 향한 열정, 유색인종의 여성주의에 대한 헌신, 심리영성학(psychospirituality) 양성, 사회정의 행동주의와 해방심리학에 대한 갈망을 더욱 견고하게 했다. 그녀는 매사추세츠 대학교 애머스트 캠퍼스(University of Massachusetts Amherst)에서 박사학위를 취득했다. 릴리언 코마스 디아스는 개업 상담자이자 조지 워싱턴 대학교(George Washington University) 정신과 및 행동과학과의 임상교수로 재직하고 있다. 그녀는 미국심리학회에서 수여하는 심리학 실무에서 골드메달 평생 공로상을 받았다. 최근 저서로는 『해방심리학: 이론, 방법, 실천 및 사회정의(Liberation Psychology: Theory, Method, Practice, and Social Justice)』(Comas-Diaz & Torres Rivera, 2020), 『다문화 돌봄: 문화적 역량에 대한 임상가의 가이드(Multicultural Care: A Clinician's Guide to Cultural Competence)』(Comas-Diaz, 2012), 『라틴계 심리학자: 문화 접경지대에서 번영(Latina Psychologists: Thriving in the Cultural Borderlands)』(Comas-Diaz & Vasquez, 2018), 『우머니스트와 무헤리스타 심리학: 불의 목소리, 용기의 행위(Womanist and Mujerista Psychologies: Voices of Fire, Acts of Courage)』(Bryant-Davis & Comas-Diaz, 2016), 『유색인종 여성의 심리건강(Psychological Health of Women of Color)』(Comas-Diaz & Greene, 2013), 『여성 심리치료사: 치유의 여정(Woman Psychotherapists: Journeys in Healing)』(Comas-Diaz & Weiner, 2011)이 있다. 사회운동가로서 릴리언은 칠레, 구(舊)소련, 동유럽, 남아프리카의 인권 학대 현황에 대한 진상조사 위원회에 참여했다.

로라 브라운(Laura S. Brown, 1952-)은 여성주의치료 실무의 발전을 지원하는 기관인 여성주의치료협회(Feminist Therapy Institute)의 창립 회원이며, 여성주의치료의 교육과 훈련에 대한 학술대회(National Conference on Education and Training in Feminist Practice)의 이론 전문가 집단의 회원이다. 그녀는 서던 일리노이 대학교(Southern Illinois University)에서 박사학위를 받았다. 그녀는 심리치료와 상담에서 여성주의치료의 중요한 핵심으로 여겨지는 책을 여러 권 저술했다. 『전복적 대화: 여성주의치료의 이론(Subversive Dialogues: Theory in Feminist Therapy)』(1994)은 여성주의치료에서 이론이 실무에 어떻게 도움을 주는지에 대한 이론을 사용하는 방식을 다룬 가장 기본이 되는 교재로 평가된다. 가장 최근에 저술한 책은 『여성주의치료(Feminist Therapy)』(2018)이다. 브라운은 소규모 마을에서 윤리적 실무의 경계 및 복잡성에 대해 생각하도록 하는 데 특히 기여했다. 현재는 여성주의 법심리학과 외상 생존자의 치료에 여성주의 원리를 적용하는 문제에 관심을 갖고 있다.

도입 학습목표 01

원래 여성주의치료는 '여성을 위한 상담, 여성에 의한 상담'에서 시작했지만, 현재 여성주의 사상의 범위는 원래 초점을 두었던 성별에 대한 고려 이상으로 매우 광범위하다. 또한 현재 여성주의 상담은 다중 억압, 권력, 특권, 다문화 역량, 사회정의, 모든 소외된 사람들의 억압에 대한 이해를 포함하는 다양한 접근을 강조한다. 여성주의 상담(feminist counseling)은 한 사람을 이해하기 위해서는 개인의 문제를 일으킨 사회적 · 문화적 · 정치적 맥락을 고려하는 것이 필수임을 전제로 한다. 이러한 견해는 상담 이론의 발전과 상담자가 다양한 내담자 집단에 어떻게 개입할 것인지에 있어서 중요한 함의를 가진다.

여성주의 심리치료(feminist psychotherapy)는 여성주의, 다문화, 사회정의 개념의 통합과 연결되며 다양한 심리치료 접근을 사용하는 철학적 지향이다(Enns et al., 2013). 여성주의치료의 핵심 개념은 여성 및 소외된 소수계층이 그들에게 부여된 사회정치적 지위로 인해 부과된 심리적 억압과 제한을 이해하고 인정하는 것이 중요하다는 것이다. 여성주의 관점(feminist perspective)은 다양한 사회적 정체성과 경험을 가지고 있는 여성과 남성이 사회화된 역할을 이해하고 또한 이와 같은 이해를 상담 과정에 받아들이는 것에 대한 독특한 접근을 제시한다. 여러 가지 사회적 정체성을 가지고 있는 여성의 사회화는 필연적으로 정체성 발달, 자기개념, 목표와 포부, 정서적 웰빙에 영향을 미친다(Gilligan, 1982; King, 2013). 나탈리 로저스(Natalie Rogers, 1995)가 관찰했듯이, 사회화 양상은 여성으로 하여금 관계에서 부지불식간에 자신의 힘을 약화시키는 결과를 초래한다. 여성주의 상담자는 모든 내담자와의 상담에서 성별 사회화, 성차별주의, 그리고 연관되는 모든 '주의(ism)'를 염두에 두고 있다. 어떤 여성에게는 민족이나 인종이 성별보다 더 중요한 정체성으로 경험되기도 하지만, 또 어떤 여성에게는 성별과 연관되는 정체성과 그에 대한 억압이 인종차별과 혼재될 수 있다.

상담에서 대부분의 내담자가 여성이며, 대부분의 석사 수준의 상담자도 여성이다. 이 책에 실린 모든 다른 이론을 포함해서 학생들이 배우는 대부분의 이론은 서구(미국이나 유럽) 문화 출신의 백인 남성이 만든 것이며, 보편적으로 적용할 수 없다. 초기 상담 이론의 발전에서 아들러만이 친(親)여성적 입장을 취했다. 여성의 사고와 경험으로부터 도출된 이론의 필요성은 자명하다. 이론은 '개발자'의 경험으로부터 개발되며, 여성주의 이론은 여러 사람의 경험을 모아서 여성의 집단적 노력을 통해 고안된 첫 번째 치료 이론이다.

여성주의 상담자는 무엇이 정신적으로 건강한 개인을 구성하는지에 대한 남성 중심 가정에 도전한다. 초창기 여성주의치료는 여성의 경험을 가치 있게 여기고, 정치적 현실을 인식하며, 가부장 제도 내에서 여성이 부딪치는 독특한 문제를 이해하고자 노력했다. 현대 여성주의치료는 내담자와 상담할 때 성별 사회화가 미치는 영향을 가장 우선시하지만, 동시에 다중 억압, 권력, 특권, 다문화 역량, 사회정의, 그리고 모든 소외된 사람들이 받는 억압에 대한 이해를 포함한 다양한 접근을 강조한다(American Psychological Association, 2018b; Enns & Byars-Winston, 2010). 여성주의자들은 성별이 인종, 민족, 사회경제적 지위, 연령, 성적 지향성 등과 같은 다른 정체성과 분리된 것으로 생각할 수 없다고 믿는다. 상담에서 사회정의와 관련된 최근 발달 동향은 다문화주의와 여성주의의 핵심 주제의 통합이다(Enns et al., 2013). 현대 여성주의치료와 상담에 대한 다문화적, 사회정의 관점 간에는 많은 공통점이 있다(Crethar et al., 2008). 이 모든 접근은 내담자 삶의 사회적 맥락에 대한 이해에 기초를 두고 체계적 관점을 제시하고 있으며, 개인의 변화뿐만 아니라 사회 변화에 영향을 미치는 것을 목적으로 한다.

이 책의 MindTap을 참조하여 동영상 퀴즈와 다양한 동영상 프로그램을 통해 12장과 관련된 주제에 대한 지식을 확장하기를 바란다.

역사와 발달 과정

이 책에 제시된 대부분의 다른 이론들의 역사와 비교했을 때, 여성주의치료의 역사는 비교적 짧다. 여성주의치료는 어떤 한 사람이 만든 것이 아니며, 이러한 사실은 여성주의 협력이라는 핵심 주제를 반영하는 것이다. 여성주의치료는 여러 명의 여성주의 상담자에 의해 개발되었으며, 이들은 모두 여성을 위한 정신건강치료를 개발하겠다는 같은 비전을 공유했다(Evans & Miller, 2016). 여성주의의 시작(첫 번째 물결이라고도 불림)은 1800년대 후반으로 거슬러 올라가지만, 1960년대 여성 인권운동(두 번째 물결)이 여성주의치료 발전의 토대가 되었다. 1960년대 여성들은 한목소리로 전통적 여성 역할의 한계와 제한에 대한 불만족을 표출하기 시작했다. 여성들이 모여서 자신의 경험과 지각을 나누는 의식화 집단을 통해서 개개인의 여성은 자신이 혼자가 아님을 깨닫게 되었다. 자매 정신이 피어올랐고, 사회를 더 좋게 만들고자 하는 여성들의 집단적 욕구에서 남편/배우자에게 구타당하는 여성을 위한 쉼터, 강간위기센터, 여성 건강센터와 같은 서비스 기관이 만들어졌다.

여성주의 상담자는 개인 상담이 변화를 일으키는 적절한 수단이라고 믿었으며, 치료를 동등한 개체 간의 파트너십으로 보고 상담 과정에 상호성과 협력을 구축하였다. 이들은 상담이 정신병리에 대한 개인내적 관점(intrapsychic perspective)(여성이 행복하지 않은 원인은 그 사람 내부에 있다는 관점)에서 벗어나서 여성에게 위해를 가하고 여성을 억압하며 제약하는 사회적, 정치적, 문화적 영향력을 이해하는 데 초점을 두어야 한다는 입장을 취했다. 이는 여성뿐만 아니라 남성도 마찬가지다.

여성의 배려의 도덕성 발달에 대한 길리건(Gilligan, 1982)의 연구와 관계에서의 자기(self-in-relation) 모델 발달에 대한 밀러(1986)와 스톤센터 학자들의 연구 모형(지금은 '관계 문화' 모형으로 불림)은 여성주의 성격 이론의 발전에 큰 영향을 미쳤다. 여성 경험의 관계적 차원과 협동적 차원을 중요시하는 새로운 이론들도 등장했다(Enns, 1991, 2000, 2004).

여성주의 상담자는 전통적 심리치료이론과 여성주의 이론의 관계, 그리고 기존의 다양한 이론과 여성주의 이론의 통합에 대해서 검토하기 시작했다. 어떤 상담자들은 두 이론이 통합된 점을 언급하기 위해서 자신을 정신분석 여성주의 상담자라고 하거나 아들러학파-여성주의 상담자라고 하기도 했다.

1980년대에 들어와서 여성주의 상담은 크게 바뀌었는데, 신체 이미지, 학대적 관계, 섭식장애, 근친상간, 성적 학대 등과 같은 구체적인 문제와 주제에 대한 관심이 증가하면서 다양하고 광범위해졌다(Enns, 1993). 상담의 방향성을 이끄는 여성주의 철학 또한 다양해졌다.

여성주의 이론 안에 있는 다양한 접근으로 인해서 서로 중첩되는 여러 가지 관점이 존재한다. 브라운(Brown, 2018)은 여성주의치료를, 변화를 촉진하기 위한 전략으로 성별, 권력, 사회적 지위의 분석을 강조하는 포스트모던 접근, 기법적 통합 접근으로 정의한다. 여성주의 상담자는 여성 상담자와 남성 상담자 모두, 성역할 고정관념과 권력을 이해하고 이를 직면하는 것이 상담 실제의 핵심이라고 믿는다. 또한, 내담자 문제를 이해하기 위해서는 사회문화적 관점을 받아들이는 것이 반드시 요구된다고 생각한다. 즉, 내담자가 살고 있는 사회와 문화의 영향을 이해해야 한다.

주요 개념 학습목표 02

여성주의치료의 구성개념

워렐과 리머(Worell & Remer, 2003)는 여성주의 이론의 구성개념이 성별에 평등하고, 유연하고 다문화적이며, 상호작용적이고, 전 생애적 관점을 가지고 있다고 기술했다. 성평등 접근(gender-fair approach)과 문화적으로 포용적인 접근(culturally inclusive approach)에서는 남성과 여성의 행동 차이를 '선천적인' 본성에 근거한 것이라기보다 사회화 과정에 의한 것으로 설명하며, 따라서 사회적 역할과 대인행동에서 이분화된 고정관념에서 벗어나고자 한다. 이 구성개념은 또한 다른 정체성을 배제하고 성별에만 초점을 두는 것은 유색인종 여성과 다양한 문화의 여성들을 아우르지 못하는 것임을 인식한다. 유연한 다문화주의 관점(flexible-multicultural perspective)은 인종 · 나이 · 문화 · 성별 · 장애 여부 · 계급 · 성적 지향성 또는 다른 사회적 위치성과 관계없이 개인과 집단 모두에 동일하게 적용되는 개념과 전략을 사용한다. 상호교류 교차성(interactionist intersectionality) 관점은 인간 경험의 사고 · 감정 · 행동 차원에 대한 구체적인 개념과 상황 및 환경 요인에 대한 설명을 포함한다. 전 생애적 관점(life-span perspective)에서는 인간 발달이 생애 전체에 걸쳐서 진행되는 과정이며, 성격과 행동의 변화는 초기 아동기에 정해지는 것이 아니라 생애 전 과정에서 언제든지 일어날 수 있다고 본다.

여성주의치료에서 보는 성격 발달

여성주의 상담자는 사람이 태어나는 순간부터, 또는 태어나기 전이라도 성별이 파악되는 순간부터 사회적 성역할 기대가 그 사람의 정체성에 깊은 영향을 주며, 성인의 성격에 깊게 각인된다는 점을 강조한다. 1970년대에 길리건(1977)은 도덕성 발달에 대한 이론이 거의 대부분 백인 남성에 관한 연구에 토대를 둔다는 점을 인식했다. 길리건은 남성의 발달이 규범으로 제시되고 있고 여성의 발달은 남성의 발달과 다름에도 불구하고 남성의 발달에 맞추어 평가되고 있다는 사실을 처음으로 인식한 사람이었다. 길리건은 여성의 도덕성 발달과 심리사회적 발달에 대한 연구를 실시했고, 그 결과 길리건은 자아와 도덕성에 대한 여성의 인식이 타인에 대한 책임감과 돌봄에 기초하고 있으며 문화적 맥락에 내재해 있다는 결론을 내리게 되었다. 그녀는 남성 중심의 발달 이론에서는 실질적으로 무시되었던 연대와 상호 의존의 개념이 여성 발달의 핵심이라고 가정하였다.

카샥(Kaschak, 1992)은 성별이 인간의 삶을 조직화하는 원리라는 자신의 믿음을 기술하기 위해서 성별화된 삶(engendered lives)이라는 용어를 사용했다. 그녀는 여성과 남성의 정체성을 형성하는 데 있어서 성별의 역할에 관해 연구했으며, 남성성이 여성성을 정의한다고 믿는다. 대부분의 문화권에서 여성에게 매력적으로 정의되는 것은 그 문화권의 남성에 의해 정의된다. 예를 들면, 서구사회에서 남성이 여성의 신체에 큰 관심을 가지기 때문에 여성의 외모가 매우 중요하게 되었다. 이러한 관점이 섭식장애와 다양한 형태의 우울에서 어떻게 구체화되는지를 쉽게 볼 수 있다. 지배계층으로서 남성 역시 여성의 역할을 정의하며 결정한다. 여성이 종속적인 위치에 있기 때문에 이러한 사회에서 살아남기 위해서는 지배집단의 욕구와 행동을 해석할 수 있어야 한다. 이러한 목적을 위해서 여성은 '여성의 직감'과 여성이 남성보다 중요하지 않다는 내재화된 신념을 발달시킨다.

여성은 성차별적 문화에서 양육되며, 내면화된 억압을 이해하고 인식하는 것이 여성주의 상담의 핵심이다. 다른 모든 소외집단과 마찬가지로 여성도 이중문화에 있다. 여성은 다른 여성과 여성의 문화를 공유하면서 동시에 가부장제를 영속시키는 남성 문화에 대해서도 잘 알고 있다. 이와 달리 남성은 살아남기 위해 여성의 문화를 이해하지 않아도 된다.

여성주의 상담자는 전통적 성역할 고정관념이 전 세계 문화에 여전히 만연하고 있음을 상기시킨다. 여성주의 상담자는 내담자에게 전통적 역할을 무비판적으로 수용하는 것이 그들의 자유를 제한할 수 있다고 가르친다. 오늘날 다수의 여성과 남성은 자신이 지나치게 협소하게 정의되는 것에 반대한다. 상담 장면에서 남성과 여성은 자신이 선택한다면, 상호의존적이거나, 다른 사람들에게 베풀거나, 다른 사람에게 받거나, 이성적이거나 감정적이거나, 부드럽거나 강함과 같은 상호적 행동 특성을 경험할 수 있음을 배운다. 전통적인 역할을 거부하는 여성과 남성은 특정한 단일 행동 양식에 고정되기보다 서로 다른 상황에 적절한 복잡한 행동 특성을 표현할 수 있으며 한 사람의 인간으로서 취약함을 인정할 수 있다.

여성주의 상담의 최근 흐름

인간 발달과 성장에 대한 대부분의 모델에서는 독립성과 자율성에 대한 추구를 강조하지만, 여성주의자는 많은 여성들이 자율성의 가능성뿐만 아니라 다른 사람과의 유대감도 추구하고 있음을 인식하고 있다. 여성주의 상담에서는 여성의 관계성을 중요시하는 특성을 약점이나 결함으로 파악하지 않고, 강점이자 건강한 성장과 발달의 과정으로 보고 있다.

관계문화이론(relational-cultural theory: RCT)은 여성주의치료와 동일한 기원을 가지고 있으며 유대감에서 성장이 일어남을 강조한다(Jordan, 2010; Jordan et al, 1991; Miller, 1986, 1991; Miller et al., 1999; Miller & Stiver, 1997; Surrey, 1991; Trepal, 2010). 관계문화이론은 원래 여성의 경험을 보다 잘 이해하기 위해 개발되었지만, 지금은 다른 소외집단의 구성원도 포함하고 있다. 관계문화이론은 사람들이 자신의 삶을 통해서 유대와 단절, 그리고 보다 향상되고 변화를 일으키는 관계를 통해서 나아가는 관계 움직임의 과정을 기술한다(Comstock et al., 2008; Herlihy & Cruz, 2022). 상담자는 소외감과 성장의 기회가 개인 수준뿐만 아니라 사회정치적 수준에서도 일어남을 인식하고 있다. 상담자는 고정관념화 및 계층화와 같은 사회적 관습이 사람들의 유대감과 단절감에 영향을 미치는 방식에 주의를 기울인다. 상담자는 관계의 흐름에 기여하는 진실성과 투명성의 질을 강조하며, 내담자의 고통에 공감하는 자세로 함께하는 것이 상담의 핵심이다(Surrey & Jordan, 2012). 상담자는 단절과 고립으로 인한 고통을 줄이고, 내담자의 관계적 회복탄력성을 증진하며, 상호 공감과 상호 임파워먼트(empowerment)를 발달시키며, 사회정의를 촉진하고자 한다(Jordan, 2010). 조던(Jordan)에 따르면, 사람들은 상호 공감을 통해 자기 자신의 더 많은 부분을 관계로 끌어들일 수 있다는 것을 발견하고, 이 과정에서 사람들은 학습과 변화에 더 열린 자세로 임하며 세계에 더 많이 관여한다. 관계문화 상담자들은 내담자에 대한 깊은 존중을 강조하고, 단절이 개인에게 어떤 영향을 미치는지 이해하며, 치유하는 상담관계를 형성한다(Surrey & Jordan, 2012). 공감이 치유와 고립의 감소로 이어지기 위해서는 내담자가 상담자의 공감 반응을 느낄 수 있어야 한다. 관계문화이론과 여성주의치료는 모두 상호성, 동등성, 관계를 맺는 역량, 유대를 통한 성장을 기르고자 한다.

여성주의치료에서 최근 발전하고 있는 초국가적 여성주의(transnational feminism)는 21세기에 일어났었고 또한 현재 일어나고 있는 거대하고 복잡한 변화를 포괄하고자 한다. 초국가적 여성주의의 넓고 광범위한 시각은 여성주의를 확장하여 더 큰 집단, 특히 사회의 소외 계층으로 남아있는 집단을 포함하고자 한다. 초국가적 여성주의의 초점은 전 세계 여성의 다양한 경험, 특히 이민자, 난민, 강제 추방된 사람들과 같은 문화적 분쟁지역과 문화 간 지역에 거주하는 여성들의 경험이다. 이러한 관점의 확장으로 인해 여성주의치료는 유럽과 미국 중심의 여성주의에서 벗어났으며, 침묵을 지키던 여성들의 목소리를 강조하고 있다. 초국가적 여성주의자는 성찰성(reflexivity)을 실천하고자 하는데, 성찰성이란 스스로 어떻게 백인 중심적 지식에 의존하고 있으며 어떻게 압제적인 가부장적 체계를 무의식적으로 지지하는지에 대해서 스스로 점검하는 태도를 말한다. 관련 개념으로 위치성(positionality)이 있으며, 이는 상담자가 자신의 서로 교차하는 여러 가지 사회적 정체성, 그리고 권력과 특권의 원천을 점검하는 것이다.

초국가적 여성주의자는 지배적 사고방식과 행동방식을 강화하는 전반적인 구조적 · 역사적 영향을 강조한다. 이들은 우머니스트(womanist), 다문화적, 탈(脫)식민지적, 토착인 여성 관점과 같이 다양한 지식의 원천을 사용한다. 엔스, 브라이언트 데이비스, 코마스 디아스(Enns, Bryant-Davis, & Comas-Diaz, 2021), 그리고 엔스, 코마스 디아스, 브라이언트 데이비스(Enns, Comas-Diaz & Bryant-Davis, 2021)에 따르면, 초국가적 여성주의자들은 한 문화 안에서 그리고 문화를 넘나드는 젠더화된 경험을 살펴보고, 이들의 상호의존성을 분석하고, 비판적 의식과 사회적 · 정치적 변화를 지지하기 위한 세계적 연대를 구축하고자 한다.

여성주의치료의 원리 학습목표 03

많은 여성주의 연구자들이 여성주의치료를 실행하는 데 있어서 기초를 형성하는 서로 연관되고 중첩되는 핵심 원리를 명확하게 만들어왔다.

1. **개인적이라는 것은 정치적이면서도 중요한 자각이다.** 이 원리는 개인이 상담실로 가져오는 개인의 문제가 사회적 · 정치적 맥락에서 생긴 것이라는 가정에 기초한다. 여성에게 있어서 이것은 종종 소외계층, 억압, 종속, 고정관념의 맥락이다. 정치적 · 사회적 영향력이 개인의 삶에 미치는 영향을 인식하는 것이 여성주의치료의 핵심에 자리잡고 있는 가장 근본적인 정신이다.
2. **사회 변화를 위한 헌신.** 여성주의치료는 개인의 변화뿐만 아니라 사회의 변화도 목표로 삼는다. 여성주의치료의 독특한 특징은, 사회 변화를 위해 직접 행동하는 것이 상담자의 책무 중 하나라는 가정이다. 예를 들면, 여성 성폭력 피해자를 상담하는 상담자는 우리가 살고 있는 성폭력 문화에 대한 교육을 하고 이를 변화시키는 일도 한다. '미투(#MeToo)' 운동은 여성 성폭력 피해자들이 집단적 목소리를 냄으로써 자신의 힘을 증진시키는 예시이다. 상담 과정에 임하는 내담자들이 자신이 종속집단의 일원으로 억압받으면서 얼마나 고통받아왔는지, 그뿐만 아니라 자신의 몇몇 사회적 정체성으로 인해 어떻게 자신이 부당한 특혜와 이득을 받게 되었는지를 자각하는 것이 중요하다. 또한 잘못된 것을 바로잡기 위해 다른 사람들과 협력할 수 있다는 사실을 인식하는 것도 중요하다. 상담자가 자신의 정체성이 자신의 삶에 어떻게 영향을 미쳤는지 이해하지 못한다면, 상담자는 내담자가 자신의 특혜와 억압을 이해하도록 도울 수 없다. 여기에서 목적은, 성역할 및 사회계층과 관련되는 기대가 부과하는 제약으로부터 여성과 남성 모두를 자유롭게 하는 사회조직의 새로운 비전을 제기하는 것이다. 이와 같은 상담의 비전은 개인 내 변화에 초점을 두는 전통적 상담에서 벗어나서 사회활동 및 사

회변혁의 영역으로 상담의 초점을 옮기는 것으로, 이것이 여성주의치료가 기존 상담 접근과 구별되는 점이다.

3. **여성과 소녀의 목소리와 앎의 방식뿐만 아니라 소외당하고 억압당하는 사람들의 목소리는 가치 있으며 이들의 경험은 존중받는다.** 전통적 상담은 백인 중산층 이성애자 가치에 내재된 남성 중심의 이성애자 규준에서 작동하고 있으며, 여성과 소외집단을 정상에서 벗어난 것으로 기술하고 있다. 여성주의 상담자는 가부장적인 '객관적 진실'과 여타 형태의 '객관적 진실'을 여성주의 의식과 사회정의 의식으로 교체하며, 내담자에게 무엇이 '현실'인지 결정하는 기준으로 내담자의 개인적 경험을 사용하도록 격려한다. 여성주의 상담자는 여성의 경험을 무시당하고 평가절하 당하는 것에서 적극적으로 추구하고 가치를 인정받는 것으로 바꾸도록 장려한다(Evans & Miller, 2016). 여성의 목소리가 권위 있고 가치 있는 지식의 원천으로 인정받을 때, 여성과 소외집단도 사회의 정치적 통일체의 심대한 변화에 기여할 수 있다.
4. **상담관계는 평등한 것이다.** 권력에 대한 관심은 여성주의 상담의 핵심이다. 진솔성, 상호성 및 존중을 특징으로 하는 평등한 관계(egalitarian relationship)는 여성주의치료의 핵심이다(Pusateri & Headley, 2015). 여성주의 상담자는 상담관계에 불균형이 존재한다는 것을 인식하며, 상담에서의 권력과 특권을 상담자에 두지 않고 내담자의 목소리와 경험에 두려고 노력한다. 상담관계에서의 권력과 역할의 차이에 대한 개방적 논의를 통해서 내담자는 권력의 역학 관계가 상담관계 및 다른 관계에 끼치는 영향을 이해할 수 있으며, 내담자와 권력의 차이를 줄이는 방법에 관한 대화를 할 수 있다(Enns, 2004; Evans & Miller, 2016). 브라운(2018)은 내담자가 일반적인 권력관계의 구속에서 자유로워진다는 의미에서 이러한 관계가 해방적이라고 보았다.
5. **강점에 초점을 두며 심리적 고통을 재정의한다.** 여성주의 상담은 정신질환의 진단 명칭 및 '질병 모델'과 상충되며 양가적 관계에 있다(Brown, 2018). 여성주의 상담에서 심리적 고통은 공정하지 못한 시스템에 대한 소통으로 재구성된다. 환경 및 맥락 변인을 같이 고려하면, 증상은 생존 전략으로 재구성될 수 있다. 여성주의 상담자는 문제를 병리적으로 해석하기보다, 삶의 맥락에서 바라보면서 대처 전략으로 논의한다(Enns, 2004; Worell & Remer, 2003). 예를 들면, 아동기에 성적 학대를 받은 내담자는 해리 증상을 보일 수 있는데, 이러한 해리 증상은 어린아이로서 살아남기 위한 대처 방식으로 이해할 수 있다.
6. **모든 종류의 억압은 억압 간 연결고리와 함께 인식된다.** 내담자는 그들이 처한 사회문화적 환경 속에서 가장 잘 이해될 수 있다. 여성주의 상담자는 사회정치적 불평등이 모든 사람에게 부정적 영향을 끼침을 인식하고 있다. 여성주의 상담자는 내담자가 개인의 삶에서 변화하도록 돕지만, 동시에 사회의 모든 구성원이 고정관념, 소외, 억압으로부터 자유로워질 수 있는 사회적 변화를 위해서도 헌신적인 노력을 기울인다. 내담자가 상

담에 오게 된 문제를 이해하기 위한 기초로서 단지 성차별 문제만을 파악하는 것이 아니라 다양한 억압의 원천을 파악하고 이들 간의 관련성을 탐색한다. 문화적 맥락에서 내담자의 문제를 이해하는 것은 내담자의 임파워먼트로 이어지며, 이는 오로지 사회적 변화를 통해서 구현될 수 있다(Evans & Miller, 2016; Worell & Remer, 2003).

7. **성찰성**(reflexivity)**과 위치성**(positionality)**은 여성주의 상담자의 핵심적 실천방법이다.** 앞서 초국가적 여성주의에 대한 논의에서 기술한 바와 같이, 성찰성은 치료자의 자기 성찰의 중요성을 강조한다. 또한 여성주의 상담자는 자신의 위치성을 인식하고 인정하기 위해 노력한다. 특히 초국가적 여성주의자는 문화적 겸양의 필요성을 강조하며, 자신의 무의식적이고 반성하지 않은 가치를 상대방에게 미묘하게 부과하지 않을 것을 강조한다.

상담 과정 학습목표 04

상담 목표

여성주의 상담의 목표에는 임파워먼트, 다양성을 중시하고 지지하기, 적응보다는 변화에 대한 추구, 평등성, 독립성과 상호의존성의 균형, 사회적 변화, 자기돌봄 등이 있다(Enns, 2004). 여성주의 상담의 핵심 목표는 사람들이 자신을 위한 활동의 주체, 그리고 타인을 위한 활동의 주체로 자신을 바라보도록 돕는 것이다. 개인적 차원에서, 여성주의와 그 외 사회정의를 지향하는 상담자는 개인이 자기 힘을 인식하고 요구하며 받아들이도록 돕기 위해 노력한다. 이와 관련된 목표로 개인이 집단적 힘을 강화시키기 위해 서로 힘을 합하도록 돕는다. 내담자는 임파워먼트를 통해 자신의 성역할 사회화 및 다른 내면화된 한계의 제약에서 자유로워질 수 있고 지속적인 제도적 억압에 도전할 수 있다.

워렐과 리머(2003)에 따르면, 여성주의 상담자는 내담자가 다음과 같이 할 수 있도록 돕는다.

- 자신의 성역할 사회화 과정을 인식한다.
- 자신의 내면화된 억압의 메시지를 확인하고 이를 보다 자기고양적(self-enhancing) 신념으로 바꾼다.
- 성차별적 · 억압적 사회신념과 관습이 자신에게 어떻게 부정적인 방식으로 영향을 미치고 있는지를 이해한다.
- 자신의 환경에 변화를 가져올 수 있는 기술을 습득한다.
- 차별적 행동이나 관습이 발생하지 않도록 제도를 개편한다.
- 자유롭게 선택할 수 있는 광범위한 행동을 발전시킨다.
- 사회적 요인이 자신의 삶에 미치는 영향을 평가한다.
- 개인적 힘과 사회적 힘에 대한 감각을 기른다.

- 관계와 유대감의 힘을 깨닫는다.
- 자신의 경험과 직관을 신뢰한다.

여성주의 상담자는 모든 사람에게 힘을 부여하여 이들이 개인 차원, 대인관계 차원, 제도 차원, 국가 차원, 세계 차원에서 평등한 세계를 만들도록 하는 것을 추구한다(Enns & Byars-Winston, 2010). 억압을 명확하게 하는 것이 첫 번째 단계이지만, 궁극적인 목표는 성차별 및 다른 형태의 차별과 억압을 제거하고 그 자리를 모든 소외된 집단을 위한 임파워먼트로 대체하는 것이다(Brabeck & Brabeck, 2013; Worell & Remer, 2003). 여성주의 상담은 개별 내담자와 사회 전체 모두의 변화를 위해 노력한다.

상담자의 기능과 역할

대다수의 상담 이론에서도 여성 및 다른 억압받고 소외된 집단에 대한 편향된 가정 없는 상담 환경에 대한 믿음을 명시하고 있으며, 모든 내담자를 존중으로 대해야 한다고 주장한다. 이러한 기존의 접근과 여성주의치료의 차이는, 여성주의치료는 내담자가 상담에 가져오는 문제의 사회문화적 맥락을 중요시하는 여성주의 철학에 굳건한 토대를 두고 있다는 점이다.

이론과 기법은 성과 다른 불평등에 관해 논의하는 연구뿐만 아니라 개인의 삶과 경험에도 토대를 두고 있다(Evans et al., 2011). 여성주의 상담자는 상담에 대한 가정을 공유하고 있지만, 여성주의 상담자의 배경과 삶의 경험 역시 다양하며, 이러한 다양한 배경과 삶의 경험은 상담에서 내담자를 개념화하는 방식과 기법을 적용하는 방식에 영향을 미칠 수 있다. 『통합적 상담: 사례 중심의 접근』(Corey, 2013) 10장에서 세 명의 여성주의 상담자(Evans, Kincade, Seem)가 팀을 이루어 루스와의 상담에서 다양한 여성주의 개입 방법을 보여준다. 이들은 또한 루스 사례를 여성주의치료 관점에서 개념화한다.

여성주의 상담자는 여성주의, 다문화주의, 그 외 사회정의 관점을 자신의 상담에 대한 접근과 개인적 삶에 통합했다. 이들의 행동과 신념, 그리고 개인으로서 삶과 전문가로서 삶은 일치한다. 이들은 자신의 편견과 왜곡, 특히 여성 경험의 사회문화적 차원을 점검하는 데 전념하고 있다. 여성주의 상담자와 사회정의 상담자는 또한 모든 형태의 억압, 즉 성차별, 인종차별, 동성애 차별, 연령 차별, 장애인 차별을 이해하는 것에 전력을 다하며, 억압과 차별이 심리적 웰빙에 미치는 영향을 고려한다. 그들은 내담자와 정서적으로 함께 있고, 상담 시간에 기꺼이 자신을 공유하며, 주도적 행동을 솔선수범하고, 스스로 자각을 높이는 과정에 전념한다(Evans et al., 2005).

여성주의 상담자는 사회적 평등과 사회적 관심을 강조한다는 점에서 아들러 상담자와 공통분모를 공유한다. 또한 상담을 상담자와 내담자 모두의 삶을 변화시키는 동반자 여행으로 강조하고, 긍정적이고 건설적인 방향으로 나아갈 수 있는 내담자의 능력을 신뢰한다는 점에서 실존주의 상담자와 같은 기반을 가지고 있다(Bitter et al., 2009). 여성주의의 상담자는 상담관계가 위계가 없는 인간 대 인간의 관계여야 한다고 믿고, 내담자가 자신의 가치관에 따라 삶을 살고 자신에게 무엇이 옳은지 결정할 때 외부적 또는 사회적 통제 소재가 아닌 내적 통제 소재를 따르도록 힘을 실어주는 것을 목표로 한다. 여성주의 상담자는 인간중심 상담자처럼 자신의 진솔함을 전달하고 내담자와 상담자의 상호 공감을 추구한다. 그러나 인간중심 상담자와 달리 여성주의 상담자는 상담관계만으로 변화를 일으키기에 충분하다고 생각하지 않는다. 통찰, 성찰, 자기 인식은 단지 행동을 일으키는 계기를 제공할 뿐이다.

여성주의 상담자는 상담 과정에서의 정치와 권력관계를 강조하고, 실생활에서도 권력관계에 대한 우려가 있다는 점을 포스트모던 상담자(13장 참조)와 공유한다. 여성주의 상담자와 포스트모던 상담자 모두, 상담자가 사회적 권력의 불균형을 재현하거나 내담자의 의존성을 조장하면 안 된다고 생각한다. 상담자와 내담자는 능동적이고 평등한 역할을 하며, 목표와 과정을 함께 결정한다. 여성주의와 포스트모더니즘의 공통분모는 상담자가 모든 것을 아는 전문가가 아님을 인식하는 것이다.

상담에서 내담자의 경험 학습목표 05

내담자는 상담관계에서 파트너이다. 내담자가 자신의 이야기를 하고 자신의 경험을 털어놓는 것이 중요하다. 내담자는 상담에서 무엇을 원하는지 자신이 결정하며, 자신이 자신의 삶의 전문가이다. 예를 들면, 남성 내담자가 자신의 성역할 사회화로 인해 어떻게 불이익을 받아왔고 어떤 특혜를 받아왔는지를 탐색하기로 결정할 수 있다. 상담 회기라는 안전한 환경에서 그는 슬픔, 부드러움, 불확실성, 공감 등과 같은 감정을 충분히 경험할 수 있다. 그가 상담에서 새롭게 배운 것을 일상생활로 가져가면서 그의 가족, 그의 사회적 세계, 그의 직장에서 관계가 변하는 것을 알게 된다.

여성주의 상담자는 성(性)은 단지 하나의 정체성이고 소외와 억압의 원천 중 하나일 뿐이라는 사실을 인지하고 있으며, 여러 가지 정체성이 한 사람의 관심사와 선호를 형성하는 복잡한 방식을 가치 있게 여긴다. 워렐과 리머(2003)는 내담자가 세상을 바라보는 새로운 방식, 그리고 세상에 반응하는 새로운 방식을 습득한다고 하였다. 이들은 또한, 임파워먼트를 향해 같이 가는 여행이 내담자와 상담자 모두에게 두려우면서도 신나는 여행일 수 있다고 하였다. 내담자는 자신을 둘러싼 세계를 바라보는 방식의 커다란 변화, 자신을 지각하는 방식의 변화, 대인관계의 큰 전환이 일어나는 것에 대한 마음의 준비를 할 필요가 있다.

상담자와 내담자의 관계 학습목표 06

여성주의치료에서는 내담자-상담자 관계 구조 자체가 어떻게 권력을 파악하고 책임 있게 사용할 것인지를 보여준다. 내담자-상담자 관계의 결정적 주제는 심리 평가와 상담 과정 모두에 내담자를 포함시키는 것이며, 이때 상담관계는 가능한 한 평등한 관계를 유지한다. 여성주의 상담자는 자신의 가치관을 부과할 가능성을 줄이기 위해 사전동의 절차에서 자신의 가치관을 이야기한다. 이를 통해 내담자는 상담자와 상담을 진행할지 또는 그만둘지를 결정할 수 있다. 이는 또한 상담 과정에서 신비적 요소를 제거하는 단계이기도 하다.

앞서 언급한 바와 같이, 상담관계에 내재된 권력의 차이가 존재하기는 하지만, 여성주의 상담자는 상담관계에서 자신의 권력을 남용할 수 있음을 인식하고 있다. 상담자가 권력을 남용하는 방식으로는, 불필요하게 진단을 내리거나 내담자의 참여 없이 진단을 내리는 것, 해석하거나 충고를 하는 것, '전문가' 역할 뒤에 숨어서 냉담하게 대하는 것, 과도하고 부적절하게 자기를 공개하는 것, 상담자와 내담자의 권력의 불균형이 관계에 미치는 영향을 간과하는 것 등이 있다. 여성주의 상담자는 성에만 집중하기보다 복잡한 문화적 정체성의 영향을 잘 인식하고 있기 때문에, 내담자가 상담에 가져오는 여러 가지 자원을 파악한다. 예를 들면, 권력 차이를 탐색하는 데 있어서 유색인종 여성의 강점을 생각해볼 수 있다. 여성주의 상담자는 상담관계에서 일어나는 것에 대해서 자신이 지각하는 바를 내담자와 나누고, 내담자가 자기 삶에서 주인공이라는 사실을 명확하게 전달하며, 내담자를 위해서 시의적절한 자기개방을 함으로써 상담관계에서 신비적 요소를 제거하고자 한다.

적용: 상담 기법과 절차 학습목표 07

평가와 진단의 역할

여성주의 상담자는 현재 *DSM-5-TR*뿐만 아니라 이전의 『정신질환의 진단 및 통계 편람』에서 사용하는 분류 체계를 강하게 비판해왔다(Marecek & Gavey, 2013). 이러한 비판은 성, 문화, 인종이 내담자의 증상을 평가하는 데 영향을 미친다는 연구 결과에 바탕을 두고 있다(예: Enns, 2000; Eriksen & Kress, 2005). 감지하기 힘든 형태의 성차별, 인종차별, 민족중심주의, 이성애중심주의, 연령차별, 또는 계급주의가 사례개념화와 심리평가에 어느 정도 영향을 미치기 때문에, 의미 있는 사례개념화, 심리평가 또는 진단에 다다르는 것이 매우 어렵다.

여성주의치료의 관점에서 보면, 진단은 정상성에 대한 주류 문화의 관점에 기초하고 있으며, 따라서 문화 차이를 고려하지 못한다(Pusateri & Headley, 2015). 여성주의 상담자는 내담자의 증상을 정신병리 문제보다는 심리적 고통으로 보며(Brown, 2018) 진단명을 사용한다고 하더라도 매우 조심해서 사용한다. 여성주의 상담자는 다음과 같은 이유로 진단명이 지극히 제한적이라고 본다. 첫째, 진단명은 개인의 증상에 초점을 두고 심리적 고통과 역기능적 행동을 일으키는 사회적 요인을 고려하지 않는다. 둘째, 진단명은 정신과에서 개발된 체계이며, 정신과는 주류문화의 규준을 강화하고 억압의 도구가 되는 제도이다. 셋째, 진단명은 상담관계에서 권력의 부적절한 적용을 반영한다. 넷째, 진단명은 사회의 변화보다 개인의 문제해결에 대한 지나친 강조로 이어질 수 있다. 다섯째, 진단명은 낙인을 통해 내담자를 비인간화할 가능성이 있다.

여성주의 상담자는 내담자의 주 호소 문제를 이해하는 데 있어 외부 요인과 맥락 요인이 내적 역동만큼 중요하다고 생각한다(Evans & Miller, 2016). 여성주의 접근에서는 많은 증상이 정신병리의 증거보다는 대처 전략이나 생존 전략으로 이해될 수 있다는 점을 강조한다. 진단의 문화적 · 성적 한계로 인해 에릭슨과 크레스(Eriksen & Kress, 2005)는 상담자에게 "다양한 배경을 가진 내담자를 진단할 때에는 잠정적으로 하고, 내담자에게 진단을 부과하기보다는 보다 평등한 관계에서 내담자와 함께 문제에 대한 이해를 같이 만들어 나갈 것"(p. 104)을 독려한다. 증상을 억압에 대한 저항 및 대처 기술이나 생존 전략으로 재구조화하는 것, 그리고 문제의 원인을 환경에 두는 것은 내담자의 문제에 대해서 '피해자를 비난'하지 않도록 해준다. 심리평가는 내담자와 상담자가 계속해서 진행하는 작업으로 간주되며 상담 개입과 연결된다. 여성주의 상담 과정에서 심리적 고통의 진단은 내담자의 강점, 기술, 자원을 파악하고 평가하는 것보다 부차적인 과정이 된다(Brown, 2018).

여성주의치료의 방점은 질병보다는 웰니스에, 결핍보다는 회복탄력성에, 그리고 다양한 강점을 향유하는 것에 있다(Brabeck & Brabeck, 2013). 만약 진단을 사용한다면 내담자와 상담자가 서로 대화를 충분히 나눈 후 진단이 이루어진다. 상담자는 진단을 내리는 의미에 대해 내담자와 주의 깊게 검토함으로써 내담자가 정보를 알고 선택을 내릴 수 있도록 한다. 진단에 대한 논의의 초점은 내담자의 문제의 기원에서 사회화와 문화의 역할을 내담자가 이해할 수 있도록 하는 것에 있다.

기법과 전략

여성주의치료에서는 특정 개입 방법을 처방하지 않는다. 그보다 내담자의 여성주의 의식을 일깨우면서 내담자에게 힘을 북돋아주는 목표를 가지고 상담 개입을 내담자의 강점에 맞추어 조정한다(Brown, 2010). 그럼에도 불구하고 여성주의 상담자는 여러 가지 독특한 기법을 개발해왔으며 전통적 상담 접근에서 기법을 빌려왔다. 특히 중요한 기법은 여성이 사회적으로 인정되는 것이나 바람직하다고 배워온 것과 여성 자신에게 실제로 건강한 것을 구분하는 데 도움을 주는 의식화 기법이다. 이 절에서는 워렐과 리머(2003), 엔스(1993, 2004), 에번스, 킨케이드, 심(Evans, Kincade & Seem(2011), 에번스와 밀러(2016)가 기술한 기법에 대해 논의한다. 그리고 다음에 제시된 알마의 사례를 통해 이 기법이 어떻게 적용되는지 보여주고자 한다.

> 22세인 알마는 한 달 전부터 다니기 시작한 새로운 직장에 대한 불안으로 상담을 받으러 왔다. 그녀는 14세에 자신이 동성애자임을 공식적으로 밝힌 이후로 친구들의 따돌

> 림과 가족 대다수의 거부로 인해, 자신의 인생 내내 우울증으로 어려움을 겪었다고 말한다. 알마는 도미니카 사람이고 원가족에서 자신의 자리를 잃어버려 계속 고통을 겪고 있다. 그녀는 이제 자신이 동성애자임을 밝힌 것이 이기적인 실수였다고 믿고 있고, 성적 지향성과 관련된 자신의 감정을 숨김으로써 문제를 해결하려고 노력하고 있다. 과거 경험으로 인해 그녀는 직장 동료에게 자신이 동성애자임을 밝히면 회사로부터 해고당하는 빌미가 되지 않을까 걱정하고 있다. 알마는 "관리하기 쉽게 머리를 다시 짧게 자르고 싶어요. 그리고 저는 남성적인 옷을 입는 것을 좋아해요. 하지만 그렇게 하면 직장 사람들이 저의 여성성에 의구심을 가질 것 같아서 걱정이에요. 저는 제 일이 정말 좋아요. 이 직장에 들어오기 위해 정말 열심히 일했어요. 직장 사람들에게 저의 진짜 모습을 보이면 더 이상 저를 원하지 않을 것 같아서 두려워요."라고 말한다.

여성주의 상담자는 알마의 독특한 문화적 정체성을 고려하여 그녀와의 상담에서 전통적 상담 방법의 효과를 높이기 위해 토착 민족의 가치, 역할 모델, 영성을 통합하는 것을 고려할 수 있다.

임파워먼트 학습목표 08 여성주의 상담 전략의 핵심은 내담자의 힘을 북돋아주는 것(임파워먼트)이다. 여성주의 상담자는 평등한 관계에서 상담을 진행하며, 각 내담자에게 맞게 조절한 임파워먼트 전략을 사용한다(Brown, 2010; Evans et al., 2011). 상담자는 알마와의 상담에서 **사전동의** 부분을 특히 주의 깊게 진행해야 한다. 이 과정에서 알마가 상담을 통해 가장 도움을 받을 수 있는 방법을 논의하고, 상담에 대한 기대를 명확하게 하고, 목표를 설정하고, 상담 과정의 방향을 잡아줄 계약에 대한 작업을 한다.

사전동의는 평등하고 협력적인 관계를 시작할 수 있는 기회를 제공한다. 상담이 어떻게 진행되는지 설명하고 상담 과정에 알마를 능동적인 파트너로 등록함으로써 상담 과정을 신비화하지 않으며 알마는 동등한 참여자가 된다. 알마는 자신이 상담의 방향, 시간, 절차에 있어서 주도적으로 행동해야 함을 알게 된다. 알마의 상담자는 알마에게 '당신이 자신을 위해 지금 할 수 있는 가장 강력한 것은 무엇입니까?'와 같은 질문을 할 수 있다. 이 질문의 의도는 알마에게 실제로 자신이 어떤 힘을 가지고 있는지 일깨움으로써 '무력감의 혼수상태를 중단시키기' 위한 것이다(Brown, 2018). 알마의 문화적 배경을 고려할 때 상담관계에서 힘에 대해 논의하는 것은 특히 더 중요할 수 있다. 왜냐하면 알마가 상담자를 자신이 찾는 답을 가지고 있는 전문가로 볼 수 있기 때문이다.

자기개방 여성주의 상담자는 내담자의 최상의 이익을 위해 내담자-상담자 관계를 평등하게 하고, 모델링을 제공하고, 여성의 집단적 경험을 정상화하고, 내담자에게 힘을 북돋아주고, 사전동의를 잘 세우는 등 내담자에게 가장 도움을 주기 위해서 치료적 자기개방을 사용한다. 상담자는 내담자에게 치료적으로 도움이 된다고 판단될 때에만 자기개방(self-disclosure)을 한다. 예를 들면, 알마의 상담자는 부모나 형제와 같은 원가족 구성원과 관련되는 상담자 자신의 어려움을 간략하게 개방하기도 하고, 때로는 가정의 평화를 유지하기 위해 정보를 숨기는 것이 중요하다는 것을 인정하기도 한다. 상담자는 자신의 개인적 삶에서 개방할 때와 개방하지 않을 때를 어떻게 결정하는지를 내담자와 공유하기도 한다. 그러고 나서 상담자는 알마와 함께 상담자와 알마 모두 이성애를 이상적으로 보는 사회 규준에 동조하도록 하는 사회적 압력이나 문화적 압력을 어떻게 경험했는지에 대해 논의할 수 있다. 알마는 여성의 행동과 외모에 대한 사회의 기대에 맞추지 않고 자기 자신이 발전시킨 자신의 이미지와 이 이미지가 자신에게 작동하는 방식을 편안하게 받아들이는 모델링하는 과정이 알마에게 도움이 될 수 있다. 상담자의 자기개방은 시간을 들여서 천천히 나타나게 되는데, 이는 내담자가 상담에 가져온 문제를 탐색하는 시간을 상담자가 차지하지 않는 것이 중요하기 때문이다.

자기개방은 정보와 경험을 나누는 것을 넘어서는 것이며, 상담자가 치료 회기에 가져오는 현존성과 관련된다. 효과적인 상담자의 자기개방은 진솔성과 상호의존성 위에서 작동한다. 상담자는 알마에게 사용될 가능성이 있는 치료적 개입에 대해 설명한다. 이러한 정보를 가지고 있는 소비자로서 알마는 이러한 치료적 개입이 얼마나 효과적인지, 그리고 상담에서 자신의 목표가 어느 정도 달성되는지를 평가하는 과정에 함께하게 된다.

성역할 분석 및 사회적 정체성 분석 여성주의 상담의 대표적 특징인 성역할 분석(gender-role analysis)은 내담자로 하여금 자신의 성역할 사회화가 자신의 가치관, 사고, 행동에 미친 영향을 파악하도록 돕는다(Evans & Miller, 2016). 몇몇 여성주의 상담자는 사회적 정체성 분석(social identity analysis)이라는 용어를 더 선호하는데, 왜냐하면 내담자는 사회적 약자 집단과 특권 집단 모두에 속해 있고 이를 포함하는 내담자 정체성의 모든 측면을 평가하는 것의 중요성을 반영하기 때문이다. 예를 들어, 알마는 자신의 정체성을 여성, 동성애자, 도미니카 사람으로 평가하는데, 이들은 모두 주류 문화에서 소외된 정체성이다. 여성과 남성이 어떻게 존재하고 행동해야 하는지에 대해서 내담자가 사회로부터 받은 메시지를 파악하고, 이 메시지가 자신의 정체성의 다른 중요한 측면과 어떻게 상호작용하는지를 파악하는 것에서 내담자의 사회적 정체성 분석과 성역할 분석이 시작된다(Remer, 2013). 상담자는 알마에게 알마의 문화, 사회, 친구, 대중매체, 가족으로부터 알마의 성, 인종/민족, 외모와 관련하여 받은 메시지를 파악하도록 요청한다. 상담자는 우리 문화에서 여성과 남성에게 기대하는 신체 이미지가 어떻게 다른지, 이것이 다른 문화에서는 또 어떻게 다른지에 대해 이야기한다. 상담자는 외모와 관련된 기대가 알마의 문화, 가족, 사회에서 동성애자 또는 이성애자란 무엇인지에 대한 신념과 어떻게 교차할 수 있는지에 대해 설명한다. 왜냐하면 이것이 그녀의 직장 환경과 관련되기 때문이다. 알마가 자신의 머릿속에서 재생되고 있는 메시지와 메시지 이면의 목소리를 찾아내면서 그녀는 자신의 내재화된 억압에 대한 마음챙김 상태를 살게 되는 것이다. 알마는 자신의 마음에 어떤 메시지를 간직하고 싶은지 결정하고 자신을 깎아내리는 메시지가 머리에서 재생될 때 이를 자각한다. 알마의 목표는 현실적이고 자신을 긍정하는 내적 메시지를 받아들이는 것이다.

성역할 개입과 사회적 역할 개입 상담자는 이 기법을 사용해서 알마의 고민을 여성에 대한 사회의 역할 기대의 맥락에 놓고, 이를 통해서 알마의 고민에 반응한다. 성역할 개입(gender-role intervention)과 사회적 역할 개입(social role intervention)은 사회적 문제가 그녀에게 미치는 영향에 대한 통찰을 알마에게 제공한다. 상담자는 머리와 옷 스타일을 바꾸는 것에 대한 알마의 걱정에 다음과 같이 말하며 반응한다. "우리 사회는 때로 여성에게 비현실적인 이상적 아름다움에 초점을 두지요. 대중매체에서는 소녀와 여성에게 날씬해야 하고, 긴 생머리를 해야 하고, 매력적으로 옷을 입어야 한다는 메시지를 퍼붓고요. 이러한 메시지는 우리 삶에 너무 깊숙이 들어와 있어서 많은 소녀들은 초등학교 때부터 괴롭힘을 당하지 않거나 어울리기 위해서 외모와 관련된 자기 존중감 문제로 어려움을 겪고 있습니다." 알마의 걱정을 사회적 기대라는 맥락에서 살펴봄으로써, 상담자는 알마에게 이러한 기대가 어떻게 그녀의 심리적 상황에 영향을 미쳐왔으며 다른 사람에게서 받는 판단에 대한 그녀의 우울감과 불안감에 영향을 미쳐왔는지에 대한 통찰을 준다. 또한 상담자의 발언을 통해서 알마가 다른 여성과의 일체감에 대해 보다 긍정적으로 생각할 수 있도록 길을 열어주고, 그녀가 미래에 소녀와 젊은 여성에게 역할 모델로서 어떻게 기여할 수 있는지 생각하도록 한다. 알마는 여성에 대한 과도한 성적 이미지를 유지시키는 데 있어서 대중매체의 강력한 역할과 이 이미지가 자신의 자기 존중감에 미치는 영향에 대한 자각을 높여간다. 알마는 중대한 변화를 만드는 방법에 대해 다른 여성들과 대화를 해보기로 결심할 수도 있다.

권력 분석 권력 분석은 여성과 다른 소외집단의 구성원으로 하여금 사회에서 평가절하된 위치를 이해하도록 도와주고, 모든 내담자가 성별 간에 권력의 차이를 인식하도록 도와주는 평가 전략이다(Herlihy & Cruz, 2022). 권력 분석(power analysis)은 사회적 맥락에서 권력 또는 권력의 결여와 관련되는 힘의 차이를 내담자가 이해할 수 있도록 도와준다. 알마는 우리 사회에서 성적 지향성과 민족의 지위와 관련된 권력의 차이뿐만 아니라 여성과 남성의 권력 차이를 자각하게 될 것이다. 알마의 문화적 관점과 관련되는 구체적 이슈들 역시 탐색된다. 알마의 사례에서 권력 분석은 알마가 사용할 수 있는 권력의 대안적 유형을 파악하도록 돕고, 그러한 권력을 사용하지 못하도록 하는 성역할 메시지와 사회적 역할 메시지에 도전하는 법을 배우도록 하는 데 초점을 둔다. 알마는 자신의 삶에서 이루고 싶은 변화를 연출하는 것이다. 상담 개입의 목표는 알마가 그녀 자신의 진가를 알도록 하고, 자신의 성격 특질에 기초해서 자신감을 회복하도록 하고, 그녀의 문화적 가치의 맥락에서 자신을 실현할 수 있는 목표를 세우는 것이다.

독서치료 주의 깊게 선택한 비소설, 심리학 책이나 상담 책, 자서전, 자기개발 도서, 교육용 동영상, 영화, 소설 등이 모두 독서치료 자료로 이용될 수 있다. 여성의 삶에서 일반적인 문제(근친상간, 강간, 가정폭력, 성적 괴롭힘)를 여성주의와 다문화 관점에서 바라보는 자료를 읽음으로써 여성이 이러한 문제에 대해서 자신을 비난하는 경향에 도전할 수 있다(Remer, 2013). 상담자는 알마와 관련되는 문제를 다루는 책을 여러 권 제시하고 알마는 다음 몇 주 동안 읽을 책 한 권을 선택한다. 알마에게 읽을거리를 제공하는 것은 알마의 지식을 높이고 상담자와 알마의 권력 불균형을 줄인다. 독서는 상담 회기에서 배운 것에 대한 좋은 보충자료가 될 수 있으며, 알마는 자신이 읽은 것에 대한 자신의 반응을 탐색함으로써 상담에 도움이 될 수 있다. 여러 가지 사회적 정체성을 가지고 있는 여성에게는 유사한 정체성이 있는 여성이 쓴 책, 전기, 회고록 등이 임파워먼트의 구체적인 예시를 제공하고 성장을 촉진할 수 있다.

자기주장 훈련 자기주장 행동을 가르치고 촉진함으로써 여성은 자신의 대인관계에서의 권리를 인식하고, 고정관념적 성역할을 뛰어넘고, 부정적 신념을 변화시키고, 일상생활에서의 변화를 실현할 수 있다. 알마는 성차별주의가 어떻게 여성을 수동적으로 만드는지 배울 수 있다. 예를 들어, 자기주장을 하는 방식으로 행동하는 여성은 종종 '공격적'이라는 딱지가 붙지만 유사한 행동을 하는 남성은 '자기주장적'으로 보인다. 알마의 문화권에서 여성의 자기주장적 행동에 대해 널리 퍼져있는 관점 역시 중요하게 고려할 점이다. 알마와 상담자는 무엇이 문화적으로 적합한지 생각해보고, 알마는 자신의 생태학적 맥락에서 자기주장 행동의 이득과 손해의 균형을 맞추면서 언제 그리고 어떻게 자기주장을 할지 결정한다. 상담자는 알마가 자기주장적으로 행동한 결과를 평가하고 예측하도록 돕는데, 자기주장적 행동의 결과는 비난을 받는 것부터 알마가 원하는 것을 실제로 얻는 것까지 다양하다.

자기주장 행동과 의사소통에 대한 학습과 실천을 통해서 알마는 자신의 힘을 증가시킬 수 있으며, 이는 그녀의 우울과 불안을 완화시킬 것이다. 알마는 직장에서 자신이 원하고 필요로 하는 것을 요청하는 것이 자신의 권리라는 것도 배울 것이다.

재구성하기와 재명명하기 독서치료, 상담자의 자기개방, 자기주장 훈련과 마찬가지로, 재구성하기가 여성주의 상담에만 사용하는 방법은 아니다. 그러나 재구성하기는 여성주의 상담에서 독특한 방식으로 적용된다. 재구성하기(reframing)란 문제를 개인 내부로 돌리고 '희생자를 비난하는' 것에서 내담자 문제에 기여하는 환경의 사회적 요인을 고려하도록 생각을 이동하는 것이다. 개인내적 요인에 대해서만 숙고하기보다, 사회적 차원이나 정치적 차원을 살펴볼 것을 강조한다. 따라서 알마는 자신의 우울과 불안이 이성애자 중심의 성역할 기대에 따라서 행동하고 문화적 · 사회적으로 부과된 이상에 부합하는 외모를 하도록 하는 사회적 압력과 연결된다는 것을 이해하게 된다.

재명명하기(relabeling)는 몇몇 행동 특징에 적용되는 명명이나 평가를 바꾸는 개입법이다. 알마는 자신에게 붙인 몇 가지 명명을 변화시킬 수 있는데, 이러한 명명의 예로는 자신이 일반적으로 여성적이라고 여겨지는 이상적 모습에 따르지 않기 때문에 부적절하다거나 사회적으로 매력이 없다는 것이다. 상담자는 알마에게 자신을 '이기적'이거나 지나치게 '남성적'이라고 명명하기보다 강하고 건강한 여성으로 말하도록 격려할 수 있다.

사회행동 학습목표 09 사회행동(social action) 또는 사회행동주의는 여성주의치료의 기본 요소다(Enns et al., 2013; Evans et al., 2011; Evans & Miller, 2016). 여성주의에 대한 내담자의 이해가 탄탄해지면서, 상담자는 내담자가 성폭력 위기센터에서 자원봉사 활동, 압력 단체의 입법 운동가, 또는 성 이슈에 관한 지역사회 교육을 하는 활동에 관여할 것을 제안할 수 있다. 이러한 활동에 참여하는 것은 내담자의 힘을 북돋을 수 있고 내담자에게 개인적 경험과 그들이 살고 있는 사회적 · 정치적 맥락을 연결지을 수 있도록 돕는다. 알마는 여성의 아름다움에 대한 기대와 관련한 사회적 고정관념을 변화시키고자 하는 조직에 참여할 수도 있고, 다양한 성적 지향성을 가진 사람들을 지지하는 사회적 모임에 참여하기로 결심할 수도 있다. 사회행동에 참여하는 것은 자기 존중감과 개인적 힘을 증진시킬 수 있다.

여성주의치료에서 남성의 역할

남성도 여성주의 상담자가 될 수 있고, 남성 내담자에게도 여성주의 상담을 할 수 있다. 여성주의치료가 여성 상담자에 의해서만 이루어지고 여성 내담자만을 위해 실시된다는 것은 잘못된 생각이며, 여성주의 상담이 친(親)여성적이라는 이유로 반(反)남성적이라는 것 역시 잘못된 생각이다(Evans et al., 2011; Herlihy & Park, 2016). 초기에 여성주의 상담자는 모두 여성이었지만 지금은 남성 상담자도 있다. 남성 여성주의 상담자는 남성으로서 자신의 특권을 이해하고 소유하기, 자신이나 다른 사람의 성차별적 행동을 직면시키기, 전통적 가치에만 의존하지 않고 남성성과 여성성을 재정립하기, 평등한 관계 형성하기, 정의로운 사회를 만들기 위한 여성의 노력을 적극적으로 지지하기 등을 실천하고자 한다(Englar-Carlson et al., 2014).

여성주의 심리치료의 원리와 실제는 남성 내담자, 다양한 민족과 문화적 배경을 가진 사람들, 상담 실제에서 사회정의에 관심 있는 사람들과 상담할 때에도 유용하다(Enns, 2004; Worell & Remer, 2003). 감정의 억압, 권력과 통제에 대한 과대평가, 감정의 성적 대상화, 성취에 대한 강박 등과 같은 남성다움에 대한 사회적 요구는 남성에 대한 제약일 수 있다(Englar-Carlson, 2014).

남성 내담자와 상담하는 여성 상담자는 남성 내담자가 자신의 욕구, 선택, 과거와 현재의 고통, 미래에 대한 바람에 대해 생각해볼 수 있는 수용적이고 신뢰할 수 있으며 안전한 환경을 조성할 기회를 가지게 된다. 여성 상담자는 관계문화이론을 사용하여 남성 내담자가 자기 자신을 형성하는 데 도움이 된 맥락을 고려하도록 토론의 장을 제공한다

(Duffey & Haberstroh, 2014). 남성 내담자가 제시하는 어떤 문제도 여성주의의 관점에서 다룰 수 있다.

특정한 양식과 상황, 정체성이 교차하는 경우, 특정한 집단과 문제에 있어서 남성 내담자 상담에 대한 종합적인 치료에 대해서는 잉글러-칼슨, 에번스, 더피(Englar-Carlson, Evans & Duffey, 2014)의 글을 참조하기 바란다. 또한, 상담자는『소년 및 남성에 대한 심리적 실무에 대한 미국심리학회 가이드라인(APA Guidelines for Psychological Practice with Boys and Men)』(American Psychological Association, 2018a)을 잘 숙지할 것을 권한다.

여성주의 접근을 집단 상담에 적용하기 학습목표 10

여성주의 상담자는 종종 개인 상담을 받는 내담자에게 지지집단이나 정치활동 집단과 같은 집단에 참여할 것을 권한다(Herlihy & Park, 2016). 이와 같은 집단은 어떤 여성이 집단을 구성하는지에 따라서 매우 다양하지만, 여성의 경험을 지지한다는 공통분모를 가지고 있다. 이러한 집단에 참여한 여성은 집단에 참여함으로써 자신이 혼자가 아니며 자신의 경험의 타당함을 인정받는다. 이러한 집단은 여성에게 사회적 관계망을 제공하고, 고립감을 감소시키고, 경험을 나눌 수 있는 공간을 만들어주고, 자신의 경험에서 혼자가 아님을 깨닫도록 도와준다(Eriksen & Kress, 2005). 집단은 여성이 가치를 인정받고 지지를 받을 수 있는 공간, 여성이 사회에서 자신의 가치나 위치에 대해서 내재화한 메시지를 서로 공유하고 그 내용을 비판적으로 탐색할 수 있는 환경을 제공해준다. 집단구성원과 지도자의 자기개방은 더 깊이 있는 자기탐색을 촉진하며, 보편성과 집단응집력을 증가시킨다. 집단구성원은 서로 지지하고, 행동 기술을 연습하고, 사회정치적 행동을 고려하고, 안전한 장소에서 대인관계 위험성을 시험해봄으로써 힘을 효과적으로 사용하는 방법을 배우게 된다(Enns, 2004). 집단에 참여함으로써 여성은 그들의 개별적 경험이 제도 내의 문제에 근본적 뿌리가 있는 경우가 많다는 것을 배운다. 집단 참여 경험은 여성으로 하여금 사회행동을 실행하도록 고무시킨다. 실제로 집단에서 과제의 한 가지 형태는 여성이 집단에서 배운 것을 집단 밖에서 삶의 변화로 이어가도록 하는 것이기도 하다.

알마와 상담자는 개인 상담을 종료하는 과정의 한 부분으로 알마가 여성 지지집단이나 동성애자-이성애자 연대, 또는 다른 유형의 집단에 참여하는 가능성에 대해 논의할 수 있다. 집단에 참여하는 것은 알마의 공동체 의식을 증진시킬 수 있다. 알마가 그녀의 지지자, 격려자, 교사 집단에 자신을 더하면서 개인적 · 집단적 변화와 성장의 여정을 목격하게 된다. 치유 과정에 임하면서 집단의 다른 여성이 알마에게 돌봄과 지지를 제공할 수 있고, 알마 역시 다른 여성에게 중요한 사람이 될 기회를 얻게 된다.

여성주의 사회정의 원리를 학교 상담에 적용하기 학습목표 11

이 부분은 미국 아이오와주 마운트 버넌에 위치한 코넬 대학 심리학과의 명예교수인 **캐럴린 저브 엔스**(Carolyn Zerbe Enns) 박사가 저술하였다. 그녀는 여성주의 다문화 상담에 대해서 수많은 저서, 학술지 논문을 저술하고 공저했다.

학교에 다니는 동안 학생들은 복잡한 생태학적 문화체계 속에서 발생하는 성과 관련된 사회적, 심리적, 신체적, 발달적 변화를 빠르게 그리고 광범위하게 경험한다. 이 논의는 소녀 및 여성에 대한 심리적 실무에 대한 가이드라인(APA, 2018b)과 소년 및 남성에 대한 심리적 실무에 대한 가이드라인(APA, 2018a)에 기반을 두고 있으며, 이 가이드라인에는 학교 상담과 관련되는 여성주의 사회정의 원리를 명시하고 있다. 이러한 원리에는 (1) 주류 문화의 남성성 및 여성성뿐만 아니라 전통적 성 사회화로 인한 폐해, (2) 문화, 이주민 여부, 인종/민족, 성적 지향성과 같은 요인과 성 관련 정체성이 교차하고 상호작용하는 방식, (3) 학생의 문제를 이해하는 데 있어서 사회문화적 · 생태학적 맥락을 사용하는 것의 중요성이 포함된다. 또한, 학교 상담자는 (1) 상담 개입을 선택할 때 강점에 기반을 두고 회복탄력성의 틀을 사용하고, (2) 학생의 요구와 관련되는 전통적이지 않은 상담 개입을 실행하며, (3) 학생, 학생의 가족, 학교 체계를 위한 사회 변화와 옹호 활동에 참여할 것을 격려받는다.

여러 형태의 문화를 통해 전달되는 전통적 성 사회화는 때로 학생들의 잠재력과 웰빙을 축소시킨다. 남학생에게 전통적 성 사회화와 주류 남성성 이데올로기는 성차별주의, 한정된 정서적 행동과 친밀감, 위험한 성적 행동, 공격성, 과도한 경쟁심, 동성애 혐오와 연결된다(APA, 2018a). 여학생에게 '여성스러운' 문화적 메시지와 압력은 신체 이미지에 대한 걱정과 섭식장애, 무력감, 전통적 여성성에 대한 순응이나 추종, 직업 포부의 제한, 성적 강요나 폭행에 취약함 등의 문제와 관련된다(APA, 2018b). 또한 남성 동성애자, 여성 동성애자, 양성애자, 또는 규준과 다른 정체성을 가진 학생은 규준을 어지럽히는 것으로 여겨지고 배척되거나 정신건강 문제를 일으킬 수 있는 언어적 · 신체적 학대를 겪기도 한다. 학생들이 성 관련 압력을 넘어서도록 돕는 것은 학교 상담의 중요한 측면이다.

여성주의에 기초한 심리평가의 대표적인 특징은 사회적 정체성 분석과 성역할 분석이며, 이는 학생들이 전체적인 관점에서 자신의 경험을 이해할 수 있도록 도울 수 있다. 사회적 정체성 분석은 성과 관련된 도전이 복잡하게 서로 교차하는 정체성, 특권, 부당함, 생태학적 체계와 어떻게 관련되는지에 대한 탐색을 촉진한다. 여러 인터넷 사이트에서 학생들이 '정체성 휠(identity wheel)'이나 '정체성 파이 차트(identity pie chart)'를 만들어볼 수 있도록 하는 도구가 있으며(예: https://equity.cps.edu/tools/social-identity-wheel), 학생들이 자신의 정체성의 여러 가지 측면[예: 성별, 인종/민족, 성적 지향성, 종교, 관련 '주의(ism)']을 시각화하는 방법을 제공한다. 사회적 정체성의 탐색은 학생들이 또래 영향력, 가족,

문화, 종교, 대중매체와 같은 다양한 영향력에 대한 기대, 비용, 이득을 이해할 수 있도록 지원한다. 사회적 정체성의 탐색은 또한 학생들이 자신의 가치관에 대한 결정을 내리면서, 성이 부과하는 의무와 다른 사회적 압력에 저항하는 방법에 대해 생각하면서, 소외 또는 차별에 도전하는 가능성에 대해 생각하면서 자신이 부딪치게 될 과제와 강점을 보여준다. 학교 상담자는 교육과정, 심리교육 활동, 집단 상담 및 개인 상담과 사회적 정체성 탐색을 융합할 수 있다.

여성주의 관점과 사회정의 관점이 우선시하는 것은 학생들이 자신의 어려움(예: 외상, 신체 이미지 문제, 따돌림, 괴롭힘)이 자신의 복잡한 사회문화적 위치와 어떻게 연결되는지 이해하도록 돕는 것이다. 자신을 둘러싼 이러한 환경을 자각하는 것은 학생들로 하여금 자신의 어려움을 재구성하고, 개인 요소와 외부 요소가 어떻게 서로 연결되는지를 인식하고, 자신의 에너지를 자기비난과 과도한 개인화에서 벗어나 새로운 방향으로 돌리고, 회복탄력성의 원천을 찾고, 보다 긍정적인 자기개념을 개발하도록 도울 수 있다. 여성주의 상담자는 가능하면 공식적인 진단을 내리지 않으려고 한다. 왜냐하면 진단은 종종 문제의 원천을 개인 내에서 찾으며, 성별 편향적 관점을 강화하고, 증상에 대처와 생존의 측면이 있다는 것을 묵과하기 때문이다. 특히 학생들에게 낙인찍는 것을 주의해야 하는데, 이들은 커다란 발달적 변화를 겪고 있으며 이러한 변화는 초기에 주의를 기울이는 것에 따라 변할 수 있다. 여성주의 상담자는 진단을 강조하는 대신 학생들이 맥락 속에서 자신의 문제를 이해하도록 도우며, 대처 기술 및 주도성의 개발과 강점의 증진을 우선시한다.

초기 여성주의 상담자들이 노력을 기울인 분야는 외상과 관련된 경험, 특히 광범위한 성폭력과 대인폭력, 공격, 성적 학대를 아우르는 소녀와 여성의 외상 경험을 다루는 것이었다. 학교에서 외상에 대한 서비스의 중요성은 미국 아동 외상 스트레스 네트워크(National Child Traumatic Stress Network, 2017)에서 보고되었다. 이 단체에 따르면, 16세까지 아동의 3분의 2가 잠재적으로 외상 사건으로 볼 수 있는 일을 경험했다고 보고했다. 학교 상담자는 학생들이 다양한 형태의 폭력에 취약함을 인식할 필요가 있고, 가정이나 동네, 또래 관계, 학교 안에서의 폭력의 영향에 맞서고 있을 수도 있는 학생들의 행동적·정서적 상태에 대해서 주의를 게을리하지 않아야 할 필요가 있다. 잘 준비된 학교 상담자는 위기에 개입하기, 외상을 겪은 아동과 청소년을 상담하기, 학생을 특수한 서비스에 의뢰하기, 폭력에 항의하는 프로그램에 참여하기, 그리고 가정폭력 쉼터, 성폭력 예방 및 개입 프로그램, 아동학대 평가 프로그램과 같은 지역사회에 기반을 둔 프로그램과 협력하기 등의 기술을 닦아야 한다. 미국 아동 외상 스트레스 네트워크(www.nctsn.org)와 같은 기관 역시 외상 및 재(再)외상의 징후를 인식하는 것뿐만 아니라 학교 시스템 전체적으로 외상에 대해 알려주는 프로그램을 구축하는 등 다양한 도구를 제공한다.

여성주의적 사회정의 접근은 학생의 요구에 맞추어 변화할 수 있으며 전형적인 상담에서 벗어날 수도 있다. 예를 들어, 성 관련 문제를 탐색하고 표현하기 위해 다양한 표현예술치료(미술, 춤, 연극)를 사용할 수 있다. 소년과 남성에게 상담을 보다 매력적으로 어필하기 위해서 행동 기반 도구적 활동, 단기 개입, 비공식적 세팅을 사용하기도 한다(APA, 2018a). 또한 상담자는 유색인 학생이나 LGBTQ 학생을 위한 지지집단, 긍정적 신체 이미지에 대한 심리교육 집단, 여학생의 과학과 수학 진로 탐색, 긍정적 갈등 관리를 높이고 성폭력이나 총기 사건에 맞서는 학생 주도 집단과 같은 활동에 힘을 기울이기도 한다. 끝으로 사회정의 접근은 상담자와 학생 모두 지역사회, 주(州), 국가 차원에서 사회의 변화에 힘을 기울일 것을 권장한다(예: 학생 안전을 증진시키는 학교정책에 관여, 성폭력이나 아동학대와 관련된 프로그램이나 서비스를 제공하는 기관과 협력).

여성주의 상담에 대한 전문가의 관점

다음 질문에 대한 답변은 미국 아이오와주 마운트 버넌에 위치한 코넬 대학 심리학과의 명예교수이자 여성주의 다문화 상담에 대해서 수많은 저서, 학술지 논문의 저자인 **캐럴린 저브 엔스**(Carolyn Zerbe Enns) 박사가 제공하였다.

1. 여성주의 상담이 개인 상담 현장에 가장 크게 기여한 점은 무엇인가?

여성주의 심리치료는 생태학적 환경 안에서 개인을 이해하는 것의 중요성을 주장한다. 이러한 생물심리사회적 접근은 또한 개인적 인종차별주의, 시스템적 인종차별주의, 성차별주의, 동성애 차별주의, 외국인 혐오주의 및 다른 외부적 어려움과 같이 개인이 맞닥뜨리는 장벽에 주의를 기울인다. 여성주의 상담은 개인의 문제에 대해서, 이를 제거되어야 하는 증상으로 낙인을 찍거나 또는 제한적이거나 해로울 수 있는 규준과 기대에 개인이 동조해서 맞춰나가야 한다고 보는 것에 대한 중요한 대항마를 제공한다. 여성주의 상담이 사회적 맥락을 강조한 결과로 우리는 제한적이고 학대적인 환경이 문제에 어떻게 기여하는지 볼 수 있게 되었다. 이러한 접근은 우리로 하여금 우리의 삶에 영향을 미치는 권력구조에 대해서 비판적으로 생각할 수 있도록 하고 개인적 변화뿐만 아니라 사회적 변화의 중요성을 강조하도록 한다.

2. 개인 상담 또는 치료 현장에 적용할 수 있는 여성주의 상담의 특별한 핵심 개념 두세 가지는 무엇인가?

개인 상담에 특히 적용 가능성이 높은 세 가지 개념은 크게 다음과 같다.

비판적 의식, 의식 고취, 개인적인 것이 정치적인 것. **개인적인 것이 정치적인 것**(the personal is political)이라는 개념은, 우리 삶의 경험 및 문제와 우리 삶에 영향을 미치는 맥락 간에 복잡한 연결성에 대한 자각을 높이는 것의 중요성을 말한다. 이 개념은 우리로 하여금 개인을 따로 떨어뜨려서 볼 수 없으며, 권력, 특권, 장벽, '주의(ism)', 문화가 어떻게 경험을 형성하는지 고려해야 한다는 것을 일깨운다. **비판적 의식**(critical consciousness) 또는 의식 고취(consciousness raising)란, 우리의 삶을 형성하는 사회적 · 경제적 · 정치적 불공정함을 볼 수 있는 능력을 기르는 것을 말한다. 이러한 능력은 개인 수준과 시스템 수준에서 사회정의를 위해 싸우는 기반을 제공한다. 비판적 의식은 우리에게 삶의 복잡성에 대해 알려주고 개인이 어려운 환경에 대처하는 용감한 노력에 대한 자각을 높인다. 또한 개인적 변화와 사회적 변화를 이루어내는 용기를 불어넣는다.

주도성, 회복탄력성, 강점. 회복탄력성은 개인의 강점, 대처, 개인적 역량을 강조하면서 동시에 개인의 삶에서 고난, 고통, 억압의 현실과 결과를 인식한다. 이에 대처하고자 하는 개인의 노력이 문제가 있는 것처럼 보일지라도, 이러한 '증상'은 성장과 생존을 위한 노력으로 다시 구성될 수 있다. 여성주의 상담에서 강점에 주목함으로써 내담자가 가지고 있는 자원을 파악하고 개인으로 하여금 에너지를 다른 방향으로 사용하도록 돕는다. 에너지를 다른 방향으로 사용하지 않는다면 그 에너지는 생산적인 성장을 제한시키는 증상으로 이어질 것이다. 내담자의 어려움이 어떻게 사회적 상황과 권력의 차이에 의해 영향받는지를 탐색하는 것은 자기비난에서 자유로워질 수 있도록 도우며, 개인은 새로운 지식을 사용하여 전인적 변화를 향해 나아갈 수 있다.

교차성(intersectionality). 다양한 사회적 정체성 표식과 억압은 사회적으로 만들어지고 다차원적이며, 이러한 여러 가지 정체성과 억압은 서로 중첩되고, 서로 연결되어 있고, 따로 떨어뜨려서 볼 수 없다. 예를 들어, 인종/민족과 성별은 융합되어 있으며, 젠더화된 인종차별(gendered racism)을 야기한다. 서로 교차하는 정체성의 결과는 다양하며, 어떤 장면에서는 특권을 부여하고 또 어떤 장면에서는 억압이나 불이익을 가져온다. 교차적 복잡성에 주의를 기울이는 것은 독자성과 차이에 대한 우리의 이해를 촉진하며 다문화적 여성주의 상담의 핵심이다.

3. 개인 상담을 하는 상담자가 활용하기 좋은 여성주의 상담의 두세 가지 기법은 무엇인가?

여성주의 상담은 기법에 대한 이론이라기보다 상담자와 내담자가 삶의 어려움과 웰빙에 대해서 어떻게 생각하는지에 대한 이론이다. 여성주의 상담은 상담에 대한 개인의 개념적 가정과 목표를 조직화하는 방법을 제공한다. 다양한 상담 접근과 관련된 광범위한 기법이 여성주의의 이론적 틀과 공존할 수 있다. 이러한 기법은 내담자의 힘을 북돋아주고 사회적 변화를 일으키는 데 사용될 수 있고, 평등한 목표, 동등함, 권력의 공유를 촉진하는 데 사용될 수 있고, 개인의 변화와 사회구조의 변화를 촉진하는 데 사용될 수 있다. 예를 들어, 여성주의 상담자는 그 사람의 경험과 관련된다면 인지행동적 기법, 인본주의적 기법, 마음챙김 기법, 권리옹호 도구, 토착적 전통 등에서 기법을 가져올 수 있다.

구체적인 기법을 사용하는 기반으로, 사회적 정체성 분석(또는 성역할 분석)은 내담자가 살고 있는 복잡한 세계를 평가하고 이해하는 유용한 여성주의 다문화 기법이다. 사회적 정체성 분석이란, 내담자가 가지고 있는 많은 사회적 정체성, 내담자가 경험하는 '주의(ism)'와 억압(성별, 연령, 인종/민족, 사회계층 등), 그리고 이러한 정체성이 교차하면서 나타나는 특징에 관해 물어보고 주의를 기울이는 것이다. 상담자는 내담자에게 가장 두드러지고 중요한 정체성, 이 정체성이 어떻게 연결되고 상호작용하는지, 다양한 정체성이 어떻게 특권이나 불이익을 주는지에 주의를 기울이고자 노력한다. 사회적 정체성 분석은 내담자가 자신에 대해 어떻게 말하는지에 대해 주의를 기울이는 것뿐만 아니라 개방형 평가질문을 사용해서 이루어질 수도 있다. 또한 사회적 정체성 분석은 구조화된 틀을 사용해서 이루어질 수도 있는데, 예를 들면 파멜라 헤이스(Pamela Hays, 2022)의 ADDRESSING과 같은 틀이다. [A=나이(age)/세대, D=발달장애(developmental disability), D=후천적 장애(acquired disability), R=종교(religion)/영성, E=민족(ethnicity)/인종 정체성, S=사회경제적 지위(socioeconomic status), S=성적 지향성(sexual orientation), I=토착 혈통(indigenous heritage), N=출신국가(national origin), G=성별(gender)] 내담자가 자신의 여러 가지 서로 교차하는 정체성을 보다 깊이 있고 풍부하게 이해하게 되면서, 이러한 영향이 힘의 박탈, 회복탄력성, 변화에 대한 방안, 건강에 어떻게 기여하는지를 더 잘 알게 된다. 여성주의 상담자가 자기 인식과 자신의 위치성에 대한 지식을 개발하기 위해서는, 지속적인 사회적 정체성 분석과 개인적 고찰이 중요하다. 이를 통해, 예전에 인지하지 못했던 가정과 편견, 특히 다양한 배경을 가진 내담자와의 상담과 관련되는 것을 발견하고 교정할 수 있다.

4. 여성주의 상담은 개인 상담 현장에서 다양성, 다문화 및 사회정의 문제를 어떻게 다루는가?

나는 여성주의 이론가인 벨 훅스(bell hooks, Gloria Jean Watkins의 필명)의 관점, 즉 여성주의는 모두를 위한 것이라는 관점을 높이 평가한다. 여성주의는 평등을 위해 헌신하고 성 편견, 인종차별주의, 민족중심주의, 계급주의, 식민지주의, 장애인 차별주의, 연령차별주의, 동성애차별주의, 모든 형태의 권력 남용을 포함한 모든 종류의 편견과 압제를 없애기 위한 노력이다. 사회정의와 사회 변화는 여성주의의 초창기부터 중요한 공약이었다. 그러나 유색인 여성이, 대부분의 사람들이 경험하는 다양한 현실보다 백인 중산층 여성의 삶과 문제를 더 효과적으로 반영한 여성주의치료 버전에 대해서 비판해왔음을 짚어보는 것도 중요하다. 여성과 자신의 경험을 소외받아왔던 사람들의 관점을 중심에 두는 것은 변혁적 여성주의와 해방 여성주의, 그리고 사회정의 접근에서 매우 중요하다. '하나의 관점이 모든 것에 맞는다.'는 방식보다는 교차적 관점이 다양성과 차이를 중요시하는 것에 있어서 특히 핵심적이다.

여성주의 상담에서 심리치료와 개인의 변화가 높이 평가되어왔지만, 여성주의 상담은 평등이 존재하는 사회로 나아가는 움직임에는 행동주의와 옹호에 대한 헌신이 요구된다는 가정에 기초하고 있다. 여성주의 상담자는 자신을 둘러싼 사회적 문제와 불공정에 대한 지식을 습득하고 이와 맞서 싸우는 것에 최소한 어느 정도의 노력을 기울이도록 장려받는다.

5. 여성주의 상담을 단기 상담(또는 시간제한 상담)에 어떻게 적용할 수 있는가?

여성주의 상담자는 내담자를 많은 강점을 가지고 있는 사람이며 자신의 삶의 전문가로 보고 있기 때문에, 이들은 내담자가 단기 심리치료에서 얻을 수 있는 초기 경험과 관점을 바탕으로 더 나아갈 수 있는 능력이 있다고 믿는다. 단기 상담에 더해서 여성주의 상담자는 다른 심리교육과 지지 및 옹호의 노력이 내담자에게 힘을 불어넣는다고 본다. 내담자 또는 예전에 상담을 받았던 내담자는 지지집단과 자조 집단, 심리적 고통에 대처하는 것에 대한 독서치료와 내러티브 분석, 영성과 문화적으로 존중받는 의식, 다른 지역사회 관여를 통해 도움을 받을 수 있다. 이러한 활동은 상담을 증폭시키거나 확장하는 것이다. 여성주의 상담자는 역사적으로 집단 상담을 중요하게 평가했는데, 집단 상담은 내담자가 지지를 경험하도록 돕고, 또래에 대한 통찰을 제공하고, 개인 상담에서 개발된 기술을 연습할 수 있는 중요한 통로다. 자기방어 수업부터 의사소통 기술과 전문적 기술 개발에 이르는 교육적 경험과 기술을 배우는 경험은, 성장을 강화하고 개인이 단기 상담에서 얻은 기술과 관점을 보다 확장할 수 있도록 하는 소중한 경험이다.

6. 당신의 관점에서 볼 때, 여성주의 상담의 현재와 미래는 어떠한가?

여성주의 상담은 계속해서 진화하면서 점점 더 교차되고 있고 다문화, 초국가화되고 있다. 여성주의 상담은 성에 대한 것만이 아니다. 여성주의 상담은 수많은 정체성과 전 세계적 문화와 세상에 존재하는 억압과 특권의 복잡한 원천과 관련된다. 유색인 여성주의 상담자는 우머니스트(womanist)와 무헤리스타(mujerista)

심리학과 같은 다문화 접근으로 확장했다(예: Bryant-Davis, 2019; Bryant-Davis & Comas-Diaz, 2016). 다문화 접근이자 사회정의 접근으로서, 여성주의 상담은 정신건강의 현상 유지 개념을 비판하고 WEIRD 세계의 주류 심리학의 가정된 중립성에 도전하는 다른 접근과 통합되기도 하고 섞이기도 한다(Henrich et al., 2010). [WEIRD는 심리학 지식의 대부분을 산출하지만 세계 인구의 12%만을 차지하는 서구(western), 교육 수준이 높은(educated), 산업화된(industrialized), 부유한(rich), 민주(democratic) 국가를 가리키는 머리글자다.]

몇몇 심리치료사들은 평등한 목적을 향해 상담 작업을 하고 많은 여성주의 목표와 일관적으로 상담을 하지만, '여성주의'라는 용어를 사용하는 것을 주저하기도 한다. 왜냐하면 여성주의자란 무엇인가에 대해서 사회적으로 잘못된 이해나 문화적 왜곡이 만연해 있기 때문이다. 여성주의 실무와 여성주의 이론은 서로 중첩되면서도 서로 다른 접근을 제공하며, **여성주의치료**(feminist therapy)라는 문구(추가된 용어 포함)가 여성주의 상담이 담고 있는 다양성을 보다 정확하게 표현한다. 상담자는 자신의 상담의 교차적이고 통합적 성격을 강조하기 위해서 '여성주의 사회정의치료'나 '다문화 여성주의 상담'이라는 용어를 자주 사용한다. 우리가 명명하는 용어는 점점 더 복잡해지더라도, 정신건강 실무에서 불평등에 도전해야 할 필요성은 계속 존재한다.

최근 여성주의 상담의 포용성이 더 커지고 있음에도 불구하고 여성주의 상담자는 자기 점검과 여성주의 실무의 탈식민지화의 필요성을 더 많이 인식하게 되었다. 여성주의 상담자가 지속적으로 자신을 평가하지 않게 되면 그들은 자기도 모르는 사이에 변화보다는 '현상 유지'와 미묘한 편견을 지지하게 될 수 있다. 예를 들어, 초국가적 여성주의자들은, '서구'의 주류 여성주의가 다른 문화로 전해져서 토착 가치와 문화 특수적 가치의 중요성을 과소평가하는 방식으로 강요되는 것을 지적한다. 나는 여성주의 의식과 여성주의 심리치료, 특히 다문화 접근과 초국가적 접근이 21세기에도 계속해서 중요한 영향력을 미칠 것이라고 믿는다.

여성주의 상담 관점에 관한 토론 질문

1. 다양한 상담 접근과 관련된 광범위한 기법들이 여성주의 이론적 틀과 같이 사용될 수 있다. 그렇게 사용되는 전제는, 기법이 내담자에게 힘을 북돋아주고 사회 변화를 일으키는 데 사용될 수 있거나, 평등한 목표, 동등함, 권력의 공유를 촉진하는 데 사용될 수 있거나, 개인의 변화와 사회구조의 변화를 촉진하는 데 사용될 수 있다는 것이다. 여성주의 상담에서 사용하는 기법 중에서 여러분이 특히 좋아하는 기법은 무엇인가?
2. 여성주의 상담은 평등이 존재하는 사회로 나아가는 움직임에는 행동주의와 옹호에

대한 헌신이 요구된다는 가정에 기초하고 있다. 여러분이 이 전제를 받아들인다면, 이것이 상담자로서 여러분의 역할에 어떤 영향을 미치는가?

3. 여성주의는 평등을 위해 헌신하고 성 편견, 인종차별주의, 민족중심주의, 계급주의, 식민지주의, 장애인차별주의, 연령차별주의, 동성애차별주의, 모든 형태의 권력 남용을 포함한 모든 종류의 편견과 압제를 없애기 위한 노력이다. 이와 같이 모든 종류의 편견과 압제를 없애기 위해 헌신하는 것은 상담자로서 여러분에게 어떤 실무적 함의를 가지는가?

다문화 관점과 사회정의 관점에서 본 여성주의치료 학습목표 12

다양성 관점에서 본 강점

이 책에서 다루는 상담과 심리치료에 대한 모든 이론적 접근 중에서 여성주의치료는 다문화 및 사회정의 관점과 가장 많은 것을 공유한다. 역사적으로 다문화 접근은 유색인이 부딪치게 되는 사회적 억압, 차별, 소외에 대한 반응에서 생성되었다. 시간이 흐르면서 다문화 접근은 상담을 보다 더 포용적으로 만들었다. 현재 다문화 접근을 상담과 접목하는 상담자는 온전한 사회 참여를 제한하는 다양한 불평등을 다룬다. 상담에서 사회정의 관점의 목적은 개인의 힘을 북돋아주는 것뿐만 아니라 사회의 불평등과 불공정을 직면하는 것이다.

다문화, 여성주의, 사회정의 상담은 별개의 모델로 여겨졌지만, 이들은 많은 공통점을 가지고 있다(Crethar et al., 2008). 이 세 접근에서는 모두 상담의 맥락에서도 사회적 · 정치적 · 환경적 변화를 촉진할 필요가 있다고 강조한다. 이 세 접근의 상담자는 내담자와 평등한 관계를 형성하기 위해 노력하며, 이러한 평등한 상담관계에서 상담자와 내담자는 맥락적 관점에서 내담자와 같이 문제를 재구성하고 서로 협력하여 상담 목표를 세우고 전략을 선택한다. 이 세 접근에서는 모두 정신병리의 '질병 모델'을 거부한다. 내담자의 문제를 개인내적 원인에서 기인한 것이 아니라 불공정한 사회에서의 삶의 경험이 증상으로 나타난 것으로 본다. 예를 들면, 과도하게 경계하고 불안해하는 내담자는, 여러 가지 다양한 배경을 가진 사람들로 구성된 사회에서 살아남는 것에 대한 공포를 일으키는 여러 가지 요소의 관점에서 이해될 수 있다.

'가장 개인적인 것이 가장 정치적인 것이다.'라는 여성주의치료의 핵심 신조는 다문화 관점과 사회정의 관점에서도 널리 받아들여지고 있다. 이 세 접근 중 어떤 접근도 온전히 개인의 변화에만 의존하지 않는다. 이들은 모두 상담자 역할의 중요한 부분으로 사회 변화를 위한 직접적인 행동을 강조한다. 윌리엄스와 엔스(Williams & Enns, 2013)는 상담자가 사회 변화에 헌신하는 활동가가 될 것을 권장한다. "정치적인 것을 개인화하라. 자기 자신의 역사와 뿌리를 이해하고 자신의 특권을 소유하기 위해 노력하라. 아마도 가장 중요한 것은, 여러분이 **자기 자신을 위해** 사회정의에 부합하는 일을 선택해야 한다는 것이다."(p. 488) 상담자는 자기 자신을 정직하게 바라보고 어떻게 자신이 아무 일도 하지 않고 사회의 현상을 유지함으로써 이득을 얻고 있는지 알아내는 실질적인 도전에 임해야 한다. 상담 전문가로서 우리는 우리의 특권이 무엇이고 우리의 특권을 사용해서 어떻게 사회를 보다 정당한 곳으로 만들 수 있는지 우리 자신에게 물어야 한다. 우리가 인종차별주의자가 아니라고 말하는 것만으로는 충분하지 않다. 우리는 반(反)인종차별주의자가 되어야 하며 사회의 시스템 변화를 위해 노력해야 한다. 우리가 우리 사회의 불공정한 시스템을 변화시키기 위한 일을 하지 않는다면, 아마도 우리 자신이 문제의 한 부분일 것이다.

문화는 힘 있는 지배 집단(서구사회에서 남성, 백인, 기독교, 이성애자, 부자)이 자신과 다른 집단을 대하는 방식을 포함해서 인간 삶의 사회정치적 현실을 아우른다. 여성주의 상담자는 심리치료가 문화와 뗄 수 없는 관계에 있다고 보며, 점차적으로 상담 실무 분야에서 의식 있는 지도자들이 여성주의 상담에 합류하고 있다.

문화적으로 유능한 여성주의 상담자는 결과와 대안을 탐색함으로써 내담자의 문화 안에서 내담자와 작업하는 방법을 찾는다. 그들은 내담자의 문화 안에서 변화를 모색하는 것의 복잡성을 이해하면서도 동시에 문화를 신성불가침의 영역으로 보지 않는다(Worell & Remer, 2003). 다양한 문화에 대한 이해와 존경은 중요하지만, 대부분의 문화적 배경에는 긍정적인 면과 독소적인 면이 있으며, 일련의 사람들을 억압하고 소외시키는 독소적인 면은 탐색하고 도전해야 할 필요가 있다. 여성주의 상담자는 사람들의 힘을 차별하거나 종속시키거나 제한하는 문화적 신념이나 실제를 비판적인 시각에서 바라보는 데 전념한다. 이러한 여성주의 시각에서 세상을 바라보는 것은 문화적으로 겸손하면서 보다 공정한 사회를 추구하는 활동가와 동지를 만든다.

다양성 관점에서 본 약점

여성주의 상담자는 사회구조의 변화, 특히 불공평, 관계에서의 권력, 자기결정권, 가정 내와 가정 밖에서 직업을 가질 자유, 교육의 권리 등과 같은 영역에서의 변화를 옹호한다. 이러한 주장은 동일한 목표를 옹호하지 않는 여성들과 함께 일하게 될 때 문제를 일으킬 수 있다. 리머(2013)는 상담자가 다양한 집단에서 온 내담자의 가치관을 충분히 이해하고 존중하지 않는다면 상담자의 가치를 내담자에게 부과할 위험이 있음을 인지한다. 리머는 "여성주의 상담에 내재된 잠재적 위험성은 상담자의 가치관이 내담자에게 너무 강하게 영향을 미치거나 내담자의 가치관과 대립할 수 있다는 것이다."(p. 404)라고 주장한다. 초국가적 여성주의자 역시 여성의 위치가 종속적인 지역이나 가부장제에 기반을 둔 지역에서 문화적으로 부과된 역할을 따르는 문화에서 성장한 여성과 상담할 때 상담자는 자신의 가치관을 부과할 가능성을 인지하고 있어야 한다고 경고한다.

다음의 시나리오를 생각해보자. 여러분은 베트남 여성을 상담하는 여성주의 상담자다. 이 여성 내담자는 자신의 문화에 진실한 방식을 찾고자 노력하는 동시에 자신만의 교육적 포부와 직업적 포부를 따르고자 한다. 이 여성 내담자는 조력 분야를 공부하는 학생인데 집으로 돌아와 가족을 돌보라는 아버지의 극심한 압력을 받고 있다. 그녀는 학위를 마치고 궁극적으로는 베트남에서 다른 사람들을 돕고 싶지만, 집에 있는 가족이 자신을 필요로 하는 시기에 자신이 '이기적으로' 학업을 계속하는 것에 대해 커다란 죄책감을 겪고 있다.

이와 같은 복잡한 상황에서 상담자는 내담자의 집단주의적인 문화적 가치를 무시하거나 폄하하지 않으면서 그녀의 개인적 목표를 고려할 수 있도록 내담자와 협력하여 함께 길을 찾아 나가야 하는 과제를 안게 된다. 상담자의 임무는 그녀의 고통이나 갈등을 사라지게 하는 것이 아니며 내담자를 위해 대신 선택하는 것도 아니다. 상담자의 임무는 내담자가 스스로 힘을 길러서 중요한 결정을 내릴 수 있도록 하는 방식으로 내담자와 함께하는 것이다. 여성주의 상담자는 이 내담자가 자신에게 문화적으로 기대되는 바를 거스르기로 선택한다면 아주 큰 대가를 치르게 될 것이며, 궁극적으로 어떤 길을 걸어갈 것인지를 결정하는 사람은 내담자임을 잘 인지하고 있어야 한다. 이 예를 통해서 볼 수 있는 것처럼, 상담자가 다양한 문화적 배경을 가진 내담자에게 개입할 때 어떻게 자신의 문화적 관점이 개입에 영향을 미칠 수 있는지 잘 이해하는 것이 매우 중요하다. 가치를 주입하는 것에 대한 대비책으로 여성주의 상담자는 상담관계를 형성하는 초기에 자신의 가치관을 내담자에게 분명하게 알려줌으로써 내담자들이 관계를 계속 이어나갈지에 대해서 정보를 가지고 선택할 수 있도록 한다(Remer, 2013).

스탠의 사례에 적용된 여성주의치료

미국심리학회의 '소년 및 남성에 대한 심리적 실무에 대한 가이드라인'(2018a)을 검토하고 스탠을 이해하는 데 있어서 이 새로운 가이드라인을 어떻게 적용할지 생각해본다.

여성에 대한 두려움과 성역할 사회화 경험으로 스탠은 여성주의 상담을 통해 도움을 받을 수 있는 훌륭한 후보다. 평등주의적인 상담관계는 스탠에게 새로운 경험이 될 것이다.

스탠은 자신이 변하고자 하는 의지와 갈망이 있음을 계속 표현했다. 그의 낮은 자존감과 부정적 자기평가에도 불구하고 스탠은 긍정적 특성을 파악하는 능력이 있다. 스탠의 긍정적 특성으로는 투지, 자신의 감정을 명확하고 상세하게 표현할 수 있는 능력, 아동과 상담할 수 있는 재능 등이 있다. 스탠은 자신이 상담 외적으로 원하는 것을 알고 있으며 다음과 같은 분명한 목표를 갖고 있다. 술 끊기, 자신을 더 좋아하기, 여성과 평등한 관계 맺기, 자신과 타인을 사랑하고 신뢰하는 방법을 배우기. 여성주의 지향에 입각해서 나는 스탠의 이러한 강점을 계속 키워나갈 것이다.

첫 상담 회기에 나는 스탠이 자신의 개인적 힘을 다시 얻도록 돕기 위해 평등한 상담관계를 세우는 데 초점을 둔다. 스탠이 자신의 삶에서 중요한 인물과 맺었던 다른 관계를 상담관계에서 반복하지 않는 것이 중요하다. 나는 의식적으로 상담 과정에서 신비로운 요소를 제거하고 관계를 평등하게 만들도록 노력한다. 이를 통해 상담이 나아갈 방향타를 스탠 자신이 쥐고 있다는 메시지를 전달한다. 나는 많은 시간을 들여서 상담 과정에 대한 나의 견해와 그것이 어떻게 작동하는지를 설명한다.

성역할 분석은 스탠이 자신의 문제 발생에 성역할 기대가 어떻게 영향을 미쳤는지 인식하도록 돕는다. 성역할 분석의 첫 단계에서 스탠에게 그가 자라면서 부모, 교사, 미디어, 종교단체, 또래로부터 받은 성역할 메시지를 파악하도록 한다. 그가 살아온 삶에 대해 작성했던 자서전적 글에서 스탠은 부모가 자신에게 준 메시지에 대해 이미 기술했으며, 이것은 그의 성역할 분석의 자연스러운 출발점이 된다. 스탠은 자서전적 글에서 아버지가 자신을 '멍청이'라고 불렀고 어머니는 "왜 좀 더 남자답게 자라지 않니?"라고 말한 것을 기억한다. 어머니는 아버지에게 "끊임없이 잔소리를 했고" 스탠에게 자신을 임신하지 않았다면 좋았을 것이라고 말한 것에 대해 썼다. 스탠은 아버지를 약하고 소극적이고 어머니와의 관계에서 내성적인 사람으로 기술하며, 아버지가 자신을 형제와 비교하면서 깎아내린 것을 기억한다. 스탠은 이러한 메시지를 내면화했으며, 때로 울다가 잠이 들기도 하고 심한 절망감을 느끼기도 했다.

나는 스탠에게 이러한 초기 경험에 기초해서 현재 자기에게 해를 입히는 자기 진술을 파악하도록 한다. 우리는 그의 글을 검토하면서, 남자는 어떤 모습이어야 한다는 것에 대해 그가 사회로부터 받은 메시지가 부모에게서 받은 메시지에 의해 어떻게 강화되었으며 오늘날 자신에 대한 관점을 스스로 어떻게 만들었는지를 알게 된다. 예를 들어, 그는 자신이 성적으로 부적절하다고 느낀다고 기술했다. 그는 항상 남성이 성관계를 주도해야 하며, 성관계에 대해 준비되어 있어야 하고, 발기를 하고 유지할 수 있어야 한다는 사회적 규준을 내사한 것으로 보인다. 스탠은 또한 이미 자신이 이러한 메시지를 어떻게 바꾸고 싶은지를 파악하여 적어두었음을 알게 되는데, '다른 사람과 동등하다는 느낌을 가지고 싶고' 자신의 존재에 대해 '사과하고 싶지 않고' 여성과 사랑하는 관계를 발전시키고 싶다고 한 문장들이 그 예다. 내가 스탠이 상담에 오기 전부터 이미 해오고 있었던 중요한 작업의 가치를 인정하면서 스탠은 자신에게 능력이 있고 힘을 받고 있음을 느끼기 시작한다.

나는 성역할 개입을 사용하면서 성역할 분석을 했고 스탠의 문제를 사회적 역할 기대의 맥락 속에서 살펴보았다.

상담자: 사실 항상 강해야 하고 터프해야 한다는, 남자답다는 것의 의미에 대한 사회적 관념에 맞추어 살고자 하는 것은 부담스럽지요. 때로 진정으로 강한 힘은 우리의 취약함에서 나오니까요. 당신이 가치를 두고 싶어 하는 자신의 측면, 즉 감정을 느끼고 아이들과 잘 지내는 능력은 사회에서 '여성적'이라고 명명하는 자질이지요.

스탠: (아쉬운 듯이 말한다.) 예. 여성이 지배적이라고 보이지 않으면서 강할 수 있고 남성이 약하다고 보이지 않으면서 예민하고 돌봐주는 특성을 가질 수 있으면 세상은 더 좋아질 것 같아요.

상담자: 그게 불가능하다고 확신하세요? 그런 남성이나 여성을 만나보지 못하셨나요?

스탠은 잠시 동안 생각하더니 약간 활기를 띠면서 대학교 때 적응심리학 수업을 가르쳤던 교수에 대해 말했다. 스탠은 그녀가 성취적이고 강한 사람이었을 뿐만 아니라 살아온 삶에 대한 글을 씀으로써 자신의 목소리를 찾도록 격려하여 자신에게 힘을 준 사람으로 보았다. 또 자신이 청소년 시기에 잠시 시간을 보냈던 청소년 재활원에서 만난 남성 상담자를 기억하면서 강하면서도 예민하고 잘 보살펴주는 사람이라고 했다. 나는 스탠에게 인생에서 그의 양성성을 더 수용하고 지지하고자 하는 자신의 노력을 지지해줄 수 있는 다른 사람들이 있는지 묻는다.

첫 상담 회기를 마감하면서 나는 스탠에게 첫 시간

에서 무엇을 배웠는지 이야기해보도록 요청한다. 스탠은 두 가지가 떠오른다고 한다. 첫째, 그는 자기 자신을 계속 비난할 필요가 없다는 것을 믿기 시작한다. 남자답다는 것이 의미하는 바에 대해서 그의 부모와 사회가 준 메시지는 많은 것이 바람직하지 않고 일차원적이었음을 알게 된다. 그는 자신이 성역할 사회화로 인해 제한을 받고 제약을 받았음을 인정한다. 둘째, 부모와 사회가 정의한 메시지에 대한 대안이 있기 때문에 그는 희망을 가질 수 있다고 느낀다. 그가 존경하는 사람들은 '남성적인' 특질과 '여성적인' 특질을 성공적으로 조합할 수 있었다. 그들이 할 수 있다면 그도 할 수 있다. 나는 스탠에게 다음 회기를 이어나갈지 물어본다. 그가 그렇게 하겠다고 하자, 나는 그에게 폴락(W.S. Pollack)의 『진정한 소년들(Real Boys)』(1998)이라는 책을 읽어보라고 준다. 나는 이 책이 많은 소년들이 경험하는 성역할 사회화를 사실적으로 그려냈다고 설명한다.

다음 상담 회기에 온 스탠은 과제에 대해 말하고 싶어 했다. 그는 나에게 『진정한 소년들』을 읽으면서 자신의 태도와 신념에 대해서 실질적인 통찰을 얻었다고 말한다. 이 책을 읽음으로써 스탠이 배운 것은 그의 어머니와의 관계에 대한 더 깊은 탐색으로 이어진다. 스탠은 부모를 계속 비난하기보다는 사회적 기대와 고정관념의 맥락에서 부모의 행동을 이해하는 것이 더 도움이 된다는 것을 알게 된다. 나는 어떻게 우리 문화가 어머니를 극단적인 위치에 놓는지(어머니는 완벽하거나 악하다) 그리고 이러한 극단적인 위치는 둘 다 사실이 아님을 스탠이 볼 수 있도록 돕는다. 우리는 스탠이 어머니를 성인(聖人) 또는 죄인으로 보도록 학습해온 것에 관해 이야기를 나눈다. 스탠이 어머니와의 관계를 재구성하는 것을 배우면서 그는 점차 어머니에 대한 보다 현실적인 관점을 가지게 된다. 또한 그의 아버지 역시 아버지 자신의 사회화 경험에 의해 억압되었으며 도저히 다다를 수 없는 남성성의 이상주의적 관점에 억눌려왔음을 깨닫게 된다.

스탠은 계속해서 자신의 예민하고 돌보는 면을 가치있게 여기는 법을 배우는 작업을 한다. 그는 자신의 성격에서 '남성적인' 측면뿐만 아니라 '여성적인' 측면을 소중하게 여기도록 배운다. 그는 남자답다는 것이 의미하는 것에 대한 자기 말(self-talk)을 점검하고 변화시킨다. 그는 대중매체 및 친구와 같은 자원에서 이러한 메시지가 전달되고 있음을 자각하며, 매일 일기를 작성하면서 이러한 메시지가 어떻게 전파되고 자신이 이 메시지에 도전하는 방법을 생각해본다.

상담관계를 통해서 우리는 상담 회기 동안 우리가 어떻게 소통하고 있고 서로와 어떻게 관계를 맺고 있는지 즉시성을 가지고 논의한다. 나는 자기개방을 하면서 스탠을 동등하게 대하고, 그의 삶에서 그 자신이 '전문가'임을 인정한다.

자기성찰을 위한 질문

- 지금까지 공부한 다른 치료적 접근에서 스탠을 상담하는 것에 비해서, 여성주의 관점에서 스탠을 상담하는 것의 고유한 가치는 무엇인가?
- 여러분이 스탠과 상담을 계속한다면, 남성으로서 자신에 대한 스탠의 관점에 대한 자기 진술 중 어떤 진술에 초점을 둘 것이며, 어떤 대안을 제안할 것인가?
- 스탠의 경우에 인지행동치료와 여성주의치료를 어떤 방식으로 통합할 수 있을 것인가? 게슈탈트치료 방법과 여성주의치료를 통합하는 데 어떤 가능성이 있다고 보는가? 여러분은 여성주의 접근과 어떤 다른 치료적 접근을 조합할 것인가?

이 여성주의 상담 관점에서 스탠을 상담하는 나의 상담 시연을 보기 원한다면, MindTap 12장 10회기 '여성주의치료'의 '스탠의 사례' 동영상 퀴즈를 참조하라. 이 회기에서는 자신의 성역할 정체성에 대해서 스탠이 탐색하는 것과 남성으로서 그가 받아들인 메시지에 대해서 다루고 있다.

그웬의 사례에 적용된 여성주의치료*

무력함은 이번 상담 회기를 시작하면서 내가 그웬에게서 들은 주제다. 그웬은 자신이 어렸을 때 겪었던 일을 손녀가 겪고 있는 것을 보면서 느끼는 슬픔에 관해 얘기했다. 그웬은 무시당하고 무가치함을 느낀다. 나는 그웬이 어떻게 성역할 사회화가 그녀에게 영향을 미쳤는지 자각하도록 돕고 자신의 힘을 되찾게 도와주고 싶다.

그웬: 하루에도 몇 번이나 저 자신에게 나는 쓸모없는 사람이라고 말하는지 모르겠어요.

상담자: 당신에게 일어나는 일의 예시와 당신 내면의 메시지를 말씀해주시겠어요?

그웬: 어…… 직장에서 파트너와 회의를 하는데, 우리가 할 수 있는 일에 대해 제가 제안을 했는데 무시당했어요. 그런데 백인인 조가 저와 같은 제안을 조금만 바꾸어서 말했는데 파트너는 적극 찬성했고요.

상담자: 그러면 당신의 말은 듣지 않았는데 백인 남성의 말은 들은 거네요. 그웬 씨는 자신에게 뭐라고 말했나요?

그웬: 저는 너무 화가 났어요. 제가 무슨 말을 하면, 사람들은 '항상 인종 문제로 몰고 간다.'고 비난하죠. 그러면 저는 '맞아. 대부분 인종 문제야.'라고 생각해요. 전 보통 '또 시작이구나!'라고 생각하죠.

상담자: 당신이 그들의 메시지를 밀어내기는 했지만 일부분은 그들 말을 믿고 있네요. 당신의 목소리가 무시당한 것을 가지고 너무 부풀린다고 말이에요.

그웬: 아니요. 저는 그렇게 생각하지 않아요. 어떤 일은 사람들이 흑인 여성의 목소리를 듣지 않는 것과 관련이 있고, 그게 현실이에요. 사회는 이를 무시하지만, 이건 실제로 존재하는 문제예요. 누군가가 보이지 않고 목소리가 들리지 않는다는 것이 어떤 것인지 모르면 그 사람은 기득권을 가지고 있는 거예요! 이건 저에게는 오래되고 진부한 이야기예요.

상담자: 자라면서 소녀로서 그리고 젊은 여성으로서 자신 목소리의 가치에 대해서 무엇을 알게 되었나요?

그웬: 남자아이가 여자아이보다 더 대우받는다는 것을 알았습니다. 여자아이라는 것은 너는 강하지 않고 똑똑하지 않고 식사가 끝나면 부엌에서 설거지해야 한다는 메시지를 받았어요.

나는 그웬에게 다음 회기까지 성역할 분석을 해서 적어보도록 했다. 성역할 분석에서 그웬은 자신이 성장하면서 가정에서 그리고 지역사회에서 성역할 기대가 어떠했는지에 대한 많은 정보를 제공한다. 그웬은 또한 나이 많은 사촌이 자신을 부적절하게 만졌다는 것을 어른에게 이야기했던 경험에 대해서도 적었다. 그녀는 그 상황에서 조용히 하라는 말을 들었고 그녀의 성적 학대는 다시 언급되지 않았다. 그웬은 자신의 목소리가 중요하지 않다는 것을 일찍 알았다. 이 상담 회기에서 나는 그웬의 경험과 그녀의 목소리가 가치 있다는 사실을 인정하는 작업을 한다. 나는 그녀의 고통을 인정하였고 전 세계적으로 여성과 소녀를 불평등하게 대하고 평가절하하는 관점을 사회가 지속시키고 있음을 알게 한다.

상담자: 그웬, 당신의 성역할 분석을 꼼꼼하게 읽었어요. 그리고 저를 신뢰하고 당신에 대한 이야기를 나눠주셔서 정말 감사드려요.

그웬: 힘들었어요.

상담자: 그랬을 거예요. 너무도 많은 소녀들이 알게 되는 교훈을 당신이 아주 어린 나이에 알게 된 것

*켈리 커크시 박사는 여성주의 상담의 관점에서 사고하는 방식과 상담 실제를 기술하며 이 모델을 그웬에게 적용하고 있다.

에 많이 놀랐어요. 내 목소리는 중요하지 않고 내 몸은 내 것이 아니라는 것이지요. 어렸을 때 성적 학대를 당하셨다니 정말 유감이에요. (내담자의 경험을 회피하지 않고 실제를 밝히는 것이 중요하다.)

그웬: 저는 지금 이 순간까지도 그날 제가 받은 메시지가 얼마나 강한지 몰랐어요. 저에게 일어난 일을 어머니에게 말했던 그날 말이에요.

상담자: 어떤 메시지를 받았나요?

그웬: 어머니가 말씀하시길, "그런 일이 일어난 게 확실하니? 나는 네가 사촌 오빠를 골탕 먹이려고 꾸며내는 것 같은데."라고 하셨어요.

상담자: 남성이 여성보다 더 가치를 인정받고 남성이 여성보다 더 많은 권력을 가지는 문화에서는, 여자아이나 여성이 학대받았다는 사실을 말할 때 당신이 어머니에게 받은 것과 유사한 반응을 직접적으로나 간접적으로 받게 되지요.

그웬: 저는 어머니가 저를 믿어주고 지지해준다고 생각했었어요.

상담자: 당신이 믿었던 사람인 어머니가 당신의 입을 막았기 때문에 당신은 실망했었고 지금도 실망하고 있어요. 그리고 여성으로서 어머니가 왜 그랬는지 혼란스러워하고 있네요.

그웬: 네, 그래요.

상담자: 당신 어머니도 남성들이 자란 동일한 문화에서 성장했다는 사실을 기억하세요. 남성이 듣는 여성을 비하하는 메시지를 여성도 똑같이 들어요.

그웬: 직장에서 남성보다 여성에게 더 화가 나요. 제가 무시당할 때, 그리고 내가 너무 화가 나서 '인종 카드'를 사용하려고 할 때 남성보다 여성에게 더 화가 많이 나요.

상담자: 무엇 때문에 그렇다고 생각하세요?

그웬: 아마도 제 편을 들어주지 않는 여성에게 제가 더 실망하는 것 같아요. 아니면 제 어머니와 같이 저도 남성을 더 가치 있게 생각할지도요. 그게 사실일지도 모른다고 믿는 게 저에게는 정말 상처가 돼요.

그웬의 문제를 좀 더 커다란 사회적 맥락에 둠으로써 그웬은 자신의 경험이 다른 여성들의 경험과 통한다는 것을 이해하기 시작한다. 이것은 그웬 자신도 여성보다 남성의 가치가 더 인정받는 모델에서 작동하고 있을 수 있다는 것을 이해하는 데 도움이 된다. 그웬이 이러한 부분을 명확하게 이해한다면 그녀는 자신의 가치를 진정으로 믿어주는 직장으로 더 쉽게 이직할 수 있다.

그웬은 일류 대학에서 MBA를 마친 전문직 여성이다. 그웬은 계속해서 인종차별, 성차별, 그리고 복합적인 형태를 띤 불평등의 지뢰밭에서 협상을 해야 했다. 제도적 인종차별은 그웬이 경험하는 억압을 계속 지속시키고 계속 경험하고 있지만, 이제 그녀는 자신의 목소리를 내는 것이 이와 같은 사회의 불공정으로부터 입은 자신의 상처를 치유하는 과정의 시작임을 알게 된다. 나는 현재 그웬이 처한 직업 환경에서 자신의 목소리를 낼 때, 즉 거침없이 말할 때 발생할 수 있는 위험성을 그웬과 이야기한다.

그웬: 저는 늘 화가 나는 것에 정말 지쳤어요. 하지만 '부족한' 사람 취급을 받는 것에도 진짜 지쳤어요.

상담자: 부족한 사람 취급을 받는 경험에 대해서 좀 더 이야기해주시겠어요?

그웬: 제가 직장에서 목소리를 높이거나 화를 내지 않더라도 좌절감을 표현하면 저는 지나치게 감정적이라거나 화가 나 있다는 말을 들어요. 저는 '화가 난 흑인 여자'로 낙인찍히는 것 같은 느낌이 들어요. 제가 좌절감을 느끼는 것이 적절했다고 하더라도, 제 목소리가 적절했다고 해도 '저 화가 난 흑인 여자가 또 화를 내네.'라고 할 거예요.

상담자: 그래서 직장 사람들이 당신에게 화난 흑인 여자라는 이야기를 썼군요. 그리고 당신이 하는 많은 일이 이 이야기의 편견을 통해 걸러지고요.

그웬: 예, 맞아요.

상담자: 당신이 당신의 생각을 적절하게 말하고 당신의 좌절감을 공유했던 때를 생각해봅시다. 자기 자신을 어떤 말로 표현하시겠어요?

그웬: (잠시 침묵) 때로 저는 화가 나고 화가 날 권리

가 있다고 생각해요. 저는 열정적이고 자기주장적이라고 말하고 싶어요.

상담자: 그거 아주 좋은데요. 그 메시지를 당신 머리에 다시 쓴다면 어떨까요? '그웬, 너는 열정적이고 자기주장적이야.'라고 말이지요. 이것이 당신 자신을 정의하는 방법입니다.

그웬: 그건 정말 제가 해보고 싶은 거예요.

상담자: 당신은 지난 50년 동안 미세한 공격으로 얼룩진 길을 걸어왔어요. 때로 그런 독을 뿜어내는 메시지를 하루에도 몇 번씩 경험하면서 말이지요. 흑인 여성으로서 당신은 유색인종과 여성을 평가절하하는 문화로부터 그런 메시지의 폭격을 받고 있어요. 우리는 우리보다 앞서 왔던 사람들의 장점을 가져올 수 있습니다. 유색인종으로서 그리고 여성으로서 우리의 권리를 위해 싸웠던 사람들의 어깨 위에 우리가 서 있는 것입니다. 우리 사회의 구조에 불평등이 존재한다는 것을 알고 있어요. 당신에게 중요한 변화를 만들기 위해 당신은 무엇을 하시겠어요?

그웬: (주의를 기울여 상담자의 말을 듣고 자신이 무시되어왔던 방식에 대해 생각하면서) 이 문제에 대해서 이야기를 하니 기분이 좋네요.

상담자: 당신은 지적이고 열정적이고 창조적이고 강한 여성이에요. 당신의 삶을 보다 당신이 원하는 방식으로 설계하기 위해서 이러한 당신의 장점을 어떻게 사용할지 궁금해요.

그웬: 글쎄요. 지역사회에서 보다 주도적인 역할을 하고 싶고, 어머니에 대해서 좀더 인내심을 가지고 싶어요. 어렸을 때의 분노를 아직도 제가 가지고 있다는 것을 알게 되었고, 이 분노를 떠나보내고 싶어요.

상담자: 좋은 시작점이 될 것 같군요.

그웬: 또 직장에서 제 목소리와 저의 좌절감을 적절하게 다루고 있다는 것을 확실하게 하고 싶어요. 제 목소리가 잘 들릴 수 있게 하고 싶어요. 어쩌면 사람들이 제 말을 끊기 시작할 때 제 말을 끊지 말라고 자기주장적으로 부탁할 수 있을 거예요. 누군가가 제 아이디어를 가져가서 공로를 인정받는다면, 제가 먼저 그 아이디어를 공유했다는 것을 일깨워줄 거예요. 제가 제안했을 때는 왜 듣지 않았는지 물어볼 거예요. 이 모든 것을 차분하면서도 일관적으로 할 거예요.

상담자: 훌륭한 생각인 것 같아요.

그웬은 너무도 오랫동안 인생의 보도블록 끄트머리에 앉아서 다른 차들이 왔다 갔다 하는 것을 지켜보기만 한 것이다. 그녀는 변화를 일으킬 수 있는 자신의 장점을 깨닫지 못하고 있다. 나는 인종차별에 대한 문제 제기를 그웬과 공유한다. 내가 자기개방을 하는 의도는 그웬의 억압을 받은 경험이 실제로 타당하다는 것을 지지한다는 측면에서 그웬과 함께하고자 하는 것이다. 그웬이 자신이 혼자가 아니며 자리에서 일어나서 자신의 진실된 목소리를 내기 시작할 수 있음을 들으면서, 내가 바라는 것은 그웬이 의식적 행동을 통해서 다른 사람들과 협력해서 사회의 변화를 만들 수 있음을 깨닫는 것이다.

나는 그웬과 협력하여 그녀의 자원을 파악하고 일상생활에서 어떻게 자원을 충분히 사용할 수 있는지 결정하도록 한다. 그녀가 사회 변혁과 개인 변혁을 위한 행동 계획을 세우기 시작하면서 나는 동지이자 지원자가 되는 것이다.

상담자: 직장에서 당신이 무시당하지 않고 일상생활에서 자기주장을 할 수 있는 몇 가지 방안에 관해 이야기를 나누었어요. 어머니와 예전과는 다른 방식으로 대할 수 있는 몇 가지 방안에 관해서도 이야기를 나누었고요. 당신이 좀 더 유대감을 느낄 수 있고 지역사회에 관여할 수 있도록 하는, 당신이 소속감을 느낄 수 있는 사회단체가 있을까요? 당신이 지지를 얻을 수 있고 또 지지를 줄 수 있는 다른 강한 여성들을 알고 있으실까요?

그웬: 제가 다니는 교회에 전문직 여성으로 구성된 단체가 있어요. 제가 바쁘기도 하고 제가 그 단체와 맞을지 확신이 없어서 피하고 있었어요. 그 단체

에 제가 신뢰하는 여성분이 있는데, 그분과 제 삶을 다시 설계하는 방법에 관해 이야기해보고 이 단체가 저에게 적합하다고 생각하는지 이야기해보려고 해요.

상담자: 그분이 잠시 동안 당신에게 거울과 같은 역할을 하겠네요. 당신이 그 단체 여성들과 교류하면서 그분이 당신을 어떻게 지각하는지 알려줄 수 있겠네요.

그웬: 정확히 그런 방식이 될 거라고 생각하고 있지는 않았어요. 그 단체에 제가 알고 있고 편하게 생각하는 사람이 있다는 것이 좋네요.

이후 상담 회기를 계속 이어가면서, 나는 그웬이 자신의 힘을 되찾고 자기존중감을 향상시키며 궁극적으로는 지역사회에서 가치 있고 중요한 구성원으로서 자신의 잠재력을 온전히 발휘하는 것을 목표로 삼았다.

자기성찰을 위한 질문

- 그웬에 대한 상담자의 개입에 대한 여러분의 생각은 어떠한가?
- 여성주의 관점에서 그웬과 상담할 때와 다른 이론적 관점에서 상담할 때에 어떤 차이가 있다고 보는가?
- 상담자의 자기개방에 대한 여러분의 생각은 어떠한가?
- 그웬이 직장에서 자신의 생각을 점점 더 많이 표현한다면 잠재적으로 어떤 어려움이 있을 수 있는가?

요약과 평가 학습목표 13

요약

상담의 전통적 모형이 초기 백인 남성 상담 이론가에게 내재되어 있는 편견으로 인한 기본적 한계로 인해서 어려움이 있다는 여성의 인식으로부터 여성주의치료가 출현했다. 여성주의치료는 다음 개념을 강조한다.

- 문제를 개인적 수준보다는 사회정치적이며 문화적인 맥락에서 본다.
- 내담자가 자신의 삶의 전문가임을 인식한다.
- 자기개방과 사전동의 과정을 통해 평등한 상담관계를 만들고자 노력한다.
- 평가와 개입의 모든 단계에서 가능한 한 최대로 내담자를 포함하여 상담에서 신비적 요소를 제거하고 결과적으로 내담자의 힘을 강화한다.
- 여성과 다른 소외되고 억압된 집단의 경험을 그들의 관점에서 바라본다.
- 성은 정체감의 다른 측면과 따로 떨어져서 존재하지 않는다는 것을 이해한다.
- 다양한 배경을 가진 여성, 그리고 다른 소외되고 억압된 집단의 삶과 관점을 이해하고 인정한다.
- 여성과 다른 소외되고 억압된 집단의 심리적 건강을 평가하는 전통적 방식에 도전한다.
- 촉진자뿐만 아니라 옹호자로서 상담자의 역할을 강조한다.
- 내담자가 환경의 억압적 측면을 다루는 사회적 행동에 참여하도록 격려한다.

여성주의 상담은 개인적 변화와 사회적 변화 모두를 목표로 한다. 이러한 이론적 지향점은 끊임없이 발전하고 성장하고 있다. 중요한 목표는 현재의 가부장 체계를 여성주의 의식으로 대체하여 인간관계에서 평등성을 중요하게 여기고, 다양성을 존중하며, 의존보다는 독립을 강조하고, 여성과 남성 모두 사회의 고정관념에 의해 자신을 정의하지 않고 스스로 자신을 정의하도록 장려하는 사회를 만드는 것이다.

여성주의 상담자는 여러 사람들에 의해서 발전되고 확장되었기 때문에 다양하다. 여성주의 상담이 성장하면서 보다 자기비판적이고 더욱 다양해졌다. 여성주의 상담자와 자신의 상담에 다문화 관점과 사회정의 관점을 적용하는 상담자는 많은 기본 가정과 역할을 공유한다. 이들은 적절한 자기개방을 하고, 자신의 가치관과 신념을 명확하게 제시하여 내담자가 상담 과정을 분명하게 이해하도록 한다. 이들은 내담자와 평등한 역할을 만들고, 내담자의 임파워먼트를 위해 작업한다. 이들은 여성과 다른 소외되고 억압된 집단의 공통분모를 강조하면서 이들의 다양한 삶의 경험을 존중한다. 이들은 모두 사회적 변화를 일으키기 위한 안건을 가지고 있다.

여성주의 상담자는 다양한 개입 방법을 사용해서 상담관계에서 권력 위계를 적극적으로 파괴하는 데 헌신한다. 이러한 전략 중 몇 가지는 여성주의 상담에만 있는 독특한 전략이다. 예를 들어, 성역할 분석과 개입, 권력 분석, 여성에게 적절한 역할에 대한 관습적 태도에 도전하는 옹호자의 입장을 가지기, 내담자에게 사회적 활동에 참여하도록 격려하기 등이 있다. 다른 치료 전략은 다양한 상담 모형에서 빌려온 것이다. 여기에는 독서치료, 자기주장 훈련, 인지 재구조화, 재구성과 재명명, 상담자의 자기개방, 역할놀이, 검증되지 않은 신념을 파악하고 도전하기, 일기 쓰기 등이 있다. 여성주의 상담 원리와 기법은 개인 상담, 부부 상담, 가족 상담, 집단 상담, 학교 상담, 지역사회 개입 등과 같은 일련의 치료 양식에 적용될 수 있다. 구체적으로 어떤 기법이 사용되는지와 관계없이 최우선 목표는 내담자의 임파워먼트와 사회 변화다.

여성주의치료, 다문화 접근, 사회정의 접근의 공헌

상담과 심리치료 분야에서 여성주의 이론가와 상담자의 주요 공헌은 젠더 감수성이 있는 상담 실무와 문화적 맥락이나 다중 억압의 영향에 대한 자각을 염두에 둔 상담 실무를 위한 길을 닦은 것이다. 성과 문화에 대한 우리의 태도와 편견에 주의를 집중함으로써, 여성주의자는 사회정의 문제가 내담자에게 어떻게 영향을 주는지와 관련하여 모든 이론적 지향을 가진 상담자의 인식을 확장시켰다. 여성주의 상담의 중요한 공헌점은 사회 변화를 강조했다는 것인데, 이는 사회의 변혁으로 이어질 수 있다. 여성주의 상담자는 상담 실무에서 중요한 이론적 · 전문적 진보를 가져왔다. 이들의 기여에는 내담자와 권력을 공유하는 것, 평가와 치료 접근에서 문화적 고려를 하는 것, 여성과 여성 경험을 타당화하는 것 등이 있다. 여성주의 상담자는 또한 전통적인 상담 이론과 인간발달 모델에서 남성중심주의(androcentricity)와 자민족중심주의(ethnocentrism)에 의문을 제기함으로써 중요한 기여를 했다. 대부분의 이론에서는 문제의 원인을 외부적 상황이나 환경보다는 개인에게 둔다. 이는 개인의 문제에 대해서 개인이 모든 책임을 지도록 하고 문제를 일으키거나 악화시킨 사회적, 정치적 현실에 대해서 거의 인식하지 못하게 된다. 여성주의 이론가와 상담자는 개인이 기대되는 역할 행동을 단지 수용하기를 기대하기보다, 사회의 압제적 요소를 다루는 것에 상담의 초점을 두어야 함을 우리에게 일깨운다. 이렇게 사회정의 문제에 대한 강조는 내담자의 옹호자로서 상담자의 역할을 확장시켰다. 전통적 상담 접근을 여성 상담에 맞게 적용시키는 것에 대한 논의는 엔스(2017)를 참조하도록 한다.

여성주의 운동은 심리학과 상담 실무의 윤리 영역에 중요한 기여를 했다(Brabeck & Brabeck, 2013). 통일된 여성주의 목소리는 아동학대, 근친상간, 강간, 성적 학대, 가정폭력 문제의 범위와 함의에 주의를 기울일 것을 촉구했다. 여성주의자는 아동과 여성이 신체적 학대, 성적 학대, 심리적 학대를 당했을 때 이를 인식하지 못하는 것이 가져오는 결과를 지적한다.

여성주의 치료자는 여성 내담자가 남성 상담자에게 준 신뢰를 남성 상담자가 오용했을 때 발생하는 성적 위법행동의 사례에 대해 조치를 취할 것을 요구했다. 얼마 전까지만 해도 주요 학회의 윤리강령에서 상담자와 내담자의 성적 접촉이라는 문제를 언급하지 않았다. 브라운과 쿠르투아(Brown & Courtois, 2021)는 상담관계에서 성적 위법행동에 주의를 기울이게 한 공로가 『여성주의 상담 협회의 윤리강령(Feminist Therapy Institute Code of Ethics)』(1990)에 있다고 본다. 이 강령에서는 상담자와 내담자 간의 성적 접촉이 윤리적 위반 행위이며 일종의 학대임을 명시했다. 현재 거의 모든 전문 기관과 학회의 윤리강령에서 현재 상담 중인 내담자와 성적으로 친밀하게 지내는 것을 금지하며, 예전에 상담했던 내담자와 일정 기간 동안 성적 접촉을 금지한다. 주로 윤리위원회에 속한 여성들의 노력에 힘입어 현존하는 윤리강령은 내담자, 학생, 슈퍼바이지와의 성적 학대와 성적 관계에 대해서 명확한 기준을 제시하고 있다(Brown & Courtois, 2021; Herlihy & Corey, 2015b).

여성주의 이론은 상담 실무뿐만 아니라 슈퍼비전, 교육, 자문, 윤리, 연구, 이론 구축에 적용되어왔다. 공동체 구축, 진실한 상호 공감적 관계 제공, 사회의식의 고양, 사회 변화의 강조는 모두 이 접근의 중요한 강점이다.

여성주의치료의 원리와 기법은 여러 다른 현대의 치료 모델에 통합될 수 있고 다른 치료 모델이 여성주의를 통합할 수도 있다. 여성주의와 아들러학파 상담자는 모두 상담관계를 평등한 관계로 본다. 여성주의와 인간중심 접근 상담자는 상담자의 진솔성, 모델링, 자기개방의 중요성에 대해 동의하며, 임파워먼트는 두 접근의 기본 목표이다. 사람의 존엄성에 대한 선택을 할 때 실존주의 상담자와 여성주의 상담자는 같은 목소리를 낸다. 삶은 사회적 명령에 의해서가 아니라 자신의 힘으로 결정한다는 것을 강조한다.

여성주의 상담자는 정신분석의 성차별적 관점에 대해 비판해왔지만, 많은 여성주의 상담자는 정신분석이 여성을 돕는 데 적절한 접근이 될 수 있다고 믿는다. 대상관계이론은 내담자가 부모와의 관계를 기반으로 한 내면화된 대상 표상을 살펴보도록 도울 수 있다. 실제로 관계문화치료는 대상관계이론에 뿌리를 두고 있다. 정신역동 접근에서는 성역할이 왜 그렇게 뿌리가 깊고 변화가 어려운지에 대한 통찰을 주기 위해서 모녀 관계를 통한 여성의 역할에 대한 무의식적인 학습을 분석할 수 있다.

인지행동 상담과 여성주의 상담은 상담관계를 협동적 파트너십으로 보며 내담자의 주도하에 목표를 정하고 변화를 위한 전략을 선택한다는 점에서 호환적이다. 두 치료 접근 모두 상담에서 신비적 요소를 제거하는 데 힘을 쓰며 내담자가 자신의 삶에 책임을 지고 주도하도록 돕는 것을 목표로 한다. 인지행동 상담자와 여성주의 상담자는 여러 가지 다양한 정보를 제공하고 가르치는 역할을 함으로써 내담자가 상담 과정에 적극적인 파트너가 될 수 있도록 한다. 여성주의 상담자는 자기주장 훈련 및 행동 연습과 같은 행동지향 전략을 사용하며 내담자가 일상생활에서 연습하도록 숙제를 제안하기도 한다. 여성주의 인지행동치료에 대한 유용한 자료로 워렐과 리머(2003)를 참조하도록 한다.

여성주의 상담의 한계와 비판

여성주의 상담자는 중도적 입장을 취하지 않는다. 이들은 사회구조의 변화를 옹호한다. 여성주의 상담의 잠재적 한계는 현상 유지에 도전할 필요성에 대해서 내담자에게 자신의 가치관을 강요할지도 모르는 상담자에 대한 것이다. 여성주의 상담자는 편견을 일으킬 수 있는 원인을 파악해야 하고 자신이 사용하는 이론과 기법에서 편견적인 부분을 재구성하거나 제거하기 위해 노력한다. 이것은 실제로 힘들게 노력해야 하며, 자문을 구하는 것뿐만 아니라 상담자 스스로가 상담을 받을 수도 있다. 여성주의 상담자가 내담자에게 과도하게 영향을 미칠 수 있으며, 상담자가 자신의 가치관을 잘 인식하지 못하고 있을 경우 더욱 그렇다. 여성주의 상담자는 개인과 사회의 변화에 관한 자신의 가치관에 대해서 잘 인식하고 있어야 하며, 가치관을 강요하는 위험을 줄이기 위해서 자신의 가치관에 대해서 적절하고 시의적절하고 존중하는 마음으로 내담자와 명확하게 공유해야 한다.

여성주의 상담자는 내담자가 잘 살펴보지 않고 선택하는 것에 대해서는 주의를 환기시키지만, 내담자가 정보를 알고 있는 상태에서 내린 선택이라면 내담자의 선택을 존중해야 한다. 내담자가 자신의 선택에 젠더와 문화가 미친 영향을 이해하고 있다면, 상담자는 내담자의 성장에 대해서 특정한 방향을 제시하는 것을 조심해야 한다. 여성주의 상담자는 내담자가 자신의 현재 삶의 선택에서 손해와 이익을 저울질하도록 돕는 데 전념하지만, 준비가 되지 않았거나 변화하고자 하지 않는 내담자를 너무 빨리 변화를 향해 밀어붙이지 않아야 한다. 레노어 워커(Lenore Walker, 1994)는 학대받은 여성을 상담하는 것과 관련해서 이 문제를 제기했다. 워커는 학대받은 여성으로 하여금 자신의 상황을 새로운 시각으로 바라볼 수 있도록 하는 질문을 하는 것의 중요성, 그리고 '안전 계획'을 세우도록 돕는 것의 중요성에 초점을 맞추었다. 그러나 동시에 워커는 학대받은 여성의 삶에서 변화하는 것을 어렵게 만드는 요소를 이해하는 것이 얼마나 중요한지도 강조한다.

여성의 문제에 기여한 맥락 요인과 환경 요인에 대해서 바라보고 개인내적 영역을 탐색하는 것에서 방향을 전환하는 것은 강점과 약점 모두가 될 수 있다. 여성 내담자가 자신의 우울증에 대해서 자신을 비난하기보다, 자신에게 억압적이고 자신의 우울증에 원인이 되는 외부 현실을 이해할 수 있게 된다. 외부 현실이 크게 자신의 문제에 원인이 되는 환경에서도 내담자는 어느 정도 내적 변화를 만들 수 있다. 내담자가 자신의 삶에서 무언가 행동을 취할 방식을 찾고자 한다면 상담자는 내담자의 외적 세계와 내부 세계를 균형 있게 탐색해야 한다.

여성주의치료의 성장을 방해하는 요인으로는 체계적이지 못한 방식으로 산발적으로 제공되는 훈련(Brown, 2018)과 질적 관리의 부족을 들 수 있다. 자격을 갖춘 여성주의 상담자의 공식적인 지위를 수여하는 자격관리 기관이 없어서, 앞으로 공식적인 훈련과 자격증에 대한 문제가 다루어져야 한다. 이에 더해서, 여성주의치료의 효과성에 대한 근거중심 연구가 부족하며, 다양한 이론적 지향을 가진 상담자의 상담 실무에 정보와 도움을 줄 수 있는 통합적 접근으로서 여성주의치료에 대한 이해 역시 부족하다. 여성주의 상담과 대부분의 사회정의 심리치료가 사회정의 가치 체계 내에서 인지행동치료와 외상 초점 개입과 같은 근거중심치료 접근을 통합하고 있다는 것 역시 널리 알려지지 않았다.

자기성찰과 토론을 위한 질문

1. 여러분이 지향하는 상담 이론과 관계없이 여러분의 상담 실무에 어떤 여성주의 상담의 주요 개념이나 원리를 통합시킬 수 있는가?
2. 여성주의 상담자는 내담자에게 치료적으로 도움이 된다고 판단할 때에만 자기개방을 한다. 여러분이 상담에서 자기개방을 한다면 자기개방이 적절한지, 시기에 맞는지, 내담자에게 도움이 되는지 그 정도를 어떻게 평가하겠는가?
3. 여성주의 상담은 개인의 변화뿐만 아니라 사회 변화도 목표로 하고 있다. 사회행동 영역에서 내담자와 작업을 촉진하는 데 있어서 여러분은 얼마나 역량이 있다고 생각하는가?
4. 여성주의 상담 접근에서는 권력, 특권, 억압, 차별 문제를 탐색하는 데 가치를 두고 있다. 여러분은 자신이 내담자와 이러한 문제를 탐색하는 것을 편안하게 여기고 관심을 가지고 있다고 보는가?
5. 이 장에서 다양한 여성주의 상담 기법을 기술하였다. 여러분이 특히 흥미가 있는 기법을 한 가지 꼽는다면 무엇인가? 그 이유는 무엇인가?

더 찾아볼 자료

기타 자료

이 장과 관련해서 미국심리학회에서 제공하는 DVD는 다음과 같다.

Brown, L. S. (2009). *Feminist Therapy Over Time* (APA Psychotherapy Video Series)

Psychotherapy.net은 학생과 전문가를 위해 여성주의 상담에 대한 동영상 자료와 인터뷰 등 광범위한 자료를 제공해준다. 매달 새로운 동영상 자료와 논평 자료가 제공된다. 이 장과 관련해서 www.psychotherapy.net에서 제공하는 DVD는 다음과 같다.

Walker, L.(1994). *The Abused Woman: A Survivor Therapy Approach*

Walker, L. (1997). *Feminist Therapy* (Psychotherapy With the Experts Series)

진 베이커 밀러 훈련기관(Jean Baker Miller Training Institute)은 관계문화 접근을 적용하고 연구, 심리 이론, 사회적 행동과의 통합을 모색하는 워크숍, 수업, 전문적 수련, 출판, 프로젝트를 제공한다. 이 관계문화 모형은 성장을 촉진하는 관계와 관계의 단절이 특정한 문화적 맥락 내에서 만들어진다는 가정에 근거한다.

진 베이커 밀러 훈련기관
www.wellesley.edu/JBMTI/

미국심리학회(American Psychological Association)의 분과 중 2개 분과에서 특히 여성 문제에 관심을 가지고 있다. 17분과(상담심리학 사회)는 여성 문제에 대한 소분과를 두고 있고 35분과(여성심리학 사회)가 있다.

미국심리학회
www.apa.org
17분과 웹사이트
www.div17.org
35분과 웹사이트
www.apa.org/divisons/div35

여성심리학회(Association for Women in Psychology: AWP)에서는 여성의 삶의 경험을 이해하고자 하는 여성주의 공헌을 다루는 연차 학술대회를 지원한다. 여성심리학회는 심리학과 정신건강 분야가 여성의 삶에서 하는 역할을 재평가하고 재형성하기 위한 과학적 · 교육적 여성주의 기구이다.

여성심리학회

www.awpsych.org

여성 심리학 자원 리스트(Psychology of Women Resource List: POWR)는 미국심리학회 35분과인 여성심리학 사회와 여성심리학회가 공동으로 지원하고 있다. 이 공공 네트워크는 여성심리학 분야에 관심이 있는 사람들에게 현재 중요한 논의 주제, 연구, 교수 전략, 실무 문제 등에 대한 논의를 촉진한다. 인터넷이나 비트넷(Bitnet)에 접근할 수 있는 컴퓨터가 있는 대부분의 사람들은 무료로 여성 심리학 자원 리스트를 구독할 수 있다. 구독하려면 아래의 주소로 이메일을 보내면 된다.

LISTSERV@URIACC (Binet) 또는 LISTSERV@URIACC.URI.EDU
Subscribe POWR-L [Your name(이름과 성을 사용)]

켄터키 대학교 상담심리학 대학원 과정에서는 여성 상담과 여성주의 상담 분야에 대한 부전공 프로그램이 있다. 더 많은 정보에 대해서는 교육 및 상담심리학과의 팜 리머(Pam Remer) 박사에게 연락하도록 한다.

켄터키 대학교의 팜 리머 박사

www.uky.edu/Education/edphead.html

텍사스 여자대학교는 여성 문제, 젠더 문제, 가족심리학을 주력으로 하는 훈련 프로그램을 제공한다.

텍사스 여자대학교

www.twu.edu/as/psyphil/Counseling_Home.htm

더 읽을거리

- **『여성주의 관점의 심리치료: 다양한 여성 임파워먼트(Feminist Perspectives in Therapy: Empowering Diverse Women)』**(Worell & Remer, 2003)는 여성주의치료에서 임파워먼트의 기초를 명료하게 개관한 뛰어난 교재다. 이 책은 여성주의와 다문화주의 관점을 상담에 통합하기, 변화하는 여성의 역할, 상담 실무의 여성주의 관점, 상담 이론의 여성주의적 변화, 평가와 진단에 대한 여성주의 접근과 같은 광범위한 주제를 다루고 있다. 우울, 성폭행을 극복하기, 학대에 직면하기, 진로 선택, 동성애자와 소수민족 여성에 대해 다루는 훌륭한 장들을 담고 있다.
- **『여성주의 다문화 상담 치료의 옥스퍼드 핸드북(Oxford Handbook of Feminist Multicultural Counseling Psychology)』**(Enns & Williams, 2013)은 26개 장들로 구성되며, 여성주의와 다문화 학문 분야를 통합하고 이 관점을 인종/민족, 사회계층, 장애, 종교, 문화 등과 관련된 다양한 여성

의 정체성에 적용하고 있다. 여러 장에서 여성주의 다문화 상담, 교수법, 멘토링, 사회 옹호에 초점을 두고 있다.

- 『**여성 심리 실무: 지침, 다양성, 임파워먼트(Psychological Practice With Women: Guidelines, Diversity, Empowerment)**』(Enns et al., 2015)는 여성의 사회적 정체성과 다양성에 대한 평가를 논의하고 있으며 아프리카계 미국인 여성, 라틴계 미국인 여성, 아시안계 미국인 여성, 태평양 군도 여성, 미국 원주민 여성, 동성애 · 양성애 · 성전환 여성, 장애가 있는 여성과의 상담 및 초국가적 실무를 하는 여성을 다룬 장들로 구성된다. 각 장에는 하나 이상의 사례 연구를 통해 미국심리학회의 가이드라인(APA, 2007)을 어떻게 적용했는지를 담고 있다.
- 『**여성주의치료(Feminist Therapy)**』(Brown, 2018)는 여성주의치료의 역사에 대한 흥미로운 관점을 제공하고 있으며 향후 여성주의 접근의 발전 방향에 대해서도 예측한다. 저자인 브라운은 여성주의 이론의 주요 개념과 상담 과정에 대해 명쾌하게 설명하고 있다.
- 『**여성주의치료의 소개: 사회 및 개인 변화를 위한 전략(Introduction to Feminist Therapy: Strategies for Social and Individual Change)**』(Evans, Kincade, & Seem, 2011)은 여성주의 이론을 임상 실무에 실질적으로 적용하는 것을 강조한다. 이 책은 사회 변화와 임파워먼트, 평등한 관계 구축의 중요성, 다양한 문화 배경을 가진 내담자와 상담할 때 쓸 수 있는 개입 전략에 대한 유용한 정보를 제공하고 있다.

포스트모던 접근 13장

학습목표

01. 포스트모던 접근이 모더니즘 접근과 어떻게 다른지 확인한다.
02. 사회구성주의의 역사적 기원을 살펴본다.
03. 집단적 언어체계 접근법을 설명한다.
04. 해결중심 단기치료의 특징과 주요 개념을 검토한다.
05. 해결중심 접근에서 상담관계가 어떤 역할을 하는지 이해한다.
06. 해결중심 단기치료 상담자가 자주 사용하는 기법을 설명한다.
07. 해결중심치료를 집단 상담에 적용하는 방법을 이해한다.
08. 해결중심치료를 학교 상담에 적용하는 방법을 이해한다.
09. 동기강화 상담의 주요 개념과 원리 및 변화의 단계를 검토한다.
10. 동기강화 상담을 학교 상담에 적용하는 방법을 살펴본다.
11. 이야기치료의 특징과 주요 개념을 설명한다.
12. 이야기치료에서 상담관계의 역할을 논의한다.
13. 이야기 상담자가 자주 사용하는 기법을 설명한다.
14. 이야기치료를 집단 상담에 적용하는 방법을 이해한다.
15. 포스트모던 접근의 강점과 약점을 다문화 관점에서 설명한다.
16. 포스트모던 접근의 공헌과 한계를 설명한다.

포스트모던 접근의 창시자

포스트모던 접근은 한 명이 아닌 여러 사람들의 집단적인 노력으로 만들어졌다. 이 장에서는 해결중심 단기치료, 동기강화 상담, 이야기치료의 발전에 주요한 영향을 끼친 각각의 창시자들에 대한 설명을 각 접근에 대한 소개의 앞부분에 제시하였다.

사회구성주의에 대한 소개 학습목표 01

지금까지 살펴본 각각의 상담과 심리치료 이론은 '실제(reality)'가 무엇인지에 대해 나름의 입장을 가지고 있다. 이처럼 여러 '진리(truth)'가 동시에 존재하고 또 그러한 진리가 서로 충돌하는 것을 보면서, 언젠가는 보편적 단일이론이 인간의 행동과 우리가 살고 있는 체계를 설명해낼 수 있을 것에 대해 회의론적인 관점이 커지게 되었다. 현재 우리가 살고 있는 포스트모던 시대에 진리와 실제는 더 이상 객관적이고 불변의 사실이 아니라 역사와 맥락에 영향을 받는 관점을 나타내는 것으로 받아들여진다.

모더니스트들은 객관적 실제를 명확하게 묘사하는 것이 가능하다고 믿으며, 실제는 과학적 방법을 통해 관찰하고 체계적으로 이해될 수 있음을 가정한다. 또한 실제는 그것을 관찰하는 자가 가진 관점과는 별개로 존재한다고 생각한다. 모더니스트들은 사람들이 어떠한 객관적 준거에서 너무 멀리 벗어났을 때 그 문제의 해결을 위한 상담을 받는다고 생각한다. 예를 들어, 내담자는 스스로 판단하기에 정상적인 기간보다 슬픔을 더 오래 경험하면 자신이 비정상적으로 우울하다고 생각한다는 것이다. 그럴 때 그들은 '정상적인' 상태로 돌아가기 위해 도움을 구할 것이다.

그에 반해 포스트모더니스트(postmodernist)들은 실제라는 것이 그 실제를 설명하는 방법인 관찰과정 및 언어체계, 즉 실제가 설명되는 방식과 별개로 존재한다고 생각하지 않는다. 사회구성주의(social constructionism)는 이러한 포스트모더니즘 세계관을 심리학적으로 표현한 것으로, 내담자의 실제가 옳은지 혹은 합리적인지에 대한 판단 없이 그대로 존중한다(Gergen, 1991, 1999; Weishaar, 1993). 사회구성주의자의 입장에서 볼 때 실제에 대한 모든 이해는 언어의 사용에 기반을 두고 있으며, 크게는 사람들이 살고 있는 상황의 기능에 영향을 받는다. 실제에 대한 우리의 이해는 사회적으로 구성된다. 예를 들어, 우울이 어떤 상태인지에 대한 정의를 수용해야 누군가가 우울하다는 것이 존재할 수 있다. 즉, 우울이라는 개념을 인정하는 문화적 조건이 존재하지 않는다면 누군가가 우울하다고 이야기를 하는 것은 아무런 의미가 없는 것이다. 우리는 일단 자신에 대한 정의를 받아들이고 나면 그것에 반대되는 행동을 지각하기는 매우 어렵다. 예를 들어, 우울로 인해 고생하고 있는 사람은 자신의 삶에서 종종 경험했을 좋은 상태였던 시절의 가치를 인정하지 못한다.

포스트모던 관점에서는 이야기 속 언어의 구성과 사용이 의미를 창조한다. 의미는 이야기를 하는 사람들의 수만큼 존재하며, 각각의 이야기는 이야기를 하는 사람에게는 진실이다. 과학이라 해도 이 사회구성주의적 과정의 영향에서 자유로울 수 없다. 특정 상황에 관련된 모든 사람은 그 상황의 '실제'가 무엇인지에 대한 각각의 관점을 갖지만, 동시에 그러한 실제의 범주는 구체적인 역사적 사건의 영향과 특정 사회적 맥락을 지배하고 있는 언어의 사용에 의해 제한된다. 그러므로 현실적으로는 가능한 의미의 범주가 무한대일 수는 없는 것이다. 케니스 거겐(Kenneth Gergen, 1985, 1991, 1999)과 동료들이 사람들이 사회적 관계에서 의미를 만드는 방식에 관심을 기울이기 시작하면서 사회구성주의라는 분야가 탄생했다.

사회구성주의에서 상담자는 전문가 역할을 거부하고, 협력적이고 자문하는 입장을 선호하며, 오히려 내담자를 자신의 삶에 대한 전문가로 바라본다. 상담 과정에서의 상담자와 내담자 간 협력적인 관계를 사정이나 기법보다 더 중요하게 여긴다. 이야기(narrative)를 이해하고 언어의 과정(담론)을 해체하는 것이 개인을 이해하고 그들이 원하는 변화를 만들어가도록 돕는 과정의 핵심이다. 사회구성주의 이론은 지식이 사회적 과정을 통해 구성된다는 전제에 기초한다. 우리가 '진실'이라고 받아들이는 것은 평소 사람들 간의 상호작용으로 형성된다. 그러므로 개인이 삶을 살아가거나 세상을 이해함에 있어 유일한, 또는 '올바른' 방법이란 것은 없다. 사회구성주의는 사회적 환경 속에서 가치가 어떻게 언어를 통해 전달되는지를 제시하고, 개인은 가족, 문화, 사회의 영향에 따라 지속적으로 변화한다고 주장한다(Neukrug, 2016).

이 책의 MindTap을 참조하여 동영상 퀴즈와 다양한 동영상 프로그램을 통해 13장과 관련된 주제에 대한 지식을 확장하기를 바란다.

사회구성주의 역사 살피기 학습목표 02

불과 100여 년 전의 프로이트, 아들러, 융은 심리학은 물론이고 철학, 과학, 의학, 심지어 예술의 영역에까지 변화를 가져온 인식체계 전환의 주역이었다. 21세기의 대안적 지식에 대한 포스트모던적 접근은 심리치료 분야에 가장 큰 영향을 끼친 인식체계의 전환으로 볼 수 있다. 포스트모더니스트 관점(postmodernist thought)은 많은 심리치료이론과 현대 심리치료 방법의 개발에 영향을 미치고 있다. 모더니스트들의, 인간의 본질과 진실의 추구에 지배적인 역할을 했던 '자기'는 사회적으로 **이야기된 삶**(storied lives)으로 대체되고 있다. 다양성, 복수의 관점, 통합(아는 자와 앎의 대상의 협력)은 이 새로운 사회적 운동을 구성하고 있으며, 실제 상담의 장면에서도 광범위한 관점을 제공한다. 일부 사회구성주의자에게 있어 '앎'의 과정은 오늘날 가족과 사회에 침투한 지배적인 문화적 입장을 불신하는 것에서 출발하는데(White & Epston, 1990), 지배적 문화가 일반적으로 정상이라고 생각되는 범위를 벗어난 삶을 사는 사람들에게 파괴적인 영향을 미칠 때 특히 그러하다. 변화는 문화적 담화가 가진 힘을 해체하고 새로운 삶의 의미를 함께 만들기 위해 전진할 때 시작된다.

상담의 실제에서 가장 잘 알려진 포스트모던 관점은 협력적 언어체계 접근(Anderson & Goolishian, 1992), 해결중심 단기치료(de Shazer, 1985, 1988, 1991, 1994), 해결지향치료(Bertolino & O'Hanlon, 2002; O'Hanlon & Weiner-Davis, 2003), 이야기치료(White & Epston, 1990), 동기강화 상담(Miller & Rollnick, 2013), 여성주의치료(Brown, 2018)이다. 다음 절에서 협력적 언어체계 접근에 대해서 살펴보고, 이어서 가장 중요한 포스트모던 접근인 해결중심 단기치료, 동기강화 상담, 이야기치료를 주로 살펴본다.

협력적 언어체계 접근 학습목표 03

상담에 찾아오는 사람들은 '그 문제'와 연관된 고유의 언어, 의미, 과정을 가진 대화적 체계에 '빠져 있는' 경우가 많다. 상담은 본질적으로 "문제의 구조화 및 문제의 해결"(Anderson & Goolishian, 1992, p. 27)을 통해 치료적 기능을 갖는 또 다른 대화 체계이다. 상담자의 알지 못함의 자세(not-knowing position)는 내담자와의 치료적 대화를 갖고자 하는 의지를 통해 내담자에 대한 돌봄의 관계를 촉진시킨다. 상담자는 이 같은 '알지 못함'의 자세를 가지고 그동안 자신이 인생에서 습득한 모든 지식과 개인적, 경험적 역량을 접어둔 채, 새로운 것을 찾아내고자 하는 강력한 관심과 호기심을 가지고 대화에 임할 것이다. 여기에서의 목표는 최대한 온전히 내담자의 세계로 들어가는 것이다. 내담자는 자기 삶의 중요한 이야기를 상담자에게 알려주고 공유하는 전문가이다. 이 같은 알지 못함의 자세는 공감적이며 "빨리 이해하려고 서두르지 않는 진솔하고 지속적인 치료적 태도"(Anderson, 1993, p. 331)에서 나오는 질문들을 통해 드러난다.

접수 면접이나 의뢰받는 과정을 통해, 상담자는 내담자가 다루기 원하는 것이 무엇인지에 대해 어느 정도 이해를 갖고 상담을 시작한다. 상담자의 질문은 자기 삶의 전문가인 내담자가 이미 제공한 내용에 기반을 두고 있다. 내담자가 제공하는 대답은 더 알고자 하는 태도로 임하는 상담자의 관심을 자극하고, 상담자는 내담자의 대답에 기반한 다음 질문을 이어간다. 이 같은 과정은 대화가 어떻게, 어떤 방향으로 전개될지에 대한 계획 없이 이루어지는 소크라테스식 대화법과 유사하다. 이 대화의 목적은 내담자의 이야기를 직면, 도전하는 것이 아니라 새로운 의미와 새로운 이야기의 구성을 위해 이야기를 계속해서 반복하는 것이다. "자기 이야기를 하는 것은 경험을 표상화하는 것이다. 즉, 과거를 현시점에서 구성해내는 일이다"(Anderson & Goolishian, 1992, p. 37). 이야기를 지속함을 통해, 상담자와 내담자의 대화는 새 이야기의 가능성을 구성해나가며 새로운 의미를 갖는 대화로 발전되는 것이다. 이러한 상담자의 알지 못함의 자세는 해결중심 접근과 이야기치료 접근의 주요 개념으로 자리잡아왔다.

인수 김 버그(Insoo Kim Berg, 1935-2007)는 한국 출신의 미국 심리치료사로 해결중심 단기치료(SFBT)의 선구자이다. 그녀는 1978년에 남편 스티브 드세이저(Steve de Shazer)와 함께 위스콘신주 밀워키에 단기가족상담센터를 개관하였다. 해결중심 단기치료의 선구자로서 그녀는 미국, 일본, 한국, 호주, 덴마크, 영국, 독일 등에서 워크숍을 진행하였다. 또한 인수 김 버그는 다양한 임상 현장에서 제공되었던 해결중심 단기치료를 보여주는 10권의 획기적인 저서를 서술하였는데, 그 같은 저서에는 『가족 기반 서비스: 해결중심적 접근(Family Based Services: A Solution-Focused Approach)』(Berg, 1994), 『알코올의존자와 심리상담: 해결중심치료(Working with the Problem Drinker: A Solution-Focused Approach)』(Berg & Miller, 1992), 『해결을 위한 면담(Interviewing for Solutions)』(De Jong & Berg, 2013) 등이 포함된다. 인수 김 버그의 동료들은 그녀가 영감을 주며, 겸손하고, 열정적인 사람이었다고 이야기한다. 그녀는 따로 휴가를 간 적이 거의 없을 정도로 헌신적으로 일했지만, 스트레칭, 요가, 산책, 정원 가꾸기 등 다양한 신체 활동을 즐기기도 하였다.

스티브 드세이저(Steve de Shazer, 1940-2005)는는 해결중심 단기치료의 선구자 중 하나이다. 그는 오랜 시간 동안 해결중심 단기치료가 시작된 밀워키의 단기가족상담센터에서 연구책임자로 있었다. 또한 그는 『단기치료 해결의 핵심(Keys to Solutions in Brief Therapy)』(1985), 『해결의 실마리(Clues: Investigating Solutions in Brief Therapy)』(1988), 『상담의 차별화(Putting Difference to Work)』(1991), 『언어의 독창적인 마술(Words were Originally Magic)』(1994) 등 해결중심 단기치료(SFBT)에 관한 여러 책을 저술하였다.

드세이저는 야구를 매우 좋아했고, 미식 요리사였으며, 매일 긴 시간 산책을 즐겼다. 독일어나 프랑스어 원문으로 철학적 글을 읽고, 재즈 음악을 들으며, 요리 비법을 찾아다니는 취미생활을 하였다. 고전 음악가로서 훈련을 받아 몇몇 악기를 전문가 수준으로 연주할 수 있었다. 젊은 시절에는 재즈 색소폰 연주자로 살기도 했다. 그는 북미, 유럽, 호주, 아시아 등에서 워크숍을 열고 훈련 과정을 진행하고 자문을 제공했다. 2005년 유럽 지역에서 순회 강연을 하던 중 건강문제로 비엔나의 한 병원에 입원하였는데 입원한 지 몇 시간 만에 세상을 떠났다.

해결중심 단기치료

도입

해결중심 단기치료(solution-focused brief therapy: SFBT)는 1980년대 초 위스콘신주 밀워키에 위치한 단기가족상담센터에서 드세이저와 인수 김 버그에 의해 시작된, 미래에 집중하고 목표지향적인 치료 접근법이다. 해결중심 단기치료는 문제가 없는 예외 상황과, 문제에 대한 내담자의 이해와 시도에 초점을 두고 강점과 회복탄력성에 집중한다. SFBT는 문제로 가득한 경험을 반복하기보다는 변화를 위한 새롭고 대안적인 가능성을 발견할 잠재력이 내담자에게 있다는 가정에 기반을 둔 낙천적, 반결정주의적 접근법이다. SFBT는 긍정심리학과도 관계가 있다. 해결중심 상담자는 내담자가 상담에 가져온 문제를 효율적으로 해결할 수 있는 강점, 능력, 기술을 가지고 있다고 믿는다(Grothaus et al., 2019).

드세이저는 미국 심리학자 밀튼 에릭슨(Milton Erickson)을 해결중심치료의 개발에 상당한 영향을 미친 인물로 꼽는다. 에릭슨은 가장 혁신적인 심리치료사 중 하나였다. 그는 진단적 평가에 반대했으며, 한 개인을 아픈 것이 아니라 갇혀 있는 것으로 보았다. 그는 내담자야말로 상담에서 어떤 것이 효과가 있으며, 어떤 것이 효과가 없는지 잘 알고 있는 최고의 선생이라고 믿었다. 에릭슨은 문제에 대한 자세한 정보 없이도 내담자가 가져오는 문제에 대한 해결책을 단시간에 발견할 수 있다고 확신했다. 그의 관점에서는 해결로 가는 더 빠른 경로는 내담자가 가진 강점과 자원을 통해 찾을 수 있다. 에릭슨은 치료의 효과를 위해 긴 시간이 필요하다고 보지 않았다. 드세이저와 버그는 모두 에릭슨의 다양한 원칙과 치료 방법을 해결중심 단기치료에 통합하였다.

주요 개념 학습목표 04

해결중심 단기치료 고유의 관점 해결중심적 철학은 사람들이 미래의 해결책이 아닌 과거나 현재의 문제에 집중하면 미해결된 과거의 갈등에 갇혀 나아가지 못한다는 가정에 기반을 두고 있다. 해결중심 단기치료는 과거 대신 현재와 미래를 선호한다는 점에서 전통적인 모델과 다르다(Franklin, et al., 2012). 상담자는 가능한 일들에 집중하면서, 문제가 어떻게 시작되었는지에 대해 아는 것에는 관심을 두지 않는다. 행동의 변화가 사람들의 삶의 향상을 돕는 가장 효과적인 접근이라고 본다. 드세이저(1988, 1991)는 문제의 해결을 위해 문제의 원인을 알아야 할 필요는 없으며, 문제의 원인과 해결 간에는 필연적인 관계가 없다고 주장하였다. 변화를 가져오기 위해 내담자나 그들의 문제에 대해 탐색하는 것은 굳이 필요치 않다. 문제에 대해 알거나 이해하는 것이 중요하지 않다면, '올바른' 혹은 딱 맞는 해결책을 찾는 것 역시 중요치 않다. 누구든 다양한 해결책을 생각해낼 수 있으며, 어떤 사람에게 잘 맞는 해결책이 다른 사람에게는 맞지 않을 수도 있다.

해결중심 단기치료에서도 내담자의 경험을 타당화하기 위해 호소문제에 대해 논의하고, 내담자의 아픔과 고통, 좌절에 대해 이야기하는 것이 가능하다(Murphy, 2013, 2023). 문제에 대해 듣는 것은 내담자의 강점과 자원을 평가하고 인정하는 기회를 열어줄 수 있다(Sabella, 2020). 그러나 이러한 간단한 탐색은 다른 유형의 치료에서 일반적으로 진행되는, 문제의 과거와 원인에 대한 장시간의 대화와는 다르다. 해결중심 단기치료에서는 이루고 싶은 목표를 내담자가 선택하며, 진단명, 과거 탐색, 문제의 발생 시점을 찾는 것에는 관심을 두지 않는다(O'Hanlon & Weiner-Davis, 2003).

긍정 지향 해결중심 단기치료는 사람들이 건강하고 유능하며 자신의 삶을 향상시킬 해결책을 만들어낼 능력이 있다는 낙관적 가정에 기반을 두고 있다. 해결중심 단기치료의 기본 전제는, 우리는 삶이 가져다주는 도전들을 해결할 능력을 이미 가지고 있지만 때로는 방향감각을 잃거나 능력을 가지고 있음을 잊어버린다는 것이다. 내담자가 어떤 상태로 상담에 찾아오는지와 상관없이 해결중심 단기치료 상담자는 내담자가 유능하다는 것을 믿는다. 상담자의 역할은 내담자가 이미 가지고 있는 능력을 인식하고 그것을 문제해결에 적용하도록 돕는 것이다. 상담의 핵심은 변화가 가능하다는 긍정적 기대의 형성을 통해, 내담자가 희망과 낙관을 발견하고 확장할 수 있는 대화를 촉진하는 것이다. 해결중심 단기치료는 사람들의 부족함, 약점, 문제에 머물기보다는 그들에게 잘 맞고 효과가 있는 것에 초점을 맞춘다는 점에서 긍정심리학(positive psychology)과 그 결을 같이 한다(Murphy, 2023). 해결중심 단기치료는 내담자의 강점과 성공 경험을 발견하고, 가지고 있는 자원을 찾고 활용하며, 원하는 미래에 초점을 맞추고, 구체적이고 성취 가능한 목표를 내담자와 협력하여 만들어내는 것을 강조하는 긍정적인 치료 개입이다(Grothaus et al., 2019). 긍정적인 측면들을 강조함을 통해 내담자는 즉각적으로 문제의 해결을 시도할 수 있게 되는데 이 같은 접근은 내담자에게 자신감을 불어넣어 준다.

내담자는 대개 '문제 지향적(problem-oriented)' 상태로 상담에 나오기 때문에 이미 그들이 고려했던 해결책조차도 문제 지향적 관점의 영향력 아래에 있는 경우가 많다. 내담자는 종종 과거에 경험한 일이 반드시 미래에 영향을 미칠 것이라는 결정론적 관점에 기반한 이야기를 가지고 온다. 상담자는 내담자가 고착된 문제의 상태에서 새로운 가능성이 존재하는 세계로 이동하도록 도울 수 있다. 해결중심 단기치료는 사람들이 문제로 인한 과거의 압제로부터 자유로워질 수 있도록 돕는다(Sabella, 2020). 해결중심 단기치료의 목표 중 하나는 상담자의 능숙한 언어의 사용을 통해, 화이트와 엡스턴(Whiate & Epston, 1990)이 말한 내담자의 문제로 가득한 이야기(problem-saturated story)를 재구성함으로써 내담자의 인식 전환을 돕는 것이다.

이미 효과 있는 것 찾기 해결중심 단기치료는 내담자의 삶에서 이미 잘 작동하고 있는 것에 초점을 두는 것을 강조하는데, 이는 전통적인 상담 모델들이 문제에 초점을 두는 것과는 완전하게 대조된다. 사람들은 자신의 이야기를 가지고 상담에 나오는데 그런 이야기들은 자신의 인생은 변화될 수 없음을, 혹은 인생이 자신을 원래의 목표에서 더욱 멀어지게 한다는 믿음을 정당화하는 데 사용되기도 한다. 해결중심 단기치료 상담자는 내담자가 가진 문제 패턴에 대한 예외, 혹은 성공 경험을 탐색하도록 돕는다. 또한 내담자로 하여금 예외 상황이나 문제가 삶에 그렇게 어려움을 주지 않았던 때를 찾도록 돕는 것을 희망을 증진한다. 해결중심 단기치료는 사람들이 이미 하고 있는 행동 중 효과적인 것을 찾아서, 그것을 문제에 적용함으로써 가능한 한 빠른 시간 내 해결하는 것에 초점을 둔다. 이미 효과가 있는 것을 찾아내고 내담자가 그 패턴을 활용하도록 돕는 것이 매우 중요하다(Murphy, 2023). 해결중심 단기치료의 핵심 원리는 다음과 같다. 효과적인 것이 무엇인지를 안다면 그것을 더 많이 하라. 그것이 효과적이지 않다면 다른 것을 시도하라(Hoyt, 2015).

내담자로 하여금 어떤 것이 효과적이었는지를 떠올리도록 돕는 방법은 다양하다. 드세이저(1991)는 사람들이 자신의 목표하는 바를 꾸준히 이루어갈 수 있는 상황을 만들어가는 진취적인 대화에 내담자를 참여시키려 하였다. 드세이저는 다음과 같이 말할 것이다. '당신의 기분이 조금 더 좋았던 때는 언제인지, 그리고 원하는 대로 일이 되었던 때는 언제인지 말해보세요.' 이와 같은 살 만한 가치가 있는 삶에 관한 이야기 속에서 문제의 영향력은 해체되고, 새로운 해결책이 드러나며 또 가능해진다.

상담을 위한 기본 가정 월터와 펠러(Walter & Peller, 1992, 2000)에 따르면 해결중심치료는 문제의 원인을 설명하는 모델이 아니라 사람들이 어떻게 변화하며 어떻게 목표를 성취하는지를 설명하는 모델이다. 해결중심치료의 기본 가정은 다음과 같다.

- 상담에 오는 사람은 효과적으로 행동할 능력이 있지만 현재는 부정적인 인지로 인해 그 능력을 발휘하지 못한다. 문제중심적 사고는 이전에 문제를 효과적으로 다루었던 방법을 인식하지 못하게 한다.
- 해결과 미래에 긍정적인 초점을 두는 것은 여러 가지로 유익하다. 사람들이 해결 기반 대화를 통해 자신의 강점에 초점을 둘 수 있게 되면 상담 기간은 짧아질 것이다.
- 모든 문제에는 예외 상황, 혹은 문제가 존재하지 않았던 때가 있다. 내담자는 예외 상황에 관해 이야기하면서 효과적인 해결책의 단서를 찾게 되고, 어쩔 수 없다고 느꼈던 개인적 어려움에 대한 통제감을 가질 수 있다. 내담자가 자신의 문제에 대한 예외 상황을 확인하고 문제가 아닌 이러한 예외에 대한 생각을 구조화하기 시작하면, 변화는 즉각적으로 일어날 수 있다.
- 내담자는 대개 자신의 한쪽 측면만 드러낸다. 해결중심 상담자는 그들이 드러내는 자기 이야기의 다른 측면도 검토할 수 있도록 돕는다.
- 계속 그대로인 문제는 없으며, 변화는 불가피하다. 사람들이 해야 할 일은 이미 일어나고 있는 긍정적인 변화가 무엇인지를 발견하는 것이다. 작은 변화는 더 큰 변화를 이끌어내며, 이 변화야말로 종종 내담자가 가져온 문제의 해결을 위한 전부인 경우가 많다(Guterman, 2013).
- 내담자는 이미 변화를 위한 최선을 다하고 있다. 상담자는 내담자의 저항적 반응을 통제하는 전략을 고안해내기보다는 내담자와 협력하려는 입장을 취해야 한다. 상담자가 내담자와 협력할 수 있게 된다면 저항은 일어나지 않는다.
- 상담자는 내담자가 문제를 해결하고자 하는 의도를 지니고 있음을 믿어야 한다. 상담자는 내담자가 변화를 원하고, 변할 수 있으며, 변할 것임을, 또한 협력적이고 지지적인 환경이 그러한 변화를 가능하게 할 것이라고 가정한다. 특정 문제에 대해 모두에게 적용 가능한 올바른 해결책 같은 것은 없다. 각 개인은 독특하며, 각자의 해결책도 마찬가지다.

단기치료의 특징 평균적으로 상담은 3~8회기 동안 진행되며, 1회기에 끝나는 경우가 가장 흔하다(Hoyt, 2015). 단기치료의 주요 목표는 내담자가 문제를 효율적으로 해결하고 가능한 한 빨리 앞으로 나아가도록 돕는 것이다. 단기치료를 정의하는 몇 가지 특징은 다음과 같다(Hoyt, 2009, 2011, 2015).

- 상담자와 내담자 간의 빠른 작업 동맹 형성
- 성취 가능한 치료 목표의 명확한 구체화
- 내담자와 상담자의 명확한 책임 구분: 내담자의 활발한 참여와 상담자의 적극적 개입
- 내담자의 강점, 역량, 적응적 능력 강조
- 변화는 가능하고 현실적이며 오랜 기다림 없이도 빠르게 나아질 수 있다는 기대
- 사고, 감정, 행동의 현재 기능에 초점을 두는 '지금 여기' 지향
- 구체적이고 통합된, 실용적이고 절충적인 기법
- 목표 및 변화에 대한 주기적 평가
- 시간 관리: 각 회기를 최대한 효율적으로 사용하고, 가능한 한 빠르게 종결로 진행

해결중심 단기치료 상담자의 주요한 과제는 어떻게 해야 더 빠르고 체계적으로 문제를 확인하고, 내담자와의 협력적인 관계를 만들며, 다양한 구체적인 방법으로 개입할지를 배우는 것이다. 대부분의 경우 상담은 횟수에 제약이 있기에 상담자는 단기 개입을 잘 할 수 있어야 한다.

상담 과정

해결중심 단기치료(SFBT)의 상담 과정은 내담자가 과거에 어떤 것이 효과가 있었고 없었는지, 미래에는 어떤 것이 효과가 있을지를 잘 알고 있는 자기 삶의 전문가라는 관점에 기초하고 있다. 해결중심 상담은 대부분의 전통적 치료 모델이 일반적으로 사용하는 교육적 접근이 아니라, 변화에 초점을 맞춘 협력적 관계의 형성을 강조한다. 내담자가 상담 과정의 시작부터 끝까지 잘 참여한다면 성공적 상담이 될 가능성이 커진다. 간단히 말하면, 상담에서 위계적 관계보다는 협력적이고 협조적인 관계가 더 효과적일 수 있는 것이다.

드세이저(1991)는 문제의 본질에 대한 탐색 없이도 내담자는 대개 자기 문제에 대한 해결책을 찾아낼 수 있다고 보았다. 이러한 관점에서 보았을 때, 해결책을 만들어가는 구조는 문제해결을 위한 전통적인 접근과는 상당한 차이를 갖는다. 이 같은 특징은 상담의 과정과 관련된 다음의 간략한 설명에서 잘 나타난다(De Jong & Berg, 2013).

1. 상담자는 내담자에게 문제를 설명할 기회를 제공한다. '제가 어떻게 당신에게 도움이 될 수 있을까요?'라는 상담자의 질문에 대한 내담자의 대답을 존중하며 주의 깊게 경청한다.

2. 상담자는 내담자와 함께 가능한 한 빨리 잘 구성된 목표, 혹은 원하는 미래를 만들어내기 위해 노력한다. '당신의 문제가 해결되면 무엇이 달라질까요?'라는 질문이 주어진다.
3. 상담자는 내담자에게 문제가 없었거나 문제가 덜 심각했던 때가 언제인지 묻는다. 내담자는 이 예외를 탐색하도록 지지를 받으며, 특히 그러한 일의 발생에 내담자가 기여한 것이 무엇이었는지를 강조한다.
4. 해결책을 만들기 위한 대화의 마지막에 상담자는 늘 내담자에게 요약한 피드백을 제시하고, 격려하며, 앞으로 문제를 해결하기 위해 다음 회기까지 내담자가 무엇을 관찰하거나 행동할 것인지를 제안한다.
5. 상담자와 내담자는 기대하는 문제해결에 어느 정도까지 도달했는지 척도를 사용해서 평가한다. 문제가 해결되었다는 것을 알기 전에 어떤 일이 일어나야 할지, 그러고 나서는 무엇을 할지에 대해 내담자에게 질문한다.

상담 목표 SFBT는 변화, 상호작용, 목표달성에 대한 기본 가정을 가지고 있다. 해결중심 상담자는 사람들이 의미 있는 개인적 목표를 세울 능력과 자신의 문제를 해결할 자원을 지니고 있다고 믿는다. 목표는 각 내담자마다 다르며 더 풍성한 미래를 만들 수 있도록 내담자에 의해 구성된다(Prochaska & Norcross, 2018). 내담자의 선호하는 바, 목표, 바라는 결과가 명확하지 않으면 내담자와 상담자 사이에 균열이 생길 수 있다. 치료적 목표의 확인은 협력적 과정을 통해 이루어진다. 상담 초기 단계 동안, 내담자가 상담에서 원하는 것이 무엇인지, 그리고 어떤 문제를 탐색하고 싶은지에 대해 말할 기회를 갖는 것은 매우 중요하다. 상담을 통해 달성하기 원하는 목표는 내담자가 편안하게 결정할 수 있어야 한다(Bitter, 2021). 내담자와의 첫 만남에서부터 상담자는 변화를 촉진하고 내담자가 다양한 가능성을 탐색할 수 있도록 격려한다. 그로서스, 런얀, 그리고 사코-베네(Grathaus, Runyan, & Sacco-Bene, 2019)는 이 같은 상담 과정에서 갖는 목적의 핵심은 다음과 같다고 말한다. "'호기심'과 '알지 못함'에 기반을 둔 존중적이고 겸손한 자세를 취함으로써 상담자는 내담자로부터 무엇이 필요할지에 대해 배우게 된다"(p. 176).

해결중심 상담자는 추가적인 긍정적 성과를 만들어낼 수 있는 작고 실제적이며 성취 가능한 변화에 집중한다. 성공은 그 자체에 쌓여가는 경향이 있기 때문에, 작은 목표들이 변화의 시작으로 간주된다. 상담자는 내담자가 가능한 한 빨리 긍정적인 방향으로 나아가는 것을 도울 방법을 강구한다(Hoyt, 2015). 해결중심 상담자는 다음과 같이 변화를 전제하고, 여러 가지 답변을 요구하며, 목표를 위한 미래지향적인 질문을 사용한다. "지난 상담 이후 무엇을 하였고 무엇이 변했습니까?" 또는 "어떤 것이 좋아졌다고 생각합니까?"(Bubenzer & West, 1993).

머피(2023)는 내담자가 아래의 세 가지 주요 기준을 포함하는 잘 규정된 목표, 또는 선호하는 미래를 만들도록 돕는 것이 중요하다고 강조하였다.

1. **시작에 기반을 둔다**: 시작할 수 있는 것을 긍정적으로, 혹은 내담자가 바라는 것을 반영하여 기술한다.
2. **구체적이다**: 분명하고, 관찰 가능하며, 측정 가능하고, 상세하며, 행동적인 설명을 한다.
3. **사회적이다**: 주요한 타인들이 무엇을 알아차리고, 어떻게 반응할지, 그리고 그들의 반응이 내담자에게 어떠한 영향을 미칠 것인가에 대해 묘사한다.

상담자는 내담자가 자신의 어려움에 관해 이야기할 기회를 갖기 전에 구체적인 목표의 성취를 위한 과제를 주면 안 된다. 내담자가 자신에게 의미 있는 목표를 세우기 위해서는 우선 상담자가 자신의 입장을 잘 듣고 이해하고 있다고 느낄 수 있어야 한다. 해결중심에 집중하다 보면 대인관계적 측면을 충분히 고려하지 못하고 기술적인 면만 신경 쓰다가 길을 잃을 수 있다. 상담자는 기법에 너무 치우치다가 치료적 동맹을 잃지 않도록 주의해야 한다.

해결중심치료는 세 가지 형식의 목표를 사용하는데, 상황을 보는 **관점** 혹은 참조체계를 변화시키기, 문제 상황에서 하는 **행동**을 변화시키기, 내담자의 **강점**과 **자원**을 끌어내기가 이에 해당한다(O'Hanlon & Weiner-Davis, 2003). 상담자는 적절한 언어의 사용을 통해 내담자의 희망과 낙관성을 높이고 가능성과 변화에 대해 열린 자세를 갖도록 도울 수 있다. 상담자는 내담자가 문제 대화보다는 변화 대화(change-talk) 또는 해결 대화를 하도록 이끈다. 이러한 접근은 사람들은 그들이 가장 많이 말하는 것을 만들어낸다는 가정을 전제로 한다. 문제에 관한 이야기는 문제의 유지를 이끌어내고, 변화에 관한 이야기는 변화를 가져온다.

상담자의 기능과 역할 내담자는 대화의 방향과 목적을 자신이 결정하고 있다고 믿으면 상담 과정에 더 참여하게 될 가능성이 높다. 치료적 과정의 대부분은 내담자가 자신의 미래, 그리고 자신의 삶에서 달라지길 원하는 것이 무엇인지에 대해 말하는 것이다. 포스트모더니즘과 사회구성주의 관점과 마찬가지로, 해결중심 단기치료 상담자는 알지 못함의 입장을 취하며 내담자를 그들 삶에 대한 전문가로 둔다. 상담자는 자신이 가진 전문가로서의 참조체계를 통해 내담자의 행동과 경험의 중요도를 알 수 있다고 생각하지 않는다(Anderson & Goolishian, 1992). 이 모델은 상담자를 평가와 치료의 전문가로 보는 전통적인 입장과는 매우 다른 관점에서 상담자의 역할과 기능을 제안한다. 전문가로서의 상담자는 전문가로서의 내담자로 대체되는데, 특히 내담자가 자신의 삶과 치료에서 원하는 것이 무엇인지와 관련해서는 더욱 그러하다. 상담자는 내담자가 진정으로 자신의 삶의 전문가라고 믿는 것이 중요하다. 물론 변화의 과정에 있어서는 상담자가 전문성을 가진다 하더라도, 변화시키길 원하는 것이 무엇인지에 대해서는 내담자가 전문가이다. 상담을 시작하는 시점에서는 아직 잘 모를 수 있지만, 내담자는 자신이 원하는 미래를 그들만의 방식으로 발전시킬 것이다. 상담자의 과업은 무엇을 변화시킬지를 제시하지 않으면서 내담자를 변화의 방향으로 이끌어주는 것이다(George et al., 2015; Grothaus et al., 2019).

상담자는 내담자가 자신의 새로운 이야기를 자유롭게 만들어내고, 탐험하며, 함께 작성해나가는 경험을 할 수 있도록 상호존중, 대화, 지지의 분위기를 만들어내고자 노력한다. 핵심적인 상담 과제는 내담자로 하여금 삶이 어떻게 달라지기를 원하는지, 그런 변화가 일어나게 하려면 무엇을 해야 할지를 상상하도록 돕는 것이다. 상담자의 역할 중 하나는 질문을 하고 그 질문에 대한 답변에 기초해 또 다른 질문을 하는 것이다. 다음은 유용한 질문의 예이다. '여기 오는 것을 통해 얻고 싶은 것은 무엇인가요?', '당신이 원하는 변화를 이룬다면 삶이 어떻게 달라질까요?', '이 변화를 이루기 위해 지금 무엇을 할 수 있을까요?'

상담관계 학습목표 05 해결중심 단기치료의 성과에 있어 상담자와 내담자의 관계의 질이 결정적인 요인임을 고려하면 관계 형성이나 참여는 SFBT의 기초이다. 효과적인 상담 과정을 위해서는 상담자의 태도가 요인으로 작용한다. 내담자가 다음 회기에도 나오고 주어진 과제를 수행할 수 있도록 하기 위해서는 신뢰감 형성이 필수적이다. 상담 과정의 효과는 내담자가 상담에 적극적으로 참여하고, 상담자와의 긍정적인 관계를 경험하며, 내담자가 중요하게 생각하는 것을 상담에서 다룰 때 가장 분명하게 나타난다(Murphy, 2023). 내담자와 효과적인 치료적 파트너 관계를 형성할 수 있는 좋은 방법은 그들이 이미 가지고 있는 강점과 자원을 활용하여 해결책을 만들어 낼 수 있음을 보여주는 것이다. 상담자는 내담자가 무언가 다른 것을 해보도록, 그리고 현재와 미래의 걱정을 어떻게 다룰지 창의적으로 생각해보도록 격려한다.

드세이저(1988)는 상담자와 내담자 간 형성될 수 있는 세 가지 관계를 다음과 같이 제시하였다.

1. **고객**: 내담자는 상담자와 함께 다루어야 할 문제와 해결책을 탐색한다. 내담자는 목표를 이루기 위해 자신이 노력해야 함을 깨닫는다.
2. **불평자**: 내담자는 문제의 해결이 자신이 아닌 다른 누군가에게 달려있다고 생각하기 때문에, 문제에 관한 이야기를 하긴 하지만 자신이 기꺼이 해결책을 찾아보고자 하지 않는다. 이 경우 내담자는 자신이 볼 때 문제의 원인이라고 생각되는 사람을 상담자가 변화시켜 주기를 기대한다.
3. **방문자**: 내담자는 배우자, 연인, 교사, 보호 관찰관 등과 같은 다른 누군가가 내담자를 문제라고 생각하기 때문에 상담에 온다. 이 같은 내담자는 자신에게 문제가 있음에 동의하지 않을 수도 있고, 상담에서 무엇을 탐색하면 좋을지를 정하지도 못한다.

드종과 버그(2013)는 내담자를 위의 세 가지 유형 안에만 가두어두는 것을 경계하라고 말한다. 이 세 가지 유형은 대화의 시작점일 뿐이다. 상담자는 내담자를 유형화할 것이 아니라, 내담자와의 사이에서 만들어지는 관계의 종류에 대해 생각해야 한다. 예를 들어, 상담자는 문제의 원인을 다른 사람에게 돌리는 내담자(불평자)에게 능숙하게 개입해서 그 문제에서 내담자가 한 역할과, 해결을 위해 내담자가 적극적으로 행동해야 할 필요성을 생각해보게 할 수 있다. 내담자의 다양한 행동에 대해 상담자가 어떻게 반응하는지가 관계의 변화에 주요한 역할을 한다. 즉, 불평자와 방문자는 고객이 될 가능성을 지니고 있는 것이다.

적용: 상담 기법과 절차 학습목표 06 해결중심 상담자가 사용하는 주요 기법들은 달라진 점 찾기, 예외질문, 척도질문, 기적질문을 포함한다. 이러한 기법들도 협력적인 작업 동맹이 없이 그저 기계적으로 사용되면 효과적인 결과를 가져올 수 없다. 머피(Murphy, 2023)는 이 해결중심 기법을 각 내담자의 상황에 맞도록 유연하게 잘 조율해서 사용할 것을 제안하였다. 상담은 내담자의 목표, 인식, 자원, 피드백에 의해 가장 잘 안내될 수 있다. 상담은 상담관계 외의 다른 절대적이거나 경직된 기준(예: 근거중심치료 등)에 의해 결정되어서는 안 된다.

상담 전 변화 단지 상담 약속을 잡는 것만으로도 행동의 변화를 가져온다. 첫 번째 회기에서 해결중심 상담자는 일반적으로 다음과 같은 질문을 한다. "전화로 상담 약속을 잡은 이후 그동안 어떤 변화가 일어났습니까?"(de Shazer & Dolan, 2007, p. 5). 이 같은 변화에 대한 질문을 통해 상담자는 내담자가 긍정적 변화를 일으키기 위해 이미 한 일을 끌어내고, 불러일으키며, 확장할 수 있다. 이러한 상담 전 변화(pretherapy change)는 상담 과정을 통해 생기는 것이 아니므로, 이 변화에 대한 질문은 내담자로 하여금 자신의 목표달성을 위해 상담자보다 자신의 자원을 더 의지하게 한다.

질문하기 해결중심 상담자는 단순히 정보를 모으기 위함이 아닌, 내담자의 경험을 더 잘 이해하기 위한 수단으로 질문을 활용한다. 상담자는 자신이 답을 안다고 생각하는 질문을 하지 않는다. 질문은 존중, 진정한 호기심, 진심 어린 관심과 개방적인 태도에서 나온다. SFBT 상담자의 질문들은 전문가로서의 내담자가 제공하는 대답을 통해 채워진다. 내담자의 대답은 상담자가 관심을 가질 만한 정보를 제공하거나 또 다른 질문을 가져온다.

예외질문 SFBT는 내담자의 인생에서 지금 문제로 여기는 그 일이 문제가 되지 않았던 순간이 있었음을 전제한다. 그러한 순간들이 다름에 관한 새로운 정보를 반영한다(Bateson, 1972). 해결중심 상담자는 예외질문(exception question)을 통해 내담자를 문제가 존재하지 않았거나 문제가 이처럼 심각하지 않았을 때로 이끌어간다. 예외(exception)란 문제가 충분히 일어날 수 있었지만 어떤 이유로든 문제가 일어나지 않았던 내담자의 과거 경험이다(de Shazer, 1985; Murphy, 2023). 이 성공 사례는 앞으로의 변화를 위해 유용하게 사용될 수 있다. 이 같은 탐색은 내담자로 하여금 문제가 항상 지배하는 것은 아니며 영원히 존재하는 것도 아님을 깨닫게 한다. 또한, 자원을 찾아내고, 강점을 활용하며, 가능한 해결책을 확인하는 기회를 제공한다. 상담자는 이러한 예외가 더 자주 일어나게 하려면 무엇을 해야 할지 내담자에게 묻는다.

기적질문 상담 목표는 SFBT의 주요 기법이자 드세이저(1988)가 기적질문(miracle question)이라고 부른 질문을 통해 설정된다. 상담자는 '만약 당신이 잠든 사이에 기적이 일어나 당신의 문제가 해결되었다고 한다면, 당신은 그것을 어떻게 알 수 있으며 무엇이 달라질까요?'라고 질문한다. 그리고 문제가 아직 있지만 내담자에게 일단 그렇게 '달라질' 것처럼 행동해보도록 한다. 혹 내담자가 확신과 안전이 더 필요하다고 말한다면, 상담자는 다음과 같이 말한다. '오늘 상담을 마치고 당신이 더 확신을 갖고 안전하게 행동하게 되었다고 생각해보세요. 무엇을 다르게 행동할까요?' 이처럼 가설적 해결책을 생각해보는 과정은 지각된 문제에 대한 행동과 관점을 변화시키면 문제가 변한다는 오핸런과 와이너-데이비스(O'Hanlon & Weiner-Davis, 2003)의 믿음을 반영하고 있다.

드종과 버그(2013)는 기적질문이 유용한 기법인 이유 몇 가지를 제시한다. 내담자에게 기적이 일어날 것에 대해 생각해보라고 요청하는 것은 미래의 다양한 가능성을 열어놓는다. 내담자는 자신이 가장 원하는 변화를 탐색하기 위한 방법으로 꿈을 꾸도록 격려를 받는다. 이 질문은 내담자로 하여금 특정한 문제의 지배를 받지 않는 지금과 다른 삶을 생각해볼 수 있도록 미래에 초점을 둔다. 이 개입은 과거나 현재의 문제에서 벗어나 미래의 더 만족스러운 삶을 바라보도록 만든다.

비터(Bitter, 2021)는 다문화 관점을 지지하는 상담자에게 다음과 같은 해결중심 질문을 반영해보도록 하였다.

- 당신이 지지받는다고 느낀 때는 언제였습니까?
- 만약 기적이 일어나 억압받거나 소외된 사람이 없는 세상에서 살게 된다면, 당신은 당신의 삶에서 무엇을 다르게 할 수 있을 것 같습니까?
- 당신이 살고 있는 지역사회에서 인종차별, 성차별, 그리고 기타 다른 유형의 차별에서 개선이 일어난다면, 어떤 차이를 발견하게 될 것 같습니까?

척도질문 해결중심 상담자는 감정, 기분, 의사소통의 영역에서 변화를 쉽게 찾기 힘들 때나 내담자가 문제에 완전하게 굴복한 것이 아님을 깨닫게 도와주기 위해 척도질문(scaling question)을 사용한다(de Shazer & Berg, 1988). 예를 들어, 공황이나 불안 감정을 호소하는 여성에게 다음과 같이 질문한다. '0에서 10까지의 척도상에서 0은 당신이 상담에 처음 왔을 때의 불안 수준이고 10은 기적이 일어나서 문제가 모두 사라졌을 때의 불안 수준이라면, 당신은 지금 몇 점 정도로 불안을 느끼나요?' 내담자가 고작 0에서 1만큼만 변했다고 이야기해도 분명 좋아진 건 좋아진 것이다. 내담자는 어떻게 그렇게 한 것일까? 척도가 한 단계 더 올라가려면 내담자는 무엇을 해야 할까? 척도질문은 내담자로 하여금 자신들이 무엇을 하고 있는지 더욱 자세히 살펴보도록 만들고 자신이 원하는 변화로 나아가기 위한 방법을 찾아보게 한다.

공식 첫 회기 과제 공식 첫 회기 과제(formula first session task: FFST)는 첫 회기와 둘째 회기 사이에 내담자가 수행하도록 상담자가 부여하는 과제를 말한다. 상담자는 다음과 같이 말한다. "오늘부터 다음에 우리가 만나기 전까지 당신(가족, 생활, 결혼, 관계)에게 일어나는 일들 중 앞으로 계속해서 일어나기 원하는 일이 무엇인지 잘 살펴보세요."(de Shazer, 1985, p. 137) 두 번째 회기에 온 내담자에게 지난 회기 이후 무엇을 발견했으며 앞으로 일어나기 원하는 일이 무엇인지 질문한다. 이 과제는 내담자에게 변화는 일어나기 마련이라는 희망을 준다. 즉, '만일 변화가 일어난다면'이라는 문제가 아니라 언제 변화가 일어나는지의 문제인 것이다. 드세이저에 따르면 이 같은 개입은 현재와 미래의 상황에 대한 내담자의 낙관과 희망을 증진시킨다. 공식 첫 회기 과제 기법은 과거의 문제가 아니라 미래의 해결책을 강조한다(Murphy, 2023).

내담자에 대한 상담자의 피드백 해결중심 상담자는 일반적으로 각 회기 종료 전에 5~10분 정도의 휴식 시간을 갖고 내담자에게 줄 요약 메시지를 작성한다. 이 시간에 상담자는 휴식 후 내담자에게 줄 피드백을 공식화하여 작성한다. 이 요약에는 회기에서 관찰한 내담자의 강점, 희망의 단서, 문제의 예외에 대한 설명, 지금 하고 있는 행동 중 내담자가 원하는 방향으로 나아가는 데 유용한 행동 등이 포함된다(George et al., 2015).

드종과 버그(2013)는 칭찬, 연결, 과제 제안의 세 부분으로 이 요약 피드백의 구조를 제시했다. 칭찬은 내담자가 효과적인 해결로 가기 위해 이미 하고 있는 일을 진심으로 인정해주는 것이다. 칭찬은 습관적, 기계적으로 하기보다는 격려하는 방식으로 하는 것이 중요하다. 이 피드백은 내담자의 강점과 성공을 제시하여 내담자에게 희망을 일으키고 내담자가 목표를 성취할 수 있다는 기대를 전달한다. 두 번째 단계인 연결은 처음의 칭찬을 곧 주어질 과제 제안과 연결한다. 연결은 과제의 근거를 제공한다. 피드백의 세 번째 단계에서는 내담자에게 과제 제안을 하는데 이는 숙제라고도 볼 수 있다. 관찰 과제는 내담자에게 단순히 자기 삶의 어떤 측면에 주의를 기울이라고 한다. 이 자기 점검 과정은 내담자에게 일이 잘 되었을 때 차이점이 무엇인지, 특히 자신이 생각하고 느끼고 행동하는 방식에서 무엇이 다른지를 깨닫게 해준다. 행동 과제는 상담자가 생각하기에 내담자가 해결책을 구성하는 데 도움이 될 것 같은 무엇인가를 실제로 하도록 한다. 드종과 버그(2013)는 내담자에 대한 상담자의 피드백은 목표를 성취할 가능성을 높이기 위해 내담자가 더 해야 할 일과 이전과 다르게 해야 할 일을 제시한다고 강조하였다.

종결 해결중심 면담의 첫 회기부터 상담자는 종결을 향해 가고 있음을 염두에 둔다. 내담자가 만족스러운 해결책을 만들 수 있게 되면 상담관계를 종결할 수 있다. 상담자가 종종 사용하는 목표설정 질문에는 다음과 같은 것이 있다. '저와 만나는 것이 그럴 만한 가치가 있었다고 말하려면 여기 온 결과로 당신의 삶에서 무엇이 달라져야 할까요?' 상담자는 척도질문을 통해 내담자로 하여금 상담 과정을 점검하고 더 이상 상담에 올 필요가 없을 때는 언제인지를 결정하도록 도울 수 있다.(De Jong & Berg, 2013). 상담 시작부터 명확한 목표를 수립하는 것은 효과적인 종결의 초석이 된다(Murphy, 2023). 상담을 마치기 전 상담자는 내담자가 이미 이룬 변화들을 앞으로도 계속 유지하기 위해 무엇을 해야 할지에 대해 확인하도록 돕는다. 또한 내담자는 변화를 유지하는 데 방해나 장애가 될 수 있는 것을 생각해볼 수 있다. 이 치료 모델이 단기적이고, 현재 중심적이며, 구체적인 불만을 다루는 것이기 때문에, 이후에 내담자는 다른 발달적 문제를 경험할 수 있다. 상담자는 내담자에게 삶을 되찾거나 자신의 이야기를 새롭게 할 필요가 있을 때면 언제든지 추가 상담을 요청할 수 있다고 이야기한다.

존 머피 박사는『통합적 상담: 사례 중심의 접근』(Corey, 2013) 11장에서 루스 사례를 해결중심 단기치료 접근으로 평가하고 상담하면서 SFBT의 여러 기법을 실제 시행하는 모습을 보여주었다.

집단 상담에 적용하기 학습목표 07

해결중심 집단 상담자는 사람들은 능력이 있고 그러한 자신의 능력을 경험할 기회가 주어진다면 자신의 문제를 해결하여 더 풍성한 삶을 살 수 있다고 믿는다. 집단구성원들은 자신의 문제를 간략하게 이야기하는 기회를 갖긴 하지만 집단 촉진자는 집단 시작 단계부터 해결에 강조점을 둔다(Metcalf, 1998). 촉진자는 다음과 같이 새 집단을 시작할 수 있다. '각자 자신을 소개하는 시간을 가지면 좋겠어요. 왜 여기 왔는지, 우리가 당신에 대해 무엇을 알면 좋을지를 간략하게 이야기해주세요.' 촉진자는 집단구성원들이 대화를 통해 문제를 외재화시키도록 돕는데, 이는 구성원들로 하여금 자신을 문제에 덜 빠져 있는 사람으로 보게 한다. 참여자들이 자신을 많은 자원을 가진 사람으로 인식하도록 만드는 것이 촉진자의 역할이다. SFBT는 단기에 진행되도록 고안되었기 때문에, 지도자는 집단구성원들이 문제 대화가 아닌 해결 대화를 유지하도록 해야 한다. 이것이 참여자로 하여금 긍정적인 방향으로 나아가게 한다.

집단 지도자는 구성원과 함께 가능한 한 빨리 잘 형성된 목표를 만들기 위해 노력한다. 지도자는 더 긍정적인 성과를 만들어낼 수 있는 작고 현실적이며 성취 가능한 변화에 집중한다. 성공은 그 자체를 기반으로 이루어지는 경향이 있으므로, 작은 목표를 변화의 시작이라고 여긴다. 집단구성원들이 명확한 목표를 세우도록 다음과 같이 질문한다. '여러분 각각의 문제가 해결되면 당신의 생활이 어떻게 달라질까요?', '당신과 집단에 있는 우리에게 이제 좀 나아졌다고 말할 수 있는 어떤 일이 미래에 일어날까요?' 때로는 구성원들이 자신의 목표나 행동에 집중하지 못하고 다른 사람이 하거나 하지 않을 일을 이야기하기도 한다. 이 경우에는 이렇게 질문한다. '당신 자신은 어떨까요? 그 경우에 당신은 어떤 다른

행동을 할까요? 당신이 다르게 행동하면 다른 사람들이 어떻게 반응할 것 같아요?'

촉진자는 구성원들에게 그들의 문제가 없었거나 덜 심각했던 때에 대해 질문한다. 구성원은 이 예외를 탐색하고, 특히 이 일이 발생하도록 자신이 한 일이 무엇이었는지에 강조하여 탐색한다. 참여자들은 함께 서로의 예외를 찾아본다. 이는 집단 과정을 촉진하고 해결중심을 강화해서 강력한 효과를 발휘한다. 예외는 문제의 맥락 밖에서 실제로 일어난 일들이다. 개인 상담에서는 상담자와 내담자만이 능력을 관찰한다. 집단 상담의 장점은 청중이 확대되고 더 많은 조언이 가능하다는 점이다(Metcarf, 1998).

적절한 질문의 사용은 해결중심 집단에 사용되는 주요한 개입이다. 질문은 존중, 진솔한 호기심, 진지한 관심, 개방성의 태도에서 주어진다. 집단 지도자는 다음과 같이 변화를 전제하고 목표지향적이며 미래지향적인 질문을 한다. '지난번 이후로 당신은 무엇을 하였고 어떤 것이 변했나요?', '무엇을 보고 좋아졌다는 것을 알게 되었나요?' 다른 집단 구성원들도 집단 지도자와 함께 반응해서 집단 상호작용이 활발하게 이루어지게 한다. 촉진자는 다음과 같은 질문을 한다. '당신을 이 집단으로 오게 한 문제가 어느 날 덜 심각해진다면 당신은 무엇을 하고 있을까요?', '오늘 다른 사람들의 이야기를 들어보니 당신이 무엇인가 다른 것을 하도록 격려하는 자원이 되는 사람이 이 집단에 있나요?' 지도자는 구성원이 예외를 찾아보고 개인적인 회복탄력성과 능력을 인식하도록 돕고자 노력한다. 구성원들이 자신의 개인적인 능력을 더 잘 알게 되는 집단 맥락을 만드는 것이 자신의 문제를 해결하는 방법을 알게 되는 핵심적인 요인이다. SFBT 집단 상담에 대한 더 자세한 논의는 코리(Corey, 2023, 15장)의 글을 참고하기 바란다.

해결중심 상담(solution-focused counseling: SFC)은 학교 장면에서 실제적이고 효율적인 개입을 하고 싶은 상담자에게 매우 유용하다. 학생들의 문제를 제거해주는 해결책이 아니라, 학생들이 작고 확실한 변화를 성취하는 것을 통해 보다 효과적인 방향으로 나아가도록 돕는 협력적 관점을 제공할 수 있다. 아래 이어지는 내용에서 머피 박사는 학교라는 공간에서 학생과 작업하는 필요한 세 단계 접근을 설명한다.

해결중심 상담을 학교 상담에 적용하기 학습목표 08

이 부분은 센트럴아칸소 대학교(University of Central Arkansas)의 심리학 및 상담학 명예교수이자 심리학자인 **존 머피**(John J. Murphy) 박사가 제공한 것이다. 그는 고등학교 교사, 학교 심리학자 및 상담자이자, 국가 및 국제기관의 자문가 및 훈련가로 활동해왔다.

해결중심 상담(SFC)은 학생과 다른 사람들에게 상담에서 원하는 것은 무엇인지 설명하고, 이를 달성하기 위해 그들이 해야 할 것은 무엇인지를 적용하며, 원하는 결과를 향한 작은 신호와 단계들을 살펴보도록 요청한다. 이 협동적 접근법은 효율적이고, 근거에 기반을 두며, 문화를 존중하는 특성 덕분에 학교 상담자들에게 빠르게 받아들여졌다. SFC의 간단하고도 분명한 특성은 학생과 상담자 모두에게 매력적이다. 여러 학교에서 상담하는 학교 심리사로서 나 역시 개인적으로 이 접근법의 세 가지 실용적인 지침에 담긴 활용성에 대해 자신 있게 말할 수 있다. 망가지지 않았다면 고치지 마라. 효과가 있다면 더 하라. 그리고 효과가 없다면 다른 것을 해라.

해결중심으로 상담하는 상담자와 그 대화의 핵심은 다음의 세 가지 질문에 있다. '학생이 상담에서 원하는 것은 무엇인가? 이를 달성하기 위해 학생이 해야 하는 것은 무엇인가? 학생이 이미 만들어낸 진전은 무엇이고, 추후 진전을 예측하게 하는 신호나 과정은 무엇인가?' 이 같은 질문은 **세 가지 주요 과제**(방향 설정하기, 예외와 자원 쌓아가기, 과정 탐색하기)와 **세 가지 주요 기법**(유용한 질문하기, 학생의 반응 듣기, 원하는 상담 결과에 도움이 되는 학생의 반응과 삶의 모습들 자세히 진술하기)으로 설명할 수 있다. 내가 온전히 해결중심적일 때 나는 이 세 접근 외의 다른 것은 거의 사용하지 않는다. 여기에서 나는 샘이라는 어린 학생과의 상담 내용을 간략히 인용하고 설명하면서 이 모델의 세 가지 주요 과제로 어떻게 상담하는지 보여준다(Murphy, 2023).

1. **학생이 상담을 통해 얻기 원하는 것에 기반을 둔 방향 설정.** 학생에게 다음과 같이 질문할 수 있다. '오늘의 상담이 도움이 되었다는 것을 어떻게 알 수 있을까? 나와의 대화를 통해 네가 기대할 수 있는 최선은 무엇일까? 오늘 밤 자는 동안 기적이 일어나고 학교에서의 문제가 사라진다고 상상해보렴. 기적이 정말 일어났다고 말할 수 있기 위해서 내일 아침에 네가 처음으로 알아차리게 될 것은 무엇일까?(실제 상담 장면에서 이 질문은 보통 더 길다) 그러고 나서는? 또 다른 건 뭐가 있을까? 누가 또 이를 알아차릴까?'

   존 머피: 그러면, 샘, 이 상담이 너의 학교생활을 돕는 것으로 잘 마무리된다면, 넌 그걸 어떻게 알게 될까?
   샘: 예전처럼 문제에 말려들지 않을 거예요.
   존 머피: 문제에 말려드는 것 대신 어떤 것을 할 것 같니?

   '대신' 질문은 학생이 상담의 목적이나 목표를 원치 않는 것보다는 원하는 것을 설명하게 하므로 긍정적으로 진술하도록 돕는다. 샘의 경우는 '학교에서 더 행복한 것'이었다. 기적질문이나 예외, 자원과 학교에서 더 행복하기 위한 절차에 대한 다른 세부 내용 만들기 질문과 토론을 포함한 모든 부차적 질문이나 대화는 이 결과를 달성할 수 있게 돕도록 만들어졌다.

2. **학생의 삶에서 이미 존재하는 예외 쌓기와 가용 자원의 활용.** '문제가 일어나지 않는 때는 언제일까? 네가 지금 설명한 기적의 날의 어떤 작은 부분이 이미 발생하고 있을까? 아주 작은 것이라도? 그런 일들이 더 자주 생기기 위해서는 어떤 것이 필요할까? 누가(또는 어떤 것이) 도움이 될까?'

존 머피: 네가 학교에서 조금이라도 더 행복했던 때는 최근 언제였는지 말해주겠니?

대부분의 학생과 마찬가지로 샘은 이때를 바로 생각해내지 못했다. 내가 조금 더 부드럽지만 집요하게 묻자, 결국 지난주 월요일이 학교에서 조금 더 나았다고 말했다. 우리는 이 예외가 일어나도록 샘이 한 일은 무엇인지에 대해 특히 주목하며 이 예외를 상세히 탐색했다. 그날 샘은 학교에 조금 일찍 도착해서 선생님께서 학급 물품을 정돈하시는 일을 도왔는데, 이 일은 선생님과 다른 생산적인 일을 하고 긍정적인 상호작용이 일어나게 했다.

3. **원하는 결과를 향한 진전 탐색.** "학교에서 더 행복하기' 척도(0-10)에서 2점이 상승한 건 어떻게 한 거니? 뭐가 더 좋아졌니? 지난주 금요일엔 더 안 좋아졌었는데 어떻게 버텼니?'

   이어지는 대화와 회기에는 샘의 변화를 탐색하고 더 자세히 진술하는 것(학교에서 원하는 만큼 행복한 것이 10인 0부터 10의 척도에서 지금은 어디에 있습니까?), 그리고 더 나아지거나 더 나빠지지 않기 위해 어떻게 했는지(더 낮은 점수가 아닌 6이 될 만큼 더 나았던 것은 무엇인가요?)를 탐색하는 것을 중심으로 다루었다.

비록 몇 가지 행동적 문제를 보이긴 했으나 샘은 전반적으로 변화를 유지하면서 해당 학년을 성공적으로 마쳤다. 이 주제에 대한 보다 구체적인 치료는 『학교에서의 해결중심 상담(Solution-Focused Counseling in Schools)』(Murphy, 2023)을 참고하기 바란다.

해결중심 단기치료에 대한 전문가의 관점

다음 질문에 대한 답변은 센트럴 아칸소 대학교의 심리학 및 상담학 명예교수이자 심리학자인 **존 머피** 박사가 제공하였다.

1. 해결중심 단기치료(SFBT)가 개인 상담 현장에 가장 크게 기여한 점은 무엇인가?

내담자가 원치 않는 것보다는 원하는 것(문제 대 해결책), 갖고 있지 않은 것보다 가지고 있는 것(결핍 대 강점)에 치료적 질문과 대화의 초점을 맞추는 것이 해결중심치료의 핵심적인 공헌점이다. 문제에 대한 철저한 사정이나 이해 없이 상담자와 내담자가 해결책을 함께 만들어낼 수 있다는 접근은 내담자의 결핍을 진단하고 치료하는 것에 초점을 두는 더욱 전통적이고 일반적인 의학적 모델로부터의 중요한 전환을 나타낸다.

2. 개인 상담 또는 치료 현장에 적용할 수 있는 해결중심 단기치료의 특별한 핵심 개념 두세 가지는 무엇인가?

해결중심 상담자는 상담에 대한 방향과 목표를 설정하는 것에서부터 상담을 언제 멈출 것인지를 결정하는 모든 장면에 내담자가 참여하도록 요청한다. 다문화주의나 사회정의의 핵심 원칙들을 존중하는 것은 물론이고 상담을 내담자의 희망, 자원과 피드백에 맞추는 것이 더 나은 결과를 가져온다.

해결중심 상담의 또 다른 핵심 개념은, 내담자가 자신에게 의미 있고 스스로 선택한 목표를 위해 노력할 때 자신의 삶을 변화시키기 위한 동기가 더 강화되고 개선할 수 있도록 준비된다는 것이다. 이 개념은 상담자가 진단적 범주, '비슷한' 내담자와 상담한 경험, 또는 그 외 제한하는 기준에 기반을 두고 좁은 시각으로 내담자를 바라보지 않도록 한다. 심리치료 효과성 연구들의 결과는 변화의 핵심 요소는 내담자이고, 개인 상담의 성공은 치료 질문, 대화, 해결책에 '가능한 한 많이 내담자'를 포함시키는 정도에 달려있다는 사실을 강력하게 뒷받침하고 있다. 내담자가 상담을 효과 있게 만드는 것이지, 그 반대가 아니다. 내담자가 자신의 삶을 개선할 자원과 능력을 갖추고 있는 것으로 대하는 것은 문제의 심각성이나 고통을 부인하는 것이 아니다. 이는 오히려 내담자가 원하는 것에 관심과 노력에 초점을 두도록 하는 것이고, 이는 그렇지 않은 경우 간과될 수도 있는 해결책을 구축하는 기회를 만드는 것이다.

3. 개인 상담을 하는 상담자가 활용하기 좋은 해결중심 단기치료의 두세 가지 기법은 무엇인가?

예외 쌓아가기(building on exceptions)는 치료이론이 무엇인지와 관계없이, 사람이 변할 수 있도록 돕는 것과 연관된 것으로 보이는 다목적성 SFBT 기법이다. 만성 문제를 경험하는 것에서 오는 피로감과 절망감은 내담자로 하여금 문제가 없거나 덜 강렬했던 때를 알아차리기 어렵게 하고, 그런 예외들을 이후 변화를 위한 기반으로 사용하는 것을 어렵게 만든다. 예외 쌓아가기는 내담자가 치료에 가져오는 문제를 포함하여 어떤 것도 지속적으로 발생하는 것은 없다는 생각에 기초한다. 예외에 기반을 둔 질문과 대화는 상담자와 내담자에게 문제는 생각처럼 항상 존재하는 것은 아니며 내담자가 자기 자신을 위해 항상 '무언가'를 하고 있는 것은 아님을 깨닫게 한다. 내담자가 문제에 답하는 핵심 단어와 문장을 주의 깊게 듣는 것, 그리고 이전의 대답에서 '다음 질문'을 만드는 것도 내담자의 인식, 경험, 치료에 대한 기여를 입증하는 또 다른 SFBT의 기법이다. 마지막으로, 내담자가 선호하는 미래를 말해보도록 요청하는 해결중심 상담은 그런 미래가 보다 현실적이고, 더 분명하며, 이룰 수 있는 것으로 보이도록 만든다.

4. 해결중심 단기치료는 개인 상담 현장에서 다양성, 다문화 및 사회정의 문제를 어떻게 다루는가?

해결중심 단기치료는 상담 과정에서 내담자의 주인 의식과 참여를 증대하기 위해 내담자와 치료자 간의 맞춤형 목표와 행동 계획을 개발하는 협력을 포함하여, 상담의 모든 측면에 내담자를 참여시킨다. 이 SFBT의 협동적이며 내담자 주도적 특성은 소수화되고 억눌린 배경의 사람들이 종종 치료 전문가와의 관계에서 권한을 갖지 못하거나 주변화를 경험한다는 사실에 대한 반응이라고 볼 수 있다. 해결중심 단기치료는 내담자의 지각과 피드백에 주요 우선순위를 두고, 치료는 내담자가 희망하는 결과를 중심으로 진행되며, 치료적 해결은 내담자가 말하는 내용, 강점, 성공및 기타 자원들로 이루어진다. 이와 같은 SFBT의 특징들은 내담자를 상담하는 과정 전체에 걸쳐 최우선으로 두기 때문에 사회적으로 옳고, 문화적으로 민감한 서비스를 가능하게 한다.

5. 해결중심 접근법을 단기 상담(또는 시간제한 상담)에 어떻게 적용할 수 있는가?

효과가 있는 것을 찾고 그것을 더 많이 하라는 SFBT 개념의 단순함은 단기치료 형식에 특히 잘 맞다. 그 이름이 시사하듯, SFBT 상담은 짧게 설계되었다. 해결중심 단기치료에서 몇 회기가 필요한지를 질문한다면, 스티브 드세이저는 '필요한 만큼 하되 한 번 더 하지는 말라'고 말할 것이다. 밀워키의 단기 가족치료 상담센터 및 타 해결중심 기관에서 진행한 연구뿐 아니라 나의 개인적 경험도 대부분의 내담자는 4회기 또는 그보다 적은 회기에서 성공적으로 목표를 달성했다. 치료를 종결하는 결정도 내담자와의 긴밀한 공동 작업으로 이루어지고, 내담자에게 절대 치료 종결을 강압하지 않는다. 해결중심 접근법의 단기적 측면은 내담자의 문제를 무시한다거나, 내담자의 바람과는 다른 해결책으로 밀어붙인다는 것을 의미하지 않는다. 즉, 해결중심 상담은 문제를 혐오하거나, 문제해결을 위해 강압적이지 않다. SFBT의 효율성은 이 상담의 매우 초반부터 내담자의 희망, 강점, 자원을 발견하고 도모함으로써 효과적인 변화의 핵심 요소를 활성화하는 것에서 주로 얻어진다. 마찬가지로, 나는 내담자와 상담할 때 절대 '단기'라는 것을 생각하지 않는다. 그것은 단지 이러한 방식으로 내담자와 상담을 진행함을 통한 부산물일 뿐이다.

6. 당신의 관점에서 볼 때, 해결중심 단기치료의 현재와 미래는 어떠한가?

SFBT의 현재와 미래는 그동안 지속되어온 경험적 및 임상적 발달의 결과물들을 볼 때 매우 견고해 보인다. 심리치료의 연구 결과들은 내담자를 치료 목표의 설정, 상담의 평가, 그 외 내담자가 할 수 있고 기꺼이 하고자 하는 주요 작업들에 참여하도록 적극 포함시키는 것의 이점을 뒷받침하고 있다. 내담자의 참여와 공동 작업은 해결중심 상담에서 항상 핵심 역할을 해왔고, 이는 이 접근법의 현재 및 미래에 좋은 징조이다. SFBT는 광범위한 문화(Kim, 2014)에서 트라우마, 물질 남용, 대인관계 문제, 조현병, 우울증, 불안과 기타 사회적, 감정적, 행동적 어려움을 경험하는 사람에게 유용하다는 것을 증명해왔다. 전 세계에 걸쳐 SFBT의 연구 및 임상적 적용의 범위가 넓어지는 것은 이 실제적 포스트모던 접근법이 미래에도 계속 성장하게 될 것임을 시사한다.

머피 박사의 연구 및 훈련 워크숍에 대한 더 자세한 정보는『학교에서의 해결중심 상담(Solution-Focused Counseling in Schools)』(Murphy, 2023)을 참고하거나 www.drjohnmurphy.com, 또는 jmurphy@uca.edu로 연락하기 바란다.

해결중심 단기치료 관점에 관한 토론 질문

1. "심리치료의 효과성 연구 결과들은 내담자가 변화의 핵심 요소이며, 개인 상담의 성공은 치료 질문, 대화, 및 해결책에 '내담자가 가능한 한 많이' 포함되도록 하는 정도에 달려있다는 사실을 강력하게 뒷받침한다." 여러분은 어떻게 내담자로 하여금 이 과정에 가능한 한 완전히 참여하도록 할 수 있는가?
2. **예외에 기반한 접근**은 어떤 가치가 있다고 보는가? 내담자와의 상담에서 이를 어떻게 포함시킬 수 있는가?
3. 해결중심 상담의 주요 개념은 내담자가 동기화되고 개인적으로 의미 있고 스스로 선택한 결과를 향해 작업할 때, 삶의 개선에 대해 동기화되고 가능하게 된다는 것이다. 여러분은 내담자가 개인적으로 의미 있고 스스로 선택한 결과를 향해 일하도록 도울 수 있는가?

Courtesy of William Miller

윌리엄 밀러(William R. Miller, 1947-)는 미국 오리건 대학교에서 임상심리학 박사 학위를 받은 뒤 1976년부터 뉴멕시코 대학교에서 심리학 및 정신의학 학과의 교수로 재직하고 있다. 뉴멕시코 대학교에서 임상심리학 분야의 APA 승인 박사프로그램의 임상훈련 지도자이자, 뉴멕시코 대학교의 알코올중독, 물질남용 및 중독센터(CASAA)의 공동 지도자였다. 밀러와 스티븐 롤닉(Stephen Rollnick)은 동기강화 상담의 공동 창시자이다.

밀러의 전문적 관심은 중독적 행동의 치료, 자기통제, 변화에 대한 동기에 있다. 이러한 주제들에 대해 40여 권의 저서와 400여 편 이상의 논문을 저술했다. 수많은 연구지원 및 계약의 연구 책임자였고, 미국 상원, 세계보건기구(WHO), 전미과학아카데미(National Academy of Sciences: NAS), 국립보건원(National Institutes of Health: NIH)을 포함하는 많은 기관의 자문가로 활동해왔다. 그의 연구 공헌을 인정하여, 밀러는 국제 옐리네크 상(Jellinek Memorial Awards), 미국심리학회(APA)로부터 두 번의 공로상, 그리고 로버트 우드 존슨 재단으로부터 물질남용퇴치 혁신가 상을 수상하며 그의 공로를 인정받았다. 목회 상담과 영성 및 심리학의 통합에 적극적인 관심을 두고 있다.

동기강화 상담 학습목표 09

동기강화 상담(Motivational Interviewing: MI)은 1980년대 초 윌리엄 밀러와 스티븐 롤닉에 의해 개발된 인본주의적, 내담자 중심적, 심리사회적이며, 어느 정도 지시적인 상담 접근법이다. 동기강화 상담은 근거에 기반을 둔, 상대적으로 단기적이며 구체화 가능한, 다양한 문제 영역에 적용할 수 있는 심리치료 방법이다. 또한, 다른 심리치료 접근과 보완적으로 사용될 수 있고, 상호 보완되며 다양한 분야에 종사하는 정신건강 전문가들에게 유용하다(Miller & Rose, 2009). MI는 내담자가 상담 과정에 헌신하도록 돕는 것을 통해 내담자의 인지행동 및 이외 행동지향적 치료에서의 참여도, 충실성 및 유지를 증진시키는 중요한 요소가 될 수 있다. 동기강화 상담(MI)은 그 학문성과 연구에의 헌신 덕분에 임상가들 사이에서 관심과 타당성을 얻게 되었다(Cormier et al., 2017).

동기강화 상담은 처음에는 음주 문제를 해결하기 위한 단기 개입으로 만들어졌으나, 더 최근에는 물질남용, 충동적 도박, 섭식장애, 불안장애, 우울증, 자살 충동, 만성적 질병관리 및 건강 행동 변화 장면을 포함한 다방면의 임상 문제에 적용되고 있다(Arkowitz & Miller, 2008; Arkowitz & Westra, 2009). MI는 내담자의 자기 책임을 강조하고 행동 문제에 대한 대안적 해결책을 함께 만들어가기 위한 작업에 내담자를 초청하는 방식을 선호한다. 동기강화 상담은 변화 과정 동안 내담자들이 자주 경험하는 장애물들을 다루기 위한 다양한 방법을 제시한다.

동기강화 상담의 정신

동기강화 상담은 인본주의 원칙에 기반을 두고 있고 인간중심 상담과 해결중심 단기치료 모두와 기본적으로 유사한 면들이 있다. 이 접근법들은 내담자가 능력, 강점, 자원과 역량을 지니고 있다는 신념에 기초한다. MI 임상가들은 내담자가 변화를 위한 내적 자원을 가지고 있다고 가정하고, 상담자의 역할은 내담자로부터 이를 촉발해냄을 통해 잠재성을 인식하고 변화를 위한 행동을 취할 수 있도록 하는 것이다(Iarussi, 2019). MI 정신(MI spirit)은 인간중심 철학에 기반을 둔 기술을 적용하기 때문에 상담자 태도의 기반이 된다.

인간중심치료와의 공통점

MI는 인간중심치료의 철학에 뿌리를 두지만, 약간 '변형'이 있다. 인간중심 접근법의 비지시적이고 비구조화 특성과는 다르게, MI는 내담자의 참조체계 안에 머물면서도 다소 지시적이다. 주요 목표는 변화에 대한 내담자의 양가감정을 줄이고 변화를 위한 동기를 증대시키는 것이다. 밀러와 롤닉(2013)은 "MI는 사람들이 자신의 가치와 흥미에 기반을 두고 변화를 말하도록 하는 구조화된 대화이다."(p. 4)라고 말한다. 치료자는 이 접근법의 기술들을 단순히 적용하기에 머무는 것이 아니라 MI의 정신, 즉 치료의 관계적 맥락 내에서 기능하도록 하는 것이 필수적이다. MI의 태도와 기술은 인간중심 철학에 기반을 두고 개방형 질문을 사용하는 것, 반영적 경청을 하는 것, 안전한 분위기를 조성하는 것, 내담자에게 긍정하고 지지적인 것, 공감을 표현하는 것, 비직면적인 방법으로 저항이나 반항에 반응하는 것, 양가감정에 대한 논의를 이끄는 것, 각 회기의 마지막에 요약하고 연결하는 것, 그리고 '변화 대화'를 끌어내고 강화하는 것을 포함한다(Dean, 2015). MI 상담자는 내담자와 논쟁을 피하고 저항을 건강한 반응으로 재구성한다. MI 상담자는 내담자를 패배시켜야 하는 적이 아니라 현재와 미래의 성공에 있어서 중요한 역할을 하는 협력자로서 바라본다. 상담자는 내담자가 변화에 대한 옹호자 및 자신의 삶에서의 변화를 위한 핵심 요인이 되도록 돕는다.

인간중심 상담과 동기강화 상담은 모두 상담자가 정확한 공감과 무조건적인 긍정적 관심의 태도를 가지고 대화함을 통해 성장과 변화를 위한 환경을 제공한다. 치료자의 진정성이나 진솔성은 내담자가 상담자에 대한 신뢰를 만들기 위한 가장 중요한 요소이다. MI에서 치료적 관계는 상담자가 사용하는 구체적인 이론적 모델이나 심리치료 학파만큼이나 성공적인 결과를 달성하는 데에 중요하다(Miller & Rollnick, 2013). MI와 인간중심치료 모두는 사람들은 내적으로 변화를 위한 고유의 동기를 만들어낼 능력이 있다는 전제에 기초한다. 내담자가 일단 자신이 변화하고 치유의 능력을 가지고 있다는 것을 믿게 되면 새로운 가능성이 열린다.

동기강화 상담의 기본 원칙

밀러와 롤닉(2013)은 다음과 같은 MI의 기본 원칙을 만들었다.

1. 상담자는 판단이나 비판 없이 내담자의 관점에서 세상을 경험하기 위해 노력한다. MI는 내담자의 주관적 세계를 더 잘 이해할 수 있는 방법인 반영적 경청을 강조한다. 공감을 표현하는 것은 내담자가 변화에 대한 양가감정을 탐색하도록 하는 수용적이고 안전한 분위기를 만드는 데에 필수적이다.
2. MI는 불일치감과 양가감정(ambivalence)을 촉발하고 탐색해보도록 고안되었다. MI 상담자는 내담자의 행동과 가치 간의 불일치를 반영하여 변화에 대한 동기를 향상시킨다. 상담자는 변화하지 않는 것에 대한 논쟁보다는 변화를 위한 논쟁에 특히 더 주의를 기울인다. 상담자는 변화에 대한 논의를 강화하기 위한 구체적인 전략을 채택하여 변화 대화를 끌어내고 강화한다. 임상가는 변화가 일어날 것인지, 그렇다면 어떤 변화가 언제 일어날 것인지를 알아내도록 격려한다.
3. 변화를 주저하는 것은 치료적 과정에서 예상되는 부분으로 본다. 각 개인은 삶의 변화로부터의 이점을 볼 수 있지만, 변화에 대한 걱정이나 두려움 또한 가질 수도 있다. 치료에 찾아오는 사람들은 종종 변화에 대한 양가감정을 보이고, 동기는 치료 과정 동안 오르락내리락한다. 양가감정은 내적 분투를 반영하며 개인내적인 것인 반면, 저항은 사람들 사이에 존재하고 그 본질상 대인관계적이다. MI에서 저항은 상담관계에서 불화(discord)로 표현된다. MI 상담자는 내담자가 변화에 대한 양가감정을 해소하고 치료적 관계 내의 불화를 줄이는 것을 목표로 한다(Iarussi, 2019).

MI 상담자는 저항에 대해 존중하는 관점을 취하고 내담자의 저항이나 신중함을 치료 작업의 대상으로 본다. 저항은 종종 내담자와 상담자가 목표에 동의하지 않을 때에 증폭된다. MI 상담자는 내담자에게 동의하지 않거나, 그들과 논쟁하거나, 그들을 설득하는 것은 저항이 자리 잡도록 할 뿐이기 때문에 피한다. 대신 MI 상담자가 저항과 맞서 싸우지 않고 수용하면 내담자의 방어적인 태도를 줄이는 경향이 있다(Corbett, 2016)

4. 상담자는 내담자의 자기효능감을 지지하는데, 이는 주로 내담자를 격려하는 것을 통해 그들이 변화의 성취를 만들어내기 위한 필수적인 행동을 하는 데 필요한 자원을 사용할 수 있도록 돕는다. MI 임상가는 변화에 대한 내담자 요인을 향상시키고 개인적 목표를 정하고 스스로 결정을 내릴 수 있는 내담자의 내재적 능력과 권한을 강조한다. MI는 현재와 미래의 환경에 초점을 두고 내담자가 그들의 목표를 달성할 수 있는 방법을 찾을 권한을 준다.
5. 내담자가 변화에 대한 저항을 낮추고, 양가감정을 해소하며 변화 대화가 늘어나는 것을 통해 변화에 대한 준비 신호를 보인다면, 이때부터 MI의 주요 단계가 시작된다. 이 단계에서, 내담자는 변화에 대한 바람과 능력을 표현하고, 변화에 대한 질문에 관심을 보이며, 회기 간에 변화를 만들기 위한 시도를 하고, 원하는 변화가 발생하고 난 뒤에 달라진 삶이 어떠한지에 대한 미래상을 상상해볼 것이다. 이 시점에서 상담자는 변화에 대한 내담자의 헌신을 강화하고 변화 계획을 이행하도록 돕는 것으로 초점을 바꾸어야 한다. 상담자와 내담자는 변화를 위한 행동 계획을 공동으로 개발하며 여기에는 내담자가 변화를 위해 기꺼이 실행에 옮길 행동들을 한다(Iarussi, 2019).

마셜과 닐슨(Marshall & Nielson, 2020)은 좋은 행동 계획에는 다음과 같은 여섯 가지 특징이 있다고 말한다. (1) 구체적이고, 보상적이며, 관찰 가능하고, 측정 가능하다. (2) 목표가 분명하고, 간결하며, 달성 가능하다. (3) 변화를 가져오는 계획을 만드는 것에 내담자가 책임을 진다. (4) 변화를 촉진하는 구체적인 단계들을 확인할 수 있다. (5) 내담자가 이 계획의 주도권을 맡는다. (6) 내담자는 이 계획을 이행하는 데에 반드시 헌신해야 한다. MI의 목적은 내담자가 변화를 위한 노력이 가치가 있는지 판단하는 양가감정을 해소하도록 돕는 데에 있다. 내담자가 변화를 원한다고 결정하고 나면, 변화 계획은 변화를 이행할 때에 따를 지도를 제공한다.

변화단계

변화단계(stages of change) 모델은 사람들이 상담 과정에서 5가지의 구분 가능한 단계를 거친다고 가정한다(Krebs et al., 2019). **전숙고단계**(precontemplation stage)에서는 가까운 미래에 행동 양식을 변화시킬 의도가 없다. **숙고단계**(contemplation stage)에서 사람들은 문제를 인식하고 이를 극복할 것을 생각해보지만, 아직 변화를 이끌 행동을 취하기 위해 헌신하지 않는다. 이 단계에서 사람들은 현 상태를 유지할 것인지, 행동적 변화를 일으키기 위해 시간과 에너지를 쏟을 건인지 결정하는 것으로 분투한다. **준비단계**(preparation stage)에서는 즉각적인 행동을 취할 의향이 있는 상태로 몇몇 작은 행동적 변화를 보고한다. **행동단계**(action stage)에서 사람들은 문제를 해결하기 위해 행동을 수정하는 과정을 거친다. 이러한 조치는 명백한 행동적 변화를 포함하며 헌신이 요구된다. **유지단계**(maintenance stage)에서 사람들은 변화를 통한 보상을 강화하고 재발을 예방하려 노력한다.

사람들은 이 다섯 단계를 단순히 일직선상에서 겪지 않으며, 내담자의 준비된 정도는 변화의 과정에서 계속 변할 수 있다. 만일 처음에 변화가 성공적이지 않다면, 전 단계로 돌아갈 수도 있다(Prochaska & Norcross, 2018). MI 상담자는 내담자가 어떤 변화단계 상태에 있든지 구체적인 치료 전략을 그에 맞추려 노력한다. 관계의 선택뿐 아니라, 치료 전략의 선택을 일치시키는 것이 중요하다. 만일 과정과 단계가 잘 맞지 않는다면, 해당 단계에서의 작업은 방해를 받을 것이고 주저하는 행동이 나타날 가능성이 있다. 내담자가 어떤 형태든 주저함이나 저항을 보인다면, 이는 내담자의 변화를 위한 준비성에 대해 상담자가 오판한 것 때문일 수 있다.

해결중심 단기치료와의 공통점

동기강화 상담과 해결중심치료는 많은 공통요인을 공유한다. 이 두 접근법의 합류점은 치료자의 주요 이론적 지향성과 관계없이 치료 작업을 강화할 수 있다. 몇 가지 공통요인은 다음과 같다.

비병리적, 건강의 증진 강조 MI와 SFBT는 모두 문제에 초점을 맞추는 것이 만연한 의학적 모델에 대한 반동으로 나왔다. 이 접근법은 모두 내담자의 능력, 강점, 자원, 유능감을 강조하는 긍정적 심리학의 철학에 기반을 두고 있다. 내담자는 건강하길 원하고 긍정적인 변화를 바란다고 가정한다. 상담자는 내담자의 문제를 곱씹기보다 이 사람에게 어떤 것이 효과가 있는지 탐색하는 것에 주요 관심을 둔다.

저항 재구성하기 저항은 보통 내담자 내에서 일어나는 현상으로 인식되고, 전통적인 치료에서는 비참여적인 내담자를 변화에 저항적인 것으로 가정한다. MI와 SFBT는 내담자를 '저항적'이라고 명명하는 것은 내담자의 행동을 이해하는 것을 방해하고 내담자와의 협동적 파트너십을 발전시키는 데에 장애가 된다고 여긴다. MI와 SFBT 임상가는 저항에 대해 존중하는 관점을 취하고 치료적으로 다가가려고 한다. SFBT 이론은 내담자의 동기를 귀속시키거나 해석하는 것을 피하는 반면, 모든 내담자는 원하는 것이 있고 이를 위해 노력한다고 가정한다. 상담자의 역할은 상담을 통해 내담자가 원하는 것(목표/선호하는 미래)을 알아내고 이를 달성하기 위해 이미 경험한 성공이나 가지고 있는 강점과 자원을 활용하도록 돕는 것이다.

MI는 상담자가 저항이나 불화가 있는 관계를 만드는 자신의 역할을 더 잘 이해하기 위해 내담자와의 상호작용 방식을 생각해보는 것을 권장한다. 내담자와 상담자 간의 상호작용 현상으로서의 저항 재구성하기(reframing resistance)를 통해, 저항의 기능을 분명히 하고 상담자는 이에 대한 자신의 접근법을 조정할 수 있다. 치료를 찾아오는 사람들은 종종 삶의 변화를 만드는 데에 양가감정을 가지고 있으며, 동기는 상담 과정에 걸쳐 오르락내리락할 수 있다. 상담은 내담자의 가치와 목표의 탐색에 관한 것이다. 사람들이 중요하게 여기는 것이 무엇인지 이해할 수 있게 된다면, 우리는 그들을 동기화할 수 있는 열쇠를 가지게 되는 것이다. MI는 현상학적 접근법으로, 상담자가 내담자의 관점에서 삶을 바라보려고 시도한다는 의미이다. MI의 핵심 목표는 내담자의 개인적 목표와 가치에 기반을 둔 변화에 대한 내적 동기를 높이는 것이다(Miller & Rollnick, 2013).

내담자의 강점과 자원의 사용 MI와 SFBT는 모두 긍정적인 변화를 일으키기 위한 노력에 이용할 수 있는 강점과 자원을 가지고 있다는 전제에 기초한다. MI 상담자는 상담자가 아닌 내담자에게 변화에 대한 책임을 강조한다. MI 상담자는 내담자와 협력적 관계를 만들고, 내담자가 상담에서 적극적인 역할을 맡을 것을 기대한다. 상담자는 내담자가 변화 과정의 길을 찾을 수 있도록 돕는 전문적인 안내자의 역할을 취한다(Iarussi, 2019). 상담자와 내담자는 모두 변화가 가능할 것이라는 희망과 낙관을 공유한다. 사람들이 변화하기 위한 능력이 있다고 믿게 될 때 동기가 높아지고, 이는 개인의 목표에 도달할 수 있도록 도와준다. SFBT 상담자도 내담자와 공동으로 협력한다. 내담자는 상담자로부터 지지를 경험하고, 이는 미래의 가능성과 새로운 방향에 대한 개방성을 촉진한다.

신중한 실천을 통한 기술의 개선 숙련된 MI와 SFBT 상담자는 이 방법을 이행하는 것이 쉬운 것처럼 보이게 할 수 있으나, 이 기법은 이에 대해 읽거나 워크숍에 참석하는 것만으로 숙련될 수 없다. 내담자의 결과에 영향을 끼칠 수 있는 전문 기술과 대인관계치료 기술을 향상시키기 위해서는 신중한 실천과 피드백이 필요하다(Miller & Moyers, 2021). 밀러와 모이어스에 따르면, 신중한 실천은 반복적이고 지속적인 개선을 통해 상담자의 역량을 향상하기 위해 설계된 활동에 의도적으로 참여하는 것을 의미한다. 내담자가 변화에 헌신하도록 하는 변화 대화에 참여하도록 안내하는 데에는 상당한 기술이 필요하다. 근거중심의 치료 절차와 치료적 관계는 모두 성공적인 치료 결과와 관련이 있다.

동기강화 상담 기법을 학교 상담에 적용하기 학습목표 10

이 부분은 버지니아주 페어팩스 카운티(Fairfax County) 공립학교에서 전문 학교 상담자로 있는 **제니퍼 멜피**(Jennifer Melfie, 교육학 석사)가 제공한 내용이다. 그녀는 7, 8학년 학생들을 대상으로 상담하며 학업, 경력, 사회적 · 감정적 발달을 돕는다.

동기강화 상담(MI)은 중학교 학생들과의 개인 상담 회기 동안 내가 하는 대화 대부분의 기초가 된다. 학교 상담자로서 나는 각 학생과 보낼 수 있는 시간이 매우 제한되어 있는데, 이 접근법은 시간 효율적인 방식에서 공감과 변화 대화의 동반자가 된다. 개인 회기 동안 나의 목표는 궁극적으로 학생의 개인적 목표와 일치하면서 변화에 대한 경향성과 의지를 촉진시키는 것이다. 나는 변화의 이유를 인식하고 정교화하도록 격려하는 공감적 진술을 사용한다. 학생이 가진 가치를 말하게 한 뒤 변화를 만드는 것과 그렇지 않는 것이 어떻게 그 가치를 실현하게 할 것인지 곰곰이 생각해보도록 격려한다. 만일 학생에게 '가장 중요한 가치는 무엇이니?'라고 물으면, 대부분은 '잘 모르겠어요.'라고 답한다. 직접적인 질문보다는 그들이 말하는 것을 듣고 들은 바를 반영하여 가치를 확인한다. 예를 들어, 만일 어떤 학생이 새로움을 가치로 여긴다고 판단했다면, '새로운 것을 시도하는 것이 너에게 중요하구나'라고 말할 것이다. 그런 다음, 학생이 이에 동의하고 상세히 설명하거나, 또는 내가 잘못 생각한 것을 수정할 기회를 준다. 나는 학생의 가치나 결정을 판단하는 것을 삼가는 것이 중요하다고 생각한다. 학생들은 내가 그들에게 어떻게 말하거나 행동하길 원한다고 생각하는 것을 포착하는 신호를 빠르게 알아챈다. 나는 때로는 중학교 학생들이 어떤 결정을 내리기 전 성인의 인정을 절박하게 탐색하는 것에서부터 의도적으로 성인의 의견에 저항하는 범위의 스펙트럼 선상에 있는 것처럼 느껴진다. 조언을 주거나 문제를 해결하는 것을 삼가고, 대신에 학생이 자신의 감정을 표현하고 생각을 탐색할 수 있는 도구, 기술과 안전한 장소를 가지고 학생들의 역량을 강화한다.

이러한 회기들 동안, 학생들은 종종 침체 대화로 변화 대화를 방해한다. 나는 이 침체기 대화에 의도적으로 반응하지 않거나 대응하지 않는다. 예를 들어, 학생이 '과학 점수를 높이기 위한 노력을 하고 싶지만, 너무 어려워요.'라고 말할 수 있다. 나는 '과학 점수를 높이길 원하는구나.'라고 간단하게 반영하며 반응한다. 그런 다음, 대화를 다시 변화의 주제로 방향을 바꾸어 준다. 상담자로서 나는 변화에 대한 양가감정을 줄이고 변화를 위한 학생의 동기를 높이려고 노력한다. 학생이 변화에 대한 이유를 떠올려보도록 하는 또 다른 MI 전략은 1에서 10의 척도에서 변화하는 것이 얼마나 중요한지를 평가해보는 것이다. 학생이 만일 4라고 말한다면, 나는 '왜 3이 아니고 4니?'라고 물을 것이다. 다시, 나는 에너지를 다시 변화 대화로 방향을 재설정하므로 이 반응을 떨쳐낸다. 또한 변화하지 않는 것과 변하는 것을 선택하는 극단을 탐색해보도록 요구할 것이다. 변화했을 때 삶이 어떠할 것인지를 그려보도록 요청할 때, 학생들은 보통 이점이나 손해를 제시할 수 있다.

내가 잘 사용하는 MI의 또 다른 전략은 내가 속으로 '그래서 뭐?'라고 이름 지은 질문을 하는 것이다. 나는 학생들에게 이유를 떠올려보도록 격려할 때 이 질문을 사용한다. '좋아, 그래서 대수학 과목에서 낙제를 했어. 그래서 뭐? 누가 신경쓰는데?'라고 말할 수 있다. 학생들은 보통 왜 그들이 신경을 쓰는지, 그리고 왜 중요한지에 대해 빠르고 끊임없이 나열할 수 있다. 학생들이 나와 함께 변화나 행동을 지지하는 것에 관해 이야기한 것을 강조함으로써 학생들은 지금 논쟁하고 있는 변화에 대해 반영할 수 있고, 나는 대부분의 중학생들이 이에 대해 더 자세한 내용을 설명할 수 있다는 것을 알게 되었다. 이는 나의 가치나 신념을 끼워 넣지 않으면서 내가 그들의 흡음판이 되어준다. 나는 학생들이 자신이 변화를 위한 능력을 가지고 있다고 믿을 때, 동기가 높아지고, 이것이 결국 개인의 목표에 도달하도록 해준다는 것을 발견했다.

마이클 화이트(Michael White, 1949-2008)는 데이비드 엡스턴과 함께 이야기치료 운동의 공동 창시자이다. 오스트레일리아의 애들레이드에서 덜위치 센터(Dulwich Center)를 설립했으며, 가족과 지역사회에 관한 업적은 전 세계적인 관심을 끌었다. 주요 저서로는 『이야기 심리치료 방법론(Narrative Means to Therapeutic Ends)』(White & Epson, 1990), 『삶의 재창작: 면담과 에세이(Reauthoring Lives: Interviews and Essays)』(White, 1995), 『심리치료사의 삶의 이야기(Narrative of Therapists' Lives)』(White, 1997), 『이야기치료의 지도(Maps of Narrative Practice)』(White, 2007) 등이 있다. 마이클 화이트는 2008년 4월 교육 워크숍을 진행하기 위해 샌디에이고를 방문하는 도중에 사망했다.

데이비드 엡스턴(David Epston, 1944-)은 이야기치료 개발자 중 한 명이다. 오스트레일리아, 유럽, 북미 등에서 강의와 워크숍을 진행하는 국제적인 여행가이다. 『이야기 심리치료 방법론』(White & Epston, 1990), 『심각한 문제에 유쾌하게 접근하기: 아동과 가족을 위한 이야기치료(Playful Approaches to Serious Problems: Narrative Therapy with Children and Their Families)』(Freeman, Epston, & Lobovits, 1997), 『당신을 굶주리게 하는 손 깨물기(Biting the Hand That Starves You)』(Maisel, Epston, & Borden, 2004), 『이상한 나라의 이야기치료: 어린이들의 창의적 노하우와 연결하기(Narrative Therapy in Wonderland: Connecting with Children's Imaginative Know-How)』(Marsten at al., 2016), 『공동의, 그리고 토착의 정신건강치료: 타타이호노-마우리족의 치유와 정신의학 이야기(Collaborative and Indigenous Mental Health Therapy: Tātaihono-Stories of Māori Healing and Psychiatry)』(NiaNia et al., 2017)를 공동 집필했다.

이야기치료

도입

사회구성주의자 중 마이클 화이트와 데이비드 엡스턴(1990)은 치료 장면에서 이야기의 활용으로 널리 알려져 있다. 화이트(1992)에 따르면, 사람들은 해석적인 이야기로 삶의 의미를 구성하고 그것을 '진실'이라고 받아들인다. 사람들은 지배적인 문화의 이야기가 갖는 힘으로 인해 자신의 삶에 주어지는 기회들과 충돌하는 이 지배적인 담화를 내면화하는 경향이 있다.

포스트모더니즘적, 이야기적, 사회구성주의적 관점에서 볼 때, 권력, 지식, 그리고 '진실'이 가족 및 여러 사회와 문화 맥락에서 어떻게 만들어지는지를 알 수 있다(Freedman & Combs, 1996). 이야기치료(narrative therapy)는 내담자가 스스로를 힘이 있고 자신이 원하는 삶을 사는 존재로 인식하도록 돕기 위해 내담자와 상담자의 협력을 강조하는 강점중심 접근이다(Rice, 2015).

주요 개념 학습목표 11

이야기치료는 대부분의 전통적 이론들과는 다른 초점을 둔다. 상담자는 무엇보다 내담자의 이야기를 존중하는 자세로 듣는 것에 특별한 주의를 기울이면서 협력적인 접근을 시도하고, 내담자가 과거 더 많은 자원들을 가지고 있던 시절을 떠올리도록 도우며, 내담자와 연결되고 그들의 탐색을 돕기 위한 질문들을 하고, 내담자에 대한 진단과 명명, 문제에 기반한 획일적인 설명을 거부하며, 내담자로 하여금 문제가 자신의 삶에 미친 영향을 나열해보도록 돕고, 내담자가 스스로를 지배적인 이야기(dominant story)와 분리하도록 하여 대안적 삶의 이야기가 만들어질 공간을 만든다(Freedman & Combs, 1996).

이야기의 역할 이야기치료는 사회적, 문화적, 정치적 맥락에서 문제가 만들어진다는 생각을 이론적 근거로 삼고 있다. 우리는 우리가 자신에 대해 하는 이야기와 다른 사람들이 우리에 대해 하는 이야기에 따라 살아간다. 우리의 이야기는 우리가 보고, 느끼고, 하는 것을 구성하고 조직함을 통해 현실을 만든다. 우리가 살아내는 이야기는 사회적, 그리고 문화적 맥락 속의 대화에서 생겨난다. 반면 변화는 언어가 어떻게 문제를 만들어내고 유지시키는지를 탐색하는 과정에서 일어난다(Rice, 2015). 상담에 온 내담자는 전달하고자 하는 생생한 이야기를 가지고 있다. 이야기가 달라지면 이야기를 말하는 사람만 달라지는 것이 아니라 이 이야기를 여는 과정에 참여하는 특권을 지닌 상담자도 달라진다(Monk, 1997).

열린 마음으로 경청하기 사회구성주의적 접근들은 모두 내담자에 대한 판단이나 비판 없이 그들을 인정하면서 경청하는 것을 중시한다. 이야기 상담은 여기에서 더 나아가서 의료적, 심리학적, 교육적 담화에 존재하는 의미와 정상화 판단 체계를 해체한다. **정상화 판단**(normalizing judgment)이란 사람을 정상분포곡선 위에 놓고 지능, 정신건강, 정상적인 행동을 평가하는 일체의 판단을 말한다. 이 판단은 객관적 측정이라고 주장되기 때문에 개인이 이에 저항하기가 어렵고 대개 내면화된다. 이야기치료 상담자에 따르면, 우리가 정상화 판단을 하고 있다면 개인적 판단을 유보하는 것만으로는 별 효과가 없다. 해체는 입장을 바꿔 내담자가 지금까지 받아온 판단에 대해 어떻게 생각하는지 질문하는 것을 통해 가능해진다. 이야기치료 상담자는 사람들로 하여금 그들을 지배했던 판단을 판단해보라고 요청한다. 이야기치료 상담자는 그들에게 도움이 되지 않았던 사회의 기준들을 평가해보도록 돕는다. 이야기치료 상담자는 내담자의 이야기를 통해 의미와 새로운 가능성을 창조하고 고통스러운 신념, 가치, 해석을 수정하도록 한다(Winslade & Del Corso, 2019). 상담자는 자신의 가치 체계를 내담자에게 부과하지 않으며, 해석은 중요하고 가치 있는 것이 무엇인지에 대한 기존의 관점이 아닌 내담자의 이야기로부터 만들어진다.

이야기치료 상담자는 내담자의 문제 중심 이야기를 경청하지만 그것에 고착되지 않으려고 노력한다. 상담자는 억압적인 문제에 대항할 내담자의 능력을 찾아내기 위해 세밀한 것에 주의를 기울인다. 윈슬레이드와 멍크(Winslade & Monk, 2007)에 따르면, 상담자는 내담자의 능력, 재능, 좋은 의도, 삶의 경험이 그들의 새로운 행동을 위한 촉매제가 될 수 있다고 믿는다. 이야기치료 상담자는 비록 내담자가 인정하기 어려워해도 그들이 가진 내적 자원과 능력을 발견할 수 있다는 믿음을 보여주어야 한다.

이야기치료를 하면서 전체화하는 언어(totalizing language)를 사용하지 않으려고 주의를 기울여야 한다. 전체화하는 언어는 모든 것을 아우르는 하나의 설명만으로 한 사람의 본질을 표현하며 개인의 복합성을 무시한다. 대신 상담자는 내담자의 이야기를 듣고 반응하는 동안 마음속에서는 내담자를 문제로부터 분리시키기 시작한다(Winslade & Monk, 2007). 이를 이중 경청(double listening)이라고 한다.

이야기치료의 관점은 창의적이고 상상적 사고를 할 수 있는 인간의 능력에 초점을 두는데 이 능력은 종종 지배적 담화에 대한 저항에서 발견된다. 이야기치료 상담자는 자신이 내담자보다 내담자의 삶을 더 안다고 생각하지 않는다. 내담자는 자신의 경험에 대한 주 해석자이다. 인간을 자신의 경험 세계에서 의미를 발견할 수 있는 적극적인 행위자로 보며, 대항적 이야기(counter story)를 함께 만들어낼 수 있는 다른 사람들과 어울리도록 격려한다.

상담 과정

이야기치료의 상담 과정에 대한 아래의 개요는 이야기 접근의 구조를 보여준다(O'Hanlon,1994, pp. 25-26).

- 내담자와의 협력을 통해 문제를 뭐라고 명명할지 결정한다.
- 문제를 의인화하고 그것이 가진 억압적인 의도와 전략을 확인한다.
- 어떻게 문제가 내담자를 방해하고 지배하며 좌절시키는지 탐색한다.
- 사건에 대한 대안적인 의미를 질문하면서 내담자로 하여금 다른 관점에서 자신의 이야기를 볼 수 있도록 돕는다.
- 문제에 대한 예외 탐색을 통해 내담자가 문제에 지배당하거나 패배하지 않았던 순간을 발견한다.
- 내담자가 문제의 지배와 억압에 저항하고 견디며 피할 수 있는 충분한 능력을 지니고 있다는 새로운 관점을 지지하는 과거의 증거를 찾는다(이 단계에서는 내담자의 정체

성과 인생 이야기가 새롭게 서술되기 시작한다).

- 내담자에게 강하고 유능한 자신이 떠오를 때 기대할 수 있는 미래에 대해 생각해보라고 요청한다. 내담자가 과거의 문제로 가득 찬 이야기로부터 자유로워질수록 좀 더 나은 미래를 생각하고 계획할 수 있다.
- 내담자의 이러한 새로운 이야기를 이해하고 지지할 청중을 찾거나 만든다. 내담자가 대항적 이야기를 말하는 것만으로는 충분하지 않다. 내담자는 상담 장면 밖에서도 대항적 이야기대로 살아내어야 한다. 애초에 내담자의 문제는 사회적 맥락에서 만들어졌기 때문에, 치료자와의 대화에서 만들어진 새로운 삶의 이야기를 지지해줄 사회적 환경을 만드는 것이 중요하다.

윈슬레이드와 멍크(2007)는 이야기치료가 여기에 제시된 것처럼 순서대로 진행되지 않는다고 강조하였다. 그 대신 이 과정은 다음의 요소들을 포함하여 순환적으로 진행된다고 생각하면 된다.

- 문제 이야기를 문제가 외재화된 설명으로 바꾼다.
- 문제가 개인에게 미친 영향을 그려본다.
- 내담자에게 문제와 그 영향을 평가해보도록 요청한다.
- 내담자가 중시하는 가치와 살아온 신념과 관련하여 내담자가 상담 과정에서 다루고자 지목했던 문제가 갖는 의미를 찾는다.
- 문제로 포화된 내담자의 이야기 속에서 그가 가치를 두는 것과 연관된 그의 강점과 능력의 단서들에 귀 기울인다.
- 새로운 능력 이야기를 만들고 이 같은 성취들을 기록한다.

상담 목표 이야기치료의 전반적인 목표는 사람들로 하여금 새롭고 신선한 언어로 자신의 경험을 말하도록 하는 것이다. 이를 통해 내담자는 무엇이 가능한지에 대한 새로운 전망을 갖게 된다. 이 같은 새로운 언어는 내담자의 문제적 사고, 감정, 행동에 대해 새로운 의미를 만들어내도록 돕는다.(Freedman & Combs, 1996). 이야기치료는 지배적 문화의 다양한 측면이 인간 생활에 미치는 영향을 항상 염두에 둔다. 이야기치료 상담자는 관점을 확장하고, 그들이 만나는 내담자로 하여금 자신만의 새로운 선택지를 발견하거나 만들어내도록 돕는다.

상담자의 기능과 역할 이야기치료 상담자는 적극적인 촉진자이다. 돌봄, 관심, 정중한 호기심, 개방성, 공감, 접촉, 매력 등은 상담관계에 필수적이다. 내담자의 이야기를 따라가고 인정하며 그 이야기의 안내를 받는 '알지 못함의 자세'는 상담자에게 참여자-관찰자와 과정 촉진자라는 역할을 부여하고 상담을 포스트모던 인간관과 통합한다.

상담자의 주요 과제는 내담자가 선호하는 이야기를 구성하도록 하는 것이다. 이야기치료 상담자는 정중한 호기심의 자세로 내담자와 함께 문제의 영향력과 그 영향력을 줄이기 위해 할 일을 탐색한다. 상담자의 주요한 역할 중 하나는 내담자에게 질문을 하고, 그에 대한 답변에 기반하여 후속 질문들을 하는 것이다.

화이트와 엡스턴(1990)은 호소하는 문제와 관련하여 내담자를 탐색하면서 상담을 시작한다. 내담자는 처음에는 대개 자신을 문제와 융합하여 마치 하나의 동일한 존재인 것처럼 이야기한다. 화이트는 문제와 그 문제의 영향을 받는 사람을 분리시키기 위해 질문들을 사용한다. 이 같은 언어의 전환은 내담자와 문제가 융합된 원래의 이야기를 해체하기 시작하여 문제를 내담자 외부에 있는 대상으로 객관화시킨다.

이야기치료 상담자는 진단, 평가, 치료, 개입을 드러내는 언어를 피하는 경향이 있다. 진단과 평가와 같은 기능은 내담자의 삶에 대한 그들 자신의 지식보다 상담자의 '진실'을 우선시한다. 이야기 접근은 내담자가 살아온 경험을 이해하는 것을 강조하며, 예측하고 해석하며 병리적으로 진단하려는 시도는 지양한다.

멍크(1997)는 각 사람은 고유하기 때문에 이야기치료는 각 내담자에 따라 달라져야 한다고 주장했다. 멍크에 따르면, 이야기 상담은 존재의 방식에 기초하고 있기 때문에 만약 이야기 상담이 "공식처럼 보이거나 정해진 조리법처럼 사용된다면 내담자는 무엇인가 일방적으로 받는다고 경험을 하면서 대화 밖으로 밀려난 느낌을 받게 된다"(p. 24).

상담관계 학습목표 12 이야기치료 상담자는 상담자가 치료에 가지고 오는 가치와 윤리적 태도를 매우 강조한다. 상담자는 치료관계에서의 힘의 차원들에 대해 깊이 고심하고 평등주의 정신을 이루려고 노력한다(Winslade & Del Corso, 2019). 이 태도에는 낙관주의와 존중, 호기심과 인내, 내담자 관점의 중시, 진정한 힘의 공유가 반영된 대화로 나타나는 특별한 관계 등이 포함된다(Winslade & Del Corso, 2019; Winslade & Monk, 2007). 협력, 동정, 반영, 발견이 이러한 상담관계의 특징이다. 이야기치료가 가진 강점중심의 미래지향적 특징은 상담관계에서 상담자를 전문가로 강조하는 문제 기반 접근법에 비해 보다 더 협력적 관계를 형성하게 한다(Rice, 2015). 이 관계가 정말로 협력관계가 되려면, 상담자는 자신의 전문적 상담 장면에서 권력이 어떻게 나타나는지를 자각해야 한다. 이는 상담자가 전문가로서의 권위를 갖지 않는다는 의미가 아니다. 상담자는 내담자를 그의 삶에서 전문가로 대함으로써 그 권위를 사용한다.

윈슬레이드, 크로켓, 멍크(Winslade, Crocket, & Monk, 1997)는 이 협력을 **공동저술**(coauthoring) 또는 권위 공유라고 부른다. 내담자는 자신을 위해 이야기할 권위를 가질 때 저자로서 기능한다. 이야기 접근은 해결중심 단기치료 접근과 마찬가지로 전문가로서의 상담자가 전문가로서의 내담자로 대체된다(Winslade & Del Corso, 2019). 이 생각은 항상 지혜롭고 모든 것을 아는 전문가라는 상담자의 위치를 위협한다.

내담자는 종종 도움이 되지 않는 문제로 가득한 이야기에 고착되어 살아간다. 내담자가 문제적 사고에 젖어 자신의 능력을 제한적으로 인식하고 있을 때 이 내담자의 인식을 수정하기 위해 다른 강점 중심의 이야기들을 끌어내는 것이 상담자의 일이다. 문제로 가득한 과거는 우리의 이해를 지배하지만, 이야기치료 상담자는 무시해서는 안 될 또 다른 과거가 있음을 주장한다. 이것이 문제로 가득찬 과거에 반하는 이야기며, 이는 대화를 통해 구성되고 다른 미래의 기초가 된다. 이야기치료 상담자는 개인이 현재에서 이 새로운 이야기를 탐색함을 통해 과거를 재구성할 수 있도록 한다. 이 과거는 새로운 이야기를 만듦으로써 변할 수 있다(Prochaska & Norcross, 2018)

적용: 상담 기법과 절차 학습목표 13

이야기치료의 효과적인 적용은 기법보다는 상담자의 태도나 관점에 달려있다. 이야기치료 상담에는 상담자가 따라 하기만 하면 긍정적인 성과가 보장되는 처방이나 정해진 주제, 공식이 없다(Drewery & Winslade, 1997). 외재화 질문이 단지 기법으로만 사용되면, 얄팍하고 강요된 개입이 되어 의미 있는 치료적 효과를 내기 어렵다(Freedman & Combs, 1996; O'Hanlon, 1994).

이야기치료 상담자는 기법에 대한 충실함보다는 상담자의 존재 방식을 더 중요하게 본다는 점에서 칼 로저스와 일치한다. 이야기 접근 상담은 단순한 기법 적용 이상의 과정이다. 이는 내담자가 다른 관점에서 자신의 이야기를 볼 수 있게 하는 환경을 만드는 상담자의 개인적 특징에 기초한다. 이야기 상담에 대한 최근의 연구는 치료실에서 이야기를 들을 때, 상담자와 내담자 모두의 몸의 상태에 주의를 기울이는 것의 중요성을 강조한다(Monk & Zamani, 2019). 목소리 톤, 억양, 몸의 자세와 얼굴 표정 모두는 공유되는 이야기에서 중요한 차원들이다(Denborough, 2019; Zimmerman, 2018).

질문… 그리고 더 많은 질문 이야기치료 상담자가 던지는 질문들은 독특한 대화, 즉 이전 대화에 관한 대화, 독특한 사건의 탐색, 또는 지배적 문화의 과정과 요구에 대한 내용을 담고 있다. 목적이 무엇이든, 질문은 종종 순환적이고 관계적이며, 새로운 방식으로 내담자에게 힘을 실어주고자 한다. 그레고리 베이트슨(Gregory Bateson, 1972)의 유명한 표현을 빌리자면, 차이를 만들 수 있는 차이를 찾는 질문이다.

해결중심 상담자와 마찬가지로, 이야기치료 상담자는 정보를 수집하기 위해서가 아니라 경험을 만들어내기 위해 질문을 사용한다. 질문의 목적은 내담자가 자신이 선호하는 방향이 무엇인지 알 수 있도록 내담자의 경험을 점진적으로 발견하거나 구성하도록 돕는 것이다. 질문은 항상 존중, 호기심, 개방성의 자세로 한다. 상담자는 '알지 못함'의 자세로 질문하는데, 이는 내담자에 대해 어떤 이해를 갖기보다는 호기심과 강력한 관심을 보이는 것이다.

질문하는 과정을 통해 상담자는 내담자가 자기 삶 속 다양한 영역을 탐색할 수 있는 기회를 제공한다. 이 질문 과정은 애초에 문제를 만들어낸 숨겨진 문화적 전제를 밝혀낸다. 상담자는 문제가 최초에 어떻게 도드라지게 드러났으며, 내담자 자신에 대한 관점에 어떻게 영향을 미쳤는지를 알아내고자 한다(Monk, 1997). 이야기치료 상담자는 사람들로 하여금 문제 중심 이야기를 해체하고, 선호하는 방향을 정하고 그 방향을 지지하는 대안적 이야기(alternative story)를 만들고자 한다. 상담자의 목표는 사람들이 어떻게 내담자가 자신의 경험의 저자가 될 수 있을지, 그리고 어떻게 자신을 더 주요한 주체로 여길 수 있을지 생각하도록 돕는 것이다(Winslade & Del Corso, 2019). 이야기치료에서 질문 활용에 대한 추가적인 논의는 매디건의 주장을 참고하라(Madigan, 2019).

외재화와 해체 화이트(1989)는 "사람이 문제가 아니라, 문제가 문제"(p. 6)라고 여겼다. 이러한 문제들은 문화적 세상의 산물이거나 이 문화적 세상이 속한 권력관계의 산물이다. 삶을 산다는 것은 문제와 연관되는 것이지 융합되는 것은 아니다. 이야기치료 상담자는 어떤 사건에 대한 당연하게 여겨지는 가정들을 분해함을 통해 내담자가 이러한 문제적 이야기들을 해체(deconstruct)하도록 돕고, 이는 삶에 대한 대안적 가능성들을 가져온다(Winslade & Del Corso, 2019).

외재화는 하나의 이야기가 가진 힘을 해체하는 과정이다. 이 과정은 문제와 동일시된 사람을 분리하는 작업이다. 내담자가 자신을 문제로 여기면 그 문제를 효과적으로 다룰 방법이 제한된다. 내담자가 문제를 자기 외부에 있다고 경험하면 문제와 관계를 맺기 시작한다. 예를 들어, 누군가를 알코올중독자라고 부르는 것과 알코올이 그의 삶을 침범했다고 말하는 것은 큰 차이가 있다. 문제와 사람을 분리시키는 것은 희망을 촉진하고 내담자로 하여금 자기 비난과 같은 특정한 이야기에 맞서게 한다. 자기를 비난하도록 하는 문화의 영향을 이해하게 되면 내담자는 이전 이야기 패턴을 해체하고 보다 긍정적이고 치유적인 이야기를 만들 수 있게 된다.

사람을 문제로부터 분리시키고자 사용되는 방법을 외재화 대화라고 하는데, 이는 새로운 이야기가 생겨날 여지를 제공한다. 이 방법은 사람들이 변화의 과정을 인정하거나 지지하지 않는 진단과 명칭을 내재화해온 경우 특히 유용하다(Bertolino & O'Hanlon, 2002). 외재화 대화(externalizing conversation)는 억압적이고 문제로 가득한 이야기를 중화시키고, 내담자로 하여금 직면한 문제를 다룰 수 있는 능력이 있다고 느끼도록 힘을 부여한다. 외재화 대화를 구성하는 두 단계는 다음과 같다. (1) 문제가 개인의 삶에 미쳐온 영향을 표기(mapping)한다. (2) 개인의 생활이 다시 문제에 미친 영향을 표기한다(McKenzie & Monk, 1997).

문제가 개인에게 미친 영향을 그려보는 과정은 유용한 정보를 많이 제공하며 종종 사람들로 하여금 수치감과 비난을 덜 느끼게 해준다. 영향 발견하기 질문(mapping-the-influence question)은 내담자가 삶의 모든 영역에서 문제의 영향을 탐색하도록 한다(Winslade & Del Corso, 2019). 공통적인 질문은 '이 문제가 언제 처음 당신의 삶에 나타났나요?'이다. 이 탐색이 주의 깊게 이루어지면, 내담자의 새로운 이야기를 공동 저술할 토대가 만들어진다. 내담자는 문제가 자신에게 얼마나 많은 영향을 미치고 있는지 처음 알게 되면 종종 격분하기도 한다. 상담자가 할 일은 내담자로 하여금 처음 문제가 일어난 때로부터 지금까지를 돌아보도록 하는 것이다. 상담자는 다음과 같은 질문으로 뒤틀린 미래를 제시할 수도 있다. '이 문제가 한 달 동안(또는 일정 기간) 계속된다면 당신은 어떤 영향을 받을까요?' 이 질문은 내담자로 하여금 상담자와 연합하여 문제의 영향에 맞서 싸우도록 동기를 부여한다. 다른 유용한 질문은 '이 문제가 당신 삶의 얼마나 많은 영역에 영향을 끼쳤나요?', '이 문제가 당신의 삶에 얼마나 깊이 영향을 미쳤나요?'이다.

문제가 내담자의 삶을 완전히 지배하지 못했던 때를 찾아보는 것은 중요하다. 이 같은 탐색은 문제로 인해 삶에 환멸을 느끼는 내담자에게 다른 삶을 향한 희망을 준다. 상담자는 내담자와의 외재화 대화를 통해 이러한 '반짝이는 순간'을 찾아낸다(White & Epston, 1990).

브랜던의 사례에서 외재화 대화를 볼 수 있다. 브랜던은 화가 너무 많이 나는데, 특히 아내가 부당하게 비난할 때 더 화가 난다고 이야기했다. "전 그냥 폭발해요! 미쳐버리지요. 그러고는 같이 싸워요. 나중에는 그러지 말았어야 한다고 생각하는데 하지만 이미 늦어버렸지요. 제가 또 망쳐버렸어요." 구체적인 예시와 사건을 통해 어떻게 화가 나는지 질문하면, 문제의 영향을 파악할 수 있다. 그러나 문제를 **외재화하는** 질문은 다음과 같다. '분노의 목적은 무엇이며, 어떻게 그것이 당신을 그 목적에 참여하게 하였나요?', '어떻게 분노가 당신을 끌어들였고, 어떻게 당신을 속여서 그렇게 강력한 힘을 갖도록 한 것일까요?', '분노는 당신에게 무엇을 요구하나요? 당신이 그 요구를 들어주면 당신에게 무슨 일이 일어나나요?', '분노가 당신에게 그 역할을 하도록 만들어준 문화적 요인(당신의 가족, 지역사회, 세상에서)에는 어떤 것이 있나요?'

독특한 결과 탐색 이야기치료에서는 외재화 질문에 이어 독특한 결과(unique outcome)를 탐색하는 질문을 한다. 상담자는 내담자와 문제와 관련된 선택이나 성공의 순간에 관한 이야기를 나눈다. 이는 비록 그것이 내담자에게 의미 없어 보일지라도, 내담자가 문제 이야기에서 벗어나 경험에 주의를 기울이려고 노력하는 과정을 통해 이루어진다. 상담자는 다음과 같이 질문한다. '분노가 당신을 사로잡고 싶어 했지만 당신이 저항했던 때가 있었나요? 그때 어땠었나요? 어떻게 그렇게 했나요?' 이런 질문은 문제가 일어나지 않았거나 문제가 성공적으로 다루어졌던 순간을 부각시킨다. 독특한 결과는 흔히 과거나 현재에서 발견되지만 미래에 발생할 것이라고 가정할 수도 있다. '분노에 대항해서 어떻게 맞설 수 있을까요?' 이 질문에 대한 대답을 탐색하다 보면, 내담자는 변화가 가능하다는 것을 알게 된다. 이 독특한 결과를 연결하면서 대항적 이야기를 만들어갈 수 있다. 독특한 이야기가 있어야 대안적 삶의 이야기를 만들 수 있다(White, 1992).

화이트(1992)는 독특한 결과에 대한 설명에 이어 선호하는 정체성 이야기를 정교화하기 위한 직접적이거나 간접적인 질문을 하라고 한다.

- 당신이 살면서 바라왔던 것과 지금까지 당신의 삶에서 어떤 노력을 했는지가 나에게

무엇을 말해준다고 생각합니까?

- 내가 이것을 아는 것이 당신에 대한 나의 생각에 어떤 영향을 미칠 것이라고 생각합니까?
- 당신을 알고 있는 모든 사람들 중에서, 당신이 당신 삶에 미친 문제의 영향력을 마주할 수 있다는 사실에 가장 당연한 듯 반응할 사람은 누구입니까?
- 당신이 어떤 사람인지에 대한 이 같은 이해를 더 잘 받아들인다면, 당신은 어떤 행동에 매진하겠습니까?(p. 133)

독특한 결과를 해결 이야기로 발전시키는 것은 엡스턴과 화이트(1992)가 이름한 '순환 질문(circulation question)'을 통해 촉진된다.

- 이제 당신이 여기까지 온 것에 대해 누가 또 알아야 할까요?
- 당신이 누군지에 대해 오래된 시각을 가지고 있는 사람들이 있을 것입니다. 그런 시각을 새로운 시각으로 바꾸려면 어떻게 해야 할까요?
- 당신과 같은 이유로 상담을 받으러 온 사람이 있다면, 당신이 한 이 중요한 발견에 관해 이야기해도 될까요?(p. 23)

이 같은 질문들을 한꺼번에 집중적으로 하는 것은 아니다. 질문하기는 이야기치료의 맥락에 통합된 일부분이며, 각 질문은 앞선 질문에 대한 내담자의 답변에 맞추어 정교하게 조율된다(White, 1992).

매켄지와 멍크(McKenzie & Monk, 1997)는 일련의 질문을 하려면 내담자의 허락을 받아야 한다고 주장했다. 상담자는 자신이 묻는 질문에 대한 대답을 자신이 갖고 있지 않음을 내담자에게 알려줌으로써 내담자에게 상담 과정의 통제권을 부여한다. 지속적으로 질문을 하는 것에 대해 내담자의 허락을 구하는 것은 의도치 않게 내담자를 압박할 위험성을 줄여준다.

대안적 이야기와 재저술하기 대항적 이야기를 만드는 것은 해체와 함께 이루어지며, 이야기치료 상담자는 대항적 이야기의 시작점을 찾기 위해 귀를 기울인다. 사람들은 지속적이고 적극적으로 자신의 삶을 재저술(reauthor)할 수 있으며, 이야기치료 상담자는 독특한 결과들을 통해 내담자가 대안적 이야기를 저술할 수 있도록 돕는다. 이 일은 내담자를 지배하는 문제로 포화된 이야기를 듣는다고 해서 일어나는 것이 아니며, 그 사람에 대한 어떠한 이야기에도 포함되어있지 않다(Winslade & Del Corso, 2019). 이야기치료 상담자는 다음과 같이 시작한다. '당신은 문제의 영향에서 벗어나 본 적이 있었습니까?' 상담자는 문제에 관한 이야기에서 능력의 단서를 찾고 이 단서를 중심으로 능력의 이야기를 구성한다. 매디건(Madigan, 2019)은 개인의 삶의 이야기는 이야기된 것보다 훨씬 더 흥미로울 것이라고 주장했다. 그는 상담자의 주요 과업은 사람들로 하여금 더 풍부하고 의미 있는 대안적 이야기(alternative story)를 기억하고 다시 만들어가도록 돕는 것이라고 하였다.

이야기치료에서의 전환점은 내담자가 문제로 포화된 이야기를 따라 살지, 아니면 대안적 이야기가 더 낫다고 말할지를 선택하는 때이다(Winslade & Monk, 2007). 독특한 가능성 질문을 통해 상담자는 미래로 초점을 옮긴다. 예를 들어, '당신이 지금껏 자신에 대해 배운 것에 따르면, 이제는 무엇을 해야 할까요?', '당신이 선호하는 정체성에 따라 행동한다면 어떤 행동을 더 많이 하게 될까요?' 이 질문은 사람들이 지금까지 성취한 것이 무엇이고 다음 단계는 무엇이어야 할지를 생각하게 한다.

독특한 결과를 탐색하는 화이트와 엡스턴(1990)의 질문은 해결중심 상담자의 예외질문과 유사하다. 두 질문 모두 내담자가 이미 가지고 있는 능력을 키워가고자 한다. 대인적 이야기 또는 담화를 개발하는 것은 궁극적인 희망, 즉 '오늘은 남은 생애의 첫날이다.'를 실현하는 것이다.

제럴드 멍크(Gerald Monk) 박사와 존 윈슬레이드(John Winslade) 박사의 입장에서 루스와 진행한 이야기치료의 구체적인 두 사례는 『통합적 상담: 사례 중심의 접근』(Corey, 2013) 11장에서 확인할 수 있다.

증거 기록하기 이야기치료 상담자는 새로운 이야기는 들어주고 지지해줄 청중이 있어야 지속된다고 생각한다. 대안적 이야기가 계속 살아있기 위해서는 변화가 일어나고 있다는 소식을 들을 청중을 구해야 하기에 새로운 발달을 축하하는 청중을 의식적으로 찾는다.

내담자가 이룬 성과를 공고하게 하는 방법은 상담자가 편지를 쓰는 것이다. 상담자의 편지는 회기 기록을 제공하며, 문제에 대해 외재화된 설명과 내담자에 대한 문제의 영향력, 상담 중에 발견한 내담자의 강점과 능력에 대한 설명을 제공한다. 편지는 추후 여러 시점에서 다시 읽어볼 수 있으며, 편지에 있는 이야기는 내담자를 다시 고무시킬 수 있다. 편지는 내담자가 그동안 문제로 인해 겪은 어려움을 강조하면서, 문제로 가득한 이야기와 선호하는 새로운 이야기를 구분해준다(McKenzie & Monk, 1997).

엡스턴은 편지를 사용하여 상담 회기들 사이에 치료적 대화를 전달하는 특별한 방법을 개발했다(White & Epston, 1990). 그의 편지는 상담의 과정과 이루어진 합의를 자세하게 서술하는 긴 편지가 될 수도 있고, 상담 중에 얻은 의미와 이해를 부각시키고 이전 회기 상담을 마친 후 어떤 일이 일어났는지를 묻는 짧은 편지가 될 수도 있다. 보통 편지는 내담자가 말한 내용을 그대로 인용해서 들려준다. 또한, 문제를 다루는 동안 내담자가 성취한 것에 대해 그들 스스로가 말했던 내용을 상기시키거나, 내담자의 성취가 주변 사람들에게 어떤 의미를 가질지 생각해보게 함으로써 내담자를 격려한다. 내담자가 이룬 변화를 기록한 편지는 내담자와 주위 사람들에게 그 변화의 의미를 분명하게 인식시킨다.

이야기 편지는 상담실에서 배운 내용을 일상생활에서 실천하는 것이 중요하다는 점을 강조한다. 편지는 상담실에 앉아있는 것보다 현실의 삶에 충실하게 참여하는 것이 더 중요하다는 메시지를 전달한다. 과거 내담자들을 대상으로 이야기 편지의 가치에 대해 비공식적으로 조사한 바에 따르면, 한 통의 편지는 평균적으로 세 번의 개인 상담 회기와 같은 가치를 지닌다(Nylund & Thomas, 1994). 이 발견은 매켄지와 멍크(1997)의 다음 글과 일치한다. "일부 이야기치료 상담자는 상담 후 또는 상담 전에 주어지는 잘 구성된 편지 한 통이 다섯 회기의 상담과 같을 수 있다고 주장한다"(p. 113).

집단 상담에 적용하기 학습목표 14

이 부분은 이야기치료의 실제 및 훈련이 시작된 1980년대 초반부터 이 분야에 공헌한 **제럴드 멍크**(Gerald Monk) 박사가 제공한 내용이다. 그는 이야기치료에 관한 6권의 저서를 공동 저술했고, 네 개의 대륙에서 이 접근법을 가르쳤다. 그는 샌디에이고 주립대학교의 부부 및 가족 치료 교수이다.

상담을 찾는 많은 사람들이 겪는 다양한 고통들은 그들이 가지고 있는, 혹은 그들에게 고통을 주는 주변 사람들이 가진 성격적, 심리적 결함으로 인한 문제들에서 기인한다. 이야기 집단 상담은 이처럼 문제의 근원을 개인의 내면에서 찾고자 하는 인간의 성향, 즉 문제가 사람들이 속한 가족, 학교, 직장 및 부정적인 사회적 압력과는 분리되어 있다고 이해하는 경향을 와해시킨다.

이 같은 내재적 병리화 접근과는 대조적으로, 이야기 집단 촉진자는 이 인간 문제가 처음에 어떻게 생겨났는지를 이해할 때 종종 간과되는 문화적, 정치적, 사회적 요소에 강조점을 둔다. 이야기치료 촉진자는 가부장제, 인종차별, 경제적 어려움, 폭행, 장애인 차별, 그리고 가족 및 개인 트라우마를 일으킬 수 있는 모든 형태의 사회적 불평등과 같은 부정적인 힘에 깊은 주의를 기울인다.

이야기 집단 촉진자는 집단구성원의 문제를 그들의 외부에서 일어나는 사회적인 힘의 산물로 인식한다. 따라서 이야기 집단 촉진자의 과업은 집단구성원이 이 문제를 개인의 내적 결함으로 보기보다, 자신의 안녕에 대한 사회적인 위협의 도전을 받는 사람으로 보도록 돕는다. 집단 촉진자의 과업은 해를 끼치는 외재적인 사회적 힘에 대항하여 집단구성원들이 함께 맞서는 장을 만드는 것이다. 집단구성원은 이러한 해로운 문화적 요인들의 영향력을 줄이기 위해 내적 자원을 동원하도록 격려받는다.

이야기 집단 상담의 중요한 부분은 집단구성원이 자신의 삶 속에서 만들고 있는 변화에 대해 듣고 증인이 될 수 있는 청중을 모으는 것이다. 이야기 상담자는 사람들이 자신의 삶에서 문제를 다루는 과정을 지지해줄 **외부 증인**(outsider witnessing)이라는 접근법을 발전시켰다(Carey & Russell, 2003). 외부 증인은 사람들이 공유하는 문제 이야기의 효과를 듣고, 회복 탄력성, 용기, 결단, 인내와 관련된 주제를 공유하는 사람들의 이야기의 증인이 되는 데에 관심을 쏟는다. 이야기 상담 집단의 집단구성원들에게 외부 증인이 되도록 요청할 때, 자신의 삶에서 변화를 만들기 위해 도전하는 과정을 나누며 외부 증인으로부터 오는 깊이 있는 돌봄과 강화를 경험할 수 있다.

증인들은 어떤 독특한 결과든 문제 상황을 극복하기 위한 내담자의 행동을 보여주는 작은 사건들에 주목하도록 요구받는다. 이 접근법을 통해 이야기를 하는 집단구성원은 자신이 선호하는 이야기 속으로 더 참여할 수 있도록 이끄는 작은 성공의 순간을 내재화한다. 외부 증인은 '당신이 언급한 중요한 가치, 신념, 희망이 어떻게 표현되었습니까?'와 같은 질문으로 증인의 무리에 합류한다.

외부 증인 집단구성원들은 이야기를 하는 사람의 이야기에서 자신의 개인적, 전문적 경험과 이야기에 대해 떠올리게 만든 것이 무엇인지에 대해 서로 질문하는 것을 통해 새로운 기여를 한다. 이 같은 초점의 변화는 집단에 공통체 의식을 가져와 이야기하는 구성원의 이야기와 증인 집단의 반응, 그리고 상담 집단이 하나가 되도록 돕는다. 마지막으로, 외부 증인 절차에 따라 이야기를 한 사람은 외부 증인 집단의 반응 중 자신에게 의미 있는 내용에 대해 나눌 기회를 갖는다.

전체 집단 상담은 외부 증인 절차에 기반하여, 외재화된 문제에 맞서기 위한 행동을 돕는 새로운 사고, 생각, 감정에 대한 진솔한 반응을 나누도록 돕는다. 또한 집단 내에서 먼저 새로운 정체성을 시도해본 다음, 자신의 삶에서도 시도할 수 있다.

윈슬레이드와 멍크(2007)는 이야기치료가 개인의 삶에서 이루어진 새로운 발전을 칭찬해주는 청중을 만드는 것을 강조하여 집단 상담으로 이끌어간다고 주장하였다. "집단은 이미 만들어진 돌봄의 공동체, 그리고 새로운 삶의 방식을 향한 가능성을 열어주는 상호작용의 기회를 제공한다. 집단에서 새로운 정체성을 먼저 연습하고 나서 자신들의 일상과 더 넓은 세상에서 살아낼 수 있다."(p. 135) 이들은 일상적인 학교생활로의 복귀, 모험에 기반한 프로그램, 분노 조절 집단, 상실 대처 집단 등 학교에서 운영되는 이야기치료 집단의 몇 가지 사례를 제시하였다. 이러한 이야기치료 집단에 대한 상세한 설명은 윈슬레이드와 멍크의 저서 『학교 현장에서의 이야기치료(Narrative Counselling in Schools)』(2007) 5장을 참고하라.

이야기치료에 대한 전문가의 관점

다음 질문에 대한 답변은 **존 윈슬레이드**(John Winslade) 박사가 제공하였다. 존 윈슬레이드 박사는 샌버나디노 캘리포니아 주립대학교의 상담학 교수이자, 이야기치료에 대해 10권의 저서의 공동저자이면서 북미, 남미, 아시아, 유럽, 오스트레일리아, 중동에서 수많은 이야기치료 워크숍을 진행하였다.

1. 이야기치료가 개인 상담 현장에 가장 크게 기여한 점은 무엇인가?

이야기치료의 특별한 공헌점은 생활 환경의 변화에 대한 대처에 있다. 요즘 사람들이 겪는 문제는 프로이트가 정신분석학을 개발했을 때나 1960년대 인본주의치료가 개발되었을 때와는 다르다. 특히, 이야기치료는 사회적 통제 수단으로서의 정상화 비판(사람을 좋고 나쁘다기보다는 정상 또는 비정상으로 평가하는 것) 추세, 그리고 정신건강 진단명으로 사람을 병리화하는 경향에 비판적으로 대응한다. 이야기치료는 현대의 지배적인 힘의 유형들에 대한 비판에 기반을 둔다.

이야기치료는 개인을 우주의 중심에 두기보다는 관계에 강조점을 둔다. 개인은 관계, 가족, 지역사회와 사회망의 일원으로 간주되고, 이러한 관계성은 종종 치료적 과정에서 드러나고 활용된다.

이야기치료의 상담관계에서 상담자는 내담자에게 자신이 가진 가정을 강요하지 않도록 주의한다. 이야기치료는 단지 상담의 결과만이 아니라, 상담 윤리에 깊은 관심을 두고 있다.

이야기치료는 상담 분야에 다양하고 새로운 아이디어를 주었다. 이 접근법은 체계적인 치료적 편지 쓰기와 다양한 새로운 질문들을 포함한다. 이것은 또한 외재화라는 개념으로 잘 알려져 있다. 이야기치료는 다양한 이야기를 가진 사람들의 삶을 지지한다. 하나의 이야기에서 다른 이야기로의 전환은 감정, 생각과 행동을 변화시킨다.

2. 개인 상담 또는 치료 현장에 적용할 수 있는 이야기치료의 특별한 핵심 개념 두세 가지는 무엇인가?

담화. 담화라는 개념은 이야기치료 상담의 핵심이다. 개인의 세계는 지배적인 담화들로부터 구성되는데, 상담은 그러한 담화의 영향력을 밝히는 것을 통해 사람들이 의식적으로 저항하고 능동적인 선택을 할 수 있도록 돕는다.

해체. 강력한 담화들과 삶에 대한 그 영향력을 풀어내는 것은 외재화된 문제의 영향에 관한 질문을 통해서 얻어질 수 있다. 해체는 삶에서 일어날 수 있는 새로운 가능성에 대한 여지를 열어준다.

독특한 결과. 지배적인 이야기가 지배적이지 않은 삶의 순간은 종종 경험의 그림자 안에 놓여있고 거의 인식되지 않는다. 이러한 독특한 결과는 지배적인 문제 이야기를 대체할 수 있는 대항적 이야기의 기반이 되지만, 이는 실행 가능한 이야기 속으로 통합될 때에만 가능하다. 실행 가능해지도록 만들기 위해서는 대항적 이야기 흐름(사건들의 연속), 성격 부여(기술과 의도를 가진 인물), 주제(의미)를 발전시켜야 한다. 이 같은 이야기를 만드는 것은 종종 하나의 독특한 결과로부터 시작되고, 내담자가 살아온 경험에 대해 물으면서 점차 확장된다.

3. 개인 상담을 하는 상담자가 활용하기 좋은 이야기치료의 두세 가지 기법은 무엇인가?

외재화하기. 이야기치료에서 가장 널리 알려진 기법이다. 외재화하기는 사람으로부터 문제를 분리하는 방법이고, 사람이 문제라고 보기보다는 사람이 문제에 의해 영향을 받는다고 본다. 외재화하기는 개인이 자기 자신에 대해 무비판적으로 받아들이는 것이 무엇인지를 드러내고 이를 검증한다.

이중 경청. 이 미묘한 듣기 기술은 전통적인 적극적 경청에서 발전한 것이다. 문제 이야기에 대한 설명을 듣는 동시에 대항적 이야기에 대한 표현을 듣는 것이 포함된다. 이중 경청은 문제 이야기와 대항적 이야기를 대조하고, 이 대조를 생생하게 하여 내담자가 에너지를 쏟을 이야기를 선택하도록 한다.

질문하기. 이야기치료에서 변화에 관한 이야기를 가져오는 주요 도구는 질문하기이다. 이야기 질문은 내담자의 삶 속에서 문제의 영향을 발견하는 것, 내담자에게 문제를 평가하도록 요청하는 것, 문제 이야기에 대한 저항을 이끌어내는 것, 독특한 결과를 강조하는 것과 대항적 이야기를 만들어내는 것, 내담자에게 소중한 헌신과 가치를 이 대항적 이야기와 연결시키는 것, 그리고 대항적 이야기에 관한 다른 사람들의 인정을 순환시키는 것을 통해 경험의 변화를 이끌어내는 것에 목적을 둔다.

4. 이야기치료는 개인 상담 현장에서 다양성, 다문화 및 사회정의 문제를 어떻게 다루는가?

이야기치료는 상담에서 다문화 운동과 동일한 시대에 시작되었다. 기존의 이론들에는 이야기치료의 경우만큼 문화적인 고려사항들이 치료의 본질에 반영되지 않았다. 이야기치료는 인간의 주요한 본질에 대한 이론을 문화적 영향들로 덧씌운 방식을 거부한다. 또한 인간의 경험은 문화적 영향으로 가득 차 있다고 가정한다. 이야기치료에서 인간에 대해 바라보는 관점은 그 시작부터가 문화적이다.

처음부터 이야기치료는 '개인적인 것이 정치적인 것이다'라는 여성주의자의 슬로건과 일치했고, 단지 개인의 정신건강이 아닌, 더 큰 사회정의에 대한 기여에 관심이 있었다. 이는 이야기치료 상담자들이 정치와 상담 윤리에 더 관심을 기울이게 만들었다(여기서 정치는 힘이 어떻게 대인관계를 관리하는지에 대한 것이지 선거 정치와는 관련이 없다).

동시에 이야기치료는 다양성과 사회 편견 문제에 대한 특정 접근법을 채택했다. 사회적 변화는 법의 변화나 개인 마음의 변화를 통해서라기보다는 담화에서의 전환을 통해 주로 발생한다. 담화는 발생하는 모든 유형의 대화에서 발생하기 때문에, 이 이야기치료의 치료적 대화는 중요하다. 이야기치료는 상담이 개인의 적응뿐 아니라 사회적 변화가 일어나는 장이 될 수 있다고 믿는다.

5. 이야기치료를 단기 상담(또는 시간제한 상담)에 어떻게 적용할 수 있는가?

이야기치료는 사람들이 하나의 이야기에서 다른 이야기로 전환할 수 있도록 돕는다. 성격의 재구성이 목표가 아니며 원가족으로부터의 고통스러운 기억을 파헤치

지도 않는다. 또한 치료 전문용어들로 내담자를 교육하기보다는 내담자의 언어를 그대로 받아들인다. 문제에 대한 외재화 설명은 진단 지침서나 치료 이론보다 내담자의 언어를 활용한다. 따라서 내담자는 치료 언어를 배우는 데 시간을 쓸 필요가 없다. 이야기치료는 아이들과의 작업을 통해 발전했고 그들의 언어와 집중력 유지 기간에 맞추어 특별히 조정되었다. 또한 치료적 편지는 상담 회기의 가치를 극대화하고 전체 치료의 기간을 줄여준다. 이 이유들로 이야기치료는 보통 단기치료이다.

6. 당신의 관점에서 볼 때, 이야기 접근의 현재와 미래는 어떠한가?

이야기치료는 1980년대 이래로 전 세계에 걸쳐 꾸준히 성장하고 있다. 그 성장의 중심은 오스트리아와 뉴질랜드이지만, 미국, 캐나다와 유럽 일대로 뻗어 있다. 또한 아프리카, 아시아와 라틴아메리카의 다양한 맥락에서도 잘 정착되어 있다. 이러한 성장은 국제적 콘퍼런스와 훈련 프로그램을 통해 이루어졌다. 이야기치료의 네트워크는 이 분야의 주류가 아니었던 열정가들과 모험가들에 의해 시작되고 지속되어왔으나, 이제는 더 넓은 상담의 세계에서 그 자리를 공고히 할 필요가 있다.

많은 상담자들은 사회정의보다는 주요한 사회적 맥락에서 자신의 위치에 대해 더 관심을 가지고 있기에, 이야기치료를 받아들이기에 주저한다. '근거중심치료'와 보험료 상환의 요구가 중시되는 상황 속에서, 많은 이야기치료 상담자들이 사람들을 연구 대상화하는 것에 의구심을 가지기 때문에 이야기치료의 발전은 더디게 이루어지고 있다. 이야기치료는 많은 소규모 질적 연구에 의해 뒷받침되었으나, 경험적 통제집단 연구에는 적합하지 않다. 이로 인해 북미의 주요한 맥락들에서는 제한적으로 제공되고 있다.

2008년 마이클 화이트의 타계는 이야기치료를 기로에 놓이도록 했다. 공동 설립자 데이비드 엡스턴은 이야기치료의 발전을 계속적으로 지원하였고, 많은 다른 사람들도 이야기치료의 연구와 실행을 계속해왔다. 앞으로의 발전은 이야기치료가 1980년대의 삶과는 미묘하게 다른 현대 삶의 환경에 대한 혁신적인 대응을 만들어 내놓을지에 달려있다. 지속적 성장은 이야기치료 분야의 출판물들, 다양한 나라들에서 제공되는 체계적 훈련 프로그램, 그리고 이 책과 같이 구입할 만한 책에 대한 인식에 따라 달라질 것이다.

이야기치료 관점에 관한 토론 질문

1. 윈슬레이드 박사는 외재화, 이중 경청, 질문하기라는 세 가지 이야기치료 기법을 설명하였다. 여러분이 사용할 것 같은 기법은 무엇인가?

2. 여러분이 이야기치료의 내담자가 된다면 어떠할 것 같은지 상상해보라.
3. 이야기치료의 어떤 부분을 여러분의 상담 접근법에 통합하고 싶은가?

다문화적 관점에서 본 포스트모던 접근 학습목표 15

다양성 관점에서 본 강점

사회구성주의는 다문화주의 철학과 일치한다. 문화적 다양성을 수용하는 내담자들이 종종 겪는 어려움 중 하나는 그들이 속한 지배적 사회의 진실과 현실에 자신의 삶을 맞추어야 한다는 기대 때문에 생긴다. 현실이 단일하지 않음에 대한 강조, 그리고 진실이라고 여겨지는 것이 사회적 구성의 산물이라는 전제를 지닌 포스트모던 접근은 다양한 세계관들과 잘 연결된다.

상담에 대한 사회구성주의적 접근은 내담자에게 자신의 생각에 대해 생각해보고 이야기가 그들의 삶에 미치는 영향을 평가할 틀을 제공한다. 내담자는 문화적 담화가 어떻게 그들의 현실을 구성하는지와 그 구성의 결과가 무엇인지를 탐색한다. 자신의 문화적 가치와 세계관 안에서 내담자는 자신의 신념을 탐색하고 인생의 의미 있는 사건들에 대해 자신의 재해석을 제시한다. 사회구성주의적 관점의 상담자는 내담자가 품고 있는 가치들을 존중하는 방식으로 내담자를 안내한다. 이는 상담자가 내담자와 같은 세계관을 공유하지 않거나 다른 문화적 배경을 지녔을 때 특히 중요하다.

이야기치료는 사회문화적 맥락에 기초하고 있기 때문에 문화적 다양성을 받아들이는 내담자를 상담하는 데 특히 유용하다. 이야기치료 상담자는 문제가 개인 내에 존재하는 것이 아니라 사회적, 문화적, 정치적, 관계적 맥락에서 만들어진다는 전제를 가지고 상담한다. 이들은 성, 인종, 민족, 장애, 성적 취향, 사회적 계급, 영성과 종교에 대해 내담자의 문화가 제시하는 이해를 치료적 주제로 삼는 것에 큰 관심을 보인다. 더 나아가 상담은 내담자가 문제로 인식하게 되는 사회적 구조와 정체성 이야기를 재저술하는 곳이 된다. 우리 경험을 재저술하고 우리 삶의 사건들을 연민과 힘을 북돋아 주는 새로운 렌즈를 통해 바라볼 수 있을 때 자유로워진다.

이야기치료는 관계적이며 반개인적(anti-individualistic) 상담이다. 마이클 화이트는 상담에서 내담자의 이야기를 관계와 맥락에 따라 이해하지 않으면서 그의 고통을 다루는 것은 아주 어리석은 일이라고 생각한다(Madigan, 2019). 이야기치료 상담자는 개인적, 사회적, 문화적 수준에서 지배하고 예속시키는 문제 이야기에 집중한다. 문제에 대한 사회정치적 개념화는 지배적이고 억압적인 이야기를 만들어내는 문화적 관점과 관행을 밝히고 드러낸다. 사람들은 억압적인 사회적 행동이 어떻게 그들에게 영향을 미쳤는지를 이해하게 된다. 이 자각을 통해 내담자는 자기 이야기의 한 부분으로 통합되어 자신을 지배해온 억압의 주제를 새로운 시각으로 볼 수 있게 되며, 이 문화적 자각을 통해 새로운 이야기가 생성된다.

내담자에게 미치는 다문화적 영향에 대한 논의에서, 베르톨리노와 오핸런(Bertolino & O'Hanlon, 2002)은 내담자의 경험에 대한 선입견을 배제하고 내담자에게 접근하여 그들의 경험 세계에 대해 배운다. 베르톨리노와 오핸런은 자신들의 훌륭한 교사인 내담자를 존중하는 태도로 경청하면서 다문화적 호기심을 사용한다. 이들은 내담자에 대한 다문화적 영향을 충분히 알기 위해 다음과 같이 질문한다.

- 당신이 속한 문화의 특정한 면이 당신의 삶에 미친 영향에 대해 더 말해주세요.
- 당신을 더 잘 이해하는 데 도움이 될 당신의 배경에는 어떤 것이 있습니까?
- 당신의 문화에서 자라는 동안 어떤 도전들을 마주했습니까?
- 당신의 배경 중에 당신을 힘들게 한 것이 있다면 무엇입니까?
- 당신의 문화가 지닌 강점과 자원은 무엇일까요? 당신은 도움이 필요할 때 어떤 자원을 활용할 수 있습니까?

이 같은 질문들을 통해 내담자에게 지지 자원이 되었거나 문제의 원인이 되었던 문화적 영향력을 구체적으로 밝힐 수 있다. 이 호기심과 깊은 경청의 태도는 치료적 관계의 시작을 위한 긍정적인 방법이다. 본질적인 메시지는 이렇다. '당신이 누구인지, 당신이 자라온 곳은 어떤 곳인지 말해주세요. 당신을 더 온전히, 통합적으로 알고 싶고, 이를 통해 우리가 당신의 치료 목표를 달성하는 데 더 효과적으로 함께 일할 수 있길 바랍니다.'

다양성 관점에서 본 약점

포스트모던 접근의 잠재적 약점은 상담자가 취하는 알지 못함의 입장과 내담자를 전문가로 보는 전제에서 나올 수 있다. 다양한 문화 집단의 내담자들은 전문가를 도움이 필요한 사람에게 지시와 해결책을 제공하는 사람으로 여기는 경향이 있다. 만약 상담자가 내담자에게 '저는 사실 전문가가 아닙니다. 당신이 전문가예요. 저는 당신이 문제에 대한 해결책을 찾을 자원을 가지고 있다고 생각합니다.'라고 말한다면 상담자에 대한 불신을 키울 수 있다. 이러한 상황을 피하기 위해 해결중심 상담자나 이야기치료 상담자는 자신이 상담 과정의 전문가지만, 내담자가 자신의 삶에서 무엇을 원하는지에 대해서는 내담자가 전문가라는 생각을 잘 전달해야 한다. 포스트모던 접근은 내담자에게 투명하며 상담에 대한 내담자의 희망과 기대를 존중할 것을 강조한다. 이 강조가 문화적으로 민감한 서비스를 제공하는 맥락을 만든다.

스탠의 사례에 적용된 포스트모던 접근

나는 해결중심과 이야기 접근의 개념과 기법을 함께 사용하는 통합적 관점에서 상담을 진행한다. 나는 이 입장에서 *DSM-5*를 사용한 평가와 진단을 철학적으로 반대하며, 공식적인 평가로 상담을 시작하지 않는다. 대신 나는 스탠과 변화, 능력, 선호, 가능성, 미래에 변화를 이룰 아이디어 등에 집중하는 협력적인 대화를 한다.

나는 스탠에게 상담에 오게 한 걱정거리와 이 상담에서 이루고 싶은 것을 이야기하라고 하면서 상담을 시작한다. 또한, 스탠에게 상담을 이끄는 기본적 개념을 간략하게 소개하고, 상담을 협력적 파트너십으로 바라본다는 나의 관점을 설명하고 이 과정에서 스탠이 가장 중요한 역할을 맡는다는 점을 강조한다. 스탠은 내가 경험과 전문성을 가진 사람일 것이라고 기대했기 때문에 이 설명을 듣고 다소 놀란다. 그는 특히 '엉망이 된' 이후로 생활을 어떻게 해나가야 할지 전혀 모르겠다고 말한다. 나는 그가 선임자로서의 역할을 하려고 할 때 자기 의심이 든다는 것을 안다. 그러나 상담이 앞으로 나갈 방향은 그에게 책임이 있다는 것을 알려주면서 상담 과정을 상세히 설명하고 협력적 관계를 형성한다. 또한 나는 자기 의심이 그의 삶에 미친 해로운 영향과, 그럼에도 불구하고 내담자가 삶을 살아가기 위해 어떤 노력을 기울였는지를 알아보겠다고 약속한다.

상담이 어떻게 진행될 것인지 대해 이렇게 간략히 소개한 이후에 스탠이 상담을 통해 이루고 싶은 구체적인 목표가 무엇인지를 질문한다. 스탠은 변화하고 싶으며 노력할 것이라고 분명하게 말한다. 그러나 낮은 자존감 때문에 어려움을 겪고 있음을 확신하게 되었다고 말한다. 스탠이 자기 의심이 어떻게 자신을 주기적으로 망가뜨리며, '엉망이 되었다'고 부정적으로 자기평가를 하게 하는지 이야기하면, 나는 자기 의심의 개념을 외재화하고 그의 삶에서 그것이 나타난 역사를 탐색한다. 그리고 자기 의심이 삶에 미친 영향을 조심스럽게 살펴본다. 그러고 나서 나는 스탠이 자기 의심의 예외를 찾는 데 집중하도록 한다. 해결중심 상담의 예외질문을 던진다. '당신이 자기 의심을 경험하지 않았던 상황이나 시간에는 무엇이 달랐나요?' 스탠은 자기 의심에도 불구하고 새로운 것을 시도하는 용기와 투지, 의지, 그리고 어린아이들과 잘 지내는 능력과 같은 긍정적인 성격 특성을 몇 가지 말할 수 있다. 스탠은 자신이 상담에서 원하는 것이 무엇인지 알고 있으며 분명한 목표를 가지고 있다. 자신의 교육 목표를 달성하고 자신에 대한 신뢰를 향상시키며, 두려움 없이 여자를 사귀고, 슬픔과 불안 대신 즐거움을 더 느끼는 것이다. 나는 스탠에게 자기 의심의 문제와 싸우면서도 어떻게 무엇인가를 이루며 살아올 수 있었는지를 더 이야기하도록 한다.

나는 스탠에게 문제 중심 이야기를 하게 하지만, 그 이야기에 매몰되지 않는다. 스탠에게 문제가 그의 외부에 있는 것으로 생각하라고 한다. 나는 그가 자신을 하찮게 보는 이야기로 이끈 문화적인 힘을 인식하도록 한다. 초기 상담 동안에도 그의 문제를 외재화하는 질문을 던져서 스탠이 자신과 문제를 분리하도록 이끈다.

스탠이 서너 가지 걱정되는 문제를 제시해도 나는 하나의 특정 문제를 정한다. 스탠은 아주 오랜 시간 우울하다고 말하며, 나중에 우울에서 빠져나오지 못할까 걱정한다. 스탠의 두려움과 걱정을 들은 후에 나는 그에게 해결중심 기법인 기적질문을 던진다. "당신이 오늘 밤 자는 동안 기적이 일어난다고 생각해봅시다. 내일 일어났을 때 당신이 이야기한 문제가 사라졌어요. 이 기적이 일어났고 당신의 문제가 해결되었다는 단서는 무엇일까요? 당신 삶은 어떻게 달라질까요?" 이 개입을 통해 나는 문제에 관해 이야기하는 것에서 해결에 관해 이야기하는 것으로 초점을 전환한다. 스탠에게 많은 상담 시간을 과거의 문제에 머물러 있기보다는 현재와 미래의 해결책을 찾는 데 사용할 것이라고 설명한다. 우리는 문제 대화보다는 변화 대화의 특징을 지닌 대화를 함께 이어간다.

대체적으로 스탠은 정체성을 자신의 문제, 특히 우

울과 연관시킨다. 그는 문제가 자신과 분리되었다고 생각하지 않는다. 나는 스탠이 자신은 문제가 아니며 문제가 문제라는 점을 깨닫기를 원한다. 스탠에게 문제에 이름을 붙이라고 요청하자 결국 '무능력하게 하는 우울'이라고 하였다. 그리고 그는 여러 생활 영역에서 그가 원하는 방식대로 기능하지 못하게 우울이 어떻게 했는지를 생각한다. 그리고 나는 이야기 기법인 외재화 질문을 사용해서 스탠과 문제를 분리한다. "얼마나 오랫동안 우울이 당신의 좋은 것들을 가져갔나요?", "우울로 인해 어떤 대가를 치렀나요?", "그것이 당신에 대해 어떤 결론을 내리게 했나요?", "그것이 당신의 삶을 엉망으로 만든 것에 대해 어떻게 생각하세요?", "우울에 대항하여 그것이 이기지 못하게 한 적이 있었나요?" 물론 나는 외재화하는 언어를 통해 내가 하려는 것을 스탠에게 간략하게 설명한다. 그가 이것이 이상한 상담 방법이라고 생각하지 않게 하기 위해서이다. 나는 외재화 대화를 하는 것의 장점을 더 이야기한다. 또한 문제가 그의 생활에 미친 영향을 그려보는 것이 중요하다는 것을 스탠에게 이야기한다. 이 과정에서 그 문제가 얼마나 오래 있었는지, 그 문제가 생활의 다양한 측면의 어디까지 영향을 끼쳤는지, 그 문제가 얼마나 깊이, 지속적으로 영향을 끼쳤는지를 탐색한다.

회기가 진행됨에 따라 문제가 얼마나 혼란을 주고 지배하며 낙담시키는 영향을 주었는지를 탐색하기 위해 협력하여 노력한다. 스탠은 다른 관점에 서서 자신의 이야기를 보기 시작한다. 나는 스탠과 우울과 불안에 의해 지배되거나 낙심하지 않았던 때에 관해 이야기하며 이 문제 경험에 대한 예외를 계속 찾는다. 우리는 낙담하게 되는 사건을 만나서도 용기와 인내를 보여주었던 경우나 고유한 경험에 관해 대화한다. 이러한 '반짝이는 순간들'에는 스탠의 대학 성적, 아동 대상 자원봉사, 알코올 남용 성향 바꾸기의 진척, 두려움에 맞서고 새로운 친구 관계를 만들려는 의지, 자기 패배적인 내면의 소리에 말하기, 안정적인 직장 확보, 생산적인 미래에 대한 비전을 만들려는 의지 등이 있다.

나의 도움을 통해 스탠은 문제 중심의 지배적인 이야기에서 벗어나기에 충분할 정도로 자신을 역량 있게 바라보는 새로운 관점을 강화할 증거를 과거에서부터 찾아낸다. 이 치료 시점에서 스탠은 대안적 이야기를 만들기로 결심한다. 서너 회기 동안 생동감 있고 창의적이며 화려한 방식으로 스탠의 이야기를 재저술한다. 대안적 이야기를 만들어가면서 나는 스탠과 함께 긍정적인 변화를 강화시켜줄 청중을 물색한다. 나는 다음과 같이 질문한다. "당신의 최근 변화 소식을 듣고 가장 놀라지 않을 사람은 누구일까요? 그가 그렇게 놀라지 않을 수 있는 것은 당신에 대해 무엇을 알기 때문인가요?" 스탠은 어릴 때 교사이자 멘토였고 자신이 자신을 신뢰하지 못할 때에도 자신을 믿어주었던 인물을 떠올린다. 그를 칭찬해주는 청중이 있을 때 새로운 이야기가 어떻게 전개될지에 대해 얼마 동안 논의한다.

5회기 후 스탠은 종결 주제를 가지고 온다. 6회기와 마지막 회기에 나는 척도질문을 사용하며 스탠에게 지난 상담 기간 동안 탐색했던 문제가 개선된 정도를 평가하도록 한다. 0부터 10 사이의 숫자를 사용해서 첫 회기 시작 전과 지금 여러 구체적인 영역에서 자신을 어떻게 보는지를 표시한다(척도 기법). 우리는 또한 스탠의 장래 목표에 관해 이야기하고 원하는 것을 달성하기 위해 어떤 것이 좋아져야 할지를 논의한다. 그리고 나는 문제 이야기와 그 영향뿐만 아니라 상담에서 개발한 대항적 이야기를 담은 편지를 전해준다. 그 이야기 편지에서 나는 그의 언어로 스탠의 결심과 협조를 설명하고 그가 삶에 가져온 차이를 계속해 나갈 것을 격려한다. 나는 또한 새로운 정체성 이야기를 더 충분히 개발하도록 자극하는 질문을 그에게 한다.

자기성찰을 위한 질문

- 스탠의 상담자로서 나는 해결중심과 이야기치료에 공통적인 주요 개념과 기법을 활용했다. 여러분이 스탠을 상담한다면 각 접근의 어떤 개념을 사용할 것인가? 각 접근의 어떤 기법을 활용할 것인가? 스탠과 상담할 때 해결중심과 이야기치료 모형을 통합하는 것은 어떤 장점이 있는가?
- 지금까지 공부해온 다른 치료 접근이 아닌 포스트모던 관점에서 스탠을 상담하는 것이 어떤 독특한 가

치를 지니는가?

- 나는 스탠에게 질문을 많이 했다. 스탠을 상담할 때 여러분이 중요하게 생각하는 질문을 제시해보라.
- 스탠의 경우 여러분은 어떻게 해결중심 단기치료와 이야기치료를 여성주의치료와 통합할 수 있겠는가? 포스트모던 접근과 어떤 다른 모형을 함께 사용할 것인가? 어떤 다른 치료가 이 포스트모던 접근과 잘 어울리지 않을 것인가?
- 이제 여러분은 스탠의 삶의 주제를 잘 알고 있다. 여러분이 이야기 편지를 스탠에게 써준다면 어떤 내용을 포함시키고 싶은가? 그의 미래에 대해 무엇을 이야기해주고 싶은가?

이러한 관점에서 스탠을 상담하는 나의 상담 시연을 보기 원한다면, MindTap의 13장 11회기 '해결중심 단기치료'와 12회기 '이야기치료'의 '스탠의 사례' 동영상 퀴즈를 참조하라. 11회기에서는 예외질문, 기적질문, 척도질문 등을 보여주었고, 12회기에서는 새로운 삶의 이야기를 만들어가는 스탠의 작업에 초점을 두었다.

그웬의 사례에 적용된 포스트모던 접근*

그웬과의 해결중심 단기치료

그웬은 이번 회기를 시작하면서 직장에서 너무 많은 과제로 얼마나 압도당하고 있는지를 표현한다.

그웬: 이 새로운 과제에서 받는 압박을 어떻게 해야 할지 모르겠어요.

상담자: 0은 압박이 없는 상태이고 10은 가장 압력이 높다고 하면, 0부터 10까지 숫자에서 당신이 느끼는 압박은 어느 정도입니까?

그웬: 8이에요. 조용히 있어서 새 과제를 맡지 않았어야 했어요. 전 항상 저 자신에게 이렇게 해요. 다시 돌아가서 이렇게 많이 맡지 않았더라면 좋았을 거예요. 일이 너무 쌓여 있어서 가족이나 친구와의 시간을 낼 수가 없어요. 저는 제가 왜 일을 그렇게 많이 만들어내는지 모르겠어요. 사람들이 저보고 벼랑 끝에 몰렸다고 하는 것을 알아요. 요즘 제가 하는 일 중에 마음에 드는 것이 없어요. 일을 마무리하지 못해서 체면도 구겨지고 있어요. 잘못 살고 있어요.

상담자: 당신이 이런 느낌이 들지 않았던 때를 말해보세요. 지금 하지 못하는 일을 전에 했을 때 당신은 무엇을 했나요?

나는 그웬이 스트레스가 이렇게 압도적이지 않았던 때와 스트레스를 잘 관리하기 위해 그녀가 무엇을 했었는지를 생각하게 한다. 이렇게 그웬의 강점 발견에 초점을 두면 그웬은 자기 삶의 전문가 자리를 갖게 된다. 나는 그웬이 그녀의 시련에 대한 해결책을 찾을 능력을 가지고 있다고 확신한다.

그웬은 불안과 압도당하는 느낌의 이야기에 너무 길들어 있기 때문에, 방향을 바꾸어 자신이 몇 가지는 잘하고 있다는 것을 보지 못한다. 나의 개입은 그녀가 매우 불안해하기만 한 존재 이상이라는 것을 알게 하는 것을 목표로 한다.

상담자: 당신은 바쁜 중에도 상담에 충실하고 있어요. 바쁜 일정과 다뤄야 할 수많은 일로 비추어 볼 때 매우 인상 깊어요. 당신이 어떤 다른 일도 이렇게 잘하고 있는지 궁금해요.

그웬: 저는 직장에 제시간에 가는데, 그러면 기분이

*켈리 커크시 박사는 해결중심 단기치료를 사용하여 포스트모던 관점에서 사고하는 방식과 상담 실제를 기술하며 이 모델을 그웬에게 적용하고 있다.

좋아요. 그리고 일을 해야 할 스트레스가 있어도 수영 강습을 위한 시간을 내요. 수영을 하고 나면 기분이 꽤 좋거든요.

상담자: 당신에게 요술 지팡이가 있어서 오늘 당신의 문제를 해결할 수 있다면, 문제가 해결된 것을 어떻게 알 수 있을까요? [기적질문]

그웬: 속쓰림이 없고, 세 번의 책 모임을 하지 않으며, 한꺼번에 다섯 개의 프로젝트를 진행하지 않고, 편한 마음으로 휴식하고, 친구와 놀러 나가며, 내가 해결해야 할 서류 더미를 집이나 사무실에 쌓아 놓지 않는 것을 보면 알 수 있을 거예요.

상담자: 그렇게 달라지면 당신은 무엇을 하거나 느낄까요?

그웬: 일을 마치면 집에 제시간에 갈 거예요. 좀 더 편안한 느낌이 들 거예요. 건강하고 균형 잡힌 식사를 하고 남편과 아이와 좋은 시간을 보낼 거예요. 직장에서는 내가 해내는 프로젝트에 대해 좋은 느낌을 갖고 한꺼번에 너무 많은 프로젝트를 맡는 것은 거절할 거예요.

기적질문, 또는 내가 이름 붙인 요술 지팡이 질문은 그웬에게 경험하고 싶어 하는 미래를 그려보게 한다. 나는 한 가지를 다르게 하는 것이 해결책을 발견하는 중요한 시작일 수 있다고 말해준다.

상담자: 한 가지 일을 다르게 해서 당신이 가지고 있는 불안의 그림을 찢어버리고 평온한 당신 생활의 그림을 새로 그리세요. 이번 주에 무엇을 변화시킬 수 있을까요?

그웬: 저는 하루를 시작하며 기도와 스트레칭 운동을 해서 긴장을 풀고 스트레스를 낮출 거예요. 그리고 지금 하는 위원회 하나를 그만둘 때가 되었어요.

상담자: 그것은 아주 좋은 선택입니다. 다음 주 만날 때 어떻게 그 일을 해냈는지 듣고 싶습니다.

나는 그웬이 보여준 진전을 칭찬하며, 다음 회기에는 과제를 어떻게 했는지를 확인할 것이다. 그웬은 자신이 찾던 답변이 자기 안에 있다는 것을 발견할 것이다.

자기성찰을 위한 질문

- 어떤 개입이 그웬으로 하여금 문제보다는 자원과 강점에 대해 더 생각하게 하였는가?
- 그웬에게 기적질문을 사용한 것에 대해 어떻게 생각하는가? 그 대답의 결과로 그웬은 어떤 행동을 하게 되었는가?
- 여러분이 그웬을 상담하는데 그녀가 문제가 존재하지 않았던 때를 기억할 수 없다면 이후 어떻게 상담을 진행할 것인가?

그웬의 사례에 적용된 이야기치료*

말은 우리의 삶을 치유하고 변화시키는 힘을 가지고 있다. 또한 말은 우울, 결핍, 두려움, 불안, 자기혐오 등의 느낌을 영속화하는 부정적 이야기를 받아들이게 해서 계속 우리를 침몰시키는 힘도 가지고 있다. 우리의 이야기는 생각과 행동이 지속되도록 하기 때문에, 이 이야기가 우리를 고착시키는 부정적 프로그램의 자원이 되지 않도록 해야 한다. 만약 그웬이 그녀의 젊었던 시절에 대해 일기를 쓰고자 한다면 지금 자신의 참된 모습에 관한 이야기를 재구성해야 할 것이다.

상담자: 말은 변화와 치유의 도구나 약이 될 수 있어요. 당신의 외로움의 이야기를 담은 글을 써보면 좋겠어요. 당신 생애에 언제 처음 외로움이 나타났는지를 알아보세요. 어떤 방식으로든 말로 그

*켈리 커크시 박사는 이야기치료를 사용하여 포스트모던 관점에서 사고하는 방식과 상담 실제를 기술하며 이 모델을 그웬에게 적용하고 있다.

것을 표현해보세요.

그웬: 제가 어렸을 때 제가 중요하지 않고 안 보이는 것 같고 무의미하다는 느낌을 가졌던 경험을 책으로 쓴다면 몇 권은 쓸 수 있어요.

상담자: 글을 쓰기 전에 5분 정도 조용히 외로움을 처음 경험하는 어린 당신을 떠올려보세요. 당신의 그 부분에 이름을 붙이고 당신 안에 있는 그 외로운 소녀에게 사랑스러운 동반자가 되어주세요.

나의 목표는 그웬이 경험하고 있는 문제를 외재화시켜서 그녀 밖으로 옮기는 것이다. 그웬이 자신을 문제 중심의 이야기에서 분리할수록, 그녀는 이전 이야기와 연관된 이전 행동양식을 버리고 평화, 즐거움, 연결 등을 포함한 삶의 이야기를 문자 그대로 다시 쓰게 된다.

그웬은 길거리에 있는 아이들이 자신의 이름을 부르는 것이 싫어서 집에만 머물렀던 일, 가족 내에서 이상한 아이로 취급되고 다르기 때문에 숨고 싶었던 일, 아버지가 집으로 돌아오기를 기다리던 경험, 집에 도둑이 들어도 잃어버리지 않기 위해 소중한 물건을 특별한 상자에 넣어둔 일, 성당에서 유일한 흑인 아동이었기에 항상 현미경 아래에 있는 것처럼 느꼈던 일, 자신의 안전을 지키기 위해 바쁘게 살기 시작한 일 등의 이야기를 썼다. 나는 그웬이 연민, 성장과 치유의 관점으로 그녀의 이야기를 볼 수 있도록 도왔다.

그웬이 그녀의 이야기를 재구조화하기 시작하자 그녀는 자신의 부모가 최선을 다했다는 것을 알게 되었다. 깊은 측은한 마음으로 자신의 이야기를 전체적으로 보게 되었고, 어린 시절의 고난을 통해 강하고 창의적이며 회복력을 지닌 여성이 되었다는 것을 알게 되었다. 강점을 지닌 어른의 입장에서 그웬은 아직 자기 안에 머물러 있는 외로운 소녀를 달래주기 시작했다. 글쓰기를 통해 그녀는 자신이 상처를 입었지만 부서지지는 않았다는 것을 알게 되었다. 이야기치료는 그웬이 자기 사랑과 용서의 장소에 다가오게 도왔고, 고립되고 외롭게 만들었던 억압된 정서를 분출하면서 불안은 감소했다. 마지막 회기에서 그웬과 나는 그녀가 이제 더 이상 아이가 아니며 과거에서 벗어났다는 것을 공식화하는 '졸업 연설'을 함께 작성했다.

자기성찰을 위한 질문

- 상담자가 그웬이 문제를 자신과 분리하도록 한 것은 어떤 상담 목표를 달성하기 위한 것인가?
- 그웬이 자신의 이야기를 재구성하는 도구로서 글쓰기는 얼마나 가치 있다고 생각하는가?
- 여러분이 그웬에게 사용하기 원하는 이야기치료의 다른 기법은 무엇인가?
- 그웬의 외로움의 이야기를 들으면서 여러분은 무엇을 경험하는가?

요약과 평가 학습목표 16

요약

사회구성주의 이론에서는 전문가로서의 상담자는 전문가로서의 내담자로 대체된다. 비록 내담자가 자기 삶의 전문가로 여겨질지라도, 내담자는 종종 도움이 되지 않는 생활방식에 고착되어 있다. 해결중심과 이야기치료, 동기강화 상담의 상담자는 내담자의 관점, 자원, 고유한 경험을 찾기 위해 대화를 시작한다. 치료적 노력은 내담자를 선임자로 하는 매우 협력적인 관계이다. 상담관계의 질은 해결중심 단기치료, 동기강화 상담, 이야기치료가 효과를 발휘하는 데 핵심적인 요소이다. 이로 인해 많은 상담자들이 내담자와의 협력적인 관계를 만드는 것에 더 주의를 기울이게 되었다. 협력적인 상담자는 내담자에게 자신의 접근에 적응하라고 하기보다는, 각 내담자에 맞게 자신의 접근법을 조절한다. 그래서 내담자마다 치료가 매우 달라 보인다.

상담자의 '알지 못함'의 자세는 해결중심과 이야기치료 접근의 주요 개념으로 자리 잡았다. 내담자의 이야기에 호기심을 갖고, 인정하며, 내담자의 이야기로 따라가는 '알지 못함'의 자세는 상담자가 참여자-관찰자 역할과 과정 촉진자 역할을 하게 하고, 인간 탐구에 대한 포스트모던 관점과 상담을 통합한다. 상담자는 내담자에게 존중적인 호기심을 가지고 다가가며, 모든 내담자를 고유한 개인으로 대하고, 모든 치료적 상호작용은 서로 다른 문화의 교환으로 여긴다. 이 같은 상담자의 '알지 못함'의 자세는 상담자가 학습자의 역할을 취하고 내담자를 그들 자신에 대한 전문가로 대하도록 만든다. 상담자는 내담자의 아이디어, 피드백, 자원에 기대어 해결책을 함께 모색하기 위해 내담자와 협력한다(Murphy & Sparks, 2018).

해결중심 단기치료, 동기강화 상담, 이야기치료는 사람들은 건강하고 유능하며, 자원을 가지고 있고, 자신의 삶을 향상시킬 해결책과 대안적 이야기를 만들 능력을 지니고 있다는 낙관적 가정을 기초로 하고 있다. 이러한 치료적 접근법은 긍정심리학과 공통 개념을 공유한다. 해결중심 단기치료에서 치료적 과정은 내담자의 문제에 관해 이야기하기보다는 해결책을 만드는 데 집중한다. 기적질문, 예외질문, 척도질문 등이 공통으로 사용되는 기법이다. 동기강화 상담은 내담자의 자기책임을 강조하고 행동적 문제에 대한 대안적 해결책을 만들기 위해 내담자와 협동하여 작업하는 초청 방식을 장려한다. 인간중심 치료 철학에 기반을 둔 동기강화 상담은 내담자의 참조체계에 머무르면서 의도적으로 지시적이다. 주요 목표는 변화에 대한 내담자의 양가감정을 줄이고 변화에 대한 동기를 높이는 것이다. 동기강화 상담은 문화적으로 민감한 접근법이기에 성, 연령, 인종, 성적 취향을 포함하는 사람들에게 효과적일 수 있다(Levensky et al., 2008). 이야기치료에서 상담 과정은 사회문화적인 맥락에 주의를 기울인다. 내담자가 문제와 자신을 분리시키도록 돕고 내담자에게 새로운 이야기를 집필할 기회를 제공한다. 이야기치료의 핵심 목표는 내담자가 삶의 경험에 대한 관점을 바꾸어서 문제 이야기를 재저술하도록 돕는 것이다. 이 접근법은 강점, 회복탄력성, 인내에 관한 이야기를 시작하고 확장하므로 치유를 촉진시킨다(Winslade & Del Corso, 2019).

해결중심이나 이야기치료 상담자는 내담자가 목표를 향해 꾸준히 진전하도록 하는 발전적인 대화를 이끈다. 내담자의 목표, 자원, 피드백을 존중하는 것이 특징이다(Murphy & Sparks, 2018). 상담자는 종종 이렇게 질문한다. '당신이 원하던 대로 삶이 진행되었던 때를 말해주세요.' 이 대화는 살아갈 가치가 있는 삶의 이야기를 보여준다. 이 대화를 기초로 해서 문제의 힘은 줄어들고(해체되고), 새로운 방향과 해결책이 나타나고 가능해진다. 해체를 통해 문제 이야기를 탐색한 후, 상담자는 내담자가 부정적 이야기에 도전하고 대항적 이야기가 나타나도록 하는 다른 경험들을 확인하도록 돕는다(Winslade & Del Corso, 2019).

포스트모던 접근의 공헌

사회구성주의, 해결중심 단기치료, 동기강화 상담, 이야기치료는 심리치료 분야에 많은 공헌을 했다. 우리는 특히 사람들이 역량이 있고 더 나은 해결책과 삶을 긍정하는 이야기를 만들기 위해 자신의 자원을 사용할 것이라는 가정을 기반으로 하는 포스트모더니즘 접근의 낙관주의적 방향을 가치 있게 생각한다. 많은 포스트모던 상담자와 저자들은 내담자가 비교적 단기간 안에 더 만족할 만한 삶을 구축하는 중요한 행동을 할 수 있다는 것을 발견했다(Bertolino & O'Hanlon, 2002; De Jong & Berg, 2013; de Shazer, 1991; Freedman & Combs, 1996; Hoyt, 2009, 2015; Miller et al., 1996; Murphy, 2023; Murphy & Sparks, 2018; O'Hanlon & Weiner-Davis, 2003; Walter & Peller, 1992, 2000; Winslade & Del Corso, 2019; Winslade & Monk, 2007).

사회구성주의자, 해결중심, 동기강화 상담, 이야기치료 상담자의 비병리적 자세라는 특징은 전문 상담 영역에 중요한 공헌을 하였다. 이 접근은 사람에게 무엇이 문제인지에 집중하기보다는, 내담자에게 능력과 자원이 있다고 본다. 사람은 특정한 문제로 환원되거나 진단명으로 정확하게 명명되거나 확인될 수 없다. 공식적인 진단을 내리는 전문가일지라도 내담자를 존중하면서 연결하는 방법의 가치를 배울 수 있다. 해결중심치료 또는 이야기치료 지향의 상담자는 진단이 내담자가 변화하도록 돕는 유용한 정보를 제공하지 않는다고 생각한다. 이들은 진단을 변화 과정에 불필요하며 잠재적으로 유해하다고 본다(Murphy & Sparks, 2018)

해결중심 단기치료, 동기강화 상담, 이야기치료의 중요한 강점은 질문의 사용인데, 이것이 이 접근법들의 핵심이다. 내담자의 태도, 생각, 감정, 행동, 인식에 대한 개방질문은 주요 개입 방법 중 하나이다. 미래에 잠재적 문제를 어떻게 해결할 것인지 내담자가 생각해보도록 하는 미래지향적 질문은 특히 유용하다. 질문은 내담자가 자신의 이야기를 개발하고 어려움을 다룰 더 나은 방법을 발견하도록 도울 수 있다. 효과적인 질문하기는 자신의 이야기를 탐색하고 이를 표현할 새로운 방법을 찾도록 도와준다. 상담자는 내담자가 원하는 미래에 대한 구체적인 세부 정보를 얻음으로 미래지향적 대화를 촉진한다. 내담자는 자신의 이상적 미래가 어떠할 것인지, 이것을 달성했을 때 어떻게 알 수 있는지, 그리고 원하는 미래를 얻는 것이 전반적인 삶의 질에 어떻게 영향을 미칠 것인지를 서술한다(Murphy & Sparks, 2018).

단기 접근이라는 이름에 걸맞게 이 접근은 5회기 정도의 진행으로 좋은 성과를 보여준다(de Shazer, 1991). 해결중심 단기치료는 시간제한적 상담 중에서도 매우 짧은 편이다. 이 간결성은 내담자가 목표 설정에 책임을 지고 어떤 주제를 지금 다룰 것인지를 결정하는 데서 온다는 점을 주목해야 한다. 이것이 상담자가 상담의 방향을 정하는 다른 많은 모형과 다른 점이다. 내담자는 자신의 목표에 전문가이고, 해결중심 단기치료의 상담자는 치료의 구조와 과정에 대한 전문가이다. 프로차스카와 노크로스(Prochaska & Norcross, 2018)는 "그렇다면, 근본적인 관계는 전문가 간의 다학제적 협동과 같다."(p. 375)라고 설명했다.

해결중심 상담의 강점은 그 효과성의 확장에 있다(Guterman, 2013). 해결중심 접근이 성과를 보인 특수 영역은 가정폭력 가해자에 대한 집단 상담이다. 리, 세볼드, 우켄(Lee, Sebold, & Uken, 2003)은 가정폭력 가해자에게 효과적이고 긍정적인 변화를 만들어내는 것으로 보이는 최신식 접근을 소개한 바 있다. 이 접근은 현존하는 가정폭력 문제를 강조하지 않는다는 점에서 전통적인 접근과 크게 다르다. 이 접근은 가해자의 문제와 결함을 강조하기보다는 해결책을 만드는 데 책임을 지도록 하는 것에 초점을 둔다. 리와 동료들이 제시한 과정은 전통적인 프로그램의 기준으로 본다면 짧은데 10~12주 동안 8회의 회기면 된다. 리와 세볼드, 우켄은 16.7%의 재범률, 92.9%의 완료율을 보고했다. 이에 반해 전통적인 접근은 통상적으로 40~60%의 재범률, 50% 이하의 완료율을 보인다.

포스트모던 접근법의 한계와 비판

해결중심 단기치료를 효과적으로 수행하기 위해서는 상담자가 단기 개입에 익숙해야 한다. 해결중심 단기치료가 간단하고 수행하기 쉬워 보이지만 이 접근을 사용하는 상담자는 평가를 하고, 내담자가 구체적인 목표를 설정하도록 조력하며, 다양하고 적절한 개입을 효과적으로 할 수 있어야 한다. 경험이 없고 훈련이 충분하지 않은 상담자는 기적질문, 척도질문, 예외질문, 외재화 질문 등 다양한 기법에 매혹될 수도 있다. 그러나 효과적인 상담은 이 기법을 사용한다고 되는 것이 아니다. 진솔하게 존중하는 관심을 나타내는 질문을 사용하는 상담자의 능력과 태도가 상담 과정의 핵심이다.

해결중심치료와 마찬가지로, 이야기치료가 이러한 간단한 개념에 기반을 두고 있다고 하여 상담 또한 간단할 것이라고 가정하는 것은 오산이다. 매켄지와 멍크(1997)는 이야기치료의 개념을 기계적인 방식으로 사용하려고 하는 상담자에 대한 우려를 표했다. 이들은 이야기치료에 대한 개략적인 설명이 일부 초보자들로 하여금 내담자의 인도를 따르기보다는 그 개관을 따라가는 것에 더 신경을 쓰게 할 수 있다는 점을 경고했다. 이 상황에서 매켄지와 멍크는 이 기법을 기계적으로 사용하는 것은 효과적이지 않다고 주장했다. 일부 해결중심 및 이야기치료 상담자들은 몇 가지 기법에 너무 의존하는 문제를 인정하고 상담관계와 그 접근에서 전체적인 철학을 더 강조하고 있다(Lipchik, 2002; Murphy, 2023; Murphy & Sparks, 2018).

동기강화 상담이 다양한 임상적 문제에 대한 효과적인 치료법임을 뒷받침하는 방대한 양의 연구가 진행되었으나, 이 접근법은 만병통치약이 아니며, 치료에 대한 포괄적인 접근법으로써 설계된 것도 아니다. 이는 구체적인 문제를 다루는 것을 고려하고 있는 사람의 주저함이나 양가감정을 다루는 방법이다. 동기강화 상담은 사람들이 상담에 가지고 오는 모든 문제를 다루도록 만들어진 것이 아니며, 실존적 선택을 탐색하도록 돕기 위한 것도 아니다(Miller & Rollnick, 2013).

이러한 한계에도 불구하고 포스트모던 접근은 다양한 이론적 성향의 상담자에게 많은 것을 제공한다. 해결중심치료, 동기강화 상담, 이야기치료의 많은 기본 개념들과 기법들은 이 책에서 살펴본 다른 치료 접근들과 통합될 수 있다.

자기성찰과 토론을 위한 질문

1. 해결중심 단기치료와 이야기치료는 모두 내담자를 전문가로 보고, 새로운 이야기를 만들며, 협력적인 상담관계를 형성하고, 내담자의 자원과 강점을 발견하며, 문제와 사람을 분리시키는 것을 강조한다. 이 상담 방향에 대해 어떻게 생각하는가?
2. 해결중심 단기치료의 어떤 주요 개념이 가장 끌리는가? 동기강화 상담에서는? 이야기치료에서는? 그 주요 개념에서 무엇을 발견하였는가?
3. 해결중심 단기치료 상담자는 내담자가 스스로 해결책을 만들게 하는 여러 기법을 가지고 있다. 이 기법들 중 여러분이 익숙하게 활용하고 싶은 것은 무엇인가?
4. 동기강화 상담에서 저항의 개념은 내담자와 상담자 간의 불화의 개념으로 대치된다. 내담자를 저항하는 존재로 보기보다는 변화에 대한 양가감정을 해결하려는 존재로 바라본다. 저항을 양가감정으로 대치시키는 개념에 대해 어떻게 생각하는가?
5. 이야기치료 상담자는 문제 중심의 이야기를 해체하고 삶을 향상시키는 이야기를 재저술하는 것에 관해 이야기한다. 이 개념을 어떻게 생각하는가?

더 찾아볼 자료

미국상담학회(ACA) 회원을 위한 무료 팟캐스트

www.counseling.org 사이트에서 '자료(Resource)' 아이콘을 누르고 '팟캐스트 시리즈(Potcast Series)'를 누르면 미국상담학회 팟캐스트(미리 녹음된 인터뷰)를 무료로 내려받을 수 있다. 13장 포스트모던 접근의 내용은 다음의 팟캐스트에서 들을 수 있다.

John Murphy 박사와의 인터뷰, Solution-Focused Counseling in Schools(Podcast 5)
Lorraine Hedtke & John Winslade, *Remembering Lives, Conversations With the Dying and Bereaved*

기타 자료

Psychotherapy.net은 학생과 전문가에게 포스트모던 접근에 관한 동영상과 인터뷰 등 광범위한 자료를 제공한다. 매달 새로운 동영상과 편집된 자료가 제공된다. 이 장과 관련하여 www.psychotherapy.net에서 볼 수 있는 DVD는 다음과 같다.

Madigan, S. (2002). *Narrative Therapy With Children* (Child Therapy With the Experts)

Madigan, S. (1998). *Narrative Family Therapy* (Family Therapy With the Experts)

Murphy, J. (2002). *Solution-Focused Therapy With Children* (Child Therapy With the Experts)

여러분이 단기치료의 발전을 계속 따라가려면 『단기치료 학술지(Journal of Brief Therapy)』를 활용하라. 이 학술지에서는 개인, 커플, 가족, 집단을 대상으로 하는 단기치료의 발전, 혁신, 연구 등을 다룬다. 논문은 모든 이론적 접근의 단기치료를 다루지만, 특히 사회구성주의, 해결중심치료, 이야기치료를 다룬다. 정기구독을 하려면 아래로 접속하라.

Springer Publishing

www.springerpub.com

또 다른 유용한 학술지로는 『국제 이야기치료 및 지역사회 활동 학술지(International Journal of Narrative Therapy and Community Work)』가 있다.

Dulwich Center

http://dulwichcenter.com.au

해결중심치료 훈련

텍사스주 포트워스에 위치한 텍사스 웨슬리언 대학교의 해결중심연구소(Solution Focused Institute)는 해결중심 접근을 각 상담 장면에 사용하기 원하는 정신건강 관계자, 학교 교사, 상담자를 훈련하기 위해 2009년 1월에 설립되었다. 이 연구소는 온라인과 오프라인으로 해결중심치료 훈련을 실시하고 개인과 집단에 대한 슈퍼비전을 제공한다.

해결중심연구소

www.Solutionfocusedinstitute.com

학교에서의 변화 중심 상담(Change-Focused Practice in Schools: CFPS)은 심리치료 연구를 학교와 여러 현장에서 실제로 적용하는 데 활용하기 위해 2005년에 존 머피가 설립했다. CFPS는 젊은이의 강점, 자원, 피드백을 존중하는 방식으로 변화를 돕기 위해 해결중심/내담자 주도적 접근을 국제적으로 훈련, 감독, 자문한다.

Department of Psychology & Counseling, 센트럴 알칸사스 대학교

www.drjohnmurphy.com

이야기치료 훈련

Evanston Family Therapy Institute (www.narrativetherapychicago.com/)

Dulwich Centre (www.dulwichcentre.com.au/)

Bay Area Family Therapy Training Associates (www.baftta.com)

The Houston-Galveston Institute (www.talkhgi.com)

더 읽을거리

- 『**해결을 위한 면담(Interviewing for Solutions)**』(De Jong & Berg, 2013)은 해결중심 기법을 가르치고 배우는 데 사용되는 실제적인 교재이다. 이 교재는 일상적인 대화의 형태로 쓰였으며 학습을 심화시키는 많은 사례를 담고 있다.
- 『**학교에서의 해결중심 상담(Solution-Focused Counseling in Schools)**』(Murphy, 2023)은 유치원부터 고등학교에 이르기까지 다양한 문제를 다루는 효과적인 전략을 제시한 명쾌하고 실제적인 책이다. 많은 사례 예시를 통해 해결중심 상담의 기초, 과제, 기법을 보여준다. 또한 이 책은 내담자 주도적이고 성과를 알려주는 상담(outcome-informed practice)의 원리가 해결중심치료와 어떻게 통합되는지를 보여준다.
- 『**강점중심치료(Strengths-Based Therapy)**』(Murphy & Sparks, 2018)는 강점중심치료의 독특한 이론적 특징을 명쾌히 설명한다. 또한 실제적 개입법에 대한 간결한 설명을 제시한다. 강점중심치료는 해결중심 단기치료와 이야기치료를 모두 적용한다.
- 『**단기 심리치료: 원리와 실제(Brief Psychotherapies: Principles and Practice)**』(Hoyt, 2009)는 단기치료를 해결중심 단기치료, 이야기치료, 그리고 여러 이론적 접근에 적용하는 방법을 배울 수 있는 뛰어난 교재이다.
- 『**동기강화 상담: 변화 돕기(Motivational Interviewing: Helping People Change)**』(Miller & Rollnick, 2013)는 행동의 변화 과정에 대한 현재의 생각을 설명하고, 동기강화 상담의 원리를 제시하며, 이 원리를 실제 현장에 적용하기 위한 상세한 지침을 제공한다. 사례를 통해 핵심을 보여주고 중독치료와 다른 임상적 맥락에서 동기강화 상담 기법의 이점을 설명한다. 저자들은 또한 동기강화 상담을 배우는 과정에 대해 논의한다.
- 『**동기강화 상담과 CBT: 최대의 효과를 위한 통합 전략(Motivational Interviewing and CBT: Combining Strategies for Maximum Effectiveness)**』(Naar & Safren, 2017)은 인지행동치료(CBT)를 동기강화 상담과 통합하는 것이 단일 접근법에 의존하는 것보다 어떻게 더 나은 결과를 가져올 수 있는지를 보여준다.
- 『**효과적인 심리치료사: 내담자의 결과를 향상시키는 임상적 기술(Effective Psychotherapists: Clinical Skills That Improve Client Outcomes)**』(Miller & Moyers, 2021)은 정확한 공감, 수용, 긍정적 관심, 진솔성, 초점, 희망, 환기, 조언하기와 같은 동기강화 상담의 기본인 태도와 치료적 기술을 기술하는 명쾌하고 실제적인 책이다. 저자들은 내담자의 결과를 높이는 임상적 기술을 확인하고 탐색한다.
- 『**이야기치료 방법(Narrative Means to Therapeutic Ends)**』(White & Epston, 1990)은 이야기치료에 관한 가장 널리 알려진 책이다.
- 『**이야기치료의 지도(Maps of Narrative Practice)**』(White, 2007)는 마이클 화이트의 유작으로서 수십 년간에 걸친 그의 성과를 한 권의 책에 담고 있다.
- 『**이야기치료(Narrative Therapy)**』(Madigan, 2019)는 이야기치료의 이론과 치료적 과정에 대한 최근의 논의를 보여준다.
- 『**학교에서의 이야기 상담(Narrative Counseling in Schools)**』(Winslade & Monk, 2007)은 이야기치료의 개념과 기법을 학교 장면에 적용하는 방법을 안내하는 기초적이고 쉽게 읽을 수 있는 책이다.

가족체계치료

14장

학습목표

01. 가족치료의 주요 인물과 학파에 대해 알아본다.
02. 가족체계치료 주요 모델들 간의 공통점을 확인한다.
03. 개인치료와 가족체계치료가 어떻게 다른지를 설명한다.
04. 가족치료의 각 모델과 관련된 주요 개념 및 목표를 구분하여 살펴본다.
05. 가족치료 분야의 최근 발전을 확인한다.
06. 가족치료의 다면적 과정을 설명한다.
07. 학교 상담 장면에서 가족치료의 적용에 관하여 논의한다.
08. 다양성의 관점에서 가족체계치료의 강점 및 약점을 설명한다.
09. 가족체계 접근의 공헌과 한계를 확인한다.

도입 학습목표 01

1940년대에 들어와 북미에서 시작된 가족치료의 태동은 1950년대로 넘어오면서 체계적 가족치료로 구체화되기 시작하였다(Becvar & Becvar, 2013). 발전 초기의 체계적 가족치료는 혁신적 치료 접근으로 여겨졌다. 1960년대와 1970년대에는 정신역동적, 행동적, 인본주의적 접근들(제1세력, 제2세력, 제3세력……)이 상담과 심리치료 분야를 지배하고 있었다. 오늘날에는 가족체계에 기반을 둔 다양한 접근을 '제4세력'이라 칭해야 할 만큼 주요한 패러다임의 변화를 보여준다. 가족체계치료는 다양한 이론과 접근 들로 나타나는데, 이 같은 이론들은 모두 인간이 겪는 문제의 관계적 측면에 초점을 맞추고 있다.

가족체계 관점 학습목표 02

서구 문화의 상담자가 가장 받아들이기 힘든 부분은 아마도 '체계' 관점을 수용하는 일일 것이다. 각 개인의 경험, 그리고 서구 문화는 우리가 자율적 존재로 자유롭고 독립적인 선택을 할 수 있다고 말한다. 그러나 우리는 한 가족의 구성원으로 태어나고 대부분이 평생을 어떤 형태로든 가족, 혹은 그와 유사한 집단에 소속되어 살아간다. 이와 같은 가족 안에서 우리는 자신이 누구인지를 발견하고, 성장하고 변화하며, 생존에 필요한 지지를 주고받는다. 또한 우리는 가족 전체와 각 구성원이 잘 기능할 수 있도록 무언의 규칙과 반복되는 일상을 만들고, 유지하고, 그에 의해 살아간다.

가족체계 관점에서는 가족구성원 간 상호작용의 평가를 통해 개인을 가장 잘 이해할 수 있다고 본다. 가족구성원의 발달과 행동은 다른 구성원들과 서로 연결되어 있다. 개인의 증상은 흔히 가족 내 일련의 습관과 패턴이 드러난 것으로 간주된다. 내담자의 문제가 단지 개인의 부적응, 과거의 경험, 그리고 심리사회적 발달에서 기인한 것이 아니라 가족체계의 기능으로 인한 증상이라고 보는 것은 실로 혁신적이다. 이러한 관점은 문제가 되는 내담자의 행동이 (1) 가족의 기능과 목적에 기여하거나, (2) 가족 과정을 통해 의도치 않게 유지되거나, (3) 가족 발달의 전환기에서 가족이 적절하게 기능하지 못한 결과이거나, (4) 세대를 거쳐 전해져 온 역기능적 행동양식으로 인한 증상일 수 있다는 가정에 근거를 두고 있다. 이 모든 가정은 인간이 경험하는 문제와 그러한 문제의 형성에 관해 설명하는 전통적인 개인내적 접근에 대해 반론을 제기한다.

각자의 치료 모델과 상관없이 모든 가족치료 전문가들이 동의하는 하나의 핵심 원리는, 내담자는 살아있는 체계에 연결되어 있다는 것이다. 전체, 즉 가족이나 관계를 고려하면서 상담을 진행하는 것은 변화를 가장 용이하게 한다. 따라서 '지목된(identified)' 내담자뿐 아니라 그 가족까지 포괄적으로 다루는 치료적 접근이 요구되는데, 이는 상호작용하는 하나의 집합체로서의 가족은 각각의 고유한 특징을 가지고 있기 때문이다. 다른 가족구성원과의 상호작용, 그리고 내담자와 가족이 살고 있는 더 넓은 생활의 범주를 이해하지 않고서 내담자의 문제를 명확하게 평가하는 것은 불가능하다.

가족치료적 관점은 개인을 평가하는 것으로부터 체계의 역동, 혹은 각 개인이 체계 내에서 서로 반응하는 방식에 초점을 맞추도록 관점의 변화를 요구한다. 가족구성원의 행동은 다른 모든 가족구성원에게 영향을 미치고, 또한 그들의 반응은 그 구성원에게 다시 상호적인 영향을 미친다. 일단 변화가 일어나면, 파급효과는 가족 전체로 퍼진다. 적절한 변화는 가족체계뿐 아니라 개인과 가족의 새로운 행동들을 지지해준다(Lambert et al., 2016). 골든버그, 스탠턴, 골든버그(Goldenberg, Stanton, & Goldenberg, 2017)는 상담자가 내담자가 드러내는 증상을 포함한 모든 행동을 가족과 사회라는 맥락에서 살펴볼 필요가 있다고 하였다. 이들에 따르면, 체계적 관점은 개인의 내적 역동을 다루는 것을 거부하는 것이 아니라, 개인의 내적 역동에 대한 전통적 강조를 확장해 나가는 것이라고 덧붙였다.

> 이 책의 MindTap을 참조하여 동영상 퀴즈와 다양한 동영상 프로그램을 통해 14장과 관련된 주제에 대한 지식을 확장하기를 바란다.

체계치료와 개인치료의 차이 학습목표 03

개인치료 접근과 체계치료 접근에는 상당한 차이가 존재한다. 다음의 사례를 살펴보는 것은 이 같은 차이점을 이해하는 데 도움이 될 것이다. 스물두 살인 앤은 2년 이상 지속되어온 우울증과 그로 인한 친구관계 유지 및 생산적 업무 능력의 손상으로 상담자를 찾아왔다. 앤은 기분이 나아지기를 원하지만 그럴 가능성에 대해서는 비관적이었다. 이러한 그녀를 상담자는 어떻게 도울 수 있을까?

개인치료 상담자와 체계치료 상담자는 모두 현재 앤이 처한 일상의 상황과 경험에 관심을 갖는다. 두 상담자 모두 그녀가 아직도 60대의 부모와 함께 살고 있다는 사실을 확인한다. 그들은 앤에게 같은 도시에 사는 언니가 있으며 유명한 변호사로 매우 성공한 사람이라는 점에 관심을 둔다. 또한 상담자는 앤이 지난 수년 간 친구들이 결혼을 하거나 고향을 떠남으로 인해 홀로 남겨졌으며 종종 외롭고 고립되었다고 느낀다는 점에 주목한다. 마지막으로, 두 상담자 모두 앤의 우울감이 그녀 자신뿐 아니라 다른 사람들에게도 영향을 미친다는 사실을 고려한다. 하지만 두 접근의 공통점은 여기까지다.

체계치료 상담자는 가족체계 내 개인의 중요성을 부정하지 않는다. 하지만 내담자의 삶에 미칠 수 있는 개별 상담자의 영향력보다, 내담자와 체계의 관계 및 상호작용이 내담자에게 더 큰 영향력을 가진다고 믿는다. 상담자는 가족(혹은 공동체) 체계 전체와의 협업을 통해 내담자가 체계 내에서 어떤 식으로 행동하고 현재 상태를 유지하는 데 어떻게 관여하는지, 그리고 체계가 내담자에게(또한 내담자가 체계에) 어떤 영향을 주는지, 어떤 개입이 개인이 표현하는 고통뿐만 아니라, 부부, 가족 혹은 더 큰 체계에 변화를 일으키는지를 관찰할 수 있는 기회를 갖는다.

개인치료 상담	체계치료 상담
• 아마도 *DSM-5*(2013)을 참조하여 정확한 진단을 내리는 데 초점을 둘 것이다.	• 가계도를 이용하여 가족체계의 과정과 규칙을 탐색할 것이다.
• 곧바로 앤과의 상담을 시작한다.	• 앤의 어머니, 아버지, 언니를 상담에 초청할 것이다.
• 앤의 우울증 및 대처와 관련된 원인과 목적, 그리고 인지적 · 정서적 · 행동적 패턴의 탐색에 초점을 맞춘다.	• 왜 앤의 우울증이 지속되는지를 '설명해주는' 가족관계에 초점을 둘 것이다.
• 앤의 개인적인 경험과 관점에 관심을 둔다.	• 가족 내에서 세대를 거쳐 내려오는 의미와 규칙, 문화, 성에 대한 관점에 대해서, 나아가 가족에게 영향을 미치는 지역사회 및 더 큰 체계들에 관심을 가질 것이다.
• 앤이 우울을 극복할 수 있도록 돕는 방향으로 개입한다.	• 앤의 주변 상황(맥락)을 변화시키도록 돕는 방향으로 개입할 것이다.

앤의 사례에서 우울증은 기질, 유전 및 호르몬으로 인한 문제일 수 있다. 또한 효과적인 대처를 방해하는 인지적, 경험적, 또는 행동적 패턴이 문제일 수도 있다. 이러한 방식으로 앤의 우울증을 설명할 수 있다 하더라도, 체계치료 상담자는 앤의 우울증이 가족구성원과 가족과정에 어떤 영향을 미치는지에 관심이 많다. 앤의 우울증은 그녀 자신의 고통뿐 아니라 가족이 가진 표현되지 않은 고통도 반영하고 있을 수 있다. 실제로 다양한 가족체계적 접근은 개인의 우울증이 가족구성원에게 어떤 식으로 도움이 되는지, 다른 가까운 관계에서 발생하는 문제로부터 주의를 분산시키는 역할을 하는지, 또는 가족 규칙(family rule), 문화적 금기, 혹은 성이나 가족 생활주기 발달에 영향을 받는 과정에 적응하려는 앤의 필요를 반영하는지에 대해 탐색한다. 이는 가족치료 상담자가 개인의 관점을 고려하지 않는다는 것이 아니라, 오히려 그 개인을 더 큰 체계 속에 있는 개체로서 이해한다는 것이다.

가족체계치료의 발전 학습목표 04

가족체계 이론은 지난 100여 년에 걸쳐 발전해왔으며 오늘날 상담자는 각각의 가족에게 알맞은 치료를 제공하고자 다양한 관점을 창의적으로 적용하고 있다. 알프레트 아들러(1927)와 루돌프 드라이커스(1950, 1973), 그리고 그들의 동료들은 최초로 가족치료를 제공한 사람들로 알려져 있는데, 지금은 공개토론 가족 상담이라고 불리는 접근 방식을 사용하였다(Christensen, 2004). 아들러는 가족체계(혹은 가족구조)를 이해하는 데 현상학을 도입하였다. 사정은 가족구성원이 제공하는 자신의 가족에 대한 설명이나 일상의 상호작용을 묘사하는 데 사용하는 주관적인 설명을 기반으로 한다. 아들러학파는 이 상호작용으로부터 행동의 이유나 목표를 찾으려 한다(Bitter, 2021; Bitter, et al., 2002).

여러분이 과거에 겪었던 가족 경험 중 두 가지를 잠시 떠올려보라. 어렸을 때 여러분은 부모를 어떤 존재로 묘사하였을까? 그와 같은 부모에 대한 묘사는 여러분에게 중요한 것이 무엇이라고 제시하는가? 아버지가 다정하고, 관대하며, 어린아이 같다고 묘사했다고 해보자. 어머니는 아름답고, 매우 열심히 일하며, 희생적이라고 설명했다고 하자. 여기서 사용된 모든 형용사나 묘사는 그 관계를 반영하고 있다. 아버지가 **다정하다**는 말은 아버지가 그 아이에게 다정하다는 것을 의미한다. 어머니가 **매우 열심히 일한다**는 것은 아이가 어머니에게 다가가는 것이 어렵다는 것을 반영한다. 하지만 열심히 일하는 것에는 목적이 있다. 즉, 어머니가 자녀를 위해 희생하고 있다는 것이다. 그 외에 무엇을 알 수 있는가? 아버지가 **관대하고 어린아이 같다**는 것은 '아버지가 나와 놀아준다'는 것이다. 어쩌면 이 아버지는 훈육을 아주 중요시하지 않을 수도 있다. 어머니가 **아름다웠다**. 이 메시지는 여성은 외모가 중요하다는 것이다.

이제, 원가족이든 새로운 가족이든, 여러분의 현재 가족 상황을 생각해보라. 가족구성원은 여러분에 대해 어떻게 설명할 것인가? 그러한 묘사는 가족 내에서 여러분의 위치나 역할에 대해 어떻게 말해주고 있는가? 마지막으로, 여러분이 최근에 힘들게 느꼈던 가족 내 상호작용에 대해 생각해보라. 이 상호작용에서 여러분은 어떤 목표나 목적을 가지고 있었는가? 여러분과 상호작용하던 사람들이 가지고 있었을 목표나 목적은 무엇인가? 여러분이 하는 행동에 대한 가족구성원의 반응의 결과를 살펴보는 것을 통해 그 행동의 목표나 목적을 발견할 수 있다. '내가 이렇게 또는 저렇게 행동할 때 가족들은 어떻게 반응하는가?'

이제부터는 가장 잘 알려진 가족치료 이론들을 살펴보고, 그러한 이론들이 가족치료의 발전에 어떤 기여를 했는지 살펴보도록 하자.

Courtesy of The Bowen Center for the Study of the Family; photo by Andrea Schara

머레이 보웬(Murray Bowen, 1913-1990)은 가족은 3세대를 살펴보는 것을 통해 가장 잘 이해될 수 있다고 믿었는데, 이는 대인관계의 패턴이 여러 세대에 걸친 가족구성원과 연결되어 있기 때문이다. 상담에서 그의 두 가지 목표는 가족구성원이 '자기 분화'라고 불리는, 삶에 대한 합리적이고 비반응적인 접근을 하도록 돕는 것과, 부부 문제와 다툼에 제3자를 끌어들이는 가족의 상호작용(혹은 삼각화)을 풀어내도록 돕는 것이다.

보웬의 경험은 다세대에 걸쳐 나타나는 패턴에 관심을 갖게 되었다. 그는 현재 드러난 가족의 문제는 원가족의 관계 패턴에 대한 이해에 기반을 두어 직접 바꾸려 시도하기 전까지는 크게 변화하지 않는다고 주장하였다. 보웬의 접근은 대인관계에서의 예측 가능한 패턴이 여러 세대에 걸친 가족구성원의 기능과 연결되어 있음을 전제로 한다. 커와 보웬(Kerr & Bowen, 1988)에 따르면, 개인이 경험하는 문제의 원인은 하나의 감정 덩어리로 작동하는 가족의 역할을 살펴야만 이해할 수 있다. 가족 안에서 누군가가 더욱 성숙하고 자신만의 성격을 획득하길 바란다면, 가족에 대한 해결되지 않은 정서적 반응을 반드시 다루어야 한다. 정서적 문제는 미해결된 정서적 애착이 제대로 다루어질 때까지 세대를 거쳐 계속해서 전달될 것이다. 상담실을 찾아온 내담자만으로는 변화가 생길 수 없다. 다른 가족구성원도 함께 변해야 한다.

머레이 보웬(1978)은 주류 가족치료의 개척자 중 한 사람이었다. 보웬의 가족체계 이론은 정신분석의 원리 및 실제에서 발전된 이론적 · 임상적 모델이며, 다세대 가족치료(multigenerational family therapy)라고도 불린다. 이 접근법의 목적은 체계 내에서 자기(self)를 가족체계로부터 분화시키고 자신의 원가족을 이해하는 것이다. 보웬과 동료들은 국립정신건강기관에서 조현병 환자들에게 획기적 접근법을 시도하였는데, 그것은 치료의 초점을 가족체계에 맞추기 위해서 가족 전원을 입원시킨 것이었다.

보웬이 다세대적 접근을 강조한 것은 그의 가장 뛰어난 두 명의 동료인 베티 카터(Betty Carter)와 모니카 맥골드릭(Monica McGoldrick)의 업적에 토대를 마련해주었다. 이들은 가족치료에 발달적 관점과 다문화적 관점을 도입한 최초의 인물들이었다. 실제로 맥골드릭은 가족치료에서 매우 중요한 가계도(McGoldrick et al., 2020) 및 가족 생활주기(McGoldrick et al., 2011)를 비롯하여, 성별(McGoldrick, Anderson, & Walsh, 1991), 인종(McGoldric et al., 2005; McGoldric & Hardy, 2019) 등에서 중요한 업적을 남겼다.

버지니아 사티어(Virginia Satir, 1916-1988)는 의사소통과 정서 경험을 강조하는 인간 타당화 과정 모델(human validation process model)이라고 할 수 있는 합동 가족치료(conjoint family therapy)를 발전시켰다. 보웬과 마찬가지로 사티어도 세대 간 모형을 사용하였으나, 그녀는 가족 조각하기(family sculpting)와 가족 재구성을 통해 가족의 패턴을 현재로 가져와 나타내고자 하였다. 사티어는 기법보다 관계가 중요하다고 강조하면서, 변화를 가져오기 위해 가족과 상담자 간의 대인관계에 초점을 두었다. 사티어 모델의 핵심은 가족이 감정을 솔직하게 서로 이야기할 수 있도록 돕는 일치성의 힘에 있다. 그녀의 존재는 가족으로 하여금 각자 내면의 중요한 것들과 접촉하고, 더욱 온전한 존재가 되며, 본래 자신의 최선의 모습으로 가족과 소통할 수 있도록 격려한다. 사티어는 이러한 경험을 '접촉하기(making contact)'라고 불렀으며, 이러한 접촉이 사람들 사이의 평화, 그리고 결국 모두의 평화로 확장될 것이라고 믿었다.

보웬이 그의 이론을 개발할 당시 버지니아 사티어(1983)는 가족 간의 연결을 강조하기 시작하였다. 그녀는 자신의 치료에 참여한 사람들과의 경험을 통해 관심과 끌림에 기반을 둔 확고하고 돌봄적인 관계의 중요성에 대해 이미 믿고 있었다. 보웬과는 달리 사티어는 돌봄적인 삼각관계, 즉 아이의 행복을 위해 노력하는 두 사람(예: 부모)으로 구성된 양육적 삼각관계의 발달을 구상하고 지지하고자 하였다. 사티어는 자신을 내담자와의 대화에서 내담자의 자존감을 반영하는 모습들을 찾아내고 귀 기울이는 탐정으로 여겼다. 실제로 사티어는 가족의 상호관계에서 의사소통과 메타 의사소통의 중요성, 변화 과정에서 치료적 타당화의 가치를 강조하였다(Satir & Bitter, 2000). 가족치료는 사티어를 통해 공감적 경청, 치료적 존재감, 그리고 돌봄의 모델을 갖게 되었다(Satir, et al., 1991).

구조적 · 전략적 가족치료

구조적 가족치료(structural family therapy)의 시작은 1960년대 초반의 살바도르 미누친(Salvador Minuchin)이 뉴욕의 윌트윅 학교(Wiltwyck School)에서 불우한 가정의 비행소년들을 치료하고 훈련하고 연구하던 때로 거슬러 올라간다. 미누친(1974)의 주요한 주장은 개인의 증상이 가족 내 상호작용 패턴, 또는 연속된 행동들을 보는 것을 통해 가장 잘 이해될 수 있다는 것이었다. 더 나아가 미누친은 개인 증상이 감소하거나 없어지기 위해서는 먼저 가족 내에서 구조적 변화가 일어나야만 한다고 하였다. 구조적 가족치료의 목적은 (1) 가족의 역기능(family dysfunction) 증상을 줄이고 (2) 체계 내의 구조적 변화를 가져오는 것으로, 이는 가족의 상호작용 규칙을 수정하고 보다 적절한 경계를 설정하는 것을 통해 이루어질 수 있다.

1960년대 후반에 제이 헤일리(Jay Haley)는 필라델피아 아동지도연구소에서 미누친과 합류하였다. 헤일리와 미누친의 연구는 목표와 과정에 있어서 많은 유사한 점을 공유하였고, 이는 1980년대와 1990년대에 활동한 많은 임상가들이 그 둘이 과연 서로 다른 학파인지에 대해 의문을 가질 정도였다. 실제로 1970년대 후반까지 구조적 · 전략적 접근(structural-strategic approach)은 가족체계치료에서 가장 널리 사용되는 모델이었다. 이러한 모델에서 파생된 개입법은 체계적 접근과 매우 유사했는데, 합류, 경계 설정, 균형 깨트리기, 재구성하기, 시련, 역설적 개입, 행동화를 포함한다.

만약 여러분의 원가족(family of origin)을 하위체계로 나눈다면 부모 하위체계에 들어가는 사람은 누구이겠는가? 배우자 하위체계에 들어가는 사람은? 형제 하위체계 들어가는 사람은? 각 하위체계 간에는 어떠한 규칙과 경계선이 설정되어 있는가? 경계선이 상충되기도 하는가? 누구에 의해 충돌하고 어떤 결과를 가져오는가? 가족 내에서 흔히 발생하는 일련의 상호작용에는 어떤 것들이 있는가? 가족 내에서는 누가 힘을 가지고 있었고 그 힘은 어떻게 사용되었는가? 누가 누구와 연합하였으며, 그러한 연합은 무엇을 얻기 위해 사용하였는가? 이러한 결론들은 구조적 · 전략적 치료자들이 우리에게 가르쳐주는 사정 방법의 일부이다.

가족치료 분야의 최근 혁신 학습목표 05

지난 30년간 여성주의, 다문화주의, 포스트모던 사회구성주의 모두가 가족치료의 범주로 들어왔다. 이러한 접근들은 보다 협력적인 접근으로 내담자(개인, 부부, 또는 가족)를 자신의 삶의 전문가로 여긴다. 치료적 대화에서 상담자는 '알지 못함'의 자세로 시작하며 호기심과 관심을 가지고 내담자에게 접근한다. 상담자는 사회적으로 능동적인 존재로, 내담자들로 하여금 억압적이고 지배적인 문화에 대해 각자 원하는 방식으로 맞설 수 있도록 돕는다.

여성주의, 다문화주의, 포스트모던 상담자는 이미 형성된 (가족)체계에 참여함에 있어 자신이 가진 힘을 분명하게 인식하고, 형식적인 사정이 아닌 호기심과 관심에 기반을 두고 가족에 대한 이해를 증진하고자 하였다. 이 상담자는 탈중심적 입장을 취함으로써 가족체계를 장악하는 것이 아니라 그 체계의 일부가 되려 한다. 가족체계에 대한 여성주의, 다문화주의, 포스트모던 접근(postmodern approaches)은 가족 상담자의 힘과 영향력을 줄이거나 없애고자 한다. 이러한 점들을 모두 고려할 때, 포스트모던 접근은 가족치료 분야에서 진정한 패러다임의 변화를 반영하는 것으로 볼 수 있다.

부부, 가족, 지역사회, 문화 모두가 체계인 것과 마찬가지로, 각 개인 또한 부분으로 이루어진 하나의 체계이다. 이러한 내적 부분들은 각 부분이 갖는 역할과 기능이 있고, 때로 트라우마나 학대, 또는 원가족 관련 문제 때문에 이러한 부분들이 서로를 극단적 반응으로 몰아갈 수 있다는 점에서 볼 때 가족체계와 비슷하다. 모든 부분들은 어느 체계의 부분들이 그러하듯 균형을 추구하는데, 한 개인의 내적 가족체계가 균형을 잃으면 이는 개인이 임상적으로 고통받고 있거나(Schwartz & Sweezy, 2020; Schwartz, 2021), 오래된 문제들을 새로운 관계들에서 재연하고 있음을 나타낸다.

대부분의 각 부분들은 우리를 안전하게 지키고, 보호하며, 마주한 세상과 상황을 다룰 수 있도록 설계되었다. 이 부분들은 **매니저**(managers)라고 불리며, 매니저는 우리를 차분하고 기능적이도록 유지하는 역할을 담당한다. 그러나 때로 우리는 상처받고, 당황하고, 수치를 느끼며, 두려워하는데, 이와 같은 경험과 관련된 감정들과 부분들은 **유배**(exile)된다. 이러한 현상의 극단적인 버전이 **해리성 정체감 장애**(dissociative identity disorder)로 불린다(American Psychiatric Association, 2013). 이 유배자로부터의 기분과 고통은 종종 스며 나오고, 우리의 다른 부분들은 이를 덮기 위해 충동적인 시도를 한다. 약물 남용, 과식, 일에 파묻힘, 부적절한 성행위는 모두 내적 가족체계 상담자들이 **소방관**(firefighter)이라 부르는 것의 예시이다. 내적 가족체계치료의 관점에서 볼 때, 나쁜 부분이란 것은 없다(Schwartz, 2021).

우리 모두는 그 중심에 **자기**(self)를 가지고 있는데, 이 자기는 다층적으로 이루어진 뇌와 복잡한 부분들로 이루어진 체계를 관리하는 특정 리더십 부분들과 실천으로 채워져 있다. 이러한 리더십의 특성은 인지, 관점, 및 수용, 용기와 자신감, 자기돌봄(self-care), 연민, 그리고 생명과 타인에 대한 감사 등을 포함한다. 이 내담자들의 회복은 이 같은 부분들에 대한 접근을 통해 이루어진다.

이처럼 간략하게나마 가족치료 분야의 다양한 체계적 관점들에 대해 논하는 것은 가족치료의 발달을 이해할 수 있는 맥락을 제공해준다. 가족치료 학파들에 관한 더 심도 있는 내용은『부부 및 가족 상담의 이론과 실제』(Bitter, 2021)를 참조하기 바란다.

가족치료의 다층적 과정 학습목표 06

가족은 그 자신이 속해 있는 더 큰 체계와 영향을 주고받는 다층적 체계이다. 가족은 각 가족구성원과 그들의 다양한 역할, 구성원 간의 관계, 그리고 상호작용의 연속적 패턴과 그러한 상호작용의 목적 등으로 설명된다. 체계와 구성원은 힘, 연합, 조직, 구조, 발달, 문화, 성별 등으로 평가할 수 있다(Breunlin et al., 1997; Pinsof et al., 2018). 또한 개인의 경우도 내적 가족체계의 관점으로 들여다볼 수 있다(Schwartz & Sweezy, 2020). 나아가 핵가족은 전체 공동체에서 확대가족의 일부이고, 여러 가족이 모여 하나의 공동체를 형성하며, 여러 공동체가 지역과 문화를 형성하며, 이것이 결국 국가(또는 사회)를 구성한다. 이 같은 거시 체계는 가족의 삶에, 특히 성과 문화의 영역에 매우 큰 영향을 미친다. 이와 같이 가족치료는 가족과 가족이 속한 더 큰 체계를 가정하기 때문에, 가족치료에서의 다층적 과정(multilayered process of family therapy)은 필수적이라고 할 수 있다.

가족 상담과 치료의 통합적 모델로 여러 모형들과 접근들이 제안된 바 있다(Carlson et al., 2005; Gladding, 2019; Hanna, 2007; Nichols & Davis, 2017; Pinsof et al., 2018). 여기서 우리가 선택적으로 제시하는 통합적 모델은 가족치료의 여러 모델들에서 제시된 개념들의 확장적 통합을 가능하게 한다. 클래식 연주곡에 비유하자면 가족치료에서의 과정은 여러 악장을 포함한다. 이 같은 악장은 전체 치료라는 더 큰 흐름 속에 포함되는, 하지만 동시에 구별되는 각각의 경험으로 묘사될 수 있다. 이 장에서 우리는 보편적인 네 가지 악장인 관계 형성하기, 사정하기, 가설 설정하기와 의미 공유하기, 변화 촉진하기, 그리고 각각의 과제에 관해 설명할 것이다. 드물게 이 네 가지는 한 회기의 상담에서 일어날 수 있지만, 대부분의 경우 각각은 여러 회기의 상담을 필요로 한다.

관계 형성하기

그동안 가족체계 치료자는 다양한 비유를 사용하여 치료자의 역할과 치료적 관계를 묘사해왔다. 여성주의와 포스트모더니즘 모델의 출현은 가족치료라는 분야를 더욱 평등적이고, 협력적이고, 협동적이고, 상호구성적인 관계로 바꾸어왔다(Andersen, 1987, 1991; Anderson, 1993; Anderson & Goolishian, 1992; Epston & White, 1992; Luepnitz, 2002 참조).

칼 로저스(1980)가 1940년대에 들어 개인치료에서 처음 시작한 논쟁은 가족치료에서 다음과 같은 질문 형태로 재등장했다.

- 가족과 관련하여 상담자는 어떤 전문성을 갖고 있으며, 그 전문성을 어떻게 사용해야 하는가?
- 가족과 관련하여 상담자는 어느 정도 지시적이어야 하며, 그것은 상담에서의 힘 사용에 관하여 무엇을 의미하는가?

가족치료에 대한 다층적 접근은 상호존중, 돌봄, 공감, 그리고 타인에 대한 진정성 있는 관심이 우선시되는 협력적 치료자-내담자 관계에 의해 가장 잘 지지된다. 또한 상담에서 요구되는 행동과 실연은 가족과 상담자 양측 모두의 동의를 거친 작업일 때 가장 유용하다고 여겨진다.

상담자는 첫 만남의 순간부터 내담자와의 관계 형성을 시작한다. 대부분의 경우 내담자가 첫 회기에 왔을 때 상담자는 앞으로 상담 일정을 계획해야 하고, 내담자가 가져온 질문에 대답해야 하며, 상담을 통해 기대할 수 있는 것이 무엇일지 알려주어야 한다. 또한 이때 상담자는 상담 시 가족 구성원 모두가 참석해야 하는지에 대한 자신의 입장을 알려주어야 한다. 어떤 상담자는 참석을 원하는 가족구성원과만 상담을 진행하기도 하고, 어떤 상담자는 가족 전원이 참여할 때만 상담을 진행한다.

좋은 상담관계는 첫 대면의 순간부터 상담에 참석한 각 개인과 접촉하려는 노력과 함께 시작된다(Satir & Bitter, 2000). 합류(joining)나 참여, 혹은 단순한 돌봄과 관심 등 어떤 것으로 불리든, 열린 마음과 따뜻함을 가지고 각 내담자를 만나는 것은 상담자의 책임이다. 일반적으로 가족구성원 한 사람 한 사람 모두에게 관심의 초점을 두는 것은 가족이 느낄 수 있는 불안을 감소시키는 데 도움이 된다. 가족구성원이 자신을 소개하고 각자의 관심사를 말하는 것이 중요하나, 상담자는 내용에 너무 치중해서는 안 된다. 가족과정에 대한 이해는 거의 대부분이 '어떻게'라는 질문에 의해 촉진된다.

인간 체계에서 일어나는 모든 변화는 그들을 있는 그대로 이해하고 수용하는 것으로부터 시작한다(Satir & Baldwin, 1983). 적극적인 경청을 통한 이해와 공감이라는 가족치료자의 의사소통 기술은 효과적인 치료관계를 위한 기반이 된다. 인정과 격려를 제공하고, 가족의 회복탄력성을 지지하며, 협력을 이끌어내는 상담자는 상담에서 더 많은 성공을 경험한다.

사정하기

앞서 제시된 여러 층은 가족 사정을 위한 다양한 출발점을 제공하지만, 초보 상담자에게는 가계도(McGoldrick et al., 2020)와 같은 공식적인 사정 절차가 가족 구조(family structure)와 가족의 이야기를 보다 분명하고 정돈된 방식으로 제공해줄 수 있다. 물론 어떤 경우에는 기존의 검사나 평가척도도 유용하게 사용될 수 있다(예: Gottman, 1999 참조).

가계도(genogram)를 내담자와 함께 작성하는 절차에 대해 알아보자. 대부분의 가족치료 상담자는 먼저 상담에 온 내담자의 가계도를 그린다. 부모를 시작으로 남성은 사각형으로, 여성은 원으로 표시하며 그 안에 이름, 나이, 생일을 기록한다. 부모 하위체계에 복수의 관계가 엮여 있는 경우 일반적으로 남성은 왼쪽에, 여성은 오른쪽에 태어난 순서에 따라 제시한다.

위 가계도에서 메리는 20세에 당시 26세였던 랠프와 결혼하였다. 그들은 2년여의 결혼생활 후 이혼하였다. 메리는 2015년에 존과 결혼하였다. 존과 메리가 공식적으로 결혼을 하지 않고 함께 살게 되었다면, 다음과 같이 비공식적 관계를 가리키는 점선을 사용한다.

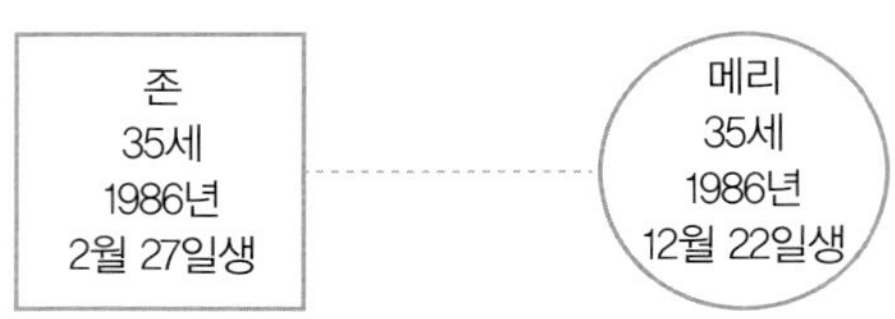

만일 랠프가 메리와 이혼한 것이 아니라 사망한 경우라면 다음과 같이 그린다.

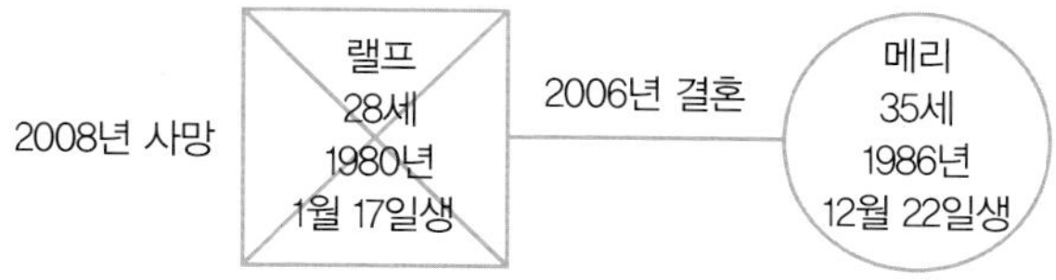

메리와 존에게 자녀가 있다면, 이들의 가계도는 아래와 같을 것이다.

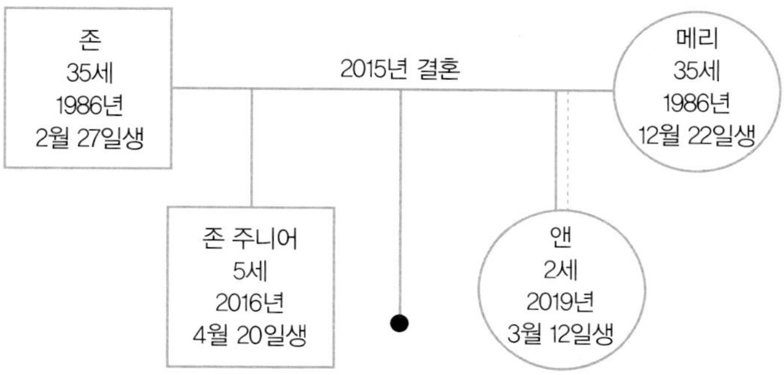

위의 가계도에서 현재는 2021년이고, 존과 메리는 결혼한 지 6년이 되었다. 결혼한 지 1년이 되었을 때 메리는 첫째 아들을 낳았고, 이름은 존 주니어이다. 1년 후 메리는 유산하였는데, 이는 자녀 선 끝에 검은 원으로 표시되어 있다. 그리고 2년 전에 딸 앤을 입양하였다(실선과 점선이 같이 그어져 있다). 만일 존과 메리의 가계도를 3세대까지 확장하고 존과 메리가 각각 외동이라고 가정한다면, 기본적인 3세대 가족 가계도는 다음과 같을 것이다.

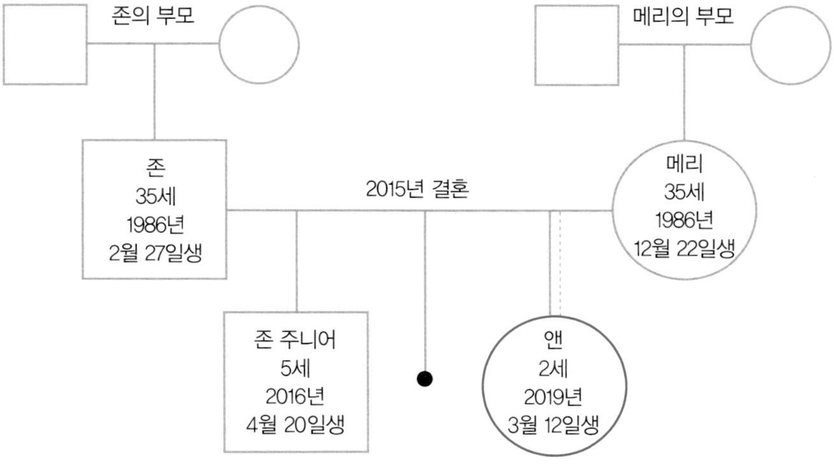

여러 다른 기호들도 가계도에 사용될 수 있다. 두 겹으로 표시된 사각형이나 원은 가계도에서 중심이 되는 사람이나 주요 인물을 나타낸다. 사각형이나 원 안의 역삼각형은 남성 혹은 여성 동성애자를 나타낸다. 사각형이나 원에서 아래의 반을 어둡게 색칠한 것은 물질남용을 나타낸다. 두 사람 사이에서 확고한 관계를 나타낼 때는 선을 두 개 그린다. 융합되거나 밀착된 관계는 줄 세 개를 그려 표시한다. 점선은 먼 관계를, 갈등관계는 /\/\/\/\/\/\/ 와 같은 선으로 나타낸다. 이 장의 마지막 부분에 스탠의 가계도를 제시하였다. 지금까지 여러분 가족의 가계도를 작성하기 위한 충분한 정보를 제시하였으니, 이제 큰 종이를 가지고 와서 자신의 가계도를 그려보기를 권장한다. 여러분과 여러분 배우자가 각자의 가족에 대한 이야기를 나눌 수 있도록 두 사람이 서로를 인터뷰하면서 가계도를 그리면서 가장 좋을 것이다.

상담자는 가족구성원들이 그들의 가족에 대해 이야기하는 것을 듣고자 할 때 어디서부터 시작해야 할지 판단하기가 어렵다. 대개 가족구성원들이 주제를 가장 잘 선택한다. 가족치료 상담자는 순환질문이나 관계질문을 사용하여 제시된 가족 이야기에서 상담자나 가족에게 의미가 있는, 가족체계와 관련된 주제에 도달한다. 예를 들어, 태미가 부모가 내린 통금 시간을 무시함으로써 가족체계에 반항하고 있다고 가정해보자. 상담자는 다음과 같이 질문할 수 있다. '만일 태미가 통금 시간을 넘기고 밖에 있다가 경찰한테 잡힌다면 어떤 상황이 벌어질까요? 누가 가장 화를 낼 것 같나요?' 이 질문에 대한 태미 아버지의 대답은 다음과 같다.

> 아마도 겉으로 보기에는 제가 가장 화를 낼 것입니다. 저는 생각하기에 앞서 일단 폭발하는 경향이 있고, 그러고 나서는 뒤늦게 후회를 합니다. 반면에, 태미의 엄마는 즉각적으로 드러내진 않지만 그녀가 받는 상처는 더 오래 가죠. 그러면서 제가 '태미를 풀어준다'며 제게 화를 냅니다. 그녀는 태미가 저를 조종한다고 말할 것입니다. 하지만 저는 도대체 우리가 왜 계속 싸우는지를 모르겠어요. 싸워서 좋은 점이 하나도 없거든요. 우리는 싸우고 태미는 사라지죠. 태미는 요즘 자기보다 나이 많은 친구들과 어울리고 있는데, 걔들 중엔 18세가 넘는 대학생들도 있어요. 통금시간이 없는 애들이죠.

이 같은 아버지의 반응을 통해, 상담자는 이 가족 일상의 여러 장면 중 어디에 개입할지를 선택할 수 있다. 상담자는 가족이 표출한 분노나 죄책감을 다루기로 선택하고 이를 상담 중 상호작용을 해보도록 할 수 있다. 가족구성원이 갈등을 해결하고 문제를 다루려고 시도할 때 나타나는 연속적 패턴은 아버지의 이야기에서 분명하게 제시되고 있다. 그의 설명에는 태미가 실제 자기 나이보다 더 성숙하게 살고 싶어 하는 것과 관련된 발달적 주제와 함께 가족 내 남성, 여성, 딸의 역할에 대한 암묵적 입장이 반영되어 있다.

사정 과정에서는 이러한 각각의 층에 내재된 문제를 바라보는 가족의 관점을 검토하는 것도 도움이 된다. 앞에서 말한 출발점에 더하여 더 상세한 평가에 포함될 질문은 다음과 같다.

- 가족구성원 각자가 상담에 가져오는 문제는 무엇인가?
- 각 가족구성원은 자신을 어떤 사람으로 묘사하는가?
- 각 가족구성원의 목표는 무엇인가? 각 구성원은 가족 내의 다른 사람들을 위해 어떤 목표를 가지고 있는가?
- 각 가족구성원의 일상생활을 지탱하는 일상적 규칙은 무엇인가?
- 누가 결정권을 갖는가? 갈등을 해결하는 방식과 문제를 다루는 방식은 어떠한가?
- 집에서 가장 자주 일어나는 상호작용 패턴에 포함되는 사람은 누구누구인가?
- 가족의 전형적인 하루는 어떤 모습인가?
- 부모는 가족의 효과적인 지도자인가? 리더십의 과정은 균형 잡혀 있는가?
- 자녀는 부모의 리더십에 어떻게 반응하는가? 자녀가 반응하는 방식의 목적은 무엇인가?
- 각 가족구성원은 개인의 생물학적 · 인지적 · 정서적 · 사회적 발달 측면에서 어떤 상태에 있는가?
- 현재 가족생활 주기(family life cycle)상 그 가족이 어느 단계에 있으며, 변화를 어떻게 다루고 있는가?
- 각 가족구성원은 어떤 문화를 배경으로 두고 있는가?
- 가족은 현재 어떤 문화 또는 지역에서 살고 있는가? 가족이 최근 이민이나 이주를 경험한 적이 있는가?
- 경제, 교육, 민족, 종교, 인종, 지역적 배경, 성, 성적 지향, 비장애, 나이 등이 가족 과정에 어떤 영향을 미치는가? 가족 삶의 이러한 측면과 관련하여 가족과 상담자는 서로 잘 맞는가?
- 인종차별, 가부장제, 이성애주의는 이 가족과 구성원들에게 어떤 영향을 미치고 있는가?
- 젠더와 관련된 견해를 확인하거나 다루어야 할 필요가 있는가?
- 가족은 변화 과정의 어디에 있는가?
- 어떤 (내적 또는 외적) 자원에 접근해야 하는 하는가?

가설 설정하기와 의미 공유하기

가설을 설정한다는 것은 사람, 체계, 상황과 관련해 유용한 방식으로 의미를 부여하는 일련의 견해(idea)를 구성하는 것이다. 가족치료에서 가설의 설정은 사정 과정에서 나온 견해와 해석으로부터 자연스럽게 나온다. 가설 설정의 구성은 다음 두 가지 질문과 밀접한 관련이 있다. (1) 상담자와 가족은 자신이 만들어낸 견해에 대해 얼마나 확신을 갖고 있는가? (2) 상담자는 사람들과 가족의 삶에 얼마나 어느 정도의 영향을 기꺼이 미치고자 하는가?

가족치료 상담자는 개인치료 상담자와 마찬가지로 가족과 그 구성원들에게 영향을 미치지 않을 수 없다. 그러나 상담자는 어떤 종류의 영향을 상담에 미칠 것인가? 사티어와 비터(Satir & Bitter, 2000)는 가족치료 상담자가 사람들을 책임질 수는 없지만 상담 과정에 대해서는 책임질 필요가 있음을 제시한다. 즉, 상담을 어떻게 수행하는지에 대한 책임은 상담자가 지는 것이다. 여성주의자와 사회구성주의자는 상담에서의 힘의 오용에 대해 지대한 관심을 드러낼 것이다. 다문화주의자, 인간중심 상담자, 아들러학파, 실존치료 상담자와 같이 상담에서 '지배적 문화'의 무의식적 강요를 목격한 사람들도 이러한 관점에 동참하였다. 초기 가족치료에서 대부분의 남성 상담자는 가족에 미치는 가부장제, 빈곤, 인종차별, 문화적 차별과 소외, 동성애에 대한 편견, 그 외 사회적 문제의 영향을 무시하는 경우가 많았다. 전략적 · 구조적 접근을 취하는 상담자의 경우, 가족 내에 '필요하다고' 판단되는 변화의 실연을 위한 직접적인 지시를 가능하게 하는 전문가의 입장을 취할 가능성이 높다. 상담에서 치료적 개입의 남용과 지속적인 힘의 오용에 대처하기 위해 몇몇 이야기치료 상담자들은 가족과의 관계에서 **탈중심적**(decentered) 입장을 채택했다(White, 1997, 2007). 앞선 인간중심 상담자들처럼 탈중심적 상담자는 가족과 가족구성원을 상담 과정의 중심에 놓고자 노력한다.

상담 작업에서 가족을 존중하고 협력적인 대화로 초청하는 것은 중요하다. 이 과정에서 드러나는 상이한 관점들은 초기 가설로 합쳐지고, 이러한 생각들을 함께 공유하는 것은 상담자의, 그리고 가족구성원들의 마음과 생각을 들여다볼 수 있도록 돕는다. 가설을 공유하는 것은 서로 다른 여러 가족구성원으로부터의 즉각적인 피드백을 불러일으킨다. 그리고 이러한 피드백은 상담자와 가족이 서로 잘 맞춰가고, 확고한 작업관계를 형성하도록 돕는다.

드라이커스(Dreikurs, 1950, 1997)가 개발한 초기 가설 설정과 공유 과정은 여기에 제시된 협력적 상담에 잘 맞도록 설계되었다. 그는 열정적인 관심과 호기심을 갖고 질문하며 가족구성원의 주관적 관점들을 한데 모을 것이다. 그리고 드라이커스는 개인들의 생각을 존중하여 공동의 이해를 추구할 것이다. 그가 가족과 공유하고자 하는 견해가 있을 때, 그는 다음과 같이 동의를 구할 것이다.

1. 당신과 나누고 싶은 생각이 있습니다. 제 생각을 한번 들어보시겠습니까?
2. 혹시 그게 …… 맞습니까?

이렇게 가설을 제시하는 것은 가족과 그 구성원들의 탐색을 도울 뿐 아니라 자신들에게 맞지 않는 것은 폐기할 수 있도록 지지한다는 점에서 중요하다. 상담자가 제시한 생각에 동의하지 않으면, 상담자는 그것을 과감히 버리고 가족이 더 적절한 개념화(가설 설정)를 위한 대화를 진행할 수 있도록 돕는다.

변화 촉진하기

변화 촉진하기는 가족치료가 공동의 또는 협력적인 과정일 때 일어난다. 상담자를 전문가로서, 그리고 **변화를 만들어낼** 책임이 있는 자로 보는 상담 모델에서는 기법이 더 중시된다. 협력적 접근에서는 **계획하기**(planning)가 필요하다. "가족치료가 기존에 **기법**이나 개**입**이라고 부르던 것도 계획하기에 포함되겠지만, 이는 가족의 참여가 동반된다는 점에서 차이가 있다"(Breunlin et al., 1997, p. 292). 변화 촉진하기의 가장 일반적인 두 가지 형태는 실연(enactment)과 과제 제시이다. 이 두 과정은 가족이 상담자와 함께 구성했을 때(또는 적어도 그것을 사용하는 것에 대한 이론적 설명을 받아들였을 때) 가장 잘 기능한다. 핀소프 등(Pinsof et al., 2018)은 계획하기를 위한 복수의 메타프레임을 제공하였는데, 이는 활동 계획하기, 의미 · 감정 계획하기, 생물행동학적 계획하기, 원가족 계획하기, 내적 표상 계획하기, 자기 계획하기를 포함한다(pp. 143-191).

변화의 과정에 있어서, 기대 가능한 결과들의 수는 가족이 가진 내적 · 외적 자원들에 온전히 달려있다. 그렇다고 해서 그것이 바람직하고 선호할 만한 결과를 위한 방안 없이 상담을 진행한다는 것은 아니다. 일반적으로 가족구성원의 내적인 부분들은 서로가 잘 균형 잡혀 있을 때(양극화되지 않고), 그리고 개인이 자신의 내적 부분들을 자원으로 인식하고 있을 때 가장 잘 기능한다. 즉, 사고할 수 있는 것이 보통 정서적 반응보다 더 도움이 되고, 감정을 느낄 수 있는 것이 그럴 수 없는 것보다 나으며, 타인과 좋은 관계를 맺는 것이 고립이나 자기 몰두보다 보상을 더 제공하고, 성장과 발달을 위한 적당한 위험의 감수는 침체나 두려움 속으로 숨는 것보다 더욱 유익하다.

더 나아가, 우리의 행동 감정, 상호작용의 목표와 목적을 아는 것은 우리이며, 우리는 이것들을 선택적으로 사용할 수 있다. 또한 우리가 마주하는 관계들에서, 즐겁고 힘든 순간에서, 여러 세대를 거치는 동안 만들어내는 관계적 패턴들에 대해 이해하는 것은 이 같은 패턴에 도전하고 새로운 가능성의 시도를 위한 기회를 제공한다.

가족체계 접근법을 학교 상담에 적용하기 학습목표 07

이 부분은 이스트테네시 주립대학교의 상담 및 인적 서비스 학과의 상담학 교수인 **제임스 로버트 비터**(James Robert Bitter) 박사(EdD)가 제공하였다.

학교 체계에 속한 직원들은 학생 및 가족 들과 매일매일 상호작용함에도 불구하고, 학생들이 학교 환경에서 온전히 기능할 수 있게 도울 수 있는 모델인 가족 상담은 거의 사용되지 않는다. 이는 여러 측면에서 학생 및 학교 체계에 손실이다. 체계 관점은 학생으로 하여금 자신이 선택한 행동이 자신에 대한 타인의 반응에 어떻게 직접 영향을 미치는지를 이해할 수 있도록 도울 수 있다. 이 같은 이해는 학생 행동의 변화, 혹은 필요한 경우 체계의 변화를 도울 수 있다. 아동에게 영향을 미치는 가정에서의 문제는 종종, 그리고 쉽게 학교에서의 학습이나 행동 문제로 옮겨온다. 그리고 가장 중요하게는, 학교 상담자는 관계에 초점을 두는 접근을 통해 교사, 부모, 그리고 행정 담당자가 학생들을 착하거나 나쁜, 혹은 바르거나 그릇된 아이로 평가하는 것으로부터 그들의 목적, 목표, 성장과 발달의 필요를 이해하는 것으로 대체하도록 도움으로써 학생들을 보호할 수 있다. 실제로, 학교 상담자는 지친 어른들의 비관적 인식에 저항할 수 있는 학생들의 최후의 보루이다.

4학년인 존은 유치원 때부터 늘 뛰어난 학생이었는데, 최근 들어 수업에 늦기 시작했다. 숙제를 마치지 못하거나 아예 하지 않고 성적은 떨어지고 있다. 부모가 학교에 상담하러 왔을 때, 학교 상담자는 부모를 먼저 만나자고 하였다. "집에서 무언가 달라진 것이 있나요?"와 같은 간단한 질문을 통해 상담자는 아버지가 최근 다른 주에서 새로운 일을 시작했음을 알게 되었다. 아이의 규칙적인 일상을 방해하고 싶지 않았기에 존에게 '아직' 말하지 않기로 결정했고, 밤에 조용히 짐을 쌌다. 상담자가 아이에게 집에서 무언가 달라진 것이 있는지 물었을 때, 존은 울기 시작했고 부모님이 자신을 떠날 것이라고 생각한다고 말했다.

낙오 학생 방지법(No Child Left Behind: NCLB)이 '선생님이 버틸 수 없다(No Teacher Left Standing)'라는 선생님의 과부하에 대한 걱정으로 적용되었던 시대에는, 선생님이 학습 성과를 내어야 한다는 압박이 종종 오해와 의사소통의 문제를 가져왔다. 초등학교 학생들에게 멸종에 대한 수업을 진행하던 존슨 선생님은, 모든 학생들이 이미 멸종되었다는 것을 알고 있는 한 동물, 즉 공룡 이야기를 예로 든다.

제프리는 그 학급의 학생이다. 그의 부모는 모두 마약 문제로 감옥에 있고 할머니가 양육하고 있다. 할머니는 애팰래치아에 위치한 작은 오순절교 종교집단에 속해 있고, 제프리를 일주일에 세 번 교회에 데리고 간다. 그들은 매일 밤 함께 성경을 읽고 기도한다.

제프리는 존슨 씨의 수업 중 손을 들어 "만약 신이 공룡을 다시 살리기 원하시면, 그러실 수 있어요."라고 말한다.

존슨 씨는 "아니야, 제프리. 동물이 멸종하고 나면, 절대 살아날 수 없어."라고 말한다.

이제 제프리는 마치 신이 세운 것처럼 몸을 일으키고는, "그렇지만, 신이 다시 살리길 원하신다면, 그럴 거예요!!"라고 한다.

"제프리, 멸종은 그런 게 아니야. 한 번 멸종되면, 영원히 사라져."

이제 제프리는 "선생님은 이교도예요. 신께서는 모든 것을 하실 수 있어요! 선생님은 신께서 하실 수 없다고 말하지만, 하실 수 있어요! 하실 수 있다고요!"라고 소리친다.

존슨 씨는 체념하며, "제프리, 교무실로 가."라고 말한다. 그리고 제프리는 신의 용사처럼 걸어나간다.

제프리가 어떻게 느끼는지는 중요하다. 그러나 한편으로는 과학을 가르치기 위해 선생님이 해내야 하는 일도 중요하다. 그러나 제프리가 교실에서 한 행동을 분명하게 이해하게 돕는 것은 그의 가족생활의 관계적 층들을 이해하는 것이다. 제프리는 삶의 진정하고 유일한 구원으로서 할머니와 종교에 매달리고 있다. 부모는 거의 만나지 못하고, 만난다 하더라도 즐겁지 않다. 제프리는 학교에서 할머니와 설교자가 원하는 대로 행동하고 있다. 제프리는 '착한' 아이이고, 나쁜 아이가 아니다. 선생님은 교실에 있는 30여 명의 학생을 대상으로 강의안에 나와 있는 대로 잘 가르치고자 한다. 결국은 두 사람을 불러 적대감을 내려놓고 차분하게 소통하도록 돕고, 학급에서 제프리가 자신을 잃지 않으면서 자기 생각을 표현할 방법을 찾도록 도울 수 있는 사람은 체계적 관점을 가진 학교 상담자이다.

가족체계치료에 대한 전문가의 관점

다음 질문에 대한 답변은 이스트테네시 주립대학교의 상담 및 인적 서비스 학과의 상담학 교수인 **제임스 로버트 비터**(James Robert Bitter) 박사(EdD)가 제공하였다.

1. 가족체계치료가 개인 상담 현장에 가장 크게 기여한 점은 무엇인가?

개인 상담에 대한 가족치료의 가장 중요한 공헌점은 사람을 이해하는 것에 체계적 사고와 관점을 적용한 것이다. 인간의 역기능에 대한 개인내적 병인학의 개념은 체계적 관점을 통해 인간의 행동과 문제적인 과정을 이해하기 위한 상호적이고 연속적인 접근법으로 대체되었다. 또한 이러한 관점은 치료에서의 다양한 질문과 개입으로 이어진다. 예를 들어, 누군가가 분노를 다스리지 못하는 것에 대한 걱정을 가지고 상담에 찾아왔다고 가정하자. 개인내적 접근에 기반을 둔 상담자라면 권위와 관련된 미해결된 사건, 또는 원하는 것은 반드시 가져야 한다는 잘못된 신념이 가져오는 행동적 패턴에 대해 알고 싶어 할 것이다. 아니면 아마도 상담자는 이 사람의 어려움을 충동조절의 문제로 개념화할 것이다. 하지만 가족치료 상담자는 '서두를 필요 없어요.'라고 말하고는 다음과 같은 다양한 질문들에 대한 답을 찾고자 할 것이다. 예를 들면, 이 사람이 화를 내는 대상은 누구이고, 그 목적은 무엇인가? 분노를 촉발하거나, 또는 촉발된 분노를 유지시키는 데 있어서 주변 사람의 역할은 무엇인가? 현 상황을 유지하게 만들거나, 변화가 일어나는 것을 막는 반복되는 상호작용이나 의사소통의 패턴이 있는가? 체계적 관점에서 볼 때, 분노는 대부분의 경우 두 사람 이상을 포함하는 상호적인 과정이다. 체계적 관점은 이 사람의 무엇이 문제인지에 대해서는 크게 관심을 두지 않는 대신, 분노를 유용하게 만들거나 지속되게 해주는 관계들과 맥락적 상황을 평가한다.

2. 개인 상담 또는 치료 현장에 적용할 수 있는 가족체계치료의 특별한 핵심 개념 두세 가지는 무엇인가?

자기 분화. 보웬은 사람들이, 특히 원가족 내에서 종종 감정적으로 반응하는 것에 주목했다. 즉, 성질을 긁히거나 과도한 감정적 반응이 촉발되기 쉽다는 것이었다. 오래된 가족 패턴들은 종종 이러한 감정적 반응을 돕는다. 보웬은 사람들이 **분화된 자기**(differentiated self)를 가질 수 있도록 도움을 받아야 한다고 생각했다. 사람들은 압박 속에서 차분함을 유지하고, 자동적인 감정적 반응을 극복하기 위해 이성적 사고를 사용하며, 불쾌하고 쓸모없는 상호작용 속으로 끌려들어 가기보다는 관찰자의 역할에 머무는 것을 배울 수 있다.

일치성 그리고 더 완전한 사람 되기. 사티어는 사람들이 가족 내에서 성장하는 동안 부모가 갈등을 겪는 상황들을 보게 된다는 점을 주목하였다. 그러한 상황들 속에서 사람들은 대개 비난, 회유, 극도로 이성적인 행동, 그리고 부적절하거나 산만함과 같은 역기능적 의사소통을 사용하는 경향이 있다. 보다 건강한 의사소통 자세는 **일치적인 것**, 또는 감정적으로 솔직해지는 것이다.

내가 일치적일 때, 내가 경험하는 상황, 관련된 사람, 내가 느끼는 감정을 인식하고, 그 감정이 내가 겪고 있는 경험과 어떻게 연결되어 있는지를 정확하게 표현하는 것을 통해 이 같은 나의 부분을 다른 사람과 소통할 수 있다. 이와 같은 일치성을 가질 수 있는 사람은 스트레스에 직면했을 때 자신의 스트레스가 고통이 되지 않도록 자신을 지킨다. 이들은 자신을 더욱 온전히 인식하고, 내적 및 외적 자원에 모두 활용할 수 있으며, 결정을 내리고 실행할 수 있고, 자신의 삶을 더 충만하게 살 수 있다.

애착 이론. 우리는 초기 정서적 지지와 안정성이 아이가 청소년으로 성장하고 이후 성인이 되는 과정에서 어떻게 차이점을 만들어내는지에 대해 점점 더 많이 알아가고 있다. 이상적인 것은 부모, 특히 어머니가 아이의 필요에 감정적으로 동조하고, 아이의 필요를 채우기 위해 자신과 환경을 맞추는 것이다. 이러한 부모의 반응은 아이가 삶의 초기에 건강한 **애착**(attachment)의 형성을 가능하게 한다. 최근에는 비록 이 경험이 유아기에 일어나지 않았더라도, 이후에도 좋은 영향을 더할 수 있다는 사실이 밝혀지고 있다. 애착이 가장 중요한 장소 중 하나가 바로 상담 회기이다. 이는 상담자가, 내담자가 안정감과 안전감으로 다시 연결될 수 있고 버려질 것에 대한 두려움 없이 감정을 경험할 수 있는 '안아주는 공간(holding space)'을 만들어주는 것을 의미한다.

3. 개인 상담을 하는 상담자가 활용하기 좋은 가족체계치료의 두세 가지 기법은 무엇인가?

살바도르 미누친은 경청하기에서부터 인정해주기, 또한 체계 흔들기에서부터 체계 과정의 일부가 되는 모든 과정을 다루는 '**합류하기**'를 사용하였다. 이 모든 과정을 개인치료로 전환시키는 것은 어려워 보일 수 있으나, 합류하기의 정신은 온전히 내담자와 함께 머무는 것에 있어 필수적인 요소이다. 이 개념은 내담자의 관점에 합류하는 것, 즉 내담자 관점을 구체적으로 아는 것뿐 아니라 내담자의 삶을 향상시키기 위해 그러한 관점과 상호작용하는 것을 의미한다. 참여하기는 호기심, 관심, 심지어 강한 흥미를 통해 이루어지지만, 상담자와 내담자의 관계를 통해 상호 원하는 목표를 향해 나아가기도 한다.

가계도. 가계도는 가족 지도이다. 이 지도를 개발하는 과정은 모니카 맥골드릭과 랜디 거르선(Randy Gerson)이 처음 시작하였으나, 머레이 보웬, 버지니아 사티어, 살바도르 미누친, 제이 헤일리를 포함하는 많은 가족치료 선구자들의 작업을 통해 발전되었다. 과거, 원가족을 탐색하는 것을 통해 사람에 대해 이해하고자 하는 것은 프로이트와 아들러로 거슬러 올라가지만, 가계도는 시각적 다이어그램을 활용하여 개인에 대한 가족의 의사소통 및 정서적 영향력의 계보 모두를 전달한다. 전통적인 가계도는 개입의 초점이 되었던 사람을 명시하기 위해 지목된 환자(identified patient)라는 개념을 사용했고, 이후에는 **주요 인물**로 바뀌었다. 그러나 나는 사티어가 사용한 '스타(the star)'라는 용어를 더 선호한다. 개인 상담에서 내담자는 가계도의 별이고, 이 사람을 둘러싼 가족 삶의 드라마가 펼쳐진다. 이 과정은 내담자의 초기 및 현재의 삶을 비추며, 개인이 어린 시절 살아낸 삶의 역동을 이해하기 위한 사정 도구를 제공한다.

실연. 개인 상담의 대부분은 경청에 초점을 맞춘다. 상담가는 내담자의 자기탐색뿐 아니라 문제해결의 탐색에 참여하고자 노력하지만, 변화는 어렵고 때로는 저항을 받는다. 미누친은 여러 가족구성원들과 **실연**(enactment)을 실시하는데, 이를 통해 가족 내 변화가 발생한다면 어떤 일이 일어날 것인지를 탐색하거나 다른 사람들과의 관계에서 이전과 다른 접근을 시도해볼 수 있다. 개인에게 적용할 때에도 실연은 여전히 매우 중요한 개입법이다. 내담자로 하여금 '마치 ……인 것처럼' 행동하도록, 새로운 접근법을 적용해보도록, 또는 내담자가 상담자와 상호작용하는 방식을 바꾸어보도록 요청하는 것은 내담자가 변화 과정의 어디 즈음에 있는지를 사정하고, 새로운 가능성을 받아들이고 실행하도록 하는 데 도움이 될 수 있다.

4. 가족체계치료는 개인 상담 현장에서 다양성, 다문화 및 사회정의 문제를 어떻게 다루는가?

1970년대 가족치료 운동은 대략 10여 년 동안 다양성, 다문화 및 사회적 편견 문제를 부부나 가족체계에 통합하는 작업을 거의 진행하지 않았다. 여러 여성주의자들의 노력, 그리고 누구보다 모니카 맥골드릭의 기여 덕분에, 지난 30여 년 동안 가족치료는 인종, 민족, 성 평등, 가난, 비장애와 장애, 성/애정 지향성에서의 차이에 관한 관점을 통합하는 데 앞장서 오고 있다. 분명, 사회정의는 가족치료에, 심지어 1900년대 초반에 시작된 알프레트 아들러의 작업에도 영향을 미쳤다. 미누친과 동료들은 그들 연구의 매우 초반부터 가난한 사람들을 포함하였다. 그러나 이 문제에 대한 가족치료의 문헌과 초점은 맥골드릭의 연구와 함께 큰 도약을 이루었다. 그녀를 통해 우리는 다른 문화권의 사람들을 상담하려고 하기 이전에, 우리 고유의 문화를 연구하도록 요구받는다. 맥골드릭은 우리가 다름을 인정하는 것을 배우고자 하는 목표를 가지고 다름에 대한 연구로 우리의 지식을 확장하도록 촉구하고 있다. 그녀를 통해 우리는 인종, 민족, 성별, 성적 지향성, 가난은 우리가 누구이고 어떻게 사는지를 결정하는 데에 영향을 미친다는 것을 깨닫게 되었다. 상담자라면 누구든지 맥골드릭의 연구를 읽는 것이 도움이 될 것이다.

5. 가족체계치료를 단기 상담(또는 시간제한 상담)에 어떻게 적용할 수 있는가?

우리는 원래 가족치료가 현장에서는 단기치료가 될 것이라고 생각했다. 결국 상담자는 개인이 아닌 체계 전체와 작업하고, 체계에서 변화가 일어나면 개인은 그로 인한 도움을 즉각 받게 될 것이라 생각했다. 그런 경우들도 있었지만, 상담을 완료하는 데 걸리는 시간은 내담자가 누구인지에 따라 크게 달라진다는 것도 알게 되었다. 의사소통, 상호작용, 또는 동맹관계가 더 역기능적일수록, 변화를 촉진하고 도모하는 것이 효과적으로 되기까지 더 많은 시간이 걸렸다. 가족 상담은 단기치료에 초점을 두기보다는, 심각한 문제와 매우 어려운 체계적 과정에서 가족치료가 어떻게 효과적일 수 있는지에 초점을 두었다. 이러한 면에서, 가족치료는 개인 한 명만을 다루는 것이 아니기 때문에 경이로울 만큼 성공적이었다. 하지만, 치료에서 빠른 효과가 필요하다면, 가족 상담은 개인을 대상으로 개인 상담을 진행하는 것보다는 그들 부부나 가족 또는 체계의 일원을 상담하는 것이 훨씬 낫다고 제안할 것이다. 결국 개인 상담자는 자신이 내담자와 보내는 매주 한 시간이 내담자가 가족이나 배우자 또는 더 큰 체계의 일원으로 보내는 나머지 모든 시간들보다 내담자에게 더 큰 영향을 미칠 것이라는 것에 베팅을 한다고 볼 수 있다. 그러나 이것은 너무나 자주 실패하는 내기이다.

6. 당신의 관점에서 볼 때, 가족체계 접근의 현재와 미래는 어떠한가?

가족체계 접근의 미래는 분명하게 정의될 수 없다. 모든 주(states)에서 부부 및 가족 치료 자격증을 발급하고, 부부 및 가족 치료를 위한 훈련 프로그램은 여전히 강력하며, 대학 및 훈련기관에서 매우 훌륭한 실천가들의 관심을 끌고 있다. 하지만 많은 임상적 정신건강 시설은 여전히 개인에 초점을 두고 있으며, 비용청구

과정도 개인에 대한 진단 및 치료에 엮여 있다. 초보 가족치료 상담자는 관계치료 작업을 할 것을 기대하고 상담을 시작하지만, 개인치료 현장의 일부로 포함된 자신의 모습을 발견하곤 한다. 가족치료의 훌륭한 선구자나 창시자는 거의 대부분 세상을 떠났고, 우리는 이제 새로운 혁신가들의 시대를 기다리고 있다. 가족치료/상담 분야에 헌신하는 상담자에게 대한 보상은 크다. 매 회기마다 많은 사람들에게 영향을 미치고 도울 수 있는 기회는 여전히 강력하며 지역사회의 정신건강에 필수적이다.

가족체계치료 관점에 관한 토론 질문

1. 비터 박사의 가족치료에 대한 논의를 읽고 난 뒤, 여러분은 자신의 가족과 이 같은 상담에 참여해보는 것에 대해 어떻게 생각하는가?
2. 개인과 진행하는 상담에서 여러분은 어느 정도로 가족체계적 관점에 기반을 두고 있다고 생각하는가?
3. 상담자로서 가족치료 회기를 활용하게 하는 것에 관심이 있는가? 왜 그런가, 또는 왜 그렇지 않은가?

다문화적 관점에서 본 가족체계치료 학습목표 08

다양성 관점에서 본 강점

다문화적 관점에 기반을 둔 체계적 접근의 장점 가운데 하나는 많은 민족집단과 문화집단이 확대가족에 큰 가치를 부여한다는 것이다. 만약 상담자가 조부모, 고모, 삼촌을 상담 장면에서 함께 만나는 것에 특별한 가치를 두는 문화적 배경을 가진 사람을 만난다면, 가족 접근이 개인치료에 비해 뚜렷한 강점을 갖는다는 것은 분명하다. 가족치료 상담자는 확대가족 구성원과 관계 맺는 일에 상당히 능숙하다.

모니카 맥골드릭은 가족치료와 관련된 분야에서 성과 문화적 관점 및 접근의 발전에 가장 큰 영향을 미친 리더였다(McGoldrick et al., 1991, 2005; McGoldrick & Hardy, 2019 참조). 많은 측면에서 맥골드릭과 동료들은 체계 인류학자들처럼 가족에 접근한다. 그들은 각 가족은 고유한 문화를 가진 집단이며 그 특성을 이해하는 것이 반드시 필요하다고 보았다. 상위의 문화 체계와 마찬가지로, 가족도 행동과 의사소통, 나아가 삶을 느끼고 경험하는 방식을 관장하는 독특한 언어를 가지고 있다. 각 가족은 변화와 성장을 기념하고, 외부 간섭으로부터 그들을 보호하고, 과거 및 미래와 연결시켜주는 의례들과 의식들을 갖고 있다.

마찬가지로, 가족은 모든 문화에서 전승되어오는 성차별과 가부장제를 벗어날 수 없다. 남성과 여성의 역할이 규정되어 있음은 다양한 문화에 걸쳐 나타나지만, 대부분의 경우 여성이 손해를 보는 경향이 더 자주 나타난다. 가족 내에서, 직업의 장에서, 그리고 지역사회에서 엄마로서의 여성의 역할은 다음 세대를 살아갈 여아들에게 여성상을 제공한다. 여성의 역할은 가족생활에서 가장 제한적이게 되기 때문에, 가족 내 성역할에 대한 검토는 가족치료에서 필수라고 할 수 있다(McGoldrick et al., 1991). 치료 장면에서 여성을 소외시키거나 억압하는 것을 지지하지 않으면서 다양한 문화를 존중하는 방법을 찾아 통합해가는 것이야말로 아마도 가장 어려운 작업일 것이다. 결론적으로 세계 곳곳의 모든 문화에서 여성주의의 목소리가 있다는 것을 기억해야 한다.

마치 분화가 자신의 가족을 충분히 잘 이해하는 것을 통해 그 일부가 되는 것과 동시에 구별된 나 자신이 되는 것처럼, 문화를 이해하는 것은 가족치료 상담자와 가족으로 하여금 다양성을 평가하고 가족의 경험을 더 큰 문화와의 관계에서 맥락적으로 이해하도록 한다. 오늘날 가족치료 상담자는 개별 가족의 문화, 가족이 속한 더 큰 문화, 그리고 가족의 생활을 지배하는 가장 상위 문화를 이해하려 한다. 상담자는 문화를 통해 개입하고 가족 문제에 개입할 방법을 찾는다. 어떤 문화에서도 모두에게 통용될 수 있는 개입은 없으며, 오히려 각 문화에 맞게 적용되고 나아가 새롭게 구성된다. 가족 상담자는 가족체계를 존중하면서 합류하고, 그 역할과 규범, 동맹, 그리고 특정 가족체계의 문화에 존재하는 모든 미묘한 차이에 대해 배워야 한다. 상담자는 자신이 가족의 문화에 대해 가지고 있을 수 있는 모든 신념을 기꺼이 내려놓아야 한다. 상담자는 바로 지금 개별 가족구성원 앞에서 그들에 대해 배우고자 하는 자세로, 마치 백지상태인 것처럼 있어야 한다. 더 나아가, 상담자는 가족 내 회복탄력성을 형성하기 위해 그 문화가 제공하는 강점과 이야기를 찾아내야 한다.

다양성 관점에서 본 약점

다문화에 대한 관심과 협력적 접근을 꾀하는 가족체계치료에서 다양성 관점에서 대한 단점을 찾기는 쉽지 않다. 가족치료가 갖는 다양성 관점은 다문화적 접근에 있어 필수적인 태도와 지식, 기술을 포함한다. 비서구 문화에서의 주요한 관심은 아마도 이 모델(다양성 관점)이 개인과 집단을 지지하는 정도의 균형에 관한 것일 것이다. 분화의 과정은 모든 문화에서 일어나긴 하지만 문화적 규범으로 인해 각각 다르게 진행된다. 예를 들어, 젊은 여성은 아직 부모의 집을 떠나지 않은 상태에서도 부모로부터 분리될 수 있다. 소수민족 가족이 북아메리카로 이주해 올 때, 그 자녀들은 대개 종종 서구의 분화 개념에 적응한다. 이 사례의 경우, 상담자가 원가족의 문화적 근간에 대해 민감하다면 상담에서 세대 간 과정을 다루는 것은 적절할 것이다. 비록 다층적 접근이 집단과 개인을 균형 잡힌 관점에서 다루긴 하지만, 많은 비서구 문화에서는 가족에 대한 충성심보다 개인을 중요시하는 이론을 받아들이지 못할 것이다. 비서구 문화는 시간에 대해서, 심지어 정서에 대해서도 다른 개념을 가진다. 가족 상담자는 자신의 치료 모델과 관계없이 자신이 만나는 가족의 세계로 들어가고 그 가족을 지탱하는 전통을 존중할 수 있어야 한다. 상담자는 자신의 가족 역동과 관련된 개인적 이해를 넓히는 것을 통해 내담자 가족에 합류 시 그들이 보이는 어려움에 대해 더 나은 공감과 존중을 할 수 있게 될 것이다.

가족치료의 실천에서 약점이 있다면, 그것은 가족에 대한 서구적 이론들이 보편적(universal)이라고 여기는 상담자가 갖는 가정일 수 있다. 사실 가족은 과정, 의사소통은 문화에 따라 다양한 형태로 존재한다. 가족치료 상담자는 개인화, 적절한 성역할, 가족생활주기, 그리고 확대가족 등에 대한 시야를 확장할 방법을 찾아야 한다. 일부 가족치료 상담자는 서구적 관점에 기반을 둔 핵가족에 우선적으로 주목하는데, 이러한 접근은 확대가족과 함께 살고 있는 내담자와의 상담에서 약점으로 작용할 수 있다. 상담자는 가족을 상담에 초청하여 주요한 가족구성원에 대해, 그리고 그들의 관계에 대해 물어보아야 한다. 우리는 개방된 태도를 유지하면서, 우리가 듣고자 기대하는 것이 아닌 내담자가 우리에게 말해주는 것을 듣도록 노력해야 한다.

스탠의 사례에 적용된 가족체계치료

가족치료 접근을 통한 스탠과의 상담에는 관계 형성하기, 참여하기, 스탠의 가계도 읽기, 다층적 사정, 재구성하기, 상담의 경계 정하기, 변화 촉진하기의 예시가 포함된다. 가족을 상담할 때 사용할 수 있는 여러 유용한 모델과 방법이 있는데, 이 논의에서는 다층적 관점에서 스탠을 상담할 수 있는 몇몇 방법을 제시한다.

접수 면접에서 가족치료 상담자는 스탠을 만나 그가 호소하는 문제와 걱정하는 부분에 대해 살펴보고 스탠 개인과 상황적 여건에 대해 탐색한다. 면접을 진행하는 동안 상담자는 대화에 큰 관심과 호기심을 보이고, 스탠의 문제와 가족의 연관성에 대해 물어본다. 스탠에게 부모, 형제와의 관계가 얼마나 힘들었는지와는 상관없이, 아직도 스탠이 그들과 상당히 밀접하게 연결되어 있다는 것을 확인하기까지는 많은 질문이 필요하지 않다. 접수 면접에서의 대화를 통해 스탠의 원가족 가계도를 구성한다(그림 14.1). 이 지도는 스탠과 상담자 모두에게 스탠의 삶에 영향을 미친 사람들과 그 과정을 제시해줄 것이다.

스탠의 가계도는 원가족체계의 가족 그림 또는 지도이다. 이 가계도에서 우리는 스탠의 조부모가 상당히 오래 사셨다는 것을 알게 된다. 스탠의 외조부모 모두 살아 계신다. 사각형과 원의 아래쪽에 빗금이 쳐진 사람은 각각 알코올 관련 문제가 있음을 뜻한다. 탐의 경우, 스탠은 그가 공공연한 알코올중독이 있으며 기독교에 귀의하였고 익명의 알코올중독자모임(AA)에서 도움을 받았다고 얘기하였다. 스탠의 외조모는 친목을 위해 또는 남편과 술을 조금씩 마셨지만 한 번도 자신에게 문제가 있다고 생각지 않았다. 그러나 말년에는 비밀리에 술을 점점 더 마시게 된 듯하고, 이것이 결혼생활의 어려움의 근원이 되었다. 스탠은 또한 이모인 마지와 오랫동안 술을 마셔왔기 때문에, 그녀가 술을 많이 마신다는 것을 알고 있다. 마지는 스탠에게 술을 처음으로 권한 사람이기도 하다.

스탠의 어머니 앤지는 프랭크 1세가 익명의 알코올중독자모임에서 도움을 받아 술을 끊고 난 뒤에 결혼하였다. 그는 아직도 모임에 나가고 있다. 앤지는 술을 가까이하는 모든 남성을 의심한다. 그녀는 특히 스탠과 주디의 남편인 매트(그 역시 술을 너무 많이 마신

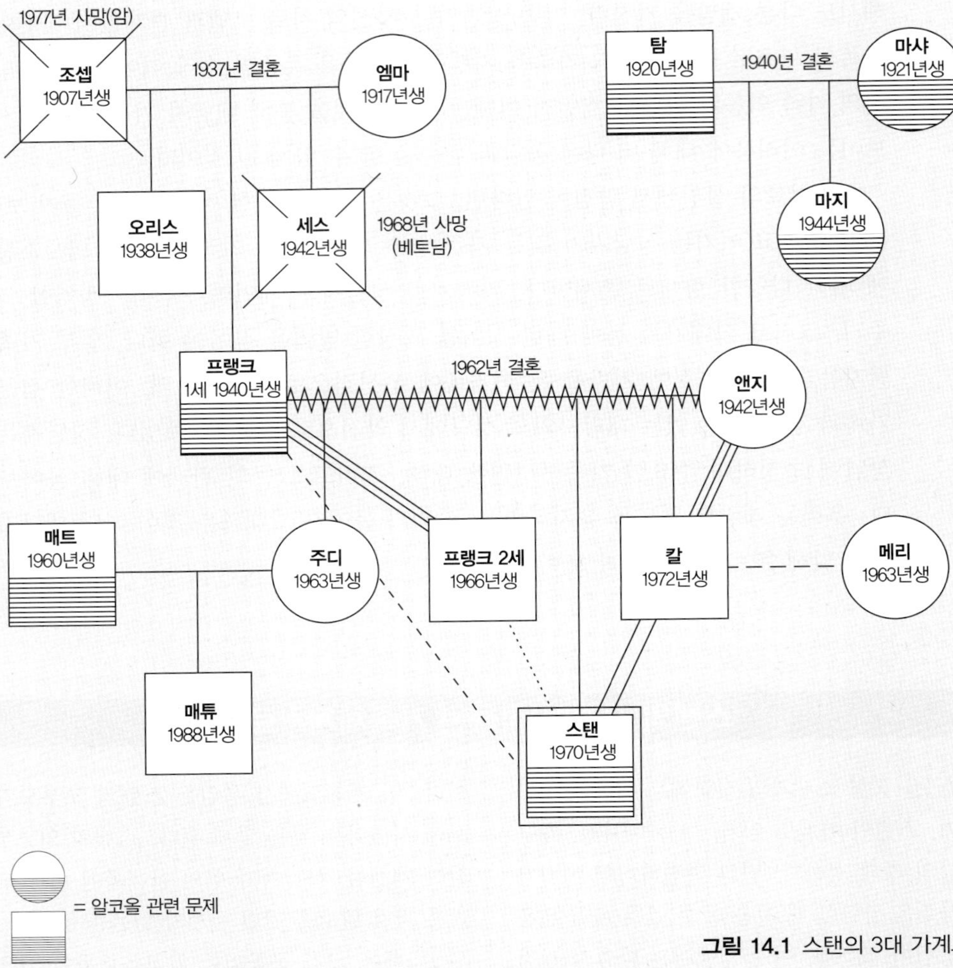

그림 14.1 스탠의 3대 가계도

다)에게 특히 화가 나 있다. 가계도는 이 가족 내의 알코올 문제 방식을 쉽게 보여준다.

프랭크 1세와 앤지 사이의 /\/\/\/\선은 관계 내의 갈등을 나타낸다. 프랭크 1세와 프랭크 2세 사이, 앤지와 칼 사이에 있는 삼중 실선(≡)은 매우 가깝거나 심지어는 결합된 관계를 나타낸다. 칼과 스탠 사이의 이중 실선(=)은 가까운 관계만을 나타낸다. 뒤에서 보게 되듯이, 칼은 사실 가족 내에서 스탠을 존경한다. 프랭크 1세와 스탠 사이 그리고 프랭크 2세와 스탠 사이의 점선(---)은 거리감과 무심한 관계를 나타낸다.

가족치료 상담자는 온 가족이 스탠의 알코올 남용과 관련이 있다고 믿기 때문에, 첫 회기의 많은 부분을 스탠이 다른 가족구성원에게 상담에 참여하도록 묻는 과정을 탐색하는 데에 할애했다. 스탠에게 많은 문제가 있을 수도 있으나, 지금은 알코올 관련 문제가 주된 초점이다. 알코올은 그의 삶에 부정적이며, 체계적인 의미를 가진다. 다른 문제의 증상으로 시작되었을 수 있지만, 지금은 알코올 그 자체가 문제이다. 체계적 관점에서 문제는 '이 문제가 가족에게 어떤 영향을 미치는가?' 그리고 '가족이 다른 목적을 위해 이 문제를 사용하고 있는가?'이다.

가족과 함께한 첫 상담 회기 때 상담자의 주된 초점은 각 가족구성원과 관계를 형성하는 것이다. 하지만 여기서도 다양한 접근이 제시된다.

상담자: (프랭크 1세에게) 여기 오시는 것이 불편하셨

을 줄 압니다. 와주셔서 정말 감사하게 생각하고 있다는 것을 알아주셨으면 합니다. 여기에 계시는 것이 어떤지 말씀해주시겠습니까? [참여를 통한 관계 형성하기]

프랭크 1세: 뭐, 그다지 좋지 않습니다. (잠시 멈춘다.) 세상이 많이 달라졌지요. 20년 전에는 상담이란 것이 없었어요. 예전에 음주 문제가 있었지만 극복했어요. 그냥 스스로 끊었습니다. 스탠도 그렇게 해야 합니다. 그냥 술을 끊으면 돼요.

상담자: 음주하지 않는 생활이 더 좋다는 것으로 들리네요. 그리고 아버님은 스탠의 삶도 더 나아지기를 바라시고요. [재구성하기]

프랭크 1세: 맞아요. 저는 그 애의 생활이 많은 면에서 좋아졌으면 좋겠어요.

상담자: 앤지, 당신은 어때요? 여기 계신 것이 어떠세요? [각 가족구성원과 관계 형성하기]

앤지: 가슴이 너무 아파요. 항상 그랬어요. 저 사람(프랭크 1세를 언급한다.)은 자신의 강인한 성격과 의지로 술을 끊은 것처럼 말해요. 웃기죠. 저는 그를 떠나겠다고 협박했어요. 그게 진실이죠. 저는 이혼할 준비가 되어있었어요! 그리고 우리는 기독교인이에요. 기독교인은 이혼하지 않아요. [가족의 스트레스 및 대처와 관련된 연쇄적 상호작용]

상담자: 그러니까 이전에도 이러한 일이 있었군요.

앤지: 세상에, 그럼요. 아버지와 어머니도 술을 마셨어요. 아버지는 지금도 그렇고요. 여동생은 인정하지 않겠지만, 술을 너무 많이 마셔요. 여동생은 술에 미쳐 있지요. 주디의 남편은 문제가 있어요. 저는 알코올중독자들에게 둘러싸여 있어요. 너무 화가 나요. 전 그들이 모두 죽거나 사라져버렸으면 좋겠어요. [세대 간 전해지는 가족 상호작용 패턴: 가치, 신념, 규칙의 탐색을 위한 시작점]

상담자: 그러니까 이 문제는 전체 가족이 오랫동안 다루어온 것이군요.

앤지: 전체는 아니지요. 저는 술을 마시지 않아요. 프랭키와 주디도 그렇고요. 그리고 칼도 문제가 없는 것으로 보이고요.

상담자: 그게 가족을 나누는 기준이군요. 술을 마시는가, 아닌가? [가능한 조직화 관점]

주디: 술을 마시는 것만이 문제는 아니에요. 심지어 가장 중요한 문제도 아닐지 몰라요.

상담자: 그것에 대해 더 이야기해주시겠어요?

주디: 스탠은 항상 힘들었어요. 전 그 애가 불쌍해요. 프랭크는 확실히 아빠가 가장 아끼는 아이였고, (프랭크 1세는 가장 좋아하는 아이는 없다고 항의한다.) 저는 항상 모든 일이 쉽게 풀렸어요. 그리고 칼, 그 애는 원하는 것을 모두 가졌어요. 걘 엄마가 가장 아끼는 아이죠. 엄마와 아빠는 오랫동안 많이 싸웠어요. 우리 모두가 그다지 행복하지는 않았지만, 스탠이 그중 가장 심한 것 같아요. [다시, 가능한 연쇄성과 조직화 관점]

프랭크 2세: 제 기억으로 스탠은 엄마 아빠에게 싸움거리를 많이 만들어줬어요. 스탠은 어떻게든 항상 엉망이었지요.

상담자: 프랭크, 아버지가 아까 말씀하실 때, 아버지 역시 스탠에게 실망한 점이 있다는 것을 느꼈지만, 아버지는 스탠의 일이 잘 풀리길 바라셨어요. 당신도 그렇지요? [프랭크 2세의 비판을 재구성하기, 발전 가능한 새로운 가능성과 관계에 초점 맞추기]

프랭크 2세: 맞아요. 저도 그의 삶이 나아졌으면 좋겠어요.

이 상담 회기의 시작 부분은 가족구성원을 만나고, 그들이 제시하는 다양한 관점을 주의 깊게 듣고, 스탠의 문제를 긍정적인 결론에 대한 가족의 소망으로 재구성(reframing)하는 데 쓰였다. 갈 길이 멀지만 변화를 위한 씨앗은 이미 뿌려졌다. 이 초기의 상호작용에 스탠의 문제가 여러 대에 걸친 맥락을 갖고 있다는 것이 분명하다. 이 맥락을 탐구하면, 알코올 문제가 기반이 되고 유지되는 가족의 연쇄적인 상호작용도 밝혀질 것이다. 이 상호작용을 추적하고, 더 일치된 의사소통을 위해 노력하는 것도 가능하다. 관계적이고 조직적이며 발달적인 연쇄를 발전시키는 것은 함께하는 생활 속에서 가족구성원을 자유롭게 하는 새로운 가능성의 수단으로서 탐구될 수 있다. 다른 가능성 중에서 여전히 탐구해야 할 것은 성과 문화에 관련된 것이다. 상담자가 스탠의 이야기만 들었다면 단 하나의 관점만 확실했을 것이다. 이 가족 상담 회기를 통해 관점과 전체 상호작용과정이 매우 짧은 시간 안에 분명해졌다.

가족 면접이 계속됨에 따라 고려해볼 많은 가능성이 제시되었다. 상담자는 다음의 가능성 중 하나 혹은 모두를 고려하고 상담을 구성할 수도 있다.

1. 스탠의 부모는 오랜 시간 동안 잘 기능하는 리더가 아니었고, 부부관계와 자녀 양육 또한 고통을 겪었다.
2. 성년의 형제자매는 부모에 의해 강요된 영향력이나 혼란 없이 함께 기능할 수 있는 새로운 기회가 필요하다.
3. 스탠은 한 가지 부분(음주 부분)으로 문제가 축소되어왔으며, 자신에 대한 서술과 경험은 그 자신의 관점뿐만 아니라 다른 사람들의 시각에서도 확대되어야 한다.

가족 안에서 스탠의 새로운 자리, 더 좋은 관계 방법, 그의 내적 체계의 '잃어버린' 부분에 접근하는 능력은 모두 그가 음주와의 전쟁에서 이기는 데 중요한 것이다. 상담이 계속되면서 두 개의 분리된 관계적 조직화 가설을 탐구해야 한다는 것이 분명해졌다. 하나는 부부관계 역시 음주 문제로 정의되었고, 수년 동안 어떤 종류의 긍정적인 방식으로도 진화하거나 발달하지 못했다는 것이다. 다른 하나는, 세대 간 연쇄가 스탠을 지목하여 그에게 고착된 역할을 부여했고, 그 역할은 스탠이 술을 마시기 시작한 청소년기 중후반의 발달을 망가뜨렸다는 것이다.

자기성찰을 위한 질문

- 개인적 치료 접근에 반하여 다층적 · 체계적 관점으로 스탠과 상담하는 것은 어떤 고유한 가치가 있는가?
- 스탠이 치료를 계속할 때, 어떤 내적 부분에 스탠이 재접근할 수 있을 것 같은가? 그의 어떤 부분이 양극화되어 있는가?
- 스탠이 가족구성원 중 몇 명이라도 다음 상담 시간에 참석시키는 데에 성공했다고 가정하면, 어디부터 시작하겠는가? 모든 사람을 상담 회기에 참여시키겠는가? 그렇다면 모두를 포함시킨 상담 회기를 어떻게 진행할 것인가?
- 이 가족과 다른 관점을 탐구할 수 있는 구체적인 방법은 무엇인가?
- 어떤 가설을 발전시키고 있으며, 그것을 가족과 어떻게 나누겠는가?
- 변화를 촉진하는 것과 관련하여 기대할 만한 체계적 개입이 있는가?

그웬의 사례에 적용된 가족체계치료*

가족치료 상담자로서 나는 그웬을 가족체계의 맥락에서 지표가 되는 사람으로 보고 있다. 그웬의 가족은 대가족으로 고모, 삼촌, 사촌으로 이루어졌는데 연대감이 강해서 혈족을 넘어 친한 친구 같다. 그웬이 우울증 발현을 경험하고 압도되는 느낌을 느끼기 시작했을 때, 모든 가족이 영향을 받았다. 아프리카계 미국인 가족은 집단주의 특성 때문에 종종 곤경에 처하게 된다. 가장 빈번히 표현되는 문화적 주제는 '우리 가운데 한 사람에게 일어난 일은, 우리 모두에게 일어난 것이다.'이다. 그웬의 모든 가족을 상담 회기에 모이게 하는 것은 어려웠지만 그웬은 해냈다. 대가족은 아프리카계 미국인의 큰 강점으로, 가족은 그웬에게 사랑과 지지

*켈리 커크시 박사는 가족체계 관점에서 사고하는 방식과 상담 실제를 기술하며 이 모델을 그웬에게 적용하고 있다.

를 보내주었다. 나는 이러한 노력을 인정해주고 싶었고, 가족이 그웬을 지지하기 위해 이미 많은 것을 하고 있다는 사실을 알게 해주고 싶었다.

나는 가족 모두를 초대하여 한 사람씩 돌아가면서 인사하였다. 가족과 처음 한 일은 상담에 온 것을 어떻게 느끼는지 물어보면서 가족이 참여하도록 하는 것이었다.

론(그웬의 남편): 저는 일을 마치자마자 급하게 왔습니다. 왜냐하면…… 그웬이 좋아지기 바라기 때문이지요. 솔직히 말해서 아내가 처음 상담 이야기를 꺼냈을 때 상담에 대해 확신하지 못했습니다. 모르는 사람에게 제 일에 대해 이야기하는 것이 익숙하지가 않습니다. 하지만 아내를 믿어요. 아내에게 최선의 것을 해주고 싶어요.

상담자: 고맙습니다. 그리고 여기에 온 것을 칭찬해드리고 싶어요. 바쁘실 텐데도 말입니다. 그런데 이 상담에서 당신이 원하는 것이 무엇인가요?

론: 음, 아내는 아주 훌륭한 여자입니다. 하지만…… 아내에게 우울증이 나타날 때면 저는 무기력하고 불안합니다. 저도 이것을 이해하고 싶고 극복하길 원해요. 아내가 나아졌으면 좋겠고, 제가 할 수 있는 한 아내를 도울 수 있으면 좋겠습니다.

상담자: 저는 당신이 아내가 지금보다 행복해지도록 도울 수 있다면 백방으로 노력할 것 같은 느낌이 듭니다.

론: 예. 저는 당연히 그렇게 할 겁니다.

상담자: 좋습니다. 그리고 리사 당신은 어떤가요?

리사(막내딸, 26세): 저는 엄마의 기분이 좋아졌으면 좋겠어요. 엄마는 에너지가 넘치거든요. 엄마는 가족 모두를 도와주고는 지쳐버려요. 저는 상담 오는 게 약간 긴장됐어요. 제가 한 짓 때문에 엄마가 우울증을 겪고 있을까 봐요. 엄마는 제가 필요한 것을 도와주었어요. 엄마는 제 영수증 처리도 도와주세요. 제가 엄마를 위해 뭔가 더 해줄 수 있었다는 것을 알아요. 엄마가 할머니를 수발하는 것을 도와드리지 않았는데, 결국 엄마가 더 일해야 한다는 것을 알고 있어요.

상담자: 리사, 전 어머니가 이 이야기를 들어보는 게 중요하다고 생각해요. 그러나 어머니가 이에 대답하기 전에 다른 분들 얘기를 듣고 싶네요.

브리타니(장녀, 29세): 저는 취업을 준비하느라고 정말 바빴어요. 엄마가 도와줬고 그래서 엄마가 힘들어하고 우울해졌다는 것은 정말 몰랐어요. 지금 일어나고 있는 일을 제가 제대로 이해하고 있는지 모르겠어요. 저는 엄마를 사랑하고 엄마를 위해 여기에 있고 싶어요. 엄마는 항상 기복이 있었어요. 이건 좀 다른 건가요? 저는 엄마를 사랑해요. 하지만 엄마는 너무 바빠서 자주 연락하는 것을 포기했어요. 그래서 엄마가 상담받고 싶다는 말을 들었을 때 혼란스러웠어요. 아빠는 엄마한테 정말 잘해주세요. 아빠는 엄마가 기분이 가라앉아 있을 때는 모든 일을 해요.

상담자: 당혹스럽기도 하면서도 엄마를 위해서 여기에 있고 싶은 거군요. 그웬, 이 점이 어떤가요?

그웬: 제게 필요한 도움을 주기 위해 생판 모르는 사람 앞에 와서 기꺼이 이야기를 하려고 하는 애정 가득한 가족이 있다는 것에 너무 감사해요. 지금 저는 삶에 눌려 있고 지쳐 있어요. 너무도 많은 일을 하고 있지만, 제대로 되는 것은 하나도 없는 거 같아요. 이렇게 된 지는 오래되었지만 더 나은 삶을 살 준비는 되어있어요. 이 방식이 우리 가족 그 누구에게도 쉽지 않다는 것을 알고, 또 그에 대한 죄책감을 느껴요. 저는 우리 엄마가 그랬던 것처럼, 더 이상 숨기고 싶지 않아요. 앞으로 더 어려지는 것도 아니고, 더 건강한 방식으로 삶을 살 준비가 되었어요.

상담자: 그런 삶은 어떻게 될 것 같습니까?

그웬: 확신은 할 수 없지만 행복할 거예요. 일이나 가족에 대해 지나치게 걱정하지 않을 거예요.

상담자: 그웬 씨가 더 행복해지고 건강해진다면 가족은 어떨까요?

그웬: 마찬가지로 더 행복해지겠지요. 제가 행복하다면 가족도 행복한 것 같거든요.

상담자: 하지만 이렇게 짐을 많이 지고 있는데 어떻게 행복하고 건강할 수 있을까요?

그웬: 선생님이 말씀해주셨으면 좋겠어요.

상담자: 그래도 될까요?

그웬: 그렇게 해주세요.

상담자: 제가 생각하기에 여기에는 지금 거의 언제나 진리인 무엇인가가 있어요. 어떤 책임감이 강한 사람이 일을 떠맡고, 그 사람이 모든 일을 하도록 하는 사람들에게 둘러싸여 있어요.

그웬: 무슨 말씀인가요?

상담자: 즉, 그웬 씨가 너무도 오랫동안 책임을 지고 있었고, 도움을 요청하는 법을 잊어버리고 있었다는 것입니다. 어쩌면 도움을 청하는 방법을 몰랐을 수도 있습니다. 그렇지만 그웬 씨가 계속 그러고 있으면 가족은 그웬 씨가 계속 그렇게 하도록 둘 것입니다.

그웬의 어머니: 바로 그렇다니까요!

론: 잠깐만요. 저는 집안이 제대로 돌아가도록 최선을 다했어요. 당신이 더 필요한 게 뭐지?

그웬: 잘 모르겠어요. 저는 단지 제게 도움이 필요하다는 말을 들었을 뿐이에요.

상담자: 이게 이 가족의 문제입니다. 집안에 필요한 일을 아는 사람은 엄마뿐이에요. 그웬 씨는 어떻게 일을 처리하는지 다 알아요. 하지만 과부하 상태예요. 그웬 씨는 어떻게 도움을 청해야 하는지 몰라요. 그리고 모든 분은 그웬 씨가 도움을 청하지 않기를 바라고 있지요. 왜냐하면 다른 분들도 바쁘고 일이 많기 때문이지요. 그리고 그웬 씨, 남편이나 자녀에게 도움을 청했다고 하더라도, 가족들이 제대로 하는지 걱정하지 않겠어요?

브리타니: 맞아요. 엄마는 어찌 되든 간에 다 관리감독하실 거예요.

상담자: 그리고 그웬 씨가 다시 집안일을 하도록 하려면 어떻게 집안일을 망쳐야 하는지 아는 사람은 얼마나 있지요? (침묵하면서 서로 쳐다보고 있다. 어떤 사람은 미소를 짓고 있고 어떤 사람은 고개를 숙이고 있다.) 와, 이 말이 모든 것을 멈추게 했네요. 여기서부터 어떻게 해야 할까요?

론: 집으로 가서 그 점에 대해 생각해 봐야 할 것 같습니다. 분명 뭔가 다르게 해야 할 필요가 있겠네요. 네 오빠에게 엄마가 얼마나 압박감을 느끼고 있는지 얘기하고 자기 일은 자기가 처리하도록 해야겠구나. 엄마가 해왔던 일 목록을 작성해서 우리가 나서서 해야 할 것을 살펴보아야겠다. (침묵) 그리고 그웬은 일을 덜도록 하고.

상담자: 어떻게 되는지 보도록 하겠습니다.

우리는 다음 상담 시간을 정했고, 나는 상담에 온다는 것이 그웬을 생각하는 가족의 마음을 보여주는 것이며 가족으로서 서로 생각하는 마음을 보여주는 것이라는 점을 인식시켜주었다. 나는 이들이 상담실에서 어떻게 성공할 수 있었는지 이해하고 있으며 이들의 노력이 칭찬받을 만하다는 사실을 인식시켜주고 싶었다.

자기성찰을 위한 질문

- 상담 첫 회기에 가족들이 서로 대화할 수 있도록 상담자가 개입한 방법에 대해 어떻게 생각하는가?
- 이 상담자와의 상담에서 가족의 일원으로 참여한다면 어떠하겠는가?
- 그웬이 개인 상담 이외에 가족 상담을 받는 것이 어떤 가치가 있다고 보는가?
- 초보 상담자는 상담실에 여러 사람이 있게 되면 혼란스럽기 때문에 불안해한다. 이 사례에서 상담자는 혼란스럽지 않도록 하기 위해 상담 시간을 어떻게 다루었는가?

요약과 평가 학습목표 09

요약

먼저, 다층적 접근법의 중요성을 고려하면서 여러 가족치료 접근법들을 하나로 묶는 주제에 대해 살펴보자.

기본 가정 우리가 개인 내담자를 치료하고자 한다면 그들을 가족체계 내에서 살펴보는 것은 매우 중요하다. 개인의 문제행동은 가족이라는 상호작용적 체계뿐 아니라 더 큰 공동체와 사회 체계 내에서 일어난다.

가족치료의 초점 대부분의 가족치료는 기간이 짧은 경향이 있는데, 이는 전문적인 도움을 찾는 가족은 보통 어떤 문제적 증상의 해결을 원하기 때문이다. 체계를 바꾸는 것은 빠르게 변화를 가져올 수 있다. 단기치료, 해결중심적, 행동지향적이라는 특징과 함께, 가족치료는 현재의 상호작용을 다루는 경향이 있다. 가족치료의 주요 초점은 가족체계 내 '지금 여기'에서의 상호작용에 있다. 가족치료가 다른 개인치료와 구별되는 점 중 하나는 현재의 가족 내 관계가 어떻게 증상의 발전과 유지에 기여하는지를 강조한다는 점이다.

목표와 가치의 역할 구체적 목표는 상담자의 지향성, 또는 가족과 상담자의 협력적인 과정에 의해 결정된다. 일반적인 목표에는 개인과 가족의 고통을 경감시키는 방향으로 변화를 돕는 개입법이 포함된다. 상담자의 개입이 어떠한 목표를 추구해야 하는지에 대한 질문은 결국 상담자의 가치관에 대한 질문이다. 가족치료는 일련의 가치관과 이론적 가정에 기초하고 있다. 결국 상담자가 제공하는 모든 개입은 가치 판단의 반영이다. 상담자는 각자의 이론적 기반과 상관없이, 자신의 가치관을 인식하고 그 가치관이 가족치료의 장면에서 어떠한 영향을 미치는지를 인식할 수 있어야 한다.

가족이 변하는 방법 가족치료 실천에 대한 통합적인 접근은 상담자가 목표, 상호작용, 관찰, 그리고 변화를 촉진하는 방법을 구성하도록 돕는 원칙을 포함한다. 가족체계치료 중 어떤 관점은 지각 및 인지적 변화에 초점을 두고, 어떤 관점은 정서의 변화를 주로 다루며, 또 어떤 관점은 행동의 변화를 강조한다. 가족치료 상담자가 사용하는 관점이 무엇이든 간에 변화는 단지 개인 내에서뿐 아니라 관계 안에서 일어나야 한다.

가족치료의 기법 상담자가 채택하는 개입은 상담자의 개인적 특성을 고려하여 결정할 필요가 있다. 비터(2021), 글래딩(2019), 골든버그, 스탠턴과 골든버그(2017), 니콜스와 데이비스(2017)는 기법이 치료적 목표를 달성하기 위한 도구지만, 그와 같은 개입 전략이 가족치료 상담자를 만드는 것은 아니라고 강조한다. 내담자에 대한 존중, 연민, 공감, 민감성과 같은 인간적 특질은 기법이 전달되는 방식에 영향을 미치는 개인의 특성이다. 또한 원하는 결과를 예상하면서 이론적 근거에 기반을 두어 기법을 사용하는 것이 매우 중요하다. 상담자는 임상 현장의 요구를 충족시키기 위해 개입 전략의 선택에 있어 유연할 필요가 있다. 가족에게 가장 유익한 것이 무엇인지를 최우선으로 고려되어야 한다.

가족치료의 다층적 접근은 단일 초점을 가진 다른 모델에 비해 더 복잡하다. 적어도 초기에는 단일 접근에서 얻을 수 있는 확신이나 분명함의 일부는 포기해야 할 수 있지만, 결국 다양한 접근을 활용할 수 있는 유연함은 분명 자산이다. 우리는 여러 모델에서 사용될 수 있는 치료의 구조를 제시하였다. 사정, 가설의 설정, 변화의 촉진에 있어 가족치료의 다층적 과정을 통합하였다. 이 장에서는 상담을 위해 상담자와 가족 모두가 상황적 필요에 따라 영향력을 나누는 협력적 과정에 대해 설명하였다.

가족체계 접근의 공헌

체계적 접근의 주요 공헌점 중의 하나는 특정 문제에 대해 개인뿐 아니라 가족도 비난받지 않는다는 것이다. 가족은 내적, 발달적, 목적을 가진 상호작용 패턴을 확인하고 탐색하는 과정에서 지지를 경험한다. 동시에 체계적 관점은 개인과 가족이 외부의 힘과 체계, 예를 들면 질병, 성 패턴의 변화, 문화, 사회경제적 요인 등에 의해 영향을 받는다는 것을 인정한다. 가족 또는 개인에게 변화가 일어나기 위해서는 상담자는 가능한 한 많은 체계의 영향에 대해 알아야 한다.

이 책에서 살펴본 대부분의 개인치료 모델은 개인에게 영향을 미치는 체계적 요인에 일차적 관심을 두지 않는다. 가족치료는 개인을 다른 많은 체계 속에 포함된 하나의 체계로 재정의하는데, 이는 사정과 치료에 있어서 완전히 다른 관점을 가져온다. 이 관점은 개인이 가족 안에서 '나쁜 사람'으로 희생되지 않는다는 장점이 있다. '지목된 환자' 혹은 가족을 비난하기보다 가족 전체가 (1) 그 가족을 특징짓는 다양한 관점과 상호작용 방식을 살피고, (2) 해결방안의 탐색에 참여할 기회를 갖게 된다.

가족체계 접근법의 한계와 비판

가족치료 발전 초기의 상담자는 '체계'를 고려하는 것에서 어려움을 경험했다. 체계와 관련된 용어를 사용하기 시작하면서 상담자는 가족을 '이자관계'와 '삼각관계'로 구성된 것으로, '기능적이거나' '기능적이지 않은', '갇혀 있거나' '갇혀 있지 않은', '밀착되었거나' '소원한' 상태로, 그리고 '긍정적' 혹은 '부정적' 결과와 '피드백 고리'를 드러내는 것으로 생각하고 설명하기 시작하였다. 이러한 관점은 가족을 기름이 잘 칠해진 기계나 가끔 고장 나는 컴퓨터 정도로 보는 것처럼 느껴진다. 각 부분에 대한 정서적인 요인을 고려할 필요가 없는 기계가 고치기 쉬운 것처럼, 몇몇 상담자는 '전체' 가족이 더 잘 '기능'한다면 개인은 별문제가 없을 것이라는 태도로 가족체계치료에 접근하였다. 실연, 시련, 역설적 개입은 종종 그에 대한 정보 제공 없이 내담자에게 '행해졌다'(Haley, 1963, 1976, 1984;

Minuchin & Fishman, 1981; Selvini Palazzolli et al., 1978 참조).

여성주의자들이 아마도 체계적 관점 안에서 개인에 대한 관점을 놓친 것에 대해 안타까워한 첫 번째 집단이었지만 유일한 집단은 아니었다. 이제 가족치료 분야가 개인과 체계 관점의 통합으로 나아감에 따라, 치료에서 사용되는 용어를 인간 정서적 표현, 즉 실재하는 사람들은 항상 가족이라는 장소 안에서 존재해왔다는 것을 존중하는 표현으로 다시 정립해야 할 것이다.

끝으로, 이 장이 가족치료라는 분야에 대해 여러분이 흥미를 가질 만큼 충분히 잘 소개를 하였고, 이후 추가적 학습과 유용한 영상을 활용하여 더 배우게 되기를 바란다.

자기성찰과 토론을 위한 질문

1. 이 장에서는 여러 가족치료 모델들이 소개되었다. 이들 중 여러분은 어떤 것에 가장 관심이 있는가? 그 이유는 무엇인가?
2. 가족과 함께 가족 상담을 받는다면 어떨 것이라고 생각하는가? 여러분은 가족 상담을 통해 자신에 대한 어떤 점을 더 잘 알 수 있을 것 같은가?
3. 가족을 대상으로 상담을 잘 하기 위해선 무엇을 더 배우고 경험해야 한다고 생각하는가?
4. 여러분이 지금까지 배운 여러 접근과 가족 상담은 어떻게 다른가?
5. 가족치료의 관점에서 상담하는 가장 큰 이점은 무엇인가? 단점은 무엇이라고 생각하는가?

더 찾아볼 자료

여러분은 미국 부부 및 가족 치료학회(American Association for Marriage and Family Therapy: AAMFT)에 가입해보는 것을 생각해볼 수도 있다. 이 단체는 학생 회원 부문이 있다. 가입을 위해서는 학회가 공식적인 보증을 요구할 수 있는 최소 2명 이상 임상가 회원명을 포함하여 공식 신청서를 제출해야 한다. 또한 여러분의 현재 등록 여부를 증명할 수 있는 지역의 공인된 교육기관에서 결혼과 가족치료 대학원 과정의 진행자나 지도자가 서명한 진술서가 필요하다. 학생 회원은 학사학위를 받을 때까지, 혹은 최대 5년 동안 유지된다. 회원은 『부부 및 가족 치료 학술지(Journal of Marital and Family Therapy)』를 1년에 4회 받고, 1년에 여섯 가지 주제를 다루는 『가족치료지(The Family Therapy Magazine)』를 정기 구독하게 된다. 미국 부부 및 가족 치료학회 윤리규정(AAMFT Code of Ethics)이나 회원 신청서, 기타 상세한 정보가 필요한 사람은 미국 부부 및 가족 치료학회로 연락하기 바란다.

미국 부부 및 가족 치료학회
www.aamft.org

미국상담협회에는 부부 및 가족 상담 국제협회(International Association of Marriage and Family Counseling: IAMFC)라고 하는 부부 및 가족 상담 분과가 있다. 이 분과에서는『가족 저널과 가족 다이제스트(The Family Journal and The Family Digest)』를 발간하며 미국상담학회 협의회의 부부 및 가족 훈련 프로그램을 볼 수 있도록 하고 있다.

부부 및 가족 상담 국제협회
www.iamfconline.org/public/main.cfm

더 읽을거리

- **『부부 및 가족 상담의 이론과 실제(Theory and Practice of Couples and Family Counseling)』**(Bitter, 2021)는 가족치료와 상담 분야를 이루고 있는 이론에 대해 설명하고 있을 뿐만 아니라 가족치료 상담자로서 전문성과 인간적 자질을 향상시키려고 하는 포괄적인 교과서이다.
- **『가족치료: 개념과 방법(Family Therapy: Concepts and Methods)』**(Nicholas & Davis, 2017)은 현대의 7가지 가족 상담 모델을 다루고 있는 미국 부부 및 가족 치료학회(AAMFT) 기반 교과서이다. 마지막 장은 가족 상담의 다양한 접근의 주요 주제를 통합하여 제시하고 있다.
- **『가족치료: 역사, 이론, 실제(Family Therapy: History, Theory, and Practice)』**(Gladding, 2019)는 미국상담학회 회원 상담자를 위해 가족 상담 모형과 상담 개입 방법에 대해 개관하고 있다.
- **『나쁜 부분은 없다: 내적 가족체계를 통한 트라우마의 치료와 전체성 회복하기(No Bad Parts: Healing Trauma and Restoring Wholeness With the Internal Family Systems Model)』**(Schwartz, 2021)는 내적 가족체계 모델에 기반을 두고 트라우마를 다루고 전체성을 회복하는 것에 대해 설명한다. 이 모델은 연민의 방식으로 내적(우리의 부분), 그리고 외적(우리 삶 속 사람)으로 관계 맺는 것에 대한 것이다.
- **『인종 및 가족치료(Ethnicity and Family Therapy)』**(McGoldrick et al., 2005)는 가족 상담에서 문화에 관한 중요한 저서이다. 저자들은 가족 상담에서 문화적 관점의 중요성을 개관하고 있으며 15개 이상의 문화에 대해 배경, 연구, 상담 주제를 제공하고 있다.
- **『가계도: 사정과 개입(Genograms: Assessment and Interventions)』**(McGoldrick et al., 2020)은 다양한 사례와 다이어그램으로 설명하는 가장 중요한 가족체계 평가의 도구이다.

3부

통합과 적용

Integration and Application

15장 통합적 관점

학습목표

01. 통합적 심리치료란 무엇이며, 갈수록 그 인기가 높아지고 있는 이유를 설명한다.
02. 통합적 심리치료의 구체적인 장점을 알아본다.
03. 통합적 접근을 개발하는 데 따르는 주요한 과제를 살펴본다.
04. 상담의 실제에서 다문화적 쟁점을 어떻게 다룰 수 있는지 토론한다.
05. 영적 및 종교적 가치가 상담의 실제에 윤리적이고 효과적으로 통합될 수 있는 방법에 대해 토론한다.
06. 다양한 이론으로부터 기법을 효과적으로 도출하기 위한 근거를 설명한다.
07. 심리치료의 효과성에 관한 일반적인 연구를 살펴본다.
08. 피드백통보치료와 이것이 효과적인 치료 결과와 어떤 관련이 있는지 설명한다.

도입

이 장에서는 이 책에서 다룬 11가지 심리치료 체계 간의 공통점과 차이점에 대해 생각해 보도록 도울 것이다. 이러한 접근 방식은 모두 공통된 목표를 가지고 있지만, 목표를 달성하기 위한 최선의 방법에 대해서는 많은 차이점이 있다. 일부 치료법에서는 상담자의 적극적이고 지시적인 입장을 요구하는 반면, 다른 치료법에서는 내담자가 적극적인 행위자가 되는 것을 중요시한다. **감정**을 경험하는 것에 초점을 두는 치료법이 있고, **인지 패턴**을 구별하는 것을 중요시하는 치료법이 있으며, 실제 **행동**에 중점을 두는 치료법도 있다. 핵심 과업은 인간 경험의 세 수준 모두에서 내담자와 작업할 수 있도록 각 접근 방식의 특징을 통합하는 방법을 찾는 것이다.

심리치료 분야는 다양한 영역의 전문화된 모델로 구성되어 있다. 이러한 다양성과 함께 상담자는 기존의 모든 기법 속에서 새로운 기술을 개발할 수 있는가? 여러분은 어떤 이론이 실습에 가장 적절한지 어떻게 결정할 수 있는가? 심리치료 체계 간의 공통점을 찾는 것은 비교적 최근에 이루어진 일이다(Norcross & Beutler, 2019). 상담자는 프로이트의 연구에서부터 성격 변화를 가져오는 '최선의' 방법에 대하여 논쟁해왔다. 수십 년 동안 상담자는 대안 이론의 타당성을 부인하고 다른 이론적 학파의 효과적인 방법을 무시할 정도로 통합에 저항하였다. 상담의 초기 역사는 이론적 논쟁으로 가득했다.

1980년대 초반부터 심리치료 통합은 명확하게 정의된 분야로 발전했다. 이는 보다 완전한 이론적 모델을 명확하게 설명하고 보다 효율적인 치료법을 개발하기 위해서, 서로 다른 모델의 장점을 결합하는 것에 기반을 둔 확립되고 인정받은 움직임이다(Goldfried et al., 2019). 1983년에 결성된 심리치료통합 탐구협회(Society for the Exploration of Psychotherapy Integration)는 단일 이론적 지향을 넘어선 치료 접근법의 개발을 위해 노력하는 전문가들로 구성된 국제적인 조직이다. 심리치료 분야가 성숙해짐에 따라 통합의 개념이 강력한 영향력을 가지게 되었다(Norcross & Beutler, 2019).

이 장에서 나는 상담의 실제를 위한 통합적 관점을 개발하는 것의 장점을 살펴본다. 또한 다양한 접근 방식의 개념과 기술을 통합하는 데 도움이 되는 틀을 제시한다. 이 장을 읽으면서, 상담에 대한 자신만의 개인적인 관점을 만들어보고, 다양한 이론적 관점에서 다양한 요소를 종합하는 방법을 모색해보라. 그리고 가능한 한 이러한 체계가 조화롭게 기능할 수 있도록 주의를 기울이라.

이 책의 MindTap을 참조하여 동영상 퀴즈와 다양한 동영상 프로그램을 통해 15장과 관련된 주제에 대한 지식을 확장하기를 바란다.

심리치료 통합을 향한 움직임

많은 상담자들이 자신을 '절충주의자'라고 밝히고 있으며, 이 범주에는 광범위한 영역이 포함된다. 설상가상으로 절충주의적 상담의 실제는 이론에 대한 전반적인 근거 없이 무작정 기법을 선택하는 것이다. 이는 혼합주의(syncretism)로 알려져 있다. 개입 선택에 대한 지식과 기술이 부족한 상담자는 효과가 있는 것처럼 보이는 모든 것을 찾고, 치료 절차가 실제로 효과적인지 여부를 거의 확인하려고 하지도 않는다. 이러한 무비판적이고 체계적이지 못한 기법의 조합은 편협하고 독단적인 종교적 교리와 다를 바 없다. 타당한 근거 없이 여러 가지 자료로부터 기법을 발췌하는 것은 혼합주의적 혼란을 발생시키고, 이는 내담자의 성공적인 치료에도 해를 끼친다(Corey, 2019; Norcross & Beutler, 2019).

통합적 심리치료를 향한 길 학습목표 01

통합적 심리치료(psychotherapy integration)는 단일 학파 접근법의 한계를 넘어 다른 관점에서 무엇을 배울 수 있는지, 그리고 다양한 치료 방법을 통해 내담자가 어떻게 도움을 받을 수 있을지 알아보는 것이 특징이다. 대다수의 심리치료사는 특정 치료학파만을 고집하지 않고, 오히려 통합된 형태를 선호한다(Norcross & Alexander, 2019; Norcross & Beutler, 2019). 2007년에 실시한 설문조사에서 응답자의 4.2%만이 하나의 치료 모델만을 사용한다고 응답했다. 나머지 95.8%는 **통합적** 모델을 사용한다고 응답했다. 이는 상담의 실제에서 다양한 방법이나 접근 방식을 결합한다는 것을 의미한다(Psychotherapy Networker, 2007). 심리치료 전문가 패널은 특히 마음챙김, 인지행동, 다문화 및 통합 이론과 관련하여 향후 수십 년간 통합치료의 인기가 증가할 것으로 보았다(Norcross et al., 2013).

통합적 접근 방식은 다양한 이론과 기법을 통합하는 다양한 방식에 대해 개방적이다. 통합의 궁극적인 목표는 심리치료의 효율성과 적용 가능성을 높이는 것이다. 심리치료의 통합을 위한 가장 일반적인 네 가지 방법은 기술적 통합, 이론적 통합, 동화적 통합, 공통 요인 접근법이다. 통합에 대한 이 모든 접근 방식은 단일 접근 방식의 한계를 넘어, 각기 다른 접근법들을 통합한다(Norcross & Alexander, 2019; Norcross & Beutler, 2019).

기술적 통합(technical integration)은 개인과 문제에 가장 적합한 치료 기법을 선택하는 것을 목표로 한다. 차이점에 초점을 두고, 다양한 접근 방식 중에서 선택하는 것이며, 이는 기법의 집합체라고 볼 수 있다. 이 방법에서는 기법의 이론적 입장을 반드시 따르지 않아도 되며, 다양한 학파의 기법을 사용하는 것이 권장된다. 기술적 통합을 적용하는 사람의 관점에서는 개념적 기초와 기법 사이에는 아무런 관계가 없다고 본다. 상담자는 내담자와 함께 사용할 수 있는 다양한 도구를 가지고 있다. 라자루스(Lazarus, 2008)가 **기술적 절충주의**라고 부르는 가장 잘 알려진 기술적 통합의 형태는 **중다양식**의 토대이다. 중다양식 상담자는 특정 임상 문제를 다루는 데 효과적이라고 입증된 기법을 적용한 많은 다른 치료 모델을 차용한다. 가능하다면 중다양식 상담자는 실증적으로 입증된 기법을 사용한다.

이에 비해 이론적 통합(theoretical integration)은 단순한 기법의 혼합을 넘어 개념적 또는 이론적 창조를 의미한다. 이 방법은 단일 이론보다 결과가 더 좋을 것이라는 가정하에 두 가지 이상의 이론적 접근 방식의 가장 좋은 점을 종합하는 개념적 틀을 만드는 것을 목표로 한다. 이 접근 방식은 치료의 기본 이론과 함께 각 이론의 기법 통합을 강조한다. 이러한 통합 형태의 예로는 **변증법적 행동치료**(dialectical behavior therapy: DBT)와 **수용전념치료**(acceptance and commitment therapy: ACT)가 있으며, 두 가지 모두 9장에서 소개되었다. 7장에서 소개된 **정서중심치료**(Emotion-focused therapy: EFT)는 이론적 통합의 또 다른 형태이다. 이 접근 방식은 치료적 변화에서 정서의 역할을 강조한다. 정서중심치료의 핵심 개발자인 그린버그(Greenberg, 2017)는 이 모델을 실증적으로 입증하였으며, 통합적이고 경험적인 치료 접근으로 개념화한다. 정서중심치료는 인간중심 철학에 뿌리를 두고 있지만 게슈탈트치료, 경험적 치료, 실존치료의 측면을 종합한 통합적 치료이다. 정서중심치료는 인간중심 접근의 관계적 측면과 게슈탈트치료의 능동적인 현상학적 자각 실험을 혼합하였다.

동화적 통합(assimilative integration) 접근은 다른 치료 접근 방식의 관행을 선택적으로 통합하는 개방성과 함께 심리치료의 특정 학파에 기초를 두고 있다. 동화적 통합은 일관된 단일 이론 체계의 장점과 여러 가지 체계의 다양한 개입이 가능한 유연성을 결합한다. 이러한 통합의 형태의 예로는 인지치료와 마음챙김 기반 스트레스 감소 절차를 통합한 **마음챙김 기반 인지치료**(mindfulness-based cognitive therapy: MBCT)이다. 앞서 9장에서 알아본 바와 같이, 마음챙김 기반 인지치료는 우울증 치료에 적용된 마음챙김의 원리와 기법을 포괄적으로 통합한 것이다(Segal et al., 2013).

공통요인 접근법(common factors approach)은 다양한 이론 체계에서 공통요인을 찾는다. 이론들 간의 많은 차이점이 있지만 실제 상담에서 드러나는 핵심은 모든 치료법에서 공통성이 있는, 특이하지 않는 변인으로 구성된다는 것이다. 램버트(Lambert, 2011)는 공통요인이 심리치료 통합의 기초가 될 수 있다고 결론지었다.

> 다양한 치료적 개입들이 비슷한 효과를 보이는 이유를 설명하는 공통요인 이론은, 특정한 이론적 학파의 독단적 옹호가 더 효과적이라는 것이 연구를 통해 입증되지 않았음을 암시한다. 그러므로 일상적인 치료에서 통합적인 치료를 더 많이 사용하게 되었다. 또한 연구에 따르면, **공통요인**이 다양해 보이는 치료 기법들을 통합하는 데 중요한 역할을 할 수 있음을 보여준다. (p. 314)

이러한 공통요인에는 공감적 경청, 지지, 따뜻함, 작업 동맹 형성, 카타르시스를 위한 기회, 새로운 행동 연습, 피드백, 내담자에 대한 긍정적 기대, 자신의 갈등을 극복하기 위한 노력, 대인관계 및 관계 역동 이해, 상담실 밖에서의 변화, 내담자 요인, 상담자 효과, 상담에 대한 자기 성찰적 학습 등이 있다(Norcross & Beutler, 2019; Prochaska & Norcross,

2018). 이러한 공통요인은 한 이론을 다른 이론과 구별하는 고유한 요인보다 치료 결과를 설명하는 데 훨씬 더 중요한 것으로 여겨진다. 특정 치료 기법은 공통요인, 그중에서도 특히 인간적 요인은 상담 결과에 있어 상대적으로 거의 차이가 없다(Elkins, 2016). 심리치료 통합에 대한 방법 중 공통요인 접근법이 가장 강력한 실증적 지지를 받고 있다(Duncan et al., 2010).

심리치료에서 밝혀진 모든 공통요인 중 촉진적 상담관계는 가장 많은 관심과 인정을 받고 있다(Lambert, 2011). 치료적 동맹의 중요성은 효과적인 치료의 중요한 요인으로 잘 알려져 있다. 연구에 따르면, 내담자-상담자 관계는 치료적 변화의 핵심이며 치료 결과의 효과와 유지에 대한 중요한 예측 변수이다(Elkins, 2016; Miller et al., 2015).

통합적 심리치료의 장점 학습목표 02

통합적 접근은 상담자가 상담 과정의 많은 측면을 이해할 수 있도록 해주는 일반적인 틀과 상담자가 해야 하는 것과 해야 할 말에 대한 방향을 제시하는 지도를 제공한다(Corey, 2019). 심리치료 통합을 향한 움직임의 한 가지 이유는 특히 다양한 내담자 유형과 그들의 특정 문제를 고려할 때, 인간 행동의 복잡성을 설명할 수 있는 포괄적인 단일 이론이 없다는 인식 때문이다. 어느 하나의 이론이 모든 진실을 담고 있지 않고, 단일한 상담 기법이 다양한 내담자 집단과 상담하는 데 항상 효과적일 수 없기 때문에, 통합적 접근은 상담의 실제에서 전망이 밝다. 노크로스와 웜폴드(Norcross & Wampold, 2019)는 효과적인 심리치료는 유연하고 통합적인 관점이 필요하다고 주장하였다. 심리치료는 내담자 개개인의 고유한 요구와 맥락에 맞추어 유연하게 조정되어야 한다. 모든 내담자에게 동일한 치료적 관계 방식과 치료 방법을 적용하는 것은 부적절하고 비윤리적일 수 있다(Norcross & Cooper, 2021; Norcross & Wampold, 2019). 노크로스와 알렉산더(Norcross & Alexander, 2019)는 "심리치료 통합은 지식적으로 활발하게, 임상적으로 대중적이게, 효과성이 입증된, 성장하고 있는 국제적인 움직임"(p. 22)이라고 하였다. 그들은 "심리치료의 통합은 21세기의 가장 확실한 치료적 토대"(p. 22)라고 전망한다.

이 책에서 논의되는 11가지 체계는 이론과 실제적 기반을 넓히는 방향으로 발전했으며, 특정한 초점에 제한되지 않았다. 특정 치료 체계에 충실하다고 주장하는 많은 상담자들도 이론적 견해를 확장하고 다양한 내담자 집단에 맞는 광범위한 치료 기법을 개발하고 있다. 심리치료는 다양한 접근의 장점이 통합될 때 가장 효과적이라는 인식이 확산하고 있다(Norcross & Goldfried, 2019).

통합적 관점에 개방적인 상담자는 여러 이론이 개인 상담 접근 방식에서 중요한 역할을 한다는 것을 알게 될 것이다. 각 이론은 고유한 장점과 전문 분야를 가지고 있다. 각 이론에는 강점과 약점이 있으며, 의미상 다른 이론과 '다른' 사실을 받아들임으로써 상담자는 자신과 내담자에게 적합한 이론을 개발할 수 있는 기반을 갖게 된다. 다양한 이론을 깊이 배우려면 상당한 시간이 걸린다. 모든 이론을 통합할 수 있다고 기대하는 것은 현실적이지 않다. 대신 일부 이론의 일부 측면을 통합하는 것이 보다 현실적인 목표이다. 통합적 관점을 발전시키는 것은 임상 경험, 성찰, 독서, 슈퍼비전, 동료들과의 대화를 통해 다듬으며 평생 노력해야 한다.

통합적 관점 개발의 과제 학습목표 03

상담과 심리치료에 대한 조사연구에서 둘을 통합하는 공통된 철학은 없다는 것이 보고되었다. 많은 이론은 인간 본성에 대한 서로 다른 기본 철학과 견해를 가지고 있다(표 15.1). 포스트모던 상담자가 상기시키듯이, 우리의 철학적 가정은 중요하다. 왜냐하면 그것은 우리가 지각하는 '현실'에 영향을 미치고, 우리가 보도록 '설정된' 변수에 주의를 집중시키기 때문이다. 그렇다면 주의해야 할 점은 다음과 같다. 인간 본성에 대한 한 가지 견해에만 동의하지 않도록 주의해야 한다. 개방적인 자세로 자신의 성격 및 신념 체계와 일치하면서, 내담자의 신념 체계를 검증할 수 있는 상담적 틀을 선택적으로 통합해야 한다.

많은 이론들이 각각의 차이점을 가지고 있지만, 일부 모델들 간의 창의적인 종합이 가능하다. 예를 들어, 실존주의적 지향 접근이 행동치료나 일부 인지치료에서 사용하는 기법을 완전히 배제하는 것은 아니다. 각 관점은 내담자의 자기 탐색을 돕는 관점을 제공한다. 나는 여러분이 상담 실제를 안내할 통합적 관점의 기초가 되는 모든 주요 이론을 학습하고 다양한 관점으로부터 얻을 수 있는 것에 대한 개방적인 태도를 갖기를 권장한다.

개인의 통합적 관점을 개발하고자 할 때, 양립할 수 없는 기본 가정과 이론을 혼합하려는 시도는 주의해야 한다. 통합에 대해 고려하고자 할 때, 다양한 이론의 주요 개념을 먼저 확인하기 바란다(표 15.2). 이론적으로는 일관성을 유지하면서 기법을 통합해야만 상담자는 다양한 내담자에게 적용할 개입과 절차를 선택하는 방법을 정확하게 설명할 수 있다.

상담자로서 직면하게 될 과제 중 하나는 간단하면서도 포괄적이고 효과적이며, 유연한 방식으로 치료 서비스를 제공하는 것이다. 이 책에서 다루는 많은 이론적 지향은 단기치료 형태로 적용될 수 있다. 심리치료 통합을 향한 움직임의 원동력은 단기치료의 증가와 6~20회기라는 제한된 범위 내에서 다양한 내담자 집단을 위해 보다 많은 것을 해야 한다는 압박이었다. 단기 및 초단기 치료는 증가하고 있다. 시간 제약이 있는 단기치료는 시간에 민감하고, 목표지향적이며, 효율성을 지향하는 방법이다. 이러한 방법은 모든 이론적 접근 방식에 통합될 수 있다(Hoyt, 2015). 램버트(2011)는 이론과 실제 및 실습이 나아가야 할 방향은 (1) 단일 이론 실제의 감소와 통합치료의 성장, (2) 많은 내담자 집단에 대한 단기적, 시간제한적 치료와 장기 개인치료만큼 효과적인 집단 상담의 증가라고 하였다.

최고의 통합적 관점은 다양한 치료 접근법에 공통적인 기본 원칙과 기법의 **체계적인 통합**을 포함한다. 체계적인 통합의 장점은 배우고, 복제하고, 평가할 수 있는 능력에 달려 있다(Norcross & Beutler, 2019). 이러한 통합을 발전시키기 위해서는 결국 여러 이론에 완전히 정통해야 하며, 이러한 이론이 다양한 방식으로 연결될 수 있다는 생각에 개방적이어야 한다. 또한 가설이 얼마나 효과적인지를 확인하기 위해 지속적으로 평가해야 한다. 누크러그(Neukrug, 2016)는 "다양한 이론적 관점에서 기법을 동화시키는 능력은 지식, 시간, 기교가 필요하다."(p. 139)는 점을 기억해야 한다고 하였다.

표 15.1 기본 철학

정신분석치료	무의식적 동기와 갈등은 현재 행동의 핵심이다. 후기 성격 문제는 억압된 아동기 갈등에 뿌리를 두고 있기 때문에 초기 발달은 매우 중요하다.
아들러치료	인간은 사회적 관심, 목표를 향한 노력, 열등감과 우월감과 인생 과제를 수행하는 것에 의해 동기가 부여된다. 사람들은 사건을 해석하고 영향을 미치고 창조할 수 있는 능력을 가지고 있다. 개인은 생애 초기 독특한 생활양식을 형성하며, 이는 평생 동안 상대적으로 일정하게 유지되는 경향이 있다.
실존치료	핵심 초점은 인간 상태의 본질에 있다. 여기에는 자각 능력, 자신의 운명을 결정하는 선택의 자유, 책임, 불안, 의미 추구, 혼자 있거나 타인과 관계 맺기, 진실성 추구, 삶과 죽음에 직면하는 능력이 포함된다.
인간중심치료	인간에 대한 긍정적 관점. 인간은 완전히 기능하려는 경향성이 있다. 치료적 관계 맥락에서 내담자는 이전에는 자각할 수 없었던 감정을 경험한다. 내담자는 자각, 자발성, 자기에 대한 신뢰, 내적 지향성이 높아진다.
게슈탈트치료	인간은 사고, 감정, 행동의 전체성과 통합을 위해 노력한다. 주요 개념으로는 자기 및 타인과의 접촉, 접촉 경계 및 자각이 있다. 경험적 접근으로서 '지금 여기'를 기반으로 자각, 개인의 선택 및 책임을 강조한다.
행동치료	행동은 학습의 산물이다. 인간은 환경의 산물이자 생산자이다. 현대 행동치료는 마음챙김과 수용 접근법을 포함하여 다양한 방향으로 발전해왔다.
인지행동치료	개인은 왜곡된 사고를 통합하는 경향이 있으며, 이는 정서장애와 행동장애로 이어질 수 있다. 인지는 어떻게 느끼고 행동하는지를 결정하는 주요 요인이다. 치료는 주로 인지와 행동을 지향하며, 사고, 결정, 질문, 행동, 재결정의 역할을 강조한다. 이것은 심리교육적 모델로서, 문제에 대처하는 보다 효과적인 방법을 습득하는 학습 과정으로서의 치료를 강조한다.
선택이론/ 현실치료	선택이론에 근거한 이 접근은 행복해지기 위해서는 양질의 관계가 필요하다고 가정한다. 선택이론은 인간의 본성과 만족스러운 대인관계를 만들 수 있는 방법에 대한 설명이다.
여성주의치료	여성주의자는 많은 전통적인 이론이 성 편향적인 개념에 기초하고 있다는 점을 비판한다. 여성주의치료는 성 평등성, 유연성, 상호 활동성, 전 생애 지향성을 포함한다. 성과 권력은 여성주의치료의 핵심이다. 이는 개인의 문제에 영향을 주는 문화적, 사회적, 정치적 요인을 인정하는 체계론적 접근이다.
포스트모던 접근	다양한 현실과 진실이 있다는 전제에 기초하며, 포스트모던 접근은 실재가 외부에 있고 파악할 수 있다는 생각을 거부한다. 사람들은 타인과의 대화를 통해 삶의 의미를 창조한다. 포스트모던 접근에서는 내담자를 병리화하지 않고, 진단을 강조하지 않으며, 문제의 근본 원인을 찾지 않고, 내담자의 강점과 자원을 찾는 데 높은 가치를 둔다. 문제에 관해 이야기하기보다 현재와 미래의 해결책을 찾는 것이 치료의 초점이다.
가족체계치료	가족은 상호작용과 체계론적 관점에서 보아야 한다. 가족은 개인이 타인과의 관계에서 어떻게 기능하고 행동하는지 이해하기 위한 맥락을 제공한다. 치료는 가족 단위로 이루어진다.

표 15.2 주요 개념

정신분석치료	정상적인 성격 발달은 심리성적 발달 단계의 성공적인 해결과 통합에 기초한다. 잘못된 성격 발달은 특정 단계의 부적절한 해결로 인한 결과이다. 불안은 기본적인 갈등을 억압한 결과이다. 무의식적 과정은 현재 행동의 핵심이다.
아들러치료	주요 개념으로는 성격의 통합, 주관적인 관점으로 인간을 볼 필요성, 행동의 방향을 제시하는 인생 목표의 중요성이 포함된다. 사람들은 사회적 관심과 삶의 의미를 부여하는 목표를 찾는 것에 의해 동기가 부여된다. 다른 주요 개념으로는 의미와 우월성 추구, 독특한 생활양식 개발, 가족구조에 대한 이해가 있다. 치료는 내담자의 인지적 관점과 행동을 변화시키도록 격려하고 지지하는 것이다.
실존치료	본질적으로 명확한 이론적 모델이라기보다는 상담에 대한 실증적인 접근 방식으로 인간의 핵심 조건을 강조한다. 현재와 무엇이 되고자 하는지에 관심을 둔다. 이 접근 방식은 미래지향적이며 행동하기 전 자각을 강조한다.
인간중심치료	내담자는 문제를 인식하고 이를 해결할 잠재력을 가지고 있다. 내담자의 자기주도적인 능력에 달려있다고 믿는다. 치료에서 현재 순간과 감정을 경험하고 표현하는 것에 집중한다.
게슈탈트치료	내담자가 자신의 모든 면을 수용하도록 돕기 위해, 지금 여기서 '무엇을', '어떻게' 경험하는지를 강조한다. 주요 개념에는 전체론, 자각, 미해결 과제, 회피, 접촉, 에너지가 있다.
행동치료	외현적 행동, 구체적인 치료 목표의 정교함, 구체적인 치료 계획 개발, 치료 결과에 대한 객관적인 평가에 중점을 둔다. 치료는 학습 이론의 원리에 기초한다. 정상적인 행동은 강화와 모방을 통해 학습된다. 비정상적인 행동은 잘못된 학습의 결과이다.
인지행동치료	심리적인 문제는 어린 시절의 뿌리를 두고 있지만, 현재의 사고방식에 의해 더욱 강화된다. 개인의 신념 체계와 사고는 장애의 주요 원인이다. 내적 대화는 개인의 행동에 핵심적인 역할을 한다. 내담자의 잘못된 가정과 왜곡된 생각을 알아보고 이를 효과적인 신념으로 대체하는 것에 집중한다.
선택이론/ 현실치료	기본적으로 내담자가 현재 하고 있는 행동과 현재 행동이 효과가 있는지 평가하는 방법에 초점을 둔다. 이 접근은 의학적 모델, 전이 개념, 무의식, 과거에 대한 탐색을 거부한다.
여성주의치료	여성주의치료의 핵심 원칙은 다음과 같다. 개인은 정치적이며, 상담자는 사회적 변화에 참여해야 하며, 여성의 목소리와 지혜는 가치 있으며, 경험은 존중되어야 한다. 상담관계는 평등하고 치료는 강점에 초점을 두고 억압된 모든 이들의 삶을 이해하고 인정한다.
포스트모던 접근	치료는 간단하며, 현재와 미래를 다룬다. 사람이 문제가 아니라, 문제가 문제이다. 문제를 외재화하고 문제에 대한 예외적인 상황을 찾는 것에 중점을 둔다. 치료는 상담자와 내담자가 함께 해결책을 만들어내는 협력적인 대화로 구성된다. 문제가 존재하지 않았던 상황을 생각해봄으로써 내담자는 스스로 새로운 의미를 창조하고 새로운 삶의 이야기를 만들 수 있다.
가족체계치료	관계에서의 문제는 한 세대에서 다음 세대로 이어지는 경향이 있다. 주요 개념은 특정 이론적 지향에 따라 다를 수 있지만 원가족 역동, 기능적 혹은 역기능적 의사소통 패턴, '지금 여기'의 상호작용이 있다. 과거의 경험을 탐색하는 것보다 현재를 더욱 중시한다.

상담에서 다문화적 쟁점의 통합 학습목표 04

다문화주의는 상담자가 다양한 내담자 집단의 요구를 충족시키기 위해서는 무시할 수 없는 현실이다. 나는 최근 이론들이 정도의 차이는 있지만, 다문화적 차원을 포함하도록 확장될 수 있으며, 확장되어야만 한다고 생각한다. 현대 이론들이 문화적 차원을 설명하지 못한다면 다양한 내담자 집단과 작업할 때 적용 가능성이 제한적일 것이다. 일부 이론의 경우 이러한 변화에 있어 다른 이론에 비해 용이하다.

내담자가 주어진 이론의 모든 사항에 부합하기를 기대한다면, 그 이론이 옹호하는 가치가 내담자의 문화적 가치와 일치하든 하지 않든 해를 입을 수 있다. 상담자는 단일 이론의 차원에 맞게 내담자를 맞추기보다 내담자의 고유한 욕구에 맞게 이론과 실제를 맞춤화해야 한다. 따라서 상담자는 다양한 문화에 대한 지식을 가지고 있어야 하며, 자신의 문화적 유산에 대해 인식하고 내담자의 문화적 실재를 폭넓게 다룰 수 있는 기술을 갖추어야 한다. 심리치료 통합은 포괄적인 이론이라기보다는 개별적인 내담자에게 맞게 개입을 조정해야 함을 의미한다. 이 접근은 특히 문화적 요인과 각 내담자의 고유한 관점을 고려하는 데 적합하다. 코마스 디아스(Comas-Diaz, 2019)는 상담자의 문화적 역량은 대부분의 임상적 환경에 효과적으로 작업할 수 있게 한다고 하였다. 상담자는 자신과 내담자의 세계관을 인식하고, 문화적 신념, 지식 및 기법을 반영한 문화적으로 적절한 개입을 통해 자신의 문화적 역량을 보여줄 수 있다. 2장의 문화적으로 숙련된 상담자에 대한 논의를 다시 한번 살펴보고, 593-594쪽의 표 15.7과 표 15.8을 참조하라.

상담자로서 역할은 내담자의 특별한 욕구를 평가할 수 있어야 한다. 내담자의 민족성과 문화, 그리고 내담자가 상담에 가지고 오는 관심사를 다양한 치료 전략을 활용하는 유연성을 개발하는 것은 상담자의 과제이다. 일부 내담자에게는 더 많은 지도와 안내가 필요하다. 또 다른 내담자는 특히 상담 과정의 초기에서 개인적인 이유로 자신에 관한 이야기하는 것을 주저할 수도 있다. 상담자가 보기에 저항으로 보이는 것은 수년간의 문화적 조건화와 특정 가치와 전통에 관한 내담자의 반응일 수도 있다. 기본적으로 이는 다양한 이론적 접근에 대한 친숙함과 환경 내 개인에 맞는 기법을 채택하고 적용할 수 있는 능력으로 귀결된다. 단순히 내담자가 통찰력을 얻거나, 억압된 감정을 표현하거나, 특정 행동을 변화시키도록 돕는 것만으로는 충분하지 않다. 내담자가 자신의 문화가 자신의 삶에 지속적으로 미치는 영향을 살펴보고, 변화하고 싶은 것이 무엇인지에 대해 결정을 내릴 수 있도록 개발한 기법을 적용하기 위한 실용적인 전략을 찾는 것이 과제이다.

효과적인 상담자가 되기 위해서는 자신의 문화가 자신에게 그리고 상담의 실제에 대한 개입에 어떻게 영향을 미치는지에 대해 숙고해야 한다. 이러한 자각은 도움을 구하는 내담자의 문화적 배경에 민감해지는 데 있어 매우 중요하다. 통합적 관점을 활용함으로써 상담자는 내담자와의 작업에서 사회적, 문화적, 영적, 정치적 차원을 포괄할 수 있다.

상담에서 영적, 종교적 통합 학습목표 05

상담 과정은 내담자가 자신의 핵심 신념과 가치가 행동에 반영되는 방식에 대한 통찰을 얻는 데 도움을 줄 수 있다. 영적 및 종교적 신념에 대한 최근의 관심은 그러한 신념이 치료관계에 어떻게 통합될 수 있는지에 대한 시사점을 제공한다(Frame, 2003; Johnson, 2013; Young & Cashwell, 2020). 미국심리학회(APA)와 미국상담학회(ACA) 회원의 설문조사 자료에 따르면, 영적 및 종교적 가치(spiritual/religious value)는 치료적으로 관련이 있고 윤리적으로 적절하며 세속적 환경에서 상담하기 위해 잠재적으로 중요한 주제라고 지적하였다(Delaney et al., 2007; Young et al., 2007).

워딩턴(Worthington, 2011)은 내담자의 영적, 종교적 관심과 흥미에 대한 상담자의 개방성 증가는 다문화적 진화에 의해 촉진되었다고 주장하였다. 다문화주의에 대한 강조는 사람들이 자신의 영적, 종교적, 민족적 맥락을 포함하는 문화적 관점에서 자신을 정의할 수 있게 해준다. 존슨(Johnson, 2013)은 영적인 내용의 치료를 다문화치료의 한 형태로 본다. 첫 번째 단계는 상담자가 내담자의 영적 신념과 경험, 그리고 삶의 의미를 찾는 방법에 진심으로 관심을 갖는 것이다. 존슨은 내담자가 정의한 영적 감각이 내담자와 연결되는 중요한 수단이 될 수 있으며 치료적 변화 과정에서 동맹이 될 수 있다고 보았다. 무엇보다 중요한 것은 상담자의 영적 경험이나 내담자에 대한 의제가 아니라 내담자가 무엇을 원하는지에 있다.

위기 상황을 겪고 있는 내담자는 자신의 영적 자원을 활용하여 위로와 지지, 힘의 원천을 찾을 수 있다. 어떤 내담자의 경우, 영성은 종교를 수용하는 것을 의미하며, 이는 그들에게 다양한 의미를 가질 수 있다. 또 어떤 내담자는 영성을 중요시하지만 공식적인 종교와는 관련이 없을 수도 있다. 영성에 대한 개인의 특정 견해가 어떻든, 영성은 삶의 목적을 찾는 데 도움을 줄 수 있는 힘이다. 영적 및 종교적 신념은 모든 것을 실패할 때, 내담자를 지지하는 중요한 버팀목이 될 수 있다. 그러나 어떤 내담자는 영적 및 종교적 교리를 무비판적으로 받아들임으로써 생기는 죄책감, 분노, 슬픔으로 인해 우울증과 무가치감을 경험할 수도 있다. 상담자는 종교나 영성에 관한 대화에서 개방적이고 비판단적인 자세를 견지해야 한다. 더욱이 상담자는 문화적으로 유능하고 윤리적인 태도로 상담하기 원한다면 내담자의 영적 및 종교적 가치를 무시해서는 안 된다(Johnson, 2013; Young & Cashwell, 2020). 상담자가 내담자와 함께 이러한 문제를 탐색하고자 한다면, 자신의 영적 또는 종교적 태도, 신념, 가치 및 경험을 인식하고 이해하는 것은 필수적이다.

공통 목표 영적 가치는 인간의 삶과 투쟁에서 중요한 역할을 한다. 이러한 가치를 탐색하는 것은 내담자의 어려움에 대한 해결책을 제공하는 것과 상당한 관련이 있다. 영적 경로와 치료적 경로는 어떤 면에서는 수렴하기 때문에, 통합이 가능하며 내담자의 영성을 다루는 것은 상담 과정에 도움이 되는 경우가 많다. 치료에 영향을 미치는 주제에는 사랑하기, 돌보기, 공감적 경청 학습하기, 내담자의 기본적인 삶의 가정에 도전하기, 인간의 불완전성 받아들이기, 자기중심적 관심(사회적 관심)에서 벗어나기 등이 있다. 영적인 관점과 상담은 사람들이 '나는 누구인가?', '나의 삶의 의미는 무엇인가?'라는 질문에 숙고하도록 한다. 이러한 실존적 질문을 추구함으로써 치유를 촉진할 수 있다.

평가와 치료에 대한 함의 전통적으로 내담자가 문제를 가지고 상담자를 찾아오면, 상담자는 문제의 발달에 영향을 미친 모든 요인을 탐색한다. 종교에 대한 배경은 내담자 역사의 일부가 될 수 있으므로 접수 면접의 일부가 될 수도 있고 상담 회기에서 탐색될 수도 있다. 프레임(Frame, 2003)은 평가 과정에서 영성을 포함되어야 하는 이유를 다음과 같이 제시하였다. 내담자의 세계관과 그들이 살고 있는 맥락을 이해하고, 내담자가 삶의 목적과 가장 중요하게 여기는 것에 관한 질문에 대해 고민할 때 도움을 줄 수 있으며, 내담자의 자원으로서 종교와 영성을 탐색하여 종교적, 영적 문제를 밝혀낼 수 있다. 이러한 정보는 상담자가 적절한 개입을 선택하도록 도움을 줄 것이다. 영과 캐시웰(Young & Cashwell, 2020)은 상담자가 내담자의 영적 또는 종교적 신념이 내담자의 심리적 문제를 악화시키는지, 해결하는 데 도움이 되는지 평가해야 한다고 주장하였다.

상담자의 역할 상담자가 내담자의 신념에 대해 판단하지 않고, 내담자가 자신의 가치와 신념을 탐색할 수 있는 편안하고 안전한 분위기를 조성하는 것은 중요하다. 영적인 욕구를 충족시키는 방법은 여러 가지가 있지만 어떤 특정한 방법을 제시하는 것은 상담자의 역할이 아니다. 내담자의 배경에 관한 철저한 평가를 통해, 잠재적인 탐색을 위한 개인적 주제에 관한 많은 단서를 얻을 수 있다. 내담자의 이야기와 그들이 치료에 오게 된 목적에 대해 세밀하게 알아본다면, 영적 또는 종교적 가치, 신념 및 실천에 대한 내담자의 고민이 드러날 것이다. 내담자가 의미, 가치, 죽음, 세상에 존재하는 것과 같은 실존적 관심에 대해 어떻게 이야기하는지 듣는 것은 중요하다. 내담자가 핵심 가치와 내면의 지혜에 연결될 수 있도록 도움을 주는 모든 것을 정의하고, 경험하고, 접근하는 방법에 개방적인 자세를 취해야 한다(Johnson, 2013).

종교가 없는 내담자를 상담할 때도 윤리적 및 임상적 고려사항은 똑같이 중요하다(Sahker, 2016). 종교가 없는 내담자는 신념이 없는 것과 관련한 내부 갈등에 관한 의구심을 나눌 수 있는 안전한 장소가 필요할 수도 있다. 가족의 종교를 버린 일부 사람들은 가족으로부터 거부당했을 수도 있고 자신의 선택으로 인해 겪는 고통을 표현하고 탐색하고 싶을 수도 있다. 이러한 내담자를 윤리적이고 효과적으로 치료하기 위해서, 상담자는 평가와 적절한 치료를 제공할 수 있는 역량을 갖추어야 한다.

내 관점에서 볼 때, 영성에 대한 강조는 상담의 실제에서 계속해서 중요할 것이다. 그러므로 내담자가 제기하는 영적, 종교적 관심사를 유능하게 다룰 수 있도록 준비하는 것은 필수적이다. 영성과 종교를 상담에 통합하는 주제에 대해 더 자세히 알고 싶다면 아래의 책을 적극 추천한다. 『영성과 종교를 상담에 통합하기: 효과적인 상담을 위한 안내(Integrating Spirituality and Religion Into Counseling: A Guide to Competent Practice)』(Cashwell & Young, 2020), 『상담과 심리치료에서의 영성: 내담자에게 힘을 주는 통합적 접근(Spirituality in Counseling and Psychotherapy: An Integrative Approach That Empowers Clients)』(Johnson, 2013).

상담 과정

상담 목표

상담 목표는 이론적 접근만큼이나 다양하다(표 15.3). 몇 가지 가능한 목표는 다음과 같다.

- 성격 재구성하기
- 무의식 밝혀내기
- 사회적 관심 만들기
- 삶의 의미 찾기
- 정서적 장애 치료하기
- 오래된 결정을 검토하여 새로운 결정 내리기

표 15.3 **상담 목표**

정신분석치료	무의식을 의식화하기, 기본적인 성격 재구성하기, 내담자의 초기 경험을 재경험하고 억압된 갈등을 극복하도록 돕기, 인지적, 정서적 자각하기
아들러치료	내담자의 기본 전제와 삶의 목표에 도전하기, 개인이 사회적으로 유용한 목표를 개발하고 사회적 관심을 높일 수 있도록 격려하기, 내담자의 소속감 개발하기
실존치료	자신이 자유롭다는 사실과 자신의 가능성을 인식하도록 돕기, 과거 자신에게 일어났다고 생각했던 일에 관한 책임이 자신에게 있음을 인식하도록 하기, 자유를 방해하는 요인을 파악하기
인간중심치료	내담자의 자기 탐색에 도움이 되는 안전한 환경 제공하기, 내담자가 개방성, 자신에 대한 더 깊은 신뢰, 높은 자발성, 활력을 향해 나아가도록 하기, 삶의 의미를 찾고 삶을 온전히 경험하기, 자기주도성 키우기
게슈탈트치료	내담자가 순간순간의 경험을 인식하고 선택하는 능력을 키울 수 있도록 돕기, 자아 통합 촉진하기
행동치료	부적응적인 행동을 제거하고 보다 효과적인 행동 학습하기, 행동에 영향을 미치는 요인을 확인하고 문제행동에 대해 무엇을 할 수 있는지 알아보기, 내담자가 치료 목표를 명확하게 설정하고 이러한 목표가 얼마나 효과적인지 평가하는 데 있어 적극적이고 협력적인 역할을 하도록 격려하기
인지행동치료	내담자가 수집하고 평가한 모순적인 증거를 가지고 비합리적 신념에 논박하도록 가르치기, 자동적 사고를 인식하고 변화시키기, 자신의 내적 힘을 찾고 원하는 삶을 탐색하도록 지지하기
선택이론/현실치료	자신의 모든 심리적 욕구를 보다 효과적으로 충족시킬 수 있도록 돕기, 자신의 질적(좋은) 세계로 가기 위해 선택한 사람들과 다시 관계를 맺을 수 있도록 돕고, 내담자에게 선택이론 가르치기
여성주의치료	내담자 개인과 사회 모두의 변화를 가져오기, 내담자가 성역할 사회화의 한계로부터 자유로워지기 위해 자신의 힘을 인식하고 주장하고 활용하도록 지지하기, 어떤 근거로든 차별하거나 억압하는 모든 형태의 제도적 정책에 맞서기
포스트모던 접근	내담자가 문제를 바라보는 관점과 문제에 대처하는 방식을 변화시키기, 내담자와 함께 긍정적인 변화로 이끌 수 있는 구체적이고 명확하고 현실적이고 관찰 가능한 목표 설정하기, 내담자가 현재와 미래의 문제를 해결할 수 있도록 역량과 전략에 기초한 자기 정체성을 형성하도록 돕기
가족체계치료	가족구성원이 제대로 기능하지 않는 관계 패턴을 인식하고 새로운 의사소통 방식을 만들 수 있도록 돕기, 내담자의 문제행동에 어떻게 가족의 기능이나 목적이 영향을 미치는지 확인하기, 역기능적 패턴의 세대 간 전승 이해하기, 과거의 원가족 경험이 자신에게 미치는 영향 이해하기

- 자신에 대한 신뢰감 키우기
- 자아실현을 위해 노력하기
- 부적응적 행동을 감소시키고 적응적 패턴 학습하기
- 현재 순간에 머무르기
- 불안과 같은 강렬한 감정 다루기
- 삶에 대해 보다 효과적으로 통제하기
- 삶의 이야기 다시 쓰기

이러한 다양성은 목표의 일반성과 특수성을 고려하여 단순화될 수 있다. 목표는 구체적이고 단기적 목표에서부터 일반적이고 보편적인, 장기적 목표까지 이어지는 연속체이다. 인지행동 접근은 전자를, 관계지향치료는 후자를 강조하는 경향이 있다. 연속체의 반대편에 있는 목표가 반드시 모순되는 것은 아니다. 목표가 얼마나 구체적으로 정의되는지의 문제이다(Corey, 2019).

상담자의 기능과 역할

통합적 관점을 가지고 상담할 때 스스로 다음과 같은 질문을 해보라.

- 상담 과정의 단계에 따라 상담자의 기능은 어떻게 달라지는가?
- 상담자는 기본적인 역할을 유지하는가, 아니면 내담자의 특성에 따라 역할이 달라지는가?
- 상담자가 얼마나 적극적이고 지시적인지 어떻게 결정할 수 있는가?
- 상담 과정에서 구조화를 어떻게 할 것인가?
- 내담자와 상담자의 관계에서 책임에 대한 최적의 균형은 무엇인가?
- 치료적 동맹을 확인할 수 있는 가장 효과적인 방법은 무엇인가?
- 상담자의 자기개방은 무엇을, 언제, 얼마나 해야 하는가?

11가지 치료 접근을 살펴보았듯이, 각 이론의 핵심 주제는 상담자가 상담 회기 중 또는 회기 밖에서 내담자의 행동을 통제하는 정도이다. 예를 들어, 인지행동 상담자와 현실 상담자는 현재 중심적, 지시적, 교훈적, 구조적, 심리교육 맥락에서 상담 활동을 한다. 상담자는 내담자와 함께 협력하여 상담 회기 밖에서 새로운 행동을 연습하도록 돕기 위해 과제를 계획한다. 대조적으로 인간중심 상담자는 훨씬 더 느슨하고 덜 구조화된 상담 활동을 한다. 해결중심 및 이야기 상담자는 내담자를 자신의 삶에 대한 전문가로 본다. 그들은 자기주도적인 변화를 위해 상담 회기 밖에서 내담자가 성찰하도록 돕는다. 또한 상담자는 적극적으로 질문하지만 실제 상담에서 규범적이지는 않다.

상담 구조화는 내담자가 치료 상황에 가져오는 구체적인 상황에 따라 달라진다. 내 관점에서, 명확한 구조화는 상담 초기 단계에서 매우 중요하다. 이는 내담자가 치료를 찾게 만든 문제에 관해 이야기할 수 있도록 하기 때문이다. 협력적인 방식으로 상담자와 내담자가 상담 과정에 초점을 맞출 수 있는 초기 평가를 하는 것은 유용하다. 가능한 한 빨리, 내담자에게 회기의 내용과 주제를 결정하는 것에 대한 상당한 책임감이 주어져야 한다. 상담자가 내담자가 상담 과정에 적극적으로 참여하기를 기대하는 경우, 상담 과정 초반부터 내담자에게 권한을 부여할 수 있다.

상담에서 내담자의 경험

내담자 대부분은 어느 정도의 고통, 아픔, 적어도 불만족을 경험한다. 자신이 원하는 것과 현재의 모습에는 차이가 있다. 어떤 사람은 특정 증상 및 일련의 증상을 치료하기 위해 상담을 시작한다. 그들은 편두통을 없애고, 만성적인 불안 발작이나 체중 감소, 우울증에서 벗어나기를 원한다. 그들은 상충적인 감정과 반응, 낮은 자존감으로 인한 어려움, 제한된 정보와 기술을 가지고 있을 수도 있다. 많은 사람은 가까운 관계에서의 갈등을 해결하고자 노력한다. 나는 실존적 문제로 치료를 받는 사람들이 점점 더 많아지고 있다고 생각한다. 그들의 불평은 종종 공허함, 삶의 무의미함, 일상적인 삶의 방식, 불만족스러운 대인관계, 불확실성에 대한 불안, 강렬한 감정의 결여, 자아감 상실 등과 같은 실존적 문제와 관련된다.

많은 내담자가 초기에 결과가 빨리 나올 것이라 기대한다. 그들은 삶의 변화에 대한 큰 희망을 갖고 상담자의 지시에 의존한다. 치료가 진행됨에 따라 내담자는 회기와 일상생활 모두에서 자신의 목표를 선택하고 목표를 향해 노력하면서 상담 과정에 적극적으로 참여해야 함을 알게 된다. 어떤 내담자는 억눌린 감정을 인식하고 표현함으로써 도움을 받을 수 있고, 어떤 내담자는 다른 방식으로 행동하기 시작하며, 또 어떤 내담자는 자신의 삶에서 중요한 사람과의 관계에 대해 상담자와 이야기함으로써 도움을 받을 것이다. 대부분의 내담자는 세 가지 차원, 즉 감정, 사고, 행동에서 일정한 작업을 할 필요가 있다. 왜냐하면, 세 가지 차원은 상호 연관되어 있기 때문이다.

노크로스와 쿠퍼(Norcross & Cooper, 2021)는 대부분의 치료 목표는 내담자의 욕구과 선호, 개인적 특성 및 문화에 맞는 치료를 하는 것이라고 주장하였다. 또한 일률적인 접근은 효과가 없으며 비윤리적일 수 있음을 강조하였다. 내담자의 인종 · 민족, 영성 · 종교에 맞춰 치료를 조정하는 것은 확실히 효과적이다. 연구에 따르면, 내담자의 선호를 받아들이는 것은 효과가 있는 것으로 나타났다. "내담자의 선호를 존중하면서 협력적인 질문을 하게 되면, 내담자의 치료에 극적인 영향을 미칠 수 있다. 그러므로 모든 이론적 지향과 전문성을 가진 상담자를 우선시해야 한다."(p. 36)

어떤 개입이 가장 도움이 될지 결정하는 데 있어서, 내담자의 문화적, 민족적, 사회경제적 배경을 고려하는 것이 중요하다. 더욱이 내담자가 상담 과정의 단계에 따라 상담의 초점이 바뀔 수도 있다. 일부 내담자는 경청과 깊은 감정 표현을 필요로 할 수 있으나, 나중에는 심리적 고통에 영향을 주는 인지적 패턴을 확인함으로써 도움을 받을 수도 있다. 치료의 어느 시점에서는 내담자가 자신에 대해 학습한 것을 구체적인 행동으로 옮기는 것이 필수적이다. 내담자에게 주어진 환경적 상황은 가장 적절한 개입을 선택하기 위한 틀을 제공한다.

상담자와 내담자의 관계

대부분의 접근은 치료적 관계의 중요성을 받아들인다는 공통점이 있다. 실존치료, 인간중심치료, 게슈탈트치료, 아들러치료, 포스트모던 접근은 개인적 관계를 치료 결과의 중요한 결정 요인으로서 강조한다. 합리적 정서행동치료, 현실치료, 인지행동치료, 인지치료, 행동치료는 관계 요인을 무시하지는 않지만, 다른 접근에 비해 관계를 덜 강조하며 관계보다는 기법의 효과적인 활용을 더욱 강조한다(표 15.4).

상담은 인간관계를 포함한 개인적 문제이며, 연구에 따르면, 솔직함, 성실함, 수용, 이해와 자발성은 성공적인 결과를 위한 기본적인 요소이다. 상담자의 돌봄 정도, 내담자를 돕고자 하는 관심과 능력, 진솔성이 관계에 영향을 미친다. 상담자는 개인적 자질과 대인관계 능력을 개발함으로써 더욱 효과적인 치료를 할 수 있다. 심리치료는 주로 참여자 간의 대인관계 연결의 질에 따라 달라지는 인간적이고 관계적인 노력이다(Duncan, 2014; Elkins, 2016). 내담자와 상담자 모두 자신의 기원, 문화, 기대, 편견, 방어, 강점을 이 관계에 가져온다. 우리는 연구 결과를 통해 이러한 강력한 인간관계를 형성하고 발전시키는 방법을 알 수 있다(Norcross & Wampold, 2019).

자신의 상담 관점을 개발하기 위해서는 내담자와 상담자 간 매칭의 문제를 고려해야 한다. 나는 각각의 내담자가 기대하는 것을 맞춰주기 위해서 상담자가 성격을 바꾸어야 한다고 생각하지 않는다. 왜냐하면 내담자를 만날 때 자신의 모습을 드러내는 것은 중요하기 때문이다. 또한 모든 내담자와 효과적으로 협력할 수 없다는 현실을 알아야 한다. 일부 내담자는 여러분과 다른 유형의 치료 방법을 가진 상담자와 더 잘 맞을 수도 있다. 내담자의 욕구가 무엇인지 세심하게 평가하여, 상담자와 잠재적인 내담자와의 일치 여부를 판단할 때 올바른 판단을 내려야 한다.

내담자와 효과적으로 협력하기 위해 내담자가 되거나, 같은 문제를 경험해야 할 필요는 없지만, 내담자의 세계를 이해하고 존중할 수 있어야 한다. 다른 문화적 배경을 가진 내담자와 상담할 준비가 얼마나 되어있는지 스스로 자문해보아야 한다. 여러분은 다른 인종, 민족, 성별, 나이, 성적 지향, 영적 · 종교적 지향, 사회경제적 지위를 가진 내담자와 어느 정도까지 성공적으로 치료적 관계를 구축할 수 있다고 생각하는가? 특정 내담자와 작업 동맹을 형성하는 것을 어렵게 만드는 잠재적 장벽이 있다고 생각하는가? 내담자에 대한 진단, 저항 수준, 치료 선호, 변화의 단계를 고려하는 것도 중요하다. 치료 기법과 방식은 내담자의 개인적 특성에 맞게 선택해야 한다. 상담자는 개별적인 내담자를 위한 새로운 치료법을 개발해야 한다(Norcross & Cooper, 2021). 노크로스와 보이틀러(Nor-

표 15.4 치료적 관계

정신분석치료	고전적인 분석가는 익명으로 유지되며, 내담자는 상담자에게 투사를 한다. 전이 작업에서 발생하는 저항을 줄이는 것에 중점을 둔다. 분석가는 과거와 관련된 현재 행동의 의미를 내담자에게 가르치기 위해서 해석을 한다. 현대의 대상관계정신분석치료에서는 관계가 핵심이며, 이 관계에서 '지금 여기'를 강조한다.
아들러치료	공동의 책임, 공동 목표 설정, 상호 신뢰와 존중, 평등을 강조한다. 개인의 삶의 방식에서 잘못된 목표와 가정을 알아보고, 탐색하고 드러내는 데 초점을 둔다.
실존치료	상담자의 주요 과제는 세상에서 내담자의 존재를 정확하게 파악하고 그들과 인간적인 진실한 만남을 갖는 것이다. 내담자-상담자 관계의 즉시성과 '지금 여기'에서의 만남의 진정성이 강조된다.
인간중심치료	관계는 가장 중요하다. 진솔성, 따뜻함, 정확한 공감, 존중, 무비판적 자세를 포함한 상담자의 자질과 태도를 내담자에게 전달하는 것을 강조한다. 내담자와 상담자의 이러한 진실한 관계를 활용하여 그들이 학습한 것을 다른 관계에 전달하도록 돕는다.
게슈탈트치료	'나/너'의 관계와 상담자의 질적 수준이 핵심이다. 상담자의 태도와 행동은 활용된 기법보다 더 중요하다. 상담자는 내담자를 위해 해석하는 것이 아니라, 내담자가 스스로 해석할 수 있는 방법을 개발하도록 돕는다. 내담자는 현재의 기능을 방해하는 과거의 미해결 과제를 알아차리고 작업한다.
행동치료	상담자는 내담자가 보다 효과적인 행동을 학습하도록 돕는 교사 또는 멘토로서, 적극적이고 지시적이다. 내담자는 상담 과정에 적극적으로 참여하고 새로운 행동을 연습해야 한다. 내담자와 상담자의 질 높은 관계가 변화를 가져오기에 충분한 요소는 아니지만 행동 절차를 수행하는 데 있어 필수적이다.
인지행동치료	합리적 정서행동치료(REBT)에서 상담자는 교사로, 내담자는 학생으로 기능한다. 상담자는 매우 지시적이며 내담자에게 인지 변화를 위한 ABC(선행 사건-신념-결과) 모형을 가르친다. 인지치료(CT)에서는 협력 관계에 중점을 둔다. 소크라테스식 대화를 활용하여 상담자는 내담자가 비합리적인 신념을 찾고 삶에 대안적인 규칙을 찾도록 돕는다. 상담자는 새로운 기술을 배우는 데 도움이 되는 교정적 경험을 장려한다. 내담자는 자신의 문제행동에 관한 통찰을 얻고, 자기파괴적인 사고와 행동을 적극적으로 변화시키기 위해 노력해야 한다.
선택이론/현실치료	상담자의 기본적인 과제는 내담자와 좋은 관계를 형성하는 것이다. 그런 다음 상담자는 내담자가 원하는 것과 이를 얼마나 효과적으로 얻고 있는지에 관한 모든 관계를 평가하는 것에 내담자를 참여시킬 수 있다. 상담자는 내담자가 원하는 것이 무엇인지 찾고, 무엇을 선택하고 있는지를 질문하고, 현재 행동을 평가하도록 하고, 변화를 위한 계획을 세우도록 돕는다.
여성주의치료	치료적 관계는 권한 부여와 평등주의에 기초한다. 상담자는 적절한 자기개방과 내담자에게 상담 과정에 대해 가르침으로써 권력의 위계를 적극적으로 무너뜨리고 인위적인 장벽을 줄인다. 상담자는 내담자가 스스로 전문가가 될 수 있는 협력 관계를 형성하기 위해 노력한다.
포스트모던 접근	치료는 협력적인 관계 형성이다. 내담자를 자신의 삶에 대한 전문가로 간주한다. 상담자는 질문 대화를 활용하여 내담자가 문제로 가득 찬 이야기에서 벗어나서 새로운 삶을 긍정하는 이야기를 만들도록 돕는다. 해결중심 상담자는 내담자를 문제 대화에서 벗어나 해결 대화로 안내하는 데 적극적인 역할을 한다. 내담자는 자신의 강점을 탐색하고 더 풍요로운 미래로 이어질 수 있는 해결책을 만들도록 권장한다. 이야기 상담자는 내담자가 문제를 외재화할 수 있도록 돕고, 자기 제한적인 이야기를 찾아 새롭고 해방적인 이야기를 창조하도록 안내한다.
가족체계치료	가족 상담자는 교사, 코치, 롤모델, 자문가 역할을 한다. 가족은 구성원을 고착시키는 문제를 찾고 해결하는 방법을 배우며, 세대에서 세대로 전수되는 패턴에 대해서 배운다. 모든 가족 상담자는 가족의 상호작용 과정과 의사소통 패턴을 가르치는 데 관심이 있다.

cross & Beutler, 2019)는 심리치료와 치료적 관계를 각각의 내담자의 특정한 욕구에 맞추어야 하는 것의 중요성을 다음과 같이 지적하였다. "통합적 치료는 단일 이론 또는 '학파에 얽매인' 심리치료의 제한된 적용 가능성을 초월하도록 명시적으로 설계되었다"(p. 530).

상담에서의 기법과 평가의 위치 학습목표 06

다양한 접근에서의 기법 활용

유능한 상담자는 치료 기법에 다양한 절차를 통합시킨다. 치료 목적, 환경, 상담자의 성격과 유형, 특정 내담자의 자질, 개입을 위해 선택된 문제에 따라 많은 것이 달라진다. 여러분이 어떤 치료 모델을 선택하는지와 상관없이 어떠한 관계 유형을 선택할지 결정해야 한다. 다시 말해, 어떤 기법, 절차 또는 개입 방법을 사용할 것인지, 언제 사용할 것인지, 어떤 내담자와 함께할 것인지를 결정해야 한다. 치료 기법에 대한 표 15.5와 각 접근의 적용에 대한 표 15.6을 살펴보고, 각 치료 유형의 핵심과 그것이 어떻게 치료에 도움이 될 수 있는지 주의 깊게 생각해보라.

내담자의 문화적 배경이 문제에 대한 인식에 어떻게 영향을 미치는지 인식하는 것은 매우 중요하다. 앞에 제시한 11개의 치료적 접근은 다양한 문화적 배경을 가진 내담자에게 적용할 때 각각 강점(표 15.7)과 한계(표 15.8)를 갖는다. 문화적 배경을 이유로 내담자에게 고정관념을 가지는 것은 현명하지 못하지만, 문화적 맥락이 그들의 문제에 미치는 영향을 고려하는 것은 유용하다. 어떤 기법은 내담자의 문화에서 금기시되기도 한다. 특정 기법에 대한 내담자의 반응(혹은 무반응)은 그 기법의 효과성을 판단하는 중요한 지표이다.

효과적인 상담은 인지, 정서, 행동 기법을 능숙하게 통합할 수 있는 것을 포함한다. 이러한 통합은 내담자가 자신의 신념과 가정에 대해 생각하고, 감정 수준에서 갈등과 고통을 경험하고, 일상생활에서 새로운 방식으로 행동함으로써 통찰력을 행동으로 전환하도록 돕는 데 필수적이다. 표 15.9는 다양한 접근의 공헌을 개관하였고, 표 15.10에서는 접근의 한계를 제시하였다. 이 표는 여러분의 상담 관점에 통합할 수 있는 요소를 찾는 데 도움을 줄 것이다.

표 15.5 치료 기법

정신분석치료	주요 기법으로는 해석, 꿈 분석, 자유연상, 저항 분석, 전이 분석, 역전이 등이 있다. 이러한 기법은 내담자가 무의식적인 갈등에 접근할 수 있도록 도움을 주며, 통찰력과 자아에 의한 새로운 자료의 궁극적인 동화로 이어진다.
아들러치료	아들러 상담자는 기법을 사용하는 것보다 내담자의 주관적인 경험에 더 많은 관심을 가진다. 기법은 생활사 자료 수집하기(가족 구도, 초기 기억, 개인의 우선순위), 내담자와 해석 공유하기, 격려하기, 내담자가 새로운 가능성을 탐색하도록 조력하기 등이 있다.
실존치료	실존치료 방식에서는 이해를 우선시하며, 기법은 그 다음으로 여기기 때문에 기법은 거의 나오지 않는다. 실존 상담자는 다른 접근법의 기법을 통합할 수 있다. 다루어지는 주요 주제는 자유와 책임, 고립과 관계, 의미와 무의미, 삶과 죽음이다.
인간중심치료	인간중심치료 방식은 기법을 거의 사용하지 않고, 상담자의 태도와 '삶의 방식'을 강조한다. 인간중심 상담자는 적극적 경청, 감정 반영, 명료화, 내담자를 위해 '그곳에 있어 주기', 내담자의 현재 이 순간의 경험에 집중하기 등을 위해 노력한다.
게슈탈트치료	경험을 강렬하게 하고 갈등적인 감점을 통합하기 위해 다양한 실험이 고안되었다. 실험은 '나/너'의 대화를 통해 상담자와 내담자가 공동으로 만들어낸다. 상담자는 자신만의 실험을 창의적으로 만들어낼 수 있다. 공식적인 진단과 검사는 치료의 필수적인 부분이 아니다.
행동치료	주요 기법으로는 강화, 행동 조성, 모델링, 체계적 둔감화, 이완 기법, 안구운동 민감소실 및 재처리, 인지 재구조화, 사회적 기술 훈련, 자기관리 프로그램, 마음챙김 및 수용 기법, 행동 시연 및 코칭 등이 있다. '무엇을', '어떻게', '언제'('왜'는 질문하지 않음)에 중점을 둔 질문을 한다. 계약과 과제가 일반적으로 사용된다.
인지행동치료	상담자는 다양한 인지적, 정서적, 행동적 기법을 사용한다. 다양한 기법은 개별 내담자에게 적합하도록 맞추어 적용한다. 인지행동치료는 적극적이고, 지시적이며, 시간제한적이며, 현재에 중점을 둔, 심리교육적 구조화된 기법이다. 기법에는 소크라테스식 문답하기, 협력적 경험하기, 비합리적 신념 논박하기, 과제 수행하기, 자신이 세운 가정에 대한 자료 수집하기, 활동 기록하기, 대안적 해석 형성하기, 새로운 대처 기술 학습하기, 언어 및 사고 패턴 변경하기, 역할놀이 등이 있다.
선택이론/ 현실치료	현실치료는 적극적이고, 지식적이며 교훈적인 치료이다. 숙련된 질문은 상담 과정에서 사용되는 핵심 기법이다. 내담자가 변화하고자 하는 의지가 있는지 알아보기 위해 현재 행동을 평가할 수 있는 다양한 기법을 사용한다. 내담자가 자신의 현재 행동이 효과적이지 않다고 판단하면, 변화를 위한 구체적인 계획을 세우고 이를 실천하기 위해 노력한다.
여성주의치료	전통적인 접근법이 사용되기는 하지만, 여성주의 상담자는 내담자가 성역할 사회화가 자신의 삶에 미치는 영향을 인식하도록 돕기 위한 의식 함양 기법을 사용한다. 자주 사용되는 기법으로는 성역할 분석 및 개입, 권력 분석 및 개입, 신비성 제거 치료, 독서치료, 일기 쓰기, 상담자의 자기개방, 자기주장 훈련, 재구성과 재명명, 인지 재구조화, 검증되지 않은 신념 찾기 및 도전하기, 역할극, 사이코드라마, 집단 작업, 사회 활동 등이 있다.
포스트모던 접근	해결중심치료에서 주요 기법은 내담자의 삶에서 문제가 문제가 아니었던 시기에 중점을 둔 변화 대화이다. 다른 기법으로는 창의적인 질문을 사용하는 것이다. 기적질문이나 척도질문은 내담자가 대안적인 이야기를 전개하도록 돕는다. 이야기치료의 기법은 문제가 가득한 내담자의 이야기를 적극적으로 경청하기, 문제를 외재화하고 명명하기, 대화를 외재화하기, 능력에 대한 단서 발견하기 등이 있다. 이야기 상담자는 종종 내담자에게 편지를 쓰고 내담자의 변화와 새로운 이야기를 지지해줄 사람을 찾도록 돕는다.
가족체계치료	상담자의 특정 이론적 지향에 따라 다양한 기법이 사용될 수 있다. 일부 기법에는 가계도, 교육하기, 질문하기, 가족 참여하기, 재구성하기, 실연하기, 경계 설정하기 등이 있다. 기법은 본질적으로 경험적이거나 인지적 혹은 행동적이다.

표 15.6 접근의 적용

정신분석치료	정신분석치료의 대상은 상담자가 되고 싶은 사람, 집중적으로 치료받고 더 나아지고 싶은 사람, 심리적 고통을 겪고 있는 사람 등이다. 자기중심적이고 충동적이나 정신병적인 장애가 있는 사람들에게는 분석 기법이 권장되지 않는다. 개인 상담 또는 집단 상담에 적용될 수 있다.
아들러치료	아들러치료는 성장 모형을 기반으로 하기 때문에 아동 지도, 부모-자녀 상담, 부부 및 가족 치료, 모든 연령층을 대상으로 한 개인 상담, 교정 및 재활 상담, 집단 상담, 약물 남용 프로그램, 단기 상담 등 다양한 삶의 영역에 적용할 수 있다. 예방적 치료와 성장을 방해하는 다양한 상황을 완화하는 데 이상적이다.
실존치료	실존치료는 특히 발달적 위기나 삶의 전환에 직면한 사람, 실존적 관심(선택하기, 자유와 책임 다루기, 죄책감과 불안 대처하기, 삶의 의미 이해하기, 가치 발견하기)을 가진 사람, 개인적 성장을 추구하는 사람 등에 적합하다. 개인 및 집단 상담, 부부 및 가족 치료, 위기 개입, 지역사회 정신건강 사업 모두 적용될 수 있다.
인간중심치료	인간중심 접근은 개인 및 집단 상담에 폭넓게 적용할 수 있다. 특히 위기 개입 상담의 초기 단계에 매우 적합하다. 교육, 부모-자녀 관계 및 다문화 집단 상담에 유용하다.
게슈탈트치료	게슈탈트 접근은 위기 개입, 광범위한 신체화 장애 치료, 부부 및 가족 치료, 정신건강 전문가의 자각 훈련, 아동의 행동 문제, 교육 및 학습 등 광범위한 문제와 집단을 다룬다. 개인 상담과 집단 상담 모두에 적합하다. 감정을 표출하고 내담자가 현재 경험과 접촉하도록 하는 강력한 촉매제이다.
행동치료	행동치료는 실용적인 접근 방식으로 결과의 경험적인 검증을 기반으로 한다. 개인, 집단, 부부, 가족 상담에 폭넓게 적용할 수 있다. 공포증, 우울증, 트라우마, 성 장애, 아동의 행동장애, 말더듬이, 심혈관 질환 예방 등에 적합하다. 실제 임상 장면을 넘어, 행동치료의 원리는 소아과, 스트레스 관리, 행동 의학, 교육학, 노인의학과 같은 분야에도 적용된다.
인지행동치료	인지행동 접근은 우울증, 불안, 관계 문제, 스트레스 관리, 기술 훈련, 약물 남용, 주장 훈련, 섭식 장애, 공황발작, 수행 불안 및 사회공포증 치료 등에 널리 적용되었다. 인지 수정을 돕는 데 특히 유용하다. 많은 자조 접근법은 인지행동치료 원칙을 활용한다. 다양한 특정 문제를 안고 있는 광범위한 내담자 집단에 적용될 수 있다.
선택이론/ 현실치료	현실치료는 사람들에게 효과적인 행동을 증가시키기 위해 일상생활에서 선택이론을 활용하는 방법을 가르친다. 다양한 내담자를 대상으로 한 개인 상담, 집단 상담, 청소년 범죄자 교정, 부부 및 가족 치료에 적용된다.
여성주의치료	여성주의치료 접근의 원리와 기법은 개인 상담, 관계 상담, 가족치료, 집단 상담, 지역사회 개입과 같은 다양한 치료 양식에 적용될 수 있다. 역량 증진을 목표로 하여 여성과 남성 모두에게 적용될 수 있다.
포스트모던 접근	해결중심치료는 적응 장애가 있는 사람들과 불안 및 우울증 문제에 매우 적합하다. 이야기치료는 섭식장애, 가족 갈등, 우울증 및 관계 문제를 포함한 광범위한 인간의 문제에 활용되고 있다. 광범위한 환경에서 아동, 청소년, 성인, 커플, 가족 및 지역사회와 협력하는 데 적용될 수 있다. 해결중심 접근과 이야기치료는 모두 집단 상담과 학교 상담에 적합하다.
가족체계치료	가족체계치료 접근은 결혼생활 스트레스, 가족구성원 간의 의사소통 문제, 권력 다툼, 가족의 위기 상황, 개인의 잠재력을 발휘하도록 돕기, 가족의 전반적인 기능 향상 등에 유용하다.

표 15.7 다문화 상담의 공헌

정신분석치료	가족 역동에 대한 강조는 다문화 집단 상담에 적합하다. 상담자의 격식은 전문가로서의 차이를 기대하는 내담자에게 매력적이다. 자아 방어 개념은 내적 역동을 이해하고 환경적 스트레스를 다루는 데 도움이 된다.
아들러치료	사회적 관심, 타인 돕기, 집단주의, 삶의 의미 추구, 가족의 중요성, 목표지향성 및 소속감에 중점을 두는 것은 다문화적 가치와 일치한다. 환경 내에 존재하는 사람에 대해 초점을 두고 문화적 요인을 탐색할 수 있다.
실존치료	문화적 배경을 포함한 내담자의 현상학적 세계를 이해하는 데 중점을 둔다. 억압적인 사회 속에서 힘을 이끌어낸다. 실존치료는 내담자가 문화적 현실의 맥락에서 변화에 대한 선택지를 살펴보는 데 도움이 될 수 있다. 실존적 접근은 인간의 조건을 강조하는 철학적 기초에 바탕을 두고 있기 때문에 다문화 상담에 특히 적합하다.
인간중심치료	다문화 내담자들 간의 문화적 장벽을 허물고 열린 대화를 촉진하는 데 중점을 두고 있다. 내담자의 가치에 대한 존중, 적극적 경청, 차이 수용, 비판단적 태도, 이해, 내담자가 회기에서 다루어야 할 내용에 대한 내담자의 결정권 허용, 문화적 다원주의 중시 등이 주요 강점이다.
게슈탈트치료	비언어적으로 자신을 표현하는 것에 초점을 맞추는 것은 메시지를 언어로 표현할 수 없는 문화와 일치한다. 자유로운 감정 표현을 금지하는 문화권에 속한 내담자와 상담에 있어 많은 실험을 제공한다. 신체 표현을 강조하는 것은 내담자가 갈등을 인식하도록 돕는 미묘한 방식이다.
행동치료	감정보다 행동에 초점을 맞추는 것은 많은 문화권에서 볼 수 있다. 강점은 상호 합의된 목표를 향해 작업하는 상담자와 내담자 간의 협력 관계, 기법이 내담자의 고유한 상황에 적합한지 결정하기 위한 지속적인 평가, 내담자의 실제적 기술 학습 조력, 교육적 관심, 자기관리 전략 강조 등을 포함한다.
인지행동치료	내담자가 관심 분야를 표현할 기회를 제공하는 협력적 접근 방식이다. 심리교육적 차원은 문화적 갈등을 탐색하고 새로운 행동을 가르치는 데 유용하다. 감정을 알아차리고 표현하는 것과 반대로 사고에 대한 강조는 많은 내담자들이 받아들일 가능성이 높다. 가르치고 배우는 것에 초점을 맞추면 정신질환이라는 낙인을 피할 수 있다. 내담자는 상담자의 적극적이고 지시적인 면을 높이 평가할 가능성이 높다.
선택이론/현실치료	내담자가 자신의 행동을 평가하는 것(자신의 문화에 어떻게 반응하는지 포함)을 강조한다. 개인적인 평가를 통해 내담자는 자신의 욕구와 소망이 충족되는 정도를 알 수 있다.
여성주의치료	개인의 변화와 사회 변화 모두를 다룬다. 핵심적인 공헌은 여성 운동과 다문화 운동이 남성과 여성 모두에게 차별과 억압의 부정적인 영향에 관심을 불러일으켰다는 점이다. 예상되는 문화적 역할을 강조하고 이러한 역할에 대한 내담자의 지식과 만족도를 탐색한다.
포스트모던 접근	행동의 사회적, 문화적 맥락을 강조한다. 상담실에서 나누는 이야기는 내담자가 살고 있는 사회적 세계에 기반을 두어야 한다. 상담자는 내담자에 대해 가정을 하지 않으며, 각 내담자의 독특한 이야기와 문화적 배경을 존중한다. 상담자는 특정 집단에 대한 억압으로 이어지는 사회적, 문화적 불의에 맞서는 데 적극적인 역할을 한다. 치료는 억압적인 문화적 가치로부터 해방되는 과정이며, 내담자가 자신의 운명에 대한 적극적인 주체가 되도록 한다.
가족체계치료	가족이나 공동체의 체계를 강조한다. 많은 인종적, 문화적 집단은 대가족의 역할을 중요시한다. 많은 가족치료는 대가족구성원과 지지 체계를 다룬다. 연계는 상담 과정의 일부이며, 많은 내담자의 가치와 일치한다. 다른 가족구성원이 지지적이면 개인의 변화 가능성은 더 커진다. 가족 단위의 건강과 각 가족구성원의 웰빙을 위한 개입 방법을 제시한다.

표 15.8 다문화 상담의 한계

정신분석치료	통찰, 개인내적 역동, 장기치료에 대한 강조는 시급한 일상적인 문제를 다룰 수 있는 대처 기술을 학습하고자 하는 내담자에게는 유용하지 않다. 내부적 초점은 대인관계 및 환경적인 영향을 강조하는 문화적 가치와는 대립한다.
아들러치료	가족 배경에 대한 상세한 면담은 가족 문제를 개방하지 않는 문화와 충돌할 수 있다. 일부 내담자는 상담자를 문제에 대한 해답을 제공하는 권위자로 볼 수 있으며, 이는 사회적 차이를 줄이는 방법인 평등주의, 개인 대 개인을 강조하는 입장과 대립한다.
실존치료	개성, 자유, 자율성, 자기실현의 가치는 집단주의, 전통에 대한 존중, 권위에 대한 존중, 상호 의존성이라는 문화적 가치와 대립한다. 특정한 기법이 없기 때문에 선호하지 않거나, 자신의 세계에서 살아남는 법에 더 초점을 맞추기를 원할 수도 있다.
인간중심치료	인간중심 접근의 핵심 가치 중 일부는 내담자의 문화와 일치하지 않을 수 있다. 지식이 풍부한 전문가로부터 도움과 즉각적인 답변을 구하는 내담자에게는 상담자의 지시나 체계가 부족하다는 사실이 용납되지 않을 수 있다.
게슈탈트치료	문화적으로 정서를 표현하지 않도록 하는 내담자는 게슈탈트 실험을 받아들이지 않을 수도 있다. 어떤 사람들은 '현재 경험을 알아차리는 것'이 어떻게 문제해결로 이어지는지 이해하지 못할 수 있다.
행동치료	가족구성원은 내담자가 새로 습득한 표현양식을 가치 있게 여기지 않을 수 있으므로 내담자는 다른 사람의 저항에 대처하는 방법도 배워야 한다. 상담자는 내담자가 행동 변화로 인해 발생할 수 있는 결과를 평가할 수 있도록 도와야 한다.
인지행동치료	내담자의 신념과 행동을 성급하게 바꾸려는 시도에 앞서, 상담자가 내담자의 세계를 이해하고 존중하는 것이 필수적이다. 일부 내담자는 자신의 기본적인 문화적 가치와 신념에 대해 심각한 의구심을 가질 수 있다. 내담자는 문제해결을 위해 적절한 방법을 선택하는 것을 상담자에게 의존하게 될 수도 있다.
선택이론/ 현실치료	자신의 삶에 대한 책임을 강조하지만, 일부 내담자는 외부 환경을 바꾸는 데 더 관심이 있을 수도 있다. 상담자는 차별과 인종주의의 역할을 이해하고 내담자가 사회적, 정치적 현실을 다룰 수 있도록 도와야 한다.
여성주의치료	여성주의치료는 백인, 중산층, 이성애적 여성의 가치관에 편향되어 있다는 비판을 받아왔다. 이 접근은 다른 많은 여성 집단이나 남성에게는 적용되지 않는다. 상담자는 내담자와 함께 의미 있는 개인적 변화의 가치를 평가해야 한다. 이는 내담자가 새로운 역할을 맡고 삶을 변화시키면서 대가족으로부터 고립되는 결과를 가져올 수 있기 때문이다.
포스트모던 접근	내담자는 자신의 문제를 이야기하려고 치료를 받으러 와서, 문제의 예외사항에 대해서만 이야기하는 것으로 인해 기분이 나빠질 수 있다. 또한 내담자는 상담자를 전문가로 보고 자신이 자신을 전문가로 여기는 것을 꺼릴 수도 있다. 어떤 내담자는 '알지 못함'의 입장을 취하는 상담자의 도움을 의심할 수도 있다.
가족체계치료	가족치료는 일부 문화권에 속한 내담자의 가치와 일치하지 않는 가정에 기초한다. 개별화, 자기실현, 자기 결정, 독립, 자기표현과 같은 서구적 개념은 일부 내담자에게는 낯설 수도 있다. 일부 문화권에서는 가족 내의 문제를 인정하는 것이 수치스러운 일이기도 하다. '가족 내의 문제를 말하지 않는 것'의 가치로 인해 갈등을 개방적으로 탐색하는 것이 어려울 수도 있다.

표 15.9 접근의 공헌

정신분석치료	다른 어떤 체계보다 이 접근은 발견뿐만 아니라 논쟁을 불러일으켰으며, 치료에 대한 더 많은 사고와 발전을 자극했다. 성격 구조와 기능에 관한 상세하고 포괄적인 설명을 제공하였다. 행동의 결정 요인으로서 무의식과 초기 생애 6년간의 외상의 역할과 같은 중요한 요인을 밝혀냈다. 무의식을 자극하는 여러 기법을 개발하고, 전이와 역전이의 역동, 저항, 불안, 방어기제 등을 조명하였다.
아들러치료	핵심적인 공헌은 아들러적 개념이 다른 체계에 미치는 영향과 이러한 개념을 다양한 현대 치료에 통합시킨 것이다. 인본주의적, 통합적, 총체적, 목표지향적인 최초의 치료 접근 중 하나이며, 사회적, 심리적 요인을 강조하였다.
실존치료	인간의 조건에 대한 포괄적 이해에 기초한 주관적인 접근의 필요성을 인식한 것이 주요한 공헌이다. 인간이 된다는 것이 무엇을 의미하는지에 대한 철학적 진술의 필요성에 주의를 기울인다. '나/너' 관계에 대한 강조는 비인간적인 치료의 가능성을 줄인다. 불안, 죄책감, 자유, 죽음, 소외, 헌신을 이해할 수 있는 관점을 제공한다.
인간중심치료	내담자는 적극적인 자세를 취하고 치료 방향에 대한 책임을 진다. 개방적인 체계이다. 수련을 받지 않은 일반인도 치료적 조건을 개인 생활 및 직업 생활에 적용함으로써 도움을 받을 수 있다. 기본 개념은 간단하며, 이해하고 적용하기 쉽다. 신뢰 관계를 형성하는 것은 가장 기본이다.
게슈탈트치료	감정에 대해 단순히 이야기하는 것보다 직접적인 경험과 행동을 강조함으로써 단순히 장애를 치료하는 것이 아니라 성장과 발전에 대한 관점을 제공한다. 내담자의 행동을 기반으로 내담자의 내적, 창조적 잠재력을 인식하게 한다. 꿈은 내담자가 기본적인 갈등을 알아차리도록 돕는 독특하고 창의적인 도구이다. 치료는 실존적 만남으로 간주되며, 기법이 아닌 과정을 지향한다.
행동치료	평가 및 평가 기법을 강조함으로써 설명할 수 있는 치료의 기초를 제공한다. 특정 문제를 구체화하고, 내담자에게 목표를 달성하기 위한 과정에 대한 정보가 제공된다. 이 접근은 인간 기능의 여러 영역에서 효율성을 입증했다. 강화자, 롤모델, 교사, 자문가로서 상담자의 역할은 명확하다. 이 접근은 광범위하게 확장되었으며 연구 자료도 풍부하다. 인지적 요인의 중요성을 인식하고 행동 변화를 위한 자기 지시적 프로그램을 장려하기 때문에 더 이상 기계적인 접근이라고 볼 수 없다.
인지행동치료	주요 공헌은 포괄적인 치료의 실제, 즉 수많은 인지적 · 정서적 · 행동적 기법, 다른 접근의 기법을 통합하는 개방성, 잘못되었거나 부정적인 사고에 반박하고 변화시키기 위한 방법론 등을 강조한 것이다. 대부분의 형태는 다른 주류 치료법에 통합될 수 있다. 합리적 정서행동치료는 행동 중심의 과제, 다양한 심리교육 방법, 진행 상황 기록을 최대한 활용한다. 인지치료는 단시간에 우울증과 불안을 치료하는 것에 대한 좋은 실적을 가진 구조화된 치료이다. 강점중심 인지행동치료는 변화를 위해 내담자의 내적 자원을 다루는 긍정심리학의 한 형태이다.
선택이론/ 현실치료	많은 사람을 돕는 직업군에서 쉽게 이해할 수 있는 간단하고 명확한 개념을 활용한 행동지향의 긍정적인 접근이다. 교사, 간호사, 목사, 교육자, 사회복지사, 상담자 등이 활용할 수 있다. 직접적인 기법으로 인해 종종 치료에 저항하는 많은 내담자에게 호소력이 있다. 다양한 사람들에게 적용될 수 있는 단기적인 접근이며, 의학적인 치료 모델에 대한 도전에 중요한 영향력을 발휘하였다.
여성주의치료	여성주의 관점은 많은 여성들이 성 고정관념에 의문을 제기하고, 여성에게 기대하는 제한된 관점을 거부하도록 장려하는 역할을 한다. 성인지 관행을 위한 기반을 마련하고 관계 내 성별에 따른 권력 사용에 대한 관심을 불러일으켰다. 여성주의자의 통일된 목소리는 아동 학대, 근친상간, 강간, 성희롱, 가정폭력의 범위와 영향에 대한 관심을 불러일으켰다. 여성주의 원리와 개입은 다른 치료 접근에 통합될 수 있다.
포스트모던 접근	포스트모던 접근의 간결함은 관리형 의료 체계의 제약에 잘 맞는다. 내담자의 강점과 역량에 대한 강조는 스스로 해결책을 찾고 자기 삶의 이야기를 긍정적인 방향으로 수정하기를 원하는 내담자에게 매력적이다. 내담자는 자신의 문제에 대해 비난을 받지 않고 문제를 보다 만족스러운 방식으로 처리하는 방법을 배운다. 이 접근의 강점은 내담자가 자신을 보다 새롭고 효과적인 방식으로 보도록 유도하는 질문 형식이다.
가족체계치료	체계적 관점에서 볼 때 개인이나 가족 모두 특정 기능 문제에 대한 비난을 받지 않는다. 가족은 상호작용 패턴을 알아차리고 탐색하는 과정을 통해 힘을 얻는다. 전체 단위와의 작업을 통해 개인의 문제와 관계 문제를 모두 이해하고 해결하는 새로운 관점을 얻을 수 있다.

표 15.10 **접근의 한계**

정신분석치료	상담자는 오랜 기간의 훈련이 필요하고, 내담자는 많은 시간과 비용이 필요하다. 생물학적, 본능적 요인을 강조하고, 사회, 문화, 관계 요인을 무시한다. 내담자의 구체적인 일상생활 문제를 해결하는 것에는 적합하지 않으며, 일부 인종적, 문화적 집단에는 적합하지 않을 수 있다. 많은 내담자는 회상 및 재구조화 치료를 받을 만큼의 자아 강도를 가지고 있지 않다. 특정한 상담 환경에서는 정신분석치료가 부적절할 수 있다.
아들러치료	정확성, 검증 가능성, 경험적 타당성 측면에서 취약하다. 기본 개념에 대한 과학적인 방법의 검증은 거의 이루어지지 않았다. 일부 복잡한 인간의 문제를 지나치게 단순화하는 경향이 있으며 상식에 크게 기초하고 있다.
실존치료	많은 기본 개념이 모호하고 정의가 명확하지 않아 전반적인 구조가 추상적이게 되는 경향이 있다. 치료의 원리와 실제에 대한 체계적인 설명이 부족하다. 기능이 저하된 비언어적인 내담자와 지시가 필요한 극심한 위기에 처한 내담자에게 적용하기 어렵다.
인간중심치료	수동적이고 소극적이며, 반영에 제한적인 상담자에게는 위험한 접근이다. 많은 내담자들은 보다 지시적이고 구조적이며, 많은 기법에 대한 필요성을 느낀다. 위기에 처한 내담자에게는 보다 지시적인 조치가 필요할 수 있다. 개인 상담에 이 접근을 적용했을 때 일부 문화권에서는 상담자의 더 많은 상담 개입을 원할 수 있다.
게슈탈트치료	기법은 강렬한 감정 표현으로 이어진다. 이러한 감정을 탐색하지 않고 인지적 작업이 완료되지 않으면 내담자는 미해결 상태로 남을 가능성이 높으며 학습에 대한 통합을 느낄 수 없다.
행동치료	이 접근의 한계는 행동은 변화시킬 수 있지만, 감정은 변화시킬 수 없다는 점, 치료의 관계적 요인을 무시한다는 점, 통찰력을 제공하지 못한다는 점, 현재 행동의 역사적 원인을 무시한다는 점, 상담자의 통제가 필요하다는 점, 인간 조건의 특정 측면을 다루는 데는 한계가 있다는 점이다.
인지행동치료	감정을 무시하는 경향이 있으며, 무의식이나 근본적인 갈등을 탐색하는 것에 초점을 두지 않는다. 통찰의 가치를 강조하지 않고, 내담자의 과거를 중요하게 여기지 않는다. 인지행동치료가 일부 내담자에게는 지나치게 구조화되어 있을 수 있다.
선택이론/현실치료	내담자의 과거, 꿈, 무의식, 초기 경험 및 전이에 대한 탐색의 치료적 가치를 중요하게 여기지 않는다. 이 접근은 덜 복잡한 문제에만 적용할 수 있다. 더 깊고 감정적인 문제에 대한 탐색을 하지 않는 문제해결적 치료이다.
여성주의치료	상담자가 내담자가 새로운 가치관을 심어줄 잠재적 가능성이 있다. 예를 들면, 평등을 위한 투쟁, 관계 내 권력, 자신에 대한 정의, 집 밖에서 경력을 추구할 자유, 교육을 받을 권리 등이 있다. 상담자는 내담자가 자신에 대한 최고의 전문가라는 점을 명심해야 한다. 이는 어떤 가치관에 따라 살아갈지를 결정하는 것은 내담자에게 달려있음을 의미한다.
포스트모던 접근	치료의 효과에 대한 경험적 검증이 거의 이루어지지 않았기 때문에 일부 비평가들은 이 접근이 지나치게 긍정적인 관점과 응원을 지지한다고 주장한다. 일부 상담자는 포스트모던 상담자가 평가와 진단에 관해 취하는 입장에 대해 비판적이며, 상담자의 '알지 못함'의 입장에 부정적이다. 해결중심 및 이야기치료의 기법은 상대적으로 배우기 쉽기 때문에 상담자가 기계적인 방식으로 사용하거나, 타당한 근거 없이 이 기법을 사용할 수 있다.
가족체계치료	이 접근의 한계는 치료에 가족구성원 모두를 참여시키는 것에 대한 문제가 있다는 점이다. 일부 가족구성원은 가족체계의 구조를 변화시키는 것에 대해 저항할 수 있다. 역전이 가능성이 높기 때문에 상담자의 자기 자신에 대한 이해와 자신의 원가족 문제를 해결하고자 하는 의지는 매우 중요하다. 상담자는 충분한 훈련, 수준 높은 슈퍼비전 및 가족 맥락에서 개인을 평가하고 치료하는 능력을 갖추는 것이 필수적이다.

상담과 치료의 효과에 대한 평가 학습목표 07

정신건강 서비스 제공자는 책임감을 갖고 서비스의 효율성을 입증할 수 있어야 한다. 관리의료제도가 실시되는 시대에 상담자는 자신의 개입이 임상적으로 건전하고 비용 대비

효율적이라는 것을 입증하는 것이 필수적이다. 치료가 큰 변화를 가져오는가? 치료를 받지 않았을 때보다 치료를 받은 후에 훨씬 더 나아졌는가? 치료가 실제로 도움이 되기보다는 해로울 수도 있는가?

심리치료가 얼마나 효과가 있는지 평가하는 것은 간단하지 않다. 치료는 고유한 개인적 특성을 가진 상담자가 실시하며, 내담자 자신도 치료적 결과와 상당한 관련이 있다. 예를 들어, 내담자의 사회적 환경에서 예상치 못한 통제할 수 없는 사건의 발생은 심리치료의 효과를 감소시킨다. 또한 같은 접근을 지향하는 상담자라 할지라도 다른 기법을 사용할 수 있고, 다양한 방식으로 내담자와 관계를 맺으며, 상담 환경에 따라 내담자에게 다르게 접근할 수 있다.

심리치료는 얼마나 효과적인가? 스미스, 글래스, 밀러(Smith, Glass & Miller, 1980)가 실시한 심리치료 결과 연구에 대한 메타분석에서 심리치료는 매우 효과적이며, 모든 심리치료 접근이 동등하게 효과적이라는 결론을 내렸다. 프로차스카와 노크로스(Prochaska & Norcross, 2018)는 통제된 효과 연구에서 심리치료의 효과가 일관적으로 유의미하다고 하였다. 이들은 심리치료의 효과에 대한 10,000개 이상의 개별 연구와 800개 이상의 메타분석을 수행하였다. 이러한 연구는 잘 개발된 치료 개입이 의도한 결과에 의미 있고 긍정적인 영향을 미친다는 것을 보여준다. 간단히 말해서, 심리치료는 효과가 있을 뿐만 아니라 연구에서도 치료가 매우 효과적이라는 것이 입증되었다. 심리치료는 심리적 고통을 겪고 있는 사람들의 기능 향상에 도움을 주는 효과적인 접근이다(Miller et al., 2015).

연구 결과를 요약하면, 특정 치료 접근 간의 결과 차이가 거의 또는 전혀 없는 것으로 나타났다(Miller et al., 2015). 심리치료 연구에 대한 램버트(2011)의 개관에 따르면, 치료 간의 차이보다는 유사성이 심리치료의 효과를 분명하게 설명한다. 치료 방향 전반에 걸쳐 보편적인 대인관계, 사회적, 정서적 요인은 효과의 주요 결정 요인이다(Elkins, 2016).

치료가 효과가 있다는 것은 분명하지만, 어떻게 효과적인지 대해서는 간단하게 설명할 수 없다. 연구에 따르면, 다양한 치료는 치료의 효과를 믿는 상담자가 실시할 때, 그리고 내담자가 이를 수용할 때 효과적이다. 웜폴드(2010)는 "각 치료의 특정한 요인이 치료의 효과와 관련이 있다는 증거는 거의 없다."(p. 71)라고 결론지었다.

다양한 치료 접근과 기법이 비슷한 효과를 나타내는 것은 변화를 설명하는 가장 중요한 요인인 내담자에게 집중하기 때문이다. 연구에 따르면, 변화의 동력은 내담자이며(Bohart & Tallman, 2010; Bohart & Wade, 2013), 변화의 과정에서 내담자를 활용하려는 방법을 찾으려는 상담자의 노력이 가장 생산적일 것이다.

피드백통보치료 학습목표 08

상담 과정에 대한 내담자의 피드백을 경청하는 것은 매우 중요하다. 피드백통보치료(feedback-informed treatment: FIT)는 상담 서비스의 품질과 효과를 평가하고 개선하기 위해 고안되었다. 피드백통보치료는 치료에 가장 효과가 있는 연구를 실제로 적용하는 근거중심 접근이다(Maeschalck et al., 2019). 피드백통보치료는 내담자로부터 치료적 관계와 치료의 진행에 관한 지속적인 피드백을 얻는 것과, 이를 활용하여 내담자의 개별적인 요구에 맞게 치료법을 맞춤화하는 것을 포함한다. 상담자가 상담 과정 전반에 걸쳐 내담자의 피드백을 경청하는 법을 배우게 되면, 내담자는 치료의 모든 측면에서 완벽하게 동등한 참여자가 될 수 있을 것이다(Maeschalck et al., 2019; Miller et al., 2015).

내담자의 피드백에 따라 효과를 점검하고 치료를 조율하는 것은 상담에서 일반적인 것이 되어야 한다. 내담자의 변화 이론은 특정한 환경에서, 특정한 문제에 대해 어떤 접근이 내담자에게 가장 효과적일 수 있는지를 결정하는 기초자료로 활용될 수 있다. 이러한 접근은 지속적이고 적극적인 내담자의 참여를 필요로 하며, 이는 치료에서 가장 중요한 변화의 예측 변수이다(Hubble et al., 2010).

덩컨(Duncan, 2014)은 체계적인 내담자의 피드백이 모든 심리치료 접근에 통합되어야 한다고 믿었다. 왜냐하면 내담자가 치료 경험을 점검하고 향상시키기 위한 효과가 입증되었기 때문이다. 국제임상탁월성센터(International Center for Clinical Excellence: ICCE)의 스콧 밀러(Scott Miller)와 동료들은 내담자의 변화 정도를 측정하고 치료적 관계의 질을 평가하기 위해 4개의 항목으로 구성된 두 개의 도구를 개발했다. 이 평가 도구는 간략하고 타당도가 높은 내담자 평가 척도이다. 결과평가척도(Outcome Rating Scale: ORS)는 개인, 대인관계 및 사회적 기능에 있어서 내담자의 주관적 안녕감 경험을 평가하여 내담자의 치료적 변화 수준을 평가한다. 회기평가척도(Session Rating Scale: SRS)는 상담자와의 관계적 유대, 치료에서 특정 과업에 대한 협력, 치료 목표, 기법 및 내담자 선호에 대한 합의를 포함한 치료적 관계의 질에 대한 내담자의 인식을 측정한다(Miller et al. al., 2015).

치료적 동맹 및 효과에 대한 내담자의 피드백은 치료 효과를 높이고, 중도 탈락률을 절반으로 낮추며, 악화시킬 위험을 줄인다(Miller, 2011). 상담자는 내담자의 피드백을 활용하여 내담자에게 유익한 결과를 극대화하도록 조정하고 받아들일 수 있다. 본질적으로 덩컨, 밀러, 스파크스(Duncan, Miller, & Sparks, 2004)는 근거중심 실무보다는 **실제 기반 증거**를 주장하였다. "효과에 대한 정보를 얻는 것은 내담자의 목소리를 증폭시킬 뿐만 아니라 치료의 효과를 높이기 위한 가장 실행 가능하고 검증된 연구 방법을 제공한다"(p. 16). 내담자의 강점과 인식은 치료 작업의 기초이다. 상담자는 내담자의 변화 수준에 대한 인식의 체계적이고 일관된 평가를 통해 각 내담자의 요구와 특성에 맞게 치료를 할 수 있다. 지속적인 내담자의 피드백은 치료의 유용성을 입증하기 위한 간단하고 실용적이며 의미 있는 방법을 제공한다. 피드백통보치료의 실제는 상담자가 자신의 치료 성과를 높이고자 노력하는 성장 지향 사고를 포함한다(Maeschalck et al., 2019).

스탠의 사례에 적용된 통합적 접근

이 장에서는 **사고, 감정, 행동**의 측면에서 스탠을 상담한 11가지 이론적 관점의 개념과 기법을 어떻게 통합하는지 설명한다. 스탠의 치료의 여러 단계에서 적용한 다양한 이론적 관점을 나타낸다. 이 장의 마지막에 있는 '자기성찰을 위한 질문'을 읽으면서, 자신의 통합적 관점에서 스탠과 어떻게 작업할 것인지 생각해보라.

치료적 관계 명료화하기

치료적 관계를 형성에서 나는 인본주의, 실존주의, 형태주의, 여성주의, 포스트모던, 아들러식 접근의 영향을 받았다. 나는 자신에게 다음과 같은 질문을 하였다. '나는 어느 정도까지 무비판적으로 스탠의 이야기를 경청할 수 있는가? 그를 존경하고 배려할 수 있을까? 나 자신의 정체성을 잃지 않고 그의 주관적인 세계에 들어갈 수 있는 능력을 갖고 있는가? 우리 관계에 관한 내 생각과 반응을 그와 공유할 수 있는가?' 나는 이러한 치료적 관계에 대해 스탠이 질문해주길 바란다. 한 가지 목표는 상담 과정을 이해하는 것이다. 또 다른 목표는 치료 목표를 명확하게 하여 회기에 대한 방향의 초점을 맞추는 것이다.

치료 목표 명료화하기

목표 설정과 관련하여 정확성과 명료화는 필수적이다. 일단 어떤 목표를 설정하면 스탠은 상담 회기와 일상생활에서 자신의 행동을 관찰하고 평가하기 시작한다. 이러한 자기 관찰은 변화를 가져오기 위한 노력으로 매우 중요하다. 나는 상담 과정 전반에 걸쳐 스탠의 피드백을 받고, 이를 치료적 동맹에서 필요한 수정 작업의 기초자료로 활용할 것이다.

상담 과정에서 나는 스탠이 상담 시간을 결정하도록 하였고, 상담에서 원하는 것이 무엇인지 반복해서 질문하였으며 우리의 공동작업이 그의 목표달성에 얼마나 도움이 되는지 평가하도록 하였다. 스탠이 상담 여정에서 원하는 방향을 스스로 정하는 것이 중요하다. 일단 스탠이 자신의 사고, 감정, 행동의 변화 방향을 명확하게 이해하게 되면, 나도 상담 회기와 회기 밖에서 할 수 있는 스탠과의 공동 실험에서 보다 적극적인 역할을 하게 될 것이다.

스탠의 과거, 현재, 미래에 대한 작업하기

과거 다루기 나는 통합적 접근으로 스탠의 초기 경험을 이해하고 탐색하고 작업하는 데 무게를 두고, 그의 과거를 현재 하고 있는 행동과 연결하는 것에 중점을 두었다. 우리의 삶을 관통하는 주제는 어린 시절의 중요한 경험과 연결지으면 분명해진다고 보았다. 나는 스탠에게 미해결되었다고 느끼는 사람들을 '지금 여기'로 데려오도록 요청하는 게슈탈트치료 접근을 선호한다. 이 회기에서 상징적 작업을 통해 중요한 타인을 불러내는 다양한 역할 연기 기법은 스탠의 과거를 현재 순간에 강렬하고 생생하게 전달할 것이다.

현재 다루기 스탠의 과거에 관심을 갖는다고 해서 과거에 매몰되거나 트라우마적 상황을 재경험하는 것에 집중하겠다는 의미는 아니다. 상담 회기 동안 '지금 여기'에 무슨 일이 일어나고 있는지 주의를 기울임으로써 나는 스탠의 과거에서 미해결된 것에 대한 중요한 단서를 얻는다. 그와 나는 생각과 행동뿐만 아니라 그의 현재 감정에도 주의를 집중시킨다. 나는 세 가지 차원, 즉 그가 생각하고 있는 것, 그가 실제로 행동하고 있는 것, 그의 생각과 행동이 감정 상태에 미치는 영향을 모두 고려하여 작업하는 것은 필수적이라 생각한다.

미래 다루기 만약 스탠이 자신의 현재 행동을 통해 자신이 원하는 것을 얻지 못한다고 판단되면, 자신이 원하는 변화와 자신의 포부를 실현하기 위해 지금 무엇을 할 수 있는지 미리 생각해볼 수 있는 좋은 위치에 있는 것이다. 현실치료의 현재 지향적 행동에 집중하는 것은 스탠이 5년 후의 자신의 삶을 꿈꾸게 하는 데 도움이 된다. 현재 행동과 미래 계획을 연결하는 것은 스탠이 구체적인 행동 계획을 수립하는 데 도움이 되는 탁월한 방법이며, 이는 스탠이 자신의 미래를 만들 수 있는 방안을 제공할 수 있다.

감정 알아차리기 및 탐색하기

스탠과의 진정성 있는 관계는 그가 다양한 감정을 알아차리고 공유하도록 돕는다. 개방적이고 진실한 관계가 스탠의 성격과 행동을 변화시키기에는 아직 충분하지 않지만, 나는 계속해서 내 지식, 기법, 경험을 활용하여 스탠이 자신의 생각을 명료화하도록 도울 것이다. 스탠은 자신의 삶에 대한 최고의 전문가이며, 나는 그가 치료적 노력에서도 자신이 전문가임을 가치 있게 여길 수 있도록 조력할 것이다.

나는 스탠이 자신의 감정을 표현하고 탐색하는 것을 돕기 위해 게슈탈트 실험을 많이 활용한다. 결국 나는 그에게 단순히 상황이나 감정에 대해서만 이야기하는 것을 피하게 한다. 오히려 나는 그가 어떤 반응을 보이든 현재로 가져오도록 독려한다. 예를 들어, 그의 눈에 눈물이 고인 것을 본다면, 나는 그에게 '지금 그 눈물이 되어보라'라고 지시할 수 있다. 눈물에 말을 함으로써 그는 자신이 슬프거나 긴장하는 모든 이유에 대한 추상적 주지화를 피할 수 있다. 스탠은 자신의 감정이 변화하기 전에 그 감정을 **완전히 경험할 수 있도록** 해야 한다. 경험적인 치료는 그가 감정을 표현하도록 안내하는 귀중한 도구를 제공한다.

치료에서 사고 차원

일단 스탠이 강렬한 감정을 경험하고 억압된 감정을 표출했다면, 이후 인지적 작업은 필수적이다. 이러한 인지적 차원을 가져오기 위해서 나는 스탠이 어렸을 때 받아들인 메시지와 그가 내린 결정에 주목하게 한다. 나는 그에게 특정 초기 결정을 내린 이유에 대해 생각해보도록 한다. 마지막으로 나는 스탠에게 삶, 자신, 타인에 대한 결정을 살펴보도록 하고, 자신이 선택한 삶을 살 수 있도록 필요한 수정을 하도록 할 것이다.

인지행동치료에는 스탠이 자신의 인지와 행동 사이의 연관성을 인식하도록 돕는 다양한 인지적 기법이 있다. 여러 회기에서 특정한 신념에 대해 다루었다. 나의 역할은 그의 생각을 변화시킬 교정적 경험을 촉진하는 것이다. 결국 우리의 목표는 스탠이 새로운 사고방식, 새로운 자기 대화, 삶에 대한 새로운 가정을 배울 수 있도록 인지 재구조화 작업을 하는 것이다. 나는 스탠에게 문제가 될 수 있는 다양한 감정과 생각을 알아차리도록 여러 가지 과제를 내주었다. 이는 스탠의 행동 변화를 위한 기반을 마련한다.

행동하기: 치료의 또 다른 필수요소

감정과 사고만으로는 완전한 상담 과정을 구성할 수 없다. 행동하기란 감정과 사고를 다양한 실천 프로그램에서 실제 상황에 적용하여 이 두 가지를 하나로 통합하는 방법이다. 나는 스탠에게 회기에서 새롭게 학습한 것을 일상생활에 실제로 적용할 수 있는 방법을 가능한 한 많이 생각해보도록 한다. 과제 부여(가급적이면 스탠이 스스로 부여한 것이 더 좋다)는 스탠이 치료에 적극적으로 참여할 수 있는 훌륭한 방법이다. 변화하기 위해서는 스스로 반드시 무엇인가를 해야 한다. 그가 변화하는 정도는 그가 참여하고자 하는 의지와 정비례한다. 따라서 매주 우리는 목표달성 정도를 논의하고, 과제를 얼마나 성실하게 수행하고 있는지뿐만 아니라 실천 계획이 잘 실행되고 있는지를 확인한다.

상담 종결로 나아가기

상담 종결은 초기 단계만큼 중요하다. 핵심 과제는 전문가의 도움 없이 일상적인 사회적 상황에 새로운 기법과 태도를 적용하여 회기에서 배운 내용을 실천에 옮기는 것이다. 스탠이 '혼자서 해결'하고 싶은 욕구를 언급할 때, 우리는 치료 종결의 준비와 종결을 생각하는 이유에 대해 이야기한다. 나는 또한 그가 선택한 결정에 대한 나의 생각을 공유한다. 그가 앞으로 어디로 나아갈 수 있는지에 대해 이야기할 좋은 시점이다. 우리는 실천 계획을 세우고, 그가 새로 학습한 것을 유지할 수 있는 가장 좋은 방법에 관해 이야기 나눈다.

행동주의적 관점에서 상담 과정과 효과를 평가하는 것은 필수적이다. 평가는 대부분 스탠의 구체적인 치료 변화를 논의하는 형태로 이루어진다. 핵심적인 질문은 다음과 같다. '당신에게 가장 눈에 띄는 변화는 무엇입니까? 배운 것 중 가장 가치 있다고 생각하는 것은 무엇입니까? 그러한 것은 어떻게 배우게 되었습니까? 새로운 행동을 유지하기 위해서 지금 무엇을 할 수 있습니까? 좌절을 경험하게 되면 어떻게 하시겠습니까?' 우리는 그가 매주 하던 상담에 더 이상 오지 않을 때 직면할 수 있는 잠재적인 문제를 탐색한다. 이 시점에서 나는 스탠이 미래의 문제를 건설적으로 대처하도록 돕는 재발 예방 전략을 소개한다. 직면할 수 있는 잠재적인 문제와 걸림돌을 해결함으로써 스탠은 좌절을 겪더라도 낙담할 가능성이 줄어든다. 문제가 다시 발생하더라도 우리는 이를 그가 실패했다고 여기지 않고 '학습할 기회'로 본다는 것을 이야기한다. 나는 스탠에게 공식적인 치료가 종결한다고 해서 그가 방문하기를 원할 때 다시 방문할 수 없거나 상담할 수 없음을 의미하는 것은 아니라는 점을 알린다.

생각, 감정, 행동의 관점에 대한 조언

내가 설명한 스탠과의 상담 단계는 상대적으로 구조화되어 있고, 단순해 보일 수도 있지만 실제로 내담자와 함께 작업하는 것은 더 복잡하고 예측하기 어렵다. 통합적 관점을 실천할 때 내담자의 생각(또는 감정, 행동)으로 상담을 시작하는 것이 최선이라고 가정하는 것은 실수이다. 효과적인 상담은 이론에 따르면, 내담자가 있어야 하는 곳이 아니라 내담자가 있는 곳에서 시작한다.

요약하면, 내담자가 현재 필요로 하는 것이 무엇인지에 따라 먼저 내담자가 생각하는 것과 그것이 내담자에게 어떤 영향을 미치고 있는지에 초점을 둘 수도 있고, 내담자가 느끼는 것에 초점을 둘 수도 있으며, 또는 내담자가 행동하고 있는 것에 초점을 둘 수도 있다. 스탠이 생각을 변화시킬 수 있다면, 행동과 감정의 일부도 변화시킬 수 있다고 믿는다. 만약 그가 자신의 감정을 변화시킨다면, 그는 다르게 생각하고 행동하기 시작할 수도 있다. 또한 그가 행동을 변화시킨다면, 다르게 생각하고 다르게 느끼기 시작할 수도 있다. 인간 경험의 이러한 측면은 상호연관되어 있다. 따라서 일반적으로 하나의 변화가 다른 영역에도 영향을 미친다.

인간중심적 관점은 내담자의 내적 지혜를 존중하고 이를 다음 단계로 나아가기 위한 단서로 활용한다. 상담자로서 우리가 범할 수 있는 실수는 '다음에는 무엇을 해야 하지?'라고 생각하여 내담자보다 지나치게 앞서 나가는 것이다. 내담자와 함께 머물며 원하는 것을 물어본다면 내담자는 직간접적으로 나아가야 할 방향을 알려줄 것이다. 우리는 내담자에 대한 우리 자신의 반응과 힘에 주의를 기울이는 법을 배울 수 있다. 그렇게 함으로써 우리는 상담자와 내담자 양측 모두에게 도움이 되는 치료적 관계를 맺을 수 있다.

자기성찰을 위한 질문

- 스탠의 삶에서 가장 중요하다고 생각하는 주제는 무엇이며, 상담 초기 단계에서 이러한 주제를 어떻게 이끌어낼 수 있을까?
- 다양한 이론 중에서 스탠과의 상담에 가장 활용하고 싶은 특정 개념은 무엇인가?
- 다양한 치료 기법 중 스탠과의 치료에서 가장 많이 사용할 가능성이 높은 핵심 기법은 무엇인가?
- 스탠이 치료 회기 안팎에서 모두 실천할 수 있는 실험을 어떻게 만들 것인가?
- 스탠에 대해 잘 알고 있는 상황에서 그의 상담자가 된다면 어떨까? 스탠과의 상담관계에서 어떤 문제가 발생할 것으로 예상되는가?

이러한 관점에서 스탠을 상담하는 나의 상담 시연을 보기 원한다면, MindTap의 15장 13회기 '통합적 접근'의 '스탠의 사례' 동영상 퀴즈를 참조하라. 이 회기에서는 스탠과의 상담에서의 통합적 관점과 종결을 다루고 있다.

그웬의 사례에 적용된 통합적 접근*

건강과 웰빙에 이르는 다양한 경로가 있다. 나는 그웬이 다양한 상담 이론과 포괄적인 상담 실제에서 도움을 받을 수 있다고 믿는다. 통합적 접근은 각 개인의 고유한 내적 가치를 인정하는 태도를 포함한다. 이는 개인의 정서적, 행동적, 인지적, 심리적 기능 수준에 주의를 기울이는 통합적 접근이다. 또한 내담자 삶의 영적인 측면도 다루고 있다.

나는 통합적 상담자이자 유색인종 여성으로서 치료상 적절한 시기에 나의 경험을 기꺼이 공유할 것이다. 내가 그웬의 삶의 경험, 투쟁, 강점, 고유한 자질 및 개인적 현실을 존중한다는 것을 알아주길 바란다. 나는 그웬을 깊이와 지혜를 갖춘 지적인 아프리카계 미국인 여성으로 생각한다. 그웬에게 통합적 접근을 활용하여 현재 그녀의 삶에 도움이 될 수 있는 변화 과정에 대한 다양한 관점을 고려할 수 있다.

그웬과의 초기 면담에서 나의 치료적 접근이 특정 이론에만 국한되지 않으며, 다양한 상담 이론을 활용하여 그녀의 필요에 맞는 치료 접근법을 만들 것임을 알려주었다. 나는 내담자 중심 이론의 방향에 따라 그웬과 치료적 동맹을 구축하기 시작하였다. 그웬이 일상생활에서 겪고 있는 고통과 불안을 인식하는 과정에서 무조건적인 긍정적 관심을 보이는 것이 중요하다. 나는 그웬이 자신의 삶에 대한 전문가이며 치료에 함께 책임이 있음을 알기를 바란다. 나는 아이디어와 기법을 소개할 것인데, 그웬에게 상담 회기에서 자신에게 맞지 않는 것이 무엇인지 자유롭게 말할 수 있다는 점을 알려주었다.

그웬과 내가 함께 치료 여정을 함께 시작했을 때 나는 그녀의 가족사에 대해 매우 흥미가 있었다. 나는 그웬에게 교육 수준, 건강 문제, 관계 패턴 및 종교적 성향을 포함한 3세대 가계도를 그리도록 하였다. 이 접근은 가족치료에서 차용되었으며, 그녀에게 강점과 지지 자원(그녀의 영성)이 되는 가족 패턴뿐만 아니라 그녀에게 문제를 야기하는 패턴(가족구성원의 문제를 떠맡는 것)을 알아보는 데 도움이 되었다. 그웬은 가족사를 탐색함으로써, 자신이 원래 자신의 성격 특성과 다른 특성을 지니고 있다는 사실을 서서히 인식하기 시작하였다. 한 세대에서 다음 세대로 성격, 습관 및 가치관이 전달되는 세대 간 전수로 인해 그웬은 다른 여성 가족구성원들처럼 구원자가 될 가능성이 높다. 그녀는 자신이 압도당하는 느낌을 갖게 만드는, 다른 세대로부터 물려받은 부정적인 자동적 사고를 탐색한다. 그웬의 잘못된 신념 중 하나는 '내가 하지 않으면 아무도 하지 않을 것이다.'라는 것이다. 이러한 특정한 인지 왜곡으로 인해 그녀는 다른 사람에게 도움이나 지원을 요청하지 않고 모든 일을 한다. 다른 누구도 그녀를 도와줄 수 없다는 그녀의 신념은 피로와 좌절을 야기했다. 인지행동치료를 통해 그웬은 자신이 생각하고 있는 사고와 그것이 감정에 어떤 영향을 미치는지를 더욱 잘 알아차리게 되었다.

통합적 형태를 활용하면 그웬이 치료에 가져오는 모든 것을 자신의 상담 과정에 한 경로로써 통합할 수 있다. 그웬은 상담 초기에 자신과 신과의 관계가 그녀의 삶에 큰 힘의 원천이었다고 말했다. 나는 그웬의 영적 가치를 인정하고 존중하며, 그녀의 영성이 어떻게 치료와 치유에 중요한 부분이 될 수 있는지를 주의 깊게 살펴본다. 그웬은 영적 신념이 자신의 핵심 자원임을 분명하게 하였기 때문에 영성은 치료 회기에서 중요한 부분이 되었다.

나는 그웬에게 예배 방식 중 가장 도움이 된 것이 무엇인지 이야기해달라고 하였다. 그웬은 "저는 성경 말씀을 읽는 것을 좋아합니다. 말씀을 읽으면 제가 혼자가 아니며 제 문제가 새로운 것이 아니라는 것을 깨닫는 데 도움이 됩니다. 성경에는 묵상할 수 있는 메시지가 있어요. 성경을 읽으면 영적으로 위로를 받습니다."라고 대답했다. 그리고 우리는 삶의 의미에 대한 실존적 질문을 탐색하고 고통, 불안, 죽음에 관한 이야기를 나눈다. 그웬은 아들의 삶에 대한 두려움이 있으며, 어

*켈리 커크시 박사는 통합적 관점에서 사고하는 방식과 상담 실제를 기술하며 이 모델을 그웬에게 적용하고 있다.

머니의 건강이 악화되어 큰 슬픔을 느낀다. 그웬의 영성은 그녀가 이러한 삶의 현실과 씨름할 때, 그녀의 닻이자 지지대가 되고 있다.

영적인 차원을 다루는 것은 그웬이 아침에 성경을 읽고 출근길에 찬송가를 듣는 일상생활과도 연결된다. 그웬은 자신이 일상적인 영적인 생활을 할 때는 부정적인 기분이 들지 않는다는 것을 알아차린다. 그녀는 집중력을 유지하고 기분을 좋게 해주는 활동을 중단했다는 사실을 깨닫지 못했다. 어머니를 돌보고, 일과 가정생활을 병행하는 스트레스로 인해 잘못된 인지와 행동을 지속시키는 불균형이 발생했다.

상담 초기에 그웬은 부정적인 자동적 사고에 빠져 다음과 같은 말을 하였다. "저는 다시는 건강해질 수 없을 거예요.", "제 아이들은 저와 함께 시간을 보내고 싶어 하지 않아요.", "저는 항상 외로울 겁니다." 그웬의 인지 왜곡을 찾아보고 이를 알아차리고 도전하도록 도움으로써 이러한 사고 패턴이 자신의 고통을 초래한 방식을 점차 인식하도록 하였다.

나는 그웬에게 불안한 생각을 진정시키고 집중력을 높이기 위해서 간단한 5분가량의 명상 훈련을 소개하였다. 짧은 명상 동안에 판단하지 않고 자신의 생각을 알아차릴 수 있음을 알려주었다. 이러한 간단한 마음챙김 훈련은 긴장을 풀고 내면의 회복탄력성을 높이는 능력을 축적시켜줄 것이다. 지속적인 훈련을 통해 그웬은 자신이 단순히 생각을 하는 것이 아니라 그러한 생각의 관찰자가 될 수 있으며 생각이 자신의 행동과 기분을 통제하도록 두기보다는 흘러가는 것을 지켜볼 수 있음을 발견하였다.

나는 대개 그웬의 간단한 평가로 상담 회기를 시작하고 끝낸다. 나는 상담 과정을 협력적으로 만들고 그웬의 요구사항을 충족시키기 위해 정기적인 피드백을 받는다. 그웬에 대한 나의 첫 번째 질문은 항상 "우리가 함께하는 시간을 어떻게 하면 최고로 잘 활용할 수 있을까요?"이다. 나의 임무는 그웬이 최적의 기능과 균형 상태로 돌아가는 변화의 여정에서 그녀를 도울 치료 접근을 효과적으로 통합하기 위해 온전히 노력하는 것이다.

나는 어떠한 가정도 하지 않고 그웬에게 치료가 진행됨에 따라 자연스럽게 떠오르는 것을 다룰 의향이 있는지 물어보았다. 만약 그녀가 확실하게 대답을 하지 않는다면 치료 방향은 수정되어야 한다. 나는 내 기법이 그웬의 목표를 달성하고 욕구를 충족시키고자 한 것임을 설명한다. 이러한 설명은 그웬의 마음을 안심시키고, 회기에서 보다 새로운 시도를 할 수 있게 해준다.

그웬의 우울증과 불안 증상을 낮추기 위해 나는 그녀에게 '변혁적 움직임과 성찰'이라는 과정을 소개하였다. 나는 그웬에게 요가, 태극권, 드럼 연주, 요가 호흡법 등과 같은 국제적인 치유 훈련에서 비롯한 아주 섬세한 것에서부터 역동적인 것까지 다양한 기법을 가르친다. 이러한 활동은 마음챙김과 현재 순간에 대한 자각을 높이고 그웬이 몸과 마음의 긴장과 스트레스를 해소하는 데 도움이 된다. 움직임 훈련 또한 건강한 정서적 표현에 도움이 된다. 그웬은 드럼 연주에 그다지 관심이 없었다. 하지만 상담 회기 중이나 집에 있는 동안 음악을 듣고 움직이는 것은 그녀에게 편안함을 주었다. 그웬이 자신이 일상생활에서 스트레스를 받는 순간에 사용할 수 있는 자원과 도구가 있다는 것을 깨닫기 시작했다. 나의 목표는 그웬에게 마음, 몸, 영혼을 치유할 수 있는 다양한 도구를 소개하는 것이다. 나는 그웬이 내 사무실에 들어오는 순간부터 그녀의 개인적인 목표에 민감하며, 마지막까지 우리 앞에 놓인 가능성에 대해 개방적인 자세를 취한다.

자기성찰을 위한 질문

- 각 이론적 접근에서 이 사례에 공통되는 개념과 기법은 무엇인가?
- 비전통적인 치료 기법을 얼마나 편안하게 소개할 수 있는가?
- 여러분의 정체성에 비추어, 그웬과 상담할 때 통합적 이론으로부터 여러분이 활용하기에 가장 자연스러운 이론은 무엇인가?

요약

통합적 입장을 취한다는 것은 매우 어려운 일이다. 상담자는 이론에서 단순히 무작위적이고 단편적인 방식으로 기법을 가져올 수 없다. 통합된 관점을 취할 경우, 다음과 같은 세 가지 측면의 질문을 염두에 두어야 한다. 어떤 이론이 **인지적** 차원을 이해하기 위한 기초를 제공하는가? **정서적** 차원은 어떠한가? **행동적** 차원은 어떠한가? 이 책에서 논의된 11개의 치료는 대부분 인간 경험의 이러한 세 차원 중 하나의 차원에 초점을 맞추고 있다. 다른 차원을 무시하는 것은 아니지만 간과되는 경우는 종종 있다.

이론적으로 통합된 관점을 갖는 것은 다양한 이론에 대한 정확하고 심층적인 지식을 필요로 한다. 그러한 지식 없이는 진정한 통합을 할 수가 없다. 간단히 말해, 알지 못하는 것을 통합할 수 없다(Norcross & Beutler, 2019). 이 책의 핵심 메시지는 각 이론에 대해 개방적인 자세를 취하고 더 많은 책을 읽고 각 이론의 핵심 개념이 여러분의 성격과 잘 맞는지를 숙고해보아야 한다는 것이다. 여러 이론에서 가장 좋은 특징이라고 여겨지는 것을 기반으로 하여 자신에게 맞는 상담 이론을 구축하는 것은 장기적인 여정이다.

상담자는 자신의 성격을 고려하는 것 이외에도 다양한 내담자에게 가장 적합한 개념과 기법이 무엇인지 생각해보아야 한다. 특정 문제에 적합한 기법을 결정하기 위해서는 지식, 기법, 창의적이고 직관적인 능력 및 경험이 필요하다. 특정 치료적 개입을 언제, 어떻게 적용할 수 있는지를 아는 것 또한 기술이다. 상담자의 개인적 선호를 반영하는 것도 중요하지만, 연구 결과에 대한 증거와 균형을 이루어야 한다. 상담 실제에 대한 개인적 접근을 개발하는 것이 무엇이든 할 수 있다는 의미는 아니다. 실제로 관리의료와 근거중심 실무(evidence-based practice)의 시대에, 상담자의 개인적 선호가 심리치료 실무를 결정하는 유일한 요인이 될 수 없다. 우울증 및 범불안장애와 같은 특정한 임상적 문제가 있는 내담자와의 상담에서 특정한 기법은 효과가 있는 것으로 입증되었다. 예를 들어, 행동치료, 인지행동치료, 인지치료, 마음챙김 기반 인지치료, 단기 정신역동치료 등은 우울증 치료에 효과가 있다는 것이 수차례 입증되었다. 기법의 사용은 탄탄한 이론적 토대를 갖추어야 한다. 윤리적인 상담은 내담자와 그들의 문제를 다루는 데 있어 효과적인 절차를 적용하고, 임상적 작업에서 수행하는 개입에 대한 이론적 근거를 제공할 수 있어야 한다.

지금까지 상담 이론과 실제에 대해 배운 내용을 복습해보았다. 상담 관점을 확립하기 위한 토대로 선택할 수 있는 특정 이론을 살펴보라. 어떤 이론에서 다음과 같은 사항을 도출할 것인지 생각해보라. (1) 기본 가정, (2) 주요 개념, (3) 치료 목표, (4) 치료관계, (5) 기법 및 절차. 함께 각 이론의 주요 공헌과 한계뿐만 아니라 적용 방법에 대해서도 고려해보라. 이 장에 제시된 표는 상담 과정에 대한 관점을 개념화하는 것을 돕기 위해 만들었다.

마치는 말

상담 입문 과정 초기에, 학생들은 일반적으로 다음과 같은 두 가지 반응을 한다. '이 모든 이론을 어떻게 다 배울 수 있으며, 이들 사이의 차이를 어떻게 알 수 있을까요?', '이 모든 정보를 어떻게 다 이해할 수 있을까요?' 과정이 끝날 무렵이 되면 학생들은 자신이 얼마나 많은 과제와 학습을 했는지를 보고 종종 놀라게 된다. 입문 과정만을 통해 유능한 상담자가 될 수는 없다. 하지만 일반적으로 접한 많은 이론 중에서 선택할 수 있는 기초를 제공한다.

이 시점에서 여러분은 스스로 의미 있는 방식으로 이론을 정리할 수 있다. 이 책이 자신의 관심 있는 이론에 대한 지식을 확장했다면 소기의 목적을 달성했다고 본다. 제시한 각 이론에서 활용할 수 있는 가치 있는 무언가를 찾았기를 바란다. 첫 번째 상담 입문 과정을 마쳤다고 해서 완벽하게 통합된 관점을 개념화할 수는 없다. 하지만 통합의 과정을 시작할 수 있는 도구가 생긴 것이다. 추가적인 학습과 임상 경험을 통해 여러분의 개인적인 상담 철학을 확장하고 개선할 수 있을 것이다.

여러분의 삶의 철학, 가치관, 삶의 경험, 그리고 여러분이 어떤 상담자가 될 것인지, 즉 향후 상담자로서 갖추어야 할 자질이 개인적으로나 직업적으로 여러분과 관계를 맺는 사람들에게 미칠 수 있는 영향력에 대해 생각하도록 하는 계기가 되었다면 이 책은 유용하게 쓰인 것이다. 이 책과 상담 입문 과정은 상담자가 되기로 한 여러분의 결정에 의문을 제기할 수도 있다. 적어도 한 명 이상의 교수님을 만나보고 여러분이 가지고 있는 의문을 나누어 보길 바란다.

마지막으로 이 책 앞부분의 '감사의 말'을 읽어보길 바란다. 나는 이 책을 여러분에게 바친다. 앞으로 정신건강 전문직에 종사하게 될 여러분이 자신의 지식과 기술의 중요성을 인식하게 되기를 진심으로 바란다. 여러분의 도움을 구하는 사람들의 삶에 큰 변화를 가져올 수 있는 능력을 과소평가하지 말라. 사람을 돕는 일은 많은 어려움에 직면한다. 하지만 여러분의 그 일은 치유를 가져오고, 긍정적인 변화에 영향을 미칠 수 있다. 나는 여러분이 자신의 열정을 발견하고 특별한 재능이 있다는 것을 인식하길 바란다. 또한 여러분의 꿈을 격려한다. 자, 이제 꿈을 현실로 바꾸기 위한 행동에 나서라.

자기성찰과 토론을 위한 질문

1. 심리치료 통합에 대한 네 가지 주요 접근은 무엇인가? 이러한 통합은 상담에 대한 관점을 형성하는 데 어떻게 활용할 수 있는가?
2. 피드백통보치료에서 내담자는 상담 회기에서의 경험과 상담자에 대한 반응을 제공한다. 여러분은 상담자로서의 개입에 대해 내담자로부터 솔직한 피드백을 듣는 데

얼마나 개방적이라고 생각하는가? 상담 회기에 대한 내담자의 긍정적인 반응과 부정적인 반응, 모두에 대해 내담자와 논의할 수 있는가?

3. 상담에 대한 통합적 접근을 개발할 때 가장 먼저 고려해야 할 요소는 무엇인가?
4. 심리치료가 효과가 있음을 입증하는 연구는 어떤 중요성을 가지고 있는가?
5. 주요 이론이 될 하나의 이론을 선택해야 한다면, 어떤 이론을 선택할 것인가? 그 이유는 무엇인가?

더 찾아볼 자료

기타 자료

국제임상탁월성센터(International Center for Clinical Excellence: ICCE)는 행동 건강 관리 서비스의 탁월성을 촉진하는 일을 하는 상담자, 의료 관리자, 행정가, 교육자, 정책 입안자, 연구자 등으로 구성된 전 세계적인 인터넷 기반 공동체이다. 이 공동체는 행동 건강 관리 관행을 개선하고 상담자와 관리자를 돕는 조력 전문가로서 개인적인 역량을 강화하기 위한 모범 사례와 혁신적인 아이디어를 공유하기를 권장한다. 앞서 설명한 결과평가척도(ORS)와 회기평가척도(SRS)는 웹사이트에서 무료로 다운로드할 수 있다.

피드백통보치료에 관한 국제임상탁월성센터의 지침서는 피드백통보치료를 일상적으로 활용하는 상담자와 기관에 가장 필요한 정보를 담은 일련의 6개의 영역으로 구성된다. 지침서의 구체적인 내용 영역은 다음과 같다.

지침 1. 치료에 효과적인 요인: 입문
지침 2. 피드백통보치료: 기본
지침 3. 피드백 통보 슈퍼비전
지침 4. 변화 기록: 측정, 분석, 보고에 대한 입문
지침 5. 피드백통보치료: 구체적인 대상과 서비스 환경
지침 6. 기관 및 관리 의료에서 피드백통보치료 적용

이 지침서의 목표는 상담자에게 우수한 임상 성과와 관련된 지식과 기법에 대한 기초를 제공하는 것이다. 이 지침서는 피드백통보치료의 적용 방법을 배우고자 하는 상담자에게 유용한 자료이다. 국제임상탁월성센터와 사용 가능한 자료에 대한 더 자세한 내용은 국제임상탁월성센터로 문의하라.

국제임상탁월성센터
www.centerforclinicalexcellence.com

스콧 밀러(Scott D. Miller)의 웹사이트에서는 임상탁월성 워크숍에 관한 부가적인 정보가 있다.

www.scottdmiller.com

더 읽을거리

- 『**통합 심리치료(Psychotherapy Integration)**』(Stricker, 2010)는 이론, 상담 과정, 평가 및 통합적 접근의 향후 발전을 다루는 간결한 설명서이다.
- 『**심리치료의 인간적 요소: 정서치료의 비의학적 모형(The Human Element of Psychotherapy: A Nonmedical Model of Emotional Healing)**』(Elkins, 2016)은 심리치료는 명백하게 의학이 아니라 관계적 접근이라는 논제를 발전시킨다. 이 책에서는 상담자의 이론이나 기법이 아니라 내담자와 상담자와의 관계의 질이 치료 효과를 결정한다는 개념을 뒷받침하는 연구를 요약하였다.
- 『**통합적 심리치료 핸드북(Handbook of Psychotherapy Integration)**』(Norcross & Goldfried, 2019)은 통합적 치료에 대한 개념적, 역사적 관점을 제공하는 훌륭한 자료이다. 이 책은 이론적 통합 및 기술적 절충주의와 같은 주요한 최신 접근에 대한 포괄적인 개요를 제공한다.
- 『**상담과 심리치료의 통합적 접근(The Art of Integrative Counseling)**』(Corey, 2019)은 학생들이 상담에 대한 자신만의 통합적 접근을 개발하는 것을 돕기 위해 제작되었다.
- 『**통합적 상담: 사례 중심의 접근(Case Approach to Counseling and Psychotherapy)**』(Corey, 2013)은 루스의 단일 사례를 적용하여 11가지 현대 이론을 각각 설명한다. 이 책의 마지막 장에서 루스와의 상담을 통해 통합적 접근을 보여준다.
- 『**영성과 종교를 상담에 통합하기: 효과적인 상담을 위한 안내(Integrating Spirituality and Religion Into Counseling: A Guide to Competent Practice)**』(Cashwell & Young, 2020)는 내담자의 영적 신념과 실천에 부합하면서 윤리적인 방식으로 상담을 제공하는 방법에 대한 구체적인 관점을 제공한다. 저자는 상담자가 내담자의 세계관을 존중하고 이 관점에서 협력적인 방식으로 내담자의 목표를 달성하기 위해 노력하는 자세를 개발하도록 돕는다.

주요 용어 찾아보기

ㄱ

기타

인명 찾아보기

ㄱ

ㄴ

ㄷ

ㄹ

ㅁ